Andrew Tanenbaum

Université libre d'Amsterdam

RÉSEAUX
Architectures, protocoles, applications

Texte français de
Jean-Alain Hernandez, René Joly, Jean-Luc Chastes,
Robert Eichaker, Eric Horlait, Pierre Millet, Isabelle Petry, Yvon Rastetter
et Dominique Seret

InterEditions

L'édition originale de ce livre a été publiée aux Etats-Unis par Prentice-Hall International, Inc., Englewood Cliffs, N.J., sous le titre *Computer Networks*, second edition.

Publié avec le concours
du Centre National des Lettres

ISBN 2-7296-0301-8

A Suzanne, Barbara, Marvin, Muis et à la mémoire de Sweetie π

Sommaire

Préface à l'édition française

Cet ouvrage n'a pu se faire que grâce à l'enthousiasme de toute une équipe qu'il convient ici de remercier. Et tout d'abord, *Samir Tohmé*, responsable du département Réseaux de Télécom Paris qui a, dès l'origine, soutenu ce projet. Si ses lourdes tâches ne lui ont finalement pas permis de faire partie de l'équipe de réalisation, nous espérons tous qu'il sera des nôtres pour une prochaine édition. Son adjointe, *Dominique Seret*[1], professeur à Télécom Paris, a eu une part très active puisqu'elle a apporté toute sa compétence en matière de couches hautes. Nous avons eu également le plaisir de bénéficier de l'apport de *Pierre Millet*, qui a fait toute sa carrière chez IBM, et qui est spécialiste des couches basses des architectures de communications[2], de *Jean-Luc Chastre* et de *Robert Eichaker*[3] (Bull) particulièrement pour la couche réseau et d'*Eric Horlait*[4] (Université Paris-VI) pour la couche application. Merci également à *Yvon Rastetter*, Consultant et Président d'honneur de l'Association des Informaticiens de Langue Française, ainsi qu'à *Isabelle Petry*, qui lors de ce projet était au département Réseaux de Télécom Paris, détachée par Bull où elle est revenue depuis pour continuer ses activités dans le domaine des réseaux.

Merci encore à tous ceux qui ont apporté une aide plus ponctuelle, en particulier à *Toufeik Choukri* qui a pris en charge quelques-uns des aspects les plus théoriques de cet ouvrage.

---

1 Dominique Seret est coauteur de *Réseaux et Télématique* (Eyrolles)

2 Pierre Millet est l'auteur de *Intégration voix et données* (Masson)

3 Robert Eichaker est coauteur de *Temps de réponse des réseaux informatiques* (Masson)

4 Eric Horlait est coauteur de *Les outils de la communication* (Eyrolles) et traducteur de *L'environnement de programmation Unix* (InterEditions)

Merci enfin à *Martine Wiznitzer* et à *Monika Neumann* qui ont assumé la partie éditoriale et la fabrication d'un ouvrage de 800 pages comportant plusieurs centaines de figures et de tableaux!

Quant à nous, après la publication de *Architecture de l'ordinateur* et de *Systèmes d'exploitation* du même Tanenbaum[5], nous atteignons, avec la publication de *Réseaux*, le but que nous nous étions fixé: mettre à la disposition du public de langue française un ensemble cohérent d'ouvrages pédagogiques couvrant l'essentiel de ce que devrait être «l'informatique pour l'ingénieur». Nous espérons avoir ainsi fait œuvre utile, et nous nous tenons prêts à prendre en compte, lors des prochaines éditions, toutes les réflexions des lecteurs.

Jean-Alain Hernandez et René Joly

Pâques 1990

5 *Architecture de l'ordinateur* et *Systèmes d'exploitation* sont édités par InterEditions.

Préface de l'auteur

Le domaine des réseaux d'ordinateurs a considérablement changé pendant la dernière décennie. Il y a quinze ans, les réseaux d'ordinateurs étaient des outils de recherche étranges à l'usage de quelques spécialistes. Aujourd'hui, quelle que soit sa taille, du plus petit au plus grand, un ordinateur fait la plupart du temps partie d'un réseau. La majeure partie des organisations utilisant des ordinateurs ont déjà, ou projettent d'installer, un ou plusieurs réseaux locaux. Le courrier électronique à l'échelle mondiale est une réalité quotidienne pour des millions de personnes. En bref, les réseaux sont passés du stade de la curiosité de laboratoire à celui d'outils indispensables pour le monde des affaires, les administrations et les universités.

Il y a peu, la conception d'un réseau d'ordinateurs relevait de la magie noire. Chaque constructeur avait sa propre architecture de réseau incompatible avec les autres. Tout ceci a bien changé. Tous les constructeurs sont maintenant d'accord en principe sur une série de normes internationales décrivant les architectures de réseaux. Ces normes sont connues sous le nom de «Modèle de référence OSI». La plupart des autres architectures de réseaux vont disparaître dans un futur proche, et les ordinateurs d'un constructeur communiqueront sans problème avec ceux d'un autre, amplifiant par là même l'usage des réseaux.

Ce livre utilise le Modèle de Référence OSI comme structure de base. Ce modèle est fondé sur un principe énoncé par Jules César : diviser pour régner. Le principe de base est la description des réseaux sous forme d'un ensemble de couches superposées les unes aux autres. En réduisant l'étude du tout à celle de ses parties, l'ensemble devient plus facile à manipuler.

Du fait de l'évolution accélérée des réseaux depuis la première édition, cette seconde en est presque une nouvelle. Plus de la moitié est totalement neuve, et une bonne partie du reste a été largement mise à jour et améliorée. Un ensemble de nouveaux domaines est maintenant traité en détail, y compris le RNIS, les RLE, les fibres optiques et les passerelles. Le traitement des couches hautes de l'OSI a été complètement réécrit et augmenté de plus de cent pages pour y inclure des sujets importants comme les protocoles de transport OSI, ASN.1, FTAM, et le Protocole de Terminal Virtuel. De nouveaux réseaux, comme MAP, TOP et USENET sont maintenant examinés en détail et une plus grande place est accordée aux logiciels des réseaux.

L'idée d'organiser le livre selon les sept couches OSI s'est révélée bonne et a été reprise dans la seconde édition. Le chapitre 1 consiste en une introduction sur les réseaux d'ordinateurs en général et les protocoles en couches en particulier. Les cinq chapitres suivants traitent des couches basses, depuis la couche physique jusqu'à celle du transport, qui sont collectivement les fournisseurs du service de transport. Le chapitre 2 traite le support physique, la transmission analogique et numérique, le système téléphonique et le RNIS. Le chapitre 3 traite de la sous-couche MAC et des réseaux locaux, y compris la norme IEEE 802.3. Le chapitre 4 traite de la couche liaison et de ses protocoles: les algorithmes pour transmettre de façon sûre des données sur des lignes non-fiables. Le chapitre 5 traite de la couche réseau, spécialement du routage, du contrôle de congestion et de l'interconnexion de réseaux. Enfin le chapitre 6 étudie la couche transport, particulièrement la gestion de la connexion et des protocoles de bout en bout.

Les trois derniers chapitres traitent des couches hautes, utilisatrices du service transport. Le chapitre 7 concerne la couche session qui a pour objet de fournir un service fiable, même en cas de matériel déficient. Le chapitre 8 couvre la couche présentation. Il inclut la spécification de la syntaxe abstraite, la compression des données, et le chiffrement. Le chapitre 9 présente quelques réalisations de la couche application, le transfert de fichier, le courrier électronique, les terminaux virtuels, le lancement de travaux à distance et les services d'annuaires. Le chapitre 10 contient une liste d'ouvrages à lire et une bibliographie.

La théorie des files d'attente est un outil mathématique fondamental dans l'analyse des réseaux d'ordinateurs; c'est pourquoi une annexe lui est consacrée et est destinée aux lecteurs non familiarisés avec ce sujet.

Ce livre est à l'usage des étudiants qui débutent en informatique ou en électronique. Les seules bases requises portent sur une connaissance générale des ordinateurs et de la programmation. Dans certains cas, une certaine connaissance du calcul numérique et de la théorie des probabilités est utile mais non indispensable. Quelques exemples sont donnés en Pascal, sa connaissance, ou celle d'un langage similaire, est donc bénéfique. Le contenu du livre étant susceptible de nécessiter plus d'un semestre de cours, je me suis efforcé de rendre chaque chapitre relativement autonome. Dans cet esprit, un enseignant peut, par exemple, porter l'accent sur la communication des données et les couches basses ou sur le logiciel et les couches hautes.

Ce livre peut également être utilisé par des professionnels de l'informatique intéressés par les réseaux. J'ai donc essayé de limiter l'usage des mathématiques et j'ai inclus de nombreux exemples pratiques plutôt que de donner dans l'abstraction. Même des programmeurs et des chefs de projet qui ne sont pas des spécialistes des réseaux doivent être capables d'en suivre une bonne partie.

Beaucoup de personnes m'ont aidé à la préparation de la seconde édition. Je remercie tout spécialement Imrich Chlamtac, Bdale Gardee, John Henshall, Brian Kernighan, John Limb, Chris Makemson, Daniel Pitt, Sandy Shaw, Jennifer Steiner et mon éditeur, John Wait. Je remercie aussi mes étudiants de m'avoir aidé à corriger le texte. Je remercie également Jeroen Belien, Berend Jan Beugel, Remco Feenstra, Anneth de Gee, Cornelis Kroon, Roemer Lievaart, Maarten Litmaath, Paul Polderman, Rob van Swinderen, Luuk Uljee et Felix Yap.

«*Last but not least*», je remercie particulièrement Suzanne, Barbara, Marvin et Muis. Suzanne qui a été si compréhensive pendant toutes ces années; Barbara et Marvin pour avoir utilisé leur ordinateur à la place du mien, me permettant ainsi de produire ce livre, et Muis pour son silence de souris tandis que j'écrivais.

Andrew S. TANENBAUM

1
Introduction

Une technologie dominante a marqué chacun des trois derniers siècles. Le dix-huitième siècle a été l'ère des grands systèmes mécaniques propres à la Révolution industrielle. Le dix-neuvième siècle a été l'âge de la machine à vapeur. Durant le vingtième siècle, la technologie clé a concerné la collecte, le traitement et la distribution de l'information. Nous avons vu, entre autres, la mise en place d'un réseau téléphonique planétaire, l'invention de la radio et de la télévision, la naissance et la croissance sans précédent de l'industrie informatique et le lancement de satellites de communication.

Au cours des dernières années de ce siècle, ces domaines convergent et les différences entre collecte, traitement, transport et stockage de l'information s'estompent rapidement. Les grandes organisations dont les centaines de bureaux sont répartis sur d'immenses zones géographiques peuvent surveiller leurs agences les plus éloignées à partir d'une console. Parallèlement à la croissance de nos capacités de collecte, traitement et distribution d'information, les demandes d'informations encore plus élaborées augmentent encore plus vite.

Malgré sa jeunesse par rapport à d'autres industries (automobile, transport aérien), l'industrie informatique a fait en peu de temps des progrès spectaculaires. Pendant ses vingt premières années, les systèmes informatiques étaient très centralisés généralement dans une grande salle. Il n'était pas rare de voir des visiteurs ébahis admirer le miracle électronique à travers des parois en verre. Une société ou une université de taille moyenne avait tout au plus un ou deux ordinateurs, cela allait jusqu'à une petite douzaine pour les grandes. Imaginer que vingt ans plus tard on fabriquerait par millions des ordinateurs de la même puissance mais de la taille d'un timbre-poste relevait de la science fiction.

La fusion des ordinateurs et des télécommunications a eu une profonde influence sur la structuration des systèmes. Le concept de «salles ordinateur» comme lieu où les utilisateurs apportaient leurs travaux à traiter s'est rapidement périmé. Ce modèle présente non pas un mais au moins deux défauts : celui du grand ordinateur unique qui fait tout, et l'idée que c'étaientt les utilisateurs qui devaient apporter le travail à l'ordinateur au lieu d'apporter l'ordinateur aux utilisateurs.

Le modèle ancien de l'ordinateur unique desservant tous les besoins de traitement de l'organisation s'est trouvé rapidement supplanté par celui de l'exécution du travail par des ordinateurs séparés mais interconnectés. De tels systèmes sont appelés *réseaux d'ordinateurs*. Leur conception et leur analyse sont le sujet de ce livre.

Tout au long du livre le terme «réseaux d'ordinateurs» signifiera un ensemble *interconnecté* d'ordinateurs *autonomes*. Deux ordinateurs sont considérés comme interconnectés s'ils sont capables d'échanger des informations. Cette connexion ne nécessite pas forcément un câble en cuivre, elle peut être réalisée par laser, par ondes courtes ou par satellite. L'autonomie des ordinateurs exclut les relations de type maître/esclave. Si un calculateur peut forcer le démarrage (ou l'arrêt) d'un autre ou le commander, ces calculateurs ne sont pas autonomes. Un système composé d'une unité de contrôle et de plusieurs unités esclaves n'est pas un réseau; il en est de même pour un grand ordinateur ayant des lecteurs de carte, des imprimantes et des terminaux distants.

La plus grande confusion règne dans la littérature entre réseau d'ordinateurs et système distribué. La distinction fondamentale réside dans le fait que, dans un *système distribué*, la répartition en ordinateurs autonomes est transparente, invisible à l'utilisateur. On tape une commande de lancement de programme et ça marche. C'est la tâche du système d'exploitation de sélectionner le bon processeur, trouver et transporter les fichiers d'entrée vers ce processeur et déposer les résultats au bon endroit.

En d'autres termes, l'utilisateur d'un système distribué n'a pas connaissance de la multiplicité des processeurs; il lui apparaît tel un système à un seul processeur virtuel unique. L'allocation des travaux aux processeurs, le chargement de fichiers sur disques, les déplacements de fichiers entre lieu de stockage et lieu d'utilisation, ainsi que toutes les autres fonctions du système sont automatiques.

Dans le cas d'un réseau, un utilisateur doit se signer *explicitement* sur une machine, soumettre une tâche à distance *explicitement*, faire des déplacements de fichiers *explicitement* et, de façon générale, gérer tout le réseau lui-même. Avec un système distribué, rien ne doit être fait de façon explicite; tout est réalisé automatiquement par le système sans que l'utilisateur le sache.

En fait, un système distribué est un cas particulier de réseau dont le logiciel fournit un niveau élevé de cohérence et de transparence. Ainsi, la distinction entre système distribué et réseau réside dans le logiciel plutôt que dans le matériel.

Cependant les deux systèmes ont de nombreux points communs. Ainsi, tous deux ont besoin de déplacer des fichiers. La différence réside dans la source du déplacement, le système ou l'utilisateur. Quoique ce livre mette l'accent sur les réseaux, bon nombre des sujets traités ont également leur importance pour les systèmes distribués.

1.1. UTILISATIONS DES RESEAUX D'ORDINATEURS

Avant de démarrer l'étude détaillée des réalisations techniques, il convient de s'intéresser au pourquoi de l'intérêt des utilisateurs pour les réseaux d'ordinateurs et à ce qu'ils peuvent en attendre.

1.1.1. Objectifs des réseaux

Beaucoup d'organisations ont un nombre important d'ordinateurs opérationnels souvent fort distants. Par exemple, une entreprise possédant plusieurs usines peut avoir un ordinateur sur chaque site pour gérer les stocks, contrôler la production et produire la paye locale. Au départ, ils ont pu travailler séparément, mais à un certain moment, le management peut avoir décidé de les connecter afin d'extraire et de corréler des informations portant sur toute l'entreprise.

Plus généralement, l'objectif dans ce cas est le *partage des ressources*, c'est-à-dire, rendre accessible à chaque membre du réseau les programmes, les données et les équipements indépendamment de leur localisation physique par rapport à l'utilisateur. En d'autres termes, le simple fait d'être à 1000 kilomètres ne doit pas empêcher de se servir des données comme si elles étaient locales. Le partage de charge est une autre facette du partage des ressources. On peut résumer cet objectif en disant qu'il s'agit de mettre fin à la «tyrannie de la géographie».

Assurer une *grande fiabilité* par des alternatives aux ressources employées est un autre objectif. Par exemple, tous les fichiers sont dupliqués sur deux ou trois machines; ainsi si l'un est inutilisable (en raison d'une défectuosité matérielle), les autres copies peuvent être utilisées. De plus, la présence de plusieurs unités centrales fait que, si l'une est en panne, les autres peuvent prendre en charge son travail, même si cela implique une légère diminution des performances. Pour des applications militaires, bancaires, le contrôle de trafic aérien et beaucoup d'autres applications, il est très important de poursuivre l'exploitation même en cas de problèmes matériels.

Un autre objectif est la *réduction des coûts*. Les petits ordinateurs ont un bien meilleur ratio prix/performances que les gros. Les grandes installations sont environ dix fois plus rapides que les microprocesseurs à une seule puce, mais elles coûtent mille fois plus cher. Cette évaluation comparée a amené beaucoup de concepteurs de systèmes à construire des systèmes à base de micros personnels puissants, un par utilisateur, les données étant partagées sur un ou plusieurs *serveurs de fichiers*.

Cela conduit à des réseaux comportant beaucoup d'ordinateurs dans un même immeuble. Un tel réseau est appelé RLE (*Réseau Local d'Entreprise* ou LAN : *Local Area Network*) par opposition aux réseaux géographiquement étendus (WAN : *Wide Area Network*) appelés également *réseaux grande distance*.

La possibilité d'augmenter graduellement les performances du système par adjonction de processeurs lorsque la charge de travail croît est en relation étroite avec un tel principe. Dans le cas d'installations centralisées, le système doit être remplacé par un plus gros quand il est saturé, ce qui souvent occasionne d'importants frais et cause des perturbations encore plus grandes pour les utilisateurs.

Une autre raison d'installer un réseau d'ordinateurs a peu de choses à voir avec la technique. Un réseau d'ordinateurs peut fournir un puissant *medium de communication* entre personnes séparées par de longues distances. Il est facile à deux ou plusieurs personnes éloignées d'écrire un rapport en commun. Quand un des auteurs modifie le texte accessible en permanence, les autres peuvent immédiatement voir le changement au lieu d'attendre plusieurs jours par courrier. Une telle accélération facilite une coopération entre groupes très distants, autrefois impossible. A long terme, l'usage des réseaux pour renforcer les communications entre personnes pourrait se révéler plus important que des objectifs techniques comme la fiabilité.

Distance entre processeurs	Localisation des processeurs	Exemple
0,1 m	Un circuit imprimé	Machine à flots de données
1 m	Un ordinateur	Multiprocesseur
10 m	Une salle	Réseau local
100 m	Un immeuble	
1 km	Un campus	
10 km	Une ville	Réseau longue distance
100 km	Une région	
1000 km	Un continent	Interconnexion de réseaux longue distance
10 000 km	La Terre entière	

Figure 1-1. Classement de l'interconnexion des processeurs selon la distance entre les processeurs

La figure 1-1 donne une classification de systèmes à plusieurs processeurs en fonction de leur taille physique. En haut, se trouvent les *machines à flots de données,* processeurs à haut niveau de parallélisme dont plusieurs unités fonctionnelles travaillent ensemble sur le même programme. Ensuite, viennent les multi-processeurs, systèmes communiquant par partage de mémoire. Après les multi-processeurs, on trouve les réseaux proprement dits, ordinateurs communiquant entre eux par l'échange de messages. Enfin, la connexion de deux ou plusieurs réseaux est appelée *interconnexion de réseaux.*

1.1.2. Applications des réseaux

Quoique pouvant améliorer la fiabilité et les performances, le remplacement d'une installation centrale par des stations de travail sur un réseau local ne permet pas la mise en œuvre d'un grand nombre de nouvelles applications. En revanche, l'usage d'un large réseau (WAN) public permet d'entrevoir beaucoup de nouvelles applications qui peuvent avoir un impact important sur l'ensemble de la société. Pour donner une idée de quelques usages importants des réseaux, nous examinerons brièvement trois exemples : l'accès à des programmes distants, l'accès à des bases de données distantes et les améliorations apportées à la communication.

Une société ayant réalisé un modèle simulant l'économie mondiale doit permettre à ses clients de se connecter au réseau et de lancer le programme pour voir comment différents taux d'inflation projetés, taux d'intérêt, et fluctuations des monnaies pourraient affecter leur activité. Cette approche est souvent préférable à la vente des droits d'usage du programme, particulièrement dans le cas où le modèle est perpétuellement ajusté ou requiert l'exécution sur un très gros site ordinateur.

Un autre domaine majeur d'usage des réseaux est l'accès à des bases de données distantes. Monsieur tout le monde devrait très bientôt pouvoir réserver des places pour l'avion, le train, les bus, les bateaux, les hôtels, les restaurants, les théâtres et ainsi de suite, depuis son domicile, partout dans le monde avec confirmation instantanée. Les opérations de banque à domicile, les journaux automatisés entrent dans cette catégorie. Les journaux actuels dispensent un peu de tout, mais les journaux électroniques peuvent facilement être adaptés aux goûts de chaque utilisateur, pour traiter par exemple d'informatique, des grandes histoires politiques et des épidémies, mais pas de football, merci.

L'étape qui suit celle des journaux automatisés (en plus des magazines et journaux scientifiques) est la bibliothèque entièrement automatisée. Il se peut que le coût, la taille et le poids du terminal rendent caduc le monde du papier. Les sceptiques devraient méditer sur les conséquences qu'a eues l'imprimerie sur les manuscrits médiévaux enluminés.

Toutes ces applications font appel aux réseaux pour des raisons économiques : appeler un ordinateur distant par réseau est moins cher que de l'appeler directement. Un appel téléphonique normal utilise un circuit dédié pendant toute la durée de l'appel, alors que via un réseau, les lignes à longue distance ne sont utilisées que pendant le transfert effectif des données, ce qui permet ainsi de réduire le coût.

Troisième classe d'utilisation des réseaux : la communication. Les informaticiens sont maintenant assurés de pouvoir envoyer du courrier électronique à leurs collègues partout dans le monde. Dans l'avenir, il sera possible à n'importe qui, et pas uniquement aux professionnels de l'informatique, d'envoyer et de recevoir du courrier électronique. De plus, ce courrier pourra contenir de la voix numérisée, des schémas, et même peut-être des images animées et de la télévision. On peut facilement imaginer que des enfants dans différents pays essayeront d'apprendre leurs langues mutuelles en dessinant un enfant sur un écran partagé, en l'appelant girl, jeune fille, ou autrement.

Des systèmes de journaux électroniques existent déjà, mais ils ont tendance à être utilisés par des informaticiens, traitent de sujets techniques et sont souvent géographiquement limités. Les systèmes à venir seront nationaux et internationaux, utilisés par des millions de non-techniciens et couvriront un éventail beaucoup plus large de sujets. Utiliser un journal électronique sera aussi facile que de lire un magazine.

On dit parfois qu'il y a une compétition entre transport et communication et que celui qui gagnera rendra l'autre inutile. L'usage de réseaux d'ordinateurs dans un système de communication élaboré peut réduire le nombre de voyages, donc l'énergie dépensée. Le travail à domicile peut se diffuser, particulièrement pour les travailleurs à temps partiel ayant des jeunes enfants. Le bureau, l'école tels que nous les connaissons pourraient disparaître. Les magasins pourraient être remplacés par des catalogues électroniques de commande. Les villes pourraient être dispersées, puisque les possibilités de communication de haute qualité tendraient à réduire le besoin de proximité physique. La révolution de l'information pourrait changer la société autant que la révolution industrielle.

1.2. STRUCTURE DES RESEAUX

Après en avoir évoqué les implications sociales, il est temps maintenant d'aborder la technique impliquée dans la conception des réseaux. Dans chaque réseau, un ensemble de machines sont dévolues à l'exécution des applications. Nous adopterons la terminologie d'un des premiers grands réseaux, ARPANET, et les appelerons *machines-hôtes*. Le terme de *système terminal* est également utilisé comme vocabulaire. Les machines-hôtes sont connectées par le *sous-réseau* de communication, en bref sous-réseau (*subnet*). Le rôle du sous-réseau est le transport des messages d'hôte à hôte exactement comme pour le transport de la voix par le réseau téléphonique entre émetteur et récepteur. En séparant les aspects de communication pure du réseau (sous-réseau) des aspects applicatifs (les hôtes), on simplifie grandement la conception globale du réseau.

Dans la plupart des grands réseaux, le sous-réseau comporte deux parties distinctes : les lignes de transmission et les éléments de commutation. Les lignes de transmission (appelées également circuits, canaux, ou jonctions) échangent les bits entre machines.

Les éléments de commutation sont des ordinateurs spécialisés dans la connexion d'au moins deux lignes de transmission. Quand des données arrivent sur une ligne entrante, le commutateur doit sélectionner une ligne de sortie pour les y expédier. Toujours en suivant la terminologie d'ARPANET, nous appellerons ces commutateurs «processeurs d'interface de messages», en anglais «*Interface Message Processor*», d'où le sigle IMP, dans tout l'ouvrage. Les termes *nœud de commutation de paquet, système intermédiaire et commutation* de données seront également fréquemment utilisés. Malheureusement le consensus sur la terminologie n'existe pas; chaque concepteur d'un sous-système paraît utiliser des dénominations différentes. Le terme IMP est probablement aussi valable qu'un autre. Dans ce modèle, décrit sur la figure 1-2, chaque hôte est connecté à un (ou parfois plusieurs) IMP. Tout le trafic entrant et sortant passe par son IMP.

En gros, les sous-réseaux de communication connaissent deux types de conception :

1. Canaux en mode point à point.
2. Canaux de diffusion.

Dans le premier cas, le réseau contient de nombreux câbles ou des lignes de téléphone louées, chacune reliant une paire d'IMP. Si deux IMP veulent communiquer sans partager un câble, ils le font indirectement par d'autres IMP.

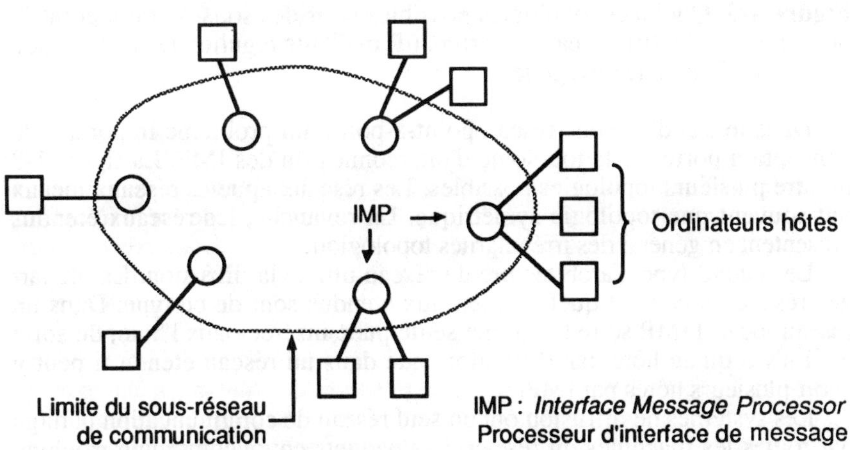

Figure 1-2. Relations entre hôtes et sous-réseau

Quand un message (appelé souvent paquet dans le contexte du sous-réseau), est envoyé d'un IMP à un autre via un ou plusieurs IMP, le paquet est reçu dans son intégralité par chaque IMP, stocké jusqu'à ce que la ligne de sortie requise soit libre, puis réexpédié. Un sous-réseau fonctionnant selon ce principe est appelé, *sous-réseau point-à-point, «store and forward»* (mode différé) ou à *commutation de paquet*. Presque tous les réseaux de grande étendue ont des sous-réseaux du type *«store and forward»*.

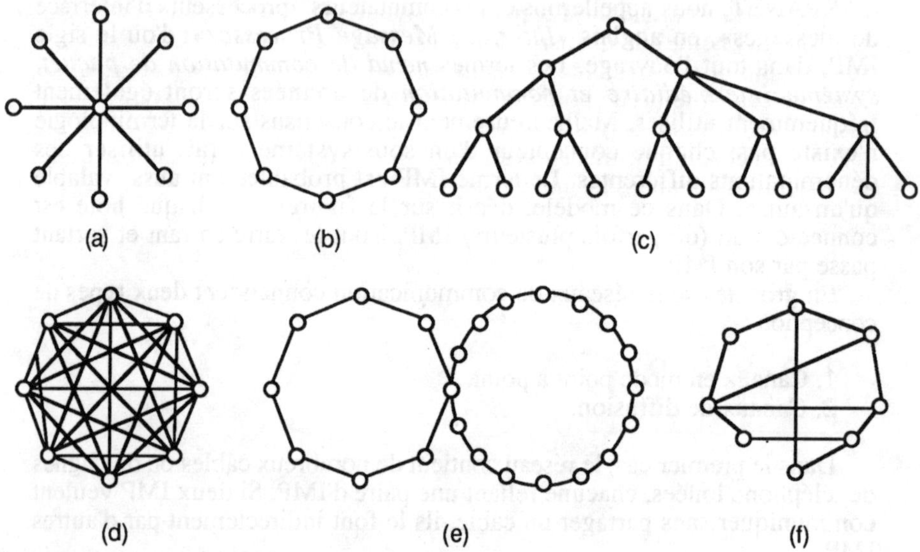

Figure 1-3. Quelques topologies possibles pour des sous-réseaux point-à-point : (a) étoile, (b) anneau, (c) arbre, (d) maillage régulier, (e) intersection d'anneau, (f) maillage irrégulier

Dans le cas d'un sous-réseau point-à-point, un problème important de conception porte sur la topologie d'interconnexion des IMP. La figure 1-3 montre plusieurs topologies possibles. Les réseaux appelés réseaux locaux ont souvent une topologie symétrique. En revanche, les réseaux étendus présentent en général des irrégularités topologiques.

Le second type d'architecture de réseau utilise la diffusion. La plupart des réseaux locaux et quelques réseaux étendus sont de ce type. Dans un réseau local, l'IMP se réduit à une seule puce insérée dans l'hôte, de sorte qu'il n'y a qu'un hôte par IMP, alors que dans un réseau étendu il peut y avoir plusieurs hôtes par IMP.

Les systèmes de diffusion ont un seul réseau de communication partagé par toutes les machines du réseau. Les paquets envoyés par une machine sont reçus par toutes les autres. Un champ d'adresse au sein du message précise le destinataire. A la réception, la machine teste cette adresse de destination et ignore le message si celui-ci ne la concerne pas.

Imaginons quelqu'un se trouvant à l'extrémité d'un couloir sur lequel débouchent plusieurs portes et criant «Lemmy, viens vite, j'ai besoin de toi». Le paquet d'informations est susceptible d'être reçu (entendu) par beaucoup de personnes, mais seul Lemmy répond, les autres l'ignorent.

Les systèmes de diffusion ont généralement la possibilité de diffuser un paquet à tous les destinataires en utilisant un code d'adresse spécial. Quand un tel paquet est émis, il est reçu et traité par toutes les machines du réseau. Quelques systèmes de diffusion fournissent également la transmission à un sous-ensemble des machines, c'est ce que l'on appelle la *multi-destination*. Dans ce cas, si le bit de poids fort de l'adresse est à 1, chacun des n-1 bits restants de l'adresse correspond à un des n-1 groupes prédéfinis. Admettons qu'un paquet soit transmis avec les bits x, y et z à 1, il est accepté par toutes les machines abonnées à l'un au moins des trois groupes correspondants.

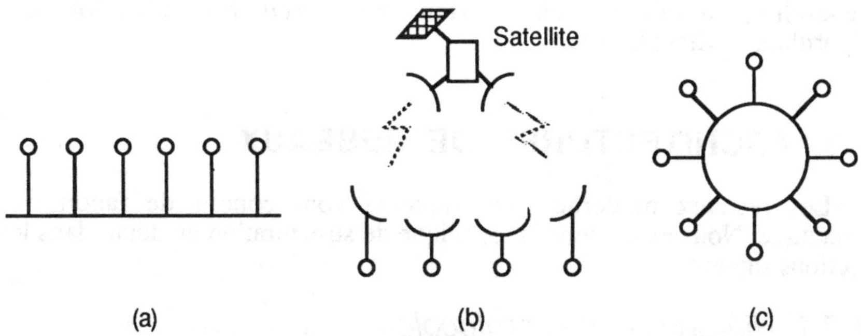

Figure 1-4. Sous-réseaux de communication utilisant la diffusion : (a) bus (b) satellite ou radio, (c) anneau

La figure 1-4 montre quelques exemples de réseaux de diffusion. Sur un réseau de type bus, à chaque instant une seule machine est autorisée à transmettre et est maître. Toutes les autres machines doivent s'abstenir d'émettre. Un mécanisme d'arbitrage est nécessaire pour résoudre les conflits quand deux machines ou plus veulent émettre simultanément. Ce mécanisme peut être centralisé ou distribué.

Deuxième possibilité : le système par satellite ou radio terrestre. Chaque IMP a une antenne avec laquelle il peut émettre et recevoir. Tous les IMP peuvent écouter le satellite, et dans certains cas, ils peuvent aussi entendre les transmissions des autres IMP vers le satellite.

Un troisième système de diffusion est l'anneau. Autour d'un anneau, chaque bit se propage de façon autonome, indépendamment du reste du paquet auquel il appartient. En général, chaque bit fait un tour d'anneau durant le temps pris pour l'émission de quelques bits, donc avant même l'émission complète du paquet. Comme dans tous les systèmes de diffusion, il faut une règle pour les accès aléatoires simultanés à l'anneau. Différentes méthodes sont utilisées; elles seront discutées plus loin dans ce livre.

Les sous-réseaux de diffusion peuvent se subdiviser en réseaux statiques et dynamiques, selon la façon d'allouer le canal. Un cas typique d'allocation statique réside dans la division du temps en intervalles séparés, chaque machine ayant l'autorisation d'émettre cycliquement durant l'intervalle qui lui est imparti. Cette allocation statique gaspille la capacité du canal quand une machine n' a rien à dire durant cet intervalle, c'est pourquoi quelques systèmes allouent le canal dynamiquement (à la demande).

Les méthodes d'allocation dynamique d'un canal commun sont centralisées ou décentralisées. Dans le cas de la méthode d'allocation centralisée, une seule entité, par exemple l'unité d'arbitrage du bus, détermine qui sera le suivant à émettre. Elle le fait, par exemple, en acceptant une requête et en prenant une décision après déroulement d'un algorithme interne. Pour la méthode d'allocation décentralisée, il n'y a pas d'entité centrale; chaque machine décide quand elle émet. On peut penser que c'est l'anarchie, en fait, il n'en est rien. Nous étudierons plus loin des algorithmes évitant le chaos.

1.3. ARCHITECTURES DE RESEAUX

Les réseaux modernes d'ordinateurs sont conçus de façon très structurée. Nous examinons la technique de structuration en détail dans les sections suivantes.

1.3.1. Hiérarchies des protocoles

Pour réduire la complexité de conception, la plupart des réseaux sont organisés en séries de couches ou niveaux, chacune étant construite sur la précédente. Le nombre de couches, leur nom et leur fonction varie selon les réseaux. Cependant, dans chaque réseau, l'objet de chaque couche est d'offrir certains services aux couches plus hautes, en leur épargnant les détails de la mise en œuvre de ces services.

La couche *n* d'une machine gère la conversation avec la couche *n* d'une autre machine. Les règles et conventions utilisées pour cette conversation sont connues de tous sous le nom de *protocole* de la couche *n*, comme l'illustre la figure 1-5 pour un réseau à sept couches. Les entités comprenant les couches correspondantes sur différentes machines sont appelées *processus pairs*. En d'autres termes, ce sont les processus pairs qui communiquent à l'aide du protocole.

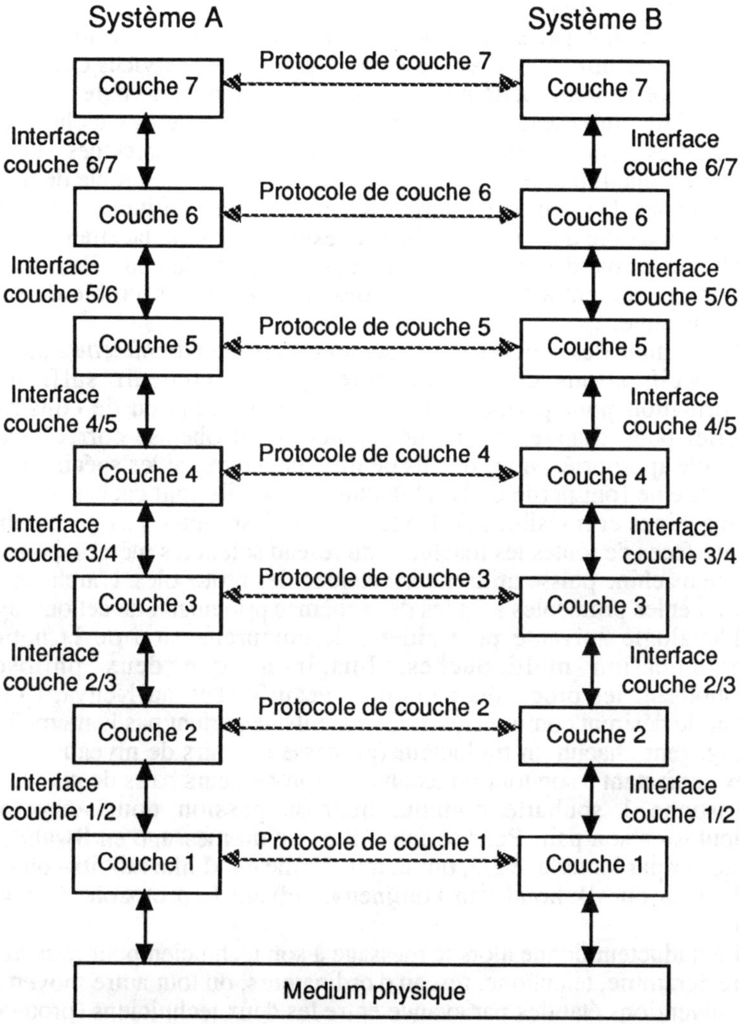

Figure 1-5. Couches, protocoles et interfaces

En réalité, aucune donnée n'est transférée directement de la couche *n* d'une machine à la couche *n* d'une autre machine mais chaque couche passe les données et le contrôle à la couche immédiatement inférieure, jusqu'à la plus basse. En dessous de la couche 1 se trouve le *support physique* qui véhicule réellement la communication. Sur la figure 1-5, la communication virtuelle est désignée par des lignes interrompues et la communication physique par des lignes pleines.

Entre chaque paire de couches adjacentes, on trouve une interface. L'interface définit les opérations élémentaires et les services que la couche inférieure offre à la supérieure. Lors de la définition du nombre de couches à inclure dans un réseau et de leur rôle respectif, une des tâches les plus importantes pour les concepteurs est la définition d'interfaces claires. En revanche, cela implique que chaque couche réalise un ensemble de fonctions bien connues. De plus, des interfaces bien conçues facilitent le changement de mise en œuvre dans une couche (par exemple le remplacement des lignes téléphoniques par des canaux de satellites); il suffit à la nouvelle installation, d'offrir exactement à sa voisine du dessus le même ensemble de services que l'ancienne.

L'ensemble des couches et protocoles est appelé l'*architecture du réseau.* Les spécifications de l'architecture doivent contenir suffisamment d'information pour permettre d'écrire le programme ou de construire le matériel pour chaque couche de manière qu'il obéisse correctement au protocole approprié. Ni les détails de mise en œuvre, ni les spécifications de l'interface ne font partie de l'architecture puisqu'ils sont cachés à l'intérieur des machines et invisibles de l'extérieur. Il n'est même pas nécessaire que les interfaces de toutes les machines du réseau soient les mêmes, pourvu que chaque machine puisse utiliser correctement les protocoles. L'architecture de réseaux et les protocoles sont les deux thèmes principaux de cet ouvrage.

L'analogie suivante peut aider à la compréhension de la notion de communication multicouches. Imaginons que deux philosophes (symbolisant les processus pairs de niveau 3), l'un au Kenya, l'autre en Indonésie désirent communiquer. Comme ils ne parlent pas la même langue, ils engagent chacun un traducteur (processeurs pairs de niveau 2), chacun d'eux contactant à son tour un technicien (processeurs pairs de niveau 1). Le Philosophe 1 souhaite communiquer sa passion pour «oryctolagus cuniculus» à son pair. Pour ce faire, il passe un message en Swahili à son traducteur par l'interface 2/3, qui le transforme en «I like rabbits» ou «j'aime les lapins» ou «Ik houd van konijnen», suivant le protocole de niveau 2 choisi.

Le traducteur donne alors le message à son technicien pour transmission, par télégramme, téléphone, réseau d'ordinateurs, ou tout autre moyen, selon les conventions établies par avance entre les deux techniciens (protocole de niveau 1). Quand le message arrive, il est traduit en Indonésien et transmis par l'interface 2/3 au philosophe 2. Notez que les protocoles sont complètement indépendants les uns des autres, tant que l'interface reste inchangée. Les traducteurs peuvent passer du français au néerlandais, s'ils sont tous les deux d'accord, sans rien changer aux interfaces avec les couches 1 et 3.

Prenons maintenant un exemple plus technique : la façon de faire communiquer les couches supérieures dans le cas du réseau à sept couches de la figure 1-6. Un message *m* est produit par un processus se déroulant dans la couche 7. Le message est passé de la couche 7 à la couche 6 selon les définitions de l'interface 6/7. Dans cet exemple, la couche 6 transforme le message d'une certaine façon (compression de texte, ...), et passe alors le nouveau message *M* à la couche 5 par l'interface 5/6. La couche 5, dans cet exemple, ne modifie pas le message mais réalise simplement la régulation de flux (c'est-à-dire empêche le traitement par la couche 6 d'un message entrant alors qu'elle est occupée à gérer une série de messages sortants vers la couche 5).

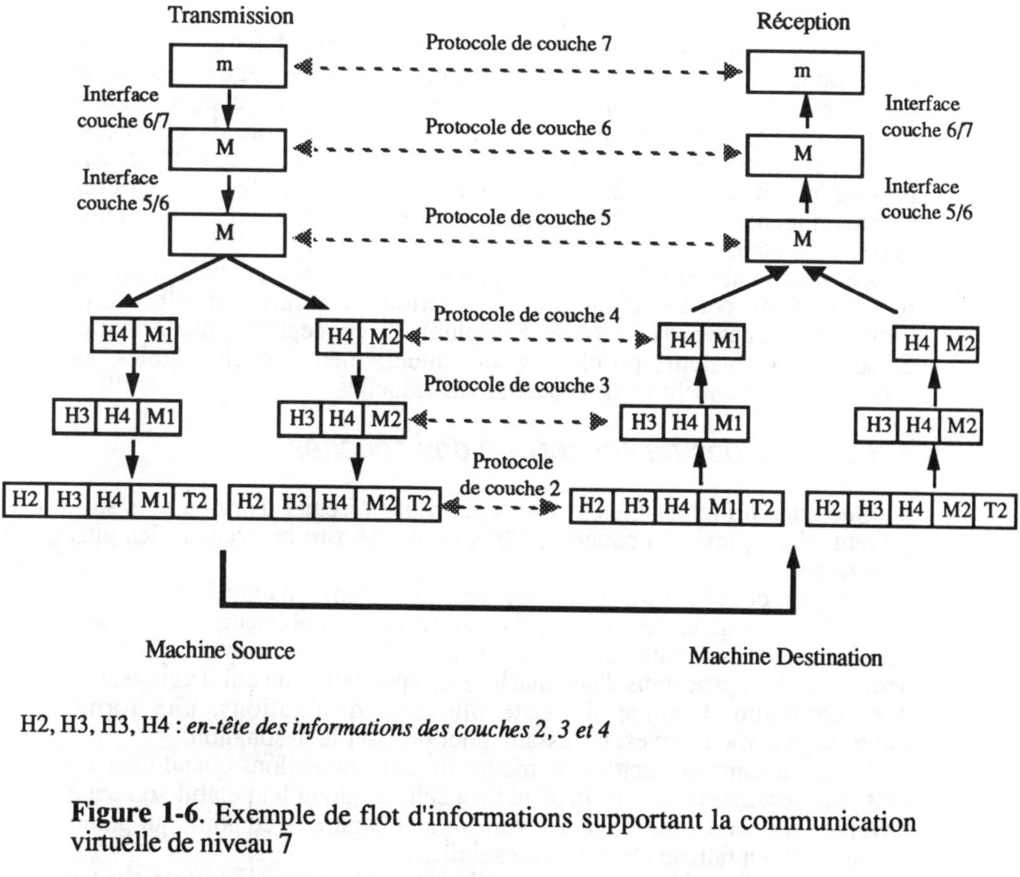

H2, H3, H3, H4 : *en-tête des informations des couches 2, 3 et 4*

Figure 1-6. Exemple de flot d'informations supportant la communication virtuelle de niveau 7

Dans beaucoup de réseaux, il n' y a pas de limite à la taille des messages acceptés par la couche 4, mais une limite est imposée par la couche 3. Par conséquent, la couche 4 doit fractionner les messages entrant en unités plus petites auxquelles elle ajoute un *en-tête* (les zones H, figure 1-6). L'en-tête comprend une indication de contrôle, comme un numéro de séquence, permettant à la couche 4 de la machine destinataire de remettre les morceaux dans le bon ordre si celui-ci n'a pas été maintenu par les couches plus basses. Dans beaucoup de couches, les en-têtes contiennent aussi des champs contrôlant la taille, les temps, etc.

La couche 3 fait le choix des lignes de sortie, accole son propre en-tête, et passe les données à la couche 2. La couche 2 n'ajoute pas seulement un en-tête à chaque morceau, mais un appendice (un «en-queue») et donne l'unité résultante à la couche 1 pour transmission physique. Dans la machine de réception, les messages montent, de couche en couche, chaque en-tête étant supprimé durant la progression. Aucun des en-têtes des couches inférieures à *n* n'est passé à la couche *n*.

Ce qu'il est important de comprendre dans la figure 1-6 c'est la relation entre communication virtuelle et effective et la différence entre protocoles et interfaces. Les processus pairs de la couche 4, par exemple, conçoivent leur communication de façon horizontale, grâce au protocole de couche 4. Chacun est censé avoir une procédure appelée «envoi à l'autre côté» et une procédure «réception de l'autre côté», même si ces procédures communiquent en fait avec les couches inférieures par l'interface 3/4 et non avec l'autre côté.

Le concept abstrait de processus pair est crucial pour la conception des réseaux. Sans cette technique d'abstraction, il serait difficile, voire impossible de passer d'un problème insoluble (la conception globale de tout un réseau) à plusieurs problèmes conceptuellement appréhendables, en l'occurrence la conception des couches individuelles.

1.3.2. Principes de conception des couches

Quelques principes-clés de conception des réseaux d'ordinateurs sont présents dans plusieurs couches. Nous allons décrire brièvement les plus importants.

Chaque couche doit posséder un mécanisme d'établissement de connexion. Puisqu'un réseau possède habituellement plusieurs ordinateurs, certains ayant plusieurs processus, il doit exister un moyen approprié permettant à un processus d'une machine de spécifier avec qui il veut établir une connexion. Comme il existe plusieurs destinations, une forme d'adressage particulière est nécessaire pour préciser la destination.

Le mécanisme permettant de mettre fin aux connexions quand elles ne sont plus nécessaires est étroitement lié à celui assurant leur établissement à travers le réseau. Comme nous le verrons au chapitre 6, ce point qui paraît anodin peut, en fait, se révéler assez subtil.

Un autre ensemble de décisions relatives à la conception porte sur les règles de transfert de données. Dans certains systèmes, les données ne voyagent que dans un sens (*communication simplex*). Dans d'autres, elles peuvent voyager dans les deux directions, mais pas simultanément (*communication semi-duplex*). Dans d'autres encore, elles voyagent ensemble dans les deux sens (*communication duplex*). Le protocole doit aussi déterminer le nombre de canaux logiques de la communication et leurs priorités. Beaucoup de réseaux fournissent au moins deux canaux par connexion, un pour les données normales et un pour les données urgentes.

Le contrôle d'erreur est un problème important parce que les circuits physiques de communication ne sont pas parfaits. Beaucoup de codes de détection et de correction d'erreur existent, mais les deux extrémités de la connexion doivent se mettre d'accord sur celui qu'elles utiliseront. De plus, le récepteur doit disposer d'un moyen d'indiquer à l'émetteur quels messages ont été correctement reçus ou non.

Tous les canaux de communication ne préservent pas l'ordre des messages qu'ils acheminent. Etant donnée la possible perte de séquence, le protocole doit fournir au récepteur les moyens de remettre les pièces dans l'ordre correct. Une solution évidente est la numérotation des pièces, mais elle ne répond pas à la question de savoir ce qu'il convient de faire des pièces n'arrivant pas dans l'ordre.

Un problème qui se pose à tous les niveaux provient de ce qu'un émetteur rapide peut saturer de données un récepteur lent. Différentes solutions sont proposées et discutées plus loin. Toutes nécessitent une sorte d'asservissement entre récepteur et émetteur, asservissement direct ou indirect, fondé sur l'état du récepteur.

Un autre problème à résoudre à différents niveaux concerne l'incapacité de tous les processus à accepter des messages arbitrairement longs. Cette propriété appelle des mécanismes de désassemblage, transmission puis réassemblage des messages. De même, il faut savoir que faire quand des processus insistent pour transmettre des unités de données trop petites pour être envoyées chacune séparément de façon efficace. Dans ce cas, la solution est de regrouper plusieurs petits messages vers une même destination en un grand message et de démembrer le grand message de l'autre côté.

Quand il est inopportun, ou trop cher, d'établir des connexions séparées pour chaque paire de processus communicants, la couche du dessous peut décider d'utiliser la même connexion pour plusieurs conversations indépendantes. Du moment que le multiplexage et le démultiplexage sont réalisés de façon transparente, ils peuvent être utilisés par chaque couche. Ainsi, le multiplexage est de règle dans la Couche Physique où les trafics de toutes les connexions doivent être envoyés sur seulement quelques circuits.

Quand plusieurs chemins sont possibles entre la source et le destinataire, il faut choisir une route. Quelquefois cette décision doit être partagée entre deux couches ou plus. Par exemple, pour envoyer des données entre Londres et Rome, une décision de haut niveau doit être prise quant au passage par la France ou par l'Allemagne, selon la législation et les tarifs en vigueur dans chacun de ces deux pays, tandis qu'une décision de bas niveau doit préciser, en fonction du trafic, quel circuit utiliser parmi les nombreux disponibles.

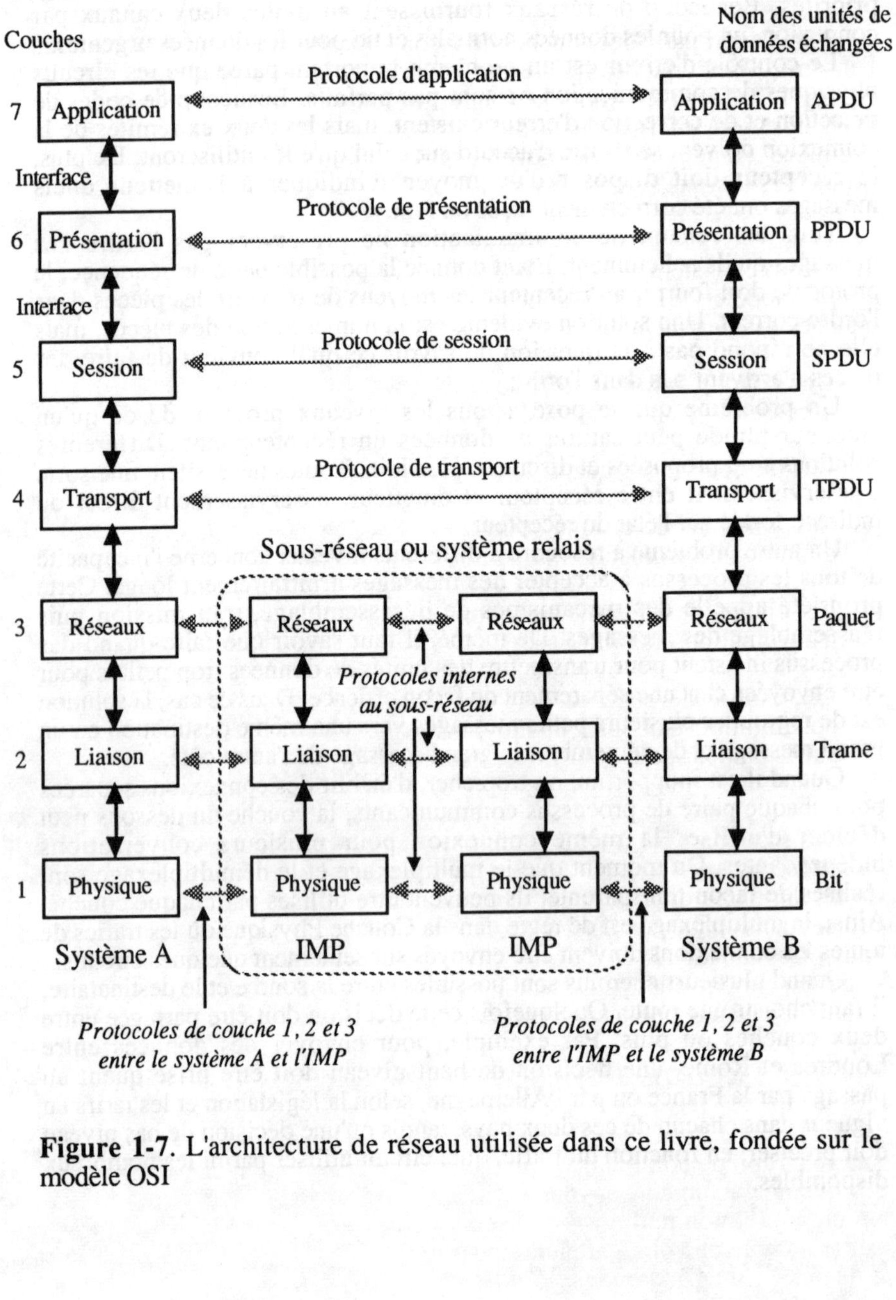

Figure 1-7. L'architecture de réseau utilisée dans ce livre, fondée sur le modèle OSI

1.4. LE MODELE DE REFERENCE OSI

Après avoir parlé des couches de façon abstraite, il est temps de regarder l'ensemble des couches qui seront utilisées tout au long de ce livre. La figure 1-7 décrit ce modèle fondé sur une proposition élaborée par l'Organisation Internationale de Normalisation (ISO). Ce modèle est la première étape vers une normalisation internationale des différents protocoles (Day et Zimmermann, 1983); il est appelé *Modèle de Référence OSI* (*Open Systems Interconnection*) parce qu'il traite de la connexion entre systèmes ouverts, c'est-à-dire des systèmes ouverts à la communication avec d'autres systèmes. On l'appelle communément le modèle OSI.

Le modèle OSI a sept couches. Les principes ayant conduit aux sept couches sont les suivants :

1. Une couche doit être créée lorsqu'un nouveau niveau d'abstraction est nécessaire.

2. Chaque couche exerce une fonction bien définie.

3. Les fonctions de chaque couche doivent être choisies en pensant à la définition de protocoles normalisés internationaux.

4. Le choix des frontières entre couches doit minimiser le flux d'informations aux interfaces.

5. Le nombre de couches doit être suffisamment grand pour éviter la cohabitation dans une même couche de fonctions très différentes et suffisamment petit pour éviter que l'architecture ne devienne difficile à maîtriser.

Les sections 1.5.1 à 1.5.7 traiteront chacune d'une couche en partant de la couche basse. Notez que le modèle OSI n'est pas en soi une architecture de réseau parce qu'il ne spécifie pas réellement les services et protocoles utilisés dans chaque couche. Il décrit simplement ce que chaque couche doit faire. Cependant l'ISO a également produit des normes pour toutes les couches, quoi qu'elles ne fassent pas strictement partie du modèle. Chacune a fait l'objet d'une publication comme norme internationale propre.

1.4.1. La Couche Physique

La *Couche Physique* s'occupe de la transmission des bits de façon brute sur un circuit de communication. Sa conception doit être telle que l'on soit sûr que, lorsqu'un côté envoie un bit à 1, il est reçu par l'autre côté comme un bit à 1, et non un bit à 0. Le genre de questions que l'on se pose porte sur le nombre de volts à atteindre pour représenter un bit à 1 et à 0, la durée d'un bit en microsecondes, la possibilité de transmission dans les deux directions simultanément, l'initialisation de la connexion et le relâchement quand les deux côtés ont fini, le nombre de broches que possède le connecteur de réseau et l'usage de chacune. Les problèmes de conception concernent les interfaces mécaniques, électriques, leur modes de fonctionnement et le support physique de transmission qui se trouve sous la Couche Physique. La conception de la Couche Physique peut être réellement considérée comme faisant partie du domaine de l'ingénieur électronicien.

1.4.2 La Couche Liaison de Données

La tâche principale de la *Couche Liaison de Données* est de prendre un moyen de transmission «brut» et de le transformer en une ligne qui paraît exempte d'erreurs de transmission à la Couche Réseau. Elle l'accomplit en fractionnant les données d'entrée de l'émetteur en *trames de données* (de quelques centaines d'octets), en transmettant les trames en séquence et en gérant les *trames d'acquittement* renvoyées par le récepteur. Puisque la Couche Physique accepte et transmet simplement un flot de bits sans en connaître la signification ni la structure, c'est à la Couche Liaison de Données de créer et de reconnaître les frontières des trames. Cela peut se réaliser en accolant au début et à la fin de la trame des groupes spécifiques de bits. Si de tels groupes peuvent apparaître accidentellement dans les données, il convient de prendre des précautions spécifiques pour éviter les confusions.

Une perturbation sur la ligne peut détruire complètement une trame. Dans ce cas, le logiciel de la Couche Liaison de Données de la machine source doit retransmettre la trame. Cependant, de multiples transmissions d'une même trame peuvent en provoquer la duplication. Par exemple, on aura une trame dupliquée si la trame d'acquittement est détruite. C'est le rôle de cette couche de résoudre les problèmes posés par les trames endommagées, perdues et dupliquées. La Couche Liaison de Données peut offrir différentes catégories de service à la Couche Réseau, avec des qualités de service et des prix différents.

Une autre fonction de cette couche (et aussi de la plupart des couches de plus haut niveau) est d'empêcher un émetteur rapide d'inonder de données un récepteur lent. Une sorte de mécanisme de régulation de trafic doit être employé pour porter à la connaissance de l'émetteur la capacité instantanée de stockage de données. Pour des raisons de commodité, régulation de flux et gestion des erreurs sont souvent intégrées.

Si la ligne est utilisée pour la transmission dans les deux sens, le travail de gestion de la couche est encore compliqué. Le problème est que les trames d'acquittement de A vers B et les trames de données du trafic de B vers A se disputent l'usage de la ligne. Une solution astucieuse (la superposition ou *piggybacking*) a été inventée; nous en parlerons plus loin en détail.

1.4.3. La Couche Réseau

La *Couche Réseau* permet de gérer le sous-réseau. La façon dont les paquets sont acheminés de la source au destinataire constitue un élément-clé de la conception. Les routes peuvent être fondées sur des tables statiques «câblées» dans le réseau et rarement changées. Elles peuvent également être déterminées au début de chaque conversation, par exemple une session de bout en bout. Enfin, elles peuvent être très dynamiques, déterminées à nouveau pour chaque paquet de manière à refléter la charge instantanée du réseau utilisé.

Si trop de paquets se trouvent simultanément dans le réseau, ils vont se gêner et créer ainsi des engorgements. Le contrôle d'une congestion de ce type appartient aussi à la Couche Réseau.

Puisque les opérateurs du sous-réseau attendent une rémunération de leurs efforts, la Couche Réseau renfermera souvent des fonctions de comptabilité. Le logiciel doit au minimum compter le nombre de caractères ou de bits envoyés à chaque client pour produire les informations nécessaires à la facturation. Lorsque le paquet franchit une frontière, avec des tarifs différents de chaque côté, la comptabilisation peut devenir compliquée.

Quand un paquet doit transiter d'un réseau à un autre pour arriver à destination, beaucoup de problèmes peuvent surgir. L'adressage dans le second réseau peut être différent de celui du premier. Le second peut ne pas accepter du tout le paquet parce qu'il est trop volumineux. Les protocoles peuvent varier, et ainsi de suite. C'est à la Couche Réseau de résoudre tous ces problèmes pour permettre l'interconnexion de réseaux hétérogènes.

Dans les réseaux à diffusion, le problème de routage est simple, si bien que la Couche Réseau est souvent mince, voire inexistante.

1.4.4. La Couche Transport

La fonction de base de la *Couche Transport* est d'accepter des données de la Couche Session, de les découper, le cas échéant, en plus petites unités, et de s'assurer que tous les morceaux arrivent correctement de l'autre côté. De plus, tout cela doit être fait de façon efficace et en préservant la Couche Session des inévitables changements dans la technologie du matériel.

Normalement, la Couche Transport crée une connexion réseau par connexion de transport requise par la Couche Session. Cependant, si la connexion de transport requiert un débit rapide, la Couche Transport peut créer de multiples connexions réseau, sur lesquels elle répartit les données pour améliorer le débit. A l'inverse, dans le cas où la création et le maintien d'une connexion est coûteuse, la Couche Transport peut multiplexer plusieurs connexions transport sur la même connexion réseau pour réduire le coût. De toute façon, la Couche Transport a pour tâche de rendre ce multiplexage transparent à la Couche Session.

La Couche Transport détermine également le type de services à fournir à la Couche Session et, finalement, aux utilisateurs du réseau. La connexion typique de transport consiste en un canal de point à point, exempt d'erreurs, délivrant les messages dans l'ordre d'émission. Cependant, d'autres types de services possibles permettent le transport de messages isolés sans garantie d'ordre de délivrance et la diffusion de messages à plusieurs destinataires. Le type de service est déterminé à la connexion.

La Couche Transport est une authentique couche de *bout en bout,* de l'émetteur au destinataire. En d'autres termes, un programme de la machine source véhicule une conversation avec un programme similaire sur la machine destinataire, en utilisant les messages d'en-tête et de contrôle. Pour les couches plus basses, les protocoles agissent entre machines voisines et non entre les machines d'extrémité, source et destinataire, qui peuvent être séparées par plusieurs IMP. La différence entre les couches 1 à 3, qui sont en cascade, et les couches 4 à 7, qui sont de bout en bout, est illustrée par la figure 1-7.

Plusieurs programmes s'exécutent simultanément dans beaucoup de machines hôtes, ce qui implique de multiples connexions pour chaque machine. Il est nécessaire d'indiquer quel message appartient à quelle connexion. Cette information peut éventuellement être placée dans l'en-tête de transport (soit H4 sur la figure 1-6).

En plus du multiplexage de plusieurs messages sur un canal, la Couche Transport doit gérer l'établissement et le relâchement des connexions sur le réseau. Cela nécessite un mécanisme d'adressage permettant au processus d'une machine de décrire avec qui il veut converser. Un mécanisme de régulation de flux doit également exister pour qu'une machine hôte rapide ne surcharge pas une machine lente. Le contrôle de flux entre hôtes est différent de celui entre IMP, nous verrons cependant plus loin que des principes similaires s'appliquent aux deux.

1.4.5. La Couche Session

La *Couche Session* permet à des utilisateurs sur différentes machines d'établir des sessions entre eux. Une session a pour but le transport des données, comme la Couche Transport, mais elle offre également des services avancés utiles à certaines applications. Une session peut permettre à un utilisateur d'accéder à un système à temps partagé distant ou de transférer un fichier entre deux machines.

Un des services de la Couche Session concerne la gestion du dialogue. Les sessions peuvent autoriser le mode bi- ou unidirectionnel du trafic. Quand le trafic s'écoule d'un seul côté à la fois (comme sur une ligne de chemin de fer à voie unique), la Couche Session peut aider à savoir à qui c'est le tour.

Un tel service de session s'appelle la *gestion du jeton.* Dans certains protocoles, il est essentiel que les deux côtés ne lancent pas la même opération en même temps. Pour gérer ces activités, la Couche Session fournit des jetons qui peuvent être échangés. Seul le côté possédant le jeton peut effectuer l'opération critique.

Un autre service de session est la *synchronisation*. Imaginons ce qui peut arriver lorsqu'on essaye d'effectuer un transfert de fichier d'une durée de deux heures entre deux machines sur un réseau, alors que le temps moyen entre deux pannes est d'une heure. Après l'interruption d'un transfert, l'ensemble du transfert doit être repris et échouera probablement à la prochaine panne du réseau. Pour éliminer ce problème, la Couche Session permet l'insertion de points de test dans le flot de données de façon à ne reprendre après une panne que les données postérieures au dernier point de test.

1.4.6. La Couche Présentation

La *Couche Présentation* effectue des fonctions suffisamment courantes pour n'être pas laissées à la charge de chaque utilisateur. Plus précisément, à la différence des autres couches qui sont concernées seulement par la transmission fiable des bits d'un point à un autre, la Couche Présentation s'intéresse à la syntaxe et à la sémantique de l'information transmise.

Un exemple typique d'un service de présentation est l'encodage des données dans une norme agréée. La plupart des programmes utilisateurs n'échangent pas des chaînes de bits aléatoires. Ils s'échangent des noms de personnes, des dates, des montants et des factures qui sont représentés sous forme de chaînes de caractères, d'entiers, de nombres en virgule flottante, et de structures de données composites. Les machines représentent les chaînes de caractères selon des codes différents (ASCII et EBCDIC par exemple). Afin de permettre à des ordinateurs ayant différentes présentations de communiquer, la structure des données à échanger peut être définie de façon abstraite, avec une norme d'encodage à utiliser «au fil de l'eau». La gestion de ces structures abstraites de données, la conversion de représentation entre le standard interne et la norme du réseau sont effectuées par la Couche Présentation.

La Couche Présentation est aussi concernée par d'autres aspects de la représentation de l'information. Ainsi, la compression des données peut être utilisée pour réduire le nombre de bits transmis et le chiffrement est fréquemment nécessaire pour la confidentialité et l'authentification.

1.4.7. La Couche Application

La *Couche Application* comporte de nombreux protocoles fréquemment utilisés. Par exemple, il y a de part le monde des centaines de terminaux incompatibles. Imaginez un éditeur de texte plein écran devant travailler en réseau avec de nombreux types de terminaux différents, chacun avec son affichage propre, ses séquences d'échappement pour insérer et effacer du texte, déplacer le curseur, etc.

Ce problème peut être résolu en définissant un *terminal de réseau virtuel* auquel les éditeurs et autres programmes puissent être adaptés. Pour gérer chaque type de terminal, un logiciel doit être écrit pour projeter les fonctions du terminal virtuel sur le terminal réel. Par exemple, lorsque l'éditeur déplace le curseur du terminal virtuel vers l'angle de l'écran supérieur gauche, le logiciel doit exécuter la séquence de commandes appropriée pour le terminal réel afin de placer à cet endroit son curseur. Tout le logiciel du terminal virtuel se trouve dans la Couche Application.

Une autre application propre à la Couche Application est le transfert de fichier. Les différents systèmes de fichier ont leur propre convention de dénomination, différentes façons de représenter les lignes de texte, et ainsi de suite. Le transfert de fichiers entre différents systèmes requiert entre autres la gestion de ces incompatibilités. Ce travail revient également à la Couche Application, de même que le courrier électronique, l'exécution de travaux à distance, la consultation des annuaires, etc.

1.4.8. Transmission de données au travers du modèle OSI

La figure 1-8 montre un exemple de la façon dont les données peuvent être transmises en utilisant le modèle OSI. Le processus émetteur doit émettre certaines données vers le processus récepteur. Il délivre les données à la Couche Application qui lui accole un en-tête application AH (qui peut être nul) et délivre l'item résultant à la Couche Présentation.

La Couche Présentation peut transformer cet item de différentes façons, éventuellement rajouter un en-tête et délivrer le résultat à la Couche Session. Il est important de comprendre que la Couche Présentation ne connaît pas et ne doit pas connaître l'existence éventuelle de AH qui fait pour elle partie des données utilisateur.

Ce processus est répété jusqu'à ce que les données atteignent la Couche Physique, là elles sont effectivement transmises à la machine réceptrice. Sur cette machine, les différents en-tête sont éliminés un à un lorsque le message remonte dans les couches jusqu'à parvenir finalement au processus récepteur.

Le concept clé réside dans le fait que chaque couche est programmée comme si elle était réellement horizontale, alors qu'en fait la transmission de données est verticale dans la figure 1-8. Par exemple, quand la Couche Transport émettrice reçoit un message de la Couche Session, elle lui accole un en-tête de transport et l'envoie à la Couche Transport réceptrice. De son point de vue, le fait de passer le message à la Couche Réseau sur sa propre machine est une particularité technique sans intérêt essentiel. Pour employer une image, quand un diplomate parlant le Uighur parle aux Nations Unies, il pense s'adresser aux autres diplomates assemblés. Le fait qu'il ne parle en réalité qu'à son interprète n'est qu'un détail technique.

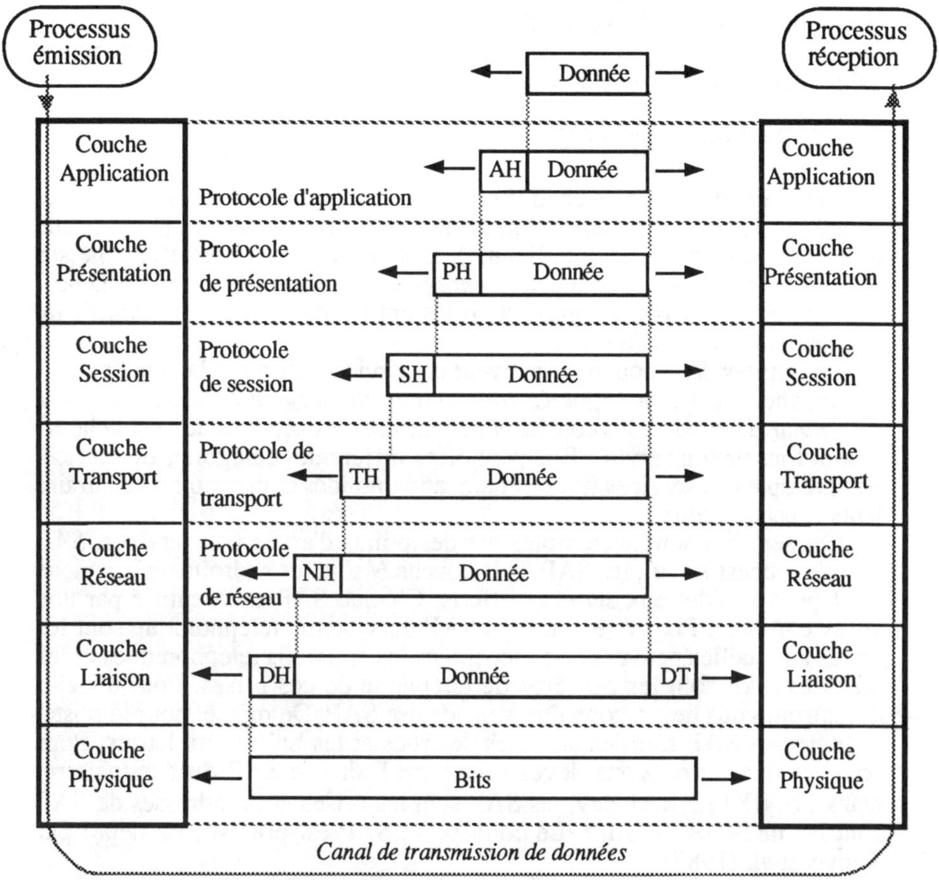

AH : En-tête d'application
PH : En-tête de présentation
SH : En-tête de session
TH : En-tête de transport
NH : En-tête de réseau
DH : En-tête de liaison de données
DT : Délimiteur de fin de trame

Figure 1-8. Exemple d'utilisation du modèle OSI. Parmi les en-têtes, certains peuvent être nuls (*Source : H.C. Folts. Utilisation autorisée*)

1.5. LES SERVICES

La finalité de chaque couche du modèle OSI est de fournir des services à la couche située au-dessus d'elle. Dans cette section nous verrons plus en détail ce que signifie un service, mais tout d'abord nous donnerons quelques éléments de la terminologie OSI.

1.5.1. Terminologie OSI

Les éléments actifs de chaque couche s'appellent des *entités*. Une entité peut être une entité logicielle (comme un processus), ou une entité matérielle (comme une puce d'E/S intelligente). Les entités de la même couche sur différentes machines sont appelées *entités paires*. Les entités de la couche 7 sont appelées *entités d'application*; les entités de la couche 6 *entités de présentation*, et ainsi de suite.

Les entités de la couche *N* activent un service utilisé par la couche *N+1*. La couche *N* est alors appelée *fournisseur de service* et la couche *N+1 utilisateur de service*. La couche *N* peut utiliser les services de la couche *N-1* pour fournir son service. Elle peut offrir différentes catégories de service, par exemple des services de communication rapides et chers ou au contraire lents et économiques.

Les services sont accessibles par des points d'accès aux services, *SAP* (*service access point*), les SAP de la couche *N* sont les endroits où la couche *N+1* peut accéder aux services offerts. Chaque SAP est identifié par une adresse unique. Pour être clair, les SAP du système téléphonique sont les prises auxquelles peuvent être raccordées les appareils téléphoniques et les adresses SAP sont les numéros de téléphone de ces prises. Pour appeler quelqu'un, vous devez connaître son adresse SAP. De même, pour la poste, les adresses SAP sont les adresses des rues et les boîtes aux lettres. Pour envoyer une lettre, vous devez connaître l'adresse SAP du destinataire. Dans l'UNIX[1] de Berkeley, les SAP sont les prises et les adresses de SAP sont les numéros de prise. Le concept de SAP est présenté en détail par Tomas et al. (1987).

Pour que deux couches échangent des informations, il doit exister un ensemble de règles admises en ce qui concerne l'*interface*. Pour une interface typique, l'entité de la couche *N+1* passe une Unité de Données d'Interface *IDU* (*Interface Data Unit*) à l'entité de la couche N par le SAP comme indiqué sur la figure 1-9. L'IDU est composée d'une Unité de Données de Service *SDU* (*Service Data Unit*) et de certaines informations de contrôle. Le SDU est l'information passée par le réseau à l'entité paire, puis vers le haut à la couche *N+1*. L'information de contrôle est utilisée pour

---

[1]UNIX est une marque déposée des laboratoires de AT&T

assister la couche en-dessous dans son travail (par exemple, le nombre d'octets du SDU), mais elle n'en fait pas partie.

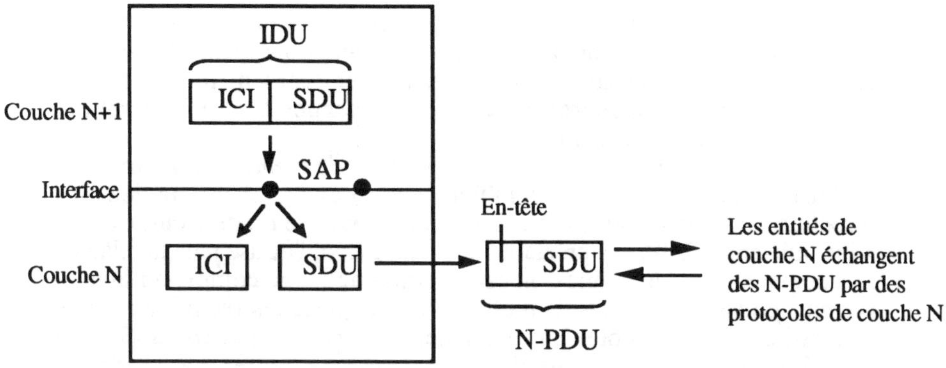

IDU : Unité de données d'interface entre couches (*Interface Data Unit*)
ICI : Information de commande de l'interface (*Interface Control Information*)
SDU : Unité de données de service (*Service Data Unit*)
SAP : Point d'accès d'un service (*Service Acces Point*)
N-PDU : Unité de données de protocole de couche N (*N- Protocol Data Unit*)

Figure 1-9. Relations entre couches à une interface

Pour transmettre une SDU, l'entité de la couche *N* peut devoir la fragmenter en différents morceaux. Chacun reçoit un en-tête et est envoyé comme une Unité de Donnée de Protocole *PDU* (*Protocol Data Unit*) séparée telle qu'un paquet. Les en-têtes de PDU sont utilisés par les entités paires pour transporter leur protocole pair. Elles identifient les PDU contenant des données et ceux contenant des informations de contrôle, fournissent les numéros de séquence, les comptages et ainsi de suite. Les PDU de transport, session et application sont souvent référencés comme TPDU, SPDU et APDU respectivement. C'est moins clair pour les autres PDU.

Ce langage est souvent perçu comme un jargon bureaucratique international. Nous l'éviterons dans la mesure du possible en faveur des dénominations plus familières utilisées par les informaticiens et les ingénieurs.

1.5.2. Services en mode connexion et en mode sans connexion

Les couches peuvent offrir différents types de services aux couches supérieures, en mode connexion et en mode sans connexion. Dans cette section nous examinerons ces deux modes et leurs différences. Des informations complémentaires peuvent être obtenues dans Bucciarelli et Caneschi, 1985 et dans Chapin, 1983.

Le système téléphonique est un *service en mode connexion*. Pour parler à quelqu'un, vous décrochez le combiné, composez le numéro, parlez puis raccrochez. De même, dans le cas d'un service avec le mode connexion, le service utilisateur établit au préalable une connexion, l'utilise puis la relâche. L'aspect essentiel de la connexion est qu'elle fonctionne comme un tuyau : l'émetteur pousse des objets d'un côté et le récepteur les récupère dans le même ordre de l'autre côté. En revanche, un *service sans connexion* est structuré comme le système postal. Chaque message (lettre) porte l'adresse de destination complète et est acheminé à travers le système indépendamment de tous les autres. Normalement, quand deux messages sont envoyés vers la même destination, le premier envoyé est le premier reçu. Cependant, il peut arriver que le premier soit retardé si bien que le second arrive d'abord. Dans le cas de services en mode connecté, c'est impossible.

Chaque service peut se caractériser par une qualité de service. Des services sont fiables quand ils ne perdent jamais de données. Habituellement, la mise en œuvre d'un service fiable se fait par acquittement de chaque message par le récepteur, de sorte que l'émetteur soit sûr de son arrivée. Le processus d'acquittement engendre charge et délai; il est donc souvent bénéfique mais parfois indésirable.

Un cas typique d'adéquation d'un service fiable en mode connecté est le transfert de fichier. Le propriétaire du fichier veut être sûr de l'arrivée correcte et dans le bon ordre de tous les bits. Très peu d'utilisateurs du transfert de fichiers vont préférer un service qui parfois modifie ou perd quelques bits, même s'il est beaucoup plus rapide.

Les services fiables en mode connexion présentent deux variantes mineures : par message et au fil de l'eau. Dans la première, les frontières des messages sont préservées. Quand deux messages de 1 Koctet sont envoyés, ils arrivent sous la forme de deux messages de 1 Koctet, jamais comme un message de 2 Koctet. Dans la seconde, la connexion est simplement un flot de bits, sans frontières de messages. Quand 2 Koctet arrivent chez le récepteur, il n'y a aucun moyen de dire s'ils ont été envoyés comme un message de 2 Koctet, deux messages d'un Koctet ou 2048 messages d'un octet. Dans le cas de l'envoi des pages d'un livre par réseau à une photocomposeuse en différents messages, il peut être important de préserver les frontières des messages. En revanche, la connexion d'un terminal à un système en temps partagé distant ne nécessite qu'un flot de bits du terminal vers l'ordinateur.

Comme nous l'avons dit plus haut, les délais entraînés par l'acquittement sont inacceptables pour certaines applications, dont le trafic de la voix numérisée. Les usagers du téléphone préfèrent entendre de temps en temps un peu de bruit ou un mot déformé sur la ligne que de devoir supporter un délai d'attente dû aux acquittements.

Toutes les applications ne nécessitent pas de connexions. Par exemple, avec la banalisation du courrier électronique, on peut imaginer un «courrier électronique à petite vitesse». L'émetteur d'un courrier électronique à petite vitesse ne désire probablement pas s'embarrasser de l'établissement puis du relâchement d'une connexion pour envoyer seulement un item. La remise fiable à 100% n'est pas essentielle non plus, surtout si elle coûte cher. Tout ce qui est nécessaire est un moyen d'envoyer un message qui a une grande probabilité d'arrivée, mais sans garantie. Des services sans connexion non-fiables (c'est-à-dire sans acquittement) sont souvent appelés *services datagramme*, par analogie avec le service télégraphique, lequel ne fournit pas non plus d'acquittement à l'émetteur. Dans d'autres cas, il convient de ne pas établir de connexion pour envoyer un message court, mais la fiabilité est essentielle. Le service datagramme avec acquittement peut être utilisé pour de telles applications. C'est comme envoyer une lettre en recommandé en réclamant un accusé de réception. Quand l'accusé revient, l'émetteur est absolument sûr de la délivrance de la lettre à son destinataire.

Le service *demande-réponse* est encore un autre type de service avec lequel l'émetteur transmet un seul datagramme contenant une demande; le récepteur transmet de même la réponse. Par exemple, une question à une bibliothèque locale demandant où l'Uighur est parlé rentre dans cette catégorie. La figure 1-10 résume ces différents types de services.

	Services	Exemples
1	Transfert fiable de messages	Suite de pages
1	Transfert fiable de données	Transfert de fichier
1	Transfert sans contrôle d'erreur	Voix numérisée
2	Transfert de Datagramme sans acquittement	Messagerie électronique
2	Transfert de Datagramme avec acquittement	Messagerie électronique avec accusé de remise
2	Requêtes / Réponses	Consultation de base de données

1 : Services avec connexion ou orientés connexion
2 : Services sans connexion

Figure 1-10. Six différents types de services

1.5.3. Les primitives de service

Un service est défini formellement par un ensemble de primitives (opérations) disponibles pour un utilisateur ou d'autres entités pour l'accès au service. Ces primitives disent au service de réaliser telle action ou de rendre compte d'une action prise par l'entité paire. Dans le modèle OSI les primitives de service peuvent être réparties en quatre classes, comme indiqué sur la figure 1-11.

Primitive	Signification
Request	Requêtes : une entité sollicite un service pour faire une activité
Indication	Indication : une entité est informée d'un événement
Response	Réponse : une entité répond à un événement
Confirm	Confirmation : une entité est informée de sa demande de service

Figure 1-11. Quatre classes de primitives de service

La première classe de primitive est celle relative à la demande. Elle est utilisée pour ordonner un travail, par exemple établir une connexion ou envoyer des données. Quand le travail a été exécuté, l'entité paire reçoit une primitive d'indication. Par exemple, après une demande de connexion (CONNECT.request en notation OSI), l'entité destinataire reçoit une «CONNECT.indication», annonçant que quelqu'un veut établir une connexion avec elle. L'entité recevant la «CONNECT.indication», utilise alors la primitive «CONNECT.response» pour dire si elle accepte ou rejette la proposition de connexion. Dans tous les cas, l'entité émettrice de la requête initiale est avertie de ce qui s'est passé via la primitive «CONNECT.confirm».

Les primitives peuvent avoir des paramètres. Les paramètres d'un «CONNECT.request» spécifient la machine à laquelle on désire se connecter, le type de service désiré et la taille maximale des messages utilisée pour la connexion. Les paramètres d'un «CONNECT.indication» peuvent contenir l'identité de l'appelant, le type de service désiré et la taille maximale des messages proposée. Si l'entité appelée n'est pas d'accord avec la taille maximale de message proposée, elle peut faire une contre-proposition dans sa primitive de réponse, laquelle sera mise à disposition de l'appelant initial par la primitive de confirmation. Le détail de cette négociation fait partie du protocole. Par exemple, dans le cas de deux propositions conflictuelles sur la taille maximale des messages, le protocole peut spécifier que la plus petite valeur est toujours choisie.

A propos de terminologie, le modèle OSI évite soigneusement les expressions «ouvrir une connexion» et «fermer une connexion» parce que, pour un électronicien, un «circuit ouvert» est matérialisé par un espace ou une coupure interne. L'électricité ne peut s'écouler que sur des «circuits fermés». Les informaticiens n'accepteront jamais l'idée d'un flot d'information sur un circuit fermé. Pour créer un terrain d'entente, les termes officiels sont «établir une connexion» et «relâcher une connexion».

Les services peuvent être confirmés ou non-confirmés. Pour un service confirmé, il y a une demande, une indication, une réponse et une confirmation. Pour un service non-confirmé, il y a juste une demande et une indication. «CONNEXION» est toujours un service confirmé, parce que la partie paire distante doit être d'accord avec la connexion. En revanche, le transfert de données peut être confirmé ou non, selon que l'émetteur a besoin ou non d'un acquittement. Les deux types de services sont utilisés dans les réseaux.

Pour mieux concrétiser le concept de service, envisageons un exemple de service à connexion simple avec les huit primitives suivantes :

1) *CONNECT.request* :	demande d'établissement d'une connexion
2) *CONNECT.indication* :	signalisation à la partie appelée
3) *CONNECT.response* :	utilisée par l'appelé pour accepter/rejeter l'appel
4) *CONNECT.confirm* :	indique à l'appelant si l'appel est accepté
5) *DATA.request* :	demande d'envoi de données
6) *DATA.indication* :	signale l'arrivée de données
7) *DISCONNECT.request* :	demande de relâchement de la connexion
8) *DISCONNECT.indication* :	signale la demande au pair

Dans cet exemple, CONNECT est un service avec confirmation (une réponse explicite est demandée), tandis que DISCONNECT est sans confirmation (pas de réponse).

La comparaison avec le système téléphonique peut être utile pour voir comment ces primitives sont utilisées. Pour cela, examinons les étapes nécessaires pour appeler Mamie Nova au téléphone et l'inviter pour le goûter.

1) *CONNECT.request* : faire le numéro de Mamie Nova

2) *CONNECT.indication* : ça sonne chez elle

3) *CONNECT.response* : elle décroche le combiné

4) *CONNECT.confirm* : vous attendez l'arrêt de la sonnerie

5) *DATA.request* : vous l'invitez pour le goûter

6) *DATA.indication* : elle entend votre invitation

7) *DATA.request* : elle dit qu'elle serait ravie de venir

8) *DATA.indication* : vous entendez qu'elle accepte

9) *DISCONNECT.request* : vous raccrochez le combiné

10) *DISCONNECT.indication* : elle l'entend et raccroche également

La figure 1-12 montre la même séquence sous forme de primitives contenant la confirmation de déconnexion finale. Chaque étape implique une interaction entre deux couches sur un des ordinateurs. Chaque demande ou réponse provoque une indication ou confirmation de l'autre côté un peu plus tard. Dans cet exemple, les services utilisateurs (Mamie Nova et vous) sont dans la couche *N+1* et le service fournisseur (le système téléphonique) est dans la couche *N*.

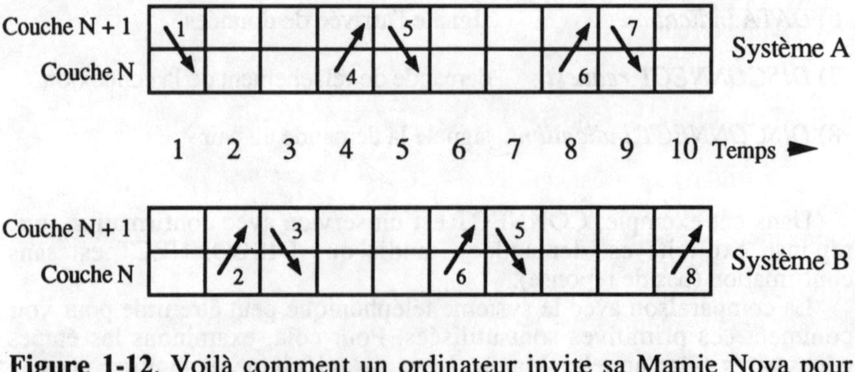

Figure 1-12. Voilà comment un ordinateur invite sa Mamie Nova pour goûter. Les chiffres près de chaque flèche renvoient aux huit primitives de service décrites dans cette section.

1.5.4. Les relations des services aux protocoles

Service et protocole sont deux concepts distincts quoique fréquemment confondus. L'importance de cette distinction mérite que nous y revenions. Un service est un ensemble de primitives (opérations) qu'une couche fournit à la couche au-dessus d'elle. Le service définit les opérations que la couche est prête à effectuer pour le compte de ses utilisateurs, mais ne dit rien sur la façon dont ces opérations sont réalisées. Un service réfère à une interface entre deux couches, la couche inférieure étant le fournisseur du service, la supérieure l'utilisateur du service.

En revanche, un protocole est un ensemble de règles s'appliquant au format et à la signification des trames, paquets ou messages échangés entre entités paires au sein d'une couche. Les entités utilisent les protocoles afin de mettre en œuvre leurs spécifications de service. Elles sont libres de changer de protocole pourvu qu'elles ne changent pas la visibilité du service par leurs utilisateurs. De cette façon, service et protocole sont totalement découplés.

Il est intéressant d'effectuer une comparaison avec les langages de programmation. Un service est comme un type abstrait de données.

Il définit les opérations à réaliser sur un objet, mais pas la manière de procéder. Un protocole relève de la mise en œuvre du service et n'est pas visible en tant que tel de l'utilisateur du service.

Beaucoup de protocoles pré-OSI ne faisaient pas cette distinction. En l'occurrence, une couche pouvait avoir par exemple une primitive «émission de paquet» (SEND PACKET) dans laquelle l'utilisateur fournissait un pointeur vers un paquet parfaitement assemblé. Ce procédé signifiait que le moindre changement de protocole était immédiatement visible par l'utilisateur. Une telle pratique est maintenant unanimement considérée comme une erreur grave lors de la conception.

1.6. LA NORMALISATION DES RESEAUX

La normalisation est un des processus fondamentaux en matière de communications puisqu'elle seule permet de garantir la pérennité des équipements, et donc l'amortissement des investissements. Nous présentons ci-dessous les principaux organismes de normalisation, les liens qui les unissent ainsi que la façon dont on peut identifier l'origine et l'état d'avancement d'une norme.

1.6.1. Les organismes de normalisation

Des communautés d'intérêts divers sont concernées par les enjeux techniques et économiques de la normalisation dans les domaines du traitement de l'information et des technologies de l'information, domaine couramment nommé TI (Technologie de l'Information). On y rencontre notamment : des industriels, des utilisateurs, des administrations des télécommunications, des chercheurs, etc. Tous ces partenaires de la normalisation ont un certain nombre de préoccupations communes :

- savoir s'y retrouver dans ce qui paraît être un foisonnement irrationnel d'organismes,
- connaître les groupes dans lesquels leurs positions seront les mieux défendues,
- comprendre par quels mécanismes et jeux de liaisons un consensus peut être dégagé de la confrontation de diverses positions.

Trois principaux organismes internationaux de normalisation (leur siège est à Genève) interviennent dans le domaine de la technologie de l'information TI :

- l'ISO (International Organization for Standardization)
- la CEI (Commission Electrotechnique Internationale)
- le CCITT (Comité Consultatif International Télégraphique et Téléphonique)

La coordination des travaux entre l'ISO, la CEI et le CCITT a été constamment maintenue et développée afin que les limites exactes de compétence entre les trois organismes soient respectées le mieux possible, pour les domaines d'intérêt commun.

Cette coordination, tout d'abord concrétisée par des accords officiels, a évolué plus récemment vers le rapprochement des procédures, des structures de travail et des publications, comme c'est le cas pour l'ISO et la CEI, l'ISO et le CCITT.

1.6.1.1. l'ISO et la CEI

L'ISO est une organisation internationale non gouvernementale destinée à coordonner et unifier au niveau international les normes dans tous les domaines techniques, à l'exclusion de l'électricité, de l'électrotechnique et de l'électronique, traitées par la CEI.

Quatre-vingt-dix pays environ sont actuellement membre de l'ISO. Par l'intermédiaire des organisations nationales, la participation aux travaux de l'ISO est ouverte à tous les partenaires : industriels, utilisateurs et administrations. Les divers partenaires, chargés également de promouvoir les travaux de l'ISO, sont eux-mêmes regroupés en organisations ou associations, par exemple en Europe l'ECMA (groupement de fabricants de matériel informatique), l'OSITOP (groupement d'utilisateurs), l'IFIP (société savante regroupant principalement des universitaires), etc. L'ISO est organisée hiérarchiquement en :

- TC, comités techniques (Technical Committee) : environ 200,
- SC, sous-comités (Sub-Committee),
- WG, groupes de travail (Working Group).

Le comité technique ISO/TC 97 traite de l'ensemble des aspects généraux de la normalisation dans le domaine du traitement de l'information TI. D'autres comités techniques traitent des aspects particuliers liés aux applications informatiques (TC 46 : documentation, TC 68 : banque, etc.).

Le comité technique ISO/TC 97 comprend quelque dix-sept sous-comités, et notamment :

- ISO/TC 97/ SC 2 : Jeux de caractères et codage de l'information
- ISO/TC 97/ SC 6 : Téléinformatique
- ISO/TC 97/ SC 18 : Bureautique
- ISO/TC 97/ SC 21 : Systèmes ouverts (c'est de ce comité qu'émane le modèle OSI)

Les travaux de l'ISO sont publiés en tant que normes internationales, actuellement le catalogue de l'ISO comprend plus de 5000 publications.

La CEI est affiliée à l'ISO dont elle constitue en fait la branche «électricité et électronique». L'ISO et la CEI ont entrepris l'harmonisation de leur procédures. Une matérialisation particulièrement marquante de ce rapprochement intervient ces dernières années dans le domaine du traitement de l'information avec la création du comité mixte ISO/CEI/JTC1 — Technologie de l'information. Le JTC1 rassemble :

- tous les sous-comités existants de l'ISO/TC 97— Systèmes de traitement de l'information
- le comité CEI/TC 83 — Equipements pour les techniques relatives à l'information
- le sous-comité CEI/SC 47B — Systèmes à microprocesseurs.

1.6.1.2. Le CCITT

L'Union Internationale des Télécommunications (UIT) est l'organisation internationale intergouvernementale compétente en télécommunication. L'UIT comprend trois organismes :

- le CCITT, Comité Consultatif International Télégraphique et Téléphonique, qui est chargé de traiter des problèmes liés aux télécommunications sur câbles ou autres supports avec guide physique,

- le CCIR, Comité Consultatif International des Radiocommunications, qui est chargé des questions de communications par voie hertzienne,

- l'IFRB, International Frequency Registered Board, bureau international d'enregistrement des assignations de fréquences, qui gère toutes les demandes d'assignation de fréquences faites par les pays membres.

Le CCITT réunit les administrations des pays membres de l'UIT et des exploitants privés reconnus d'un réseau public de télécommunication, par exemple l'administration FRANCE TELECOM et la société France Câble et Radio. Outre ces principaux organismes, des organismes scientifiques, industriels, des organisations internationales et régionales de télécommunications peuvent participer aux travaux du CCITT.

Le CCITT traite des télécommunications sous l'aspect transmission de l'information. Ses principaux domaines d'activité sont : la téléphonie, la transmission de données par téléphone, les réseaux publics, les nouveaux services (télécopie, vidéotex, etc.).

Les travaux du CCITT sont répartis par thèmes entre une vingtaine de Commissions d'Etudes (CE ou COM), par exemple dans le domaine des communications informatiques :

- COM 1 : définition, exploitation et qualité des services de télégraphie, de transmission de données et de télématique,
- COM 7 : réseaux de communication de données,
- COM 18 : réseaux numériques, y compris RNIS.

Les travaux du CCITT sont organisés par période d'études de 4 ans et clôturés par une assemblée plénière. Chaque assemblée :

- ratifie les travaux effectués par les diverses commissions d'études et adopte des Recommandations ou Avis,
- met à jour les Recommandations adoptées lors des assemblées précédentes,
- établit la liste des questions à étudier durant la nouvelle période de quatre ans.

Les Recommandations adoptées lors d'une assemblée plénière sont publiées dans un livre désigné couramment par la couleur de sa couverture (la couleur change tous les quatre ans), ainsi en 1984 le livre était rouge. Les recommandations actuellement en vigueur, qui résultent de l'assemblée de 1988, forment le *Livre Bleu*.

Lors de l'assemblée de 1988, une résolution importante concernant les structures et le fonctionnement du CCITT a été adoptée. En effet, désormais compte tenu de l'évolution rapide des technologies, une procédure d'approbation accélérée des recommandations pourra être appliquée. Ces nouvelles dispositions permettront d'approuver des recommandations dans un délai de l'ordre de neuf mois.

1.6.1.3. Les normes et recommandations internationales

Il n'existe pas de réglementation internationale prévoyant le respect des normes à l'échelle mondiale. L'approbation des recommandations au CCITT, tout comme l'adoption des normes internationales à l'ISO et à la CEI, ne sont liées à aucune contrainte visant à leur mise en application.

Le caractère obligatoire de certaines normes ne résulte que d'une action nationale ou multi-nationale. Par exemple, en Europe, un accord existe entre les administrations de la CEPT (Conférence Européenne des Postes et des Télécommunications). Il définit un mécanisme permettant de conférer un caractère obligatoire à des recommandations techniques de la CEPT en matière d'équipements terminaux.

1.6.1.4. Les organismes nationaux de normalisation

Les organismes nationaux de normalisation sont les représentants officiels des différentes nations à l'ISO. D'autre part, ils coordonnent et organisent les travaux et activités de normalisation sur le plan national. En outre, ils élaborent des normes nationales et assurent la diffusion des normes nationales et internationales.

Les principaux organismes nationaux sont :

- AFNOR (Association Française de Normalisation) pour la France,
- BSI (*British Standard Institute*) pour la Grande-Bretagne,
- DIN (*Deutsches Institut für Normung*) pour la République Fédérale d'Allemagne,
- ANSI (*American National Standards Institute*) pour les Etats-Unis,
- etc.

1.6.1.5. La normalisation en Europe

Les instances officielles de la normalisation européenne impliquées dans les domaines du traitement de l'information et des technologies de l'information sont :

- le **CEN** : Comité Européen de Normalisation; de même nature que l'ISO, il est composé exclusivement des pays de la Communauté Européenne et de ceux de l'AELE (Autriche, Finlande, Norvège, Suède, Suisse). Le CEN traite des questions de normalisation dans tous les domaines d'activité, sauf l'électrotechnique. Les travaux du CEN sont organisés de la même manière qu'à l'ISO (Comités Techniques, Sous-Comités et Groupes de Travail),

- le **CENELEC** : Comité Européen de Normalisation Electrotechnique, se charge à l'instar de la CEI, de l'élaboration de normes dans le domaine de l'électrotechnique. Ils regroupe les comités électrotechniques nationaux des pays de la CEE et de l'AELE,

- la **CEPT** : Conférence Européenne des Postes et des Télécommunications, regroupe les administrations des PTT des pays européens. Elle coordonne les politiques de ses membres et prépare les spécifications techniques des matériels utilisés en Europe. Elle unifie d'autre part les positions européennes auprès du CCITT et du CCIR.

CEN et CENELEC se sont rapprochés dans le cadre des travaux relatifs au traitement de l'information. Désormais, dans ce domaine, un seul organisme subsiste : le *CEN/CENELEC* (initiative européenne suivie plus tard par le création du JTC1 CEI/ISO).

Un comité paritaire, l'ITSTC : *Information Technology Steering Committee*, est chargé de coordonner et répartir les travaux entre les différents organismes de normalisation (CEN, CENELEC, CEPT et ETSI).

L'ETSI : *European Telecommunications Standard Institute*, créé à l'initiative des administrations des PTT européennes, est chargé d'une part de produire des spécifications concernant principalement les réseaux publics et, d'autre part, de définir les bases techniques pouvant servir à l'élaboration d'un standard. Les propositions de l'ETSI sont validées par le TRAC : *Technical Recommendations Applications Committee*, comité de la CEPT, avant d'être transmises au CEN/CENELEC pour devenir des normes européennes.

Dans l'élaboration des normes européennes, un principe est appliqué : «utiliser pour base les normes internationales lorsqu'elles existent».

A la différence de l'ISO, une fois votées, les normes européennes s'imposent légalement à tous les pays membres même s'ils ont voté contre.

1.6.1.6. Les organismes français

L'organisation du système français de normalisation est construite sur trois niveaux :

- le Commissaire à la normalisation qui représente les pouvoirs publics,
- l'AFNOR qui coordonne les travaux de normalisation et en diffuse les résultats,
- les Bureaux de Normalisation (BN), liés aux organismes professionnels, qui établissent des avant-projets de normes.

L'AFNOR : Association Française de Normalisation, représente la France à l'ISO et au CEN. Les travaux techniques à l'AFNOR sont répartis entre diverses commissions qui sont largement ouvertes aux représentants des industriels, des administrations et des utilisateurs. Les structures de travail de l'AFNOR sont alignées sur celles de l'ISO selon le principe présenté au tableau suivant.

Structure ISO	*Exemple*	*Structure AFNOR*	*Exemple*
Comité Technique	TC 97	Commission Générale	CG 97
Sous-comité Technique	TC 97 / SC 21	Commission de Normalisation	CG 97 / CN 21
Groupe de Travail	TC 97 / SC 21 / GT 5	Groupe d'experts	CG 97 / CN 21 / GE 5

L'UTE : Union Technique de l'Electricité, bureau de normalisation agréé par l'AFNOR et membre du CENELEC, prépare les normes spécialisées dans le domaine de l'électricité, de l'électrotechnique et de l'électronique. Le CEF : Comité Electrotechnique Français, membre de la CEI, s'appuie sur les travaux de l'UTE.

Les travaux sont répartis entre divers groupes de travail mixtes UTE/CEF correspondant aux divers comités d'études (TC, ou SC) de la CEI. Chaque groupe mixte élabore les normes françaises et assure la participation française à la CEI dans le domaine de sa compétence.

1.6.1.7. D'autres organismes de normalisation

Outre les organismes officiels, internationaux et nationaux il existe tout un ensemble d'organismes ou d'associations participant à l'effort de normalisation. Nous présentons ci-dessous les plus importants d'entre eux.

ECMA : *European Computer Manufacturer Association* regroupe une trentaine de fabricants de matériels informatiques. A l'origine exclusivement constituée de partenaires européens (Bull, Philips, Siemens, etc.), actuellement presque tous les constructeurs internationaux en font partie (Dec, IBM, Nec, Unisys, etc.). L'ECMA joue un rôle important à l'ISO et au CCITT.

EIA : *Electronic Industries Association* est une association professionnelle américaine dont l'objectif est d'établir des normes de produits sur une base commune. Sur la base du modèle OSI, l'EIA a, par exemple, élaboré les normes RS (*Recommended Standards*) notamment RS-232C, RS-422, etc.

IEEE : *Institute of Electrical and Electronics Engineers* est une société savante internationale de droit américain qui contribue à l'ISO par l'intermédiaire de l'ANSI. Les membres de l'IEEE sont issus du monde industriel et du monde universitaire. Cette organisation a élaboré des standards universellement utilisés en informatique et électronique, par exemple IEEE-488, IEEE-802.x, etc.

SPAG : *Standards Promotion Application Group* est un groupement de constructeurs informatiques européens dont trois sont français (Bull, CGE, Thomson). Il étudie la normalisation fonctionnelle (un jeu de profils fonctionnels) autour du modèle OSI. Les partenaires du groupe s'engagent à utiliser ces profils dans leurs développements futurs. Les résultats des travaux du SPAG sont publiés sous la forme d'un document appelé GUS (*Guide on the Use of Standards*).

POSI : *Promotion Conference for OSI in Japan* est une association des six principaux constructeurs informatiques japonais et de NTT (*Nippon Telephone and Telegraph Corporation*). Son objectif principal est la promotion du modèle OSI en coopération avec les autres associations internationales qui travaillent sur les mêmes sujets, comme le COS ou le SPAG.

COS : *Corporation for Open Systems* regroupe des constructeurs, des utilisateurs, répartis dans le monde entier. Il organise périodiquement des réunions pour permettre à ses membres de discuter et de décider des profils fonctionnels et des tests de conformité.

1.6.1.8. Où se procurer les normes ?

Les organisations nationales de normalisation assurent la diffusion des principales normes nationales et internationales. Toutefois, il est possible de se procurer les normes en s'adressant directement aux organismes concernés.

1.6.2. Relations entre les organismes de normalisation

L'existence de nombreux organismes de normalisation s'explique par l'imbrication des fonctions dans les domaines des systèmes de traitement de l'information et des technologies de l'information, mais aussi par le fait que, dans la presque totalité des pays, les télécommunications sont un monopole d'état. Il est donc normal et nécessaire que des relations soient établies et définies entre les divers organismes.

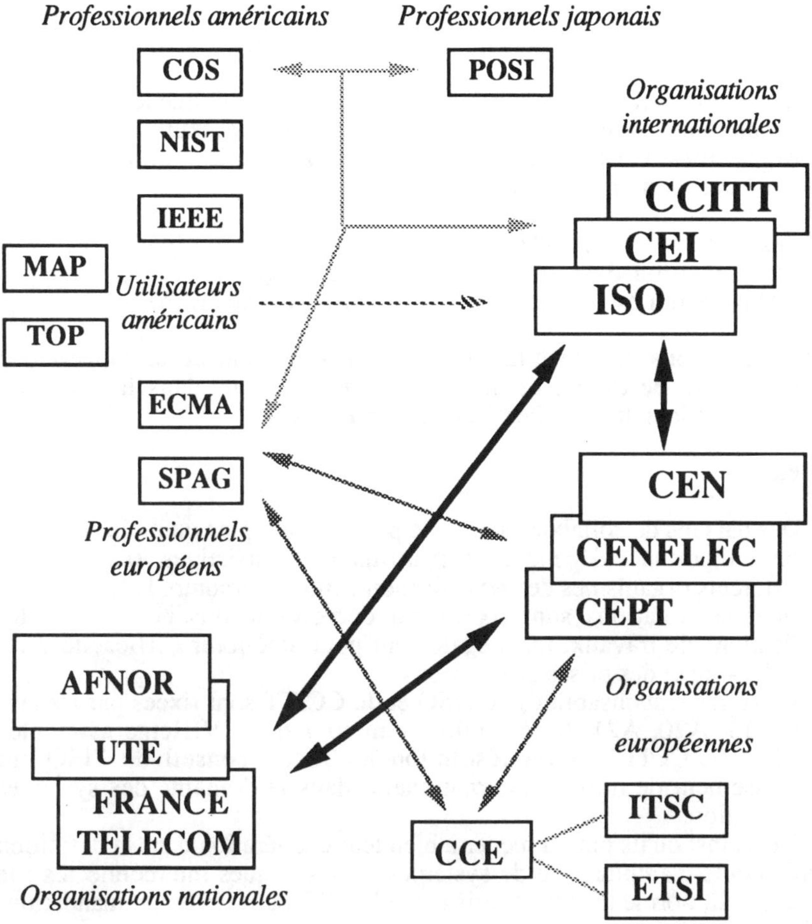

AFNOR : Association Française de Normalisation
CCITT : Comité Consultatif International Télégraphique et Téléphonique
CEE : Communauté Economique Européenne
CEI : Commission Electrotechnique Internationale
CEN : Comité Européen de Normalisation
CENELEC : Comité Européen de Normalisation Electrotechnique
CEPT : Conférence Européenne des Postes et des Télécommunications
COS : Corporation for Open Systems
ECMA : European Computer Manufacturer Association
ETSI : European Telecommunications Standard Institute
IEEE : Institute of Electrical and Electronics Engineers
ISO : International Organization for Standardization
ITSTC : Information Technology Steering Committee
MAP : Manufacturing Automation Protocol
NIST : National Institute for Standards and Technology
POSI : Promotion Conference for OSI in Japan
SPAG : Standards Promotion Application Group
TOP : Technical and Office Protocols
UTE : Union Technique de l'Electricité

Figure 1-13. Un panorama des principaux organismes de normalisation du domaine du traitement de l'information

Divers types de relations, plus ou moins fortes, existent entre les principaux organismes de normalisation, par exemple :

- des relations d'appartenance, qui proviennent du fait que les principaux organismes sont fédérateurs et regroupent en leur sein d'autres organismes. Par exemple, la plupart des organismes internationaux et nationaux sont membres de l'ISO,

- des relations de liaison, qui résultent de la participation et de la représentation d'organismes par d'autres organismes. Par exemple, l'AFNOR qui est l'organisme de liaison français de l'ECMA,

- des relations de consultation, qui sont le résultat de la concertation nécessaire de divers organismes ou associations dans la prise des décisions lors de la recherche d'un consensus,

- etc.

Des liaisons de collaboration ou de participation plus ou moins directes, et dont l'importance dépend de leurs affiliations respectives, existent entre les différents organismes de normalisation comme le montre la figure 1-13. Souvent les relations sont fixées par décrets ou avis pour éviter les duplications de travaux, mais également pour améliorer l'efficacité de la normalisation et des prises de décisions.

Ainsi, les responsabilités de l'ISO et du CCITT sont fixées par les avis A12, A13, A20, A21, la résolution numéro 7 de la VIIIème assemblée plénière du CCITT, et la résolution 84-36 du conseil de l'ISO sur l'établissement de normes internationales dans le domaine des systèmes d'information.

C'est ainsi qu'ils ont pu mener à bien leur coopération dans la définition d'un modèle d'architecture de systèmes informatiques interconnectés : le modèle OSI, norme IS-7498 repris par le CCITT dans les recommandations X.200.

En Europe, le CEN et le CENELEC se sont rapprochés dans le cadre des travaux relatifs au traitement de l'information. Désormais, dans ce domaine, un seul organisme subsiste, le CEN/CENELEC. La création de l'ITSTC, organe officiel de concertation en Europe, en est également une matérialisation.

De même, sur le plan international l'ISO et la CEI ont entrepris l'harmonisation de leur procédures. En effet, ce rapprochement est intervenu avec la création du JTC1, comité mixte ISO/CEI/JTC1 — Technologie de l'information.

Ces dernières années, des regroupements importants se sont également constitués chez les industriels : le SPAG, le COS, le POSI, etc., et chez les utilisateurs : MAP, TOP, etc. Avec ce mouvement, il est en train de naître une *normalisation* dite *fonctionnelle*, plus proche des produits que la *normalisation de base* développée par les organismes de normalisation officiels. Cependant, pour éviter des conflits entre les membres de ces regroupements et l'ISO, le CCITT et la CEI, une coordination des travaux est nécessaire; c'est l'objectif des forums qui apparaissent actuellement.

Par exemple le forum européen EWOS, *European Workshop for Open Systems*, dont le rôle consiste à harmoniser, accélérer et optimiser les efforts de normalisation en Europe. Aux Etats-Unis, le forum NBS-WOS qui offre aux utilisateurs des services de tests de protocoles (X.25, Ethernet, MAP, etc.), est à l'initiative de l'ancien NBS, *National Bureau of Standards*, aujourd'hui appelé NIST, *National Institute for Standards and Technology.*

1.6.2.1. Validation et certification des normes

Le fait de promouvoir des normes entraîne la nécessité de vérifier la conformité des produits se réclamant de ces normes, d'où le besoin de tests de conformité. En effet, sans ces tests, l'interopérabilité entre systèmes risque fort d'être laborieuse, coûteuse et sans garantie de fiabilité. Les normes, à terme, auraient toutes les chances d'être discréditées et les produits s'y référant invendables et inutilisables.

Des centres et des outils de certification commencent à se mettre en place et à être utilisés, tant au niveau international que national. La création des forums (EWOS, NB-WOS, ...) concrétise l'intérêt des Etats-Unis, du Japon et de l'Europe pour les processus de certification associés à une norme fondamentale ou fonctionnelle dont l'efficacité économique n'est plus à démontrer.

La multiplicité des centres de certification publics ou privés nécessite un organisme fédérateur qui garantisse la conformité des batteries de tests utilisées par les divers centres. En Europe, par exemple, c'est l'ECITC (*European Committee for Information technology Testing and Certification*) qui a la responsabilité de la coordination de l'activité de test et de certification. Il convient toutefois de distinguer :

- les *centres de certification* qui garantissent une certaine conformité aux normes. Il existe des centres publics et privés de certification. Par exemple, le centre de certification de FRANCE TELECOM : ARIOSTE du SEPT (Service d'Etudes Commun des Postes et Télécommunication) à Caen, ou celui d'IBM à La Gaude.

- les *centres de labelisation* qui sont à même de délivrer un label. Par exemple, en France les principaux terminaux PTT (Telex, Teletex, Videotex, ...) doivent recevoir un label qui est délivré par un centre de tests public : le CCETT (Centre Commun d'Etude de Télédiffusion et Télécommunication) à Rennes, le SEPT à Caen.

1.6.2.2. La normalisation à l'ISO

Pour jouer un rôle positif, l'ISO, la CEI et le CCITT doivent travailler en concertation et produire des normes en quantité suffisante, stables et relativement précises.

Une norme ne se fait pas de manière instantanée, bien au contraire; elle est souvent le résultat de multiples discussions qui font progresser et évoluer des documents. Cette évolution est généralement liée au fonctionnement de chacun des organismes de normalisation vus dans les sections précédentes. A titre d'exemple, nous allons voir précisément ce qu'il en est à l'ISO et nous compléterons cette étude par quelques indications concernant les normes européennes.

L'ISO est dirigée par un conseil de 90 membres nationaux, un membre national étant l'organisation de normalisation la plus représentative dans son pays. Les membres nationaux intéressés par les travaux d'un comité technique (TC) sont répartis en membres participants (membres P) et membres observateurs (membres O) auxquels se joignent les membres de liaison (membres L) qui sont en fait des représentants d'autres instances de normalisation (CCITT, ...), d'associations professionnelles (ECMA, ...) ou d'organismes intéressés par une activité donnée (IATA pour les compagnies aériennes, ...).

Tout membre P, O ou L peut proposer à *un comité technique*,TC, un nouveau *sujet de travail*,WI, (*Work Item*) avec une évaluation précise du volume et de la durée des travaux.

Après approbation par un vote du comité technique, TC, le nouveau sujet de travail,WI, est inscrit au programme de travail de ce comité technique. Puis le travail est attribué à un *sous-comité*, SC, qui le confie à un *groupe de travail*, WG (*Working Group*), dont le rôle est de produire le plus rapidement possible un *document de travail*, WD (*Working Draft*).

Lorsqu'il apparaît que le document de travail a été suffisamment discuté, le groupe de travail le transmet au sous-comité. Celui-ci élabore une résolution votée en assemblée plénière qui permet au comité technique de demander au secrétariat central d'enregistrer le document de travail, WD, comme une *proposition provisoire* ou *avant-projet*, DP (*Draft Proposal*). C'est la toute première étape vers la norme : notez bien que le numéro attribué au document DP à cette occasion est celui que portera la norme internationale.

Le secrétariat du sous-comité soumet le document DP aux membres du comité technique pour qu'ils puissent l'analyser pendant trois mois avant de le voter.

Les résultats (votes et commentaires) sont transmis aux experts du groupe de travail et le sous-comité leur enjoint de considérer tous les commentaires et de «résoudre» les votes négatifs. L'objectif est, comme précédemment exposé, d'obtenir l'unanimité ou du moins le consensus le plus large possible.

Quand un document DP a recueilli un accord substantiel des membres du comité technique, celui-ci demande au secrétariat central, suite à une résolution du sous-comité votée en assemblée plénière, de considérer désormais le document comme une *norme provisoire*, DIS (*Draft International Standard*). Ce document DIS est traduit, édité et imprimé par les soins du secrétariat central : ces opérations administratives durent de six mois à un an !

Le secrétariat du comité technique soumet le document DIS à tous les membres de l'ISO pour une période de vote de six mois. Plusieurs versions d'un document DIS peuvent se suivre, mais seuls quelques commentaires éditoriaux sont introduits à ce niveau. Quand un document DIS a recueilli plus de 75% des votes exprimés, dont la majorité des membres P du comité technique concerné, il est considéré comme adopté. Le secrétariat du comité technique demande alors au secrétariat central de transmettre au conseil de l'ISO le document DIS avec rapport explicatif.

Enfin, quand le document DIS a reçu l'approbation, il est proclamé *norme internationale*, IS (International Standard).

1.6.2.3. La normalisation en Europe

Les travaux techniques qui doivent aboutir à la publication de *normes européennes* (EN), dans les domaines du traitement et des technologies de l'information, sont partagés entre le CEN/CENELEC et la CEPT. Les travaux sont coordonnés et gérés par l'ITSTC.

Les normes européennes, dites normes fonctionnelles, précisent dans le cas d'applications télématiques, informatiques et bureautiques particulières, quelles sont les normes internationales d'application, et pour chacune d'elles fixent les choix d'options, paramètres et classes. La sélection des normes s'opère parmi celles figurant dans les *documents d'harmonisation* (HD) approuvés et élaborés par les comités membres du CEN/CENELEC et la CEPT.

Le CEN/CENELEC et la CEPT se partagent la préparation des *prénormes européennes* (ENV) conformément au programme de normalisation géré par l'ITSTC. Une prénorme ENV équivaut au concept de norme expérimentale, destinée à devenir (au bout de deux à trois ans) une norme européenne classique.

Lorsqu'une norme européenne, EN, ou un document d'harmonisation, HD, a été approuvé, conformément aux dispositions communes du CEN/CENELEC et de la CEPT, tous les membres de la CEE (Communauté Economique Européenne) sont tenus de les mettre en application dans un délai de six mois.

Pour une norme européenne, la mise en application nationale comprend à la fois la publication d'un texte identique à la norme européenne ou l'entérinement de celle-ci et le retrait de toute norme nationale contradictoire. Dans le cas d'un document d'harmonisation, HD, la mise en application s'effectue dans chaque pays par la notification du numéro et du titre du document HD et par le retrait de tout document et norme nationale contradictoire.

La mise en application des prénormes ENV se fait dans les mêmes conditions que les normes EN et les documents HD, mais les normes nationales en contradiction avec la prénorme ENV peuvent être maintenues en application, parallèlement à cette prénorme jusqu'à la décision finale de l'éventuelle conversion de la prénorme en norme européenne.

Comme le CCITT, la CEPT définit des recommandations techniques en matière d'équipements terminaux. Ces recommandations, les *normes européennes de télécommunications* (NET), ont un caractère obligatoire pour les administrations membres de la CEPT. Elles doivent être utilisées par les exploitants de réseaux publics de télécommunication dans les pays signataires de l'accord, pour les agréments et les spécifications d'achat des terminaux qu'elles concernent. La mise en application des normes NET est semblable à celle des normes EN.

Enfin, le domaine de compétence de l'ETSI concerne les équipements de réseaux de télécommunications, pour lesquels il adopte des *standards de télécommunications*, ETS (*European Telecommunication Standard*) d'application volontaire ou pouvant être transformés en norme NET, d'application obligatoire pour l'homologation des terminaux par la CEPT.

1.6.2.4. Identification et consultation d'une norme

La dénomination d'une norme peut tenir compte d'un ensemble de critères, tels que :

- son origine (ISO, CCITT, EIA, ...)
- son domaine d'application (réseaux publics, téléphone, ...)
- sa zone d'application (normes européennes, normes françaises, ...)
- d'une combinaison de ces différents critères.

Chaque organisme de normalisation dispose de spécifications propres pour identifier les normes qu'il établit. Ainsi, entre deux normes équivalentes, voire identiques, la dénomination est différente selon l'organisme. Par exemple la norme ISO 7498, relative au modèle OSI, est reprise par le CCITT sous l'appellation X.200.

Un standard de fait du marché peut être à l'origine d'une norme, repris et quelquefois adapté, par les organismes de normalisation. Par exemple, la procédure de communication SDLC a été établie par IBM sous ce nom au début des années 70. Avec de très légères variations, cette procédure a été normalisée par l'ANSI sous le nom de ADCCP, puis reprise par l'ISO sous le nom de HDLC, enfin elle a été intégrée par le CCITT sous le nom de LAP (LAP-B, LAP-D, ...).

De même que la dénomination d'une norme tient compte d'un ensemble de critères, la détermination du champ d'application d'une norme varie selon les organismes. Il est déterminé à partir de lettres, de chiffres voire d'une combinaison des deux.

Les normes de l'ISO sont nommées avec le préfixe IS suivi d'un numéro; par exemple les normes ISO/IS 8802.3, ou IS 8802.4, ou ISO/IS 7498, etc.

Les normes du CCITT sont nommées à l'aide d'une lettre suivie d'un point et d'un numéro :

- la lettre précise le champ d'application de la norme :

  - V : Transmission de données par le téléphone,
  - X : Réseaux publics de données,
  - F,S,T: Nouveaux services télématiques,
  - Z : Description, spécification,
  - Q : Signalisation,

- le numéro identifie la norme parmi plusieurs autres dans un même champ d'application. C'est ainsi que l'on rencontre les normes CCITT/V.24, V.28, V.35, etc., ou CCITT/X.21, X.25, etc.

L'AFNOR nomme ses normes à partir d'un groupe de lettres et d'un numéro, par exemple NF Z 60-010.

Les normes ECMA sont numérotées, par exemple : ECMA-101, ECMA-90, etc.

1.6.3. Considérations sur la normalisation du modèle OSI

La date d'établissement d'une norme est un événement d'une extrême importance pour son succès. David Clark du M.I.T. émet une théorie sur l'art d'édicter une norme au bon moment.

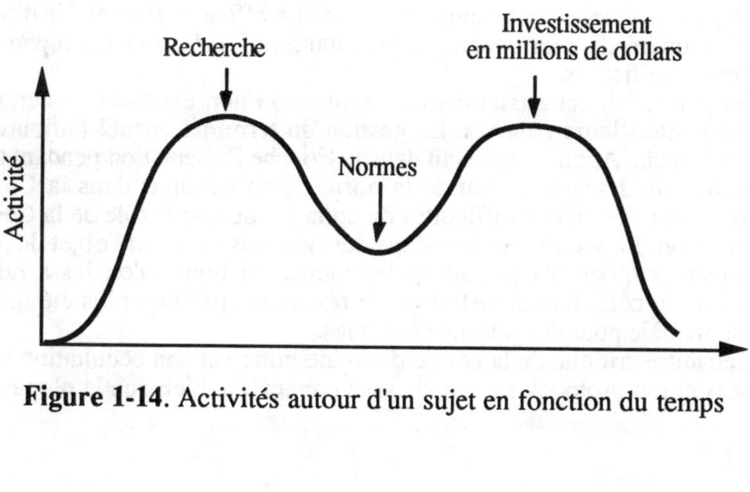

Figure 1-14. Activités autour d'un sujet en fonction du temps

La figure 1-14 montre l'ensemble des activités concernant un nouveau sujet. Sa découverte est marquée par un foisonnement de discussions, de papiers et de réunions. Après un certain temps de refroidissement, les fabricants découvrent le sujet et la vague du milliard d'investissements est atteinte.

La norme doit être impérativement écrite dans le creux entre les deux bosses de la courbe de la figure 1-14. S'il est trop tôt, avant la fin des recherches, le sujet court le risque d'être mal compris et de conduire à une mauvaise norme. Si elle est écrite trop tard, il y a tant d'entreprises qui ont fait des investissements sur les différentes façons de procéder que la norme est de fait ignorée. Si l'intervalle entre les deux bosses est très court (parce que tout le monde est pressé de démarrer), ceux qui développent les normes risquent d'être submergés.

C'est le sentiment de quelques acteurs en ce qui concerne le modèle OSI. La plupart des discussions sur le modèle en sept couches donnent l'impression que le nombre et le contenu des couches retenus étaient les seuls possibles, ou mieux, les seuls imaginables. Dans les paragraphes suivants, nous exposons quelques arguments qui prouvent qu'il n'en est rien.

Il aurait été bon que les sept couches aient en gros la même taille et la même importance. C'est loin d'être le cas. La Couche Session est de peu d'utilité dans la plupart des applications et la Couche Présentation est quasi vide. De fait, la proposition britannique à l'ISO avait 5 et non 7 couches. A l'opposé des couches présentation et session, les couches liaison de données et réseau sont tellement pleines que les travaux suivants les ont découpées en de multiples sous-couches, chacune comprenant différentes fonctions.

Le modèle, les définitions associées des services et des protocoles sont extraordinairement complexes. Les normes imprimées forment une pile de près d'un mètre. Elles sont difficiles à mettre en œuvre et opérationellement souvent inefficaces. Un des problèmes est la répétition dans chaque couche des fonctions d'adressage, de contrôle de flux et d'erreur. Saltzer et al. (1984), par exemple, sont d'avis que, pour être efficace, le contrôle d'erreur doit être opéré dans la couche la plus haute, afin d'éviter les répétitions inutiles et inefficaces.

On peut critiquer également la localisation non évidente de certaines fonctions dans leurs couches. La gestion du terminal virtuel (aujourd'hui dans la Couche Application) était dans la Couche Présentation pendant toute la période de développement de la norme. Son transfert dans la Couche Application a été dû aux difficultés du comité à définir le rôle de la Couche Présentation. La sécurité et le codage des données faisaient l'objet de telles controverses qu'on n'a pas su où les mettre, si bien qu'on les a laissés ensemble de côté. L'administration de réseau n'a pas non plus été incluse dans le modèle pour des raisons analogues.

Une autre critique de la norme d'origine porte sur son occultation totale des services et protocoles en mode sans connexion, bien que la plupart des réseaux locaux travaillent ainsi. Des addenda consécutifs (appelés dans le monde du logiciel correction de bogue) ont traité ce problème.

La critique selon laquelle le modèle serait le fruit d'une mentalité de communicant est peut-être la plus sérieuse. Les relations entre traitement informatique et communication sont purement et simplement passées sous silence et certains choix effectués sont totalement inappropriés au mode de fonctionnement des ordinateurs et du logiciel. Considérons, par exemple, l'ensemble des primitives décrites dans la section 1.5.3. et énumérées dans la figure 1-11. Examinez en particulier la structure des primitives et la façon dont on doit les utiliser dans un langage de programmation.

La primitive *CONNECT.request* est simple. On peut imaginer une procédure cataloguée que les programmes peuvent appeler pour établir une connexion. Regardons maintenant *CONNECT.indication.* Quand un message arrive, on doit le signaler au processus destinataire. Concrètement, cela se manifeste par une interruption, un concept peu adéquat pour tout programme écrit dans un langage moderne de haut niveau.

Si le programme était en attente de connexion, il peut appeler une procédure cataloguée «réception» pour s'arrêter, mais dans ce cas, pourquoi «réception» n'est-elle pas une primitive à la place «d'indication»? «Réception» est clairement adaptée au mode de fonctionnement des ordinateurs, «indication» à celui du téléphone. Les ordinateurs sont différents du téléphone, ils ne sonnent pas. Bref, le modèle sémantique d'un système géré par interruptions est très pauvre conceptuellement et incompatible avec les notions modernes de programmation structurée. Ce type de problème est discuté par Langsford (1984).

1.7. EXEMPLES DE RESEAUX

De nombreux réseaux fonctionnent de par le monde. Quelques-uns sont des réseaux exploités par des «common carriers» ou des PTT, d'autres sont des réseaux de recherche. D'autres encore sont des réseaux coopératifs exploités par leurs utilisateurs, enfin il existe des réseaux commerciaux et/ou d'entreprise. Dans la section suivante, nous regarderons quelques réseaux représentatifs pour avoir une idée de ce à quoi ils ressemblent et en quoi ils diffèrent les uns des autres. D'autres réseaux sont décrits par Quarterman et Hoskins (1986).

Les réseaux se singularisent par leur histoire, leur exploitation, les ressources offertes, la conception technique et le genre de client. Cela va d'un réseau soigneusement géré par une seule organisation poursuivant un but bien défini à un ensemble disparate de machines, connectées les unes aux autres au fil des ans, sans aucun plan directeur ni administration centrale. Les ressources accessibles vont de la communication de processus à processus circonstancielle au courrier électronique, en passant par le transfert de fichier, l'ouverture de sessions à distance ou l'exécution de travaux à distance. Les moyens de transmission utilisés, les algorithmes de dénomination et de routage employés, le nombre et le contenu des couches existantes et les protocoles utilisés peuvent faire l'objet de conceptions techniques diverses. Enfin, la communauté des utilisateurs peut varier d'une simple entreprise à l'ensemble des informaticiens universitaires dans le monde.

1.7.1. Les réseaux publics

Dans de nombreux pays, les gouvernements et compagnies privées ont commencé à offrir des services de réseaux à tout organisme désirant s'abonner. Le sous-réseau est possédé par un opérateur de réseau offrant des services de communication entre les machines hôtes et les terminaux des clients. Un tel système s'appelle réseau public. Il présente des analogies avec le réseau téléphonique public et en est souvent un sous-ensemble.

Quoiqu'ils diffèrent fréquemment dans leur structure interne, les réseaux publics utilisent en principe le modèle OSI et les protocoles normalisés CCITT et OSI pour toutes les couches. De plus, beaucoup de réseaux privés utilisent également les protocoles OSI ou se proposent de le faire dans un futur proche.

Pour les trois couches les plus basses, le CCITT a produit des recommandations qui ont été universellement adoptées par les réseaux publics du monde entier. Ces couches sont toujours appelées globalement X.25 (le numéro de la recommandation CCITT), quoique l'ISO les ait également adoptées et numérotées comme normes.

Le protocole de la Couche Physique, appelée X.21, spécifie l'interface physique, électrique et procédurale entre la machine et le réseau. En fait, très peu de réseaux publics permettent d'utiliser cette norme, parce qu'elle nécessite une signalisation numérique et non analogique sur les lignes téléphoniques, mais il est probable que son rôle deviendra très important dans le futur. Une interface analogique semblable à la norme familière RS-232 (V24) a été définie de façon intérimaire.

La norme de la Couche Liaison de Données a un certain nombre de variantes (légèrement incompatibles). Elles sont toutes faites pour traiter les erreurs de transmission sur la ligne téléphonique entre l'équipement de l'utilisateur (machine ou terminal) et le réseau public (IMP).

Le protocole de la Couche Réseau traite de l'adressage, du contrôle de flux, des interruptions et autres problèmes de ce type.

Comme il existe encore de par le monde de nombreux terminaux incompatibles avec X.25, un autre ensemble de normes a été défini, décrivant comment un terminal ordinaire (non intelligent) peut communiquer avec un réseau X.25. En pratique, les utilisateurs des opérateurs de réseau installent une «boîte noire» à laquelle ces terminaux peuvent se connecter. Cette boîte noire s'appelle Assembleur/Désassembleur de Paquet, PAD (*Packet Assembler Disassembler*), et sa fonction se trouve décrite dans l'avis X.3 du CCITT. On a défini un protocole normalisé, X.28, entre le terminal et le PAD; il en existe un autre entre le PAD et le réseau, c'est X.29. Nous analyserons ces normes dans le chapitre 9.

Au-dessus de la Couche Réseau, la situation est moins homogène. L'ISO a élaboré une norme définissant le service en mode connexion dans la couche de transport (ISO 8072) et un protocole afférent (ISO 8073). La plupart des réseaux public l'adopteront certainement. Le service de transport comporte cinq variantes qui seront exposées plus loin, dans le chapitre sur la Couche Transport.

L'ISO a aussi adopté des normes pour le service et protocole de session en mode connexion (ISO 8326 et 8327), ainsi que pour le service et protocole de présentation (ISO 8822 et 8823). Celles-ci seront certainement adoptées par la plupart des réseaux publics, quoique le besoin en soit moins critique que pour un service de transport uniforme; beaucoup d'applications n'ont en effet pas réellement besoin de services de session et de présentation.

La Couche Application ne contient non pas un mais toute une collection de protocoles destinés à de multiples applications. Le protocole FTAM (*File Transfert, Access, and Management*) permet d'accéder à des fichiers distants, de les transférer et plus généralement de les manipuler selon une procédure uniforme. Le protocole MOTIS (*Message-Oriented Text Interchange Systems*) est utilisé pour la messagerie électronique. Il est semblable à la série de recommandations X.400 du CCITT. Le protocole de Terminal Virtuel VTP (*Virtual Terminal Protocol*) permet aux programmes d'accéder aux terminaux sans avoir à se soucier de la plupart de leurs caractéristiques (par exemple que les terminaux soit plein écran ou non). Le protocole JTM (*Job Transfer and Manipulation*) est utilisé pour soumettre des lots de travaux à des machines centrales distantes. On peut l'utiliser pour manipuler à la fois des fichiers de programmes et de données. De nombreux autres protocoles, spécifiques d'une industrie et d'une application, ont également été définis et d'autres s'élaborent et se normalisent constamment.

La figure 1-15 mentionne les quelques normes-clés internationales. Le style des normes change radicalement entre les couches 3 et 4, puisque celles des couches basses furent établies par le CCITT, les autres provenant de l'ISO. En particulier, le CCITT ne s'est jamais préoccupé de faire la distinction entre service et protocole, chose à laquelle l'ISO a prêté une attention méticuleuse. Beaucoup d'autres normes, par exemple la plupart de celles sans connexion, ne sont pas mentionnées. On peut se procurer des exemplaires de l'ensemble des normes auprès des organismes nationaux de normalisation (par exemple l'AFNOR).

Couche	Normes ISO / AFNOR	Avis CCITT	Description
1 à 7	ISO 7498 NF Z 70-001	X.200	Modèle de référence de base OSI
	ISO 8571 ISO 8572		Service et protocole de transfert de fichiers
	ISO 8831 ISO 8832		Service et protocole de transfert et manipulation de travaux à distance
7	ISO 9040 ISO 9041		Service et protocole de terminal virtuel
		X.400	Service et protocole de messagerie
	ISO 8822 ISO 8823		Service et protocole de présentation
6	ISO 8824 ISO 8825	X.409	Syntaxe de transfert
5	ISO 8326 ISO 8327 NF Z 70-003	X.215 X.225	Service de session Protocole de session Service et protocole de session
4	ISO 8072 ISO 8073 NF Z 70-002	X.214 X.224	Service de transport Protocole de transport Service et protocole de transport
3	ISO 8348 ISO 8208 NF Z 70-004	X.213 X.25 (L3)	Service de réseau Protocole de réseau Service de réseau
2	ISO 8802 / 2 ISO 7776	X.25 (L2)	Réseaux locaux Protocole d'accès liaison LAPB
1	ISO 8802 / 3,4,5	X.21, V.24	Interface physique

Figure 1-15. Exemples de normes de l'ISO, du CCITT et de l'AFNOR, relatives aux couches du modèle OSI (ISO 8802 provient de IEEE 802)

1.7.2. Le réseau ARPANET

ARPANET a été créé par ARPA (aujourd'hui DARPA), l'agence pour les projets de recherche avancée du Ministère de la Défense des Etats-Unis. Son démarrage à la fin des années 60 a stimulé la recherche en permettant aux départements informatiques de nombreuses universités américaines ainsi qu'à quelques entreprises privées d'être subventionnés. Cette recherche a produit un réseau expérimental à quatre nœuds qui démarra en décembre 69. Il a toujours fonctionné depuis et s'est accru de façon considérable couvrant la moitié du globe, de Hawaï à la Suède, avec plusieurs centaines d'ordinateurs. Pour honorer ce travail de pionnier, nous avons adopté une partie de la terminologie originale de ARPANET (par exemple hôte, IMP, sous-réseau).

La technologie ARPANET ayant fait ses preuves en fournissant un service très fiable pendant des années, un réseau militaire, MILNET, de même technologie fut créé, ainsi qu'une extension en Europe appelée MINET. MILNET et MINET sont connectés à ARPANET, mais le trafic entre ces réseaux est sévèrement contrôlé. Deux réseaux par satellite, SATNET et WIDEBAND furent également raccordés par la suite. Comme beaucoup d'universités et d'abonnés gouvernementaux d'ARPANET ont leurs propres RLE (réseaux locaux d'entreprise), ils ont été amenés à connecter ces RLE aux IMP pour produire le réseau interconnecté «ARPA internet» comportant des milliers de machines-hôtes et plus de 100 000 utilisateurs. ARPANET sera souvent cité au cours de ce livre, mais pratiquement tout ce qui le concerne (par exemple les protocoles utilisés) s'applique également à l'ensemble du réseau interconnecté.

Les IMP d'origine dans ARPANET étaient des mini-ordinateurs Honeywell, DDP-516, avec 12Kmots de 16 bits en mémoire centrale. Ils ont été progressivement remplacés par des machines plus puissantes. On les appelle maintenant Commutateurs de Paquets PSN (*Packet Switch Nodes*), mais leur fonction reste la même.

Quelques IMP ont été configurés pour permettre à des terminaux utilisateurs de les appeler directement, au lieu de se connecter (*log*) à une machine-hôte. Ils s'appelèrent d'abord TIP (*Terminal Interface Processors*) et maintenant TAC (*Terminal Access Controllers*). Les IMP étaient d'abord interconnectés par des lignes louées de 56 kbit/s, quoique des lignes de plus haut débit (notamment à 2304 kbit/s) soient maintenant utilisées. Les IMP d'origine pouvaient servir de un à quatre hôtes chacun; aujourd'hui, ils peuvent couramment en servir dix simultanément ainsi que des centaines de terminaux.

ARPANET ne suit pas du tout le modèle OSI (il lui est antérieur de plus de dix ans). Le protocole entre IMP constitue un mélange des couches 2 et 3. La couche 3 contient également un mécanisme élaboré de routage. De plus, la réception correcte de chaque paquet émis de l'IMP source à l'IMP destinataire est explicitement vérifiée. Au sens strict, un tel mécanisme constitue une autre couche de protocole. Cependant un tel protocole ne fait pas partie du modèle OSI. Nous le considérerons comme faisant partie de la couche 3, parce qu'il est plus proche de cette couche que de toute autre.

ARPANET a des protocoles qui couvrent sensiblement le même domaine que les protocoles de transport et de réseau. Le protocole réseau, appelé IP (*Internet Protocol*), est en mode sans connexion et a été conçu pour gérer l'interconnexion entre le grand nombre de réseaux étendus (WAN) et locaux (LAN) qui constituent «ARPA internet». Le modèle OSI traite de façon bancale l'interconnexion de réseaux, alors que c'est un concept central de l'IP.

Le protocole de transport ARPANET est en mode connexion et s'appelle TCP (*Transmission Control Protocol*). Il ressemble au protocole de transport OSI quant à l'allure générale, mais s'en écarte totalement pour les détails et formats. TCP est utilisé par l'UNIX de Berkeley, et est de ce fait assez répandu, même s'il n'est pas dans le prolongement d'OSI. Soit dit en passant, notons que TCP est la seconde génération de protocole de transport, la première n'étant plus utilisée.

Il n'y a pas de protocole de Couche Présentation ni de session dans ARPANET, personne n'en ayant eu besoin durant les 20 premières années d'activité.

Il existe de nombreux protocoles d'application, mais ils ne sont pas structurés de la même façon que leurs homologues dans OSI. Les services ARPANET comportent le transfert de fichier, le courrier électronique, et la connexion à un ordinateur à distance (*remote login*). Ces services sont fournis par les protocoles bien connus FTP (*Filer Transfer Protocol*), SMTP (*Simple Mail Transfert Protocol*) et TELNET (*remote login*). D'autres protocoles spécialisés sont disponibles pour d'autres applications.

1.7.3. MAP et TOP

On ne peut être certain *a priori* que deux sites utilisant chacun le modèle OSI soient capables de communiquer. Le modèle est une structure décrivant la nature des couches, mais il ne spécifie pas les protocoles que chaque couche utilise. Si l'ISO a normalisé certains protocoles, d'autres protocoles non-normalisés existent également. De plus, dans certaines couches, on trouve des protocoles normalisés incompatibles. Si deux sites utilisent des protocoles différents dans une même couche, ils ne peuvent pas communiquer.

Beaucoup de lecteurs pourront s'en offusquer et se dire : «Les experts ne peuvent-ils donc pas se mettre d'accord sur un seul protocole normalisé par couche ?» Un exemple concret illustre de façon instructive ce problème. En 1973, Robert Metcalfe écrit une thèse au MIT dans laquelle il décrit ses recherches sur les réseaux locaux d'entreprise (RLE). Il entre ensuite chez Xerox où il monte une équipe pour mettre en œuvre le RLE Ethernet[1] d'après les idées contenues dans sa thèse. Ethernet est rapidement adopté

[1] Ethernet est propriété de la Compagnie Xerox.

par de nombreuses entreprises et, un peu plus tard, Intel construit un contrôleur de communications pour Ethernet sur une seule puce. Ethernet devient alors un standard de fait pour les RLE.

Peu de temps après, quelques personnes pensent qu'il doit y avoir une norme officielle pour les RLE et elles montent un groupe de normalisation au sein de l'IEEE. Beaucoup de personnes sont invitées à se joindre au comité et à apporter leur contribution, dont certaines de General Motors qui regarde également de près les RLE.

Afin d'être compétitif avec les constructeurs automobiles japonais, GM désirait monter un réseau couvrant tous ses bureaux, usines, vendeurs et fournisseurs. L'idée était la suivante : quand un client demande une voiture n'importe où dans le monde, l'ordinateur du vendeur envoie instantanément l'ordre à GM, qui envoie alors ses ordres aux fournisseurs pour l'acier, le verre et les autres matières premières.

Une part importante du réseau de GM concernait l'automatisation des usines, dans laquelle des robots travaillant sur les chaînes seraient tous connectés par des RLE. Puisque les voitures sur les chaînes avancent à un rythme fixe, que les robots soient prêts ou non, GM pensait qu'il était essentiel d'avoir un RLE dans lequel le temps de transmission le plus mauvais soit connu d'avance par un majorant. Ethernet n'a pas cette faculté.

Par construction, toutes les machines d'Ethernet écoutent ce qui passe sur le câble. Si le câble est libre, toute machine peut transmettre. Si deux machines transmettent en même temps, il y a une collision des données, auquel cas elles s'arrêtent, attendent pendant un temps aléatoire et réessayent. Théoriquement, il n'y a pas de limite supérieure au temps d'attente pour envoyer un message. GM voulait un RLE appelé réseau à jeton où chaque machine émet à son tour, ce qui permet de connaître le cas le plus défavorable qui n'est donc plus aléatoire.

C'est alors qu'IBM annonce l'adoption d'un troisième standard de RLE, l'anneau à jeton, basé sur un prototype du laboratoire IBM de Zurich. IBM choisit cette conception à cause de sa grande fiabilité et de sa grande disponibilité, entre autres avantages techniques.

En peu de temps, IEEE s'est donc trouvé en face de trois propositions, la première soutenue par DEC-Xerox-Intel et les bureauticiens, la deuxième par GM, ses fournisseurs et les personnes concernées par l'automatisation des usines, et la troisième par IBM et beaucoup d'autres. Difficile dans ces conditions de trouver la majorité requise pour l'approbation d'une norme. Le comité dut jeter l'éponge et approuver trois normes de RLE : IEEE 802.3 (basée sur Ethernet), 802.4 (bus à jeton) et 802.5 (anneau à jeton), sous prétexte qu'il vaut mieux trop de normes que pas du tout.

General Motors et les entreprises cherchant à automatiser le fonctionnement des usines ont ensuite compris la nécessité d'adopter des protocoles spécifiques pour chaque couche OSI. Ce travail a produit MAP (*Manufacturing Automation Protocol*) qui utilise le bus à jeton, et qui a été rapidement adopté par de nombreuses sociétés industrielles.

A peu près au même moment, Boeing s'intéressait à des normes en bureautique. Boeing préférait Ethernet au bus à jeton, parce qu'il n'avait pas de contrainte de temps réel (les 747 ne sortent pas à la cadence des chaînes) et Ethernet correspondait déjà à un vaste parc installé. Boeing développa alors un ensemble de protocoles pour la bureautique appelé TOP (*Technical and Office Protocols*) que beaucoup d'autres entreprises adoptèrent également pour la bureautique. Quoique MAP et TOP diffèrent dans les couches basses, GM et Boeing travaillent étroitement pour s'assurer d'une certaine compatibilité dans les couches moyennes et hautes.

Un ensemble de protocoles, un par couche, tel que MAP et TOP, s'appelle un groupe ou une pile de protocoles. Il y en aura certainement d'autres dans le futur, si bien que la compatibilité entre ces groupes peut devenir un problème crucial.

Passons de l'histoire de MAP et TOP à l'examen détaillé de leur contenu technique. Comme l'indique la figure 1-16, les deux groupes suivent étroitement le modèle OSI. MAP utilise le bus à jeton pour le support physique et TOP, Ethernet (ou le réseau à jeton depuis 87); mais tous deux utilisent le protocole de liaison de données LLC (*Logical Link Protocol*) IEEE 802.2 en mode sans connexion comme service disponible pour la Couche Réseau.

Couche		
7	FTAM | DS | MHS	FTAM | DS | VTP | MHS
6	Protocole de présentation OSI (IS 8823)	Protocole de présentation OSI (IS 8823)
5	Protocole de session OSI (IS 8327)	Protocole de session OSI (IS 8327)
4	Protocole de transport classe 4 orienté connexion (IS 8073)	Protocole de transport classe 4 orienté connexion (IS 8073)
3	Mode sans connexion (IS 8473)	Mode sans connexion (IS 8473)
2	Contrôle de liaison de données (IS 8802 / 2)	Contrôle de liaison de données (IS 8802 / 2)
1	Contrôle d'accès par jeton sur bus (*Token bus*, IS 8802 / 4)	Ethernet (IS 8802 / 3) | Token Ring (IS 8802 / 5)

Figure 1-16. Groupes de protocoles TOP et MAP

Les deux groupes utilisent un protocole de Couche Réseau sans connexion, ISO 8473. Ce protocole est très proche du protocole internet IP de ARPA, mais totalement différent en gros et en détail du protocole CCITT X.25 utilisé dans les réseaux publics. L'expérience acquise par les années de fonctionnement du réseau ARPA a montré que l'approche datagramme est beaucoup plus souple et robuste pour connecter de nombreux réseaux hétérogènes. C'est un point très important pour les réseaux MAP et TOP et cela a conditionné ce choix.

La couche de transport de MAP et de TOP est un service de classe 4 conforme à ISO 8072/8073 qui suppose que la Couche Réseau n'est pas parfaitement fiable, et gère elle-même le contrôle d'erreur et de flux. En faisant ce choix, MAP et TOP ont permis la connexion à tous les types de réseau, même si les solutions ne sont pas toujours très satisfaisantes. Le prix à payer est, bien sûr, une Couche Transport complexe puisqu'elle doit s'adapter à un service réseau non-fiable. ARPANET travaillait de cette façon parce qu'au moment de sa conception le service de réseau n'était effectivement pas fiable; il faut noter, en revanche, que la haute fiabilité théorique du réseau X.25 permet une couche de transport beaucoup plus simple.

Les normes en mode connexion ISO 8326/8327 et ISO 8822/8823 sont utilisées pour les couches présentation et session de MAP et TOP. C'est le cas, en particulier, pour les protocoles de transfert de fichier, de terminal virtuel, etc.

On peut trouver dans un réseau TOP cinq types de systèmes : un système terminal, un répéteur, un pont (*bridge*), un routeur et une passerelle (*gateway*). Le système terminal (hôte) est une machine utilisateur, sur laquelle sont implémentées les sept couches de l'OSI. Les quatre autres types permettent d'interconnecter différents réseaux. Elles se différencient par la couche qui réalise la connexion comme l'indique la figure 1-17.

Un répéteur (figure 1-17(a)) propage seulement les bits d'un réseau à l'autre, si bien que les deux réseaux apparaissent logiquement comme un réseau unique. Les réseaux sont souvent séparés en deux ou plusieurs morceaux, du fait des restrictions sur la longueur maximale des câbles sur les tronçons. Le répéteurs sont muets (dépourvus de logiciel); ils ne font que recopier les bits sans comprendre.

Un pont (figure 1-17(b)) sert à connecter deux réseaux par la Couche Liaison de Données. Cela est utile, par exemple, lorsque deux réseaux ont des Couches Liaison de Données différentes mais ont la même Couche Réseau. Une connexion entre un bus Ethernet et à jeton se fait normalement par un pont. Les trames arrivent au pont sous le format Ethernet et sont copiées vers le réseau de bus à jeton, en forme bus à jeton et vice versa. Les ponts sont intelligents et contiennent du logiciel; ils peuvent être programmés pour copier des trames sélectivement et effectuer ce faisant les changements nécessaires.

Un routeur (figure 1-17(c)) est nécessaire lorsque deux réseaux utilisent la même Couche Transport mais des Couches Réseaux différentes. La connexion entre un réseau de bus à jeton et un réseau public X.25 nécessite un routeur pour convertir les trames du bus à jeton dans le format requis par le réseau X.25.

Le dernier type de nœud TOP, la passerelle, est utilisé pour l'interconnexion avec des réseaux n'ayant rien à voir avec le modèle OSI. Dans beaucoup de cas, la connexion doit être faite par la Couche Application.

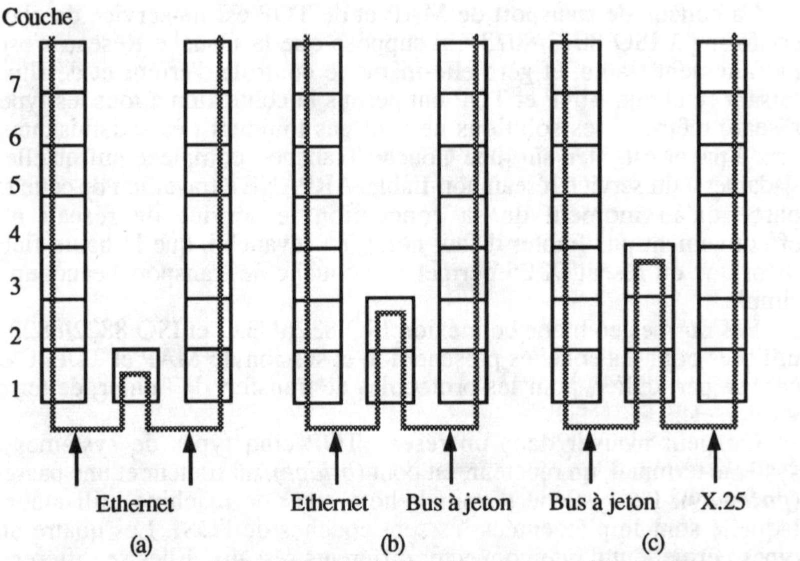

Figure 1-17. Divers types de systèmes dans TOP : (a) un répéteur, (b) un pont, (c) un routeur

MAP possède six types de nœuds dont le système terminal MAP, le pont, le routeur et la passerelle. Il n'a pas de répéteur (il utilise des ponts), mais il a deux types de nœuds supplémentaires : le nœud MINIPAP et la passerelle MAP/EPA. Ces nœuds sont compatibles avec la norme PROWAY LAN qui était courante en usine avant MAP. Ils ne possèdent que les couches 1 et 2 mais sont importants en environnement temps réel. Plus d'un million de nœuds MAP et TOP seront en service au début des années 90.

1.7.4. USENET

Au début, quand UNIX se répandit largement dans les laboratoires Bell, les chercheurs réalisèrent rapidement qu'il leur fallait un moyen simple de copier des fichiers d'un système UNIX à un autre. Pour résoudre ce problème, ils écrivirent le programme *UUCP* (*UNIX to UNIX CoPy*).

Lorsque les systèmes UNIX s'enrichirent de modems et de numéroteurs automatiques, il devint possible de copier automatiquement des fichiers entre machines distantes grâce à *UUCP*. Beaucoup de réseaux informels se sont alors développés, réseaux dans lesquels une machine centrale avec numéroteur automatique appelait l'une après l'autre des machines tard dans la nuit, se connectait à ces machines et leur transférait des fichiers et du courrier électronique. Deux machines possédant des modems mais pas de numéroteur automatique pouvaient communiquer par le biais de la machine centrale : celle-ci appelait la première machine, chargeait les fichiers et le courrier qu'elle allait décharger un peu plus tard dans la machine de destination.

Ces réseaux se sont développés à un rythme extrêmement rapide parce que la seule exigence requise pour s'y joindre était la possession d'un système UNIX et d'un modem, chose que pratiquement tout département informatique universitaire possède dans le monde occidental. Ces réseaux ont fusionné depuis en un seul réseau, appelé parfois UUCP, de 10 000 machines environ et un million d'utilisateurs. C'est vraisemblablement le plus grand réseau mondial.

A l'opposé des réseaux administrés de façon centralisée, comme les réseaux publics et ARPANET, l'anarchie totale est l'image la plus parlante pour décrire ce réseau. Chaque site peut faire fonctionner sa propre version de logiciel, et beaucoup utilisent cette possibilité à fond. D'un autre côté, la communauté des utilisateurs possède des centaines d'experts compétents qui maintiennent très bien le réseau en fonctionnement malgré le manque total de contrôle central.

Sa branche européenne possède même un nom officiel : EUnet; elle est également un peu mieux organisée. Chaque pays européen a une passerelle unique gérée par un seul administrateur. Les organisateurs restent en contact étroit pour coordonner le réseau. L'ensemble du trafic international transite par les passerelles qui alimentent les réseaux nationaux. L'Europe et les Etats-Unis sont connectés par une ligne louée entre Amsterdam et un site en Virginie appelé «uunet», site également relié à ARPANET. D'autres branches existent également au Japon, en Corée, en Australie et dans bien d'autres pays.

Le seul service offert est le courrier électronique, mais un réseau proche, appelé USENET, lancé par l'Université Duke et par celle de Caroline du Nord, offre aussi un service inhabituel, appelé «network news». Seules quelques machines appartiennent à l'un ou à l'autre réseau, la plupart appartiennent aux deux. En Europe, EUnet véhicule à la fois le courrier (*mail*) et des informations (*news*), donc c'est un réseau unique. Comme les deux réseaux sont administrés de la même façon et ont les mêmes protocoles, nous les traiterons tout au long de ce livre comme un seul réseau dénommé USENET, même si ce n'est pas l'exacte réalité.

«Network news» se subdivise en des centaines de groupes portant sur des sujets divers, certains techniques, d'autres pas. Il y a des groupes pour tous les langages de programmation courants, pour tous les micro-ordinateurs, pour plusieurs systèmes d'exploitation, mais aussi des groupes pour les offres et recherches d'emploi, les ventes et achats de n'importe quoi, pour beaucoup d'activités ludiques et pour le sport. Les utilisateurs de USENET peuvent s'abonner à tout groupe qui les intéresse.

Les utilisateurs peuvent aussi poster des messages qui sont copiés (habituellement par uucp) dans toutes les machines concernées du monde entier. Un utilisateur posant une question ou formulant une opinion sur un sujet peut poster un message et lancer une discussion qui peut impliquer éventuellement des centaines voire des milliers de personnes de part le monde. Beaucoup de bulletins gérés par des mordus de l'informatique ont des fonctionnalités semblables, mais aucun, nulle part, n'approche le nombre d'abonnés ni la couverture mondiale de USENET.

1.7.5. CSNET

En 1980, l'importance considérable de ARPANET pour la communication entre chercheurs est devenue évidente. Mais comme ARPANET dépendait du Ministère de la Défense et que les universités n'ayant pas de contrats fédéraux n'avaient pas l'autorisation de l'utiliser, NSF (*National Science Foundation*) mit sur pied CSNET, accessible à tous les départements informatiques des Etats-Unis et offrant une mise en réseau à la communauté informatique dans son ensemble. (Comer, 1983; Landweber et al., 1986; Partridge et al., 1987).

En fait, CSNET n'est pas vraiment un réseau comme ARPANET, c'est un méta-réseau. Il utilise des moyens de transmission fournis par les autres réseaux et surajoute une couche de protocole uniforme afin que l'ensemble apparaisse comme un seul réseau logique auprès des utilisateurs. CSNET avait à l'origine trois composantes physiques; une quatrième fut ajoutée plus tard. Le lien entre les parties est fait grâce à une machine appelée CSNET-RELAY, dans une entreprise située à Cambridge. Cette entreprise, BBN, fut choisie pour sa très grande expérience dans l'exploitation d'ARPANET. 150 campus au total sont connectés à CSNET.

La composante principale en est ARPANET. Beaucoup de départements informatiques y sont déjà connectés et ces machines sont donc reliées par un sous-réseau utilisant des lignes louées à 56 kbit/s, capacité beaucoup plus grande que celle que CSNET peut fournir.

La seconde composante est le réseau public X.25. Les départements qui sont sur un des réseaux X.25 publics, comme Telenet et Uninet, peuvent l'utiliser pour accéder à CSNET-RELAY.

Pour les départements ne se trouvant ni sur l'un ni sur l'autre, on a installé PHONENET. Ce réseau est composé de machines PHONENET qui n'appellent CSNET-RELAY qu'à leur initiative. La plupart appellent toutes les une ou deux heures par des composeurs automatiques. Cela ressemble à

USENET, à cette différence près que l'ensemble du trafic bidirectionnel passe par CSNET-RELAY; dans USENET, il n'y a pas de contrôle centralisé, chaque machine de USENET peut communiquer avec celle de son choix.

La quatrième composante, CYPRESS, est une tentative de duplication de la technologie ARPANET à moindre coût (Comer et Narten, 1988). Ce réseau comporte des nœuds de commutation de paquet, IMPLET, et des machines-hôtes. Les IMPLET sont des Microvax de DEC connectés par lignes louées. Pour se joindre à CYPRESS, il suffit pour un organisme d'acquérir un Microvax et de louer une ligne vers un IMPLET.

Le service de base fourni à tous les sites CSNET est le courrier électronique avec les protocoles et les formats ARPANET. Le transfert de fichier et la connexion à un ordinateur à distance sont également disponibles, sauf pour les machines PHONENET.

Le succès de CSNET amena NSF à monter un autre réseau permettant l'accès à des superordinateurs répartis sur les Etats-Unis. Comme les programmes des superordinateurs manipulent souvent de très grandes quantités de données, ce réseau utilise des liaisons à onde courte de 1,5 Mbit/s pour les transmissions à longue portée. A ce rythme, une bande magnétique de 1600 bpi s'envoie en moins de cinq minutes. Ce réseau appelé NSFNET (Mils et Braun, 1987), utilise les mêmes protocoles TCP/IP que l'internet ARPA, CSNET et Berkeley UNIX. Il est maintenant clair que le grand nombre de machines et réseaux utilisant les protocoles internet retardera considérablement la conversion du monde entier à l'OSI. La simplicité et une certaine forme d'universalité de TCP/IP ont porté un coup qui sera peut-être fatal à l'OSI.

1.7.6. BITNET

Autre réseau intéressant : BITNET (*Because It's Time NETwork*), qui a démarré en 1981 aux Universités de New York et de Yale (Landweber et al., 1986). Il s'agissait de créer un réseau universitaire, comme CSNET, mais pour tous les départements, pas seulement ceux d'informatique. Il comporte maintenant 175 sites aux Etats-Unis et près de 260 sites en Europe via son homologue EARN (*European Academic Research Network*).

BITNET est assez similaire à CYPRESS, chaque site BITNET louant une ligne vers un des autres sites. En revanche, les machines-hôtes de BITNET établissent elles-mêmes les communications. Il n'y a pas de sous-réseau d'IMPLET. Autre différence avec CYPRESS : BITNET utilise un protocole (et donc un logiciel) fourni gratuitement par IBM qui n'est compatible ni avec OSI, ni avec TCP/IP ou quoi que ce soit. Il est fondé sur l'idée de transmettre l'équivalent de cartes perforées de 80 colonnes, ce qui est fréquemment source de problèmes.

Les règles financières de BITNET sont inhabituelles et contribuent partiellement à son succès. Pour s'y joindre, une université doit louer une ligne vers un autre site BITNET et payer la location de la ligne. Elle doit aussi permettre qu'une autre université puisse louer une ligne vers sa machine (sur ses propres deniers, bien sûr). Enfin, elle doit accepter que du trafic transite par sa machine. Mis à part la perte de capacité de traitement liée au trafic tiers, le seul coût réel consiste en une ligne louée. A l'inverse de tout autre réseau, aucun coût ne repose sur le volume de trafic.

Le trafic de base BITNET est le transfert de fichier; il comporte également le courrier électronique et le lancement de travaux à distance. Chaque fichier injecté dans le système comporte sa destination finale; il peut être stocké et réexpédié plusieurs fois avant d'arriver. Il est possible de se connecter sur un ordinateur à distance, mais comme le trafic interactif est traité comme le trafic de transfert de fichier, le temps de réponse est très lent et la fiabilité faible.

Des travaux sont en cours pour ajouter un sous-réseau de type CYPRESS à BITNET et pour tâcher de mieux l'intégrer dans les univers ARPA internet, USENET et CSNET.

1.7.7. SNA

Toute description des réseaux ne comportant pas SNA (*Systems Network Architecture*) de IBM serait incomplète. On peut considérer que OSI découle de SNA sur des points essentiels, comme le concept et le nombre de couches choisies, et, de façon plus approximative, les fonctions de chaque couche.

SNA est une architecture de réseau dont le but est de permettre aux clients d'IBM de construire leurs propres réseaux privés, machines-hôtes et sous-réseau. Une banque, par exemple, peut avoir une ou plusieurs UC dans son département informatique et de nombreux terminaux dans chacune de ses succursales. Grâce à SNA, toutes ces composantes isolées peuvent être transformées en un système cohérent.

Avant SNA, IBM avait plusieurs centaines de produits de communication, utilisant des dizaines de méthode d'accès pour télétraitement, avec plus de douze protocoles de liaison de données. L'idée de base de SNA était la suppression de cette anarchie par l'offre d'une infrastructure cohérente permettant un traitement distribué avec un couplage souple. Mais le souhait de nombreux utilisateurs de maintenir la compatibilité avec tous ces protocoles mutuellement incompatibles fait que l'architecture SNA est plus compliquée par endroits qu'elle n'aurait dû l'être. SNA réalise aussi un grand nombre de fonctions inconnues des autres réseaux, qui tendent à rendre l'architecture globale plus complexe, même si ce sont des applications qui apportent un plus.

SNA a évolué considérablement pendant des années et cela continue. La première version (1974) ne permettait de construire que des réseaux centralisés, de forme arborescente, avec une seule machine hôte et ses terminaux. De notre point de vue, cela n'a rien à voir avec un réseau. La version de 1976 permettait l'interconnexion de plusieurs arbres, mais seulement par leurs racines. La version de 1979 éliminait cette restriction, allant dans le sens d'une communication généralisée. Finalement, en 1985, on a pu construire des topologies quelconques de machines-hôtes et de RLE.

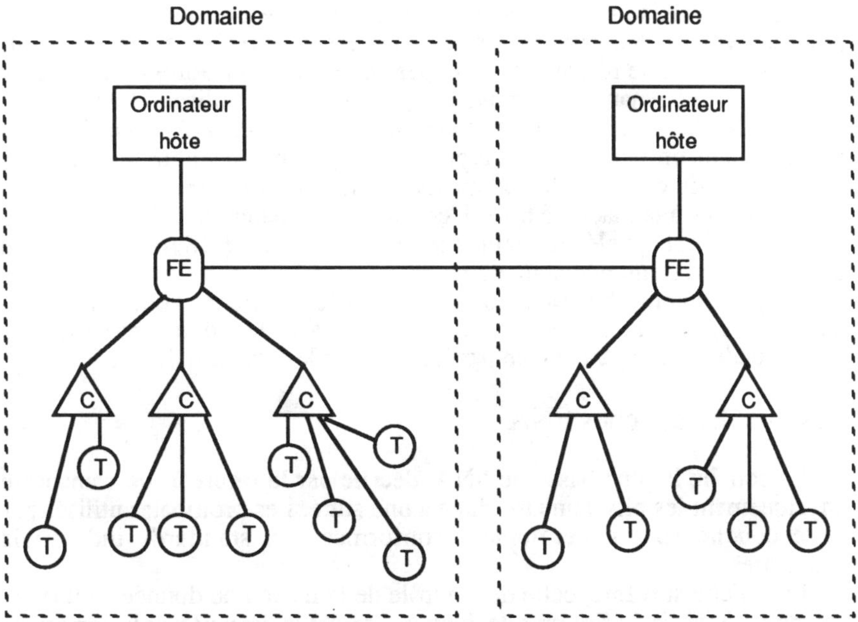

Figure 1-18. Un réseau SNA à deux domaines (FE = Frontal, C = contrôleur,T = Terminal)

Un réseau SNA est composé d'un ensemble de machines (appelées nœuds) de quatre types dont les principales caractéristiques sont les suivantes : Les nœuds de type 1 sont les terminaux, ceux de type 2 étant les contrôleurs supervisant des terminaux et d'autres périphériques. Les nœuds de type 4 sont des frontaux dont la fonction est de décharger l'UC principale du travail et de la gestion des interruptions liées à la communication des données. Les nœuds de type 5 sont les machines-hôtes elles-mêmes, quoique, avec l'arrivée des micro-processeurs à bas prix, quelques contrôleurs ont acquis certaines propriétés qui les font ressembler à des machines-hôtes. Etrangement, il n'existe pas de nœuds de type 3.

Chaque nœud comporte un ou plusieurs NAU (*Network Addressable Units*). Un NAU, c'est du logiciel permettant à un processus d'utiliser le réseau. On peut le considérer comme un SAP avec en plus les entités fournissant les services des couches plus hautes. Pour utiliser le réseau, un processus doit se connecter à un NAU; il peut alors adresser et être adressé par d'autres NAU. Les NAU sont donc les points d'entrée du réseau pour les processus utilisateurs.

Il y a trois types de NAU. Une LU (*Logical Unit*) est l'objet usuel auquel un processus peut être rattaché. Une PU (*Physical Unit*) est un NAU propre à l'administration de chaque nœud. La PU est utilisée par le réseau pour activer et désactiver le nœud, le tester et réaliser des fonctions d'administration de réseau. Une PU permet au réseau d'adresser un organe physique, en ne tenant pas compte des processus qui l'utilisent. Le troisième type de NAU est le SSCP (*System Services Control Point*); il y en a normalement un par nœud de type 5 et aucun pour les autres nœuds. Le SSCP connaît et contrôle exhaustivement les frontaux, contrôleurs et terminaux liés à la machine hôte. L'ensemble des matériels et logiciels gérés par un SSCP est appelée domaine (*domain*). La figure 1-18 décrit un réseau SNA ne comprenant que deux domaines.

On peut établir une correspondance grossière entre les couches SNA et OSI, mais, lorsqu'on les examine en détail, les deux modèles ne correspondent pas très bien, en particulier pour les couches 3, 4 et 5.

Résumé des couches SNA

La couche la plus basse de SNA, décrite par la figure 1-19, transporte physiquement les bits d'une machine à une autre. Les protocoles utilisés par cette couche sont généralement conformes aux standards industriels appropriés.

La couche suivante, celle de contrôle de la liaison de données, fabrique les trames à partir du flot brut de données, gérant la détection et la correction des erreurs de transmission de façon transparente pour les couches plus hautes. Beaucoup de réseaux ont copié directement ou indirectement la couche 2 du protocole SNA, SDLC (*Synchronous Data Link Control*). En particulier HDLC (*High Level Data Link Control*), de l'ISO, découle étroitement de SDLC. SNA supporte également un RLE à anneau à jeton dans cette couche.

La couche 3 de SNA, appelée contrôle de chemin (*path control*) par IBM, a pour tâche l'établissement du chemin logique entre NAU d'origine et NAU destinataire. Beaucoup de réseaux SNA sont subdivisés en sous-réseaux, appelés *subarea*, chacun possédant un nœud de sous-réseau (*subarea node*) spécifique agissant comme passerelle. Une structure *subarea* correspond souvent à un domaine. Il s'agit d'une structure hiérarchisée, où les nœuds de subarea sont connectés entre eux pour former une dorsale, chaque nœud étant rattaché à un nœud subarea.

Le contrôle de chemin comprend trois sous-couches. La sous-couche du dessus fait le routage global, décidant de la chaîne des *subarea* à utiliser de la subarea source jusqu'à celle de destination. Cette séquence s'appelle route virtuelle. Deux *subarea* peuvent se trouver connectées par différentes lignes de communication (par exemple ligne louée ou satellite), la sous-couche suivante choisissant la ligne spécifique à utiliser pour former une route explicite. La sous-couche la plus basse répartit le trafic entre plusieurs liaisons parallèles de même type pour obtenir une plus grande capacité ou une meilleure fiabilité.

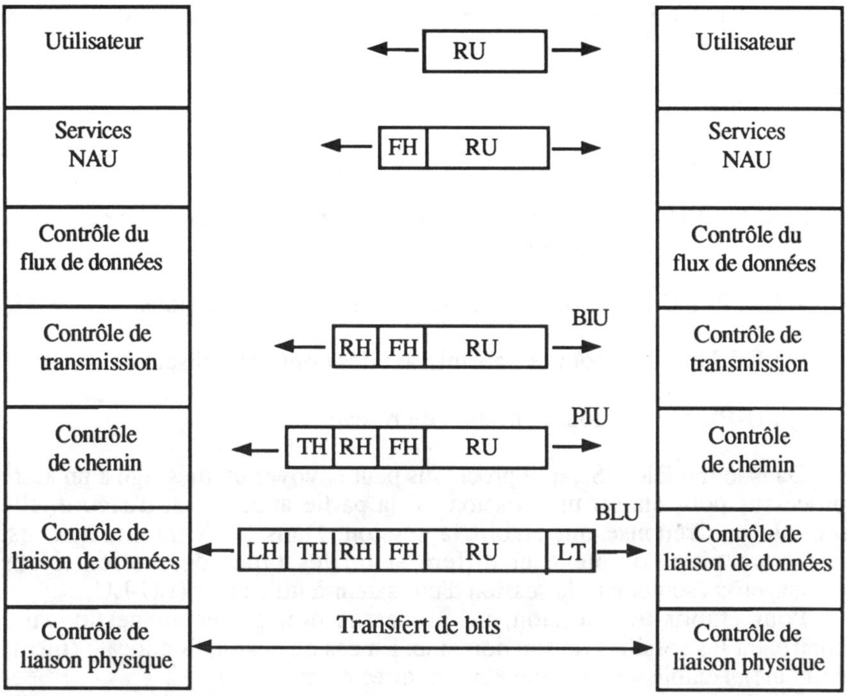

LH : En-tête de trame de liaison de données
LT : Délimiteur de fin de trame de liaison de données
TH : En-tête de transmission
RH : En-tête de «Requête / Réponse»
FH : En-tête de fonction

BLU : Unité de lien de données (Trame)
PIU : Unité de cheminement (Paquet)
BIU : Unité d'information élémentaire (Message)
RU : Unité de «Requête / Réponse»

Figure 1-19. Hiérarchie des protocoles et unités échangées dans SNA

L'information relative à la recherche de la route virtuelle et explicite et à la gestion de la congestion de réseau est passée dans l'en-tête de transmission (*transmission header*), décrit en figure 1-19. Le contrôle de chemin concatène des paquets indépendants en de grands blocs pour une meilleure efficacité.

Au-dessus de la couche de contrôle de chemin se trouve la couche de contrôle de transmission dont la tâche consiste à créer, gérer et relâcher les connexions de transport (*sessions*). Toutes les communications dans SNA utilisent des sessions; il n'y a pas de communication sans connexion. L'objectif de la session SNA, comme celle de OSI, est de fournir aux couches hautes un canal sans erreur indépendant de la technologie sous-jacente.

SNA comporte cinq types de sessions différentes :

1) SSCP-SSCP : pour la gestion et le contrôle inter-domaine.

2) SSCP-PU : permettant au SSCP d'initialiser, de contrôler et d'arrêter des PU.

3) SSCP- LU : permettant à des LU de gérer des sessions.

4) LU-LU : pour la transmission des données utilisateur.

5) PU-PU : pour la gestion du réseau.

Dans le modèle OSI, tout processus peut envoyer un message à un autre processus pour établir une session. Si la partie appelée est d'accord, elle renvoie une réponse qui établit la session. Dans SNA, la situation est beaucoup plus complexe et diffère selon les types de session. Nous envisagerons seulement la session d'utilisateur à utilisateur (LU-LU).

Pour établir une session, un processus doit parler au gestionnaire contrôlant les sessions de son domaine. En cas de destination locale (même domaine), l'établissement peut être fait directement.

S'il s'agit d'un domaine distant, le SSCP doit en revanche contacter le SSCP du domaine distant. Des routes virtuelles et explicites doivent aussi être choisies. Ce mécanisme est assez lourd, puisqu'il nécessite l'échange de plus d'une douzaine de messages. Une fois la transmission établie, la couche de contrôle de transmission régule le débit du flux entre processus, contrôle l'allocation de tampons, gère les niveaux de priorité entre messages, le multiplexage et démultiplexage des données et des messages de contrôle au bénéfice des couches plus hautes et réalise si nécessaire le chiffrement et le déchiffrement.

Au-dessus du contrôle de transmission se trouve le contrôle du flux de données, qui n'a rien à voir avec l'acception usuelle du contrôle de flux. En fait, il garde l'identité du processus suivant à appeler à la fin de la session, si les processus demandent un tel service.

Cette couche est également fortement impliquée dans la correction d'erreurs. Une caractéristique inhabituelle de cette couche est l'absence d'en-tête pour dialoguer avec son homologue. L'information correspondante est en fait passée au contrôle de transmission sous forme de paramètre et incluse dans l'en-tête de transmission.

La sixième couche de SNA, «NAU services», fournit deux classes de services aux processus utilisateur. D'abord des services de présentation, par exemple la compression de données, ensuite des services de session pour l'établissement des connexions. De plus, il y a des services propres au réseau (*network services*), qui traitent de l'exploitation du réseau dans son ensemble.

SNA recouvre un sujet vaste et complexe. Un excellent ouvrage de Meijer (1987) lui est consacré.

1.7.8. Le réseau TRANSPAC

TRANSPAC est un réseau public de transmission et de commutation de paquets mis en service en France depuis 1978. Il offre un service réseau de transmission de données directement lié au service réseau du modèle OSI en mode connexion. L'accès au réseau TRANSPAC doit être réalisé conformément aux STUR-TRANSPAC «Spécifications techniques d'utilisation du réseau TRANSPAC[2]» qui s'appuient elles-mêmes sur la recommandation X.25 du CCITT.

Le service de base offert par TRANSPAC est le service de transport de données sur circuits virtuels commutés ou permanents. Ces derniers sont spécifiés lors de l'abonnement au réseau.

Les caractéristiques fonctionnelles générales du réseau TRANSPAC correspondent d'assez près à celles présentées dans la section 1.7.1. ci-dessus et relatives aux réseaux publics.

Au niveau physique, TRANSPAC utilise la variante X.21 bis de l'interface synchrone conforme à l'avis X.21. Ce niveau physique fait intervenir les interfaces V.24 et V.28 pour des débits jusqu'à 19 200 bit/s et V.35 pour des débits jusqu'à 48 000 bit/s.

Le protocole de niveau liaison de données est de type HDLC simplifié. L'accès à la liaison peut être de type équilibré (LAP-B) ou en mode de réponse asynchrone (LAP); ces modes d'accès sont présentés en détail au chapitre 4.

TRANSPAC se distingue des autres réseaux de même type par : une capacité de raccordement et de commutation supérieure, une couverture géographique plus importante, un taux de disponibilité élevé, des moyens d'exploitation, de surveillance, de maintenance et de diagnostics très puissants.

Le réseau TRANSPAC est organisé en deux sous-ensembles de commutateurs :

---

[2] STUR : «Spécifications techniques d'utilisation du réseau TRANSPAC», Société TRANSPAC 75755 Paris Cedex 15.

- des commutateurs de transit connectés entre eux par des canaux de communication à débit élevé (de 2 à 3 canaux et jusqu'à 512 kbit/s par canal),
- des commutateurs d'abonnés de première ou deuxième génération connectés entre eux et aux commutateurs de transit par des canaux allant jusqu'à 64 kbit/s.

Les commutateurs de transit, introduits dans le réseau à partir de 1987, ne permettent pas le raccordement d'abonnés. Ils supportent, en revanche, un trafic supérieur à 7500 paquets par seconde.

Les commutateurs d'abonnés de première génération sont constitués d'une unité de commande et de un à six modules de commutation. Tous ces éléments communiquent entre eux par un bus interne. Chaque module de commutation peut traiter quelque 300 accès et commuter environ 1000 paquets par seconde.

Les commutateurs d'abonnés de deuxième génération, introduits en 1985, sont beaucoup plus souples et plus modulaires. Ils ont bénéficié de l'évolution technologique. Les fonctions d'exploitation du commutateur sont réalisées par un module ou unité d'exploitation, doublée d'une unité de secours. Des modules de signalisation et de commutation sont raccordés aux abonnés et par un bus interne à l'unité d'exploitation. Ces modules de raccordement peuvent traiter jusqu'à 96 accès avec un trafic moyen d'environ 1,25 paquet par seconde et par accès.

Depuis 1979, un nœud de transit international (NTI) assure les communications de TRANSPAC avec les réseaux à commutation de paquets à l'étranger.

Différentes catégories d'équipements peuvent être raccordées de diverses manières au réseau TRANSPAC, par exemple :

- des équipements de type «paquet» en mode synchrone : l'accès au réseau se fait alors par liaison spécialisée (accès X.25) ou par le réseau téléphonique commuté (accès X.32), avec un débit de 2 400 à 48 000 bit/s.

- des équipements de type «caractère» en mode asynchrone : l'accès au réseau se fait alors, soit par liaison spécialisée (accès X.28), soit par le réseau téléphonique commuté (accès X.28, Vidéotex, V.22 bis), soit par le réseau TELEX, à des vitesses allant de 50 à 1200 bit/s.

1.8. DESCRIPTIF DE LA SUITE DU LIVRE

La structure de ce livre suit le modèle OSI. Que ce modèle soit ou non le meilleur moyen de structurer effectivement des réseaux d'ordinateurs, il constitue un excellent cadre pour les livres traitant des réseaux.

Le chapitre 2 démarre par le bas de la hiérarchie des protocoles. Il fournit le référentiel de base dans le champ de la communication de données. Il traite de la transmission numérique et analogique, du multiplexage et de la commutation. La matière traitée est la Couche Physique, quoique nous couvrions seulement les aspects architecturaux plutôt que matériels. Plusieurs exemples de la Couche Physique sont également décrits.

Le chapitre 3 traite de la sous-couche d'accès au support (*Medium Access Sublayer*). Quand le comité IEEE 802 inventa cette sous-couche, il pensait qu'elle se situait à la base de la couche 2. Tout d'abord l'ISO ne fut pas d'accord, arguant qu'elle appartenait au haut de la couche 1. En d'autres termes, cette sous-couche se situe entre la transmission physique et la liaison de données, et elle a une importance suffisante pour justifier un chapitre entier. Le problème fondamental dont elle traite est de savoir qui a le droit d'utiliser le réseau quand ce dernier est constitué d'un seul canal partagé, comme c'est le cas de la plupart des RLE et des réseaux par satellite.

Le chapitre 4 traite de la Couche Liaison de Données et de ses protocoles au moyen d'exemples allant du plus simple au plus complexe. Il comporte l'analyse de ces protocoles.

Le chapitre 5 traite de la Couche Réseau, et spécialement du routage, du contrôle de congestion et de l'interconnexion de réseaux. Il décrit les deux types d'algorithmes de routage, dynamique et statique. Les effets d'un routage pauvre et de la congestion sont également traités. Les nombreux problèmes posés par l'interconnexion de réseaux hétérogènes pour former des réseaux interconnectés sont également abordés.

Le chapitre 6 traite de la Couche Transport. On y insiste sur les protocoles en mode connexion, puisque les protocoles de transport OSI et TCP sont tous les deux de ce type. Un exemple de service de transport et sa mise en œuvre sont décrits en détail.

Le chapitre 7 traite de la Couche Session. Il aborde d'abord quelques caractéristiques de conception de la session OSI. Comme pour la Couche Transport, il s'agit d'un service et d'un protocole en mode connexion. Un protocole de session sans connexion est ensuite décrit, l'appel d'une procédure distante. Ce protocole est très connu des chercheurs qui élaborent des systèmes d'exploitation distribués.

Le chapitre 8 traite de la Couche Présentation. Une grande part du chapitre est consacrée à un langage faisant l'objet d'une norme internationale décrivant des types de données, comme le format des paquets, et à la façon dont ces données sont représentées «sur les lignes de transmission». Ce chapitre traite également de la sécurité et de la confidentialité des données, puisque cette couche peut comporter de telles fonctions (mais elle n'est pas la seule).

Le chapitre 9 décrit quelques concrétisations de la Couche Application, comme les serveurs de fichiers, le courrier électronique, les protocoles de terminaux virtuels, les services d'annuaire et le lancement de travaux à distance.

Le chapitre 10 comporte une bibliographie pour chaque chapitre. Il a pour but d'aider les lecteurs désirant poursuivre l'étude des réseaux.

Tout au long de ce livre, nous utiliserons de façon dynamique quatre réseaux pour illustrer les principes décrits. Ce sont les réseaux publics (comme les réseaux X.25), ARPANET (et ARPA internet), MAP/TOP et USENET.

1.9. RESUME

Les réseaux se sont développés à la fois pour connecter des machines existantes et pour tirer le meilleur parti des bonnes performances et du faible coût des microprocesseurs. La plupart des réseaux à longue distance se composent d'un ensemble de machines hôtes communiquant via un sous-réseau. Le sous-réseau peut se composer de plusieurs lignes point-à-point reliant ses IMP ou d'un seul canal commun de diffusion, comme dans un réseau par satellite. Les réseaux locaux interconnectent directement les machines par un câble et une interface qui présente une certaine analogie avec l'IMP du réseau à grande distance.

Les réseaux sont tous conçus sous forme de couches de protocoles, chaque couche étant responsable d'une partie des opérations du réseau.

L'ossature conceptuelle de ce livre repose sur les sept couches du modèle OSI : les couches physique, liaison de données, réseau, transport, session, présentation et application.

La Couche Physique traite de la normalisation des connecteurs au réseau et de leurs propriétés électriques. La Couche Liaison de Données découpe le flot de bits en unités discrètes et les échange selon un protocole. La Couche Réseau s'occupe du routage. La Couche Transport offre aux couches supérieures des connexions de bout en bout qui sont fiables. La Couche Session améliore la Couche Transport en permettant par exemple les reprises après incident. La Couche Présentation se charge de la normalisation de la description des structures des données et de leur représentation. Enfin, la Couche Application comporte le transfert de fichier, le courrier électronique, le terminal virtuel et plusieurs protocoles spécifiques à des applications.

Assez peu de réseaux sont actuellement opérationnels. Parmi ceux que nous avons abordés, citons les réseaux publics comme TRANSPAC, ARPANET, MAP et TOP, USENET, CSNET, BITNET et SNA.

1.10. EXERCICES

1. Supposons que vous ayez entraîné votre St-Bernard à porter une boîte de trois disquettes plutôt qu'un tonnelet de rhum. Les disquettes contiennent 250 000 octets chacune. Le chien va constamment à 18 km/h. Dans quelle plage de distance le chien possède-t-il une plus grande vitesse de transmission qu'une ligne téléphonique à 300 bit/s ?

2. Dans le futur, chacun possédera un terminal domestique connecté à un réseau d'ordinateurs. On pourra faire des référendums instantanés sur des problèmes importants de législation. Plus tard encore, on pourra supprimer les représentants du peuple au bénéfice de l'expression populaire directe. Les aspects positifs d'une telle démocratie directe sont évidents; décrivez quelques aspects négatifs.

3. Considérons (2^n - 1) IMP connectés selon les topologies suivantes :

   (a) Etoile (le nœud central est un simple commutateur, pas un IMP)
   (b) Anneau
   (c) Interconnexion totale

   Dans chaque cas, donnez le nombre de bons nécessaires en moyenne pour un paquet IMP-IMP (trafic interne exclu).

4. Un ensemble de cinq IMP doivent être connectés par un sous-réseau en point-à-point. Entre deux IMP quelconques, les concepteurs peuvent mettre une ligne de haut, moyen ou bas débit ou aucune ligne du tout. S'il faut 100 ms de temps machine pour déterminer chaque topologie, combien de temps faut-il pour toutes les passer en revue ?

5. Un groupe de 2^n - 1 IMP sont interconnectés par une arborescence binaire centralisée comportant un IMP par nœud. L' *IMP* i communique avec l'*IMP* j par un message envoyé à la racine qui le répercute vers j. En déduire une approximation du nombre moyen de bonds par message, *n* étant grand et en supposant que toutes les paires d'IMP sont semblables.

6. Un inconvénient d'un réseau à diffusion est la perte de capacité due aux tentatives simultanées d'accès au canal. Pour simplifier, supposons que le temps est divisé en intervalles discrets, chacune des *n* machines ayant une probabilité *p* d'utiliser le canal à chaque intervalle. Quelle est la proportion d'intervalles perdue par collision ?

7. Le président de la société «Peinture Lure» a l'idée de travailler de conserve avec un brasseur local dans le but de produire une boîte de bière invisible (mesure anti-pollution). Le président demande à son département juridique d'examiner le problème, lequel demande à son tour l'aide du département technique. En conséquence, l'ingénieur en chef appelle son homologue de l'autre société pour discuter des aspects techniques du projet. Les ingénieurs en réfèrent alors à leurs départements juridiques respectifs, qui se concertent alors par téléphone pour déterminer les aspects légaux. Enfin, les deux présidents discutent

l'aspect financier de l'accord. Est-ce un exemple de protocole multi-couches au sens du modèle OSI ?

8. Redessinez la figure 1-6 pour un système où c'est la couche 3 et non la 4 qui scinde les messages.

9. Dans la plupart des réseaux, la couche de liaison de données gère les erreurs de transmission en demandant la retransmission des trames endommagées. Si la probabilité d'une erreur est *p*, quel est le nombre moyen de transmissions nécessaires pour envoyer une trame, les acquittements n'étant jamais perdus ?

10. Quelles sont les couches OSI chargées des opérations suivantes :

    (a) Découpe du flot de bits transmis en trames.
    (b) Détermination du chemin à travers le réseau.
    (c) Fourniture de la synchronisation.

11. Dans le modèle OSI, est-ce que ce sont les TPDU qui encapsulent les paquets ou le contraire ? Explication.

12. Quelles sont les adresses des SAP pour une émission de radio en FM ?

13. Quelle est la principale différence entre communication en mode connexion ou sans connexion ?

14. Deux réseaux offrent des services en mode connexion fiables. L'un offre un flot d'octets fiables et l'autre un flot de messages fiables. Sont-ils identiques ? Si oui, pourquoi les distinguer ? Sinon, donnez un exemple de leur différence.

15. Quelle est la différence entre service avec et sans confirmation ? Dans chacun des cas suivants, indiquez si le service peut être confirmé, non-confirmé, être l'un ou l'autre ou ni l'un ni l'autre :

    (a) établissement de connexion.
    (b) transmission de données.
    (c) relâchement de connexion.

16. Que signifie «négociation» pour les protocoles de réseau ? Donnez-en un exemple.

17. Donnez deux arguments favorables et deux défavorables aux normes internationales pour les protocoles de réseaux.

18. Pour transférer un fichier entre deux ordinateurs, il existe au moins deux stratégies possibles d'acquittement. La première consiste à découper le fichier en paquets, chaque paquet étant acquitté par le récepteur sans acquitter le fichier dans son ensemble. La seconde consiste à acquitter l'ensemble du fichier quand il arrive, et pas chaque paquet. Décrivez ces deux approches.

19. Quand a-t-on besoin d'un protocole de terminal virtuel ? Quels types d'application gagnent à l'utiliser ?

20. Ethernet est parfois considéré comme inadéquat pour le calcul en temps réel, parce que l'intervalle de transmission dans le pire des cas n'est pas borné. Quelles sont les circonstances où cet argument est valable pour un anneau à jeton ? Dans quelles circonstances l'anneau à jeton a-t-il son pire des cas ? On suppose que le nombre de stations de l'anneau à jeton est fixe et connu.

2
La Couche Physique

Dans ce chapitre, nous nous intéressons à la première couche de l'organisation hiérarchique représentée par la figure 1-7. Nous débutons par une analyse théorique de la transmission des signaux, en particulier, pour découvrir que la «nature» et les phénomènes physiques qui l'accompagnent ont placé des limites à la transmission, avec lesquelles il faut compter. Puis nous regardons comment les données informatiques sont transmises, à la fois sous les formes analogiques et numériques. Ensuite, nous examinons les principes de base de la téléphonie numérique destinée à remplacer, dans les années à venir, la téléphonie analogique classique que nous utilisons journellement. Pour terminer nous analysons, succinctement, le comportement d'un terminal, ou poste de travail, dans un réseau télématique.

2.1. BASES THEORIQUES A LA TRANSMISSION DE DONNEES

Les informations, représentées par des signaux, peuvent être transmises sur des câbles ou lignes de transmission en agissant sur des paramètres caractéristiques de ces signaux. Par exemple, une tension ou un courant dans le cas de signaux électriques. Si l'on représente un courant ou une tension électrique comme une fonction du temps, $f(t)$, il devient possible d'établir un modèle représentant les variations du signal considéré et de l'analyser mathématiquement. Le principe de cette analyse est résumé ci-après.

2.1.1 Analyse de Fourier

Au début du XIXe siècle, le mathématicien français Jean Fourier a démontré qu'une fonction périodique quelconque de la forme $g(t)$, ayant pour période T, pouvait être décomposée en une suite de fonctions périodiques sinusoïdales de caractéristiques bien précises : les *composantes harmoniques*, dont le nombre tend vers l'infini. Partant des harmoniques, il a montré qu'il était possible de reconstituer le signal original, d'autant plus fidèlement que le nombre d'harmoniques est élevé.

Soit la forme

$$g(t) = \frac{1}{2}c + \sum_{n=1}^{\infty} a_n \sin(2\pi nft) + \sum_{n=1}^{\infty} b_n \cos(2\pi nft) \qquad (2.1)$$

où $f=1/T$, représente la *fréquence fondamentale* du signal considéré et a_n et b_n représentent les amplitudes respectives des composantes harmoniques de rang n.

Cette décomposition d'un signal périodique est appelée «série de Fourier». C'est à partir de l'analyse dite selon les séries de Fourier qu'il est possible de représenter un signal par une fonction mathématique. Ainsi, la période T du signal étant connue, de même que les valeurs de ses termes harmoniques, on peut reconstituer la fonction du temps $g(t)$ représentant le signal original à partir de l'équation (2.1).

Un signal de durée finie (tous les signaux le sont en pratique) peut être traité comme s'il se reproduisait de manière cyclique (c'est-à- dire qu'il est semblable, dans l'intervalle T à $2T$, à ce qu'il est dans l'intervalle 0 à T, etc.).

Les valeurs des termes a_n peuvent être calculées pour toutes les valeurs de $(g)t$, en multipliant les deux membres de l'équation (2.1) par $\sin(2\pi kft)$ et en intégrant la fonction entre 0 et T.

$$\int_0^T \sin(2\pi kft)\sin(2\pi nft)\,dt = \begin{cases} 0 \text{ si } k \neq n \\ T/2 \text{ si } k = n \end{cases}$$

Il résulte de ce calcul que seul le terme a_n, pour $n=k$, reste présent et que la somme des termes b_n disparaît. De manière similaire, en multipliant (2.1) par $\cos(2\pi kft)$ et en intégrant la fonction entre 0 et T nous obtenons b_k. De même c'est en intégrant les deux menbres de (2.1) que nous pouvons extraire la valeur de c. Ceci conduit aux résultats suivants:

$$a_n = \frac{2}{T}\int_0^T g(t)\sin(2\pi nft)\,dt \qquad b_n = \frac{2}{T}\int_0^T g(t)\cos(2\pi nft)\,dt \qquad c = \frac{2}{T}\int_0^T g(t)\,dt$$

2.1.2 Spectre et bande passante

Pour comprendre les relations entre ce qui précède et la transmission d'information prenons un exemple, la transmission du caractère *b*, codé en ASCII sur un octet, et représenté par la séquence binaire 0110 0010. La partie gauche de la figure 2-1(a) représente le signal de sortie du circuit transmetteur; l'analyse de ce signal selon les séries de Fourier fait apparaître les coefficients suivants:

$$a_n = \frac{1}{\pi n}[\cos(\pi n/4) - \cos(3\pi n/4) + \cos(6\pi n/4) - \cos(7\pi n/4)]$$

$$b_n = \frac{1}{\pi n}[\sin(3\pi n/4) - \sin(\pi n/4) + \sin(7\pi n/4) - \sin(6\pi n/4)]$$

$$c = 3/8$$

Les valeurs de l'expression

$$\sqrt{a_n^2 + b_n^2}$$

relatives aux premiers termes de la série de Fourier sont représentées sur la partie droite de la figure 2-1(a). Ces valeurs sont intéressantes car leur carré est proportionnel aux quantités d'énergie transmises par les signaux aux fréquences correspondantes.

Il faut savoir qu'aucun système de transmission n'est en mesure d'émettre des signaux sans leur faire subir d'affaiblissements. Si toutes les composantes harmoniques d'un signal subissaient le même affaiblissement, le signal résultant serait réduit en amplitude sans pour autant être déformé; c'est-à-dire qu'il conserverait la même précision de forme qu'au moment de son émission. Malheureusement, dans la réalité, les moyens de transmission apportent aux différentes harmoniques des affaiblissements différents. C'est ce qui est à l'origine des distorsions.

En pratique, les signaux sont transmis avec des affaiblissements d'amplitude négligeables jusqu'à une fréquence f_c, dite *fréquence de coupure*, exprimée en cycles par seconde ou en Hertz (Hz). Toutes les fréquences supérieures à cette fréquence de coupure sont fortement atténuées. Dans la plupart des cas, le processus d'atténuation est dû au support de transmission. Dans certains cas, il est même obtenu artificiellement par l'insertion volontaire dans la liaison de transmission d'un dispositif spécial, un *filtre passe-bande* qui restreint l'espace de fréquences attribué à la transmission d'un signal sur cette liaison. Cela réduit fortement le nombre d'harmoniques du signal qui seront effectivement transmises.

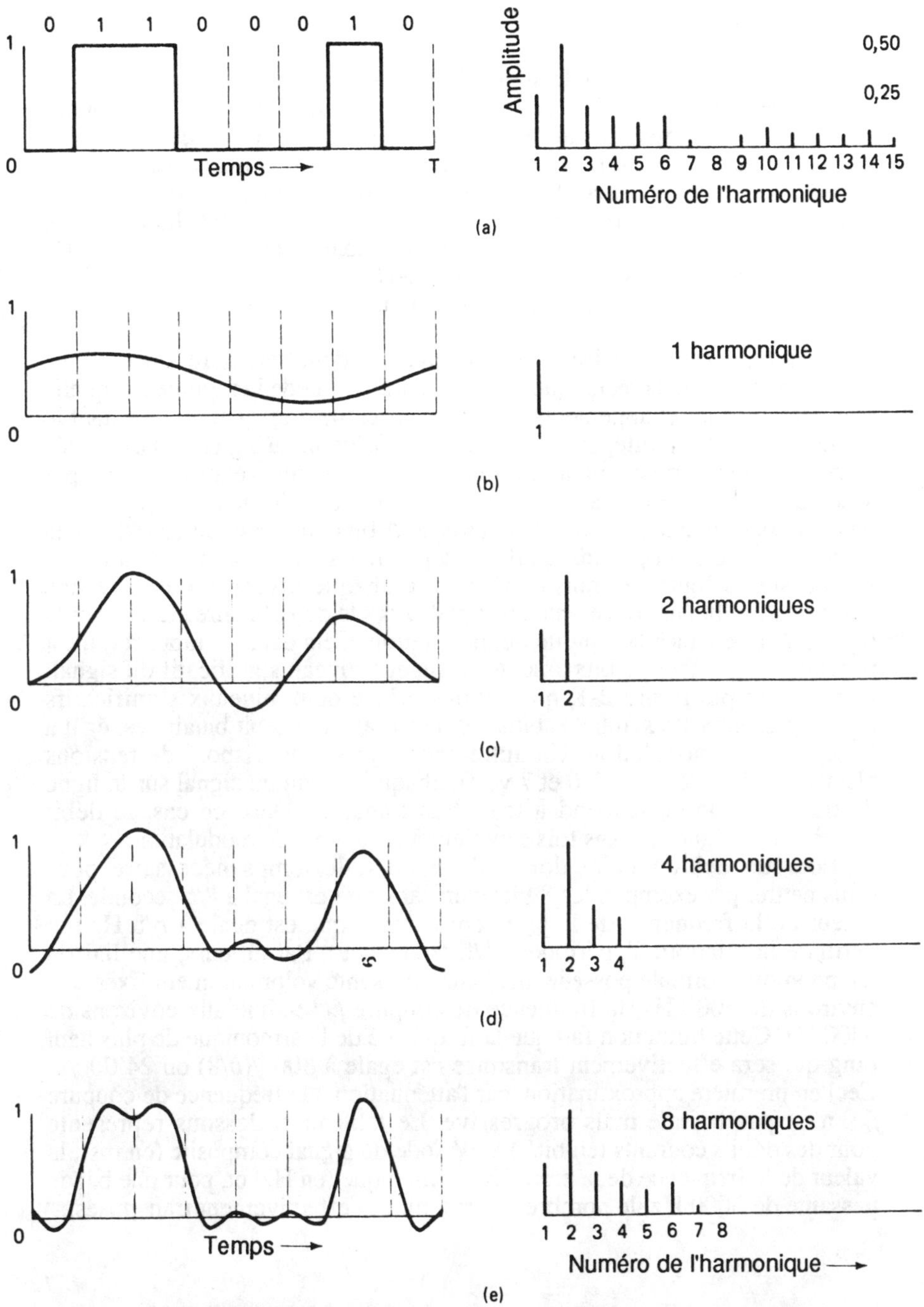

Figure 2-1. (a) Signal numérique et ses composantes harmoniques
(b à e) Approximations successives du même signal

Considérons à nouveau le signal de la figure 2-1(a), dans l'hypothèse où la ligne de transmission présente une *bande passante* (espace de fréquence des signaux transmis sans affaiblissement) tellement étroite que seule une partie de ses harmoniques sont effectivement transmises. En d'autres termes, seuls les premiers termes de l'équation (2.1) sont effectivement transmis. La figure 2-1(b) représente la forme du signal résultant lorsque seule la première harmonique (la fréquence fondamentale) est transmise. De la même manière, les figures 2-1(c) à 2-1(e) montrent l'évolution de la forme du signal lorsque le nombre d'harmoniques effectivement transmises augmente.

Le temps T nécessaire à la transmission d'un caractère sur la ligne dépend à la fois de la technique de codage utilisée et de la rapidité à laquelle sont effectués les changements d'états significatifs du signal représentant le caractère. Cette rapidité, dite *rapidité de modulation* du signal, est exprimée en *bauds*. Elle correspond au nombre de changements d'états du signal par seconde sur la ligne de transmission. Une rapidité de b bauds ne correspond pas nécessairement à un débit binaire de b bits par seconde (bit/s) sur la ligne. En effet, supposons qu'il y ait plusieurs niveaux significatifs au signal, sur la ligne de transmission; si à chaque niveau on associe une configuration binaire différente du signal, alors le débit binaire effectif sur la ligne est supérieur à la rapidité de modulation. Cela dans un rapport qui est fonction du nombre de bits associés à chaque niveau significatif du signal. Dans l'exemple figure 2-1, nous avons utilisé deux niveaux significatifs pour représenter les symboles binaires 0 et 1, ainsi le débit binaire est égal à la rapidité de modulation. Un autre exemple: si l'on dispose de tensions électriques 0, 1, 2, 3, 4, 5, 6 et 7 volts, chaque niveau du signal sur la ligne de transmission correspond à trois bits transmis. Dans ce cas, le débit binaire sur la ligne est trois fois supérieur à la rapidité de modulation.

Pour un débit binaire donné de b bit/s, le temps nécessaire pour transmettre, par exemple, les 8 bits d'un caractère est égal à $8/b$ seconde. La valeur de la fréquence de la première harmonique est égale à $b/8$ Hz (en vertu de la relation: T, période = 1/f, fréquence). Par ailleurs, une liaison téléphonique normale possède une bande passante volontairement fixée aux environs de 3000 Hz, la fréquence de coupure f_c se situe aux environs de 3400 Hz. Cette limitation fait que la fréquence de l'harmonique de plus haut rang qui sera effectivement transmise est égale à $3000/(b/8)$ ou $24\ 000/b$. Ceci en première approximation, car l'atténuation à la fréquence de coupure f_c n'est pas brutale mais progressive. Le tableau ci-dessous représente pour des débits courants (en bit/s) la période du signal composite (en ms), la valeur de la fréquence de la première harmonique (en Hz) et, pour une bande passante de 3000 Hz, le nombre d'harmoniques effectivement transmises.

Débit (bit/s)	*Période (T, ms)*	*Première harmonique (f, Hz)*	*Nombre d'harmoniques transmises*
300	26,67	37,5	80
600	13,33	75	40
1200	6,67	150	20
2400	3,33	300	10
4800	1,67	600	5
9600	0,83	1200	2
19200	0,42	2400	1
38400	0,21	4800	0

De l'ensemble des valeurs du tableau ci-dessus, il apparaît clairement que la transmission d'un signal à 9600 bit/s sur une ligne téléphonique normale ressemblerait à quelque chose de similaire au signal de la figure 2-1(c). Il apparaît que, sur cette même ligne, avec un débit supérieur à 19 200 bit/s il n'y aurait aucune chance de reconstituer le signal transmis. En d'autres termes, le fait de limiter la largeur de la bande passante limite le débit binaire maximum sur la ligne de transmission. Toutefois, des techniques de codage et de modulation complexes permettent, en utilisant plusieurs niveaux significatifs dans un instant de modulation (ou de transmission du signal), d'obtenir des débits binaires plus élevés que ceux apparaissant dans le tableau précédent.

2.1.3. Débit maximum pour une bande de fréquences

Dès l'année 1924, H. Nyquist a pris conscience de l'existence d'une limite fondamentale du débit binaire maximum praticable sur une ligne de transmission. Cela dans une bande passante finie et sur une ligne exempte de signaux parasites ou de bruits perturbateurs. Il en a déduit une expression du débit binaire maximum praticable sur une ligne. En 1948, Claude Shannon a repris les travaux de Nyquist et a appliqué les résultats obtenus à une ligne de transmission sujette à des bruits aléatoires perturbateurs, appelés également bruits thermiques ou bruits blancs. Nous résumons ci-après les principaux résultats obtenus.

Nyquist a démontré que, si un signal quelconque était appliqué à l'entrée d'un filtre passe-bas ayant une bande passante H, le signal ainsi filtré pouvait être entièrement reconstitué à partir d'un échantillonnage de ce signal effectué selon une cadence précise et égale à $2H$ par seconde. Une vitesse d'échantillonage supérieure à $2H$ par seconde ne présente aucun intérêt car les harmoniques qu'elle permettrait d'isoler, pour reconstituer le signal, ont été éliminés lors du passage du signal dans le filtre. Par ailleurs, si ce signal comporte un nombre V de niveaux significatifs, le théorème de Nyquist conduit à la formule suivante, exprimant le débit binaire D maximum:

$$D_{max} = 2H \log_2 V \quad \text{, en bit/s}$$

Par exemple, le débit D permis par une ligne exempte de bruit dont la bande passante égale 3000 Hz est, dans le cas d'un signal à deux niveaux significatifs sur la ligne, limité à $D = 6000$ bit/s.

Pour le moment, nous n'avons considéré que des lignes de transmission exemptes de signaux parasites. Lorsque des bruits aléatoires apparaissent, la situation se détériore rapidement.

La quantité de bruit, présente sur une ligne de transmission, est exprimée par rapport à la puissance utile du signal transmis et prend le nom de *rapport signal sur bruit*. Si nous appelons S l'énergie significative du signal et B l'énergie des bruits et parasites, le rapport s'écrit S/B. Pratiquement, ce ratio n'est pas quantifié, cependant, on a coutume de l'exprimer sous la forme $10 \log_{10} S/B$ en *décibel* (dB). Ainsi un rapport S/B de 10 est égal à 10 dB, un rapport de 100 est égal à 20 dB, un rapport de 1000 est égal à 30 dB, etc.

Les fabricants d'amplificateurs haute fidélité caractérisent la bande passante de leurs matériels, la plage de fréquences où la courbe de réponse de l'amplificateur est considérée comme étant sans affaiblissement, en précisant les valeurs des fréquences de coupure extrêmes (fréquence basse et fréquence haute), pour lesquelles l'affaiblissement en puissance du signal est de 3 dB. Cela correspond aux points pour lesquels le facteur d'amplification effectif est approximativement divisé par deux.

Un résultat significatif obtenu par Shannon montre, pour une ligne de transmission soumise à du bruit, que la *capacité de transmission* maximale C, en bit/s, est donnée par l'équation :

$$C = H \log_2 (1+S/B) \quad \text{, en bit/s}$$

Par exemple, pour une ligne de bande passante 3000 Hz et un rapport signal sur bruit de 30 dB, valeur typique pour le réseau téléphonique, on obtient $C = 30\,000$ bit/s. Cela signifie que l'on ne peut pas transmettre à plus de 30 000 bit/s sur le réseau téléphonique quels que soient le nombre de niveaux significatifs et la fréquence d'échantillonnage du signal. Les résultats obtenus par Shannon, sur la base de la théorie de l'information, ont une application générale incontestée. Il faut toutefois noter que cette limite est purement théorique. Dans la pratique, il est très difficile de s'approcher de la limite de Shannon. Un débit binaire de 9600 bit/s sur une ligne téléphonique ordinaire est considéré comme un bon résultat. Il est obtenu par transmission sur la ligne de groupes de quatre bits (soit 16 niveaux représentatifs) et une rapidité de modulation de 2400 bauds. Nous décrivons ce processus au paragraphe consacré à l'encodage et à la modulation.

2.2. LES SUPPORTS DE TRANSMISSION

L'objectif de la couche physique est d'assurer le transfert de bits d'informations entre deux équipements terminaux, le plus souvent des équipements informatiques, à travers un support de transmission. De nombreux supports sont utilisés en transmission de données, des supports avec guide physique : les câbles électriques, les fibres optiques et des supports sans guide physique : les ondes radio-électriques, les ondes lumineuses, etc. Nous examinons dans la suite de ce chapitre les plus répandus d'entre eux.

2.2.1. Le support magnétique

Le moyen le plus commun pour transférer des données d'un ordinateur à un autre consiste, dans un premier temps, à les enregistrer sur un support magnétique, tel qu'une bande magnétique ou une disquette. Puis, dans un deuxième temps, de transporter mécaniquement ce support à l'ordinateur destinataire. Enfin, de relire les informations enregistrées et les charger dans la mémoire de l'ordinateur destinataire. Bien que cette méthode soit beaucoup moins complexe qu'une transmission de données par satellite, elle est de loin beaucoup moins coûteuse. Elle sera plus particulièrement utilisée dans les cas où le coût du bit transporté est un facteur déterminant ou que les volumes à traiter par unité de temps sont très importants et sans rapport avec les possibilités des liaisons longues distances actuellement disponibles.

Par exemple, une bande magnétique, de type 6250 BPI ou bit/pouce (BPI, *bit per inch*), peut contenir jusqu'à 180 millions de caractères. Un véhicule utilitaire peut transporter à chaque voyage environ 200 bandes magnétiques. Par ailleurs, supposons que le temps nécessaire au transport entre les deux lieux considérés soit d'une heure. Sur ces bases, le transport des bandes magnétiques représente la transmission de 36 milliards de caractères, soit 288 milliards de bits pour une durée de 3600 secondes. On obtient ainsi un débit binaire apparent de 80 Mbit/s. Aujourd'hui, on ne dispose pas, dans des conditions économiques acceptables, de liaisons de données offrant ce niveau de performances; il faudra attendre les futurs réseaux numériques à hauts débits. Néanmoins, ce besoin n'est pas utopique. Par exemple, il est courant qu'une banque doive, chaque jour, réaliser la sauvegarde de milliards de caractères sur un ordinateur de secours situé dans un autre lieu que l'ordinateur de travail. Pratiquement, on ne dispose pas actuellement, pour un coût par caractère très faible, d'une autre méthode de transmission capable de déplacer en si peu de temps un tel volume d'informations.

Si l'on tire une morale de cette histoire, on peut dire: «qu'il ne faut pas sous-estimer la capacité de transport d'un véhicule rempli de bandes magnétiques».

2.2.2. Les câbles électriques à paires torsadées

Si la capacité de stockage, en nombre de caractères, d'une bande magnétique est grande, en revanche la vitesse instantanée du déplacement de leur contenu est déplorable. Le temps de transmission se mesure en minutes ou en heures et non pas en millisecondes. Pour de nombreuses applications il est nécessaire de disposer d'une connexion directe et permanente entre deux ordinateurs éloignés. Le plus ancien support de transmission employé à cette fin, et encore le plus largement utilisé, est le câble électrique à paires torsadées, que l'on appelle très souvent *la paire torsadée*. Une paire torsadée est composée de deux conducteurs en cuivre, isolés l'un de l'autre, et enroulés de façon hélicoïdale autour de l'axe de symétrie longitudinale. Cet enroulement autour de l'axe de symétrie permet de réduire les conséquences des inductions électromagnétiques parasites provenant de l'environnement dans lequel la paire torsadée remplit sa fonction de transmission.

L'utilisation la plus courante de la paire torsadée réside dans la desserte des usagers du service téléphonique abonnés du service public ou usagers de réseaux privés. Selon leurs caractéristiques électriques, les signaux transmis par l'intermédiaire de paires torsadées peuvent parcourir plusieurs dizaines de kilomètres sans amplification ou régénération. Au-delà de ces distances, variables selon la qualité des câbles à paires torsadées utilisés, la remise en forme des signaux numériques ou l'amplification des signaux analogiques devient nécessaire. Quand plusieurs paires torsadées sont rassemblées dans un même câble, les signaux électriques qu'elles transportent interfèrent plus ou moins les uns sur les autres par rayonnement; ce phénomène porte le nom de *diaphonie*.

Les câbles à paires torsadées peuvent être utilisés aussi bien pour la transmission de signaux binaires, appelés fréquemment numériques ou digitaux, que pour des signaux analogiques, tels que ceux décrits par Fourier. La bande passante en fréquences d'un câble électrique à paires torsadées, dépend essentiellement de la qualité de ses composants (diamètre et pureté des conducteurs), de la nature des isolants et de la longueur du câble entre l'émetteur et le récepteur. Une ligne de transmission dite métallique, c'est-à-dire composée uniquement de câbles à paires torsadées permet d'atteindre un débit binaire de quelques dizaines de kbit/s sur quelques dizaines de kilomètres. Le même câble, en d'autres conditions d'utilisation, permet d'atteindre un débit de quelques Mbit/s sur quelques kilomètres. La conjonction de leur faible coût et de leur large plage d'utilisation fait que les câbles à paires torsadées sont largement utilisés et le seront encore dans les prochaines années. Il existe toute une variété de câbles à paires torsadées présentant des caractéristiques et des performances électriques différentes; leur coût varie bien évidemment plus ou moins fortement d'un modèle à l'autre.

2.2.3. Les câbles à paires coaxiales utilisés en transmission en bande de base

Le câble à paires coaxiales, appelé couramment câble coaxial ou «coax», est largement utilisé comme support de transmission. Deux types de câbles coaxiaux sont utilisés dans les réseaux. Le premier présente une impédance caractéristique de 50 ohms, il est employé pour la transmission des signaux numériques appelée couramment *transmission en bande de base*. Le second type présente une impédance caractéristique de 75 ohms, il est plutôt utilisé pour la transmission des signaux analogiques. Un câble coaxial est constitué de deux conducteurs concentriques: un conducteur central, le cœur, entouré d'un matériau isolant de forme cylindrique, enveloppé le plus souvent d'une tresse conductrice en cuivre. L'ensemble est enrobé d'une gaine isolante en matière plastique. La figure 2-2 représente la vue éclatée d'un câble coaxial courant.

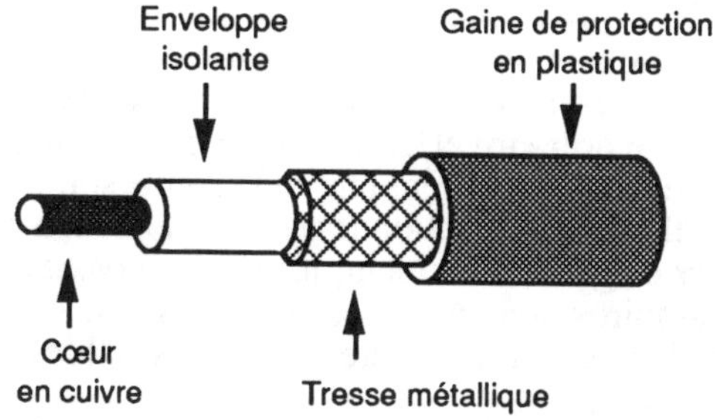

Figure 2-2. Un câble à paire coaxiale

Le câble coaxial présente de meilleures caractéristiques électriques que les câbles à paires torsadés. Il offre en outre un bon compromis entre la largeur de la bande passante qu'il présente et la protection contre les rayonnements électromagnétiques parasites. Comme dans le cas des câbles à paires torsadées, la bande passante d'un câble coaxial dépend des caractéristiques des conducteurs et des isolants et de sa longueur utile. Dans le cas des câbles utilisés en transmission en bande de base, il est possible d'atteindre un débit binaire de 10 Mbit/s sur une longueur d'un kilomètre. Des débits plus élevés peuvent être obtenus sur des distances plus courtes. De même, il est possible de transmettre à des débits inférieurs à 10 Mbit/s sur des distances supérieures à 10 km. Les câbles coaxiaux de type «bande de base» sont largement utilisés dans les réseaux locaux d'entreprise.

Dans les réseaux d'entreprise, on rencontre deux modes principaux de raccordement des équipements au câble coaxial. Le premier consiste à sectionner le câble et à raccorder les deux tronçons obtenus à un connecteur en forme de T qui réalise une dérivation à laquelle vient se greffer un troisième morceau de câble coaxial jusqu'à l'équipement à connecter. Le second mode de raccordement n'altère que temporairement la constitution du câble coaxial. Il consiste en l'installation sur le câble coaxial d'un dispositif spécial, appelé *prise vampire*. En principe, après le retrait d'une prise vampire, le câble retrouve ses caractéristiques initiales. La prise vampire sert de support à une sonde très fine qui pénètre dans le câble en traversant l'isolant séparant la tresse métallique du cœur du coaxial puis atteind celui-ci et, par contact mécanique, permet à une partie de l'énergie circulant sur le câble d'être dérivée, à travers la prise vampire, vers l'équipement destinataire.

Des discussions ont lieu sur les avantages et inconvénients de ces deux modes de raccordement. La *prise en T* nécessite un sectionnement du câble entraînant l'arrêt du réseau pour la durée de l'opération de raccordement. Dans le cas d'un grand réseau, où les adjonctions et les modifications sont nombreuses, ces arrêts fréquents peuvent être insupportables. Par ailleurs, plus il y a de tronçons de câbles raccordés les uns aux autres par des prises en T, plus cela entraîne de modifications des caractéristiques électriques du câble coaxial. Cela provoque une déformation des signaux et une augmentation de la probabilité de voir apparaître des erreurs de transmission intermittentes. La prise vampire ne présente pas ce type d'inconvénients mais sa mise en place doit être effectuée avec beaucoup de soins. Ainsi, il faut que l'avant-trou dans lequel sera placée la sonde soit parfaitement radial et surtout que l'outil utilisé ne sectionne pas accidentellement le conducteur central. Pour éviter ce genre d'incident, les câbles coaxiaux utilisés pour la pose de prises vampires sont robustes, relativement rigides et de fortes dimensions. Cela les rend plus coûteux que les câbles dit «ordinaires» recevant des prises en T.

La plupart du temps, ce sont des signaux binaires qui sont transmis sur les câbles coaxiaux avec, par exemple, pour convention:

- qu'une tension de 1 volt représente la valeur binaire 1,
- qu'une tension de 0 volt représente la valeur binaire 0.

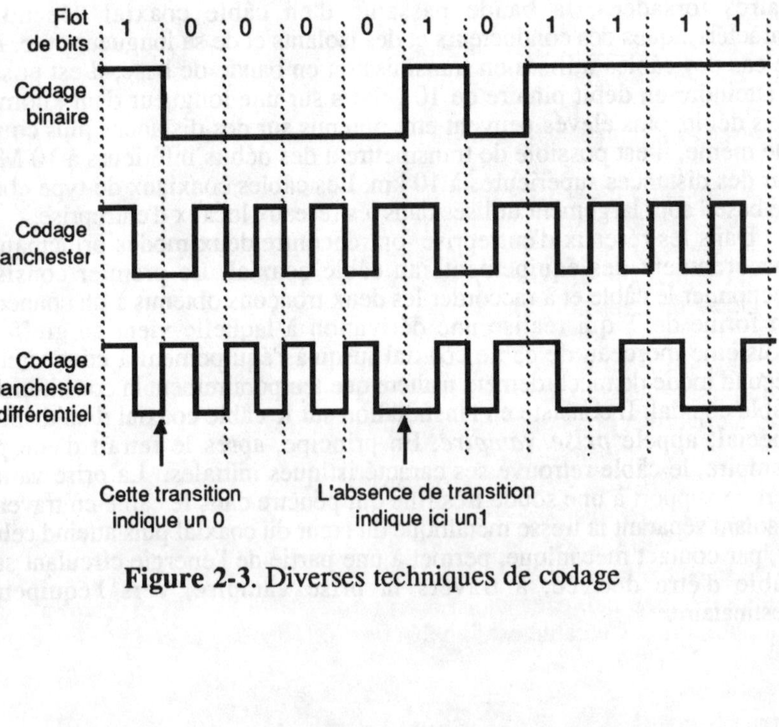

Figure 2-3. Diverses techniques de codage

Toutefois, cette façon de faire ne permet pas simplement au récepteur de déterminer le début et la fin d'une transmission d'un signal binaire. Aussi, pour améliorer et simplifier les choses, on utilise des techniques particulières de codage ou d'encodage des signaux qui circulent sur le câble. Par exemple, le *codage Manchester* ou le *codage Manchester différentiel.* Ces techniques permettent de transmettre plus efficacement la synchronisation temporelle des signaux simultanément aux informations binaires proprement dites.

En codage Manchester, chaque intervalle de temps élémentaire pendant lequel un signal binaire est placé sur le câble, nommé souvent *temps bit*, est divisé en deux parties de durées égales et les conventions suivantes sont utilisées:

- un signal binaire 1 est représenté par un signal de niveau élevé pendant la première partie du temps bit, et un signal de faible niveau pendant la seconde partie du temps bit,

- un signal binaire 0 utilise la convention inverse, c'est-à-dire que le niveau bas est transmis en premier et le niveau haut en second.

Il résulte de cette technique une transition du signal codé, au milieu de chaque temps bit. Ces transitions sont utilisées par le récepteur pour se synchroniser avec l'émetteur. Cette méthode présente l'inconvénient de nécessiter une bande passante double de celle nécessaire au codage binaire de base.

La codification Manchester différentielle est une variante de la précédente. Les transitions au milieu de chaque temps bit sont maintenues pour assurer la synchronisation des signaux binaires, mais les signaux binaires sont représentés selon de nouvelles conventions :

- un signal binaire 1 est représenté par une absence de transition au début du temps bit correspondant,

- un signal binaire 0 est représenté par la présence d'une transition au début du temps bit considéré.

Cette technique nécessite des circuits de codage et de décodage plus complexes que ceux utilisés en codage Manchester simple, mais offre une meilleure protection contre les signaux parasites.

2.2.4. Les câbles coaxiaux utilisés en transmission en large bande

Un autre type de câble coaxial est utilisé pour la distribution de la télévision par câble et dans les grandes artères internes aux réseaux téléphoniques. Ce câble est appelé coaxial large bande, expression issue du monde de la téléphonie et qui signifie «beaucoup plus large que 4 kHz». Dans le monde de la transmission de données, l'expression large bande s'applique à des systèmes de transmission analogiques (transmission de signaux sinusoïdaux).

Les réseaux à large bande utilisent des câbles coaxiaux identiques à ceux utilisés en télévision câblée et capables de transmettre des signaux à des fréquences de 350 MHz (parfois jusqu'à 450 MHz) sur des distances de plusieurs dizaines de kilomètres. Cela est possible car les signaux transmis sont sinusoïdaux et de fait, ils sont moins altérés dans la transmission que les signaux numériques. Pour transmettre des signaux numériques sur un réseau analogique, chaque interface entre les calculateurs et le support de transmission doit être équipée de dispositifs spéciaux. Ces dispositifs effectuent la conversion des signaux numériques en signaux analogiques lors de l'émission, c'est l'opération de *modulation*, et des signaux analogiques en signaux numériques, c'est la *démodulation*. Selon la technique de modulation utilisée, une information transmise sur la ligne au débit binaire d'un bit/s peut correspondre à une bande passante de 1 à 4 Hz. Généralement, un système de transmission analogique offrant une bande passante de 300 MHz permet d'atteindre un débit binaire de 150 Mbit/s.

En utilisation courante, les systèmes de transmission, dits à large bande, sont divisés en canaux de transmission de 6 MHz de bande passante et sont affectés aux différentes chaînes de télévision. Toutefois, chacun de ces canaux peut être utilisé indifféremment pour la transmission d'images télévisées, de son à haute fidélité ou d'informations numériques à un débit maximum de l'ordre de 3 Mbit/s et ce, indépendamment de ce qui est transmis sur les autres canaux. Tous les signaux circulent simultanément sur le même support de transmission.

Une différence importante entre les systèmes de transmission à large bande et les systèmes dits à bande de base provient du fait que très souvent, les systèmes à large bande nécessitent l'utilisation d'amplificateurs afin de régénérer les signaux sinusoïdaux. Or ces amplificateurs sont unidirectionnels et la présence de l'un d'eux entre deux ordinateurs limite la circulation des signaux à un seul sens. Pour contourner ce problème et autoriser les échanges bidirectionnels, on rencontre deux techniques : la première est basée sur deux câbles et la seconde sur un câble unique.

La technique des deux câbles nécessite, pour la desserte des ordinateurs, deux câbles identiques suivant le même chemin. Tous les émetteurs sont raccordés à l'un des câbles et tous les récepteurs à l'autre. Les deux câbles sont reliés à un dispositif centralisé d'amplification et d'adaptation, «la tête de bus» (*Headend*). Cette technique est schématisée sur la figure 2-4(a)

L'autre technique repose sur un seul câble (voir figure 2-4(b)) et utilise deux bandes de fréquences, l'une dans les fréquences inférieures, l'autre dans les fréquences supérieures. Une bande est affectée au canal d'émission de tous les ordinateurs et l'autre au canal de réception. A l'une des extrémités du câble on trouve un dispositif spécial, également appelé tête de bus, qui comprend un récepteur réglé sur la fréquence d'émission des ordinateurs et un émetteur réglé sur leur fréquence de réception. Dans la tête de bus, le récepteur est relié à l'émetteur par l'intermédiaire d'un circuit de changement ou de décalage de fréquences. Généralement, les signaux reçus en provenance des ordinateurs se situent dans celle des fréquences supérieures et sont retransmis dans la bande des fréquences inférieures. On rencontre divers systèmes, par exemple : des systèmes dont la bande de fréquences de réception est comprise entre 5 et 30 MHz et la bande d'émission entre 40 et 300 MHz ou des systèmes dont la bande de fréquences de réception se trouve entre 5 et 116 MHz et la bande d'émission dans la plage comprise entre 168 et 300 MHz.

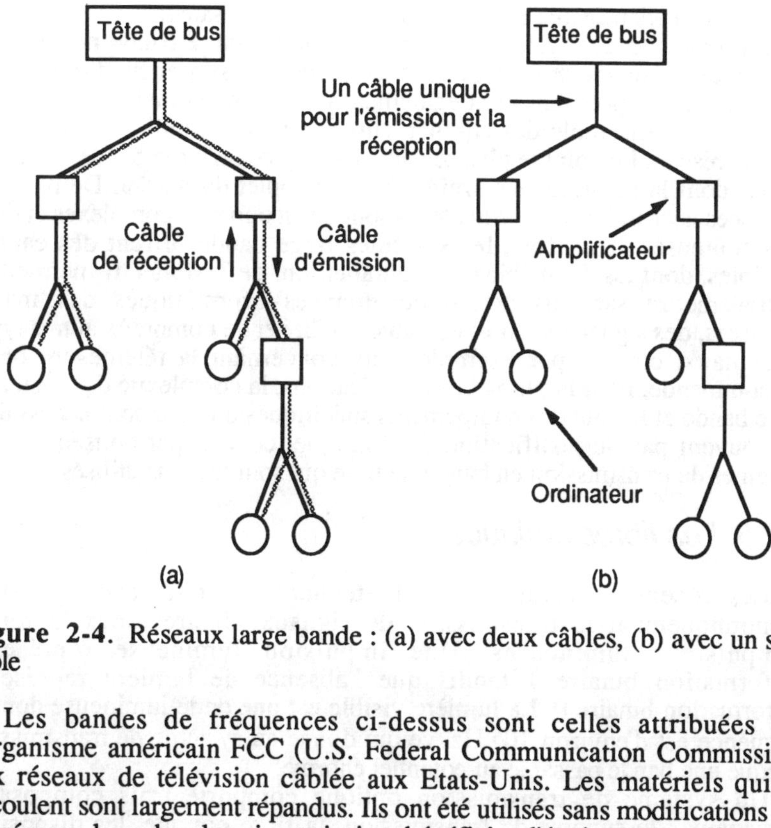

Figure 2-4. Réseaux large bande : (a) avec deux câbles, (b) avec un seul câble

Les bandes de fréquences ci-dessus sont celles attribuées par l'organisme américain FCC (U.S. Federal Communication Commission) aux réseaux de télévision câblée aux Etats-Unis. Les matériels qui en découlent sont largement répandus. Ils ont été utilisés sans modifications par les réseaux large bande qui ont ainsi pu bénéficier d'équipements offrant une bonne fiabilité à des coûts inférieurs à ceux de matériels qui auraient dû être conçus exclusivement pour cet usage.

La technique de transmission en large bande peut être utilisée de nombreuses façons. Ainsi, des groupes d'ordinateurs peuvent se voir affecter des canaux de transmission pour leur usage exclusif. D'autres ordinateurs peuvent se voir attribuer, à titre temporaire, un canal de transmission, l'utiliser pour leurs besoins puis le libérer afin que d'autres puissent l'utiliser. Une autre méthode consiste à attribuer les mêmes fréquences à tous les ordinateurs, qui se partageront alors l'utilisation du canal selon l'une des techniques décrites au chapitre 3.

Le choix entre bande de base et large bande a fait l'objet de nombreuses argumentations, parfois contradictoires. Il faut retenir que les systèmes en bande de base sont simples et économiques et que les adaptateurs nécessaires aux ordinateurs sont peu coûteux. Ils permettent d'offrir des débits de l'ordre d'une dizaine de Mbit/s sur des distances d'environ un kilomètre. Pour de nombreuses applications la transmission en bande de base est bien adaptée aux exigences actuelles des utilisateurs.

En revanche, les systèmes de transmission à large bande nécessitent, pour leur mise en œuvre et leur entretien, l'assistance d'ingénieurs spécialisés. Ces personnes ont également pour tâche la maintenance et les réglages de l'ensemble des équipements analogiques indispensables à ce type de réseau. Le point le plus sensible d'un système large bande est la tête de bus dont la défaillance entraîne l'arrêt complet du réseau. De plus, les interfaces nécessaires aux ordinateurs sont beaucoup plus complexes et donc plus coûteuses. Toutefois, les systèmes large bande offrent des canaux multiples, dont les débits binaires courants sont de 3 Mbit/s. Ils permettent de transmettre, sans distinction, des données informatiques, des images télévisées, des signaux sonores en haute fidélité et de nombreux autres types de signaux, comme par exemple ceux concernant la télémesure ou la télécommande. Pour la plupart des applications, la complexité des systèmes large bande et le coût des équipements spécifiques qui leur sont nécessaires ne trouvent pas de justification économique, ce sont par conséquent les systèmes de transmission en bande de base qui sont les plus utilisés.

2.2.5. Les fibres optiques

Les récentes évolutions de la technologie ont rendu possible économiquement la transmission de signaux binaires sous la forme d'impulsions lumineuses. Une impulsion lumineuse représente l'information binaire 1 tandis que l'absence de lumière représente l'information binaire 0. La lumière visible est une onde lumineuse dont la fréquence est d'environ 10^8 Hz, ce qui donne au système de transmission optique une bande passante au potentiel énorme.

Un système de transmission optique comporte trois composants principaux : le support de transmission, la fibre optique, les dispositifs d'émission et de réception de cette onde lumineuse. Une fibre optique est constituée d'un fil de verre très fin, à base de silice associée à divers dopants. Elle comprend, d'un point de vue optique, un cœur dans lequel se propage la lumière et une gaine externe de protection qui maintient la lumière à l'intérieur du cœur. Le dispositif d'émission est constitué soit d'une diode électroluminescente ou LED (*Ligth Emitting Diode*) ou d'une diode laser. Le dispositif de réception est constitué d'une photodiode ou d'un phototransistor dont les caractéristiques de fonctionnement sont adaptées à celles de l'émetteur.

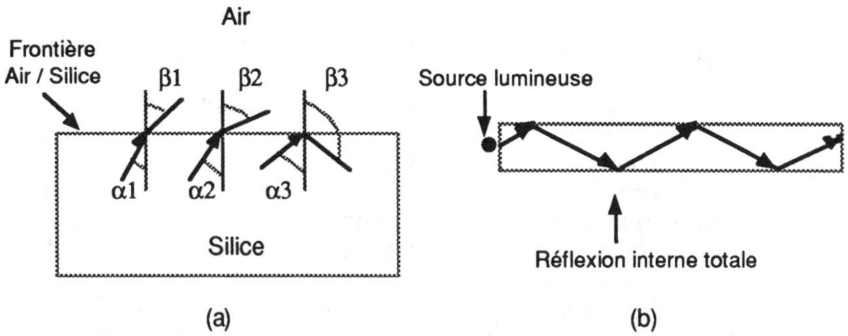

Figure 2-5. (a) Trois exemples de rayons incidents et réfractés sous des angles différents (b) Rayon incident unique se propageant sous la forme de rayons réfléchis successifs.

Le système de transmission est basé sur le principe physique suivant: «lorsqu'un rayon lumineux quitte un milieu homogène pour se propager dans un autre milieu, le parcours du rayon est infléchi au niveau de l'interface séparant les deux milieux considérés». Comme, par exemple, entre l'air ambiant et une fibre de verre comme le montre la figure 2-5(a). Remarquons sur ce schéma qu'un rayon incident arrivant au niveau de l'interface selon un angle α1 est réfracté selon un angle β1. La quantité de lumière réfractée dépend des propriétés optiques des deux milieux et, en particulier, de la valeur de leurs indices de réfraction. Pour des angles d'incidence supérieurs à une certaine valeur, dite valeur critique, la lumière n'est plus réfractée mais réfléchie au niveau de l'interface. Elle est de ce fait maintenue dans le milieu où elle a été introduite. Dans ce cas, la lumière se propage à l'intérieur de la fibre par réflexions successives, comme le montre la figure 2-5(b). Elle peut ainsi se propager de la sorte sur des distances de plusieurs kilomètres sans subir d'affaiblissements notables.

La figure 2-5(b) représente le parcours d'un seul rayon incident. En fait, tous les rayons lumineux incidents qui ont un angle d'incidence supérieur à l'angle critique subissent le même sort. Ce sont donc de nombreux rayons réfléchis qui se propagent dans le cœur de la fibre optique. Une fibre optique sujette à ce type de propagation est dite *multimode*. Si le diamètre du cœur de la fibre est réduit dans des proportions telles qu'un seul rayon lumineux puisse s'y propager, nous obtenons une fibre optique dite *monomode*. Les fibres optiques monomodes nécessitent l'utilisation d'émetteurs à diode laser qui sont beaucoup plus coûteux que ceux à diode LED. Ces derniers sont nécessaires et suffisants pour les fibres optiques multimodes. En revanche, les fibres optiques monomodes sont plus efficientes que les fibres optiques multimodes, car elles permettent des débits binaires beaucoup plus importants et sur des distances plus longues. On peut atteindre des débits de plusieurs Giga-bit/s (Gbit/s, 10^9 bit/s) sur quelques dizaines de kilomètres. Cette technique est en plein développement. De nouveaux matériaux de base, autres que la silice, sont actuellement expérimentés.

Les systèmes de transmission à fibre optique sont actuellement installés sur des artères de communication à longues distances, en remplacement des systèmes plus anciens utilisant des câbles coaxiaux. Cette tendance continuera à s'affirmer dans les prochaines décennies, ce qui permettra de disposer, dans quelques années et sur des distances relativement importantes, des débits nécessaires à la sauvegarde des grands volumes d'informations précédemment évoqués.

Les fibres optiques sont également utilisées dans les réseaux locaux, mais la technologie nécessaire est plus complexe. La difficulté majeure réside dans la réalisation des dérivations nécessaires au raccordement des ordinateurs. Une solution pour contourner cette difficulté consiste à réaliser des réseaux locaux en anneaux ou en boucle constitués de liaisons point à point reliant deux à deux les ordinateurs du réseau local (voir la figure 2-6).

La réalisation d'un anneau en fibre optique repose sur deux techniques. La première se fonde sur une interface passive constituée de deux dérivations optiques. Une dérivation alimente la photodiode de réception, l'autre est alimentée en lumière modulée par le dispositif d'émission. Un arrêt de fonctionnement de l'un deux n'a aucune répercussion sur le fonctionnement du réseau local. Seul l'ordinateur concerné est affecté par l'incident.

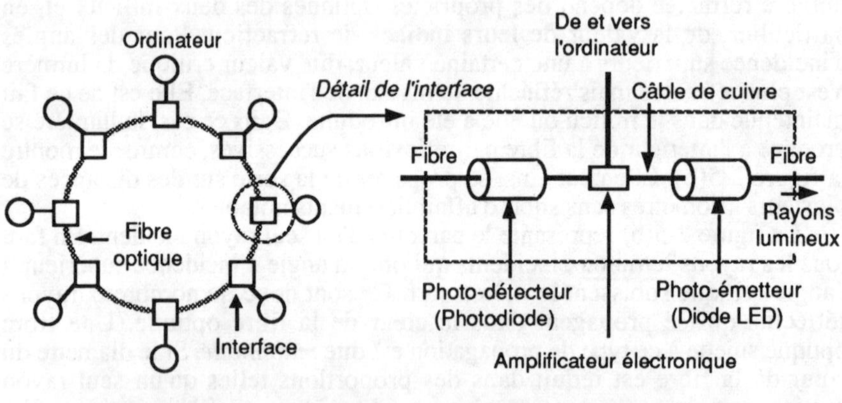

Figure 2-6. Anneau en fibre optique avec répéteurs actifs

La seconde technique est celle du répéteur actif, son principe est représenté à la figure 2-6. Au niveau de chaque raccordement d'ordinateur, la lumière en provenance de la fibre est transformée en signaux électriques. Ceux-ci sont transmis à l'ordinateur puis sont régénérés en signaux lumineux pour être transmis sur le tronçon optique aval. Si un répéteur de ce type cesse de fonctionner, la circulation des informations sur l'anneau s'arrête et le réseau local est hors service. Par ailleurs, comme les signaux sont régénérés au niveau de chaque ordinateur la distance séparant deux ordinateurs adjacents peut être importante et le nombre de points de régénération des signaux très important. Il n'existe dès lors aucune limite théorique à la dimension d'un tel réseau; toutefois un certain nombre de phénomènes secondaires réduisent ces possibilités. En pratique, la limite est d'un millier d'ordinateurs répartis sur une longueur totale de fibre pouvant atteindre une centaine de kilomètres avec des débits binaires de l'ordre d'une centaine de Mbit/s.

La topologie en anneau n'est pas la seule utilisée dans la réalisation d'un réseau local à base de fibre optique. Il est possible d'utiliser une structure en forme d'étoile optique passive telle que celle représentée sur la figure 2-7. Cette fois, l'émetteur de chaque ordinateur est raccordé à une fibre optique à l'extrémité d'un cylindre en fibre de verre constituant le cœur passif de l'étoile. De la même manière, chaque fibre optique sortant à l'autre extrémité du cylindre est raccordée au récepteur de chaque ordinateur, constituant ainsi un réseau en étoile. Quand un émetteur génère une impulsion lumineuse, celle-ci pénètre dans le cylindre de verre où elle est diffusée vers tous les récepteurs. En fait, le cylindre assure une fonction booléenne de type OU des signaux lumineux d'entrée et transmet le résultat de ce OU logique à toutes les fibres optiques reliées aux récepteurs. Toutefois, comme l'énergie de la lumière incidente est divisée entre tous les récepteurs du réseau, le nombre de nœuds est limité par la sensibilité des photodiodes équipant les récepteurs.

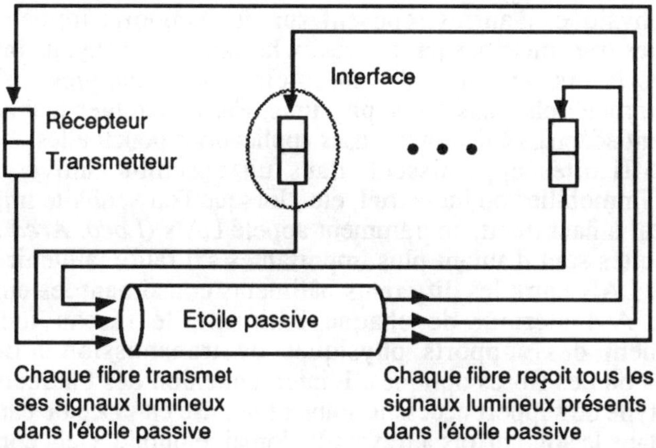

Figure 2-7. Réseau à fibre optique de type étoile passive

Il est intéressant de comparer les performances offertes par les fibres optiques à celles des câbles coaxiaux. Les systèmes optiques offrent des bandes passantes extrêmement larges avec de faibles pertes d'énergie, ce qui donne à ces systèmes des portées, sans régénération, très intéressantes. Les fibres optiques en elles-mêmes ne sont pas affectées par les pollutions d'origine électrique ou électromagnétique et sont résistantes à la plupart des agents chimiques résidant dans l'atmosphère, ce qui permet de les utiliser en environnement hostile aux câbles coaxiaux, comme dans certains milieux industriels. D'autre part, les fibres optiques sont de très faible encombrement, ce qui constitue un facteur important en faveur de leur utilisation lorsque les emplacements nécessaires à leur cheminement sont réduits. C'est là une motivation importante des opérateurs de grands réseaux de transmission en faveur de leur utilisation, à capacité égale, par rapport aux câbles coaxiaux.

La transmission par fibre optique n'est pas encore aujourd'hui dans une phase de large implantation car elle fait appel à des techniques encore peu répandues. Les points faibles de sa mise en œuvre résident essentiellement dans les techniques de raccordement telles que les épissures et les dérivations. Par ailleurs, l'absence de rayonnement hors de la gaine de protection rend inefficaces de nombreux dispositifs d'écoute intempestifs. En l'état actuel de la technologie, les systèmes de transmission par fibre optique sont unidirectionels et leurs équipements d'interfaces sont plus coûteux et plus délicats que ceux des circuits électriques. Cependant, les avantages sont si importants que de nombreux efforts sont actuellement entrepris pour en améliorer la technologie et en réduire les coûts.

2.2.6. Les ondes en transmission à vue directe

Si de nombreux systèmes de transmission sont fondés sur des supports à guide physique, d'autres reposent sur des supports immatériels. Par exemple, les transmissions par faisceaux hertziens, par rayons infrarouges, par rayons lasers ou par ondes radio-électromagnétiques utilisent des supports immatériels, sans guide physique. Ces différentes techniques sont parfaitement adaptées à de nombreuses applications ponctuelles.

Des difficultés apparaissent, dans un ensemble universitaire, un complexe immobilier ou industriel, etc., lorsque l'on souhaite implanter un réseau local à haut débit, couramment appelé LAN (*Local Area Network*). Les difficultés sont d'autant plus importantes s'il faut maintenir les débits élevés des LAN entre les différents bâtiments constituant les ensembles à desservir. A l'intérieur de chaque bâtiment, le réseau local utilise généralement des supports physiques de transmission : des câbles électriques ou des fibres optiques. L'interconnexion des bâtiments à l'aide du même type de support nécessite souvent la mise en place de canalisations creusées dans le sol, parfois à travers le domaine public. Cela complique la situation. En effet, il faut obtenir des autorisations de différentes administrations. D'autre part le coût des travaux de génie civil est important.

Une autre solution consiste à installer un ensemble émetteur-récepteur, par exemple à rayons laser ou infrarouges, sur le toit de chaque bâtiment. Le coût dans ce cas n'est pas très important mais parfois la limite de la légalité est franchie. Cette façon de faire conduit à réaliser un réseau à deux niveaux. Le niveau principal, parfois appelé réseau fédérateur ou *backbone*, est constitué des systèmes de transmission par rayons laser ou infrarouges reliant les immeubles entre eux. Le second niveau, dans le cas présent, comporte autant de réseaux locaux qu'il y a d'immeubles. Chacun des réseaux locaux est relié au réseau fédérateur par un dispositif d'adaptation, une passerelle ou *gateway*.

Les transmissions par rayons laser ou infrarouges sont entièrement numériques et à faisceaux très directifs, ce qui les protège contre la plupart des interceptions frauduleuses. Toutefois, les conditions météorologiques peuvent, selon les fréquences de travail choisies, altérer la qualité des communications entre les immeubles.

Pour les communications à longues distances, les faisceaux dirigés d'ondes radio à très hautes fréquences, ou faisceaux hertziens, sont fréquemment utilisés et constituent une alternative à l'emploi des câbles coaxiaux. Dans ce cas, des antennes paraboliques d'émission-réception sont installées au sommet de pylônes ou de tours et un faisceau hertzien est établi entre les deux antennes situées en vue directe à une dizaine de kilomètres. Cette technique est fort répandue dans les grandes artères des réseaux téléphoniques et dans les réseaux de radio-télévision. Plus les tours sont hautes, plus les distances couvertes sont importantes. Ainsi, pour une tour de 100 mètres de haut une portée d'une centaine de kilomètres est réaliste.

Un des avantages des systèmes à ondes radio à très hautes fréquences provient du fait qu'il est souvent moins coûteux de construire deux tours équipées d'antennes plutôt que de creuser une tranchée de 100 kilomètres pour y enfouir des câbles coaxiaux ou des fibres optiques. La difficulté de creuser des tranchées ne doit pas être sous-estimée, surtout si une partie du parcours se trouve en zone urbaine. La pose de câbles n'est pas le seul problème. Il faut aussi penser aux répéteurs quasi indispensables et plus particulièrement à leur entretien et à leur remplacement. Il ne faut pas exclure non plus les coupures accidentelles des câbles lors d'opérations de terrassement malencontreuses. Les systèmes à ondes radio sont à l'abri de ce genre d'événement.

En transmission par faisceaux hertziens, il faut considérer que les rayons émis à partir d'une antenne, même directive, se propagent dans l'atmosphère selon différents parcours et parviennent à l'antenne réceptrice avec des délais différents. A la réception, la combinaison de ces signaux entraîne des interférences qui ont pour conséquence de réduire la puissance résultante utilisable à l'entrée du récepteur. Ces anomalies de propagation peuvent également être provoquées par des perturbations atmosphériques telles que des orages violents ou des brouillards intenses.

La plupart des systèmes de transmission à faisceaux hertziens utilisent des signaux de fréquences comprises entre 2 et 40 GHz, ce qui correspond à des longueurs d'ondes comprises entre 15 cm et 0,75 cm. Cette plage de fréquences a été partagée en diverses bandes de fréquences qui ont été attribuées aux exploitants de réseaux publics, aux militaires, aux organisations gouvernementales et à quelques utilisateurs privilégiés. La plupart des installations d'exploitants de grands réseaux publics ou administratifs travaillent dans la bande de fréquences comprises entre 4 et 6 GHz, bande de fréquences qui est aujourd'hui fortement encombrée. D'autres plages de fréquences sont disponibles, mais elles sont moins intéressantes pour les longues distances car l'atténuation de propagation des ondes augmente avec la valeur des fréquences utilisées.

2.2.7. Les satellites de communication

Les satellites de communication offrent des propriétés intéressantes pour de nombreuses applications de télécommunication. Un satellite peut être considéré comme une station relais d'ondes à très hautes fréquences dotée d'un certain nombre de répéteurs : des répéteurs à transposition de fréquences. Chaque répéteur «écoute» une fraction de la bande de fréquences des signaux reçus par le satelitte, détecte et amplifie les signaux qu'il reconnaît puis les réémet dans une autre bande de fréquences. Ceci évite toute interférence entre les divers canaux de transmission concernés. Selon les satellites, les faisceaux d'ondes diffusés vers la Terre couvrent soit une zone géographique importante, soit une zone relativement étroite (une centaine de kilomètres carrés).

D'après la loi de Kepler, la période de révolution d'un satellite varie selon le rayon orbital à la puissance 3/2. A proximité de la surface terrestre, la période de révolution est d'environ 90 minutes. Cela ne présente pas beaucoup d'intérêt en télécommunication car le satellite, dit satellite à défilement, n'est vu par les stations terrestres que de manière épisodique. Son exploitation en télécommunication serait fort coûteuse car elle nécessiterait la mise en place d'équipements complexes et coûteux de poursuite de satellite.

Toutefois, à une altitude d'environ 36 000 kilomètres au-dessus de l'équateur, la période de rotation du satellite est de 24 heures. Elle est égale à celle de la Terre. Il en résulte qu'un observateur, placé sur l'équateur, regardant le satellite le voit comme immobile par rapport à lui. On qualifie alors le satellite de géostationnaire. Un satellite géostationnaire est d'un intérêt majeur pour les télécommunications. Il est en effet possible de diriger des antennes fixes vers lui, donc de mettre en relation par son intermédiaire plusieurs stations terrestres de communication.

La technologie actuelle des satellites de communication impose que l'écart de position angulaire entre deux satellites voisins soit, sur les 360 degrés de l'orbite équatoriale, inférieur à 4 degrés. Pour des écarts moindres, les signaux émis à partir des stations terrestres parviennent au satellite destinataire et à ses voisins proches, ce qui peut être gênant. Avec un espace entre chaque satellite de 4 degrés, la limite théorique est de 360 divisé par 4 = 90 satellites géostationnaires opérationnels simultanément sur l'orbite équatoriale. En plus de ces limites théoriques, la compétition entre d'autres applications (la diffusion par satellite de programmes de télévision, les applications militaires et gouvernementales, ...) fait que la localisation des satellites dans cet espace est très limitée. Et ce d'autant plus que les satellites de télévision commerciale nécessitent, en raison de leur puissance d'émission, un espacement angulaire de l'ordre de 8 degrés.

Heureusement, chaque satellite n'utilise qu'une partie des fréquences disponibles dans l'ensemble du spectre. Chacun des 90 satellites possibles peut donc utiliser des canaux de transmission différents pour la réception des programmes et d'autres pour leur réémission. Une alternative à ce problème d'encombrement de l'espace consiste à permettre à plusieurs satellites d'occuper la même position angulaire et d'utiliser des bandes de fréquences différentes.

Pour éviter une situation désordonnée sur l'orbite géostationnaire, des accords internationaux émanant du CCIR (comité consultatif international des radiocommunications) attribuent à des utilisateurs potentiels des positions orbitales praticables et les fréquences utilisables correspondantes. Les bandes de fréquences de 3,7 à 4,2 GHz et de 5,925 à 6,425 GHz ont été attribuées aux réseaux de télécommunication par satellite. Ces bandes correspondent respectivement, du point de vue des stations terrestres, à la bande de réception et à la bande d'émission. Ces deux bandes de fréquences, appelées bandes des 4/6 GHz, sont actuellement fort encombrées car elles sont également utilisées en transmission par faisceaux hertziens.

Une autre bande de fréquences est attribuée aux télécommunications par satellite; c'est la bande des 12/14 GHz. Cette bande est intéressante car à ces fréquences les satellites ne doivent être espacés que d'un degré d'angle. Cependant, à ces fréquences, l'eau de pluie pose problème. En effet, le pouvoir absorbant de l'eau sur les ondes électromagnétiques est important. Heureusement les fortes pluies et les orages violents sont facilement localisés. En utilisant plusieurs stations terrestres, plutôt qu'une seule, le problème de l'eau peut être contourné au prix d'antennes supplémentaires, de quelques liaisons par câbles entre les stations, et de dispositifs de commutation et de synchronisation automatiques.

La bande de fréquences de 20 à 30 GHz est ausi attribuée aux systèmes de télécommunication, mais les coûts actuels des équipements nécessaires à l'exploitation de cette bande sont encore bien trop élevés pour une utilisation à grande échelle.

Un satellite utilise généralement une bande de fréquences de l'ordre de 500 MHz qui est partagée entre une douzaine de répéteurs, chacun d'eux n'utilisant qu'une sous-bande de 36 MHz. Chaque répéteur peut transmettre: un flot de données à 50 Mbit/s, 800 canaux MIC à 64 kbit/s ou d'autres associations diverses conduisant à un débit binaire global équivalent. Par ailleurs, deux répéteurs peuvent utiliser des antennes de polarisations différentes, ce qui leur permet de travailler, sans interférence, sur les mêmes bandes de fréquences. Les premières générations de satellites disposaient de répéteurs dont l'affectation des bandes de fréquences aux canaux était effectuée selon des techniques de multiplexage fréquenciel. Les satellites d'aujourd'hui utilisent des techniques beaucoup plus souples de multiplexage numérique, le multiplexage temporel. Nous étudions cette technique plus loin dans ce chapitre.

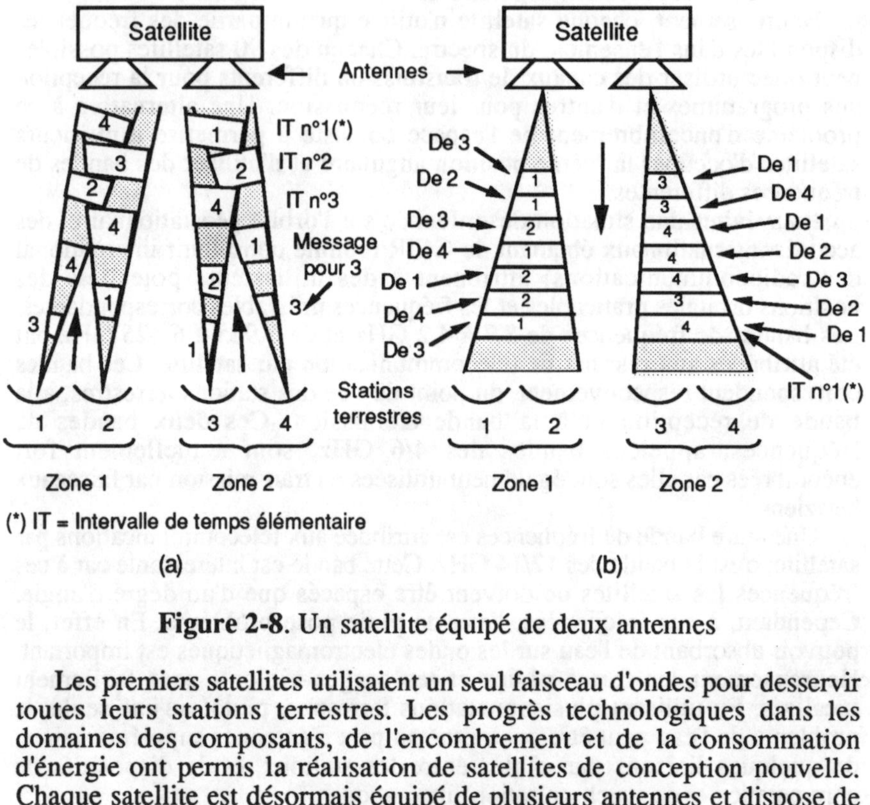

Figure 2-8. Un satellite équipé de deux antennes

Les premiers satellites utilisaient un seul faisceau d'ondes pour desservir toutes leurs stations terrestres. Les progrès technologiques dans les domaines des composants, de l'encombrement et de la consommation d'énergie ont permis la réalisation de satellites de conception nouvelle. Chaque satellite est désormais équipé de plusieurs antennes et dispose de multiples répéteurs. Chaque répéteur dirige son faisceau vers la Terre, de façon très focalisée, sur une petite surface géographique. Cela permet d'offrir simultanément des échanges de nombreux faisceaux entre un satellite et plusieurs stations terrestres. Ces faisceaux fins ont généralement une forme elliptique, et leur zone de couverture peut être très étroite, quelques centaines de kilomètres de diamètre.

La figure 2-8(a) représente un satellite équipé de deux antennes desservant deux surfaces géographiques distinctes. Dans cet exemple, chaque zone est équipée de deux stations terrestres. Les deux stations de chaque zone se partagent l'espace temporel de communication avec le satellite. Les numéros figurant à l'intérieur des faisceaux émis indiquent l'adresse de la station destinataire des messages correspondants. A mesure de leur réception par le satellite, les messages sont dirigés vers l'émetteur approprié et réémis vers les stations terrestres de la zone destinataire. La figure 2-8(b) représente la retransmission des messages de la figure 2-8(a) vers les zones destinataires. Un satellite disposant de nombreux faisceaux fins peut desservir de nombreuses zones géographiques.

Les satellites de télécommunication présentent des propriétés fondamentalement différentes de celles des liaisons terrestres par ondes en vision directe. En premier lieu, bien que les signaux se déplacent à la vitesse de la lumière, le signal effectue un aller-retour de la Terre au satellite en un temps compris entre 250 et 300 millisecondes. Ce temps est fonction de la hauteur du satellite au-dessus de l'horizon et de la distance qui sépare les utilisateurs des stations terrestres. En comparaison, sur un faisceau hertzien un signal est transmis en un temps de l'ordre de 3 microsecondes par kilomètre. Dans les mêmes conditions, un signal se déplace sur un câble coaxial, en un temps de l'ordre de 5 microsecondes par kilomètre (la vitesse de propagation sur les câbles à hautes fréquences se situe autour de $2x10^5$ km/s).

Fréquemment, les utilisateurs de liaisons terrestres prétendent que les délais de transmission sur des liaisons par satellites sont beaucoup trop longs. S'il est indiscutable que le délai de propagation d'un signal de bout en bout d'une liaison satellite est long, il faut également prendre en compte, dans un calcul de performances, les débits d'information praticables qui sont en général très élevés et les actions de retransmissions associées aux erreurs de transmission.

Par exemple, le temps nécessaire pour transmettre une information de x kbit par l'intermédiaire d'une liaison terrestre fonctionnant à 9600 kbit/s est égal à (x / 9,6) secondes. Transmettre le même message sur une liaison satellite fonctionnant à 5 Mbit/s nécessite : (x / 5000 + 270.10^{-3}) secondes, délai typique pour une liaison par satellite. De cette comparaison, il apparaît que pour des messages longs comportant plus de 2600 bits, la liaison satellite est plus rapide. D'autre part, si l'on tient compte des retards introduits par les retransmissions fréquentes dans le cas des transmissions terrestres, le faible taux d'erreurs des liaisons par satellite réduit la longueur des messages intéressants sur une liaison satellite.

En plus du délai de propagation, qui pratiquement est indépendant de la distance terrestre séparant les deux correspondants, les liaisons par satellite de télécommunication présentent la particularité que le coût réel de transmission d'un message est pratiquement indépendant de la localisation des usagers. Une mise en relation entre des entités situées de part et d'autre de l'océan Atlantique présente le même prix de revient qu'une mise en relation entre deux entités dans une même ville. Les structures de tarification actuelles des moyens de transmission ont été mises au point en tenant compte de situations totalement différentes de celles offertes par les satellites de télécommunication. Nous pensons que plusieurs années seront nécessaires pour prendre en compte, au niveau de la tarification des services publics de télécommunication, cette nouvelle situation.

Une autre différence importante entre les liaisons par satellite et les liaisons par voie terrestre réside dans la valeur des débits maximum praticables. Le débit maximum offert actuellement par les réseaux terrestres est pratiquement de 64 kbit/s, avec toutefois, dans certaines conditions, la possibilité de transmettre à des débits maximum n'excédant pas 1920 kbit/s. Le prix assez élevé associé à ce dernier type de liaisons en limite fortement l'utilisation. Une liaison par satellite point à point, utilisant de simples antennes placées sur le toit d'un immeuble, permet d'éviter l'infrastructure terrestre des réseaux téléphoniques et offre des débits binaires nominaux praticables mille fois plus importants. Pour exploiter ces possibilités on utilise un faisceau hertzien établi avec la station terrestre la plus proche.

De toute manière, la possibilité d'utiliser une liaison temporaire permettant un débit binaire de plusieurs Mbit/s est intéressante surtout si l'on prend en compte l'aspect aléatoire et non planifié des échanges de données informatiques entre ordinateurs. En effet, transmettre le contenu d'une bande magnétique au débit de 64 kbit/s demande près de 7 heures; transmettre le même contenu par l'intermédiaire d'une liaison satellite offrant un débit de 50 Mbit/s ne demande que 30 secondes.

Une autre propriété des liaisons par satellite de télécommunication tient au fait que le faisceau émis par un satellite est un faisceau de diffusion pouvant arroser de très grandes surfaces. Toutefois, toutes les stations terrestres, y compris les stations non concernées situées dans la zone de couverture, reçoivent les informations sans que l'exploitant de la liaison le sache. Les conséquences relatives à la protection et à la confidentialité des informations ainsi transmises sont évidentes. Aussi, il est nécessaire de crypter les informations pour éviter que des tiers puissent se les approprier. Nous analysons les techniques de cryptographie en détail dans le chapitre 8.

Les satellites de télécommunication sont également utilisés pour la diffusion de programmes de télévision. Ce sujet, bien qu'intéressant, n'entre pas dans les objectifs de cet ouvrage; aussi n'en parlerons-nous pas.

Il est intéressant d'effectuer une comparaison entre les liaisons par satellite et les liaisons par fibres optiques. Bien qu'une simple fibre optique offre, dans son principe, un débit binaire potentiel beaucoup plus important que celui offert par n'importe quel satellite actuellement en exploitation, ce service n'est pas accessible aux usagers. Les liaisons par fibres optiques actuellement en exploitation intensive le sont pour les grandes et longues artères des réseaux téléphoniques : les lignes à grandes distances, et non pas pour offrir à des utilisateurs individuels la totalité de leur capacité brute de transmission. En pratique, très peu d'usagers privés ont accès directement à des liaisons par fibres optiques de cette nature. Il en résulte que la capacité des liaisons terrestres dont ils disposent est toujours limitée par la capacité de transmission du tronçon offrant le plus faible débit binaire. Avec les liaisons par satellite, il est possible, à l'aide d'une antenne sur le toit d'un immeuble, de s'affranchir des limitations imposées par le réseau téléphonique terrestre. Dans les pays du Tiers Monde, où la nature et le terrain sont hostiles et les infrastructures terrestres peu développées, l'utilisation de satellites de télécommunication constitue une solution attrayante. L'Indonésie par exemple utilise son propre satellite de télécommunication pour constituer les artères principales de son réseau téléphonique public.

Pour ces raisons, il est vraisemblable que l'utilisation des satellites de télécommunication se développera avant que les fibres optiques aient eu le temps de remplacer les câbles électriques. Ce n'est que vers le milieu du XXIe siècle que les transmissions par fibres optiques seront dominantes à l'exception peut-être des réseaux de diffusion comme la radio ou la télévision.

2.3. TRANSMISSION ANALOGIQUE

Depuis toujours, la transmission analogique a occupé une très grande place dans les systèmes de télécommunication. En particulier, jusqu'à ces dernières années, toute la technologie téléphonique était fondée sur la transmission de signaux analogiques. Bien que la transmission numérique devienne, pour des raisons essentiellement économiques, de plus en plus répandue, il faudra encore de nombreuses années pour que la transmission analogique disparaisse complètement. Aussi, il paraît encore nécessaire d'étudier cette technique et d'en connaître les possibilités et les limites. Dans les paragraphes qui suivent nous étudions successivement les aspects généraux du réseau téléphonique public, le comportement des modems et des jonctions très utilisées en transmission de données, les jonctions V.24 et RS-232C pour la transmission analogique et la jonction RS-449 pour la transmission numérique.

2.3.1. Le réseau téléphonique

Lorsque deux ordinateurs utilisés par la même société ou la même organisation sont installés l'un près de l'autre et ont besoin d'échanger des informations, il est relativement aisé de les relier l'un à l'autre à l'aide d'un simple câble. Toutefois, lorsque les distances sont importantes ou que de nombreux ordinateurs doivent être interconnectés ou encore que les câbles nécessaires doivent emprunter des cheminements utilisant en partie le domaine public, le coût de tels câbles devient prohibitif. De plus, dans la plupart des nations, le monopole des télécommunications interdit pratiquement la mise en place de câbles privés empruntant le domaine public. Il est néanmoins parfois possible de se voir concéder l'exploitation d'un tel câble, mais cette pratique tend à disparaître. En conséquence, les architectes de réseaux qui conçoivent les réseaux privés doivent utiliser, pour les liaisons empruntant le domaine public, les moyens de transmission offerts par les exploitants des réseaux publics.

Ces moyens, et plus particulièrement ceux utilisés par le réseau téléphonique commuté ou RTC, ont été conçus et mis en place depuis de nombreuses années, avec pour objectif principal la transmission des signaux vocaux avec une qualité de restitution de la voix acceptable pour les conversations courantes. Leur aptitude à la transmission d'informations entre ordinateurs est assez limitée mais, comme il n'existe aucune autre possibilité, nous devons nous en contenter, leur porter toute notre attention et en exploiter les possibilités tout en tenant compte de leurs limites.

Pour avoir une idée de l'ampleur du problème, nous allons comparer grossièrement une liaison entre deux ordinateurs, réalisée dans un premier temps à l'aide d'un câble multiconducteur puis, dans un second temps, par l'intermédiaire du réseau téléphonique commuté. Le câble reliant directement les deux ordinateurs peut supporter des débits binaires de l'ordre de 10 à 100 Mbit/s. Le taux d'erreur est si faible qu'il est pratiquement impossible de le mesurer, d'ailleurs l'éventualité de devoir constater une erreur chaque jour est considérée comme étant inacceptable et anormale pour la plupart des installations. Une erreur par jour, compte tenu des volumes échangés, est équivalente à un bit erroné pour 10^{12} ou 10^{13} bits transmis.

Une liaison de données sur le réseau téléphonique commuté, exploitée à un débit de l'ordre de 10 kbit/s, présente un taux d'erreur moyen d'environ 10^{-5} (une erreur pour 10^5 bits transmis); ce taux dépend de la qualité des différents éléments du réseau. La combinaison des deux facteurs, débit et taux d'erreur, permet aux performances offertes par la solution utilisant le câble multiconducteur d'être environ 10^{11} fois plus importantes que celles offertes par le réseau téléphonique. Par exemple, en comparaison, le rapport entre le coût total du projet Apollo, qui a permis à l'homme de se rendre sur la Lune, et le coût d'un autobus urbain est du même ordre de grandeur que la différence d'efficacité de nos deux solutions.

Ainsi, quand les architectes de systèmes informatiques sont confrontés au monde des télécommunications où les différences de performances sont d'environ 10^{11}, il n'est pas surprenant de constater l'importance de leurs efforts pour utiliser efficacement les moyens de télécommunication.

Le réseau téléphonique comprend plus de 300 millions de téléphones à travers le monde. De n'importe quel poste, il est possible d'entrer en relation avec n'importe quel autre où qu'il se trouve. Le nombre de liaisons réalisables est gigantesque, de l'ordre de $4{,}5 \times 10^{16}$. La méthode la plus directe pour permettre à tous les téléphones de communiquer entre eux consisterait à les relier deux à deux; cela reviendrait à amener chez chaque abonné plus de 300 millions de câbles téléphoniques! Cette méthode, bien que simple dans son concept, est à tout le moins rudimentaire. Prenons pour exemple la mise en service, quelque part dans le monde, d'un poste téléphonique supplémentaire. C'est alors quelque 300 millions de câbles téléphoniques qu'il serait nécessaire d'installer. La figure 2-9(a) illustre ce concept qui correspond à l'interconnexion totale pour un nombre restreint d'utilisateurs.

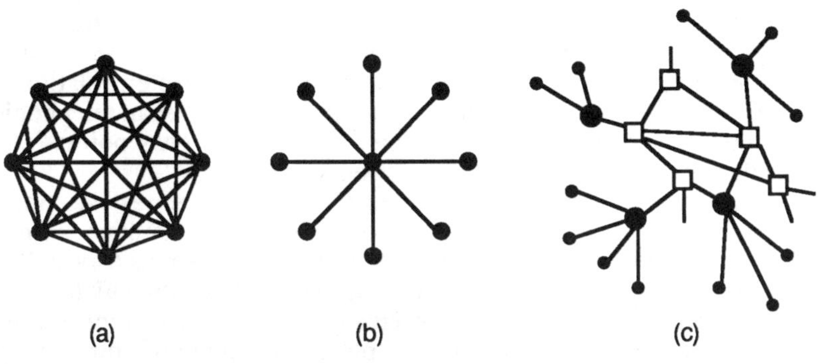

Figure 2-9. (a) Interconnexion totale, (b) Centre de commutation unique, (c) Réseau à deux niveaux de commutation

Une autre approche consisterait peut-être en la mise en place d'un centre de commutation unique, mais gigantesque, installé quelque part dans le monde. Ainsi, chaque téléphone serait relié au commutateur par un simple câble téléphonique comme le montre la figure 2-9(b). Cette solution est également absurde sachant l'immensité des problèmes concernant la construction, le fonctionnement et l'entretien d'un tel commutateur.

En réalité, le réseau téléphonique est organisé selon une structure hiérarchique à plusieurs niveaux possédant une très grande redondance. La description qui suit, bien que très simplifiée, en fournit néanmoins les caractéristiques essentielles.

Chaque région dispose d'un centre de rattachement équipé d'un certain nombre de commutateurs téléphoniques à autonomie d'acheminement ou CAA auxquels les abonnés téléphoniques sont reliés, soit directement, soit par l'intermédiaire d'un commutateur local ou CL, par des câbles téléphoniques torsadés à une ou à deux paires. En France, il y a environ 2000 CAA et plusieurs dizaines de milliers de CL. La longueur de la ligne téléphonique reliant l'abonné au réseau (au CL ou au CAA) porte le nom de desserte locale ou réseau local téléphonique; elle varie entre 1 et 10 kilomètres. Les dessertes locales urbaines sont généralement plus courtes que les dessertes locales rurales. Si les dessertes locales de tous les téléphones au monde étaient mises bout à bout, la longueur du câble obtenu serait égale à plus de 1000 fois la distance aller et retour entre la Terre et la Lune.

Lorsqu'un abonné appelle un autre abonné relié au même CAA, la mise en relation des deux dessertes locales est réalisée directement par ce CAA. Elle restera en l'état tant que l'un des deux usagers n'aura pas raccroché son téléphone.

Considérons le cas de l'abonné demandé qui est relié à un autre CAA. La procédure d'établissement de la mise en relation est un peu plus compliquée. En effet, chaque centre de rattachement possède plusieurs liaisons permanentes avec un nouveau type d'autocommutateurs dits de transit. Si le demandeur et le demandé sont abonnés de centres de rattachement desservis par le même centre de transit, l'établissement de la mise en relation sera contrôlé par ce dernier. La figure 2-9(c) représente un réseau téléphonique ne comportant que des centres de rattachement, les gros points, et des centres de transit de premier niveau, les petits carrés.

Si les centres de rattachement des abonnés concernés ne sont pas raccordés au même centre de transit de premier niveau, la connexion sera établie par l'intermédiaire de centres de transit de niveaux plus élevés. Il peut y avoir plusieurs niveaux de centre de transit pour relier entre eux les centres de transit de premier niveau. Les artères qui les relient offrent, selon les différentes techniques de transmission, plusieurs centaines, voire quelques milliers, de voies téléphoniques destinées à l'acheminement de signaux vocaux. Le nombre de niveaux de transit, ainsi que le niveau hiérarchique des artères qui relient les centres de transit entre eux, varient selon la densité de la desserte téléphonique du pays concerné. La figure 2-10 représente le principe du routage d'une mise en relation à moyenne distance utilisant deux niveaux de transit. Généralement les liaisons reliant les centres de rattachement aux centres de transit et les centres de transit entre eux sont des circuits dits à quatre fils tandis que les dessertes d'abonnés sont réalisées à l'aide de seulement deux fils.

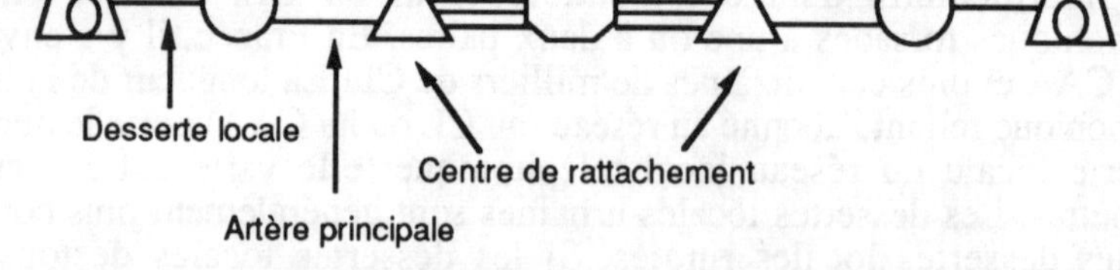

Figure 2-10 . Mise en relation typique pour une moyenne distance

De nombreuses techniques de transmission sont utilisées pour les télécommunications. Aujourd'hui, les dessertes locales sont réalisées à l'aide de paires de conducteurs en cuivre recouverts d'un isolant et torsadés l'un par rapport à l'autre. Au début du siècle, elles étaient réalisées à l'aide de conducteurs aériens non isolés, espacés d'une vingtaine de centimètres et supportés par des isolateurs fixés à des poteaux. De la qualité des paires de conducteurs utilisées dépend la qualité des mises en relation.

Les grandes artères de transmission analogiques qui relient entre eux les centres de transit utilisent des systèmes dits à courant porteur dont le support de transmission est constitué de câbles coaxiaux, de faisceaux hertziens, voire de guides d'ondes. La transmission numérique utilise essentiellement sur ces artères des fibres optiques dont les dimensions sont si faibles et les capacités de transmission, exprimées en nombre de voies téléphoniques, si importantes, qu'elles apportent une solution à l'engorgement des canalisations destinées plutôt à recevoir des câbles électriques.

2.3.2. Les modems

Les signaux transmis sur le réseau téléphonique sont des signaux électriques sinusoïdaux, les signaux vocaux, dont la bande de fréquence est limitée volontairement à l'aide de filtres de 300 à 3400 hertz. La desserte locale qui relie un abonné à son centre de rattachement est constituée le plus souvent d'un câble électrique torsadé à une paire. Les filtres sont insérés sur la desserte locale. En retirant ces filtres, il serait possible, selon la qualité du câble, de transmettre des signaux numériques de 1 à 2 Mbit/s sur quelques kilomètres. On appelle signal numérique un signal de forme rectangulaire ou carrée comme représenté à la figure 2-1(a).

La transmission de signaux numériques est souvent qualifiée de transmission en bande de base. Quand un signal numérique est appliqué à l'une des extrémités d'un câble, il est reçu à l'autre extrémité plus ou moins affaibli et déformé. Cela est dû aux caractéristiques du câble utilisé, sa longueur, son inductance, sa capacitance, etc.

La desserte locale du réseau téléphonique, dotée de ses filtres, ne peut transmettre les signaux numériques dans de bonnes conditions qu'à de faibles vitesses et sur des distances relativement courtes (en application notamment du théorème de Nyquist). De plus, des différences de vitesse de propagation apparaissent selon la fréquence des signaux transmis, les composantes harmoniques du signal numériques sont donc affectées, ce qui complique d'autant le problème. Ce phénomène est la distorsion de temps de groupe, il est en partie corrigé par la mise en place d'un égaliseur.

Pour améliorer la transmission numérique sur les dessertes locales, on pratique la modulation d'un signal sinusoïdal (appelé signal porteur ou porteuse) dont la fréquence est comprise entre 1000 et 2000 Hz. La modulation consiste à modifier un ou plusieurs paramètres de la porteuse, tels que sa phase, son amplitude ou sa fréquence.

La modulation d'amplitude consiste à modifier l'amplitude du signal porteur, en relation avec les informations numériques à transmettre, selon diverses techniques. Par exemple, une valeur de l'amplitude est attribuée à l'information binaire 0 et une autre valeur d'amplitude à l'information binaire 1.

La modulation de fréquence utilise le même formalisme, mais cette fois cela consiste à utiliser par exemple deux fréquences différentes pour transmettre les informations binaires.

Les formes de modulation de phase sont nombreuses et la plus courante consiste à faire varier la phase de la porteuse de 45, 135, 225 ou 315 degrés à des instants régulièrement espacés qui portent le nom d'instants de modulation. Disposant, par exemple, de quatre valeurs de phase cette méthode permet de transmettre deux informations binaires dans un instant de modulation. La figure 2-11 représente les trois formes de modulation.

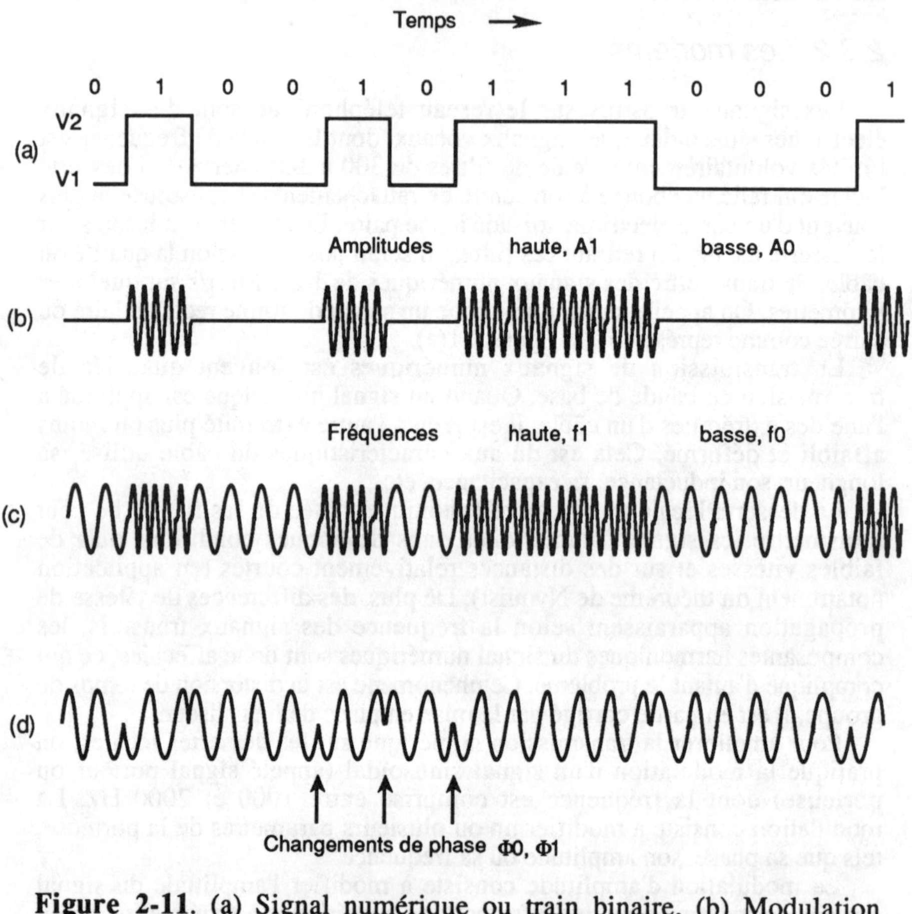

Figure 2-11. (a) Signal numérique ou train binaire, (b) Modulation d'amplitude, (c) Modulation de fréquence, (d) Modulation de phase

L'équipement qui transforme un flot d'informations binaires en une porteuse modulée et qui reconstitue, à partir d'une porteuse modulée, un flot d'informations binaires porte le nom de *modem*, équivalent de modulateur-démodulateur. Le modem est placé entre l'équipement informatique de l'utilisateur et la desserte locale.

Des modems élaborés mixent la modulation de phase et la modulation d'amplitude. Par exemple, sur la figure 2-12(a), on distingue, pour chacune des phases 0, 90, 180 et 270 degrés, deux points correspondant à deux niveaux d'amplitude. Sur la figure 2-12(b), les variations de phases sont espacées de 30 degrés, chacune des huit phases est associée à un niveau d'amplitude, quatre phases, 45, 135, 225 et 315 degrés sont dotées de deux niveaux damplitude, ce qui conduit à disposer de 16 combinaisons possibles. Cette technique, connue sous l'appellation de *modulation en treillis*, possède de nombreuses variantes. Un modem fonctionnant comme le montre la figure 2-12(a) autorise de transmettre 3 bits par instant de modulation, un autre associé à la figure 2-12(b) permet la transmission de 4 bits par instant de modulation. La technique représentée par la figure 2-12(b) permet une transmission de données, par exemple, à 9600 bit/s pour une rapidité de modulation de 2400 bauds et porte le nom de modulation d'amplitude en quadrature de phase.

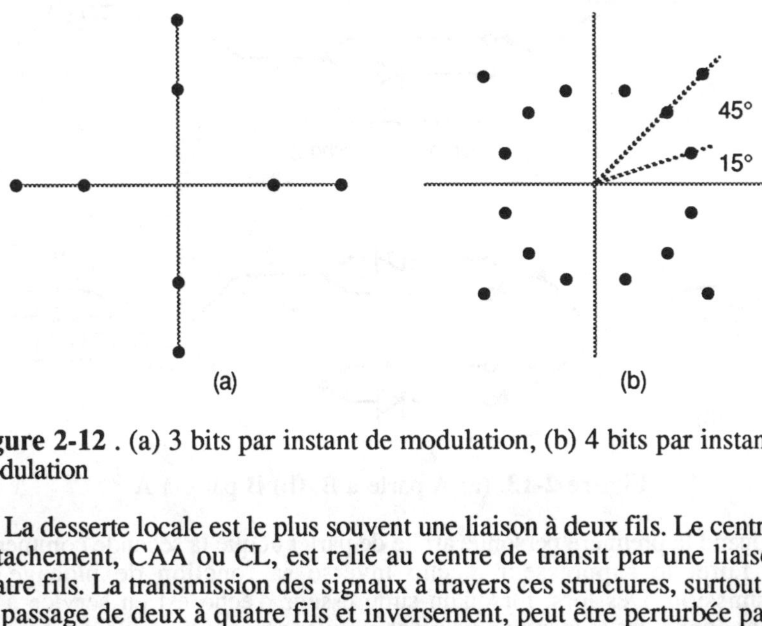

Figure 2-12 . (a) 3 bits par instant de modulation, (b) 4 bits par instant de modulation

La desserte locale est le plus souvent une liaison à deux fils. Le centre de rattachement, CAA ou CL, est relié au centre de transit par une liaison à quatre fils. La transmission des signaux à travers ces structures, surtout lors du passage de deux à quatre fils et inversement, peut être perturbée par un phénomène d'écho. Pour illustrer ce phénomène nous allons, à partir d'une pièce sombre, diriger l'éclair d'une lampe flash vers une fenêtre donnant sur l'obscurité. Vous allez percevoir, en provenance de la fenêtre, une réflexion de l'éclair, c'est-à-dire qu'une partie de l'énergie lumineuse sera réfléchie sur l'interface séparant l'air de la pièce de la feuille de verre de la fenêtre.

C'est le même phénomène qui peut se produire au niveau de la jonction entre la desserte locale à deux fils et la liaison interurbaine à quatre fils lorsque cette transformation est mal équilibrée.

Ce phénomène d'écho a pour conséquence qu'une personne parlant au téléphone perçoit à nouveau ses propres paroles et ce quelques instants après les avoir prononcées. Des études psychologiques ont montré que ce phénomène est gênant pour de nombreuses personnes, et peut conduire certaines d'entre elles au bégaiement. Pour éliminer ce problème, des dispositifs suppresseurs d'écho sont installés sur les lignes de plus de 2000 kilomètres. En effet, pour les distances plus courtes le retour de l'écho est si rapide qu'il est pratiquement imperceptible pour la plupart des usagers

Un suppresseur d'écho est un dispositif qui, détectant la voix en provenance d'une extrémité, supprime la transmission de tous les signaux vers cette même extrémité.

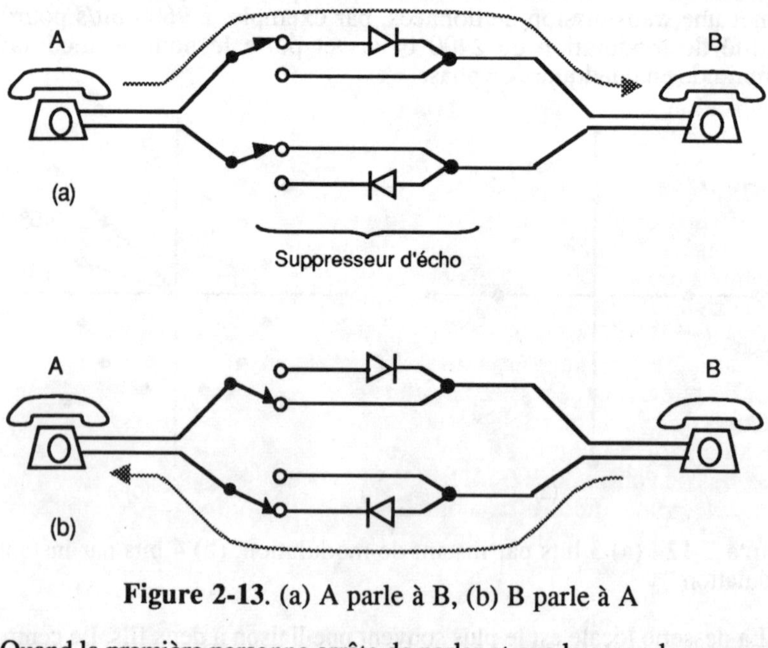

Figure 2-13. (a) A parle à B, (b) B parle à A

Quand la première personne arrête de parler et que la seconde commence à le faire, le suppresseur d'écho inverse sa fonction de blocage de transmission. Dès lors, lorsqu'un suppresseur d'écho est en service à un instant donné, les signaux ne peuvent circuler sur une liaison ainsi équipée que dans une seule direction. La figure 2-13(a) indique l'état du suppresseur d'écho lorsque A parle à B. Le nouvel état obtenu après que B a commencé à parler est représenté à la figure 2-13(b).

Les suppresseurs d'écho présentent un certain nombre de propriétés qui sont incompatibles avec la transmission de données. En premier lieu, ils interdisent la transmission bidirectionnelle simultanée, ou *duplex*, qui sans eux serait possible même sur une ligne bifilaire. Pour cela, il suffirait, par exemple, d'attribuer une bande de fréquences à un sens de transmission et une autre bande de fréquences à l'autre sens de transmission. Dans le cas d'une transmission en mode bidirectionnel à l'alternat, ou *semi-duplex*, les suppresseurs d'écho sont également sources de nuisances. En effet, le temps de retournement, nécessaire à l'inversion du sens de transmission, pendant lequel les suppresseurs d'écho interdisent la transmission n'est pas sans importance. Cela résulte du fait qu'ils sont conçus pour réagir à une conversation humaine et non pas à un échange d'informations entre ETTD.

Pour éliminer les problèmes posés par la présence des suppresseurs d'écho, une procédure de mise hors service de leur action est utilisée. Ainsi, par exemple, avant de débuter une transmission de données, on émet un signal de commande, de fréquence 2100 Hz, qui ordonne le retrait des suppresseurs d'écho de la liaison. Ce signal de commande est associé à toute une technique, la *signalisation*, qui a pour objet la transmission dans le réseau d'informations auxiliaires nécessaires à la commande des diverses opérations de commutation et de gestion du réseau. Donc, en détectant la signalisation, les suppresseurs d'écho se placent en état d'oisiveté et ce, tant qu'une porteuse est émise sur la liaison. Cette façon de procéder illustre la technique de *signalisation dans la bande*. En effet, dans ce cas particulier, un signal spécial dont la fréquence est dans la bande passante du réseau est mis à la disposition des utilisateurs pour contrôler une particularité de fonctionnement du réseau. Habituellement, les signaux de signalisation sont transmis à des fréquences hors des limites de la bande passante du réseau; c'est la *signalisation hors bande*.

Ces dernières années, une nouvelle forme de desserte locale est apparue, plus particulièrement pour la diffusion de télévision par câble. Comme un canal de télévision nécessite environ 6 MHz de bande passante et que les systèmes de télévision câblée souhaitent offrir des dizaines de programmes, soit autant de canaux, les câbles coaxiaux utilisés offrent des bandes passantes de l'ordre de 300 MHz. De par les techniques mises en œuvre, ce type de réseau apporte de nouvelles facilités pour la transmission de données. A l'inverse de la desserte téléphonique locale, les câbles des réseaux de télévision n'utilisent pas une topologie en étoile; ils utilisent une topologie en bus, ou hiérarchique, où plusieurs abonnés partagent le même support de transmission. En fait, un câble de ce type peut relier plusieurs centaines d'abonnés. Au chapitre 3, nous verrons comment plusieurs utilisateurs peuvent se partager un canal de transmission en bus dans des conditions particulières, efficaces et acceptables.

2.3.3. Jonctions V.24 ou RS-232C et RS-449

La connexion d'un équipement informatique à un modem, par exemple, est réalisée par l'intermédiaire d'une jonction ou interface. L'étude de la jonction est une illustration intéressante des protocoles mis en œuvre au sein de la couche physique des architectures de communication. La jonction spécifie les caractéristiques mécaniques, électriques et fonctionnelles d'une connexion physique. Le dialogue ou l'enchaînement des différents signaux relatifs à la jonction, en fonction du protocole mis en œuvre, fait également partie de l'étude de la jonction.

Dans ce paragraphe nous étudions successivement deux jonctions; l'une correspond à la norme V.24, définie par le CCITT, qui est assez semblable à la norme RS-232C défine par l'EIA (*Electronic Industries Association*, organisation de constructeurs américains), l'autre correspond à la norme EIA RS-449.

Dans ses diverses normes de jonctions, le CCITT définit l'équipement informatique comme un *Equipement Terminal de Traitement de Données* ou *ETTD*. Le modem, quant à lui, est un *Equipement Terminal de Circuit de Données* ou *ETCD*. Les appellations de l'EIA sont : *Data Terminal Equipement* ou DTE pour désigner l'ETTD et *Data Circuit Equipement* ou DCE pour désigner l'ETCD.

L'avis V.24 du CCITT définit les spécifications fonctionnelles de la jonction et l'avis V.28 les caractéristiques électriques des signaux de la jonction. Des différences minimes existent entre la norme RS-232C et les avis V.24 et V.28, principalement en ce qui concerne certains signaux (les circuits pour le CCITT) de jonction.

Les spécifications mécaniques de la jonction sont fondées sur un connecteur à 25 broches de forme trapézoïdale qui répond à la norme ISO IS-2110. Les broches supérieures, au nombre de treize, sont numérotées de 1 à 13 de gauche à droite, les douze broches inférieures sont numérotées, également de gauche à droite, de 14 à 25.

Les spécifications électriques précisent les valeurs des signaux ou circuits électriques de la jonction, soit une tension négative inférieure à -3 volts pour l'information binaire 1, et pour l'information binaire 0 une tension positive supérieure à +3 volts. Le débit binaire maximum associé à cette jonction est d'environ 20 kbit/s sur une longueur de câble reliant l'ETTD à l'ETCD qui n'excède pas 15 mètres.

Les spécifications fonctionnelles précisent le rôle et la signification des signaux ou circuits affectés à chacune des 25 broches ainsi que leur condition d'utilisation. La figure 2-14 présente les 9 circuits les plus utilisés dans les applications standard. Les numéros qui sont portés sur les fils (figure 2-14) correspondent aux numéros des broches associées aux circuits sur le connecteur.

Lorsque l'ETTD devient actif, après sa mise sous tension, il présente sur la jonction l'information : terminal de données prêt, TDP (DTR pour *data terminal ready* dans la norme RS-232), sous la forme d'un état logique 1 sur la broche 20. Quand l'ETCD, par exemple le modem, est alimenté en énergie, il présente sur la jonction l'état : poste de données prêt, PDP (DSR pour *data set ready* dans la norme RS-232), sous la forme d'un état logique 1 sur la broche 6. Dès que le modem détecte la présence de la porteuse sur la ligne de transmission, il signale cet événement à l'ETTD sur le circuit :

détection de signal, DS (CD pour *carrier detect* dans la norme RS-232), au terminal à l'aide de la broche 8. Pour sa part, l'ETTD indique au modem son intention de transmettre des données à l'aide de la broche 4 : circuit demande pour émettre, DPE (RTS pour *request to send* dans la norme RS-232). La réponse du modem est fournie par le circuit : prêt à émettre, PAE (CTS pour *clear to send* dans la norme RS-232) au moyen de la broche 5; dès cet instant l'ETTD peut commencer à émettre. Les données sont transmises par l'ETTD sur le circuit : émission de données, ED (TD pour *transmitted data* dans la norme RS-232) sur la broche 2. Dans le cas d'une exploitation duplex de la liaison, les données sont reçues simultanément par l'ETTD sur le circuit : réception de données, RD (RD pour *received data* dans la norme RS-232) sur la broche 3.

D'autres circuits peuvent être utilisés pour régler les échanges d'informations à travers la jonction V.24 ; ils permettent : de choisir le débit binaire, de vérifier le fonctionnement du modem, de transmettre à l'ETTD l'arrivée d'un appel en provenance du réseau commuté ou encore, dans le cas d'une transmission exploitée en mode synchrone, de fournir l'horloge de réception. Ces signaux sont couramment utilisés dès que l'on souhaite améliorer la productivité et l'efficacité des liaisons.

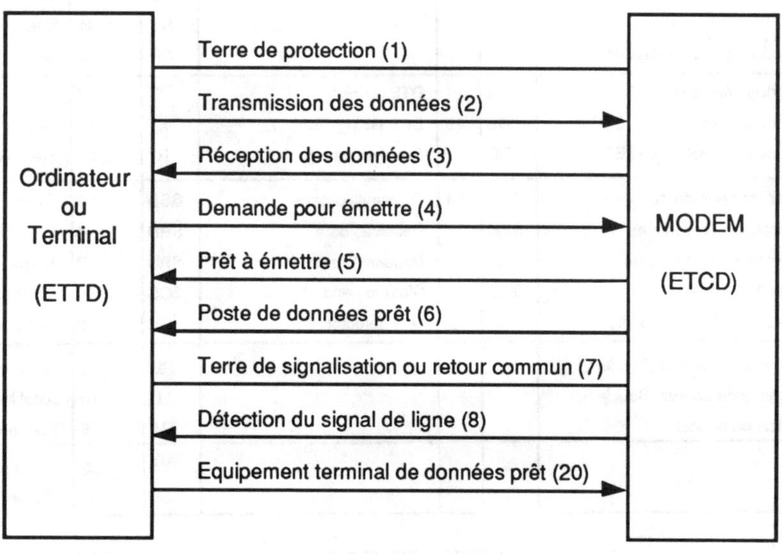

Figure 2-14. Principaux signaux de l'interface V.24

CCITT V.24			EIA RS-232 C			EIA RS-449		
Code	n° B	Signification	Code	n° B	Signification	Code	n° B	Signification
101	1	Terre de protection (TP)	AA	1	Protective ground (PG)	–	1	
102	7	Terre de signalisation (TS)	AB	7	Signal ground (SG)	SG	19	Signal ground
						SC	37	Send common
						RC	20	Receive common
103	2	Emission de données (ED)	BA	2	Transmitted data (TD)	SD	4, 22	Send data
104	3	Réception de données (RD)	BB	3	Received data (RD)	RD	6, 24	Receive data
105	4	Demande pour émettre (DPE)	CA	4	Request to send (RTS)	RS	7, 25	Request to send
106	5	Prêt à émettre (PAE)	CB	5	Clear to send (CTS)	CS	9, 27	Clear to send
107	6	Poste de données prêt (PDP)	CC	6	Data set ready (DSR)	DM	11, 29	Data mode
108	20	Terminal de données prêt (TDP)	CD	20	Data terminal ready (DTR)	TR	12, 30	Terminal ready
125	22	Indicateur d'appel (IA)	CE	22	Ring indicator (RI)	IC	15	Incoming call
109	8	Détection du signal de ligne (DS)	CF	8	Data carrier detect (D)	RR	13, 31	Receiver ready
110	21	Qualité du signal de données (QS)	CG	21	Signal quality detector (SQD)	SQ	33	Signal quality
111	23	Sélection débit ETTD	CH	23	DTE rate	SR	16	Signaling rate
112	18	Sélection ETCD	CI	18	DCE rate	SI	2	Signaling indicators
						IS	28	Terminal in service
						NS	34	New signal
126	11	Choix fréquence émission				SF	16	Select frequency
113	24	Horloge émission de l' ETTD	DA	24	DTE timing	TT	17, 35	Terminal timing
114	15	Horloge émission de l' ETCD	DB	15	DCE timing	ST	5, 23	Send timing
115	17	Horloge réception de l'ETCD	DD	17	Receiver timing	RT	8, 26	Receive timing
118	14	Transmission de données	SBA	14	Transmitted data	SSD	3	Send data
119	16	Réception de données	SBB	16	Received data	SRD	4	Receive data
120	19	Demande pour émettre	SCA	19	Request to send	SRS	7	Request to send
121	13	Prêt à émettre	SCB	13	Clear to send	SCS	8	Clear to send
122	12	Détection du signal de ligne	SCF	12	Line detector	SRR	2	Receiver Ready
140	21	Commande de test (Boucle 2)				RL	14	Remote loopback
141	18	Commande de test (Boucle 3)				LL	10	Local loopback
142	25	Indication de test				TM	18	Test mode
						SS	32	Select standby
						SB	36	Standby indicator

n° B = Numéro de broche sur le connecteur { V.24 CCITT et EIA RS-232 C: connecteur 25 broches, ISO 2110 ; EIA RS 449: connecteur 37 broches, ISO 4902 }

Les circuits 118 à 122 correspondent à une voie de retour ou au canal secondaire

Figure 2-15. Comparaison entre RS-232C, V.24 et RS-449

Le protocole associé à la jonction V.24 permet de spécifier l'enchaînement des différents événements qui ponctuent le dialogue entre l'ETTD et le modem. Par exemple, lorsque l'ETTD active le circuit DPE, le modem lui répond, s'il est en état d'émettre sur le circuit PAE. Un ensemble de couples action-réaction similaires existent pour d'autres paires de signaux de commande; ils sont très souvent supervisés au moyen de temporisation.

Il est fréquent que deux équipements informatiques soient connectés l'un à l'autre par l'intermédiaire d'une jonction V.24 ou RS-232C sans que pour autant des modems soient utilisés. Il n'en reste pas moins qu'il faut simuler les dialogues de concertation et surtout relier la broche transmission de l'un à la broche réception de l'autre. Cette fonction est effectuée par un dispositif appelé *modem zéro* ou encore *null modem*, voire *câble inverseur*. Il peut également, en plus de ces fonctions, simuler, pour une liaison exploitée en mode synchrone, la présence des horloges réception de synchronisation bit.

La jonction V.24 associée des spécifications électriques V.28 est largement utilisée depuis de nombreuses années. Cependant, la limitation du débit à 20 kbit/s et de la longueur du câble de jonction à 15 mètres, tend à lui substituer d'autres normes ou standards plus performants. Par exemple la norme EIA RS-449 que nous examinons ci-dessous et qui correspond toujours à la spécification fonctionnelle de V.24 mais avec des spécifications électriques nouvelles telles que V.10 et V.11. Ces spécifications électriques correspondent mieux aux évolutions technologiques actuelles dans le domaine des circuits intégrés de transmission.

La norme EIA RS-449 spécifie (comme l'avis V.24) un protocole et les spécifications mécaniques et fonctionnelles de la jonction. En revanche, les spécifications électriques sont à choisir parmi les deux normes : RS-423 ou V.10 et RS-422 ou V.11. La première, RS-423 ou V.10, est similaire aux spécifications électriques de RS-232C. Tous les signaux électriques sont définis par rapport à un référentiel commun, la masse électrique exprimant le zéro volt. Les signaux électriques sont qualifiés de *signaux asymétriques* et la transmission associée de *transmission en mode déséquilibré* ou *transmission en mode commun*. La seconde norme RS-422 ou V.11 nécessite, pour exprimer chaque signal électrique, deux conducteurs par signal qui sont totalement indépendants électriquement des autres conducteurs de la jonction. Les signaux résultants sont qualifiés de *signaux symétriques* et la transmission de *transmission en mode équilibré* ou *transmission en mode différentiel*. Cette forme de transmission des signaux permet d'obtenir des débits binaires atteignant 2 Mbit/s sur des distances d'environ 60 mètres. Des débits plus importants peuvent être obtenus sur des distances plus courtes.

Les signaux ou circuits utilisés dans la norme RS-449 sont définis par la figure 2-15. Certains, non présents dans RS-232, répondent à d'autres besoins. En particulier les signaux de commande de vérification de fonctionnement des modems en local et à distance ont été prévus. La nécessité de disposer de deux broches par signal dans le cas d'une transmission en mode RS-422 ou V.11 conduit à l'utilisation d'un connecteur à 37 broches, correspondant à la norme ISO IS-4902, auquel on associe, dans certains cas, un second connecteur à 9 broches, correspondant à la norme IS-4903. Ce dernier n'est utilisé que si le deuxième canal de transmission, associé à la jonction, est exploité. Dans le cas contraire, le connecteur à 37 broches est suffisant.

2.4. LA TRANSMISSION NUMERIQUE

Historiquement, la transmission analogique a dominé l'industrie des télécommunications. En analogique, les signaux sont transmis sous forme de tensions électriques d'amplitude variable. Aujourd'hui, les ordinateurs sont présents dans la plupart des réseaux de télécommunication, ce qui conduit à un profond changement des techniques de transmission qui évoluent vers la transmission numérique. En transmission numérique, l'information est transmise sous forme de suites de signaux électriques représentant les niveaux logiques 0 et 1. L'importance des investissements nécessaires à une transformation complète des réseaux pour permettre la transmission numérique de bout en bout, y compris sur les dessertes locales des usagers, rend la transition vers le tout numérique relativement longue dans le temps. Toutefois, dans certains pays comme la France, la transformation est largement entreprise comme nous le présentons ci-dessous, à la section 2.6.

La transmission numérique des données informatiques offre des performances supérieures à la transmission analogique, et ce, pour deux raisons principales.

La première provient du faible taux d'erreur des liaisons numériques par rapport aux liaisons analogiques. En transmission analogique, les circuits amplificateurs utilisés pour compenser les affaiblissements dus aux supports de transmission ne compensent pas en totalité les affaiblissements et introduisent des distorsions supplémentaires aux signaux sur la ligne. Cela entraîne des signaux parasites qui, agissant par rayonnement en divers endroits du réseau, s'ajoutent aux signaux utiles. En revanche, les répéteurs numériques, régénérateurs des signaux, ne connaissent pas les inconvénients des amplificateurs. Leur rôle consiste en effet à identifier sur la ligne les signaux représentatifs des informations binaires 0 et 1, puis à les régénérer et à les réémettre sous une forme, en principe, identique à la forme initiale. La transmission numérique élimine ainsi les conséquences de l'effet cumulatif des distorsions provoquées par les signaux parasites et par les amplificateurs analogiques.

La seconde raison tient au fait qu'étant représentées sous forme numérique, les informations (la voix, l'image, la musique, les données informatiques, ...) peuvent être facilement multiplexées, c'est-à-dire mélangées avant d'être transmises sur un support unique de transmission. De même, lorsque les signaux sont sous forme numérique, il est aisé de les acheminer bien plus rapidement que lorsqu'ils sont sous forme analogique.

Par ailleurs, comme le coût des composants numériques et des circuits intégrés diminue au fil des progrès technologiques, on en arrive au point où les systèmes de transmission numérique deviennent bien moins chers que ceux, équivalents, utilisant des composants analogiques.

2.4.1. Modulation par impulsions et codage ou MIC

Quand un abonné du téléphone, relié à un autocommutateur numérique, appelle un correspondant, les signaux qui circulent sur sa desserte locale sont des signaux analogiques. Avant de pénétrer dans le commutateur numérique, les signaux analogiques sont transformés en informations numériques, codées sur 7 ou 8 bits par un dispositif spécialisé, un codec ou codeur-décodeur. Le codec est en fait l'inverse d'un modem. Il convertit un signal analogique afin qu'il puisse être transmis sous une forme numérique. En revanche, le modem transforme une information numérique en un signal analogique modulé, puis le transmet sur le réseau analogique. Fonctionnellement, un codec prélève 8000 échantillons par seconde de l'information analogique reçue, soit un échantillon toutes les 125µs. Cette cadence est suffisante, selon le théorème de Nyquist, pour échantillonner tout signal compris dans une bande de fréquence de 0 à 4 kHz. Cette technique porte le nom de *modulation par impulsions et codage* ou *MIC* (ou PCM, pour *pulse code modulation*).

L'évolution technologique a rendu généralisable la transmission numérique. Face à cette évolution rapide, les organismes de normalisation, dont le CCITT, ont tardé à fournir des normes internationales relatives à la transmission numérique étant donné les difficultés éprouvées par l'ensemble de tous les partenaires concernés pour parvenir à un consensus. En conséquence, il existe aujourd'hui, dans les réseaux en exploitation, plusieurs techniques de transmission numérique partiellement incompatibles entre elles. De ce fait, les connexions internationales entre les réseaux aux spécifications différentes nécessitent des dispositifs de conversion qui sont parfois complexes et coûteux.

Par exemple, une technique fort utilisée sur le continent nord-américain est la technique du *canal T1* de la société Bell System (figure 2-16). Dans ce cas, la ligne de communication ou canal T1 regroupe 24 voies téléphoniques. Chaque voie est explorée puis quantifiée, périodiquement, à la cadence de 8000 échantillons par voie et par seconde. Généralement, un seul codec est utilisé pour l'ensemble des 24 voies. Chaque voie est représentée sur le canal par un mot de 8 bits. Sept bits représentent la valeur quantifiée de l'échantillon prélevé; on dispose ainsi de 127 niveaux de quantification. Le huitième bit est utilisé pour la signalisation de la voie téléphonique considérée. On obtient ainsi un débit de 56 kbit/s pour représenter les signaux vocaux et un débit de 8 kbit/s pour représenter la signalisation téléphonique qui s'y rattache. Le multiplexage, opération de mélange dans le temps des 24 voies téléphoniques, conduit à 192 bits (soit 24 voies de 8 bits). A ces 192 bits, on ajoute un bit pour permettre d'établir et de conserver la synchronisation entre trames. On obtient alors une trame d'information de 193 bits toutes les 125µs, soit un débit équivalent à 1,544 Mbit/s. La valeur du 193ème bit est régulièrement inversée à chaque nouvelle trame émise, ce qui conduit, en ce qui le concerne, à la suite «0101010101...» au rythme de 8 kbit/s. Le récepteur recevant la trame cherche cette séquence de bits car elle lui permet d'établir la synchronisation de trame et ainsi de reconstituer correctement les voies téléphoniques.

Les téléphones analogiques des abonnés ne peuvent pas générer la séquence binaire de synchronisation car elle correspond à un signal de fréquence 4000 Hz qui est éliminé par les filtres de la desserte locale de l'abonné avant la quantification de la voix. En revanche, les équipements numériques du réseau sont à même de le faire mais les risques de malfonctionnement de synchronisation sont assez importants.

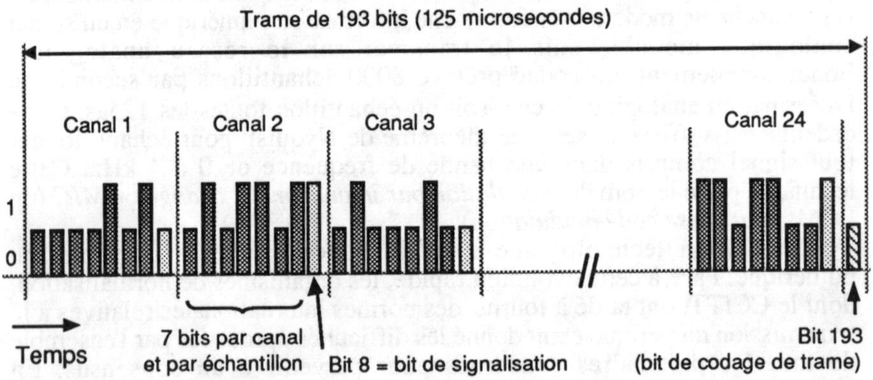

Figure 2-16. Le canal T1 de la Bell System (1,544 kbit/s)

En se basant sur les principes précédents, le CCITT a considéré, dans l'élaboration de ses recommandations, qu'un débit de 8 kbit/s consacré à la signalisation était trop important. Il a été décidé d'attribuer les 8 bits associés à une voie téléphonique à la quantification exclusive des signaux vocaux. Ainsi, au lieu des sept bits par voie du canal T1 de l'exemple précédent, on utilise huit bits, ce qui conduit à disposer de 256 niveaux de quantification plutôt que les 127 du canal T1. De cette divergence sur l'acheminement de la signalisation téléphonique découlent deux variantes d'organisation des trames, qui sont parfaitement incompatibles.

Dans la première variante la signalisation correspond à la technique de *signalisation par voie sémaphore*. Le bit supplémentaire (placé en réalité au début plutôt qu'en fin de trame) a une double signification. Pour les trames de numéro impair, cet extra-bit continue à assurer la synchronisation de trame, ses valeurs successives sont alternées : «1010101010...». En revanche, pour les trames de numéro pair l'extra-bit correspond aux informations de signalisation de toutes les voies. Globalement, cela revient à constituer dans la trame une voie réservée à la signalisation.

La seconde variante correspond à la technique de *signalisation dans l'octet* ou *signalisation par vol de bit*. Dans cette technique, chaque voie téléphonique possède ses propres informations de signalisation. Le principe consiste à utiliser, toutes les 6 trames, un bit d'une voie pour sa signalisation. Il en résulte que cinq échantillons consécutifs d'une voie téléphonique quantifiés sur 8 bits sont insérés dans la trame et que le sixième échantillon est, lui, quantifié sur 7 bits.

Le CCITT propose une autre structure de trame pour un canal MIC à 2,048 Mbit/s. La durée de la trame est de 125µs, elle regroupe 32 voies téléphoniques. Chaque voie est quantifiée sur 8 bits. Trente voies assurent le transport de l'information utile, les deux autres voies sont assignées à la signalisation. Cela correspond à la technique de signalisation par voie sémaphore. Chaque groupe de quatre trames consécutives fournit ainsi 64 bits de signalisation. Trente-deux bits sont utilisés pour la signalisation propre à chaque voie, les trente-deux autres servent à la synchronisation du système de transmission numérique et à d'autres usages, propres aux exploitants des artères numériques. Le CCITT a développé sur cette base toute une hiérarchie de débits numériques qui sont mis en œuvre dans la plupart des pays à l'exception de l'Amérique du Nord et du Japon.

Les accords actuels qui servent de base aux passerelles inter-réseaux concernent, pour le canal T1 de Bell System, des débits de : 6312, 44736 et 274176 kbit/s, dont les voies ou canaux sont référencés T2, T3 et T4. Les débits recommandés par le CCITT sont : 8448, 34368, 139264 et 565148 kbit/s. Une autre différence entre T1 de Bell System et le MIC du CCITT concerne la loi de conversion qui ne suit pas exactement la même segmentation.

2.4.2. Procédés de modulation numérique

La numérisation de la voix permet de mettre en œuvre des techniques de réduction (ou de compression) du nombre de bits transmis sur la ligne de communication, pour en améliorer l'efficacité. Ces techniques, reposant le plus souvent sur des méthodes statistiques, sont utilisables non seulement pour la voix humaine mais également pour tous les signaux analogiques susceptibles d'être transmis. Toutes les méthodes de compression reposent sur un même principe qui considère que l'amplitude du signal analogique change lentement par rapport à la vitesse d'échantillonnage (c'est le fondement même du théorème de Shannon). Il en résulte que les échantillons prélevés et quantifiés sur 7 ou 8 bits présentent un fort degré de redondance.

Une technique, la *modulation MIC différentielle* (DPCM pour *diffferential pulse code modulation*) consiste à ne pas transmettre la valeur quantifiée présente mais la différence entre cette valeur présente et la valeur quantifiée précédente. Par exemple, si l'on considère que des écarts de valeur de ±16 incréments, ou plus, sont très peu probables dans une plage de 128 incréments de quantification possibles (cas de codage sur 7 bits), alors un codage sur 5 bits peut être suffisant. Dans ce cas, si par hasard l'échantillon du signal analogique présente une variation supérieure à ±16 incréments de quantification, il sera alors nécessaire que le système d'encodage utilise plusieurs cycles de quantification pour rétablir la situation. L'expérience montre que les erreurs introduites par ce procédé sont sans conséquence pratique pour la transmission de la voix humaine.

Une autre technique consiste à considérer que chaque valeur échantillonnée ne diffère de la précédente que de ±1 incrément de quantification. Dans ce cas, un seul bit est transmis sur la ligne pour signaler un changement instantané d'amplitude du signal analogique, pour indiquer une augmentation ou une diminution. Cette technique, variante de la précédente, est la *modulation delta* illustrée par la figure 2-17. Comme toutes les techniques de compression de données, qui supposent de faibles variations d'amplitude du signal entre deux échantillonnages, la modulation delta peut provoquer de fortes distorsions lorsque des variations rapides et importantes apparaissent.

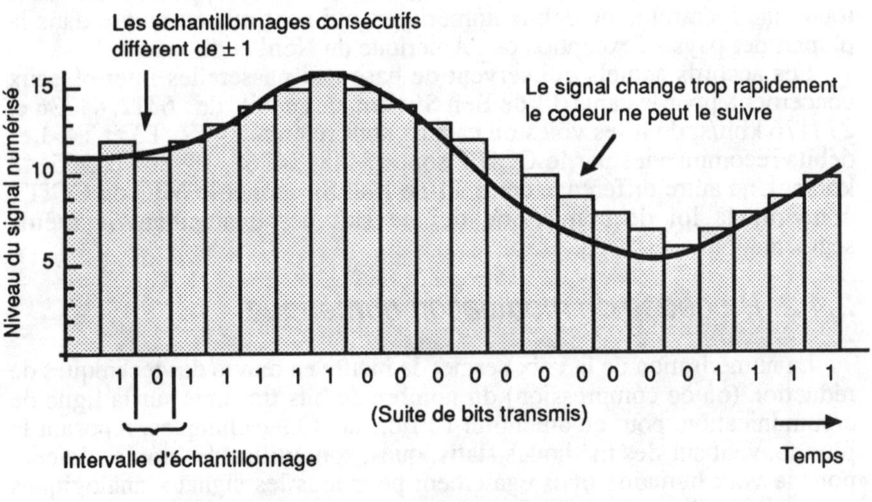

Figure 2-17. Modulation Delta

Une autre forme de modulation MIC différentielle consiste, à partir de quelques échantillons des valeurs récentes, à anticiper par extrapolation la valeur du signal à venir et à transmettre alors la différence entre la valeur du signal réel qui se présente et la valeur prévue du signal anticipé. Naturellement, l'émetteur et le récepteur doivent utiliser un même algorithme de prédiction. Ces techniques sont appelées *codage par extrapolation* ou *codage prédictif.* Elles sont très intéressantes car elles réduisent la taille des nombres à coder, donc le nombre de bits à transmettre.

Bien que la technique de transmission numérique MIC soit largement utilisée dans les grandes artères de télécommunication, l'utilisateur n'en ressent aucun avantage quand il transmet des données au travers de liaisons analogiques par l'intermédiaire d'une porteuse modulée, par exemple à 2400 bauds. Il serait agréable que les exploitants de réseaux mettent à la disposition des usagers des dessertes locales numériques (supportant directement la transmission numérique) offrant des débits de 1,544 ou 2,048 Mbit/s. La plupart des câbles téléphoniques torsadés utilisés aujourd'hui peuvent y parvenir dans certaines conditions. Les premiers pas dans cette direction sont en cours avec l'introduction du réseau numérique à intégration de services ou RNIS, qui offre aux utilisateurs, en France et dans d'autres pays, des canaux de communication à 64 kbit/s.

2.4.3. L'interface numérique X.21

Dès l'année 1969, le CCITT a pensé que les exploitants de réseaux pourraient éventuellement prolonger chez les abonnés les accès aux réseaux de transmission numérique sous la même forme que celles des grandes artères de transmission numérique. Pour encourager cette orientation, le CCITT a recommandé en 1976 l'utilisation d'une interface d'accès portant la référence X.21.

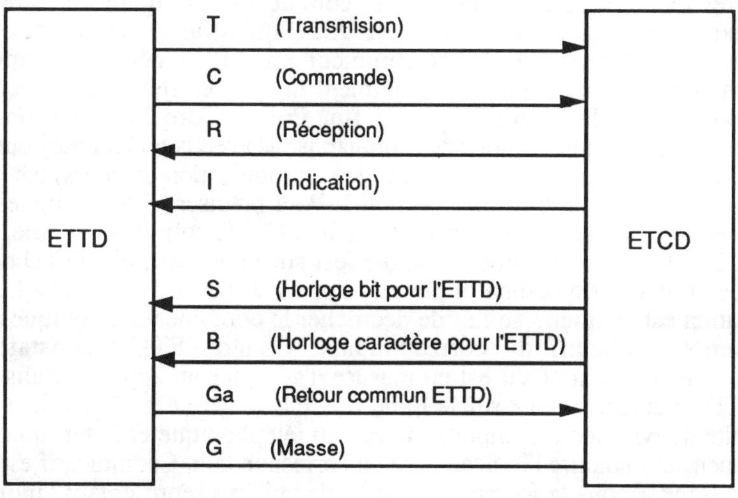

Figure 2-18. Signaux caractéristiques de l'interface X.21

Le nom et la fonction de chacune des huit lignes définies dans la recommandation X.21 sont donnés par la figure 2-18. Le connecteur associé possède 15 broches, qui ne sont pas toutes utilisées. L'ETTD utilise les lignes T et C pour transmettre respectivement les données destinées à être acheminées par le réseau et ses commandes vers le réseau. La fonction de la ligne C est analogue à celle du décroché-raccroché dans le réseau téléphonique. L'ETCD, terminaison numérique du réseau, utilise les lignes R et I pour transmettre respectivement les données en provenance du réseau et ses signaux de contrôle destinés à l' ETTD. La ligne S transmet à l'ETTD l'horloge de synchronisation bit de réception. A titre de service complémentaire, le réseau peut fournir un signal de synchronisation octet qui permet de réassembler les bits reçus par paquets de huit. Si l'option est fournie par le réseau, les caractères transmis par le terminal devront être cadrés correctement. Par contre, si cette option n'est pas disponible, toutes les séquences de contrôle échangées sous la forme de caractères entre le réseau et l'équipement informatique devront être précédées de deux caractères de synchronisation. Ces deux caractères, dits de synchronisation caractère, permettront de les assembler correctement. En pratique, même si la synchronisation octet est fournie par le réseau, toutes les séquences de contrôle sous la forme caractère doivent posséder ces deux caractères. Cette disposition permet de maintenir une compatibilité des équipements avec les réseaux qui ne fournissent pas cette synchronisation octet. Les caractères échangés entre l' ETTD et l' ETCD sont codés selon l'alphabet CCITT n°5 (7 bits par caractère), similaire à l'alphabet ASCII. D'autre part, les caractères sont transmis avec un bit de contrôle de parité de type parité paire.

La recommandation X.21 est complexe, elle fait de plus référence à d'autres recommandations également complexes. La figure 2.19 présente un exemple simple d'utilisation de X.21 qui illustre ses dispositions majeures. Cet exemple décrit comment un ETTD génère un appel à destination d'un ETTD distant, comment la mise en relation s'effectue et comment l'ETTD d'origine y met fin. Pour rendre l'explication plus compréhensible, nous faisons des comparaisons avec la téléphonie courante.

Quand la liaison est inactive (pas de communication en cours) les lignes de commande T, C, R et I sont à l'état 1. Pour préciser l'état des lignes C et I, nous utilisons les recommandations du CCITT, soit OFF (Fermé) pour l'état 1, et ON (Ouvert) pour l'état 0. C'est ainsi que lorsque l'ETTD décide d'appeler un correspondant, il place la ligne T à 0 et la ligne C à ON. Cette opération est analogue au fait de décrocher le combiné téléphonique avant d'émettre l'indicatif du correspondant. Quand l'ETCD constate ces changements d'état et s'il est en mesure d'accepter un appel, il transmet à l'ETTD le caractère «+» sur la ligne R. Ce caractère est l'équivalent de la tonalité d'invitation à composer du réseau téléphonique et le terminal peut commencer à émettre l'indicatif de son correspondant. Cet indicatif est émis sur la ligne T sous la forme d'une suite de chiffres représentant l'indicatif, ou l'adresse réseau, du correspondant. Les chiffres sont codés en CCITT n°5. A ce stade, l'ETCD envoie des signaux de progression d'appel. En première approximation, cela correspond aux tonalités d'acheminement d'appel dans le réseau téléphonique. Les signaux de progression d'appel renseignent sur le sort de l'appel. Constitués de deux caractères, ils sont définis dans la recommandation X.96 du CCITT. Le premier caractère spécifie de façon générale le type de résultat d'une demande d'appel ineffective, le second caractère en précise les causes: occupation ou dérangement de l'abonné demandé, encombrement momentané du réseau ne permettant pas de satisfaire l'appel, etc. En revanche, si la mise en relation entre les deux ETTD est possible l'ETCD porte la ligne I à l'état ON, indiquant ainsi que la transmission de données peut commencer.

A ce stade, la mise en relation numérique est effective, en mode d'exploitation duplex. L'un ou l'autre des ETTD peut commencer à transmettre. Par exemple, l'un des deux peut dire «Bonjour» en portant l'état de sa ligne C à OFF. Après avoir effectué cette action, il ne peut plus émettre de données et se place en état réception, dans lequel il restera jusqu'à ce que son correspondant arrête de lui envoyer des informations. A la phase 7 de la figure 2-19, l'ETTD appelant a dit «Bonjour» le premier. Son ETCD a répondu à ce message en portant la ligne I à l'état OFF, il se trouve alors en état de réception. Si l'ETTD demandé a placé, lui aussi, sa ligne C à l'état OFF, c'est-à-dire qu'il s'est lui-même placé dans l'état de réception, toute conversation est devenue impossible. L'ETCD du demandeur place alors sa ligne R à l'état 1. Finalement, l'ETTD demandeur place sa ligne T à l'état 1, signifiant un accusé de réception à son ETCD. Le demandeur se place alors dans l'état disponible et peut dès lors renouveler son appel ou attendre un appel entrant éventuel.

Etats	C	I	Explication	ETTD transmet par T	ETCD transmet par R
0	OFF	OFF	Etat de repos	T = 1	R = 1
1	ON	OFF	ETTD prend la ligne	T = 0	
2	ON	OFF	ETCD envoie la tonalité		R = + + ... +
3	ON	OFF	ETTD transmet le n° d'appel	T = adresse	
4	ON	OFF	Propagation d'appel		R = appel en cours
5	ON	ON	L'appelé décroche		R = 1
6	ON	ON	Dialogue	T = donnée	R = donnée
7	OFF	ON	ETTD dit «au revoir»	T = 0	
8	OFF	OFF	ETCD dit «au revoir»		R = 0
9	OFF	OFF	ETCD raccroche		R = 1
10	OFF	OFF	ETTD raccroche	T = 1	

Figure 2-19. Un exemple d'utilisation de la recommandation X.21

La procédure concernant les appels entrants est analogue à celle utilisée pour les appels sortants. Si un appel entrant et un appel sortant se présentent simultanément au niveau de l'interface X.21, il se produit une collision d'appels. Dans ce cas, l'appel entrant est ignoré et l'appel sortant poursuit son cycle. Le CCITT a pris cette décision car il a considéré que, pour la plupart des terminaux, la situation de traitement de l'appel sortant était trop avancée pour lui permettre de modifier l'allocation de ses ressources.

Les exploitants de réseaux proposent, sur les accès de type X.21, de nombreux services complémentaires tels que la connexion ou mise en relation rapide. Dans ce cas, le seul fait de porter la ligne C à l'état ON est interprété comme une demande de mise en relation avec un abonné prédéterminé ou comme le renouvellement de l'appel précédent. Ce service élimine la phase d'établissement de la mise en relation et permet de gagner le temps qui devrait lui être consacré.

Cela peut être très intéressant lorsque le demandeur appelle toujours un même correspondant, par exemple un ordinateur particulier. Une autre possibilité concerne le *groupe fermé d'abonnés* qui permet aux utilisateurs de ne pas pouvoir être appelés par des abonnés n'appartenant pas à leur groupe. Il peut également leur interdire d'entrer en relation avec des abonnés extérieurs à leur groupe. D'autres facilités telles que le réacheminement des appels entrants, l'interdiction de recevoir ou bien de générer des appels, l'identification des appelants, etc., peuvent également être offertes dans le cadre des services complémentaires.

2.5. TRANSMISSION ET COMMUTATION

Dans les paragraphes qui suivent nous abordons différentes phases de la transformation des signaux de données en vue de leur transmission et ce, plus particulièrement sous forme d'une transmission numérique. Nous présentons également les deux principales formes de commutation mises en œuvre dans les réseaux, la commutation de circuits et la commutation par paquets.

2.5.1 Multiplexage en fréquence et multiplexage temporel

L'économie d'échelle joue un rôle important dans l'industrie des télécommunications. En effet, la mise en place et l'entretien entre deux centres de commutation téléphonique d'un câble à large bande comportant plusieurs milliers de voies téléphoniques ou ayant des capacités beaucoup plus limitées coûte pratiquement le même prix. Le coût du support physique de transmission en lui-même est en effet négligeable par rapport au coût des travaux de génie civil nécessaires à sa mise en place. Au regard de ces conséquences économiques, les exploitants de réseaux ont favorisé la mise en place de systèmes très élaborés qui permettent de partager, entre de nombreux usagers, le même support physique de transmission.

Ces techniques de partage des moyens de transmission offrant de très large bandes passantes, qu'elles soient exprimées en centaines de mégahertz pour les systèmes analogiques ou en milliers de Mbit/s pour les artères numériques, peuvent être partagées en deux grandes catégories, le multiplexage en fréquence (FDM pour *frequency division multiplexing*) et le multiplexage temporel (TDM pour *time division multiplexing*).

Le *multiplexage en fréquence* consiste à partager la bande de fréquences disponible en un certain nombre de canaux (ou sous-bandes) plus étroits et à affecter en permanence chacun de ces canaux à un utilisateur exclusif.

Le *multiplexage temporel* consiste à affecter, à chaque utilisateur, pendant un court instant et à tour de rôle, la totalité du débit binaire disponible. En téléphonie cela consiste à accorder à chaque correspondant le droit d'émettre un octet toutes les 125 microsecondes. Cette particularité est à l'origine du développement actuel du RNIS qui commence à entrer en exploitation commerciale.

Les émissions de radio en ondes moyennes constituent une bonne illustration de ce qu'est le multiplexage en fréquence. La largeur de la bande passante disponible est de l'ordre d'un mégahertz. Elle se situe approximativement entre 500 kHz et 1,500 MHz. Différentes fréquences porteuses appartenant à cette bande de fréquences sont affectées à différentes stations de radiodiffusion, en maintenant toutefois entre elles un espace suffisant pour éviter les interférences. Dans la mise en œuvre de ce schéma nous avons pratiqué le multiplexage dans l'espace des fréquences. Parfois, certaines stations diffusent de la musique puis de la publicité, de la musique à nouveau, encore de la publicité, etc. On peut dire que ces stations partagent l'utilisation de la fréquence porteuse qui leur est attribuée selon un critère temporel : pendant un intervalle de temps de la musique, pendant un autre intervalle de temps de la publicité, etc.; il s'agit en fait de multiplexage temporel.

La figure 2-20 schématise comment trois liaisons téléphoniques sont multiplexées dans les trois premières voies téléphoniques d'un groupe primaire qui, par ailleurs, en comporte 12. A l'aide de filtres appropriés, les signaux de chacune de ces liaisons sont limités à la bande passante comprise entre 300 et 3400 Hz, soit une bande de fréquences large de 3100 hertz. A chacune de ces liaisons nous allons octroyer un espace de fréquences large de 4000 Hz.

La première phase de l'opération de multiplexage consiste à transposer les signaux de chaque liaison dans la bande de fréquences qui lui a été attribuée. Les fréquences résultantes sont ensuite rassemblées pour former un spectre large de *n* fois 4000 Hz. Ces bandes de fréquences sont totalement indépendantes les unes des autres et ne se gênent pas mutuellement, car un espace théorique de 900 Hz les sépare. Toutefois les filtres utilisés n'étant pas aussi précis qu'on le souhaite, il y a parfois quelques recouvrements qui entraînent des bruits de modulation entre les liaisons adjacentes.

La mise en œuvre du multiplexage en fréquences est, dans tous les pays du monde, pratiquement conforme aux recommandations du CCITT. Ces recommandations attribuent un espace de 4000 Hz à chacune des douze voies téléphoniques réparties entre 60 et 108 kHz. Chacune d'elles utilise une bande de fréquences de 3100 Hz qui est protégée de chaque côté par un espace de 300 à 600 Hz. Cet ensemble de 12 voies téléphoniques, compris entre 60 et 108 kHz, forme le groupe primaire, dit de base. La bande de fréquences comprise entre 12 et 60 kHz est également utilisée pour constituer un autre groupe de 12 voies téléphoniques. Plusieurs exploitants de réseaux mettent à la disposition des utilisateurs des bandes dè fréquences, comprises entre 60 et 108 kHz, donc larges de 48 kHz, pour y effectuer de la transmission de données aux débits de 48 ou de 56 kbit/s.

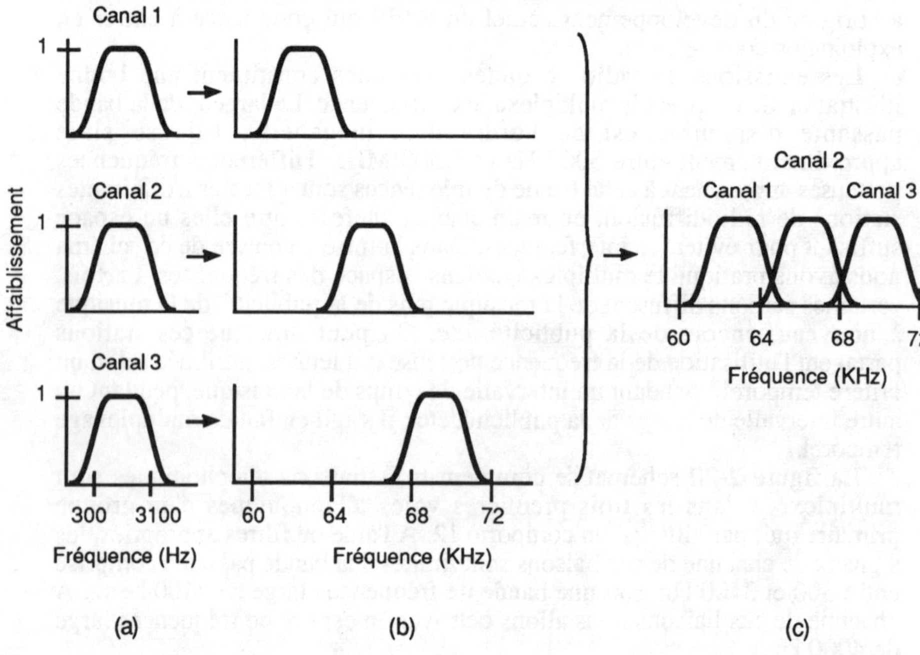

Figure 2-20. Multiplexage en fréquences : (a) signaux à multiplexer, (b) après décalage de fréquences, (c) regroupés sur le canal ou groupe primaire

Lorsque plusieurs groupes primaires sont multiplexés ensemble, cinq d'entre eux forment un groupe secondaire, ce qui rassemble 60 voies téléphoniques. L'unité d'assemblage supérieure comporte plusieurs groupes secondaires, cinq dans la hiérarchie du CCITT forment un groupe tertiaire comportant 300 voies téléphoniques. Pour sa part, Bell System en assemble 10, comportant ainsi 600 voies téléphoniques. D'autres assemblages conduisent à des canaux pouvant comporter jusqu'à 230 000 voies téléphoniques.

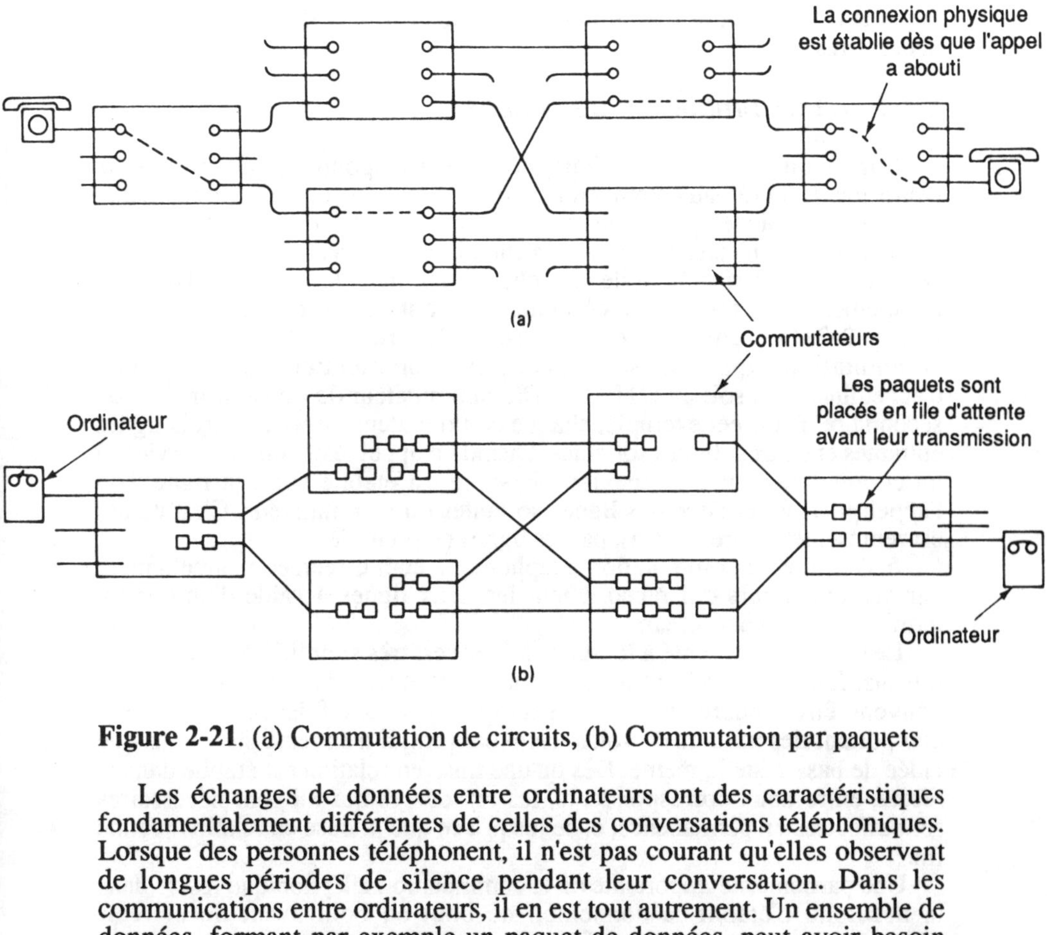

Figure 2-21. (a) Commutation de circuits, (b) Commutation par paquets

Les échanges de données entre ordinateurs ont des caractéristiques fondamentalement différentes de celles des conversations téléphoniques. Lorsque des personnes téléphonent, il n'est pas courant qu'elles observent de longues périodes de silence pendant leur conversation. Dans les communications entre ordinateurs, il en est tout autrement. Un ensemble de données, formant par exemple un paquet de données, peut avoir besoin d'être transmis très rapidement bien qu'il soit suivi de plusieurs minutes de silence ou d'attente. En d'autres termes, la conversation humaine nécessite un trafic lent mais continu, ce qui correspond à une faible bande passante permanente, tandis qu'entre ordinateurs le trafic doit être rapide mais intermittent, c'est-à-dire qu'il nécessite pendant de courts instants une bande passante très large. Il y a une différence de comportement entre le fait de consommer chaque jour une glace et celui d'en consommer 365 le jour de son anniversaire, bien que la consommation moyenne sur l'année reste la même!

Les installations téléphoniques actuelles ont été mises en place pour le trafic vocal et non celui de données. Elles utilisent à divers endroits du réseau les techniques de multiplexage en fréquences et temporel, mais sous des formes qui ne sont pas adaptées à la transmission de données, pour laquelle des méthodes de multiplexage fondamentalement différentes sont nécessaires.

2.5.2. La commutation de circuits

Lorsqu'on appelle au téléphone un correspondant, de nombreux équipements du réseau entrent en jeu pour chercher un chemin qui permettra d'établir une voie téléphonique entre celui qui appelle et son correspondant. Cette technique d'établissement d'un chemin dans le réseau porte le nom de *commutation de circuits*, elle est schématisée dans la figure 2-21(a). Les équipements qui assurent la commutation sont des commutateurs. Sur la figure 2-21(a), chacun des six rectangles représente un centre de commutation, qui est soit un CAA, commutateur à autonomie d'acheminement, soit un CTP ou CTS, commutateur de transit principal ou secondaire. Dans cet exemple, chaque commutateur dispose de trois lignes entrantes et de trois lignes sortantes. Quand un appel téléphonique parvient à un commutateur, une connexion physique est établie entre la ligne d'où l'appel provient et l'une des lignes sortantes du commutateur. C'est ce qui est représenté, figure 2-21(a), par les lignes en pointillé.

A l'origine, la commutation téléphonique était effectuée manuellement par des opérateurs qui raccordaient les deux lignes à l'aide d'un cordon terminé par des connecteurs.

Le schéma représenté à la figure 2-21(a) est très simplifié pour plusieurs raisons. Les lignes reliant les commutateurs entre eux sont variées, elles peuvent être concrétisées, par exemple, par des faisceaux hertziens comportant des milliers de voies téléphoniques. Il n'en reste pas moins que l'idée de base reste la même. Dès qu'une mise en relation est établie dans le réseau entre deux correspondants, les ressources qui lui sont nécessaires sont affectées en permanence, et ce jusqu'à ce que la mise en relation prenne fin.

Une particularité importante de la commutation téléphonique réside dans la nécessité d'établir la connexion de bout en bout avant de pouvoir commencer à transmettre des informations.

Le temps nécessaire à l'établissement d'une liaison ou d'une mise en relation téléphonique est de l'ordre de 10 secondes, parfois plus, s'il s'agit d'une communication à longue distance ou d'une communication internationale. Pendant que les commutateurs recherchent un chemin dans le réseau téléphonique, comme représenté sur la figure 2-22(a), les ressources choisies sont rendues indisponibles. Il faut noter qu'avant de pouvoir échanger la moindre information, il faut attendre que l'appel se propage de bout en bout vers le destinataire et que celui-ci renvoie le signal d'acceptation. Cela entraîne des délais importants qui ne sont pas acceptables pour de nombreuses applications telles que la validation des cartes de crédit par les terminaux de type point de vente.

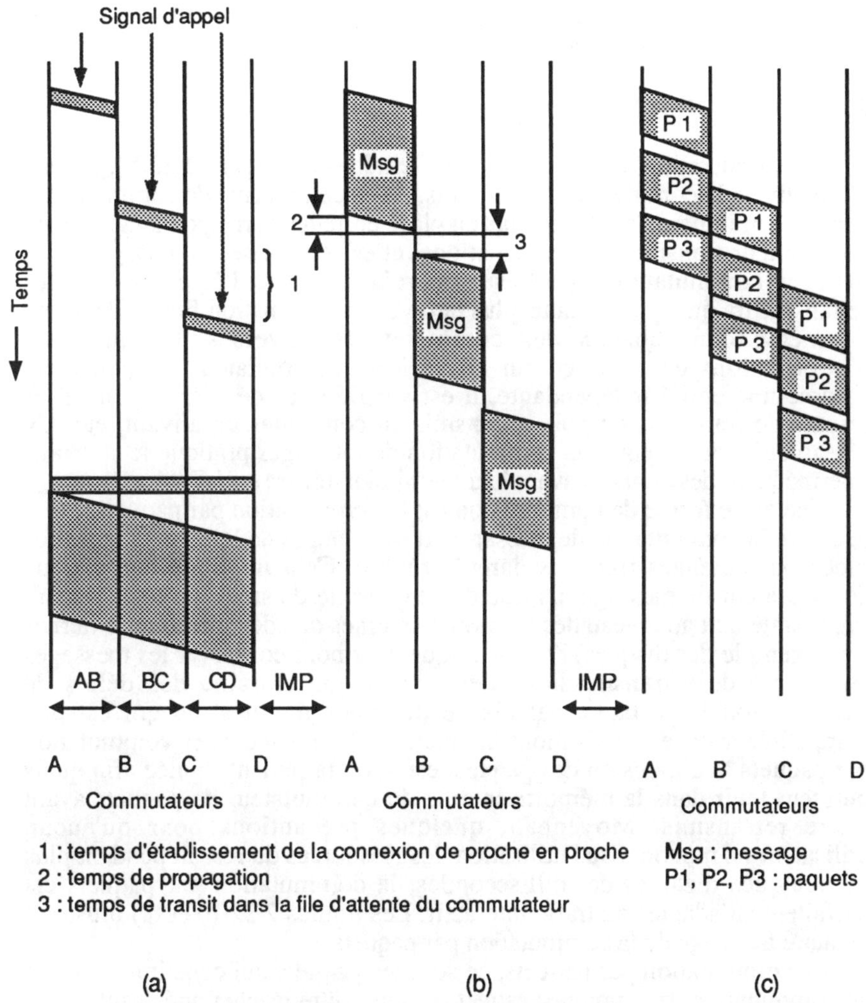

Figure 2-22. Exemple de diagramme des temps, (a) pour la commutation de circuits, (b) pour la commutation de messages, (c) pour la commutation par paquets

La conséquence de l'établissement permanent, pour la durée d'une communication, d'un chemin direct entre les correspondants fait que le seul délai qui intervient dans les échanges de données est uniquement dû au temps de propagation qui est de l'ordre de 6 millisecondes pour 1000 kilomètres. Un autre intérêt tient au fait qu'il n'y a aucun risque d'apparition d'engorgements une fois la mise en relation établie. Cela signifie que dès que la mise en relation est établie, et tant qu'elle le reste, on ne reçoit aucun signal de fin de recevoir pour cause d'encombrement des artères principales du réseau, y compris des commutateurs.

2.5.3. La commutation par paquets

La commutation de messages, représentée sur la figure 2-22(b), est une alternative à la commutation de circuits. Avec cette forme de commutation, aucun chemin permanent n'est mis en place entre les correspondants. Quand un émetteur transmet des informations, elles sont prises en charge par le premier commutateur du réseau en relation avec l'émetteur qui les retransmettra quelques instants plus tard vers sa destination finale. Il en sera de même dans chacun des commutateurs traversés. Chaque bloc d'informations ou message qui arrive à un commutateur est considéré comme une entité indépendante, il est vérifié pour déceler d'éventuelles erreurs de transmission puis retransmis au commutateur suivant, etc. Un réseau qui met en œuvre la commutation de messages pratique le stockage intermédiaire des données avant leur réémission (*Store and Forward).*

Une autre forme de commutation est la commutation par paquets. Dans le cas de la commutation de messages, il n'existe pas de limite à la taille des blocs ou messages transmis dans le réseau. Cela implique que chaque commutateur de message dispose d'une capacité de stockage relativement importante tant au niveau des mémoires internes que des mémoires externes (par exemple des disques) et cela uniquement pour conserver les messages en attente de retransmission. Cette technique entraîne des délais de transmission importants, parfois de quelques minutes, ce qui est peu compatible avec les applications interactives. En revanche, en commutation par paquets la dimension des paquets est volontairement limitée afin qu'ils puissent tenir dans la mémoire interne du commutateur de paquets avant d'être retransmis. Moyennant quelques précautions pour qu'aucun utilisateur ne monopolise l'utilisation des ressources du réseau pendant plus de quelques dizaines de millisecondes, la commutation par paquets est parfaitement adaptée au trafic interactif. Les figures 2.22(b) et (c) illustrent un autre avantage de la commutation par paquets.

En commutation par paquets, ce sont les paquets qui constituent l'unité de commutation, et le premier paquet reçu peut être réacheminé avant que le suivant soit entièrement parvenu au même commutateur. Cette possibilité réduit les délais d'acheminement et augmente le rendement des liaisons. Pour ces raisons, les réseaux qui interconnectent les ordinateurs sont, la plupart du temps, des réseaux à commutation par paquets, quelquefois des réseaux à commutation de circuits, mais jamais des réseaux à commutation de messages.

La commutation de circuits et la commutation par paquets diffèrent sous plusieurs aspects. La différence principale provient du fait que la commutation de circuits réserve par avance la totalité de la bande passante offerte par la liaison, tandis que la commutation par paquets ne consomme que ce qui est strictement nécessaire aux usagers en relation par l'intermédiaire de la liaison. En commutation de circuits, ce qui n'est pas consommé est perdu tandis qu'avec la commutation par paquets, la partie de la bande passante qui n'est pas utilisée par une mise en relation peut être utilisée par d'autres mises en relation n'ayant rien à voir avec la précédente. Toutefois, comme les circuits ne sont pas affectés à des tâches spécifiques, une surcharge de trafic peut conduire à la saturation d'un commutateur et provoquer une perte de paquets.

Contrairement à la commutation de circuits, la commutation par paquets permet aisément de demander à certains commutateurs d'effectuer, au moment de la commutation, une conversion de codification ou de protocole. On peut également leur demander de résoudre certains problèmes d'erreurs de transmission. Toutefois, dans certains réseaux à commutation par paquets, les paquets peuvent être délivrés au destinataire dans un ordre différent de celui dans lequel ils ont été fournis au réseau. Ce besoin de re-séquencement des paquets n'existe pas dans la commutation de circuits.

Enfin, une dernière différence concerne les règles de facturation de l'utilisation du réseau. La facturation du service de commutation par paquets est généralement basée sur le nombre d'octets transmis. La durée de la connexion et la distance séparant les deux correspondants n'entrent pas en ligne de compte, sauf peut-être pour les relations internationales. En revanche, en commutation de circuits, ce sont la durée et la distance qui sont prises en compte dans la facturation, tandis que le volume de données échangées n'intervient pas.

2.5.4. La commutation hybride

Comme les technologies de l'informatique et des télécommunications évoluent de concert et souvent se confondent, différents assemblages de systèmes de commutation de circuits et de commutation par paquets sont réalisés. Nous examinons succinctement deux d'entre eux ci-dessous. Une des raisons majeures pour lesquelles la commutation par paquets a été inventée est la durée prohibitive nécessaire à l'établissement d'une mise en relation dans les réseaux à commutation de circuits. Une approche plus directe, bien que plus coûteuse, serait de construire un nouveau réseau téléphonique dans lequel les mises en relation s'établiraient en quelques millisecondes plutôt qu'en plusieurs secondes. C'est ainsi qu'avec une technique appelée, pour des raisons évidentes, *commutation de circuits rapide*, chaque demande de communication provoque l'établissement d'une mise en relation et une libération automatique de la ligne dès la fin de la transmission. Ces mises en relation rapides et de courtes durées constituent une variante à la commutation de circuits.

Une variante particulièrement intéressante à la commutation par paquets est la *commutation temporelle asynchrone*. Dans cette technique, chaque commutateur explore cycliquement toutes ses lignes d'entrées. Chaque paquet reçu, généralement de petite taille, par exemple un octet, est immédiatement retransmis sur la bonne ligne de sortie. Pour les paquets plus longs, la retransmission commence dès que la totalité de l'en-tête du paquet est reçue. En utilisant une longueur par paquets fixe et des règles de synchronisation strictes, le stockage intermédiaire des paquets n'est plus nécessaire et la totalité du commutateur peut se réduire à quelques circuits intégrés. La vertu principale de la commutation temporelle asynchrone est d'offrir des capacités de commutation très importantes, plusieurs centaines de Mbit/s, à des coûts très intéressants et en utilisant une technologie très au point car largement utilisée pour la commutation téléphonique numérique.

2.6. LE RNIS : RESEAU NUMERIQUE A INTEGRATION DE SERVICES

Depuis plus d'un siècle, le réseau téléphonique constitue l'infrastructure principale des télécommunications internationales. Ce réseau, conçu pour la transmission analogique de la voix, est inadapté à la transmission de données, d'images, etc. Les besoins de services de communication variés exprimés par les utilisateurs ont conduit à des études, au niveau international, qui entraîneront, à terme, le remplacement d'une partie des réseaux existant à travers le monde, par un nouveau système fondé sur la transmission numérique intégrale entre les usagers, et ce dès le début du XXIe siècle. Ce nouveau système, baptisé Réseau Numérique à Intégration de Services ou RNIS (ISDN, pour *Integrated Services Digital Network*), a pour objectif principal l'intégration dans un même réseau de services relatifs aux applications vocales et à d'autres formes de services de communication.

La coordination internationale des travaux relatifs au RNIS relève du CCITT. Les recommandations les plus importantes ont été adoptées en 1984 et améliorées en 1988. La figure 2-23 énumère les principales recommandations du CCITT envers le RNIS, établies en 1986.

Dans les paragraphes qui suivent nous présentons les concepts et les services essentiels, l'architecture, la mise en œuvre et l'évolution du RNIS. Nous terminons cette présentation par l'analyse des offres RNIS dans le monde et par NUMERIS, l'offre du RNIS en France.

2.6.1. Les concepts de base du RNIS

Si l'on se réfère à la recommandation I.120 du CCITT, la principale caractéristique du RNIS est «d'assurer au sein d'un même réseau une large gamme de possibilités d'applications téléphoniques et non-téléphoniques. Un élément clé de l'intégration de services dans le RNIS est la fourniture d'une série de services à l'aide d'un ensemble limité de types de connexions et d'arrangements d'interfaces usager-réseau polyvalentes».

Cette définition contient en germe les points essentiels du RNIS : la connexité numérique, la modélisation des services, la polyvalence de l'accès d'usager, la signalisation hors bande par canal sémaphore et un plan de numérotage intégré.

I.120	Réseau numérique à intégration de services (RNIS)
I.210	Principes des services assurés par un RNIS
I.211	Services supports assurés par un RNIS
I.310	RNIS, principes fonctionnels du réseau
I.320	Modèle de référence pour le protocole du RNIS
I.411	Interface usager-réseau RNIS, configurations de référence
I.420	Interface de base usager-réseau
I.421	Interface à débit primaire, usager-réseau
I.430	Interface de base usager-réseau RNIS, spécification du niveau 1
I.440	Niveau 2 de l'interface usager-réseau RNIS, aspects généraux
I.441	Spécification du niveau 2 de l'interface usager-réseau RNIS
I.450	Niveau 3 de l'interface usager-réseau RNIS, aspects généraux
I.451	Spécification du niveau 3 de l'interface usager-réseau RNIS

Figure 2-23. Principales recommandations concernant le RNIS

La connexité numérique exprime que quelle que soit la nature de l'information (texte, son, image,...) le réseau est en mesure d'assurer son transport de bout en bout, d'usager à usager, sous forme numérique de façon banalisée, selon des principes de traitement homogènes pour la transmission et la commutation.

La modélisation des services RNIS s'appuie sur le modèle de référence OSI. Elle donne la répartition des fonctions relatives aux services de communication en un nombre limité de strates homogènes et hiérarchisées. Les interactions entre couches adjacentes sont définies au moyen de primitives.

La polyvalence de l'accès d'usager exprime la possibilité de disposer, à partir du même accès banalisé, de services aussi variés que la téléphonie, l'échange de données informatiques ou d'images, etc.

La signalisation hors bande par canal sémaphore permet d'assurer de manière efficace les échanges de signaux de contrôle et de supervision entre les entités fonctionnelles du réseau (commutateurs, terminaux,...). La signalisation dans le réseau est assurée par le système CCITT n°7 qui augmente l'efficacité et la richesse de la signalisation du RNIS. La signalisation de l'accès usager-réseau, appelée LAP-D, reprend les principes du système CCITT n°7 offrant au niveau de l'accès réseau des avantages non négligeables.

Le plan de numérotage intégré du RNIS est fondé sur le plan téléphonique. Une adresse RNIS comprend : un indicatif de pays, un indicatif national et un indicatif d'abonné RNIS. En outre, une technique de sous-adressage permet d'atteindre directement un terminal dans une installation d'abonné. Cette sous-adresse n'est toutefois pas considérée comme un élément du numéro RNIS. En effet, seul ce dernier est pris en compte pour atteindre le destinataire.

2.6.2. Quels services sont offerts par le RNIS ?

La motivation majeure du RNIS est l'offre de nouveaux services de communication. Néanmoins, il est important de constater que le transport des signaux vocaux reste une activité importante du RNIS même si de nouveaux services complémentaires lui sont ajoutés.

Différents services sont recommandés par le CCITT dans la mise en place du RNIS. Nous présentons ci-dessous les principaux types de services que renferme le RNIS et quelques exemples de services qui peuvent lui être associés, à destination des particuliers ou des entreprises.

2.6.2.1. Les services définis par le CCITT

La description selon les couches OSI des services RNIS conduit à la notion de service support et de téléservice. Un service support correspond à la concrétisation de la notion de service offert à l'accès réseau (couches 1 à 3) au sens du modèle OSI. Il définit le service offert mais ne garantit pas la compatibilité entre terminaux. En revanche, un téléservice couvre l'ensemble des prestations fournies par les couches supérieures (couches 4 à 7); il implique l'ensemble des protocoles de couche; il est fourni à l'interface usager-terminal. Pour garantir la compatibilité avec des services pré-existants, des conversions de protocoles peuvent parfois être nécessaires. Ces fonctions de conversion peuvent être situées dans les terminaux, les serveurs ou le réseau lui-même.

Trois types de services sont définis par le CCITT : des services supports, des téléservices et des compléments de services.

Les services supports correspondent à la fois aux capacités intrinsèques de transmission entre abonnés, aux caractéristiques d'accès et à des caractéristiques d'utilisation et d'exploitation. Ils sont caractérisés par un certain nombre d'attributs concernant le débit, le mode de transfert (circuit, paquet), les possibilités de transfert (parole, données, image,...), l'établissement de la communication (à la demande, réservé, permanent), la configuration (point à point, multipoint), le protocole de signalisation et éventuellement la qualité de service et la tarification.

Les téléservices correspondent, en termes d'application, à l'association d'un terminal particulier avec un ou plusieurs des services supports évoqués ci-dessus. Le formalisme de description d'un téléservice se fonde, comme pour les services supports, sur des attributs. C'est ainsi que l'on trouve des attributs spécifiant le type d'information de l'usager (téléphone, son, texte, télécopie, vidéo, etc.), les protocoles des couches 4, 5, 6 et 7 et des attributs généraux.

Les compléments de service expriment les plus-values de services du RNIS qui complètent ou modifient les fonctions de base des réseaux qui existent aujourd'hui.

2.6.2.2. Exemples de services associés au RNIS

Un ensemble de services que propose d'offrir le RNIS sont fondés sur un poste téléphonique nouveau doté de nombreuses touches de fonctions permettant, par exemple, par simple pression, d'entrer en relation avec un correspondant repéré dans une liste préétablie. Il est également possible d'afficher sur l'écran du poste téléphonique RNIS, par exemple pendant que la sonnerie retentit, l'indicatif téléphonique, le nom et l'adresse du correspondant qui appelle. L'affichage automatique d'informations relatives à un correspondant est également du domaine du possible pour le RNIS. Par exemple, un agent de change peut décider, quand il répond à l'appel d'un client, qu'un extrait du dossier contenant les actions en possession de celui-ci soit affiché sur l'écran de son terminal RNIS et que leur valorisation, selon les cours du jour, soit également présentée.

Le transfert d'un appel et son réacheminement n'importe où dans le monde, en y incluant des mises en relation multiples ou conférences, c'est-à-dire comportant plus de deux correspondants, est un service fort intéressant. Par ailleurs, la numérisation de la voix rend possible pour l'appelant, qui trouve son correspondant occupé ou absent, de laisser un message facilement enregistrable. Il existe actuellement des répondeurs automatiques qui offrent ce type de service, mais de nombreux particuliers n'en disposent pas et n'en disposeront jamais. En revanche, si ce service est offert aux abonnés du RNIS, nul doute qu'ils l'utiliseront. De même, un service de réveil automatique par téléphone serait utile, par exemple aux hôteliers, cela leur éviterait d'avoir à réveiller chaque jour, manuellement, de nombreux clients.

Les services de transmission de données du RNIS permettront aux équipements informatiques ou téléphoniques raccordés au réseau d'entrer aisément en relation les uns avec les autres, pourvu que les équipements possèdent des caractéristiques semblables. D'autre part, ces relations pourront concerner plusieurs correspondants. Des possibilités de diffusion d'un même message à plusieurs destinataires seront offertes. Par exemple, le président d'une entreprise qui veut envoyer un message concernant une nouvelle politique de retraite à tous ses collaborateurs âgés de plus de soixante ans peut le faire sans problèmes.

Une disposition intéressante, prévue dans le RNIS, est la notion de groupe fermé d'utilisateurs. Elle signifie que tous les membres d'un groupe, où qu'ils se trouvent, ont la possibilité de communiquer entre eux. Aucun usager extérieur au groupe ne peut entrer en communication avec le groupe. Cette disposition permet d'utiliser le réseau RNIS public dans des conditions similaires à celles d'un réseau privé. Les réseaux privés sont d'une grande importance pour de nombreuses organisations, comme les banques ou les divers services de l'Etat comme la défense, la diplomatie, etc.

Le *vidéotex*, qui consiste à offrir l'accès interactif à des bases de données à partir d'un simple terminal, est également source de nombreuses applications futures du RNIS. Par exemple, l'annuaire électronique qui remplace avantageusement les nombreux annuaires téléphoniques en papier. L'accès à l'annuaire n'est qu'une application mineure du vidéotex. On peut imaginer d'ajouter à l'annuaire les pages jaunes. Par ce moyen, il serait par exemple possible, en tapant au clavier le nom d'un produit ou d'un service, d'obtenir la liste de tous ses points de vente. On pourrait ainsi obtenir le tarif du produit et, en précisant ses références et les quantités désirées, passer du même coup une commande dont le montant serait automatiquement prélevé sur un compte bancaire. Les réservations aériennes, d'hôtel, de théâtre, de restaurant, certaines opérations bancaires sont également candidates à des services de ce type.

Un service RNIS, appelé lui aussi à connaître un développement important, est le *télétex* qui est une sorte de service de courrier électronique destiné aux particuliers ou aux entreprises. Il est, en effet, moins coûteux et plus rapide de transmettre sur un réseau des informations sous forme binaire, que de les transporter par courrier postal. En conséquence, on comprend l'intérêt de faire évoluer chaque poste téléphonique vers un terminal RNIS multiservices capable d'offrir diverses fonctions de composition, d'émission, de réception, etc., sur des informations variées (textes, données informatiques, images, voix).

La *télécopie*, appelée également *facsimile* ou *fax*, qui consiste à transmettre et à reproduire facilement et rapidement à distance divers documents (photographies, dessins, lettres dactylographiées ou manuscrites) est un service de communication bien adapté au RNIS. En télécopie, tout se passe comme si l'on disposait d'un photocopieur dont le système de lecture est sur le lieu d'expédition et le système de reproduction sur le lieu de destination. Comme pour le télétex, des services complémentaires sont tout aussi nécessaires, tels que l'archivage, la diffusion multiple, etc. Le service de télécopie ne doit pas être restreint à la seule photocopie à distance, mais être étendu à la transmission de tous types d'images. Par exemple, un guichet automatique bancaire peut photographier ses clients pour identification dans le cadre de dispositions contre le vol et la fraude.

L'usage du RNIS pour les diverses réunions à distance est également l'un de ses points forts intéressants (audioconférence, visioconférence, ...).

Le service de transfert d'image par télécopie ou par vidéotex est un exemple de service qui nécessite un débit important, cependant certains autres services se contentent de débits plus faibles. C'est le cas de toutes les applications de type télé-mesure ou télé-alarme. Par exemple, il est évident que la mise en place d'une grande organisation de releveurs de compteurs électriques placés dans chaque habitation n'est pas très rationnelle. Il serait plus efficace que chaque compteur soit accessible par le réseau téléphonique, ce qui permettrait à la société de distribution de consulter facilement et automatiquement ses compteurs.

Le service de télé-alarme concerne, par exemple, la détection d'incendies dans les habitations ou dans les locaux industriels. Il permet d'appeler automatiquement les pompiers quand un début d'incendie est détecté. Si l'installation des pompiers est en mesure de localiser automatiquement le détecteur qui transmet l'alarme, il est également possible d'afficher des renseignements décrivant les lieux du sinistre et le type d'incendie.

Une autre application importante de la télé-alarme est l'alarme médicale. Par exemple, un patient qui a de grands risques d'être victime d'une attaque cardiaque peut disposer dans chaque pièce de sa résidence d'un bouton d'appel spécial. Quand l'un de ces boutons est actionné, une connexion instantanée est établie avec le service d'assistance médicale concerné et sur un écran sont affichés immédiatement: le nom du patient, la cause probable de l'alarme, ses antécédents médicaux, son adresse, le meilleur chemin pour se rendre à son domicile tout en prenant en compte l'état du trafic routier du moment.

La plupart des services du RNIS sont déjà disponibles sous des formes primaires mais leur mise en œuvre nécessite souvent des réseaux spécialisés difficilement accessibles à tous.

Dans la vie professionnelle, bien que chaque bureau soit équipé d'un poste téléphonique et que beaucoup disposent d'un micro-ordinateur ou d'un télécopieur, il est quasi impossible d'appeler, pendant une communication, un autre correspondant pour lui faire part, par exemple, d'un document contractuel sur lequel une négociation est en cours. Les deux correspondants, en outre, peuvent vouloir imprimer le document, modifier son contenu, l'archiver, etc.

L'objectif essentiel du RNIS consiste à intégrer tous ces services et à les rendre accessibles au grand public et simples d'utilisation.

2.6.3. La mise en place du RNIS

La réalisation du RNIS se fera dans un laps de temps plus ou moins long. Les investissements nécessaires pour transformer le réseau téléphonique actuel en un réseau entièrement numérique sont si importants que cela nécessitera plusieurs décennies. Les deux technologies, analogique et numérique, devront coopérer pendant de nombreuses années. Cette obligation de coopération a eu une influence majeure sur la forme finale du RNIS ainsi que sur les étapes intermédiaires qui ponctueront cette transformation. Nous présentons ci-dessous quelques remarques qui expliquent très simplement la mise en place du RNIS.

Le réseau téléphonique analogique transmet les signaux de signalisation nécessaires à la gestion fonctionnelle de chaque voie téléphonique, à l'intérieur d'une bande de fréquences de 4 kHz. Des combinaisons de signaux dans cette bande sont utilisés à la signalisation qui est qualifiée de *signalisation dans la bande*. Cette façon de faire présente quelques inconvénients, notamment la possibilité d'interférences entre les signaux du téléphone et ceux du système de signalisation du réseau. Pour préciser cet inconvénient, citons l'exemple d'un fabricant d'aliments de petit déjeuner pour enfants qui eut l'idée de distribuer, dans le cadre d'une campagne promotionnelle, un sifflet dans chaque boîte de son produit. Malheureusement, la fréquence émise par le sifflet était la même que celle utilisée pour la signalisation téléphonique. Aussi, quand un enfant téléphonait, par exemple à sa grand-mère pour lui faire entendre le son du sifflet, la communication était brusquement interrompue. L'enfant recommençait et il en était de même. Plusieurs fois les parents de l'enfant ont appelé les services de réclamation pour signaler le mauvais fonctionnement de leur appareil. Le réparateur, une fois sur place, constatait le bon fonctionnement de l'installation.

Un autre inconvénient à la signalisation dans la bande tient au fait que des utilisateurs peu scrupuleux pouvaient interférer avec le système de taxation en évitant ainsi la facturation de leur communication téléphonique. Diverses expériences ont été menées afin d'éliminer ces problèmes.

Par exemple, en 1976, une compagnie américaine de téléphone, l'AT&T, a mis en place un réseau indépendant à commutation par paquets pour assurer la signalisation du réseau téléphonique. Ce réseau parallèle, dédié à la signalisation, fut baptisé CCIS pour *Common Channel Interoffice Signaling*; il fut doté d'un débit de 2400 bit/s. Cette technique, qui consiste à assurer la signalisation en dehors de la bande de fréquences affectée aux usagers, correspond à la signalisation hors bande. Ainsi, avec ce système, quand un centre de rattachement veut établir une mise en relation, il choisit l'une des lignes disponibles du commutateur dont il souhaite les services. Ensuite, par l'intermédiaire du réseau de signalisation, le centre de rattachement informe le commutateur choisi de ce qu'il souhaite et lui fournit le numéro du correspondant demandé ainsi que celui de la ligne qu'il a affectée à cette mise en relation. Le commutateur participe à l'opération, soit en choisissant l'abonné demandé si celui-ci est de son ressort, soit en s'adressant à un commutateur voisin, qui agit de même et ce, jusqu'à ce que la mise en relation avec l'abonné demandé soit établie. De cette manière, les ordres concernant l'établissement de la mise en relation ainsi que la transmission des données de facturation se font par un réseau de signalisation totalement indépendant, auquel les usagers n'ont pas accès.

Cette technique de signalisation fut un véritable succès, son champ d'utilisation a été élargi à de nombreuses autres applications, comme par exemple :

- l'établissement des mises en relation, le choix des chemins et la libération des ressources en fin de mise en relation,
- l'accès à des bases de données contenant des informations spécifiques au fonctionnement du réseau,
- le suivi et l'organisation des opérations de supervision et de maintenance,
- la collecte des données comptables et la facturation détaillée des services rendus.

Une mise en relation consiste, comme nous venons de le voir, dans le choix de lignes disponibles et de centres de commutation permettant de joindre l'abonné demandé. Par ailleurs, les bases de données particulières à l'administration du réseau permettent de vérifier la validité des cartes téléphoniques, d'acheminer et de facturer les appels aux numéros verts, etc. Les opérations de supervision concernent l'optimisation de l'ensemble du réseau téléphonique, la collecte des informations de trafic observé, la distribution des nouvelles versions de logiciels dans les commutateurs, etc. Enfin, la comptabilité et la facturation utilisent le réseau de signalisation interne et indépendante, ce qui permet de réduire la fraude. Le succès de la technique de signalisation hors bande a largement influencé la construction du RNIS, car il utilise lui aussi un système de signalisation hors bande fondé sur le système CCITT n°7.

La première tâche dans la définition du RNIS a consisté à normaliser l'interface d'accès usager-réseau. La deuxième phase, plus lente, est relative au remplacement des centres de rattachement traditionnels, c'est-à-dire à orientation analogique, par des centres numériques capables d'offrir aux usagers l'interface de base du RNIS. A ce stade, les utilisateurs connectés à un centre de rattachement RNIS peuvent utiliser les services RNIS quelle que soit l'origine des prestations fournies, comme l'illustre la figure 2-24(a). Dans l'avenir, le réseau de transmission actuel, de même que les centres de commutation existants, seront remplacés par un réseau de transport et de commutation intégré, tel que celui de la figure 2-24(b), mais cette situation n'apparaîtra, au mieux, qu'au début du XXIe siècle.

2.6.4. Le cadre architectural du RNIS

L'idée directrice du RNIS est d'offrir directement aux utilisateurs une liaison numérique pour assurer la transmission de flots d'informations binaires de toute nature : la voix, des données informatiques, du son, des images, etc. Cette liaison numérique supporte plusieurs canaux de communication indépendants et multiplexés. Deux formes de liaisons ont été définies : l'une, à faible bande passante, destinée principalement au grand public qui dispose d'un nombre limité de canaux, l'autre, destinée plutôt aux entreprises, qui offre une bande passante plus large et dispose d'un nombre de canaux plus important. Dans les deux cas, les liaisons supportent des canaux de communications semblables.

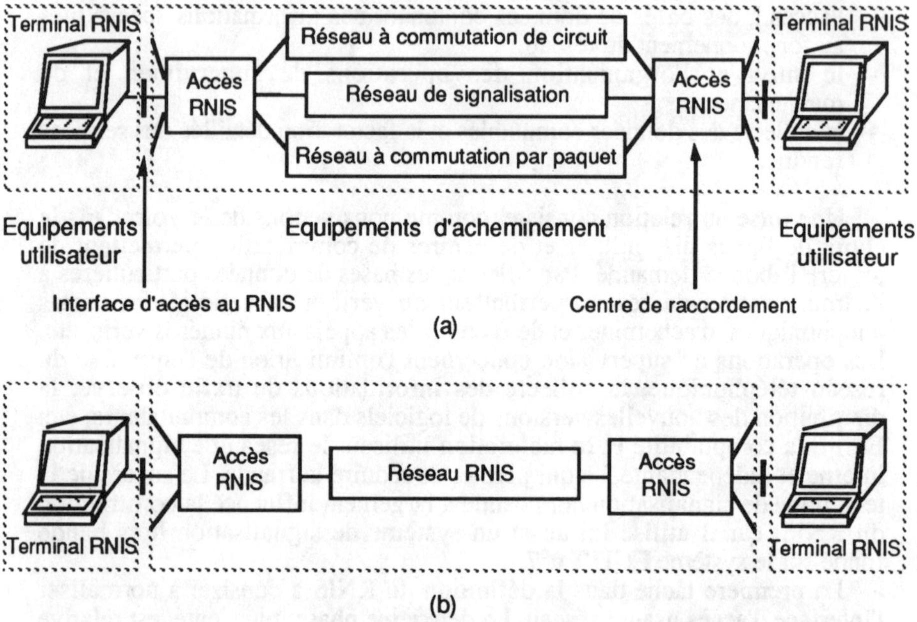

Figure 2-24 . La construction du RNIS: (a) stade initial (b) stade ultime

La figure 2-25(a) montre une configuration minimale pour un particulier. L'installation comprend une *terminaison numérique de réseau* ou *TNR* (NT1, pour *network termination 1* dans les recommandations du CCITT). Elle est reliée au centre de raccordement RNIS le plus proche par le même câble que celui utilisé pour le raccordement au réseau téléphonique. La TNR présente une interface d'accès sur laquelle peut être installé un bus passif (une liaison multipoint). Sur ce bus passif, l'abonné peut raccorder jusqu'à huit équipements indépendants, tels que : des postes téléphoniques ou des terminaux RNIS, des micro-ordinateurs, des télécopieurs, etc. Pour l'usager, la frontière entre son installation et le RNIS se situe sur le connecteur de la TNR.

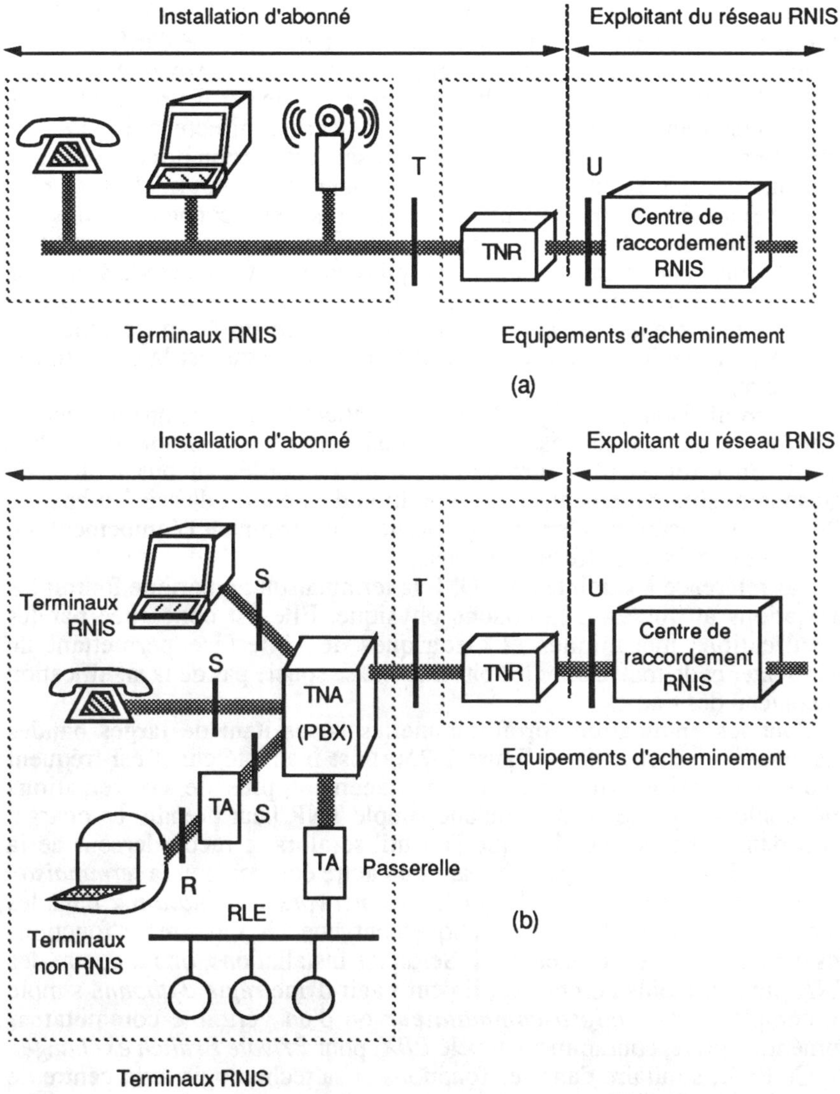

Figure 2-25. Exemples de raccordements au RNIS : (a) installation simple chez un particulier (b) raccordement du RNIS à l'autocommutateur numérique privé d'une entreprise

Sous sa forme actuelle une TNR est plus qu'un simple boîtier de raccordement. Elle contient un ensemble de circuits électroniques destinés à coopérer avec le système de gestion du réseau RNIS à l'établissement et à la libération des mises en relation, aux opérations de vérification et de maintenance des moyens de transmission et de collecte d'informations caractérisant les performances effectives du réseau. Chaque terminal raccordé au bus dispose d'une adresse unique afin de permettre sa sélection, notamment dans le cas du service de sélection directe à l'arrivée si l'abonnement le prévoit. Une façon de réaliser l'affectation des adresses aux terminaux consiste à utiliser un contacteur mécanique pour définir chaque adresse et à assigner manuellement à chaque dispositif connecté au bus une adresse différente. Une autre solution, automatique cette fois, consiste à faire en sorte que chaque équipement qui devient actif demande à la TNR l'adresse qu'il doit utiliser. Dans ce cas, l'adresse lui est fournie par le réseau à partir d'une liste préétablie au moment de la souscription de l'abonnement au RNIS. C'est cette dernière solution qui est la plus utilisée aujourd'hui.

La terminaison numérique de réseau contient également une logique de contrôle permettant de résoudre les situations de contention sur le bus passif. En effet, si plusieurs équipements raccordés au bus tentent de transmettre simultanément, il y a apparition d'un conflit d'accès au bus. La TNR est en mesure de résoudre le conflit en déterminant l'équipement qui doit avoir l'utilisation effective du bus.

Par référence à l'architecture OSI, la terminaison numérique fournit les prestations attribuées à la couche physique. Elle est concernée par les spécifications mécaniques et électriques de l'interface permettant de représenter et de transmettre les bits mais ne se soucie pas de la signification du contenu des trames.

Pour les applications professionnelles nécessitant de larges bandes passantes, le schéma de la figure 2-25(a) est inadapté car il est fréquent qu'une entreprise doive traiter simultanément plus de conversations téléphoniques que le nombre qu'une simple TNR peut prendre en charge. C'est dans cette perspective que l'on utilise alors le raccordement de la figure 2-25(b). Dans ce cas, il apparaît un autre équipement, la *terminaison numérique d'abonné* ou *TNA* (NT2, pour *network termination 2* dans les recommandations du CCITT). Pratiquement, une TNA assure les fonctions des couches 1 à 3 du modèle OSI. Selon les installations, on rencontre des TNA plus ou moins complexes, il peut s'agir d'une *régie d'abonné* simple ou complexe, d'un *micro-commutateur* ou d'un véritable commutateur numérique privé, couramment appelé *PBX*, pour *Private Branch eXchange*.

Ce PBX, similaire dans ses fonctions et sa technologie à un centre de raccordement RNIS, permet de raccorder des postes téléphoniques, des terminaux, etc., de tous types et offre les mêmes services de base que les autocommutateurs privés actuels. Par exemple, il prend en charge la totalité des mises en relations locales, internes à l'entreprise qu'il dessert, sans en référer au centre de raccordement RNIS dont il dépend. En revanche, il traite les appels vers l'extérieur en coordination avec son centre de raccordement RNIS. D'autre part, c'est lui qui attribue à un demandeur interne un canal de communication disponible. En cas d'occupation du demandé ou d'encombrement du réseau RNIS, il traite la signalisation correspondante.

Un commutateur privé RNIS est capable de mettre en relation, en mode natif, c'est-à-dire directement sans modification des signaux, les postes téléphoniques et les terminaux RNIS. Toutefois, les terminaux RNIS ne sont pas majoritaires aujourd'hui. Il est donc indispensable de mettre en œuvre des adaptations entre les terminaux actuels et le réseau RNIS.

En résumé, la figure 2-25(b) présente cinq entités fonctionnelles ou *groupements fonctionnels* typiques que l'on rencontre le plus souvent dans les installations d'abonnés. Ces fonctions peuvent être assurées par un ou plusieurs équipements, soit :

1. une terminaison numérique de réseau ou TNR,
2. une terminaison numérique d'abonné ou TNA,
3. un terminal RNIS ou TE1,
4. un terminal non-RNIS ou TE2,
5. un adaptateur de terminal ou TA.

Dans cette perspective, le CCITT a défini des points de référence, nommés R, S, T et U, pour spécifier les interfaces d'accès des équipements au RNIS (voir la figure 2-25(b)). Les points S et T sont les points de référence les plus importants, car c'est en ces points que sont définis les débits, les types de canaux de transmission et les protocoles d'accès usager-réseau RNIS.

Le point de référence U définit l'interface entre le centre de raccordement RNIS et la TNR installée chez l'abonné. Actuellement, ces deux équipements sont reliés par un câble électrique à paires torsadées. Dans l'avenir ce câble sera remplacé par de la fibre optique. Le point de référence T représente l'interface d'accès de l'usager à la terminaison numérique RNIS. Le point de référence S définit l'interface d'accès, côté TNA, aux divers terminaux RNIS de l'abonné. Les interfaces S et T sont fonctionnellement semblables. En cas d'absence de TNA, elles sont même confondues. Le point de référence R spécifie le point de connexion des terminaux non RNIS à l'adaptateur de terminal AT adéquat. Divers adaptateurs existent sur le marché, par exemple V24/S, X21/S, etc.

Des approches différentes du RNIS sont en cours de mise en œuvre à travers le monde. En Europe, les développements du RNIS sont édictés par la CEE sous l'égide de la CEPT et du CCITT. Ainsi, en 1993, tous les pays membres de la CEE devraient être dotés de RNIS compatibles et interconnectables. Aux Etats-Unis, au Japon, en Australie, etc., des développements propres, et souvent techniquement différents sont entrepris. Cela provient de faits politiques, économiques, et étatiques des pays concernés. Pour l'usager, vis-à-vis de l'exploitant du RNIS, diverses possibilités s'offrent selon le pays où il se trouve. Notamment, en ce qui concerne l'achat des équipements fonctionnels et sa responsabilité quant au fonctionnement de son installation. Sera-t-il propriétaire et responsable des TNR et TNA? Les trois possibilités suivantes sont plausibles:

1. L'usager achète les TNR et TNA, il en est le propriétaire et est responsable de leur fonctionnement.

2. L'exploitant du réseau RNIS loue l'équipement TNR à l'usager, mais ce dernier achète l'équipement TNA. L'exploitant est propriétaire et responsable du fonctionnement de la TNR, l'usager est propriétaire et responsable de la TNA.

3. L'exploitant du réseau RNIS loue les TNR et TNA à l'usager, il est le propriétaire et le responsable du fonctionnement de ses équipements.

Pour les cas 1 et 3, il est judicieux, sur un plan économique, d'intégrer dans un même équipement les fonctions TNR et TNA, on obtient alors un équipement TNR-TNA qui est référencé NT12 par le CCITT. On se trouve en présence d'un autocommutateur numérique RNIS qui se connecte directement au centre de raccordement RNIS par l'intermédiaire du point de référence U.

Dans certains pays, de nombreuses entreprises préfèrent acquérir des équipements TNR-TNA pour éviter d'avoir à louer une TNR à l'exploitant du réseau. Dans d'autres pays, en Europe notamment, l'offre des administrations des Télécommunications s'étend jusqu'à fournir des équipements TNR-TNA, ce qui leur permet de réduire leurs coûts de fonctionnement globaux. Cependant, l'avantage de la TNR est d'offrir une interface indépendante des changements de technologie de la desserte locale. Lorsque des dessertes locales en fibres optiques seront monnaie courante, il sera plus simple de ne modifier que la TNR plutôt que l'équipement complet TNR-TNA; dans certains cas, il sera même nécessaire de remplacer l'équipement complet.

2.6.5. Les autocommutateurs numériques (CBX, PABX, ...)

Nous venons de voir l'importance des TNA, voire TNR-TNA, dans les installations d'entreprise. Ces équipements étant la plupart du temps des micro-commutateurs privés ou autocommutateurs privés RNIS, nous leur accordons dans cette section un intérêt particulier.

Les autocommutateurs numériques modernes, connus également sous des appellations variées telles que : PABX pour *Private Automatic Branch eXchange* ou CBX pour *Computerized Branch eXchange*, appartiennent à la troisième génération de système de commutation.

La première génération était purement manuelle. Le commutateur comprenait un tableau de points de connexion et des fiches suspendues à des cordons manipulées par des opérateurs. Pour établir une mise en relation, l'abonné demandeur en décrochant son téléphone alertait l'opérateur et lui indiquait le numéro d'identification de son correspondant. L'opérateur établissait manuellement la mise en relation, en connectant avec un cordon sur son tableau de connexion l'abonné demandé, si celui-ci appartenait au commutateur local, ou une ligne donnant accès à d'autres opérateurs qui traiteraient de la même façon la suite de la demande. Toutes ces opérations permettaient finalement d'aboutir chez l'abonné demandé.

La seconde génération de commutateurs utilisait le même concept et la même logique mais toutes les manipulations, y compris l'enregistrement de la demande, étaient automatisées, d'où le nom de commutateur automatique ou autocommutateur.

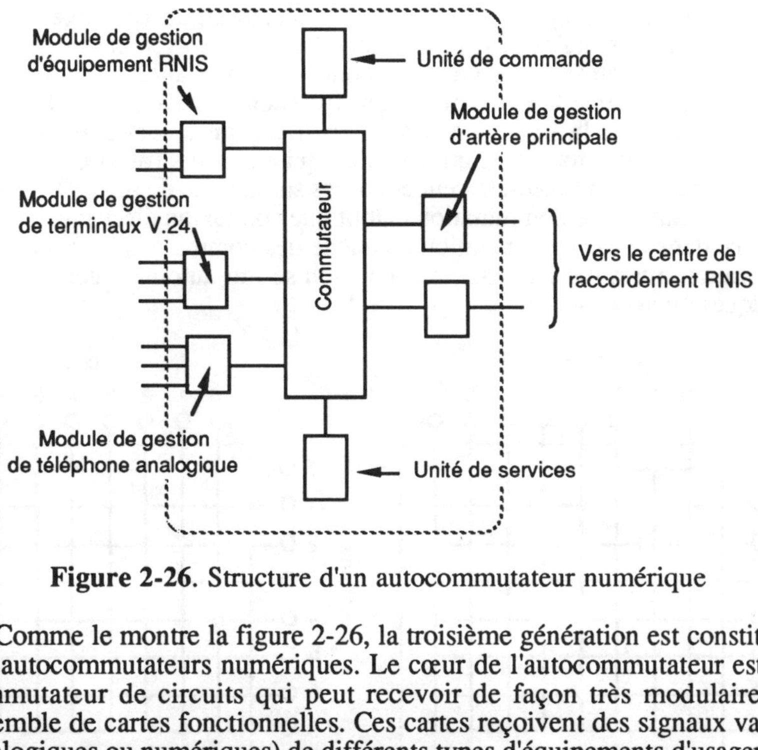

Figure 2-26. Structure d'un autocommutateur numérique

Comme le montre la figure 2-26, la troisième génération est constituée des autocommutateurs numériques. Le cœur de l'autocommutateur est un commutateur de circuits qui peut recevoir de façon très modulaire un ensemble de cartes fonctionnelles. Ces cartes reçoivent des signaux variés (analogiques ou numériques) de différents types d'équipements d'usagers et les adaptent au procédé de transmission mis en œuvre sur la desserte locale de l'abonné, transmission analogique dans le cas d'accès au réseau téléphonique ou transmission numérique dans le cas d'accès au RNIS, par exemple.

L'unité de commande de l'autocommutateur numérique est un véritable mini-ordinateur programmé pour le piloter. Quand un poste téléphonique est décroché ou lorsqu'un terminal devient actif, l'unité de commande est informée, elle reçoit une interruption en provenance de l'électronique de la carte d'accès correspondante. L'unité de commande enregistre les besoins des demandeurs, exprimés sous forme de signalisation, puis établit les mises en relation entre la ligne d'accès du demandeur et le demandé. L'unité de services fournit, sous contrôle de l'unité de commande, les différentes tonalités nécessaires au dialogue entre l'autocommutateur et ses abonnés vocaux concernés.

Les techniques de commutation numérique se répartissent en deux classes : la commutation spatiale et la commutation temporelle.

Le principe de la *commutation spatiale* est représenté à la figure 2-27. Un autocommutateur spatial comporte *n* lignes d'entrée et *n* lignes de sortie, la matrice de connexion possède n^2 points de connexion. Un point de connexion correspond à un interrupteur électronique (par exemple un transistor) qui assure la mise en relation d'une entrée avec une sortie selon qu'il est ouvert ou fermé, comme le montre la figure 2-27(a). La figure 2-27(b) représente une situation où la ligne 0 est connectée à la ligne 4, la ligne 1 à la ligne 7 et la ligne 2 à la ligne 6. Les lignes 3 et 5 ne sont pas connectées. Ainsi, toutes les informations qui arrivent à l'autocommutateur sur la ligne 4 sont immédiatement envoyées sur la ligne de sortie 0. De cette façon, la matrice de commutation établit une connexion électrique directe, comme dans le cas de l'opération manuelle des commutateurs de première génération, mais dans ce cas, la connexion se fait automatiquement et en quelques microsecondes.

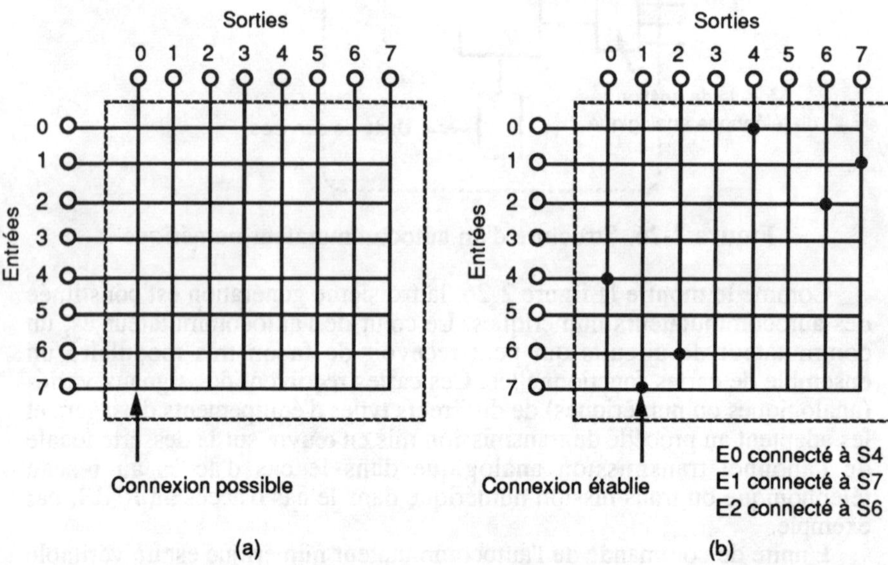

Figure 2-27. Principe de la commutation spatiale : (a) matrice de connexion au repos, (b) matrice de connexion avec trois mises en relation

L'inconvénient des matrices de commutation spatiale provient du fait que le nombre de points de connexion croît avec le carré du nombre de lignes de l'autocommutateur. Si nous considérons que chaque ligne est bidirectionnelle, seuls les points de connexion situés au-dessus de la diagonale de la matrice sont nécessaires. Il reste que $n(n\text{-}1)/2$ points de connexion sont nécessaires. Par exemple, pour n = 1000, il faut 499 500 points de connexion. La technologie actuelle permet de fabriquer un circuit intégré électronique de type «matrice de commutation» comportant un tel nombre de points de connexion, mais la difficulté majeure consiste à disposer sur ce circuit des quelque 1000 broches des lignes d'entrées/sorties. Toutefois, en partant d'un circuit «matrice de commutation» plus modeste en nombre de lignes d'entrées/sorties et en juxtaposant électriquement plusieurs de ces circuits, il est possible de réaliser un ensemble de commutation à plusieurs étages industriellement réalisable.

Une seconde technique, la *commutation temporelle*, est différente de la commutation spatiale. En commutation temporelle (figure 2.28), les n lignes d'entrée ou voies du commutateur sont explorées séquentiellement et régulièrement. L'exploration des entrées permet d'élaborer une trame multiplexée comportant n intervalles de temps. Chaque intervalle de temps, ou IT, comporte k bits. Dans les autocommutateurs destinés au RNIS, chaque IT d'une voie comprend normalement 8 bits et se reproduit toutes les 125µs, soit 8000 fois par seconde.

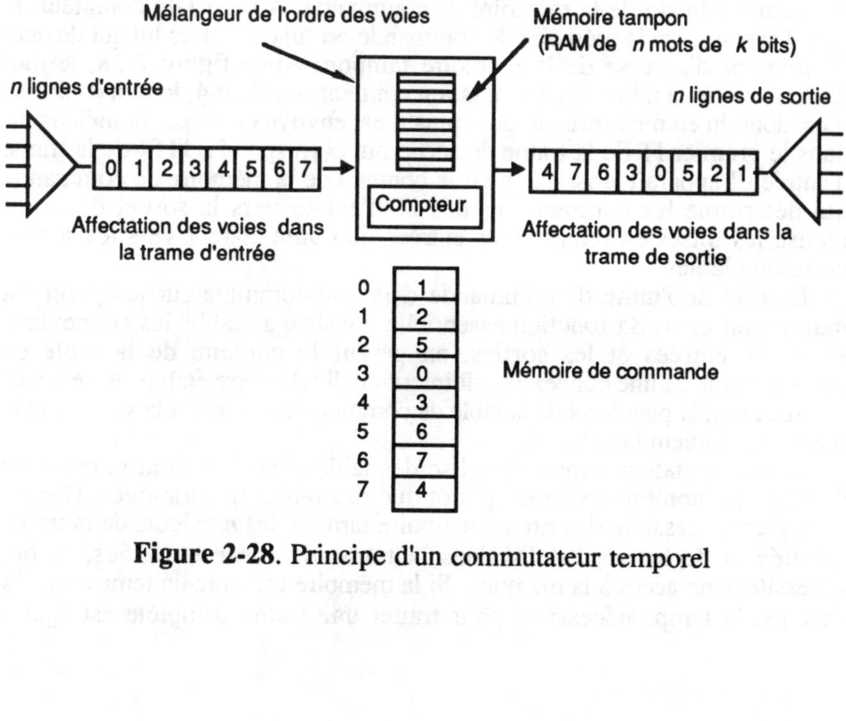

Figure 2-28. Principe d'un commutateur temporel

Le cœur du commutateur temporel est un dispositif mélangeur de voies qui comprend une mémoire tampon et une mémoire de commande. L'entrée du mélangeur est la trame multiplexée initiale. En sortie du mélangeur, l'ordre initial des IT de la trame d'entrée a été modifié comme le montre la figure 2-28. Par exemple, le contenu de l'IT4 de la trame d'entrée du mélangeur est tranmis dans l'IT0 de la trame de sortie, puis c'est au tour de l'IT7 de la trame d'entrée qui devient l'IT1 de la trame de sortie, etc. La trame de sortie du mélangeur est démultiplexée pour que le contenu de l'IT0 (en fait de l'IT4 d'entrée) soit dirigé vers la sortie n°0 de l'autocommutateur, et ainsi de suite. Le commutateur a donc réalisé la transmission des 8 bits de la ligne d'entrée n°4 sur sa ligne de sortie n°0, ceux de la ligne d'entrée n°7 sur sa ligne de sortie n°1, et ainsi de suite. Vu de l'extérieur, tout se passe comme s'il y avait eu une commutation de circuits mais en réalité, aucune connexion physique n'est établie entre les lignes d'entrée et les lignes de sortie. Il s'agit seulement d'une connexion logique. C'est la mémoire de commande, interne au mélangeur, qui contient la liste des associations entrées-sorties.

Le fonctionnement du mélangeur peut se résumer de la façon suivante. Quand une trame est prête à être traitée, les 8 bits de chaque IT sont écrits en séquence dans la mémoire tampon du mélangeur, de sorte que le mot mémoire d'adresse *i* contienne le contenu de l'IT de voie *i*. Lorsque toute la trame est enregistrée en mémoire tampon, elle est vidée dans un ordre différent sous le contrôle d'une mémoire de commande ou table de commutation. Dans le mélangeur, un compteur évoluant de 0 à (n-1) est le pointeur d'adresse de la mémoire de commande. A l'état *j* du compteur, le mot d'adresse *j* de la mémoire de commande est lu; c'est alors lui qui devient le pointeur d'adresse de la mémoire tampon. Ainsi figure 2-28, le mot d'adresse 0 de la table de commutation contient la valeur 4, le mot d'adresse 4 est donc lu en mémoire tampon, puis il est envoyé en sortie du mélangeur dans le premier IT de la trame de sortie qui correspond à l'IT4 de la trame d'entrée. Il apparaît ainsi que c'est le contenu de la mémoire de commande qui détermine les permutations des IT d'entrée vers la sortie, donc qui réalise les mises en relation des entrées du commutateur vers les sorties correspondantes.

Le rôle de l'unité de commande d'un autocommutateur temporel est maintenant clair. Sa fonction essentielle consiste à établir les connexions entre les entrées et les sorties, en gérant le contenu de la table de commutation. Si une connexion bidirectionnelle doit être établie entre les IT de voie *i* et *j*, la position *i* de la table de commutation contient la valeur *j* et la position *j* contient la valeur *i*.

Le commutateur temporel utilise des tables linéaires dont la taille est fonction du nombre de lignes plutôt que des tables quadratiques. D'autre part, il est nécessaire d'écrire en mémoire tampon les *n* valeurs de la trame d'entrée et de les reproduire dans la trame de sortie en 125µs, ce qui nécessite deux accès à la mémoire. Si la mémoire présente un temps d'accès de *T* µs, le temps nécessaire pour traiter une trame complète est égal à

$2nT$ µs. On obtient alors $2nT = 125$ µs ou $n = 125/2T$. Ainsi, par exemple, pour un temps d'accès mémoire de 100ns, il est possible de prendre en charge un maximum de 625 lignes. On peut interpréter différemment cette relation et l'utiliser pour calculer le temps d'accès nécessaire à la mémoire tampon pour traiter un nombre donné de lignes. Comme dans le cas de la commutation spatiale, il est possible de procéder par étages de commutateurs successifs et en les recombinant d'être en mesure de commuter un nombre plus important de lignes.

2.6.6. Les interfaces d'accès au RNIS

L'objectif du RNIS est d'offrir aux usagers une interface d'accès aux points de référence S et T.

Le terme interface a une signification qui diffère selon que l'on se place dans l'environnement du modèle OSI ou dans celui du RNIS. Sur la figure 2-29(a), nous montrons la représentation du modèle de référence OSI, dans laquelle le terme interface se réfère aux échanges entre deux couches adjacentes, les lignes horizontales représentant les protocoles entre couches homologues.

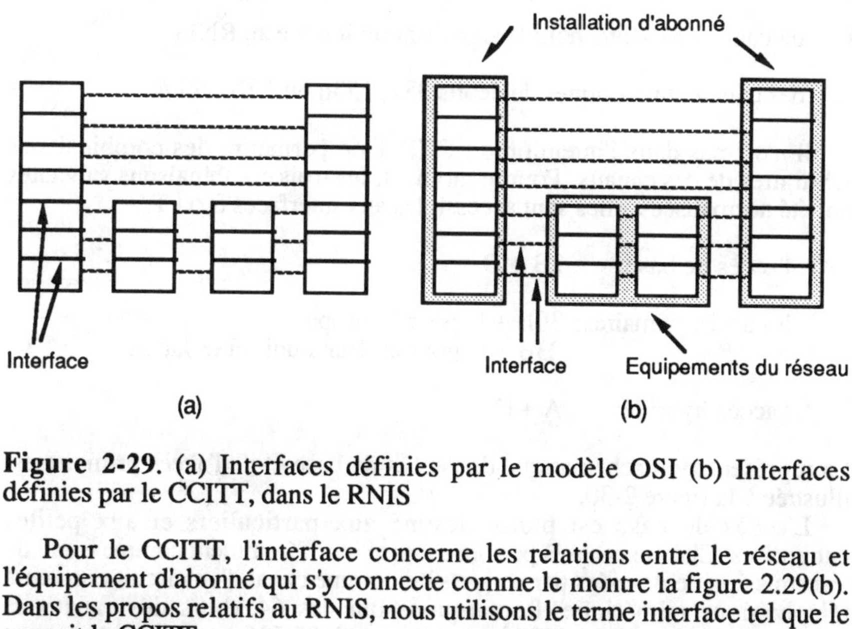

Figure 2-29. (a) Interfaces définies par le modèle OSI (b) Interfaces définies par le CCITT, dans le RNIS

Pour le CCITT, l'interface concerne les relations entre le réseau et l'équipement d'abonné qui s'y connecte comme le montre la figure 2.29(b). Dans les propos relatifs au RNIS, nous utilisons le terme interface tel que le conçoit le CCITT.

Le RNIS est structuré en couches fonctionnelles selon le même principe que le modèle OSI. Ainsi, la couche physique du RNIS définit les aspects mécaniques, électriques, fonctionnels, et procéduraux de l'interface. Le

RNIS utilise un connecteur mécanique à contacts glissants, répondant à la norme ISO IS-8877, il comprend 8 contacts ou broches. Deux broches sont affectées à la transmission des signaux, deux autres à leur réception. Les quatre broches restantes sont destinées aux alimentations électriques optionnelles des terminaux par la TNR ou la TNA. Les signaux électriques sont transmis en mode différentiel, sans référentiel commun, de façon semblable aux normes V.11 ou RS-422, ce qui permet d'utiliser des câbles pouvant atteindre une longueur d'un kilomètre avec un rapport signal sur bruit satisfaisant dans la plupart des cas.

Comme nous l'avons mentionné précédemment, le RNIS offre plusieurs canaux de communication multiplexés. Des canaux types ont été définis, leur appellation est référencée par une lettre, ce sont les canaux :

A : une voie téléphonique analogique offrant 4 kHz de bande passante

B : un canal numérique à 64 kbit/s pour la voix numérisée ou des données

C : un canal numérique à 8 ou 16 kbit/s

D : un canal à 16 ou 64 kbit/s pour la signalisation hors bande

E : un canal à 64 kbit/s pour la signalisation interne au RNIS

H : des canaux numériques de débits 384, 1536 ou 1920 kbit/s

Il n'est pas dans l'intention du CCITT de permettre des combinaisons arbitraires de ces canaux. Pour le moment, les trois combinaisons suivantes ont été normalisées, elles sont accessibles aux interfaces S ou T:

1. l'accès de base: 2B + D

2. les accès primaires: 30B + D pour l'Europe
23B + D pour les Etats-unis et le Japon

3. l'accès hybride: A + C

La représentation schématique de l'accès de base et de l'accès primaire est illustrée à la figure 2-30.

L'accès de base est plutôt destiné aux particuliers et aux petites entreprises. Chaque canal B peut être utilisé indifféremment comme canal de transmission de données par paquets ou comme canal d'un circuit commuté téléphonique numérique. Remarquons que les 64 kbit/s des canaux B correspondent bien à 64 000 bit/s et non pas à 65 536 comme c'est souvent le cas en informatique.

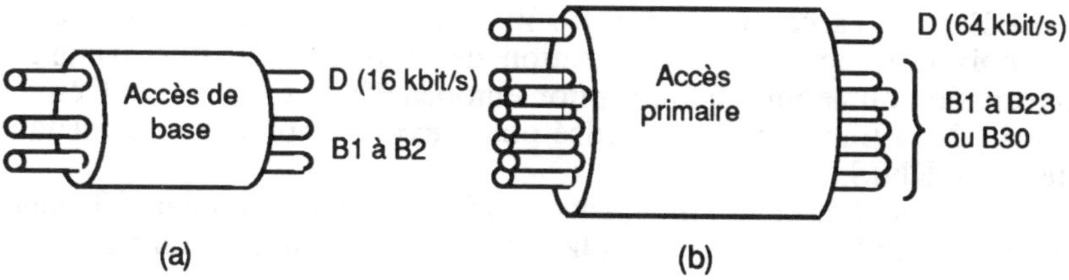

Figure 2-30. Principe de l'accès de base (a) et de l'accès primaire (b)

La signalisation relative aux canaux B est transmise sur le canal D. De cette manière, la totalité de la capacité de transmission des canaux B est à la disposition des utilisateurs.

En accès de base, le débit du canal D est de 16 kbit/s. Les demandes de mises en relation sont transmises sur ce canal sous forme de messages composés de caractères. Un message typique précise le canal B utilisé (B1 ou B2), l'indicatif RNIS du correspondant demandé et quelques indications d'options concernant la nature de l'appel. Le canal D est divisé en trois sous-canaux logiques :

- un sous-canal «s» pour la signalisation,
- un sous-canal «t» pour la télémétrie ou la télé-alarme,
- un sous-canal «p» pour une transmission de données par paquets à faible débit.

L'utilisation d'un canal B en mode circuit commuté peut être adoptée pour l'acheminement d'une communication téléphonique numérisée ou pour des échanges de données en mode synchrone. Dans ce cas, le coût de la communication est fonction de la durée d'utilisation et de la distance séparant les correspondants, comme dans le cas d'une communication téléphonique classique.

Lorsque le canal B est utilisé comme canal de transmission de données par paquets, une connexion doit être établie avec un point d'accès au réseau à commutation par paquets, par exemple Transpac. La connexion ainsi établie assure la transmission des paquets à Transpac au travers du RNIS. Transpac se charge de les acheminer à destination. L'avantage de cette structure tient au fait que l'appel au réseau Transpac est local; le coût de la communication correspond à un appel local auquel s'ajoute le montant proportionnel au volume d'informations transmises dans Transpac. Si le volume d'informations est faible, comme par exemple dans le cas d'un terminal dialogant avec un ordinateur en mode interactif, cette utilisation est économiquement plus intéressante que la précédente.

L'accès primaire disponible au point de référence T est destiné plus particulièrement aux entreprises, par exemple pour y raccorder un PBX.

En Europe, l'accès primaire offre 30 canaux B et un canal D à 64 kbit/s. Ce choix correspond à l'organisation des trames MIC des canaux de transmission numérique selon l'option européenne du CCITT. Le 32ème IT de voie de la trame MIC est utilisé pour l'exploitation et la maintenance interne du RNIS.

Aux Etats-Unis et au Japon, l'accès primaire est constitué de 23 canaux B et d'un canal D à 64 kbit/s. Ce choix est en relation avec celui du système T1 d'AT&T.

Remarquons que le débit du canal D, ramené à un canal B, est plus faible pour l'accès primaire que pour l'accès de base (64/30 ou 64/23 contre 64/2); encore faudrait-il prendre en considération pour cette comparaison les sous-canaux *t* et *p*.

La configuration hybride, composée d'un canal A analogique et d'un canal C, est destinée à permettre l'utilisation d'un poste téléphonique analogique combiné à une forme de canal numérique semblable à l'accès de base.

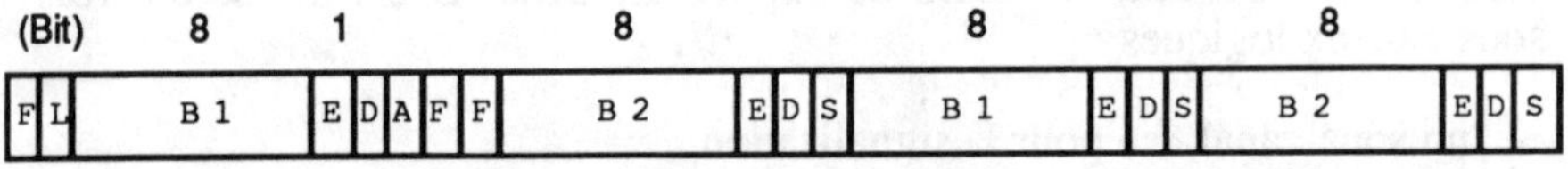

48 bits en 250 µs soit un débit de 192 kbit/s

ou

36 bits (16 B1, 16 B2, 4D) en 250 µs soit un débit de 144 kbit/s

F = bit de synchronisation trame
L = bit d'équilibrage
E = bit d'écho du canal D (résolution des conflits)
D = Canal D (4 bit / trame x 4000 trame / s = 16 kbit/s)
A = bit d'activation des terminaux
S = non défini (en réserve)

Figure 2-31. Organisation de la trame sur le bus, en accès de base, au point de référence S ou T

L'organisation de la trame en accès de base, circulant dans le sens TNR (ou TNA) vers les terminaux, est représentée à la figure 2-31; elle comprend 48 bits dont 36 bits de données. La trame se renouvelle toutes les 250 µs, ce qui correspond à un débit utile de 144 kbit/s, partant d'un débit nominal de 192 kbit/s. Le séquencement typique des bits F permet d'assurer la synchronisation trame entre les terminaux et la TNR (ou TNA). Les bits L, dits d'équilibrage, sont introduits dans la trame pour s'assurer qu'elle contient un nombre pair de 0. Cette action permet, selon la technique de codage des bits utilisée sur la ligne, d'annuler la composante continue trame par trame. Les bits E sont utilisés pour la résolution des situations de conflits d'accès au bus. Le bit A sert à l'activation des terminaux et le bit S n'est pas défini pour le moment. Enfin, les champs B1, B2 et les bits D sont les données des canaux B et D.

Dans le sens inverse de circulation de la trame, des terminaux vers la TNR (ou TNA), des bits L sont utilisés en lieu et place des bits E et S pour réagir correctement aux situations de conflits d'accès au bus.

Aucun contrôle d'erreur, aucun acquittement ni aucune disposition de retransmission ne sont traités dans la couche physique. C'est le rôle exclusif des couches supérieures que d'assurer ces dispositions.

2.6.7. La signalisation du RNIS et le système CCITT n°7

Dans les relations usager-réseau, le RNIS utilise un mode de signalisation hors bande dont les signaux sont véhiculés par le canal D. Les bits D (quatre par trame) constituent dans la trame, un canal numérique indépendant disposant de son propre format.

Les canaux B sont entièrement réservés à la transmission de données, sans aucune restriction. Aucune contrainte n'est imposée aux informations contenues dans les canaux B, ils sont complètement transparents.

Le canal D a un mode de fonctionnement complètement différent des canaux B. Il est utilisé pour les communications de services avec le réseau RNIS. Par exemple, pour effectuer un appel, l'usager transmet un paquet de données à sa TNR. Ce paquet contient un certain nombre d'informations dont le numéro du correspondant demandé. Les formats et les contenus des différents paquets de signalisation sont spécifiés dans les recommandations du CCITT relatives au système de signalisation n°7, mis au point à la fin des années 1970 et largement utilisé aujourd'hui.

Le système CCITT n°7 est un système de signalisation hors bande, par canal sémaphore, destiné à la signalisation d'un environnement de centraux numériques. Il est organisé en quatre couches fonctionnelles. Les trois couches basses sont assez semblables à celles des réseaux X.25. La couche supérieure, appelée couche utilisateur, définit un ensemble de procédures et de protocoles pour diverses applications d'exploitation et de maintenance internes au réseau (établissement et libération des communications, facturation, gestion et supervision, etc.). Pour l'exploitant du réseau, le système CCITT n°7 est un système de contrôle pour la coordination des équipements de commutation téléphonique et non pas un système général destiné à la gestion des communications entre ordinateurs. L'organisation hiérarchique du système CCITT n°7 est présentée à la figure 2-32.

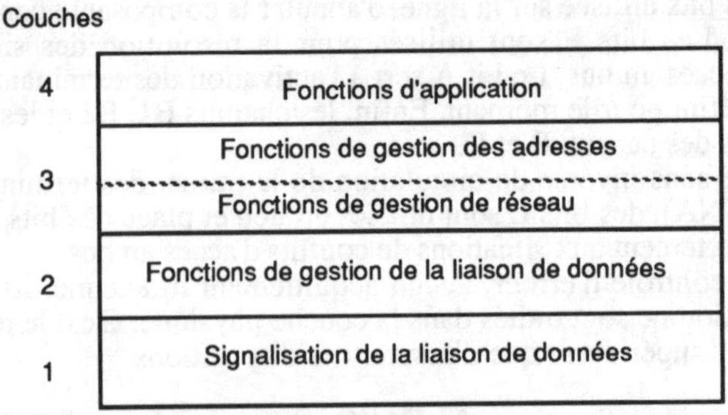

Figure 2-32. Organisation hiérarchique du système CCITT n°7

Le protocole de la couche 2 du RNIS est le protocole LAPD, il reprend les principes de base de la couche liaison du système CCITT n°7. Il est en fait dérivé du protocole LAPB, lui-même semblable au protocole HDLC utilisé dans les réseaux X.25 et traité en détail au chapitre 4. Le protocole LAPD prend en charge notamment : la délimitation des trames, le contrôle de leur séquencement, le contrôle d'erreur, la gestion des acquittements, la gestion de la liaison multipoint, etc.

La couche 3 du système CCITT n°7 est partagée en deux sous-couches. La sous-couche inférieure concerne l'acheminement des appels et des communications à travers les commutateurs du réseau. Une grande variété de paquets de signalisation permet de rendre compte de l'état du réseau, de ses situations de saturation, de l'utilisation des groupes de liaisons numériques entre les centres de commutation, de la charge des différents nœuds du réseau, etc. Ces actions concernent la gestion de réseau qui devient aujourd'hui une préoccupation de plus en plus importante.

Le système de signalisation n°7 constitue le centre nerveux du réseau téléphonique mondial, dont l'objectif opérationnel majeur est de ne pas présenter plus de 10 minutes d'arrêt par an quel que soit le chemin utilisé à travers le réseau. Ainsi, si un nœud du réseau connaît une situation critique, elle doit être immédiatement signalée pour que des dispositions permettant de contourner ce nœud soient prises immédiatement.

La sous-couche supérieure a été ajoutée pour permettre une extension des capacités d'adressage des couches inférieures pour la représentation des adresses d'origine et de destination des communications.

La fonction de la couche 3 consiste également à offrir aux utilisateurs une interface proche de celle fournie par la couche réseau du modèle OSI. L'organisation de cette couche est telle qu'elle offre un certain nombre de services de communication : trois services en mode connecté et deux en mode non connecté avec ou sans accusé de réception, chacun comportant divers degrés de qualité de service.

La couche supérieure du système CCITT n°7, la couche utilisateur, est actuellement en cours de réorganisation. Plusieurs protocoles de haut niveau y sont définis. Ils sont par exemple relatifs à des applications :

- de maintenance du réseau en coopération avec la gestion des tables d'acheminement ou de routage des appels relatifs aux canaux B,
- de collecte d'informations relatives aux temps d'établissement des mises en relation,
- de synchronisation des horloges des commutateurs,
- des fonctions générales indispensables au bon fonctionnement du réseau.

Enfin, le protocole D, au niveau 3 de l'interface usager-réseau RNIS, est issu du niveau réseau du système CCITT n°7. Il assure les fonctions de traitement des messages de niveau réseau, de gestion des ressources (canaux, circuits virtuels) et de contrôle des services et compléments de services demandés par l'usager. On trouve ainsi indiqués dans les messages: le mode de transfert (circuit, paquet), le type de service (télécopie, vidéotex, etc.) et les compléments de service (identification du demandeur, taxation, etc.).

2.6.8. Réflexions sur le RNIS

L'objectif essentiel du RNIS consiste à remplacer globalement le système de téléphonie analogique actuel par un système numérique susceptible d'écouler le trafic téléphonique classique et d'autres trafics que la voix. Ainsi, le RNIS offrira, à terme, dans n'importe quelle partie du monde une possibilité unifiée de communication par l'intermédiaire d'interfaces normalisées identiques. En ce qui concerne l'accès de base au réseau RNIS, son agrément est international, et pour l'accès primaire on constate aujourd'hui des variations mineures de mise en œuvre. Cette harmonisation internationale conduira à une large demande d'équipements terminaux RNIS, ce qui entraînera une fabrication en grande série de ces équipements, donc un coût très faible.

Malheureusement, l'aboutissement des processus de normalisation nécessite plusieurs années. Aussi, la technologie évoluant rapidement, lorsqu'une norme stabilisée fait son entrée sur le marché, les produits qu'elle concerne peuvent être devenus obsolètes. Par exemple, le débit de base actuel du RNIS est de 64 kbit/s car il est destiné depuis l'origine à la transmission de la voix numérisée. En utilisant d'autres méthodes d'encodage du signal, il est possible actuellement de transmettre la voix numérisée, en respectant les mêmes critères de qualité, à un débit de 32 kbit/s et dans peu de temps, un débit de 16 kbit/s sera suffisant. De ce fait, l'utilisation d'un canal RNIS à 64 kbit/s, acceptée par tous aujourd'hui, gaspillera demain 75% de la capacité de transmission des liaisons téléphoniques. Pour éviter ou pallier ce gaspillage, il faudra envisager demain des utilisations nouvelles des simples liaisons téléphoniques.

En environnement résidentiel grand public, l'utilisation majeure du RNIS devrait concerner la diffusion des programmes de télévision. Malheureusement, le débit binaire offert actuellement à l'accès de base ne permet pas de disposer d'une bande passante suffisante. Des réseaux de télévision par câble continueront à se développer avec toutes les contraintes que cela suppose pour l'usager. Il aurait été plus judicieux pour ce dernier d'unifier ces réseaux en un seul réseau à large bande au lieu d'un réseau RNIS à bande étroite et d'un réseau analogique à très large bande pour la télévision câblée.

En milieu professionnel, les réseaux locaux actuels offrent des débits de l'ordre d'une dizaine de Mbit/s. Des réseaux fonctionnant à 100 Mbit/s et plus apparaîtront dans quelques années. Ces réseaux sont couramment utilisés en communication d'entreprise. Pour les entreprises les besoins d'interconnexion de ces réseaux à haut débit avec l'extérieur existent. Malheureusement, le RNIS actuel, même dans l'accès primaire, ne peut satisfaire au mieux leurs exigences. Dans ces conditions, ces entreprises attendent beaucoup d'une évolution vers le RNIS à large bande. Cette évolution ne se fera que dans plusieurs années tant les difficultés de mise en œuvre sont importantes. Elles le sont d'ailleurs déjà pour le RNIS bande étroite d'aujourd'hui.

Pour le trafic à longue distance, le RNIS sera probablement en concurrence avec les systèmes de transmissions privées par satellite. Le débit offert par un satellite de communication est de l'ordre de 50 Mbit/s et les futurs satellites offriront des bandes passantes encore plus larges. L'avantage de la transmission par satellite est qu'il est possible, sur demande, d'offrir la totalité de la bande passante disponible à un seul utilisateur pendant une courte période de temps. Les systèmes de transmission par fibre optique seront eux aussi exploités de la même façon, car ils offrent des débits environ vingt fois supérieurs à ceux d'un satellite.

L'obsolescence technologique n'est pas le seul problème auquel va se heurter la généralisation de l'utilisation du RNIS sous sa forme actuelle. Les responsables des télécommunications des grandes entreprises ne sont pas pressés de s'orienter vers l'utilisation du RNIS à moins que celui-ci offre un rapport prix/performance attractif par rapport aux solutions actuelles. Même s'il le souhaitent, la crainte des conséquences de changements majeurs dans les installations actuelles en fera hésiter beaucoup.

Pour finir, le RNIS se heurte à des problèmes politiques aussi bien que techniques et économiques. L'objectif du CCITT est de fournir un réseau unique et intégré, exploité par les administrations des télécommunications et des exploitants privés reconnus, offrant en plus des services de transmission de la voix et des données et une grande variété de services additionnels. De nombreux pays suivent les directives du CCITT, notamment les pays membres de la CEE. Cependant, dans d'autre pays, par exemple aux Etats-Unis, où les situations des télécommunications sont différentes, les exploitants des réseaux ont des limites d'actions et de propositions commerciales de services qui ne sont pas de leur ressort.

Plus généralement, dans un environnement compétitif composé de constructeurs d'équipements, d'une administration assurant un service public protégé, d'exploitants privés de liaisons à grandes distances et d'utilisateurs professionnels, les partenaires ne peuvent pas tous percevoir qu'il est de leur intérêt d'avoir un seul réseau intégré, exploité par une organisation unique. Ce comportement n'est pas pour accélérer l'acceptation du RNIS.

2.6.9. NUMERIS, le RNIS français

Ouvert le 21 décembre 1987 dans les Côtes d'Armor, NUMERIS, l'offre commerciale RNIS de France Télécom, a été ensuite étendu à l'ensemble du territoire avec pour objectif d'atteindre plusieurs centaines de milliers de raccordements en 1995. L'évolution rapide du réseau téléphonique vers le RNIS a été rendue possible grâce à la forte numérisation du RTC, sa synchronisation, la généralisation du CCITT n°7 et la réutilisation du réseau de distribution. Deux services support sont offerts: un service support téléphonique (dans lequel l'intégrité de la séquence numérique n'est pas garantie: c'est le CCBNT) permettant d'avoir des téléservices de téléphonie 300-3400Hz, de télécopie groupe 3, de vidéotex alphamosaïque et de Télétex, et un service support TRANSCOM+ (dans lequel l'intégrité de la séquence numérique est garantie: c'est le CCBT) permettant la téléphonie 7kHz, la télécopie groupe 4, le télétex mode mixte, le vidéotex photographique, etc.

Deux modes de raccordement à NUMERIS sont possibles: les accès de base et les accès primaires. Avec un accès de base (144 kbit/s; 2B+D), l'utilisateur dispose de 2 canaux à 64 kbit/s pour la parole, les données, le texte et les images ainsi que d'un canal D à 16 kbit/s pour la signalisation, la mini-messagerie et, à partir de 1991, la transmission de paquets (par exemple pour accéder à Transpac jusqu'à 9,6 kbit/s); l'abonnement à un accès de base est de l'ordre de 300F/mois. Les accès primaires (2 Mbit/s; 30B+D) permettent, quant à eux, de connecter des PABX, des ordinateurs et des serveurs.

Parmi les nombreux compléments de service définis par le CCITT, certains sont inclus dans l'abonnement de base à NUMERIS: ce sont l'identification d'appel (c'est-à-dire la transmission et l'affichage du numéro de l'appelant), la possibilité d'avoir une sous-adresse de 1 à 4 chiffres supplémentaires, la présentation d'appel (qui vient alerter en cours de communication) et la portabilité (qui permet, pendant 3min, de débrancher son téléphone avant de le rebrancher dans une autre pièce sans que la communication ait été coupée).

D'autres compléments de service sont tarifés à l'usage: la mini-messagerie, par exemple, permet de laisser un message de 32 caractères en début et/ou en fin de communication, ce qui est très utile dans le cas où le correspondant ne répond pas. Autres compléments de service tarifés à l'usage: l'indication du coût de la communication affichée en temps réel, le transfert d'appel de toute une installation, etc.

A noter cependant que, pour suivre les recommandations de la CNIL (Commission Nationale de l'Informatique et des Libertés), la non-identification d'appel est un service assuré gratuitement sur demande de l'appelant.

NUMERIS apporte aux petites entreprises de nombreux avantages: outre l'accès à la «super-téléphonie» (portabilité, double appel, ...), la sélection directe à l'arrivée (SDA) d'un poste est possible à partir de 5 numéros réseau: cela permet d'éviter aux appelants de passer par un standard pour avoir leur correspondant dans l'entreprise, puisque chaque poste a son numéro. Quant aux grandes entreprises, NUMERIS leur permet grâce au canal D et au canal sémaphore CCITT n n°7 de bâtir de véritables réseaux privés virtuels composés de gros PABX dialoguant entre eux.

2.6.10. Le RNIS dans le monde

A terme, le réseau numérique à intégration de services doit devenir le second réseau mondial, après le réseau téléphonique. Tous les pays, en effet, se sont engagés dans le développement d'un RNIS et si la France a été le premier pays à ouvrir un service RNIS commercial, le Japon, la Grande-Bretagne, les Etats-Unis avaient développé des services pré-RNIS, parfois d'ailleurs incompatibles avec les normes édictées en 1984 et 1988 par le CCITT. L'interconnexion des réseaux RNIS nationaux se prépare déjà. Les premières liaisons avec les Etats-Unis, le Japon, l'Allemagne et le Danemark ont été expérimentées dès 1990. Il faut d'ailleurs noter qu'en Europe, le développement de RNIS est coordonné par le GAP (Groupe d'Analyse et de Prévision) de la Communauté économique européenne. La France, l'Allemagne, l'Italie et la Grande-Bretagne ont rédigé une déclaration commune d'intention (*Memorandum of Understanding* : MOU) dans laquelle ils s'engagent à commercialiser des RNIS selon des normes communes (Normes Européennes de Télécommunications: NET élaborées par l'Institut européeen de normalisation: l'ETSI). Ce MOU a depuis été signé par dix-huit pays: le grand marché de 1993 sera aussi un grand marché des télécommunications.

2.7. GESTION FONCTIONNELLE D'UNE GRAPPE DE TERMINAUX

Dans de nombreuses applications, le coût des réseaux de communication dépasse celui des équipements qui y sont raccordés. Ainsi, pour réduire le rapport du coût des réseaux par terminal, diverses techniques sont utilisées. Elles consistent à partager une liaison unique entre plusieurs terminaux. Les deux techniques les plus classiques sont présentées à la figure 2-33 : un contrôleur de terminaux gère, à travers une seule ligne de communication avec un ordinateur, le raccordement d'une grappe, ou groupe, de terminaux selon deux modes de raccordement : une liaison multipoint partagée et plusieurs liaisons point à point.

Sur la figure 2-33(a), les terminaux sont raccordés au contrôleur en dérivation sur une liaison unique partagée et, à la figure 2-33(b), chaque terminal est raccordé par une liaison point à point au contrôleur.

Dans la suite, nous examinons quelques aspects de la gestion de grappe de terminaux.

2.7.1. Technique de consultation (polling)

N'utiliser qu'une seule ligne de communication pour relier plusieurs terminaux à un ordinateur entraîne certains problèmes techniques. Par exemple, que se passe-t-il lorsque plusieurs terminaux transmettent simultanément ? Dans ce cas il est, par exemple, difficile d'éviter des problèmes électriques de communication. Pratiquement, pour éliminer les risques d'ennuis, électriques ou autres, il est nécessaire d'assurer un contrôle ou une supervision sur la ligne pour apporter une certaine discipline dans l'établissement des dialogues. Une méthode traditionnelle consiste à dire aux terminaux qu'ils ne peuvent pas transmettre tant que le contrôleur ne les y a pas invités au moyen d'un message particulier. C'est la technique de consultation ou *polling*.

Le principe de la technique de consultation diffère selon qu'il s'agit d'un contrôleur qui gère plusieurs liaisons point à point ou d'un contrôleur qui gère une liaison multipoint.

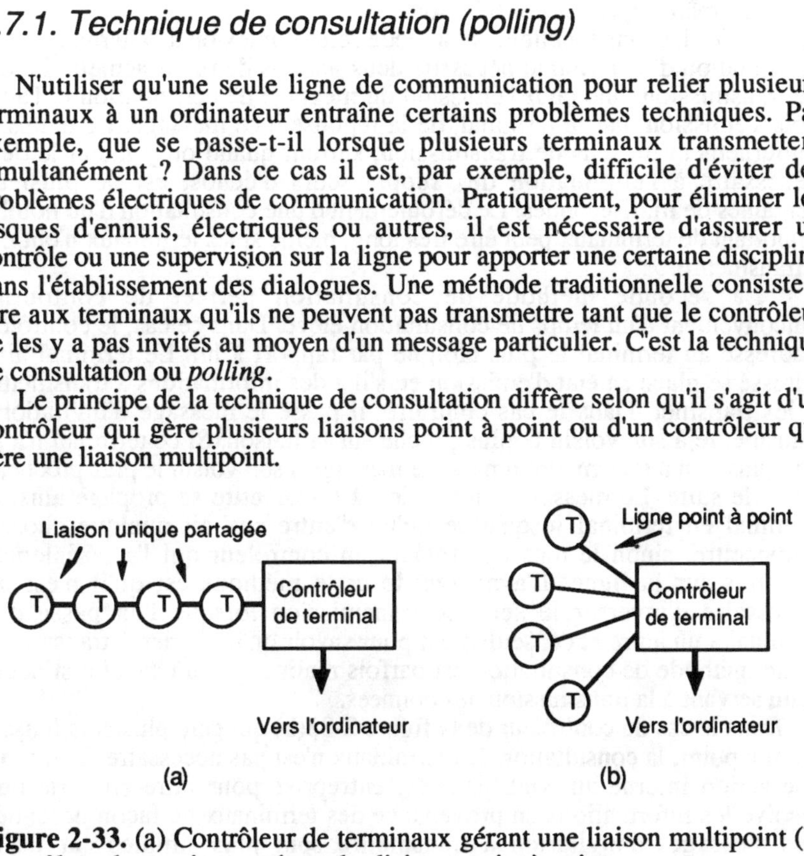

Figure 2-33. (a) Contrôleur de terminaux gérant une liaison multipoint (b) Contrôleur de terminaux gérant des liaisons point à point

Considérons le cas du contrôleur d'une liaison multipoint. Deux méthodes sont largement répandues.

La première consiste pour le contrôleur à envoyer séquentiellement sur la ligne une suite de messages de consultation demandant aux terminaux s'ils ont quelque chose à transmettre. Un message de consultation contient une adresse identifiant un terminal sur la ligne; chaque message est porteur d'une adresse différente de façon que tous les terminaux soient consultés. Chaque terminal ne répond qu'au message qui le concerne, bien qu'il reçoive tous les messages émis par le contrôleur. Lorsqu'un terminal consulté a des informations à transmettre, il le fait savoir et transmet ses informations. Dans le cas contraire, il retourne un simple message de rejet. Couramment, le contrôleur interpelle les terminaux à tour de rôle. Dans certaines circonstances, il peut interpeller les terminaux importants plusieurs fois au cours du même cycle de consultation.

Sur des liaisons fonctionnant à mode semi-duplex ou à l'alternat, chaque consultation d'un terminal nécessite deux actions de retournement du sens de transmission, une pour l'émission du message de consultation et l'autre pour l'émission, par le terminal, de la réponse à ce message. Le temps de retournement du sens de transmission, surtout quand on y inclut le délai nécessaire à l'élimination des suppresseurs d'échos, est de plusieurs centaines de millisecondes. Le déroulement d'une consultation d'un nombre important de terminaux peut être très long, même si les terminaux n'ont rien à transmettre.

La seconde méthode de consultation permet de contourner l'inconvénient d'un temps de consultation élevé. Dans ce cas, le contrôleur s'adresse au terminal le plus éloigné par rapport à lui. Le terminal ainsi adressé se place en état d'émission et, s'il a des informations à transmettre, il les transmet. Dans le cas contraire, il passe le message d'invitation à transmettre à son voisin le plus proche sur la liaison. Si ce terminal n'a lui non plus rien à transmettre il passe le message à son voisin le plus proche, et ainsi de suite. Le message d'invitation à transmettre se propage ainsi de terminal en terminal jusqu'à ce qu'un d'entre eux ait quelque chose à transmettre, sinon le message revient au contrôleur qui l'a initialement transmis sur la ligne. L'avantage de cette méthode est qu'il n'est pas nécessaire d'inverser le sens de transmission lorsque l'on passe d'un terminal à un autre et ce, seulement pour savoir qu'il n'a rien à transmettre. Cette méthode de consultation est parfois réalisée par un canal distinct de celui servant à la transmission des données.

Dans le cas du contrôleur de la figure 2-33(b) qui gère plusieurs liaisons point à point, la consultation des terminaux n'est pas nécessaire. Toutefois, une action interne au contrôleur est entreprise pour faire en sorte qu'il reçoive les informations en provenance des terminaux de façon ordonnée. Les messages d'invitation à transmettre sont plus simples car ils ne nécessitent pas d'adressage. En effet, seul le terminal concerné les reçoit.

Ces méthodes de consultation, ou de sélection, entrent dans le cadre des procédures de transmission ou protocoles de liaison de données relatives à la couche liaison du modèle OSI.

SYN	SYN	SOH	En-tête	STX	Données	ETB ou ETX	Contrôle d'erreur

SYN = SYNchronize (synchronisation)
SOH = Start Of Header (début d'en-tête)
STX = Start of TeXt (début de texte)
ETB = End of Transmission Block (fin de transmission d'un bloc)
ETX = End of Text (fin de texte)

Figure 2-34. Format des messages du protocole BSC ou BISYNC

Par exemple, le protocole BSC ou BISYNC (*BInary SYNchronous Communication*), développé par IBM, comprend des mécanismes de gestion de terminaux sur diverses configurations de lignes. Il permet de gérer des terminaux, en mode d'exploitation semi-duplex, sur des lignes multipoint ou des lignes point à point. Le format de base des messages du protocole BSC est représenté à la figure 2-34. Deux types de messages sont manipulés par BSC, des messages de service ou de supervision et des messages d'information. Les messages de service permettent entre autres d'assurer les opérations de gestion des terminaux, pour les inviter à transmettre. Les messages d'informations sont, eux, porteurs de «l'information utile». Chaque message contient un ensemble de caractères spéciaux, de supervision ou de délimitation. Par exemple, dans un message d'information le caractère ETB, qui signifie «fin provisoire ou intermédiaire de bloc d'information», est utilisé pour délimiter des blocs d'information qui appartiennent à un même ensemble d'information. Dans ce cas, le dernier bloc d'information comprendra le caractère ETX, qui signifie alors «fin du bloc d'information».

2.7.2. Techniques de multiplexage et de concentration

Les contrôleurs de terminaux peuvent être divisés en deux grandes catégories d'équipement, les multiplexeurs et le concentrateurs.

Un multiplexeur comprend un certain nombre de lignes en entrée et une ligne en sortie. Selon un scénario fixe et déterminé, toutes les informations en provenance des lignes d'entrée traversent les unes à la suite des autres le multiplexeur qui les achemine vers la sortie. La ligne de sortie est ainsi partagée entre les divers terminaux attachés aux lignes d'entrée. Deux techniques sont le plus souvent utilisées dans les multiplexeurs, le multiplexage fréquentiel (cf § 2.5.1.) et le multiplexage temporel.

Le multiplexage temporel consiste à associer des intervalles de temps d'utilisation de la sortie à chacune des entrées et à un rythme régulier. L'affectation des intervalles de temps aux entrées est fixe; il n'est donc pas nécessaire d'associer aux informations qui circulent sur la ligne de sortie l'adresse d'identification des entrées. Le débit d'information sur la ligne de sortie est égal à la somme des débits arrivant sur chaque ligne d'entrée.

La figure 2-35(a) représente le processus de multiplexage temporel de quatre terminaux. Chaque terminal se voit affecter un quart de la capacité de transmission du multiplexeur sans que celui-ci se préoccupe de son activité. Si chacun des terminaux a un débit de 1200 bit/s, la liaison vers l'ordinateur doit avoir un rythme de 4 x 1200 = 4800 bit/s. Quatre caractères sont ainsi transmis à chaque cycle de multiplexage.

Le multiplexeur temporel présente un inconvénient majeur : même si un terminal n'a pas d'information à transmettre, l'espace de temps qui lui est attribué doit être utilisé. En effet, pendant chaque intervalle de temps, un caractère doit être transmis en sortie du multiplexeur. S'il n'y a rien à transmettre pendant un intervalle de temps, un caractère particulier, de remplissage, est inséré automatiquement sur la ligne de sortie. Il n'est pas possible d'ignorer un intervalle de temps car, à l'arrivée, le démultiplexage des caractères s'effectue selon le même rythme et avec la même affectation des terminaux. Le multiplexeur et le dispositif qui effectue le démultiplexage doivent rester en parfait synchronisme. Les deux équipements connaissent l'ordre de consultation des terminaux, par exemple: 012301230123... Les caractères transmis ne possèdent aucune information susceptible d'indiquer leur origine ou leur destination. Si le multiplexeur oublie d'insérer un caractère de remplissage dans un intervalle de temps, le dispositif récepteur perd la synchronisation et les caractères suivants ne seront plus correctement affectés aux terminaux.

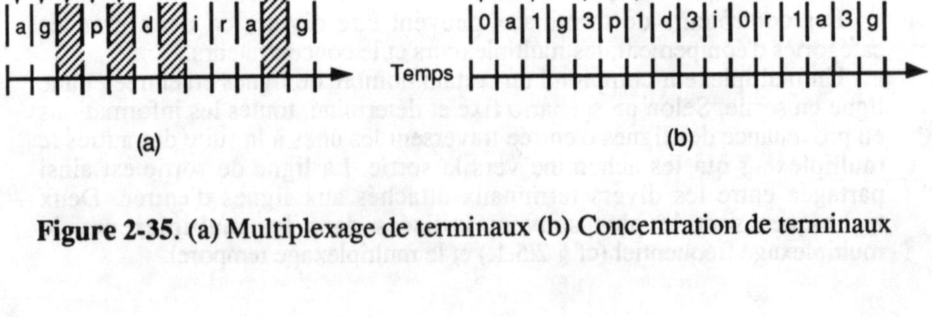

Figure 2-35. (a) Multiplexage de terminaux (b) Concentration de terminaux

Deux familles principales de multiplexeurs existent sur le marché :

- les *multiplexeurs fréquentiels* ou *temporels* qui divisent l'usage de la ligne de sortie par une méthode invariable dans le temps,
- les *multiplexeurs statistiques* qui allouent tout aussi régulièrement la ligne de sortie à un terminal mais seulement lorsqu'il a réellement besoin de transmettre.

Si chaque terminal a un taux d'activité très faible, le multiplexeur temporel utilise très mal la capacité de transmission de la liaison vers l'ordinateur. Quand le niveau de trafic est faible par rapport au trafic potentiel, la plupart des intervalles de temps acheminent des caractères de remplissage. En conséquence, il est possible d'envisager d'utiliser une liaison vers l'ordinateur dont la capacité de transmission soit inférieure à la somme de celles des liaisons provenant des terminaux. Cette technique porte le nom de *concentration*, elle consiste à transmettre uniquement les caractères significatifs. Toutefois, le dispositif qui reçoit les caractères doit pouvoir identifier leur origine. Une façon de faire consiste à transmettre deux caractères pour chaque caractère significatif à transmettre: l'un représentant l'identification du terminal et le second le caractère à transmettre. La figure 2-35(b) présente une chaîne de caractères transmise selon cette méthode. Les concentrateurs qui utilisent cette technique sont souvent présentés comme multiplexeurs statistiques à fonctionnement asynchrone par opposition aux véritables multiplexeurs statistiques qui, eux, ont un fonctionnement synchrone.

La technique de concentration présente également un inconvénient majeur. En effet, si chaque terminal décide soudainement de travailler au maximum de ses possibilités, la capacité de transmission de la ligne de sortie devient insuffisante, et une partie des caractères transmis sont alors perdus. C'est pour éviter ces problèmes que les concentrateurs sont toujours dotés de mémoires tampons permettant de survivre à des excès d'activité de la part des terminaux. Plus un concentrateur dispose de mémoire tampon, plus il est en mesure d'absorber les pointes d'activité. Le choix des valeurs appropriées du débit sur la ligne de sortie et de la capacité des mémoires tampons nécessite des compromis. Si les valeurs choisies sont trop faibles, il y aura des pertes d'informations. Si elles sont trop élevées, le système est surdimensionné et c'est le coût de l'ensemble qui est plus important que nécessaire. Les choix optimum ne peuvent être fondés que sur des statistiques de trafic qui ne sont malheureusement que rarement disponibles au moment du dimensionnement de ce type d'installation.

2.8. RESUME

Dans ce chapitre, nous étudions la couche physique et quelques-uns des protocoles les plus répandus la concernant. Après un rappel succinct des théories sur lesquelles s'appuie la transmission de données, nous observons les deux limites fondamentales d'un support de transmission qui présente une bande passante donnée : la limite de Shannon et la limite de Nyquist. Les principaux supports de transmission avec et sans guide physique sont ensuite analysés : le câble électrique à paires torsadées, le câble coaxial, la fibre optique, les ondes radio et les satellites.

Les deux sections suivantes traitent de la transmission analogique et de la transmission numérique. La transmission analogique utilise des modems qui transforment les signaux numériques en signaux analogiques acceptables par les lignes téléphoniques. Dans cet environnement les normes de jonction les plus importantes sont présentées : V.24, RS-232C et RS-449. La transmission numérique repose principalement sur la technique MIC avec parfois des variantes sur les techniques d'encodage des signaux vocaux. Les techniques de commutation de circuits et de paquets sont ensuite analysées.

Dans un avenir proche, le réseau téléphonique sera numérique et transportera, outre la voix, toutes les autres formes d'informations (image, son, données,...) à l'aide d'un unique réseau de communication : le RNIS à qui nous accordons une attention particulière.

Pour finir, des techniques de gestion de grappe de terminaux sont présentées, notamment des notions de multiplexage et de concentration.

2.9. EXERCICES

1. Calculez les coefficients de la série de Fourrier pour la fonction:

   $f(t) = t$ pour $0 \leq t \leq 1$.

2. Quel est, pour un canal de transmission à 4 kHz exempt de tout bruit et échantillonné toutes les millisecondes, le débit maximum praticable ?

3. Les canaux de télévision offrent une bande passante de 6 MHz; quel est le débit binaire praticable, en bit/s, si l'on utilise un encodage à 4 niveaux ?

4. Quel est le débit maximum praticable lorsque l'on transmet une série d'informations binaires dans un canal offrant 3 kHz de bande passante et dont le rapport signal sur bruit est de 20 dB ?

5. Quelle est la valeur du rapport signal sur bruit permettant de transmettre 1,544 Mbit/s sur une ligne offrant une bande passante de 50 kHz ?

6. Considérons un réseau téléphonique simple constitué de deux centres de raccordement, chacun d'eux étant raccordé à un centre de transit par une liaison bidirectionnelle simultanée offrant une bande passante de 1 MHz.

Chaque poste téléphonique qui leur est raccordé génère quatre appels pendant la période journalière d'activité qui est de 8 heures. La durée moyenne d'un appel est de 6 minutes et 10% des appels utilisent le centre de transit. Considérant que chaque communication inter-centres nécessite une bande de fréquences de 4 kHz, quel est le nombre maximum de postes téléphoniques qu'un centre de raccordement peut accueillir ?

7. Quelles sont les raisons qui ont conduit à choisir la valeur de 125 micro-secondes pour séparer deux échantillonnages successifs dans les systèmes MIC ou PCM ?

8. Quel est le pourcentage du débit nominal qu'un canal T1 du système Bell utilise pour ses propres besoins, et de là, quel est le pourcentage du débit nominal qui n'est pas utilisable par l'utilisateur ?

9. Comparez les débits binaires nécessaires pour transmettre un canal de 4 kHz, exempt de bruit, en utilisant:

   - un encodage à 2 bits par échantillon,
   - l'encodage PCM des canaux T1.

10. Quelle est la différence, si elle existe, entre la partie démodulateur d'un modem et le codeur d'un système PCM ou MIC ?

11. Un signal de 4 kHz, exempt de bruit, est transmis sous forme numérique à l'aide d'un échantillonnage quantifié toutes les 125 micro-secondes. Combien doit-on transmettre de bits pour chacune des méthodes d'encodage suivantes:

    - modulation MIC du CCITT à 2,048 Mbit/s,
    - modulation MIC différentielle, MICDA ou DPCM, avec une variation relative du signal de 4 bits,
    - modulation delta.

12. Un signal sinusoïdal pur d'amplitude A est encodé selon la modulation delta au rythme d'échantillonnage de x échantillons. La valeur +1 correspond à une variation de +A/8 et la valeur -1 à une variation de -A/8. Quelle est la fréquence maximum transmissible du signal sans qu'il y ait apparition du phénomène d'erreurs cumulatives ?

13. La figure 2-19 représente la séquence des événements qui se succèdent au niveau de la jonction entre ETTD et ETCD de l'extrémité appelante mais ne représente pas ce qui se passe simultanément au niveau de la jonction de l'extrémité appelée. Proposez un scénario du traitement

d'un appel au niveau de l'extrémité appelée en incluant l'acceptation ou le refus de la taxation au demandé, si cette option est présentée.

14. Représentez la séquence de bits codés selon le code Manchester de la séquence binaire : 0001110101.

15. Représentez la séquence binaire de l'exercice 14, en code Manchester différentiel. Considérez que la ligne est à l'origine au niveau bas.

16. Quelle est la différence entre une structure à étoile passive et un répéteur actif dans un réseau en fibres optiques ?

17. Le prix des microprocesseurs puissants est suffisamment bas pour qu'il soit économiquement possible de les intégrer aux modems. Dans quelle mesure cette possibilité peut-elle affecter le traitement des erreurs des liaisons téléphoniques analogiques ?

18. Le diagramme de modulation d'un modem, similaire à celui de la figure 2-13, possède ses points de décision aux coordonnées suivantes: (1,1), (1,-1), (-1,1) et (-1,-1). Quel est le débit binaire permis pour une rapidité de modulation de 1200 bauds ?

19. Le diagramme de modulation d'un modem, similaire à celui représenté à la figure 2-13, possède ses points de décision aux coordonnées suivantes: (1,1) et (0,2). Quel est le type de modulation utilisé par ce modem ?

20. Considérez trois réseaux à commutation de paquets comportant chacun *n* nœuds. Le premier est de type étoile avec un commutateur unique, le second a la forme d'un anneau bidirectionnel et le troisième est constitué de stations entièrement connectées deux à deux. Quel est, pour chacun de ces réseaux, le nombre de tronçons nécessaires à une mise en relation entre deux stations quelconques, dans la situation la plus favorable, la situation moyenne et la situation la plus défavorable ?

21. Comparez les délais nécessaires à la transmission d'un message comportant *x* bits à l'aide d'un circuit commuté comportant *k* tronçons et un réseau à commutation de paquets légèrement chargés. Le temps de mise en place du circuit commuté est de *s* secondes, le temps de propagation est de *d* secondes par tronçon, la taille des paquets est de *p* bits et le débit binaire est de *b* bits. Quelles sont les conditions permettant au réseau à commutation de paquets d'offrir le délai le plus favorable ?

22. Supposez que *x* bits d'informations soient transmis dans un réseau à commutation par paquets sous la forme d'une série de paquets, chacun

d'eux contenant p bits d'information et h bits pour le protocole, avec $x >> p+h$, à travers une mise en relation comportant k tronçons. Vous considérerez que le débit binaire des liaisons est de b bit/s et que l'influence du temps de propagation est négligeable. Quelle est la valeur de p pour laquelle le délai de transfert est le plus réduit ?

23. Combien de temps nécessite la transmission d'une image de 21 x 30cm, par télécopie, au travers d'un canal B du RNIS ? Considérez que le télécopieur a une définition de 300 point/cm en ligne et de 8 ligne/cm et que, d'autre part, quatre bits sont nécessaires pour coder chaque point.

24. Donnez les avantages d'un équipement mixte TNA/TNR par rapport aux équipements TR et TNA d'un réseau RNIS.

25. Combien de commutations de lignes peuvent-elles être effectuées chaque seconde par un commutateur dont le temps de commutation de base est de 50 nanosecondes ?

26. Quelle est la taille des mémoires tampons nécessaires à un commutateur temporel si les échantillons qu'il reçoit sont représentés par 10 bits et s'il y a 80 lignes à traiter ?

27. Un multiplexeur contrôle 6 terminaux à 1200 bit/s et n terminaux à 300 bit/s. Si l'on utilise une liaison à 9600 bit/s, quelle est la valeur maximum de n?

28. Ecrivez une procédure permettant de calculer les valeurs d'une fonction périodique après son passage à travers un filtre passe-bas. La période de la fonction et la fréquence de coupure du filtre sont les paramètres de cette procédure.

29. Ecrivez une procédure permettant d'encoder une fonction suivant la modulation delta. Le nombre de niveaux de quantification, le nombre de bits représentant chaque niveau et la fréquence d'échantillonnage sont les paramètres de cette fonction.

30. Ecrivez un programme qui simule le fonctionnement d'un concentrateur possédant n lignes d'entrée. Considérez une arrivée de message de type poissonnien et des messages de longueur fixe. Simulez son fonctionnement pour différents niveaux de charge et comparez les valeurs mesurées à celles estimées selon la théorie des files d'attente.

3

MAC: la sous-couche d'accès physique

Les réseaux peuvent être divisés en deux catégories selon qu'ils utilisent des connexions de type point à point ou qu'ils effectuent de la diffusion sur un réseau multipoint. Ce chapitre est consacré aux réseaux de diffusion et à leurs protocoles.

Dans un réseau de diffusion, tous les abonnés ont la possibilité d'émettre et de recevoir. Le problème majeur consiste à déterminer qui, à un instant donné, a le droit d'émettre. Pour clarifier ce point, imaginons par exemple une réunion téléphone regroupant six participants différents. Lorsque l'un d'entre eux a fini de parler, il est possible que plusieurs autres tentent de prendre la parole, ce qui peut amener une certaine confusion. Dans une réunion classique, on évite ce problème à l'aide de moyens extérieurs, par exemple en demandant aux interlocuteurs de lever la main avant de prendre la parole; mais lorsqu'il n'y a qu'une seule voie de communication, il est difficile de gérer les conflits potentiels. On a néanmoins conçu de nombreux protocoles ayant tous pour but de résoudre ces conflits, et dont l'étude forme l'essentiel de ce chapitre. Dans la littérature spécialisée, les canaux de diffusion bidirectionnels sont quelquefois désignés par l'expression *canaux à accès multiples* ou *canaux à accès aléatoire*. Parmi les ouvrages de référence on trouve : Abramson, 1985; Gallager, 1985; Mehravari, 1984; Tobagi et al. , 1984; et Tsybakov, 1985.

3.1. RESEAUX LOCAUX ET METROPOLITAINS (LAN et MAN)

Nous avons vu que cet ouvrage était organisé suivant les couches fonctionnelles du modèle de référence OSI de l'ISO. Ce chapitre concerne plus particulièrement les fonctions regroupées dans une sous-couche connue sous le nom de «contrôle d'accès physique» ou *MAC* (*Medium Access Control*). Cette sous-couche joue un rôle très important dans les réseaux locaux, et plus particulièrement dans ceux dont le fonctionnement repose sur le principe de l'accès multiple. Dans les réseaux longues distances, les *WAN* (pour *Wide Area Networks*), on utilise généralement des liaisons point à point (à l'exception des réseaux par satellites). Les réseaux locaux étant intrinsèquement liés au principe de l'accès multiple, nous profiterons de ce chapitre pour traiter des réseaux locaux ainsi que des réseaux de communication par satellites et de quelques autres réseaux de diffusion bidirectionnels.

Précisons tout d'abord ce que nous entendons par réseau local. Les réseaux locaux ont trois caractéristiques :

1. Le diamètre de la surface qu'ils desservent n'excède pas quelques kilomètres.
2. Le débit binaire nominal est au minimum de quelques mégabits par seconde.
3. Ils ne desservent qu'une seule organisation située dans un domaine privé et de ce fait échappent aux contraintes d'un éventuel monopole des télécommunications.

A *contrario*, les réseaux longues distances, les WAN, desservent des pays entiers, les débits binaires qu'ils permettent sont inférieurs au mégabit par seconde, et leurs différents composants appartiennent à plusieurs organisations: les exploitants de réseaux publics ou assimilés et/ou les EPR (Expoitants Privés Reconnus) possèdent les moyens de transmission et de nombreux utilisateurs privés possèdent les équipements terminaux.

A mi-chemin entre les réseaux locaux et les réseaux à grandes distances se placent les réseaux métropolitains (ou urbains), les *MAN* (*Metropolitan Area Network*). Un réseau métropolitain est un réseau qui dessert une ville entière mais qui utilise la technologie élaborée pour les réseaux locaux. Les réseaux de télévision câblée sont généralement des réseaux métropolitains de type analogique utilisés pour la distribution de programmes de télévision. Les réseaux métropolitains qui nous intéressent sont numériques et permettent d'interconnecter des ordinateurs, et non pas des écrans de télévision, même si certains d'entre eux utilisent un câble coaxial comme support physique de transmission. La plupart des caractéristiques que nous analyserons sur les réseaux locaux concernent également les réseaux métropolitains, aussi ne les mentionnerons-nous pas de façon explicite dans ce qui va suivre.

Pourquoi un grand nombre d'utilisateurs s'intéressent-ils aux réseaux locaux ? A l'origine, la motivation est la même que pour les autres réseaux: dans la plupart des cas, le réseau local est destiné à interconnecter un certain nombre d'équipements, comme par exemple les ordinateurs, dits départementaux, sur un site universitaire ou dans une grande entreprise, pour leur permettre de communiquer directement les uns avec les autres.

Dans d'autres cas, il s'agit d'offrir une possibilité de croissance progressive sans heurt et sans remise en cause ou bien encore d'obtenir un meilleur rapport coût / performance pour un réseau comportant de nombreux postes de travail individuels.

Les réseaux locaux diffèrent de leurs cousins, les réseaux à longues distances, par plusieurs aspects. La différence majeure provient du fait que les concepteurs des réseaux longues distances sont, pour des raisons légales, économiques ou politiques, souvent obligés d'utiliser le réseau téléphonique public tel qu'il existe, sans pouvoir l'adapter sur le plan technique. A *contrario*, rien n'empêche le concepteur de réseau local de choisir son propre support de transmission à large bande passante, ce dont on ne se prive d'ailleurs pas.

A partir de cette première différence apparaissent de nombreux avantages. D'abord, la largeur de la bande passante n'étant plus aussi précieuse que pour les liaisons à grandes distances, les concepteurs de protocoles n'ont plus à se creuser la tête pour améliorer les performances. C'est ainsi qu'on a des protocoles certes différents, mais beaucoup plus simples et dont les implémentations sont plus faciles.

Une autre différence provient du fait que les supports physiques de transmission utilisés par les réseaux locaux permettent d'obtenir des taux d'erreurs 1000 fois plus faibles que ceux couramment obtenus dans les réseaux à longues distances. Avec les réseaux locaux, il est parfois possible, au niveau des couches les plus basses, de ne pas prendre en compte le traitement des erreurs de transmission et de ne le faire que dans une couche supérieure. Cela permet de simplifier encore les protocoles de ces couches basses.

3.1.1. Allocation statique des canaux pour les LAN et les MAN

Revenons à ce qui est le thème central de ce chapitre : comment attribuer un canal à accès multiples aux différents utilisateurs potentiels. La méthode traditionnelle pour attribuer simultanément un moyen unique, comme une liaison entre deux centres de raccordement, consiste à utiliser le multiplexage en fréquence *AMRF* (Accès Multiple par Répartition des Fréquences). S'il y a *N* utilisateurs, la bande de fréquences disponible est divisée en *N* canaux égaux, chaque utilisateur disposant ainsi d'un canal (cf. figure 2-21). Si chaque utilisateur dispose de sa propre bande de fréquences, il n'y a aucun risque d'interférence avec les autres utilisateurs. S'il y a un nombre réduit et fixe d'utilisateurs, et si chacun d'eux a une forte charge de trafic, comme par exemple dans les centres de raccordement du réseau téléphonique, le multiplexage dans l'espace des fréquences est simple et constitue un mécanisme de partage efficace.

Cependant, lorsque le nombre d'utilisateurs est important et varie continuellement ou lorsque le trafic se présente sous la forme de rafales courtes et espacées, le multiplexage en fréquence présente quelques inconvénients. Si la bande passante disponible est partagée en N canaux alors que très peu des N utilisateurs potentiels sont actifs simultanément, une partie importante de la bande passante disponible reste inutilisée, ce qui est dommage. De plus, si plus de N utilisateurs désirent communiquer, un certain nombre d'entre eux ne pourront le faire par manque de canaux disponibles, alors qu'il se peut que certains canaux attribués soient inutilisés.

Toutefois, même en supposant que l'on puisse maintenir à N le nombre d'utilisateurs, diviser la bande passante en N canaux statiques est certainement inefficace. A l'origine de cette inefficacité se trouve le fait que lorsqu'un utilisateur est inactif, le canal qui lui est affecté est purement et simplement improductif puisqu'il ne l'utilise pas et que personne d'autre ne peut l'utiliser. Par ailleurs, le trafic entre ordinateurs est très irrégulier: il est courant de rencontrer des ratios entre le trafic de pointe et le trafic moyen de l'ordre de 1000 à 1. Avec de telles conditions d'utilisation, les canaux correspondants sont la plupart du temps improductifs.

La pauvreté des performances du multiplexage en fréquences peut être mise en évidence par une application simple de la théorie des files d'attente. (Si vous ne connaissez pas cette théorie, reportez-vous à l'annexe A.) Commençons par le délai moyen d'attente, T, pour un canal ayant une capacité en bits par seconde, C, avec un rythme d'arrivée des trames de λ trames par seconde, chaque trame ayant une longueur calculée à partir d'une probabilité exponentielle de la forme $1/\mu$ bit / trame, ce qui nous donne :

$$T = 1 / (\mu C - \lambda)$$

Divisons alors ce canal en N sous-canaux indépendants, chacun d'eux ayant ainsi une capacité de C/N bits par seconde. La valeur moyenne du débit de chacun de ces sous-canaux sera donc λ/N. Recalculons maintenant T et nous obtenons :

$$T_{AMRF} = 1 / [\mu(C / N) - (\lambda / N)] = N / (\mu C - \lambda) = NT \qquad (3.1)$$

Lorsque l'on utilise le multiplexage en fréquence, le délai moyen d'attente T est N fois plus mauvais que si toutes les trames avaient été ordonnées magiquement dans une grande file d'attente utilisant globalement le canal.

De plus, les arguments que nous venons de développer s'appliquent également au multiplexage temporel synchrone tel qu'il est pratiqué pour la transmission téléphonique numérique. Chaque utilisateur est allocataire d'un espace de temps fixe, ou intervalle de temps de voie, qu'il utilise comme il l'entend.

Dès cette première analyse, il apparaît que le multiplexage temporel asynchrone, qui permet la concentration, est une solution envisageable, mais qui possède néanmoins des inconvénients. Dans le schéma traditionnel du multiplexage temporel asynchrone, chaque équipement terminal dispose d'un point d'entrée qui lui est propre, réservé (cf. figure 2-34). Si deux terminaux décident d'envoyer simultanément des caractères, on conserve ces caractères dans des positions de mémoire différentes en attendant de les aiguiller vers leur direction de destination. Même si tous les terminaux émettent des caractères simultanément, il n'y aura pas de collisions dans le concentrateur. Si la mémoire est suffisante, tous les terminaux peuvent émettre indéfiniment sans qu'il y ait perte d'informations. Mais lorsque des utilisateurs géographiquement dispersés et non dotés de moyens de concertation réciproque ne disposent que d'un seul canal de communication, il n'y a aucune possibilité d'accès réservé et deux transmissions simultanées ne peuvent que se télescoper.

Pour éviter les conflits, nous pouvons donner à chaque utilisateur une part de la bande passante. Néanmoins, on en reviendrait alors au multiplexage en fréquences, dont nous avons déjà montré l'inefficacité lorsque le trafic des utilisateurs était très irrégulier. Aucune des méthodes traditionnelles que nous utilisons ne répond à ce besoin particulier. Nous avons besoin de méthodes entièrement nouvelles.

3.1.2. Allocation dynamique des canaux pour les LAN et les MAN

Avant d'aborder la première des nombreuses méthodes d'attibution de l'exclusivité du droit à émettre, condition indispensable pour que les informations émises soient correctement reçues, il est nécessaire de formuler correctement les données du problème. Pour ordonner le travail qui est réalisé dans ce domaine, nous définissons ci-après cinq points clés.

1. *Le modèle de fonctionnement des stations*. Le modèle comporte N stations indépendantes, calculateurs ou terminaux, chaque station exécutant un programme chargé d'engendrer les trames à transmettre. La probabilité pour qu'une trame soit engendrée dans l'intervalle de temps dt est λdt, où λ est une constante représentant la fréquence d'arrivée des nouvelles trames. A partir du moment où une trame a été émise, la station doit attendre que cette trame soit effectivement transmise avant de décider de l'émission de la suivante.

2. *Le canal unique*. Un seul canal est utilisable pour toutes les transmissions. Toutes les stations peuvent transmettre et recevoir sur ce canal logique unique. Toutes les stations sont équivalentes sur le plan du matériel de transmission, mais le logiciel associé peut mettre en œuvre un mécanisme de priorités.

3. *La possibilité de collisions*. Si deux trames sont émises simultanément, les signaux qui les représentent se mélangent et le résultat est inexploitable. Cet événement porte le nom de «collision». Toutes les

stations peuvent détecter les collisions. Une trame victime d'une collision doit être retransmise. Il n'y a pas d'autre erreur de transmission que celles dues aux collisions.

4a. *La transmission sans réserve.* La transmission d'une trame peut commencer à n'importe quel moment. Il n'y a aucune coordination temporelle entre les stations.

4b. *Le partage temporel.* Le temps est divisé en intervalles de temps finis, appelés parfois *slots* ou «tranches de temps». La transmission d'une trame commence toujours au début d'une tranche de temps. Une tranche de temps peut contenir 0, 1 ou plusieurs trames, ce qui correspond respectivement aux états de disponibilité du canal, de transmission réussie d'une trame ou de collision entre deux ou plusieurs trames.

5a. *La détection de porteuse.* Les stations peuvent savoir, avant de tenter de transmettre une trame, si le canal est disponible ou pas. Si le canal est utilisé les stations doivent attendre qu'il devienne disponible avant d'effectuer une nouvelle tentative de transmission.

5b. *Pas d'écoute préalable.* Les stations émettent leurs trames sans se soucier de l'état du canal: elles se contentent de décider d'émettre. Ce n'est qu'après la fin de leur émission qu'elles peuvent déterminer si la transmission a réussi.

Nous devons maintenant expliciter ces points clés. Le premier indique que les stations sont indépendantes et que leur activité est stable et constante. On considère également que chaque station ne fait qu'une seule chose à la fois, ce qui signifie que lorsqu'elle traite une collision son travail est suspendu jusqu'au succès de l'opération en cours. Des modèles plus sophistiqués permettent de considérer que lorsqu'une station capable d'exécuter des tâches en parallèle est en état d'attente de transmission, elle peut continuer à exécuter d'autres tâches mais le modèle correspondant est alors plus complexe.

Le problème du canal unique est crucial: il n'y a pas d'autre alternative pour communiquer, et les stations ne peuvent certes pas lever la main pour qu'on les autorise à parler.

L'acceptation du phénomène de collision est un choix de base, bien qu'avec quelques systèmes, par exemple les réseaux hertziens de transmission par paquets, les signaux résultants puissent être traités même lorsqu'une collision s'est produite. Ce phénomène est connu sous l'expression d'*effet capture* dont nous reparlerons un peu plus loin, lorsque nous aborderons la transmission hertzienne par paquets.

Pour ce qui concerne le paramètre temps, il y a une alternative: «continu» ou «discrétisé» (en «tranches de temps»), que nous examinerons en détail.

Evidemment, pour un système donné, seule l'une des branches de l'alternative est utilisable.

D'une manière générale, un système peut faire ou non la détection du signal porteur, mais il ne peut pas utiliser conjointement les deux méthodes. En général, les réseaux locaux détectent le signal porteur mais les réseaux par satellites ne le font pas. Ces choix sont dus en particulier à l'importance des délais de propagation qui, pour les transmissions par satellites, sont très longs. Les stations qui utilisent la méthode de détection de signal porteur peuvent arrêter tout de suite leur transmission si elles détectent une situation de collision avec une ou plusieurs autres trames transmises par d'autres stations.

3.2. PROTOCOLES ALOHA

En 1970, Norman Abramson et ses collègues de l'université de Hawaï ont inventé une nouvelle méthode permettant de résoudre le problème de l'allocation du droit à émettre; ces travaux ont depuis été développés par de nombreux autres chercheurs (Abramson, 1985). Bien que le modèle originel d'Abramson soit fondé sur un réseau de stations radios terrestres, l'idée de base est applicable à tout système dépourvu d'unité de coordination et dont les utilisateurs sont en compétition pour utiliser le canal unique qu'ils doivent se partager. Nous examinerons les transmissions radios terrestres en général, et plus particulièrement le système ALOHA de l'université de Hawaï plus loin dans ce chapitre.

3.2.1. Pur ALOHA et ALOHA discrétisé

L'idée de base du système ALOHA est très simple: laisser les utilisateurs transmettre en toute liberté ce qu'ils ont à transmettre. Bien entendu, il y aura des collisions et les trames qui en seront victimes seront détruites. Cependant, de par le fonctionnement d'un réseau de diffusion, un émetteur peut toujours savoir, en écoutant le réseau, si sa trame a été détruite ou non. Avec un réseau local, cette information est quasi immédiate, avec un satellite cette information est plus longue à obtenir, puisque quelque 270 millisecondes sont nécessaires. Si la trame a été détruite, l'émetteur observe un certain délai d'attente avant de l'émettre à nouveau. Ce délai d'attente doit être différent de ceux des autres stations qui sont dans la même situation et ce pour éviter qu'une nouvelle collision se produise avec les trames en provenance des mêmes stations. Les systèmes avec lesquels plusieurs utilisateurs se partagent un canal unique selon une méthode qui peut conduire à des situations conflictuelles sont dits à *contention*.

La figure 3-1 donne un scénario d'émissions de trames dans un système ALOHA. Nous y avons représenté des trames de même longueur car le rendement d'un système ALOHA est optimal lorsque toutes les trames sont de même taille.

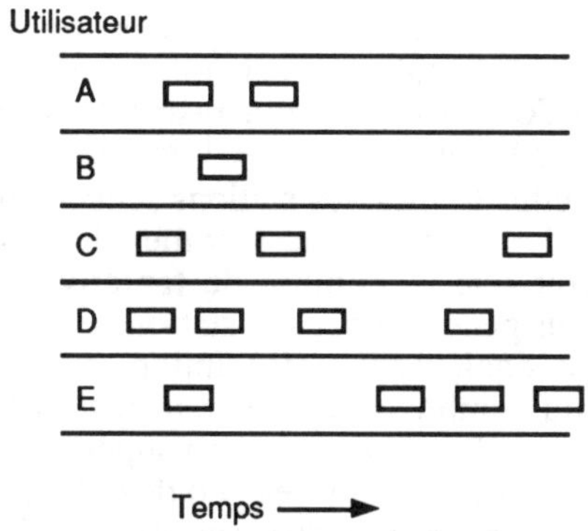

Figure 3-1. Dans un système ALOHA pur, les trames sont transmises sans aucune référence temporelle

Lorsque deux trames cherchent à utiliser le canal simultanément, il y a collision et les deux trames sont détruites. Il faut remarquer que si le premier bit d'une trame recouvre le dernier bit d'une autre, les deux trames seront détruites et devront être retransmises ultérieurement. Le contrôle de transmission ne peut pas, et ne doit pas, faire la différence entre une perte d'informations importante et un seul bit erroné; ce qui est erroné est erroné.

Une intéressante question concerne l'efficacité du canal d'un système ALOHA, ou encore le pourcentage de trames qui parviennent à échapper aux collisions suivant les circonstances. Pour étudier cela, considérons un nombre infini d'utilisateurs assis derrière leur terminal. Un utilisateur est toujours dans l'un des deux états suivants: il réfléchit ou il attend. Au début de leur activité, tous les utilisateurs sont dans l'état de réflexion; quand l'un d'entre eux a pris une décision, il frappe au clavier le contenu d'une ligne de texte et demande sa transmission; ensuite il attend une réponse. Le microprocesseur qui contrôle son clavier s'empresse de verrouiller ce dernier pour éviter toute erreur de manipulation, puis il ordonne la transmission effective de la ligne de texte et en surveille l'exécution. Si la transmission s'est effectuée correctement le clavier sera débloqué; dans le cas contraire, le clavier restera bloqué et la ligne de texte sera retransmise, jusqu'à ce qu'elle soit correctement transmise, à moins que le nombre de tentatives successives soit tel que la liaison soit jugée inexploitable.

Appelons «durée d'une trame» le temps moyen nécessaire à la transmission d'une trame, c'est-à-dire le temps correspondant à la longueur moyenne des trames, exprimée en bits, divisé par le débit binaire nominal, exprimé en bits par seconde. Considérons ensuite que la population infinie d'utilisateurs génère de nouvelles trames selon une distribution de Poisson, avec S représentant le nombre moyen de trames par «durée d'une trame». La condition du nombre infini d'utilisateurs est nécessaire pour éviter que la valeur S ne décroisse à mesure que le nombre d'utilisateurs, rejoignant l'état d'attente, augmente. Si $S > 1$ la communauté des utilisateurs génère plus de trames que le canal n'est capable d'en acheminer, et pratiquement toutes les trames seront l'objet de collisions. Pour rester dans une situation réaliste nous considérerons que la relation $0 < S < 1$ est satisfaite.

En plus des nouvelles trames, les stations procèdent à la retransmission des trames qui précédemment ont été victimes de collisions. Nous allons maintenant considérer que le nombre de tentatives de transmission de trames, celles qui sont générées par les stations et celles qui doivent être retransmises, k, est également poissonnien, avec G représentant le pourcentage moyen du nombre de trames transmises pendant un temps égal à la «durée d'une trame». A l'évidence, G est supérieur ou égal à S. A faible charge, avec S voisin de 0, il y aura très peu de collisions, donc très peu de retransmissions, et G sera très peu différent de S. A forte charge, il y aura beaucoup de collisions, et G sera grand par rapport à S. Quelle que soit la charge, le débit utile est égal au débit offert G, multiplié par le coefficient de probabilité pour qu'une trame transmise le soit avec succès, P_0; il en résulte que $S = G \times P_0$.

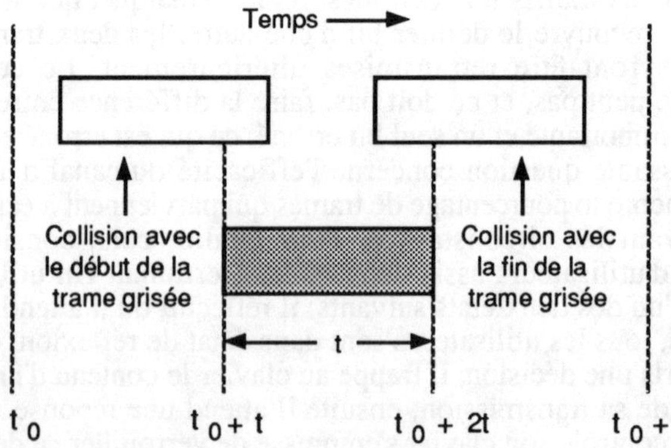

Figure 3-2. Période de vulnérabilité de la trame en grisé

Une trame ne sera victime d'aucune collision si aucune autre trame n'est transmise pendant la période comprise entre son début et sa fin d'émission, comme indiqué sur la figure 3-2. Déterminons maintenant les conditions pour que la trame représentée en grisé ne soit pas victime d'une collision. Définissons t comme étant la durée d'une trame. Si une station a émis une trame dans l'intervalle compris entre t_0 et t_0+t, la fin de cette trame télescopera le début de la trame en grisé. En fait, le sort de la trame en grisé était déjà fixé avant que le premier de ses bits ne soit transmis, mais comme en pur ALOHA les stations n'écoutent pas le canal avant de transmettre, il n'y a aucun moyen de savoir que le caal est déjà occupé. De même, toute trame transmise entre t_0+t et t_0+2t télescopera la trame en grisé.

La probabilité pour que k trames soient générées pendant un temps égal à la durée d'une trame est donnée par la formule de la distribution de Poisson:

$$\Pr[k] = G^k e^{-G} / k! \qquad (3.2)$$

aussi la probabilité d'avoir 0 trame est de la forme e^{-G}. Dans un intervalle de durée égale à 2 «durées de trame», le nombre moyen de trames générées est égal à $2G$. La probabilité pour qu'aucun trafic supplémentaire ne soit généré pendant la totalité de cette période vulnérable est donnée par $P_0 = e^{-2G}$. En posant $s = G.P_0$, nous obtenons:

$$S = Ge^{-2G}$$

La relation entre le trafic offert et le trafic effectivement acheminé est représentée par la figure 3-3. Le trafic maximum est obtenu pour $G = 0,5$, avec $S = 1/(2e)$ dont la valeur est d'environ 0,184. En d'autres termes, le mieux que l'on puisse espérer correspond à une occupation du canal de l'ordre de 18%. Ce résultat n'est pas très encourageant, mais, sachant que chaque utilisateur transmet lorsqu'il le souhaite, nous pouvions difficilement espérer 100% de succès.

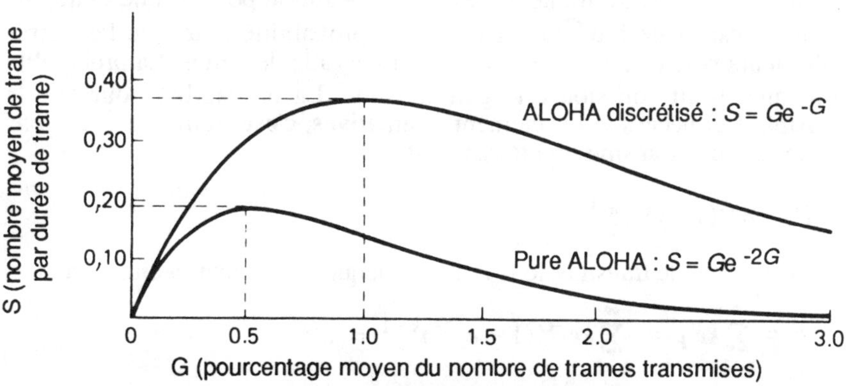

Figure 3-3. Système ALOHA, trafic offert et trafic écoulé

En 1972, Roberts a publié une méthode permettant de doubler la capacité de transmission d'un système ALOHA. Sa proposition consistait à diviser le temps en intervalles répétitifs de durée constante, cette durée correspondant à ce que nous avons appelé la «durée de trame». Une méthode pour établir cette sorte de synchronisation entre les utilisateurs serait d'utiliser une station qui émettrait, à intervalle de temps régulier, telle une horloge, un signal indiquant le début de chaque intervalle de temps.

Dans la méthode de Roberts, qui est devenue le *slotted ALOHA*, ou «ALOHA discrétisé», par opposition au «pur ALOHA» d'Abramson, un terminal n'a pas le droit d'émettre tant qu'un signal retour chariot n'a pas été émis et détecté. En fait, les stations doivent attendre le début d'un intervalle de temps, signalé par la fin de l'émission précédente et le signal retour chariot, pour commencer à émettre. De la sorte, le pur ALOHA est transformé en ALOHA discrétisé. Etant donné que la durée de la période de vulnérabilité est divisée par deux, la probabilité pour qu'il n'y ait pas d'autre trafic pendant l'intervalle de temps utilisé par notre trame de test est e^{-G}, ce qui nous conduit à:

$$S = Ge^{-G} \tag{3.3}$$

Comme on peut le voir sur la figure 3-3, l'ALOHA discrétisé présente un maximum pour $G = 1$, avec un trafic écoulé de $S = 1/e$ soit environ 0,368 (déduit de l'équation 3.2). Le mieux que l'on puisse espérer de l'ALOHA synchronisé se répartit comme suit: 37% d'intervalles de temps non utilisés, 37% de transmissions réussies et 26% de collisions. En travaillant avec des valeurs de G plus élevées, il est possible de réduire le nombre d'intervalles de temps non utilisés mais on accroît exponentiellement le nombre de collisions. Pour prendre conscience de la rapidité de la croissance des collisions lorsque G augmente, nous allons étudier la transmission de notre trame de test. La probabilité pour qu'elle évite une collision est égale à e^{-G}: c'est en fait la probabilité pour que les autres utilisateurs soient silencieux durant cet intervalle de temps. La probabilité pour qu'il y ait collision est égale à $1-e^{-G}$. La probabilité pour que la transmission nécessite exactement k tentatives, c'est-à-dire k-1 collisions suivies par une transmission réussie, est:

$$P_k = e^{-G}(1 - e^{-G})^{k-1}$$

Le nombre de transmissions E, pour chaque retour chariot émis, est alors:

$$E = \sum_{k=1}^{\infty} kP_k = \sum_{k=1}^{\infty} ke^{-G}(1 - e^{-G})^{k-1} = e^G$$

La dépendance exponentielle de E par rapport à G est telle que de faibles accroissements de la charge du canal réduisent énormément ses performances.

3.2.2. ALOHA avec une population finie

Les résultats obtenus ci-dessus l'ont été dans l'hypothèse d'une population comportant un nombre infini d'utilisateurs. Abramson a également analysé les systèmes ALOHA synchronisés avec un nombre d'utilisateurs fini. Nous allons brièvement résumer ses résultats.

Soit S_i la probabilité d'une transmission réussie par l'utilisateur i. Il faut se souvenir que dans une situation équilibrée, le trafic écoulé doit être égal au trafic offert. Soit maintenant G_i la probabilité totale de transmission de l'utilisateur i, dans l'intervalle de temps, ce qui comprend les nouvelles trames ainsi que celles qui doivent être retransmises. De toute évidence, $S_i \le G_i$. La probabilité pour qu'un intervalle de temps contienne une trame transmise avec succès par l'utilisateur i est égale à la probabilité que l'utilisateur i émette une trame, multipliée par la probabilité pour que N-1 autres utilisateurs émettent une trame:

$$S_i = G_i \prod_{j \neq i} (1 - G_j) \qquad (3.4)$$

Résolvons l'équation 3.4 pour le cas où les N utilisateurs sont identiques, chacun d'eux ayant un trafic écoulé égal à $S_i = S/N$ trame par intervalle de temps et une transmission totale de $G_i = G/N$ trame par intervalle de temps, avec $G = \Sigma\, G_i$; nous obtenons alors:

$$S = G\,(1 - G/N)^{N-1}$$

et en faisant tendre N vers l'infini :

$$\lim_{k \to \infty} \left(1 + \frac{x}{k}\right)^k = e^x$$

ce qui nous conduit à l'équation 3.3.

A partir de la figure 3-3 on constate que le débit écoulé maximum pour une population infinie intervient lorsque G = 1. Ce résultat, intuitivement raisonnable, tient également pour les systèmes possèdant un nombre fini d'utilisateurs. La condition pour que le débit soit maximum est alors:

$$\sum_{i=1}^{N} G_i = 1 \qquad (3.5)$$

Nous allons maintenant considérer deux catégories distinctes d'utilisateurs, par exemple ceux qui effectuent des transferts de fichiers et ceux qui exécutent des applications interactives. Prenons N_1 pour les transferts de fichiers et N_2 pour l'interactif, avec respectivement pour chaque type d'utilisateurs les débits écoulés S_1 et S_2, la formule 3.4 se transforme alors en:

$$S_1 = G_1 (1-G_1)^{N_1-1} (1-G_2)^{N_2} \tag{3.6}$$

et

$$S_2 = G_2 (1-G_2)^{N_2-1} (1-G_1)^{N_1} \tag{3.7}$$

Pour le débit écoulé maximum, nous devons développer l'équation 3.5 qui devient:

$$N_1G_1 + N_2G_2 = 1 \tag{3.8}$$

Nous disposons maintenant de trois équations avec quatre termes inconnus qui sont: S_1, S_2, G_1 et G_2. A partir de l'équation 3.8 nous pouvons éliminer G_2 des deux équations 3.6 et 3.7 pour obtenir une nouvelle équation où seul G_1 apparaît.

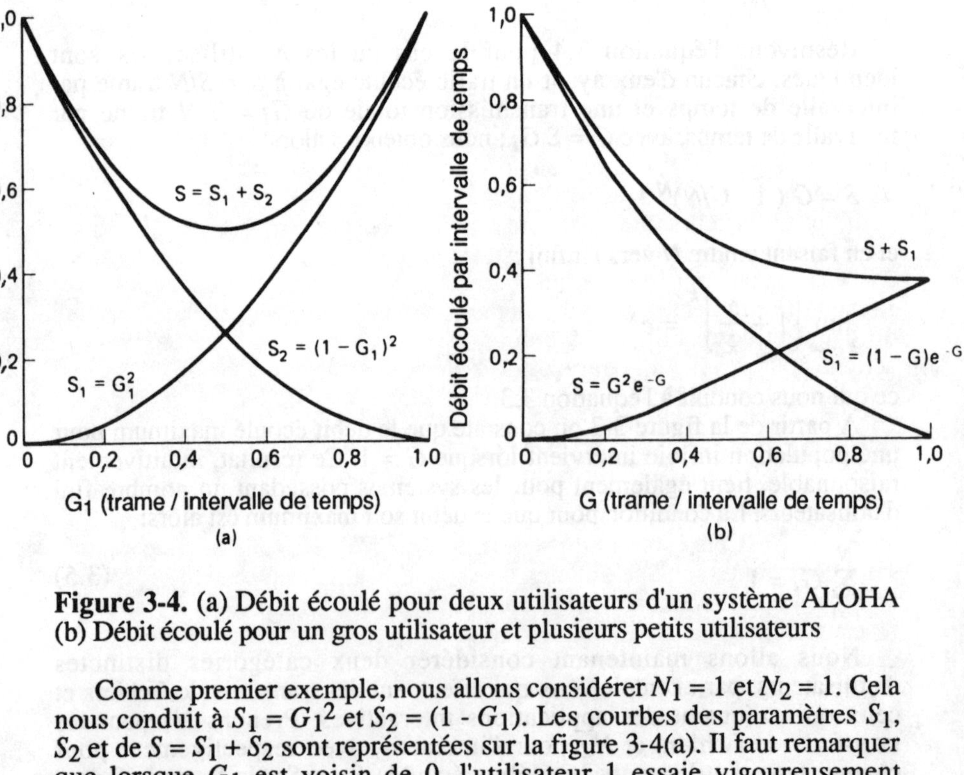

Figure 3-4. (a) Débit écoulé pour deux utilisateurs d'un système ALOHA (b) Débit écoulé pour un gros utilisateur et plusieurs petits utilisateurs

Comme premier exemple, nous allons considérer $N_1 = 1$ et $N_2 = 1$. Cela nous conduit à $S_1 = G_1^2$ et $S_2 = (1 - G_1)$. Les courbes des paramètres S_1, S_2 et de $S = S_1 + S_2$ sont représentées sur la figure 3-4(a). Il faut remarquer que lorsque G_1 est voisin de 0, l'utilisateur 1 essaie vigoureusement d'émettre tandis que l'utilisateur 2 est pratiquement libre d'utiliser n'importe quel intervalle, de sorte que le débit total écoulé est voisin d'une trame par intervalle de temps. Le cas le plus défavorable survient lorsque les deux types d'utilisateurs essaient d'émettre dans chaque intervalle de temps avec une probabilité de 0,5. Si cette situation se produit, il y a 25% de chances pour que l'utilisateur de type 1 essaie de transmettre et que l'utilisateur de type 2 s'abstienne, cette situation pouvant d'ailleurs s'inverser. Le débit total écoulé reste toutefois égal à 0,5 trame par intervalle de temps. La conclusion qui résulte de cet exemple montre qu'une situation asymétrique entre les utilisateurs conduit à un débit écoulé supérieur à celui que l'on peut obtenir pour un trafic homogène. Ultérieurement, nous étudierons des algorithmes qui utilisent cette particularité.

Nous allons maintenant généraliser les équations 3.6 et 3.7 pour le cas où $N_1 = 1$ et où N_2 tend vers l'infini. Dans ce contexte, l'utilisateur 1 effectue le transfert d'un très grand fichier tandis que les autres utilisateurs exécutent des transactions interactives. Pour conserver le trafic total dans des limites finies, nous devons faire tendre G_2 vers 0 de sorte que l'expression $G = N_2G_2$ conserve une valeur finie. En posant $S = N_2S_2$ nous obtenons:

$$S_1 = G_1\, e^{-G} \text{ et } S = Ge^{-G}(1-G_1)$$

La condition nous donnant le débit écoulé maximum est maintenant devenue $G_1 + G = 1$, ce qui nous permet de tracer les courbes représentant S_1 , S ainsi que S_1+S en fonction de G (cf. figure 3-4 (b)). Lorsque G est petit, les utilisateurs interactifs ont une faible activité et l'utilisateur unique effectuant un transfert de fichier peut transmettre de nombreuses trames sans être victime de collisions, ce qui conduit à une très forte utilisation du canal. Lorsque G augmente, le trafic interactif demande une part plus importante du canal et notre utilisateur unique est dans l'obligation de réduire son activité pour maintenir le trafic offert à une trame par intervalle de temps.

3.3. PROTOCOLES POUR RESEAUX LOCAUX

Avec le protocole ALOHA discrétisé, le meilleur taux d'utilisation du canal est 1/e. Cela est très surprenant, puisqu'avec des stations transmettant sans contrainte, sans se soucier de ce que font les autres stations, nous sommes conduits à observer de nombreuses collisions. Toutefois, avec les réseaux locaux une station peut s'enquérir de ce que font les autres stations et adapter son comportement en conséquence. Ces réseaux permettent ainsi d'obtenir des taux d'utilisation supérieurs à 1/e. Dans la section 3.3., nous étudierons les aspects généraux des protocoles des réseaux locaux. Dans la section 3.4, nous examinerons quelques normes en cours d'adoption concernant ces mêmes réseaux locaux.

3.3.1. CSMA persistant et non persistant

Les protocoles reposant sur le fait que le comportement des stations est déterminé par le résultat de l'écoute de ce qui se passe sur le support de transmission portent le nom de *protocoles à détection de porteuse* (*carrier sense protocols*). Kleinrock et Tobagi, 1975, ont analysé en détail plusieurs protocoles appartenant à cette famille.

Le premier de ces protocoles est le *CSMA 1-persistant* (*Carrier Sense Multiple Access*: accès multiple par écoute de la porteuse). Lorsqu'une station décide d'émettre une trame, elle écoute ce qui se passe sur le canal. Si le canal est déjà occupé par une autre station, la station attend le moment où il deviendra disponible en maintenant l'écoute. Dès que la station constate qu'il l'est devenu, elle peut émettre une trame. Si une collision se produit, la station observe une pause de durée variable et aléatoire avant d'effectuer une autre tentative. Ce protocole est appelé 1-persistant car lorsque la station décide de transmettre, la probabilité de trouver le canal disponible est égale à 1.

Le délai de propagation a une incidence importante sur les performances de ce protocole. Il est en effet possible qu'immédiatement après qu'une station a commencé à émettre, une autre station soit prête à transmettre une trame et écoute le canal. Si le signal émis par la station ayant commencé à émettre n'est pas encore parvenu à celle qui écoute le canal pour pouvoir transmettre, cette dernière croira le canal disponible et commencera son émission ; il y aura donc collision avec les signaux de l'autre station. Plus le délai de propagation séparant les stations les plus éloignées l'une de l'autre est long, plus la dégradation des performances qui résulte de ce type de collisions est importante.

Même si le délai de propagation est égal à zéro, il peut encore y avoir des collisions. Si deux stations sont prêtes à transmettre alors qu'une troisième station a déjà commencé la transmission d'une trame, elles attendent poliment que cette dernière ait terminé et toutes les deux, constatant que le canal est disponible, commenceront simultanément à émettre; d'où une collision. Si elles étaient moins impatientes il y aurait moins de collisions. Ce protocole est plus courtois que le pur ALOHA: les deux stations ont en effet la politesse d'attendre que la troisième ait terminé sa transmission. Intuitivement, cela conduit à de meilleures performances que celles du pur ALOHA. En fait, on atteint un résultat semblable aux performances obtenues avec l'ALOHA discrétisé.

Le deuxième de ces protocoles est le *CSMA non persistant*. Dans ce protocole, on accepte délibérément d'être moins pressé d'émettre sa trame que précédemment. Avant d'émettre, la station concernée écoute le canal; s'il est disponible, elle émet sa trame, mais s'il n'est pas disponible, elle ne reste pas en écoute permanente et ne cherche pas à prendre possession du canal dès qu'il est libre. Après avoir observé une période d'attente de durée aléatoire, elle répète le scénario précédent (écoute avant émission). Intuitivement, cette méthode doit conduire à une meilleure utilisation du canal mais avec des temps d'attente au niveau des stations plus longs que pour le CSMA persistant.

Le dernier protocole est le *CSMA p-persistant*. Il s'applique aux canaux utilisant des intervalles de temps pour le contrôle d'accès et fonctionne comme suit. Quand une station est prête à transmettre, elle écoute le canal. Si le canal est disponible, elle transmet avec une probabilité égale à p. La probabilité pour qu'elle attende l'intervalle de temps suivant est de la forme $q = 1 - p$. Si, lors du début de ce deuxième intervalle de temps, le canal est disponible, les probabilités pour que la station transmette ou qu'elle attende seront les mêmes. Ce processus continue jusqu'à ce que la trame soit effectivement transmise ou qu'une autre station prenne possession du canal. Dans ce dernier cas, la station réagit comme s'il y avait eu collision, c'est-à-dire qu'elle attend pendant une durée aléatoire avant de recommencer cet algorithme. Lorsque la station, au début de l'algorithme, trouve le canal occupé, elle attend l'intervalle de temps suivant et recommence. La figure 3-5 représente, pour chacun de ces trois protocoles, le débit efficace par rapport au trafic offert.

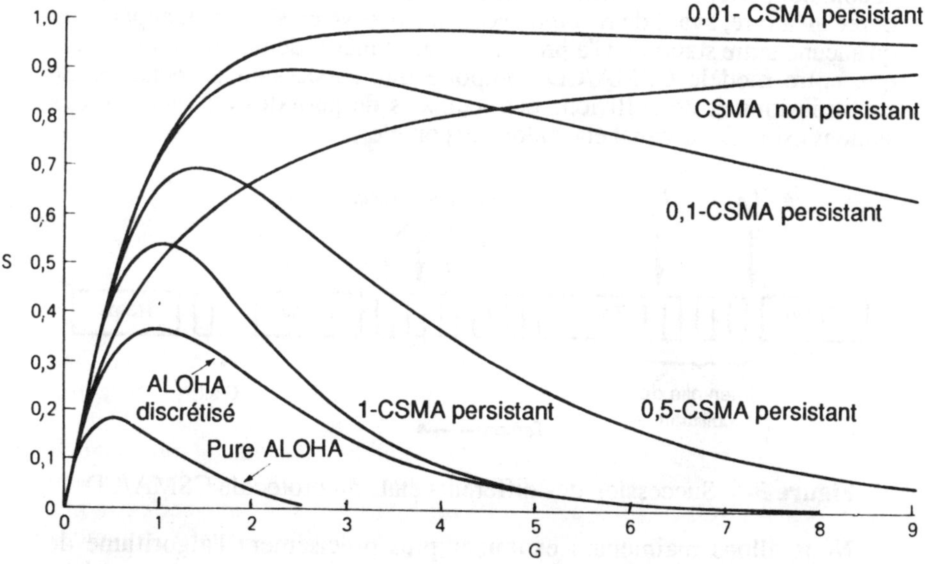

Figure 3-5. Comparaison de l'efficacité des protocoles CSMA et ALOHA

3.3.2. CSMA/CD avec détection de collision

Les protocoles CSMA persistant et non-persistant constituent une amélioration par rapport au protocole ALOHA, car ils apportent la certitude que les stations se garderont d'émettre si elles constatent qu'une autre station est en activité. Une autre amélioration consiste à faire en sorte que toute station constatant qu'elle est en conflit avec une autre cesse immédiatement d'émettre. En d'autres termes, si deux stations voyant que le canal est disponible, décident d'émettre, elles constateront rapidement qu'il y a collision et arrêteront alors immédiatement leur transmission au lieu de transmettre la totalité de leur trame. Cette méthode permet de gagner du temps, et donc réduit la quantité d'informations inutilisables effectivement transmises. Ce protocole, connu sous le sigle de *CSMA/CD* (*Carrier Sense Multiple Access with Collision Detection*: accès multiple par écoute de la porteuse et détection des collisions), est très utilisé dans les réseaux locaux et se trouve généralement localisé dans la sous-couche MAC (*Medium Access Control*: sous-couche d'accès physique).

Le protocole CSMA/CD, ainsi que plusieurs autres protocoles utilisés par les réseaux locaux, utilisent le modèle conceptuel représenté par la figure 3-6. A l'instant marqué t_0, une station termine la transmission de sa trame. Toutes les autres stations ayant une trame à transmettre peuvent maintenant tenter de le faire à leur tour. Si deux ou plusieurs de ces stations commencent, il se produit une collision, chacune des stations détectant alors la collision, arrêtant sa transmission et laissant s'écouler un certain temps de durée aléatoire, avant de recommencer sa tentative en s'assurant auparavant qu'aucune autre station ne l'a précédée dans la même démarche. Il en résulte que notre modèle CSMA/CD comporte une succession de périodes de transmissions et de collisions entrecoupées de périodes où l'activité des stations est nulle, le canal étant alors disponible.

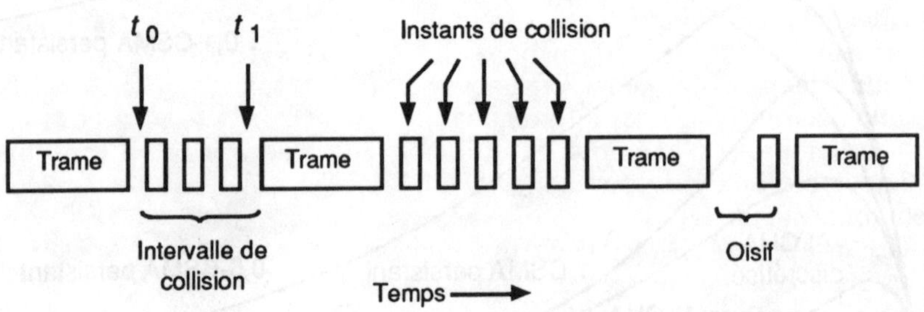

Figure 3-6. Succession des différents états du protocole CSMA/CD

Nous allons maintenant examiner plus précisément l'algorithme de résolution des collisions. Supposons que deux stations commencent leur émission à l'instant t_0 et posons-nous la question de savoir quand elles s'apercevront de la collision. La réponse à cette question est déterminante pour l'évaluation de la durée de la période de contention, et de là, de ce que seront les délais d'attente et la valeur du débit efficace. Le temps minimum pour détecter une collision est égal au temps nécessaire pour que le signal émis par une station parvienne à l'autre station.

A partir de ce raisonnement, on pourrait imaginer que toute station émettant une trame et ne détectant pas de collision pendant une période ayant son origine au début de l'émission et une durée égale au temps de propagation sur la totalité du câble utilisé, aura la certitude d'avoir acquis le droit d'émettre, les autres stations ayant constaté son activité et s'étant abstenues d'en faire autant. Ce raisonnement est malheureusement erroné. Considérons le cas le plus défavorable avec τ représentant le temps de propagation nécessaire pour joindre les deux stations les plus éloignées l'une de l'autre. A l'instant t_0, l'une des stations commence à émettre. A l'instant $\tau - \varepsilon$, un instant avant que le signal lui parvienne, l'autre station station commence à émettre. Naturellement, elle détectera presque instantanément la collision et arrêtera d'émettre. En revanche, la petite perturbation du signal qui concrétise la collision ne parviendra à la première station qu'après un délai égal à $2\tau - \varepsilon$. En d'autres termes, dans le plus mauvais des cas, une station ne peut être certaine d'avoir acquis l'exclusivité du droit à émettre qu'après une période de temps égale à 2τ.

C'est pour cette raison que nous représenterons notre modèle par un système ALOHA discrétisé dont la durée de l'intervalle de temps est égale à 2τ; pour un câble coaxial mesurant 1 kilomètre, le temps de propagation τ est de l'ordre de 5 microsecondes. Pour simplifier, nous considérerons que la durée d'un bit est égale à 2τ. Dès que le droit d'émettre est acquis par une station, celle-ci peut émettre ses informations à n'importe quel débit nominal, et donc ne pas se contenter d'un seul bit pour chaque période de 2τ secondes.

Il est important de prendre conscience que la détection des collisions est un phénomène analogique. Le récepteur de la station doit écouter en permanence ce qui se passe sur le câble pendant que son partenaire, l'émetteur, transmet les informations. Si ce qu'il reçoit est différent de ce qui est émis, il en déduit que les signaux sont perturbés par une collision. Il en résulte que l'encodage des informations doit permettre la détection de toutes les collisions; par exemple, la collision de deux signaux à 0 volt est indétectable et c'est pour cette raison que l'encodage Manchester est couramment utilisé.

Le protocole CSMA/CD est très important. Plus loin dans ce chapitre, nous étudierons une de ses versions, le protocole ISO 8802.3, qui constitue une norme internationale très importante.

3.3.3. Protocoles sans collisions

S'il n'y a plus de collisions dès qu'une station a acquis l'exclusivité du droit à émettre, elles peuvent toujours se produire pendant la période de contention. Ces collisions altèrent les performances du système, et ce plus particulièrement lorsque le câble est long (c'est-à-dire lorsque τ est grand) et les trames courtes. Dès que les réseaux à fibres optiques offrant de très larges bandes passantes seront utilisés sur des distances relativement longues, le problème de la valeur de τ deviendra sérieux. Dans la suite nous examinerons différents protocoles qui résolvent le problème de la contention sans faire intervenir le mécanisme des collisions même pendant la période de contention.

Pour tous les protocoles qui seront décrits, nous considérerons que l'adresse de chacune des *N* stations est unique, qu'elle est comprise entre 0 et *N* - 1 et câblée sur le coupleur de réseau local, et que si quelques stations sont inactives, cet état ne change rien au contexte. La question fondamentale reste la même: quelle est la station qui prendra possession du canal après une transmission réussie ? Pour répondre, nous continuerons à utiliser le modèle de la figure 3-6 avec ses périodes de contention.

Dans notre premier protocole sans collision, la méthode *Basic bit-map*, chaque période de contention comporte *N* intervalles élémentaires. Si la station 0 a une trame à transmettre, elle émet un 1 pendant l'intervalle 0; les autres stations n'ont pas le droit d'émettre pendant cet intervalle. Sans se soucier de ce qu'a pu faire la station 0, la station 1 a la possibilité de transmettre un 1 pendant l'intervalle 1 si elle a une trame à transmettre. Pour généraliser, la station *J* peut annoncer qu'elle a une trame à transmettre en émettant un 1 dans l'intervalle de temps *J*. Lorsque les *N* intervalles élémentaires se sont déroulés, toutes les stations ont eu connaissance des adresses des stations qui désirent transmettre une trame. A partir de ce moment, les stations concernées peuvent commencer à émettre en respectant l'ordre ascendant de leur adresse tel que représenté sur la figure 3-7. Comme chaque station connaît l'ordre des émissions, elle peut déterminer l'instant de son émission et les transmissions successives s'effectuent sans risque de collisions. Après la transmission de la dernière station candidate, événement qui peut être contrôlé par n'importe quelle station, une nouvelle période de contention à *N* intervalles élémentaires peut commencer. Si une station se décide à transmettre juste après que son intervalle s'est présenté, elle doit attendre la prochaine période de contention pour pouvoir se manifester à nouveau.

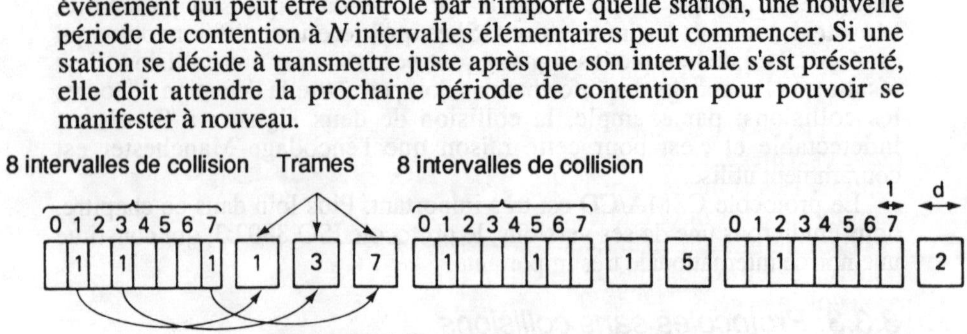

Figure 3-7. Protocole *Basic bit-map*

Analysons brièvement les performances de ce protocole. Un modèle de simulation est discuté dans l'ouvrage de Knott, 1985. A titre de simplification, notre unité de mesure sera la durée d'un intervalle élémentaire, les trames transmises comportant *d* intervalles élémentaires. Dans des conditions de faible charge, la période de contention se déroulera de façon répétitive, les stations n'ayant rien à transmettre.

Maintenant, nous allons considérer la situation d'une station ayant une adresse voisine de 0. Il y a beaucoup de chances pour que, lorsqu'elle est prête à transmettre, la période de contention soit à la moitié de son exécution. En moyenne, cette station candidate devra attendre $N/2$ intervalles élémentaires afin que l'analyse en cours des stations candidates à transmettre soit terminée et qu'une autre période de contention des N intervalles élémentaires nécessaire à une nouvelle analyse des stations candidates soit terminée, avant de pouvoir enfin commencer à transmettre.

Les perspectives pour les stations dont l'adresse est de rang élevé sont plus encourageantes. Généralement, elles ne doivent attendre qu'un temps voisin de $N/2$ intervalles élémentaires avant de pouvoir transmettre. Les stations dont l'adresse est de rang élevé n'ont généralement pas besoin d'attendre la période de contention suivante pour acquérir le droit d'émettre. Si l'on considère que les stations de rang très bas doivent attendre $1{,}5N$ pour émettre et les stations de rang élevé $0{,}5N$ intervalles de temps élémentaires, la valeur moyenne pour toutes les stations est de N intervalles élémentaires. L'efficacité du canal à faible charge est maintenant facile à calculer. Le temps nécessaire à la distribution du droit à émettre est de N intervalles élémentaires et le temps de transmission est égal à d intervalles élémentaires, ce qui nous conduit à une efficacité égale à $d/(N + d)$.

A forte charge, quand toutes les stations ont quelque chose à transmettre, les N intervalles de contention sont proportionnels aux N trames transmises, le temps moyen de distribution du droit à émettre se trouve réduit à un intervalle pour chaque trame transmise et l'efficacité devient $d/(d+1)$. Le délai moyen pour qu'une trame soit transmise est égal au délai d'attente dans la station elle-même, auquel s'ajoute le délai moyen d'attente avant transmission qui est égal à $N(d+1)/2$.

3.3.4. BRAP: protocole à priorités alternées

Le protocole *Basic bit-map* présente plusieurs inconvénients dont le plus grave est l'inégalité de traitement entre les stations du fait de la valeur de leur adresse. Les stations dont l'adresse est de rang élevé sont favorisées par rapport à celles dont l'adresse est de rang faible. Un autre inconvénient provient du fait que même à faible charge, une station ne peut pas espérer pouvoir émettre, au mieux, avant la fin de la période de contention. Le protocole que nous allons examiner maintenant élimine ces deux problèmes. Il a été découvert indépendamment par Chlamtac, 1976, et Scholl, 1976. La version de Chlamtac est appelée *BRAM* (*Broadcast Recognition Access Method*) et la version de Scholl est appelée *MSAP* (*Mini Slotted Alternating Priorities*). Pour notre part, nous avons établi un compromis donnant à ce protocole le nom de *BRAP* (*Broadcast Recognition with Alternating Priorities*).

Avec le protocole BRAP, lorsqu'une station positionne à 1 le bit de son intervalle élémentaire, elle procède à l'émission immédiate de sa trame. Ensuite, au lieu de commencer le déroulement de la période de contention systématiquement par l'adresse 0, celle-ci est initialisée par l'adresse qui suit immédiatement l'adresse de la station qui vient de transmettre une trame. De ce fait, l'invitation à transmettre est transmise de station en station dans le respect de l'ordre ascendant des adresses. Il en résulte que toute station qui désire utiliser son droit à émettre peut le faire sans autre formalité. Toute station ne désirant pas émettre laisse passer son intervalle de temps sans en modifier le contenu. La figure 3-8 illustre le déroulement du protocole BRAP pour la même activité au niveau des stations que celle utilisée pour la figure 3-7. Il faut noter que chaque période de contention consiste en un nombre quelconque d'intervalles à 0 suivis d'un intervalle contenant un 1. Dès qu'une station signale qu'elle veut utiliser le canal, elle en prend possession.

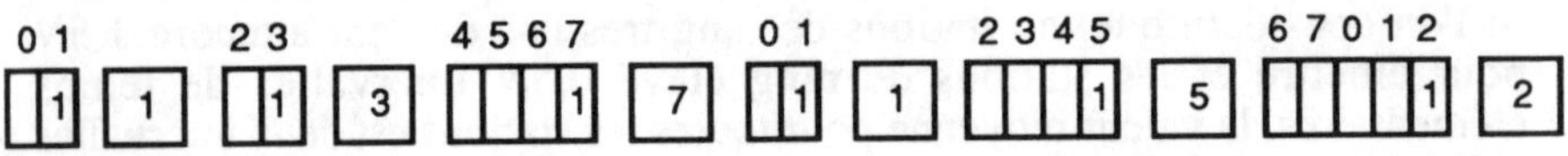

Figure 3-8. Protocole BRAP

Le protocole BRAP peut être décrit d'un manière légèrement différente. Pour ce faire nous allons reprendre le protocole CSMA 1-persistant, et considérer qu'avec le BRAP chaque station retarde sa prise de possession du canal d'une durée proportionnelle à la différence entre la valeur de son adresse et l'adresse modulo *N* de la station ayant effectué avec succès la transmission précédente. Comme les délais sont différents, il n'y a pas de collision.

Bien que l'efficacité du protocole BRAP soit identique à celle du protocole *Basic bit-map*, les délais d'attente sont plus favorables. En particulier, pour une faible charge, une station ne doit attendre que *N*/2 intervalles avant de pouvoir émettre, pour une valeur de *N* importante, au lieu des *N* intervalles du protocole précédent. A forte charge, ces deux protocoles donnent des délais similaires puisque la durée de transmission effective est prépondérante par rapport à la période de contention.

3.3.5. MLMA : Protocole multi-niveau, multi-accès

Le problème du protocole BRAP ne réside pas dans l'utilisation du canal, laquelle est excellente lorsque celui-ci est très chargé, mais provient du délai d'attente à faible charge. Lorsqu'aucune station n'est prête à transmettre, les *N* intervalles élémentaires se succèdent indéfiniment jusqu'au moment où une station positionne son intervalle à 1. En moyenne, une station attend *N*/2 intervalles avant de pouvoir émettre une trame.

Rothauser et Wild ont imaginé en 1977 une méthode qui est aussi efficace lorsque la charge du canal est importante, mais qui présente des délais d'attente plus faibles en cas de charge réduite. Avec leur méthode, une station annonce qu'elle veut transmettre en diffusant à tous ses partenaires son adresse, dans un en-tête d'un format particulier. Nous allons illustrer cette idée au moyen d'un exemple utilisant la numération décimale pour représenter les adresses des stations, la valeur de N (le nombre de stations) étant égale à 1000. Une adresse dans ce système comporte trois chiffres décimaux, chacun d'eux étant représenté par un groupe de 10 bits appelé une décade. Par exemple, l'adresse 472 sera représentée en positionnant à 1 le bit 4 de la première décade, puis le bit 7 de la deuxième décade et enfin le bit 2 de la troisième.

Si une seule station décide de transmettre dans une durée de trame, elle utilise les 30 premiers bits pour s'annoncer elle-même, en y plaçant la représentation de son adresse, et transmet ensuite sa trame. Les difficultés apparaissent lorsque deux ou plusieurs stations essaient d'insérer leurs adresses dans ces mêmes trente premiers bits. Pour identifier toutes les adresses en compétition, les stations réagissent comme suit. Le premier groupe de 10 bits de l'en-tête de toutes les trames représente le chiffre des centaines dans la représentation décimale de l'adresse des stations. Après la transmission de la première décade, les stations qui ne se sont pas manifestées doivent rester silencieuses tant que les autres stations n'ont pas transmis leurs informations. Appelons x le bit de plus fort poids de la décade 0. Dans la décade 1, toutes les stations dont la position des centaines est égale à x annoncent la valeur de leur chiffre des dizaines. Appelons y le bit de plus fort poids correspondant. Dans la décade 2, toutes les stations dont l'adresse commence par xy positionnent le bit du chiffre des unités. Elle ne peuvent être que 10 au maximum.

Cet exemple est illustré par la figure 3-9 et ce, pour cinq stations dont les adresses respectives sont 122, 125, 705, 722 et 725. Dans ces conditions $x = 7$ et $y = 2$. Après la décade 2 toutes les stations savent que les stations 722 et 725 veulent transmettre, ainsi qu'une ou plusieurs stations dont l'adresse est comprise entre 700 et 709 ou entre 100 et 199. La décade 3 permet d'identifier la station 705. La décade 4 est utilisée pour traiter la position des dizaines de la centaine la plus élevée non encore complètement identifiée. Dans notre cas, les stations de la série 100 ont la possibilité de faire connaître la valeur de leur chiffre des dizaines. Si la station 342 avait positionné le bit 3 des centaines, la décade 4 aurait été affectée à la série des 300 au lieu de celle des 100. Après l'émission par les stations de la série 100 de la valeur de leur chiffre des dizaines, toutes les stations savent que le groupe de stations restant à identifier est compris entre 120 et 129 et c'est la décade suivante qui permettra d'identifier les stations 122 et 125. Pour finir, les informations seront transmises selon l'ordre numérique des adresses.

Le nombre de décades nécessaires pour identifier les différentes adresses concernées dépend des valeurs représentant ces adresses. La séparation de 122 et 129 ne nécessite que trois décades, mais la séparation de 122 et 229 en nécessite cinq. Si les 1000 stations voulaient transmettre, la décade 0 identifierait la plage 0 à 999, la décade 1 traiterait la série des 900, la décade 2 traiterait la plage entre 990 et 999, la décade 3 celle entre 980 et 989 et ainsi de suite. La décade 10 concerne la plage entre 900 et 909 tandis que la décade 11 traite les dizaines de la série des 800 et l'on continue ainsi. Au total, 111 décades sont nécessaires pour identifier toutes les stations : la décade initiale, les 10 décades des centaines et les 100 décades nécessaires au chiffre des unités.

9	8	7	6	5	4	3	2	1	0	Position des bits
0	0	1	0	0	0	0	0	1	0	Décade 0 (122, 125, 705, 722, 725 Send)
0	0	0	0	0	0	0	1	0	1	Décade 1 (705, 722, 725 Send)
0	0	0	0	1	0	0	1	0	0	Décade 2 (722, 725 Send)
0	0	0	0	1	0	0	0	0	0	Décade 3 (705 Send)
0	0	0	0	0	0	0	1	0	0	Décade 4 (122, 125 Send)
0	0	0	0	1	0	0	1	0	0	Décade 5 (122, 125 Send)

Figure 3-9. Protocole MLMA. L'identification des stations 122, 125, 705, 722 et 725 nécessite 60 bits.

L'efficacité est difficile à calculer avec exactitude, mais pour une charge de canal très faible, 30 bits sont suffisants, ce qui donne une efficacité égale à $d/(d + 30)$. Pour une charge maximum, la trame totale comporte 111 décades suivies par 1000 trames individuelles, ce qui conduit à une efficacité égale à $d/(d + 1{,}11)$, valeur voisine de l'efficacité de la méthode *Bit-map*. Le délai moyen d'attente dans des conditions de charge faible est de 25 bits. Par exemple, si la station 485 devient prête juste après que les cinq premiers bits de la première décade ont été traités, il n'est pas trop tard pour qu'elle puisse être identifiée.

Il faut maintenant considérer que le choix de la base 10 est arbitraire. N'importe quelle autre base aurait pu convenir. Par exemple avec la base 2 et 1000 stations, 10 niveaux sont nécessaires, chacun d'eux contenant 2 bits. La première décade est utilisée pour séparer les stations en deux groupes, l'un entre 0 et 511 et l'autre entre 512 et 999. Pour réduire au minimum le nombre de bits nécessaires pour un en-tête ne traitant qu'une seule demande par trame, nous allons prendre une racine quelconque, r, avec l pour nombre de niveaux (décades). Le nombre de niveaux pour une racine donnée, r, est la plus faible valeur de l de sorte que la valeur de r^l soit supérieure ou égale à N. La valeur minimum est pour $r = e$. Pour 1000 stations $r = 2$ et $l = 10$ constituent la meilleure combinaison, mais pour $N = 2000$, la base optimum est 3 associée à 7 niveaux.

3.3.6. Compteur binaire

Le cas limite du protocole MLMA correspond à la présence d'un bit 1 pour chaque niveau. Pour un nombre *N* de stations, le nombre de niveaux est égal au $\log_2 N$, arrondi à l'entier supérieur. Pour signaler qu'elle désire transmettre, la station écrit son adresse dans ce que nous avons appelé l'en-tête, sous la forme d'un nombre binaire. Nous appellerons ce protocole *compteur binaire*. Cependant, pour éviter les conflits possibles, on doit appliquer la règle suivante: dès qu'une station s'aperçoit qu'un des bits de poids fort de son adresse dont la valeur est à 0 a été remplacé par un 1, elle abandonne sa tentative. Dès que la station gagnante a transmis son adresse, on ne dispose d'aucune information précisant combien d'autres stations souhaitaient également transmettre, aussi l'algorithme recommencera-t-il un nouveau cycle de sélection pour la transmission de la trame suivante. l'efficacité du canal avec cette méthode, $d / (d + \ln N)$, est meilleure que le MLMA décimal quand les stations émettent leurs informations sous la forme de très courtes rafales mais légèrement moins bon pour une charge importante. Si toutefois le format de la trame a été choisi de telle sorte que l'adresse de l'émetteur occupe le premier champ de la trame, ces $\ln N$ bits ne sont pas perdus.

Mok et Ward, 1979, ont décrit une variante de ce protocole en utilisant une interface parallèle au lieu d'une interface série. Ils ont également suggéré d'utiliser des adresses virtuelles pour effectuer, après chaque transmission, une permutation circulaire de l'adresse 0 à l'adresse de la station gagnante. Ceci permet de donner une meilleure priorité aux stations qui ont été silencieuses pendant une durée inhabituelle. Par exemple, si les stations *C*, *H*, *D*, *A*, *G*, *B*, *E*, *F*, possèdent respectivement les priorités 7, 6, 5, 4, 3, 2, 1, 0, une transmission de trame réussie par *D* lui donnera la priorité 0, la liste devenant: *C*, *H*, *A*, *G*, *B*, *E*, *F*, *D*. Il en résulte que *C* reste la station virtuelle 7, que *A* se voit affecter la priorité 5. A partir de ce moment, la station *D* ne pourra acquérir le canal que si aucune autre station ne souhaite le faire.

3.3.7. Protocoles à contention limitée

Nous avons jusqu'à présent considéré deux stratégies de base pour l'acquisition du droit à émettre sur un réseau par câble: la contention, avec les protocoles CSMA, et les méthodes fondées sur l'absence de collision. Chacune de ces stratégies peut être évaluée sur la base de deux grandeurs mesurables: le délai d'attente lorsque l'activité est faible et l'efficacité du canal à forte charge. Lorsque la charge est faible, les protocoles à contention, ALOHA pur ou ALOHA discrétisé, sont préférables car les délais d'attente sont courts. Au fur et à mesure que la charge du canal augmente, l'efficacité de la contention devient de moins en moins évidente, car les périodes utilisées pour la résolution des situations de contention deviennent de plus en plus fréquentes. C'est le raisonnement inverse qui s'applique aux protocoles sans collision: à faible charge le délai d'attente est conséquent, mais dès que la charge augmente, l'efficacitité du canal s'améliore alors qu'elle se dégrade avec les protocoles fondés sur la contention.

Evidemment, il serait intéressant de pouvoir combiner les meilleures propriétés des protocoles à contention et des protocoles sans collision pour parvenir à un nouveau protocole qui utilise la contention à faible charge, pour obtenir de faibles délais d'attente, et qui utilise, à forte charge, les techniques sans collision qui fournissent la meilleure efficacité. C'est ce que font les protocoles que nous appellerons protocoles à contention limitée, qui nous permettront de conclure notre étude sur les réseaux utilisant la détection de porteuse comme critère majeur de décision.

Jusqu'à présent, les protocoles à contention que nous avons utilisés étaient symétriques, ce qui signifie que chaque station essaie d'obtenir l'exclusivité du droit à émettre avec la même probabilité p. Comme nous l'avons mentionné précédemment, les performances globales de ces systèmes peuvent être améliorées en utilisant un protocole qui attribue aux différentes stations des probabilités différentes.

Avant d'aborder l'étude des protocoles asymétriques, nous allons procéder à une revue rapide des performances des protocoles symétriques. La probabilité pour qu'une station acquière le canal durant une période de contention lorsque k stations sont en compétition pour l'obtenir, chacune d'elle transmettant avec la probabilité p, est égale à $kp(1 - p)^{k-1}$. La valeur optimale de p est égale à $1/k$, ce qui nous conduit à la formule générale:

$$\Pr[\text{succès avec } p \text{ optimal}] = \{(k-1)/k\}^{k-1} \qquad (3.9)$$

La courbe de la figure 3-10 représente cette probabilité. Pour un faible nombre de stations, les chances de succès sont bonnes, mais dès que le nombre de stations arrive à 5 la probabilté se réduit pour atteindre sa valeur asymptotique de 1/e.

Au vu de la figure 3-10, il est évident que l'accroissement de la probabilité pour qu'une station obtienne le canal ne peut être obtenu qu'en réduisant le nombre de candidats. C'est ce que font les protocoles dits à contention limitée. En premier lieu, ils partagent les stations en groupes, pas nécessairement disjoints. Seules les stations appartenant au groupe 0 peuvent entrer en compétition lors de la période de contention 0. Si l'une des stations réussit, elle acquiert le canal et transmet sa trame. Si la période de contention est inutilisée ou s'il y a collision, les membres du groupe 1 entrent en compétition pour la période de contention suivante et ainsi de suite. En effectuant une répartition judicieuse des stations dans les différents groupes, le nombre de collisions peut être réduit, ce qui conduit chaque groupe à travailler à l'extrémité gauche de la courbe représentée sur la figure 3-10.

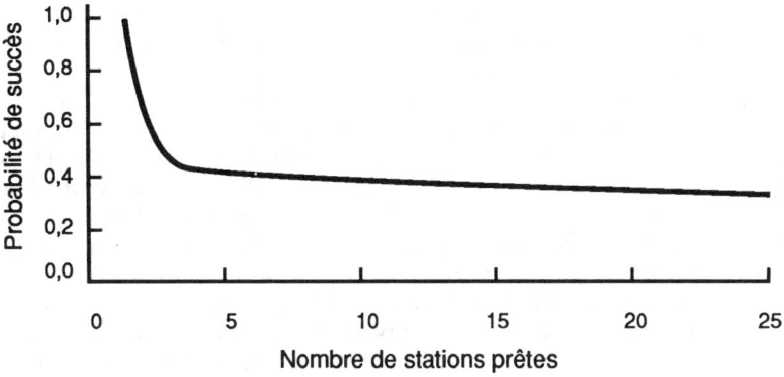

Figure 3-10. Probabilité d'acquisition pour un protocole symétrique à contention

Le problème qui reste entier concerne l'affectation des différentes stations aux différents groupes. Avant de parler du cas général, examinons quelques cas particuliers. À la limite, chaque groupe peut ne comporter qu'une seule station. Une telle attribution garantit qu'il n'y aura jamais de collision, une seule station cherchant à émettre dans chaque période de contention. Nous avons déjà rencontré ce protocole, c'est le BRAP. Le cas particulier suivant consiste à affecter deux stations par groupe. La probabilité pour que les deux stations cherchent à transmettre simultanément est de p^2, ce qui peut être négligeable si p est petit. En affectant deux stations par groupe, on réduit le nombre de périodes du BRAP de la valeur $N/2$ à $N/4$ divisant par deux le délai d'attente. Lorsque l'on ajoute des stations aux différents groupes, la probabilité de collision augmente mais le nombre de périodes nécessaires pour donner une chance d'émettre à toutes les stations se réduit. L'autre cas limite consistant à affecter toutes les stations au même groupe correspond au protocole ALOHA discrétisé. Ce dont nous avons besoin, c'est de pouvoir affecter dynamiquement les stations de sorte que, lorsque le trafic est faible, chaque groupe comporte beaucoup de stations et que lorsque le trafic devient important, le nombre de stations par groupe se rapproche de l'unité.

3.3.8. Protocole à routage adaptatif

Une méthode particulièrement simple pour décider de l'affectation des stations consiste à utiliser l'algorithme inventé par l'armée américaine, durant la Deuxième Guerre mondiale, pour dépister les soldats atteints de la syphilis (Dorfman 1943). Pour résumer, on effectuait un prélèvement sanguin sur N soldats. Une fraction de chaque prélèvement était introduit dans une même éprouvette et un test de recherche des anticorps était effectué. Si rien n'était détecté, les soldats étaient réputés être en bonne santé. Si le test se révélait positif, deux nouveaux échantillons étaient préparés, chacun d'eux regroupant la moitié des patients. Ce processus était répété jusqu'à ce que les soldats malades soient identifiés.

Pour la version de cet algorithme applicable aux stations (Capetanakis 1979), il est judicieux que la répartition des stations soit organisée selon une arborescence binaire telle que celle représentée à la figure 3-11. Dans la première période de contention suivant la transmission réussie d'une trame, période 0, toutes les stations ont le droit d'essayer d'acquérir le canal. Si l'une d'entre elles réussit, tout va pour le mieux. S'il y a collision, seules les stations raccordées au nœud B et victimes de la collision précédente pourront concourir pendant la période 1. Si l'une d'elles acquiert le droit d'émettre, la période de contention suivant la transmission de la trame sera attribuée aux stations dépendant du nœud C. En revanche, si deux stations sous le nœud B veulent transmettre, il y aura une collision pendant la période 1 et la période 2 sera attribuée au nœud D.

Figure 3-11. Arborescence pour huit stations

Si une collision se produit durant la première période de contention consacrée à la recherche des stations prêtes à transmettre, c'est toute l'arborescence qui est concernée. Chaque période est associée à un nœud particulier. Si une collision se produit, la recherche se poursuivra avec la branche gauche puis la branche droite de ce nœud. Si une période de recherche reste sans réponse ou si une station peut transmettre avec succès, la recherche à partir de ce nœud est terminée, car toutes les stations qui en dépendent ont été sollicitées. S'il y avait d'autres stations candidates il y aurait eu collision.

Quand la charge du système est importante, il est sans intérêt d'attribuer la période de contention 0 au nœud A; en effet cela n'aurait de sens que si une seule station était supposée être candidate. De même, il est possible d'argumenter que ce raisonnement s'applique aux nœuds B et C. Exprimée en termes généraux la question consiste à déterminer à quel niveau de l'arborescence il est judicieux de commencer l'identification des stations. Pour le moment, considérons que chaque station a une bonne connaissance du nombre de stations qui sont prêtes à émettre, q. Nous reviendrons sur ce point et plus particulièrement sur la méthode qui permet d'obtenir cette information.

Pour commencer, nous allons attribuer des niveaux aux ramifications de notre arborescence avec le niveau 0 au nœud A, le niveau 1 aux nœuds B et C, etc. Il faut noter au passage que chaque nœud situé au niveau i commande le chemin donnant accès à une fraction de l'arborescence égale à 2^{-i}. Si le nombre de stations prêtes à émettre, q, est uniformément distribué, le nombre de stations dont l'accès est controlé par un nœud du niveau i est égal à $2^{-i}q$. Intuitivement, nous essayerons de commencer notre recherche à partir du niveau ou l'égalité $2^{-i}q = 1$ est vérifiée, ce qui se traduit par $i = \log_2 q$.

De nombreuses améliorations de cet algorithme ont été découvertes et sont discutées par Bertsekas et Gallager, 1987. Par exemple, nous allons considérer que les stations 6 et 7 sont les seules à vouloir transmettre. La recherche à partir du nœud A nous donnera une collision, le nœud B ne donnera aucun résultat. Il est sans intérêt de contrôler C car nous aurons à l'évidence une collision, en effet nous savons que A contrôle l'accès de plusieurs stations souhaitant émettre et que C n'en contrôle aucune. La recherche à partir de C peut être supprimée et nous pouvons passer à F. Comme ce nœud ne donne aucun résultat, nous pouvons éviter G et interroger directement la station 6.

3.3.9. Protocole de l'urne

Kleinrock et Yemini, 1978, ont décrit un protocole semblable au précédent, mais avec un processus de choix aléatoire à partir d'une urne au lieu d'un cheminement dans une arborescence. Comme précédemment, l'objectif consiste à limiter le nombre de stations autorisées à transmettre au cours d'une période de contention, de façon que la probabilité pour qu'une seule station soit choisie au cours d'une période de contention s'approche de sa valeur maximum.

Dans ce protocole, on fait une analogie entre les balles contenues dans une urne et les stations. Les balles vertes représentent les stations qui veulent transmettre et les balles rouges correspondent aux stations qui n'ont rien à transmettre. La probabilité de choisir exactement x balles vertes si l'on retire n balles sans les remplacer est donnée par la formule suivante:

$$\frac{\binom{k}{x}\binom{N-k}{n-x}}{\binom{N}{n}}$$

Le premier facteur du numérateur représente le nombre de façons de choisir x balles vertes parmi k balles vertes présentes dans l'urne. Le second facteur du numérateur représente le nombre de façons de choisir $n - x$ balles rouges parmi $N - n$ balles rouges présentes dans l'urne. Le dénominateur représente le nombre de façons de choisir n balles parmi les N balles présentes dans l'urne.

Ce qui nous intéresse dans cette démarche, c'est la probabilité d'extraire une seule balle verte, condition indispensable pour que la transmission d'une trame puisse s'exécuter avec succès. Quand $x = 1$, la probabilité atteint son maximum lorsque l'on choisit $n = N/k$, arrondi au nombre entier immédiat. La valeur moyenne du nombre de balles vertes dans un prélèvement est égale à la taille du prélèvement, n, multipliée par la probabilité qu'un certain nombre de balles soient vertes, k/N. Cette valeur est toujours voisine de 1, mais pas exactement 1 à cause de l'arrondi précédent. La figure 3-12 représente la probabilité d'extraire exactement une balle verte pour le cas où $N = 100$. Pour $k > N/2$, une balle seulement sera extraite, et le débit efficace sera égal au débit nominal multiplié par la fraction des stations prêtes à émettre.

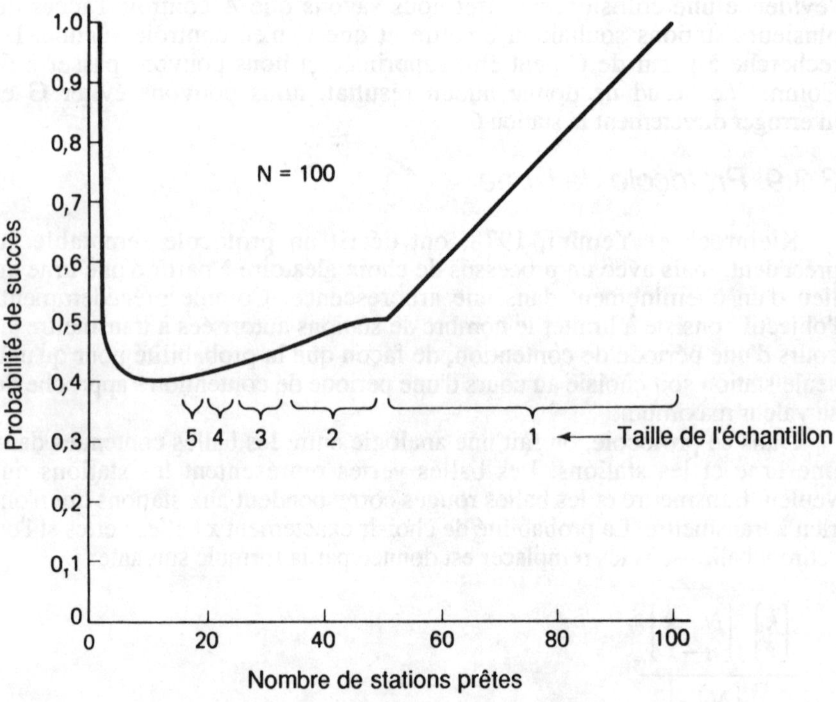

Figure 3-12. Probabilité de succès de la méthode de l'urne

Après avoir déterminé la valeur qu'il est souhaitable de donner à *n*, il nous faut choisir les stations qui pourront émettre. Cette décision doit être collective, et toutes les stations doivent accepter la méthode et les décisions qui en résultent. Pour ce faire, plusieurs méthodes ont été proposées (Kleinrock et Yemini, 1978). En voici une particulièrement séduisante: les stations sont supposées être réparties par ordre numérique autour d'une circonférence hypothétique; une fenêtre de largeur *n* tourne sur cette circonférence. Durant chaque période de contention, les stations se trouvant à l'intérieur de la fenêtre ont le droit de procéder à une émission. Etre situé à l'intérieur de la fenêtre est analogue au fait de voir son accès contrôlé par un nœud de la figure 3-12 lorsqu'on utilise une période de contention. Si une transmission s'est effectuée avec succès ou si aucune transmission n'a eu lieu, la fenêtre se décale de *n* positions. S'il y a eu une collision, la largeur de la fenêtre est divisée par deux et replacée à sa position précédente, et ce processus est renouvelé jusqu'à ce que les collisions cessent. La réduction de la taille de la fenêtre est analogue à la progression dans l'arborescence de la figure 3-11.

Nous allons maintenant voir comment se comporte cet algorithme en présence d'une charge faible puis d'une activité importante. Si l'estimation du nombre de stations est égale ou inférieure à 1, la taille de la fenêtre sera égale à *N*. En d'autres termes, la fenêtre recouvrira la totalité de la circonférence et toutes les stations auront le droit d'émettre. Dans ces conditions, ce protocole se comporte comme le protocole ALOHA discrétisé. Si la valeur estimée de *k*, nombre de stations désirant émettre, est stabilisée à 2 pendant un certain temps, *n*, la largeur de la fenêtre, sera égale à $N/2$ et les stations seront partagées en deux groupes, chacun de ces groupes se comportant alternativement comme avec le protocole ALOHA discrétisé. Enfin, si $k > N/2$, la taille de la fenêtre sera réduite à 1; dans chaque fenêtre, une seule station sera autorisée à transmettre, si elle le désire, et il n'y aura pas de collision. On remarque que la position de la station gagnante tourne autour de notre circonférence. A cette limite, ce protocole devient identique au multiplexage temporel. Ce protocole, le protocole de l'urne, se comporte comme le protocole ALOHA discrétisé à faible charge et bascule vers le comportement du protocole STDM (*Statistical Time Division Multiplexing*) à forte charge. Chamltac et Ganz, 1986, en proposent une analyse très rigoureuse.

Tous les protocoles à contention limitée sont fondés sur la connaissance par les stations d'une estimation du nombre de stations qui désirent transmettre. Un moyen permettant aux stations d'obtenir cette estimation consiste à utiliser un sous-canal logique séparé destiné à la transmission des changements d'états. On peut obtenir un sous-canal de ce type par le traditionnel multiplexage en fréquences, par exemple en attribuant une bande de fréquences étroite réservée à cette signalisation, ou en accolant, à chaque période de contention suivant une transmission de trame réussie, un espace réservé à la signalisation. Dans les deux cas, cet espace de signalisation devra être partagé selon le principe de la trame formatée attribuant à chaque station un espace qui lui est réservé exclusivement.

Chaque station doit maintenir en permanence la valeur estimée du nombre de stations désirant émettre. Cette estimation doit être modifiée lorsque deux événements interviennent : une transmission a réussi, auquel cas cette valeur est réduite d'une unité, ou une nouvelle station est prête à émettre, ce qui doit augmenter cette valeur. Le premier type d'événement est facile à prendre en compte car toutes les stations sont en mesure de constater que la transmission d'une trame est réussie ou non. Le second type d'événement est plus difficile à appréhender, c'est pourquoi un sous-canal est nécessaire. Quand une station est prête à émettre, elle s'annonce sur le sous-canal. Si une seule station s'annonce comme étant prête au cours du cycle de signalisation, cette situation peut être détectée sans ambiguïté par les autres stations. Cependant, si plusieurs stations sont prêtes pendant cette même période, il y aura collision.

Nous devons considérer que ces collisions peuvent être détectées. Quand une collision se produit sur le sous-canal de signalisation, toutes les stations savent que plusieurs stations sont en compétition mais sans savoir exactement combien. Pour arriver à une estimation du nombre moyen de stations nouvellement prêtes à émettre et présentes dans une collision, nous allons supposer que le nombre moyen de stations qui deviennent prêtes dans chaque période de contention découle de la loi de Poisson et a pour valeur m. L'équation 3.2 nous permet d'établir que la probabilité pour qu'aucune station ne devienne prête durant une période de contention est égale à e^{-m}. De même, la probabilité pour qu'une station devienne prête durant la même période est égale à me^{-m}. Ces deux valeurs peuvent être estimées précisément en enregistrant les tranches de temps pour lesquelles il n'y a rien et celles pour lesquelles il n'y a qu'un seul message disant «je suis prête». A partir de ces informations, on peut établir deux estimations de m et en déduire une valeur moyenne qui sera celle utilisée.

Une fois la valeur de m connue, nous pouvons en déduire, à partir de la loi de Poisson et des formules de probabilité conditionnelle, la probabilité pour que r stations deviennent prêtes :

$$\Pr[A \text{ étant donné } B] = (\Pr[A \text{ et } B]) / \Pr[B]$$

On trouve que

$$\Pr[\text{qu'il y ait } r \text{ stations en collision}] = (m^r e^{-m} / r!) / (1 - e^{-m} - me^{-m})$$

A partir de ces probabilités, nous pouvons déduire la valeur moyenne. En général, le nombre moyen de stations impliquées dans une collision n'est pas un nombre entier, aussi la valeur estimée du nombre de stations prêtes évoluera-t-il continûment plutôt que de prendre des valeurs entières. Cela n'est pas un problème puisque nous représentons toujours n par un nombre entier.

3.4. LES RECOMMANDATIONS IEEE 802 POUR LES RESEAUX LOCAUX

Comme nous l'avons vu au paragraphe 1.7.4., l'IEEE a défini, pour les réseaux locaux, plusieurs normes. Ces normes, connues sous le vocable IEEE 802, concernent le protocole CSMA/CD, le protocole *bus à jeton* (*Token bus*), et le protocole *anneau à jeton* (*Token ring*). Ces normes sont différentes pour ce qui est de l'utilisation du support physique de transmission mais elles sont compatibles au niveau de la couche liaison. Les normes IEEE 802 ont été adoptées par l'ISO en tant que normes internationales sous la référence IS 8802. Par ailleurs, il faut noter que pour des normes elles sont étonnamment faciles à lire.

L'ensemble de ces normes a été divisé en sections, chaque section étant publiée sous la forme d'un fascicule, certains fascicules étant parfois regroupés pour en faciliter l'interprétation. La norme IEEE 802.1 décrit le contexte des normes, traite de l'architecture et définit les primitives utilisées. La norme IEEE 802.2 concerne la sous-couche supérieure de la couche liaison de données et en particulier le protocole *LLC* (*Logical Link Control)*. Les normes IEEE 802.3 à 802.5 décrivent les trois types de réseaux locaux retenus par l'IEEE qui sont respectivement: le CSMA/CD, le bus à jeton et l'anneau à jeton. Chacune des ces normes définit la couche physique qu'elle utilise ainsi que le protocole MAC (*Medium Access Control*) qui l'accompagne. Les fonctions du protocole MAC sont généralement représentées comme appartenant à la sous-couche inférieure de la couche liens logiques. Chacune de ces trois normes rassemble les fonctions couche physique et MAC qui les concernent. Les trois sections suivantes les décriront plus précisément.

3.4.1. Norme IEEE 802.3 et Ethernet

La norme IEEE 802.3 appartient à la famille des réseaux locaux de type CSMA/CD 1-persistant. Pour mémoire, quand une station décide d'émettre, elle écoute le câble; si le câble est déjà utilisé, elle attend qu'il devienne disponible; en revanche, s'il est libre, elle transmet immédiatement ses informations. Si deux ou plusieurs stations transmettent simultanément sur le câble qui leur paraissait disponible, leurs informations se télescopent. Toutes les stations victimes d'une collision arrêtent immédiatement de transmettre, observent un délai d'attente de durée aléatoire et tentent à nouveau de transmettre leurs informations.

La norme IEEE 802.3 possède une histoire intéressante. Elle a pour origine le système ALOHA d'Abramson exploité à Hawaï, qui sera décrit plus loin. La fonction «écoute de la porteuse» fut ajoutée ensuite et Xerox construisit un système CSMA/CD à 2,94 Mbit/s fonctionnant sur un câble de 1000 mètres de longueur et permettant de connecter 100 stations de travail (Metcalfe et Boggs, 1976, Shoch, 1987). Ce système a été appelé

Ethernet en référence à l'éther, espace à travers lequel on pensait que se propageaient les ondes électromagnétiques: lorsqu'au XIXe siècle le physicien britannique James Clerk Maxwell a découvert que les ondes électromagnétiques peuvent être décrites par des équations périodiques, les scientifiques ont supposé que cet espace pouvait être rempli d'une sorte de support immatériel dans lequel les ondes électromagnétiques se propageaient. Ce n'est qu'après la célèbre expérience de Michelson-Morley que les physiciens ont découvert que les ondes électromagnétiques pouvaient se propager dans le vide.

Le système Xerox Ethernet a été une réussite telle que Xerox, DEC et Intel ont défini un standard de fait pour un réseau Ethernet au débit nominal de 10 Mbit/s. Ce standard a servi de base de travail pour la recommandation IEEE 802.3. Le standard publié par l'IEEE diffère des spécifications Ethernet en ce sens qu'il décrit toute une famille de protocoles CSMA/CD 1-persistants qui utilisent différents types de supports de transmission et dont les débits nominaux sont compris entre 1 et 10 Mbit/s. Ce standard initial fournit également les paramètres pour un système bande de base à 10 Mbit/s sur un câble coaxial de 50 ohms d'impédance caractéristique. D'autres ensembles de paramètres pour d'autres supports de transmission et d'autres débits nominaux sont actuellement en cours d'étude. La discussion qui va suivre concerne essentiellement la version bande de base à 10 Mbit/s.

De nombreuses personnes utilisent de façon incorrecte le nom d'Ethernet comme terme générique pour désigner n'importe quel système CSMA/CD, même si celui-ci se réfère à la norme IEEE 802.3. Dans les paragraphes qui vont suivre, nous utiliserons les termes 802.3 et CSMA/CD sauf lorsque nous nous référerons explicitement au produit Ethernet.

Comme le nom *Ethernet* se réfère au câble utilisé (l'éther), nous allons commencer nos explications à partir de celui-ci. Deux types de câbles coaxiaux sont communément utilisés: ils sont connus sous les noms d'*Ethernet épais* et d'*Ethernet fin*. Le câble Ethernet épais ressemble à un tuyau d'arrosage de couleur jaune et porte des repères tous les 2,5 mètres pour désigner les emplacements des dérivations qui alimenteront les stations de travail. La norme IEEE 802.3 ne recommande pas que le câble soit jaune mais elle le suggère. Le câble Ethernet fin, plus mince et plus flexible, utilise, pour le raccordement des stations, des raccords en T de type BNC au lieu de la technique des sondes, dites aussi prises vampires. Le câble Ethernet fin est moins cher mais il ne permet pas de réaliser des dessertes aussi longues qu'avec l'Ethernet épais. Les deux types de câbles sont compatibles et peuvent, dans certaines conditions, être interconnectés. Dans d'autres conditions plus contraignantes il est possible de remplacer le câble coaxial par une paire torsadée.

La détection des défauts de câblage, mauvaises dérivations, connecteurs endommagés constitue un problème majeur pour tous les types de supports physiques. On a donc développé des techniques pour les localiser. A la base de ces techniques, on trouve une impulsion de forme connue que l'on injecte dans le câble. Si cette impulsion rencontre une anomalie ou l'extrémité du câble, une impulsion réfléchie prend naissance et retourne à l'origine du câble. En mesurant soigneusement le temps qui sépare l'émission de l'impulsion d'origine de la réception de l'impulsion réfléchie, il est possible de localiser dans l'espace le lieu où se trouve l'anomalie. Cette technique met en œuvre la réflectométrie.

Toutes les implémentations de la recommandation IEEE 802.3, ainsi qu'Ethernet, utilisent l'encodage Manchester direct tel que représenté sur la figure 2.3. La présence d'une transition au milieu de chaque temps bit permet d'établir et de maintenir la synchronisation bit entre l'émetteur et les récepteurs. A tout moment, le câble coaxial est dans l'un des trois états suivants: il transmet un bit 0, c'est un niveau bas suivi d'un niveau haut, il transmet un bit 1, c'est un niveau haut suivi d'un niveau bas, ou il est disponible, c'est l'état «libre», et le niveau est nul, 0 volt. Le niveau haut correspond à +0,85 volts, le niveau bas à -0,85 volts, ce qui permet de ne pas avoir de composante de courant continu.

La configuration courante d'un système Ethernet est donnée par la figure 3-13(a). Sur cette figure, nous voyons un *boîtier d'accès* (*transceiver*, pour émetteur-récepteur), fixé solidement au câble coaxial de sorte que la sonde qui traverse l'isolant séparant le conducteur extérieur du cœur du coaxial soit en contact parfait avec cette dernière. L'émetteur-récepteur contient des circuits électroniques chargés de l'écoute du câble et de la détection des collisions. Son comportement est en quelque sorte analogue à celui d'un modem. Lorsqu'une collision est détectée, l'émetteur-récepteur transmet au coupleur de réseau local de la station un signal spécial dénotant l'incident. En large bande, il émet également, à l'intention des autres émetteurs-récepteurs, un signal spécial qui prend le nom de «signal de brouillage», ce qui permet à tous de prendre en compte la situation de collision.

Un câble spécial raccorde l'émetteur-récepteur au coupleur de réseau local de la station. Il comporte cinq paires symétriques blindées individuellement et sa longueur maximum est limitée à 50 mètres. Deux de ces paires sont dédiées à l'émission et à la réception des données, deux autres sont utilisées pour le dialogue de contrôle entre l'émetteur-récepteur et le coupleur de réseau local de la station. La cinquième paire, qui n'est pas toujours utilisée, permet l'alimentation en énergie de l'émetteur-récepteur. Des émetteurs-récepteurs à fonctions multiples sont capables de travailler simultanément avec huit coupleurs de ce type de réseau local, ce qui permet de réduire le nombre d'émetteurs-récepteurs nécessaires.

Un coupleur de réseau local comporte un microprocesseur qui contrôle les échanges avec l'émetteur-récepteur. Le coupleur de réseau local est chargé de l'assemblage des trames et des différents contrôles de validation des échanges d'informations relevant de la sous-couche MAC. Certains coupleurs de réseau local sont également chargés de la gestion de mémoire, de l'attente pour la réception des trames, de la gestion de files d'attente pour l'émission et des échanges d'informations avec la station selon la technique de la mémoire partagée, ainsi que d'autres aspects concernant la gestion du réseau.

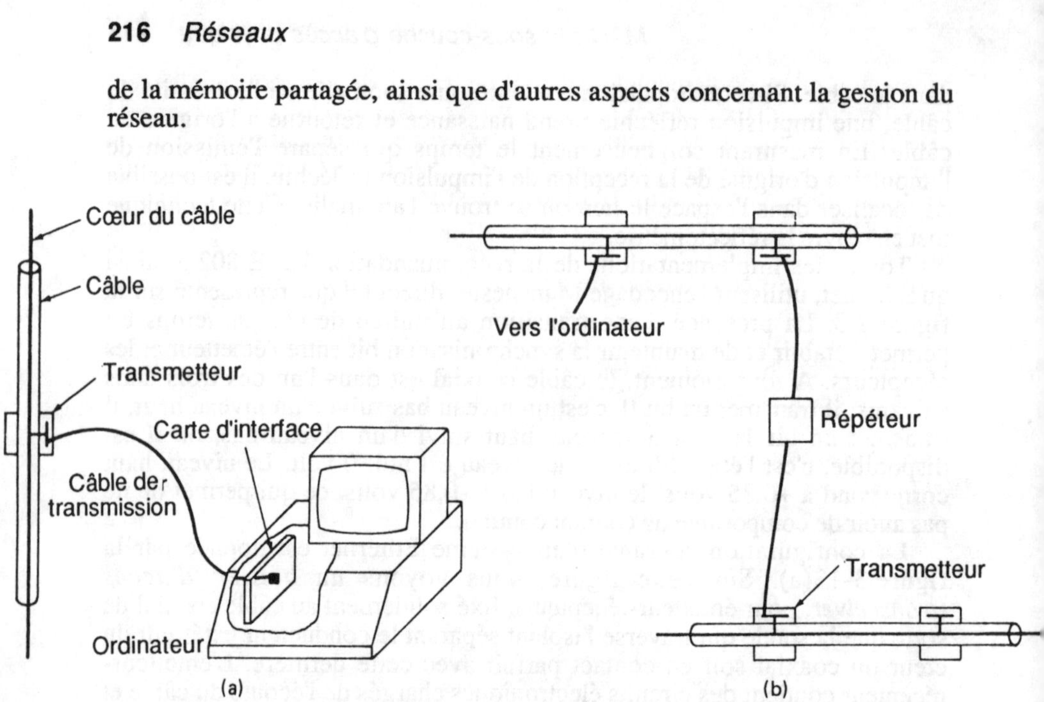

Figure 3-13.(a) Localisation de l'émetteur-récepteur et du coupleur de réseau local (b) Interconnexion de deux segments à l'aide d'un répéteur

La longueur maximum d'un support physique définie par la recommandation IEEE 802.3 est de 500 mètres. Pour permettre à un réseau de ce type de desservir des espaces plus importants, on peut interconnecter plusieurs tronçons par l'intermédiaire de répéteurs, comme l'illustre la figure 3-13(b). Un répéteur est un dispositif actif qui reçoit, amplifie et retransmet les signaux dans les deux sens de transmission. Il faut garder présent à l'esprit qu'un bus doit être, au sens transmission, bidirectionnel simultané. Sur le plan de la transmission proprement dite, un ensemble de tronçons interconnectés par des répéteurs se comporte comme un support physique unique, si ce n'est que l'on doit tenir compte, en ce qui concerne le temps de propagation, des temps de transit à l'intérieur des différents répéteurs utilisés. Un système de ce type peut comporter de nombreux segments mais doit respecter les limitations suivantes: la distance maximum pouvant séparer les deux émetteurs-récepteurs les plus éloignés l'un de l'autre ne doit pas excéder 2500 mètres et le nombre de répéteurs en série ne doit pas dépasser quatre.

La figure 3-14 représente différentes méthodes permettant de desservir les points d'implantation des stations équipant un immeuble. Sur la figure 3-14(a), un câble unique, à partir duquel seront effectuées les dérivations nécessaires au raccordement des stations de travail, dessert séquentiellement les différents locaux destinés à les recevoir. La figure 3-14(b) représente le principe d'une topologie à deux niveaux. Dans ce cas, on utilise un segment principal, desservant par exemple tous les niveaux d'un immeuble, auquel sont raccordés, par l'intermédiaire de répéteurs, les segments secondaires desservant chacun des étages. Dans certaines installations, le segment principal utilise une paire coaxiale de type Ethernet épais et les segments secondaires une paire coaxiale de type Ethernet fin. La topologie à caractère général, de nature arborescente, est représentée par la figure 3-14(c), car il ne faut pas qu'entre deux stations d'un même réseau local, deux cheminements différents soient simultanément offerts aux signaux, leurs interférences les rendant inexploitables.

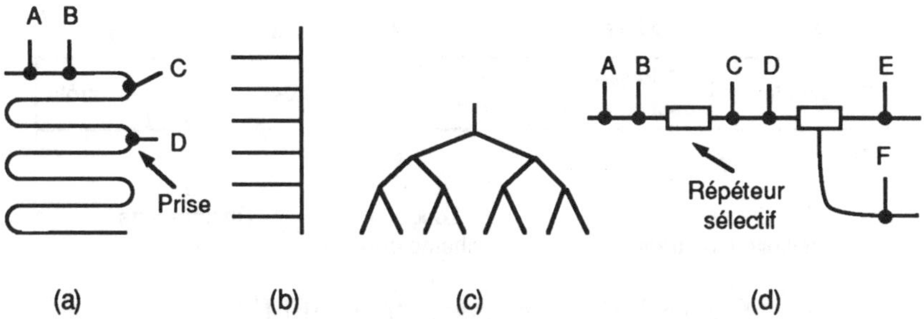

Figure 3-14. Topologies de câblage : (a) linéaire, (b) en épine dorsale, (c) en arbre, (d) à entités physiques multiples

Une autre manière d'organiser la desserte des points d'implantation des stations de travail consiste à remplacer les répéteurs utilisés précédemment par des ponts, parfois appelés *répéteurs sélectifs*. A l'inverse des répéteurs qui se contentent de transférer d'un segment à un autre les informations binaires qui y circulent, les *ponts* (*bridge*) examinent le contenu de chaque trame afin de décider de son transfert ou non sur le segment adjacent. Par exemple, sur la figure 3-14(d), une trame émise par la station A à destination de la station B ne sera pas transférée vers les autres segments par le pont. En revanche, une trame émise par la station A à destination des stations C ou F sera transférée. En isolant au niveau physique les segments qu'il interconnecte, le pont rend possible la simultanéité d'échanges de trames entre A et B d'une part et C, D ou E d'autre part.

Pour pouvoir effectuer ces transferts sélectifs, les ponts doivent savoir à quel segment les différentes stations de travail sont raccordées. La manière dont ils acquièrent ces informations sera abordée dans le chapitre 5.

Protocole de la sous-couche MAC IEEE 802.3

La figure 3-15 représente la structure de la trame physique 802.3 (IEEE 1985). Chaque trame débute par une amorce, préambule de 7 octets, chacun d'eux contenant 10101010. Après encodage, selon la méthode Manchester Direct, cette amorce fournit pendant 5,6 microsecondes une onde rectangulaire à la fréquence de 10 MHz destinée à permettre aux récepteurs des différentes stations de travail d'acquérir la synchronisation bit. L'octet suivant contient le marqueur de début (10101011) permettant d'acquérir la synchronisation caractère et la synchronisation trame.

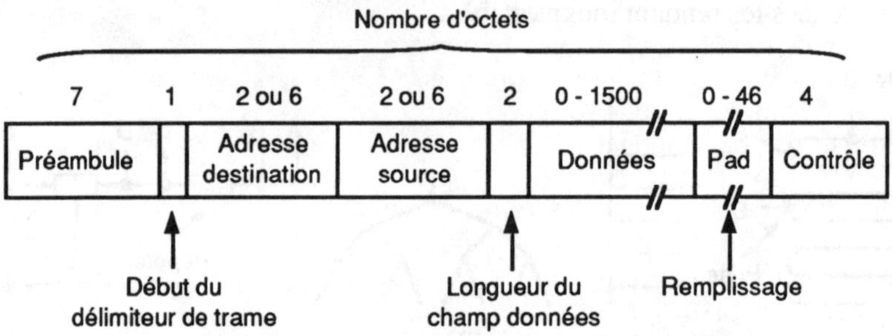

Figure 3-15. Format de la trame IEEE 802.3

Chaque trame contient deux adresses physiques, celle de destination et celle d'origine. La recommandation IEEE prévoit deux formats d'adressage, à 16 ou à 48 bits, mais seul le format à 48 bits est retenu pour l'implémentation de type bande de base au débit nominal de 10 Mbit/s. Le bit de plus haut rang indique dans le champ adresse de destination s'il s'agit d'une adresse individuelle, 0, ou d'une adresse de groupe, 1. L'utilisation d'une adresse de groupe permet à plusieurs stations de recevoir la même trame. Ce type de transmission est appelé *multicast*. Si l'adresse de destination ne comporte que des 1, la *diffusion* est *générale* (*broadcast*); toutes les stations reçoivent alors cette trame car elle est systématiquement retransmise par tous les ponts.

Le bit suivant fournit une disposition intéressante permettant de définir la nature des adresses locales ou globales. Les adresses locales sont administrées par le responsable de l'exploitation du réseau et n'ont alors de signification que pour le réseau concerné. Les adresses globales, parfois appelées *adresses universelles*, sont uniques au niveau de la planète et sont administrées par l'IEEE qui les attribue aux différents constructeurs. Les 46 bits disponibles permettent 7.10^{13} adresses différentes. L'objectif final est qu'une station puisse s'adresser à n'importe quelle autre station en utilisant uniquement son adresse physique. Il appartient alors à la couche réseau de se charger de localiser la station destinataire dont l'adresse doit être unique.

Le champ suivant contient la longueur du champ contenant les données transmises, exprimée en octets et comprise entre 0 et 1500. Bien qu'une longueur du champ de données de 0 soit légale, elle est inutilisable et provoque des difficultés de détection des collisions. En effet, lorsqu'un émetteur-récepteur détecte une collision, il cesse son émission et seule une portion de la trame est effectivement émise. Sans disposition particulière, une situation de collision se concrétiserait par la présence, sur le support de transmission, de nombreux fragments de trame. Pour faciliter la distinction entre les trames valides et les trames tronquées par suite de collision, la recommandation IEEE 802.3 stipule que la longueur minimum d'une trame valide doit comporter 64 octets, de l'adresse de destination à la zone de contrôle de redondance longitudinale. Si la zone réservée aux données est inférieure à 46 octets, elle doit être complétée par des octets de remplissage pour atteindre la longueur minimum imposée par le protocole. Une autre raison pour imposer cette longueur minimum est d'éviter qu'une trame très courte, émise par une station, ne soit victime après la fin de son émission d'une collision : la détection par la station émettrice serait improbable.

Le dernier champ de la trame contient la séquence de contrôle de redondance longitudinale, constituée d'un mot de 32 bits. Si des erreurs d'identification des bits constituant la trame se sont produites à la suite de la présence de parasites, la procédure de vérification du contenu de la trame sera certainement négative et les erreurs de transmission seront ainsi détectées. Le principe des algorithmes de vérification à caractère cyclique sera décrit dans le chapitre 4.

Comme nous l'avons vu précédemment, si deux stations constatent que le support de transmission est disponible, elles transmettent simultanément et la collision des trames émises est inévitable. Toute station détectant une situation de collision arrête immédiatement sa transmission, génère une séquence de brouillage pour avertir les autres stations et attend pendant un temps aléatoire avant de recommencer le cycle complet d'émission d'une trame. Nous allons maintenant nous intéresser au choix de cette durée dite aléatoire. Le modèle est celui de la figure 3-6. Après une collision, le temps qui s'écoule est divisé en intervalles de temps dont la durée est égale à deux fois le temps de propagation entre les deux stations les plus éloignées physiquement l'une de l'autre. Pour être cohérent avec les spécifications physiques des supports de transmission de la recommandation IEEE 802.3, c'est-à-dire 2,5 kilomètres de diamètre et quatre répéteurs, cet intervalle de temps, ou *time slot*, est fixé à 512 temps bit soit 51,2 microsecondes.

Après la première collision, chaque station attend pendant 0 ou 1 intervalle de temps avant de renouveler sa tentative de transmission. Si deux stations choisissent le même nombre d'intervalles de temps elles seront à nouveau victime d'une collision. Après la seconde collision, chacune d'elle choisira, de façon aléatoire, un nombre d'intervalles de temps compris entre 0 et 3 et attendra l'écoulement de ce nouveau délai avant de renouveler sa tentative. Si une troisième collision se produit (cette éventualité a une probabilité de 0,25), le nouveau nombre d'intervalles de temps, déterminant la durée de la période de contention, est choisi au hasard entre 0 et 2^3 - 1.

En général, après *i* collisions, la série des nombres offerts au choix de chaque station est comprise entre 0 et 2^i - 1. Toutefois, après la dixième collision consécutive, la plage des nombres offerts au choix des stations de travail est limitée à un maximum de 1023 intervalles de temps. Après la seizième collision, le coupleur de réseau local renonce à tenter de transmettre et signale la situation à la station de travail. Il appartient à cette dernière de décider de la meilleure procédure de reprise du processus de transmission.

Cet algorithme a été choisi pour permettre d'adapter le temps d'attente après chaque tentative au nombre de stations cherchant à émettre simultanément. Si la plage des nombres offerts au choix des stations de travail était dès la première collision comprise entre 0 et 1023, le nombre moyen d'intervalles de temps d'attente entre deux tentatives serait de plusieurs centaines, ce qui introduirait des retards significatifs. Par ailleurs, si chaque station concernée ne choisissait qu'entre 0 et 1 intervalle de temps d'attente, les collisions se succéderaient indéfiniment. Par exemple, si 100 stations de travail voulaient transmettre simultanément, les collisions se succéderaient aussi longtemps qu'existerait la situation dans laquelle une station choisirait 0 intervalle de temps d'attente et les 99 autres 1. Cela pourrait prendre des années. En augmentant exponentiellement la plage des nombres offerts au choix des stations victimes de collisions consécutives, cet algorithme permet de faibles délais d'attente lorsque très peu de stations de travail sont en compétition pour transmettre une trame, mais offre également la possibilité de résoudre, dans des délais raisonnables, les collisions impliquant un nombre plus important de stations de travail.

Tel que décrit jusqu'à présent, le protocole CSMA/CD ne fournit aucune information sur le sort subi par une trame transmise sans incident apparent. En effet, l'absence de collisions ne garantit pas que la trame a été transmise à la station de travail destinataire sans aucune altération due par exemple à la présence de signaux parasites sur le support de transmission. Pour que la transmission d'une trame puisse être considérée comme étant réussie, il faut que le destinataire effectue le contrôle de redondance longitudinale, et, en cas de résultat positif, transmette une trame d'accusé de réception à l'émetteur. Normalement, cet accusé de réception est une trame à part entière et doit donc, comme les autres trames transmettant des données, participer au processus de résolution des collisions. Toutefois, une simple modification de l'algorithme de résolution des collisions autorise une transmission rapide de l'accusé de réception, ce qui permet à l'émetteur d'être informé rapidement du sort de la trame qui vient d'être transmise (Tokoto et Tamaru, 1977). Il est nécessaire de réserver le premier intervalle de temps suivant une transmission réussie à la station de travail destinataire qui en profitera pour transmettre son accusé de réception.

Performance du protocole 802.3

Nous allons maintenant examiner brièvement les performances du protocole 802.3 dans des conditions de charge importante et constante, c'est-à-dire lorsque k stations sont toujours prêtes à transmettre. Une analyse complète de l'algorithme est très complexe, aussi nous contenterons-nous des résultats de Metcalfe et Boggs, 1976, et nous considérerons que la probabilité de retransmission dans chaque intervalle de temps est constante. Si chaque station de travail transmet durant un intervalle de temps avec la probabilité p, la probabilité A pour qu'une station prenne possession du support de transmission est :

$$A = kp\,(1 - p)^{k-1} \tag{3.10}$$

A est à son maximum lorsque $p = 1/k$, avec A tendant vers 1/e et k vers l'infini. La probabilité pour que la période de contention comporte exactement j intervalles de temps est de la forme $A\,(1 - A)^{j-1}$, aussi le nombre moyen d'intervalles de temps par période de contention est-il donné par la formule:

$$\sum_{j=0}^{\infty} jA(1-A)^{j-1} = \frac{1}{A}$$

Comme chaque intervalle de temps a une durée de 2τ, la valeur moyenne de la période de contention, w, est $2\tau / A$. Pour la valeur optimum de p, le nombre moyen d'intervalles de temps n'est jamais supérieur à e; w est donc au plus égal à 2τe soit très peu différent de 5,4 τ.

Si la durée moyenne de transmission d'une trame est de P seconde, quand de nombreuses stations ont des trames en attente de transmission, l'efficacité du canal est:

$$\text{Efficacité du canal} = P / (P + 2\tau/A) \tag{3.11}$$

Nous allons voir comment la distance maximum séparant les stations de travail intervient dans les performances, ce qui nous conduira à utiliser d'autres topologies que celle de la figure 3-14(a). Plus long est le câble utilisé, plus longs sont les intervalles de temps. En n'accordant pas plus de 2,5 kilomètres de câble et quatre répéteurs entre les deux stations les plus éloignées l'une de l'autre, la durée de la transmission aller et retour entre les stations de travail est limitée à 51,2 microsecondes, ce qui, pour le débit nominal de 10 Mbit/s, correspond à 512 bits, soit 64 octets, la longueur minimum des trames.

Il est instructif de reformuler l'équation 3.11 en fonction de la longueur des trames F, du débit nominal B, de la longueur du câble L, et de la vitesse de propagation des signaux *c*, pour le cas optimum où *e* intervalles de temps séparent deux trames transmises. Avec $P = F/B$, l'équation 3.11 devient :

$$\text{Efficacité du canal} = 1 / (1 + 2BLe / cF) \qquad (3.12)$$

Lorsque le deuxième terme du numérateur est grand, l'efficacité du système est faible. Plus particulièrement, lorsque l'on augmente le débit nominal ou la longueur du support de transmission, soit le produit *BL*, l'efficacité diminue. Malheureusement, la plupart des études de ce type de réseau conduisent à augmenter la valeur du produit *BL*. Les utilisateurs veulent des débits nominaux plus élevés sur des distances plus importantes, comme par exemple les réseaux métropolitains sur fibres optiques, ce qui conduit à penser que le protocole 802.3 n'est peut-être pas le mieux approprié à ce type d'applications.

La figure 3-16 représente, à partir de l'équation 3.12, l'efficacité d'un réseau de ce type en fonction du nombre de stations de travail prêtes à transmettre une trame, en prenant en compte une valeur de l'intervalle de temps fixée à 2τ, soit 51,2 microsecondes, et un débit nominal de 10 Mbit/s. Avec une durée de l'intervalle de temps égale à 512 temps bits, il n'est pas surprenant que la transmission de trame ne comportant que 64 octets soit inefficace. Par ailleurs, pour des longueurs de trames de 1024 octets et une valeur asymptotique de *e* de 64 octets par intervalle de temps, la période de contention, exprimée en octets, est de 174 octets, ce qui donne une efficacité de 0,85.

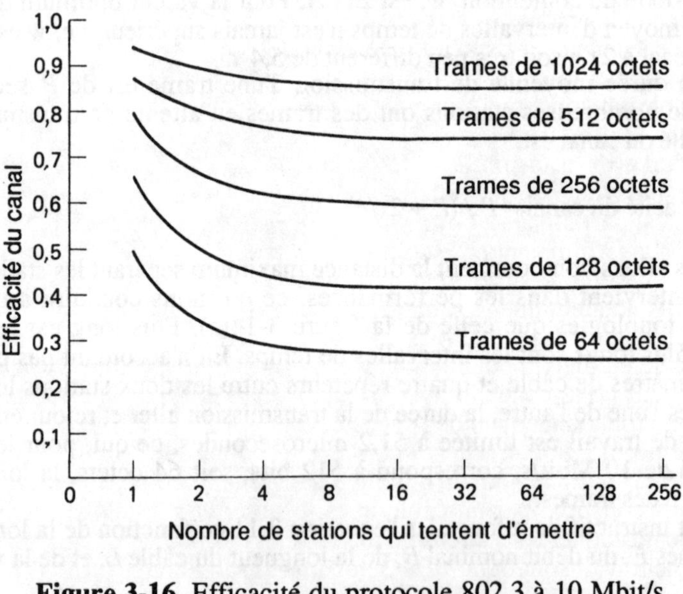

Figure 3-16. Efficacité du protocole 802.3 à 10 Mbit/s

Pour déterminer le nombre moyen de stations de travail prêtes à transmettre lorsque la charge est élevée, nous pouvons utiliser l'observation approximative suivante. Chaque transmission de trame occupe le support de transmission pour une durée égale à la durée moyenne de la période de contention, à laquelle s'ajoute la durée de transmission de la trame, soit $P + w$ secondes. Le nombre de trames par seconde est de $1 / (P + w)$. Si chaque station génère des trames au rythme moyen de λ trames par seconde, quand le système est dans l'état k, le débit total des stations de travail non bloquées est $(N - k)\ \lambda$ trames par seconde. Comme à l'état d'équilibre ces deux équations doivent être égales, il nous est possible d'en déduire K. Des analyses plus sophistiquées sont fournies par Bertsekas et Gallager, 1987, Hammond et O'Reilly, 1987 et Hayes, 1984.

3.4.2. Norme IEEE 802.4 : bus à jeton

Bien que le protocole 802.3 soit largement utilisé par les systèmes de bureautique, les spécialistes de General Motors et de quelques autres entreprises intéressées par l'automatisation des opérations de fabrication des produits industriels élaborés ont émis de sérieuses réserves quant à son utilisation dans leur domaine d'application. D'une part, ces réserves tenaient à l'aspect probabiliste du protocole 802.3, car avec un peu de malchance, une station de travail peut être obligée d'attendre un temps quelconque avant de pouvoir transmettre une trame, le cas le plus défavorable n'ayant pas de limite. D'autre part les trames 802.3 ne permettent pas l'implémentation de mécanismes de priorité, ce qui les rend inadaptées aux applications de type temps réel où les trames à caractère urgent ou important doivent pouvoir être transmises avant celles d'intérêt secondaire.

Le système le plus simple dont on peut connaître le cas le plus défavorable est constitué d'un anneau sur lequel les stations se distribuent, tour à tour, le droit d'émettre. Si le système comporte n stations de travail et que la durée de transmission des trames est T, aucune trame ne devra attendre plus de nT secondes avant de pouvoir être transmise. Ces spécialistes, participant aux travaux de l'IEEE, appréciaient le concept de l'anneau mais n'aimaient pas son implémentation physique, car une rupture du câble entraîne un arrêt total de l'ensemble des stations de travail. Par ailleurs, ils notaient que le câblage d'un anneau était inadapté à la linéarité des chaînes d'usinage ou d'assemblage. En conséquence, une nouvelle norme a été étudiée, mettant en œuvre la robustesse du câble coaxial de la norme 802.3 large bande et avec la connaissance de la situation la moins efficace du fonctionnement de l'anneau.

Cette norme, 802.4 (Dirvin et Miller, 1986; IEEE, 1985; Phinney et Jelatis, 1983) porte le nom de bus à jeton (*token bus*). Physiquement, le bus à jeton est constitué par un câble installé selon une topologie linéaire ou arborescente auquel les stations de travail sont raccordées en dérivation. Les stations de travail sont organisées selon un anneau logique (cf. figure 3-17), chacune d'elles connaissant l'adresse de ses voisines en amont et en aval sur l'anneau logique. Dès que l'anneau logique est initialisé, la station dont l'adresse est la plus élevée peut transmettre la première trame. Après avoir transmis sa trame, elle transmet le droit à émettre à sa voisine en aval en lui adressant nommément une trame spéciale appelée jeton (*token*). Le jeton se propage ainsi tout au long de l'anneau logique, avec pour règle fondamentale que seule la station propriétaire du jeton a le droit de transmettre une trame. Comme, à chaque instant, une seule station est propriétaire du jeton, il ne peut y avoir de collisions entre trames.

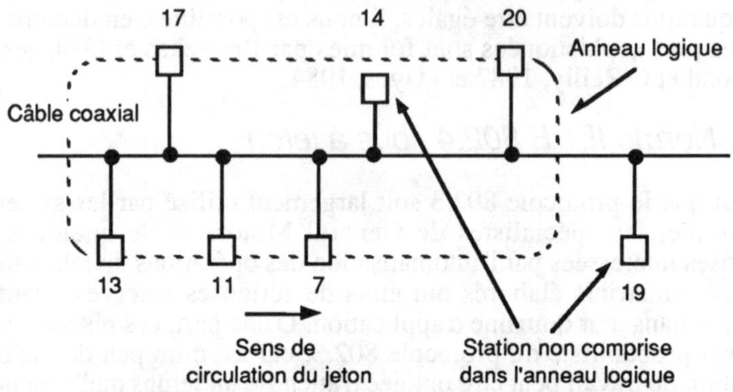

Figure 3-17. Bus à jeton

Il est important de bien comprendre que l'emplacement physique de raccordement des stations n'intervient pas dans le déroulement du protocole, et c'est un fait important. Par construction, le support de transmission, quelle que soit la topologie utilisée, travaille en mode diffusion, ce qui signifie que toutes les stations reçoivent toutes les trames et ne conservent que celles qui leur sont nommément adressées. Lorsqu'une station de travail transmet le jeton, elle le transmet nommément à sa voisine en aval sur l'anneau logique sans avoir à prendre en considération le lieu de son implantation physique. Il faut également noter que lorsque les stations de travail sont mises sous tension et que leur logique interne est opérationnelle, elles ne sont pas pour autant insérées dans l'anneau logique; c'est le cas des stations 14 et 19 de la figure 3-17. C'est le protocole MAC 802.4 qui prend en charge l'ajout ou le retrait de stations de travail dans l'anneau logique.

Le protocole 802.4 est très complexe, chaque station devant gérer 10 compteurs de temps et plus de deux douzaines de variables d'états internes. Les spécifications du protocole 802.4 sont plus volumineuses que celles du protocole 802.3: elles comportent plus de 200 pages. Les deux normes sont également différentes de par leur forme rédactionnelle: la norme 802.3 utilise Pascal pour décrire les procédures de son protocole tandis que la norme 802.4 le décrit à l'aide d'automates dont les actions sont décrites en langage Ada.

En ce qui concerne la couche physique, le bus à jeton utilise un câble coaxial d'une impédance caractéristique de 75 ohms utilisé par le système nord-américain CATV. Les bus simples et les bus dits à câble en U sont permis avec ou sans translateur de fréquences. Trois techniques de modulation des fréquences porteuses sont retenues, ainsi que trois débits nominaux (1, 5 et 10 Mbit/s). Par ailleurs, l'encodage avant modulation permet, en plus des états 0, 1 et repos, de représenter trois symboles supplémentaires permettant le contrôle du réseau. De toute manière, la couche physique du bus à jeton est incompatible avec celle de la norme 802.3 et surtout plus compliquée.

Protocole de la sous-couche MAC IEEE 802.4

Lorsque l'anneau logique est initialisé, les stations de travail se placent séquentiellement selon l'ordre descendant de la valeur de leur adresse physique. Le transfert du jeton d'une station à l'autre s'effectue également selon la même séquence. Chaque fois qu'une station devient propriétaire du jeton, c'est-à-dire de l'exclusivité du droit à émettre, elle peut exercer ce droit pendant une certaine durée à l'issue de laquelle elle doit transmettre le jeton à sa voisine. Si les trames sont suffisamment courtes, plusieurs trames peuvent être transmises consécutivement. Si une station destinataire du jeton n'a pas de trame en attente d'émission, elle retransmet le jeton immédiatement à la station de travail suivante.

Le bus à jeton définit un système de priorité à quatre niveaux, référencés 0, 2, 4 et 6, le niveau 0 ayant la priorité la plus faible et le niveau 6 la plus élevée. Il est facile d'imaginer que chaque station de travail est subdivisée sur le plan interne en quatre sous-stations, chacune d'elles disposant d'un niveau de priorité. A mesure que les trames à transmettre sont proposées à la couche MAC, on les affecte, en fonction de leur niveau de priorité, à l'une des quatre sous-stations évoquées précédemment, de sorte que chaque sous-station gère une file d'attente des trames de même priorité.

Lorsqu'une station prend possession du droit à émettre, elle transfère immédiatement ce droit à la sous-station chargée de gérer le niveau de priorité 6 et lui permet ainsi de transmettre les trames en attente de transmission si elle en possède. Quand elle a terminé sa transmission, ou lorsque son compteur de temps de durée d'émission est expiré, elle transmet le droit d'émettre à la sous-station gérant le niveau 4, qui peut à son tour transmettre des trames à moins que son compteur de durée d'émission ne soit expiré, point auquel elle transfère le jeton à la sous-station gérant le niveau 2. Ce processus se reproduit dans les mêmes conditions pour le niveau 0. Le jeton est alors transféré à la station de travail se situant en aval sur l'anneau logique.

Sans entrer dans les détails des différents mécanismes mis en œuvre, il est clair qu'en gérant correctement les valeurs des différents compteurs de temps, il est possible de garantir au niveau de priorité 6 la disposition d'une partie de l'exclusivité du droit à émettre accordé à chaque station, les autres niveaux de priorité se partageant ce qui reste de disponible. Si la sous-station de plus grande priorité n'utilise pas la totalité du temps d'émission attribué à la station, les autres niveaux pourront utiliser la fraction restante, évitant qu'elle soit perdue.

Ce mécanisme de priorité, qui garantit au trafic du niveau 6 la disposition d'une fraction du trafic global autorisé par l'anneau logique, permet ainsi d'envisager la transmission de signaux vocaux ou d'autres signaux ayant des exigences temporelles impératives (temps réel). Par exemple, nous allons supposer que les paramètres d'un bus à jeton comportant 50 stations de travail et fonctionnant au débit nominal de 10 Mbit/s ont été ajustés pour garantir au trafic du niveau 6 un tiers du débit. Il en résulte que chaque station de travail est assurée de pouvoir disposer, pour le trafic de niveau 6, d'un débit garanti de 67 kbit/s. Chaque station pourrait utiliser ce niveau pour acheminer des signaux vocaux d'une voie téléphonique de type RNIS ou MIC, avec quelques kbit/s disponibles pour la transmission de signaux de commande.

Le format de la trame du bus à jeton est représenté par la figure 3-18. Malheureusement, il est différent de celui de la norme 802.3. Comme dans la norme 802.3, on trouve en premier lieu l'amorce nécessaire à la synchronisation des récepteurs avec l'émetteur de la trame, à cette différence près que dans le cas présent elle ne peut être d'une longueur réduite à un seul octet. On trouve ensuite les marqueurs de début et de fin de trame dont l'encodage sur le support de transmission est tel qu'ils ne peuvent être confondus avec des octets de données de configuration binaire quelconque, ce qui permet de se passer du champ indiquant la longueur de la trame.

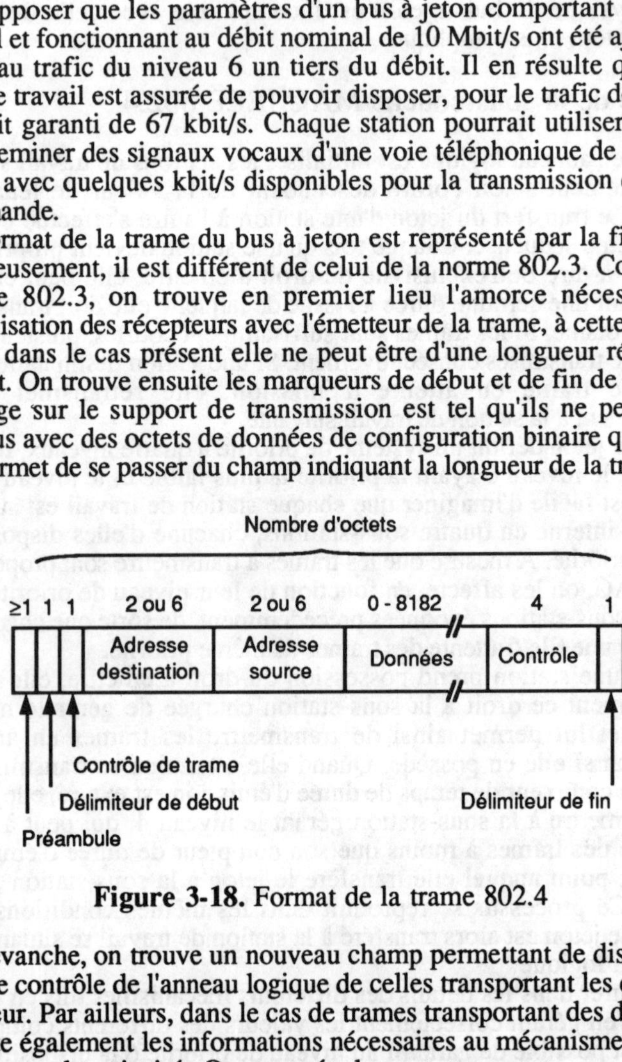

Figure 3-18. Format de la trame 802.4

En revanche, on trouve un nouveau champ permettant de distinguer les trames de contrôle de l'anneau logique de celles transportant les données de l'utilisateur. Par ailleurs, dans le cas de trames transportant des données, on transporte également les informations nécessaires au mécanisme de gestion des niveaux de priorité. On peut également transporter un indicateur demandant au destinataire de transmettre immédiatement un accusé de réception positif ou négatif pour la trame concernée. Cet indicateur permet à la station de travail destinataire de transmettre une trame bien qu'elle ne possède pas le jeton, celui-ci étant toujours la propriété de l'émetteur de la trame concernée. Cet indicateur engendre un processus de confirmation de réception ressemblant au mécanisme décrit par Tokoro et Samaru.

Ce champ est utilisé pour spécifier le type d'une trame de contrôle. Ces types de trame de contrôle sont le jeton lui-même, les différentes trames permettant d'animer l'anneau logique ainsi que celles permettant aux stations nouvellement actives de se joindre à l'anneau logique déjà constitué sans pour autant provoquer de collisions. Il faut remarquer que la norme 802.3 ne possède aucune trame de contrôle.

Le champ transportant les données peut comporter 8182 octets avec un adressage à 2 octets et 8174 octets avec un adressage à 6 octets. Cette longueur de trame est près de cinq fois supérieure à celle des trames les plus longues de la norme 802.3, qui ont été ainsi limitées en longueur pour éviter qu'une station ne monopolise trop longtemps l'utilisation du réseau. Avec le bus à jeton, les compteurs de temps du mécanisme de priorité sont là pour empêcher cette situation, aussi est-il agréable de pouvoir transmettre des trames longues lorsque cela ne pénalise pas les applications ayant des contraintes temporelles impératives. Le champ de redondance longitudinale permet la détection des erreurs de transmission et utilise le même polynôme diviseur que la norme 802.3.

Les trames de contrôle du bus à jeton sont décrites sur la figure 3-19. Leur rôle est analysé ci-dessous. La seule que nous ayons évoquée jusqu'à présent est la trame jeton logique utilisée par les stations de travail pour transmettre de l'une à l'autre le droit d'émettre. La plupart des autres trames concernent l'adjonction ou la suppression de stations de travail de l'anneau logique.

Animation de l'anneau logique

De temps à autre, de nouvelles stations de travail deviennent actives et veulent participer à l'anneau logique, tandis que d'autres stations, pour différentes raisons, veulent cesser leur activité. Le protocole de la couche MAC fournit les instructions à respecter pour que ces opérations soient effectuées sans pour autant entraver le fonctionnement normal de l'anneau logique et le transfert du droit à émettre entre partenaires dûment identifiés. Nous décrivons brièvement, ci-après, le mécanisme de concertation utilisé.

Dès que l'anneau logique a été constitué avec les stations actives à un instant donné, chaque station de travail, partenaire de l'anneau logique, gère en permanence les adresses de ses voisines en amont et en aval. De manière périodique, le propriétaire de jeton demande si certaines stations de travail, non partenaires à ce moment de l'anneau logique, souhaitent se joindre à la communauté des stations participant à l'animation de celui-ci. Cette demande se concrétise par la transmission d'une trame de type «Recherche successeur» telle que celle représentée sur la figure 3-19. Cette trame précise l'adresse de la station émettrice et celle de son voisin aval sur l'anneau logique. Seules les stations dont la valeur de l'adresse physique est comprise entre les valeurs de ces deux adresses ont le droit de se porter candidates. Cette disposition permet de conserver facilement l'ordre décroissant des adresses des partenaires de l'anneau logique.

Champ commande de la trame	Nom de la commande	Objet
00000000	Recherche jeton	Initialisation de l'anneau
00000001	Recherche successeur_1	Recherche d'un successeur
00000010	Recherche successeur_2	Recherche d'un successeur
00000011	Suivant	Passage au successeur suivant
00000100	Résolution de contention	Résolution des conflits en cas d'accès multiple
00001000	Jeton	Passage du jeton
00001100	Successeur	Activation du successeur

Figure 3-19. Trames de contrôle du bus à jeton

Si aucune station ne se porte candidate dans l'intervalle de temps qui suit l'émission de cette trame, la *fenêtre de réponse* est fermée et le processus normal d'animation de l'anneau logique est repris par le propriétaire du jeton logique. Si une seule station se porte candidate, elle devient partenaire de l'anneau logique et de ce fait sera destinataire du prochain jeton logique.

Si deux ou plusieurs stations se portent candidates, leurs trames seront victimes de collisions et inutilisables pour les mêmes raisons que pour la norme 802.3. La station de travail propriétaire du jeton exécute alors un algorithme d'arbitrage commençant par la diffusion d'une trame «Résolution de contention» destinée à initialiser le processus de résolution de contention. Cet algorithme est une variante de l'algorithme «compteur binaire» utilisant 2 bits.

Par ailleurs, toutes les stations disposent d'un indicateur à deux bits utilisé pour retarder les réponses de 0, 1, 2 ou 3 intervalles de temps pour réduire les risques de collision. En d'autres termes, les réponses de deux stations seront victimes d'une collision si les deux bits prélevés dans leur adresse sont les mêmes et si leur indicateur contient la même valeur binaire. Pour éviter l'inconvénient qu'une station doive attendre systématiquement trois intervalles de temps, les valeurs des bits de l'indicateur sont régénérées après chaque utilisation ou périodiquement, toutes les 50 millisecondes.

L'appel à de nouveaux partenaires ne doit pas interférer avec le temps maximum de rotation du jeton garanti par le protocole. Pour cela, chaque station de travail dispose d'un compteur de temps réinitialisé chaque fois que la station prend possession du jeton. Lorsqu'une station de travail reçoit le jeton, avant de réinitialiser ce compteur de temps elle note sa valeur qui représente la durée de la rotation précédente. Si cette valeur dépasse un certain seuil, cela signifie que l'activité récente du réseau a été importante et qu'il ne faut donc pas initialiser un processus d'appel à candidatures. De toute façon, une seule station peut devenir partenaire de l'anneau à la suite d'un appel à candidature, ce qui permet de fixer une limite à la charge de transmission induite par l'animation de l'anneau logique. Aucune garantie concernant le temps d'attente nécessaire au processus d'admission dans l'anneau logique n'est fournie; dans la pratique et même dans le cas d'une activité importante, il n'excède pas quelques secondes.

Quitter l'anneau est très facile. Considérons la station *X* qui a pour voisine amont *P* et pour voisine aval *S*. Pour quitter l'anneau logique, la station *X* envoie à la station *P* une trame lui indiquant qu'à partir de cet instant sa voisine aval n'est plus la station *X* mais la station *S*, après quoi elle peut arrêter ses activités.

L'initialisation de l'anneau logique est un cas particulier du processus d'appel à candidatures. Nous allons considérer un système au repos où toutes les stations sont hors tension. Lorsque la première station devient active, elle constate après un délai d'observation suffisant qu'il n'y a aucun trafic sur le support de transmission. Sur cette constatation, la station transmet la trame «Recherche jeton». N'obtenant pas de réponse, elle constitue un anneau logique dont elle est le seul partenaire. Périodiquement, la station déroule le processus d'appel à candidature auquel les autres stations participent à mesure qu'elles deviennent actives comme nous l'avons décrit précédemment. Si les deux premières stations deviennent actives simultanément, le protocole traite cette situation de contention selon les mêmes principes que précédemment.

Des erreurs de transmission ou des erreurs internes à la station peuvent détruire l'anneau logique ou altérer le contenu du jeton. Ainsi, que se passe-t-il si une station transmet le jeton à une station qui vient de cesser ses activités sans prévenir ? La réponse est sans ambiguïté. Après avoir émis le jeton logique, la station qui en était la propriétaire écoute le support de transmission pour vérifier que la station destinataire du jeton émet une trame ou retransmet le jeton. Si rien ne se produit elle transmet à nouveau le jeton à son partenaire aval.

Si cette retransmission n'a pas plus de résultat que la précédente, la station, toujours propriétaire du jeton, transmet une trame «Suivant» spécifiant l'adresse de son successeur qui apparemment n'est plus en activité. Quand la station voisine aval de la station défaillante voit passer cette trame, elle répond à la station émettrice de la trame «Suivant» en transmettant une trame «Successeur» et en se désignant comme nouveau successeur. La station défaillante est ainsi éliminée de la communauté des stations partenaires de l'anneau logique.

Nous allons supposer dans ce cas que la station successeur du propriétaire du jeton, ainsi que celle successeur du successeur, sont toutes les deux en panne. Il en résulte que la procédure précédente reste sans effet. Le propriétaire du jeton adopte alors une nouvelle stratégie en transmettant une trame «Recherche successeur_2» pour savoir si d'autres stations sont encore en activité. Dans l'affirmative, le processus de résolution des contentions prend en charge la reconstruction de l'anneau logique. Généralement, l'anneau logique s'en trouve réactivé.

Un autre problème apparaît lorsque le propriétaire du jeton devient inactif, entraînant avec lui la perte du jeton. Cette situation est résolue par le processus d'initialisation de l'anneau logique. Toutes les stations disposent d'un compteur de temps qui est réinitialisé à chaque fois qu'une trame apparaît sur le support de transmission. Lorsque ce compteur de temps atteint une certaine valeur, la station émet une trame «Recherche jeton», et un processus similaire au précédent désigne la station qui devient propriétaire du jeton logique.

Un autre problème provient de la présence éventuelle de plusieurs jetons. Lorsqu'une station, propriétaire d'un jeton, constate qu'une transmission de trame est en cours, elle détruit son jeton. Si deux jetons étaient en lice, il n'en reste plus qu'un. S'il y en avait plusieurs le processus est renouvelé pour qu'aussitôt que possible il n'en reste plus qu'un seul. Si accidentellement tous les jetons sont détruits, l'absence d'activité qui en résulte conduit une ou plusieurs stations à déclencher le processus de demande de jeton par l'émission d'une ou de plusieurs trames «Recherche jeton».

3.4.3. Norme IEEE 802.5 : anneau à jeton

Les réseaux de transmission en boucle ou en anneau sont utilisés depuis de nombreuses années (Pierce, 1972) aussi bien pour les liaisons locales (LAN) que pour les liaisons à longues distances (WAN). Parmi leurs particularités intéressantes on note le fait qu'un anneau n'apparaît pas comme un simple réseau de diffusion mais comme une succession de liaisons point à point interconnectées par l'intermédiaire des stations pour former une boucle. Cet ensemble de liaisons point à point suppose une technologie maîtrisée et exploitable sur le terrain pouvant utiliser des paires torsadées, des paires coaxiales ou des fibres optiques. La technologie utilisée est pratiquement entièrement numérique, tandis que la norme 802.3, par exemple, utilise des composants analogiques substantiels pour la détection des collisions. Un anneau est sans imprévu et possède une limite maximum d'utilisation parfaitement contrôlable. Pour ces raisons, IBM s'est choisi comme principal réseau local l'anneau à jeton et l'IEEE a inclus dans ses normes un anneau à jeton compatible avec celui d'IBM. L'anneau à jeton

IEEE 802.5 et l'IBM *Token Ring* sont décrits dans les ouvrages suivants: Dixon, 1987; IEEE, 1985; Pitt, 1987; Strole, 1987; et Willett, 1987.

Il existe plusieurs types d'anneau; celui décrit par la norme 802.5 porte le nom de *Token Ring* ou *anneau à jeton*. Dans cette section, nous décrirons les anneaux en général et l'anneau IEEE 802.5 en particulier. A la fin de cette section nous décrirons brièvement d'autres types d'anneaux.

Une particularité remarquable au niveau de la conception et de l'analyse d'un anneau réside dans l'occupation physique d'un bit sur le support de transmission. Si le débit nominal d'un anneau est de R Mbit/s, un bit est émis toutes les $1/R$ microseconde. Avec une vitesse de propagation d'environ 200 mètres par microseconde, chaque bit occupe $200/R$ mètres sur le support physique de transmission. Ceci signifie, par exemple, que pour un anneau fonctionnant au débit nominal de 1 Mbit/s et utilisant 1000 mètres de support physique de transmission, il n'est possible d'introduire sur celui-ci que 5 bits. Nous verrons plus loin quelques conséquences majeures de cet état de fait.

Comme nous l'avons déjà mentionné, un anneau est constitué d'un ensemble de liaisons point à point, exploitées en mode unidirectionnel, reliées deux à deux par le coupleur de réseau local qui équipe chaque station de travail. Chaque bit parvenant à l'entrée d'un coupleur est copié dans une mémoire d'attente, avant d'être réémis sur le tronçon aval. Lorsqu'il est dans la mémoire, le bit peut être inspecté et sa valeur modifiée avant qu'il soit réémis. Ce processus introduit, au niveau de chaque coupleur, un délai de un temps bit. Un anneau et ses coupleurs sont représentés sur la figure 3-20.

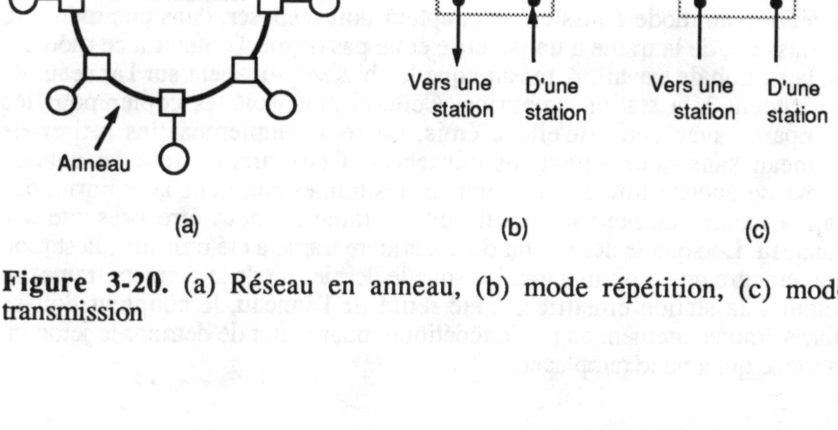

Figure 3-20. (a) Réseau en anneau, (b) mode répétition, (c) mode transmission

Sur un anneau à jeton, une séquence binaire particulière appelée jeton (*token*) circule en permanence lorsque les stations n'ont rien à transmettre. Lorsqu'une station veut transmettre une trame, elle doit prendre possession du jeton et le remplacer par la trame qu'elle souhaite transmettre. Comme il n'y a qu'un seul jeton, une seule station peut transmettre à un instant donné, ce qui évite l'émission simultanée de plusieurs trames et résout le problème de l'accès multiple de façon similaire à la norme 802.4.

Une exigence du protocole de l'anneau à jeton réside dans le fait que sa disponibilité n'est effective que si un jeton parfaitement constitué circule sur l'anneau, ce qui implique que sa contenance, exprimée en bits, soit au moins de 24 bits. Cette contenance est fournie par les supports physiques de transmission et la mémoire de 1 bit équipant chaque coupleur de réseau en anneau à jeton. Pour presque tous les anneaux, les concepteurs doivent envisager que les stations puissent être mises hors tension à différents moments et plus particulièrement la nuit. Si les coupleurs obtiennent l'énergie qui leur est nécessaire à partir de l'anneau, la mise hors tension de la station est sans effet. En revanche, si c'est chaque station elle-même qui alimente son coupleur en énergie, les coupleurs doivent être conçus de sorte qu'ils assurent la continuité métallique des liaisons entrante et sortante, mais de toute manière la mémoire de 1 bit n'est plus dans l'anneau, ce qui réduit la contenance de celui-ci. A ce point, il apparaît que pour un anneau très court, une contenance supplémentaire artificielle est nécessaire pour qu'il puisse continuer à fonctionner avec seulement quelques stations, ne serait-ce que pour lui permettre de contenir la totalité des bits constituant le jeton.

Les coupleurs de réseau en anneau à jeton possèdent deux modes opératoires : le mode répétition qui leur permet de prendre connaissance de ce qui circule sur l'anneau et le mode émission au cours duquel l'un d'eux transforme le jeton en trames porteuses d'informations. En mode répétition, chaque bit reçu est copié dans la mémoire d'attente puis réémis avec un délai de 1 temps bit, comme le représente la figure 3-20(b). En mode émission, qui est le résultat de la prise de possession du jeton, la continuité de l'anneau par l'intermédiaire de la mémoire est rompue et la station émet ses propres informations. Pour être capable, en 1 temps bit, de passer du mode répétition au mode émission, le coupleur doit disposer, dans une mémoire d'émission, de la trame à transmettre et ne pas devoir l'obtenir à ce moment de la station de travail. A mesure que les bits se propagent sur l'anneau, ils reviennent à la station émettrice. Celle-ci peut soit les copier pour les comparer avec ceux qu'elle a émis, ou tout simplement les retirer de l'anneau sans pour autant les conserver. Cette architecture en anneau n'impose aucune limite à la longueur des trames car, dans la majorité des cas, à aucun moment la totalité de la trame ne peut être présente sur l'anneau. Lorsque le dernier bit de la dernière trame a été transmis, la station doit émettre un nouveau jeton. Lorsque le dernier bit de la dernière trame, de retour à la station émettrice, a été retiré de l'anneau, le coupleur doit se placer immédiatement en mode répétition, pour éviter de détruire le jeton ou la trame qui a pu le remplacer.

Il est très facile d'introduire dans ce protocole la notion d'accusé de réception. Pour cela il suffit d'ajouter un bit, positionné à 0, à la fin de la trame. Quand la station de destination a reçu la trame, elle inverse la signification de ce bit. Naturellement, si cet accusé de réception signifie que la vérification de la redondance longitudinale était correcte, ce bit doit être placé après la séquence de contrôle. Toutefois, cela implique que le coupleur soit capable d'effectuer cette vérification avant le passage du bit d'accusé de réception. Lorsqu'une trame est transmise à plusieurs stations, un mécanisme d'accusé de réception plus compliqué devient nécessaire.

Quand le trafic sur l'anneau est faible, le jeton passe la plupart de son temps à circuler sur l'anneau en attendant d'être transformé en trame. De temps en temps une station en prend possession, transmet une trame et génère un nouveau jeton. En revanche, si le trafic est élevé, de sorte que chaque station contient des trames en attente d'émission, aussitôt qu'une station a fini sa transmission elle génère un jeton; celui-ci est pris par la station suivante qui génère à son tour une trame. Il en résulte que le droit d'émettre se déplace de station en station selon l'ordre de connexion physique à l'anneau. Dans ces conditions, l'efficacité de l'anneau approche les 100% sans pour autant que l'anneau s'autosature. Les temps de réponse augmenteront, mais l'efficacité restera voisine des 100% sans jamais se dégrader.

Abandonnons maintenant les anneaux en général pour nous préoccuper de la norme 802.5 en particulier. En ce qui concerne la Couche Physique, la norme 802.5 recommande l'utilisation d'une paire symétrique blindée et des débits nominaux de 1 et 4 Mbit/s. L'implémentation réalisée par IBM utilise les débits nominaux de 4 et 16 Mbit/s et la plupart des constructeurs font de même. Les chaînes binaires constituant les trames sont encodées selon les règles du codage Manchester différentiel représenté par la figure 2.3, les niveaux haut et bas étant respectivement positif et négatif et les valeurs d'amplitudes absolues comprises entre 3 et 4,5 volts. Normalement, l'encodage Manchester différentiel prévoit un changement de polarité au milieu de chaque temps bit, et la norme 802.5 s'abstient de le faire pour certains octets de contrôle, c'est-à-dire pour les marqueurs de début et de fin de trame. Ces symboles particuliers, dit «symboles de repos», sont toujours groupés par paires et de polarité inverse pour éviter l'apparition d'une composante de courant continu.

Un des points faibles des réseaux à base d'anneau provient du fait que la coupure d'un seul fil rend l'anneau inutilisable. Ce problème peut être résolu avec élégance en utilisant un coffret de raccordement spécial constituant en lui-même un anneau, tel que schématisé sur la figure 3-21. Bien que constituant toujours un anneau, les stations sont raccordées à leur coffret de raccordement par deux paires symétriques, l'une pour la réception des trames et la seconde pour leur émission.

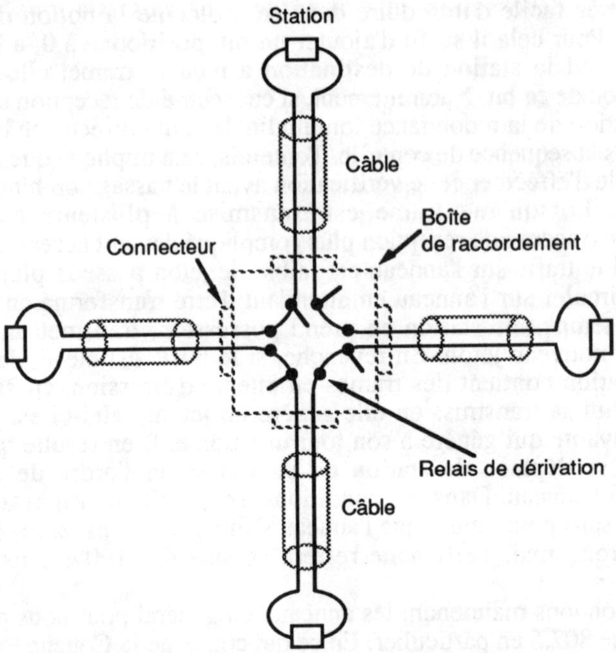

Figure 3-21. Quatre stations connectées à un coffret de raccordement

A l'intérieur du coffret de raccordement se trouvent des *relais* dits *de dérivation* (*bypass*) télécommandés par les stations. Lorsqu'une station est hors tension ou qu'elle a décidé de se retirer de l'anneau, le relais qu'elle contrôle est désexcité, le câble qui la dessert est éliminé de l'anneau, ce qui en modifie la contenance. Cette télécommande peut également être contrôlée par des programmes de diagnostic et d'aide à la localisation des incidents, ce qui permet des procédures automatiques d'élimination de câbles défectueux. Bien que la norme 802.5 ne recommande pas formellement ce type d'anneau dit câblé en étoile et souvent appelé *anneau en étoile fictive* (Salzer et al, 1983), on peut considérer que la plupart des implémentations de la norme 802.5 utiliseront les coffrets de raccordement pour améliorer leur sécurité de fonctionnement et profiter des facilités de localisation et de correction des incidents de transmission.

Lorsqu'un réseau comporte de nombreux groupes de stations éloignés les uns des autres, les coffrets de raccordement peuvent être installés dans différents lieux. Le principe consiste à remplacer une des stations de la figure 3-21 par un autre coffret de raccordement et à neutraliser le relais correspondant. Le nouvel anneau ainsi constitué comporte deux coffrets de raccordement interconnectés par l'intermédiaire de deux paires symétriques. Les stations sont toujours sur le même anneau physique et la longueur totale des câbles nécessaires au raccordement des stations peut être considérablement réduite.

Protocole de la sous-couche MAC IEEE 802.5

Le fonctionnement courant du protocole MAC 802.5 est très simple. Quand il n'y a aucun trafic sur l'anneau, un jeton comportant 3 octets circule en permanence sur l'anneau, attendant qu'une station désirant transmettre une trame le capture en positionnant l'un des bits du deuxième octet à 1. Cette action transforme ses deux premiers octets en une nouvelle séquence dite début de trame. La station complète cette séquence selon la figure 3-22, ce qui permet d'obtenir une trame normalement constituée.

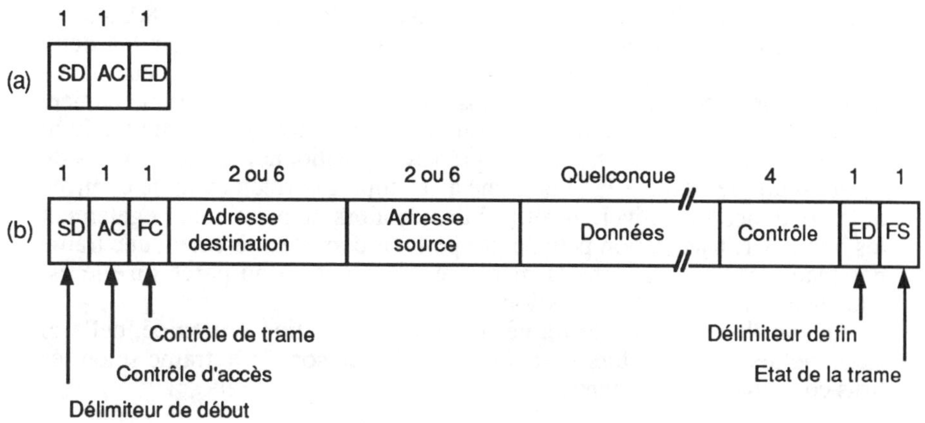

Figure 3-22. (a) format du jeton, (b) format d'une trame

Dans des conditions normales, le premier bit de la trame est déjà de retour à la station émettrice alors qu'une bonne partie de la trame reste encore à émettre. Seul un anneau très long est en mesure de contenir une trame même courte. En conséquence, la station doit retirer de l'anneau ce qu'elle a déjà transmis tout en continuant à émettre la suite de sa trame. Comme l'illustre la figure 3-20(c), cela signifie que les bits qui ont effectué un tour complet reviennent à la station émettrice qui les retire de l'anneau.

Chaque station peut utiliser le *droit d'émettre* pendant une durée maximum de 10 millisecondes à moins qu'une autre valeur ne soit spécifiée lors de l'activation des coupleurs pour anneau à jeton. S'il reste suffisamment de temps, après la transmission d'une trame, pour en transmettre une autre, cette transmission pourra alors s'effectuer. Lorsque toutes les trames en attente ont été transmises, ou lorsque la durée maximum permise est écoulée, la station cesse son processus d'émission et génère un nouveau jeton.

Les champs de 1 octet *Délimiteur de début* et *Délimiteur de fin* de la figure 3-22(b) déterminent le début et la fin de la trame. Chacun d'eux contient des séquences de l'encodage Manchester différentiel invalides dénommées HH et LL pour les différencier des autres octets constituant la trame. L'octet de contrôle d'accès contient le bit jeton, le bit moniteur, 3 bits de priorité et 3 bits de réservation de priorité dont l'utilisation sera décrite plus bas. L'octet de contrôle de trame permet d'isoler les trames de données et d'identifier les différentes trames de contrôle dites trames MAC. Les deux champs suivants contiennent, respectivement, l'adresse de destination et l'adresse d'origine de la trame; leurs contenus et leurs règles d'utilisation sont similaires aux normes 802.3 et 802.4. Ces champs sont suivis par le champ transportant les informations, qui peut être aussi long que la durée du compteur de temps le permet. Le champ de contrôle de redondance longitudinale suit les mêmes règles que pour les normes 802.3 et 802.4.

Un octet aux fonctions intéressantes, mais non utilisé par les deux précédentes normes, porte le nom de statut de trame. Il contient deux paires de bits dénommés bits *A*, pour adresse reconnue, et *C*, pour trame copiée. Quand une trame est reconnue par un coupleur de réseau comme lui étant destinée, il la copie en totalité et se prépare à positionner les deux bits *A* de l'octet statut de trame à 1. Si la trame a été copiée correctement, le contrôle de redondance s'est révélé positif, il décide alors de positionner également les bits *C* à 1. Une station peut ne pas pouvoir copier entièrement une trame par manque de place dans la mémoire de réception ou parce qu'elle est entachée d'erreurs de transmission.

Quand l'octet statut de trame retourne à la station émettrice, celle-ci examine les paires de bits *A* et *C* et en déduit le sort de la trame selon les trois combinaisons suivantes:

1) $A = 0$ et $C = 0$: le destinataire n'est pas actif.

2) $A = 1$ et $C = 0$: le destinataire est actif mais la trame n'a pas été copiée.

3) $A = 1$ et $C = 1$: le destinataire est actif et la trame a été copiée.

Cette disposition fournit un accusé de réception automatique pour chaque trame. Si une trame n'est pas copiée mais que le destinataire est actif l'émetteur de la trame peut tenter de la transmettre un peu plus tard. Les bits *A* et *C* sont en double dans l'octet de statut de trame pour se prémunir contre les erreurs de transmission; en effet ils échappent au mécanisme de contrôle de redondance longitudinale.

Le marqueur de fin contient un bit dénommé *E*, pour erreur. Il sera positionné par tout coupleur de réseau en anneau à jeton qui détectera une erreur au moment du contrôle de redondance longitudinale. Il possède également un bit qui permet d'indiquer si cette trame est la dernière d'une suite logique de trame, en quelque sorte une espèce de fin de séquence ou de fichier.

Le protocole de la norme 802.5 est doté d'un mécanisme de gestion des accès prioritaires élaboré pouvant prendre en compte différentes trames prioritaires. Quand une station veut transmettre une trame dont le niveau de priorité est *n*, elle doit attendre le passage d'un jeton dont les trois bits affectés au niveau de priorité courant expriment un niveau de priorité inférieur à *n*. Par ailleurs, lorsqu'une station veut transmettre une trame prioritaire elle peut effectuer une réservation en inscrivant le niveau de priorité de sa trame dans la zone *réservation* de l'octet de contrôle d'accès. Toutefois, si une réservation de rang supérieur au sien a déja été formulée, elle ne peut exprimer la sienne. Lors de la génération du nouveau jeton par la station ayant terminé sa transmission d'une trame, les zones *priorité* et *réservation* sont renseignées en tenant compte de l'état du mécanisme de priorité de la station concernée et du contenu de l'octet de contrôle d'accès qui est retourné à cette station.

A l'examen, ce mécanisme fonctionne selon un processus d'enchères permanentes poussant le niveau de réservation de plus en plus haut. Pour éliminer ce problème, le protocole met en œuvre un certain nombre de règles relativement complexes. L'idée de base consiste à faire en sorte qu'une station qui élève le niveau de priorité doive, après avoir été satisfaite, participer à son abaissement.

Il faut noter que ce mécanisme de priorité est fondamentalement différent de celui de la norme 802.4 dont le schéma permet de garantir à chaque station une fraction de la bande passante disponible quoi que puissent faire les autres stations. Avec l'anneau à jeton, une station n'ayant à transmettre que des trames de basses priorités peu attendre longtemps avant d'obtenir un jeton à sa convenance. En d'autres termes, les deux comités ayant élaboré ces normes, 802.4 et 802.5, ont des approches différentes pour trancher les conflits entre une certaine égalité de traitement pour toutes les stations et le traitement du trafic prioritaire.

Animation de l'anneau à jeton

L'animation du bus à jeton est relativement lourde dans sa forme entièrement décentralisée. L'anneau à jeton, pour sa part, opère différemment. Chaque anneau à jeton est doté d'un moniteur qui supervise la circulation du jeton et des trames sur l'anneau physique. Si la station ayant pris en charge cette fonction de supervision vient à défaillir, elle est remplacée immédiatement par une autre station, toutes les stations en ayant la capacité. En cas de candidatures multiples un protocole particulier désigne l'une d'entre elles. Lorsque le moniteur assume sa fonction, lui seul est responsable de la bonne tenue de l'animation de l'anneau.

Au moment de l'activation de la première station de l'anneau, ou quand l'une des stations constate qu'il n'y a pas de moniteur, elle peut transmettre la trame de contrôle «Recherche jeton». Si cette trame effectue une rotation sur l'anneau sans que d'autres trames similaires ne soient passées au niveau de la station émettrice, celle-ci devient le moniteur, de l'anneau. Les trames participant à l'animation de l'anneau à jeton sont décrites sur la figure 3-23.

Champ commande de la trame	Nom de la commande	Objet
00000000	Test d'adresse	Test si deux stations ont même adresse
00000010	Reconfiguration	Localisation d'une station défaillante
00000011	Recherche jeton	Tentative de devenir moniteur
00000100	Purge	Initialisation de l'anneau
00000101	Moniteur présent	Utilisé périodiquement par le moniteur pour signaler sa présence
00000110	Moniteur potentiel	Signale la présence d'un moniteur potentiel

Figure 3-23. Trame d'animation de l'anneau à jeton

Entre autres responsabilités, le moniteur assure la surveillance de ce qui circule sur l'anneau. Il vérifie notamment que la structure du jeton est correcte, qu'une trame orpheline ne circule pas sur l'anneau, qu'un jeton porteur d'une réservation de priorité est exploité en temps utile. Lorsqu'une situation anormale est constatée, le moniteur purge l'anneau et y injecte un nouveau jeton. Une trame orpheline peut apparaître lorsque l'anneau est très long et que les trames sont courtes. Pour cela, il suffit que la station ait fini d'émettre sa trame avant que le début de celle-ci ne retourne à l'émetteur et que celui-ci se retire de l'anneau. Si rien n'est fait la trame tournera indéfiniment et aucun nouveau jeton ne sera généré.

Pour contrôler la perte du jeton, le moniteur est doté d'un compteur de temps dont la valeur est légèrement supérieure à la durée maximum de possession du droit à émettre par une station, à laquelle on ajoute la durée d'une rotation sur l'anneau dans sa configuration maximum. Si ce compteur expire, il n'y a plus de jeton sur l'anneau, le moniteur le purge et y injecte un nouveau jeton.

Quand le moniteur reconnaît une trame de format invalide il ouvre l'anneau pour l'en extraire. Il émet ensuite une séquence de purge et injecte un nouveau jeton avant de retourner en mode répétition. Une trame orpheline est détectée par l'intermédiaire du bit moniteur de l'octet de contrôle d'accès. Normalement le bit *moniteur* est positionné à 0 au moment de la génération du jeton; il est positionné à 1 par le moniteur lorsqu'il le voit passer. Dans tous les cas les jetons ne doivent pas se représenter au moniteur. S'ils se représentent c'est que quelque chose n'a pas fonctionné;

il faut alors purger l'anneau et injecter un nouveau jeton, ce que fait le moniteur.

Une autre fonction du moniteur concerne la contenance de l'anneau. Le jeton comporte 3 octets soit 24 bits, ce qui signifie que l'anneau doit être suffisamment long pour contenir ces 24 bits. Si la somme des bits en cours de régénération plus ceux contenus réellement par les supports de transmission est inférieure à 24, le moniteur ajoute une mémoire de correction de contenance permettant au jeton de circuler normalement.

Une opération de supervision que ne peut pas assurer le moniteur concerne la localisation des coupures de câbles. Quand une station se rend compte que son voisin en amont cesse de lui faire parvenir des signaux, elle transmet une trame de reconfiguration de l'anneau contenant l'adresse de la station présumée défaillante. Lorsque ce signal se propage sur l'anneau le plus loin qu'il peut, il permet d'éliminer de l'anneau les stations défaillantes en provoquant la désactivation des relais d'insertion des stations individuelles situés dans les coffrets de raccordement, et ce, sans intervention humaine.

Il est instructif de comparer les approches retenues pour le contrôle du bus à jeton et pour celui de l'anneau à jeton. Le comité 802.4 avait la hantise qu'un seul composant ayant une fonction centrale puisse devenir subitement défaillant et entraîner un arrêt complet du système. Par conséquent il a défini un système dans lequel le propriétaire du jeton possède temporairement des pouvoirs particuliers, comme de faire appel à candidature ou de rétablir le fonctionnement de l'anneau logique, mais dans lequel aucune station n'a de responsabilité collective; en particulier il n'y a pas de fonction de supervision de l'animation de l'anneau logique.

Pour sa part, le comité 802.5 a pensé qu'en ayant une supervision centralisée, le traitement des erreurs telles que le jeton perdu, les trames orphelines, etc., serait plus facile. Par ailleurs, avec une utilisation normale, les stations sont rarement victimes d'incidents graves, aussi avoir de temps en temps à réélire un moniteur n'est pas une rude épreuve. Le prix payé est que si le moniteur, bien que victime de dérangements, continue à transmettre périodiquement la trame de contrôle «moniteur présent», aucune autre station ne s'en apercevra et ne pourra le remplacer. Le moniteur ne peut pas être destitué automatiquement de ses fonctions.

Les approches différentes des deux comités découlent des applications auxquelles ils pensaient en élaborant leur protocole respectif. Le comité 802.4 pensait aux environnements industriels avec d'importantes masses de métal en mouvement autour des calculateurs. Des incidents sur le réseau peuvent entraîner de sérieux dommages, aussi faut-il les éviter à tout prix. Le comité 802.5 s'intéressait, lui, à la bureautique, applications pour lesquelles les incidents mineurs et de courtes durée peuvent être tolérés comme prix à payer pour avoir un système plus simple et moins coûteux. Prétendre que la norme 802.4 est plus sûre que la norme 802.5 est un sujet de controverses.

Anneau à trames multiples

L'anneau à jeton n'est pas le seul anneau dont l'utilisation est répandue. Nous allons maintenant examiner brièvement deux autres anneaux assez connus, bien qu'ils ne soient pas retenus par le comité 802. Le premier d'entre eux est l'*anneau à trames multiples* (*slotted ring*) ainsi dénommé car il est divisé en un certain nombre d'emplacements de trame de longueurs fixes. A moins que l'anneau soit très étendu ou que le nombre de stations soit important, sa contenance en nombre de bits est souvent insuffisante et des capacités artificielles complémentaires doivent lui être ajoutées. Ceci peut être obtenu en insérant au niveau de chaque coupleur de réseau un registre à décalage. Au lieu du retard de 1 bit de la figure 3-20(b) on ajoute plusieurs bits. La figure 3-24 représente le modèle conceptuel d'un anneau à trames multiples.

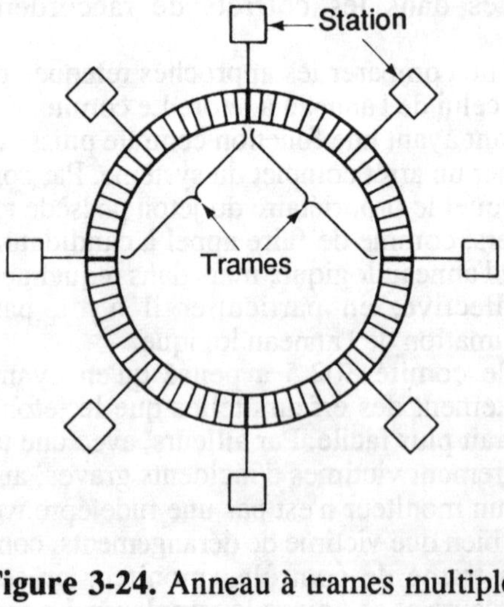

Figure 3-24. Anneau à trames multiples

Chaque emplacement de trame possède un bit qui indique s'il est disponible ou s'il contient des informations. Quand une station désire transmettre, elle attend un emplacement disponible, le marque occupé et y place ses informations. Naturellement, un emplacement doit être suffisamment grand pour contenir une trame, dont la longueur est nécessairement limitée à l'inverse de l'anneau à jeton qui accepte des trames de toutes longueurs. Les performances de l'anneau à trames multiples sont analysées par WU et Spratt, 1987.

Anneau à insertion de registre

L'autre type d'anneau, l'*anneau à insertion de registre*, est une version plus sophistiquée de l'anneau à trames multiples. Il a été mis au point par Liu, 1978. Pour comprendre comment cet anneau fonctionne, il nous faut examiner le fonctionnement interne du coupleur de réseau tel que schématisé sur la figure 3-25. Le coupleur contient deux mémoires spécialisées, un registre à décalage et une mémoire d'émission. Lorsqu'une station décide d'émettre une trame, elle la place dans la mémoire d'émission. Les trames peuvent être de longueurs variables égales ou inférieures à celle de la mémoire d'émission.

Quand la station devient active, le pointeur d'entrée de la figure 3-25 est positionné sur la position la plus à droite du registre à décalage, ce qui signifie qu'il est vide. Quand un bit parvient à la station, il est placé dans le registre à décalage à l'emplacement désigné par le pointeur et celui-ci se déplace vers la gauche d'une position; il en sera de même pour chacun des bits suivants. Dès que l'adresse de destination est assemblée, la station peut savoir si la trame lui est ou non destinée. Si oui, le reste de la trame est transmis à la station et la trame est retirée de l'anneau. Le pointeur est alors de nouveau positionné sur la première position de droite.

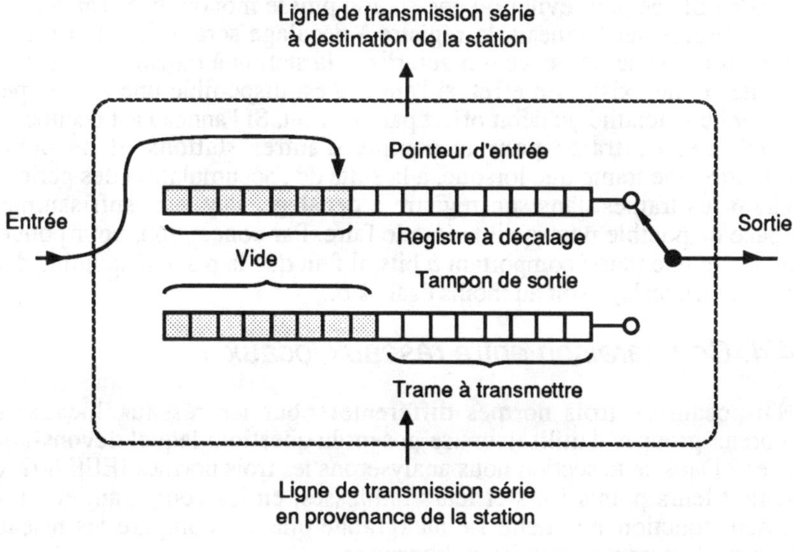

Figure 3-25. Coupleur pour anneau à insertion de registre

Si la trame n'est pas destinée à la station, le coupleur commence sa retransmission. Chaque bit reçu est placé à l'emplacement indiqué par le pointeur. La rémission du premier bit de la trame provoque le décalage vers la droite de la totalité du contenu du registre à décalage et le pointeur reste en place si un bit supplémentaire est reçu. Si aucun bit supplémentaire n'est ajouté au contenu du registre (c'est le cas pendant la période séparant deux trames consécutives), le contenu du registre se déplace vers la droite ainsi que le pointeur.

Nous allons maintenant nous intéresser à l'émission d'une trame par une station. Lorsque le registre à décalage a terminé son émission, il vérifie si une trame est en attente dans le buffer d'émission et si la place disponible dont il dispose est au moins aussi importante que la trame en attente d'émission. Ces deux conditions sont nécessaires pour que l'on puisse procéder à l'émission de la trame en attente. Dans ce cas, le commutateur de sortie est basculé vers la mémoire d'émission et les bits qu'elle contient sont émis un à un en synchronisation avec ceux qui arrivent dans le registre à décalage. Les informations arrivantes sont accumulées dans le registre à décalage pendant que celles contenues dans la mémoire d'émission sont transmises. Ceci explique pourquoi il faut que la place disponible dans le registre à décalage soit au moins égale à la longueur de la trame à émettre. Dès que le contenu de la mémoire d'émission a été transmis, le commutateur est placé à nouveau sur la sortie du registre à décalage et le contenu de celui-ci, s'il existe, est transmis sur l'anneau.

Une propriété intéressante de cette architecture en anneau tient à la méthode utilisée pour éviter qu'une station puisse monopoliser l'anneau. Si rien ne circule sur l'anneau, le registre à décalage sera vide à la fin de la transmission d'une trame, ce qui autorisera la station à transmettre la trame suivante si elle existe. En effet, si l'anneau est disponible une station peut disposer de la totalité du débit offert par l'anneau. Si l'anneau est occupé à la transmission de trame pour le compte d'autres stations, il ne pourra transmettre une trame que lorsque, à la suite de l'accumulation des périodes séparant les trames dans son registre à décalage, il y aura suffisamment d'espace disponible pour qu'il puisse le faire. Par conception, pour pouvoir transmettre une trame comportant b bits, il faut que la place disponible dans le registre à décalage soit au moins égale à b.

3.4.4. Comparaison entre réseaux locaux

Disposant de trois normes différentes pour les réseaux locaux, de nombreux groupes d'utilisateurs se posent la question: lequel devons-nous utiliser ? Dans cette section nous analyserons les trois normes IEEE 802, en montrant leurs points forts et leurs faiblesses, en les comparant et en les opposant fonctionnellement. Le paragraphe qui suit compare les réseaux locaux aux autocommutateurs multiservices.

Pour commencer, il faut noter que, globalement, ces trois types de réseaux utilisent les mêmes technologies et offrent les mêmes performances. Si les scientifiques et les ingénieurs peuvent discuter des heures sur les mérites du câble coaxial ou de la paire symétrique blindée, les utilisateurs de réseaux locaux et les vendeurs de ces systèmes se soucient peu de ce genre de considérations.

Commençons par les avantages de la norme 802.3. Actuellement, elle est de loin la plus répandue; on la trouve dans de nombreuses installations et elle possède une expérience opérationnelle considérable. La raison en est simple: il est possible d'installer une nouvelle station sans pour autant devoir arrêter le système. Un support de transmission passif est utilisé et aucun modem n'est nécessaire. Par ailleurs, le délai de transmission à faible charge est voisin de zéro: les stations n'ont pas à attendre un jeton, elles peuvent transmettre dès qu'elles le souhaitent.

En revanche, le protocole 802.3 possède un composant analogique substantiel, chaque station devant être capable de détecter les signaux les plus faibles lui parvenant des autres stations, même lorsqu'elle est elle-même en transmission. Les circuits permettant la détection des collisions utilisent la technologie analogique. Pour éviter la possibilité de voir des trames détruites sans que cela ne soit détecté, la longueur minimum des trames est de 64 octets, ce qui représente une charge non productive lorsqu'il s'agit de transmettre un seul caractère significatif.

De plus, le protocole de la norme 802.3 est non-déterministe, c'est-à-dire que son comportement réel est imprévisible, ce qui le rend inapte à la transmission de données ayant des exigences temporelles de transmission particulières comme les applications dites en temps réel. La longueur du support physique de transmission est limitée, même en utilisant des répéteurs, à 2,5 kilomètres. Cette limitation est due à la valeur maximum, imposée par la norme à la durée maximum de l'intervalle de temps à la base du déroulement de l'algorithme de résolution des situations de collisions. Elle est égale au temps de propagation aller et retour nécessaire pour joindre les deux stations les plus éloignées l'une de l'autre; elle constitue un facteur déterminant majeur pour ce qui concerne les performances de ce type de réseau. Augmenter le débit nominal d'un réseau CSMA/CD est une solution difficile et lorsque la vitesse de transmission augmente, l'efficacité globale du système diminue. En effet, si l'augmentation du débit nominal a une influence sur le temps nécessaire à la transmission des trames, elle ne modifie en rien la valeur de l'intervalle de temps à la base du mécanisme de résolution des collisions. A mesure que la technologie des réseaux locaux s'améliore et que les débits nominaux deviennent de plus en plus rapides, le problème de leur efficacité devient de plus en plus significatif (Chlamtac et Ganz, 1988).

A forte charge, la présence de collisions fréquentes devient un problème majeur, et peut sérieusement altérer le débit utile ou efficace de ce type de système. Par ailleurs, cette norme est mal adaptée à la transmission sur fibre optique en raison de la difficulté de réalisation des dérivations nécessaires au raccordement des stations.

Maintenant tournons-nous vers la norme 802.4. Elle utilise un câble coaxial, de type télévision et d'excellente qualité, disponible chez de nombreux distributeurs. Cette norme est plus déterminante que la norme

802.3, bien que la perte du jeton logique puisse, dans des périodes critiques, apporter plus d'incertitude que ses supporters veulent bien le dire. Elle peut transmettre efficacement des trames très courtes.

Le bus à jeton permet l'utilisation d'un mécanisme de gestion des priorités et peut être paramétré pour garantir aux stations un débit minimum pour le trafic hautement prioritaire comme la voix numérisée. Il offre un très bon débit et une excellente efficacité à forte charge, et son fonctionnement se rapproche de celui d'un multiplexeur temporel. Enfin, son support large bande peut accueillir plusieurs canaux de transmission, non seulement pour la transmission de données mais également pour d'autres informations comme les images de télévision.

Sous un autre aspect, les systèmes large bande utilisent de nombreux composants analogiques, comme des modems et des amplificateurs. Le protocole est extrêmement complexe et introduit à faible charge des délais substantiels; les stations doivent attendre le passage du jeton pour pouvoir transmettre même si le trafic utile est insignifiant. Enfin, il est mal adapté à la transmission sur fibres optiques.

Considérons à présent l'anneau à jeton. Il utilise des liaisons de type point à point, ce qui signifie que la mise en place du système de transmission est aisée et que la technologie utilisée est numérique. Un anneau peut utiliser n'importe quel type de support de transmission, du pigeon voyageur à la fibre optique. La paire torsadée courante est bon marché et simple à mettre en place. L'utilisation de coffrets de raccordement fait que l'anneau à jeton est le seul réseau local capable de localiser automatiquement une coupure de câble.

Comme pour le bus à jeton, il permet la mise en œuvre d'un mécanisme de priorité, avec toutefois un comportement moins courtois. De même, il est possible de transmettre des trames très courtes; quant aux trames longues, leur longueur n'est limitée que par la valeur du compteur de temps. Enfin, le rapport entre le débit utile et le débit nominal dont découle l'efficacité est excellent comme pour le réseau en bus à jeton, ce qui n'est pas le cas du bus CSMA/CD.

Le point faible le plus notable est la présence de la fonction centralisée assurée par le moniteur, ce qui introduit un composant critique. Si un moniteur défaillant est remplacé immédiatement, un moniteur légèrement malade peut provoquer des incidents mineurs. De plus, comme avec tous les schémas utilisant le passage de jeton, il y a un délai d'attente minimum à faible charge égal au temps séparant deux passages consécutifs du jeton.

Il faut également savoir que de nombreuses études concernant ces trois types de réseaux locaux ont été effectuées, Bux, 1987; Hammond et O'Reilly, 1986; Sachs et al., 1985; Schwartz, 1987; et Stuck, 1983. La principale conclusion que l'on peut extraire de ces études est une absence de conclusion qualitative. En effet, il est toujours possible de rassembler un ensemble de paramètres qui permet de faire apparaître un réseau local d'un type particulier meilleur que les autres.

La seule conclusion indiscutable concerne le comportement à très forte charge, qui pour le réseau 802.3 peut conduire à un écroulement total de son efficacité alors que l'efficacité du réseau 802.5 se stabilise au voisinage des 100% sans jamais s'altérer. Pour les utilisateurs qui veulent rentabiliser au maximum leurs supports de transmission, le réseau 802.3 ne constitue pas la bonne solution. Pour les utilisateurs n'envisageant que des charges légères ou modérées, les solutions arborescentes conviennent et d'autres critères que l'efficacité sont probablement plus importants.

Il est évident que ces trois types de réseaux locaux vont cohabiter dans les prochaines années; la possibilité de leur interconnexion est donc très importante. Nous discuterons des ponts, couche 2 de l'OSI, et des passerelles, couche 3 de l'OSI dans le chapitre 5, et ce pour deux raisons: la première parce que les fonctionnalités des ponts et des passerelles sont très voisines et la seconde en raison de l'acheminement des trames dans les réseaux locaux complexes qui relève indiscutablement des fonctionnalités de la couche 3.

Autocommutateurs RNIS et réseaux locaux

Nous allons maintenant comparer brièvement les autocommutateurs RNIS et les réseaux locaux. Un autocommutateur peut être utilisé pour raccorder toutes les stations de travail installées dans l'immeuble qu'il dessert; en conséquence, il peut, en première approximation, apparaître comme un concurrent des réseaux locaux. L'autocommutateur peut réutiliser le câblage existant, éliminant ainsi la nécessité de recâbler l'immeuble selon de nouvelles spécifications. Il est en mesure de traiter simultanément, dans certaines conditions, la voix et les données, ce qui présente un avantage certain. Par ailleurs, en plus des connexions localisées à l'immeuble, il peut également permettre, par l'intermédiaire du réseau téléphonique général, d'établir de façon entièrement transparente des mises en relation à longues distances; c'est là un avantage substantiel sur les réseaux locaux qui, eux, nécessitent des passerelles et autres dispositifs relativement complexes pour pouvoir offrir les mêmes possibilités. Enfin, un autocommutateur de ce type peut offrir un débit global de quelques 500 Mbit/s, débit global que les réseaux locaux ne sont pas, actuellement, en mesure d'offrir.

Le problème avec les autocommutateurs tient au fait qu'ils travaillent sur de grandes valeurs, nombre de points de connexion et débit global. Leurs avantages sont énormes et leurs désavantages aussi. Le plus criant est le faible débit instantané offert par le canal B du RNIS limité à 64 kbit/s. Essayer de paginer une mémoire virtuelle à partir d'un disque éloigné à travers un canal à 64 kbit/s serait atrocement lent. De même transférer un fichier à partir d'un serveur de fichier au rythme maximum de 8000 octets par seconde serait insupportable.

Un autre problème très sérieux tient au fait que les autocommutateurs ne pratiquent que la commutation de circuits, ce qui convient parfaitement pour des trafics faibles, réguliers et continus mais qui est totalement inadapté aux fortes rafales qui résultent d'un transfert de fichier ou d'une image graphique. Ainsi, un autocommutateur de 500 Mbit/s de capacité offre en pratique un débit effectif inférieur à celui d'un réseau local à 10 Mbit/s car la plupart de ses 500 Mbit/s de capacité nominale sont offerts à des mises en relation qui n'en ont pas l'usage, et celles qui nécessitent cette capacité inutilisée ne peuvent en disposer.

Enfin, un autocommutateur RNIS est un dispositif centralisé très complexe. Il est concevable qu'un problème au niveau de l'autocommutateur entraîne un arrêt total de l'installation. Par ailleurs, certains autocommutateurs disposent d'une certaine redondance qui permet de rendre cet événement improbable mais ceci est obtenu au prix d'un coût supplémentaire.

La controverse entre les tenants des autocommutateurs RNIS et ceux des réseaux locaux subsistera encore pendant plusieurs années, sans que pour autant l'un des camps ne soit victorieux. En fait, de nombreuses organisations installeront les deux méthodes de raccordement des stations de travail, autocommutateurs et réseaux locaux, l'autocommutateur se chargeant du trafic à longue distance et les réseaux locaux prenant en charge toutes les communications locales. L'utilisation de passerelles d'interconnexion facilitera la vie de ceux qui ont besoin de ces deux types d'échanges. L'élaboration des spécifications des passerelles entre les réseaux locaux et les autocommutateurs est discutée dans les ouvrages de Gray et al, 1987; Maebara et Takeuchi, 1987.

3.5. RESEAUX A BASE DE FIBRE OPTIQUE

Les trois réseaux locaux que nous venons d'étudier se fondent sur des câbles électriques. Toutefois l'usage de la fibre optique prend de plus en plus d'importance, non seulement pour les liaisons point à point à longues distances mais également pour les réseaux métropolitains et les réseaux locaux. La fibre optique permet de pratiquer des débits de transmission très élevés. Elle est légère et peu encombrante. Elle est insensible aux perturbations électromagnétiques, aux parasites industriels ou atmosphériques. Elle offre également un avantage, du point de vue de la sécurité, qui est de rendre pratiquement impossible une connexion frauduleuse sur la fibre. Dans la suite nous examinons quelques réseaux utilisant la fibre optique comme support de transmission, soit seule soit en combinaison avec des câbles électriques.

3.5.1. Le réseau FDDI

Le réseau FDDI (*Fiber Distributed Data Interface*) est un réseau à structure de boucle ou anneau, qui utilise la fibre optique comme support de transmission. C'est un standard de l'ANSI. FDDI est un réseau à contrôle d'accès par jeton; il présente de hautes performances : un débit nominal de

100 Mbit/s, des distances de raccordement pouvant atteindre 200 km et la possibilité d'interconnecter jusqu'à 1000 stations. Ces caractéristiques apparentent FDDI aux réseaux locaux et aux réseaux métropolitains. Des informations supplémentaires peuvent être obtenues en consultant les articles des pionniers du réseau FDDI (Burr,1986; Joshi, 1986; Ross, 1986 et 1987).

Le réseau FDDI peut être utilisé comme les autres réseaux locaux se réclamant des normes IEEE 802.x, mais le très grand débit qu'il offre le conduit à lui faire jouer un rôle de réseau fédérateur de réseaux locaux à débits plus faibles, comme le montre la figure 3.26.

Une nouvelle génération de réseau FDDI, le réseau FDDI-II, prend en compte des trafics de données variés: données informatiques, données ayant des exigences temporelles rigoureuses (par exemple, la voix numérisée selon la technique MIC), ou des données issues du réseau RNIS. Dans la suite, nous désignerons ces deux versions du réseau par le sigle unique de FDDI.

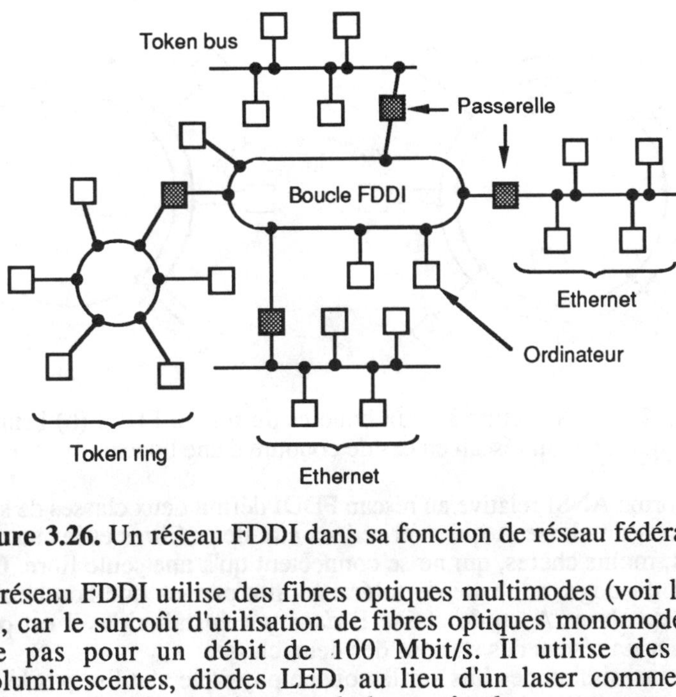

Figure 3.26. Un réseau FDDI dans sa fonction de réseau fédérateur

Le réseau FDDI utilise des fibres optiques multimodes (voir la figure 2.5(b)), car le surcoût d'utilisation de fibres optiques monomodes ne se justifie pas pour un débit de 100 Mbit/s. Il utilise des diodes électroluminescentes, diodes LED, au lieu d'un laser comme source lumineuse, non seulement à cause de leur coût plus avantageux mais en raison surtout de la nécesité de connexion directe des stations sur la fibre optique. En effet, il pourrait y avoir des risques d'accident occulaire. L'énergie lumineuse des photodiodes est certes plus faible que celle diffusée par un laser, mais suffisante pour transmettre à 100 Mbit/s des données dans de bonnes conditions. Les spécifications du réseau FDDI précisent que le taux d'erreur admissible est de l'ordre d'un bit erroné pour $2{,}5 \times 10^{10}$ bits transmis. En fait la plupart des réalisations sont bien en deçà de cette limite.

Le réseau FDDI est basé sur deux boucles en fibre optique. La transmission sur une boucle se fait dans un sens, et sur l'autre boucle en sens inverse, comme illustré sur la figure 3.27(a). Cette structure permet d'assurer une meilleure fiabilité. En effet, si l'une des boucles vient à être coupée accidentellement, la seconde peut être utilisée en secours. De même, si les deux boucles viennent à être coupées au même point, les deux boucles peuvent être reconfigurés pour en former une nouvelle, mais unique comme le montre la figure 3.27(b). Dans ce cas, le parcours suivi par les signaux a presque doublé, les temps de transmission également. Pour effectuer les opérations de modification des boucles suite aux défaillances éventuelles, chaque station dispose d'un relais optique permettant la reconfiguration automatique du réseau ou le retrait de la station en cas de panne.

Des dispositifs de raccordement qui présentent des fonctions similaires à la norme 802.5 peuvent être utilisés pour se connecter à un réseau FDDI.

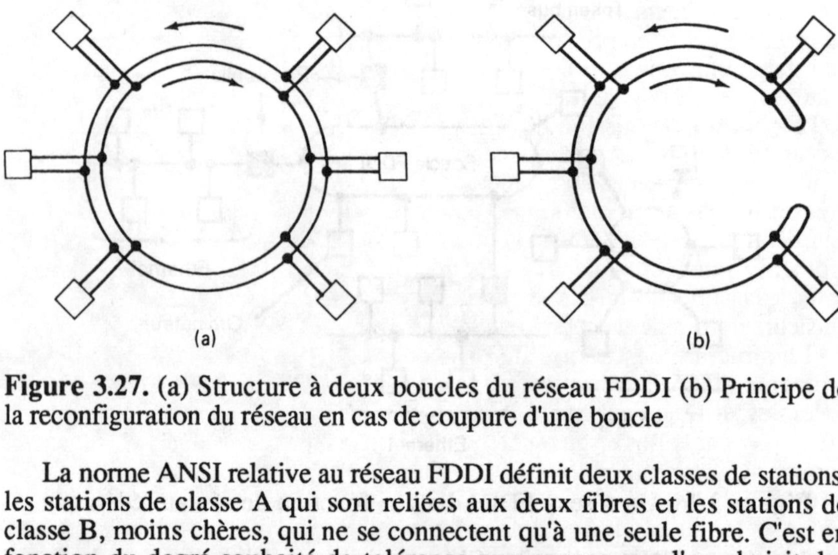

Figure 3.27. (a) Structure à deux boucles du réseau FDDI (b) Principe de la reconfiguration du réseau en cas de coupure d'une boucle

La norme ANSI relative au réseau FDDI définit deux classes de stations, les stations de classe A qui sont reliées aux deux fibres et les stations de classe B, moins chères, qui ne se connectent qu'à une seule fibre. C'est en fonction du degré souhaité de tolérance aux pannes que l'on choisit des stations de classe A ou de classe B dans une installation. Il est possible d'avoir sur un réseau des stations des deux classes.

La transmission des bits sur la couche physique n'utilise pas le codage Manchester car il nécessiterait, pour atteindre le débit nominal de 100 Mbit/s, un débit effectif de 200 Mbit/s, ce qui a été jugé trop coûteux. On utilise une autre technique de codage, se fondant sur les codes de groupe, le codage 4B/5B. Le codage 4B/5B consiste à associer à tout groupe de 4 bits un mot de code de 5 bits que l'on appelle un symbole. Ce codage se caractérise par le fait qu'il y a au plus deux zéros consécutifs dans chaque symbole. Toutes les données à émettre, codées 4B/5B, sont transmises en mode NRZI, qui consiste à produire une transition du signal sur la ligne chaque fois qu'un bit à 1 est transmis et aucune transition quand il s'agit d'un bit à 0. Dans le code 4B/5B, seize symboles sont utilisés pour la transmission des données, trois symboles sont associés aux délimiteurs et quatre symboles sont utilisés pour le contrôle du réseau.

L'avantage de ce codage tient à la réduction du débit numérique réel sur la fibre. L'inconvénient majeur est la disparition du signal de synchronisation d'horloge présent dans chaque information binaire fournie par le codage Manchester. Pour compenser cette absence, un préambule relativement long précède chaque trame émise, ce qui permet au récepteur de se synchroniser avec l'émetteur. Par ailleurs, chaque horloge doit avoir une stabilité d'au moins 0,005%. Avec cette stabilité il est possible de transmettre des trames comportant jusqu'à 4500 octets sans pour autant que la dérive de l'horloge du récepteur soit telle que la synchronisation bit soit perdue.

Les bases du protocole FDDI sont très proches de celles de la norme 802.5. Pour transmettre des données, une station doit devenir propriétaire du droit à émettre en prenant possession du jeton. Elle peut alors transmettre une trame puis elle doit la retirer lorsqu'elle lui revient, après avoir fait un tour complet de boucle. Une différence entre le protocole FDDI et la norme 802.5 concerne l'émission du jeton. Dans la première version de 802.5 une station ne doit émettre un nouveau jeton que lorsque sa trame lui est revenue en totalité. Dans le cas du protocole FDDI, où potentiellement on peut avoir près de 1000 stations et 200 kilomètres de fibre optique, cette façon de faire retarderait fortement l'émission du jeton et réduirait fortement l'efficacité du protocole. Pour cette raison il a été décidé que le jeton serait immédiatement émis à la suite de la trame. Il en résulte que sur un anneau très grand plusieurs trames peuvent être en circulation.

La structure des trames du protocole FDDI est semblable à celles du protocole 802.5. Le protocole permet, en plus, la transmission de trames spéciales, dites synchrones. Ces trames ont des exigences temporelles précises, car elles transportent des informations issues de circuits numériques commutés affectés à la transmission de signaux vocaux sous la forme MIC ou des données d'un réseau RNIS. Ces trames synchrones sont générées toutes les 125 microsecondes pour fournir les 8000 échantillons nécessaires à la reconstitution des signaux vocaux selon la technique MIC. Chacune de ces trames possède un en-tête de 16 octets et un maximum de 96 octets d'information. Cela signifie que la trame peut prendre en charge les informations en provenance des 96 intervalles de temps de voie des systèmes de transmission numériques. Ce nombre de 96 a été choisi car il correspond à quatre canaux T1 du standard Bell (soit 4x24 IT de voies) au débit nominal de 1,544 Mbit/s, ou à trois canaux MIC du CCITT (soit 3x32 IT de voies) au débit nominal de 2,048 Mbit/s. Pour fixer les idées, une trame synchrone de ce type consomme 6,144 Mbit/s pour 96 circuits à 64 kbit/s. Un maximum de 16 trames de ce type permet la commutation de 1536 canaux à 64 kbit/s et nécessite un débit de 98,3 Mbit/s.

Dès qu'une station a pris possession d'un ou de plusieurs intervalles de temps IT dans une trame de ce type, ils lui sont alloués jusqu'au moment où elle signifie leur abandon. La part du débit nominal non utilisée par les trames synchrones est disponible pour la transmission de trames à la demande. Un masque présent au début de chaque trame indique les intervalles de temps de voie non utilisés qui peuvent de ce fait faire l'objet d'une demande d'affectation. Le trafic non-synchrone est organisé selon des classes de priorités, la station de plus haute priorité pouvant prendre d'autorité le reste de la bande passante disponible.

Le protocole MAC qui contrôle l'utilisation de la bande passante du réseau exige que chaque station possède un compteur mesurant le temps de rotation sur l'anneau ou, en d'autres termes, le temps qui s'écoule entre deux passages du jeton au niveau de chaque station. Un mécanisme de priorité similaire à celui de la norme 802.4 est utilisé pour déterminer la classe de priorité de la station qui peut prendre possession du jeton à chaque fois qu'il se présente. Si le jeton se présente avec de l'avance sur le temps de rotation planifié, toutes les stations, quelle que soit leur priorité, peuvent transmettre; en revanche, s'il parvient à une station dans le délai planifié, seule la station qui a la plus haute priorité peut transmettre une trame.

3.5.2. Le réseau Fibernet II

Le réseau Fibernet II est un réseau local à base de fibre optique compatible avec le réseau Ethernet au niveau des interfaces d'accès. C'est un groupe de chercheurs de la société Xerox aux Etats-Unis qui a mis au point ce réseau en 1983 (Schmidt et al., 1983). Les stations de travail prévues pour fonctionner avec Ethernet peuvent se connecter sans problèmes au réseau Fibernet II, comme sur la figure 3.13.

La partie la plus délicate dans la mise en place d'un réseau local de type CSMA/CD à base de fibre optique est la réalisation du dispositif de détections des collisions. Plusieurs techniques ont été proposées (Reedy et Jones, 1985); elles utilisent toutes la structure en fibre optique de type étoile passive comme celle de la figure 2.7. Ces techniques sont :

1) *La mesure de puissance*. Chaque station mesure la puissance émise sur la fibre. Si la puissance mesurée est supérieure à celle que la station émet sur le réseau, celle-ci en déduit qu'une autre station est également en train d'émettre. Il y a donc collision.

2) *La largeur d'impulsion*. Si deux stations émettent simultanément, les signaux sur la fibre se mélangent, le signal résultant est modifié. Les impulsions sont plus larges que les impulsions émises. Cette distorsion peut être détectée, elle corerspond à une collision.

3) *Le délai de propagation.* Quand les signaux émis par deux stations se mélangent, celle qui transmet en dernier reçoit en retour des signaux qui sont en avance sur le délai normal car ce sont ceux émis par la première station. Cette situation peut être détectée, il s'agit d'une collision.

4) *Le couplage directionnel.* Il est possible de construire un dispositif d'émission/réception qui ne puisse pas recevoir les signaux qu'il a émis. En conséquence tout signal reçu pendant une émission provient d'une autre station, il y a donc une collision.

Tous ces mécanismes sont délicats et difficiles à mettre en œuvre. De plus, les structures de type étoile passive ont un fort taux d'affaiblissement des signaux car l'énergie lumineuse en entrée est répartie entre toutes les fibres de sortie. En conséquence, dans Fibernet II Schmidt et al. ont remplacé l'étoile passive par une étoile active. Ainsi, le dispositif d'accès au réseau de chaque station est doté de deux fibres optiques, une pour l'émission et l'autre pour la réception. Les deux fibres convergent vers un système centralisé formant l'étoile active. Le principe de cette réalisation est montré figure 3.28.

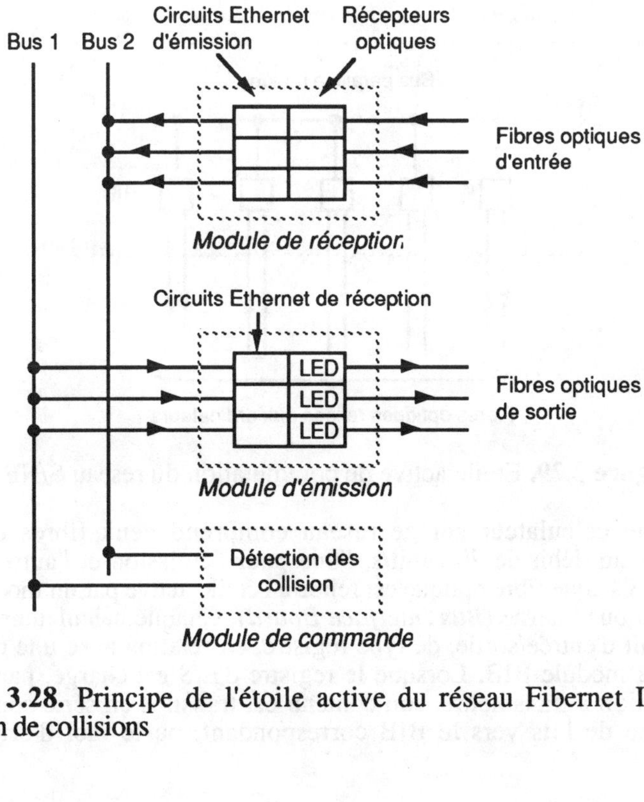

Figure 3.28. Principe de l'étoile active du réseau Fibernet II pour la détection de collisions

Au niveau de l'étoile active, les signaux lumineux reçus de chaque fibre sont convertis en signaux électriques pour être traités, puis ils sont reconvertis en signaux optiques avant d'être réinjectés sur la fibre de sortie. Sur chaque fibre optique d'entrée se trouve un photocoupleur qui convertit les signaux lumineux reçus en signaux électriques. Ces derniers, transmis sur un bus en câble électrique interne à l'étoile active, sont soumis aux mêmes règles et phénomènes qu'un bus CSMA/CD classique. S'il n'y a pas de collision les signaux électriques sont transférés sur un second bus interne puis reconvertis en signaux optiques par le transmetteur concerné.

3.5.3. Le réseau S/NET

S/NET (Huja, 1983) est un réseau local utilisant la fibre optique comme support de transmission et le concept de l'étoile active. Il a été conçu et réalisé dans les centres de recherches des laboratoires Bell d'AT&T. A l'opposé de Fibernet II dont l'objectif était la compatibilité avec Ethernet, l'objectif de S/NET consistait à obtenir une commutation de transfert la plus rapide possible. La structure de l'étoile active est représentée à la figure 3.29

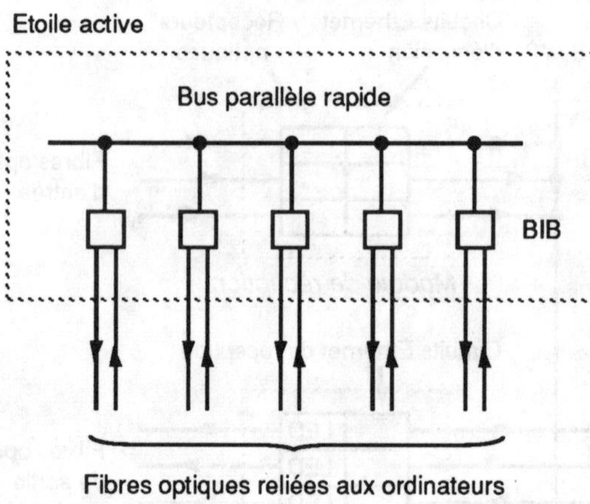

Figure 3.29. Etoile active de commutation du réseau S/NET

Chaque calculateur sur ce réseau comprend deux fibres optiques exploitées au débit de 20 Mbit/s, l'une pour l'émission et l'autre pour la réception. Chaque fibre optique est reliée à l'étoile active par un module BIB d'accès au bus interne (*Bus Interface Board*). Chaque calculateur dispose d'un circuit d'entrée/sortie, de type registre, en relation avec une mémoire interne au module BIB. Lorsque le registre d'E/S est chargé, par un mot d'information à transmettre, son contenu est transmis en série sous forme d'une suite de bits vers le BIB correspondant, où le mot d'origine est réassemblé. Lorsque toute une trame d'information à transmettre a été copiée dans la mémoire du BIB, le calculateur transmet alors une commande à ce BIB pour lui dire de copier la trame dans la mémoire du BIB desservant le calculateur destinataire. Ce dernier BIB prévient le calculateur concerné en lui transmettant une interruption.

L'accès au bus interne de l'étoile active par les BIB est contrôlé par un mécanisme de priorités. Chaque BIB possède un niveau de priorité qui lui est propre. Quand un BIB veut accéder au bus, il formule une demande sur la ligne correspondant à son niveau de priorité. Les demandes d'accès au bus sont enregistrées et traitées par ordre de priorité; un mot de 16 bits est transmis en parallèle à chaque usage du bus. Lorsque toutes les demandes en attente ont été satisfaites, un autre cycle est entrepris. Les BIB peuvent à nouveau formuler des demandes d'accès au bus. Aucun cycle de base du bus n'est perdu pour cause de contention. Il en résulte qu'avec un transfert de 16 bits toutes les 200 nanosecondes, la capacité de commutation du système est de 80 Mbit/s.

3.5.4. Les réseaux FASNET et EXPRESSNET

FASNET est un réseau à hautes performances dont l'utilisation peut être aussi bien comme réseau local que comme réseau métropolitain. Il a été conçu et réalisé dans les centres de recherches des laboratoires Bell d'AT&T (Limb, 1984; Limb et Flores, 1987).

Le réseau FASNET comporte deux bus unidirectionnels, A et B, comme le montre la figure 3.30. Chaque station est raccordée aux deux bus, elle peut transmettre et recevoir sur chacun d'eux. Quand une station veut transmettre à une station d'adresse supérieure, elle utilise le bus A; quand elle veut transmettre vers une station d'adresse inférieure elle utilise le bus B. Les stations 1 et N assurent des fonctions particulières, comme nous allons le voir.

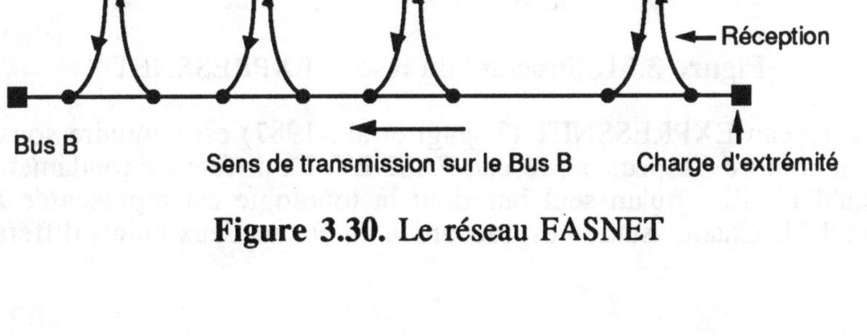

Figure 3.30. Le réseau FASNET

Un cycle de transmission commence lorsque la station 1 transmet sur le bus A une séquence particulière de blocs vide d'information de taille fixe et connue (des IT ou intervalles de temps) et quand la station N fait de même sur le bus B dans une direction opposée. Ces suites d'IT donnent le rythme de base de fonctionnement des bus A et B; cela permet aux autres stations de se synchroniser. Ces séquences d'IT peuvent être vues comme une suite de wagons vides dans lesquels il est possible d'insérer des données.

Quand une station veut transmettre à une station d'adresse supérieure à la sienne, elle écoute ce qui transite sur le bus A et attend, après détection du début de transmission de la séquence des IT, le premier IT vide disponible. La station prend alors possession de cet IT, le marque comme étant occupé (le premier bit du premier octet est positionné à 1), y place les adresses source et destination puis les informations à transmettre. Si les informations ne peuvent être contenues dans un seul IT, plusieurs IT consécutifs peuvent être utilisés. Quand la station à qui la trame est destinée voit passer cette trame, elle la copie dans sa mémoire tout en maintenant le ou les IT correspondants à l'état occupé. Un mécanisme analogue est mis en œuvre sur le bus B.

Quand la dernière station détecte la fin de la séquence d'IT sur un bus, elle émet sur l'autre bus une trame de signalisation. Lorsque cette trame arrive à destination un nouveau cycle est entrepris. Le temps qui s'écoule entre deux départs consécutifs d'une séquence d'IT est égal au temps de propagation aller et retour sur un bus auquel s'ajoute le temps d'émission des trames durant un cycle.

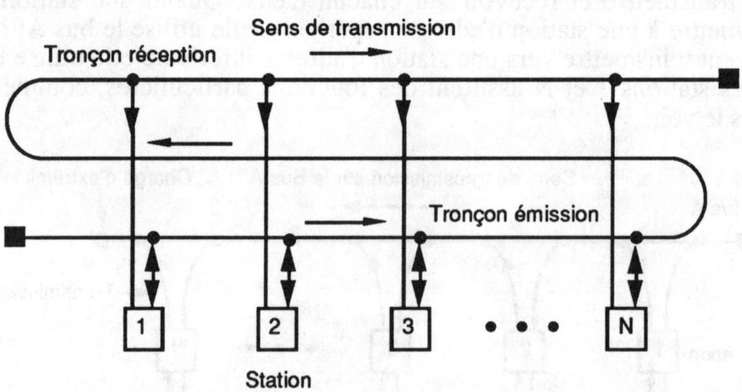

Figure 3.31. Structure du réseau EXPRESSNET

Le réseau EXPRESSNET (Togagi et al., 1987) est similaire sous un certain nombre d'aspects au réseau FASNET. La différence fondamentale est qu'il n'utilise qu'un seul bus dont la topologie est représentée à la figure 3.31. Chaque station est raccordée au bus en deux points différents un premier point sur le tronçon émission est utilisé pour transmettre des informations, le second sur le tronçon réception pour en recevoir.

Le réseau FASNET se fonde sur un processus émission/réception synchrone; la première station émet la totalité de la séquence d'IT et les autres stations se synchronisent sur cette séquence. A l'opposé, le réseau EXPRESSNET est asynchrone. Quand une station veut émettre une trame, elle examine le tronçon réception pour s'enquérir de son utilisation. S'il est occupé, elle attend qu'il devienne disponible. A ce moment, la station émet sa trame d'information sur le tronçon émission, ce qui constitue sur le réseau un «train de bits». Quand ce train de bits parvient au tronçon réception, il est accepté par la station destinataire.

En raison du temps de propagation non nul, un problème apparaît lorsque deux stations, par exemple les stations 2 et 3, veulent transmettre simultanément. Quelques microsecondes après le début d'émission de la station 3, l'émission de la station 2 parvient au niveau de la station 3 et il y a collision entre les deux trames. Pour résoudre ce problème, chaque station surveille le tronçon émission et cesse immédiatement d'émettre quand elle détecte, sur le tronçon émission, une trame en provenance de la gauche, c'est-à-dire d'une station dont l'adresse d'origine est inférieure à la sienne. Implicitement ce mécanisme résout les situations de conflits d'accès en faveur des stations de rang le plus faible, mais cela peut entraîner une altération des premiers bits de la trame.

La solution évidente consiste à faire précéder chaque trame d'une séquence non significative telle qu'un préambule. Ce préambule est destiné à protéger les parties significatives des trames contre les collisions.

Il y a plusieurs différences entre les réseaux EXPRESSNET et FASNET. La première tient au fait que la transmission est synchrone pour l'un et asynchrone pour l'autre; cette différence est analogue à celle qui existe entre un anneau à trame formatée et un anneau à jeton. Par ailleurs, FASNET nécessite autant de dérivation qu'il y a de stations alors que EXPRESSNET en exige le double, ce qui potentiellement pose un problème pour une version en fibre optique. En effet, les dérivations introduisent des affaiblissements sensibles. Finalement, le temps de propagation d'une trame entre les deux stations les plus éloignées l'une de l'autre est trois fois plus important pour EXPRESSNET que pour FASNET. Tobagi et Fine, 1983, ont étudié les performances comparées des deux systèmes.

3.5.5. Le réseau DATAKIT

DATAKIT (Fraser, 1987), est un réseau mis en œuvre aux laboratoires Bell et commercialisé par AT&T. Il diffère de la plupart des autres réseaux par le fait que l'on peut l'utiliser aussi bien comme réseau local, comme réseau métropolitain que comme réseau à longue distance. Par ailleurs, il permet une utilisation conjointe de supports de transmission en fibre optique et de câbles électriques qui peuvent être associés de différentes manières.

En ce qui concerne son architecture, un réseau DATAKIT est composé de commutateurs auxquels sont raccordées différentes lignes entrantes et sortantes. Ces lignes peuvent être raccordées à leur autre extrémité à des terminaux, des ordinateurs ou à d'autres commutateurs DATAKIT. Les lignes reliées aux terminaux sont généralement constituées de câbles électriques à paires torsadées. Les lignes reliant deux commutateurs DATAKIT sont plutôt des fibres optiques assurant un débit de 1,544 Mbit/s (système T1 de Bell). En fait, un réseau DATAKIT ressemble beaucoup plus à une constellation d'étoiles qu'à un bus ou à une boucle.

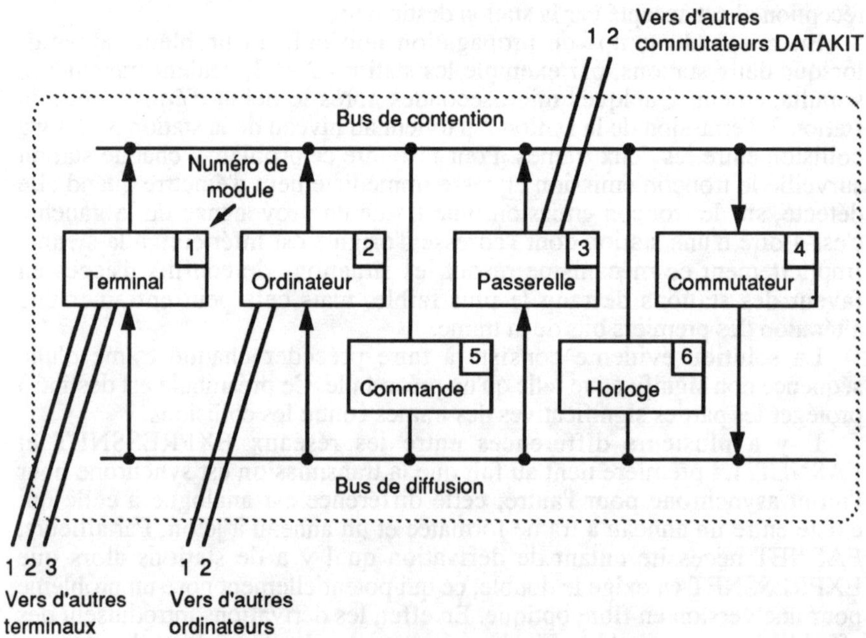

Figure 3.32. Structure d'un commutateur DATAKIT

La structure interne d'un commutateur DATAKIT est représentée à la figure 3.32. Différents modules le composent, chacun d'eux communique avec les deux bus internes. Certains modules offrent une interface RS 232, d'autres des interfaces spécialisées, par exemple d'ordinateurs ou d'autres interfaces nécessaires à la transmission sur les canaux numériques reliant un commutateur à d'autres commutateurs.

Lorsqu'un terminal, un ordinateur ou un autre commutateur désire transmettre une donnée (en fait un octet) à un équipement raccordé à un autre module, il cherche à prendre possession du bus à contention; quand il obtient ce bus il y transmet sa donnée. Le module de commutation reçoit la donnée et la transfère sur le bus à diffusion à l'adresse du destinataire qui en prend possession.

A l'opposé des autres réseaux que nous avons étudiés jusqu'ici, le réseau DATAKIT met en œuvre le concept de circuit virtuel. Quand un terminal ou un ordinateur veut communiquer avec un autre terminal ou ordinateur, il demande au module de commande de son commutateur d'établir la mise en relation nécessaire. Le module de commande enregistre le cheminement à suivre et l'utilise pour tous les échanges ultérieurs concernant ces deux équipements.

Considérons par exemple ce qui se passe lorsque le terminal 3 connecté au module 1 de la figure 3.32 veut communiquer avec l'ordinateur connecté au même commutateur par la ligne 1 du module 2. Dans un premier temps, un circuit virtuel est établi et enregistré dans une table de routage du module de commande. Par exemple la formulation (1,3)→(2,1) établit une relation logique entre la ligne 3 du module 1 et la ligne 1 du module 2.

Ainsi, quand un caractère arrive d'un terminal, le module (1) associé prend ce caractère en compte, élabore une trame et essaie d'acquérir le droit d'émettre sur le bus à contention. Le bus à contention utilise, comme mécanisme de gestion des conflits, la technique des compteurs décrémentaux décrite précédemment. Lorsqu'il obtient le bus, le module (1) y émet la trame en incluant son numéro de module dans le champ «Module» et le numéro du terminal dans le champ «Canal terminal».

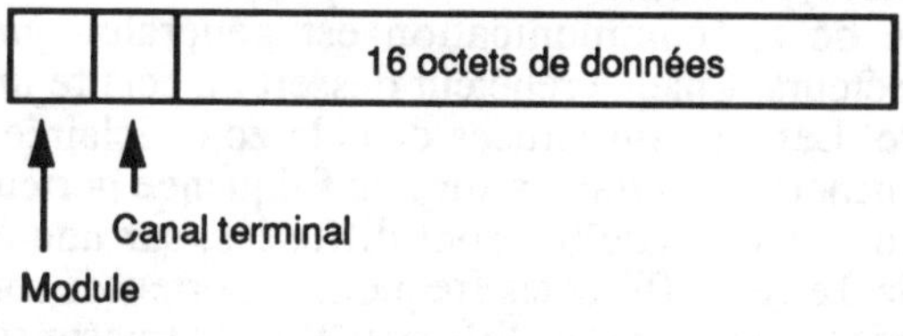

Figure 3.33. Structure de la trame du réseau DATAKIT

Quand le module de commutation voit cette trame, il cherche dans sa table de routage la combinaison (1,3) et effectue la relation avec (2,1). Le module de commutation copie alors la trame venant du bus à contention vers le bus à diffusion en remplaçant au passage les coordonnées d'origine par celles de destination. Tous les modules reçoivent cette trame mais seul le module 2 la prend en charge pour la transmettre sur sa ligne 1 à destination du terminal qui s'y trouve.

Cette technique de commutation convient aussi bien à une communication locale qu'à une communication urbaine ou à longue distance. Une trame destinée à un autre commutateur DATAKIT est dirigée vers le module de commande de ligne approprié. Arrivée dans ce module, la trame est transmise sur la ligne. Elle est reçue par le module de commande de ligne du commutateur distant où elle est sauvegardée temporairement en attendant d'être transférée au module de commutation de ce nouveau commutateur par l'intermédiaire de son bus à contention.

D'une certaine manière, un commutateur DATAKIT ressemble à un commutateur téléphonique. Il possède des lignes entrantes et des lignes sortantes et utilise un mécanisme de commutation. D'autre part, les informations manipulées par un commutateur DATAKIT sont des chaînes d'octets de différents formats et non pas un octet comme pour la voix numérisée. De plus, il travaille à différents débits et non pas uniquement à 64 kbit/s. Un commutateur DATAKIT n'est pas synchrone comme les autocommutateurs temporels. Une entrée inactive ne consomme aucune fraction du débit offert par le commutateur.

Ces remarques font apparaître qu'un commutateur DATAKIT est plus un commutateur de paquet de données qu'un commutateur de circuit, et ce, bien qu'il soit vu de l'extérieur comme un commutateur de circuit.

3.6. LES RESEAUX A BASE DE SATELLITES

Nous nous intéressons maintenant aux protocoles d'accès des grands réseaux WAN à diffusion. Nous traitons dans un premier temps les réseaux à base de satellites de télécommunication (que l'on appelle fréquemment réseaux satellites), et dans la suite les réseaux radio à transmission par paquets. Ces deux types de réseaux sont en pleine évolution.

Un satellite de télécommunication est généralement équipé d'une douzaine de répéteurs. Chaque répéteur dessert ou éclaire une portion de la surface terrestre. Les stations situées dans la zone éclairée par le satellite peuvent lui transmettre des trames sur une fréquence porteuse particulière. Les trames reçues par le satellite sont diffusées, sur une autre fréquence porteuse, vers la Terre. Différentes fréquences porteuses sont utilisées afin d'éviter les interférences entre les différents flux de transmission.

Comme pour les réseaux locaux, le problème majeur consiste à attribuer judicieusement l'utilisation des différents canaux de transmission des répéteurs. Toutefois, contrairement aux réseaux locaux, et en raison du temps de propagation important, environ 270ms, il est impossible de surveiller le comportement du canal que l'on souhaite utiliser. En effet, lorsqu'une station écoute un canal, elle reçoit ce qu'il a émis 270ms plus tôt et ne possède aucun moyen de connaître l'état du répéteur à l'instant d'écoute. En conséquence les protocoles de type CSMA/CD sont inutilisables par les réseaux satellites. L'efficacité relative de ces protocoles repose sur la détection des collisions en un temps équivalent à quelques «temps bits». Contrairement aux réseaux locaux, pour lesquels le temps de détection des collisions est bref, dans le cas d'un réseau satellite la détection des collisions est longue, ce qui peut entraîner la perte d'une trame complète. De ce fait, pour une meilleure efficacité, d'autres protocoles sont mis en œuvre.

En théorie, un protocole d'accès fondé sur un mécanisme à jeton pourrait être utilisé. Cependant, avec un temps de propagation de 270ms, cela prendrait 27s pour que le jeton fasse le tour d'une centaine de stations, même si aucune trame n'est à transmettre.

Dans la suite nous présentons différentes techniques d'allocation de canaux de satellites. En premier lieu, les techniques de multiplexage en fréquences, FDM, et de multiplexage temporel, TDM, puis quelques variantes du protocole ALOHA. Ensuite nous analysons des techniques fondées sur la réservation d'intervalles de temps. En conclusion, nous présentons une technique qui combine les qualités des protocoles précédents en un autre protocole, expérimenté sur plusieurs réseaux satellites.

3.6.1. Le système SPADE

Traditionnellement, les satellites de télécommunication ont été utilisés pour interconnecter un nombre limité de centraux téléphoniques, chacun d'eux ayant un flot continu d'informations à transmettre. Dans ces conditions, les techniques de multiplexage FDM ou TDM conviennent parfaitement.

La technique FDM est simple (voir à ce sujet le chapitre 2, section 2.5). Chaque canal d'un répéteur est divisé en sous-canaux dans des bandes de fréquence disjointes. Pour éviter des interférences entre sous-canaux adjacents, ceux-ci sont séparés par une plage de fréquences inutilisée (voir la figure 2.20). Lorsqu'une communication téléphonique est établie, par exemple une communication intercontinentale, un sous-canal est utilisé. Il le reste pour toute la durée de la communication. Avec un trafic téléphonique important cette technique rend l'utilisation du satellite intéressante.

La technique TDM consiste à remplacer les bandes de fréquences dédiées aux sous-canaux par des voies logiques à l'intérieur d'intervalles de temps. Le canal du répéteur est divisé en plusieurs intervalles de temps qui peuvent être regroupés pour former et contenir une trame d'information. La durée d'un intervalle de temps est fixée à 125 microsecondes pour satisfaire aux exigences de la technique MIC. Lors de l'établissement d'une liaison téléphonique, un intervalle de temps disponible est alloué à cette liaison; il lui est dédié pendant toute la durée de la communication. Si aucun intervalle de temps n'est disponible, la liaison n'est pas établie et l'appel doit être renouvelé ultérieurement.

Bien que les techniques FDM et TDM soient apparemment similaires, certaines différences les distinguent. Le multiplexage FDM nécessite des bandes de fréquences de protection contre les interférences, dont la somme finit par ne pas être négligeable. Pour sa part, le multiplexage TDM peut être utilisé pour diffuser une même information à toutes les stations, simplement en positionnant comme il se doit les bits d'en-tête des trames. La technique FDM n'offre pas cette propriété. Par ailleurs, le multiplexage TDM exige, en ce qui concerne les intervalles de temps, une synchronisation très précise; on ne retrouve pas cette exigence avec le multiplexage FDM.

Pour illustrer le principe de fonctionnement d'un système à multiplexage FDM, considérons le système SPADE, utilisé sur les premiers satellites Intelsat. Chaque canal d'un répéteur de SPADE est divisé en 794 sous-canaux numériques «simplex» à 64 kbit/s, ainsi qu'un canal commun de signalisation à 128 kbit/s. Les canaux numériques sont utilisés par paires pour fournir un service «duplex». Pour assurer en globalité le service duplex, le répéteur doit offrir un débit d'environ 50 Mbit/s pour la liaison Terre-satellite et un débit équivalent pour la liaison satelitte-Terre. L'affectation des canaux repose sur la technique FDM, bien que la technique TDM aurait pu convenir.

Le canal commun de signalisation est divisé en unités de 50ms; chaque unité comporte 50 intervalles de temps d'une milliseconde, soit 128 bits. Chaque intervalle de temps est, à un instant donné, la propriété d'une station parmi les 50 stations admissibles. Quand une station veut transmettre des informations, elle prend possession d'un sous-canal non utilisé selon un processus d'allocation aléatoire, puis elle inscrit le numéro de ce canal dans les 128 bits du canal de signalisation qui lui sont réservés. Si le canal choisi par la station est toujours inutilisé lorsqu'elle reçoit l'acquittement de sa demande, ce canal est alors considéré comme affecté et les autres stations le considèrent comme occupé. Si deux ou plusieurs stations tentent d'acquérir le même canal dans la même trame, c'est la première d'entre elles qui en obtient l'utilisation, les autres stations devant renouveler ultérieurement leur tentative. Quand une station a fini d'utiliser un canal elle le signale par l'intermédiaire de son canal de signalisation.

3.6.2. Quelques améliorations du protocole ALOHA

Les systèmes utilisant les techniques TDM, FDM, ou le protocole mis en œuvre dans SPADE ne sont réalisables que si le nombre de stations est fixe et peu élevé et que le trafic est régulier. Lorsque que l'on doit considérer des centaines ou des milliers de stations et que le trafic qu'elles engendrent est irrégulier et parfois intense, les mécanismes précédents ne sont plus envisageables. En revanche, le protocole ALOHA devient plus intéressant.

Le problème du protocle ALOHA est la faible efficacité d'utilisation du canal. Dans le cas du protocole pur ALOHA l'efficacité est égale à $1/2e$ soit 0,184. Avec le protocole ALOHA synchronisé elle est de $1/e$ soit 0,368. De nombreuses propositions ont été faites pour améliorer cette situation; nous en présentons ci-dessous quelques-unes.

La solution la plus simple pour mettre en œuvre un protocole ALOHA synchronisé dans un réseau satellite consiste à utiliser un canal dans le sens Terre-satellite et un autre dans le sens satellite-Terre. Chaque canal offre un débit nominal de B bit/s pour un débit nominal global de $2B$ bit/s. Le débit efficace est égal à B/e bit/s. L'efficacité est de $(B/e)/2B$ ou $1/2e$, soit 0,184. En effet, l'obligation que les trames soient rediffusées par le satellite coûte deux fois plus en efficacité comparativement à un système ALOHA où les stations entendent l'émission originale de chaque trame.

Voyons ce qu'il advient si l'on passe d'un sytème utilisant un canal dans chaque sens, figure 3.34(a), à un système utilisant deux canaux dans le sens Terre-satellite et un canal dans le sens satellite-Terre, figure 3.34(b).

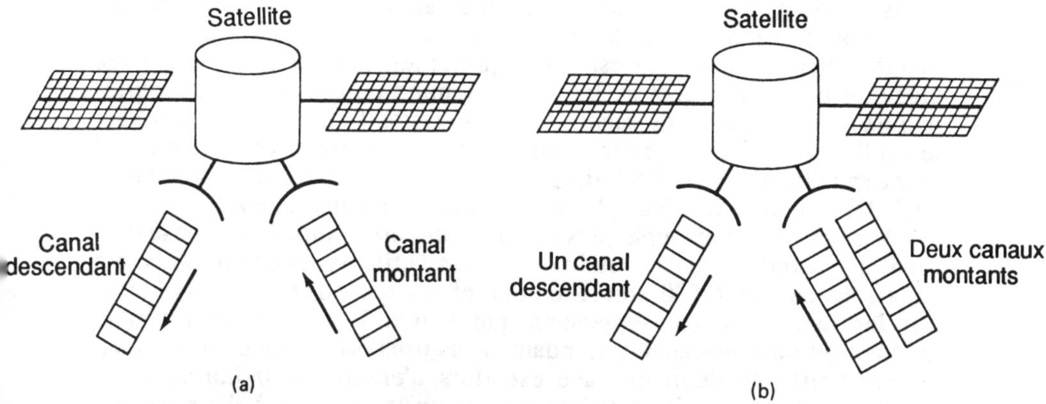

Figure 3.34. (a) Système ALOHA à deux canaux : l'un dans le sens Terre-satellite, l'autre en sens inverse (b) Système ALOHA à trois canaux : deux dans le sens Terre-satellite, un en sens inverse

Une station désirant émettre choisit l'un des deux canaux à sa disposition, chacun d'eux étant un canal ALOHA synchronisé. Si l'on considère que l'utilisation de chaque canal est optimale (G=1), alors d'après l'équation 3.2, la probabilité qu'un intervalle de temps soit disponible est de 0,368. La probabilité de succès d'une transmission est de 0,368 et la probabilité d'occurrence d'une collision est de 0,264. Avec deux canaux indépendants neuf événements sont possibles dans chaque intervalle de temps. La probabilité des ces événements est établie à la figure 3.35.

Canal 2 \ Canal 1	Vide	Succès	Collision
Vide	0,135	0,135	0,097
Succès	0,135	0,135	0,097
Collision	0,097	0,097	0,070

Figure 3.35. Probabilités fonctionnelles d'un système ALOHA synchronisé doté de deux canaux

A partir du tableau de la figure 3.35 on constate que la probabilité d'avoir un réel succès est de 0,464. Une trame parvenant avec succès au répéteur peut être immédiatement retransmise vers les stations terrestres. En outre, dans 0,135 des cas les deux canaux transportent une trame, le satellite choisit l'une d'elle puis la retransmet; il abandonne la seconde trame. La station dont la trame a été abandonnée traite cet événement de la même manière qu'une collision, c'est-à-dire qu'elle attend un temps d'une durée aléatoire puis retransmet sa trame. La somme de ces deux probabilités montre que l'utilisation du canal de retransmission (sens satellite-Terre) par le satellite est de 0,599. Le débit binaire nominal global nécessaire est de $3B$ et le débit effectif est de $0{,}599B$, ce qui met l'efficacité globale aux environs de 0,200 soit quelque 9% de plus que le système à deux canaux.

Pour rendre cet exemple plus concret, supposons que l'on dispose d'un canal à 1 Mbit/s de débit nominal. Si nous l'utilisons avec un système à deux sous-canaux à 500 kbit/s, le débit efficace est d'environ 184 kbit/s. Sur les mêmes bases, supposons que l'on utilise deux sous-canaux montants et un sous-canal descendant. Tous trois offrent un débit nominal de 333 kbit/s; le débit efficace est alors d'environ 200 kbit/s. Cette amélioration d'efficacité provient du fait qu'un système à deux canaux montants permet une meilleure utilisation du canal descendant.

Il existe d'autres méthodes, permettant d'améliorer l'efficacité du système ALOHA. Par exemple, au lieu d'utiliser deux canaux montants on peut en utiliser n. Un examen rapide du problème montre que si n augmente, le débit efficace du canal descendant augmente également. Les calculs sont sans ambiguïté. Un intervalle de temps peut être inutilisé, par absence de transmission ou présence d'une collision. La probabilité pour qu'un intervalle de temps soit inutilisé est $p = 1-1/e$. Dans le cas de n canaux, la probabilité que le canal descendant soit inutilisé est égale à la probabilité que tous les canaux montants soient inutilisés simultanément, soit p^n. La probalité d'utilisation du canal descendant est égale à $1 - p^n$. L'efficacité globale est alors égale à :

$$\text{Efficacité} = [1 - (1 - 1 / e)^n] / (n + 1)$$

L'efficacité est maximale pour $n = 2$.

Dans le modèle précédent, si deux trames parviennent avec succès au satellite, l'une d'elles est détruite et la seconde est retransmise, car il n'y a qu'un seul canal descendant. A cet effet deux améliorations sont possibles. La première consiste à augmenter la capacité de stockage temporaire du satellite, ce qui permet de retransmettre ultérieurement la seconde trame au lieu de la détruire. La deuxième amélioration consiste à ajouter des canaux descendants. L'ajout de mémoire nécessite de disposer, à bord du satellite, de plus d'énergie, ce qui se traduit par des batteries solaires plus importantes et un satellite plus lourd. C'est pour cette raison que les premiers satellites ne conservaient pas les trames dans l'attente d'une transmission ultérieure. Avec les progrès technologiques, la présence de mémoire à bord des satellites est devenue plus courante. Plusieurs chercheurs ont développé des modèles de satellites disposant de mémoire de stockage embarquée et de plusieurs canaux descendants. C'est le cas notamment des articles de Chang, 1982 et 1983; Chlamtac et Ganz, 1986; Lee et Mark, 1984.

Si plusieurs canaux montants sont disponibles, il est possible de modifier le protocole ALOHA pour réduire le délai moyen d'acheminement des trames prioritaires. Une méthode pour y parvenir consiste à émettre ces trames simultanément sur plusieurs canaux, ce qui augmente les chances de voir la trame parvenir sans encombre au satellite. Si l'on ne dispose que d'un canal montant, la trame est transmise normalement puis réémise bien avant la fin des 270ms nécessaires à sa propagation. Cette répétition augmente les chances qu'une copie de la trame parvienne sans encombre au satellite. Choudhury et Rappaport, en 1983, ont analysé les délais et l'efficacité de ces améliorations qu'ils ont appelées *Diversity ALOHA*.

3.6.3. Protocole ALOHA avec réservation

Le protocole ALOHA le plus efficace ne permettra jamais une efficacité du canal montant supérieure à $1/e$. Cependant, lorsque la charge du canal est élevée, d'autres méthodes permettent d'obtenir une meilleure utilisation d'un canal partagé, en particulier avec la technique TDM. Plusieurs chercheurs ont proposé des méthodes de commande qui fonctionnent sensiblement de la même façon que le protocole ALOHA synchronisé pour une faible utilisation du canal. Elles évoluent vers des technqiues semblables au multiplexage TDM à mesure que la charge du canal augmente.

Toutes ces méthodes ont un point commun : des intervalles de temps sont réservés à des stations particulières. Il est demandé aux autres stations de ne pas utiliser les intervalles de temps réservés. Ces méthodes diffèrent par la façon dont les réservations sont effectuées puis supprimées. Par comparaison, il faut se souvenir que dans un système TDM les différents intervalles de temps sont regroupés pour former une trame répétitive synchrone et que chaque intervalle de temps est affecté à une station spécifique.

Binder, en 1975, a proposé une méthode construite à partir du schéma de base du multiplexage TDM et qui s'apparente au protocole ALOHA synchronisé pour les faibles charges. Comme en TDM, N intervalles de temps consécutifs sont associés pour former un groupe, chacun d'eux étant affecté à une station. S'il y a moins de stations que d'intervalles de temps, les intervalles supplémentaires ne sont pas alloués. Si une station, propriétaire d'un intervalle de temps, n'a rien à faire elle ne l'utilise pas. Un intervalle non utilisé signifie, pour les autres stations, que la station propriétaire n'a pas de trafic. Dans le groupe suivant, l'intervalle de temps non utilisé devient disponible pour la station qui veut l'utiliser, sur la base d'un accès avec contention. Si la station propriétaire veut reprendre son intervalle de temps, elle y transmet une trame. Cela engendre une collision avec la station, s'il y en a une, qui utilise à titre temporaire cet intervalle.

Après une collision, seule la station propriétaire a le droit d'utiliser l'intervalle de temps en conflit. Dans ces conditions la station propriétaire peut disposer sans restriction de son intervalle de temps dans un délai égal, dans le cas le plus défavorable, à la durée de deux groupes d'intervalles de temps consécutifs. Pour une faible utilisation, ce système est moins performant que le protocole ALOHA synchronisé, car après chaque collision, l'utilisateur à titre précaire doit attendre la durée d'un groupe pour s'assurer que le propriétaire l'utilise effectivement. La figure 3.36(a) représente un groupe comportant 8 intervalles dont 7 sont affectés à une station.

Cette méthode présente un inconvénient. Pour constater qu'un propriétaire n'utilise plus son intervalle de temps, celui-ci doit être inutilisé dans au moins un groupe. Pour éliminer cet inconvénient on peut disposer d'un bit de l'en-tête de trame pour indiquer qu'il s'agit de la dernière trame et qu'aucune information ne sera transmise par la station propriétaire dans le groupe suivant.

Un inconvénient plus sérieux provient du fait que le nombre d'utilisateurs doit être connu à l'avance. Si ce n'est pas le cas, le même intervalle de temps risque d'être affecté à plusieurs stations. Il est à souhaiter dans ce cas que cette situation d'utilisation simultanée de l'intervalle de temps ne se produise pas trop souvent. Pour résoudre ce problème on affecte des priorités différentes à chacune des stations qui se partagent le même intervalle.

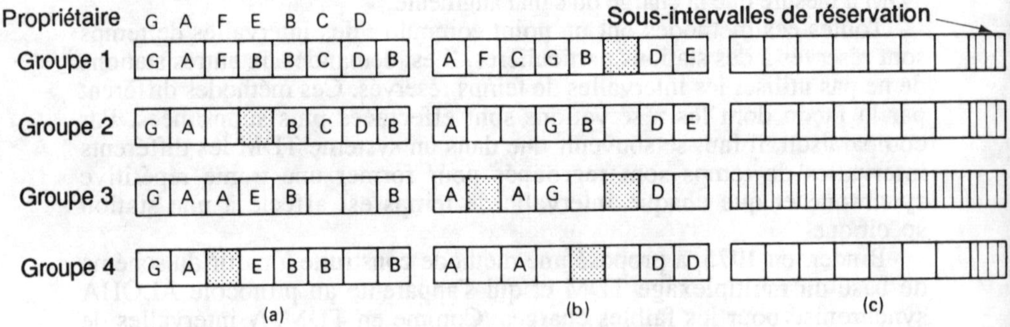

Figure 3.36. Divers mécanismes de réservation, où les zones grises indiquent les possibilités de collisions : (a) Celui proposé par Binder, (b) Celui proposé par Crowther, (c) Celui proposé par Roberts

Crowther et al., en 1973, ont proposé une méthode de réservation différente. Elle est applicable même si le nombre de stations est inconnu et s'il varie dynamiquement. Dans leur méthode, les intervalles de temps, à l'opposé de la méthode de Binder, n'ont pas de propriétaire désigné, aussi lorsqu'une station effectue une transmission correcte dans un intervalle de temps elle est habilitée à l'utiliser dans les groupes suivants. Dans ces conditions, aussi longtemps qu'une station a des informations à transmettre elle peut le faire. Il est souhaitable qu'elle le fasse avec discernement en pensant aux autres stations. Comme il est improbable que toutes les stations aient besoin d'effectuer simultanément de longues transmissions, cette méthode fonctionne bien même lorsque le nombre d'intervalles de temps par groupe est très inférieur au nombre de stations. Par nature cette proposition permet un mélange dynamique du protocole ALOHA synchronisé et des règles du multiplexage TDM. La figure 3.36(b) représente un groupe de 8 intervalles de temps. Normallement, la station *E* transmet dans le dernier intervalle de temps. Après déroulement des groupes 1 et 2, *E* cesse de transmettre. L'intervalle dédié à *E* est inutilisé au groupe 3. Lors du groupe 4, la station *D* prend possession de cet intervalle, et le garde jusqu'à ce qu'elle n'ait plus rien à transmettre.

Une méthode proposée par Roberts, en 1973, exige des stations qu'elles présentent une demande préalable avant de commencer à transmettre. Chaque groupe contient un intervalle de temps spécial, le dernier sur la figure 3.36(c). Cet intervalle est divisé en un nombre *V* de sous-intervalles utilisés par les stations pour formuler leurs demandes de réservation. Quand une station formule une réservation, elle transmet sa demande dans l'un des sous-intervalles de réservation. Si la réservation n'a pas été détruite par une collision, l'intervalle de temps disponible qui suit lui est réservé. Toutes les stations doivent comptabiliser, en permanence, le nombre d'intervalles de temps réservés. Ainsi, toute station effectuant avec succès une réservation connaît l'emplacement de l'intervalle de temps qui lui est attribué. Les stations n'ont pas besoin de savoir qui est bénéficiaire des réservations, elles se contentent de savoir combien de réservations sont effectives. Quand il n'y a plus de demande de réservation, tous les intervalles de temps deviennent des sous-intervalles de réservation, ce qui permet d'accélérer le processus de réservation.

Jacob et al., en 1979, ont proposé de combiner le multiplexage TDM et la méthode de Roberts pour prendre en charge deux types de trafic : de longues séquences isolées et de courtes rafales de petites séquences. Leur méthode se fonde sur une technique d'assignation prioritaire des demandes de réservation; elle est appelée PODA (*Priority Oriented Demand Assignement*). PODA repose comme les autres protocoles sur des groupes d'intervalles de temps. Certains intervalles sont attribués à la transmission des données et d'autres à la formulation des demandes de réservation. La frontière entre ces deux types d'intervalles se déplace selon les besoins. Deux stratégies sont possibles pour l'assignation des intervalles de réservation : une affectation fixe appelée FPODA (*Fixed PODA*), ou une affectation collective sujette au phénomène de collision, appelée CPODA (*Contention PODA*).

Une caractéristique intéressante du protocole PODA est la possibilité qu'a une station d'effectuer une préréservation en positionnant quelques bits à l'intérieur d'une trame de données. Cela permet aux utilisateurs très actifs d'éviter d'attendre les sous-intervalles de réservation, cas du FPODA, ou de devoir entrer en compétition pour formuler une réservation cas du CPODA. La taille des trames, ainsi que leur niveau de priorité, sont indiqués dans les trames lors de la réservation. Le protocole PODA est destiné à satisfaire particulièrement bien les besoins d'intégration voix/données, de même que la transmission imbriquée d'octets isolés et de blocs d'octets. Le protocole prend en compte toutes ces particularités dans l'attribution des intervalles de temps aux stations plutôt que de les traiter selon la règle du protocole de Roberts : le premier arrivé est le premier servi ou FIFO (*First In, First Out*).

Greene et Ephremides, en 1981, ont également amélioré le mécanisme de réservation du protocole de Roberts. Ils ont montré que le processus de réservation est un substitut du processus de contention classique. Ils ont d'autre part réduit la taille des sous-intervalles de réservation. Supposons que le nombre de sous-intervalles de réservation soit égal au nombre d'intervalles de temps affectés à la transmission des données et appartenant à un même groupe, N. A la fin d'un groupe, le mieux que l'on puisse espérer est que N/e réservations aient été satisfaites. Aussi, N/e trames peuvent être transmises dans le groupe suivant. Ce résultat n'est pas meilleur que celui du protocole ALOHA synchronisé.

Cependant, si le nombre de sous-intervalles de réservation de petites tailles est égal à Ne, le nombre de réservations que l'on peut espérer satisfaites est égal à N, et de là, le groupe suivant est utilisé au maximum de sa capacité. Si le rapport entre la taille d'un intervalle de données et un sous-intervalle de réservation est L, la charge induite par le processus de réservation est égale à $e/(L+e)$. Pour des valeurs de L comprises entre 100 et 1000, les intervalles de réservation n'occupent que quelques % de la bande passante totale du canal. L'article de Greene et Ephremides décrit et analyse en détail ce protocole, appelé *Distributed Reservation Protocol*.

Une dernière variante sur le thème de la réservation, proposée par Raychaudhuri en 1985, consiste non plus à effectuer des réservations pour la transmission des trames mais uniquement pour la transmission de celles qui ont été victimes de collisions. Si une trame est détruite par une collision, le moment où elle est retransmise n'est pas choisi au hasard. Toutes les stations savent à quel moment a lieu la retransmission et évitent de transmettre dans cet intervalle. Ce protocole est appelé ARRA (*Announced Retransmission Random Access*). Il possède l'avantage, par rapport au protocole de Roberts et à ses variantes, de permettre la transmission d'une trame dès qu'elle est prête. Aucun délai de réservation d'intervalle de temps n'est nécessaire pour transmettre la trame. Si le canal est faiblement chargé ce protocole offre, par rapport aux protocoles précédents, une durée moyenne d'attente d'émission très faible avant toute transmission de trame.

3.7. LES RESEAUX RADIO A TRANSMISSION DE DONNEES

Les réseaux de radiodiffusion à transmission de données n'utilisent pas les mêmes concepts que les réseaux de satellites. En particulier, les stations radio terrestres ont une zone de diffusion limitée, ce qui nécessite des stations relais chargées de rediffuser les données transmises par la station émettrice. Deux stations trop éloignées l'une de l'autre ne pourront pas facilement communiquer. Ceci rend les protocoles de types CSMA inutilisables et complique les protocoles MAC d'accès au moyen de transmission. Les délais de propagation sont beaucoup plus courts que ceux des liaisons par satellites. Finalement, il n'y a pas d'horloge de synchronisation commune telle que dans les réseaux satellites. Ainsi, des protocoles comme ceux de Binder ou de Crowther ne sont pas utilisables. Dans la suite, nous examinons différentes techniques qui diffèrent de celles utilisées par des liaisons satellites.

3.7.1. Le système ALOHA de l'université de Hawaï

Le système ALOHA de l'université de Hawaï est le premier réseau de transmission de données à base de liaisons radio mises en œuvre à la place de liaisons téléphoniques pour relier des équipements informatiques. La première version du système, apparue en 1971, peut être vue comme l'ancêtre de tous les systèmes de transmission de données par paquets d'aujourd'hui. Nous le décrirons brièvement.

Le premier système ALOHA a été mis en place pour permettre aux étudiants, chercheurs et professeurs de l'université de Hawaï, qui étaient dispersés sur sept campus implantés dans quatre îles, de pouvoir accéder au centre de calcul de l'université sans avoir à utiliser les liaisons téléphoniques traditionnelles, très coûteuses et de piètre qualité. La mise en relation entre chaque terminal et le centre de calcul comporte, côté terminal, un petit émetteur-récepteur à modulation de fréquence, capable d'assurer des liaisons de l'ordre d'une trentaine de kilomètres et, côté centre de calcul, autant d'émetteurs-récepteurs que de liaisons actives simultanément.

Ultérieurement, la mise en place de stations relais a porté la distance théorique des mises en relation à quelque 500 kilomètres. Tous les échanges s'effectuent entre les terminaux et le centre de calcul; il n'y a pas de liaison directe possible entre les terminaux. Quand un paquet de données est reçu par le centre de calcul, il est traité sans être retransmis vers les autres stations. Ces dispositions sont fondamentalement différentes de celles adoptées par les modèles de transmission par satellite dans lesquels le satellite remplit le rôle d'un puissant répéteur. Etant donné que les paquets de données reçus par le centre de calcul ne sont pas réémis, les terminaux n'ont pas la possibilité de savoir si les paquets transmis sont correctement parvenus au centre de calcul. Il est donc nécessaire de disposer d'un mécanisme explicite d'envoi d'accusé de réception, similaire à celui des liaisons point à point.

Après une période de scepticisme concernant l'utilisation inhabituelle des moyens de communication radioélectrique, le projet reçut l'affectation de deux bandes de fréquences UHF. La première, à 407,350 MHz, reliait les terminaux au centre de calcul et la seconde, à 413,475 MHz, acheminait les informations du centre de calcul vers les terminaux. Le débit utilisé était de 9600 bit/s. Le fait d'utiliser deux canaux différents, un pour chaque sens de transmission, a eu une influence importante sur l'organisation globale du réseau. Après plusieurs années d'expérience, les chercheurs conclurent que l'utilisation d'un seul canal aurait été une meilleure idée.

Le raisonnement original qui a conduit à l'utilisation de deux canaux résidait dans la différence fondamentale entre le trafic allant vers le centre de calcul et celui venant du centre de calcul. Dans le sens terminaux vers centre de calcul, de nombreux utilisateurs étaient en compétition pour utiliser une ressource partagée. Dans l'autre sens, le centre de calcul était maître de l'utilisation du canal, il n'y avait ni contention, ni collision. L'idée de base consistait à utiliser le canal partagé par les terminaux de façon aléatoire; c'est la technique que nous appelons maintenant le pur ALOHA. L'autre canal effectuait de la diffusion générale, chaque terminal prenant en charge les trames qui lui étaient destinées.

La figure 3.37 représente les éléments essentiels d'un système ALOHA. Au centre de calcul on trouve un mini-ordinateur connecté à l'antenne qui gère l'ensemble des communications radio; c'est le système *Menehune*, mot hawaïen signifiant IMP. Menehune est également en communication locale avec deux calculateurs du centre ainsi qu'avec les réseaux ARPANET et PACNET. Chaque terminal est doté d'une unité de contrôle qui prend en charge les opérations de transmission proprement dites, stockages intermédiaires temporaires et retransmissions des trames si nécessaire. La structure logique des premières unités de contrôle était câblée; plus tard elles ont été équipées de microprocesseurs, ce qui donna plus de souplesse à l'évolution des procédures. Certains terminaux sont raccordés à des concentrateurs, ce qui réduit le nombre d'émetteurs-récepteurs nécessaires, ainsi que leur coût.

Les trames échangées comportent quatre champs. Le premier, l'en-tête, comprend 32 bits. Il contient, entre autres, l'identification de l'utilisateur et la longueur du paquet. L'en-tête est suivi d'un champ de 16 bits destiné au contrôle de validité du contenu de la trame, ce qui augmente la fiabilité de leur acheminement. Le troisième champ comporte 80 octets. Il est suivi d'un autre champ de contrôle de validité de 16 bits. La taille maximale d'un paquet est de 32 + 16 + 640 + 16 = 704 bits, ce qui correspond à une durée de transmission de 73ms au débit de 9600 bit/s.

Lorsqu'un terminal a des informations à transmettre, il se contente de les émettre. Cette façon de procéder correspond au protocole pur ALOHA. Quand Menehune reçoit correctement une trame, il procède à l'émission d'un accusé de réception. Si le terminal ne reçoit pas l'accusé de réception dans un délai préétabli, il suppose que sa trame a été détruite et procède à sa réémission. Les délais de retransmission sont distribués entre 200 et 1500ms, selon diverses méthodes de distributions (distribution uniforme, trois intervalles courts puis un long, etc.).

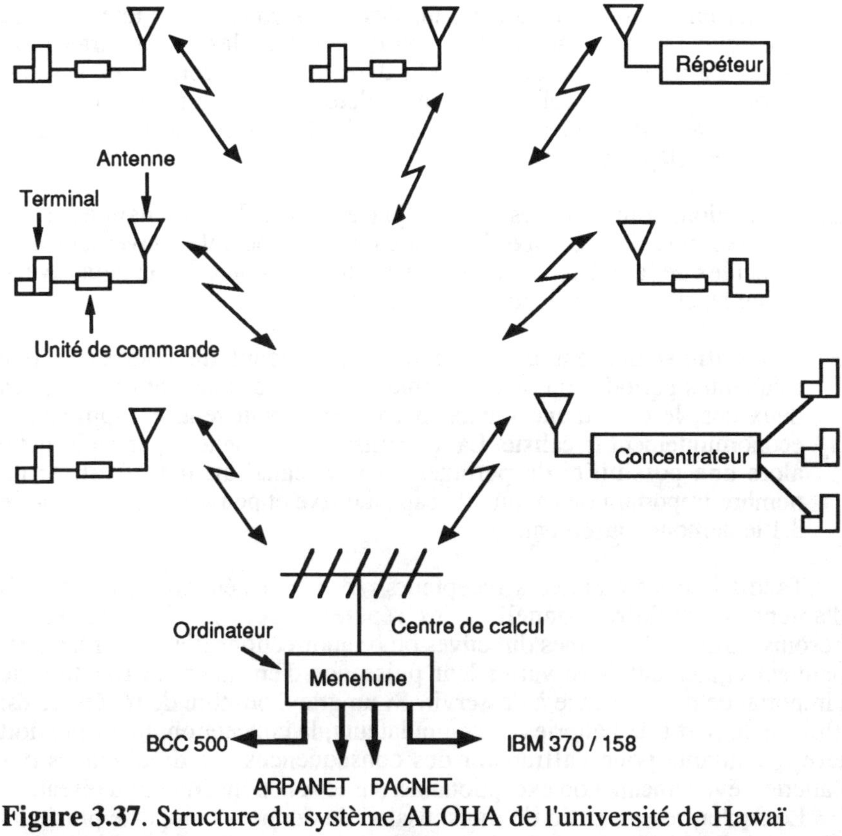

Figure 3.37. Structure du système ALOHA de l'université de Hawaï

3.7.2. Mise en œuvre de réseaux radio à transmission de données

Nous avons examiné ci-dessus le système ALOHA comme exemple de réseau de radiodiffusion de données. Voyons à présent quelques problèmes associés à ce type de réseau. Notamment, l'introduction d'un nombre élevé de répéteurs ou de stations relais, pour augmenter la surface géographique desservie, ajoute un certain nombre de complications. Les répéteurs conservent les trames quelques instants avant de les réémettre sur la même fréquence. En conséquence, l'émission et la réception simultanées sont impossibles.

Avant de poursuivre, examinons le modèle conceptuel d'un système de transmission de données par radio. Il y a au moins trois situations pour lesquelles la diffusion locale de données par radio, à partir d'un site central vers des terminaux, est intéressante :

1. Les terminaux sont implantés dans des zones où le réseau téléphonique classique est inexistant ou très peu développé : les zones rurales, les zones de montagnes, etc., entrent dans cette catégorie. Les stations automatiques météorologiques ou de détection sismique, par exemple, sont souvent implantées dans des zones hostiles avec une absence totale de lignes téléphoniques.

2. Les stations sont amenées à être déplacées. Une flotte de navires est un bon exemple d'un groupe d'utilisateurs en perpétuel mouvement. Les véhicules de la police, les ambulances, les véhicules de secours divers, les taxis, etc., en sont d'autres exemples.

3. Les stations qui ont un trafic intense pendant de courtes et peu fréquentes périodes ou de très faibles volumes à transmettre. Dans ces deux cas, le coût d'une liaison permanente peut rendre l'application économiquement irréaliste. La transmission de données par radio offre alors une possibilité de partager un seul canal au lieu d'utiliser un nombre important de canaux de capacité fixe et peu utilisés. L'équation 3.1 le démontre aisément.

Tandis que les émetteurs-récepteurs radio sont généralement équipés d'antennes omnidirectionnelles, les répéteurs peuvent être, selon les besoins, équipés d'antennes directives ou omnidirectionnelles. Les répéteurs peuvent également faire varier leur puissance d'émission en fonction de l'importance de la surface à desservir. Si un grand nombre de répéteurs est alimenté à partir de batteries d'accumulateurs, la conception du réseau doit être redondante pour s'affranchir des conséquences des défaillances des batteries, événements non exceptionnels, sur le fonctionnement du réseau.

Lorsqu'un réseau radio de transmission de données comporte plusieurs répéteurs, l'acheminement des paquets de données, ou leur routage, devient un problème. Comme l'acheminement des paquets est intimement lié à l'utilisation des canaux, nous traitons brièvement ce problème dans ce chapitre. La stratégie la plus simple, consistant à faire travailler les répéteurs comme ceux d'un satellite, c'est-à-dire en rediffusant tous les paquets reçus, n'est pas applicable. En effet, dans ce cas, les répéteurs adjacents échangeraient indéfiniment les mêmes paquets, ce qui ne pourrait que conduire à la saturation du réseau tout en le rendant inutilisable.

Quand un répéteur reçoit un paquet, il doit prendre une décision. Faut-il ou non le réémettre ? Le choix d'émettre ou de ne pas émettre est analogue à celui d'un nœud IMP qui choisit la ligne de sortie dans un réseau point-à-point. Les objectifs de la procédure d'acheminement sont les mêmes dans tous les réseaux; cela consiste à rechercher et à obtenir la plus haute probabilité de faire parvenir le paquet à destination en utilisant le minimum de ressources du réseau.

Gitman et al., en 1976, ont suggéré trois stratégies d'acheminement possibles. Dans la première stratégie, chaque répéteur se contente de réémettre les paquets qu'il reçoit en respectant l'une des deux contraintes suivantes :

- Un compteur est placé dans l'en-tête du paquet de données, il est décrémenté à chaque fois que le paquet est réémis. Quand le compteur arrive à la valeur zéro, le paquet est détruit. Cette règle limite la durée de vie des paquets.
- Chaque répéteur maintient à jour la liste des *n* paquets les plus récemment réémis. A partir de cette liste, chaque répéteur s'abstient de réémettre les paquets qui figurent dans cette liste s'ils se représentent.

Dans le cas de stations ou de répéteurs mobiles, cet algorithme est tout à fait satisfaisant. Son intérêt est lié au fait qu'il n'exige pas qu'un répéteur connaisse la localisation des autres répéteurs. L'inconvénient majeur réside dans le large spectre de fréquences qu'il utilise.

La seconde stratégie de routage proposée se fonde sur une structuration hiérarchique. Les répéteurs sont organisés en arborescence, le site central en constitue la racine. Cet algorithme exige que le site central ait une connaissance totale de la topologie du réseau. Chaque paquet émis par le site central contient la liste des répéteurs participant à son acheminement. A cet effet, le site central détermine le cheminement du paquet et insère ces informations relatives dans l'en-tête du paquet. Nous examinons cette technique, appelée *routage depuis la source*, au chapitre 5 lors de l'étude des problèmes d'interconnexion (pont, passerelle). A chaque évolution du paquet le récepteur envoie un accusé de réception.

Si l'un des répéteurs participant à l'acheminement d'un paquet est défaillant, tout n'est pas perdu. Lorsqu'un répéteur ne reçoit pas d'accusé de réception, il positionne un bit dans l'en-tête de la trame pour indiquer aux autres répéteurs de retransmettre le paquet. Il peut aussi informer le site central de la défaillance qu'il constate et ce dernier peut réorganiser l'ensemble de l'arborescence.

La nature même des émissions radio autorise une autre façon de faire : le répéteur augmente sa puissance d'émission en espérant ainsi communiquer avec un autre répéteur en passant outre le répéteur défaillant. Cette stratégie implique que les répéteurs fonctionnent normalement à puissance réduite. Il subsiste toutefois un problème. Bien que le répéteur reçoive le paquet, sa puissance peut être trop faible pour renvoyer l'accusé de réception.

Dans la troisième stratégie proposée par Gitman, un répéteur ne réémet un paquet que s'il est plus proche du destinataire que celui qui lui envoie le paquet. Cela suppose que chaque répéteur connaisse le nombre de nœuds qui le sépare de chacun des autres répéteurs. Ces informations peuvent être obtenues en demandant aux répéteurs de diffuser périodiquement leur table des distances, permettant de les localiser. Chaque paquet contient l'identification du destinataire et la valeur courante de la distance qui lui reste à parcourir.

Tout au long de ce chapitre nous avons supposé que la collision de deux paquets entraîne leur destruction totale. Pour les réseaux radio, cette option est très pessimiste, car les récepteurs en modulation de fréquence sont capables d'isoler le signal le plus puissant et d'en extraire, sans erreur, les informations qu'il transporte. Ce phénomène porte le nom d'*effet capture*. Pour mesurer l'influence de ce phénomène sur les performances du système, imaginons qu'il y ait deux catégories de stations, l'une travaillant à pleine puissance et l'autre à puissance réduite, ou encore un groupe de stations relativement proche et un autre groupe plus éloigné travaillant à la même puissance. Si deux paquets entrant en collision sont issus du même groupe ils se détruisent mutuellement. En revanche, s'il proviennent de groupes différents, le plus puissant sera exploitable. Dans un cas sur deux ce qui était un échec est devenu un succès!

Une propriété intéressante de l'effet capture permet, dans des conditions de fortes charges, aux stations proches du site central de générer un trafic important. Ceci interdit aux stations éloignées d'être reçues dans de bonnes conditions. En effet, lorsque deux paquets entrent en collision, c'est celui dont les signaux sont les plus puissants qui parvient, sans altération, à destination.

Des radio-amateurs américains, canadiens et japonais ont mis en œuvre un réseau radio de transmission de données intéressant. Ce système a été homologué par l'association des radio-amateurs américains. Le protocole utilisé porte le nom de AX.25; il se fonde sur le protocole X.25 décrit au chapitre 5.

Le protocole homologué décrit le format des paquets; ceux-ci comprennent, entre autres, un champ d'adressage, un champ de commande et un champ de données. Aucune règle d'accès n'est spécifiée, aussi des mécanismes tels que le pur ALOHA ou le CSMA sont-ils possibles. Comme la plupart des équipements des radio-amateurs fonctionnent en semi-duplex, cela rend impossible l'écoute pendant la transmission. Le protocole CSMA/CD est de ce fait inutilisable.

Les dispositions les plus intéressantes de ce réseau sont les règles d'adressage et l'algorithme de routage. Chaque radio-amateur possède son propre indicatif, 4 à 6 caractères alphanumériques qui lui est attribué par le gouvernement avec sa licence de radio-amateur. De même que les stations de radio ou de télévision, les indicatifs des radio-amateurs débutent par les lettres W, K ou N pour les Etats-Unis, C pour le Canada et JA pour le Japon.

Le champ d'adressage contient une série d'indicatifs précisant les stations concernées par l'acheminement du paquet et l'ordre dans lequel elles se succèdent. En conséquence, chaque émetteur doit choisir l'acheminement exact du paquet. Quand une station a retransmis un paquet, elle positionne le bit de rang le plus élevé de son indicatif à 1, aussi lorsqu'elle entend à nouveau le même paquet, elle s'abstient de le retransmettre.

En plus de ce réseau, les radio-amateurs disposent d'un réseau de satellites. Comment ont-ils fait pour lancer un satellite ? C'est une histoire intéressante. Quand la NASA, ou d'autres organisations, ont testé de nouveaux lanceurs de satellite, les opérateurs commerciaux étaient très inquiets de voir leur satellite de 100 millions de dollars servir de cobaye. Aussi, au lieu d'utiliser des lests sans intérêts, l'agence spatiale proposa parfois de placer sur orbite des satellites construits par des radio-amateurs. Comme beaucoup d'entre eux sont des ingénieurs des industries radio-électriques, ces satellites furent construits avec de petits budgets mais comportaient, très souvent, des innovations intéressantes. Plus d'une douzaine d'entre eux sont actuellement en service et de nouveaux satellites, offrant des débits de quelques Mbit/s, sont actuellement en préparation.

La demande récente et importante du téléphone à bord des automobiles a donné naissance à un autre développement dans le domaine des réseaux radio à transmission de données, la *radio communication cellulaire*. Dans ce système, chaque téléphone embarqué est associé à un émetteur-récepteur radio qui fonctionne dans une bande de fréquence déterminée; cette bande de fréquences est généralement comprise entre 800 et 900 MHz. La surface desservie par un système radio cellulaire est divisée en cellules élémentaires. En théorie, chaque cellule est hexagonale (voir la figure 3.38); en réalité sa forme est moins régulière

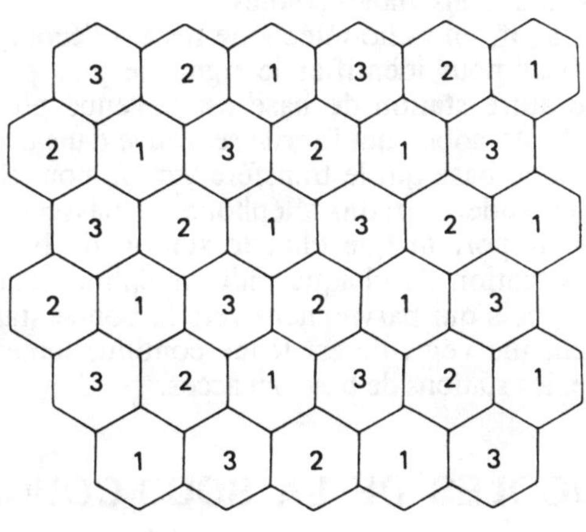

Figure 3.38. Organisation des cellules d'un système radio-cellulaire

La taille d'une cellule correspond à la portée maximum des émetteurs. Ainsi, un émetteur n'est entendu que dans sa propre cellule, quelquefois dans les cellules voisines, mais généralement pas au-delà. Dans chaque cellule, un certain nombre de fréquences sont utilisées pour les communications. Les cellules adjacentes disposent de fréquences différentes, ce qui évite les interférences. L'affectation des fréquences aux cellules ressemble au problème de distribution de couleurs dans des ensembles adjacents, en faisant en sorte que la couleur d'un ensemble ne soit pas dans les ensembles adjacents. Le problème est un peu plus complexe car il doit prendre en compte la forme irrégulière des cellules, les anomalies de propagation dues aux infrastructures (immeubles, collines, etc.). Tout cela permet quelquefois aux signaux émis d'atteindre des cellules non-adjacentes.

Chaque cellule dispose d'une station de base placée sur un point élevé, de sorte qu'elle puisse communiquer avec toutes les stations mobiles de la cellule. Quand un radio-téléphone est activé, il cherche parmi les fréquences reçues des stations de base, celle dont le signal est le plus puissant. Généralement, il s'agit de la base la plus proche. Il émet alors un message portant son indicatif téléphonique. La station de base lui envoie, en réponse, un message lui précisant dans quelle cellule il se trouve, et quelle fréquence il doit utiliser.

Quand un radio-téléphone veut établir une mise en relation, il envoie un message à la base qui l'a pris en charge. Elle lui attribue en retour, en fonction des disponibilités, une fréquence de travail. Quand la mise en relation prend fin, la fréquence est libérée et redevient disponible pour une autre mise en relation dans la même cellule. Une même fréquence peut être utilisée par plusieurs cellules pourvu qu'il n'y ait pas d'interférence; c'est le problème précédent des ensembles colorés.

Tant qu'il est actif, un radio-téléphone reste à l'écoute des fréquences des stations de base pour identifier le signal le plus puissant. Quand il découvre qu'une autre station de base est devenue plus puissante, par exemple lorsque l'automobile qui l'abrite se trouve dans une autre cellule, il informe sa station de base qui le transfère vers la nouvelle station. Cette nouvelle base demande au radio-téléphone de passer sur une nouvelle fréquence. Il est important que chaque station de base connaisse, en permanence, la situation de chaque radio-téléphone actif. Cela permet d'acheminer les appels qui parviennent vers la bonne station de base. La localisation de chaque véhicule est tenue continuellement à jour par un calculateur auquel les stations de base ont accès.

3.8. PROTOCOLES DE LA SOUS-COUCHE MAC

Dans ce qui suit nous examinons la sous-couche MAC des quatre systèmes étudiés tout au long de cet ouvrage.

3.8.1. MAC et les réseaux publics

Tous les réseaux publics utilisent comme interface d'accès l'avis X.25 du CCITT qui correspond aux trois premières couches du modèle OSI. L'accès X.25 concerne des réseaux de type point-à-point et ne dispose pas de sous-couche MAC. Toutefois, des canaux à diffusion sont utilisés dans des artères des réseaux publics comprenant des satellites. Ces canaux utilisent la technique TDM pour relier deux à deux les centres de transit. Le nombre limité de centres de transit, la forte intensité du trafic qu'ils échangent et la nature point-à-point des liaisons font que la technique TDM est la plus appropriée.

3.8.2. MAC et le réseau ARPANET

Presque toutes les liaisons entre les commutateurs IMP du réseau ARPANET sont constituées de lignes téléphoniques spécialisées point-à-point. Aucune d'entre elles n'utilise, sous quelque forme que ce soit, un protocole à accès multiple. Il n'y a pas donc pas de sous-couche MAC.

Cependant si l'on considère ARPA Internet, on découvre à divers endroits l'existence d'une sous-couche MAC. Par exemple, certains centres universitaires aux Etats-Unis, équipés d'un commutateur ARPANET, possèdent un réseau couvrant le campus qui est relié à Internet au travers d'une passerelle. Le réseau du campus englobe plusieurs réseaux Ethernet. Toutes nos analyses et réflexions sur les protocoles CSMA/CD et la recommandation IEEE 802.3 s'appliquent pleinement à cet environnement.

Un second type de sous-couche MAC apparaît dans Internet au niveau d'un réseau de satellites expérimental appelé SATNET. Ce réseau a été mis en place pour connecter des nœuds Internet situés en Europe et expérimenter la technologie et les protocoles nécessaires. Les stations terrestres sont situées en Virginie, en Angleterre, en Allemagne de l'Ouest, en Italie et en Suède. Ce réseau utilise le protocole CPODA décrit précédemment.

Un troisième type de sous-couche MAC existe dans ARPA Internet, au niveau d'un réseau expérimental de transmission de données par paquets mis en œuvre dans la région de San Francisco. Ce réseau est destiné à servir de banc d'essai à la technologie et aux protocoles relatifs aux réseaux radio de transmission par paquets. Il possède des stations de base sur la colline de Berkeley pour le centre de la baie de San Francisco, à Mission Ridge pour la partie est de la baie, à Menlo Park pour la péninsule de San Francisco et en d'autres lieux judicieusement choisis. Des véhicules équipés de radio-transmetteurs circulent dans la région desservie par le réseau et communiquent avec les stations de base et avec le réseau ARPA Internet par l'intermédiaire du commutateur de messages situé à Menlo Park.

3.8.3. MAC et les protocoles MAP et TOP

Ces deux ensembles de protocoles, MAP et TOP, utilisent comme moyen de transmission des réseaux locaux IEEE 802 qui possèdent une sous-couche MAC très élaborée. MAP spécifie l'utilisation du protocole «bus à jeton» de l' IEEE 802.4. Quant à TOP, qui spécifiait à l'origine le protocole IEEE 802.3, il a été modifié ultérieurement pour permettre également l'utilisation du protocole «anneau à jeton» de l'IEEE 802.5.

3.8.4. MAC dans le réseau USENET

Les liaisons physiques du réseau USENET sont, en majorité, constituées du réseau téléphonique. Celles-ci sont de type point-à-point et ne possèdent pas de sous-couche MAC. Toutefois quelques essais de diffusion d'informations par l'intermédiaire de satellites ont été expérimentées. Ce type de communication est essentiellement unidirectionnel, donc le problème associé à la présence de nombreuses stations qui tentent l'utilisation simultanée d'un même canal ne se produit jamais.

3.9. RESUME

Un certain nombre de réseaux utilisent un canal unique pour acheminer toutes leurs communications. Dans ces réseaux, le point essentiel consiste dans le choix de la technique de partage du canal unique entre toutes les stations. De nombreux protocoles ont été abordés dans ce chapitre. Nombre de réseaux construits pour tester ou utiliser ces protocoles sont analysés dans ce chapitre. Un résumé des différentes techniques d'accès aux canaux de transmission est présenté à la figure 3.39.

Les techniques les plus simples sont le multiplexage fréquentiel, FDM, et le multiplexage temporel, TDM. Ces techniques sont efficaces si le nombre d'usagers est faible et que le trafic est régulier. Elles sont utilisées, toutes deux, dans divers cas d'application, par exemple dans le partage de la bande passante des liaisons satellites des réseaux téléphoniques.

Quand le nombre de stations est important et variable ou lorsque le trafic est très irrégulier, les techniques de multiplexage FDM et TDM sont d'une piètre efficacité. En revanche, le protocole ALOHA, avec ou sans technique de synchronisation du contrôle d'accès, a été proposé comme une solution possible. Le protocole ALOHA et ses nombreuses variantes ont été largement analysés et sont utilisés dans de nombreux réseaux opérationnels.

Quand l'état d'un canal est connu par les stations, cela leur permet d'éviter une éventuelle émission si le canal est indisponible. Cette technique de contrôle de la disponibilité d'un canal correspond à de nombreux protocoles utilisables par les réseaux locaux et les réseaux métropolitains.

FDM	Multiplexage dans l'espace des fréquences
TDM	Multiplexage temporel
Pur ALOHA	Transmission aléatoire sans aucune synchronisation
ALOHA Synchronisé	Transmission aléatoire dans des espaces temporels définis
ALOHA Contrôlé	Réduction de la charge par connaissance de l'occupation du canal
CSMA 1-persistant	Méthode de base pour les accès de type CSMA
CSMA Non persistant	Attente de durée aléatoire en cas d'occupation
CSMA p-persistant	Renouvellement des tentatives avec la probabilité de réussite *p*
CSMA/CD	Arrêt immédiat de l'émission en cas de collision
Bit-map	Distribution par permutation à partir d'une table
BRAP	Modification du protocole Bit-map
MLMA	Identification des adresses décimales des stations prêtes
Compteur binaire	C'est la station dont l'adresse est la plus élevée qui obtient le droit à émettre
Routage adaptatif	Réduction des possibilités de contention par présélection
Urne	Réduction des possibilités de contention à l'aide d'une fenêtre à évolution et attribution variable
Ethernet 1-persistant	CSMA/CD avec évolution exponentielle des délais d'attente
Token bus	Anneau logique fonctionnant sur un bus physique
Token ring	Les stations doivent posséder le jeton pour pouvoir émettre
Anneau à trames multiples	Des intervalles de temps vides et pleins circulent en permanence sur l'anneau
Insertion de registre	Les trames sont transmises par insertion de registres dans l'anneau
FDDI	Anneau à transmission sur fibres optiques fondé sur le protocole *Token ring*
Fibernet II	Version en fibre optique d'un réseau Ethernet en étoile à cœur actif
S/NET	Réseau à fibre optique utilisant des étoiles actives
FASNET	Réseau à fibre optique à double bus et à passage de jeton
EXPRESSNET	Réseau en fibre optique à bus unique à configuration en S et à passage de jeton
DATAKIT	Commutation asynchrone dans un réseau à étoiles multiples
SPADE	Multiplexage en fréquences avec allocation dynamique des canaux
ALOHA à canaux multiples	De multiples canaux descendants et montants
ALOHA diversifié	ALOHA avec transmission multiple de chaque trame
Protocole de Binder	Multiplexage temporel avec accès aléatoire aux intervalles de temps non utilisés par le propriétaire
Protocole de Crowther	Accès aléatoire et prise de possession de l'intervalle de temps en cas de succès
Protocole de Roberts	Réservation des intervalles de temps par l'intermédiaire d'un mécanisme à contention
ALOHA à réservation	ALOHA avec réservation de slot pour la retransmission des trames détruites
ARRA	Protocole à contention limitée par un mécanisme de préréservation
Réseaux radio	Diffusion de messages par commutation de paquets et à l'aide de stations relais

Figure 3.39. Méthodes d'accès aux canaux de transmission discutées dans ce chapitre

Il existe toute une famille de protocoles qui éliminent totalement les situations de conflits, ou du moins les réduisent considérablement. Elle inclut les protocoles BRAP, MLMA et les protocoles de type «compteur binaire» qui éliminent complètement les situations de contention, et les protocoles *Tree Walk* et *Urn* qui permettent de les réduire. Ces deux derniers protocoles fonctionnent de façon dynamique en structurant les stations en deux groupes. Un groupe est autorisé à émettre, tandis que l'autre doit s'abstenir. Ces protocoles séparent séquentiellement les stations avec pour objectif de n'autoriser qu'une seule des stations à émettre.

Nous avons analysé les réseaux locaux, faisant l'objet des recommandations IEEE 802, CSMA/CD, *Token Bus* et *Token Ring*. Chacun d'eux a trouvé sa propre communauté d'utilisateurs et continuera à la servir dans les prochaines années. La convergence vers un standard unique pour les réseaux locaux est un événement très improbable.

Après l'examen des travaux de l'IEEE nous nous sommes intéressés aux réseaux locaux basés sur la fibre optique. Ce sont les réseaux FDDI, Fibernet II, S/NET, EXPRESSNET et également DATAKIT qui prend en compte les câbles électriques et la fibre optique. De grandes variétés de topologies et de techniques de mises en relation sont utilisées dans ces exemples.

Nous avons enfin analysé en quoi les réseaux par satellites diffèrent des réseaux terrestres. La différence majeure concerne les délais de propagation qui rendent impraticables des techniques d'accès de type CSMA. L'impossibilité d'écoute du canal impose l'utilisation d'autres protocoles. Plusieurs variantes du protocole ALOHA ont été présentées ainsi que des protocoles fondés sur la réservation d'intervalles de temps.

Pour terminer, nous avons traité de la transmission de données par réseaux radio. Dans ce cas la difficulté provient de la mobilité des stations et du fait que certaines d'entre elles se trouvent parfois hors de portée de certaines autres. Quelques propositions dans ce domaine ont été examinées.

3.10. EXERCICES

1. Soit un groupe de N stations partageant un canal à 6 Kbit/s selon le protocole pur ALOHA. Chaque station émet une trame de 1000 bits à raison d'une toutes les 100 secondes, même si la trame précédente n'a pas pu être émise, chaque station gérant une file d'attente. Quelle est la valeur maximum de N ?

2. La population infinie d'un système ALOHA synchronisé utilise une durée de trame égale à k intervalles de temps. Une trame peut commencer à n'importe quel intervalle de temps. La charge du canal est de g trames par durée de trame. Quel est le débit en nombre de trames par durée de trame ? Trouvez la valeur du débit pour les cas limites où $k = 1$ et k tend vers l'infini, et interprétez ces résultats.

3. Dix mille stations de réservation aérienne sont en compétition pour l'utilisation d'un simple canal ALOHA synchronisé. Les stations effectuent en moyenne 18 demandes par heure. L'intervalle de temps utilisé est de 125 microsecondes. Quelle est la charge approximative totale de ce canal ?

4. Une large population d'utilisateurs d'un système ALOHA travaille au rythme de 50 demandes par seconde incluant la première transmission et les retransmissions éventuelles. L'intervalle de temps utilisé a une durée de 40 millisecondes.

   a/ Quelle est la chance de succès à la première tentative ?
   b/ Quelle est la probabilité d'avoir k collisions puis un succès ?
   c/ Quelle est le nombre de tentatives de transmission à attendre ?

5. Les mesures d'activité effectuées sur un canal ALOHA synchronisé possédant un nombre d'utilisateurs infini montrent que 10% des intervalles de temps sont inutilisés.

   a/ Quelle est la charge du canal, G ?
   b/ Quel est le débit observé ?
   c/ Est-ce que le canal est sous-utilisé ou surchargé ?

6. Pour un système ALOHA synchronisé ayant une population d'utilisateurs infinie, le nombre moyen d'intervalles de temps qu'une station doit observer entre une collision et la retransmission de la trame est de 4. Représentez la courbe des délais d'attente en fonction du débit.

7. Un petit système ALOHA synchronisé a une faible population d'utilisateurs, chacun d'eux ayant une probabilité de transmission de $1/k$ durant n'importe quel intervalle de temps (transmission originale et retransmissions comprises). Quel est le débit du canal en fonction de la valeur de k ? Evaluez numériquement cette expression pour $k = 2, 3, 4, 5, 10$ et k tendant vers l'infini.

8. Démontrez que le débit maximum pour une population finie de stations identiques intervient lorsque $G = 1$.

9. Pour réduire la contention de son système de communication par radio, une compagnie de taxis a décidé de partager son système de radio-communication sur la base d'intervalles de temps de 1 seconde. La compagnie engage comme chauffeur un ingénieur informaticien et le nouveau système exige que les chauffeurs parlent tous sous forme de messages courts d'une seconde. Tard dans la nuit, seuls deux chauffeurs parlent à l'opérateur du centre de répartition. La probabilité pour qu'un chauffeur ait quelque chose à dire dans un intervalle de

temps est de 0,3. Dans l'éventualité d'une collision, la probabilité pour que chaque chauffeur renouvelle son message dans l'intervalle de temps suivant est de 0,2. Calculez le nombre moyen d'intervalles de temps nécessaires pour que chaque transmission soit réussie. L'opérateur ne transmet rien.

10. Combien de cycles sont nécessaires à un système MLNA pour résoudre tous les conflits engendrés par les stations dont les adresses sont : 4052, 3052, 2162, 7722, 2712, 3662 et 3663 ?

11. Démontrez que pour une faible charge, l'en-tête de la trame MLNA est minimum lorsque la base du système r est égale à e.

12. Un réseau de type CSMA/CD utilise la version «Mok et Ward» du protocole de résolution des contentions. A certains instants, les dix stations ont les adresses virtuelles 8, 2, 4, 5, 1, 7, 3, 6, 9, et 0. Les trois stations qui doivent émettre sont, en séquence, 4, 3 et 9. Quel est le nouvel ordre des stations lorsque toutes les trois ont fini de transmettre?

13. Seize stations sont en compétition pour utiliser un canal partagé selon le protocole adaptatif en arbre. Si toutes les stations dont les adresses sont des nombres premiers veulent subitement transmettre, combien d'intervalles de temps seront nécessaires pour résoudre cette situation ?

14. Un ensemble de 2^n stations utilise un protocole arborescent à balayage pour se partager l'utilisation d'un câble. Au même moment deux d'entre elles sont prêtes à émettre. Quels sont le minimum, le maximum et le nombre moyen d'intervalles de temps pour balayer l'arborescence pour $2^n >> 1$?

15. Si un protocole de type Urn possède 200 utilisateurs dont 40 sont prêts à transmettre, quelle est la probabilité de collision ? et de succès ?

16. Un immeuble de sept étages possède 15 bureaux par étage. Chaque bureau est équipé d'une prise placée sur le mur de façade. Les prises se présentent sous la forme d'une grille verticale et sont distantes les unes des autres de 4 mètres tant verticalement qu'horizontalement. Considérant qu'il est possible de joindre directement les prises entre elles quelles que soient leurs localisations, quelle est la longueur des câbles nécessaires pour raccorder toutes les prises selon :

    a/ une configuration en étoile avec un processeur de messages au centre de la grille ?
    b/ un câblage de type CSMA/CD ?
    c/ une boucle sans local de câblage ?

17. Quelle est, à votre avis, la vitesse en bauds d'un réseau local 802.3 au débit de 10 Mbit/s (réfléchissez) ?

18. Un réseau local de type CSMA/CD au débit de 10 Mbit/s mesure un kilomètre; la vitesse de propagation y est de 200 mètres par microseconde. Les trames comportent 256 bits, y compris l'en-tête, la séquence de vérification et les autres zones nécessaires. La première période qui suit une transmission réussie est réservée au destinataire pour lui permettre d'envoyer un accusé de réception de 32 bits. Quel est le débit effectif, sans prendre en compte les pertes dues à l'existence des zones nécessaires au protocole, en supposant qu'il n'y a pas de collision (il s'agit d'un protocole Urn à forte charge) ?

19. Deux stations d'un réseau CSMA/CD essaient de transmettre simultanément des fichiers importants (comportant de nombreuses trames). Après une transmission de trame, chaque station est en compétition pour l'utilisation du canal selon l'algorithme *binary exponential backoff*. Quelle est la probabilité pour que la situation de contention prenne fin au cycle *k* et quel est le nombre moyen de cycles utilisés par chaque période de contention ?

20. Un bus à jeton travaille selon les règles qui suivent. Quand le jeton arrive à une station une temporisation est placée à zéro. La station émet des trames de priorité 6 jusqu'à ce que la temporisation atteigne la valeur T6. A ce moment elle transmet alors des trames de priorité 4 jusqu'à ce que la temporisation atteigne la valeur T4. Le même processus se répète pour les niveaux 2 et 0. Si toutes les stations ont les mêmes valeurs de temporisation pour T6, T4, T2 et T0, à savoir : 40, 80, 90 et 100 millisecondes, quelle fraction de la bande passante du bus est réservée à chaque niveau de priorité ?

21. Que se passe-t-il sur un anneau à jeton lorsqu'une station qui vient de prendre en compte le jeton cesse subitement de fonctionner ? Comment le protocole prend-il en charge cette situation et la résout-il ?

22. Pour un anneau à jeton au débit de 5 Mbit/s et une vitesse de propagation de 200 mètres par microseconde, quelle est la longueur de câble parcourue par les signaux en un temps bit ? Quel est l'équivalent en longueur de câble du délai supplémentaire de un temps bit dû à l'insertion d'une nouvelle station ?

23. Soit un anneau à jeton, très chargé, au débit de 10 Mbit/s et une vitesse de propagation de 200 mètres par microseconde. Cinquante stations sont uniformément réparties sur l'anneau. Les trames comportent 256 bits, y compris les 32 bits utilisés par le protocole MAC. L'accusé de

réception est envoyé immédiatement à la suite de la trame. Le jeton comporte 8 bits. Est-ce que le débit efficace de cet anneau est supérieur ou inférieur à celui d'un CSMA/CD au débit de 10 Mbit/s ?

24. Dans un anneau à jeton, il appartient à l'émetteur de retirer sa trame de l'anneau. Quelles sont les modifications à apporter au système pour que ce soit le destinataire qui retire la trame ? Quelles en seraient les conséquences ?

25. Soit un grand réseau en anneau dont chaque trame en circulation comprend 32 intervalles de temps, chacun de 1024 bits. Si, en moyenne, 60% des intervalles de temps sont vides, quelles sont les chances pour qu'une nouvelle trame doive attendre plus de deux intervalles de temps avant de prendre place dans l'anneau ?

26. Un anneau à jeton a une temporisation qui limite le temps de possession du droit à émettre à 10 millisecondes. Quelle est la longueur maximum d'une trame pouvant être transmise sur l'anneau ?

27. Est-ce que l'utilisation de locaux de câblage avec des coffrets de raccordement a une influence sur les performances d'un anneau à jeton?

28. Un anneau à jeton sur fibre optique, utilisé comme réseau à moyenne distance sur 200 kilomètres, fonctionne au débit de 100 Mbit/s. Après avoir transmis une trame, une station attend le retour de celle-ci avant de générer un nouveau jeton. La longueur maximum de la trame est de 1 Ko et la vitesse de la lumière de 2×10^5 km/s. Quelle est l'efficacité maximum de cet anneau en ignorant les pertes dues aux octets de service du protocole ?

29. Effectuez le même exercice que précédemment pour un réseau de type FASNET de 200 kilomètres et possédant 100 stations.

30. Un satellite utilise le protocole ALOHA synchronisé avec trois canaux montants et deux canaux descendants. Le satellite ne dispose pas de mémoire de stockage temporaire. Quelle est l'utilisation maximum possible des canaux descendants ?

31. Reprenez l'énoncé précédent mais considérez que le satellite dispose de mémoires de stockage temporaire de capacité illimitée pour conserver les trames arrivantes avant leur réémission. Quel est le gain en efficacité par rapport au système précédent ?

32. Un groupe de $2N$ stations communique en utilisant un satellite fonctionnant selon le protocole ALOHA synchronisé. Le satellite utilise l'effet de capture pour résoudre les collisions. Les $2N$ stations sont

divisées en N classes en fonction de la puissance de leur signaux, chaque classe possédant deux membres. Si chaque station a une probabilité p de transmettre durant un intervalle de temps, quel est le débit efficace obtenu lorsque N tend vers l'infini ? Représentez le débit efficace en fonction de p et décrivez la forme de la courbe obtenue.

33. Un système de transmission de paquets par radio utilise le protocole ALOHA synchronisé. L'effet de capture y fonctionne parfaitement, ce qui signifie qu'en cas de collision, le destinataire est toujours en mesure de recevoir correctement un paquet. Toutes les stations peuvent entendre toutes les autres stations et les délais de propagation sont négligeables. Est-ce-que le protocole *binary exponential backoff* est bien adapté ? Suggérez éventuellement un autre protocole.

34. Ecrivez un programme pour simuler le protocole ALOHA synchronisé. Chaque station doit surveiller la charge du canal et augmenter la valeur de α de $X\%$ quand $G < 1$ et la réduire de la même valeur lorsque $G > 1$. Considérez que le délai de propagation est négligeable et examinez comment X et la longueur du registre à décalage modifient les performances du système.

35. Ecrivez un programme pour simuler le fonctionnement d'un anneau à jeton sans mécanisme de priorité. Prenez en compte le temps de propagation entre les stations et le temps nécessaire pour retirer la trame de l'anneau avant d'émettre le nouveau jeton. Maintenant modifiez le programme de simulation de sorte que les stations émettent le jeton immédiatement après l'émission de la fin de la trame, sans avoir à attendre le retrait total de celle-ci.

4

La Couche Liaison de Données

Dans ce chapitre, nous allons étudier la couche 2 du modèle OSI, la Couche Liaison de Données. Nous aborderons ainsi l'étude d'algorithmes permettant à deux machines adjacentes de communiquer de façon fiable et efficace au niveau de la Couche Liaison de Données. Par adjacentes, nous entendons que les deux machines sont physiquement connectées par un canal de transmission (câble coaxial, ligne téléphonique ...) qui délivre les bits dans l'ordre dans lequel ils ont été émis.

A première vue, le problème peut sembler élémentaire : la machine A se contente d'émettre ses données sur le support physique et la machine B de les collecter. Malheureusement, les liaisons de transmission ne sont pas parfaites : le débit binaire est limité, le délai de propagation est non nul, des erreurs de transmission peuvent survenir ... Ces facteurs, auxquels s'ajoute le temps de calcul des machines, influent fortement sur le transfert des données et sont pris en compte dans l'élaboration des protocoles.

Après une introduction présentant les fonctions de la Couche Liaison de Données, nous examinons la nature et les causes des erreurs de transmission, ainsi que les techniques qui permettent de les détecter et de les corriger. Nous poursuivons avec l'étude de protocoles par ordre de complexité croissante, chacun d'eux s'attachant à résoudre de plus en plus de problèmes. Nous abordons ensuite l'étude des performances de ces protocoles et nous terminons ce chapitre en donnant quelques exemples de protocoles de liaison.

4.1. OBJECTIFS DE LA COUCHE LIAISON DE DONNEES

La Couche Liaison de Données doit réaliser un certain nombre de fonctions spécifiques. Elle offre une interface de service clairement définie à la Couche Réseau. Elle détermine la façon dont les bits venant de la Couche Physique sont regroupés en trames et se charge de traiter les erreurs de transmission. Elle effectue un contrôle de flux pour régulariser le volume des données échangées entre entités source et destination. Des fonctions de gestion de la liaison doivent également être définies. Nous allons détailler, dans les paragraphes suivants, toutes les fonctions remplies par la Couche Liaison de Données.

4.1.1. Les services fournis à la Couche Réseau

La Couche Liaison de Données fournit à la Couche Réseau des services dont le principal consiste à transmettre les données de la Couche Réseau d'une machine source à la Couche Réseau d'une machine destination. Dans la Couche Réseau de la machine source, il existe une entité, un processus, qui délivre des bits à la Couche Liaison. Il appartient à la Couche Liaison de les transmettre à la machine destination afin que la Couche Réseau de cette dernière puisse les traiter (figure 4-1(a)). Le chemin réel effectué par les données est celui indiqué sur la figure 4-1(b), mais il est plus simple de raisonner sur le modèle de la figure 4-1(a) : deux processus de la Couche Liaison de Données communiquent par l'intermédiaire d'un protocole de liaison. C'est ce modèle que nous utiliserons dans le reste du chapitre.

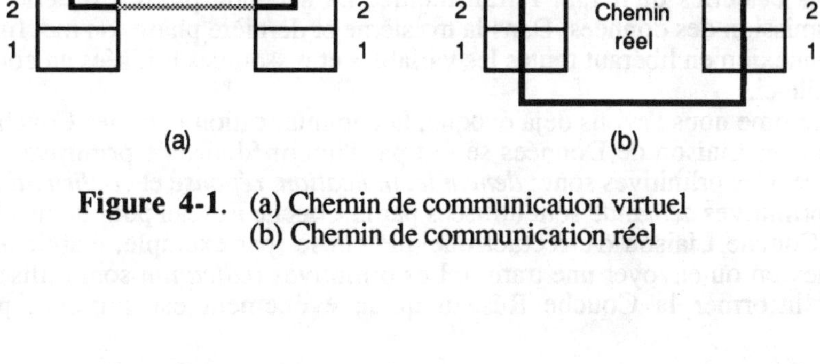

Figure 4-1. (a) Chemin de communication virtuel
(b) Chemin de communication réel

La Couche Liaison de Données offre des services qui varient selon les systèmes. Toutefois, on peut facilement les classer en trois catégories :

1) le service sans connexion et sans acquittement
2) le service sans connexion et avec acquittement
3) le service orienté connexion

Dans le service 1, la machine source envoie des trames à la machine destination sans recevoir de cette dernière des acquittements. Aucune connexion n'est établie au préalable, ni libérée après l'envoi des données. Si une trame est perdue (à cause de bruit sur la ligne, par exemple), il n'est prévu dans cette couche aucun moyen pour y remédier. Ce type de service convient lorsque le taux d'erreur est faible et que la correction des erreurs de transmission a été prévue dans les couches supérieures. Il est également utilisé dans le cas de trafic en temps réel, par exemple la parole, ainsi que dans de nombreux réseaux locaux.

Le service 2, sans connexion mais avec acquittement, est plus fiable que le précédent. Il n'existe toujours pas de connexion mais chaque trame envoyée est acquittée. L'émetteur sait pour chaque trame si elle a été correctement reçue. Si la trame n'est pas arrivée dans un certain intervalle de temps, il peut l'envoyer de nouveau.

Le service le plus élaboré est le service 3. Avant tout envoi de données, les machines source et destination doivent établir une connexion. Chaque trame envoyée sur la connexion est numérotée et la Couche Liaison garantit que chaque trame envoyée est reçue. Plus précisément, la Couche Liaison de Données garantit que chaque trame est reçue une fois et une seule et que toutes les trames sont reçues dans l'ordre d'émission. En revanche, dans un service sans connexion, il est possible qu'un acquittement perdu provoque la retransmission d'une trame plusieurs fois et, de ce fait, que le récepteur la reçoive plusieurs fois. Un service avec connexion fournit donc aux deux processus de la Couche Réseau l'équivalent d'un canal fiable.

Lors de l'utilisation d'un service avec connexion, on distingue trois phases. La première phase est l'établissement de la connexion. Des deux côtés, on initialise un certain nombre de paramètres, en particulier des compteurs qui serviront à déterminer les trames qui ont été correctement reçues et celles qu'il faut retransmettre. La seconde phase est celle de transmission des données. Dans la troisième et dernière phase, on met fin à la connexion en libérant toutes les variables et ressources utilisées au cours de celle-ci.

Comme nous l'avons déjà évoqué, la communication entre les Couches Réseau et Liaison de Données se fait par l'intermédiaire de primitives de service. Ces primitives sont : *demande*, *indication*, *réponse* et *confirmation*. Les primitives *demande* sont utilisées par la Couche Réseau pour demander à la Couche Liaison d'effectuer quelque chose (par exemple, établir une connexion ou envoyer une trame). Les primitives *indication* sont utilisées pour informer la Couche Réseau qu'un événement est survenu, par exemple, qu'une machine souhaite établir ou libérer une connexion, qu'une trame est arrivée... Les primitives *réponse* sont utilisées par la Couche Réseau du côté récepteur pour répondre à une primitive *indication*. Les primitives *confirmation* sont utilisées par la Couche Réseau de l'émetteur pour savoir si une demande a été exécutée avec succès et, dans le cas contraire, pour connaître la cause de son échec.

La figure 4-2 présente les primitives de service de deux façons différentes. La figure 4-2(a) montre la structure en couches et le flux des données. Dans la figure 4-2(b), on distingue trois parties séparées par des traits verticaux. La partie gauche est l'utilisateur du service du côté émetteur, la partie droite représente l'utilisateur du service du côté récepteur et la partie centrale le fournisseur de service. Le temps intervient sur un axe vertical : les primitives les plus hautes sont celles qui ont eu lieu en premier. Nous utiliserons ce type de diagramme plusieurs fois au cours du livre.

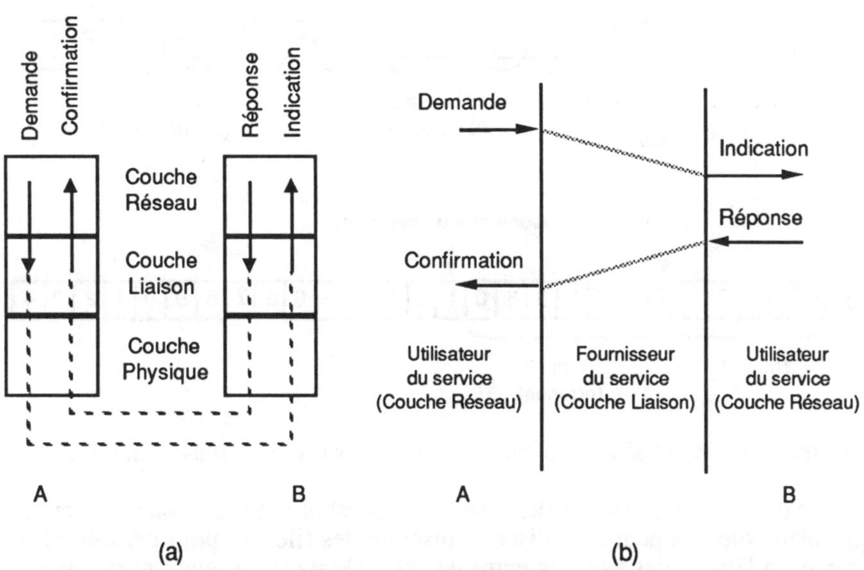

Figure 4-2. Représentation des primitives de service de deux façons différentes.

4.1.2. La notion de trames

Pour être en mesure de fournir un service à la Couche Réseau, la Couche Liaison de Données doit utiliser le service de la Couche Physique. Celle-ci assure le transport de trains de bits sur le support et les remet à la station destination. Ces trains de bits peuvent comporter des erreurs. Le nombre de bits reçus peut être inférieur, égal ou supérieur au nombre de bits émis; les bits peuvent également avoir changé de valeur. La Couche Liaison de Données doit détecter ces erreurs et les corriger si nécessaire.

A cette fin, la Couche Liaison de Données découpe généralement le train de bits en trames et calcule une somme de contrôle d'erreur pour chaque trame (on étudiera des algorithmes de calcul de somme de contrôle d'erreur plus loin dans ce chapitre). Lorsqu'une trame arrive à destination, le récepteur recalcule la somme de contrôle. Si le résultat obtenu est différent de celui précédemment calculé, la Couche Liaison de Données sait qu'une erreur de transmission s'est produite et peut prendre des mesures, par exemple : ne pas tenir compte de la trame émise et envoyer à l'émetteur un rapport d'erreur.

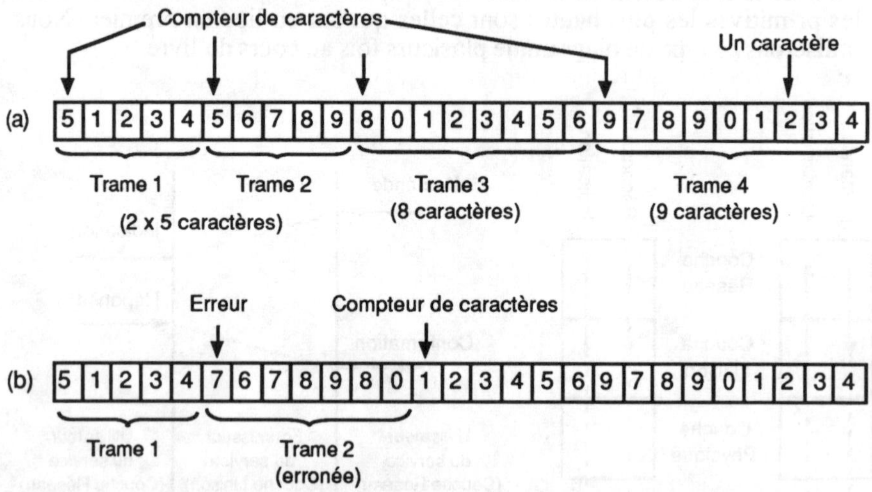

Figure 4-3. Une chaîne de caractères : (a) sans erreur, (b) avec une erreur

Le découpage en trames des trains de bits est plus difficile qu'il y paraît à première vue. On peut le réaliser en insérant des silences pour délimiter les trames, à l'instar des espaces entre les mots. Mais les réseaux garantissent rarement les délais : il est donc possible que des silences disparaissent ou soient insérés dans les trames durant la transmission.

C'est pour cette raison que l'on a envisagé d'autres méthodes. Nous allons en décrire quatre couramment utilisées :

1) Compter les caractères.
2) Utiliser des caractères de début et de fin de trame avec des caractères de transparence.
3) Utiliser des fanions de début et de fin de trame avec des bits de transparence.
4) Violer le codage utilisé dans la Couche Physique.

La première méthode utilise un champ dans l'en-tête de la trame qui indique le nombre de caractères qu'elle contient. Quand la Couche Liaison de Données de la station destination lit ce champ, elle connaît le nombre de caractères de la trame. Cette technique est illustrée par la figure 4-3 (a) qui montre quatre trames contenant respectivement 5, 5, 8, et 9 caractères.

Cet algorithme pose un problème lorsque le caractère indiquant le nombre de caractères dans la trame est affecté par la transmission. Par exemple, si le caractère «nombre de caractères» de la seconde trame (figure 4-3 (b)) est changé de 5 en 7, le récepteur perd la synchronisation et ne peut plus trouver le début de la trame suivante. Grâce à la somme de contrôle, le récepteur se rend compte que cette trame est mauvaise, mais il ne sait toujours pas où commence la suivante. S'il décide de demander à l'émetteur de retransmettre les données, il ne connaît pas le nombre de caractères à laisser passer pour trouver le début de la retransmission. Pour cette raison, cette méthode n'est plus que rarement utilisée.

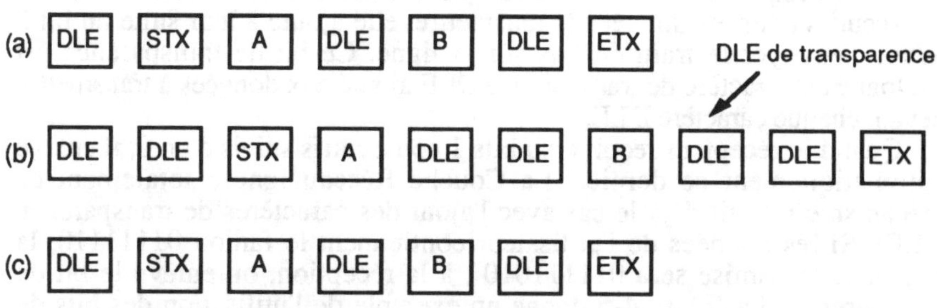

Figure 4-4. (a) Données envoyées par la Couche Réseau, (b) Ajout des caractères de transparence par la Couche Liaison de Données, (c) Données remises à la Couche Réseau de la station destination

La seconde méthode résout le problème de la synchronisation après une erreur de transmission en délimitant chaque trame par les séquences de caractères DLE STX et DLE ETX. Les séquences DLE STX (*Data Link Escape*, *Start of TeXt*) et DLE ETX (*Data Link Escape*, *End of TeXt*) sont placées respectivement en début et en fin de trame. Lorsque la station destination perd la synchronisation, il lui suffit de rechercher les séquences DLE STX ou DLE ETX pour retrouver la délimitation des trames.

L'inconvénient de cette méthode apparaît lorsque les données à transmettre prennent toutes les configurations binaires possibles. Il se peut alors que les séquences DLE STX et DLE ETX apparaissent dans les données et trompent le récepteur sur la délimitation de la trame. On résout ce problème en ajoutant à l'émission un caractère DLE devant tout DLE apparaissant dans les données à transmettre. La Couche Liaison de Données de la station destination enlève les caractères DLE ajoutés dans les données par la station source avant de les transmettre à la Couche Réseau. Cette technique permet d'obtenir la transparence des données à transmettre. On distingue ainsi les séquences de délimitation de la trame, DLE STX et DLE ETX, des caractères figurant au sein des données à transmettre en recherchant les caractères DLE simples. La figure 4-4 montre une chaîne de caractères à transmettre, cette même chaîne après l'ajout des caractères de transparence, puis la même chaîne après leur retrait.

Le gros désavantage de cette méthode de délimitation des trames est qu'elle est liée à l'emploi de caractères codés sur 8 bits et plus particulièrement à l'utilisation du codage ASCII. Avec le développement des réseaux, il s'est avéré de plus en plus contraignant d'associer le codage des caractères au mécanisme de délimitation de la trame ; une nouvelle technique de délimitation a donc été recherchée.

Cette technique permet à la trame de données de contenir un nombre arbitraire de bits et autorise l'utilisation de codages dans lesquels chaque caractère est représenté par un nombre arbitraire de bits. Chaque trame commence et finit par une séquence particulière de bits 01111110 appelée fanion. Lorsque la Couche Liaison de Données source détecte cinq 1 consécutifs dans les données à transmettre, elle ajoute à leur suite un bit 0 avant d'envoyer le train de bits sur la ligne. Ce bit de transparence est analogue au caractère de transparence DLE ajouté aux données à transmettre devant chaque caractère DLE.

Quand le récepteur reçoit cinq bits 1 consécutifs suivis d'un 0, il enlève automatiquement ce dernier. La Couche Réseau ignore totalement ce mécanisme (c'était déjà le cas avec l'ajout des caractères de transparence DLE). Si les données de l'utilisateur contiennent le fanion 01111110, la séquence transmise sera 011111010 ; à la réception, on enlève le bit de transparence. La figure 4-5 donne un exemple de l'utilisation des bits de transparence.

(a) 0 1 1 0 1 1 1 1 1 1 1 1 1 1 1 1 1 1 1 1 0 0 1 0

(b) 0 1 1 0 1 1 1 1 1 0 1 1 1 1 1 0 1 1 1 1 1 0 1 0 0 1 0

Bits de transparence

(c) 0 1 1 0 1 1 1 1 1 1 1 1 1 1 1 1 1 1 1 1 0 0 1 0

Figure 4-5. Ajout de bits de transparence : (a) données originales, (b) données transmises sur la ligne, (c) données stockées par le récepteur après le retrait des bits de transparence

Grâce aux bits de transparence, le récepteur reconnaît sans équivoque les séquences de délimitation de la trame. Lorsque le récepteur perd la synchronisation, il lui suffit de rechercher, parmi les trains de bits reçus, les fanions. Il sait, en effet, qu'ils indiquent sans doute possible la délimitation de la trame.

La dernière méthode de délimitation de la trame est employée lorsque le codage sur le support physique contient des redondances. Ainsi, le code Manchester représente le bit 0 par une impulsion positive suivie d'une impulsion négative et le bit 1 par une impulsion négative suivie d'une impulsion positive. Les combinaisons positive-positive et négative-négative ne sont pas utilisées pour coder les données. Certains protocoles utilisent une séquence invalide telle que deux impulsions positives suivies de deux impulsions négatives pour délimiter la trame. Cette méthode ne nécessite pas l'ajout de bits de transparence dans les données à transmettre. La technique de violation du codage est utilisée dans la norme 802, comme nous l'avons vu au chapitre 3.

Pour conclure, ajoutons que certains protocoles utilisent une double méthode : le comptage des caractères et l'une des trois autres méthodes. Lorsqu'une trame arrive, on utilise le compteur de caractères pour rechercher la fin de la trame. Si la séquence de délimitation est repérée et si le contrôle d'erreur est correct, la trame est acceptée. Dans les autres cas, on recherche dans les données reçues la séquence de délimitation suivante.

4.1.3. Le contrôle d'erreur

Ayant résolu le problème de la délimitation des trames, abordons le problème suivant : comment s'assurer que le récepteur a reçu correctement et dans le bon ordre toutes les trames émises ? Supposons que l'émetteur se contente d'envoyer des trames sans savoir si elles ont été bien reçues. Cette hypothèse conviendrait parfaitement à un service sans connexion, mais elle ne saurait être retenue pour réaliser un service fiable avec connexion.

La façon habituelle de réaliser une liaison fiable est d'informer l'émetteur de ce qui s'est passé de l'autre côté de la ligne. Généralement, les protocoles prévoient l'envoi d'une trame de contrôle qui est un acquittement positif ou négatif. Si l'émetteur reçoit un acquittement positif sur une trame précédemment envoyée, il sait qu'elle a été correctement reçue. En revanche, s'il reçoit un acquittement négatif, il sait qu'elle a été mal transmise et qu'il doit la réémettre.

Supposons maintenant qu'une trame entière n'a pas été reçue par le récepteur (par exemple à cause de bruit sur la ligne). Il ne réagira pas et l'émetteur attendra en vain un acquittement. L'utilisation de temporisateurs permet d'éviter une telle situation. Quand l'émetteur émet une trame, il arme en même temps un temporisateur dont la durée est fonction du délai mis par la trame pour atteindre le récepteur, du temps de traitement et de la réception par l'émetteur de l'acquittement. Normalement, l'acquittement de la trame précédemment envoyée est reçu avant que la temporisation ne déborde : le temporisateur sera alors désarmé.

En revanche, si la trame ou l'acquittement sont perdus, le délai du temporisateur arrivera à expiration, informant ainsi l'émetteur de l'existence d'un problème. Une solution évidente pour résoudre ce problème serait de retransmettre la trame. Mais si l'on transmet plusieurs fois la même trame, il se peut que le récepteur l'accepte plus d'une fois et qu'il la délivre ainsi plusieurs fois à la Couche Réseau. Pour éviter une telle situation, on numérote généralement les trames de telle sorte que le récepteur puisse distinguer les trames retransmises des trames originales.

La gestion des temporisateurs et de la numérotation des trames, afin que chaque trame soit délivrée une fois et une seule à la Couche Réseau destination, constitue une des fonctions importantes de la Couche Liaison. Au cours de ce chapitre, nous illustrerons plus en détail cette gestion par une série d'exemples de plus en plus complexes.

4.1.4. Le contrôle de flux

Lorsqu'un émetteur émet de façon systématique plus de trames que le récepteur ne peut en accepter, il se pose alors un problème que doit résoudre la Couche Liaison de Données (ce problème se pose également dans les couches supérieures). C'est le cas lorsque l'émetteur est sur un ordinateur rapide (ou peu chargé) et que le récepteur est sur une machine lente (ou très chargée). Même si la transmission s'effectue sans erreur, le récepteur ne peut traiter toutes les trames émises et en perdra certaines. Il faut mettre en œuvre un mécanisme pour éviter cette situation.

La solution habituelle consiste à instaurer un contrôle de flux pour contraindre l'émetteur à ne pas envoyer plus de trames que le récepteur ne peut en accepter. L'émetteur doit savoir si le récepteur est en mesure ou non de recevoir les trames émises par un mécanisme de rétroaction.

Il existe de nombreuses variantes de contrôle de flux. La plupart se fondent sur le principe suivant : il est interdit à l'émetteur d'envoyer des trames sans avoir auparavant reçu une permission implicite ou explicite du récepteur. Par exemple, sur une connexion déjà établie, le récepteur peut envoyer le message suivant : «Vous pouvez m'envoyer maintenant *n* trames, mais après ces *n* émissions, suspendez vos envois jusqu'à ce que je vous dise de continuer.» Nous étudierons différents mécanismes de contrôle de flux dans ce chapitre.

4.1.5. La gestion de la liaison

La gestion de la liaison constitue une autre fonction de la Couche Liaison de Données. Minimale pour un service sans connexion, elle devient plus complexe pour un service avec connexion. Il faut établir les connexions, initialiser des numéros de séquence, les réinitialiser en cas d'erreurs, etc.

De plus, il faut gérer la configuration de la liaison. Dans le cas le plus simple, deux machines sont reliées par une paire de conducteurs (configuration de liaison point-à-point). Il se peut aussi que plusieurs machines partagent le même canal (configuration de liaison multipoint). Habituellement, l'une de ces machines est une station primaire (par exemple un ordinateur) et les autres sont des stations secondaires (par exemple des terminaux).

La gestion du trafic est assurée de la façon suivante. La station primaire envoie une trame courte, appelée invitation à émettre (*poll*) à la première station secondaire pour lui demander si elle veut émettre. Si tel est le cas, elle émet, sinon la station primaire interroge la station secondaire suivante. Dans d'autres systèmes, les terminaux sont autorisés à envoyer des données à l'ordinateur sans avoir reçu d'invitation à émettre. Il existe aussi des systèmes, comme les réseaux locaux, où il n'y a ni station primaire ni stations secondaires. Toutes les stations ont le même droit pour accéder au canal de transmission. Dans tous les cas, il appartient à la Couche Liaison de Données de gérer la liaison.

4.2. DETECTION ET CORRECTION DES ERREURS

Comme nous l'avons mentionné précédemment, les erreurs de transmission existent et continueront d'exister dans les années à venir. Dans les paragraphes suivants, nous allons examiner attentivement ce problème et passer en revue les solutions apportées par la Couche Liaison de Données.

Les erreurs de transmission sur les lignes téléphoniques sont dues à différents phénomènes physiques. Le bruit thermique est un phénomène toujours présent. Il est provoqué par l'agitation des électrons dans les câbles de cuivre, créant ainsi un bruit à large spectre. Le rapport signal à bruit intervient dans le théorème de Shannon.

Le bruit impulsif est un autre phénomène physique non négligeable. Il provoque des impulsions sur la ligne avec des périodes de 10 ms. Pour l'oreille humaine, ces impulsions se traduisent par des crépitements. Sur une ligne à 9600 bit/s, elles causent la perte de 96 bits. La plupart du temps, elles sont causées par des étincelles de rupture dans des relais ou dans d'autres organes électromécaniques des vieux centres de commutation. L'éclairage, des réparateurs téléphoniques maladroits, des surtensions sur les lignes d'alimentation ainsi que le système téléphonique de signalisation multifréquences y contribuent également.

Une autre source d'erreur provient du fait que l'amplitude, la vitesse de propagation et la phase des signaux dépendent de leur fréquence. Le système téléphonique agit comme si on effectuait une analyse de Fourier sur les signaux : il déforme séparément chacune des composantes en fréquence et les recombine à la fin. Il est tout à fait possible de louer des lignes téléphoniques spécialement protégées sur lesquelles on minimise ces effets. Mais ces lignes coûtent plus cher que les lignes normales et l'égalisation n'est jamais parfaite.

Il existe encore d'autres sources d'erreur. La diaphonie apparaît lorsque deux lignes sont proches physiquement. Quand on enlève les suppresseurs d'écho, il y a de l'écho. Les liaisons par faisceaux hertziens sont sujettes à l'affaiblissement, au vol des oiseaux... Pour la transmission de la voix, il est recommandé de comprimer l'amplitude du signal sur une plage réduite car les amplificateurs ne sont pas linéaires sur de grandes plages. Cette opération appelée *companding* crée des erreurs. En conclusion, il apparaît qu'il est impossible d'obtenir une porteuse parfaite : son amplitude, sa fréquence et sa phase seront toujours déformées.

Dans le système de modulation par impulsions codées MIC (PCM, *Pulse Code Modulation*), des erreurs peuvent survenir lorsque le récepteur perd la synchronisation avec l'émetteur. Il lui faut quelques dizaines de millisecondes pour se resynchroniser. Dans cet intervalle de temps, les données transmises sont envoyées vers une mauvaise destination (en effet, les bits appartenant au slot *n* sont transmis à l'utilisateur *n* qui n'a rien à voir avec le véritable destinataire).

Les phénomènes physiques à la base des erreurs de transmission ont tendance à créer des paquets d'erreurs plutôt que des erreurs simples. Cela présente à la fois des avantages et des inconvénients. Commençons par les avantages. Les données à transmettre sont toujours découpées en blocs de bits. Supposons que les blocs aient une taille de 1000 bits et que le taux d'erreur par bit soit de 0,001. Si les erreurs étaient indépendantes, la plupart des blocs contiendraient une erreur. En revanche, si les erreurs se trouvent dans des paquets d'erreurs d'une longueur de 100 bits, un ou deux blocs sur 100 blocs en moyenne sont erronés. L'inconvénient des paquets d'erreurs réside dans le fait qu'ils sont plus difficiles à détecter et à corriger que des erreurs simples. Ils sont également difficiles à modéliser analytiquement.

Si le taux d'erreurs moyen par caractère est de e et si chaque bloc contient n caractères, la probabilité de transmettre correctement le bloc est $(1-e)^n$; ce résultat est obtenu en ignorant l'existence de paquets d'erreurs. Dans ce cas, la probabilité que le bloc soit erroné est $1 - (1-e)^n$. Si $e << 1$, on peut approximer la probabilité qu'un bloc soit erroné par en. Empiriquement, la probabilité qu'un bloc soit erroné est donnée par la formule $10^{-4}\ n^{0,8}$ pour des blocs contenant n octets sans bits start ni stop. Les résultats varient en fonction de la longueur de la ligne, de la vitesse de transmission ainsi que d'autres facteurs. Cette formule permet donc d'obtenir uniquement un ordre de grandeur.

4.2.1. Les codes correcteurs

Les concepteurs de réseau ont développé deux stratégies dans le domaine des erreurs de transmission. La première consiste à inclure dans les blocs de données suffisamment de redondances pour que le récepteur soit capable de restituer les données originales à partir des données reçues. La seconde consiste à ajouter juste assez de redondance dans les données à transmettre afin que le récepteur puisse détecter les erreurs mais non les corriger et demander la retransmission des trames erronées.

La première stratégie utilise des codes correcteurs d'erreur et la deuxième des codes détecteurs d'erreur.

Afin de comprendre la façon de traiter les erreurs, il est nécessaire de connaître la définition exacte d'une erreur. Une trame est formée de m bits de données et de r bits de contrôle. Si l'on note n la longueur de la trame ($n = m + r$), l'ensemble des n bits sera appelé mot de code.

Etant donné deux mots de code, par exemple 10001001 et 10110001, il est possible de déterminer de combien de bits ils diffèrent. Dans notre exemple, ils diffèrent de trois bits. Pour le trouver, il suffit d'effectuer un OU EXCLUSIF entre les deux mots de code et de compter le nombre de 1 du résultat. Le nombre de bits de différence entre deux mots de code est appelé distance de Hamming (Hamming, 1950). Si la distance de Hamming entre deux mots de code est d, il faut d erreurs simples pour transformer un mot en l'autre.

Dans beaucoup d'applications, il est possible d'utiliser les 2^m combinaisons des bits de données mais seule une partie des 2^n combinaisons des mots de codes est autorisée. Cela est dû à la façon dont sont calculés les bits de contrôle. Connaissant l'algorithme qui permet de calculer les bits de contrôle, il est possible d'obtenir la liste de tous les mots de code afin de trouver la distance minimale entre deux mots de code. Cette distance est la distance de Hamming du code complet.

La propriété d'un code correcteur ou détecteur dépend de sa distance de Hamming. Pour détecter d erreurs, il faut que le code ait une distance de Hamming de $d + 1$. En effet, dans un tel code, il est impossible que d erreurs simples changent un mot de code en un autre mot de code autorisé. Lorsque le récepteur reçoit un mot de code non autorisé, il sait qu'une erreur de transmission a eu lieu. Si l'on veut maintenant être en mesure de corriger d erreurs, on doit utiliser un code de distance $2d + 1$. Dans ce cas, la distance entre chaque mot de code est telle que même si d erreurs simples se produisent, le mot de code original reste le plus proche du mot transmis : on peut donc le retrouver.

Le code de contrôle de parité constitue un exemple simple de code détecteur. On ajoute aux bits de données un bit de parité. Celui-ci est choisi de façon que le nombre de 1 dans le mot de code soit pair (ou impair). Ce code a une distance de 2 puisque toute erreur simple produit un mot de code non autorisé. Il est utilisé pour détecter les erreurs simples.

Un exemple simple de code correcteur est donné par l'exemple suivant. Considérons un code comprenant uniquement quatre mots de code :

0000000000, 0000011111, 1111100000 et 1111111111.

Ce code a une distance de 5 et peut donc corriger les erreurs doubles. Si le récepteur reçoit le mot de code 0000000111, il sait que le mot original était 0000011111. Mais si une erreur triple change 0000000000 en 0000000111, le récepteur n'est pas capable de la corriger.

Supposons que nous voulions construire un code qui permette de corriger toutes les erreurs simples, avec m bits de données et r bits de contrôle. Pour chacun des 2^m messages possibles, il existe n mots de code non autorisés situés à une unité du mot de code autorisé. Ils sont obtenus à partir du mot de code autorisé en inversant un de ses n bits. A chacune des 2^m combinaisons de bits de données possibles, on associe $n + 1$ mots de n bits (les n mots de code non autorisés définis ci-dessus plus le mot de code autorisé). Comme le nombre total de mots de n bits est 2^n, la relation suivante doit être vérifiée : $(n + 1)2^m \leq 2^n$. En utilisant l'égalité $n = m + r$, l'inégalité devient $(m + r + 1) \leq 2^r$. Connaissant m, cette inégalité permet de déterminer le nombre minimal de bits de contrôle nécessaires pour que toutes les erreurs simples soient corrigées.

Bits de contrôle

Caractères	Code ASCII	
H	1001000	00110010000
a	1100001	10111001001
m	1101101	11101010101
m	1101101	11101010101
i	1101001	01101011001
n	1101110	01101010110
g	1100111	11111001111
	0100000	10011000000
c	1100011	11111000011
o	1101111	00101011111
d	1100100	11111001100
e	1100101	00111000101

Ordre de transmission des bits

Figure 4-6. Utilisation d'un code de Hamming pour détecter des paquets d'erreurs

Hamming (1950) décrit une méthode permettant d'atteindre cette limite théorique. Les bits des mots de code sont numérotés consécutivement en commençant par celui de gauche qui sera le bit 1. Les bits dont les numéros sont des puissances de 2 (1, 2, 4, 8, 16, etc.) sont des bits de contrôle. Les autres bits (3, 5, 6, 7, 9, etc.) sont des bits de données. Chaque bit de contrôle est choisi de façon qu'une série de bits (lui-même compris) ait une parité paire (ou impaire). Un bit de données peut servir dans le calcul de plusieurs bits de contrôle. Pour connaître les bits de contrôle qui utilisent le bit de données de numéro k, il suffit d'écrire k comme la somme de puissances de 2. Par exemple, $11 = 1 + 2 + 8$ et $29 = 1 + 4 + 8 + 16$. Un bit de données est vérifié par les bits de contrôle dont les numéros sont les nombres qui apparaissent dans sa décomposition en puissances de 2 (par exemple le bit 11 est vérifié par les bits 1, 2 et 8).

Quand un mot de code arrive, le récepteur initialise un compteur à zéro. Il examine alors chaque bit de contrôle k (k = 1, 2, 4, 8 ...) pour vérifier s'il a une parité correcte. Si ce n'est pas le cas, il ajoute k au compteur. Lorsque tous les bits de contrôle ont été vérifiés et si le compteur est nul (c'est-à-dire si tous les bits de contrôle sont corrects), le mot de code est considéré comme autorisé. Si le compteur est non nul, il contient le numéro du bit erroné. Par exemple, si les bits de contrôle 1, 2 et 8 ne vérifient pas la parité, le bit 11 est erroné car c'est le seul qui contribue au calcul à la fois des bits 1, 2 et 8. La figure 4-6 montre des caractères ASCII de 7 bits et les mots de code associés obtenus à partir de la méthode de Hamming. Rappelez-vous que les bits de données se trouvent en position 3, 5, 6, 7, 9, 10 et 11.

Les codes de Hamming ne peuvent corriger que les erreurs simples. Toutefois, il existe un moyen d'utiliser les codes de Hamming pour corriger des paquets d'erreurs. Une séquence de k mots de code consécutifs est vue comme une matrice dont les k lignes sont des mots de code. Normalement, les mots de code sont transmis un par un en commençant par le bit le plus à gauche du mot. Pour corriger les paquets d'erreurs, les données sont transmises colonne par colonne en commençant par la colonne la plus à gauche. Quand les k bits ont été envoyés, la seconde colonne est transmise et ainsi de suite. Lorsque la trame arrive, la matrice est reconstruite colonne par colonne. Si un paquet d'erreur de longueur k altère la trame, il y a au plus un bit erroné dans chacun des mots de code. Comme le code de Hamming peut corriger une erreur par mot de code, le bloc entier de données peut être corrigé. Cette méthode utilise kr bits de contrôle pour corriger un seul paquet d'erreurs d'au plus k bits sur un bloc de km bits de données.

4.2.2. Les codes détecteurs

Les codes correcteurs sont utilisés pour les transmissions de données dans certains cas particuliers, par exemple lorsque le canal est unidirectionnel et qu'il est impossible de demander une retransmission. Mais le plus souvent, on utilise une technique de détection avec retransmission pour des raisons d'efficacité. Prenons comme exemple un canal avec des erreurs simples et un taux d'erreur de 10^{-6}. Considérons des blocs de données de 1000 bits. Si l'on désire construire un code correcteur pour des blocs de 1000 bits, il faut ajouter 10 bits de contrôle; pour un mégabit de données, on aura 10 000 bits de contrôle. Pour détecter simplement un mauvais bloc, il suffit d'avoir un bit de parité. Tous les 1000 blocs, on envoie un bloc supplémentaire de 1001 bits. Avec cette méthode, le nombre de bits supplémentaires nécessaires à la détection et à la retransmission est de 2001 bits, alors qu'il en faut 10 000 avec un code de Hamming.

Si l'on utilise un code de parité et qu'un paquet d'erreurs survient lors de la transmission d'un bloc, la probabilité de détecter cette erreur est de 0,5, ce qui est peu acceptable. On peut améliorer cette méthode en considérant chaque bloc comme une matrice de k lignes et de n colonnes. On calcule un bit de parité pour chaque colonne et l'ensemble de ces bits forme une nouvelle ligne pour la matrice. La matrice est transmise ligne par ligne. Lorsque le bloc arrive, le récepteur vérifie tous les bits de parité. Si l'un d'entre eux est mauvais, il demande la retransmission du bloc.

Cette méthode peut détecter un paquet d'erreurs de longueur n sur un bloc de données puisque l'on aura au plus un bit inversé par colonne. On ne peut détecter un paquet d'erreurs de longueur $n + 1$, si le premier bit et le dernier bit sont inversés et que les autres bits sont corrects. Dans un paquet d'erreurs, le premier et le dernier du paquet sont forcément erronés; les autres bits peuvent être corrects ou incorrects. Si un bloc contient un long paquet d'erreurs ou plusieurs paquets d'erreurs courts, la probabilité que l'une des n colonnes possède la bonne parité sans être correcte est 0,5. La probabilité d'accepter un bloc erroné est donc de 2^{-n}.

Bien que la méthode précédente puisse être employée, on se tourne dans la pratique vers d'autres méthodes : on utilise les codes polynomiaux, appelés aussi codes CRC (*cyclic redundancy code*) : dans les codes polynomiaux, on considère que les bits d'une chaîne de caractères sont les coefficients d'un polynôme. Ces coefficients ne prennent que deux valeurs : 0 ou 1. Un bloc de k bits est vu comme la série des coefficients d'un polynôme comprenant k termes allant de x^{k-1} à x^0. Un tel polynôme est dit de degré k-1. Le bit le plus à gauche est le coefficient de x^{k-1}; son voisin est le coefficient de x^{k-2}, etc. Par exemple, la chaîne 110001 comprend 6 bits : elle représente un polynôme de 6 termes dont les coefficients sont 1, 1, 0, 0, 0 et 1 : $x^5+x^4+x^0$.

L'arithmétique polynomiale est faite modulo 2 et suit les règles de la théorie algébrique. Il n'y a pas de retenue dans l'addition ni dans la soustraction. Faire une addition ou une soustraction équivaut à effectuer un OU EXCLUSIF entre les opérandes. Par exemple :

```
  10011011     00110011     11110000     01010101
 +11001010    +11001101    -10100110    -10101111
 ---------    ---------    ---------    ---------
  01010001     11111110     01010110     11111010
```

Les divisions sont effectuées de la même manière qu'en binaire, excepté que la soustraction est faite modulo 2, comme nous l'avons montré ci-dessus.

Trame : 1 1 0 1 0 1 1 0 1 1

Générateur : 1 0 0 1 1

Message après ajout de 4 bits à 0 : 1 1 0 1 0 1 1 0 1 1 0 0 0 0

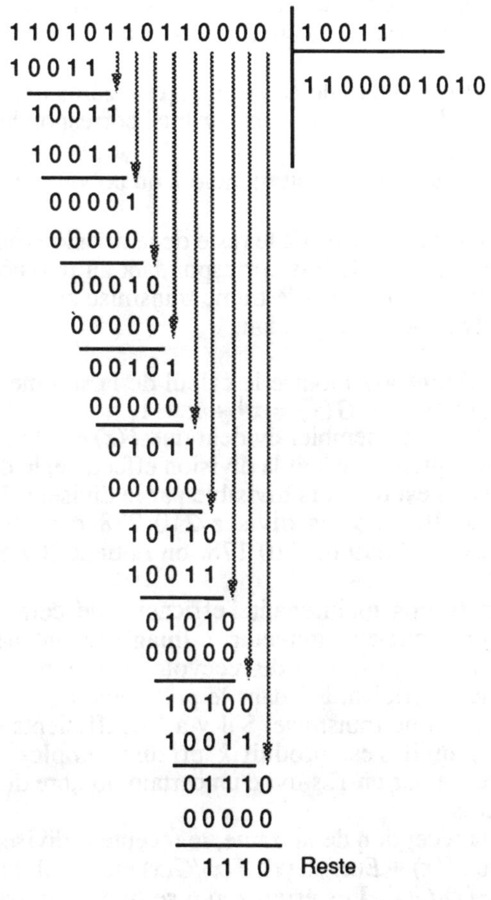

Trame émise : 1 1 0 1 0 1 1 0 1 1 1 1 1 0

Figure 4-7. Calcul de la somme de contrôle d'erreur

Pour utiliser un code polynomial, l'émetteur et le récepteur doivent se mettre d'accord auparavant sur le choix d'un polynôme générateur $G(x)$. Le générateur doit avoir son bit de poids fort et son bit de poids faible égaux à 1. Pour calculer la somme de contrôle d'un bloc de m bits (correspondant au polynôme $M(x)$), il faut que le bloc soit plus long que le polynôme générateur. L'idée de base consiste à coller, à la fin du bloc, des bits de contrôle de façon que la trame (bloc et bits de contrôle) soit divisible par $G(x)$. Quand le récepteur reçoit la trame, il la divise par $G(x)$. Si le reste obtenu est non nul, une erreur de transmission a eu lieu.

L'algorithme de calcul des bits de contrôle est le suivant :

1) Soit r le degré de $G(x)$. Ajouter r zéros après le bit de poids faible du bloc. Il contient ainsi $m + r$ bits, correspondant au polynôme $x^rM(x)$.

2) Effectuer la division modulo 2 du polynôme $x^rM(x)$ par $G(x)$.

3) Soustraire modulo 2 le reste de la division (qui comprend au plus r bits) de la chaîne de bits correspondant au polynôme $x^rM(x)$. Le résultat de cette opération est la trame transmise au destinataire. Appelons $T(x)$ le polynôme correspondant.

La figure 4-7 montre le calcul de la somme de contrôle pour la trame 1101011011 et $G(x) = x^4 + x + 1$.

Il doit vous sembler évident que $T(x)$ est divisible (modulo 2) par $G(x)$. En effet, quelle que soit la division effectuée, le dividende moins le reste de la division est toujours divisible par le diviseur. Prenons l'exemple suivant. En base 10, si vous divisez 210 278 par 10 941, il reste 2 399. En soustrayant 2 399 de 210 178, on obtient 207 879, nombre divisible par 10 941.

Analysons maintenant l'efficacité de cette méthode. Quelles sortes d'erreurs peut-elle détecter ? Imaginez qu'une erreur de transmission survienne et qu'au lieu de recevoir $T(x)$, le récepteur reçoive $T(x) + E(x)$. Chaque coefficient à 1 dans le polynôme $E(x)$ correspond à un bit inversé dans la chaîne transmise. S'il y a k coefficients égaux à 1 dans $E(x)$, cela signifie qu'il s'est produit k erreurs simples. Un paquet d'erreurs est caractérisé par un 1, suivi d'un certain nombre de 0 et de 1, puis par un 1 et des zéros.

A la réception de la trame, le récepteur divise cette dernière par $G(x)$; il calcule $(T(x) + E(x))/G(x)$. $T(x)/G(x)$ étant nul, le résultat de la division est donc $E(x)/G(x)$. Les erreurs qui se traduisent par des polynômes facteurs de $G(x)$ ne sont pas détectées. En revanche, toutes les autres le sont.

Si une erreur simple se produit, $E(x)$ est égal à x^i, où i est la place du bit erroné. Si $G(x)$ contient au moins deux termes, il n'est pas divisible par $E(x)$: toutes les erreurs simples sont détectées.

S'il se produit deux erreurs simples isolées, $E(x) = x^i + x^j$, avec $i > j$, que nous pouvons également écrire sous la forme $E(x)=x^j(x^{i-j} + 1)$.

Si nous supposons que $G(x)$ n'est pas divisible par x, une condition suffisante pour que toutes les erreurs doubles soient détectées est que $G(x)$ ne soit pas divisible par $x^k + 1$, pour tout k inférieur à la valeur maximale de $i - j$ (c'est-à-dire la longueur maximale de la trame). On connaît des polynômes de degré peu élevé qui peuvent être utilisés dans le cas de trames longues. Par exemple, $x^{15} + x^{14} + 1$ n'est divisible par $x^k + 1$ pour aucun k inférieur à 32 768.

Si la trame contient un nombre impair de bits erronés, $E(x)$ contient un nombre impair de termes (par exemple $x^5 + x^2 + 1$ et non pas $x^2 + 1$). Il est intéressant de constater qu'il n'existe pas de polynômes ayant un nombre impair de termes qui possèdent $x + 1$ comme facteur (modulo 2). En construisant un polynôme $G(x)$ possédant $x + 1$ comme facteur, on peut détecter toutes les erreurs qui se traduisent par un nombre impair de bits inversés.

Pour démontrer qu'il n'existe aucun polynôme ayant un nombre impair de termes divisibles par $x + 1$, raisonnons par l'absurde et supposons que $E(x)$ ait un nombre impair de termes et soit divisible par $x + 1$. $E(x)$ peut s'écrire $(x + 1)\ Q(x)$. Calculons ensuite $E(1) = (1 + 1)\ Q(1)$. Comme $1 + 1 = 0$ (modulo 2), $E(1)$ doit être nul. Or, si $E(x)$ a un nombre impair de termes, la substitution de x par 1 donnera toujours un résultat égal à 1. Il n'existe donc aucun polynôme ayant un nombre impair de termes qui soit divisible par $x + 1$.

Pour terminer, énonçons le résultat suivant : un code polynomial avec r bits de contrôle détecte tous les paquets d'erreurs de longueur inférieure ou égale à r. Le polynôme $x^i\ (x^{k-1} + ... +1)$ (où i détermine à partir de quel bit commence le paquet d'erreurs) représente un paquet d'erreurs de longueur k. Si $G(x)$ contient le terme x^0, il ne peut avoir x^i comme facteur. Si le degré de l'expression entre parenthèses $(x^{k-1} + ... +1)$ est inférieur au degré de $G(x)$, le reste sera toujours nul.

Si la longueur du paquet d'erreurs est $r + 1$, le reste de la division par $G(x)$ est nul si et seulement si le polynôme représentant le paquet d'erreurs est égal à $G(x)$. Par définition d'un paquet d'erreurs, on sait que le premier et le dernier bit doivent être égaux à 1, les autres étant quelconques. Si l'on suppose que toutes les combinaisons possibles des autres bits sont équiprobables, la probabilité qu'une trame incorrecte soit considérée comme valide est $1/2^{r-1}$.

On peut montrer également que la probabilité qu'une trame erronée ne soit pas détectée, lorsqu'un paquet d'erreurs de longueur supérieure à $r + 1$ ou plusieurs courts paquets d'erreurs surviennent, est de $1/2^r$.

Les trois polynômes générateurs qui ont été normalisés sont :

CRC-12 $= x^{12} + x^{11} + x^3 + x^2 + x^1 + 1$
CRC-16 $= x^{16} + x^{15} + x^2 + 1$
CRC-CCITT $= x^{16} + x^{12} + x^5 + 1$

Tous ces polynômes contiennent $x + 1$ comme facteur premier. Le polynôme CRC-12 est utilisé pour des caractères codés sur 6 bits. Les deux autres sont utilisés pour des caractères codés sur 8 bits. Les polynômes CRC-16 et CRC-CCITT donnent des champs de contrôle d'erreur codés sur 16 bits. Ils permettent de détecter toutes les erreurs simples et doubles, toutes les erreurs comportant un nombre impair de bits et tous les paquets d'erreurs de longueur inférieure ou égale à 16. Ils détectent avec une probabilité de 99,997% les paquets d'erreurs de 17 bits et avec une probabilité de 99,998% les paquets d'erreurs de longueur supérieure ou égale à 18 bits.

Bien qu'à première vue, les calculs nécessaires pour obtenir le champ de contrôle puissent sembler compliqués, Peterson et Brown (1961) ont montré qu'un simple registre à décalage suffisait pour obtenir la somme de contrôle. En pratique, on utilise presque toujours des circuits électroniques pour le codage et le décodage polynomiaux.

4.3. PROTOCOLES ELEMENTAIRES

Nous allons maintenant étudier trois protocoles par ordre de complexité croissante. Mais avant de les décrire, nous allons préciser un certain nombre d'hypothèses sur le modèle employé. Pour commencer, nous supposons que les Couches Physique, Liaison de Données et Réseau sont des processus indépendants qui communiquent en échangeant des messages. Dans la plupart des cas, les processus correspondant aux Couches Physique et Liaison de Données tourneront sur un microprocesseur situé à l'intérieur d'un circuit d'entrée/sortie et le processus de la Couche Réseau sur le CPU. Mais d'autres implantations sont possibles; par exemple, trois processus sur un seul circuit d'entrée/sortie, les Couches Physique, Liaison de Données étant des procédures appelées par le processus de la Couche Réseau. Considérer les trois couches comme des processus séparés ne fait que renforcer l'idée que les couches sont indépendantes.

Supposons que la machine A veut envoyer de nombreuses données vers la machine B en utilisant un service fiable orienté connexion. Nous envisageons ensuite le cas où B désire simultanément envoyer des données vers A. La machine A a une quantité infinie de données prêtes à être envoyées vers B. Quand la Couche Liaison de Données de A demande des données, la Couche Réseau lui en fournit immédiatement (cette hypothèse sera supprimée par la suite).

Pour la Couche Liaison de Données, les paquets provenant de la Couche Réseau ne sont que des données qui doivent être délivrées à la Couche Réseau destination. L'interprétation de l'en-tête des paquets est faite par la Couche Réseau destination et ne concerne pas la Couche Liaison de Données.

Quand la Couche Liaison de Données accepte un paquet, elle l'encapsule en lui ajoutant un en-tête et des informations de contrôle à la fin du paquet (cf. figure 1-8). Une trame contient donc un paquet encapsulé avec des informations de contrôle et elle est envoyée à la Couche Liaison de Données de la machine distante. Nous supposons l'existence d'une série de procédures parmi lesquelles figurent la procédure *Vers_Couche_Physique* pour envoyer une trame et la procédure *Origine_Couche_Physique* pour recevoir une trame. Le contrôle d'erreur est effectué par des circuits électroniques de façon à décharger le logiciel de la Couche Liaison de Données de cette tâche. On peut, par exemple, utiliser l'algorithme polynomial étudié précédemment pour calculer le bloc de contrôle d'erreur.

Initialement, le récepteur n'a rien à faire. Il attend simplement que quelque chose arrive. Dans nos exemples de protocoles, nous indiquons que la Couche Liaison de Données est en train d'attendre que quelque chose se passe par la procédure *attendre(événement)*. Cette procédure s'arrête lorsqu'un événement s'est produit (par exemple, lorsqu'une trame est arrivée). La variable retournée indique le type d'événement qui s'est produit. Les événements pris en compte diffèrent selon les types de protocoles et nous les définissons séparément pour chaque protocole. Dans une situation plus réaliste, il serait hors de question d'envisager que la Couche Liaison de Données boucle en attendant l'arrivée d'un événement, comme nous l'avons suggéré ; nous supposerions que l'arrivée d'une trame provoque une interruption qui suspend la tâche en cours afin de traiter la trame. Toutefois, pour des raisons de simplicité, nous admettons que la Couche Liaison de Données est entièrement dédiée à la gestion d'un seul canal.

Lorsque le récepteur reçoit une trame, les circuits électroniques calculent le bloc de contrôle d'erreurs. S'il est incorrect (c'est-à-dire qu'une erreur de transmission s'est produite), la Couche Liaison de Données en est informée (*événement = Erreur*). Dans le cas contraire, la Couche Liaison de Données en est aussi informée (*événement = ArrivéeTrame*) ; elle peut alors aller chercher la trame en utilisant la procédure *Origine_Couche_Physique*. Dès la réception d'une trame correcte, elle vérifie les informations de contrôle qui figurent dans l'en-tête. Si tout est correct, elle transmet à la Couche Réseau la partie de la trame correspondant au paquet. En aucun cas, l'en-tête d'une trame ne sera transmis à la Couche Réseau.

Il existe une bonne raison pour que la Couche Réseau ne reçoive pas l'en-tête de la trame : c'est pour rendre les protocoles de la Couche Réseau et de la Couche Liaison de Données entièrement indépendants. Tant que la Couche Réseau ignore totalement les protocoles et le format des trames utilisés par la Couche Liaison de Données, on peut les changer sans avoir à toucher au logiciel de la Couche Réseau. Etablir une interface rigide entre la Couche Réseau et la Couche Liaison de Données simplifie énormément la conception de logiciels puisque les protocoles de communication peuvent ainsi évoluer indépendamment les uns des autres. La figure 4-8 présente des déclarations de variables et de procédures qui seront utilisées dans les protocoles que nous allons étudier. On a défini cinq structures de données : *bit*, *NumSéquence*, *paquet*, *TypeTrame*, et *trame*. La variable *bit* ne prend que deux valeurs : 0 ou 1. La variable *NumSéquence* est un petit entier qui sert à numéroter les trames afin de les différencier. La constante *MaxSéq* est définie pour chaque protocole. La variable *paquet* est l'unité d'information échangée entre la Couche Réseau et la Couche Liaison de Données d'une même machine ou entre deux Couches Réseau distantes. Dans notre modèle, un paquet contient exactement *NbreBit* + 1 bits. Pour être plus réaliste, la longueur des paquets devrait varier de 0 à *NbreBit* + 1 bits.

Une trame est composée de quatre champs : *genre*, *séq*, *ack* et *info*; les trois premiers contiennent des informations de contrôle et le dernier les données à transmettre. Les champs de contrôle sont appelés en-têtes de trame. Le champ *genre* indique si la trame contient ou non des informations à transmettre. En effet, certains protocoles distinguent les trames de contrôle, qui ne renferment pas de données à transmettre, des trames qui transportent l'information. Les champs *séq* et *ack* sont utilisés respectivement pour la numérotation des trames et pour les acquittements positifs; leur utilisation sera décrite plus tard dans ce chapitre. Le champ *info* de la trame de données contient un paquet unique. Dans une trame de contrôle, le champ *info* n'est pas utilisé. Une implantation plus réaliste autoriserait le champ *info* à avoir une longueur variable.

Il est important de comprendre la relation qui existe entre le paquet et la trame. La Couche Réseau construit un paquet en prenant un message venant de la Couche Transport et en lui ajoutant un en-tête spécifique de la Couche Réseau. Ce paquet est transmis à la Couche Liaison de Données afin qu'il soit inclus dans le champs *info* de la trame à émettre. Quand la trame arrive à destination, la Couche Liaison de Données extrait le paquet de la trame et le passe à la Couche Réseau. De cette manière, les Couches Réseau distantes donnent l'impression d'échanger directement des paquets. La figure 1-8 schématise cela.

La figure 4-8 énumère un certain nombre de procédures. Ce sont des fonctions prédéfinies dont les détails dépendent de l'implantation et dont la structure interne nous importe peu. La procédure *attendre* est composée d'une boucle qui, comme nous l'avons signalé auparavant, attend que quelque chose se passe. Les procédures *Vers_Couche_Réseau* et *Origine_Couche_Réseau* sont utilisées par la Couche Liaison de Données respectivement pour passer des paquets à la Couche Réseau et pour aller chercher des paquets de la Couche Réseau. Notez bien que les procédures *Origine_Couche_Physique* et *Vers_Couche_Physique* sont utilisées pour l'échange de trames entre la Couche Physique et la Couche Liaison de Données tandis que les procédures *Origine_Couche_Réseau* et *Vers_Couche_Réseau* sont utilisées pour l'échange de paquets entre la Couche Liaison de Données et la Couche Réseau. En d'autres termes, *Origine_Couche_Réseau* et *Vers_Couche_Réseau* concernent l'interface entre les couches 2 et 3, alors que *Origine_Couche_Physique* et *Vers_Couche_Physique* concernent l'interface entre les couches 1 et 2.

{Types de données et procédures communes aux protocoles étudiés}

```
const NbreBit = ...;   {détermine la taille des paquets}
  FinDesTemps = false; {pour boucler sans fin}
  MaxSéq = ...; {MaxSéq = numéro le plus élevé = 2^n - 1}

type bit = 0..1;
  NumSéquence = 0..MaxSéq; {utilisé pour numéroter les trames}
  paquet = packed array [0..NbreBit] of bit; {un paquet venant
      des couches supérieures}
  TypeTrame = (données, ack, nack);
  trame = packed record
    genre : TypeTrame;
    séq: NumSéquence;
    ack: NumSéquence;
    info: paquet
  end;

procedure attendre(var événement: TypeEvénement);
begin {on attend un événement dont on renvoie le type}
end;

procedure Origine_Couche_Réseau (var p: paquet);
begin {la Couche Réseau remet un paquet à la Couche Liaison}
end;

procedure Vers_Couche_Réseau (p: paquet);
begin {la Couche Liaison remet un paquet à la Couche Réseau}
end;

procedure Origine_Couche_Physique (var r: trame);
begin {acquisition d'une trame et copie dans r}
end;

procedure Vers_Couche_Physique (s: trame);
begin {passage de la trame s à la Couche Physique
       pour transmission}
end;

procedure StartTimer (k: NumSéquence);
begin {déclenchement du temporisateur,
       activation de TimeOut}
end;

procedure StopTimer (k: NumSéquence);
begin {arrêt du temporisateur, désactivation de TimeOut}
end;
```

```
procedure StartAckTimer;
begin {armement d'un temporisateur auxiliaire pour l'envoi
      des accusés de réception positifs}
end;

procedure StopAckTimer;
begin {désarmement du temporisateur auxiliaire}
end;

procedure ActivationCoucheRéseau;
begin {autorise la Couche Réseau à créer un événement
      CoucheRéseauVide}
end;

procedure DésactivationCoucheRéseau;
begin {interdit à la Couche Réseau d'envoyer un événement
      CoucheRéseauPrête}
end;

procedure inc (var k: NumSéquence);
begin {Incrémentation de k}
  if k<MaxSéq then k:= k+1 else k:= 0
end;
```

Figure 4-8. Quelques définitions communes aux exemples qui suivent

Dans la plupart des protocoles, nous disposons d'une liaison non fiable qui perd occasionnellement des trames entières. Afin d'être en mesure de faire face à une telle situation, la Couche Liaison de Données source déclenche une temporisation lors de l'envoi de chaque trame. Si aucun signe n'a été reçu dans un intervalle de temps déterminé, le temporisateur est désarmé et un signal d'interruption est envoyé à la Couche Liaison de Données.

Dans nos protocoles, on réalise cela en permettant à la procédure *attendre* de retourner *TypeEvénement = TimeOut*. Les procédures *StartTimer* et *StopTimer* sont utilisées respectivement pour armer et désarmer le temporisateur. L'événement *TimeOut* n'est possible que si le temporisateur a été armé auparavant. On peut utiliser la procédure *StartTimer* lorsque le temporisateur est déjà armé; un tel appel réarme le temporisateur qui recommence à décompter jusqu'à la fin de la temporisation (à moins qu'il ait été réarmé ou désarmé entre-temps).

Les procédures *StartAckTimer* et *StopAckTimer* sont utilisées pour contrôler un temporisateur auxiliaire qui est déclenché sous certaines conditions lors de l'émission d'un accusé de réception (*acknowledgement).*

Les procédures *ActivationCoucheRéseau* et *DésactivationCoucheRéseau* sont utilisées dans des protocoles relativement sophistiqués où l'hypothèse suivante n'est plus vérifiée : la Couche Réseau a en permanence des paquets prêts à être envoyés. Lorsque la Couche Liaison de Données permet à la

Couche Réseau de lui délivrer des paquets, elle l'autorise à l'interrompre à chaque paquet prêt à être émis. Nous notons cela par *TypeEvénement = CoucheRéseauPrête*. Quand la Couche Réseau est désactivée, elle ne peut plus interrompre la Couche Liaison de Données. Grâce à ces deux procédures, la Couche Liaison de Données peut empêcher la Couche Réseau de lui délivrer des paquets lorsqu'elle n'a plus de mémoires tampon disponibles pour stocker les paquets.

Les trames sont numérotées de 0 à *MaxSéq* (compris), où la valeur *MaxSéq* varie selon les protocoles étudiés. Il est souvent nécessaire d'incrémenter les trames modulo *MaxSéq* + 1 (c'est-à-dire que la trame de numéro *MaxSéq* est suivie de la trame numéro 0). La procédure *inc* réalise cette incrémentation.

Les déclarations définies dans la figure 4-8 ne sont pas nécessaires à tous les protocoles. Mais, pour des raisons de place, nous avons préféré les regrouper. En toute rigueur, on devrait rajouter, dans chaque procédure décrite, les déclarations qui s'y rapportent.

4.3.1. Protocole 1 : un protocole utopique

Pour commencer l'étude des protocoles, nous allons décrire le protocole le plus plus simple qui soit. On ne transmet les données que dans un sens. Les Couches Réseau côtés émetteur et récepteur sont toujours prêtes respectivement à émettre ou recevoir des paquets. On ignore les temps de calcul. On dispose d'autant de mémoires tampon que nécessaire. Et pour finir, nous supposons que le canal de communication est parfait : aucune trame n'est erronée ni perdue. Ce protocole parfaitement irréaliste, que l'on peut qualifier de protocole utopique, est décrit dans la figure 4-9.

Le protocole se décompose en deux procédures : *émetteur1* et *récepteur1*. La procédure *émetteur1* est implantée dans la Couche Liaison de Données de la machine source et *récepteur1* dans la Couche Liaison de Données de la machine destination. Ce protocole ne nécessite ni la numérotation des trames, ni l'envoi d'acquittements ; la variable *MaxSéq* n'est donc pas utilisée. Le seul événement possible est *ArrivéeTrame* (c'est-à-dire l'arrivée d'une trame non erronée). L'émetteur réalise une boucle infinie, définie par les mots clés *repeat* et *until FinDesTemps*, qui consiste à émettre des données aussi vite que possible sur la ligne. Le corps de la boucle est composé de trois actions : demander un paquet à la Couche Réseau, construire une trame en utilisant la variable *s* et envoyer cette trame. Dans ce protocole, on n'utilise que le champ *info* de la trame. En effet, le canal étant parfait et le contrôle de flux inexistant, la définition des autres champs de la trame n'est pas nécessaire.

La conception de la procédure *récepteur1* est tout aussi simple. Initialement, le récepteur attend que quelque chose arrive. Ici le seul événement possible est l'arrivée d'une trame correcte (on ignore le type d'événement retourné). L'appel à *Origine_Couche_Physique* enlève la trame venant d'arriver d'une mémoire matérielle et la range dans la variable *r*.

Puis, la partie de la trame correspondant au champ *info* est passée à la Couche Réseau. La Couche Liaison de Données recommence alors à attendre l'arrivée de la prochaine trame.

{Le protocole 1 (*protocole utopique*) ne permet la circulation de données que dans un seul sens, de l'émetteur vers le récepteur. Le canal de communication est supposé parfait. Le récepteur est capable de recueillir toutes les données de manière extrêmement rapide. L'émetteur, quant à lui, se contente d'émettre les données aussi vite qu'il peut.}

```
type TypeEvénement = (ArrivéeTrame); {un seul type
d'événement}

procedure émetteur1;

var s: trame;        {tampon pour trame en émission}
  tampon: paquet;  {tampon pour paquet en émission}
begin
 repeat
  Origine_Couche_Réseau(tampon); {on va prendre ce qu'il y
                                  a à envoyer}
  s.info:= tampon; {on le copie dans s pour le transmettre}
  Vers_Couche_Physique(s)   {on l'envoie}
 until FinDesTemps          {et l'on boucle...}
end; {émetteur1}

procedure récepteur1;
var r: trame;
  événement: TypeEvénement;
begin
 repeat
  attendre(événement); {seul événement
                        possible : ArrivéeTrame}
  Origine_Couche_Physique(r); {acquisition de la trame}
  Vers_Couche_Réseau(r.info)  {on passe les données à la
                               Couche Réseau}
 until FinDesTemps
end; {récepteur1}
```

Figure 4-9. Un protocole utopique

{Le protocole 2 (protocole du type «envoyer et attendre») autorise la circulation des données dans un seul sens, de l'émetteur vers le récepteur. Le canal de communication est supposé parfait, comme dans le protocole 1. Toutefois, le protocole doit empêcher l'émetteur d'inonder le récepteur en ralentissant l'émetteur lorsque le récepteur n'est plus en mesure de traiter les données.}

```
type TypeEvénement = (ArrivéeTrame);{un seul type d'événement}

procedure émetteur2;

var s: trame;
   tampon: paquet;
   événement: TypeEvénement;
begin
 repeat
   Origine_Couche_Réseau(tampon);{acquisition du paquet
                                 venant de la Couche Réseau}
   s.info:= tampon; {copie dans s pour transmission}
   Vers_Couche_Physique(s);  {on envoie la trame}
   attendre(événement)       {et l'on attend un signal}
 until FinDesTemps
end; {émetteur2}


procedure récepteur2;
var r,s: trame;
   événement: TypeEvénement;
begin
 repeat
   attendre(événement); {seul événement possible :
                         ArrivéeTrame}
   Origine_Couche_Physique(r);   {acquisition de la trame}
   Vers_Couche_Réseau(r.info);   {transmission du paquet à
                                  la Couche Réseau}
   Vers_Couche_Physique(s) {envoi d'une trame d'acquittement}
 until FinDesTemps
end; {récepteur2}
```

Figure 4-10. Un protocole simple du type «envoyer et attendre»

4.3.2. Protocole 2 : un protocole de type «envoyer et attendre»

Nous allons maintenant supprimer l'hypothèse la plus irréaliste que nous ayons faite dans le protocole 1 : l'aptitude de la Couche Réseau de la machine destination à traiter les données arrivant, de façon instantanée (ou en d'autres termes, la présence dans la Couche Liaison de Données d'une infinité de mémoires tampon pour stocker les trames en attendant qu'elles soient traitées par la Couche Réseau). En revanche, nous supposons toujours que le canal est parfait et que les données ne circulent que dans un seul sens.

Le problème que nous avons à résoudre maintenant est de trouver une manière d'empêcher l'émetteur d'envoyer des données plus rapidement que le récepteur ne peut les traiter. Si le récepteur a besoin de *t* unités de temps pour exécuter *Origine_Couche_Physique* + *Vers_Couche_Réseau*, l'émetteur devra émettre en moyenne moins d'une trame par *t* unités de temps. De plus, si nous supposons qu'il n'y a pas de circuits matériels dans le récepteur capables de stocker et de mettre en file d'attente les trames reçues, l'émetteur ne doit jamais envoyer une trame avant que la précédente n'ait été traitée par la procédure *Origine_Couche_Physique*, sinon cette dernière trame est écrasée par la nouvelle qui arrive.

Dans certaines circonstances (par exemple, dans une transmission synchrone avec une Couche Liaison de Données destination entièrement dédiée au traitement de la liaison), il est possible de ralentir suffisamment l'émetteur du protocole 1 en ajoutant une temporisation entre les trames émises, afin de ne pas inonder le récepteur. Mais, de façon plus générale, la Couche Liaison de Données doit s'occuper de plusieurs liaisons à la fois, et l'intervalle de temps entre l'arrivée d'une trame et son traitement peut varier considérablement. Si les architectes réseau peuvent calculer la borne supérieure de cet intervalle dans le pire des cas pour un récepteur, ils peuvent alors programmer l'émetteur de façon qu'il transmette suffisamment lentement pour qu'aucune trame ne soit écrasée, même si elle doit attendre, avant d'être traitée par le récepteur, le temps correspondant au pire des cas possibles. Malheureusement, cette méthode est trop statique. Son emploi risque de faire perdre beaucoup de bande passante sauf si la variation de la durée de l'intervalle de temps entre l'arrivée d'une trame et son traitement est très faible.

Une solution plus générale pour résoudre ce problème consiste à obliger le récepteur à informer l'émetteur de son état. Après avoir transmis un paquet à la Couche Réseau, le récepteur envoie à l'émetteur une petite trame ne contenant aucune information mais donnant la permission à l'émetteur de transmettre la trame suivante. Après avoir envoyé une trame, l'émetteur doit, d'après le protocole, attendre jusqu'à ce que cette petite trame (en d'autres termes, l'acquittement) arrive.

Les protocoles dans lesquels l'émetteur envoie une trame et attend ensuite un acquittement avant d'envoyer la suivante sont appelés protocoles de type «envoyer et attendre». La figure 4-10 montre un protocole simple du type «envoyer et attendre». Comme dans le protocole 1, l'émetteur commence par aller chercher un paquet de la Couche Réseau afin de construire une trame et l'envoie. Mais ensuite, contrairement au protocole 1, l'émetteur doit attendre que la trame d'acquittement lui soit parvenue, avant de boucler et de demander le prochain paquet à la Couche Réseau. La Couche Liaison de Données source n'a pas besoin d'examiner la trame reçue puisque le protocole ne prévoit qu'une possibilité : l'acquittement.

La seule différence entre *récepteur1* et *récepteur2* est que *récepteur2*, après avoir transmis un paquet à la Couche Réseau, envoie une trame d'acquittement avant de boucler à nouveau et d'attendre le prochain événement. Seule compte la réception d'une trame par l'émetteur : le récepteur n'a donc pas à y mettre d'information particulière.

Bien que le sens de circulation des données soit unidirectionnel, de l'émetteur vers le récepteur, les trames circulent dans les deux sens. De ce fait, le canal de communication qui relie les deux Couches Liaison de Données doit pouvoir transmettre les informations de manière bidirectionnelle. Toutefois, ce protocole permet l'alternance des flots de données : l'émetteur envoie d'abord une trame, puis le récepteur envoie une trame, l'émetteur envoie ensuite une autre trame, et ainsi de suite. On pourrait utiliser un canal de transmission à l'alternat.

4.3.3. Protocole 3 : un protocole simple pour un canal bruité

Considérons maintenant le cas, malheureusement tout à fait réaliste, dans lequel le canal de communication n'est pas parfait. Des trames peuvent être erronées ou perdues. Toutefois, nous supposons que l'on peut détecter les trames endommagées au cours de la transmission lors du calcul de la somme de contrôle par les circuits électroniques du récepteur. Si par une malchance extrême, la somme de contrôle est correcte alors que la trame est erronée, ce protocole (et tous les autres) se trouve pris en défaut : il délivre un paquet incorrect à la Couche Réseau.

A première vue, on peut penser qu'une simple modification pourrait suffire pour adapter le protocole 2 à un canal avec erreur. L'émetteur émet une trame et le récepteur n'émet une trame d'acquittement que si les données ont été correctement reçues. Si une trame erronée arrive, elle ne sera pas prise en compte. Après l'expiration du temporisateur, l'émetteur retransmet la même trame. On répète cette séquence jusqu'à ce que la trame soit correctement parvenue au récepteur.

L'algorithme ci-dessus présente un gros défaut. Essayez de le découvrir avant de lire le paragraphe suivant.

Pour vous permettre de trouver ce qui ne va pas, rappelez-vous que le sous-réseau de communication doit permettre une communication transparente et sans erreur entre les Couches Réseau. La Couche Réseau située sur la machine A délivre une série de paquets à sa Couche Liaison de

Données, qui doit s'assurer que la même série de paquets sera délivrée à la Couche Réseau de la machine B par sa Couche Liaison de Données. Plus précisément, la Couche Réseau de B n'a aucun moyen de savoir si un paquet a été perdu ou dupliqué; la Couche Liaison de Données doit garantir qu'aucune combinaison d'erreurs de transmission ne peut aboutir à la remise à la Couche Réseau d'un même paquet deux fois de suite.

Considérez le scénario suivant :

1. La Couche Réseau de A délivre un paquet 1 à sa Couche Liaison de Données. Le paquet est correctement reçu par B et transmis à la Couche Réseau de B. B envoie une trame d'acquittement à A.

2. La trame d'acquittement est perdue et n'arrive jamais à A. Bien entendu, la vie serait beaucoup plus simple si le canal ne pouvait perdre que les trames de données et non les trames de contrôle. Mais, malheureusement, le canal ne fait pas tant de discrimination!

3. Le temporisateur, déclenché par la Couche Liaison de Données de A lors de l'envoi de la trame, expire. N'ayant pas reçu d'acquittement, la Couche Liaison suppose à tort que la trame de données a été endommagée ou perdue et elle envoie de nouveau une trame contenant le paquet 1.

4. La trame dupliquée arrive également à la Couche Liaison de Données de B d'une manière correcte et est transmise à la Couche Réseau. Si A envoie un fichier à B, une partie du fichier sera dupliquée (ainsi la copie du fichier faite par B ne sera pas correcte sans pour autant que l'erreur ait été détectée). Le protocole, ainsi défini, ne convient pas.

Le récepteur doit être en mesure de distinguer une trame émise pour la première fois d'une trame retransmise. Pour ce faire, il suffit que l'émetteur place dans l'en-tête de chaque trame un numéro de séquence. Le récepteur peut ainsi vérifier le numéro de séquence de chaque trame qui arrive et savoir s'il s'agit d'une trame nouvelle ou d'une trame dupliquée dont il n'a pas à tenir compte.

Dans la mesure où l'on doit construire un petit en-tête pour chaque trame, il convient de se poser la question suivante : quel est le nombre minimal de bits nécessaires pour coder le numéro de séquence ? La seule ambiguïté qui puisse exister, qui réside entre l'envoi d'une trame m ou de son successeur direct $m + 1$. Si une trame m est perdue ou erronée, le récepteur ne l'acquitte pas et l'émetteur l'envoie à nouveau. Dès la réception correcte de la trame m, le récepteur envoie un acquittement. C'est à ce moment que peut se poser un problème. Selon que la trame d'acquittement est correctement ou incorrectement reçue, l'émetteur envoie la trame m ou $m + 1$.

Lorsque l'émetteur a reçu l'acquittement pour la trame $m + 1$, il peut commencer à envoyer la trame $m + 2$. Mais ceci implique que la trame m ainsi que son acquittement aient été correctement reçus (sinon, l'émetteur n'aurait pas envoyé la trame $m + 1$ et encore moins la trame $m + 2$). En conclusion, on notera qu'il peut exister une ambiguïté entre l'envoi d'une trame et de son successeur ou de son prédécesseur mais pas entre le prédécesseur et le successeur.

De ce fait, une séquence codée sur 1 bit est suffisante. A chaque instant, le récepteur attend une certaine séquence. Lorsqu'une trame arrive avec une mauvaise séquence, il la rejette, considérant qu'il s'agit d'une trame dupliquée. Lorsqu'une trame arrive avec un bon numéro de séquence, le récepteur l'accepte et la transmet à la Couche Réseau. Le numéro de séquence est incrémenté de 1 modulo 2 (c'est-à-dire que 0 devient 1 et réciproquement).

La figure 4-11 montre un exemple de ce type de protocole. Les protocoles dans lesquels l'émetteur attend un acquittement positif avant de transmettre les données suivantes sont désignés par l'acronyme PAR (*Positive Acknowledgement with Retransmission*). Comme dans le protocole 2, les données ne sont transmises que dans un seul sens. Ce protocole prévoit la perte éventuelle de trames, grâce à l'utilisation de temporisateurs; leurs durées doivent être suffisamment longues pour permettre l'arrivée des acquittements. Si le temporisateur de l'émetteur expire avant que l'acquittement ne soit parvenu, l'émetteur envoie une trame dupliquée.

En effet, lorsque l'acquittement arrive, l'émetteur pense à tort que c'est pour la trame qu'il vient d'envoyer. Il ne sait pas qu'il existe un autre acquittement en cours de transmission. Si la trame suivante est perdue, mais que l'acquittement «supplémentaire» arrive correctement, l'émetteur ne retransmet pas la trame perdue et le protocole se trouve pris en défaut. Dans les protocoles suivants, les acquittements contiendront des informations afin d'éviter une telle situation. Mais pour l'instant, les trames d'acquittement sont dépourvues d'information et permettent un dialogue en stricte alternance entre l'émetteur et le récepteur.

Les procédures *émetteur3* et *récepteur3,* à la différence des procédures vues précédemment, utilisent des variables dont la valeur se trouve conservée lorsque la Couche Liaison se trouve en attente. L'émetteur connaît le numéro de la prochaine trame à envoyer grâce à la variable *ProchaineTrameAEnvoyer*; le récepteur connaît le numéro de la prochaine trame attendue grâce à la variable *TrameAttendue*. Chaque procédure commence par une courte phase d'initialisation avant d'entrer dans la boucle.

{Le protocole 3 est employé lorsque les données sont transmises dans un seul sens et que le canal n'est pas parfait (perte de trames, trames erronées).}

```
const MaxSéq = 1;

type TypeEvénement = (ArrivéeTrame, Erreur, TimeOut);

procedure émetteur3;

var ProchaineTrameAEnvoyer: NumSéquence; {numéro de la
                                            prochaine trame}
  s: trame;          {variable temporaire}
  tampon: paquet;    {tampon pour paquet en partance}
  événement: TypeEvénement;
begin
 ProchaineTrameAEnvoyer:= 0;     {initialisation}
 Origine_Couche_Réseau(tampon);{chargement du premier paquet}
 repeat
  s.info:= tampon;   {construction d'une trame}
  s.séq:= ProchaineTrameAEnvoyer; {insertion du numéro
                                      dans la trame}
  Vers_Couche_Physique(s); {on envoie la trame}
  StartTimer(s.séq);       {si la réponse tarde trop, ...}
  attendre(événement); {possibilités : ArrivéeTrame,
                                       Erreur,TimeOut}
  if événement = ArrivéeTrame then
   begin {un accusé de réception arrive}
     Origine_Couche_Réseau(tampon); {chargement du paquet
                                     suivant à envoyer}
     inc(ProchaineTrameAEnvoyer) {on inverse
                                   ProchaineTrameAEnvoyer}
   end
  until FinDesTemps
end; {émetteur3}

procedure récepteur3;

var TrameAttendue: NumSéquence; {TrameAttendue = 0 ou 1}
  r,s: trame;          {variables temporaires}
  événement: TypeEvénement;
begin
 TrameAttendue:= 0;
 repeat
  attendre(événement); {possibilités: ArrivéeTrame, Erreur}
  if événement = ArrivéeTrame then
   begin  {il est arrivé une trame correcte}
     Origine_Couche_Physique(r); {acquisition de la trame}
     if r.séq = TrameAttendue then
```

```
        begin {c'est bien celle qu'on attendait}
          Vers_Couche_Réseau(r.info); {transmission du
                                   paquet à la Couche Réseau}
          inc(TrameAttendue) {on attend maintenant le
                                  numéro suivant}
        end
        Vers_Couche_Physique(s) {envoi d'un acquittement}
    end
  until FinDesTemps
end; {récepteur3}
```

Figure 4-11. Un protocole avec acquittement positif et retransmission

Après avoir transmis une trame, l'émetteur déclenche le temporisateur. S'il était déjà déclenché, cela provoque son réarmement. La durée de la temporisation doit être suffisante pour permettre à la trame d'arriver à destination, d'être traitée dans le pire des cas (récepteur très chargé) et pour permettre ensuite à l'émetteur de recevoir la trame d'acquittement. Si le temporisateur expire, c'est que la trame ou l'acquittement ont été perdus et la trame doit être retransmise.

Après avoir envoyé une trame et déclenché le temporisateur, l'émetteur attend que quelque chose se produise. Trois cas sont possibles : une trame d'acquittement correct arrive, une trame incorrecte d'acquittement arrive, le temporisateur expire. En cas d'arrivée d'un acquittement correct, l'émetteur va chercher le paquet suivant dans la Couche Réseau et le met dans la mémoire tampon en écrasant le paquet précédent. Il incrémente aussi le numéro de séquence. Si une trame erronée arrive ou si aucune trame n'arrive, on ne change ni le numéro de séquence, ni la mémoire tampon; on peut donc retransmettre la même trame.

Lorsqu'une trame correcte est reçue par le récepteur, ce dernier vérifie son numéro de séquence afin de savoir s'il s'agit ou non d'une trame dupliquée. Si tel n'est pas le cas, il la transmet à la Couche Réseau et envoie un acquittement. Les trames dupliquées ou erronées ne sont pas transmises à la Couche Réseau.

4.4. LES PROTOCOLES AVEC FENETRE D'ANTICIPATION

Dans les protocoles précédemment étudiés, les données ne circulaient que dans un seul sens. Or, il existe de nombreuses situations dans lesquelles il est nécessaire de transmettre des données dans les deux sens. On peut, afin d'obtenir une liaison en duplex, prendre deux canaux de communication et les utiliser pour transmettre les données dans chaque sens. On dispose alors de deux circuits physiques séparés, chacun étant composé d'un canal pour l'envoi des données et d'un canal de retour pour les acquittements.

Dans les deux circuits, la bande passante du canal de retour est presque entièrement perdue. L'utilisateur paie le prix de deux circuits mais n'utilise que la capacité d'un seul.

Une meilleure solution consiste à utiliser le même circuit pour transmettre les données dans les deux sens. Après tout, les protocoles 2 et 3 employaient déjà le même circuit pour transmettre les trames dans les deux directions, le canal de retour ayant la même capacité que le canal d'aller. Dans ce modèle, les trames de données, circulant de A vers B, s'entrelacent avec les trames d'acquittement de B vers A. C'est par l'examen du contenu du champ *genre* de l'en-tête de la trame que le récepteur détermine s'il s'agit d'une trame de données ou d'acquittement.

Bien que l'entrelacement des trames de contrôle et de données sur le même circuit constitue un progrès par rapport à l'utilisation de deux circuits physiques séparés, on peut encore proposer une nouvelle amélioration. Lorsqu'une trame de données arrive, le récepteur n'envoie plus de trame de contrôle séparée, mais attend que la Couche Réseau lui transmette le paquet suivant. L'acquittement est joint à la trame de données émise (en utilisant le champ *ack* de l'en-tête de la trame). Cela permet d'économiser l'envoi d'une trame d'acquittement. Cette technique retarde légèrement l'envoi d'un acquittement afin d'attendre la trame de données suivante ; elle est connue sous le nom de *piggybacking*.

L'intérêt de cette méthode réside dans la meilleure utilisation de la bande passante. L'utilisation du champ *ack* de l'en-tête de la trame ne coûte que quelques bits alors que l'envoi d'une trame séparée nécessite un en-tête, un acquittement et une somme de contrôle. De plus, si l'on envoie moins de trames, il y a moins d'interruptions dues à leur arrivée ainsi que moins de mémoires tampons nécessaires dans le récepteur. Dans le prochain protocole étudié, cette technique nécessitera un bit dans l'en-tête de la trame. De manière plus générale, on ne rajoutera que quelques bits dans l'en-tête de la trame.

Lorsqu'une trame peut transporter à la fois des informations et un acquittement, le problème suivant se pose : combien de temps doit attendre la Couche Liaison de Données avant de décider de joindre un acquittement à une trame de données ? Si la Couche Liaison de Données attend plus longtemps que la durée de la temporisation de l'émetteur, la trame sera retransmise et les trames d'acquittement seront mal utilisées. En revanche, si la Couche Liaison de Données pouvait prévoir l'avenir et connaître la date d'arrivée du prochain paquet de la Couche Réseau, elle pourrait décider, soit d'attendre l'arrivée du paquet, soit d'envoyer un acquittement séparé. Tout dépend de la date d'arrivée du prochain paquet. Bien entendu, la Couche Liaison de Données ne peut prévoir l'avenir et l'on doit utiliser une autre méthode pour choisir ce que l'on va faire (par exemple, attendre un nombre de millisecondes fixé par avance). Si le nouveau paquet arrive rapidement, on joint l'acquittement à la trame que l'on envoie. Dans le cas contraire, la Couche Liaison de Données envoie une trame d'acquittement séparée.

En contrepartie de sa simplicité, le protocole 3 peut se retrouver dans des situations de blocage. Il serait intéressant de disposer d'un protocole qui permette de rester synchronisé quelle que soit la combinaison des situations suivantes : trames erronées, trames perdues, temporisateurs expirant trop vite. Les trois prochains protocoles que nous allons étudier sont très robustes et peuvent continuer de fonctionner dans les situations précédemment décrites. Tous trois appartiennent à la classe des protocoles à *fenêtre d'anticipation*. Ils se différencient par leur complexité, leur efficacité et leurs exigences de stockage des trames.

Dans un protocole à fenêtre, les trames émises possèdent un numéro de séquence variant de 0 à un certain maximum. Souvent le numéro maximal de séquence est de la forme $2^n - 1$: il peut donc être codé sur n bits. Le protocole à fenêtre d'anticipation du type «envoyer et attendre» utilise $n = 1$, réduisant ainsi les numéros de séquence possibles à 0 ou 1. Des versions plus sophistiquées de protocoles à fenêtre d'anticipation utilisent un n arbitraire.

La spécificité des protocoles à fenêtre d'anticipation réside dans le fait qu'à chaque instant l'émetteur détient la liste des numéros de séquence des trames qu'il peut envoyer. Dans l'émetteur, la *fenêtre d'émission* est définie par la liste des numéros de séquence des trames autorisées à être émises. De même, dans le récepteur, la *fenêtre de réception* est définie par la liste des numéros de séquence des trames autorisées à être reçues. Il n'est pas nécessaire que les fenêtres d'émission et de réception aient les mêmes bornes, ni la même largeur.

Ces protocoles donnent plus de liberté à la Couche Liaison de Données quant à l'ordre d'émission et de réception des trames. Néanmoins, il est toujours nécessaire que les paquets soient délivrés à la Couche Réseau destination dans leur ordre d'émission. Nous supposons toujours également que le canal physique de communication se comporte comme un câble (il transmet les trames dans l'ordre dans lequel elles ont été envoyées).

Les numéros de séquence situés à l'intérieur de la fenêtre d'émission correspondent aux trames envoyées mais non encore acquittées. Lorsqu'un nouveau paquet en provenance de la Couche Réseau arrive, la Couche Liaison de Données construit une trame portant le numéro de séquence le plus élevé immédiatement disponible, et la borne supérieure de la fenêtre est augmentée de 1. Lorsqu'un acquittement arrive, la borne inférieure est augmentée de 1. De cette manière, on connaît toujours la liste des trames non acquittées.

Etant donné que les trames se trouvant dans la fenêtre d'émission peuvent se perdre au cours de la transmission ou être erronées, l'émetteur doit les stocker pour pouvoir éventuellement les retransmettre. De ce fait, si la taille maximale de la fenêtre est de n, l'émetteur doit disposer de n mémoires tampon pour stocker les trames non acquittées. Si la fenêtre atteint son maximum, la Couche Liaison de Données de l'émetteur doit interdire à la Couche Réseau de lui délivrer de nouveaux paquets jusqu'à ce que des mémoires tampon se libèrent.

La Couche Liaison de Données accepte les trames se trouvant à l'intérieur de la fenêtre de réception. Toute trame en dehors de la fenêtre est rejetée. Quand le récepteur reçoit une trame dont le numéro de séquence est égal à la borne inférieure de la fenêtre, il la transmet à la Couche Réseau, envoie un acquittement et fait tourner sa fenêtre d'une unité. Contrairement à la fenêtre de l'émetteur, celle du récepteur conserve toujours sa taille initiale. Une fenêtre de taille égale à 1 indique que la Couche Liaison de Données n'accepte que les trames dans l'ordre, ce qui n'est pas le cas si la taille de la fenêtre est supérieure à 1. De toute manière, la Couche Réseau ne reçoit que des paquets remis dans l'ordre d'émission, quelle que soit la taille de la fenêtre de la Couche Liaison de Données.

La figure 4-12 illustre une taille maximale de fenêtre égale à 1. Initialement, aucune trame n'est émise et les bornes inférieure et supérieure de la fenêtre d'émission sont donc égales. Au fur et à mesure que le temps s'écoule, la situation évolue comme indiqué.

4.4.1. Un protocole à fenêtre d'anticipation de largeur 1

Avant d'aborder le cas général, nous allons examiner un protocole à fenêtre d'anticipation de largeur 1. Un tel protocole est du type «envoyer et attendre» puisque l'émetteur envoie une trame et attend son acquittement avant d'envoyer la suivante.

La figure 4-13 décrit un tel protocole. La variable *ProchaineTrameAEnvoyer* indique le numéro de la trame que l'émetteur veut envoyer. De même, *TrameAttendue* indique le numéro de séquence de la trame que le récepteur s'attend à recevoir. Dans les deux cas, les seules valeurs prises par les variables sont 0 ou 1.

Normalement, l'une des deux Couches Liaison de Données doit commencer à envoyer une trame en premier. En d'autres termes, cela signifie que seul un des deux programmes des Couches Liaison de Données doit contenir des appels aux procédures *Origine_Couche_Physique* et *StartTimer* en dehors de la boucle principale. Dans le cas où les deux couches commencent à travailler simultanément, on se trouve dans une situation particulière que l'on examinera plus tard. La station qui commence va chercher le premier paquet délivré par la Couche Réseau, construit une trame et l'envoie. Lorsque la trame arrive, la Couche Liaison de Données destination vérifie si cette trame est dupliquée ou non (c'était déjà le cas dans le protocole 3). Si la trame est acceptée, elle est transmise à la Couche Réseau et la fenêtre du récepteur est mise à jour.

Le champ acquittement contient le numéro de la dernière trame reçue sans erreur. Si ce numéro correspond à celui de la trame précédemment envoyée, l'émetteur sait que la trame stockée dans la mémoire tampon a été correctement reçue et qu'il peut aller chercher le paquet suivant. Si le numéro de séquence est différent, l'émetteur doit envoyer à nouveau la même trame. Chaque fois qu'une trame est reçue, une trame est envoyée.

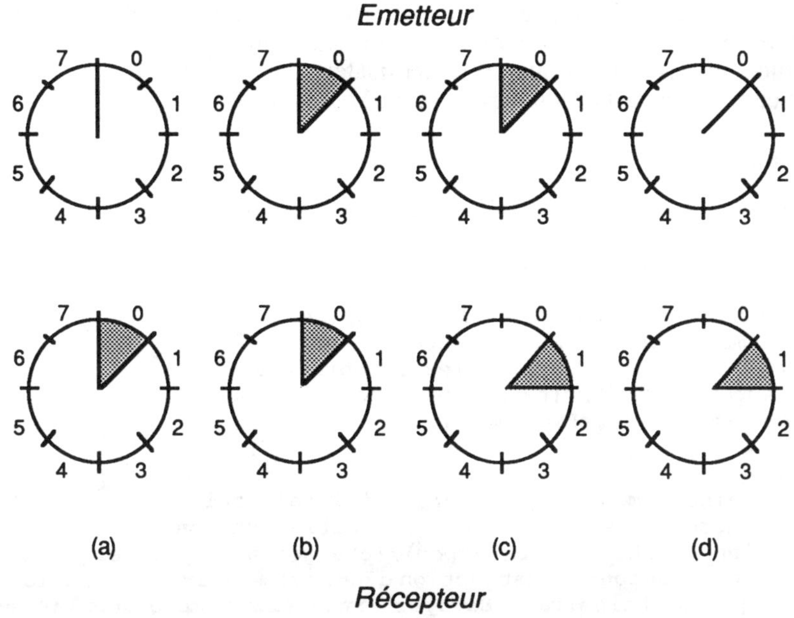

Figure 4-12. Une fenêtre d'anticipation de taille 1 avec un numéro de séquence codé sur 3 bits : (a) initialement, (b) après l'envoi de la première trame, (c) après la réception de la première trame, (d) après réception du premier acquittement

Examinons maintenant ce protocole 4 de façon plus précise pour observer son comportement dans des situations critiques. Supposons que A veuille envoyer la trame 0 à B et B la trame 0 à A. A envoie sa trame vers B et déclenche un temporisateur dont la durée est très courte. De ce fait, le temporisateur expire de manière répétitive et A envoie une série de trames identiques avec *séq* = 0 et *ack* = 1.

Quand B reçoit la première trame valide, il l'accepte et met la variable *TrameAttendue* à 1. Toutes les trames arrivant ensuite seront rejetées, leur numéro de séquence étant différent de la valeur de *TrameAttendue*. De plus, puisque toutes les trames dupliquées ont le champ *ack* = 1 et que B attend un acquittement de la trame 0, B n'ira pas chercher un nouveau paquet de sa Couche Réseau.

Après avoir rejeté toutes les trames dupliquées, B envoie une trame vers A contenant *séq* = 0 et *ack* = 0. Lorsque A reçoit cette trame, il peut commencer l'envoi du prochain paquet. Il n'existe aucune situation (perte de trames, durées de temporisation trop courtes) qui puisse conduire le protocole à délivrer des paquets dupliqués à la Couche Réseau, à perdre des paquets ou à se retrouver dans une situation de blocage.

{Le protocole 4 (à fenêtre d'anticipation), bidirectionnel, est plus robuste que le protocole 3. Il peut faire face à toute situation impliquant des pertes de trames ou des expirations de temporisateurs sans perdre de paquets, ni remettre des paquets dupliqués à la Couche Réseau.}

```
const MaxSéq = 1;

type TypeEvénement = (ArrivéeTrame, Erreur, TimeOut);

procedure protocole4;

var ProchaineTrameAEnvoyer : NumSéquence; {0 ou 1}
  TrameAttendue : NumSéquence; {0 ou 1}
  r, s: trame;      {variables temporaires}
  tampon: paquet; {tampon pour paquet en partance}
  événement: TypeEvénement;

begin
 ProchaineTrameAEnvoyer:= 0;     {initialisation}
 TrameAttendue:= 0;              {initialisation}
 Origine_Couche_Réseau(tampon);{chargement du premier paquet}
 s.info:= tampon; {construction d'une trame pour transmission}
 s.séq:=ProchaineTrameAEnvoyer;{insertion numéro dans la trame}
 s.ack := 1 - TrameAttendue;    {acquittement joint à la
                                  trame de données}
 Vers_Couche_Physique(s);     {on envoie la trame}
 StartTimer(s.séq);           {si la réponse tarde trop, ...}
  repeat
    attendre(événement); {possibilités: ArrivéeTrame,
                                         Erreur, TimeOut}
   if événement = ArrivéeTrame then
     begin {un accusé de réception vient d'arriver}
       Origine_Couche_Réseau(tampon); {chargement du
                                    paquet suivant à envoyer}
       if r.séq = TrameAttendue then
          begin {c'est bien celle qu'on attendait}
            Vers_Couche_Réseau(r.info); {transmission du
                                  paquet à la Couche Réseau}
            inc(TrameAttendue) {on attend maintenant le
                                 numéro suivant}
          end;
       if r.ack = ProchaineTrameAEnvoyer then
          begin {réception de l'acquittement}
            Origine_Couche_Réseau(tampon); {chargement
                                         d'un paquet}
            inc(ProchaineTrameAEnvoyer) {inversion du
                                    numéro de séquence}
          end;
     end;
```

```
    s.info:= tampon;{construction d'une trame pour transmission}
    s.séq:= ProchaineTrameAEnvoyer;{insertion numéro dans la trame}
    s.ack:= 1 - TrameAttendue; {n° de séq de la dernière trame reçue}
    Vers_Couche_Physique(s); {on envoie la trame}
    StartTimer(s.séq);        {si la réponse tarde trop, ...}
  until FinDesTemps

end; {protocole4}
```

Figure 4-13. Protocole à fenêtre d'anticipation de largeur 1

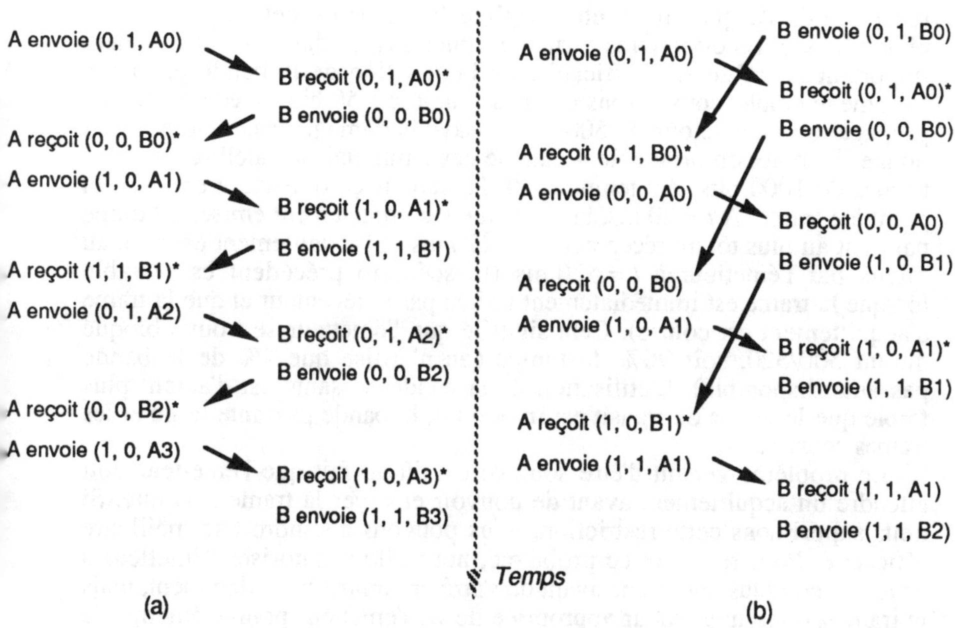

Figure 4-14. Deux scénarios pour le protocole 4 ; les variables entre parenthèses correspondent à (séq, ack, numéro de paquet), l'astérisque indique que la Couche Réseau reçoit le paquet

Il existe une situation particulière lorsque les deux stations envoient simultanément un paquet initial. Le problème de la synchronisation est illustré par la figure 4-14. Dans la partie (a), on examine ce qui se passe lorsqu'une station seule commence à émettre. La partie (b) examine un cas particulier. Si B attend que la première trame de A arrive avant d'envoyer la sienne, l'enchaînement des trames se déroule de la façon indiquée dans (a) et toutes les trames sont acceptées. Mais si A et B commencent simultanément la communication, les premières trames se croisent et l'on se retrouve dans la situation de la partie (b). Dans (a), chaque trame arrive avec un nouveau paquet venant de la Couche Réseau; aucun paquet n'est retransmis. Dans (b), la moitié des trames contiennent des paquets retransmis bien qu'il n'y ait aucune erreur de transmission.

4.4.2. Un protocole à fenêtre d'anticipation de largeur n

Jusqu'à présent, nous avons toujours supposé que la somme des temps de transmission nécessaires pour l'envoi de la trame au récepteur et la réception de l'acquittement était négligeable. Parfois, cette hypothèse se révèle fausse. En effet, dans certaines situations, ce délai est relativement important et influe sur l'efficacité de l'utilisation de la bande passante. Comme exemple, considérons un canal satellite à 50 bit/s avec un délai de propagation aller-retour de 500 ms. Essayons d'imaginer ce que pourrait donner l'emploi du protocole 4 dans le cas d'une liaison satellite avec des trames de 1000 bits. Au temps $t = 0$, l'émetteur commence à envoyer la première trame. A $t = 20$ ms, la trame a été complètement émise. La trame parvient au plus tôt au récepteur à $t = 270$ ms et l'acquittement est reçu au mieux par l'émetteur à $t = 520$ ms (le scénario précédent est valable lorsque la trame est immédiatement traitée par le récepteur et que la trame d'acquittement est courte). Cela signifie que l'émetteur se trouve bloqué durant 500/520, soit 96% du temps (on n'utilise que 4% de la bande passante disponible). L'utilisation de la bande passante est d'autant plus faible que le temps de transit est important, la bande passante large et les trames courtes.

Le problème venant d'être soulevé est dû au fait que l'émetteur doit attendre un acquittement avant de pouvoir envoyer la trame suivante. Si nous supprimons cette restriction, nous pouvons atteindre une meilleure efficacité. Pour résoudre ce problème, nous allons autoriser l'émetteur à envoyer, non plus une trame avant de s'arrêter comme précédemment, mais w trames. Avec une valeur appropriée de w, l'émetteur pourra émettre de façon continue pendant un temps égal au délai de propagation aller-retour sans atteindre la limite de la fenêtre d'anticipation. Pour l'exemple ci-dessus, w devrait être égal au moins à 26. L'émetteur commence par envoyer la trame 0 comme auparavant. Dès qu'il a fini d'envoyer ses 26 trames ($t = 520$ ms), l'acquittement de la trame 0 arrive. Après ce premier acquittement, les acquittements continueront d'arriver toutes les 20 ms, autorisant l'émetteur à continuer d'émettre. A chaque instant, il existe 25 ou 26 trames non acquittées. La taille de la fenêtre d'anticipation de l'émetteur est dite de 26 trames.

Cette technique est connue sous le nom de *pipelining*. Si la capacité du canal est de b bit/s, la taille des trames de l bits et le temps aller-retour de propagation de R secondes, il faut l/b secondes pour transmettre une trame. Après l'envoi du dernier bit de la trame, il faut attendre $R/2$ secondes pour que ce bit soit reçu par le récepteur et encore au moins *R/2* secondes pour que l'acquittement parvienne à l'émetteur. Dans le protocole «envoyer et attendre», la ligne est occupée pendant l/b secondes et libre pendant R secondes, ce qui donne un taux d'utilisation de $l/(l + bR)$. Si $l < bR$, l'efficacité du canal est inférieure à 50%. Comme le délai de propagation d'un acquittement n'est jamais nul, on peut utiliser cette technique d'enchaînement de trames pour occuper la ligne pendant cet intervalle de temps; mais si ce délai est très court, la complexité ajoutée par cette technique ne se justifie pas.

Envoyer une série de trames à la suite sur un canal non fiable peut créer un certain nombre de problèmes. Que se passe-t-il si une trame, située au milieu de la série de trames envoyées, est perdue ou erronée ? Un certain nombre de trames correctes vont parvenir au récepteur avant que celui-ci se rende compte qu'une erreur de transmission s'est produite. Quand la trame erronée arrive, le récepteur n'en tient par compte. Mais que doit-il faire des autres trames correctes qui suivent ? Rappelez-vous que la Couche Liaison de Données destination doit remettre les paquets à la Couche Réseau dans l'ordre de leur émission.

Deux techniques sont possibles pour résoudre ce problème. La première consiste à rejeter toutes les trames qui suivent la trame erronée en n'envoyant pas d'acquittement. Cette stratégie correspond à un récepteur ayant une taille de fenêtre de 1. En d'autres termes, la Couche Liaison de Données refuse toutes les trames excepté celle qui contient le paquet à remettre à la Couche Réseau. Si la fenêtre de l'émetteur est atteinte avant que le temporisateur n'expire, le canal ne sera pas utilisé pendant un certain temps. A la fin de la temporisation, l'émetteur retransmettra toutes les trames dans l'ordre, à partir de la trame erronée. Cette méthode, illustrée par la figure 4-15(a), peut engendrer une perte de bande passante si le taux d'erreur de la ligne est élevé.

L'autre stratégie applicable, en cas d'erreurs sur la ligne pendant l'envoi d'une série de trames, consiste à effectuer un *rejet sélectif*. La Couche Liaison de Données destination stocke toutes les trames correctes arrivées après la trame erronée. Quand l'émetteur s'aperçoit qu'une trame a été mal transmise, il retransmet la trame erronée et une partie des trames suivantes, comme nous le montrons dans la figure n°4-15(b). Si la seconde transmission réussit, la Couche Liaison de Données du récepteur dispose de trames correctes qu'elle peut réordonner et remettre à la Couche Réseau; elle envoie alors un acquittement portant le numéro le plus élevé possible.

Cette stratégie est possible lorsque la fenêtre du récepteur est supérieure à 1. Toute trame correspondant à la fenêtre est acceptée et stockée jusqu'à ce que les trames précédentes aient été transmises à la Couche Réseau. Cette technique nécessite de nombreuses mémoires tampon lorsque la fenêtre est large.

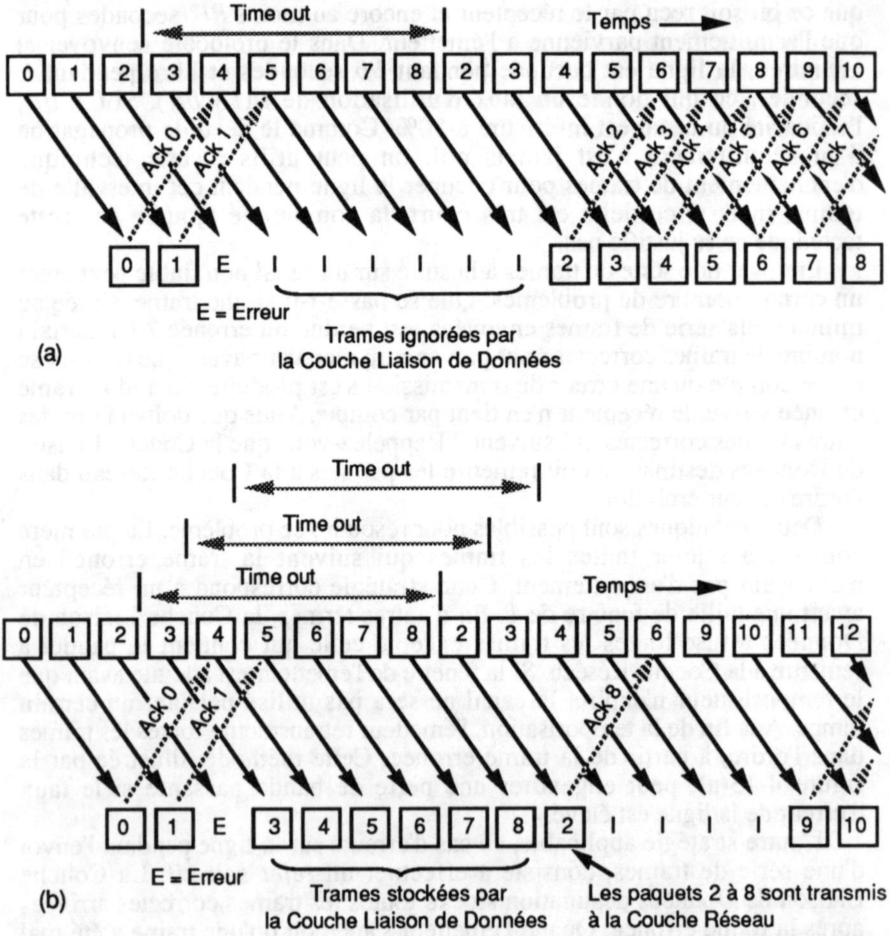

Figure 4-15. (a) Conséquence d'une erreur de transmission avec une taille de fenêtre égale à 1, (b) Conséquence d'une erreur de transmission avec une taille de fenêtre strictement supérieure à 1

Ces deux approches se différencient en termes d'utilisation de bande passante ou de mémoires tampon. La méthode choisie le sera en fonction de l'importance accordée à l'une ou l'autre des deux ressources. La figure 4-16 présente un protocole permettant l'enchaînement de trames à l'émission et dans lequel la Couche Liaison de Données destination n'accepte que les trames arrivant dans l'ordre; les trames qui suivent une trame erronée sont donc écartées. Pour la première fois, nous supposons que la Couche Réseau n'a pas en permanence un paquet à délivrer à la Couche Liaison de Données.

Lorsque que la Couche Réseau veut envoyer un paquet, elle crée l'événement *CoucheRéseauPrête*. Toutefois, pour pouvoir effectuer efficacement un contrôle de flux et interdire qu'il existe plus de *MaxSéq* trames non acquittées au même moment, la Couche Liaison de Données doit être en mesure d'empêcher la Couche Réseau de lui délivrer de nouveaux paquets.

Les procédures *ActivationCoucheRéseau* et *DésactivationCoucheRéseau* permettent de réaliser cette fonction.

Notez qu'il peut y avoir à chaque instant *MaxSéq* trames non acquittées et non pas *MaxSéq* + 1 trames alors que l'on dispose de *MaxSéq* + 1 nombres pour numéroter les trames : 0, 1, 2,..., *MaxSéq*. Afin de comprendre la raison de cette restriction, considérons le scénario suivant avec *MaxSéq* = 7.

1. L'émetteur envoie les trames de 0 à 7.

2. L'émetteur reçoit un acquittement pour la trame 7.

3. L'émetteur envoie une nouvelle série de huit trames portant les numéros de 0 à 7.

4. De nouveau, l'émetteur reçoit un acquittement de la trame 7.

La question que l'on se pose alors est la suivante : toutes les trames appartenant au second envoi sont-elles arrivées dans l'ordre ou bien ont-elles été perdues (on considère que les trames suivant une trame erronée sont perdues) ? Dans les deux cas, l'émetteur enverrait la trame 7 comme acquittement. C'est pour cette raison que le nombre de trames non acquittées est limité à *MaxSéq*.

Bien que le protocole 5 ne prévoie pas de stocker les trames arrivant après une trame erronée, l'émetteur doit quand même être en mesure de stocker un certain nombre de trames. En effet, il doit pouvoir retransmettre les trames qui n'ont pas été acquittées; il doit donc les stocker jusqu'à ce qu'il soit sûr que le récepteur les ait correctement reçues.

Lorsqu'un acquittement arrive pour la trame *n*, on considère que les trames *n* -1, *n* -2,... sont également acquittées. Cette propriété s'avère particulièrement intéressante lorsque des acquittements relatifs à des trames précédentes ont été perdus. Lorsqu'un acquittement arrive, la Couche Liaison de Données cherche les mémoires tampons qu'elle peut libérer. Si des mémoires tampons sont libérées (c'est-à-dire que la fenêtre d'anticipation n'est pas atteinte), une Couche Réseau précédemment bloquée peut de nouveau être autorisée à envoyer des événements *CoucheRéseauPrête*.

{Le protocole 5 autorise l'enchaînement à l'émission d'un certain nombre de trames. L'émetteur peut envoyer jusqu'à *MaxSéq* trames sans attendre d'acquittement. De plus, contrairement aux protocoles précédemment étudiés, la Couche Réseau n'a pas toujours un paquet à transmettre. Lorsqu'elle désire envoyer un paquet, elle crée un événement CoucheRéseauPrête.}

```
type TypeEvénement = (ArrivéeTrame, Erreur, TimeOut,
                      CoucheRéseauPrête);

procedure protocole5;

var ProchaineTrameAEnvoyer: NumSéquence; {MaxSéq > 1}
  AckAttendu: NumSéquence;      {trame non encore acquittée}
  TrameAttendue: NumSéquence; {trame attendue}
  r,s: trame;  {variables temporaires}
  tampon: array[NumSéquence] of paquet; {tampons pour
                                           paquet en partance}
  NbreTampUtil: NumSéquence; {nombre de tampons utilisés}
  i: NumSéquence; {utilisé pour repérer les tampons}
  événement: TypeEvénement;

function comparaison (a, b, c: NumSéquence): boolean;
  {elle retourne la valeur vraie si a ≤ b < c ou
   circulairement, (faux dans les autres cas)}
begin
 if ((a <= b) and (b < c)) or ((c < a) and (a <= b))
                            or ((b < c) and (c < a))
  then comparaison:= vrai
  else comparaison:= faux
end;

procedure EnvoiDonnées (NumTrame: NumSéquence);
  {construit et envoie une trame de données}
begin
  s.info := tampon[NumTrame];{met un paquet dans la trame}
  s.séq := NumTrame;      {insère un numéro de séquence}
  s.ack := (TrameAttendue + MaxSéq) mod (MaxSéq + 1);
     {acquittement joint}
  Vers_Couche_Physique(s); {transmet la trame}
  StartTimer (NumTrame)   {déclenche le temporisateur}
end; {EnvoiDonnées}

begin
 ActivationCoucheRéseau; {autorise evnt CoucheRéseauPrête}
 ProchaineTrameAEnvoyer:= 0; {initialisation}
 AckAttendu:= 0;      {acquittement attendu}
 TrameAttendue:= 0; {trame attendue}
 NbreTampUtil:= 0; {initialement aucune mémoire tampon utilisée}
```

```
repeat
  attendre(événement);{possibilités: ArrivéeTrame,
                       Erreur, TimeOut, CoucheRéseauPrête}

  case événement of
    CoucheRéseauPrête:     {la Couche Réseau a un paquet à
                            envoyer}
     begin   {accepte, stocke et émet une nouvelle trame}
       Origine_Couche_Réseau(tampon[ProchaineTrameAEnvoyer]);
            {accepte un paquet}
       NbreTampUtil:= NbreTampUtil + 1;
            {mémoire tampon supplémentaire}
       EnvoiDonnées(ProchaineTrameAEnvoyer);
            {envoie la trame}
       inc(ProchaineTrameAEnvoyer)
            {augmente la fenêtre d'émission}
     end;

    ArrivéeTrame:          {une trame de données ou de
                            contrôle vient d'arriver}
     begin
       Origine_Couche_Physique(r);
            {prend une trame venant de la Couche Physique}
       if r.séq = TrameAttendue then {on n'accepte que
              les trames arrivant dans l'ordre d'émission}
        begin
          Vers_Couche_Réseau(r.info);
               {passe un paquet à la Couche Réseau}
          inc(TrameAttendue)
               {mise à jour de la fenêtre de réception}
        end;

      {l'acquittement n acquitte les trames n-1, n-2...}
      while comparaison (AckAttendu, r.ack,
                            ProchaineTrameAEnvoyer) do
        begin
          NbreTampUtil:= NbreTampUtil - 1;
               {on réduit le nombre de tampons}
          StopTimer (AckAttendu);
               {on désarme le temporisateur}
          inc(AckAttendu)
               {on réduit la fenêtre d'émission}
        end;

      end;

    Erreur: ;     {on ignore les trames erronées)

    TimeOut:      {les trames en instance d'acquittement
                   sont retransmises}
```

```
        begin
            ProchaineTrameAEnvoyer:= AckAttendu;
                {début de la retransmission}
                for i:= 1 to NbreTampUtil do
                    begin
                        EnvoiDonnées (ProchaineTrameAEnvoyer);
                        inc(ProchaineTrameAEnvoyer)
                    end
        end

    end;

    if NbreTampUtil < MaxSéq then ActivationCoucheRéseau
        else DésactivationCoucheRéseau

until FinDesTemps

end; {protocole 5}
```

Figure 4-16. Protocole à fenêtre d'anticipation avec enchaînement des trames à l'émission

Etant donné que ce protocole permet à chaque instant l'existence de nombreuses trames non acquittées, il nécessite la gestion de nombreux temporisateurs, un par trame émise. Chaque temporisateur expire indépendamment des autres. Ces temporisateurs peuvent être facilement simulés par logiciel à l'aide d'une seule horloge provoquant périodiquement des interruptions. L'ensemble des temporisateurs forme une liste chaînée dans laquelle chaque nœud contient les informations suivantes : le nombre de tops d'horloge restant avant que le temporisateur expire, le numéro de la trame associée au temporisateur, et un pointeur vers le prochain nœud.

Afin d'illustrer la façon dont peuvent être implémentés les temporisateurs, considérons l'exemple de la figure 4-17. Supposons que les tops d'horloge aient lieu toutes les 100 ms. Initialement, il est 10:00:00.0 et les trois temporisateurs expirent respectivement à 10:00:00.0, 10:00:01.3 et 10:00:01.9. A chaque top d'horloge, l'horloge absolue est mise à jour et le compteur indiquant le nombre de tops d'horlorge restants de chaque nœud du compteur est décrémenté. Quand le compteur devient nul, le temporisateur expire et le nœud est retiré de la liste (figure 4-17 (b)). Bien qu'il faille à chaque appel des procédures *StartTimer* et *StopTimer* modifier la liste, cela ne nécessite que peu de travail. Dans le protocole 5, chacune de ces procédures dispose d'un paramètre indiquant le numéro de la trame à laquelle est associé le temporisateur.

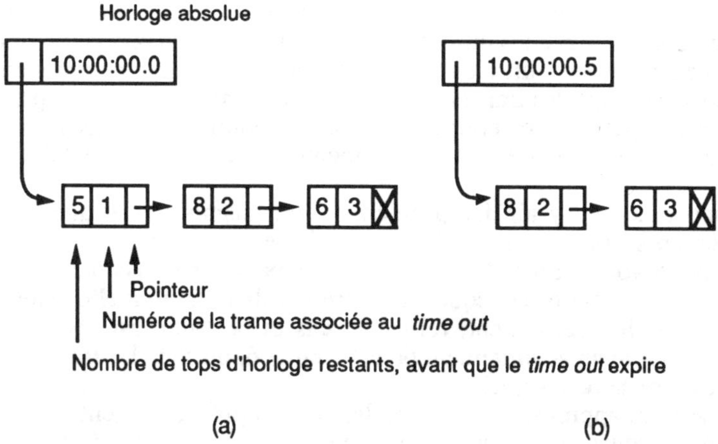

Figure 4-17. Simulation logicielle de temporisateurs multiples

4.4.3. Protocole 6: un protocole utilisant un rejet sélectif

Le protocole 5 fonctionne correctement lorsque les erreurs sont rares. En revanche, si le taux d'erreur est élevé, les retransmissions font perdre une partie de la bande passante. Pour remédier à cet inconvénient, il suffit d'autoriser le récepteur à accepter les trames suivant une trame perdue ou erronée. La figure 4-18 présente le dernier protocole que nous allons étudier. Par rapport à tous les autres, il est beaucoup plus général. Les trames suivant une trame erronée ou perdue ne sont pas rejetées.

L'émetteur et le récepteur possèdent chacun une fenêtre définissant les numéros des trames acceptées. La taille de la fenêtre de l'émetteur varie de 0 à un maximum prédéfini, *MaxSéq*. En revanche, celle du récepteur a une taille fixe égale à *MaxSéq*. Le récepteur possède une mémoire tampon pour chacune des trames dont le numéro de séquence figure dans la fenêtre. A chaque mémoire tampon est associé un bit indiquant si elle est vide ou occupée. Lorsqu'une trame arrive, le récepteur vérifie si elle se situe bien dans la fenêtre grâce à la fonction *comparaison*. Si c'est le cas et si elle n'a pas été déjà reçue, elle est acceptée et stockée. Cette action est entreprise sans chercher à savoir si cette trame contient bien le prochain paquet attendu par la Couche Réseau. Bien entendu, la Couche Liaison de Données doit délivrer cette trame à la Couche Réseau une fois que toutes les trames portant un numéro de séquence moins élevé ont été délivrées à la Couche Réseau dans le bon ordre.

Recevoir les trames d'une manière non séquentielle introduit de nouveaux problèmes. Nous allons illustrer ce propos par un exemple.

Supposons que nous ayons un numéro de séquence codé sur 3 bits : l'émetteur peut envoyer 7 trames avant de devoir s'arrêter pour attendre un acquittement. Il envoie les trames de 0 à 6. La fenêtre du récepteur autorise ce dernier à accepter toutes les trames portant des numéros compris entre 0 et 6 inclus. Si toutes les trames étaient correctement reçues, le récepteur les acquitterait et sa fenêtre serait mise à jour. Il pourrait accepter les trames suivantes 7, 0, 1, 2, 3, 4 et 5. Les sept mémoires tampon seraient déclarées vides.

Supposons qu'il y ait des problèmes de transmission et que tous les acquittements soient perdus. Le temporisateur de l'émetteur expire et l'émetteur renvoie la trame 0. Quand la trame parvient au récepteur, celui-ci vérifie si son numéro de séquence se trouve dans la nouvelle fenêtre de réception; malheureusement, tel est le cas et la trame est acceptée. Le récepteur envoie un acquittement pour la trame 6, puisque les trames de 0 à 6 ont été correctement reçues.

L'émetteur, apprenant que toutes les trames précédemment transmises ont été bien reçues, met à jour sa fenêtre et envoie les trames 7, 0, 1, 2, 3, 4 et 5. La trame 7 est acceptée par le récepteur et est transmise directement à la Couche Réseau. Immédiatement après, la Couche Liaison de Données destination vérifie si elle a déjà reçu une trame correcte portant le numéro 0; comme c'est le cas, elle transmet le paquet inclus dans la trame à la Couche Réseau. Finalement, la Couche Réseau reçoit un mauvais paquet et le protocole se trouve pris en défaut.

Ce problème provient du fait que la nouvelle fenêtre de l'émetteur de superpose à l'ancienne. La série suivante de trames peut contenir des trames dupliquées (si tous les acquittements ont été perdus) ou des nouvelles trames (si tous les acquittements ont été reçus). Le récepteur ne dispose d'aucun moyen de différencier ces deux cas.

La seule manière de résoudre ce problème consiste à s'assurer que la nouvelle fenêtre ne vient pas se superposer à l'ancienne. Il suffit de choisir une taille de fenêtre au plus égale à la moitié du numéro de séquence le plus élevé. Par exemple, si le numéro de séquence des trames est codé sur 4 bits, il peut prendre toutes les valeurs de 0 à 15. A un moment donné, il y a, au plus, huit trames non acquittées. Ainsi, si le récepteur vient d'accepter les trames de 0 à 7 et qu'il met à jour sa fenêtre afin d'accepter les trames de 8 à 15, il n'existe plus d'ambiguïté entre les trames retransmises (trames de 0 à 7) et les nouvelles trames (trames de 8 à 15). En général, on choisit pour le protocole 6 une taille de fenêtre égale à (*MaxSéq* + 1)/2.

{Le protocole 6 autorise le récepteur à recevoir des trames dans le désordre; en revanche, les paquets sont réordonnés avant d'être transmis à la Couche Réseau. A chaque trame émise est associé un temporisateur. Lorsqu'un temporisateur expire, on ne retransmet que la trame qui lui est associée et non pas toutes celles en instance d'acquittement, comme dans le protocole 5}

```
Const NbreTampons = ...; {NbreTampons = (MaxSéq + 1) div 2}
      MaxTampon = ...;   {MaxTampon = NbreTampons - 1}

type  numtampon = 0 . . MaxTampon;
      TypeEvénement = (ArrivéeTrame, Erreur, TimeOut,
                      CoucheRéseauPrête, CoucheRéseauVide);

procedure protocole6;

var AckAttendu: NumSéquence;
      {borne inf de la fenêtre d'émission}
    ProchaineTrameAEnvoyer: NumSéquence;
      {borne sup de la fenêtre d'émission + 1}
    TrameAttendue: NumSéquence;
      {borne inf de la fenêtre de récep.}
    HorsFenêtre: NumSéquence;
      {borne sup de la fenêtre de récep. + 1}
    TrameDépassée: NumSéquence;
      {n° de séquence de la trame la plus ancienne
         dont le temporisateur a expiré}
    i: numtampon;  {index}
    r,s: trame;    {variables temporaires}
    TamponEmis: array[numtampon] of paquet;
      {tampons pour paquet en partance}
    TamponRécep:array[numtampon] of paquet;
      {tampons pour paquet arrivant}
    arrivé: array[numtampon] of boolean;
    NbreTampUtil: NumSéquence; {nbre de tampons utilisés}
    NoNack : boolean;
      {mis à faux quand un acquittement négatif est envoyé}
    événement: TypeEvénement;

function comparaison (a, b, c: NumSéquence): boolean;
begin
 if ((a <= b) and (b < c)) or ((c < a) and (a <= b))
                           or ((b < c) and (c < a))
  then comparaison := vrai
  else comparaison := faux
end;
```

```
procedure EnvoyerTrame (tt: TypeTrame; NumTrame:
                         NumSéquence);
  {construit et envoie une trame de données ou un
  acquittement positif ou négatif}
begin s.genre := tt; {genre = données, ack ou nack}
  if tt = données
    then s.info := TamponEmis[NumTrame mod NbreTampons];
  s.séq = NumTrame; {n'a un sens que pour les trames de données}
  s.ack = (TrameAttendue + MaxSéq) mod (MaxSéq + 1);
  if tt = nak then NoNack := faux;
      {un seul acquittement négatif par trame}
  Vers_Couche_Physique(s); {émission de la trame}
  if tt = données
    then StartTimer(NumTrame mod NbreTampons);
  StopAckTimer
end;  {EnvoyerTrame}

begin
  ActivationCoucheRéseau; {l'initialisation commence}
  ProchaineTrameAEnvoyer:= 0;
  AckAttendu:= 0;
  TrameAttendue:= 0;
  NbreTampUtil:= 0;
  NoNack:= vrai;
  HorsFenêtre:= NbreTampons;
  for i:= 0 to MaxTampon do arrivé[i]:= faux;

  repeat
  attendre(événement); {5 possibilités}
  case événement of

    CoucheRéseauPrête: {accepte, stocke et émet une
                        nouvelle trame}
     begin
       NbreTampUtil:= NbreTampUtil + 1;
            {élargissement de la fenêtre}
       Origine_Couche_Réseau(TamponEmis[ProchaineTrameAEnvoyer
                                   mod NbreTampons]);
            {on va chercher un nouveau paquet}
       EnvoyerTrame(données, ProchaineTrameAEnvoyer);
            {on envoie la trame}
       inc(ProchaineTrameAEnvoyer)
            {on augmente la borne sup de la Fenêtre}
     end;

    ArrivéeTrame:       {une trame de données ou de contrôle
                         vient d'arriver}
     begin
       Origine_Couche_Physique(r);
            {on va chercher la trame}
```

```
if r.genre = données then
  begin {une trame correcte est arrivée}
    if (r.séq <> TrameAttendue) and NoNack
      then EnvoyerTrame (nack, 0);
    if comparaison (TrameAttendue, r.séq, HorsFenêtre)
          and (arrive[r.séq mod NbreTampons] = faux)
      then
        begin {les trames peuvent être acceptées
              dans n'importe quel ordre}
          arrivé[r.séq mod NbreTampons] := vrai;
              {le tampon est déclaré occupé}
          TamponRécep[r.séq mod NbreTampons] := r.info;
              {on met les données dans le tampon}
          while arrivé[TrameAttendue mod NbreTampons] do
          begin {remet la trame à la Couche
                réseau et met à jour la Fenêtre}
            Vers_Couche_Réseau
                (TamponRécep [TrameAttendue
                                  mod NbreTampons]);
            NoNack = vrai;
            arrivé[TrameAttendue mod NbreTampons] := faux;
            inc(TrameAttendue); {augmente la borne inf
                                 de la Fenêtre de réception}
            inc(HorsFenêtre);   {augmente la borne sup + 1
                                 de la Fenêtre de réception}
            StartAckTimer
                {important si l'acquittement est séparé}
          end
        end
    end; {fin du traitement des trames de données}

    if (r.genre = nak) and
          comparaison (AckAttendu, (r.ack + 1)
            mod (MaxSéq + 1), ProchaineTrameAEnvoyer)
        then
          EnvoyerTrame (ack, (r.ack + 1)
                                  mod (MaxSéq + 1));

    While comparaison (AckAttendu,
                r.ack, ProchaineTrameAEnvoyer) do
    begin NbreTampUtil:= NbreTampUtil - 1;
        StopTimer (AckAttendu mod NbreTampons);
              {la trame est arrivée intacte}
        inc (AckAttendu)
              {augmente la borne inf de la fenêtre}
    end
  end;
```

```
        Erreur: if NoNack then EnvoyerTrame (nak, 0);
          {on reçoit une trame erronée}

        TimeOut : EnvoyerTrame (données, TrameDépassée)
          {un temporisateur a expiré}

        CoucheRéseauVide : EnvoyerTrame (ack, 0)
          {pas de paquet prêt depuis trop longtemps, on
           envoie un acquittement séparé}

      end; {fin de case}

      if NbreTampons < MaxSéq
         then ActivationCoucheRéseau
         else DésactivationCoucheRéseau
    until FinDesTemps

end; {protocole6}
```

Figure 4-18. Protocole à fenêtre d'anticipation avec rejet sélectif

Nous allons maintenant nous poser la question suivante : de combien de mémoires tampons doit disposer le récepteur ? En aucun cas, il ne doit accepter les trames dont le numéro de séquence est inférieur à la limite inférieure de la fenêtre ou supérieur à sa limite supérieure. En conséquence, le nombre de mémoires tampons nécessaires est égal à la taille de la fenêtre. Dans l'exemple précédent, il suffit de disposer de huit mémoires tampons numérotées de 0 à 7. Quand la trame i arrive, le récepteur la met dans la mémoire i mod 8. Bien que i et $(i + 8)$ mod 8 soient stockées dans la même mémoire tampon, elles ne sont jamais présentes au même instant (cela impliquerait une taille de fenêtre supérieure ou égale à 9).

Pour la même raison que précédemment, le nombre de temporisateurs utilisés est égal à la taille de la fenêtre. En effet, on associe à chaque mémoire tampon un temporisateur. Lorsque les temporisateurs expirent, les contenus des mémoires tampons sont retransmis.

Dans le protocole 5, nous avons supposé implicitement que le canal était très chargé. Lorsqu'une trame arrive, le récepteur n'envoie pas immédiatement un acquittement. L'acquittement est joint à la prochaine trame de données émises. Si le trafic est faible dans un sens, l'acquittement sera retenu pendant un certain temps. S'il y a beaucoup de trafic dans un sens et aucun trafic dans l'autre, il se produit, après l'envoi de *MaxSéq* paquets, une situation de blocage. Lȩ protocole 6 tient compte de ce problème. A la réception d'une trame de données, le récepteur arme un temporisateur auxiliaire par la procédure *StartAckTimer*. Si le récepteur n'a aucune trame de données à envoyer avant que le temporisateur expire, il envoie un acquittement séparé. Lorsque le temporisateur auxiliaire expire, il envoie une interruption, appelée *CoucheRéseauVide*. Grâce à ce temporisateur, la situation de blocage due à un trafic unidirectionnel n'existe plus.

Le protocole 6 utilise une stratégie plus efficace que le protocole 5 en matière de traitement des erreurs. Dès que le récepteur suspecte qu'une erreur s'est produite, il envoie un acquittement négatif (NAK) à l'émetteur. En réalité, il n'existe que deux cas dans lesquels le récepteur peut envoyer un acquittement négatif : il reçoit une trame erronée ou bien une autre trame que celle attendue (une trame s'est sans doute perdue). Afin d'éviter de demander de multiples fois la retransmission de la même trame, le récepteur doit noter s'il a déjà envoyé un NAK pour une trame donnée. La variable *NoNack* du protocole 6 prend la valeur vrai si le récepteur n'a pas envoyé d'acquittement négatif pour la trame portant le numéro de séquence égal à *TrameAttendue*. La perte de l'acquittement négatif n'est pas très grave. En effet, n'ayant pas reçu d'acquittement à l'expiration du temporisateur, l'émetteur retransmettra la trame manquante.

Dans certaines situations, la somme du temps de propagation de la trame, de son temps de traitement et du temps de propagation de l'acquittement est pratiquement constante. Lorsque cette hypothèse est vérifiée, l'émetteur peut régler la durée de son temporisateur de telle façon qu'elle soit légèrement supérieure à la durée de l'intervalle de temps comprenant l'envoi de la trame et la réception de son acquittement. En revanche, si la durée de cet intervalle varie beaucoup, l'émetteur doit faire face au choix suivant : donner au temporisateur une valeur trop faible et risquer ainsi des retransmissions inutiles ou une valeur trop élevée et perdre de la bande passante en laissant le canal vide pendant un certain temps en cas d'erreur. Si le trafic inverse est sporadique, l'envoi des acquittements se fera de façon irrégulière : l'émetteur recevra rapidement les acquittements s'il y a du trafic en sens inverse ou attendra plus longtemps si ce trafic est nul. Lorsque le récepteur a des temps de traitement très variables, des problèmes existent. En général, lorsque cet intervalle de temps varie peu, il est possible de régler d'une manière assez précise le temporisateur et les acquittements négatifs ne servent pratiquement pas. Dans les autres cas, le temporisateur doit être réglé de façon assez large et les acquittements négatifs accélèrent de façon appréciable la retransmission des trames perdues ou erronées.

La détermination de la trame qui a provoqué l'expiration du temporisateur est étroitement liée au problème de l'expiration des temporisateurs et de l'envoi des acquittements négatifs. Dans le protocole 5, cela ne posait pas de problème : c'était la trame portant le numéro de séquence *AckAttendu*, puisque c'était la plus ancienne. Dans le protocole 6, il n'existe pas de façon évidente de déterminer la trame attachée au temporisateur. Supposons que les trames de 0 à 4 aient été transmises (les trames en instance d'acquittement sont donc, en partant de la plus ancienne, 0, 1, 2, 3 et 4). Imaginons la situation suivante : le temporisateur associé à la trame 0 expire, la trame 5 (nouvelle) est émise, les temporisateurs associés aux trames 1 et 2 expirent, la trame 6 (nouvelle) est émise. A ce moment-là, les trames en instance d'acquittement sont donc, en partant de la plus ancienne, 3, 4, 0, 5, 1, 2 et 6. Si des problèmes de transmission surviennent pendant un certain temps, les sept temporisateurs expireront. Afin de ne pas surcharger l'exemple de la figure 4-18, nous n'avons pas décrit la gestion des temporisateurs. Au lieu de cela, nous supposons simplement que la variable *TrameDépassée* indique la trame dont le temporisateur expire.

4.5. PERFORMANCES

A première vue, les protocoles 4, 5 et 6 semblent à peu près équivalents. Ils permettent d'obtenir un canal virtuel de transmission parfait à partir d'une ligne qui peut provoquer des erreurs de transmission. En réalité, ils peuvent être considérablement différents au niveau de leurs performances. Dans les paragraphes suivants, nous allons nous pencher sur quelques aspects des performances de ces protocoles.

4.5.1. Performances du protocole «envoyer et attendre»

Plusieurs facteurs interviennent dans l'efficacité d'un protocole. Citons-en quelques-uns :

- la longueur des trames : fixe ou variable,
- l'utilisation de trames de données pour acquitter,
- l'attente après l'envoi de chaque trame ou l'enchaînement à l'émission de plusieurs trames,
- l'exploitation de la ligne à l'alternat ou en duplex,
- le taux d'erreurs de la ligne.

Dans le protocole 1, par exemple, l'efficacité du canal est de 100%. En effet, l'émetteur émet sans arrêt sur la ligne. Les autres protocoles sont moins efficaces parce qu'ils doivent attendre des acquittements ou retransmettre des trames.

Pour commencer l'étude des performances des protocoles, analysons un protocole de type «envoyer et attendre» utilisant des trames de longueur fixe comme le protocole 3 précédemment étudié. L'approche que nous allons utiliser pour évaluer l'efficacité des protocoles consiste à déterminer la quantité de bande passante utilisée en moyenne pour transmettre une trame en tenant compte des retransmissions éventuelles et des temporisations. Pour ce faire, nous avons besoin des notations suivantes :

A = nombre de bits contenus dans une trame d'acquittement
C = débit autorisé par le canal en bit/s
D = nombre de bits de données par trame
E = probabilité qu'un bit soit erroné

F = $D + H$ (longueur totale de la trame)
H = nombre de bits d'un en-tête de trame
I = temps d'interruption et de service plus le délai de propagation
L = probabilité qu'une trame ou son acquittement soient perdus ou erronés
P_1 = probabilité qu'une trame de données soit perdue ou erronée
P_2 = probabilité qu'un acquittement soit perdu ou erroné
R = nombre moyen de retransmissions pour une trame
T = durée d'expiration du temporisateur
U = taux d'utilisation du canal
W = taille de la fenêtre

Avant de considérer l'impact des erreurs de transmission sur les performances, calculons le taux d'utilisation du canal pour une ligne parfaite. Aussi surprenant que cela puisse paraître, il peut être nettement inférieur à 100%. Prenons comme origine de l'axe des temps le moment où l'émetteur commence à envoyer une trame. A l'instant F/C, le dernier bit est émis. A l'instant $(F/C) + I$, le dernier bit est parvenu au récepteur, l'interruption a été prise en compte, et le récepteur est prêt à envoyer la trame d'acquittement. A l'instant $(F/C) + I + (A/C)$, le dernier bit de la trame d'acquittement est envoyé. A l'instant $(F/C) + I + (A/C) + I$, l'émetteur a traité la trame d'acquittement et est prêt à envoyer la prochaine trame de données. La bande passante prise par cet échange est égale à C multiplié par la durée de l'échange, soit $F + A + 2CI$. Le nombre de bits de données contenus dans une trame est D, l'efficacité du canal est donc $D/(H + D + A + 2CI)$. Si les tailles de l'en-tête et des acquittements sont négligeables, les temps de service et de propagations courts et la bande passante étroite, le taux d'utilisation du canal sera élevé; dans les autres cas, il pourra être faible.

Tenons compte maintenant des erreurs de transmissions. Si la trame est perdue ou erronée, l'émetteur attendra T secondes (durée jusqu'à l'expiration du temporisateur) après l'envoi du dernier bit. Une transmission qui se solde par un échec fait perdre $F + CT$ bits de la capacité du canal. Si le nombre moyen de retransmissions par trame est de R, la capacité du canal utilisée pour transmettre R mauvaises trames et une bonne trame est $R(F + CT) + (F + A + 2CI)$.

Il reste maintenant à calculer le nombre moyen de retransmissions par trame. Une trame est dite transmise avec succès si les données et l'acquittement ont été correctement reçus. La probabilité de transmission avec succès est $(1 - P_1)(1 - P_2)$. La probabilité d'une transmission avec échec est $L = 1 - (1 - P_1)(1 - P_2)$. La probabilité d'effectuer exactement k tentatives (c'est-à-dire $k - 1$ retransmissions) est $(1 - L)L^{k-1}$. On obtient ainsi un nombre moyen de transmissions par trame de $1/(1 - L)$ et un nombre moyen de retransmissions de $R = L/(1 - L)$.

En utilisant la valeur de R que nous venons de déterminer, nous arrivons à un taux d'utilisation du canal

$$U = \frac{D}{(L/(1 - L))\,(F + CT) + (F + A + 2CI)}$$

Si la variance du temps de service du récepteur est faible, l'émetteur peut régler la durée d'expiration de son temporisateur de façon qu'il expire juste après l'arrivée de la trame d'acquittement : $T = A/C + 2I$ (approximativement). L'efficacité du canal devient

$$U = \frac{D}{H + D} \,.\, (1 - P_1)(1-P_2) \,.\, \frac{1}{1 + CT/(H + D)}$$

Le premier facteur représente la perte due à l'en-tête de la trame, le deuxième celle due aux erreurs de retransmission et le troisième celle due au mécanisme de contrôle de flux du protocole «envoyer et attendre».

Pour continuer notre étude, nous devons maintenant introduire un modèle qui prenne en compte la probabilité que tous les bits d'une trame soient erronés. Commençons par l'hypothèse peu réaliste selon laquelle chaque bit a une probabilité E d'être erroné, indépendante des bits précédents et suivants. Sur la base de cette hypothèse et en prenant $A = H$, nous trouvons que le taux d'utilisation du canal est donné par la formule suivante

$$U = \frac{D}{H + D} \,.\, (1 - E)^{H + D}\,(1 - E)^{H} \,.\, \frac{1}{1 + CT/(H + D)} \qquad (4\text{-}1)$$

On peut maintenant se poser une question intéressante : quelle est la taille optimale des trames ? Si elles sont trop courtes, on perdra de l'efficacité à cause de la proportion trop importante des informations de contrôle du protocole vis-à-vis des données. Si elles sont trop longues, la probabilité de recevoir une trame sans erreur sera faible et l'efficacité du protocole diminuera à cause des nombreuses retransmissions nécessaires pour transmettre une trame correctement. A partir de ce raisonnement, on peut penser qu'il existe une longueur de trame optimale qui dépend des facteurs suivants : longueur de l'en-tête, taux d'erreur, largeur de la bande passante et durée du temporisateur. Afin de trouver l'optimum, calculons la dérivée partielle de U par rapport à D et écrivons que cette dérivée doit être nulle à l'optimum. On obtient, comme Field (1976) l'a déjà montré, l'équation suivante

$$D^2 + D(H + CT) + \frac{H + CT}{\ln(1 - E)} = 0$$

La solution est

$$D_{opt} = \frac{H + CT}{2}\left(\sqrt{1 - 4/[(H + CT)\ln(1 - E)]} - 1\right)$$

Si E est très petit comme c'est souvent le cas, on peut remplacer ln (1 - E) par -E. De plus, un E petit signifie que l'on peut ignorer le 1 sous le radical et le 1 suivant le radical. Avec ces approximations, on obtient l'expression suivante

$$D_{opt} \approx \sqrt{(H + CT)/E} \qquad (4\text{-}2)$$

Notons que $H + CT$ est le nombre de bits qui ne représentent pas l'information (l'en-tête, le temps-bit passé à attendre l'expiration de temporisateurs). Lorsque la qualité de la ligne augmente (c'est-à-dire $E \to 0$), la longueur optimale de la trame augmente. S'il n'y a aucune erreur de transmission, on a intérêt à transmettre des trames aussi longues que possible. Par contre, si le taux d'erreur est important, il vaut mieux diminuer leur longueur afin d'éviter la retransmission de trames longues.

Afin de connaître l'efficacité du canal pour des trames dont la longueur est proche de l'optimum, posons $D = xD_{opt}$: lorsque x est proche de 1, la longueur des trames est proche de la longueur optimale. Reprenons l'équation (4-1) et utilisons l'équation (4-2) pour remplacer la valeur D. En faisant l'approximation $(1 - E)^D \approx 1 - ED$, nous obtenons

$$U \approx (1 - 2HE)\frac{1 - x\sqrt{(H + CT)E}}{1 + \frac{1}{x}\sqrt{(H + CT)E}}$$

Tant que le radical est relativement petit, le taux d'utilisation du canal reste peu sensible aux petites variations autour de la taille optimale des trames.

Les observations et les mesures effectuées sur le système téléphonique montrent que les erreurs de transmission n'affectent pas chaque bit d'une manière aléatoire. Elles ont le plus souvent tendance à produire des paquets d'erreurs. Cela signifie que si l'on prend $P_1 = 1 - (1 - E)^{H + D}$ le modèle ne convient pas très bien. Expérimentalement, il apparaît que l'expression $P_1 = k(H + D)^{\alpha}$ est plus adéquate. On peut déterminer, pour ce modèle, la taille optimale des trames et le taux d'utilisation du canal en utilisant la même méthode que précédemment.

Il est également possible d'analyser d'autres protocoles en utilisant cette procédure. Prenons par exemple le protocole 5 avec un trafic important (il y a toujours quelque chose à envoyer). Supposons que la largeur de la fenêtre soit suffisamment grande pour que l'émetteur ne soit jamais bloqué (sauf en cas d'erreurs). Pour simplifier, supposons également que l'on peut acquitter une trame et transmettre des données en même temps sans problème; on peut donc ignorer les trames d'acquittement.

Lorsqu'une erreur survient, l'émetteur continue d'émettre jusqu'à atteindre la fenêtre d'anticipation; il déclenche alors son temporisateur. La bande passante perdue en attendant l'expiration du temporisateur est de CT. Lorsque le temporisateur expire, il faut retransmettre W trames qui correspondent à la largeur totale de la fenêtre. Si le nombre moyen de retransmissions est R, on utilise en moyenne $H + D + R[W(H + D) + CT]$. L'efficacité du canal s'obtient alors en divisant D par cette expression.

Une étude plus approfondie sur l'efficacité des protocoles se trouve dans Field (1976) et Fraser (1977).

4.5.2. Performances du protocole à anticipation

Dans ce paragraphe, nous allons analyser de manière simple les protocoles à anticipation, avec fenêtre. Pour commencer, supposons que les acquittements peuvent être transmis en même temps que les trames d'information; de ce fait, on n'en tient pas compte. Supposons également que le temps de traitement des interruptions est négligeable, I est donc égal au délai de propagation τ. Ces hypothèses simplifient considérablement notre analyse.

En premier lieu, nous allons prendre un canal sans erreur. Nous verrons ensuite l'effet des erreurs de transmission sur les performances. Deux cas doivent être pris en considération. Si la fenêtre est suffisamment large, l'émetteur peut émettre comme il veut : les acquittements arrivent avant que la limite de la fenêtre soit atteinte. La condition pour que l'émetteur puisse émettre sans interruption se calcule ainsi. Le temps de transmission d'une trame est F/C. L'émetteur continue à envoyer des trames jusqu'à l'instant WF/C auquel il doit arrêter d'émettre s'il n'a pas reçu d'acquittement pour la première trame. Le premier acquittement est envoyé $2I$ secondes après que la première trame a été transmise et arrive donc à l'instant $F/C + 2I$. L'émetteur pourra transmettre sans interruption si $WF/C \geq F/C + 2I$. Cette inégalité est résolue de façon différente selon la valeur de W :

Cas 1 : $W \geq 1 + 2CI/F$ (grande fenêtre, pas d'erreur)

$$U = \frac{D}{H + D}$$

En d'autres termes, l'utilisation du canal est maximale compte tenu des bits réservés à l'en-tête de la trame.

Si la fenêtre est petite, l'émetteur doit s'arrêter d'émettre un certain temps et attendre le premier acquittement. Il peut alors envoyer une nouvelle trame et ainsi de suite. Chaque cycle dure $F/C + 2I$ et est valable pour les W trames. Nous obtenons $U = WD/(F + 2CI)$. Le dénominateur représente la quantité de bande passante utilisée dans chaque cycle. En simplifiant, nous obtenons :

Cas 2 : W < 1 + $2CI/F$ (petite fenêtre, pas d'erreur)

$$U = \frac{D}{H + D} \cdot \frac{W}{1 + 2CI/(H + D)}$$

Prenons maintenant en compte les erreurs de transmission. Lorsqu'une erreur survient, les performances des protocoles avec «rejet sélectif» et «retour en arrière» diffèrent. En effet, le nombre de trames retransmises après une erreur n'est pas le même. Nous allons étudier uniquement le protocole avec rejet sélectif (protocole 6), mais le raisonnement suivi peut s'appliquer dans ses grandes lignes au protocole «retour en arrière».

Dans le cas d'une grande fenêtre d'anticipation, les transmissions se font en continu, sauf si l'on doit envoyer des trames supplémentaires pour corriger les trames erronées. Nous avons vu dans le paragraphe précédent que le nombre moyen de transmissions par trame est $1/(1 - L)$. Pour recevoir W trames sans erreur, il faut donc en transmettre $W/(1 - L)$. Nous obtenons :

Cas 3 : $W \geq 1 + 2CI/F$ (grande fenêtre, erreurs de transmission)

$$U = \frac{D}{H + D} \cdot (1 - L)$$

Avec une petite fenêtre d'anticipation, l'efficacité du canal est toujours diminuée par le facteur (1 - L) dû aux erreurs de retransmission. Nous obtenons :

Cas 4 : W < 1 + $2CI/F$ (petite fenêtre, erreurs de transmission)

$$U = \frac{D}{H + D} \cdot (1 - L) \cdot \frac{W}{1 + 2CI/(H + D)}$$

Dans les modèles décrits ci-dessus, la valeur qui nous permet de différencier une petite fenêtre d'une grande est $W = 1 + 2CI/F$. I représente le délai de propagation le long du câble. CI est le nombre de bits qui peuvent être transmis durant cette période; autrement dit le nombre de bits que le câble peut contenir ou encore la longueur du câble exprimée en bits. CI/F est la longueur du câble exprimée en trames. W est égal au nombre de trames nécessaires pour remplir le câble dans les deux sens plus une trame.

Si la taille de la fenêtre est supérieure au nombre de trames que peut contenir le câble, la transmission peut se faire en continu. Cette constatation traduit d'une autre manière l'idée suivante : si la fenêtre n'est pas remplie pendant l'intervalle de temps dans lequel le récepteur reçoit la première trame, la traite et envoie l'acquittement, l'émetteur ne sera pas bloqué à cause de la fenêtre. Dans les cas 2 et 4, le dernier facteur représente le rapport entre la taille de la fenêtre et la taille minimale de la fenêtre permettant une transmission en continu.

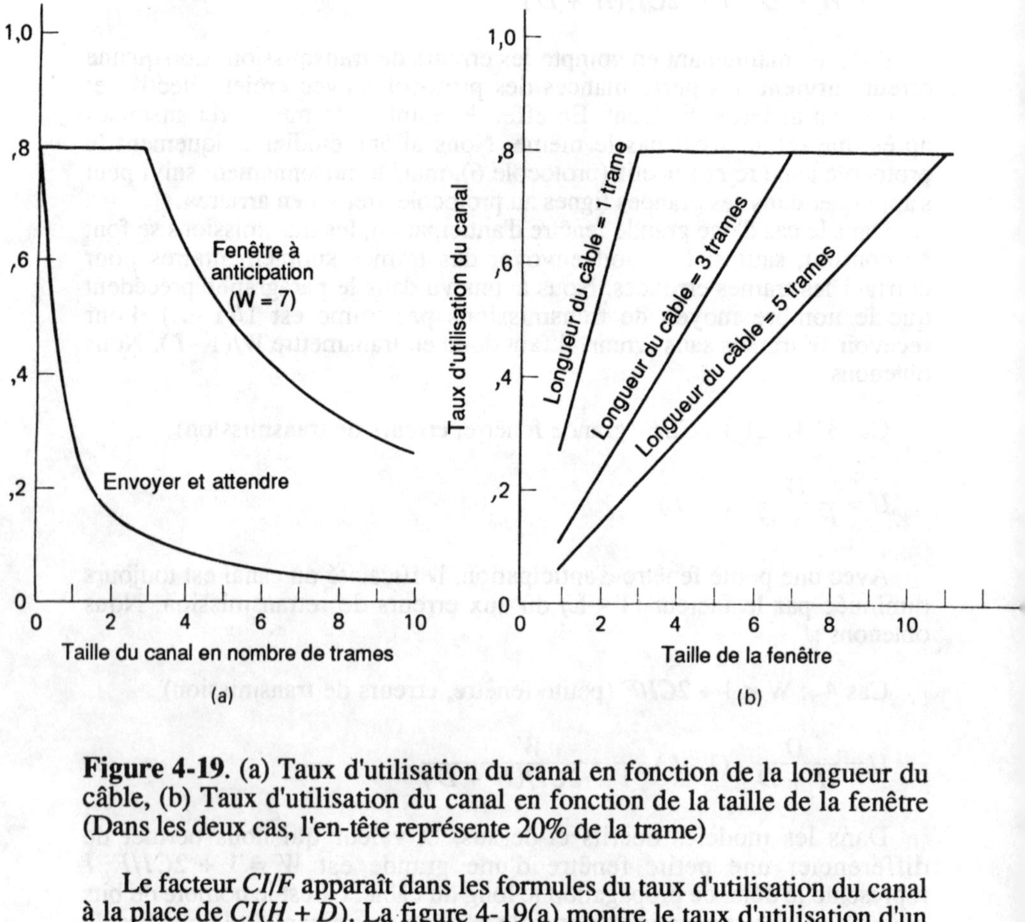

Figure 4-19. (a) Taux d'utilisation du canal en fonction de la longueur du câble, (b) Taux d'utilisation du canal en fonction de la taille de la fenêtre (Dans les deux cas, l'en-tête représente 20% de la trame)

Le facteur CI/F apparaît dans les formules du taux d'utilisation du canal à la place de $CI(H+D)$. La figure 4-19(a) montre le taux d'utilisation d'un canal parfait pour $W = 1$ (protocole du type «envoyer et attendre») et pour $W = 7$. L'en-tête comprend 20 octets et le champ de données 80. Nous constatons que plus la longueur du câble augmente, plus les performances du protocole «envoyer et attendre» deviennent mauvaises à cause du temps passé à transmettre des acquittements. La figure 4-19(b) montre le taux d'utilisation du canal en fonction de la taille de la fenêtre pour trois câbles de longueur différente. Nous voyons que les performances augmentent lorsque la taille de la fenêtre augmente. Pour une taille de fenêtre donnée, les performances diminuent lorsque la longueur du câble augmente.

Avant d'aborder le paragraphe suivant, donnons quelques chiffres sur les longueurs des câbles exprimées en trames pour des situations courantes. Dans un réseau local de 1 km fonctionnant à 10 Mbit/s, *CI* vaut 50 bits; on a *CI/F* << 1. Pour une ligne transcontinentale de 3 000 km fonctionnant à 64 kbit/s, *CI* vaut 960 bits. Si les trames sont courtes, le câble en contiendra plusieurs. Pour finir, considérons un canal satellite à 64 kbit/s avec un temps de propagation de 270 ms. La longueur du câble exprimée en bits vaut 17 280 : pour beaucoup de trames *CI/F* >> 1.

4.6. SPECIFICATION ET VERIFICATION DES PROTOCOLES

Les protocoles réels et leur implémentation sont souvent assez complexes. De ce fait, beaucoup de chercheurs se sont intéressés au développement de techniques formelles, mathématiques, pour spécifier et vérifier les protocoles. Nous allons décrire les techniques et les modèles les plus utilisés dans les paragraphes suivants.

4.6.1. Modèles d'automates à états finis

Beaucoup de modèles de protocoles utilisent le concept d'automate à états finis. Avec cette technique, on considère que chaque automate du protocole (c'est-à-dire l'émetteur ou le récepteur) est dans un état défini à chaque instant. Un état se compose des valeurs particulières des différentes variables, y compris les compteurs spécifiques au programme.

Dans la plupart des cas, on peut regrouper un certain nombre d'états avant de commencer l'analyse. Par exemple, si l'on considère le protocole 3, on peut, parmi tous les états possibles du récepteur, n'en retenir que deux qui sont les plus importants : l'attente d'une trame 0 et l'attente d'une trame 1. Tous les autres états peuvent être considérés comme transitoires : ce sont des étapes pour atteindre les états principaux. En général, les états choisis correspondent à des moments où l'automate du protocole attend l'arrivée du prochain événement (ce qui, dans nos exemples, correspond à l'exécution de la procédure *attendre*(*événement*)). L'état de l'automate est alors complètement déterminé par les états de ses variables. Le nombre d'états est 2^n, où n est le nombre de bits nécessaires pour représenter toutes les combinaisons possibles des variables.

La combinaison des états des deux automates du protocole et du canal forme l'état du système complet. L'état du canal est défini par ce qu'il transporte à un instant donné. Si nous reprenons le protocole 3 comme exemple, nous constatons que le canal ne peut prendre que quatre états : transmission d'une trame 0 ou 1 vers le récepteur, transmission d'une trame d'acquittement A vers l'émetteur, pas de transmission. Si nous modélisons l'émetteur et le récepteur par deux états, le système complet comprendra 16 états.

Revenons sur la notion d'état du canal. Lorsque nous écrivons qu'une trame est «dans le canal», nous voulons dire qu'elle a été partiellement transmise et partiellement reçue. Elle n'a pas encore été traitée par la station destination. Une trame est dans le canal tant que l'automate du protocole ne l'a pas traitée par la procédure *Origine_Couche_Physique*.

A partir de tout état, il existe zéro, une ou plusieurs *transitions* possibles vers d'autres états. Les transitions ont lieu quand un événement survient. Pour un automate du protocole, une transition a lieu lorsqu'une trame est envoyée ou reçue, lorsqu'un temporisateur expire ou qu'une interruption survient. En ce qui concerne le canal, les événements les plus typiques sont l'émission d'une nouvelle trame dans le canal par un automate du protocole, la remise d'une trame à un automate du protocole ou la perte d'une trame à cause d'un paquet d'erreurs. Il est possible, à partir d'un graphe, de donner une description complète des automates du protocole ainsi que des caractéristiques du canal. Le graphe est constitué de nœuds et d'arcs représentant respectivement les états et les transitions.

On distingue, parmi tous les états existants, un état particulier appelé *état initial.* Cet état correspond à l'état du système lorsqu'il démarre ou à un état ultérieur qui semble plus intéressant. A partir de l'état initial, on peut atteindre certains états ou tous les états en franchissant une suite de transitions. En utilisant des techniques très employées dans la théorie des graphes (par exemple le calcul de la fermeture transitive d'un graphe), il est possible de déterminer les états accessibles. Cette technique est appelée «analyse des états accessibles» (Lin et al., 1987). Une telle analyse peut être d'un grand secours pour déterminer si un protocole fonctionne correctement.

D'une manière formelle, on peut considérer l'automate à états finis d'un protocole comme un quadruplet (S, M, I, T), où :

S désigne l'ensemble des états dans lesquels les processus ou le canal peuvent se trouver.
M désigne l'ensemble des trames qui peuvent être échangées par l'intermédiaire du canal.
I désigne les états initiaux des processus.
T désigne les transitions entre états.

A l'origine de l'axe des temps, tous les processus se trouvent dans leur état initial respectif. Puis des événements surviennent : des trames sont prêtes à être émises ou des temporisateurs expirent. Chaque événement peut conduire un des processus ou le canal à entreprendre une action et à changer d'état. En cherchant tous les successeurs possibles de chaque état, il est possible de construire le graphe d'accessibilité et d'analyser le protocole.

Une analyse de l'accessibilité des états permet de détecter les erreurs éventuelles commises lors de la spécification du protocole. Ainsi, s'il est possible qu'une trame survienne dans un état sans que ce qui doit se passer ensuite ait été défini, on se trouve confronté à un cas où la spécification a été faite de manière incomplète. Les états à partir desquels il n'est plus possible de franchir de nouvelles transitions correspondent à des situations de blocage (*deadlock*). On commet une erreur de spécification moins grave que la précédente lorsque l'on décrit l'action à entreprendre à la suite d'un événement survenant dans un état dans lequel il ne peut avoir lieu (transition étrangère). Il est aussi possible de détecter d'autres types d'erreurs.

Afin d'illustrer ce qu'est un automate du protocole, considérons la figure 4-20(a). Ce graphe correspond au protocole 3 décrit dans le paragraphe 4.3.3. : chaque automate peut prendre deux états et le canal quatre. Chaque état est désigné par trois caractères, *XYZ*; *X* prend les valeurs 0 ou 1 correspondant au numéro de la trame que l'émetteur cherche à envoyer; *Y* les valeurs 0 ou 1 correspondant au numéro de la trame que le récepteur s'attend à recevoir; Z les valeurs 0, 1 , A ou vide (-) correspondant à l'état du canal. Dans cet exemple, on a choisi (000) comme état initial. Dans cet état, l'émetteur vient d'envoyer la trame 0, le récepteur attend la trame 0 qui est présente dans le canal.

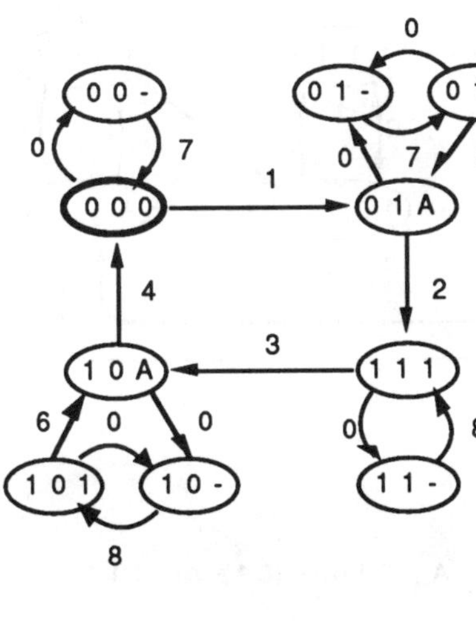

(a)

Transition	Qui?	Trame acceptée	Trame émise	Vers la couche réseau
0	–	(trame perdue)		–
1	R	0	A	oui
2	E	A	1	–
3	R	1	A	oui
4	E	A	0	–
5	R	0	A	non
6	R	1	A	non
7	E	time out	0	–
8	E	time out	1	–

R : récepteur
E : émetteur

(b)

Figure 4-20. (a) Diagramme d'états pour le protocole 3 (b) Transitions

La figure 4-20 représente neuf transitions. La transition 0 est franchie lorsque le canal perd une trame. La transition 1 est franchie lorsque le canal délivre correctement la trame 0 au récepteur, le récepteur émettant un acquittement et se mettant en état d'attente de la trame 1. En d'autres termes, la transition est franchie lorsque le récepteur délivre le paquet contenu dans la trame 0 à la Couche Réseau. Les autres transitions sont énumérées dans la figure 4-20(b). L'arrivée d'une trame avec un mauvais champ de contrôle n'a pas été prise en compte parce qu'elle ne change pas l'état (dans le protocole 3).

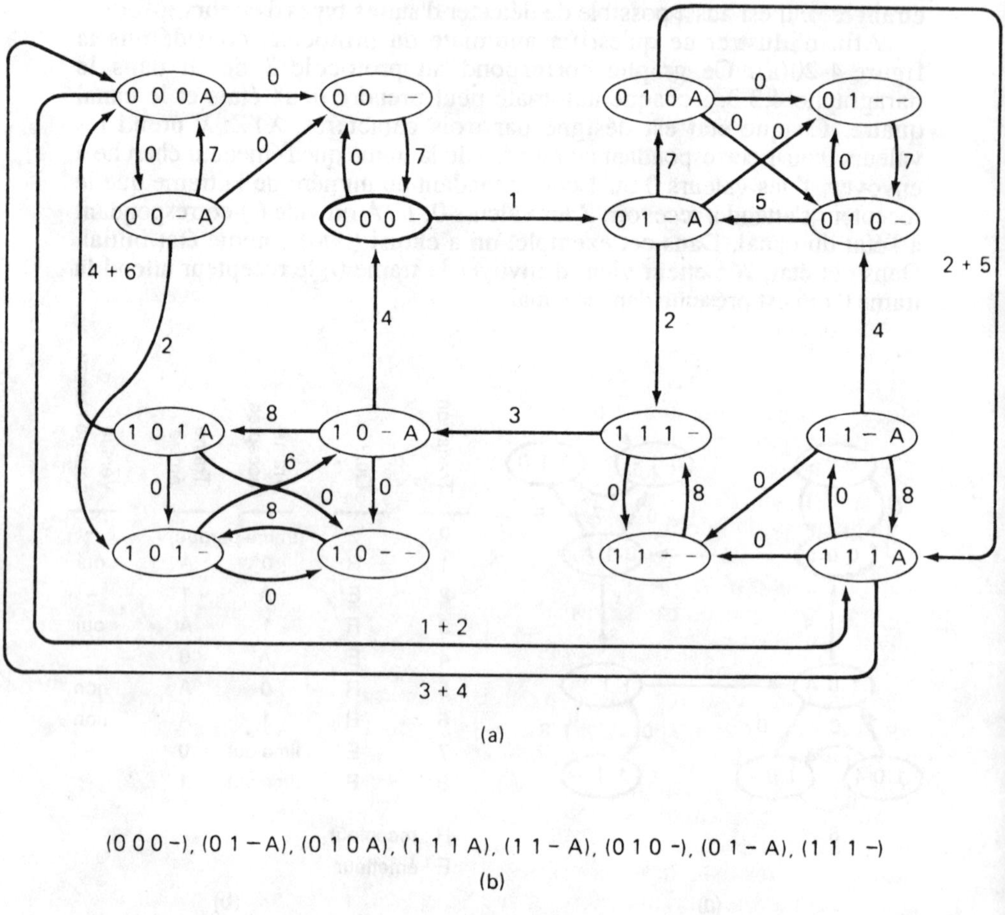

(a)

(0 0 0 –), (0 1 – A), (0 1 0 A), (1 1 1 A), (1 1 – A), (0 1 0 –), (0 1 – A), (1 1 1 –)

(b)

Figure 4-21. (a) Graphe d'état pour le protocole 3 avec un canal en duplex (b) Une séquence qui met le protocole en défaut

Lorsque tout se déroule normalement, les transitions se succèdent dans l'ordre suivant,1, 2, 3, 4 et ainsi de suite. Pendant chaque cycle, le récepteur reçoit 2 trames et l'émetteur se retrouve dans l'état initial, état dans lequel il cherche à envoyer une nouvelle trame au numéro de séquence égal à zéro. Si le canal perd la trame zéro, il passe de l'état (000) à l'état (00-). Il se peut aussi que la temporisation de l'émetteur déborde (transition 7) et que le système se retrouve dans l'état (000). La perte d'un acquittement se résout d'une manière plus compliquée en franchissant deux transitions, soit la 7 et la 5, soit la 8 et la 6.

Avec les protocoles utilisant la numérotation des trames, il n'existe pas de situation pouvant conduire le récepteur à délivrer deux trames impaires sans avoir délivré une trame paire et vice versa. A partir du graphe de la figure 4-20, il nous est possible de formuler cette exigence de façon plus formelle : «Il ne doit pas exister de chemin sur lequel deux occurrences de la transition 1 surviennent sans qu'il y ait une occurrence de la transition 3 entre elles ou vice versa.» Nous voyons sur la figure que le protocole respecte cet énoncé.

Il ne doit également pas exister de chemin sur lequel l'émetteur change deux fois d'état (par exemple, de l'état 0 à l'état 1 et retour à l'état 0) alors que le récepteur reste dans le même état. Si un tel chemin existait, deux trames seraient irrémédiablement perdues dans la suite d'événements correspondante sans que le récepteur s'en aperçoive. La Couche Réseau recevrait une suite de paquets dans laquelle deux paquets manqueraient.

Dans tout protocole, on doit également vérifier qu'il n'existe pas de blocage, situation dans laquelle le protocole ne peut plus évoluer (c'est-à-dire délivrer des paquets à la Couche Réseau) quelle que soit la séquence d'événements pouvant survenir. En termes de graphe, un blocage se traduit par l'existence d'un sous-ensemble d'états, accessibles à partir de l'état initial et possédant les deux propriétés suivantes :

1. il n'existe pas de transition permettant de sortir de ce sous-ensemble,
2. il n'existe pas de transition à l'intérieur du sous-ensemble qui permette de progresser.

Lorsqu'un protocole se trouve dans une situation de blocage, il le reste à jamais. A partir du graphe, il est facile de se rendre compte qu'il n'existe pas de situation de blocage dans le protocole 3.

Changeons maintenant quelque peu le protocole 3 et remplaçons le canal à l'alternat par un canal en duplex. Sur la figure 4-21, nous avons représenté toute une série d'états qui comprend les états des deux automates du protocole et les états des deux canaux. Notons que le canal «aller» possède trois états : trame 0, trame 1 ou pas de trame; le canal «retour» possède deux états : A ou vide. Les transitions sont les mêmes que sur le graphe de la figure 4-20(b), excepté dans le cas suivant : lorsqu'une trame de données et un acquittement sont dans le canal simultanément, il existe une petite particularité. Le récepteur ne peut pas enlever la trame de données car cela entraînerait l'existence de deux acquittements dans le canal en même temps. Nous n'avons pas autorisé une telle situation dans notre modèle, bien qu'il soit facile de construire un modèle qui en tienne compte. De même, l'émetteur ne peut enlever l'acquittement car il devrait émettre une seconde trame de données avant que la première ait été acceptée. En conséquence, les deux événements doivent se produire en même temps : par exemple la transition entre état (000A) et état (111A) notée 1 + 2 sur la figure.

Dans la figure 4-21(a), il existe des chemins sur lesquels le protocole se trouve pris en défaut. Plus précisément, il existe des chemins sur lesquels l'émetteur continue d'aller chercher des paquets alors que le précédent n'a pas été délivré correctement. En effet, lorsque le temporisateur de l'émetteur expire, ce dernier peut envoyer une nouvelle trame sans se soucier de l'acquittement en train d'être transmis sur le canal de retour. A son arrivée, cet acquittement sera considéré à tort comme l'acquittement de la trame en cours et non pas celui de la précédente.

Dans l'exemple de la figure 4-21(b), le protocole est mis en défaut. Dans les quatrième et sixième états de la séquence, l'émetteur change d'état (indiquant qu'il va chercher un nouveau paquet de la Couche Réseau) alors que le récepteur n'en change pas (il ne délivre pas de paquets à la Couche Réseau).

Etat courant	N° de l'événement	Action	Etat suivant
1	1	Trame valide et jeton capturé	2
1	2	Trame erronée / E = 1	1
1	3	Destination = MA / A = 1	1
1	4	Trame copiée / C = 1	1
2	5	Erreur (la somme de contrôle est erronée) / Remettre le jeton	1
2	6	Fin de la transmission	3
3	7	L'en-tête de trame revient	4
3	8	Le temporisateur est expiré, remettre le jeton sur l'anneau	1
4	9	Trame retirée de l'anneau, remettre le jeton	1
4	10	Le temporisateur est expiré, remettre le jeton sur l'anneau	1

Figure 4-22. Un modèle d'automate à états finis pour le protocole 802.5

Dans les exemples d'automates finis donnés jusqu'à présent, il n'était question que de transmissions de trames et d'acquittements. Mais le modèle peut convenir également pour vérifier d'autres aspects de la spécification. La figure 4-22 illustre une version simplifiée du protocole 802.5, jeton sur anneau (*token ring*), qui est complètement spécifiée dans la norme sous forme d'automates à états finis. Les spécifications apparaissant dans la figure 4-22 ne correspondent pas exactement à celles définies dans la norme actuelle. En effet, elles ne tiennent pas compte des différentes priorités du jeton ni des possibilités de réservation.

Dans le modèle défini en figure 4-22, une station peut se trouver dans l'un des états suivants :

1. Copier les bits lorsqu'elle se trouve en mode répétition.

2. Transmettre une trame.

3. Attendre que la trame venant d'être transmise revienne.

4. Retirer la trame de l'anneau.

Dans chaque état, il peut survenir un ou plusieurs événements. Certains d'entre eux déclenchent des actions (par exemple, changer des bits dans la trame passant à travers la station) et permettent à l'automate de provoquer des changements d'état. Nous allons décrire brièvement les dix événements possibles :

1. La station a une trame à envoyer et détient le jeton.

2. Une erreur a été détectée sur une trame en train d'être recopiée.

3. La trame est envoyée vers la station (*My Address*, *station busy*).

4. La trame a été recopiée par la station (*My Address*, *station idle*).

5. Une erreur a été détectée après la capture du jeton (par exemple, une trame *claim token* circule).

6. La trame a été complètement transmise.

7. L'en-tête de la trame fait le tour complet de l'anneau.

8. La trame venant d'être transmise a apparemment disparu.

9. La trame venant d'être transmise a été enlevée de l'anneau.

10. La séquence de fin de trame n'est pas correcte.

4.6.2. Estelle, un langage de spécification des protocoles

Les automates à états finis présentent l'inconvénient suivant : le nombre d'états nécessaires pour modéliser est gigantesque. Or, beaucoup de ces états sont analogues, en ce sens que l'automate attend les mêmes événements et agit de la même manière lorsqu'ils surviennent. Ainsi, un automate représentant un protocole à fenêtre à anticipation se trouve dans un état différent lorsqu'il attend l'arrivée d'une trame 2 ou d'une trame 7, bien que les actions à entreprendre dans les deux cas soient quasiment identiques.

Cette observation a conduit au concept d'automates à états étendus, dans lesquels les états peuvent être paramétrés. Ainsi, un automate peut avoir un état PROCHAINE_TRAME_ATTENDUE, avec une variable indiquant le numéro de la prochaine trame attendue. L'introduction d'automates avec variables a pour conséquence de regrouper de nombreux états de l'automate initial en un état paramétré, réduisant ainsi la taille du graphe des états de manière substantielle.

De nombreuses recherches ont été entreprises sur les modèles d'automates à états finis étendus. Ces recherches ont conduit à un langage de spécification des protocoles appelé Estelle (*Extended State Transition Language*). Nous allons maintenant brièvement décrire ce langage. Bien que nous étudiions Estelle et les autres techniques formelles de spécification dans le cadre de la Couche Liaison de Données, elles sont également applicables dans l'étude des couches plus hautes.

Une spécification en Estelle (Courtiat et al., 1985; Linn, 1985) comprend une série de modules (typiquement un module pour chaque processus modélisé) et une série de canaux sur lesquels les modules échangent des trames. Chaque module contient une série de règles de transition, analogues à celles de la figure 4-22, mais plus détaillées. Chaque règle de transition est valable à partir d'un état spécifique; elle indique les événements qui doivent survenir pour pouvoir franchir la transition, les actions entreprises après le franchissement de la transition et le nouvel état dans lequel se trouve le processus. Les événements et les actions sont écrits en Pascal.

La figure 4-23 donne un modèle type de spécification en Estelle. Les programmeurs en Estelle peuvent définir des états du protocole et leur donner des noms symboliques. Ces noms apparaissent dans les clauses **`from`** et **`to`** de la transition et sont analogues aux champs état courant et nouvel état de la figure 4-22. Quand le processus de la figure 4-23 se trouve dans l'état Etat_1, la transition peut avoir lieu. Dans tous les autres cas, cela est impossible. La clause **`when`** indique quel événement déclenche la transition. Souvent, il s'agit de l'arrivée d'une certaine trame.

La clause **`provided`** permet au programmeur de spécifier une condition booléenne sur les variables caractérisant l'état du processus, condition qui doit être vérifiée pour que la transition puisse être franchie. Par exemple, la clause **`when`** peut déclencher la transition sur l'arrivée d'une trame d'acquittement, et la clause **`provided`** permet de vérifier si le numéro de séquence se trouve bien dans la fenêtre des acquittements attendus; dans le cas contraire, la trame n'est pas prise en compte.

La clause **priority** permet d'assigner des priorités aux transitions. Supposons, par exemple, que l'émetteur envoie une trame et arme un temporisateur. Que se passe-t-il si le temporisateur expire au moment où une trame arrive (c'est probablement l'acquittement de la trame précédemment envoyée) ? En utilisant la clause **priority**, on peut préciser l'événement qui sera traité en premier : l'arrivée d'une trame ou l'expiration du temporisateur.

Quand la transition est déclenchée, on prend en compte le corps de la transition. Il contient du code écrit en Pascal. Ce code sert à examiner et à changer la valeur des variables internes, à déclencher des temporisateurs, à émettre des trames (grâce à l'instruction spéciale **output**), à créer des interactions avec les couches supérieures ...

Un module est composé d'une série de définitions concernant les types de données, les procédures auxiliaires et une liste des transitions. Une spécification en Estelle est caractérisée par la définition d'un ou plusieurs modules et des canaux. La définition des canaux permet de spécifier le comportement externe des modules aux points d'interaction. Des mécanismes sont fournis pour attacher les modules aux canaux.

```
trans
  from Etat_1              {état courant}
  to Etat_2                {nouvel état}
  when evenement           {des événements ont lieu}
  provided predicat        {condition boolénne à vérifier}
  priority expression      {priorité de la transition}
  begin
  .
  .                        {actions à entreprendre}
  .
  end
```

Figure 4-23. Une spécification de transition en langage Estelle

4.6.3. Réseaux de Petri

Les modèles d'automates à états finis ne sont pas les seules techniques de spécification formelle des protocoles. D'autres techniques ont été publiées dans Choi, 1985; Rudin, 1985a, 1985b; Vissers et al., 1983. On peut utiliser également des langages de spécification tels que LOTOS (Brinksma et Karjoth, 1984; Brinksma et al., 1986; Van Eijk, 1988). Nous allons dans ce paragraphe nous intéresser à une autre technique : les *réseaux de Petri* (Danthine, 1980). Un réseau de Petri est composé de quatre éléments : des places, des transitions, des arcs et des jetons. Une place représente un état dans lequel le système ou une partie du système se trouve.

La figure 4-24 montre un réseau de Petri comprenant deux places A et B, symbolisées chacune par un cercle. Le jeton, situé dans la place A, indique que le système se trouve dans l'état A. Une barre horizontale ou verticale symbolise une transition. Chaque transition peut avoir zéro, un ou plusieurs arcs en entrée provenant des places situées en entrée. Elle peut avoir également zéro, un ou plusieurs arcs en sortie allant vers les places situées en sortie.

Une transition est dite franchissable (*enabled*) si chacune de ses places d'entrée possède au moins un jeton. Toute transition franchissable peut être franchie; on enlève alors un jeton de chacune des places en entrée et on ajoute un jeton à chacune des places en sortie de la transition. Si le nombre d'arcs en entrée est différent du nombre d'arcs en sortie, le nombre de jetons ne sera pas conservé. Lorsque plusieurs transitions sont franchissables, n'importe laquelle peut être franchie. Le choix de la transition à franchir se fait de manière non déterministe; c'est une des raisons qui rendent les réseaux de Petri très intéressants pour la modélisation des protocoles. Le réseau de Petri présenté en figure 4-24 est déterministe; il peut être utilisé pour modéliser tout processus comprenant deux phases (par exemple, le comportement d'un nouveau-né : manger, dormir, manger, dormir, etc.). Comme dans tous les outils de modélisation, tous les détails inutiles ont été supprimés.

La figure 4-25 montre le modèle de réseau de Petri correspondant à la figure 4-21. Contrairement au modèle d'automate à états finis, il n'existe pas d'état composite; les différents états de l'émetteur, du récepteur et du canal sont représentés séparément. Les transitions 1 et 2 correspondent respectivement à l'envoi d'une trame 0 et à l'expiration du temporisateur. Les transitions 3 et 4 correspondent respectivement à l'envoi d'une trame 1 et à l'expiration du temporisateur. Les transitions 5, 6 et 7 correspondent respectivement à la perte d'une trame 0, d'un acquittement et d'une trame 1. Les transitions 8 et 9 sont franchies lorsqu'une trame de données portant un numéro de séquence non correct est reçue par le récepteur. Les transitions 10 et 11 représentent l'arrivée de la trame attendue par le récepteur et sa remise à la Couche Réseau.

Les réseaux de Petri, tout comme les automates à états finis, peuvent être utilisés pour détecter les défauts des protocoles. Par exemple, si une séquence franchissable inclut deux fois la transition 10 sans passer par la transition 11, le protocole est incorrect. Le concept de blocage dans les réseaux de Petri est similaire à celui qui a été défini dans le cadre des automates à états finis.

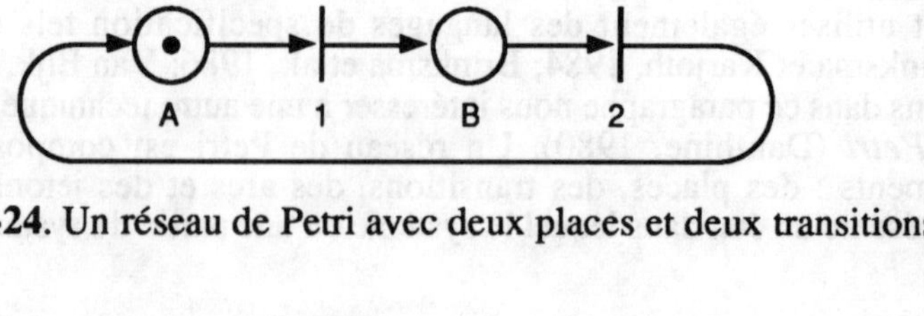

Figure 4-24. Un réseau de Petri avec deux places et deux transitions

Les réseaux de Petri peuvent être représentés sous forme algébrique avec une grammaire. Chaque transition est une règle de la grammaire. Chaque règle spécifie les places en entrée et en sortie des transitions; par exemple, la transition 1 de la figure 4-25 est BD→AC. L'état courant d'un réseau de Petri est représenté par une suite non ordonnée de places, chaque place apparaissant dans la suite autant de fois qu'elle possède de jetons. Toute règle dont chacune des places de gauche possède au moins un jeton peut être appliquée : on enlève alors les jetons des places d'entrée de l'état courant et on les ajoute aux places de sortie de l'état courant. Le marquage de la figure 4-25 est ACG; de ce fait, on peut appliquer la règle 10 (CG→DF), mais pas la règle 3 (AD→BE).

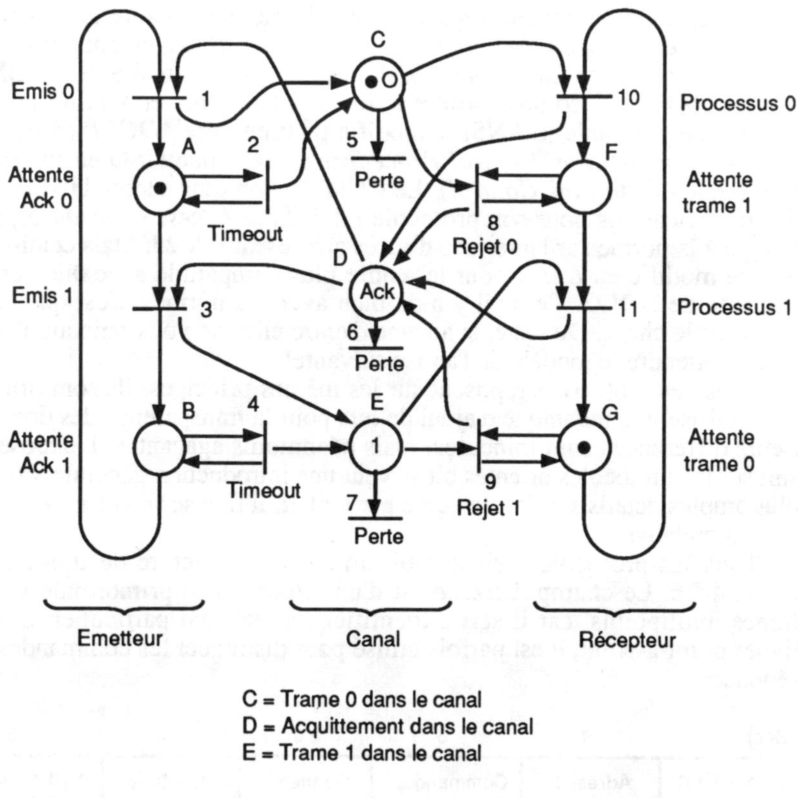

Figure 4-25. Un modèle utilisant les réseaux de Petri pour le protocole 3

4.7. EXEMPLES DE PROTOCOLES POUR LA COUCHE LIAISON DE DONNEES

Après avoir traité les principes généraux des protocoles utilisés dans la Couche Liaison de Données, il est temps de s'intéresser à leur mise en œuvre pratique. Nous examinerons donc nos exemples habituels : les réseaux publics, ARPANET, MAP/TOP et USENET.

4.7.1. La Couche Liaison de Données dans les réseaux publics

Dans cette partie, nous allons examiner un ensemble de protocoles très liés entre eux et largement répandus dans le monde. Ils sont tous issus du protocole de Liaison de Données utilisé dans SNA et appelé *SDLC* (*Synchronous Data Link Control*). Après avoir développé SDLC, IBM le proposa à l'ANSI comme norme pour les Etats-Unis et à l'ISO comme norme internationale. L'ANSI le modifia pour en faire *ADCCP* (*Advanced Data Communication Control Procedure*), tandis que l'ISO en fit *HDLC* (*High-level Data Link Control*). Le CCITT à son tour adopta HDLC avec des modifications pour son protocole *LAP* (*Link Access Procedure*), qu'il intégra à la norme sur l'interface d'accès aux réseaux X.25. Mais celui-ci fut encore modifié en *LAPB* pour le rendre plus compatible avec une version suivante de HDLC. Ce qu'il y a de bien avec les normes, c'est que l'on a vraiment le choix. Du reste, si aucune d'entre elles ne vous satisfait, il vous suffit d'attendre le modèle de l'année suivante!

Tous ces protocoles reposent sur les mêmes principes. Ils sont orientés bit et utilisent la technique d'ajout de bits pour la transparence des données. Leurs différences sont mineures, mais néanmoins agaçantes. L'exposé qui suit sur les protocoles orientés bit se veut une introduction générale. Pour de plus amples détails sur un protocole particulier, il faut se reporter à la norme correspondante.

Tous les protocoles orientés bit utilisent la structure de trame de la figure 4-26. Le champ *Adresse* est d'une importance primordiale sur les lignes multipoints, car il sert à identifier un terminal particulier. Sur les lignes point-à-point, il est parfois utilisé pour distinguer les commandes des réponses.

(Bits) 8	8	8	≥0	16	8
0 1 1 1 1 1 1 0	Adresse	Commande	Données	Contrôle	0 1 1 1 1 1 1 0

Figure 4-26. Le format des trames pour les protocoles orientés bit

Le champ *Commande* est utilisé pour les numéros de séquence, les acquittements et pour d'autres applications décrites plus loin.

Le champ *Données* peut contenir n'importe quelle information. Sa longueur est arbitraire, mais lorsqu'elle augmente, l'intérêt de la somme de contrôle diminue à cause de la plus grande probabilité d'obtenir de multiples paquets d'erreurs.

Le champ *Contrôle* est obtenu par une technique fondée sur le fameux code correcteur à redondance cyclique, qui utilise le polynôme générateur CRC-CCITT. Une modification y a été apportée afin de détecter la perte des octets de fanion.

La trame est délimitée par un fanion qui correspond à la séquence 01111110. Sur les lignes point-à-point à l'état de repos, cette séquence est transmise continuellement, tout comme des caractères SYN le seraient avec le protocole BISYNC. Une trame de longueur minimale contient donc trois champs totalisant 32 bits, mis à part les fanions qui la délimitent à chacune de ses extrémités.

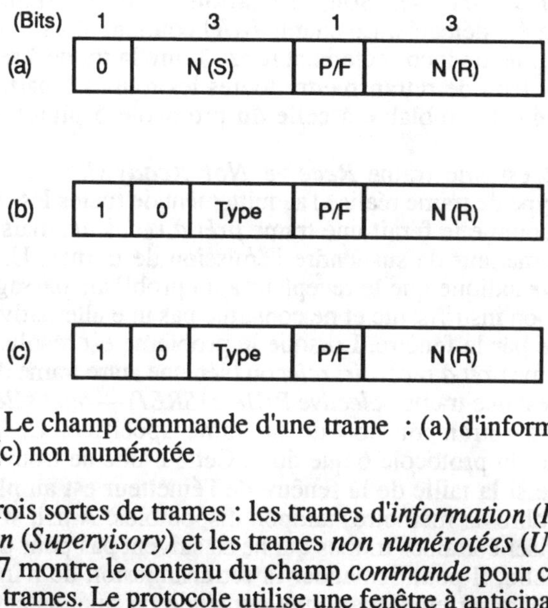

Figure 4-27. Le champ commande d'une trame : (a) d'information, (b) de supervision, (c) non numérotée

Il existe trois sortes de trames : les trames d'*information* (*Information*), de *supervision* (*Supervisory*) et les trames *non numérotées* (*Unnumbered*). La figure 4-27 montre le contenu du champ *commande* pour chacun de ces trois types de trames. Le protocole utilise une fenêtre à anticipation, avec un numéro de séquence codé sur trois bits. Sept trames peuvent être en instance d'acquittement à tout moment. Le champ *N(S)* de la figure 4-27(a) est le numéro de séquence de la trame. Le champ *N(R)* est utilisé pour acquitter les trames reçues. Tous les protocoles ont adopté la convention suivante : la valeur de ce champ n'est pas la dernière trame reçue correctement, mais la première non encore reçue (c'est-à-dire, celle que l'on s'attend à recevoir). Ce choix est arbitraire et ne porte pas à conséquence, pourvu qu'il soit respecté par tous.

Le bit *P/F* signifie *Poll/Final* (Invitation à émettre/Fin). Il est utilisé quand un ordinateur (ou concentrateur) interroge un groupe de terminaux. La valeur *P* indique que l'ordinateur invite un terminal à envoyer ses données. Toutes les trames envoyées par le terminal, sauf la dernière, ont le bit *P/F* mis à *P*. Ce bit est mis à *F* dans la dernière trame.

Dans certains protocoles, le bit *P/F* est utilisé pour obliger le correspondant à envoyer immédiatement une trame de supervision plutôt que d'attendre un acquittement véhiculé par une trame d'information. Ce bit a aussi une utilisation marginale liée aux trames non numérotées.

Les différentes sortes de trames de supervision sont différenciées par le champ *type*.

Le type 0 correspond à une trame d'acquittement (appelée officiellement *Receive Ready* (*RR*) *—prêt à recevoir*) qui indique la prochaine trame attendue. Cette trame est utilisée lorsqu'il n'y a pas de trafic susceptible de véhiculer des acquittements en retour.

Le type 1 est une trame d'acquittement négatif (officiellement appelée *REJect* (*REJ*) *—rejet*). Son utilisation indique qu'une erreur de transmission a été détectée. Le champ *N(R)* contient alors le numéro de la première trame reçue incorrectement (c'est-à-dire la trame à retransmettre). L'émetteur est tenu de retransmettre toutes les trames à partir de celle-ci. Cette stratégie est semblable à celle du protocole 5 plutôt qu'à celle du protocole 6.

Le type 2 est une trame *Receive Not Ready* (*RNR*) *—non prêt à recevoir*. Ce type de trame réalise l'acquittement de toutes les trames jusqu'à *N(R)*-1, tout comme le ferait une trame *prêt à recevoir*, mais en plus, elle demande à l'émetteur de suspendre l'émission de trames. Une trame *non prêt à recevoir* indique que le récepteur a un problème passager tel qu'une mémoire tampon insuffisante et ne constitue pas une alternative au contrôle de flux réalisé par la fenêtre. Lorsque le problème est résolu, le récepteur envoie une trame *prêt à recevoir*, *rejet* ou bien une autre trame de contrôle.

Le type 3 est une trame *Selective REJect* (*SREJ*) *—rejet sélectif*. Elle sert à demander la retransmission de la trame spécifiée. Ce protocole se rapproche plus du protocole 6 que du 5. Cette trame ne trouve pleinement son utilité que si la taille de la fenêtre de l'émetteur est au plus égale à la moitié du nombre de mémoires tampon disponibles. Ainsi, si un récepteur désire mémoriser certaines trames qui ne se suivent pas pour une utilisation future éventuelle, il peut demander la retransmission de n'importe quelle trame particulière en employant une demande de rejet sélectif. HDLC et ADCCP autorisent l'emploi de ce type de trame, tandis que SDLC et LAPB l'interdisent (c'est-à-dire que pour ces protocoles, le rejet sélectif n'existe pas et donc les trames de type 3 sont non définies).

La troisième catégorie de trames est constituée des trames non numérotées, qui sont utilisées à des fins de contrôle. C'est sur ce point que les protocoles orientés bit diffèrent notablement, alors que pour les deux autres sortes de trames, ils sont presque identiques. Le type de la trame de contrôle est codé sur cinq bits, mais les 32 types possibles ne sont pas tous utilisés.

Tous les protocoles disposent d'une commande, *DISConnect* (*DISC*) —*déconnexion* qui permet à une machine d'annoncer qu'elle va bientôt être arrêtée (par exemple pour une opération de maintenance préventive). Il existe également une commande qui permet à une machine, remise en route, d'annoncer sa présence et de forcer les numéros de séquence à zéro. Cette commande est appelée *SNRM* (*Set Normal Response Mode*). Malheureusement, le soi-disant mode de réponse normal n'a rien de normal. C'est un mode non équilibré (asymétrique) dans lequel une extrémité de la liaison est maître et l'autre esclave. SNRM date d'une époque où l'échange de données s'effectuait toujours entre un terminal inintelligent et un ordinateur, situation bien évidemment asymétrique. Pour adapter le protocole au cas où les deux entités qui communiquent sont équivalentes, HDLC et LAPB ont une commande supplémentaire, *SABM* (*Set Asynchronous Balanced Mode*) qui initialise la liaison et place les deux correspondants sur un pied d'égalité : c'est le mode de réponse équilibré. On dispose également des commandes *SABME* et *SNRME*, identiques à SABM et SNRM à ceci près qu'elles autorisent un format de trame étendu utilisant un numéro de séquence codé sur sept bits au lieu de trois précédemment.

Une troisième commande présente dans tous ces protocoles est *FRMR* (*FRaMe Reject, rejet de trame*) qui est utilisée pour indiquer la réception d'une trame dont la somme de contrôle est correcte mais qui n'a pas de sens. Par exemple une trame de supervision de type 3 dans le protocole LAPB, une trame de longueur inférieure à 32 bits, une trame de contrôle non autorisée ou encore l'acquittement d'une trame ne faisant pas partie de la fenêtre, etc. Les trames FRMR contiennent un champ de données de 24 bits qui précise la raison du rejet. Ces données comprennent le champ de commande de la mauvaise trame, les paramètres liés à la fenêtre à anticipation, ainsi que plusieurs bits utilisés pour indiquer certaines erreurs particulières.

Les trames de contrôle peuvent être perdues ou erronées, tout comme les trames de données, et doivent donc aussi être acquittées. On utilise à cet effet une trame spéciale appelée *UA* (*Unnumbered Acknowledgement*, acquittement de trame non numéroté). Comme il ne peut y avoir en suspens qu'une trame non numérotée à la fois, celle-ci est acquittée sans ambiguïté possible.

Les trames de contrôle restantes servent pour l'initialisation, l'invitation à émettre, ou l'envoi de mots d'état. Il existe aussi une trame de contrôle qui peut contenir des informations arbitraires, *UI* (*Unnumbered Information*). Ces données ne sont pas transmises à la Couche Réseau : elles s'adressent uniquement à la Couche Liaison.

4.7.2. La Couche Liaison de Données dans le réseau ARPANET

Le réseau ARPANET n'a pas exactement un protocole de Liaison de Données, mais son protocole de sous-réseau s'en rapproche suffisamment pour que nous l'étudiions dans ce chapitre. En fait, il est constitué de deux couches distinctes, comme le montre la figure 4-28. La couche inférieure est le protocole IMP-IMP entre deux IMP adjacents. La couche supérieure correspond au protocole de bout-en-bout du sous-réseau.

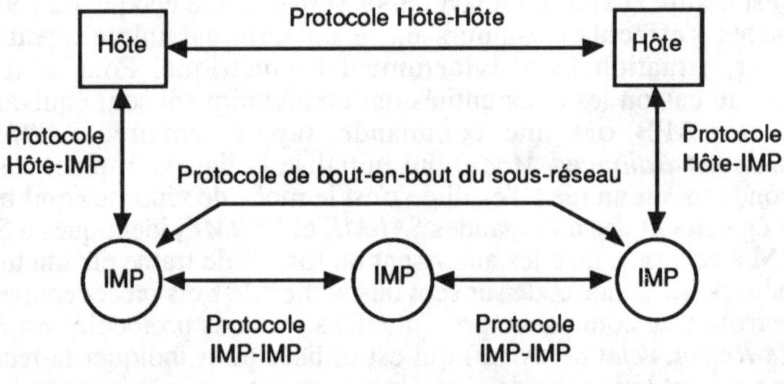

Figure 4-28. Les protocoles des couches basses du réseau ARPANET

Le protocole IMP-IMP est, dans ses fonctionnalités, similaire aux protocoles que nous avons étudiés dans ce chapitre. Son but est de fournir un canal de communication fiable pour transmettre des trames entre un IMP et ses voisins. A première vue, on peut penser que si chaque liaison entre deux IMP est fiable, il n'est pas nécessaire de rajouter un protocole de bout-en-bout. Ceci se justifie néanmoins si l'on considère le cas d'un IMP qui reçoit une trame, l'acquitte, puis tombe en panne avant d'avoir pu la transmettre.

Le but d'un protocole de bout-en-bout est de s'assurer qu'une trame acheminée par plusieurs IMP atteint sa destination finale; à ce moment, un acquittement spécial appelé *RFNM* (*Request For Next Message*) est renvoyé vers l'IMP qui avait émis cette trame. Lorsque cet acquittement est reçu par l'émetteur, on considère que la trame est arrivée. Si l'acquittement de bout-en-bout n'arrive pas dans les 30 secondes, l'IMP source envoie une requête vers l'IMP destination. Selon la réponse de ce dernier — ou l'absence de réponse s'il est tombé en panne — l'IMP source va éventuellement retransmettre le message. Le protocole a été conçu pour tenir compte de la perte possible des trames RFNM, ainsi que des requêtes et de leurs réponses.

La transmission d'un flot de données d'un hôte source à un hôte destination se passe de la façon suivante. Le système d'exploitation de l'hôte source est chargé de découper le flot de données de l'utilisateur en «messages» précédés chacun d'un en-tête de 40 bits. Ces messages (d'une longueur maximale de 8063 bits) sont transmis de façon transparente par le sous-réseau et délivrés tels quels à l'hôte destination. Si les deux hôtes s'accordent pour échanger des tickets de parking de l'ancienne Babylone codés en EBCDIC, c'est leur affaire; le sous-réseau ne s'en occupe pas!

Pour ce qui est de savoir en détail comment l'hôte soumet son message à l'IMP, c'est une autre histoire. Signalons simplement ici que l'hôte fait précéder chaque message d'un *préambule* hôte-IMP de 96 octets. Le préambule précise l'hôte destinataire, la connexion particulière à laquelle appartient le message, ainsi que quelques renseignements supplémentaires destinés à l'IMP. Les données sont envoyées bit par bit de l'hôte vers l'IMP, ce dernier signalant explicitement après chaque bit qu'il est prêt à recevoir le suivant (grâce à un dispositif matériel). Cela est indispensable car l'hôte et l'IMP peuvent utiliser des mots physiques de longueurs différentes, ce qui les conduit à faire des pauses à des moments différents pour effectuer des transferts en mémoire. Pour la plupart des paires hôte-IMP, le taux de transfert maximal est voisin de 10^5 bit/s. Le préambule est retiré par l'IMP et n'est pas transmis, mais l'IMP destination construit un nouveau préambule avant de délivrer le message à l'hôte destination.

Au fur et à mesure qu'un message parvient à l'IMP, il est divisé en un maximum de huit trames (appelées *packets* dans les publications sur ARPANET), chacune comptant au plus 1008 bits. Quand le message est présent en entier dans la mémoire de l'IMP, celui-ci commence l'émission de la première trame le long du chemin vers l'IMP destination, en utilisant le protocole IMP-IMP. Le protocole IMP-IMP est orienté caractère et utilise les caractères de transparence DLE.

Le protocole IMP-IMP est un fossile vivant. Il a été mis au point avant l'invention du concept de fenêtre à anticipation, et essaie donc d'arriver au même résultat d'une manière un peu particulière. Le protocole IMP-IMP permet de multiplexer 8 canaux *full-duplex* et indépendants logiquement sur chaque ligne physique (seize dans le cas des liaisons par satellite à cause du délai de transmission élevé). Chacun de ces canaux logiques utilise le mode «envoyer et attendre».

Chaque IMP gère une table qui contient trois bits par canal logique (soit 24 bits par ligne physique, 48 bits dans le cas de liaisons satellite). Les trois bits indiquent s'il y a ou non une trame en suspens sur ce canal, le numéro de séquence de la prochaine trame à envoyer, et celui de la prochaine trame attendue. Pour envoyer une trame, on utilise le canal logique inoccupé de rang le plus faible, que l'on marque alors comme étant occupé. Quand l'acquittement est reçu, ce canal est signalé libre à nouveau.

Quand l'émetteur veut envoyer une trame, il choisit le canal logique inoccupé de rang le plus faible et met dans l'en-tête de la trame le numéro de séquence courant. Si ce numéro est supérieur d'une unité (modulo 2) au numéro de la dernière trame acceptée, le récepteur accepte cette nouvelle trame, incrémente le numéro de séquence (modulo 2) et envoie un acquittement. Par contre, si le numéro de la trame qui arrive est identique à celui de la dernière trame acceptée, il s'agit d'une copie et elle est éliminée. Quand l'acquittement revient à l'émetteur, on vérifie qu'il correspond à la dernière trame envoyée. Si c'est le cas, le numéro de séquence des trames envoyées est complémenté à 1 et le canal logique est signalé libre.

Chaque trame envoyée contient dans son en-tête les numéros des dernières trames reçues sur chaque canal logique plutôt qu'uniquement le bit d'acquittement pour le canal logique auquel elle appartient. Ainsi, même si une trame est perdue, la suivante transporte toute l'information sur les acquittements. Quand il n'y a pas de trafic en sens inverse, une trame d'acquittement spéciale est envoyée.

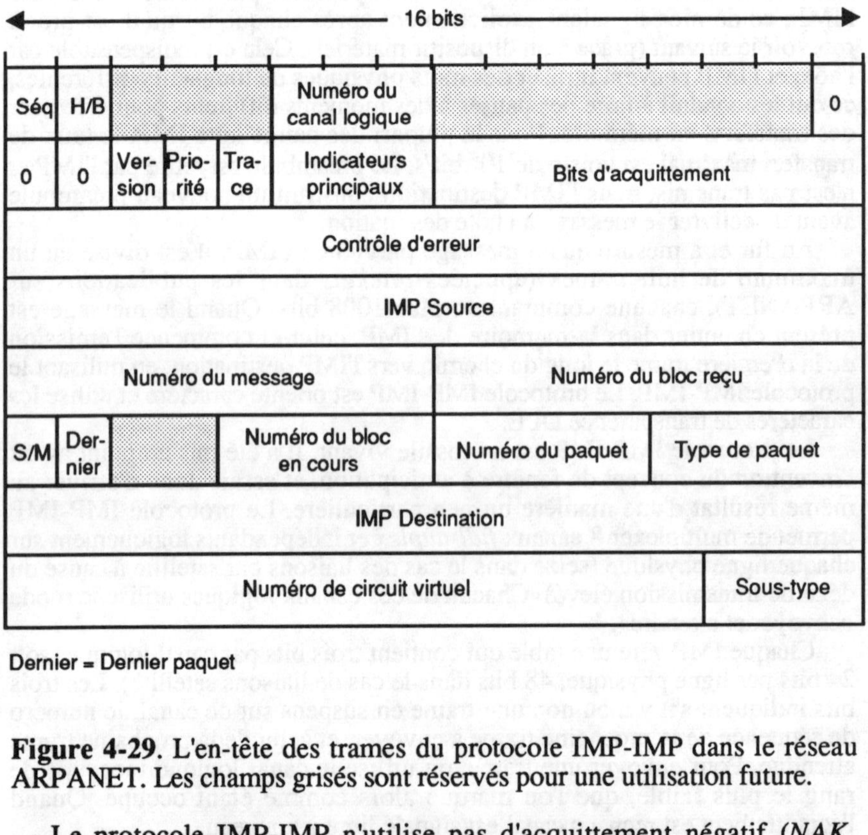

Dernier = Dernier paquet

Figure 4-29. L'en-tête des trames du protocole IMP-IMP dans le réseau ARPANET. Les champs grisés sont réservés pour une utilisation future.

Le protocole IMP-IMP n'utilise pas d'acquittement négatif (*NAK*, *Negative AcKnowledgement*). Si une trame est erronée, elle est ignorée. L'émetteur attend un délai de 125 ms avant de l'envoyer à nouveau. Cependant, le fait d'avoir huit canaux logiques distincts en mode «envoyer et attendre», plutôt qu'une fenêtre à anticipation codée avec trois bits, revient au même que d'utiliser des NAK : une trame erronée sera répétée rapidement, indépendamment des sept autres trames.

Nous aborderons plus loin les détails de l'en-tête des trames IMP-IMP (voir figure 4-29). Pour le moment, précisons simplement que cet en-tête contient trois champs utilisés directement lors de l'échange de trames entre deux IMP adjacents :

1. Un numéro de séquence codé sur 1 bit pour le protocole «envoyer et attendre».
2. Un numéro de canal logique codé sur 3 bits.
3. Un champ d'acquittement de 8 bits, un bit par canal logique.

Le champ *Séq* est le numéro de séquence utilisé par le protocole «envoyer et attendre» entre des IMP adjacents.

Le champ *Haut/Bas* (H/B) indique de quelle extrémité de la ligne est issue la trame. En principe, lorsqu'un IMP envoie une trame sur une ligne, celle-ci est délivrée à l'IMP situé à l'autre extrémité. Cependant, il arrive parfois qu'une ligne soit mise hors service par son exploitant pour des opérations de maintenance. Cela inclut le bouclage d'une ligne sur elle-même, si bien que les données émises reviennent à l'envoyeur. Un IMP qui enverrait une trame dans ces conditions recevrait donc cette trame et l'examen des bits d'acquittement pourrait l'induire en erreur. Le bit *Haut/Bas* permet ainsi à tout IMP de déceler si la ligne a bouclé sur elle-même. Ce point peut paraître négligeable. Pour se convaincre du contraire, il suffit d'imaginer le temps perdu à chercher des erreurs de logiciel, avant de découvrir que les lignes louées peuvent, sans prévenir, se transformer en de véritables miroirs.

Le *Numéro de canal logique* indique à quel canal la trame appartient, parmi les huit disponibles sur la ligne entre deux IMP.

Le bit *Version* est nécessaire parce que de nouvelles versions du logiciel des IMP sont distribuées et installées tandis que le sous-réseau fonctionne toujours. Comme les versions successives peuvent différer sur certains détails, les IMP doivent savoir si une trame a été générée avec la version actuelle du logiciel ou la précédente. Cela met en relief les efforts importants réalisés par les concepteurs pour s'assurer que le sous-réseau ne s'arrête jamais, même s'il faut changer le logiciel des IMP. A titre de comparaison, combien de fabricants d'ordinateurs sont capables d'installer la version suivante du système d'exploitation sur une machine sans arrêter ni cette dernière ni les tâches en cours ? Réponse : assez peu.

Le bit *Priorité* est utilisé par un hôte pour indiquer les messages qu'il considère comme importants. L'IMP prend ce bit en compte tel quel, il ne faut donc pas en abuser. En général, les hôtes l'utilisent pour les messages de contrôle du protocole de Transport ou pour du trafic interactif.

Le bit *Trace* indique au sous-réseau de garder une trace du cheminement du paquet, ce qui permet de savoir la route qu'il a suivie. Cette possibilité est surtout utilisée lors du déverminage de nouveaux algorithmes de routage ou pour déterminer les causes de congestion dans un réseau.

Les bits *Indicateurs principaux* sont transmis de l'hôte source vers l'IMP source, véhiculés à travers le sous-réseau, et finalement délivrés à l'hôte destinataire. Ils sont liés au protocole hôte-IMP.

Les *Bits d'acquittement* donnent le numéro de séquence du dernier paquet reçu sur chacun des huit canaux logiques. Ces bits d'acquittement en retour sont ainsi renvoyés à la source.

Les bits *Contrôle d'erreur* sont calculés par l'IMP source et vérifiés par chaque IMP traversé pour détecter tant les problèmes de mémoire des IMP que les erreurs de transmission. Dans le passé, il est arrivé que des trames, qui étaient correctement transmises entre deux IMP adjacents, soient endommagées alors qu'elles séjournaient tranquillement en mémoire, en attendant d'être retransmises.

Le champ *IMP source* parle de lui-même. Le format adopté autorise jusqu'à 2^{16} IMP dans le sous-réseau.

Le champ *Numéro du message* est fixé par l'IMP source. Des messages qui se suivent entre deux hôtes A et B sont numérotés de manière consécutive. Ce champ est utilisé par les paquets RFNM et ceux du protocole IMP source-IMP destination.

Le *Numéro du bloc reçu* est utilisé par l'hôte destination comme index pour retrouver dans ses tables les variables relatives au trafic entre la paire hôte-hôte en question.

Le champ *S/M* indique si le message est composé d'une simple trame ou au contraire de trames multiples. Ce bit permet au sous-réseau d'apporter une meilleure qualité de service, à la fois au trafic transactionnel et aux transferts de fichiers. Quand le bit est mis à 1, l'IMP destination sait que le message est composé de plusieurs trames, et essaie de leur allouer d'avance de la mémoire tampon. Pour les trames isolées, aucune mémoire tampon supplémentaire n'est allouée.

Le bit *Dernier paquet* indique à l'IMP destination qu'il s'agit du dernier paquet d'un message en comprenant plusieurs. Sans cela, l'IMP ne pourrait pas savoir quelle était la longueur du message.

Le *Numéro du bloc en cours* est nécessaire parce que les blocs sont une ressource précieuse. Si une paire hôte-hôte n'échange pas de trafic pendant un certain temps, les blocs utilisés par cette paire peuvent être libérés et réutilisés à la demande d'une autre paire. Si leur utilisateur précédent recommence à émettre, ce trafic est inséré dans le flot de données auquel le bloc appartient maintenant. Pour éviter une telle situation, on associe à chaque bloc un compteur de quatre bits. Ce compteur est incrémenté à chaque fois que le bloc est utilisé; ainsi, il devient possible de détecter la reprise d'un trafic longtemps interrompu car la valeur du compteur ne correspond plus à la valeur attendue.

Le *Numéro du paquet* permet de numéroter les paquets d'un message. Il est codé sur quatre bits, ce qui permettra l'utilisation de messages plus longs à l'avenir.

Le *Type de paquet* indique le type de message. Le code 0 est utilisé pour les données classiques; les autres codes de contrôle sont les suivants :

1. Demande d'allocation de mémoire tampon dans l'IMP destination.
2. L'IMP source reçoit une allocation pour plusieurs paquets dont elle n'a pas besoin.
3. *Incomplete message* (message incomplet) ? Question de l'IMP source adressée à l'IMP destination lorsqu'aucune réponse (RFNM, *Dead Destination*, ou autre) n'est arrivée au bout d'un délai maximal fixé d'avance.
4. RFNM (acquittement de l'IMP destination vers l'IMP source).
5. RFNM + ALLOCATE (autorise l'émetteur à renvoyer immédiatement un message de même nature — composé d'une ou plusieurs trames).
6. *Dead Destination* (renvoyé par l'IMP destination si l'hôte est arrêté).
7. *Incomplete reply* (réponse à la question adressée avec un paquet de code 3).

Le champ *IMP destination* indique où envoyer le paquet.

Le *Numéro de circuit virtuel* est retiré de l'en-tête hôte-IMP au départ et réinséré dans l'en-tête IMP-hôte destinataire. L'hôte destinataire a besoin de cette information pour déterminer la connexion à laquelle le message appartient.

Le champ *Sous-type* sert à distinguer divers cas particuliers. Il est par exemple possible de supprimer le protocole de bout-en-bout du sous-réseau pour écouler du trafic temps-réel tel que la voix humaine.

4.7.3. La Couche Liaison de Données dans les réseaux MAP et TOP

Dans la norme IEEE 802 sur les réseaux locaux, la Couche Liaison de Données est divisée en deux sous-couches. La sous-couche inférieure s'appelle *MAC, Medium Access Control* , contrôle de l'accès au support de transmission ou Sous-couche Physique et offre trois variantes possibles: CSMA/CD, jeton sur bus et jeton sur anneau, exposées dans le chapitre 3. La sous-couche supérieure est identique dans les trois variantes, afin d'assurer une interface commune avec la Couche Réseau, indépendante de la sous-couche MAC utilisée. Au-dessus de la Couche Liaison de Données, le type de réseau local utilisé n'a donc plus aucune importance, puisque le protocole utilisé au-dessus de la Couche Liaison de Données, ainsi que l'interface entre la Couche Liaison de Données et la Couche Réseau, sont identiques pour les trois types de réseaux locaux.

Comme MAP et TOP se fondent tous deux sur des réseaux locaux respectant la norme 802, ils utilisent le protocole de Liaison de Données de cette norme, appelé *LLC* (*Logical Link Control*). Ce protocole est dérivé de HDLC et présente dès lors une structure analogue à celle du protocole LAPB décrit en détail plus haut.

La sous-couche LLC offre à la Couche Réseau des services sans connexion (dits de type 1) et des services orientés connexion (type 2). Elle peut aussi fournir un service sans connexion avec acquittement (type 3). Avec un service sans connexion, la sous-couche LLC accepte les paquets de la Couche Réseau et fait son possible pour les envoyer à leur destinataire. Il n'y a pas d'acquittement et pas de garantie que les paquets arrivent à destination. En revanche, avec un service orienté connexion, une connexion doit d'abord être établie entre source et destination. Elle est ensuite utilisée pour transmettre dans l'ordre les paquets de la Couche Réseau et garantir qu'ils sont bien délivrés. Quand la connexion n'est plus utilisée, elle doit être libérée.

La Couche Réseau peut accéder aux services de la sous-couche LLC au moyen de quatre types de primitives : *demande* (*request*), *indication* (*indication*), *réponse* (*response*) et *confirmation* (*confirm*). La Couche Réseau utilise la primitive *demande* pour établir et libérer les connexions et pour envoyer des paquets de données. Ces primitives provoquent l'envoi de trames vers le destinataire qui agit alors en conséquence. Ces actions sont indiquées à la Couche Réseau de la machine destination à l'aide de la primitive *indication*. Les primitives *réponse* et *confirmation* ont leur fonctions habituelles.

Les primitives LLC et leurs paramètres sont indiqués dans la figure 4-30. Le service sans connexion, sur la figure 4-30(a), a seulement deux primitives, l'une pour envoyer une trame et l'autre pour indiquer qu'une trame est arrivée. Ces deux primitives disposent des paramètres *adresse_locale* et *adresse_distante* pour identifier l'émetteur et le récepteur. Les données en elles-mêmes sont dans le paramètre *l_sdu* (*Link Service Data Unit* — voir figure 1-9). Le paramètre *classe_de_service* indique le niveau de priorité.

Comme le montre la figure 4-30(b), les primitives orientées connexion se rangent en cinq catégories. Le premier groupe sert à établir des connexions. Le deuxième à les libérer. Le troisième correspond aux transferts de données. Ils sont suffisamment explicites et nécessitent peu de commentaires. Les primitives spécifient les adresses de l'émetteur et du récepteur, le niveau de priorité et les données. Les paramètres *état* et *raison* indiquent respectivement ce qui s'est passé et pourquoi. Une déconnexion peut être demandée par l'autre correspondant ou provoquée de manière interne par un mauvais fonctionnement matériel ou logiciel.

Le quatrième groupe sert à réinitialiser la connexion après la détection d'une erreur grave. La connexion retrouve son état initial et tous les numéros de séquence utilisés par le protocole sont remis à zéro. Il se peut que les données en cours de transfert au moment de la réinitialisation soient perdues.

(a) Service sans connexion

L_DATA.request (adresse_locale, adresse_distante, l_sdu, classe_de_service)
L_DATA.indication (adresse_locale, adresse_distante, l_sdu, classe_de_service)

(b) Service orienté connexion

L_CONNECT.request (adresse_locale, adresse_distante, classe_de_service)
L_CONNECT.indication (adresse_locale, adresse_distante, état, classe_de_service)
L_CONNECT.response (adresse_locale, adresse_distante, classe_de_service)
L_CONNECT.confirm (adresse_locale, adresse_distante, état, classe_de_service)
L_DISCONNECT.request (adresse_locale, adresse_distante)
L_DISCONNECT.indication (adresse_locale, adresse_distante, raison)
L_DISCONNECT.response (adresse_locale, adresse_distante)
L_DISCONNECT.confirm (adresse_locale, adresse_distante, état)
L_DATA_CONNECT.request (adresse_locale, adresse_distante, l_sdu)
L_DATA_CONNECT.indication (adresse_locale, adresse_distante, l_sdu)
L_DATA_CONNECT.response (adresse_locale, adresse_distante)
L_DATA_CONNECT.confirm (adresse_locale, adresse_distante, état)
L_RESET.request (adresse_locale, adresse_distante)
L_RESET.indication (adresse_locale, adresse_distante)
L_RESET.response (adresse_locale, adresse_distante)
L_RESET.confirm (adresse_locale, adresse_distante)
L_CONNECTION_FLOWCONTROL.request (adresse_locale, adresse_distante, valeur)
L_CONNECTION_FLOWCONTROL.indication (adresse_locale, adresse_distante, valeur)

Figure 4-30. Les primitives de la couche LLC dans la norme IEEE 802 : (a) sans connexion, (b) orientées connexion

Le cinquième groupe est utilisé pour régulariser le flot de données entre la Couche Réseau et la Couche Liaison de Données. Chaque fois que cela s'avère nécessaire, la Couche Réseau peut utiliser une primitive *L_CONNECTION_FLOWCONTROL* pour indiquer à la Couche Liaison de

Données la quantité de données qu'elle est prête à recevoir. De même, la Couche Liaison de Données emploiera une primitive *indication* pour dire à la Couche Réseau combien de données elle peut accepter sans risquer d'en perdre.

Les primitives de la figure 4-30 définissent l'interface entre la Couche Réseau et la sous-couche LLC. De plus, la norme 802 précise également l'interface entre la sous-couche LLC et les trois sous-couches MAC possibles en dessous. Cette interface contient les primitives : *MA_DATA.request*, *MA_DATA.indication*, et *MA_DATA.confirm*, qui permettent à la sous-couche LLC d'échanger des trames avec la sous-couche MAC. L'interface LLC-MAC est totalement sans connexion.

Comme l'illustre la figure 4-31, la structure des trames LLC a été conçue pour être similaire à celle des trames HDLC. Les champs *adresse DSAP* et *adresse SSAP* permettent d'identifier les points d'accès (*service access point*) au niveau de l'interface entre la Couche Réseau et la Couche Liaison de Données. Pour schématiser, cette interface comprend un certain nombre de «passages». Quand une connexion est établie, la Couche Réseau choisit un passage (SSAP) et y envoie la demande de service. A l'autre extrémité, l'information réapparaît par un autre passage (DSAP). Une paire SSAP-DSAP identifie une connexion (ou un transfert sans connexion). Sans ce mécanisme, la Couche Liaison de Données ne pourrait pas savoir qui a envoyé une trame donnée ni ce qu'il faut en faire.

(Octet) 1	1	1 ou 2	≥ 0
Adresse DSAP	Adresse SSAP	Contrôle	Données

Figure 4-31. Le format des trames LLC dans la norme IEEE 802. Ces trames sont véhiculées dans le champ *Données* des trames de la sous-couche MAC.

Le champ *Commande* dans le protocole de niveau LLC a un rôle similaire au champ de même nom dans les protocoles LAPB, HDLC et ADCCP. On trouve également des trames de transfert d'information, de supervision et des trames de contrôle non numérotées. Il existe quatre différences majeures entre LLC et les autres protocoles. Premièrement, les trames LLC orientées connexion ont un champ de contrôle de deux octets, ce qui autorise l'emploi de numéros de séquence codés sur 7 bits. Ensuite, LLC n'autorise que le mode équilibré asynchrone (c'est-à dire les communications d'égal à égal, par opposition à un ordinateur interrogeant des terminaux), si bien que les trames HDLC et LAPB qui font référence à d'autres modes n'existent pas dans LLC.

Les troisième et quatrième points qui différencient LLC sont liés aux nouveaux types de trames introduits par LLC. La trame XID permet à deux correspondants LLC d'échanger des informations sur les types de services et les tailles des fenêtres. La trame TEST demande à l'autre correspondant de renvoyer une réponse, uniquement pour tester le chemin de transmission.

La figure 4-32 donne la liste exhaustive des trames de contrôle LLC. La colonne *Format* indique le type de trame : trames d'information, de supervision ou non numérotées. Les colonnes *Commande* et *Réponse* précisent les trames qui peuvent être des commandes ou des réponses à des commandes. Les colonnes *Type 1* et *Type 2* indiquent les trames qui peuvent être utilisées avec un service sans connexion (type 1) ou orienté connexion (type 2).

Nom	Code	Format	Commande	Réponse	Type 1	Type 2
Information	I	I	X	X		X
Réception prête	RR	S	X	X		X
Réception pas prête	RNR	S	X	X		X
Rejet	REJ	S	X	X		X
Information non numérotée	UI	U	X		X	
Libération ou déconnexion	DISC	U	X			X
Fonctionnement en mode équilibré	SABMF	U	X			X
Echange d'information	XID	U	X	X	X	
Test	TEST	U	X	X	X	
Acquittement non numéroté	UA	U		X		X
Mode déconnecté	DM	U		X		X
Rejet de trame	FRMR	U		X		X

Figure 4-32. Trames employées par la norme IEEE 802 de la couche LLC

4.7.4. La Couche Liaison de Données dans le réseau USENET

Dans tous les réseaux que nous avons étudiés, la connexion physique entre les nœuds du réseau est toujours présente. Personne ne retire les câbles pour les ranger le soir après 18 heures. En ce qui concerne USENET, la situation est quelque peu différente car la plupart du trafic passe par des lignes téléphoniques commutées qui ne sont pas établies en permanence. Comme une des fonctions de la Couche Liaison de Données est la gestion de la ligne physique, nous allons dans cette partie décrire brièvement comment USENET gère les connexions.

Pour ce qui nous intéresse, USENET offre trois services de base : le transfert de fichier, le courrier électronique et les nouvelles. Lorsqu'un utilisateur veut envoyer du courrier à un autre utilisateur sur une machine distante, le programme chargé du courrier élabore une commande de transfert de fichier qui va envoyer le message, sous forme de fichier-courrier, dans la boîte aux lettres de cet utilisateur. De même, les nouvelles sont propagées en diffusant des fichiers-nouvelles avec le protocole de transfert de fichiers. Nous allons donc nous attarder sur la manière dont les liaisons de données sont gérées pour permettre aux couches supérieures de mener à bien le transfert de fichiers.

Quand le transfert d'un fichier est programmé, soit directement par quelqu'un qui, par exemple, tape sur un terminal une commande explicite de la forme

```
uucp fichier_A machine_2!fichier_B
```

soit par les programmes chargés du courrier ou des nouvelles, un fichier de travail est créé et placé dans une file d'attente du système.

Périodiquement, un serveur (*daemon process*) peut être lancé pour démarrer les transferts de fichiers. Le serveur peut être activé toutes les heures, tous les jours, ou régulièrement à un rythme choisi par l'administrateur du système. Il est plus économique d'appeler un système distant une fois par jour pour transférer de nombreux fichiers plutôt que toutes les heures pour seulement un ou deux. Cependant, dans le premier cas, la qualité du service fourni aux utilisateurs est moindre et un choix est par conséquent nécessaire. Il existe certains gros ordinateurs dédiés à USENET 24 heures sur 24 et qui ne font qu'attendre d'être appelés. De ce point de vue, ils sont comme des CSNET-RELAY.

Dès qu'un serveur (*daemon*) est mis en route, il inspecte la file d'attente pour voir s'il y a quelque chose à faire. Si c'est le cas, il choisit un système distant à contacter et cherche son nom dans un fichier système particulier qui lui indique comment joindre cette machine : quel moyen utiliser (réseau X.25, ligne téléphonique commutée, etc.), quel numéro appeler, quelle vitesse employer (1200 bit/s, 2400 bit/s, etc.), comment s'enregistrer sur la machine distante, quel protocole de transmission choisir et tous les autres renseignements nécessaires à l'appel et à l'enregistrement. Disposant de toutes ces données, le serveur peut appeler, en général avec un modem spécial qui assure la fonction d'appel automatique.

Quand la machine distante a répondu à l'appel, le serveur s'enregistre sous un nom d'utilisateur particulier et démarre une tâche esclave (appelée *uucico*) sur cette machine. La tâche appelante se comporte en maître et donne l'ordre à la tâche esclave d'accepter tous les fichiers que le maître veut transférer et de lui transférer tous les fichiers que le maître désire recevoir. Une fois les fichiers en question transférés et correctement stockés (dans des boîtes aux lettres, des répertoires pour les nouvelles, ou ailleurs), les rôles sont inversés et la machine appelée devient maître. Elle envoie alors les fichiers qu'elle a en attente et réclame les fichiers dont elle a besoin. Lorsque tout est terminé, un fichier journal est mis à jour, les fichiers de travail du début sont détruits, l'appelant quitte la machine appelée et la connexion est rompue. L'appelant consulte alors à nouveau sa file d'attente pour voir s'il reste des machines à appeler et répète éventuellement le même processus.

Une grande variété de protocoles de Liaison de Données sont utilisés sur les lignes téléphoniques commutées, bien que beaucoup d'entre eux soient des variantes du *protocole g* développé aux Laboratoires Bell. Pour tout dire, les variantes utilisées sont si nombreuses qu'une description détaillée de ce protocole ne s'appliquerait qu'à une faible proportion des lignes. Nous nous contenterons donc d'en présenter une esquisse.

Les données sont transmises comme une séquence de paquets contenant des octets, selon un protocole à fenêtre à anticipation. Pour construire les trames et assurer la transparence, on utilise la technique des caractères de transparence. Il existe deux types de paquets, les paquets de données et les paquets de contrôle. Chacun de ces deux types commence par un octet de contrôle qui contient trois champs. Le premier permet de différencier les paquets de données des paquets de contrôle. Dans les paquets de données, les deux autres champs contiennent le numéro de séquence du paquet courant et un acquittement pour les paquets reçus. Dans les paquets de contrôle, le deuxième champ indique le type de commande : *INIT*, *ACK*, *REJECT*, ou *CLOSE*. L'octet de contrôle, et en fait le protocole dans son ensemble, présentent des similitudes avec le protocole LAPB.

4.8. RESUME

Le rôle de la Couche Liaison de Données est de transformer une ligne bruitée en un canal de communication exempt d'erreurs de transmission et utilisable par la Couche Réseau. Pour atteindre un tel but, les données sont découpées en trames qui sont transmises autant de fois qu'il est nécessaire pour assurer leur réception correcte. Pour éviter qu'un récepteur ne soit submergé par les données que lui envoie un émetteur plus rapide que lui, la Couche Liaison de Données assure une fonction de contrôle de flux. Le mécanisme de fenêtre est largement utilisé pour intégrer de manière pratique contrôles d'erreur et de flux.

Les protocoles utilisant le mécanisme de fenêtre peuvent être caractérisés par la taille des fenêtres de l'émetteur et du récepteur. Quand elles sont toutes deux égales à 1, le protocole est du type «envoyer et attendre». Lorsque la fenêtre de l'émetteur est supérieure à 1, par exemple pour éviter un blocage sur une ligne avec un délai de transmission élevé, le récepteur peut être programmé soit pour éliminer les trames qui n'ont pas le bon numéro de séquence (protocole 5), soit pour les stocker dans une mémoire tampon jusqu'à leur utilisation (protocole 6).

On peut analyser les protocoles selon de nombreux critères, par exemple leur efficacité et leur bon fonctionnement. Des exemples liés à ces critères ont été présentés dans ce chapitre.

Nombreux sont les réseaux qui utilisent au niveau de la Couche Liaison de Données un des protocoles orientés bit suivants : SDLC, HDLC, ADCCP ou LAPB. Tous ces protocoles font usage de fanions pour délimiter les trames et des bits de transparence pour éviter l'apparition du fanion dans les données. Tous également recourent au mécanisme de fenêtre pour le contrôle de flux. Le réseau ARPANET emploie un protocole orienté caractère plus ancien avec plusieurs canaux indépendants pour le protocole IMP-IMP. MAP et TOP utilisent la sous-couche LLC de la norme IEEE 802, qui est une variante du protocole HDLC.

4.9. EXERCICES

1. La séquence DLE, STX, A, DLE, B, DLE, ETX apparaît au milieu d'un flot de données pour lequel on décide d'ajouter des caractères de transparence de la façon indiquée dans ce chapitre. Quel est le flot de données obtenu ?

2. Si on ajoute des bits de transparence à la séquence 01111011111011111110, quelle est la séquence obtenue ?

3. Nous avons décrit dans ce chapitre quatre méthodes permettant de délimiter les trames. L'une d'entre elles utilise une violation du codage en début et fin de trame. Peut-on employer cette technique avec un codage de type Manchester ? de type Manchester différentiel ?

4. Essayez d'imaginer des situations où un protocole en boucle ouverte (par exemple, utilisant un code de Hamming) est préférable aux protocoles, décrits dans ce chapitre, qui nécessitent un retour d'information.

5. Pour augmenter la fiabilité qu'offre un bit de parité unique, on veut utiliser un premier bit de parité calculé à partir des bits de rang impair et un second calculé à partir des bits de rang pair. Quelle est la distance de Hamming d'un tel code ?

6. Pour détecter les erreurs, on peut transmettre les données sous la forme d'un bloc de n lignes de k bits et l'on ajoute un bit de parité pour chaque ligne et chaque colonne. Ce dispositif permet-il de détecter toutes les erreurs simples ? doubles ? triples ?

7. Quel est le reste obtenu après division de $x^7 + x^5 + 1$ par le polynôme générateur $x^3 + 1$?

8. Un canal a un débit de 4 kbit/s et un délai de propagation de 20 ms. On utilise un protocole du type «envoyer et attendre». Quelle taille de trames permet d'obtenir une efficacité supérieure à 50% ?

9. Une ligne T1 longue de 3000 km est utilisée pour transmettre des trames de 64 octets selon le protocole 5. Sachant que le délai de propagation est de 6 µs/km, sur combien de bits doit-on coder le numéro de séquence ?

10. Soit un protocole à fenêtre à anticipation qui code les numéros de séquence sur suffisamment de bits pour que ce numéro ne repasse jamais par zéro. Quelle doit être la relation entre les quatre bornes de la fenêtre et sa taille ?

11. Des trames de 1000 bits sont émises le long d'une liaison satellite à 1 Mbit/s. Les acquittements sont toujours véhiculés par des trames de données en sens inverse. Les en-têtes sont très courts. Les numéros de séquence sont codés sur 3 bits. Quel est le taux maximal d'utilisation du canal pour :

    (a) le protocole «envoyer et attendre» ?
    (b) le protocole 5 ?
    (c) le protocole 6 ?

12. Si dans la procédure *comparaison* du protocole 5 la condition $a \leq b < c$ était remplacée par $a \leq b \leq c$, quelles en seraient les conséquences sur le bon fonctionnement et l'efficacité du protocole ? Expliquez pourquoi.

13. Imaginez-vous en train d'écrire le logiciel de la Couche Liaison de Données pour une liaison sur laquelle vous recevez des données, mais n'envoyez rien. A l'autre extrémité, on utilise le protocole HDLC, avec un numéro de séquence codé sur 3 bits et une taille de fenêtre de sept trames. Pour accroître l'efficacité du protocole, vous aimeriez pouvoir stocker dans une mémoire tampon le plus grand nombre possible de trames qui ne sont pas en séquence, mais vous ne pouvez pas modifier le logiciel côté émetteur. Est-il possible d'avoir une fenêtre de réception plus grande que 1, en garantissant le bon fonctionnement du protocole? Si oui, quelle est la taille maximale de la fenêtre que l'on peut utiliser sans risque ?

14. Soit une liaison sans erreur de 1 Mbit/s sur laquelle on emploie le protocole 6. Les trames ont une longueur maximale de 1000 bits. Les paquets sont transmis à une seconde d'intervalle. La temporisation dure 10 ms. Si le temporisateur concernant les acquittements était supprimé,

des temporisations expireraient de manière inutile. Combien de fois en moyenne seraient retransmis les messages ?

15. Dans le protocole 6, la procédure *ArrivéeTrame* comporte une partie qui sert pour les NAK. Elle est exécutée si la trame qui arrive est un NAK et si une autre condition est remplie. Proposez un scénario où cette condition est essentielle.

16. Dans le protocole 6, *MaxSéq* = 2^n-1. Bien que cette condition soit de toute évidence souhaitable pour utiliser efficacement les bits d'en-tête, nous n'avons pas démontré qu'elle est essentielle. Le protocole fonctionne-t-il correctement si par exemple *MaxSéq* = 4 ?

17. Calculez la proportion de la bande passante qui est perdue en en-têtes et retransmissions pour le protocole 6 utilisé sur une liaison satellite à 50 kbit/s très chargée, avec des trames constituées d'un en-tête de 40 bits et de 3960 bits de données. Il n'y a jamais de trames ACK et les trames NAK font 40 bits. Le taux d'erreur pour les trames de données est de 1% et celui pour les trames NAK est négligeable. Les numéros de séquence sont codés sur 8 bits.

18. Quelle est la taille optimale du champ de données d'une trame lorsque l'on utilise le protocole «envoyer et attendre» sur une liaison à 1 Mbit/s avec un taux d'erreur de 10^{-2} , une temporisation de 1 ms et des en-têtes de trames de 32 octets ?

19. Soit une liaison satellite parfaite à 64 kbit/s utilisée pour émettre des trames de 512 octets de données dans un sens, tandis que des acquittements très courts reviennent dans l'autre sens. Quel est le débit maximal pour des fenêtres de tailles 1, 7, 15, et 127 ?

20. Chacun des *N* hôtes reliés à un IMP génère des messages selon une loi de Poisson avec une moyenne de λ messages/s. La probabilité qu'un message soit composé de *m* bits ($1 \leq m < \infty$) est P_m. Chaque message est précédé de *h* bits d'en-tête sur la seule et unique ligne IMP-IMP. Cette ligne a un débit de *b* bit/s. La probabilité qu'un bit soit reçu erroné est *e*. Les acquittements reviennent instantanément et occupent une fraction négligeable de la bande passante. Si la totalité du trafic est dirigée vers des hôtes distants, quelle est la valeur maximale de *N* ?

21. Une ligne de 100 km transmet des données à un débit *T*1. La vitesse de propagation est égale aux deux tiers de la vitesse de la lumière. Exprimez la longueur de la ligne en bits.

22. Redessinez la figure 4-21 pour un canal duplex parfait (sans erreur de transmission). Une erreur de protocole est-elle encore possible ?

23. Donnez la séquence de transition à franchir pour le réseau de Petri de la figure 4-25 qui correspond à la succession d'états (000), (01A), (01-), (010), (01A) sur la figure 4-20. Expliquez ce que représente cette séquence.

24. Etant données les règles de transitions AC → B, B → AC, CD → E, et E → CD, dessinez le réseau de Petri ainsi décrit. A partir du réseau de Petri, dessinez le graphe des états que l'on peut atteindre depuis l'état initial ACD. Quel concept bien connu de l'informatique est illustré par ces règles de transition ?

25. Dans la figure 4-25, la transition 9 est EG → DG. Sous quelles conditions, si elles existent, peut-on simplifier cette règle en E → D ?

26. Discutez les avantages et les inconvénients du protocole IMP-IMP de ARPANET qui utilise huit canaux logiques par rapport au protocole HDLC avec mécanisme de fenêtre qui utilise trois bits.

27. Le service sans connexion de la sous-couche LLC (norme IEEE 802) envoie des données dans des trames non numérotées plutôt que dans des trames d'information. Qu'est-ce qui, selon vous, justifie un tel choix ?

28. Les trames *RR* et *REJ* (*NAK*) utilisées par HDLC, LAPB, et LLC réalisent l'acquittement des trames correctement reçues jusqu'au numéro *N*-1, où *N* est le numéro de séquence qui figure dans la trame. Quel est l'intérêt d'avoir deux sortes de trames de contrôle différentes ?

29. Ecrivez un programme qui simule une communication selon le protocole 6. Le programme devra prendre en compte les paramètres suivants : débit du canal de transmission, longueur d'une trame de données, d'une trame ACK ou NAK, probabilité de perte d'une trame, délai de propagation du canal, nombre de messages produits par seconde par l'hôte (on suppose une distribution des inter-arrivées selon une loi exponentielle). Pour chaque profil de paramètres, le programme indiquera le débit effectif obtenu.

30. Ecrivez un programme pour simuler de manière stochastique le comportement d'un réseau de Petri. Le programme acceptera en entrée les règles de transition ainsi qu'une liste des états correspondant à l'émission ou à la réception d'un nouveau paquet par la Couche Liaison de Données. A partir de l'état initial, également fourni au programme, celui-ci devra activer les transitions autorisées au hasard, et vérifier s'il arrive qu'un des deux hôtes accepte deux messages à la suite alors que dans le même temps l'autre n'en a pas émis de nouveau.

5

La Couche Réseau

La Couche Réseau est chargée de transporter les paquets de la source vers la destination tout au long du chemin. Pour atteindre la destination il peut être nécessaire d'effectuer de nombreux sauts de nœud intermédiaire en nœud intermédiaire. Cette fonction est très différente de celle de la Couche Liaison de Données, qui a le rôle plus modeste de transférer des trames d'un bout à l'autre d'un fil. La Couche Réseau est la plus basse couche qui soit concernée par la transmission de bout en bout.

Pour cela, la Couche Réseau doit connaître la topologie du sous-réseau de communication et être capable de choisir des chemins appropriés à travers celui-ci. Elle doit aussi choisir soigneusement les routes en évitant de surcharger certaines lignes de communication alors que d'autres resteraient libres. Enfin, quand la source et le destinataire sont dans des réseaux différents, c'est à la Couche Réseau de s'occuper de ces différences et de résoudre les problèmes qui en résultent.

5.1. LES PROBLEMES DE CONCEPTION DE LA COUCHE RESEAU

Nous allons décrire quelques-uns des problèmes auxquels les concepteurs de la Couche Réseau doivent s'attaquer: les services fournis à la Couche Transport, le routage des paquets à travers le sous-réseau, le contrôle de congestion, et la connexion de plusieurs réseaux entre eux (interconnexion de réseaux). Nous examinerons ces trois derniers sujets en détail à la fin de ce chapitre.

5.1.1. Les services fournis à la Couche Transport

La Couche Réseau fournit des services à la Couche Transport. Dans plusieurs réseaux (ARPANET et les réseaux X.25), la Couche Réseau est implantée dans les IMP (nœuds de communication, ordinateurs de réseau) et la Couche Transport dans les hôtes, c'est pourquoi la frontière entre les couches réseau et transport est aussi la frontière entre le sous-réseau et les hôtes. Les services fournis par la Couche Réseau définissent donc les services fournis par le sous-réseau.

Quand le sous-réseau appartient à un transporteur public ou aux PTT et que les hôtes appartiennent à des utilisateurs privés, le service de la Couche Réseau devient l'interface entre transporteur et usagers. De cette façon, elle définit les responsabilités et les devoirs du transporteur dans ces réseaux; cela a une très grande importance tant pour le transporteur que pour les usagers. Comme on peut s'y attendre, les services qui doivent être offerts sont un gros sujet de discussions et de controverses. Nous examinerons brièvement ces controverses.

Les services de la Couche Réseau ont été conçus dans l'optique suivante:

1. Les services doivent être indépendants de la technologie utilisée dans le sous-réseau.

2. La Couche Transport doit être indépendante du nombre, des types et des topologies des sous-réseaux présents.

3. Les adresses de réseau qui sont à la disposition de la Couche Transport utilisent un plan uniforme de numérotation que ce soit à travers des LAN (réseau locaux), ou des WAN (réseaux généraux).

Cela étant fixé, les concepteurs de la Couche Réseau ont une grande liberté dans l'écriture des spécifications détaillées des services offerts à la Couche Transport. Cette liberté a rapidement dégénéré en une bataille rangée entre deux factions. La discussion tourne autour de la question de savoir si la Couche Réseau doit fournir un service en mode connexion ou un service en mode sans connexion.

La même question s'était posée pour la Couche Liaison de Données, comme nous l'avons vu au chapitre précédent, mais elle n'était pas aussi importante qu'ici. La définition du LLC fournit les deux, et puisque les réseaux locaux appartiennent et sont exploités par les utilisateurs, ils peuvent utiliser n'importe laquelle à leur goût. Avec la Couche Réseau la situation est différente. Si le transporteur ne fournit qu'un type de service et que les usagers en veulent un autre, il n'y a souvent pas de solution.

Une des parties (représentée par la communauté Internet ARPA) argue que le travail d'un sous-réseau consiste à véhiculer des bits et rien d'autre. De leur point de vue (fondé sur près de vingt ans d'expérience concrète d'exploitation d'un réseau réel), le sous-réseau de par sa nature est peu fiable quelle que soit la manière dont il a été conçu. Par conséquent, les hôtes doivent accepter le fait qu'il n'est pas fiable, et assurer eux-mêmes le contrôle des erreurs (c'est-à-dire la détection et la correction des erreurs) ainsi que le contrôle de flux.

Ce point de vue conduit rapidement à la conclusion que le service réseau doit être en mode sans connexion, et ne dispose que des primitives *SEND PACKET* et *RECEIVE PACKET*. En particulier on ne doit faire ni contrôle d'erreur ni contrôle de flux, car les hôtes le font, et il est peu probable d'obtenir une amélioration en le faisant deux fois. En outre, chaque paquet doit comporter l'adresse complète de destination, car chaque paquet est transporté indépendamment de ses prédécesseurs s'il y en a.

L'autre partie (représentée par les transporteurs) avance que la Couche Réseau (et le sous-réseau) doit fournir un service fiable orienté connexion, répondant aux propriétés suivantes:

1. Avant l'envoi des informations, l'entité transport de la source doit initialiser une connexion avec l'entité transport du destinataire. Cette connexion, à qui l'on donne une identification unique, est ensuite utilisée jusqu'à ce qu'il n'y ait plus de données à envoyer; à ce moment la connexion est explicitement rompue.

2. Quand la connexion est initialisée, les deux entités transport ainsi que la Couche Réseau fournissant le service peuvent entrer en négociation au sujet des paramètres de service, de la qualité et du coût du service fourni.

3. La communication est bidirectionnelle, et les paquets sont délivrés en séquence et sans erreur. Le modèle conceptuel est représenté par une file d'attente premier entré / premier sorti.

4. Le contrôle de flux est automatiquement fourni pour empêcher un émetteur rapide de vider ses paquets dans la file d'attente à un rythme plus rapide que le récepteur ne peut les en retirer, ce qui conduirait à un débordement.

D'autres possibilités, telles que l'accusé de réception explicite et les paquets exprès, sont optionnelles.

Une analogie entre le service avec connexion et le service sans connexion clarifiera la situation. Le réseau téléphonique public offre un service avec connexion. L'usager commence par composer un numéro pour initialiser la connexion. Ensuite, les correspondants dialoguent (échangent des informations). Enfin, la connexion est interrompue. Malgré la complexité des connexions à l'intérieur du réseau téléphonique, les deux usagers ont l'illusion qu'un canal point à point et dédié leur est réservé pour délivrer des informations dans l'ordre où elles ont été émises.

Par opposition la poste (ou le télégramme) est sans connexion. Chaque lettre comporte l'adresse complète du destinataire, et est transportée indépendamment des autres. Les lettres n'arrivent pas nécessairement dans l'ordre où elles ont été postées. Si un facteur perd accidentellement une lettre, le bureau de poste n'envoie pas un duplicata au bout d'un certain temps. En bref, les contrôles d'erreur et de flux sont assurés par les usagers eux-mêmes, en dehors du système postal (le sous-réseau). La figure 5-1 résume les différences entre services avec connexion et sans connexion.

Sujet	Service avec connexion	Service sans connexion
Initialisation	Nécessaire	Impossible
Adresse du destinataire	Nécessaire uniquement à l'initialisation	Nécessaire dans chaque paquet
Séquencement des paquets	Garanti	Non garanti
Contrôle d'erreur	Assuré par la Couche Réseau à la charge du réseau	Assuré par la couche transport à la charge des hôtes
Contrôle de flux	Fourni par la couche réseau	Non fourni par la Couche Réseau
Possibilité de négociation des options	Oui	Non
Utilise-t-on des identificateurs de connexion ?	Oui	Non.

Figure 5-1. Résumé des différences principales entre service avec connexion et service sans connexion

Le débat réel entre service avec connexion et service sans connexion se situe au niveau du choix de la couche où placer la complexité. Dans le service avec connexion, c'est dans la Couche Réseau (sous-réseau); dans le service sans connexion, c'est dans la Couche Transport (hôtes). Les partisans du service sans connexion soutiennent que la puissance de calcul des ordinateurs des utilisateurs est devenue moins onéreuse, et que rien n'empêche de placer la complexité dans les hôtes (fréquemment dans les processeurs de réseau). En outre, ils argumentent que le sous-réseau est un investissement national majeur destiné à durer des décennies, donc cet investissement ne doit pas être alourdi par des caractéristiques qui tombent rapidement en désuétude, mais qui devront être calculées dans le coût pendant plusieurs années. De plus, certaines applications, comme la voix numérisée et la collecte d'informations en temps réel, nécessitent plutôt une livraison rapide qu'une livraison exacte.

A l'inverse, les supporters du service orienté connexion soutiennent que la plupart des utilisateurs ne sont pas intéressés par l'exécution de protocole complexe de transport dans leur machine. Ce qu'ils veulent est un service fiable, sans ennui, et ce service peut être mieux fourni avec connexion.

En conclusion, il y a un très réel problème de crédibilité. Si les usagers n'acceptent pas de faire confiance au transporteur, qui prétend ne perdre que très rarement un paquet, ils devront implanter tous les contrôles d'erreurs dans leurs couches transport. Toutefois, si une proportion importante d'usagers le font c'est un gaspillage que de s'exposer à toutes sortes d'ennuis et de dépenses pour atteindre un haut degré de fiabilité dans la Couche Réseau. Le sous-réseau peut très bien fournir un service sans connexion squelettique et bon marché, et dire aux usagers de faire tout le travail puisque plusieurs d'entre eux le feront de toute manière quels que soient les dires du transporteur.

En résumé les partisans du service orienté connexion sont plus nombreux que les supporters du service sans connexion dans le comité qui définit la Couche Réseau, de sorte que la Couche Réseau du modèle OSI fut à l'origine orientée connexion. (On a prétendu que les PTT préféraient le service orienté connexion parce qu'il ne peut y avoir une durée de connexion s'il n'y a pas de connexion.) Cependant les partisans du service sans connexion intriguèrent pour leur cause, pour que l'ISO puisse éventuellement modifier la définition du service pour y inclure les deux classes. Les deux types sont maintenant autorisés et les protocoles correspondants ont été incorporés dans l'architecture OSI.

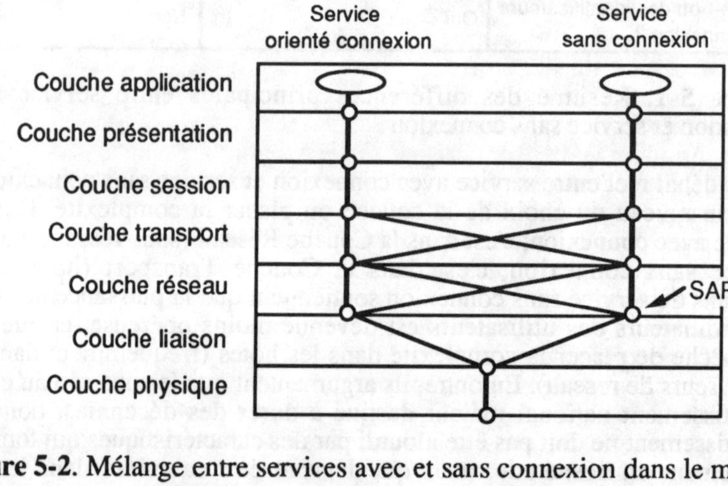

Figure 5-2. Mélange entre services avec et sans connexion dans le modèle OSI

La Couche Réseau n'est pas le seul champ de bataille entre les deux camps. Le même problème existe dans toutes les couches. Le conflit a été enfin résolu une fois pour toutes par une révision du modèle OSI qui permet d'offrir ces deux sortes de services à tous les niveaux. Dans la figure 5-2 nous voyons comment les deux types de service sont en relation l'un avec l'autre. Au sommet de chaque couche (à l'exception de la Couche Application) se trouvent les *SAP* (points d'accès au service) au travers desquels la couche supérieure accède aux services. Chaque *SAP* est identifié par une adresse unique. A partir de la Couche Liaison de Données, ces services peuvent être orientés avec ou sans connexion (le problème ne se pose pas dans la Couche Physique car les contrôles d'erreur et de flux ne sont pas de son ressort).

Deux voies évidentes sont soit complètement avec connexion, soit entièrement sans connexion. Cependant il est possible d'avoir un service avec connexion fourni par la Couche Réseau ou Transport même si les couches inférieures sont sans connexion. Dans ce cas la Couche Réseau ou transport doit assurer la conversion. Par exemple un service transport orienté connexion pourra être construit sur un réseau local avec un service liaison sans connexion, en plaçant le contrôle d'erreur, le contrôle de flux, et les fonctionnalités correspondantes soit dans la Couche Réseau soit dans la Couche Transport. Il est aussi possible d'implanter le mécanisme inverse d'un service sans connexion pour les couches hautes au-dessus de couches basses orientées connexion. Cependant cela semble du gaspillage de connecter deux réseaux locaux, tous deux en mode sans connexion, à travers un réseau général qui offre uniquement un service réseau en mode connexion. En tout état de cause, la conversion entre les deux types de service peut être réalisée dans la Couche Réseau ou la Couche Transport, mais jamais dans les couches supérieures.

Les primitives du service réseau du modèle OSI

La norme IS 8348 définit les services réseaux et précise les primitives qui s'appliquent à la frontière entre la Couche Réseau et la Couche Transport. Elle définit les primitives du service avec connexion et du service sans connexion.

Les primitives orientées connexion utilisent le modèle de la figure 5-3. D'après ce modèle une connexion est une paire de files d'attente entre deux *NSAP* (adresses de réseau), une file pour chaque sens. Avant l'établissement d'une connexion nous sommes dans la situation de la figure 5-3(a). Après une connexion réussie nous sommes dans la situation de la figure 5-3(b). Après l'envoi de trois paquets, l'état de la connexion peut être représenté par la figure 5-3(c).

Les primitives du service orienté connexion sont énumérées dans la figure 5-4(a). Elles peuvent être regroupées respectivement en quatre catégories, l'établissement, la libération, l'utilisation et la réinitialisation de la connexion. La plupart des primitives comportent des paramètres. La façon exacte dont les paramètres sont passés aux primitives dépend de l'implémentation. L'effet de chaque primitive peut se décrire par la manière dont elle modifie l'état des files de la figure 5-3.

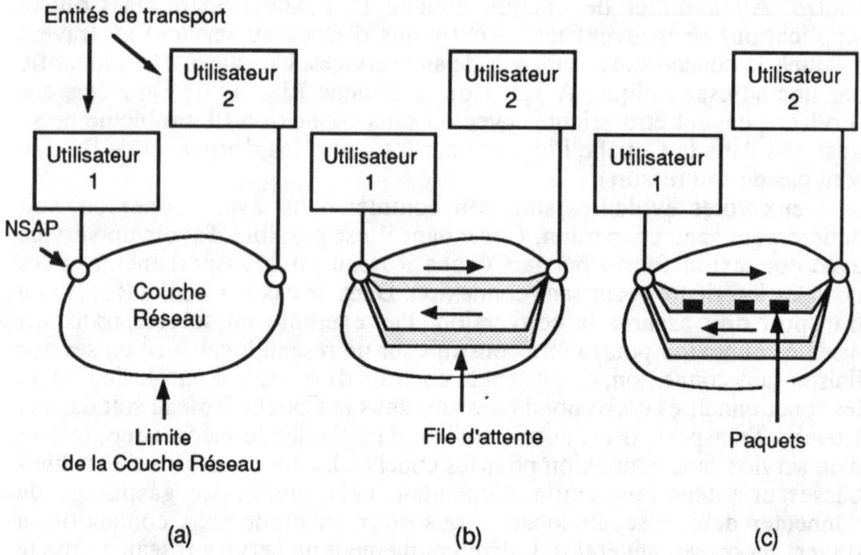

Figure 5-3. (a) Avant l'établissement de la connexion (b) Après l'établissement d'une connexion (c) Après l'expédition de trois paquets non encore reçus

La primitive *N-CONNECT.request* est utilisée pour initialiser la connexion. Elle précise l'adresse réseau à laquelle on veut se connecter et l'adresse réseau de l'appelant. Elle comporte aussi deux variables booléennes pour demander l'utilisation des services optionnels. Le *Acks_wanted* permet à l'appelant de demander l'acquittement de chaque paquet émis. Si la Couche Réseau ne fournit pas l'acquittement, la variable est mise à faux quand la demande est livrée au destinataire dans la primitive *N-CONNECT.indication.* Si la Couche Réseau fournit l'acquittement, mais que le destinataire ne veut pas l'utiliser, il l'indique en mettant le «drapeau» à faux dans la primitive *N-CONNECT.response*. Ce n'est seulement que dans le cas ou les deux entités transports et le fournisseur du service réseau le désirent que cette option est utilisée. Ceci est un exemple d'*option négociable.*

Le «drapeau» *exp_wanted* est un second exemple d'option négociable. Si cette option est acceptée par les trois parties, elle permet l'usage des *données exprès*, un paquet important peut violer l'ordre normal de la file d'attente et se placer en tête de la file. Le fait qu'il le fasse ou non dépend de l'implémentation. Un exemple typique d'utilisation d'un paquet exprès est le cas d'un utilisateur appuyant sur la touche *DEL* d'un terminal pour interrompre l'exécution d'un programme. Le paquet *DEL* sera un paquet exprès.

N_CONNECT.request (appelé, appelant, confirmation_réception, données_exprès, qos, données_utilisateur)
N_CONNECT.indication (appelé, appelant, confirmation_réception, données_exprès, qos, données_utilisateur)
N_CONNECT.response (répondeur, confirmation_réception, données_exprès, qos, données_utilisateur)
N_CONNECT.confirmation (répondeur, confirmation_réception, données_exprès, qos, données_utilisateur)
N_DISCONNECT.request (origine, raison, données_utilisateur, adresse_en_réponse)
N_DISCONNECT.indication (origine, raison, données_utilisateur, adresse_en_réponse)
N_DATA_CONNECT.request (données_utilisateur)
N_DATA_CONNECT.indication (données_utilisateur)
N_DATA_CONNECT.response ( )
N_DATA_CONNECT.confirm ( )
N_EXPEDITED_DATA.request (données_utilisateur)
N_EXPEDITED_DATA.indication (données_utilisateur)
N_RESET.request (origine, raison)
N_RESET.indication (origine, raison)
N_RESET.response ( )
N_RESET.confirm ( )

(a) Service orienté connexion

N_UNIDATA.request (adresse_source, adresse_destination, qos, données_utilisateur)
N_UNIDATA.indication (adresse_source, adresse_destination, qos, données_utilisateur)
N_FACILITY.request (qos)
N_FACILITY.indication (adresse_destination, qos, raison)
N_REPORT_indication (adresse_destination, qos, raison)

(b) Service sans connexion

qos = qualité de service désirée
raison = indique la raison de la commande

Figure 5-4. (a) Primitives du service avec connexion du modèle OSI
(b) Primitives du service sans connexion du modèle OSI

Le paramètre *qos* est en réalité deux listes de valeurs qui déterminent la qualité du service fourni par la connexion. La première liste comporte les souhaits du demandeur. La seconde indique les valeurs minimales acceptables. Si le service réseau est incapable de fournir au moins le minimum indiqué par les paramètres de l'un ou l'autre du demandeur ou du demandé, l'établissement de la connexion échoue. Les valeurs qui peuvent être demandées comprennent entre autres le temps de traversée, le taux d'erreur, la confidentialité et le coût.

Le demandeur peut placer des données utilisateurs dans la demande de connexion. Le demandé peut consulter ces informations avant de décider s'il accepte ou refuse la demande. La connexion est acceptée par la primitive *N-CONNECT.response* et rejetée par la primitive *N-DISCONNECT.request.* Quand une connexion est refusée le champ *reason* permet à l'appelé d'indiquer pourquoi il n'a pas voulu accepter la connexion, et si cet état est permanent ou provisoire. La Couche Réseau peut elle aussi refuser une tentative d'établissement de connexion, par exemple si la qualité de service demandée n'est pas disponible (condition permanente) ou si le sous-réseau est engorgé (condition provisoire).

Les primitives *N-CONNECT* et *N-DISCONNECT* sont simples, et nécessitent peu de commentaires supplémentaires. Après que la connexion a été établie, chaque correspondant peut transmettre des informations en utilisant la primitive *N-DATA.request.* Quand ces paquets arrivent, une primitive *N-DATA.indication* est activée chez le récepteur. Les primitives utilisées par les données exprès sont analogues à celles des données normales.

Si on s'est mis d'accord sur l'acquittement quand un paquet est reçu, le bénéficiaire est tenu de délivrer une *N-DATA-ACKNOWLEDGE.request.* Cette primitive ne renferme pas de séquence de nombres, aussi l'expéditeur de l'original doit-il simplement compter les acquittements.

Si la qualité de service est faible, et que les données et les acquittements peuvent être perdus, ce modèle n'est pas très satisfaisant. D'autre part, ce n'est pas dans le rôle de la Couche Réseau de fournir un service sans erreur; ce travail est fait par la Couche Transport. Les acquittements de la Couche Réseau sont simplement une tentative pour améliorer la qualité de service, et non pour la rendre parfaite.

Les primitives *N-RESET* sont utilisées pour signaler les catastrophes, tel que l'arrêt brutal de l'autre entité transport ou du fournisseur du service réseau lui-même. Après qu'une *N-RESET* a été demandée, indiquée, répondue et confirmée, les files doivent être réinitialisées à leur état vide d'origine. Les informations présentes dans les files au moment de la *N-RESET* sont perdues. De nouveau dans ce cas, c'est à la Couche Transport de récupérer les pertes dues aux *N-RESET*.

Les primitives du service OSI sans connexion sont indiquées dans la figure 5-4(b). Les primitives *N-UNIDATA* sont utilisées pour envoyer jusqu'à 64 512 octets d'information (1 Ko de moins que 2^{16}, ce qui laisse assez de place pour les différents en-têtes sans que l'ensemble dépasse 2^{16} octets). Les primitives *N-UNIDATA* ne fournissent ni contrôle d'erreurs, ni contrôle de flux, ni aucun contrôle. L'expéditeur vide seulement le paquet dans le sous-réseau en espérant que tout ira pour le mieux.

La primitive *N-FACILITY.request* est conçue pour permettre à l'utilisateur du service réseau de se renseigner sur les caractéristiques moyennes de la distribution à la destination, comme le pourcentage de paquets ayant été délivrés. La primitive *N-FACILITY.indication* est utilisée par la Couche Réseau elle-même, et non par l'entité transport distante.

La primitive *N-REPORT.indication* permet à la Couche Réseau de rendre compte des problèmes à l'utilisateur du service réseau. Si, par exemple, une destination particulière est indisponible, on l'indique en utilisant cette primitive. La façon détaillée dont cette primitive est utilisée dépend du réseau et n'est pas définie dans la norme.

Une des fonctions de la Couche Réseau est de fournir une codification spatiale uniforme à l'usage de la Couche Transport. D'une manière idéale, tous les administrateurs de réseaux devraient se réunir et se mettre d'accord sur une codification unique, de sorte que chaque liaison (fil) reliant un réseau à un bureau ou à un domicile ait une adresse mondiale unique. Malheureusement ce n'est pas près d'arriver.

Pour faire au mieux avec la situation existante, l'adressage de la Couche Réseau a été conçu pour incorporer les différents types d'adressage des réseaux actuels. Toutes les primitives du service réseau utilisent les adresses *NSAP* pour identifier la source et la destination. Le format de cette adresse *NSAP* est indiqué sur la figure 5-5. Chaque adresse *NSAP* comporte trois champs. Le premier, l'*AFI* (*Authority and Format Identifier*) identifie le type d'adresse présente dans le troisième champ, le *DSP* (*Domain Specific Part*). La codification attribuée permet de contenir dans le champ DSP des adresses de réseau paquets, des numéros de téléphone, des numéros RNIS, des numéros Télex, et tous les types similaires de numérotation existants, aussi bien en décimal compacté qu'en binaire. Le champ AFI peut contenir une valeur comprise entre 10 et 99, ce qui laisse beaucoup de place pour les plans de numérotation futurs.

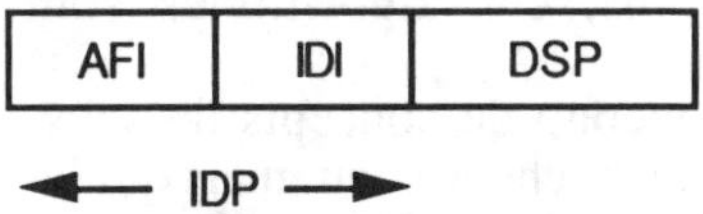

IDP : Domaine général de l'adresse

IDP : Type d'adresse figurant dans DSP

IDI : Précise le domaine de DSP, dans le cas du téléphone l'IDI est le code du pays

DSP : Adresse proprement dite dans le réseau

Figure 5-5. Le format des adresses de réseaux de l'OSI (*NSAP*)

Le second champ ou *IDI* (*Initial Domain Identifier*), précise le domaine auquel appartient le numéro du DSP. Par exemple, si le DSP est un numéro de téléphone, l'IDI doit être le code pays de ce numéro. L'adresse *NSAP* complète est de longueur variable, jusqu'à 40 chiffres décimaux ou 20 octets.

Pour comprendre à quoi servent les adresses *NSAP*, il peut être utile de faire une analogie avec le téléphone. La plupart des bureaux et des domiciles actuels sont équipés d'une ou plusieurs prises auxquelles les téléphones peuvent être branchés. Chaque prise est connectée à une liaison qui va du téléphone au commutateur (ou *PABX*). Cette prise est attribuée à un unique numéro mondial consistant en un code pays, suivi d'un code régional, et d'un numéro d'abonné.

Toutes les fois qu'un téléphone est branché à une prise, le téléphone peut être atteint en composant le numéro de la prise. Vous constatez que le numéro est réellement affecté à la prise et non au téléphone particulier qui lui est branché. Quand un poste téléphonique est déplacé d'un bureau à un autre, il prend le numéro du nouveau bureau, il ne conserve pas l'ancien numéro. Ainsi les prises donnent au système téléphonique une codification spatiale uniforme, indépendante des combinés téléphoniques particuliers qui sont branchés à un instant donné, ou de la personne qui répondra à la sonnerie.

De manière analogue les prises téléphoniques sont les *NSAP*, et les numéros de téléphone sont les adresses *NSAP*. Quand une entité transport demande au réseau d'appeler une machine éloignée, elle indique l'adresse *NSAP* (analogue au numéro de téléphone) à appeler. La Couche Réseau ne s'intéresse pas à l'entité transport (le téléphone) qui est attachée (branchée) au *NSAP*, et encore moins au propriétaire de l'entité transport (la personne qui répond au téléphone). La manière dont les entités transports se connectent aux *NSAP* concerne la Couche Transport, et non la Couche Réseau.

5.1.2. Organisation interne de la Couche Réseau

Nous avons vu les deux classes de service que la Couche Réseau peut fournir à ses utilisateurs; il est temps de voir comment cela fonctionne. Malheureusement, le modèle OSI ne fournit pas de spécifications sur les algorithmes clefs, tel que le routage ou le contrôle de congestion. Ceux-ci dépendent des implémentations. Néanmoins, ces algorithmes sont importants et nous les verrons en détail.

Par conséquent, ce chapitre couvrira beaucoup de concepts de sous-réseaux qui ne font pas strictement partie de la Couche Réseau, mais qui lui sont liés. Nous parlerons de la Couche Réseau de l'OSI quand ce sera nécessaire. Pour être clair lorsque nous parlerons des concepts des sous-réseaux (par opposition à l'OSI) nous utiliserons les termes de «IMP» et d'«hôte» au lieu de Couche Réseau et de Couche Transport, bien que celles-ci soient équivalentes dans certains réseaux.

Il y a fondamentalement deux philosophies différentes dans l'organisation des sous-réseaux, une utilisant le mode avec connexion et l'autre travaillant dans le mode sans connexion. Dans le contexte des opérations internes du sous-réseau une connexion est appelée *circuit virtuel*, par analogie avec les circuits physiques du système téléphonique. Les paquets indépendants de l'organisation sans connexion sont appelés *datagrammes*, par analogie avec le télégramme.

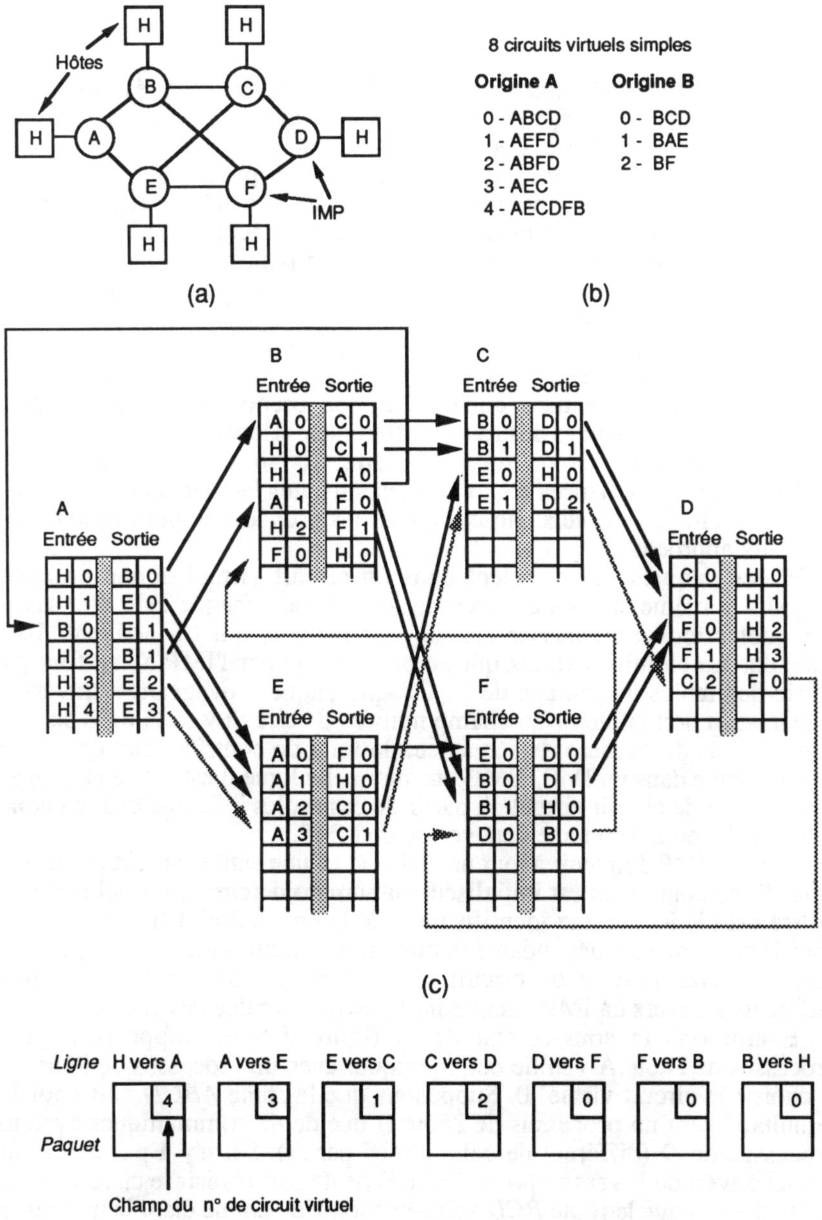

Figure 5-6. (a) Exemple de sous-réseau (b) Huit circuits virtuels à travers le sous-réseau (c) Les tables de routage des IMP correspondant aux circuits virtuels de (b) (d) Le changement des circuits virtuels correspondant à la progression d'un paquet

Les circuits virtuels sont en général utilisés dans les sous-réseaux dont le service principal est orienté vers un service avec connexion, que nous décrirons dans ce contexte. L'idée derrière les circuits virtuels est d'éviter de prendre une décision de routage pour chaque paquet à envoyer. Au contraire, quand une connexion est établie, on choisit une route entre la machine source et la machine destinataire; cela fait partie de l'établissement même de la connexion. Cette route est utilisée pour tout le trafic sur cette connexion, exactement de la même façon qu'avec le système téléphonique. Quand la connexion est coupée, le circuit virtuel est abandonné.

Par opposition, dans un sous-réseau datagramme aucune route n'est établie par avance, même si le service est orienté connexion. Chaque paquet est routé de manière indépendante de son prédécesseur. Les paquets successifs peuvent suivre des routes différentes. Alors que les sous-réseaux datagrammes ont plus de travail à faire, ils sont plus «robustes» et s'adaptent aux défaillances et aux congestions plus facilement que les sous-réseaux à circuits virtuels. Nous exposerons plus loin le pour et le contre des deux approches.

Si les paquets qui circulent dans un circuit virtuel donné prennent toujours le même chemin à travers le sous-réseau, chaque IMP doit savoir par quel circuit doit passer chacun des paquets qui lui arrivent. Bien entendu, les circuits virtuels, qui ne passent pas par l'IMP *X*, ne font pas partie des tables de routage de *X*. Chaque paquet voyageant à travers le sous-réseau doit contenir un champ numéro de circuit virtuel dans son en-tête, en plus du numéro de séquence, du total de contrôle, etc. Quand un paquet arrive dans un IMP, l'IMP sait sur quelle ligne il est arrivé et quel est son numéro de circuit virtuel. A partir de ces seules informations le paquet peut être acheminé correctement vers le bon IMP.

Chaque IMP doit tenir à jour une table avec une entrée par circuit virtuel. Quand une connexion est initialisée, un numéro de circuit virtuel non déjà utilisé est choisi comme identificateur de la connexion. Chaque machine choisit de manière indépendante le numéro de circuit virtuel; il est possible que le même numéro de circuit virtuel soit utilisé sur deux chemins différents à travers un IMP intermédiaire, ce qui entraîne des ambiguïtés.

Examinons le sous-réseau de la figure 5-6(a). Supposons qu'un processus de l'hôte A veuille communiquer avec un processus de l'hôte *D*. *A* choisit le circuit virtuel 0. Supposons que la route *ABCD* soit choisie. Simultanément un processus de l'hôte B décide de communiquer avec un processus de *D* (différent de celui choisi par A). S'il n'y a pas de circuit virtuel ouvert de B vers ce point, l'hôte B peut aussi choisir le circuit virtuel 0. Supposons que la route *BCD* soit sélectionnée comme étant la meilleure. Après que les deux circuits virtuels ont été initialisés, le processus *A* envoie son premier message vers *D*, sur le circuit 0. Quand le paquet arrive en *D*, le pauvre hôte ne sait pas auquel de ses processus il doit le délivrer.

Pour résoudre ce problème, chaque fois qu'un hôte veut créer un nouveau circuit virtuel en sortie, il choisit le plus petit numéro de circuit actuellement libre. L'IMP *X* ne doit pas faire suivre le paquet d'appel tel quel vers l'IMP suivant (que nous appellerons *Y*). *X* consulte sa table de routage, où se trouvent tous les numéros de circuits actuellement utilisés pour le trafic vers *Y*. Ensuite il choisit le numéro libre le plus bas, et substitue ce numéro dans le paquet, à la place du numéro choisi par l'hôte. De la même manière, *Y* choisit le plus petit numéro de circuit libre entre lui et l'IMP suivant.

Quand le paquet d'initialisation arrive enfin à destination, l'IMP choisit le numéro de circuit disponible le plus bas, remplace le numéro de circuit trouvé dans le paquet, et le transmet à l'hôte. Comme l'hôte destinataire voit toujours le même numéro de circuit «arrivée» pour tout le trafic concernant le même circuit virtuel, il importe peu que l'hôte source utilise un numéro logique différent de l'hôte destinataire.

La figure 5-6(b) donne huit exemples de circuits virtuels possibles à travers le sous-réseau (a). La partie (c) de la figure montre les tables de routage des IMP, en supposant que les circuits ont été créés dans l'ordre *ABCD*, *BCD*, *AEFD*, *BAE*, *ABFD*, *BF*, *AEC*, et *AECDFB*. Le dernier (*AECDFB*) peut sembler compliqué, mais si les liaisons *AB*, *BC* et *EF* sont particulièrement surchargées, au moment de l'exécution de l'algorithme de routage, celui-ci a dû faire le meilleur choix.

Chaque case comporte une partie arrivée et une partie départ. Chacune des deux parties comporte un nom d'IMP (utilisé pour indiquer la ligne) et un numéro de circuit virtuel. Quand un paquet arrive on recherche dans la partie gauche de la table (arrivée), à l'aide d'une clef calculée à partir de la ligne d'arrivée et du numéro de circuit virtuel trouvé dans le paquet. S'il y a correspondance quelque part dans la table, la partie sortie de la case indique quel numéro de circuit virtuel doit être placé dans le paquet et à quel IMP il doit être envoyé. H représente l'hôte, aussi bien pour les arrivées que pour les départs.

Par exemple l'hôte de A envoie un paquet vers l'hôte de *B* sur le circuit virtuel 4 (c'est-à-dire la route *AECDFB*). Quand l'IMP *A* reçoit un paquet de son propre hôte sur le circuit 4, il recherche dans sa table, il trouve *H*4 à la case 5 (la première case est 0). La partie départ de cette case est *E*3, ce qui signifie qu'il faut remplacer le numéro de circuit 4 par 3 et envoyer le paquet à l'IMP *E*. Quand l'IMP *E* reçoit un paquet de *A* sur le circuit 3, il recherche dans sa table à l'aide de la clef *A*3 et trouve une correspondance en troisième position. Le paquet va maintenant en *C* sur le circuit 1. La suite des cases est marquée par une ligne en gras. La figure 5-6(d) montre cette séquence de numérotation des paquets.

Comme un circuit virtuel peut être initialisé d'un côté comme de l'autre, un problème peut se poser quand une demande d'initialisation est envoyée dans les deux directions en même temps le long d'une chaîne d'IMP. A un endroit ils vont arriver dans deux IMP adjacents. Chaque IMP doit alors prendre un numéro de circuit virtuel (*full duplex*) pour le circuit en cours d'établissement. Si le programme leur fait choisir le plus petit numéro disponible sur le maillon, ils vont prendre le même numéro, créant deux circuits sans relation sur la même ligne physique avec le même numéro.

Quand un paquet d'information arrive plus tard, l'IMP récepteur n'a aucun moyen de savoir s'il s'agit d'un paquet aller ou d'un paquet retour. En revanche, pour les circuits simplex il n'y a pas d'ambiguïté.

Notez que l'on doit exiger de chaque processus qu'il indique lorsqu'il cesse d'utiliser un circuit virtuel, afin que le circuit virtuel puisse être effacé des tables de l'IMP pour récupérer de la place. Dans les réseaux publics la motivation est plutôt «le bâton» que «la carotte», les utilisateurs étant facturés selon le temps de connexion aussi bien que sur la quantité des informations transportées.

L'autre possibilité est d'utiliser le datagramme en interne; dans ce cas les IMP n'ont pas de table avec une case par circuit virtuel ouvert. Ils ont, à la place, une table avec la ligne de sortie à utiliser pour chaque adresse possible d'IMP. Ces tables sont aussi nécessaires quand on utilise les circuits virtuels en interne, pour déterminer la route du paquet d'initialisation.

Chaque datagramme doit contenir l'adresse complète de destination (la machine et l'adresse NSAP auxquelles le processus destinataire est attaché). Quand un paquet arrive, l'IMP détermine la ligne de sortie à utiliser, et l'envoie sur cette voie. Rien n'est modifié dans le paquet. Aussi l'établissement et la suppression de la connexion de la Couche Réseau, ou de la Couche Transport, ne demande-t-il aucun travail spécial de la part des IMP.

Comparaison entre circuits virtuels et datagrammes dans les sous-réseaux

Circuits virtuels et datagrammes ont leurs partisans et leurs détracteurs. Nous allons tenter maintenant de résumer leurs arguments. A l'intérieur du sous-réseau la contrepartie entre circuits virtuels et datagrammes se situe entre l'importance de la mémoire de l'IMP et la largeur de bande. Les circuits virtuels permettent aux paquets de ne contenir que le numéro de circuit, au lieu de l'adresse complète de destination. Si les paquets risquent assez souvent d'être courts, une adresse complète de destination dans chaque paquet peut représenter une surcharge significative et un gaspillage de la capacité de transport. L'utilisation des circuits virtuels à l'intérieur du sous-réseau devient particulièrement intéressante, lorsque de nombreux hôtes sont réellement des terminaux interactifs de paquets avec peu de caractères. Le prix à payer pour utiliser les circuits virtuels à l'intérieur du réseau est l'espace occupé par les tables dans les IMP. Selon le coût relatif des communications par rapport à la mémoire des IMP, l'une ou l'autre des solutions peut s'avérer meilleure.

Pour des systèmes transactionnels (par exemple les appels de magasins voulant contrôler des cartes de crédit), les surcharges exigées par l'initialisation et la suppression du circuit virtuel peuvent aisément limiter l'utilisation du circuit. Si la majorité du trafic escompté est de ce type, l'usage de circuits virtuels internes n'a pas grand sens.

Les circuits virtuels posent des problèmes de vulnérabilité. Quand un IMP tombe en panne et efface sa mémoire, et même s'il se rétablit une seconde plus tard, tous les circuits virtuels le traversant sont détruits. Au contraire si un IMP qui fait du datagramme tombe en panne, seuls les utilisateurs dont les paquets sont en file d'attente dans l'IMP à ce moment-là auront à en souffrir, et peut-être même pas; cela dépend de ce qu'il y a acquittement ou non. La perte d'une ligne de communication est fatale dans le cas des circuits virtuels qui l'utilisent, mais peut être facilement compensée dans le cas du datagramme. Le datagramme permet aussi aux IMP de répartir le trafic dans le sous-réseau, puisqu'une route peut être modifiée à mi-chemin dans une connexion.

Il est intéressant de montrer que le service offert (avec ou sans connexion) est une question indépendante de la structure du sous-réseau (avec ou sans connexion). En théorie les quatre combinaisons sont possibles. Evidemment, une implémentation de circuit virtuel pour un service avec connexion et un datagramme pour un service sans connexion sont logiques. Une implémentation avec connexion est aussi valable sur un datagramme quand le sous-réseau essaye de fournir un service extrêmement solide.

La quatrième possibilité, un service sans connexion sur un sous-réseau à circuits virtuels semble curieuse, mais pourrait arriver sur un sous-réseau primitivement conçu pour un service avec connexion, auquel un service sans connexion est rajouté après-coup. Dans un tel cas, le sous-réseau doit initialiser, utiliser et supprimer un circuit virtuel pour chaque paquet envoyé, ce qui n'est pas une mince affaire.

La figure 5-7 donne quelques différences entre les sous-réseaux utilisant en interne les circuits virtuels ou le datagramme.

5.1.3. Le routage

La fonction réelle de la Couche Réseau est de router les paquets de la machine source à la machine destinataire. Dans la plupart des sous-réseaux les paquets vont faire de nombreux sauts pour accomplir le voyage. La seule exception notable est le réseau de radiodiffusion, mais même ici le routage est possible si source et destinataire ne sont pas dans le même réseau. Les algorithmes qui choisissent les routes et les structures des données qui les utilisent sont une caractéristique importante du modèle de la Couche Réseau. Dans cette section nous ne ferons qu'esquisser le problème. Plus loin dans ce chapitre, nous examinerons en détail de nombreux algorithmes qui ont été proposés.

L'*algorithme de routage* est la partie du logiciel de la Couche Réseau qui a la responsabilité de décider sur quelle ligne de sortie un paquet entrant doit être retransmis. Si le sous-réseau utilise le datagramme en interne, cette décision doit être prise pour chaque paquet de données entrant. Toutefois, si le sous-réseau utilise en interne les circuits virtuels, la décision de routage n'est prise qu'au cours de l'initialisation d'un nouveau circuit virtuel. Par la suite les paquets d'information n'ont plus qu'à suivre la route précédemment établie. Ce dernier cas est parfois appelé routage de session, parce qu'une route reste en place pour la session entière de l'utilisateur (par exemple une connexion d'un terminal ou un transfert de fichier).

Sujet	Sous-réseau datagramme	Sous-réseau circuit virtuel
Initialisation du circuit	Impossible	Nécessaire
Adressage	Chaque paquet comporte les adresses complètes de l'émetteur et du destinataire	Chaque paquet contient le numéro de circuit virtuel
Informations de routage	Le sous-réseau ne conserve aucune information	Chaque circuit virtuel établi requiert de la place dans les tables de routage
Routage	Chaque paquet a un routage indépendant	Le routage est établi lors de l'initialisation et suit le même chemin
Contrôle de congestion	Aucune, sauf perte des paquets présents dans le nœud incriminé	Tous les circuits virtuels traversant l'équipement défaillant sont détruits
Conséquences d'une défaillance d'un nœud	Difficile	Facile s'il est possible d'allouer assez de tampons à l'initialisation du circuit virtuel
Complexité	Dans la couche transport	Dans la couche réseau
Adapté à	Service avec ou sans connexion	Service avec connexion

Figure 5-7. Comparaison des sous-réseaux en mode datagramme et circuit virtuel. Constatez la similitude avec les services orientés connexion et sans connexion de la figure 5-1.

Un certain nombre de propriétés sont souhaitables pour un algorithme de routage, que les routes soient choisies indépendamment pour chaque paquet ou seulement au moment où une nouvelle connexion est établie: exactitude, simplicité, robustesse, stabilité, justice (vis-à-vis des usagers) et optimisation. Exactitude et simplicité n'ont presque pas besoin de commentaires, mais la nécessité de robustesse est moins évidente à première vue. Quand un grand réseau vient à naître, on doit pouvoir s'attendre qu'il fonctionne de manière continue pendant des années sans défaillance fatale. Pendant cette période, il y aura des défaillances de matériel et de logiciel de toute sorte. Les hôtes, les IMP, et les lignes auront des hauts et des bas sans arrêt, et la topologie changera de nombreuses fois. L'algorithme de routage doit être capable de prendre en compte les modifications de la topologie et du trafic, sans qu'il soit nécessaire d'arrêter les travaux sur tous les hôtes et de réinitialiser le réseau chaque fois qu'un IMP tombe en panne.

La stabilité est aussi un objectif important pour un algorithme de routage. Il existe des algorithmes de routage qui ne convergent jamais vers un équilibre, quelle que soit la durée de fonctionnement. Justice et optimisation sont sacrées, certainement rien ne les oppose — mais il arrive qu'elles aient des objectifs contradictoires. Un exemple simple de conflits est présenté sur la figure 5-8. Supposons qu'il y ait assez de trafic entre *A* et *A'*, entre *B* et *B'*, et entre *C* et *C'* pour saturer les liaisons horizontales. Pour maximiser le flux total, le trafic entre *X* et *X'* doit être interrompu complètement. Malheureusement *X* et *X'* ne sont pas du tout d'accord avec cette façon de penser. Il y a évidemment un compromis entre efficacité globale et justice pour chaque connexion individuelle.

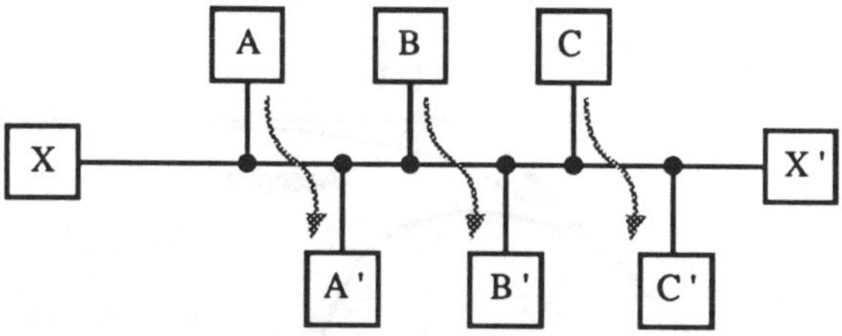

Figure 5-8. Conflit entre justice et optimisation

Avant même de pouvoir tenter un compromis entre justice et optimisation, nous devons décider de ce que nous cherchons à optimiser. Minimiser le délai moyen de traversée des paquets semble aussi évident que de maximiser le flux total du réseau. Ces deux objectifs sont également en contradiction, car un système de file d'attente fonctionnant au voisinage du maximum de sa capacité implique un temps d'attente très important. Une solution de compromis pour de nombreux réseaux consiste à minimiser le nombre de sauts (de nœuds traversés) qu'un paquet doit faire; réduire ce nombre améliore les délais et réduit aussi la capacité de transport consommée, ce qui tend aussi à améliorer le débit.

Les algorithmes de routage peuvent être regroupés en deux classes principales: les non-adaptatifs et les adaptatifs. Les algorithmes non-adaptatifs ne fondent pas leurs décisions de routage sur des mesures ou des estimations du trafic de la topologie en temps réel, alors que les adaptatifs le font. Si un algorithme adaptatif arrive à bien s'adapter au trafic, il sera naturellement plus performant qu'un algorithme qui oublie tout ce qui se passe dans le réseau, mais bien s'adapter au trafic est plus facile à dire qu'à faire. Les algorithmes adaptatifs sont divisés en centralisés, isolés, et distribués (McQuillian, 1947); nous en parlerons plus loin en détail.

5.1.4 La congestion

Quand il y a trop de paquets présents dans le sous-réseau ou une partie du sous-réseau, les performances se dégradent. Cette situation est appelée *congestion*, la figure 5-9 dépeint le phénomène. Quand le nombre de paquets déposés dans le sous-réseau par les hôtes est inférieur à la capacité de transport, ils sont délivrés (exceptés ceux qui subissent des erreurs de transmission), et le nombre de paquets délivrés est égal au nombre de paquets envoyés. Toutefois, si le trafic augmente trop, les IMP ne sont alors plus capables de supporter la charge, et ils commencent à perdre des paquets. La situation ne peut qu'empirer. Quand le trafic d'entrée est très élevé les performances s'effondrent complètement, et il n'y a presque plus de paquets délivrés.

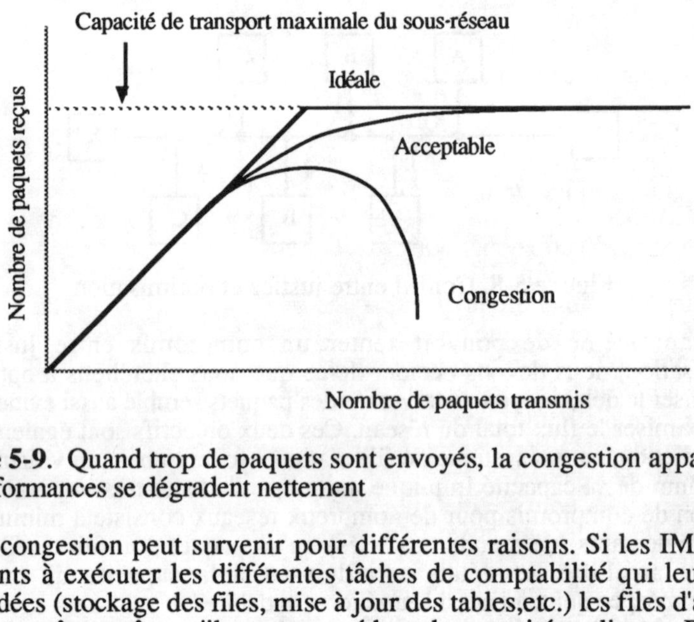

Figure 5-9. Quand trop de paquets sont envoyés, la congestion apparaît et les performances se dégradent nettement

La congestion peut survenir pour différentes raisons. Si les IMP sont trop lents à exécuter les différentes tâches de comptabilité qui leur sont demandées (stockage des files, mise à jour des tables,etc.) les files d'attente peuvent croître, même s'il y a un excédent de capacité en lignes. D'autre part, même si le CPU de l'IMP est infiniment rapide, les files d'attente peuvent croître quand le taux de trafic entrant dépasse la capacité des lignes de sortie. Ceci peut arriver, par exemple, si trois lignes entrantes délivrent des paquets à grande vitesse, paquets que l'on doit retransmettre sur la même ligne de sortie. Par ailleurs il peut y avoir débordement par manque de tampons de l'IMP. Si nous donnons une capacité infinie aux tampons, l'IMP peut toujours aplanir momentanément les engorgements en retenant tous les paquets aussi longtemps qu'il le faut. Bien entendu, pour une question de stabilité, les hôtes ne peuvent indéfiniment envoyer des paquets dans le sous-réseau à un débit supérieur à ce que le sous-réseau peut absorber.

La congestion a tendance à s'entretenir elle-même et à empirer. Si un IMP n'a pas de tampons libres, il doit ignorer les paquets arrivés récemment. Lorsqu'un paquet est rejeté, l'IMP émetteur arrive en *time-out* et le retransmet, parfois même de nombreuses fois. Puisque l'IMP émetteur ne peut rejeter le paquet jusqu'à son acquittement, la congestion du récepteur final force l'émetteur à garder un tampon qui aurait été normalement libéré. De cette manière, la congestion augmente comme la densité des voitures à l'approche d'un guichet de péage.

Cela vaut la peine de montrer explicitement la différence entre contrôle de congestion et contrôle de flux, ce que de nombreux auteurs de livres ou d'articles ne semblent pas comprendre. Le rôle du contrôle de congestion est de s'assurer que le sous-réseau est capable de transporter le trafic qu'on lui présente. C'est une question globale, qui implique la bonne conduite de tous les hôtes, de tous les IMP, des processus de stockage et d'expédition dans les IMP, et de tous les autres facteurs qui tendent à diminuer la capacité de transport du sous-réseau.

En revanche, le contrôle de flux traite du trafic point à point entre un émetteur et un récepteur. Cela consiste à s'assurer qu'un émetteur rapide ne transmette pas plus de données que le récepteur ne peut en absorber. Le contrôle de flux comprend presque toujours un mécanisme de rétroaction du récepteur vers l'émetteur, pour dire à l'émetteur comment les choses se passent à l'autre bout.

Afin de comprendre la différence entre ces deux concepts, considérons un réseau à fibre optique ayant une capacité de 1000 Gbit/s sur lequel un super-ordinateur essaie de transférer un fichier à un micro-ordinateur à 100 Mbit/s. Bien qu'il n'y ait pas de congestion du tout (le réseau lui-même n'est pas en difficulté), le contrôle de flux sera nécessaire pour forcer le super-ordinateur à s'arrêter fréquemment pour donner une chance au micro-ordinateur de s'en tirer.

A l'inverse, considérons maintenant un réseau fondé sur le principe «stocker et expédier» avec des lignes à 1 Mbit/s et 1000 super-mini-ordinateurs, la moitié d'entre eux essayant de transférer des fichiers à 100 kbit/s à l'autre moitié. Ici le problème n'est plus celui d'émetteurs très rapides par rapport à des récepteurs lents, mais simplement d'un trafic total demandé qui peut être supérieur à ce que le réseau peut supporter.

Nous examinerons en détail plus loin le contrôle de congestion, et nous discuterons des différents algorithmes le traitant. Il devrait être clair que le contrôle de congestion et le routage sont en étroite relation, de mauvaises décisions de routage étant les causes principales de congestion.

5.1.5 Interconnexion de réseaux

De même que le contrôle de congestion et le routage sont en étroite relation avec les fonctions essentielles de la Couche Réseau, ils ont énormément d'importance dans l'interconnexion de réseaux. Lorsque la machine source et la machine destination sont dans des réseaux différents, tous les problèmes de routage sont présents, en plus compliqué. Si, par exemple, les réseaux contenant la machine source et la machine destinataire ne sont pas directement connectés, l'algorithme de routage doit trouver un chemin à travers un ou plusieurs réseaux intermédiaires. Il peut y avoir plusieurs choix possibles, tous ayant des caractéristiques différentes, avec leurs avantages et leurs inconvénients.

En dehors du routage, un autre problème se pose avec l'interconnexion de réseaux du fait que tous les réseaux n'utilisent pas les mêmes protocoles. Les différents protocoles se traduisent par des différences de formats de paquets, d'en-têtes, de contrôle de flux, de règles d'acquittement,etc. Par conséquent, quand un paquet passe de réseau en réseau, des conversions s'avèrent nécessaires. Quelquefois elles sont simples, mais souvent ce n'est pas le cas. Pensez seulement à ce qui arrive lorsqu'un paquet traverse successivement des sous-réseaux à circuit virtuel et des sous-réseaux datagramme pour arriver à sa destination. Nous étudierons plus loin en détail l'interconnexion de réseaux.

5.2 LES ALGORITHMES DE ROUTAGE

Les algorithmes de routage peuvent être regroupés en deux classes principales, les non-adaptatifs et les adaptatifs. Les *algorithmes non-adaptatifs* ne fondent pas leurs décisions sur la mesure ou l'estimation du trafic et de la topologie en temps réel. Au contraire, le choix de la route à prendre pour aller de *i* à *j* (pour tout *i* et tout *j*) est calculé par avance, et mis en place sur tous les IMP quand le réseau est initialisé. Cette procédure est parfois appelée *routage statique*.

A l'inverse, les *algorithmes adaptatifs* modifient leurs décisions de routage pour traduire les variations de topologie et de trafic réel. Il existe trois familles d'algorithmes adaptatifs qui diffèrent par la manière dont ils utilisent les données. Les algorithmes globaux utilisent les informations collectées dans l'ensemble du sous-réseau pour prendre les meilleures décisions. Cette approche est appelée routage centralisé. Les algorithmes locaux s'exécutent séparément sur chaque IMP et n'utilisent que les informations qui y sont disponibles, telles que les longueurs des files d'attente. Ils sont aussi appelés algorithmes isolés. Enfin la troisième classe d'algorithmes utilise un mélange d'informations locales et globales. Ils sont appelés algorithmes distribués. Les trois classes sont examinées en détail ci-dessous. Des informations complémentaires sur le routage peuvent être trouvées dans Bell et Jabbour (1986).

5.2.1. L'algorithme du plus court chemin

Commençons notre étude par des algorithmes de routage qui sont très utilisés dans de nombreuses variantes parce que simples et faciles à comprendre. L'idée est de représenter le sous-réseau par un graphe, chaque nœud du graphe représentant un IMP et tout arc du graphe représentant une ligne de communication. Pour choisir une route entre deux IMP l'algorithme se contente de trouver le chemin le plus court entre eux.

Le concept de *chemin le plus court* mérite quelques explications. Une manière de mesurer la longueur du chemin est de compter le nombre de sauts. En utilisant cette unité, les chemins *ABC* et *ABE* de la figure 5-10 sont de longueur égale. Une autre méthode consiste à considérer la distance géographique en kilomètres; dans ce cas *ABC* est clairement plus long que *ABE* en supposant que la figure soit dessinée à l'échelle.

Bien d'autres méthodes sont possibles. Par exemple, chaque arc peut être étiqueté avec les temps moyens d'attente et de transmission pour un paquet standard de test, qui est expédié chaque heure ou chaque jour. Avec cet étiquetage du graphe, le plus court chemin est le chemin le plus rapide, et non le chemin qui a le moins d'arcs ou la distance kilométrique la plus faible.

Dans le cas le plus général, les valeurs des arcs peuvent être considérées comme le résultat d'une fonction de la distance, de la capacité de transport, du trafic moyen, du coût des communications, de la longueur moyenne des files d'attente, des délais mesurés, et de tout autre facteur. En modifiant la fonction, l'algorithme calcule le plus court chemin selon n'importe lequel des critères d'évaluation.

On connaît plusieurs algorithmes capables de calculer le plus court chemin entre deux nœuds d'un graphe. En voici un dû à Dijkstra (1959). Chaque nœud est étiqueté (entre parenthèses) par sa distance du nœud source en suivant le meilleur chemin connu. Au début, aucun chemin n'est connu, aussi les nœuds sont-ils étiquetés avec une valeur «infini». Au fur et à mesure que l'algorithme progresse et trouve les chemins, les étiquettes sont modifiées, indiquant ainsi le meilleur chemin. Une étiquette peut être provisoire ou permanente. Au début, toutes les étiquettes sont provisoires. Quand il est démontré qu'une étiquette représente le plus court chemin possible entre la source et ce nœud, elle devient permanente et n'est plus modifiée.

Pour illustrer le fonctionnement de l'algorithme d'étiquetage, regardons le marquage du graphe non orienté de la figure 5-10(a), où les poids représentent, par exemple, la distance. Nous voulons trouver le plus court chemin de *A* à *D*. Nous marquons le nœud *A* comme permanent en l'entourant d'un cercle plein. Ensuite nous examinons à tour de rôle les nœuds adjacents de *A* (le nœud actif), en étiquetant chacun par la distance le séparant à *A*. Toutes les fois qu'un nœud est marqué, l'étiquette indique aussi le nœud à partir duquel le calcul a été fait, de façon à pouvoir reconstruire le chemin final plus tard. Après avoir examiné tous les nœuds adjacents à *A*, nous examinons tous les nœuds avec une étiquette provisoire dans tout le graphe, et nous rendons permanent celui qui a la valeur la plus petite, comme le montre la figure 5-10(b). Celui-ci devient le nœud actif.

Nous repartons du nœud actif *B*, et examinons tous les nœuds adjacents à *B*. Si, pour un nœud donné, la somme de la valeur contenue dans l'étiquette de *B* et de la distance à *B* est inférieure à la valeur contenue dans l'étiquette de ce nœud, nous avons trouvé un chemin plus court et le nœud est réétiqueté.

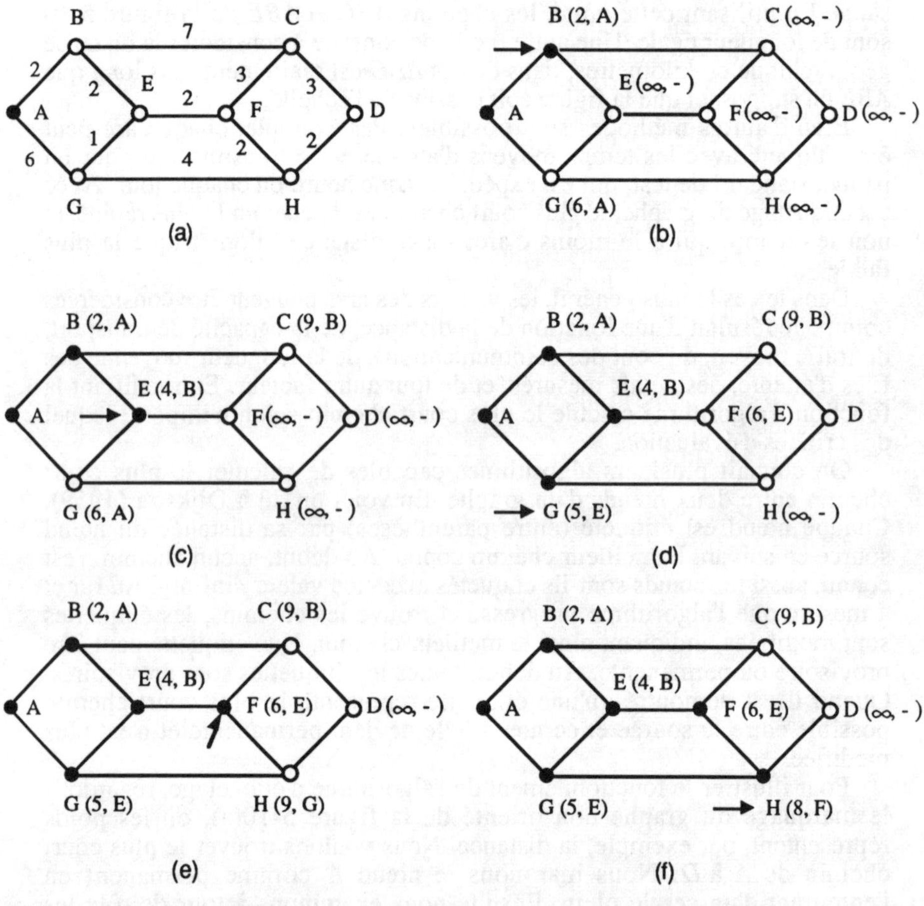

Figure 5-10. Les cinq premières étapes utilisées dans le calcul du plus court chemin entre *A* et *D*. La flèche indique le nœud traité.

Après que tous les nœuds adjacents au nœud actif ont été examinés, et les étiquettes provisoires éventuellement modifiées, les nœuds provisoires du graphe entier sont examinés pour trouver celui dont l'étiquette contient la valeur la plus petite. Ce nœud devient permanent, et devient le nœud actif pour le prochain tour. La figure 5-10 montre les cinq premières étapes de l'algorithme.

Pour voir comment l'algorithme fonctionne, examinez la figure 5-10(c). A cet instant nous venons de rendre *E* permanent. Supposons qu'il y ait un plus court chemin que *ABE*, soit *AXYZE*. Il y a deux possibilités: ou le nœud *Z* est déjà permanent, ou non. Si c'est le cas, cela signifie que *E* a déjà été examiné (au cours de l' étape où *Z* est devenu permanent); le chemin *AXYZE* n'a donc pas échappé à notre attention.

Maintenant considérons le cas où *Z* est encore provisoire. Si la valeur de l'étiquette de *Z* est supérieure ou égale à celle de *E*, alors *AXYZE* ne peut être un chemin plus court que *ABE*; si elle est inférieure à celle de *E*, c'est *Z* et non *E* qui deviendra permanent d'abord, *E* étant alors examiné à partir de *Z*.

Cet algorithme est écrit en Pascal sur la figure 5-11. La seule différence entre le programme et l'algorithme décrit ci-dessus est que dans le cas de la figure 5-11, nous calculons le chemin le plus court en partant du nœud terminal *t*, plutôt que du nœud source *s*. Puisque le plus court chemin de *t* à *s* dans un graphe non orienté est le même que le plus court chemin de *s* à *t*, peu importe par quelle extrémité nous commençons (à moins qu'il existe plusieurs plus courts chemins, auquel cas l'inversion de la recherche peut permettre d'en découvrir un autre). Cette recherche en arrière implique que chaque nœud soit étiqueté avec l'adresse de son prédécesseur et non avec celle de son successeur.

```
{Recherche du chemin le plus court entre la source et le
puits dans un graphe donné}

const n = ...;          {nombre de nœuds}
   infinité =...;         {un nombre supérieur au plus grand
                         chemin possible}

type noeud = 0..n;       {nœud}
   noeudlist = array [1..n] of noeud;
   matrice = array [1..n,1..n] of integer;

procedure Chemin_le_Plus_Court(a:matrice; s,t:noeud;
                               var path:noeudlist);
{Trouver le plus court chemin de s à t dans la matrice a, et
le retourner dans path}

type lab = (perm,tent); {étiquette permanente ou temp.}
  NoeudLabel = record predecesseur:noeud;long:integer;
  labl:lab end;
  GraphState = array[1..n] of NoeudLabel;
```

```
var état:GraphState; i,k:noeud; min:integer;
begin   {initialisation}
  for i:=1 to n do
  with état[i] do
    begin
      prédécesseur:= 0; longueur:= infinité; labl:= tent
end;
  état[t].longueur:=0; état[t].labl:=perm;
  k:= t;     {k est le nœud actif initial}

  repeat      {y a-t-il un meilleur chemin depuis k?}
  for i:=1 to n do
    if(a[k,i]<>0) and (état[i].labl = tent) then
      if (état[k].longueur + a[k,i] < état [i].longueur)
        then begin
          état[i].prédécesseur:=k;
          état[i].longueur:=état[k].longueur + a[k,i]
        end;

    {trouver le nœud provisoire avec le plus petit label}
    min:= infinité; k:= 0;
    for i:=1 to n do
      if(état[i].labl = tent) and (état[i].longueur<min) then
        begin
          min:=état[i].longueur;
          k:=i;      {à moins d'être remplacé, k devient le
                        prochain nœud actif}
        end;
    état[k].labl:= perm
  until k = s;        {répéter jusqu'à atteindre la source}

  {Copier le chemin dans le vecteur de sortie}
  k:= s; i:= 0;
  repeat
    i:= i+1;
    path[i]:= k;
    k:= état[k].prédécesseur;
  until k = 0
end; {Chemin_le_Plus_Court}
```

Figure 5-11. Une procédure pour déterminer le plus court chemin d'un graphe.

5.2.2. Le routage multichemin

Jusqu'à présent nous avons tacitement admis qu'il n'y avait qu'un seul meilleur chemin entre deux nœuds par lequel tout le trafic devait passer.

Dans de nombreux réseaux, il y a plusieurs chemins entre deux nœuds qui sont presque de même valeur. On peut souvent améliorer encore la performance en partageant le trafic entre plusieurs chemins, pour réduire la charge de chaque ligne de communication. La technique qui consiste à utiliser plusieurs chemins entre deux nœuds est appelée *routage multichemin* ou quelquefois *routage multiple.*

Le routage multichemin est possible aussi bien pour les sous-réseaux datagrammes que pour ceux à circuits virtuels. Dans le cas du datagramme, quand un paquet arrive dans un IMP pour être réémis, on fait un choix parmi les différentes voies possibles pour ce paquet, et ce, indépendamment des choix antérieurs pour les autres paquets ayant la même destination. Dans le cas des circuits virtuels, si un circuit virtuel est en cours d'initialisation, on choisit une route, mais différents circuits virtuels sont routés indépendamment.

Le routage multichemin peut être implanté comme suit. Chaque IMP tient à jour une table avec une rangée pour chaque IMP qu'il peut atteindre. Dans chaque rangée, on trouve les différentes lignes de sortie pour cette destination, classées par valeur décroissante (du meilleur choix au moins bon), avec un poids relatif. Avant d'expédier un paquet, un IMP génère un nombre aléatoire, et choisit parmi les différentes possibilités, en utilisant les poids comme des probabilités. Les tables sont créées manuellement par l'administrateur du système, puis chargées dans les IMP avant le démarrage du réseau, et ne sont plus modifiées ensuite.

A titre d'exemple, considérons le sous-réseau de la figure 5-12(a). La table de routage de l'IMP *J* est indiquée dans la figure 5-12(b). Si *J* reçoit un paquet à destination de *A*, il consulte la rangée *A*. Il trouve trois choix. La ligne directe vers *A* est le premier choix offert, suivi par les lignes *I* et *H*. Pour décider, *J* génère un nombre aléatoire compris entre 0,00 et 0,99. Si le nombre est inférieur à 0,63, la ligne A est choisie; si le nombre se situe entre 0,63 et 0,83, *I* est utilisée; autrement, *H* sera choisie. Les trois poids représentent les probabilités respectives d'utilisation de *A*, *I* ou *H*.

Un avantage du routage multichemin sur le routage du plus court chemin est la possibilité d'aiguiller différentes classes de trafic sur différents chemins. Par exemple, une connexion entre un terminal et un ordinateur éloigné qui émettent des paquets courts devant parvenir rapidement, pourra passer *via* des lignes terrestres, tandis qu'un transfert de fichiers demandant un gros débit pourra être routé *via* une liaison satellite. Cette méthode non seulement fournit au transfert de fichiers le débit nécessaire, mais elle évite que les petits paquets du terminal soient retardés par une longue file d'attente de gros paquets du transfert de fichier.

Bien que le routage multichemin soit largement utilisé pour augmenter les performances, il peut aussi être utilisé pour améliorer la fiabilité du sous-réseau. En particulier, si les tables de routage contiennent *n* routes disjointes entre chaque paire d'IMP, le sous-réseau peut résister à la perte de n-1 lignes sans perdre sa connexité.

Une façon simple de s'assurer que toutes les routes sont disjointes est d'abord de calculer le plus court chemin entre la source et la destination. Ensuite on supprime du graphe tous les nœuds et les arcs utilisés pour déterminer le plus court chemin et on calcule le plus court chemin dans le nouveau graphe. Cet algorithme garantit que les pannes d'IMP ou les coupures de lignes du premier chemin sont sans conséquence sur le second chemin. En supprimant ensuite le second chemin du graphe , nous pouvons calculer un troisième chemin complètement indépendant des deux autres. Even (1975) a inventé un algorithme plus sophistiqué pour trouver les chemins disjoints d'un graphe.

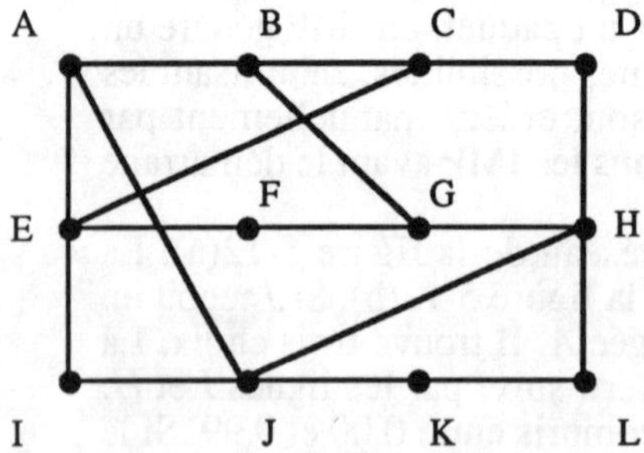

(a)

Destination	Premier choix		Deuxième choix		Troisième choix	
A	A	0,63	I	0,21	H	0,16
B	A	0,46	H	0,31	I	0,23
C	A	0,34	I	0,33	H	0,33
D	H	0,50	A	0,25	I	0,25
E	A	0,40	I	0,40	H	0,20
F	A	0,34	H	0,33	I	0,33
G	H	0,46	A	0,31	K	0,23
H	H	0,63	K	0,21	A	0,16
I	I	0,65	A	0,22	H	0,13
–	–	–	–	–	–	–
K	K	0,67	H	0,22	A	0,11
L	K	0,42	H	0,42	A	0,16

(b)

Figure 5-12. (a) Un exemple de sous-réseau (b) La table de routage du nœud *J*

5.2.3. *Le routage centralisé*

Les algorithmes de routage décrits ci-dessus demandent des informations sur la topologie du réseau et sur le trafic pour pouvoir prendre les bonnes décisions. Si la topologie est stable et le trafic rarement modifié, il est simple de construire les tables de routage une fois pour toutes de manière externe et de les charger dans les IMP.

Toutefois, si les pannes et les réparations se succèdent fréquemment, ou si le trafic varie beaucoup dans la journée, des mécanismes doivent adapter les tables aux circonstances. Dans ce paragraphe, nous examinerons les techniques qui permettent de construire les tables de routage dans un contexte centralisé. Par la suite nous verrons comment ce travail peut être réalisé dans une situation totalement ou partiellement décentralisée.

Lorsqu'on a un routage centralisé, il y a quelque part dans le réseau un RCC (Centre de Contrôle du Routage). Périodiquement, chaque IMP envoie des informations vers le RCC (par exemple la liste de ses voisins qui fonctionnent, les longueurs actuelles des files d'attente, la variation du trafic traité par les lignes depuis le dernier rapport, etc.). Le RCC collecte toutes ces informations, et ensuite, en se fondant sur cette connaissance globale du réseau, il calcule les routes optimales d'IMP à IMP, par exemple en utilisant l'algorithme du plus court chemin présenté ci-dessus. A partir de ces informations il peut construire de nouvelles tables de routage et les distribuer à tous les IMP.

A première vue le routage centralisé est intéressant; puisque le RCC a une information complète, il peut prendre des décisions parfaites. Un autre avantage est qu'il soulage les IMP du fardeau des calculs de routage.

Malheureusement le routage centralisé présente quelques inconvénients sérieux. Tout d'abord, pour que le sous-réseau s'adapte aux modifications de trafic, on doit effectuer le calcul du routage fréquemment. Pour un grand réseau, ce calcul peut durer plusieurs secondes, même avec une UC puissante. Si le but de l'algorithme est de s'adapter aux modifications de topologie plutôt qu'aux changements de trafic, le fait de s'exécuter toutes les minutes environ peut être adéquat (cela dépend de la stabilité de la topologie).

Un problème plus grave est la vulnérabilité du RCC. S'il tombe en panne ou s'il se trouve isolé par des ruptures de lignes, le sous-réseau devient brutalement hors service. Une solution consiste a posséder une deuxième machine de secours, mais ceci revient à immobiliser un grand ordinateur. Une méthode d'arbitrage est aussi nécessaire pour être sûr que le RCC principal et le secours n'entrent pas en conflit pour savoir qui reste le maître.

Il y a un autre problème lié au routage centralisé : la distribution des tables de routage vers les IMP. Les IMP proches du RCC recevront leurs nouvelles tables en premier et commuteront sur les nouvelles routes avant que les IMP éloignés aient reçu leurs propres tables. Cela peut provoquer une inconsistance du réseau, de telle sorte que des paquets peuvent être retardés. Parmi les paquets retardés peuvent se trouver ceux concernant les nouvelles tables de routage des IMP éloignés : c'est un cercle vicieux.

Si le RCC calcule la route optimale pour chaque couple d'IMP sans alternatives, la perte d'une seule ligne ou d'un IMP provoquera probablement l'isolement de quelques IMP avec les conséquences désastreuses qui s'y rattachent. Si le RCC utilise un routage avec variantes, l'argument en faveur d'un RCC unique, c'est-à-dire capable de trouver les routes optimales, en est d'autant diminué.

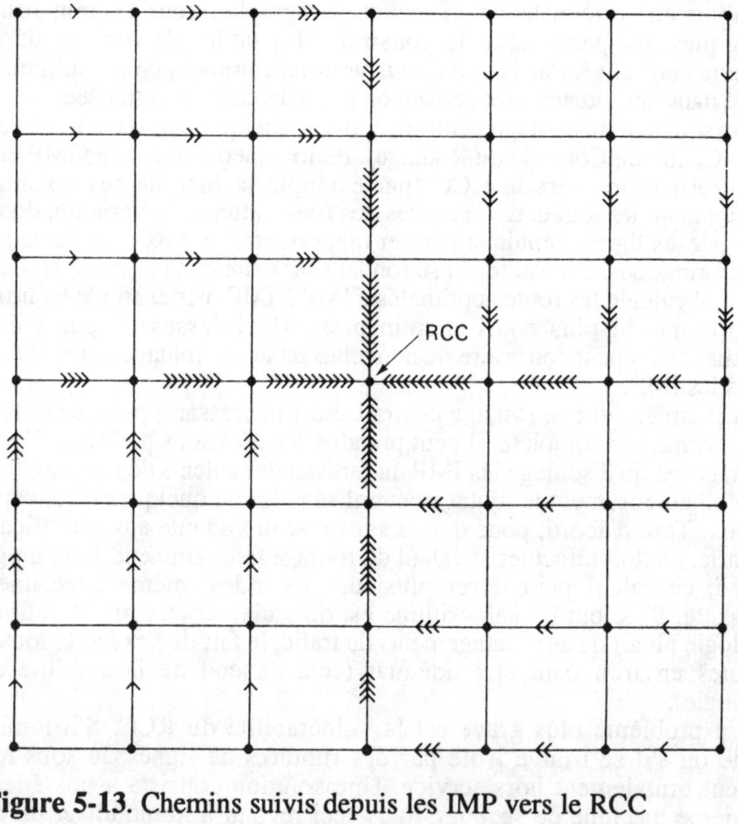

Figure 5-13. Chemins suivis depuis les IMP vers le RCC

Le dernier problème avec le routage centralisé est l'importante concentration du trafic de routage sur les lignes aboutissant au RCC. La figure 5-13 illustre ce problème. Cette figure a été dessinée en considérant le plus court chemin de chaque machine au RCC, et en mettant une flèche sur chaque ligne. Une ligne comportant *n* flèches signifie que *n* IMP sont en relation avec le RCC par son intermédiaire. L'importance de la charge montre la vulnérabilité des lignes proches du RCC.

Comme exemple de fonctionnement pratique d'un routage centralisé, considérons TYMNET, réseau commercial à commutation de paquets qui fonctionne depuis 1971 et possède plus de 1000 nœuds. TYMNET est principalement utilisé par des terminaux pour se connecter à des ordinateurs éloignés; aussi le sous-réseau offre-t-il un service orienté connexion et utilise-t-il à cet effet des circuits virtuels. Les IMP de TYMNET envoient périodiquement au RCC les informations sur leur état: les lignes en fonctionnement ou non, la longueur des files d'attente, et d'autres statistiques. Le RCC met les tables à jour et conserve les informations reçues.

Quand un nouvel usager se connecte et indique à quel hôte il veut se connecter, on envoit un paquet au RCC pour l'informer de la demande de connexion. Le RCC calcule la meilleure route, en se servant des informations dont il dispose et envoie en retour un *paquet d'aiguillages* à l'IMP auquel l'usager est connecté. Le paquet d'aiguillages contient la route choisie par le RCC. Ce paquet trace ensuite son chemin à travers le sous-réseau, mettant à jour les tables des IMP qu'il traverse, et initialisant le circuit virtuel. Quand l'utilisateur se déconnecte, un processus semblable permet de supprimer le circuit virtuel.

5.2.4. Le routage local

Tous les problèmes posés par le routage centralisé laissent espérer que les algorithmes décentralisés ont quelque chose à offrir. Dans le plus simple des algorithmes de routage décentralisé, les IMP prennent les décisions de routage uniquement à partir des informations qu'ils possèdent; ils n'échangent aucune information de routage avec les autres IMP. Néanmoins, ils essaient de s'adapter au changement de topologie et de trafic. Ces algorithmes sont habituellement appelés *routages adaptatifs locaux*.

Un algorithme simple de routage adaptatif local est l'algorithme *hot potato* (littéralement: «pomme de terre brûlante») de Baran (1964). Quand un paquet entre, l'IMP essaie de s'en débarrasser aussi vite que possible, en le plaçant dans la file d'attente la plus courte. Autrement dit: lorsque un paquet arrive, l'IMP compte le nombre de paquets dans chaque file d'attente des lignes de sortie et place le paquet au bout de la file la plus courte, sans se préoccuper de l'endroit où elle conduit. La figure 5-14 montre ce qui se passe à l'intérieur de l'IMP *J* de la figure 5-12 à un instant donné. Il y a quatre files d'attente correspondant aux quatre lignes de sortie. Les paquets attendent d'être transmis. Dans cet exemple la file *I* est la plus courte, avec un seul paquet en attente. L'algorithme *hot potato* placera par conséquent le nouvel arrivant dans cette file.

Une variante de cette idée consiste à combiner le routage statique avec l'algorithme du *hot potato*. Lorsqu'un paquet arrive, l'algorithme de routage prend en compte les poids des lignes et les longueurs des files d'attente. Une possibilité consiste à utiliser le meilleur choix statique, jusqu'à ce que la file excède un certain seuil. Autre possibilité: choisir la file d'attente la plus courte sauf si son poids statique est trop faible. Enfin, on peut aussi ordonner les lignes en fonction de leur poids, et ensuite de la longueur des files d'attente, et choisir la ligne pour laquelle la somme des deux classements est la plus faible. Pour tous ces algorithmes, la ligne choisie est celle qui est la moins chargée et qui a le poids le plus élevé.

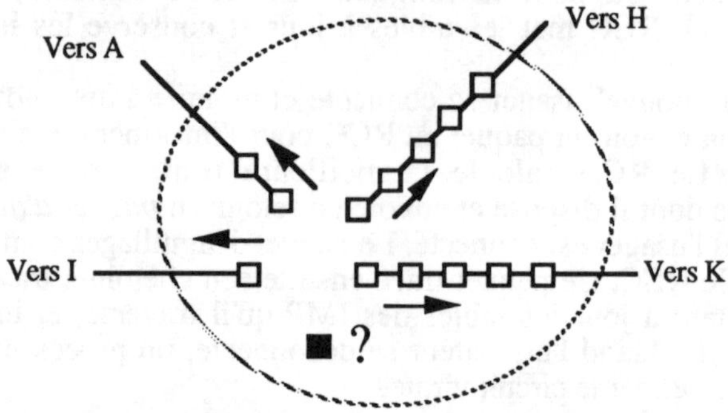

Figure 5-14. Les files d'attente dans un IMP

Un autre algorithme de routage isolé est également dû à Baran: le «savoir différé» (*backward learning*). Entre 1950 et 1960, il était rarement permis à un reporter occidental de se rendre en Chine, aussi était-il habituel de voir les nouvelles commençant par «selon des voyageurs récemment arrivés de Chine à Hong-Kong ...» L'idée était qu'au lieu d'envoyer un reporter sur place à *X*, on pouvait écouter des personnes arrivant de *X* et leur faire dire ce qui s'y passait. L'algorithme du «savoir différé» fait la même chose.

Une façon simple d'implémenter le savoir différé est de placer dans chaque paquet l'identification de l'IMP source, en même temps qu'on incrémente un compteur à chaque saut. Si un IMP voit arriver sur la ligne *k* un paquet en provenance de l'IMP *H* avec le compteur de saut à quatre, il sait que *H* ne peut être à plus de quatre sauts de lui par la ligne *k*. Si la meilleure route connue est à plus de quatre sauts, il marque *k* comme ligne à choisir pour le trafic vers *H*, et conserve la distance estimée comme étant égale à quatre sauts. Au bout d'un certain temps, chaque IMP découvre le plus court chemin qui le relie à tout autre IMP.

Hélas il y a une faille: puisque les IMP enregistrent seulement les meilleures modifications, si une ligne tombe en panne ou devient surchargée, il n'existe aucun mécanisme pour l'enregistrer. En conséquence, les IMP doivent périodiquement oublier ce qu'ils ont appris et repartir à zéro. Pendant la nouvelle période d'apprentissage, le routage sera éloigné de l'optimal. Si les tables sont purgées fréquemment, les IMP routeront de nombreux paquets vers des routes de qualité inconnue; si les tables sont rarement purgées, le processus d'adaptation sera lent.

Rudin (1976) décrit un hybride intéressant entre le routage centralisé et le routage local, qu'il appelle le *routage delta.* Dans cet algorithme chaque IMP mesure le «coût» de chaque ligne (c'est-à-dire une fonction du délai, de la longueur de la file d'attente, de l'utilisation, du débit de la ligne, etc.) et envoie périodiquement au RCC un paquet contenant ces valeurs.

A l'aide de ces informations, le RCC calcule les k meilleurs chemins pour aller de i à j, pour tout i et tout j, en conservant les chemins empruntant des lignes de sortie différentes. Soit $C^1{}_{ij}$ le coût du meilleur chemin, $C^2{}_{ij}$ le coût du suivant, etc. Si $C^n{}_{ij} - C^1{}_{ij} < \delta$, le chemin n est considéré comme équivalent au chemin 1, puisque leurs coûts diffèrent peu. Quand le calcul est terminé le RCC envoie à chaque IMP la liste de tous les chemins équivalents pour chaque destination possible. (En réalité seules les lignes de sortie sont nécessaires et non le chemin complet.)

Dans la pratique, l'IMP peut choisir n'importe quel chemin équivalent. Il peut décider de choisir au hasard, ou utiliser une mesure récente du coût des lignes; cela lui permet de choisir le chemin dont le coût est le plus faible. Lorsque δ tend vers 0, tous les autres chemins sont jugés inférieurs au meilleur chemin, et le RCC prend toutes les décisions. Par contre si δ tend vers l'infini tous les chemins sont jugés comme étant équivalents et les décisions de routage sont prises au niveau des IMP, en se basant sur les informations locales. Les simulations de Rudin ont montré que δ peut être choisi de manière à obtenir un meilleur résultat que le routage centralisé pur ou que le routage local pur. En paramétrant k et δ, les administrateurs de réseaux peuvent partager les responsabilités entre le RCC et les IMP.

5.2.5. L'inondation

Une forme extrême du routage local est l'inondation: dans ce type de routage chaque paquet entrant est émis sur chaque ligne de sortie, excepté sur la ligne d'arrivée. L'inondation génère évidemment un très grand nombre de paquets dupliqués, en fait un nombre infini à moins que l'on prenne des mesures pour limiter le processus. Un de ces moyens consiste à placer un compteur de sauts dans l'en-tête du paquet; ce compteur est décrémenté à chaque saut, le paquet est éliminé lorsque le compteur devient nul. En théorie le compteur de sauts devrait être initialisé par la longueur du chemin séparant la source du destinataire. Si l'expéditeur ne connaît pas cette longueur, il peut être initialisé dans le pire des cas par le plus grand diamètre du sous-réseau.

Une alternative pour endiguer l'inondation est de forcer l'IMP source à numéroter séquentiellement les paquets qu'il reçoit de ses hôtes. Chaque IMP a besoin d'une liste par IMP source des numéros de paquets déjà vus. Pour prévenir la croissance illimitée de la liste, on y ajoute un compteur k, indiquant que tous les nombres jusqu'à k ont été vus. Quand un paquet est un doublon on l'élimine.

L'inondation est rarement utilisée, mais elle peut cependant s'avérer intéressante dans quelques cas: par exemple, pour les applications militaires dans lesquelles un grand nombre d'IMP peuvent être réduits en miettes d'un coup, la formidable robustesse de l'inondation est plus que souhaitable. Dans le cas d'une application utilisant une base de données distribuée, il s'avère parfois nécessaire de mettre à jour simultanément toutes les bases; dans ce cas l'inondation est utile. On peut aussi utiliser l'inondation comme étalon, pour comparer différents algorithmes de routage. L'inondation trouve toujours le meilleur chemin puisqu'on y utilise tous les chemins possibles en parallèle. En conséquence aucun autre algorithme ne peut mieux trouver un plus court chemin (si nous acceptons d'ignorer la surcharge générée par le procédé lui-même).

Une variante de l'inondation un peu plus utilisée est l'*inondation sélective*. Dans cet algorithme, les IMP n'envoient pas les paquets reçus sur toutes les lignes, mais seulement sur les lignes qui sont approximativement dans la bonne direction: il y a peu de risques à expédier vers la gauche ce qui arrive de la droite, à moins d'avoir une topologie très particulière.

On peut citer un autre algorithme non-adaptatif: la *marche aléatoire*. Les IMP choisissent une ligne au hasard et y transmettent les paquets. Ici aussi les IMP peuvent faire quelques essais pour expédier le paquet de tête dans la bonne direction. Si le sous-réseau est très maillé, cet algorithme a la propriété d'utiliser d'une manière excellente les différentes routes possibles. Il s'avère aussi très robuste.

5.2.6. Le routage distribué

Dans cette classe d'algorithmes de routage, utilisée à l'origine dans ARPANET, chaque IMP échange périodiquement avec ses voisins des informations explicites de routage. Chaque IMP tient à jour une table de routage indexée par les IMP du sous-réseau, table qui comporte une seule entrée par IMP. Cette entrée contient deux parties: la ligne de sortie préférentielle à utiliser pour cette destination, et une estimation du temps et de la distance. L'unité utilisée peut être le nombre de sauts, le temps de transit en millisecondes, le nombre estimé de paquets dans les files d'attente pour ce chemin, l'excédent de capacité de transport, ou d'autres caractéristiques du même genre.

L'IMP est supposé connaître la «distance» qui le sépare de chacun de ses voisins. Si l'unité est le saut, cette distance est exactement d'un saut. Si l'unité est la longueur de la file d'attente, l'IMP examine simplement chaque file d'attente. Si l'unité est le délai, l'IMP peut mesurer celui-ci directement à l'aide d'un paquet spécial d'écho que le récepteur se contente seulement de dater et de renvoyer le plus rapidement possible.

A titre d'exemple, supposons que l'unité utilisée soit le délai et que l'IMP connaisse le délai de transfert vers chaque voisin. Toutes les T millisecondes chaque IMP envoie à chacun de ses voisins la liste des délais estimés vers chaque destination. Il reçoit en retour une liste similaire de chacun de ses voisins. Imaginons que l'une de ces tables provienne de son voisin X, et que X_i soit le temps estimé pour atteindre l'IMP i. Si l'IMP sait que le temps pour atteindre X est de m ms, il saura qu'il peut atteindre i *via* X en $(m+X_i)$ ms. En poursuivant ce calcul pour chacun de ses voisins, un IMP peut déterminer quelle est l'estimation qui lui semble la meilleure, et inscrire cette estimation ainsi que la ligne correspondante dans sa nouvelle table de routage. Vous noterez que l'ancienne table de routage n'est pas utilisée au cours de ces calculs.

Ce procédé de mise à jour est illustré figure 5-15. La partie (a) montre un sous-réseau. Les quatre premières colonnes de la partie (b) représentent les vecteurs de délais en provenance des voisins de l'IMP *J*. *A* indique qu'il est à 12 ms de *B*, à 25 ms de *C*, à 40 ms de *D*, etc. Supposons que *J* ait mesuré ou estimé le délai qui le sépare de ses voisins *A*, *I*, *H* et *K* respectivement à 8, 10, 12 et 6 ms.

Examinons comment *J* calcule sa nouvelle route vers *G*. Il sait qu'il peut atteindre *A* en 8 ms, et *A* indique qu'il lui faut 18 ms pour atteindre *G*, ainsi *J* sait qu'il peut tabler sur un délai de 26 ms pour atteindre *G via A*. De la même façon les délais pour atteindre *G* via *I*, *H*, et *K* sont de 41 (31+10), 18 (6+12), et 37 (31+6). La meilleure de ces valeurs est 18, aussi il crée une entrée dans sa table de routage avec ce délai vers *G* de 18 ms, et la route à utiliser est celle qui passe par *H*. Le même calcul est effectué pour toutes les destinations, la nouvelle table de routage correspond à la dernière colonne de la figure.

5.2.7. Le routage optimal

Même sans connaître les détails de la topologie et du trafic du sous-réseau on peut énoncer quelques propositions générales concernant le chemin optimal. C'est ce qu'on appelle énoncer des *principes d'optimalité*. Si l'on constate que l'IMP *J* est sur le chemin optimal qui va de *I* vers *K*, le chemin optimal de *J* vers *K* suit la même route. Pour comprendre ceci, appelons *r*1 la partie de la route qui va de *I* à *J* et *r*2 le reste de la route. S'il existait une meilleure route que *r*2 pour aller de *J* à *K*, elle pourrait être concaténée avec *r*1 pour améliorer la route de *I* à *K*, ce qui est en contradiction avec notre hypothèse que *r*1*r*2 est optimal.

La conséquence directe de ce principe d'optimalité est, comme nous pouvons le voir, que l'ensemble des routes optimales de toutes les sources vers une destination donnée est un arbre dont la racine est la destination. Un tel arbre est appelé un *arbre collecteur* et il est présenté figure 5-16. Puisque l'arbre collecteur est un véritable arbre, il ne comporte pas de boucle, ainsi chaque paquet arrive à destination au bout d'un nombre fini de sauts.

En général si le trafic de l'IMP *X* traverse l'IMP *Y* comme il s'écoule dans l'arbre collecteur vers les destinations, *X* est dit en *amont* de *Y* et *Y* est dit en *aval* de *X*. Pour illustrer ces notions considérons le sous-réseau figure 5-17(a), et l'arbre collecteur pour la destination *H* indiqué figure 5-17(b). (Dans cet exemple nous considérerons comme algorithme du plus court chemin celui qui utilise l'ordre lexicographique le plus court; par exemple pour aller de *B* vers *H* la route *BCEH* est plus courte que *BDGH* car dans l'ordre alphabétique *BCEH* est avant *BDGH*.)

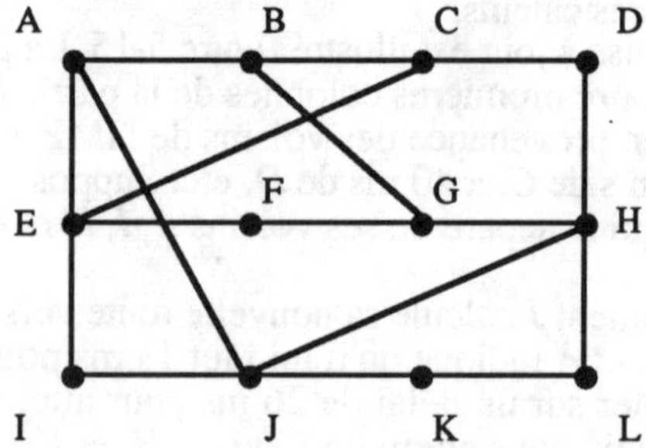

(a)

	A	I	H	K	Nouveau délai estimé depuis J	Ligne
A	0	24	20	21	8	A
B	12	36	31	28	20	A
C	25	18	19	36	28	I
D	40	27	8	24	20	H
E	14	7	30	22	17	I
F	23	20	19	40	30	I
G	18	31	6	31	18	H
H	17	20	0	19	12	H
I	21	0	14	22	10	I
J	9	11	7	10	0	-
K	24	22	22	0	6	K
L	29	33	9	9	15	K
	Délai JA = 8	Délai JI = 10	Délai JH = 12	Délai JK = 6		

(b)

Figure 5-15. (a) Un sous-réseau (b) Tables en provenance de A, I, H, K, et la nouvelle table de routage de K

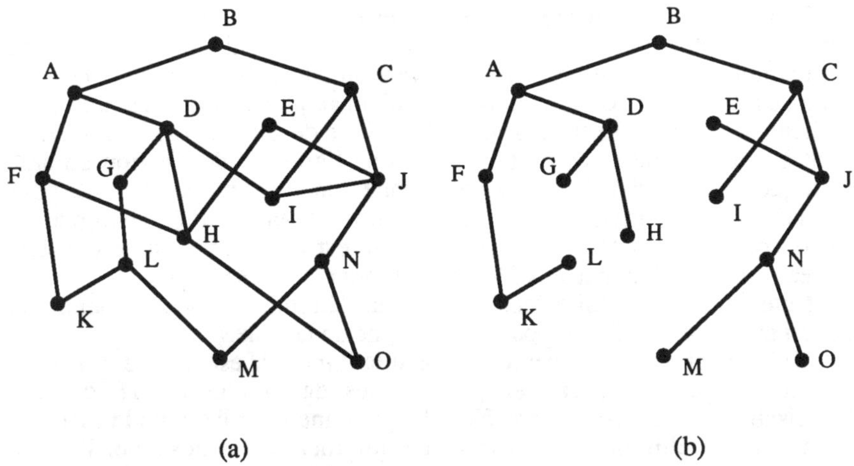

Figure 5-16. (a) Un sous-réseau (b) L'arbre collecteur de l'IMP B utilisant comme caractéristique le nombre de sauts

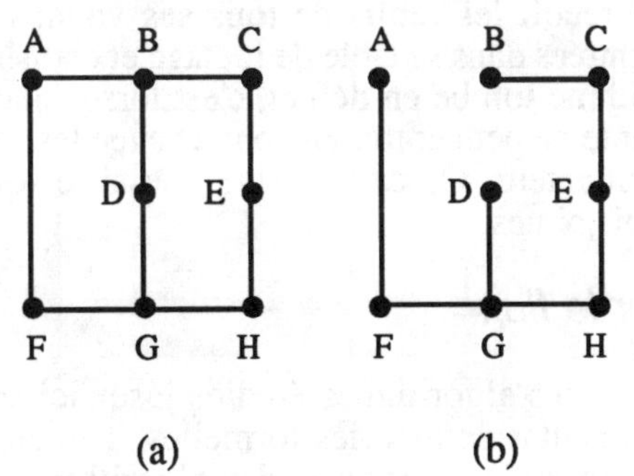

Destination	Via D	Via F	Via H
A	3	2	
B	2	3	4
C	3	4	3
D	1		
E	4		2
F		1	
G	—	—	—
H			1

(c)

Figure 5-17. (a) Un sous-réseau (b) L'arbre collecteur de *H* (c) La table de routage de *G*

En ayant l'arbre collecteur en tête, considérons ce qui arrive si une ligne est coupée, bloquant le chemin vers une certaine destination. Un IMP ne peut simplement détourner son trafic vers un autre IMP situé en amont de cette destination. Il doit rechercher un voisin auquel est rattachée une autre branche de l'arbre collecteur. Dans l'algorithme de Chu (1978), chaque IMP tient à jour une table de routage avec une ligne par destination comme l'indique la figure 5-17(c). Chaque colonne donne le nombre de sauts pour atteindre la destination *via* une ligne de sortie. Pour l'IMP *G*, les lignes de sortie sont *D*, *F*, et *H*. La meilleure route est entourée d'un cercle. Les entrées qui font référence aux IMP amonts sont laissées vierges.

Notez que l'arbre collecteur utilisé pour déterminer qui est en amont et qui est en aval est différent pour chaque ligne de la table.

Maintenant regardons ce qui arrive si la ligne *GH* est coupée. L'IMP *G* commence par marquer toutes les cases de la colonne *H* comme inutilisables. Il va ensuite contrôler chaque ligne pour laquelle le meilleur chemin a été éliminé pour voir si une alternative est possible. Pour la destination *E* par exemple, une route de remplacement est possible *via D*. (Rappelez-vous que dans cet exemple le routage de *D* se fait par *E*, car *DBCE* est alphabétiquement avant *DGHE*.) Pour la destination *H* la situation est pire car ses deux voisins sont en amont de *G*. En conséquence *G* envoie à chacun d'eux un paquet de contrôle en disant: «au secours, je ne peux plus atteindre *H*». A la réception de ce paquet, chaque voisin examine s'il a une route de remplacement (auparavant sub-optimale). *D* en a, et envoie une réponse pour l'annoncer. Toutefois *F* n'en a pas puisqu'il est simplement son voisin. *A* est en amont de lui; il agirait de la même manière si la liaison *FG* était rompue, c'est-à-dire en demandant à *A* de l'aider. Le paquet de contrôle se propage en amont jusqu'à ce qu'il trouve une route de remplacement. Lorsqu'enfin *G* reçoit les replis de tous ses voisins en amont, il peut créer de nouvelles entrées dans sa table de routage et choisir la meilleure. Le seul cas où l'algorithme tombe en défaut, c'est lorsqu'aucun IMP en amont de la ligne défaillante ne peut entrer en contact avec les IMP d'une autre branche de l'arbre collecteur. Ce cas n'arrive que si le sous-réseau est séparé en deux parties disjointes.

5.2.8. Le routage fondé sur le flux

Dans une certaine mesure, tous les algorithmes étudiés jusqu'ici sont largement empiriques, et non le résultat de théories formelles. Toutefois, sous certaines conditions, il est possible de trouver des algorithmes de routage dont on peut démontrer l'optimalité. Cette section sera une brève introduction à un sujet que Bertsekas et Gallager (1987) ont développé plus largement.

Dans certains réseaux, le débit moyen entre chaque paire de nœuds est relativement stable et prévisible. Par exemple, dans le réseau d'une chaîne coopérative de détaillants, chaque magasin doit envoyer des commandes, des rapports de ventes, des mises à jour d'inventaire, et d'autres types de messages bien connus et de modèles prédéfinis, de sorte que le volume du trafic varie peu de jour en jour. A la condition que le trafic moyen de i vers j soit connu d'avance, et qu'il soit constant dans le temps avec une approximation raisonnable, il est possible d'analyser mathématiquement le flux de façon à optimiser le routage.

L'idée de base de cette analyse est que pour une ligne donnée il est possible de calculer le temps moyen de traversée d'un paquet en utilisant la théorie des files d'attente. A partir des délais moyens de traversée de toutes les lignes, il est facile de calculer un débit moyen pour obtenir le temps d'acheminement d'un paquet à travers le réseau tout entier. Le problème de routage se ramène à déterminer l'algorithme de routage qui fournit le délai de traversée du réseau le plus court.

Pour employer cette technique, on doit connaître certaines informations: la topologie du réseau, la matrice des trafics F_{ij}, ainsi que la matrice C_{ij} représentant la capacité de chaque ligne en bits par seconde. De plus, on doit avoir fait le choix (même temporaire) d'un algorithme de routage.

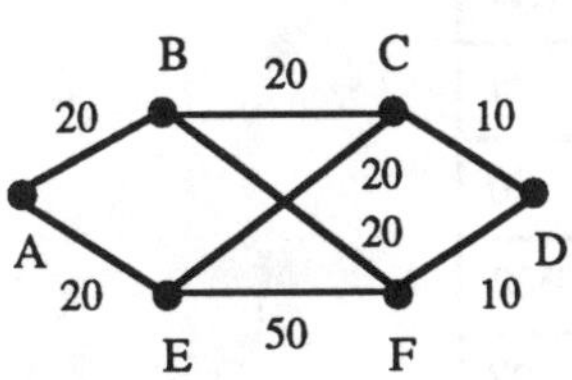

(a)

Source →, Destination ↓

Destination \ Source	A	B	C	D	E	F
A		9 AB	4 ABC	1 ABFD	7 AE	4 AEF
B	9 BA		8 BC	3 BFD	2 BFE	4 BF
C	4 CBA	8 CB		3 CD	3 CE	2 CEF
D	1 DFBA	3 DFB	3 DC		3 DCE	4 DF
E	7 EA	2 EFB	3 EC	3 ECD		5 EF
F	4 FEA	4 FB	2 FEC	4 FD	5 FE	

(b)

Figure 5-18. (a) Graphe d'un réseau, les arcs représentent les capacités des lignes exprimées en kbit/s (b) Le trafic exprimé en paquet/s et la matrice de routage

Pour illustrer cette méthode, considérons le réseau full-duplex de la figure 5-18(a). Les poids inscrits sur chaque arc sont les capacités C_{ij} exprimées en kbit/s. La matrice de la figure 5-18(b) a une entrée pour chaque couple source-destination. La case correspondant à la source *i* vers la destination *j* indique la route utilisée par le trafic *i - j* ainsi que le nombre de paquets par seconde envoyés de *i* vers *j*. Par exemple, trois paquets par seconde sont envoyés de *B* vers *D* en utilisant la route *BFD*. Notez qu'un algorithme de routage a déjà permis de trouver les routes indiquées par la matrice.

Ces informations connues, il est possible de calculer directement le total des arrivées λ_i dans la ligne. Par exemple, le trafic entre *B* et *D* est constitué d'un côté par le trafic de la ligne *BF* qui est de trois paquets par seconde, mais aussi par le trafic de la ligne *FD*, égal à trois paquets par seconde. De la même façon, le trafic de *A* vers *D* représente un paquet par seconde pour chacune des trois lignes (*AB*, *BF*, *FD*). Le trafic total de chaque ligne orienté vers la droite est indiqué dans la colonne λ_i de la figure 5-19. Dans cet exemple, tout le trafic est symétrique, de sorte que le trafic *XY* est identique au trafic *YX*, pour tout *X* et tout *Y*. La figure indique aussi le nombre moyen de paquets par seconde sur chaque ligne, μC_{ij} en supposant la taille moyenne d'un paquet μ égale à 800 bits.

i	Ligne	λ_i	C_i	μC_i	T_i
1	AB	14	20	25	91
2	BC	12	20	25	77
3	CD	6	10	12,5	154
4	AE	11	20	25	71
5	EF	13	50	62,5	20
6	FD	8	10	12,5	222
7	BF	10	20	25	67
8	EC	8	20	25	59

λ_i : paquet / s, C_i : kbit / s, T_i : ms,

μC_i : paquet / s

Figure 5-19. Analyse du réseau de la figure 5-18 en supposant que la taille moyenne d'un paquet est de 800 bits. Le trafic retour (*BA*, *CB*, etc.) est identique au trafic aller.

La dernière colonne indique le temps moyen de traversée obtenu par l'application de la formule de la théorie des files d'attente :

$$T = 1 / (\mu C - \lambda)$$

où μ est la taille moyenne d'un paquet en bits, C est la capacité en bits par seconde, et λ le taux moyen d'arrivée en paquets par seconde. Par exemple pour une capacité $\mu C = 25$ paquet/s et un taux d'arrivée λ de 14 paquet/s, le délai moyen de traversée est de 91 ms. Notez qu'avec $\lambda = 0$, le délai moyen est encore de 40 ms, ce qui correspond au fait que la capacité est de 25 paquet/s (soit 40 ms de temps de transit par paquet). En d'autres termes, le temps de traversée comprend le temps d'attente et le temps de service.

Pour connaître le temps moyen de traversée du réseau tout entier, nous devons faire la somme pondérée des huit lignes, le poids étant le rapport entre le trafic de la liaison et le trafic total. Dans cet exemple, la moyenne se situe à 114 ms.

Pour évaluer un autre algorithme de routage, nous pouvons répéter le procédé avec des valeurs différentes des débits pour obtenir un nouveau délai moyen. Si nous nous limitons à un algorithme de routage d'un seul chemin, il n'y a qu'un nombre fini de routes pour transférer un paquet de chaque source à chaque destination. Il est facile d'écrire un programme qui les teste toutes et trouve celle qui correspond au plus court délai moyen. Ce sera alors le meilleur algorithme de routage.

Si nous acceptons le routage multichemin, la situation est plus complexe car il y a un nombre infini de façons de router le trafic de *A* vers *D*. Par exemple une fraction α du trafic passe par *ABCD* et le reste *via AEFD*, où α est un réel compris entre 0 et 1. Toutefois, dans ce cas nous pouvons constater que le débit de chaque ligne est fonction du paramètre α de partage des charges et de paramètres similaires pour chaque ligne. Cette approche conduit à une expression du délai moyen fonction de tous les paramètres. De nombreuses techniques existent pour minimiser cette expression et trouver la valeur optimum pour α et tous les autres paramètres, ce qui permet effectivement de trouver l'algorithme de routage.

5.2.9. Le routage hiérarchique

Au fur et à mesure que les réseaux grandissent, les tables de routage des IMP croissent en proportion. Non seulement on consomme plus de mémoire par l'augmentation des tables, mais on utilise plus de temps UC pour les explorer et plus de largeur de bande pour envoyer les états. A partir d'une certaine dimension, il n'est plus possible que chaque IMP ait une entrée pour chacun des autres IMP, aussi le routage doit-il être hiérarchique, comme dans les réseaux téléphoniques.

Lorsque le routage hiérarchique est utilisé, les IMP sont répartis par régions et si chaque IMP connaît tous les détails pour router les paquets dans sa propre région, il ignore tout de la structure interne des autres régions. Lorsque des réseaux différents sont interconnectés, il est naturel de considérer chacun d'entre eux comme une région séparée, et de permettre aux IMP d'un réseau d'ignorer la structure topologique des autres réseaux.

Pour des réseaux immenses, une hiérarchie à deux niveaux est insuffisante; on groupe alors les régions en grappes, les grappes en zones, les zones en groupes, et ainsi de suite, jusqu'à épuisement des noms pour désigner les regroupements. A titre d'exemple, regardons comment un paquet est routé pour aller de Berkeley en Californie à Malindi au Kenya. L'IMP de Berkeley connaît le détail de la topologie interne de la Californie, mais devra envoyer tout le trafic qui sort de cet état à l'IMP de Los Angeles. L'IMP de Los Angeles est capable de router le trafic vers d'autres IMP des Etats-Unis, mais expédiera le trafic extérieur vers New York. L'IMP de New York est programmé pour envoyer directement le trafic vers les IMP responsables du trafic vers l'étranger, soit à Nairobi. Finalement le paquet trouvera son chemin au Kenya en descendant l'arborescence jusqu'à atteindre Malindi.

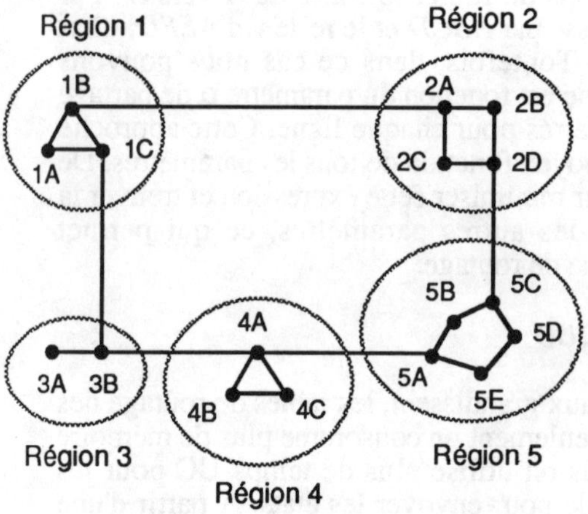

(a)

Table complète pour 1A

Destination	Ligne	Nbre de sauts
1A	—	—
1B	1B	1
1C	1C	1
2A	1B	2
2B	1B	3
2C	1B	3
2D	1B	4
3A	1C	3
3B	1C	2
4A	1C	3
4B	1C	4
4C	1C	4
5A	1C	4
5B	1C	5
5C	1B	5
5D	1C	6
5E	1C	5

Table hiérarchique pour 1A

Destination	Ligne	Nbre de sauts
1A	—	—
1B	1B	1
1C	1C	1
2	1B	2
3	1C	2
4	1C	3
5	1C	4

(b)

Figure 5-20. Routage hiérarchique

La figure 5-20 donne un exemple de routage hiérarchique à deux niveaux dans cinq régions. La figure 5-20(b) montre une table de routage de l'IMP 1A avec 17 entrées dans le cas d'un routage non hiérarchique. Quand le routage est hiérarchique, comme dans la figure 5-20(c), il y a une entrée pour tous les IMP locaux, comme précédemment, mais toutes les autres régions sont réunies dans un seul IMP; ainsi tout le trafic pour la région 2 se fait par la ligne 1B-2A, mais le reste du trafic avec les régions éloignées se fait par la ligne 1C-3B. Le routage hiérarchique a réduit le nombre d'entrées de la table de 17 à 7. Si le ratio nombre de régions sur nombre d'IMP dans une région augmente, l'économie d'espace occupé par les tables croît proportionnellement.

Malheureusement, ce gain de place n'est pas gratuit. Il y a une pénalité à payer sous forme d'augmentation de la longueur du chemin. Par exemple la meilleure route pour aller de 1A vers 5C passe par la région 2, mais avec le routage hiérarchique tout le trafic vers la région 5 se fait par la région 3, parce que c'est la meilleure solution pour la plupart des destinations de la région 5.

Quand un réseau simple devient très grand, se pose une intéressante question: combien de niveaux hiérarchiques doit-on avoir? Considérons, par exemple, un sous-réseau de 720 IMP. S'il n'y a pas de hiérarchie, chaque IMP a besoin de 720 entrées dans sa table de routage. Si le sous-réseau est divisé en 24 régions de 30 IMP, chaque IMP a besoin de 30 entrées locales plus 23 entrées distantes, soit un total de 53 entrées. Si on choisit une hiérarchie à 3 niveaux, avec huit grappes de 9 régions, chaque région comprenant 10 IMP, chaque IMP a besoin de 10 entrées locales, 8 entrées pour le routage vers les autres régions de sa grappe, et 7 entrées pour les grappes distantes, soit un total de 25 entrées. Kamoun et Kleinrock (1979) ont découvert que le nombre optimum de niveaux pour N IMP est de $\ln(N)$, ce qui demande un total de $(e \times \ln(N))$ entrées par IMP. Ils ont aussi découvert que l'augmentation de la longueur moyenne des chemins est suffisamment faible pour ne pas être un handicap.

5.2.10 Le routage par diffusion

Pour certaines applications, les hôtes ont besoin d'envoyer des messages à tous les autres hôtes. Exemples typiques: la planification (un hôte veut découvrir quels sont les hôtes qui veulent et peuvent exécuter une tâche donnée) ou la mise à jour d'une base de données répartie. Dans certains réseaux les IMP peuvent avoir besoin de cette dernière possibilité, par exemple pour diffuser et mettre à jour des tables de routage. Envoyer un paquet à toutes les destinations simultanément est appelé *diffusion* (*broadcast*); l'implémentation peut se faire d'un grand nombre de façons. Notre exposé se fonde sur les travaux de Dalal et Metcalfe (1978).

Une méthode de diffusion qui ne demande pas de caractéristiques spéciales pour le sous-réseau consiste pour la source à envoyer un paquet distinct pour chaque destinataire. Cette méthode gaspille non seulement une capacité de transport importante mais elle exige que la source possède la liste complète des destinataires. Dans la pratique ce peut être la seule méthode possible, mais c'est la moins intéressante.

L'inondation est évidemment une autre possibilité. Bien que l'inondation soit une mauvaise solution pour un algorithme de communication point à point, dans le cas de la diffusion elle mérite d'être examinée, surtout si aucune des méthodes décrites ci-dessous n'est applicable. L'inconvénient de l'utilisation de l'inondation comme technique de diffusion est le même que celui de l'algorithme de routage point à point: cette technique génère trop de paquets et consomme trop de capacité de transport.

Un troisième algorithme est le *routage multidestination*. Si cette méthode est utilisée, chaque paquet contient une liste des destinations ou une table indiquant les destinations souhaitées. Lorsqu'un paquet arrive dans un IMP, l'IMP teste toutes les destinations pour déterminer l'ensemble des lignes de sortie qui lui est nécessaire. (Une ligne n'est utile que si elle s'avère être la meilleure route pour au moins une des destinations.) L'IMP génère une nouvelle copie du paquet pour chaque ligne de sortie utilisée et place dans chaque paquet les seules destinations qui utilisent cette ligne. Ceci a pour effet de répartir l'ensemble des destinations sur les lignes de sortie. Après un nombre suffisant de sauts chaque paquet ne comporte plus qu'une destination et peut être considéré comme un paquet normal. Le routage multidestination est semblable à l'envoi de paquets séparés à des adresses différentes, si ce n'est que dans le cas où plusieurs paquets doivent suivre la même route, un seul paye plein tarif, les autres circulant gratuitement.

Un quatrième algorithme de diffusion utilise explicitement l'arbre collecteur de l'IMP qui initialise la diffusion, ou un autre arbre de recouvrement adapté pour ce cas. (Un arbre de recouvrement est un sous-ensemble du sous-réseau qui contient tous les IMP mais ne comporte pas de boucles.) Si chaque IMP connaît les lignes de l'arbre de recouvrement, il peut copier un paquet de diffusion entrant et l'envoyer sur toutes les lignes de l'arbre de recouvrement, exceptée celle d'arrivée. Cette méthode optimise l'utilisation du canal en produisant le minimum absolu de paquets nécessaires. Notons tout de même que chaque IMP doit connaître l'arbre de recouvrement concerné, et de nombreux algorithmes de routage étudiés précédemment n'ont pas cette connaissance.

Notre dernier algorithme de diffusion essaie d'approcher le comportement précédent, même si les IMP ignorent tout des arbres de recouvrement. L'idée est remarquablement simple une fois énoncée. Lorsqu'un paquet de diffusion arrive dans un IMP, l'IMP cherche à savoir si le paquet arrive sur la ligne normalement utilisée pour l'envoi de paquets par la source de la diffusion. S'il en est ainsi, il y a de grandes chances que le paquet de diffusion lui-même ait suivi la meilleure route depuis l'IMP et soit par conséquent la première copie qui arrive à l'IMP. Dans ce cas, l'IMP fait suivre les copies sur toutes les lignes exceptée celle d'arrivée. Si toutefois le paquet de diffusion arrive sur une autre ligne que la ligne prévue en provenance de la source, le paquet est détruit comme étant probablement un duplicata.

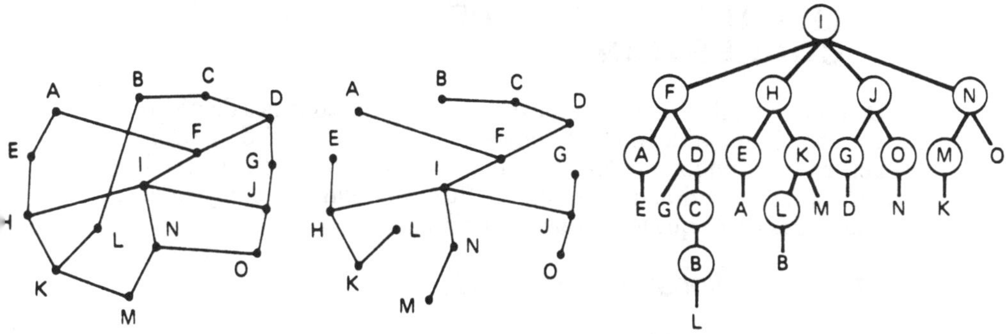

Figure 5-21. Le chemin inverse

Un exemple de cet algorithme, appelé transmission sur le chemin inverse (*reverse path forward*), est décrit figure 5-21. La partie (a) représente le sous-réseau, la partie (b) montre l'arbre collecteur correspondant à l'IMP *I*, et la partie (c) montre comment fonctionne l'algorithme de transmission sur le chemin inverse. Au premier saut, *I* expédie les paquets vers *F*, *H*, *J*, et *N*, qui sont sur la deuxième ligne de l'arbre. Chaque paquet arrive par le chemin préférentiel pour *I* (on suppose que le chemin préférentiel suit l'arbre collecteur) qui est indiqué par un cercle entourant la lettre. Au deuxième saut, huit paquets sont générés, deux par chacun des IMP qui ont reçu un paquet lors du premier saut. Comme on le constate, tous les paquets sauf un arrivent sur des IMP qui n'ont pas été visités auparavant et tous arrivent par la ligne préférentielle. Des neuf paquets générés au troisième saut seul deux arrivent par le chemin préférentiel (*C* et *L*) et seront les seuls à générer des paquets supplémentaires. Après cinq sauts et 24 paquets, la diffusion est terminée; ce résultat est à comparer aux quatre sauts et aux 14 paquets que le suivi strict de l'arbre collecteur aurait nécessité.

Le principal avantage de la transmission sur le chemin inverse est que c'est un algorithme à la fois raisonnablement efficace et facile à implanter. Il ne demande pas que les IMP connaissent les arbres de recouvrement, ni d'avoir la liste des destinations ou une table dans chaque paquet de diffusion comme dans le cas des adresses multidestination. Il n'est pas non plus nécessaire d'avoir un mécanisme particulier pour arrêter le processus, comme dans le cas de l'inondation (compteur de sauts dans chaque paquet et connaissance *a priori* du diamètre du sous-réseau, ou liste des paquets en provenance de chaque source).

5.3. LES ALGORITHMES DE CONTROLE DE CONGESTION

Dans cette section nous allons examiner cinq mécanismes de contrôle de congestion: la préallocation de ressources, l'autorisation de détruire des paquets en cas d'engorgement, la limitation du nombre des paquets dans le sous-réseau, l'utilisation du contrôle de flux pour éviter la congestion, et la régulation des accès quand le sous-réseau est surchargé.

5.3.1. La préallocation de tampons

Si le sous-réseau utilise en interne la technique des circuits virtuels, il est possible de résoudre complètement le problème de la congestion de la façon suivante: quand un circuit virtuel est initialisé, le paquet d'appel progresse à travers le sous-réseau en créant des entrées dans les tables au fur et à mesure de sa progression. Quand il atteint sa destination, la route à suivre par les paquets de données suivants a été établie et les entrées correspondantes ont été créées dans les tables de tous les IMP intermédiaires.

Normalement, le paquet d'appel ne réserve pas d'espace mémoire dans les IMP intermédiaires, mais uniquement des entrées dans les tables. Cependant, par une simple modification de l'algorithme d'initialisation, on peut réserver un ou plusieurs tampons de données. Si un paquet d'appel arrive dans un IMP et que tous les tampons sont déjà réservés, il doit trouver une autre route ou le signal «occupé» doit être renvoyé à l'appelant. Même si les tampons ne sont pas réservés, des circuits virtuels demandeurs peuvent être reroutés ou refusés par manque de place dans les tables; la réservation de tampons n'ajoute donc pas de nouveaux problèmes à ceux qui existaient auparavant.

L'allocation permanente de tampons, pour chaque circuit virtuel dans chaque IMP, permet toujours de trouver de la place pour un paquet arrivant jusqu'à ce qu'il soit retransmis. Considérons d'abord le cas du protocole «arrêt et attente» entre IMP. Un tampon par circuit virtuel et par IMP est suffisant dans le cas du *simplex*, et un pour chaque sens est suffisant dans le cas du *full-duplex*. Lorsqu'un paquet arrive, l'acquittement n'est pas renvoyé à l'IMP émetteur tant que le paquet n'a pas été retransmis. En effet, un acquittement signifie non seulement que le récepteur a bien reçu le paquet, mais aussi qu'il dispose d'une place libre pour accepter un autre paquet. Si le protocole d'acquittement entre IMP autorise plusieurs paquets en attente, chaque IMP doit dédier à chaque circuit virtuel un nombre de tampons égal à la taille maximale de la fenêtre pour éliminer complètement le risque de congestion.

Quand chaque circuit virtuel traversant chaque IMP a une quantité suffisante de tampons, la commutation de paquets ressemble tout à fait à la commutation de circuits. Dans les deux cas une initialisation est nécessaire. Dans les deux cas des ressources importantes sont allouées de manière permanente à des connexions spécifiques, qu'il y ait ou non du trafic. Dans les deux cas la congestion est impossible car toutes les ressources nécessaires pour acheminer le trafic ont déjà été réservées. Dans les deux cas il y a potentiellement une mauvaise utilisation des ressources, parce que si elles ne sont pas utilisées par la connexion qui les réserve, elles ne peuvent être utilisées pour autre chose.

Comme il est onéreux de consacrer un ensemble complet de tampons à un circuit virtuel inactif, des sous-réseaux peuvent les utiliser lorsqu'il est important d'avoir un temps de traversée très court et une grande largeur de bande, par exemple pour le transport de la voix numérisée. Pour les circuits virtuels avec lesquels il n'est pas indispensable d'avoir un temps de traversée court, une stratégie raisonnable consiste à associer un temporisateur à chaque tampon. Si les tampons restent inactifs pendant une période importante, ils sont libérés, pour être repris lorsqu'arrive le paquet suivant. Naturellement, obtenir un tampon peut prendre du temps, aussi des paquets peuvent-ils être expédiés sans tampons préalloués jusqu'à ce que la chaîne de tampons soit réinitialisée.

5.3.2. La destruction des paquets

Le second mécanisme de contrôle de congestion est à l'opposé du premier. Au lieu de réserver tous les tampons par avance on n'en réserve aucun. Si un paquet arrive alors qu'il n'y a plus de place pour lui, l'IMP le détruit tout simplement. Si le sous-réseau offre un service datagramme à ses clients, c'est tout ce qu'il y a à faire, la congestion est résolue par la destruction volontaire des paquets. Si le sous-réseau offre un service de circuits virtuels, une copie du paquet doit être gardée quelque part afin qu'elle puisse être retransmise plus tard. Une possibilité consiste pour l'IMP émetteur du paquet détruit à réexpédier le paquet à l'expiration d'un délai de temporisation, et ce, jusqu'à la réception. Une autre possibilité pour l'IMP émetteur consiste à abandonner après un certain nombre d'essais, et à prévenir la source que le délai est dépassé et qu'on doit tout recommencer.

Détruire des paquets n'importe comment peut être parfois excessif. Il est visiblement stupide d'ignorer un paquet entrant contenant un acquittement en provenance d'un IMP voisin. Cet acquittement aurait permis à l'IMP d'effacer un paquet reçu par son destinataire et ainsi de libérer des tampons. Toutefois, si l'IMP n'a pas de tampons disponibles il ne peut pas recevoir le paquet et s'apercevoir qu'il contient un acquittement. La solution consiste à réserver un tampon par ligne d'arrivée pour pouvoir inspecter tout paquet entrant. Il est tout à fait légitime pour un IMP d'examiner un paquet nouvellement arrivé, d'utiliser l'acquittement associé inclus et de détruire le paquet ensuite. Une alternative consiste à récompenser le porteur de la bonne nouvelle en le conservant, en utilisant le tampon qui vient d'être libéré comme nouveau tampon d'entrée.

Si la congestion peut être évitée par la destruction des paquets, on doit avoir une règle pour garder ou détruire un paquet. Irland (1978) a étudié ce problème et a trouvé une heuristique de destruction des paquets simple et cependant efficace. En l'absence de règles contraires explicites, une seule ligne de sortie peut utiliser tous les tampons disponibles dans un IMP, puisque ces tampons sont simplement attribués suivant la règle du premier arrivé premier servi. La figure 5-22(a) montre un IMP qui a 10 tampons. Trois d'entre eux sont affectés en permanence pour les lignes d'entrée. Les sept restants contiennent des paquets en file d'attente pour être transmis sur l'une des lignes de sortie.

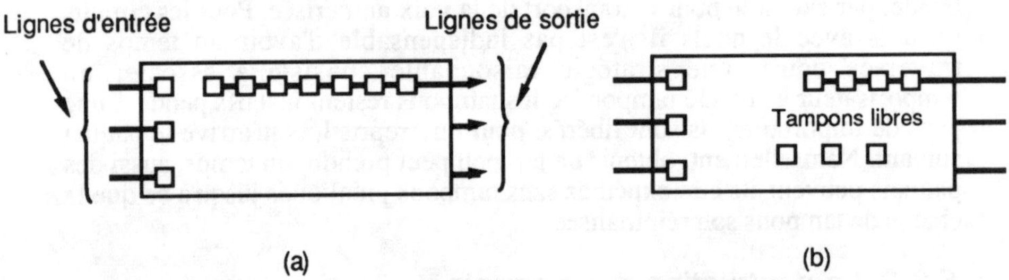

Figure 5-22. La congestion peut être réduite en limitant le nombre de tampons de la file d'attente d'une ligne de sortie

Bien que deux des lignes de sortie soient inactives, tout paquet entrant à destination de ces lignes est détruit puisqu'il n'y a pas de tampon disponible. Cela est un gaspillage manifeste. L'idée d'Irland est de limiter le nombre de tampons qui peuvent être attachés à chacune des lignes de sortie. Par exemple, si la limite pour l'ensemble est de quatre, on peut avoir la situation montrée en figure 5-22(b): trois tampons non affectés. Un nouveau paquet entrant qui voudrait sortir par la première ligne doit être détruit au lieu de porter à cinq la longueur de la file d'attente.

Cette stratégie n'est pas aussi drastique qu'il y paraît. Après tout, la ligne de sortie fonctionne déjà à son maximum de capacité. Avoir sept paquets en file d'attente au lieu de quatre ne fera pas fonctionner plus rapidement la ligne de sortie; en revanche, notre algorithme permet au trafic des autres lignes d'être retransmis immédiatement, ce qui permet de doubler ou de tripler le rendement de l'IMP. Dans tous les cas, les paquets détruits peuvent être retransmis plus rapidement. Si le système est bien réglé, un paquet détruit peut même être retransmis avant que la file soit vide, ce qui rend sa destruction complètement transparente.

Irland a étudié différents algorithmes pour déterminer la longueur *m* maximale de la file, pour un IMP de *k* tampons (les tampons consacrés de manière permanente aux lignes d'entrée n'étant pas comptabilisés). Le cas non envisagé est celui où $k = m$. S'il y a s lignes de sortie, le cas $m = k/s$ signifie que chaque tampon est consacré à une ligne de sortie donnée. Aucune ligne ne peut emprunter un tampon, même à une ligne inactive. Intuitivement cela est inefficace, et l'étude le confirme.

Il en résulte que la valeur optimale de m est une fonction compliquée du trafic moyen. Bien que les IMP puissent essayer de mesurer leur trafic et ajuster continuellement m, si le trafic est très irrégulier, cela ne fonctionnera pas correctement. Irland a cependant découvert une règle simple de bon sens, qui donne en général de bons résultats, mais non la performance optimale:

$$m = k \,/\, \sqrt{s}.$$

Par exemple, pour un groupe de sept tampons et trois lignes,

$$m = 7 \,/\, \sqrt{3},$$

soit une allocation de 4 tampons. Une idée voisine, due à Kamoun (1976), empêche directement une ou plusieurs lignes d'être en manque: on consacre un nombre minimum de tampons à chaque ligne. S'il n'y a pas de trafic les tampons vides sont réservés. La méthode d'Irland peut être combinée avec celle de Kamoun en fixant un minimum et un maximum de tampons pour chaque ligne. C'est la méthode qu'utilise le réseau ARPANET.

Si la destruction de paquets est simple, cela présente quelques inconvénients. Le principal est la diminution de capacité de transport due à la duplication des paquets. Si la probabilité qu'un paquet soit détruit est de p, le nombre de transmissions avant acceptation est de $1 / (1\text{-}p)$. Un problème voisin est lié à la durée de temporisation: si elle est trop courte, des duplicatas vont être générés inutilement, augmentant ainsi la congestion; mais si elle est trop longue, le temps de traversée en souffrira.

Une manière de minimiser la largeur de bande gaspillée par la retransmission des paquets détruits est de détruire de préférence les paquets qui n'ont pas encore beaucoup voyagé, et qui par conséquent ne représentent pas un gros investissement de ressources. Le cas limite de cette stratégie consiste à détruire des paquets en provenance des hôtes plutôt que ceux qui sont en transit. Par exemple, les IMP peuvent refuser ou détruire les nouveaux paquets de leurs hôtes d'attachement quand le nombre des tampons liés aux nouveaux paquets (ou au total des paquets) excède un certain seuil.

5.3.3. Contrôle de congestion isarythmique

La congestion arrivant quand il y a trop de paquets dans le sous-réseau, on peut essayer de limiter le nombre de paquets dans le sous-réseau. Davies (1972) a proposé une méthode qui met en application une telle limite.

Dans cette méthode, appelée *isarythmique* parce qu'elle conserve constant le nombre de paquets, il existe des permis (des jetons) qui circulent à l'intérieur du réseau. Lorsqu'un IMP veut envoyer un paquet qui provient d'un de ses hôtes, il doit d'abord capturer un permis et le détruire. Quand l'IMP destinataire retire le paquet du sous-réseau, il régénère le permis. Cette règle simple assure que le nombre de paquets dans le sous-réseau n'excédera jamais le nombre de permis initial.

Toutefois cette méthode présente quelques problèmes. D'abord, bien qu'elle garantisse que la totalité du sous-réseau ne sera jamais congestionnée, elle ne garantit pas qu'un IMP donné ne soit pas brusquement submergé.

Deuxièmement, la distribution des permis est loin d'être évidente. Pour éviter qu'un paquet récemment généré ait à souffrir d'un long délai d'attente, pendant que l'IMP local essaie de se saisir d'un permis, les permis doivent être répartis uniformément, de sorte que chaque IMP en ait. D'autre part, pour permettre un transfert de fichier gros consommateur de capacité de transport, il n'est pas souhaitable que l'IMP expéditeur aille à la chasse pour obtenir suffisamment de permis. Il vaudrait mieux que tout soit centralisé et qu'une demande d'un nombre important de permis soit rapidement satisfaite. Des compromis peuvent être trouvés, comme celui consistant à limiter le nombre maximum de permis pouvant se trouver dans un IMP, les permis en excès cherchant un IMP qui a de la place. Notez que le parcours aléatoire des permis en excès contribue à charger le sous-réseau.

Troisièmement, et ce n'est pas le moins important, si les permis sont détruits par accident (erreur de transmission, mauvais fonctionnement d'un IMP, destruction par un IMP engorgé), la capacité de transport du réseau peut être définitivement réduite. Il n'y a pas de moyens simples de savoir combien de permis existent à un instant donné.

5.3.4. Le contrôle de flux

Quelques réseaux (ARPANET entre autres) ont tenté d'utiliser les mécanismes du contrôle de flux pour éliminer la congestion. Bien que le modèle de contrôle de flux puisse être utilisé par la couche transport pour empêcher qu'un hôte en sature un autre, et que ce même modèle puisse être utilisé pour éviter qu'un IMP ne sature ses voisins, il est difficile de contrôler la totalité du trafic dans un réseau en utilisant les règles de contrôle de flux de bout en bout. De plus, si les hôtes sont obligés d'arrêter la transmission par les règles strictes d'un contrôle de flux convenable, le sous-réseau ne sera pas lourdement chargé.

Le contrôle de flux ne peut pas réellement résoudre le problème de la congestion, pour la bonne raison que le trafic informatique est irrégulier. La plupart du temps un utilisateur interactif est assis devant un terminal en se grattant la tête, mais tout d'un coup il peut vouloir examiner un grand fichier. Les pointes de trafic potentiel sont plus importantes que le taux de trafic moyen. Le principe du contrôle de flux, consistant à ajuster de manière restrictive chaque utilisateur sur le trafic moyen, fournit un mauvais service lorsque l'utilisateur désire un surcroît de trafic. D'autre part si le contrôle de flux a une limite élevée pour permettre les pointes de trafic, il aura peu de valeur en tant que contrôle de congestion lorsque plusieurs utilisateurs demanderont ensemble une pointe de trafic. (Si la moitié des gens dans le monde prenaient leur téléphone pour appeler l'autre moitié, il y aurait un grand nombre de tonalités «occupé», le réseau téléphonique étant conçu pour un trafic moyen, et non pour le pire des cas.)

Quand le contrôle de flux est utilisé pour réprimer la congestion, il peut être appliqué entre des paires:

1. de processus utilisateurs (un message en souffrance par circuit virtuel),
2. d'hôtes, sans tenir compte du nombre de circuits virtuels ouverts,
3. d'IMP source et destination, sans se soucier des hôtes.

De plus, le nombre de circuits virtuels ouverts peut être limité.

5.3.5. Les paquets d'engorgement

Bien que la limitation du volume de trafic entre chaque paire d'IMP ou d'hôtes puisse indirectement soulager la congestion, cela est obtenu au prix d'une réduction du trafic potentiel, en dehors même de tout risque de congestion. Ce qui est réellement nécessaire c'est un mécanisme qui ne se déclenche que lorsque le système est congestionné.

Une méthode consiste pour chaque IMP à surveiller le pourcentage d'utilisation de chacune de ses lignes de sortie. On associe à chaque ligne une variable réelle u, comprise entre 0 et 1, et qui représente l'utilisation récente de cette ligne. Pour obtenir une bonne estimation de u, on réalise un échantillonage f (valeur 0 ou 1) de l'utilisation instantanée de la ligne, ce qui permet une mise à jour périodique de u suivant la formule

$$u_{\text{nouveau}} = a u_{\text{ancien}} + (1 - a) f$$

où la constante a représente la rapidité à laquelle l'IMP oublie l'histoire récente.

Lorsque u est voisin du seuil, la ligne de sortie prend l'état «attention». Chaque nouveau paquet arrivant est testé pour savoir si sa ligne de sortie a le statut «attention». S'il en est ainsi l'IMP envoie en retour un paquet d'engorgement à l'hôte source, en indiquant la destination qui figurait dans le paquet. Le paquet lui-même est étiqueté (un bit de l'en-tête est positionné à 1) de manière qu'il ne génère plus de paquet d'engorgement par la suite, et il continue son chemin normal.

Quand l'hôte source reçoit le paquet d'engorgement, il réduit de *X* pour-cent le trafic à destination de l'adresse trouvée dans le paquet. Puisque d'autres paquets expédiés vers la même destination sont en cours de route, l'hôte devra ignorer les paquets d'engorgement relatifs à cette destination pendant un délai fixé. A l'expiration de ce délai, l'hôte accepte d'autres paquets d'engorgement pendant une nouvelle période. Si l'un d'entre eux arrive c'est que la ligne est encore congestionnée, l'hôte réduit à nouveau son trafic et recommence à ignorer les paquets d'engorgement pendant une nouvelle période. Si aucun paquet d'engorgement n'arrive pendant la période d'écoute, l'hôte peut accroître son trafic. Le feedback implicite de cette méthode peut prévenir la congestion, sans réduire aucun flux hors des périodes de difficultés.

Plusieurs variantes de cet algorithme de contrôle de congestion ont été proposées. Dans l'une d'entre elles, les IMP peuvent avoir deux niveaux de trafic. Au-delà du premier niveau, des paquets d'engorgement sont envoyés. Au-delà du second niveau, le trafic entrant est purement et simplement rejeté, la théorie consistant à estimer que l'hôte a déjà été prévenu. Sans une grande extension des tables il est difficile pour un IMP de savoir quel hôte a été prévenu sur quelle direction et quel hôte ne l'a pas été.

Une autre variante consiste à utiliser la longueur de la file d'attente comme signal d'alarme. Le même poids exponentiel peut être bien sûr utilisé avec cette unité comme avec *u*. Il est également possible qu'un IMP propage les informations de congestion avec les informations de routage, de telle sorte que l'alarme ne se fonde pas uniquement sur les observations d'un unique IMP, mais aussi sur le fait que n'importe où sur le chemin peut apparaître un embouteillage. En propageant les informations de congestion dans le sous-réseau, les paquets d'engorgement peuvent être envoyés plus tôt, avant que trop de paquets ne circulent sur la route, et ainsi empêcher que la congestion se produise.

5.3.6. Les étreintes fatales

L'étape ultime de la congestion est l'*étreinte fatale* (*deadlock*) appelée aussi *interblocage* ou *lockup*. Le premier IMP ne peut plus continuer jusqu'à ce que le second IMP fasse quelque chose, et le second IMP ne peut plus continuer parce qu'il attend la même chose du premier. Les deux IMP sont à l'arrêt complet et peuvent rester dans cet état éternellement. Dans les réseaux, les étreintes fatales sont hautement indésirables.

Le plus simple des interblocages peut arriver entre deux IMP. Supposons que l'IMP *A* possède cinq tampons, tous occupés pour la destination *B*. De manière similaire l'IMP *B* a cinq tampons tous occupés par des paquets à destination de *A* (figure 5-23(a)). Aucun des IMP ne peut accepter de paquets entrants en provenance de l'autre. Ils sont tous deux immobilisés. Cette situation est appelée interblocage *store and forward direct*. La même chose peut arriver à plus grande échelle, figure 5-23(b). Chaque IMP essaie d'envoyer des paquets vers ses voisins, mais aucun n'a de tampons disponibles pour recevoir des paquets entrants. Cette situation est appelée interblocage *store and forward indirect*. Notez que lorsqu'un IMP est en état d'interblocage, toutes ses lignes sont effectivement bloquées, y compris celles qui ne sont pas impliquées dans l'interblocage.

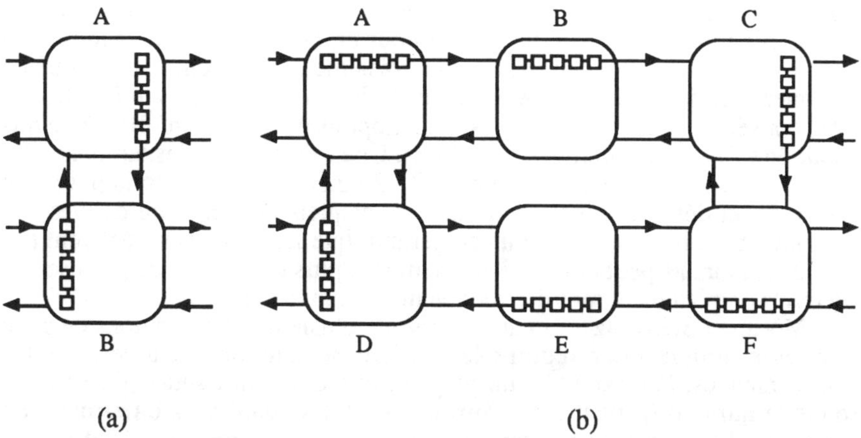

Figure 5-23. L'interblocage *store and forward* (a) direct (b) indirect

Merlin et Schweitzer (1980) ont proposé une solution pour ce problème d'interblocage *store and forward*. Dans leur modèle, les tampons représentent les nœuds d'un graphe direct. Les arcs relient les paires de tampons dans le même IMP ou dans les IMP adjacents. Le graphe est construit de telle façon que les paquets se déplacent de tampon en tampon le long des arcs du graphe, et de cette manière il ne peut y avoir d'étreinte fatale.

A titre d'exemple simple de cette méthode, considérons un sous-réseau de N IMP, dans lequel la route la plus longue entre émetteur et récepteur est de M sauts. Chaque IMP a besoin de $M+1$ tampons numérotés de 0 à M. Le graphe des tampons est maintenant construit en reliant par un arc le tampon i de tous les nœuds aux tampons $i+1$ de chaque nœud adjacent. Les routes légales du tampon i de l'IMP A sont celles qui relient les tampons étiquetés $i+1$ des nœuds adjacents, puis les tampons étiquetés $i+2$ des nœuds suivants situés à deux sauts de A, etc.

Un paquet d'un hôte ne peut être admis dans le sous-réseau que si le tampon 0 de l'IMP source est vide. Une fois admis, ce paquet ne peut que se diriger vers le tampon 1 d'un IMP adjacent et ainsi de suite jusqu'à ce qu'il atteigne sa destination et quitte le sous-réseau, ou qu'il atteigne un tampon *M*, auquel cas il est détruit. (Si *M* est choisi plus grand que la route la plus longue, on ne rejettera que des paquets ayant fait une boucle.) Un paquet d'un tampon *i* de n'importe quel IMP ne peut se déplacer que si le tampon *i*+1 dans l'IMP choisi par l'algorithme de routage est libre. Notez que la numérotation des tampons ne limite pas le choix de l'algorithme de routage, qui peut être statique ou dynamique.

Pour comprendre comment cet algorithme empêche toute étreinte fatale, considérons l'état de tous les tampons *M* à un instant quelconque. Chaque tampon est dans l'un des trois états suivants: vide, contenant un paquet pour un de ses hôtes, contenant un paquet pour un hôte distant. Dans le second cas le paquet peut être délivré, dans le troisième cas le paquet est en train de boucler et il doit être éliminé. Dans les trois cas le tampon peut être libéré. Par conséquent, tous les paquets des tampons *M*-1 peuvent être transmis pour être finalement délivrés ou détruits. Une fois que tous les tampons *M*-1 sont libres, les paquets des tampons *M*-2 peuvent être transmis pour être délivrés ou détruits. Finalement tous les paquets peuvent être délivrés ou détruits. Si l'algorithme de routage garantit que les paquets ne peuvent pas boucler, alors *M* peut être égal au chemin le plus long et les paquets seront délivrés correctement sans destruction ni étreinte fatale.

Merlin et Schweitzer ont aussi présenté plusieurs améliorations de cette stratégie simple pour réduire le nombre de tampons et améliorer les performances. Par exemple, un paquet qui a déjà fait *i* sauts (il se trouve dans le tampon *i*), peut être transmis au saut suivant vers un tampon de numéro plus élevé, et pas uniquement dans le tampon *i*+1. Tant que la séquence des numéros de tampons est monotone et croissante, il ne peut y avoir d'étreinte fatale.

Bien que cet algorithme évite complètement les étreintes fatales, il présente l'inconvénient dans des circonstances normales de gaspiller beaucoup de tampons par manque de paquets appropriés. En outre, de nombreuses lignes peuvent ne pas être utilisées uniquement parce que le tampon nécessaire au paquet qui se trouve au début de la file n'est pas disponible à ce moment-là.

Un algorithme de prévention des étreintes fatales complètement différent et qui n'a pas ces propriétés a été publié par Blazewick et al. (1987). Dans cet algorithme, chaque paquet comporte une marque chronologique unique et globale. Cette marque comprend l'heure à laquelle le paquet a été créé dans les bits de poids forts et le numéro de machine dans les bits de poids faibles. Il n'est pas essentiel que les horloges soient synchronisées, bien que l'algorithme soit plus efficace si les temps ne sont pas trop discordants.

Cet algorithme nécessite que chaque IMP réserve un tampon par ligne entrante comme tampon spécial de réception. Tous les autres tampons peuvent être utilisés pour conserver les paquets en transit. Les paquets sont classés par date dans des files d'attente séparées pour chaque ligne de sortie, comme l'illustre la figure 5-24. En l'absence d'algorithme de prévention des étreintes fatales, les trois IMP de la figure 5-24 peuvent être bloqués alors que chacun peut recevoir un paquet de ses voisins; il n'y a nulle part de place pour le stocker avec les paquets qui attendent leur tour de départ pour le prochain saut.

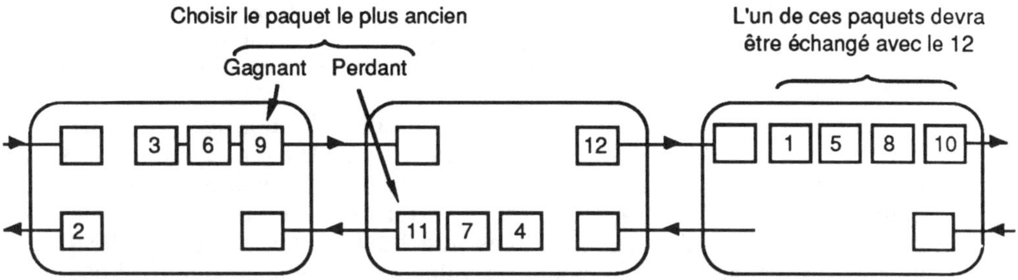

Figure 5-24. Trois cas potentiels d'étreinte fatale des IMP

L'essentiel de cet algorithme réside dans la distinction faite entre trois conditions. Dans les trois cas nous supposons que *A* a un important paquet à transmettre vers *B*. Les conditions sont:

1. *B* a un tampon libre.
2. *B* n'a pas de tampon libre mais il a un paquet pour *A*.
3. *B* n'a ni tampon libre ni paquet pour *A*.

Dans le premier cas, *A* n'a qu'à transmettre son paquet. Dans le deuxième cas, *A* et *B* échangent les paquets, ainsi les paquets nouvellement arrivés peuvent prendre la place dans les tampons qui viennent d'être libérés par le paquet circulant en sens opposé. Dans le troisième cas, *B* est obligé de choisir un paquet non destiné à *A* (de préférence un paquet allant dans la même direction générale) et ce paquet est échangé avec *A* de la même manière que dans le deuxième cas.

Maintenant nous pouvons expliquer l'algorithme et démontrer qu'il ne peut provoquer d'étreinte fatale. Toutes les fois qu'une ligne est en attente, les deux IMP échangent un paquet de contrôle indiquant la date du paquet le plus ancien qui veut utiliser la ligne. Celui qui a le plus bas numéro (donc le paquet le plus ancien) gagne et le paquet est envoyé, même si l'on se trouve dans le troisième cas et l'IMP perdant est obligé d'envoyer un paquet dans la mauvaise direction pour libérer la place pour le gagnant. A un instant donné un seul paquet dans le sous-réseau est le plus ancien. Ce paquet arrive toujours en tête dans les négociations sur l'âge d'IMP à IMP, ainsi ce paquet progresse sans arrêt vers sa destination. Dès qu'il a été délivré, un autre paquet devient le plus ancien et il peut progresser sans obstruction vers sa destination. Au fur et à mesure que le temps s'écoule chaque paquet peut devenir le plus ancien et être délivré.

Deux critiques peuvent être soulevées à l'encontre de cet algorithme. Premièrement, un paquet récent peut être envoyé loin de sa destination avant d'avoir assez d'ancienneté pour être continuellement vainqueur dans les comparaisons de dates entre IMP. En pratique, cependant, le troisième cas ne se produit que lorsque le sous-réseau est très chargé (tous les tampons sont occupés). Si un IMP a 3 ou 4 lignes de sortie et 20 de ses 50 tampons occupés, la probabilité est faible pour que la file d'attente d'une ligne de sortie soit vide, aussi l'IMP perdant doit-il toujours être capable de trouver un bon paquet à échanger avec le gagnant.

La seconde critique porte sur la synchronisation des horloges. Si un des IMP a une horloge en avance de quelques secondes sur les autres, ses paquets seront désavantagés lors des comparaisons avec les dates des autres. Néanmoins, les paquets seront délivrés avec un retard de quelques secondes, cela est donc gênant mais non fatal. Si chaque paire d'IMP adjacents échange périodiquement ses valeurs d'horloge, chaque IMP peut se mettre à l'heure moyenne de ses voisins. De cette façon, aucune horloge ne peut être très décalée par rapport aux autres.

L'interblocage *store and forward* n'est pas la seule sorte d'étreinte fatale qui guette le sous-réseau. Considérons un IMP avec 20 tampons et les lignes vers quatre autres IMP (figure 5-25). Quatre des tampons sont dédiés aux lignes entrantes, pour soulager la congestion. Supposons qu'un protocole à fenêtre à anticipation est utilisé, avec une taille de fenêtre de 7. En outre, supposons que les paquets sont acceptés en désordre par l'IMP, mais doivent être délivrés dans l'ordre à l'hôte. Au moment de la sélection, quatre circuits virtuels 0, 1, 2 et 3 ont été ouverts entre l'hôte et d'autres hôtes.

Plutôt que de dédier la valeur totale de la fenêtre à chaque circuit virtuel ouvert, les tampons sont simplement utilisés suivant la règle du premier arrivé premier servi. Dès que l'hôte attend un nouveau paquet, on le lui transmet (chaque circuit virtuel est indépendant de tous les autres). Les paquets d'ordre supérieur de la fenêtre sont donc stockés de la manière habituelle.

Dans la figure 5-25 *v* et *s* indiquent le numéro de circuit virtuel et le numéro de séquence de chaque paquet. L'hôte attend le paquet 0 sur les quatre circuits virtuels, mais aucun d'entre eux n'est arrivé intact. Néanmoins, tous les tampons sont occupés.

Si le paquet 0 arrive, il devra être détruit par manque d'espace tampon, avec comme résultat que plus aucun paquet ne pourra être délivré à l'hôte et qu'aucun tampon ne se libérera. Ce type d'étreinte fatale est arrivé dans ARPANET sous une forme légèrement différente, qui fut appelée l'*interblocage de réassemblage*.

Il y a des messages multipaquets dans le réseau ARPANET (c'est-à-dire des messages trop grands pour un simple paquet). En permettant aux hôtes de passer beaucoup d'informations en un seul transfert à l'IMP, le nombre d'interruptions des hôtes peut être réduit. L'IMP émetteur répartit les messages multipaquets dans des paquets individuels et envoie chacun séparément. L'IMP destinataire doit posséder tous les fragments avant de délivrer le message réassemblé à l'hôte. Si les fragments de plusieurs messages multipaquets occupent tout l'espace tampon disponible de l'IMP destinataire, les fragments manquants seront rejetés et l'IMP et l'hôte seront en état d'étreinte fatale.

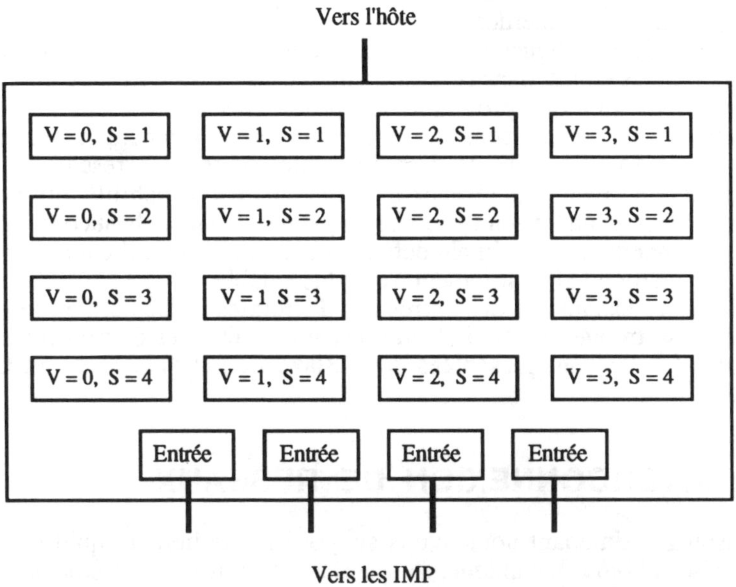

Figure 5-25. L'interblocage de réassemblage

La solution d'ARPANET consiste à faire demander par l'IMP source l'autorisation à l'IMP destinataire d'envoyer des messages multipaquets. L'IMP destinataire réserve suffisamment de tampons pour réassembler le message complet avant de dire à la source de continuer. La version d'étreinte fatale par fenêtre à anticipation ne peut être évitée que par la réservation de la valeur de la fenêtre pour chaque circuit virtuel ouvert. La raison de cette stratégie est plus intéressante dans le cas d'ARPANET car la plupart des messages (96%) sont monopaquets, tandis qu'au contraire, dans le cas de fenêtre à anticipation, tous les messages sont multipaquets.

Deux autres problèmes découverts dans ARPANET méritent d'être mentionnés ici. Ils proviennent tous les deux d'un mauvais fonctionnement des IMP. Il se peut que, d'un seul coup, un IMP déclare qu'il n'y a plus de délai avec les autres IMP de tout le sous-réseau. L'algorithme de routage adaptatif répand au loin la bonne nouvelle. Les autres IMP sont ravis. En quelques secondes, tout le trafic du sous-réseau est pratiquement dévié vers le seul IMP qui déraille. Bien qu'il ne s'agisse pas d'une étreinte fatale, ceci entraîne l'arrêt brusque de tout le réseau.

L'autre problème a été aussi causé par une défaillance de mémoire. Un beau jour l'IMP d'Aberdeen (sur la côte est des Etats-Unis) a décidé qu'il était l'IMP d'UCLA (sur la côte ouest). Les conséquences de cette erreur d'identification peuvent être facilement imaginées, en particulier pour les hôtes d'UCLA et d'Aberdeen.

Le remède à appliquer alors est que chaque IMP contrôle périodiquement son code et ses tables, dans l'espoir de trouver les mots-mémoire défaillants comme ceux qui ont provoqué les problèmes mentionnés ci-dessus. Néanmoins, reste en suspens la question de savoir comment empêcher que le mauvais fonctionnement d'un IMP bloque tout le réseau. Un des arguments en faveur des réseaux d'ordinateurs est la fiabilité, qui peut se résumer ainsi: si une machine tombe en panne il en reste beaucoup d'autres autour. Cependant, si la simple défaillance d'un site perturbe tout le réseau national (ou mondial), l'argument n'est plus valable.

Une liste exhaustive des autres cas d'étreintes fatales et des solutions possibles se trouve dans Lai (1982). D'autres méthodes de prévention des étreintes fatales sont présentées dans Blazewicz et al.(1987b), et Gopal (1985).

5.4. INTERCONNEXION DE RESEAUX

Jusqu'à maintenant nous avons supposé implicitement qu'il n'y avait qu'un réseau homogène unique, chaque machine utilisant le même protocole dans chaque couche. Malheureusement cette hypothèse est beaucoup trop optimiste. Il existe une grande diversité de réseaux. Chaque jour 20 000 réseaux SNA, plus de 2000 réseaux DECNET et un nombre incalculable de RLE (Réseaux Locaux d'Entreprise) de toutes sortes sont en fonctionnement de par le monde (Green, 1986). Une proportion très faible d'entre eux respecte le modèle OSI. Dans ce paragraphe, nous allons étudier attentivement les difficultés qui apparaissent lorsqu'il devient nécessaire d'interconnecter deux ou plusieurs de ces réseaux pour former un inter-réseau. Des précisions supplémentaires pourront être trouvées dans Burg et al. (1984); Hinden et al. (1983); Israel et Weissberger (1987); Postel (1980); Schneidewind (1983); Stallings (1987) .

L'abondance actuelle de types de réseau est-elle une phase temporaire qui prendra fin aussitôt que chacun aura pris conscience de la merveille qu'est le modèle OSI ? Ou s'agit-il d'un état inévitable et permanent du monde ? Cette question donne lieu à d'énormes controverses. Nous pensons que bon nombre de types de réseaux différents coexisteront et cela pour les raisons suivantes.

Premièrement, la base installée de réseaux non OSI est déjà très importante et croît rapidement. Par exemple IBM fournit encore de nouveaux réseaux SNA. La plupart des machines UNIX supportent TCP/IP. Les RLE sont rarement conformes au modèle OSI. De plus ce marché a encore de belles années devant lui car tous les fournisseurs ne considèrent pas qu'il soit dans leur intérêt de permettre à leurs clients de migrer aisément vers les systèmes de la concurrence.

Deuxièmement, du fait de la baisse des coûts des ordinateurs et des réseaux, les décisions d'investissement se prennent à des niveaux de plus en plus bas. Dans beaucoup d'entreprises, seuls les investissements dépassant 5 millions de francs sont du ressort de la direction générale. Le management intermédiaire décide de ceux supérieurs à 500.000 F, enfin les chefs de service sont responsables, sans en référer à leur hiérarchie, des achats inférieurs à 500.000 F. Cela conduit facilement à voir une division administrative s'équiper avec un réseau Ethernet, le département d'ingénierie avec un bus à jeton (*token bus*) et le département des ressources humaines avec un anneau à jeton (*token ring*).

Troisièmement, les différents types de réseau (ex: RLE et satellite) utilisent des technologies radicalement différentes. Il ne serait donc pas surprenant que de nouveaux développements matériels nécessitent de nouveaux logiciels non conformes au modèle OSI.

Nous prendrons donc comme hypothèse le fait que la multiplicité et l'incompatibilité des réseaux sont un fait durable. Nous allons étudier quelques situations dans lesquelles leur interconnexion est souhaitable.

Dans bon nombre d'universités les départements d'informatique et d'électronique possèdent leurs propres RLE, le plus souvent différents. Ces réseaux supportent une profusion de PC, de stations de travail et de mini-ordinateurs. Les amateurs de calcul numérique (des physiciens) et d'analyse littéraire (des poètes) se servent fréquemment des gros systèmes du centre de calcul, les premiers à cause de leur puissance de calcul, les seconds à cause de leur manque d'intérêt à gérer eux-mêmes un système. Ces RLE et ces gros ordinateurs sont souvent reliés entre eux et aux réseaux nationaux ou aux Réseaux Longue Distance (RLD).

Les scénarios possibles sont aisés à formuler:

1. RLE-RLE : un scientifique télécharge un fichier pour le faire traiter,
2. RLE-RLD : un scientifique envoie un courrier électronique à un physicien éloigné,
3. RLD-RLD : deux poètes échangent des sonnets,
4. RLE-RLD-RLE : des ingénieurs d'universités différentes échangent des informations.

Les lignes en pointillé de la figure 5.26 illustrent ces quatre types de connexion. Dans chacun des cas il faut nécessairement insérer une «boîte noire» à la jonction de deux réseaux pour prendre en compte les conversions qui s'imposent sur les paquets en transit. Le terme générique pour ces unités est relais (ou système intermédiaire). Nous analyserons leur différents types (ponts: *bridge*, passerelles: *gateway*) plus loin dans ce chapitre. Un relais est soit bidirectionnel, lorsqu'il connecte deux réseaux, soit multidirectionnel s'il prend en charge plusieurs réseaux.

5.4.1. OSI et Interconnexion de réseaux

Le modèle OSI prend en compte l'interconnexion de réseaux au niveau de la Couche Réseau. En toute honnêteté, ce n'est pas un domaine où les réflexions de l'ISO ont rencontré l'assentiment général (la sécurité dans les réseaux en est un autre). De l'étude des documents il ressort que le modèle d'interconnexion a été greffé à la hâte et en dernière minute sur le modèle global. En particulier les recommandations formulées par la communauté ARPA n'ont pas eu l'écho qu'elles auraient mérité. Pas plus d'ailleurs que celles de la DARPA : avec ses dix ans d'expérience de fonctionnement d'un inter-réseau composé de centaines de réseaux interconnectés, elle avait des idées précises de ce qui, en pratique, peut ou ne peut pas fonctionner.

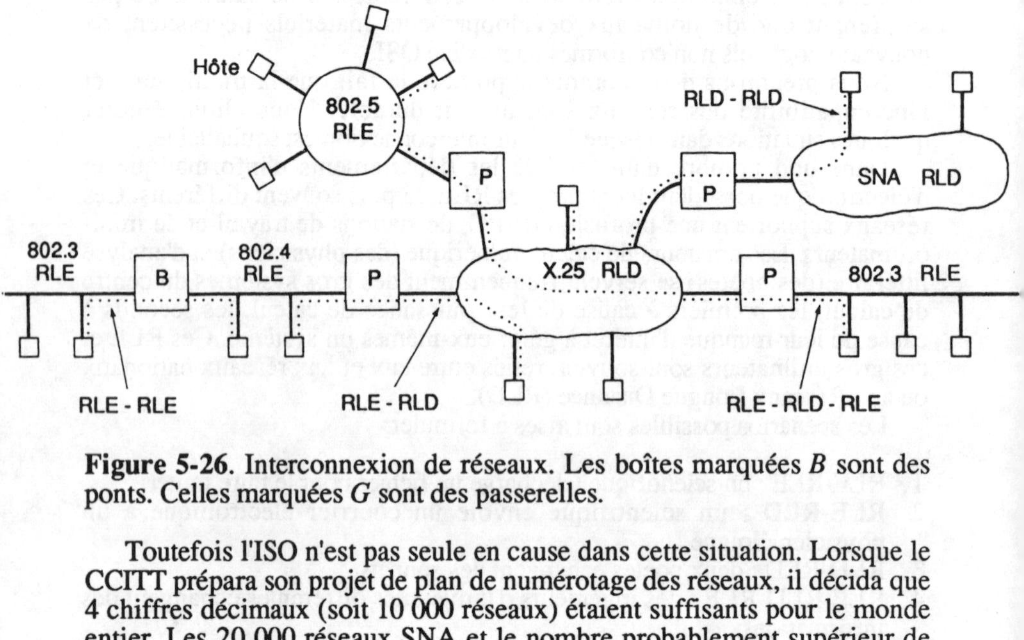

Figure 5-26. Interconnexion de réseaux. Les boîtes marquées *B* sont des ponts. Celles marquées *G* sont des passerelles.

Toutefois l'ISO n'est pas seule en cause dans cette situation. Lorsque le CCITT prépara son projet de plan de numérotage des réseaux, il décida que 4 chiffres décimaux (soit 10 000 réseaux) étaient suffisants pour le monde entier. Les 20 000 réseaux SNA et le nombre probablement supérieur de réseaux locaux (RLE) déjà installés rendent ces quatre chiffres d'une insuffisance grossière.

Le problème ne provient pas d'une sous-estimation: c'est plutôt une question de mentalité. Du point de vue du CCITT chaque pays ne doit posséder qu'un ou deux réseaux nationaux, sous la responsabilité des PTT nationales (ou de transporteurs comme TELENET ou TYMNET aux Etats-Unis). Dans cette vision des choses les réseaux privés ne trouvent guère de place. Cependant tous les utilisateurs ne partagent pas cette opinion. Même si, en une nuit, les 20 000 réseaux SNA devenaient miraculeusement conformes au modèle OSI, il est fort peu probable que leurs propriétaires soient d'accord pour en abandonner l'administration et pour les fusionner en un gros réseau public homogène.

Tout ceci étant dit, regardons comment le modèle OSI intègre l'interconnexion de réseaux. La Couche Réseau peut être subdivisée en trois sous-couches selon les besoins : la *sous-couche d'accès au sous-réseau* (*subnet access sublayer*), la *sous-couche de mise à niveau du sous-réseau* (*subnet enhancement sublayer*), et la *sous-couche d'interconnexion* (*internet sublayer*) (cf. figure 5-27).

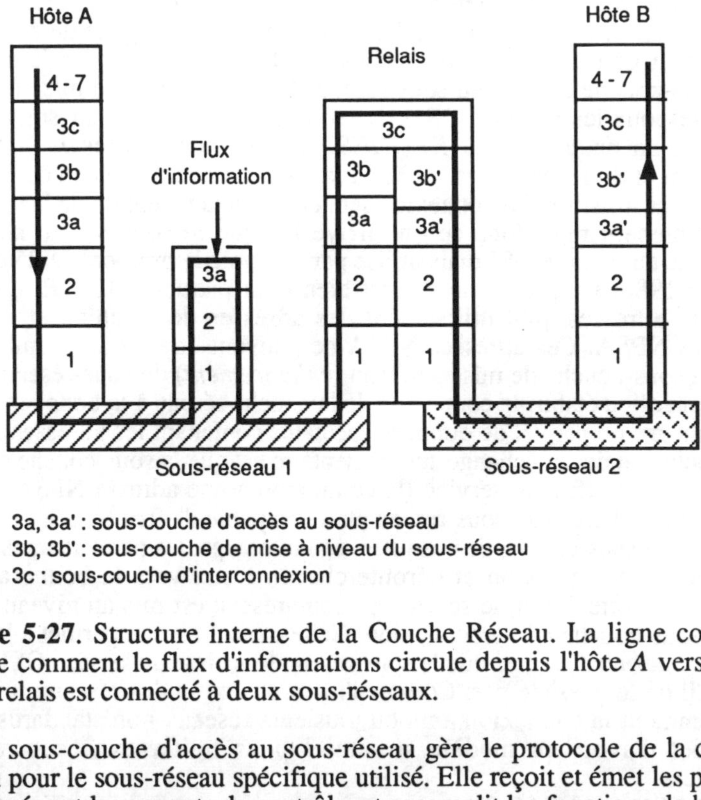

Figure 5-27. Structure interne de la Couche Réseau. La ligne continue montre comment le flux d'informations circule depuis l'hôte *A* vers l'hôte *B*. Le relais est connecté à deux sous-réseaux.

La sous-couche d'accès au sous-réseau gère le protocole de la couche réseau pour le sous-réseau spécifique utilisé. Elle reçoit et émet les paquets de données et les paquets de contrôle, et accomplit les fonctions de base de la couche réseau. Le logiciel est spécifié pour interfacer le sous-réseau réel disponible. Aucune garantie n'est donnée quant au fonctionnement avec d'autres sous-réseaux.

La sous-couche de mise à niveau du sous-réseau harmonise les sous-réseaux offrant différents services. Dans le relais de la figure 5-27, la frontière supérieure de 3*a* est différente de celle de 3*a*'. Cependant comme les bornes supérieures 3*b* et 3*b*' sont identiques, 3*c* peut travailler avec l'un et l'autre des sous-réseaux.

Les différences entre sous-réseaux sont de natures diverses. Par exemple prenons le cas de l'adressage. L'adressage dans la sous-couche *internet* utilise des adresses NPSA. Rappelons qu'une adresse NPSA pointe non seulement sur une machine physique, mais aussi sur un point d'accès donné de cette machine, auquel peut s'attacher un processus de transport. Ainsi les adresses NPSA sont en dernier ressort utilisées pour se référer aux processus de la couche transport et non à la machine. Toutes les primitives *N-CONNECT* utilisent les adresses NPSA comme paramètres (cf. figure 5-4).

En premier lieu considérons l'établissement de la connexion réseau dans un sous-réseau conforme au modèle OSI. Lorsque la requête de connexion arrive de la couche supérieure, la sous-couche d'interconnexion la transmet à la sous-couche d'accès au sous-réseau (la sous-couche de mise à niveau est vide pour les réseaux OSI). La sous-couche d'accès au sous-réseau construit un paquet *CALL REQUEST* contenant les adresses NPSA de l'émetteur et du récepteur et le cède à la sous-couche de liaison de données pour sa transmission. La connexion sera établie à la réception de la réponse.

Maintenant regardons ce qui arrive lorsque le sous-réseau n'est pas conforme au modèle OSI mais utilise par exemple le protocole X25 dans sa version 1980. Ce protocole se sert bien d'un paquet *CALL REQUEST*, mais les adresses qu'il utilise sont des adresses de machine et non des adresses NPSA. Ces adresses NPSA ne peuvent être ajoutées nulle part. C'est la sous-couche de mise à niveau (*enhancement*) du sous-réseau qui va en premier lieu établir la connexion de la couche réseau à la bonne machine, puis émettre un paquet de données spéciales contenant les adresses NPSA. La conclusion de cet échange supplémentaire est que la sous-couche de mise à niveau peut offrir un service (la connexion à une adresse NPSA) que la sous-couche d'accès au sous-réseau était incapable d'offrir.

Enfin la sous-couche de mise à niveau intercepte les paquets transitant le long de cette connexion et déroute chacun d'eux vers la bonne adresse NPSA. De cette façon, le service du sous-réseau est mis au niveau requis par la sous-couche d'interconnexion. Cette mise à niveau permet à la sous-couche *internet* d'assurer que le sous-réseau fournisse un service OSI même lorsqu'il ne le possède pas. Comme l'interconnexion des réseaux implique fréquemment la connexion à un ou plusieurs réseaux non standards, il est essentiel d'avoir un modèle structurel pour traiter avec ces réseaux singuliers.

Dans l'exemple précédent, le service sous-réseau était insuffisant (il lui manquait l'adressage NPSA). Mais il peut aussi arriver que le service sous-réseau soit trop performant et doive être dégradé pour répondre aux besoins de la sous-couche d'interconnexion. Un relais entre un sous-réseau datagramme et un sous-réseau à circuit virtuel en est un exemple.

La sous-couche d'interconnexion peut être spécifiée en ayant l'un ou l'autre de ces types de service à l'esprit. Si le service datagramme a été choisi, alors c'est à la sous-couche de mise à niveau du sous-réseau, du côté circuit virtuel, de masquer les circuits virtuels et de ne procurer que le service datagramme à la sous-couche d'interconnexion. Si elle ne peut fournir de meilleure stratégie, pour chacun des datagrammes qui lui sont proposés, elle peut établir un circuit virtuel, émettre le datagramme, puis annuler le circuit virtuel. En pratique la sous-couche de mise à niveau du sous-réseau n'annulera le circuit virtuel que s'il n'a pas été sollicité pendant plusieurs minutes, car il est fort probable qu'il puisse être utilisé à nouveau.

La tâche principale de la sous-couche d'interconnexion est le routage de bout en bout. Lorsqu'un paquet arrive à un relais, il se fraye un chemin jusqu'à la sous-couche d'interconnexion qui l'examine et décide si elle le réémet, et si oui, quel sous-réseau utiliser (un relais multidirectionnel peut avoir à choisir entre plusieurs sous-réseaux).

En première approximation, le routage au travers de sous-réseaux multiples est similaire au routage à l'intérieur d'un unique sous-réseau, et les techniques étudiées plus haut sont donc utilisables. Pour un inter-réseau important, le routage hiérarchisé est évidemment un bon candidat, car les relais n'ont alors pas à connaître la structure interne des sous-réseaux distants.

Le relais de la figure 5-27 monte jusqu'à la couche 3 et transfère les paquets entre les réseaux à l'aide de cette couche. Dans le cas général (non OSI), le travail de relais peut être effectué dans n'importe quelle couche.

Les quatre types de relais les plus communs sont les suivants :

Couche 1: les ***répéteurs*** copient les bits individuels entre des segments de câble.
Couche 2: les *ponts* mémorisent et transmettent les trames entre RLE.
Couche 3: les ***passerelles*** mémorisent et transmettent des paquets entre réseaux dissemblables.
Couche 4: les ***convertisseurs*** de protocole fournissent une interface aux couches supérieures.

Les répéteurs sont des unités de bas niveau qui ne servent qu'à amplifier des signaux électriques. Ils sont nécessaires pour permettre au courant de passer le long des câbles. Pour 802.3 par exemple, les caractéristiques de synchronisation du protocole MAC (la valeur de τ choisie) autorisent des longueurs de câble allant jusqu'à 2,5 km, mais la puissance des émetteurs/récepteurs (*transceivers*) ne permet d'aller qu'à 500 m. Les répéteurs fournissent une solution pour étendre les câbles jusqu'aux longueurs désirées.

Au contraire des répéteurs qui recopient les bits à mesure qu'ils arrivent, les ponts sont des unités de mémorisation et de réémission (*store and forward*). Un pont accepte une trame complète et la transmet à la couche liaison de données qui vérifie le mot de contrôle. Puis la trame est renvoyée à la couche physique qui la retransmet sur un sous-réseau différent. Un pont peut effectuer des transformations mineures de la trame avant sa réémission, comme ajouter ou supprimer des champs dans l'en-tête de trame. Un pont étant une unité de la couche liaison de données, il ignore les en-têtes de la couche 3 et au-dessus; il ne peut donc effectuer des modifications ou prendre des décisions qui sont du ressort de ces couches.

Les passerelles sont conceptuellement similaires aux ponts, mis à part le fait qu'elles interviennent dans la couche réseau. Le relais de la figure 5-27 est une passerelle. Certains utilisent le terme passerelle comme un terme générique, applicable à n'importe quelle couche, et le terme *router* pour une passerelle de la couche réseau. Dans ce chapitre le terme «passerelle» fait référence à la couche réseau.

En règle générale, les réseaux connectés par une passerelle peuvent être beaucoup plus dissemblables que ceux reliés par un pont. Dans la figure 5-26, les RLE sont reliés par un pont; les relais RLE-RLD et RLD-RLD sont des passerelles. L'avantage principal des passerelles au regard des ponts réside dans le fait que des passerelles peuvent relier des réseaux ayant des formats d'adressage incompatibles, par exemple, un RLE 802 qui utilise des adresses binaires sur 48 bits et un réseau X.25 qui se sert d'adresses X.121 sur 14 chiffres décimaux.

Dans la couche transport et au-dessus, les relais sont habituellement appelés des convertisseurs de protocole, bien que certains les appellent «passerelles» comme mentionné ci-dessus. La tâche d'un convertisseur de protocole est nettement plus complexe que celle d'une passerelle. La transformation qu'il doit effectuer d'un protocole à un autre doit s'opérer sans perte de signification pour le processus. Un exemple de convertisseur de protocole est celui qui traduit le protocole de transport OSI vers le protocole utilisé par l'inter-réseau ARPA (TCP). La conversion des messages du courrier OSI (MOTIS) en format ARPA (RFC 822) en est un autre exemple.

Indépendamment de la couche dans laquelle est effectué le relais, la complexité de la tâche dépend avant tout du degré de similitude des deux réseaux en termes de trames, de paquets, de messages et de protocoles. Parmi les éléments qui peuvent rendre des réseaux différents on trouve, entre autres, la taille des trames, des paquets et des messages, les algorithmes de contrôle (*checksum*), les maxima de durée de vie des paquets, les protocoles orientés connexion ou au contraire sans connexion, les valeurs des temporisateurs (*timers*). Dans certains cas la conversion est même impossible, comme dans le cas où l'on essayerait de transmettre des *données exprès* (*expedited data*) (la frappe de la touche DEL par exemple) dans un réseau qui n'a aucun concept de donnée exprès.

5.4.2. Les ponts

Nous allons dans ce paragraphe nous intéresser à la conception d'un pont. Dans les suivants nous étudierons les passerelles. En un certain sens, les techniques de ponts auraient dû logiquement être traitées dans les chapitres 3 ou 4; mais pour aider le lecteur, nous avons décidé de rassembler ici tout ce qui concerne l'interconnexion de réseaux. La plupart des ponts servent à la connexion des RLE 802, aussi nous focaliserons-nous particulièrement sur des ponts de type 802.

Avant d'entrer dans les détails techniques des ponts, commençons par examiner quelques cas classiques d'utilisation. Nous allons mentionner six raisons pour lesquelles une collectivité (entreprise ou autre organisation) va se retrouver avec de multiples réseaux RLE.

En premier lieu, beaucoup de départements d'universités ou d'entreprises ont leurs propres RLE, destinés avant tout à interconnecter leurs ordinateurs personnels, stations de travail et mini-ordinateurs. Les objectifs de ces divers départements étant différents, il est donc naturel que les RLE choisis soient aussi différents, chacun ne tenant pas compte de ce qui se passe dans le département voisin. Tôt ou tard se fait sentir le besoin d'une connexion, et c'est alors qu'un pont devient nécessaire. Dans cet exemple, l'apparition de plusieurs RLE est due à l'indépendance de leurs propriétaires.

Deuxième raison, la collectivité peut être répartie géographiquement en des bâtiments séparés et distants. Il peut être plus économique d'avoir des RLE distincts dans chaque bâtiment et de les interconnecter par des ponts et des liaisons infrarouges plutôt que de tirer un câble coaxial unique sur tout le campus.

Troisième raison, il peut être nécessaire de partager un RLE logiquement unique en plusieurs RLE séparés pour optimiser la charge. A l'Université de Carnegie-Mellon par exemple, des milliers de stations de travail sont disponibles pour les travaux informatiques des étudiants et des professeurs (Morris, 1988; Morris et al., 1986). Les fichiers sont normalement archivés sur des machines serveurs, et sont descendus à la demande sur les machines utilisateurs. La taille énorme de ce système interdit de mettre toutes les stations de travail sur un RLE unique — la bande passante nécessaire serait beaucoup trop importante. Au lieu de cela, on utilise plusieurs RLE connectés par des ponts, comme le montre la figure 5-28. Chaque RLE est composé d'une grappe de stations de travail avec son propre serveur de fichiers. Ainsi la majeure partie du trafic est ramenée sur un seul RLE.

Quatrième raison, dans certains cas, un RLE unique serait adéquat en termes de charge, mais la distance physique entre les machines les plus éloignées est trop importante (par exemple supérieure à 2,5 km pour du 802.3). Même si la pose du câble est facile à réaliser, le réseau ne fonctionnerait pas en raison du délai trop long de transmission. La seule solution est alors de découper le RLE et d'installer des ponts entre les segments.

Cinquième raison, c'est la fiabilité. Sur un RLE unique, un nœud défectueux émettant continuellement un flot de parasites handicapera le réseau. Des ponts placés à des endroits critiques, comme les portes coupe-feu d'un immeuble, préviendront les comportements anormaux d'un nœud et l'empêcheront de faire écrouler le système entier. A l'inverse d'un répéteur, qui ne fait que recopier tout ce qu'il voit, un pont peut être programmé pour exercer un certain discernement sur ce qu'il doit retransmettre ou non.

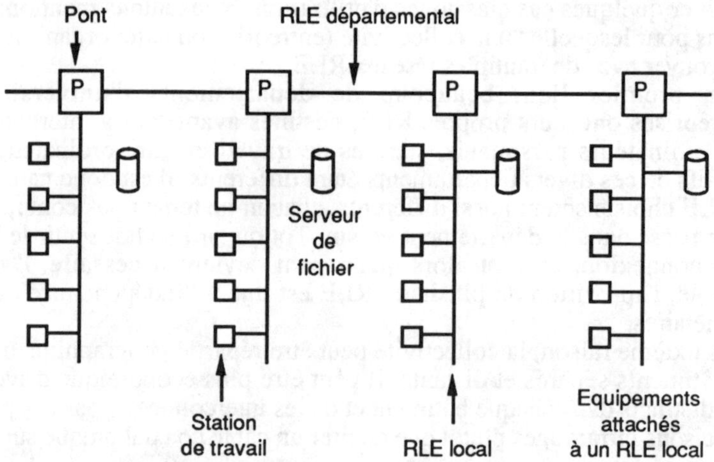

Figure 5-28. Plusieurs RLE connectés en râteau (*backbone*) pour permettre une charge totale supérieure à la capacité d'un RLE unique

Sixième et dernière raison, les ponts peuvent contribuer à la sécurité de la collectivité. La plupart des interfaces de RLE fonctionnent avec un mode de promiscuité (*promiscuous mode*) dans lequel tous les paquets sont donnés à l'ordinateur, et non les seuls paquets qui lui sont adressés. Espions et mouches du coche en sont très friands. En insérant des ponts à des endroits variés et en veillant à empêcher la transmission des éléments sensibles, il devient possible d'isoler certaines parties du réseau de façon à filtrer l'accès aux informations qui y transitent.

Nous avons vu les raisons qui amènent à utiliser des ponts; voyons maintenant comment ils fonctionnent. La figure 5-29 illustre le fonctionnement d'un pont bidirectionnel simple. La machine hôte A a un paquet à envoyer. Le paquet descend dans la sous-couche LLC et obtient un en-tête LLC. Il passe ensuite dans la sous-couche MAC et un en-tête 802.3 lui est alors ajouté (ainsi qu'une fin de bloc non figurée ici). Cette unité sort sur le câble et est finalement remontée à la sous-couche MAC du pont où l'en-tête 802.3 est enlevé. Le paquet ainsi dépouillé (mais toujours avec son en-tête LLC) est alors passé à la sous-couche LLC du pont. Dans cet exemple, le paquet est à destination d'un sous-réseau 802.4 connecté au pont; le paquet redescend donc du côté 802.4 du pont et le voilà reparti. Notez qu'un pont interconnectant *k* RLE différents aura donc *k* sous-couches MAC différentes et *k* couches physiques différentes, une pour chaque type de RLE.

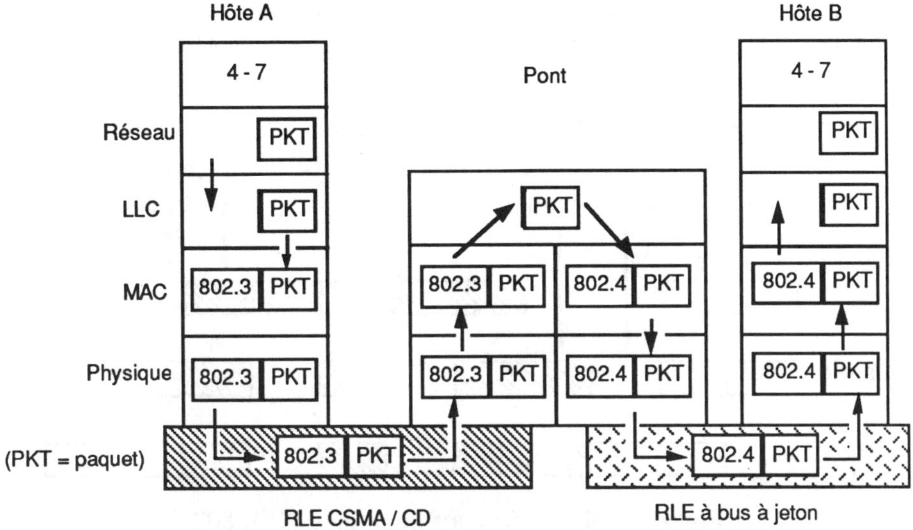

Figure 5-29. Passage dans un pont reliant un RLE 802.3 à un RLE 802.4

5.4.2.1. Les ponts de 802.x vers 802.y

Vous pensez peut-être qu'un pont entre RLE de type 802 est parfaitement trivial. Détrompez-vous, dans le reste de ce paragraphe, nous allons montrer quelques-unes des difficultés rencontrées lorsqu'on essaie de construire un pont entre divers RLE 802. Vous pourrez trouver plus de détails dans Berntsen et al.(1985), et Hawe et al.(1984).

Chacune des neuf combinaisons 802.*x* vers 802.*y* a son propre et unique ensemble de problèmes. Cependant avant de s'attaquer à chacun d'eux examinons quelques problèmes communs à tous les ponts. Pour commencer, chaque RLE utilise un format de trame différent (voir figure 5-30). Cette incompatibilité n'est pas due à quelque raison technique sérieuse. Cela tient simplement au fait qu'aucune des sociétés supportant ces trois standards (Xerox, GM et IBM) ne veut changer le sien. Le résultat, c'est que toute transmission entre les différents RLE nécessite un *reformatage*, ce qui prend du temps CPU, demande un nouveau calcul de mot de contrôle et introduit la possibilité d'erreurs non détectées dues à des bits incorrects dans la mémoire du pont. Tout ceci aurait été évité si les trois comités avaient été capables de se mettre d'accord sur un format unique.

Il y a un second problème, beaucoup plus sérieux celui-là : les débits des RLE interconnectés ne sont pas nécessairement identiques. Chaque standard permet toute une variété de vitesses. Le standard 802.3 autorise de 1 à 20 Mbit/s; le 802.4 permet des vitesses allant de 1 à 10 Mbit/s; enfin le standard 802.5 fonctionne à 1 ou 4 Mbit/s. En pratique le 802.3 est à 10 Mbit/s, le 802.4 est souvent à 10 Mbit/s, et le 802.5 est à 4 Mbit/s.

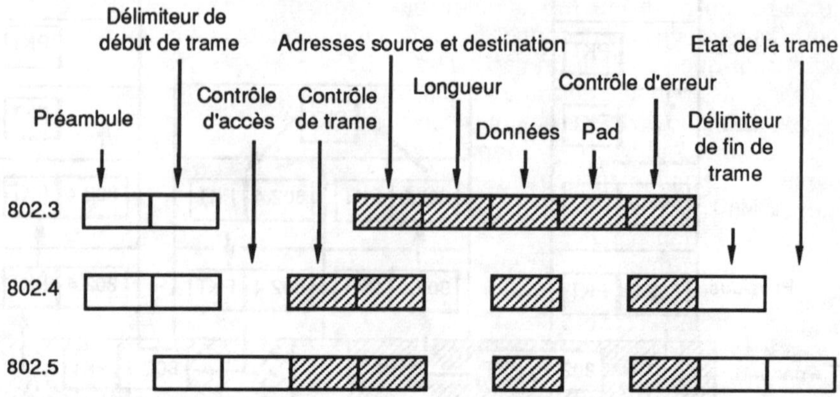

Figure 5-30. Les formats de trames IEEE 802

Lors d'un transfert important de trames successives d'un 802.3 ou 802.4 vers un 802.5, un pont sera incapable de se débarrasser des trames aussi vite qu'elles arrivent. Il devra les mémoriser, en espérant ne pas tomber à court de mémoire. Ce problème se pose aussi dans une certaine mesure pour un 802.4 vers un 802.3, car une partie de la bande passante du 802.3 est utilisée et perdue du fait des collisions. Le 802.3 n'a pas vraiment 10 Mbit/s, au contraire du 802.4.

Un problème subtil mais important connu sous le nom de problème du *pont-goulet d'étranglement* (*bridge-as-bottleneck*) est la valeur des temporisations dans les couches hautes. Supposons que la couche réseau d'un 802.4 essaie d'envoyer un très long message sous la forme d'une suite de trames. Une fois la dernière trame émise, il arme un temporisateur pour attendre un acquittement. Si le message doit transiter par un pont vers un RLE 802.5, le temporisateur risque d'arriver au bout du temps imparti avant que la dernière trame ait pu être transmise sur le RLE plus lent. La couche réseau pensera que le problème est dû à la perte d'une trame, et donc réémettra la suite entière. Après n essais et échecs, elle abandonnera et signalera la mort du destinataire à la couche transport. Ce problème de désynchronisation de vitesses au niveau d'une passerelle est présenté par Nagle (1984) dans un contexte légèrement différent.

Un troisième problème, potentiellement le plus sérieux de tous, vient de ce que les trois RLE 802 ont une longueur maximum de trame différente. Pour le 802.3, cette longueur maximum dépend des paramètres de configuration, mais pour le standard 10 Mbit/s elle est de 1518 octets. Pour le 802.4 elle est fixée à 8191 octets. Quant au 802.5, il n'y a pas de limite supérieure, hormis le fait qu'une station ne pourra émettre plus longtemps que le temps de retenue du jeton. La valeur par défaut de 10 ms permet une longueur maximum de trame de 5000 octets.

Il y a donc un problème évident : qu'advient-il lorsqu'une longue trame doit être transmise à un réseau qui ne peut l'accepter ? Il est hors de question dans cette couche de découper la trame en morceaux. Tous les protocoles supposent que soit la trame arrive soit elle n'arrive pas. Rien n'est prévu pour le réassemblage de trames à partir d'unités plus petites. Il ne faut pas en conclure que de tels protocoles ne pourraient être inventés. Ils pourraient l'être, et l'ont d'ailleurs été. Simplement, le standard 802 ne fournit pas cette possibilité. Fondamentalement, il n'y a aucune solution à ce problème. Des trames qui sont trop longues pour être retransmises doivent être rejetées. Et voilà pour la transparence !

Regardons maintenant rapidement chacune des neuf combinaisons de 802.*x* vers 802.*y* pour voir quels sont les autres problèmes qui se dissimulent dans l'ombre.

Le passage d'un 802.3 vers un autre 802.3 est facile. Le seul dysfonctionnement qui puisse se produire, c'est que le RLE destinataire soit si lourdement chargé que les trames ne cessent de se déverser dans le pont, mais que le pont ne puisse s'en débarrasser. Si cette situation persiste trop longtemps, le pont pourra tomber à court d'espace mémoire et commencera à abandonner des trames. Comme ce problème est toujours potentiellement présent dans la transmission sur RLE 802.3, nous n'en parlerons pas plus longtemps. Dans les deux autres RLE, toute station, y compris le pont, est sûre d'avoir le jeton périodiquement et ne peut donc être bloquée pendant de longs intervalles.

Le passage d'un 802.4 à un 802.3 pose deux problèmes. En premier lieu, les trames du 802.4 transportent des bits de priorité que ne possèdent pas les trames 802.3. Il en résulte la perte de la priorité si deux RLE 802.4 communiquent *via* un RLE 802.3.

Le second problème vient d'une particularité spécifique au 802.4 : le *jeton temporaire de transfert* (*temporary token handoff*). Une trame 802.4 peut avoir un bit d'en-tête à 1 pour passer temporairement le jeton au destinataire et lui permettre d'envoyer une trame d'acquittement. Mais si une telle trame traverse un pont, que doit faire le pont ? S'il envoie lui-même la trame d'acquittement, on est dans le cas de mensonge flagrant : la trame n'a pas encore été vraiment remise au destinataire et en fait le destinataire peut fort bien être mort.

D'un autre côté, s'il ne génère pas d'acquittement, l'émetteur en arrivera presque assurément à la conclusion que le destinataire est mort et retournera un rapport de dysfonctionnement à ses couches hautes. Aucune façon de faire ne permet, semble-t-il, de résoudre facilement ce problème.

Nous avons un problème similaire dans le passage d'un 802.5 à un 802.3. Le format d'une trame 802.5 possède les bits *A* et *C* dans l'octet de statut de trame. Ces bits sont positionnés par le destinataire pour indiquer à l'émetteur si la station adressée a vu ou non la trame et si elle l'a recopiée. Ici aussi, le pont peut mentir et dire que la trame a été copiée, mais si plus tard il s'avère que la destination est hors course, de sérieux problèmes peuvent se poser. En substance, l'insertion d'un pont dans un réseau a modifié la sémantique des bits.

Dans le passage d'un 802.3 à un 802.4 nous avons le problème de savoir quoi mettre dans les bits de priorité. Une bonne solution peut être trouvée en demandant au pont de retransmettre toutes les trames avec la priorité la plus forte : elles ont probablement déjà supporté suffisamment de retard.

Dans le passage d'un 802.4 à un 802.4, le seul problème est de savoir quoi faire avec le jeton de transfert. Dans ce cas nous avons au moins la possibilité que le pont traite la retransmission des trames assez rapidement pour pouvoir donner la réponse avant épuisement de la temporisation. Encore y a-t-il un risque. En expédiant la trame avec la priorité la plus forte, le pont fait un petit mensonge, mais il accroît d'autant la probabilité d'avoir la réponse dans les délais.

Dans le passage d'un 802.5 à un 802.4, les bits *A* et *C* posent le même problème que précédemment. Ainsi la définition des bits de priorité est différente pour ces deux RLE, mais les demandeurs ne peuvent être les décideurs. Toutefois ces deux RLE possèdent le même nombre de bits de priorité. Tout ce que le pont peut faire, c'est de recopier les bits de priorité et d'espérer que tout se passera bien.

D'un 802.3 à un 802.5, le pont peut générer les bits de priorité, aucun autre problème particulier ne se pose. D'un 802.4 à un 802.5, il y a un problème possible avec des trames trop longues, et à nouveau se pose le problème du jeton de transfert. Enfin d'un 802.5 à un 802.5 : que faire encore des bits *A* et *C* ? La synthèse de ces divers problèmes est donnée figure 5-31.

Lorsque le comité IEEE 802 a été mis en place pour arriver à un standard RLE, il n'a pas pu aboutir à un standard unique; il a donc produit, comme nous venons de le voir, trois standards incompatibles. Il fut fort critiqué pour cet échec. Quand plus tard on lui demanda d'établir un standard pour les ponts chargés d'interconnecter ces trois RLE incompatibles, il prit la résolution de mieux faire. Effectivement il fit mieux: il élabora les spécifications de deux ponts incompatibles. Jusqu'à présent personne ne lui a demandé de spécifier un standard de passerelle pour connecter ces deux ponts incompatibles, mais au moins on est dans la bonne direction.

Ce paragraphe a traité les problèmes rencontrés lors de la connexion de deux RLE à travers un pont unique. Les deux paragraphes suivants vont traiter des problèmes de connexion de grands inter-réseaux comprenant un grand nombre de RLE et de ponts, ainsi que des deux approches IEEE de conception de ces ponts.

RLE source \ RLE destinataire	802.3 (CSMA/CD)	802.4 *(Token bus)*	802.5 *(Token ring)*
802.3		1, 4	1, 2, 4, 8
802.4	1, 5, 8, 9, 10	9	1, 2, 3, 8, 9, 10
802.5	1, 2, 5, 6, 7, 10	1, 2, 3, 6, 7	6, 7

Actions:

1. Reformater la trame et recalculer le mot de contrôle d'erreur
2. Inverser l'ordre des bits
3. Copier la priorité qu'elle ait ou non une signification
4. Générer une priorité fictive
5. Annuler la priorité
6. Vider l'anneau
7. Positionner les bits *A* et *C*
8. Problème de congestion (RLE rapide vers RLE lent)
9. Problème du jeton de transfert : ACK est reporté ou impossible
10. Panique lorsque la trame est trop longue pour le RLE destinataire

Paramètres:

802.3:	1518 octets / trame	10 Mbit / s
802.4:	8191 octets / trame	10 Mbit / s
802.5:	5000 octets / trame	4 Mbit / s

Figure 5-31. Problèmes rencontrés lors de la construction des ponts d'un 802.*x* vers un 802.*y*

5.4.2.2. Les ponts transparents

Le premier pont 802 est un *pont transparent* (*transparent bridge*) ou pont d'*arbre recouvrant* (*spanning tree bridge*) (Backes,1988). Le souci dominant de ceux qui ont soutenu cette conception fut la totale transparence. De leur point de vue, il doit suffire pour un site possédant de nombreux RLE d'aller acheter des ponts au standard IEEE, de brancher les connecteurs sur ces ponts, et tout doit fonctionner parfaitement et instantanément. Aucune modification du matériel ne doit être nécessaire, aucune modification du logiciel non plus, pas d'initialisation d'adresse, pas de téléchargement de table de routage ou de paramètres, rien. Seulement brancher les câbles et s'en retourner. Les RLE existants ne doivent en aucun cas être affectés par les ponts. Chose assez surprenante, cela fonctionne réellement.

Le pont transparent fonctionne en mode de promiscuité (*promiscuous mode*) et accepte donc toute trame transmise sur chacun des RLE auxquels il est rattaché. Par exemple, regardons la configuration de la figure 5-32. Le pont 1 est connecté aux RLE 1 et 2, et le pont 2 aux RLE 2, 3 et 4. Une trame qui arrive au pont 1 sur le RLE 1 et destinée à *A* sera immédiatement abandonnée, car elle est déjà sur le bon RLE; en revanche une trame qui arrive sur le RLE 1 et destinée à *B*,*C* ou *D* sera retransmise.

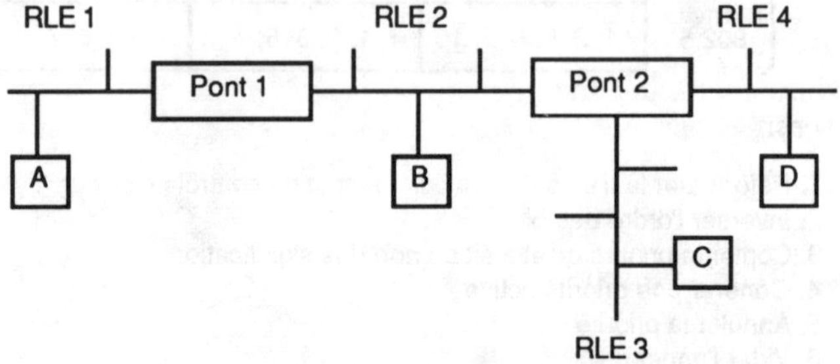

Figure 5-32. Une configuration de quatre RLE et deux ponts

Quand une trame arrive, le pont doit décider de son abandon ou de sa retransmission, et dans ce dernier cas sur quel RLE mettre la trame. Cette décision est prise en regardant l'adresse de destination dans une grande table disponible dans le pont. Cette table est à même de contenir toutes les destinations possibles, et de dire à quelle sortie (RLE) elle appartient. Par exemple la table du pont 2 reconnaîtra *A* comme un élément du RLE 2, puisque tout ce que le pont 2 doit savoir est : sur quel RLE mettre la trame destinée à *A*. Ce qui peut arriver plus loin lors du transfert ne le concerne pas.

Lorsque les ponts sont connectés pour la première fois, toutes les tables sont vides. Aucune destination n'est connue par les ponts. Aussi utilisent-ils l'algorithme d'inondation: toute trame en entrée dont la destination est inconnue est envoyée sur tous les RLE auxquels le pont est connecté, excepté sur celui dont elle provient. Au fur et à mesure que le temps passe, le pont apprend où sont situés les destinataires, comme décrit ci-dessous. Une fois une destination connue, les trames qui lui sont destinées sont placées sur le RLE adéquat et ne sont plus «inondées».

Les ponts transparents utilisent l'algorithme d'apprentissage de Baran (*backward learning*). Comme il est mentionné plus haut, les ponts fonctionnent en mode promiscuité, ils voient chaque trame envoyée sur chaque RLE. En regardant l'adresse source ils peuvent savoir quelle machine est accessible et sur quel RLE. Par exemple si le pont 1 de la figure 5-32 voit une trame sur le RLE 2 provenant de *C*, il sait que *C* est accessible au travers du RLE 2, il crée donc une entrée dans sa table de hachage signalant qu'une trame destinée à *C* doit utiliser le RLE 2. Ensuite chaque trame adressée à *C* en provenance du RLE 1 sera acheminée, mais une trame pour *C* venant du RLE 2 sera neutralisée.

La topologie de l'inter-réseaux peut évoluer avec les arrêts et les remises en route des machines et des ponts et leur déménagement. Pour prendre en compte cette topologie évolutive, lorsqu'une entrée est créée dans la table, l'heure d'arrivée de la trame est notée avec l'entrée. Si une trame arrive d'une machine déjà répertoriée dans la table, l'entrée correspondante est mise à jour avec la nouvelle heure. L'heure associée à chaque entrée donne ainsi la date à laquelle a été vue la dernière trame en provenance d'une machine.

Périodiquement, une tâche du pont consulte les tables afin de supprimer toutes les entrées périmées. Une entrée est considérée comme périmée si elle n'a pas été mise à jour depuis un certain temps (de l'ordre de quelques minutes). De cette manière, si un ordinateur est séparé de son RLE, déplacé dans le bâtiment puis rebranché à un autre endroit, il sera à nouveau opérationnel en quelques minutes, sans intervention manuelle. Cet algorithme signifie aussi que si une machine est silencieuse depuis quelque temps, tout trafic lui étant destiné donnera lieu à une «inondation», jusqu'à sa prochaine émission de trame.

La procédure de routage d'une trame en entrée dépend du RLE dont elle provient (RLE source ou émetteur) et du RLE auquel elle est destinée (le RLE destinataire). Cette procédure se déroule de la façon suivante:

1. si les RLE source et destinataire sont identiques, ignorer la trame,
2. si les RLE source et destinataire sont différents, acheminer la trame,
3. si le RLE destinataire est inconnu, utiliser l'inondation.

Cet algorithme doit être appliqué à chaque trame qui arrive. Il existe des circuits VLSI dédiés pour assurer en quelques microsecondes le contrôle et la mise à jour de l'entrée dans la table.

Afin d'augmenter la fiabilité, certains sites utilisent deux ponts, ou plus, en parallèle entre deux RLE, comme le montre la figure 5-33. Cependant cette technique crée des boucles dans la topologie du réseau et introduit ainsi quelques problèmes additionnels.

Un exemple simple de ces problèmes peut être perçu en observant dans la figure 5-33 la manière dont une trame *F* est prise en charge lorsque sa destination est inconnue. Chaque pont, en respect des règles standard de gestion des destinataires inconnus, utilise la technique d'inondation, ce qui signifie simplement pour cet exemple, copier la trame sur le RLE 2. Peu après, le pont 1 voit *F*2, une trame de destinataire inconnu, il la copie sur le RLE 1 générant *F*3. De même le pont 2 recopie *F*1 sur le RLE 1 en générant *F*4. Le pont 1 transmet *F*4 et le pont 2 copie *F*3. C'est un cycle infini.

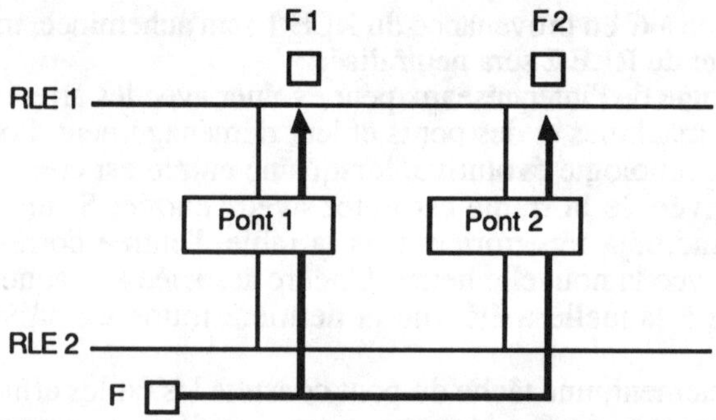

Figure 5-33. Deux ponts transparents parallèles

La solution à cette difficulté consiste à faire communiquer chaque pont avec tous les autres et à superposer à la topologie réelle un arbre recouvrant qui atteigne tous les RLE. La figure 5-16(b) présente un des nombreux arbres recouvrants qui peuvent être superposés au réseau de la figure 5 16(a). Dès que chaque pont sera reconnu dans l'arborescence, toutes les retransmissions suivront cet arbre. Ainsi il n'existe qu'un unique chemin de chaque émetteur vers chaque récepteur et les boucles sont impossibles.

Pour construire l'arbre recouvrant, chaque pont émet, à intervalle régulier (quelques secondes), son identité (par exemple un numéro de série unique affecté par le constructeur) ainsi que la liste de tous les autres ponts qu'il connaît sur ses RLE. Puis, un algorithme distribué est utilisé pour choisir le pont racine de l'arbre, par exemple le pont de plus petit numéro de série. Une fois la racine choisie, l'arbre est construit de telle façon que le chemin d'un pont à la racine soit le plus court. En cas de conflit, le plus petit numéro de série gagne.

Le résultat de cet algorithme est que le chemin établi entre chaque RLE et la racine, et donc entre chaque RLE et chaque autre, est unique. Bien que l'arbre recouvre entièrement le RLE, tous les ponts ne sont pas nécessairement présents (afin de prévenir des boucles). L'algorithme continue à s'exécuter, même après le calcul de l'arbre recouvrant, afin de prendre en compte automatiquement les modifications de la topologie et de mettre l'arbre à jour.

Les ponts sont aussi utilisés pour interconnecter les RLE très éloignés. Dans ce modèle, chaque site est constitué d'un ensemble de RLE et de ponts, l'un d'eux ayant une connexion à un RLD. Les trames issues de RLE distants transitent *via* le RLD. L'algorithme de base de calcul d'un arbre recouvrant est utilisable, de préférence avec certaines optimisations permettant de minimiser le trafic sur le RLD. Hart (1988) présente en détail les liaisons par pont dans les réseaux RLD.

Des problèmes de taille apparaissent lorsque l'inter-réseaux devient très important. Par exemple, si chacun des 150 millions de téléphones des Etats-Unis est remplacé par un téléphone intelligent, l'exécution de l'algorithme de base de calcul de l'arbre recouvrant devient prohibitive. Un algorithme de gestion de grands réseaux par division en plusieurs arbres recouvrants communicants est décrit par Syncoskie et Cotton (1988).

5.4.2.3. Routage par contrôle de l'émetteur

Les ponts transparents présentent l'avantage d'être faciles à installer. Il suffit de les brancher et de laisser faire. D'un autre point de vue, comme ils utilisent un sous-ensemble topologique (l'arbre recouvrant), l'utilisation de la capacité de transport n'est pas optimisée. L'importance relative de ces deux critères (entre autres) a conduit à une scission du comité 802 (Pitt, 1988). Les tenants de CSMA/CD et des bus à jeton ont opté pour les ponts transparents. Les tenants des anneaux, encouragés par IBM, leur ont préféré un modèle appelé routage par contrôle de l'émetteur, que nous allons décrire maintenant. Des détails complémentaires pourront être trouvés dans Dixon et Pitt, 1988; Hamner et Samsen, 1988; et Pitt et Winkler, 1987.

Pour l'essentiel, dans le routage par contrôle de l'émetteur, celui-ci doit savoir si oui ou non le destinataire est sur son propre RLE. Lorsqu'une machine envoie une trame sur un autre RLE, elle la marque en positionnant le bit fort de l'adresse du destinataire à 1. Puis elle ajoute dans l'en-tête de la trame le chemin exact qu'elle doit suivre.

La construction du chemin est la suivante. Chaque RLE possède un numéro unique, sur douze bits, et chaque pont possède un numéro, sur quatre bits, qui ne l'identifie que dans le contexte de son RLE. Ainsi, deux ponts éloignés peuvent chacun avoir le numéro 3, mais deux ponts sur le même RLE doivent avoir des numéros distincts. Une route est donc une suite de numéros de pont, de RLE, de pont, de RLE, etc. La route de *A* à *C*, dans la figure 5-32, devient (*P*1, *R*2, *P*2, *R*3), où *R* et *P*, ajoutés pour plus de lisibilité, signifient respectivement RLE et pont.

Un pont utilisant le routage par contrôle de l'émetteur ne va s'intéresser qu'aux trames dont le bit fort de la destination est à 1. Pour chacune de ces trames il analyse le chemin en recherchant le numéro du RLE duquel elle provient. Si ce numéro de RLE est suivi par son propre numéro de pont, il transmet la trame au RLE dont le numéro suit le sien dans le chemin. Si le numéro de trame en entrée est suivi d'un numéro de pont différent du sien, il ne retransmet pas la trame.

Cet algorithme se prête à trois implémentations possibles:

1. *Logiciel*: le pont fonctionne en mode promiscuité et copie toutes les trames dans sa mémoire afin de tester si le bit fort de la destination est à 1. Auquel cas, le pont continue à traiter la trame, sinon il l'abandonne.

2. *Hybride*: l'interface RLE du pont examine le bit fort de la destination, et ne lui transmet que les trames qui ont ce bit positionné à 1. Cette interface est facile à implanter dans le matériel et réduit de façon importante le nombre de trames que le pont doit traiter.

3. *Matériel*: l'interface RLE du pont teste non seulement le bit fort de la destination mais contrôle, à l'aide du chemin, si le pont doit ou non effectuer la retransmission. Seules les trames devant être réellement acheminées sont passées au pont. Cette implémentation nécessite des circuits très complexes, mais n'encombre pas les cycles du processeur du pont car toutes les trames invalides sont éliminées.

Les coûts et les performances varient suivant ces trois implémentations. La première solution n'entraîne aucun coût additionnel en matériel pour l'interface, mais nécessite une unité centrale (UC) très rapide afin de traiter toutes les trames. La dernière solution réclame un circuit VLSI spécial mais décharge une bonne partie des traitements du pont vers ce circuit. Il y a alors deux possibilités : soit utiliser une UC plus lente, soit demander au pont de prendre en charge davantage de RLE.

Implicitement, pour le routage par contrôle, chaque machine de l'inter-réseaux connaît le chemin exact vers toutes les autres machines. La recherche des routes est une part importante de l'algorithme de routage par contrôle de l'émetteur. L'idée de base est la suivante : lorsqu'une destination est inconnue, l'émetteur diffuse une trame à tout le monde pour demander où se situe cette destination. Cette trame de recherche est copiée par chaque pont, ainsi elle atteint chaque RLE de l'inter-réseaux. Lorsque la réponse revient, les ponts lui ajoutent leur identité, de ce fait l'émetteur d'origine peut connaître la route exacte suivie et choisir ainsi le meilleur chemin.

Bien que, de toute évidence, cet algorithme trouve la meilleure route (il les trouve toutes), il souffre d'une explosion combinatoire des trames. Considérons l'exemple figure 5-34 où *N* RLE sont reliés linéairement par trois ponts. Chaque trame de recherche émise par la machine *A* est copiée par chacun des trois ponts du RLE 1, trois trames de recherche atteignent donc le RLE 2. Chacune d'elles est copiée par chaque pont du RLE 2, ce qui provoque l'arrivée de neuf trames sur le RLE 3. Lorsque le RLE *N* est atteint, ce sont $3N$-1 trames qui circulent. Si une douzaine d'ensembles de ponts est traversée, plus d'un demi-million de trames de recherche seront injectées sur le dernier anneau, ce qui entraîne de sérieuses congestions.

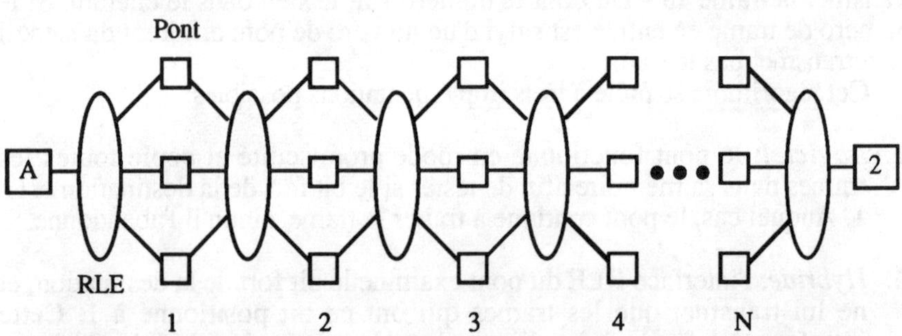

Figure 5-34. Une série de RLE connectés par des ponts triples

Un phénomène analogue, mais moins important, apparaît dans les ponts transparents. En effet lorsqu'une trame inconnue se présente, elle est «inondée», mais seulement le long de l'arbre recouvrant; ainsi le volume total des trames envoyées n'est pas exponentiel mais linéaire par rapport à la taille du réseau.

Une fois qu'une machine hôte a trouvé une route pour une certaine destination, elle la stocke dans un endroit sûr, afin que le processus de recherche ne soit pas exécuté à nouveau la fois suivante. Si cette approche limite grandement l'impact de l'explosion des trames, il alourdit toutefois l'administration de chacun des hôtes, et l'algorithme global n'est décidément pas transparent.

5.4.2.4. Comparaison des ponts 802

Les ponts transparents et les ponts utilisant le routage par contrôle de l'émetteur possèdent chacun leurs avantages et leurs inconvénients. Nous allons présenter les principaux d'entres eux. Ils sont résumés figure 5-35. Pour plus de détails voir Soha et Perlman, 1988; et Zhang, 1988. Notez cependant que chacun de ces points est très discuté.

Objet	Pont transparent	Pont contrôlé par l'émetteur
Type	Non connecté	Orienté connexion
Transparence	Complète	Non transparent
Configuration	Automatique	Manuelle
Routage	Sous-optimal	Optimal
Localisation	Apprentissage par retour	Temps de découverte
Prise en compte des pannes	Par les ponts	Par les hôtes
Complexité	Dans les ponts	Dans les hôtes

Figure 5-35. Comparaison des ponts transparents et des ponts utilisant le routage par contrôle de l'émetteur

La distinction entre routage en mode connecté ou non est au cœur des différences entre ces deux types de pont. Les ponts transparents ne possèdent aucun concept de circuit virtuel, et acheminent les trames indépendamment les unes des autres. Au contraire, les ponts utilisant le routage par contrôle de l'émetteur déterminent une route à l'aide de trames de recherche et utilisent cette route pour la suite.

Les ponts transparents sont complètement compatibles avec tous les produits 802 existants et sont complètement transparents pour les machines hôtes. Les autres ne sont ni compatibles ni transparents. Pour utiliser le routage par contrôle de l'émetteur les hôtes doivent connaître complètement le modèle de connexion par ponts, et doivent y participer activement.

Lorsque les ponts transparents sont utilisés, l'administration du réseau n'est pas nécessaire. Les ponts se configurent eux-mêmes automatiquement en fonction de la topologie. Avec le second type de ponts, l'administrateur de réseau doit installer manuellement les numéros des RLE et des ponts. Certaines erreurs, comme la duplication d'un numéro de RLE ou de pont, peuvent être difficiles à détecter, car elles peuvent faire boucler certaines trames, et pas d'autres qui circulent sur des routes différentes. De plus lorsque deux inter-réseaux disjoints sont connectés avec des ponts transparents il n'y a rien à faire hormis la connexion, alors qu'avec le routage par contrôle de l'émetteur il peut être nécessaire de modifier un grand nombre de numéros de ces RLE afin qu'ils soient uniques dans l'inter-réseaux.

Un des avantages du routage par contrôle de l'émetteur est que, en théorie tout au moins, il permet de mettre en œuvre un routage optimal, alors que le «relayage» transparent est restreint à l'arbre recouvrant. De plus, le routage par contrôle de l'émetteur peut aussi utiliser au mieux les ponts en parallèle entre deux RLE, pour répartir la charge. Il reste à prouver que les ponts réellement fabriqués sont suffisamment intelligents pour tirer parti de ces avantages théoriques.

La localisation des destinataires est faite par apprentissage par retour dans les ponts transparents et utilise des trames de recherche dans les routages par contrôle de l'émetteur. L'inconvénient de l'apprentissage par retour est de mettre les ponts en attente jusqu'à l'arrivée d'une trame émise par une machine déterminée qui lui apprend où se situe cette machine. L'inconvénient des trames de recherche est l'apparition d'une explosion exponentielle dès que l'inter-réseaux est d'importance moyenne et qu'il possède des ponts en parallèle.

Dans ces deux modèles la récupération d'erreur est complètement différente. Les ponts transparents connaissent rapidement et automatiquement les pannes de pont, de RLE, et toute autre modification de la topologie, en prenant seulement en compte les trames de contrôle de chacun. Les hôtes ne contrôlent pas du tout ces changements.

Avec le routage par contrôle de l'émetteur, la situation est tout à fait différente. Lorsqu'un pont est en panne, les machines qui initialement l'utilisaient pour l'acheminement notent que leur trames ne sont plus acquittées, aussi se mettent-elles en *time-out* et essaient-elles à nouveau plusieurs fois. Finalement, elles concluent que quelque chose ne va pas, mais elles ne savent pas encore si le problème est sur la destination elle-même ou sur le chemin actuel. C'est seulement en émettant d'autres trames de recherche qu'elles pourront déterminer si la destination est valide. Malheureusement lorsqu'un pont très important est en panne, un grand nombre d'hôtes devront se mettre en attente et émettre de nouvelles trames de recherche avant que le problème ne soit résolu, même si une autre route est disponible. Cette plus grande vulnérabilité aux pannes est une des faiblesses majeures de tous les systèmes orientés connexion.

Enfin, nous arrivons à la complexité et au coût, un sujet très controversé. Si les ponts utilisant un routage par contrôle de l'émetteur ont un circuit VLSI qui ne choisit que les trames devant être acheminées, ces ponts utiliseront une technique de chargement de trame plus légère et offriront de meilleures performances pour un investissement en matériel donné. Sans ce circuit, ils seront moins performants, car la charge de traitement par trame (recherche de la route dans l'en-tête de la trame) est beaucoup plus importante.

De surcroît, ce routage introduit une complexité supplémentaire dans les machines hôtes : elles doivent stocker les chemins, envoyer les trames de recherche, et copier le chemin dans chaque trame. Tout cela requiert de la mémoire et du temps UC. Comme le nombre de machines hôtes est de 10 à 100 fois plus important que le nombre de ponts il peut être plus efficace de transférer le coût supplémentaire et la complexité sur quelques ponts que sur tous les hôtes.

5.4.3. Les passerelles

A l'inverse des ponts, les passerelles opèrent au niveau réseau. Cela leur donne plus de souplesse, par exemple pour traduire des adresses entre réseaux très dissemblables, mais cela les rend plus lentes. En conséquence, les passerelles sont habituellement utilisées dans les RLD, lorsque personne ne s'attend à ce qu'elles prennent en charge plus de 10 000 paquets/s, une performance exigée couramment des ponts sur les RLE.

On trouve communément deux types de passerelles, un pour les réseaux en mode connecté, un pour les réseaux en mode non connecté. Nous allons les étudier tour à tour.

5.4.3.1. Les passerelles en mode orienté connexion

Le modèle OSI autorise deux styles d'interconnexion: la concaténation orientée connexion de sous-réseaux à circuit virtuel et une technique de datagramme inter-réseau. Dans ce paragraphe nous nous attacherons à l'approche par circuit virtuel; dans le suivant nous examinerons la méthode par datagrammes.

La méthode par circuit virtuel diffère de l'interconnexion par ponts car elle intervient dans la couche réseau (cf. figure 5-27) et non dans la couche liaison de données, mais elle diffère de bien d'autres façons. Une de ces différences provient de la nature même d'un pont : c'est un petit mini-ordinateur ou un micro-ordinateur. Lorsqu'un organisme est l'unique propriétaire du pont et de l'ensemble des RLE, la possession et l'utilisation du pont ne posent aucun problème particulier. Cependant lorsqu'une passerelle est entre deux RLD utilisés par des organismes différents, éventuellement dans des pays différents, l'utilisation conjointe d'un petit mini-ordinateur peut conduire à de nombreuses contestations.

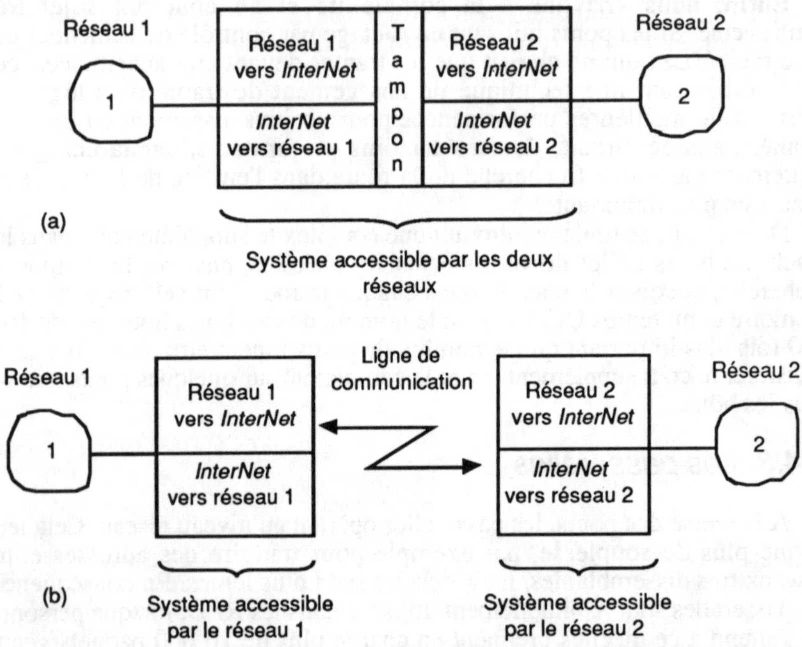

Figure 5-36. (a) Une passerelle complète (b) Deux demi-passerelles

Afin d'éliminer ces problèmes on choisit une approche un peu différente. Le relais, figure 5-27, est effectivement coupé en deux par le milieu, et les deux parties de 3c sont connectées par un câble, comme le montre la figure 5-36. Chacune de ces deux parties est appelée une demi-passerelle (*half-gateway*); et chacune est la propriété et reste sous le contrôle de son administrateur de réseau. Le problème de l'utilisation des passerelles se réduit à se mettre d'accord sur l'utilisation d'un protocole commun sur le câble. Aussi longtemps que les deux parties utiliseront ce protocole commun sur la ligne, elles pourront adapter les sous-couches 3a, 3b et 3c comme bon leur semblera.

Le protocole dont les deux demi-passerelles se servent est le protocole CCITT X.75, qui est pratiquement identique au protocole X.25 (traité plus loin dans le chapitre). Le modèle X.75 se fonde sur l'idée de construire un inter-réseau par concaténation d'une série de sous-circuits virtuels, internes aux réseaux et reliant les demi-passerelles. Ce modèle est présenté dans la figure 5-37(a). La connexion, entre l'hôte émetteur d'un réseau et l'hôte récepteur d'un autre réseau, est composée de cinq circuits virtuels adjacents, notés *CV* 1-5. *CV* 1 relie l'hôte source à une demi-passerelle de son propre réseau (appelée *Signaling TErminal* ou STE par le CCITT). CV 2 va de la demi-passerelle du réseau source à une demi-passerelle d'un réseau intermédiaire, en supposant qu'il n'existe pas de connexion directe entre les réseaux de l'émetteur et du récepteur. *CV* 3 et 5 sont aussi internes à un réseau, comme *CV* 1; *CV* 4 relie deux réseaux comme *CV* 2.

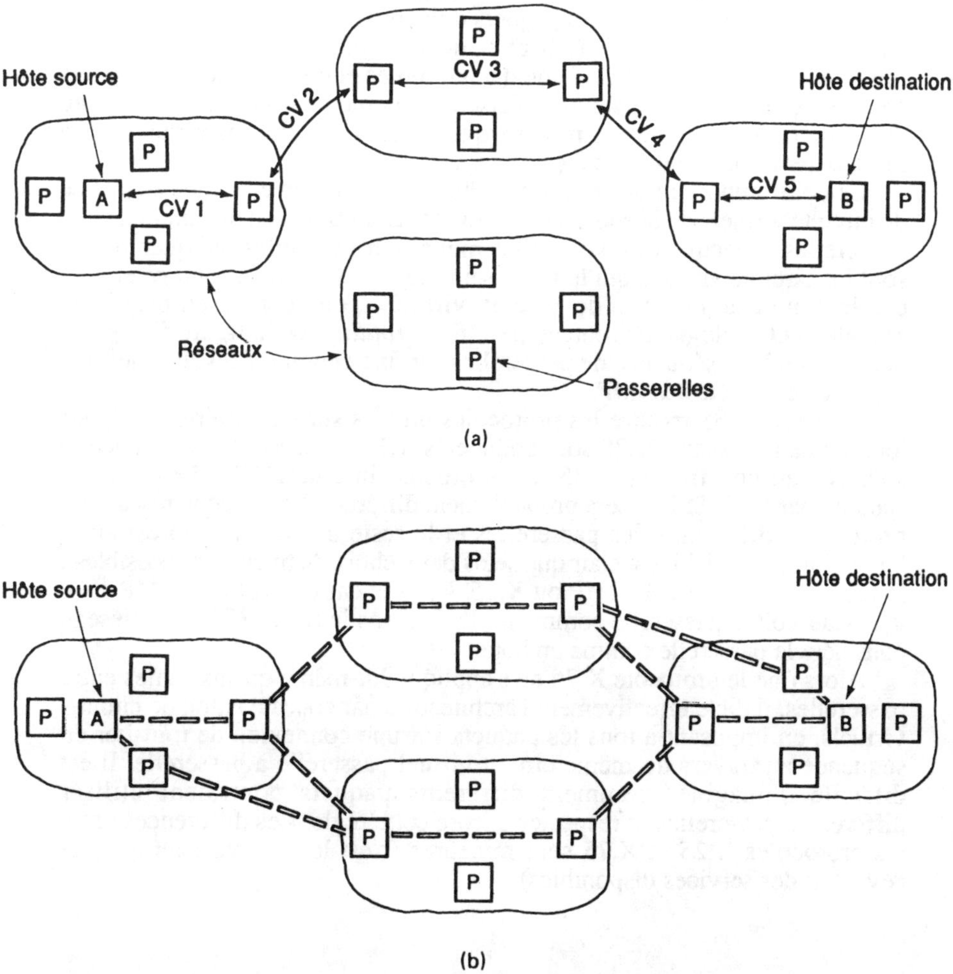

Figure 5-37. (a) Interconnexion de réseaux utilisant la concaténation de circuits virtuels (b) Interconnexion de réseaux utilisant les datagrammes

Dans ce modèle, une connexion à un hôte d'un réseau distant est établie de la même façon qu'une connexion normale. Le sous-réseau s'aperçoit que le destinataire est distant, choisit la (demi) passerelle appropriée et construit un circuit virtuel vers la passerelle. La première passerelle mémorise l'existence du circuit virtuel dans ses tables et commence à construire un autre circuit virtuel vers la prochaine passerelle. Ce processus se poursuit jusqu'à ce que l'hôte destinataire soit atteint.

Dès que les paquets de données commencent à circuler le long du chemin, chaque passerelle relaie les paquets qui arrivent en assurant la conversion des formats de paquet et des numéros de circuit virtuel comme il se doit. Il est clair que tous les paquets doivent suivre la même séquence de passerelles, bien que CV 1, 3 et 5 de la figure 5-37(a) puissent être implémentés en interne à l'aide de datagrammes et qu'ainsi tous les paquets de données n'aient pas à suivre précisément la même route de la source au destinataire. En pratique les réseaux qui utilisent des circuits virtuels entre réseaux les utilisent aussi de façon interne.

Le point important de cette approche est l'établissement d'une séquence de circuits virtuels de la source au destinataire, au travers d'une ou plusieurs passerelles. Chacune des passerelles met à jour des tables indiquant quels sont les circuits virtuels qui la traversent, où doit se faire le routage et quel est le nouveau numéro de circuit virtuel. Tout cet assemblage est globalement analogue au routage fixe (*fixed routing*) de la figure 5-6, mis à part que seule la séquence de passerelles est fixe et non (nécessairement) la séquence complète des IMP.

La figure 5-38 montre les protocoles utilisés sur les différentes lignes lorsque deux réseaux X.25 sont connectés. L'hôte source dialogue avec le sous-réseau en utilisant X.25. Le protocole interne IMP-IMP n'est pas spécifié par le CCITT, il sera probablement différent dans chaque réseau. Le protocole utilisé entre les passerelles et le reste du sous-réseau est aussi laissé libre; mais ici il est clair que seuls deux choix distincts sont possibles : le protocole interne IMP-IMP ou X.25. Dans le cas du protocole IMP-IMP le réseau voit la passerelle comme un IMP. Dans le cas X.25 le sous-réseau considère la passerelle comme un hôte.

Alors que le protocole X.75 ne s'applique lui-même qu'aux lignes entre passerelles, il dicte effectivement l'architecture par concaténation de circuits virtuels, en imposant à tous les paquets sur une connexion de transiter en séquence au travers du même circuit virtuel passerelle à passerelle. Il est difficile d'imaginer comment différents paquets pourraient utiliser différentes passerelles et respecter encore cette règle. Les différences entre les protocoles X.25 et X.75 sont mineures (c'est le cas, par exemple, de l'éventail des services disponibles).

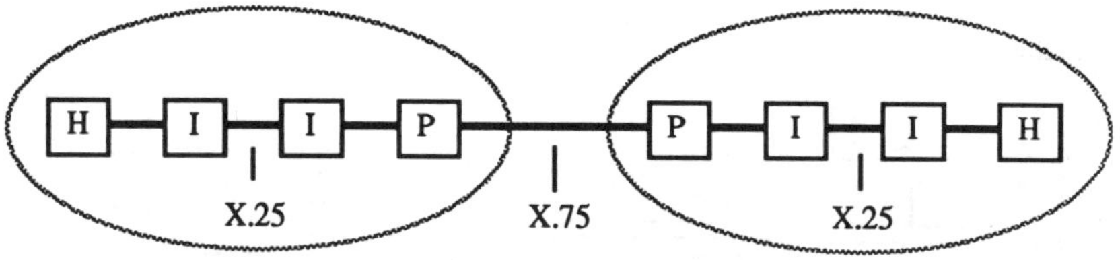

H = Ordinateur hôte, I = IMP, P = Passerelle

Figure 5-38. Les protocoles dans le modèle d'interconnexion du CCITT

5.4.3.2. Les passerelles en mode non connecté

L'alternative au modèle d'interconnexion du CCITT est le modèle datagramme, présenté figure 5-37(b). Dans ce modèle le seul service offert par la couche réseau à la couche transport est la possibilité d'injecter des datagrammes dans le sous-réseau, en espérant que tout se déroulera bien. La notion de circuit virtuel n'est pas du tout présente au niveau de la couche réseau, encore moins celle de concaténation. Ce modèle ne nécessite pas que tous les paquets appartenant à la même connexion suivent la même série de passerelles. La figure 5-37(b) montre que les datagrammes de A vers B sont acheminés par un grand nombre de routes différentes au travers de l'inter-réseaux. Par ailleurs rien ne garantit que les paquets arriveront à destination dans l'ordre, si seulement ils y arrivent.

Pour voir comment le modèle d'*internet* par datagrammes fonctionne, suivons le chemin d'un message de transport de l'hôte A à l'hôte B, figure 5-39. La taille maximum des datagrammes est fixe, ainsi lorsqu'un message dépasse cette limite, la couche transport le découpe en autant de datagrammes qu'il est nécessaire. Ce sont ces datagrammes qui passent d'un réseau à un autre sur leur chemin de l'émetteur au destinataire. Ce n'est qu'à la fin de leurs périples que la couche transport du destinataire réassemblera les datagrammes, sous la forme du message d'origine.

Pour qu'un datagramme circule de passerelle en passerelle dans l'inter-réseaux, il doit être encapsulé dans le format liaison de données, pour chaque réseau traversé. Dans la figure 5-39, un en-tête et une fin de bloc sont ajoutés au datagramme, pour former la trame 1 qui est transmise de façon transparente, au travers du réseau 1. Lorsque le datagramme atteint la passerelle 1, il est dépouillé de l'en-tête et de la fin de bloc, et émerge à nouveau tout nu, comme un papillon sortant de sa chrysalide. Pour sa traversée du réseau 2 l'emballage est différent, mais le même datagramme émerge à nouveau à la passerelle suivante. Ce processus d'emballage et de déballage du datagramme se répète jusqu'à ce qu'il atteigne l'hôte destinataire.

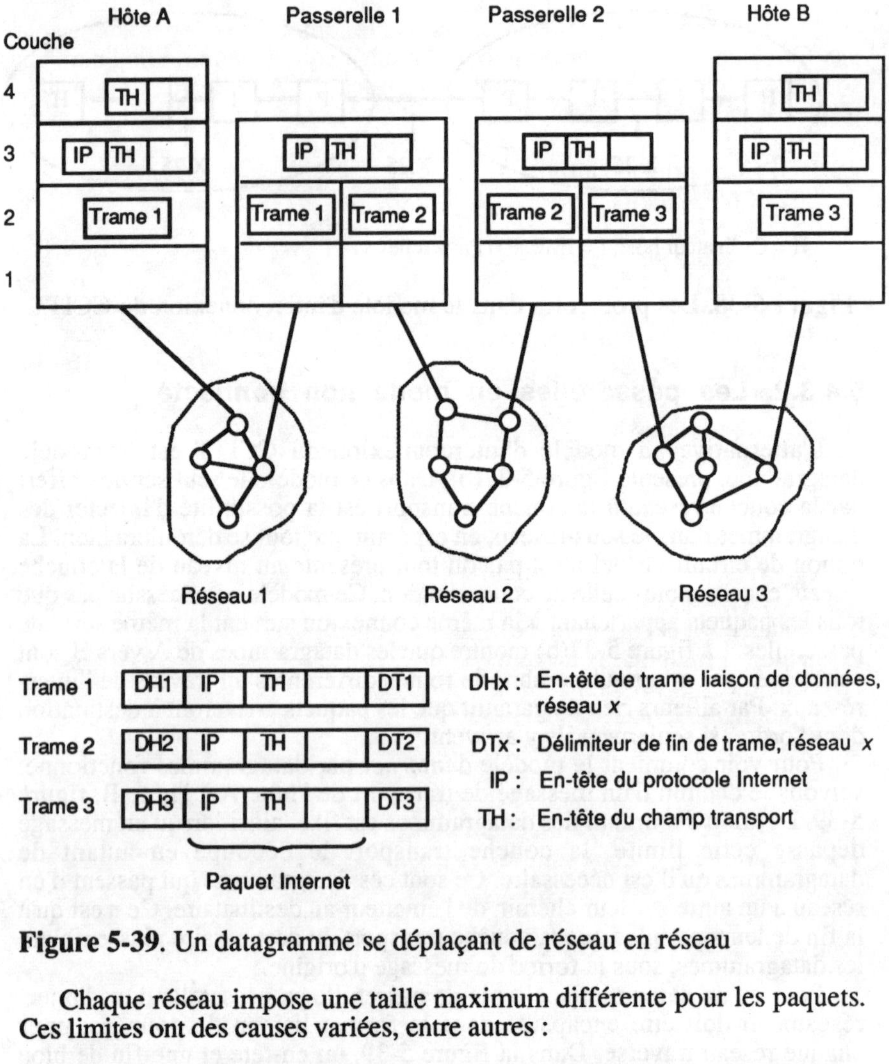

Figure 5-39. Un datagramme se déplaçant de réseau en réseau

Chaque réseau impose une taille maximum différente pour les paquets. Ces limites ont des causes variées, entre autres :

1. Le matériel (exemple : la taille d'un port de transmission TDM).
2. Le système d'exploitation (exemple : tous les tampons sont de 512 octets).
3. Les protocoles (exemple : le nombre de bits du champ longueur d'un paquet).
4. Le respect d'un standard (inter) national.
5. Le désir de réduire les erreurs impliquant des retransmissions à un certain niveau.
6. Le désir d'empêcher un paquet d'occuper le canal trop longtemps.

Le résultat de tous ces facteurs est que les architectes de réseau ne sont pas libres de choisir la taille maximum des paquets, comme ils l'auraient souhaité. Voici quelques exemples typiques de la taille maximum d'un paquet dans les réseaux actuels :

1. HDLC: en principe infini.
2. 802.4: 65 528 bits.
3. X.25: 32 768 bits.
4. Réseau radio par paquets ARPA: 2032 bits.
5. ARPANET: 1008 bits.
6. ALOHANET (Université d'Hawaï): 640 bits.

Un problème évident apparaît lorsqu'un gros paquet veut transiter au travers de réseaux dont la taille maximum permise pour les paquets est trop faible. Ce problème a fait l'objet d'une attention toute particulière dans la littérature et quelques propositions de solutions ont été émises.

Une première solution est de s'assurer que le problème ne puisse se produire. En d'autres termes l'inter-réseaux pourrait utiliser un algorithme de routage qui empêche l'envoi de paquets à travers un réseau qui ne peut les traiter. Cependant, cette solution n'en est pas une du tout. Qu'arriverait-il si le paquet d'origine était trop gros pour être pris en charge par le réseau destinataire? L'algorithme de routage peut difficilement contourner le destinataire. Néanmoins un routage intelligent peut minimiser l'étendue de ce problème.

Fondamentalement la seule solution à ce problème est de permettre aux passerelles de fragmenter les paquets, et d'acheminer chaque fragment comme un paquet séparé. Cependant, comme le savent tous les parents de jeunes enfants, il est considérablement plus facile de transformer un gros objet en petits morceaux que l'inverse. (Les physiciens ont même donné un nom à cet effet: la deuxième loi de la thermodynamique.) Les réseaux à commutation de paquets ont aussi des difficultés pour réassembler les fragments.

Il existe deux stratégies opposées pour réassembler le paquet d'origine à partir des fragments. La première solution consiste à ce que la fragmentation due à un «réseau à petit paquet» soit transparente à tous les réseaux au travers desquels le paquet doit transiter par la suite vers sa destination ultime. Cette option est présentée figure 5-40(a). Lorsqu'un paquet hors gabarit arrive à une passerelle, celle-ci le brise en fragments. Chaque fragment est adressé à la même passerelle de sortie, où ils sont recombinés. De ce point de vue, le passage au travers du «réseau à petit paquet» a été transparent. Les réseaux suivants ne sont même pas au courant qu'il y a eu fragmentation.

La fragmentation transparente est simple mais présente quelques problèmes. En premier lieu la passerelle de sortie doit savoir si elle a reçu tous les éléments ou non. Pour cela un champ de numérotation ou un bit de «fin de paquet» doit être inclus dans chaque paquet. En deuxième lieu tous les paquets doivent sortir par la même passerelle. En ne permettant pas aux fragments de suivre chacun sa propre route vers la destination ultime, on risque de dégrader les performances. Un troisième problème est la possibilité de blocage du «réassemblage» au niveau de la passerelle de sortie. Un dernier problème est la surcharge (*overhead*) causée par les réassemblages et fragmentations répétés de paquets volumineux, passant au travers d'une série de «réseaux à petit paquets».

L'autre stratégie de fragmentation consiste à ne pas faire les réassemblages au niveau des passerelles intermédiaires. Une fois le paquet fragmenté, chaque fragment est traité comme tout autre paquet. Tous les fragments traversent la (ou les) passerelle(s) de sortie comme le montre la figure 5-40(b). Le réassemblage n'intervient qu'au niveau de l'hôte destination.

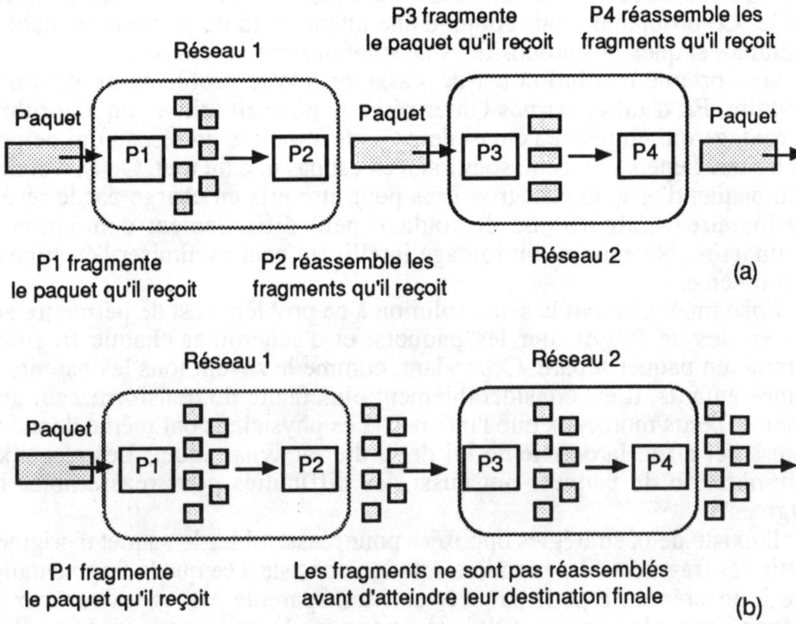

Figure 5-40. (a) Fragmentation transparente (b) Fragmentation non transparente

La fragmentation non transparente présente aussi quelques problèmes. Par exemple, elle nécessite que chaque hôte soit capable d'effectuer le réassemblage. Un autre problème est l'accroissement de la charge globale lorsqu'un gros paquet est fragmenté, car chaque fragment doit posséder un en-tête. Alors que, dans la première méthode la surcharge disparaît dès la sortie du «réseau à petit paquet», dans cette méthode la surcharge demeure pour le reste du trajet. Un avantage de cette technique, cependant, est que plusieurs passerelles de sortie peuvent être maintenant utilisées. Bien sûr, si le modèle de circuits virtuels concaténés est utilisé, cet avantage ne sert à rien.

Shoch (1979) a proposé que chaque paquet possède un bit spécifiant si oui ou non le destinataire final est préparé au réassemblage des fragments. S'il ne l'est pas, chaque passerelle fragmentant un paquet doit trouver une autre passerelle pour réassembler les morceaux. Si le destinataire est susceptible d'effectuer l'assemblage lui-même, la fragmentation pourra être ou non transparente, à la discrétion des passerelles.

Lorsqu'un paquet est fragmenté, les fragments doivent être numérotés de manière que le flot d'origine puisse être restitué. Une façon de numéroter les fragments est d'utiliser un arbre. Si un paquet 0 doit être subdivisé, les éléments sont appelés 0.0, 0.1, 0.2, etc. Si ces fragments doivent être eux-mêmes subdivisés à la passerelle suivante les éléments seront numérotés 0.0.0, 0.0.1, 0.0.2,..., 0.1.0, 0.1.1, 0.1.2, etc. Si le nombre de champs réservés dans l'en-tête a été prévu pour parer au pire, et si aucune duplication ne survient par ailleurs, ce schéma est suffisant pour assurer le réassemblage de tous les morceaux à destination, quel que soit l'ordre dans lequel ils arrivent.

Cependant si un réseau perd ou abandonne des paquets, alors des retransmissions de bout en bout seront nécessaires, avec des effets désastreux sur le système de numérotation. Supposons qu'un paquet de 1024 bits soit initialement fragmenté en quatre fragments: 0.0, 0.1, 0.2 et 0.3, de taille égale. Le fragment 0.1 est perdu, mais les autres morceaux arrivent à destination. Lorsque la source arrive en *time-out*, elle réémet le paquet d'origine. Seulement cette fois la route utilise un réseau ayant une taille de paquets maximum de 512 bits, d'où la génération de deux fragments. Lorsque le fragment 0.1 arrive à destination le récepteur pense que les quatre morceaux sont bien là, et reconstruit incorrectement le paquet.

Un système de numérotation complètement différent (et bien meilleur) peut être mis en place si le protocole d'interconnexion définit une taille de fragment élémentaire, suffisamment faible pour qu'il puisse traverser n'importe quel réseau. Lorsqu'un paquet est fragmenté, tous ses éléments, excepté le dernier, ont la taille d'un fragment élémentaire. Un paquet inter-réseaux peut contenir, pour des raisons d'efficacité, plusieurs fragments. L'en-tête fournit le numéro d'origine du paquet et le numéro du (premier) fragment élémentaire contenu par la trame. Comme à l'habitude, il doit y avoir aussi un bit indiquant que le dernier fragment contenu dans le paquet *internet* est le dernier du paquet d'origine.

Cette approche nécessite deux champs de séquencement dans l'en-tête inter-réseaux (en-tête *internet*): le numéro de paquet d'origine et le numéro de fragment. Il est clair qu'un compromis doit être fait entre la taille du fragment élémentaire et le nombre de bit utilisés pour le numéro de fragment. La taille d'un fragment élémentaire étant supposée acceptable par chaque réseau, les fragmentations suivantes d'un paquet internet contenant plusieurs fragments ne poseront pas de problèmes. Ici l'ultime limite pour un fragment élémentaire est le bit ou l'octet, avec comme numéro de fragment le décalage, bit ou octet, à l'intérieur du paquet d'origine, comme le montre la figure 5-41.

Quelques protocoles internet poussent cette méthode encore plus loin, et considèrent globalement la transmission sur un circuit virtuel comme un seul paquet géant, de telle façon que chaque fragment contient le numéro d'octet absolu du premier octet du fragment. D'autres possibilités sont présentées dans l'article de Kent et Mogul, 1987.

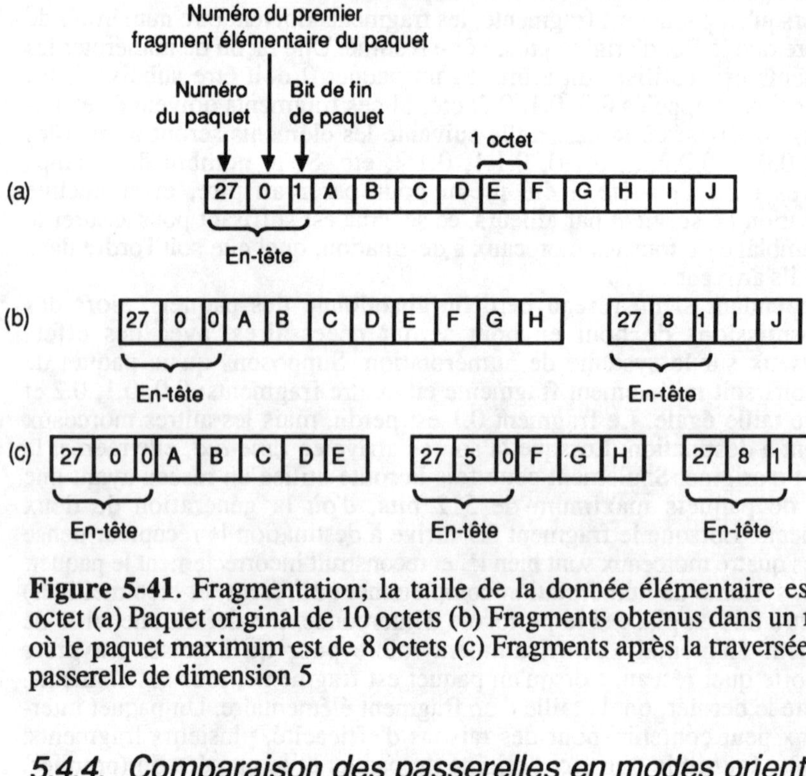

Figure 5-41. Fragmentation; la taille de la donnée élémentaire est d'un octet (a) Paquet original de 10 octets (b) Fragments obtenus dans un réseau où le paquet maximum est de 8 octets (c) Fragments après la traversée d'une passerelle de dimension 5

5.4.4. Comparaison des passerelles en modes orienté connexion et non connecté

Concaténation de circuits virtuels et datagramme sont des approches ayant chacune leurs avantages et leurs inconvénients. Essentiellement le modèle de concaténation de circuit virtuel possède les mêmes avantages que le circuit virtuel sur un sous-réseau simple: les tampons peuvent être réservés à l'avance (dans les passerelles) pour réduire les congestions, le séquencement peut être garanti, de petits en-têtes peuvent être utilisés, et les difficultés dues aux délais de duplication des paquets peuvent être évitées.

Il a aussi les mêmes inconvénients: espace nécessaire aux tables dans les passerelles pour chaque connexion ouverte, qu'il y ait ou non du trafic, pas d'alternative de routage pour éviter les zones embouteillées et vulnérabilité aux pannes des passerelles tout le long du chemin. Un autre inconvénient est la difficulté, voire l'impossibilité de l'implémenter si l'un des réseaux concernés est un réseau à datagramme. Les caractéristiques de l'approche du routage inter-réseaux par datagrammes sont les mêmes que celles des sous-réseaux datagrammes: une possibilité de congestion plus importante, mais aussi une plus grande capacité à s'y adapter, une grande robustesse aux pannes de passerelles, et la nécessité d'un plus long en-tête. Des algorithmes adaptatifs variés sont utilisables pour le routage, comme si nous étions dans le cas d'un simple réseau datagramme.

Un des avantages majeurs de l'approche datagramme pour le routage inter-réseaux, c'est qu'il est possible de l'utiliser avec des sous-réseaux qui ne se servent pas en interne de circuits virtuels. Un grand nombre de RLE, de réseaux mobiles (exemple : les flottes aériennes et navales), et même quelques RLD entrent dans cette catégorie. Lorsqu'un inter-réseaux comporte un tel réseau, de sérieux problèmes apparaissent si la stratégie de routage inter-réseaux se fonde sur les circuits virtuels.

5.4.5. Les logiciels des ponts et des passerelles

Le logiciel utilisé dans un pont ou une passerelle est très différent de celui d'une machine hôte ordinaire et, à ce titre, il vaut la peine de l'examiner d'un peu plus près. La raison de cette différence n'est pas difficile à trouver. Les performances requises sont ici critiques. Les ponts et les passerelles doivent acheminer et relayer le trafic entre deux réseaux en temps réel, sans ralentir l'activité de l'un et l'autre de ces réseaux.

Considérons les besoins d'un pont sur un RLE dans le pire des cas. Imaginons qu'un flot continu de paquets de 64 octets doive être transmis d'un RLE à 10 Mbit/s vers un autre. Ces paquets de 64 octets arrivent à la vitesse d'une trame par 51µs (à peu près 20 000 trames/s). Ainsi le pont doit prendre en compte une interruption, traiter et retransmettre un paquet, le tout dans un intervalle de 51µs. Si les paquets peuvent arriver des deux côtés à la fois, la quantité de travail requise est double. Même avec des processeurs frontaux intelligents, collectant les bits des paquets en entrée et les assemblant en mémoire avant de provoquer l'interruption, les 51µs sont un peu courtes. Les ponts sont pratiquement toujours à la limite des performances des unités centrales.

Comme conséquence de cette lourde charge de travail, le logiciel doit être structuré avec précaution pour un maximum d'efficacité. A la limite, la passerelle peut être entièrement dirigée par interruption. Dans ce modèle, toute arrivée de paquet provoque une interruption non masquable et donne le paquet à traiter à la routine d'interruption. Bien que cette approche soit très rapide, elle conduit à une structuration pauvre du logiciel et doit être abandonnée.

A l'autre extrême, le logiciel est divisé en processus, ayant chacun une tâche bien définie. La figure 5-42 donne un exemple simple d'une passerelle (ou d'un pont) tridirectionnel. Chacun des neuf processus s'exécute dans son propre espace d'adressage. Lorsqu'un paquet arrive du réseau 1, 2 ou 3, les processus 2, 3 ou 5, respectivement, sont activés. Le processus vérifie le mot de contrôle, convertit s'il le faut le paquet dans un format interne indépendant du réseau, et le soumet dans la queue des travaux, au processus 7, le processus de routage. Ces processus d'alimentation doivent avoir la plus haute priorité afin de prévenir toute perte de paquets en entrée.

Lorsqu'aucun des processus à forte priorité 2, 3 ou 5, ou à priorité moyenne 1, 4, ou 6, ne s'exécute et que le processus 7 a des travaux en attente, il prend le premier paquet de la queue, détermine comment l'acheminer, et le soumet dans la queue des travaux pour l'un des processus de sortie (1, 4 ou 6) qui le convertit dans le format de sortie approprié, et lance l'exécution du réémetteur (*transmitter*) (s'il n'a rien à faire). Dès que la transmission du paquet a démarré, le processus de sortie s'arrête et laisse un autre processus s'exécuter. Lorsque l'interruption de fin de transmission survient, le processus de sortie est réactivé, il ôte alors le paquet transmis de la queue et commence le traitement du suivant.

Le processus de routage filtre aussi les paquets. Si le paquet examiné est un paquet de contrôle ou si sa destination est dans le même réseau que l'émetteur, il ne le soumet pas dans la queue pour être réémis, et l'ignore tout simplement.

Les processus 8 et 9 s'exécutent périodiquement en tâches de fond avec la priorité la plus basse. Cette approche orientée processus est bien structurée mais lente, à cause de la surcharge due aux permutations de processus (chaque permutation nécessite l'initialisation d'une nouvelle zone mémoire).

Un compromis raisonnable est de conserver le modèle de processus, mais que chacun des processus s'exécute dans le même espace d'adressage, suivant une architecture noyau. Pour un système d'exploitation à but général, cette approche n'est pas convenable, mais si l'on suppose que toutes les passerelles se comportent bien, le gain en rapidité l'emporte sur la perte en sécurité.

L'algorithme de séquencement des passerelles est tout aussi crucial. Plutôt que d'utiliser l'algorithme par pétition (*round-robin*) ou une quelconque autre forme de découpage de temps, il est préférable de laisser chaque processus s'exécuter complètement. Non seulement cette méthode réduit le nombre de permutations de processus, mais lorsque l'un d'eux achèvera son traitement du paquet courant, il ne sera pas nécessaire qu'il stocke des informations d'état; ainsi les registres et la pile n'auront pas besoin d'être sauvegardés. En fait, il lui suffira de lancer son propre successeur, en trouvant le processus en attente de plus forte priorité et en l'activant. Ce processus hérite ainsi des registres et des informations de la pile de son prédécesseur. Il suffit d'une seule pile, quel que soit le nombre de processus.

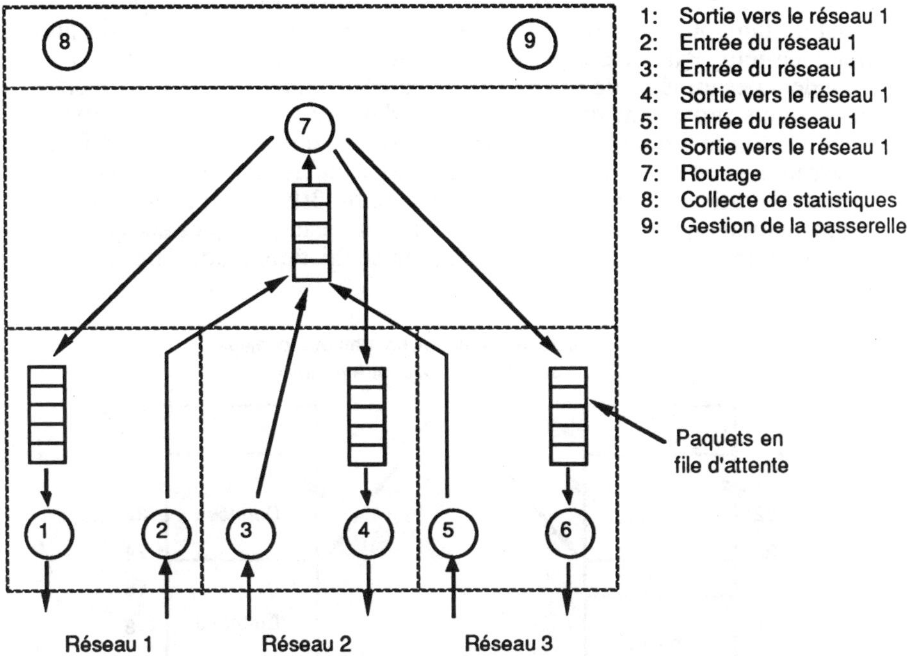

Figure 5-42. Une passerelle tridirectionnelle, orientée processus

Sur certaines machines la surcharge due à la gestion des interruptions est non négligeable. Une façon de l'éviter est de désactiver le système des interruptions de la passerelle. Lorsqu'un processus s'arrête, il examine l'interface de chacun des réseaux pour voir si une transmission est finie. Si l'une d'entre elles est achevée, le processus correspondant est marqué exécutable, et le processus de plus forte priorité est exécuté.

La communication inter-processus est cruciale. De fait, l'envoi de messages entre processus par copie serait insupportablement lent. Il est préférable de passer des pointeurs de tampons. Cependant lorsqu'un processus alloue un tampon pour un paquet et met dans la queue des travaux d'un autre processus un pointeur vers ce tampon, comment peut-il savoir à quel moment le libérer ? En général ce n'est pas lui qui le fait; le processus récepteur réutilisera ce tampon pour ses propres besoins ou bien le libérera explicitement.

La gestion des tampons est compliquée en raison du fait suivant : la taille des paquets peut varier au cours des traitements à l'intérieur de la passerelle, du fait des ajouts et retraits des en-têtes. Cet effet est encore plus prononcé si plusieurs couches de protocole doivent être traversées à l'intérieur de la passerelle. Une façon de résoudre ce problème est de programmer le circuit de réception des paquets de telle sorte que le paquet soit positionné, non au début du tampon, mais avec un décalage correspondant à la taille du plus grand en-tête. Par exemple, si les réseaux 1, 2 et 3 de la figure 5-42 possèdent des en-têtes de 8, 16 et 24 octets respectivement, alors la lecture des paquets provenant du réseau 1 doit débuter à l'octet 16, comme le montre la figure 5-43(a). De cette manière, si le paquet doit être transmis sur le réseau 3, avec un en-tête de 24 octets, il y a suffisamment de place pour ce nouvel en-tête, comme le montre la figure 5-43(b). Si on peut avoir une fragmentation des paquets, la situation devient beaucoup plus complexe et une stratégie de gestion des tampons plus sophistiquée doit être mise en place.

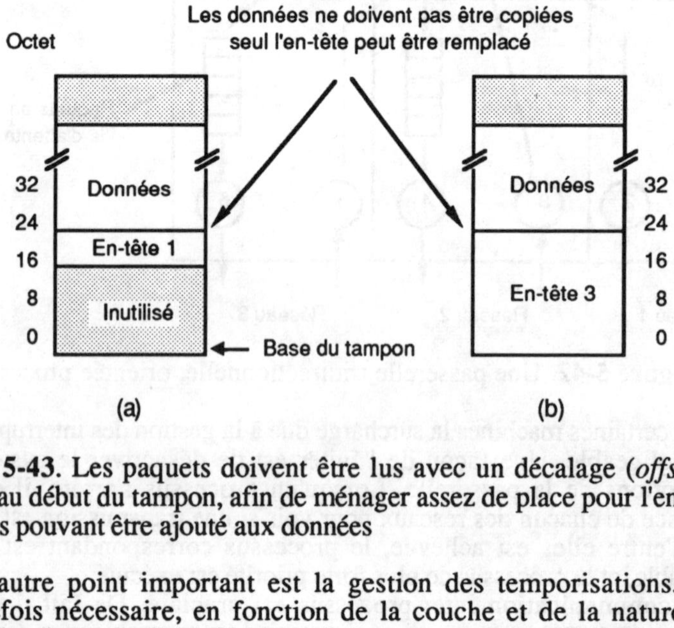

Figure 5-43. Les paquets doivent être lus avec un décalage (*offset*) par rapport au début du tampon, afin de ménager assez de place pour l'en-tête le plus gros pouvant être ajouté aux données

Un autre point important est la gestion des temporisations. Il est quelquefois nécessaire, en fonction de la couche et de la nature de la passerelle, d'attendre l'acquittement d'un paquet avant de libérer le tampon. Comme la plupart des paquets ne sont pas perdus, la grande majorité des temporisations ne viennent pas à terme. Il est donc important que l'activation d'une temporisation ne prenne pas beaucoup de temps. Le temps nécessaire pour la prise en charge d'une temporisation qui a expiré est, lui, beaucoup moins critique.

Certaines passerelles doivent inverser l'ordre des bits au niveau de l'octet (exemple : dans la retransmission entre 802.3 et 802.5). La manière la plus rapide pour inverser les bits est d'utiliser un circuit câblé qui oriente sur le bit 7 de sortie le bit 0 de l'entrée, sur le bit 6 de sortie le bit 1 de l'entrée, et ainsi de suite, afin que l'inversion prenne place durant la transmission entre le circuit d'interface et la mémoire. Si ce circuit spécial n'est pas disponible, la meilleure solution est alors de posséder une table d'inversion à 256 entrées indexée par octet. La *n*ième entrée de cette table est le masque d'inversion de l'octet *n*. Deux tables sont nécessaires pour inverser dans les deux directions. Cependant, cette inversion de bits est très coûteuse, même avec cette table, car cela signifie que chaque octet doit être examiné; c'est même moins bien que la copie, implémentable en général par une seule instruction *BLOCK MOVE*.

Il convient de noter que le schéma de notre exemple de passerelle n'est pas si différent de celui d'un IMP ordinaire. Pour les deux les paquets arrivent sur plusieurs lignes d'entrée, sont acheminés et sont retransmis. La principale différence est que dans les IMP, aucune conversion de format ni aucun changement d'en-tête n'est nécessaire.

Benhamou et Estrin 1983, Bosack et Hedrick 1988, et Seifert 1988 donnent plus de détails sur les passerelles, leurs logiciels et leurs problèmes. Les passerelles RLE-RLD sont décrites dans Folts 1984 et Spiegelhalter 1984.

5.5. EXEMPLES DE COUCHE RESEAU

Ce qui a été présenté jusqu'ici devrait vous avoir donné un bon aperçu des choix et des options dont dispose un architecte de sous-réseau. Dans le reste de ce chapitre nous examinerons les réseaux qui nous ont servi d'exemples, afin de voir quels sont les choix que leurs concepteurs ont faits concrètement.

5.5.1 La couche réseau dans les réseaux publics

Afin d'empêcher, dans différents pays, le développement d'interfaces mutuellement incompatibles, le CCITT a en 1974 proposé un standard international de protocoles d'accès réseau pour les couches 1, 2 et 3. Ces protocoles furent révisés en 1976, 1980, 1984, 1988, etc. Ces standards sont connus sous le nom *X.25*. Le protocole de la couche 3 est fréquemment appelé *X.25 PLP* (*Packet Layer Protocol*) pour le distinguer des protocoles des deux couches inférieures. L'importance de X.25 PLP vient du fait qu'il est très employé dans le modèle OSI comme protocole de la couche réseau en mode connecté.

X.25 définit l'interface entre la machine hôte, appelée par le CCITT un *ETTD* (Equipement de Terminaison de Traitement de Données), et l'équipement du transporteur, appelé par le CCITT un *ETCD* (Equipement de Terminaison du Circuit de Données). Un IMP est connu sous le nom de *DSE* (*Data Switching Exchange*). Nous adopterons la terminologie du CCITT dans ce paragraphe car son utilisation est extrêmement répandue dans les milieux «réseau public». X.25 définit le format et la signification des informations échangées au travers de l'interface ETTD-ETCD pour les protocoles des couches 1, 2 et 3 (cf. figure 5-44). Comme cette interface sépare l'équipement du transporteur de l'équipement de l'usager, il est important qu'elle soit spécifiée avec grand soin. Précisons que l'emploi du mot «interface» diffère entre le CCITT et l'ISO, comme nous l'avons déjà signalé figure 2-30.

Dans la couche 1, X.25 traite des interfaces électrique, mécanique, procédurale et fonctionnelle entre l'ETTD et l'ETCD. En fait X.25 ne les spécifie pas, mais se réfère plutôt à deux autres standards, X.21 et X.21 *bis*, qui définissent respectivement les interfaces numériques et analogiques. X.21 a été traité dans le chapitre 2. X.21 *bis* est un standard temporaire, pour les réseaux analogiques dans les cas où les réseaux numériques ne sont pas encore disponibles. C'est essentiellement de la RS-232-C.

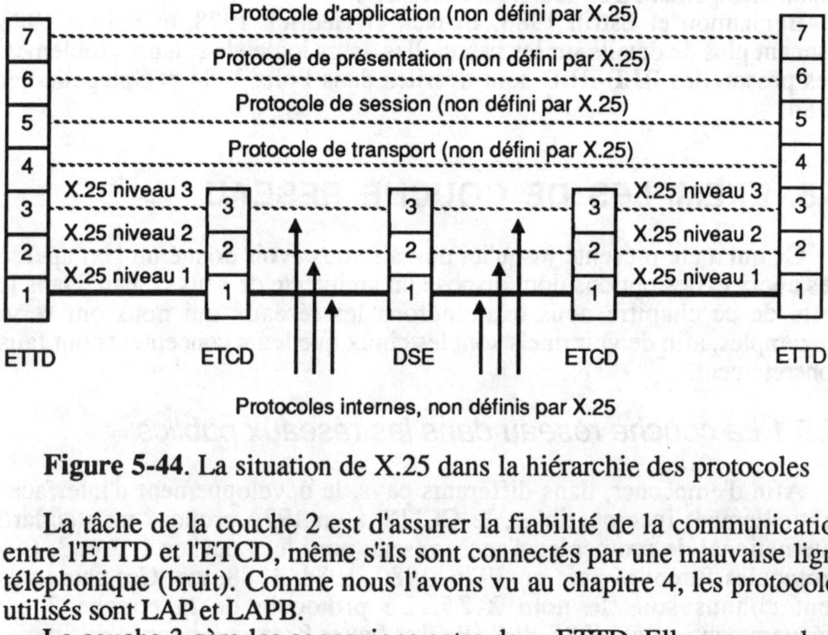

Figure 5-44. La situation de X.25 dans la hiérarchie des protocoles

La tâche de la couche 2 est d'assurer la fiabilité de la communication entre l'ETTD et l'ETCD, même s'ils sont connectés par une mauvaise ligne téléphonique (bruit). Comme nous l'avons vu au chapitre 4, les protocoles utilisés sont LAP et LAPB.

La couche 3 gère les connexions entre deux ETTD. Elle procure deux types de connexions, par appel virtuel (*virtual call*) et par circuit virtuel permanent (*permanent virtual circuit*). Un appel virtuel est semblable à un appel téléphonique ordinaire: une connexion est établie, les données sont transférées, puis la connexion est libérée. Au contraire un circuit virtuel permanent est comme une ligne spécialisée (louée). Il est disponible à tout moment, et l'ETTD, à l'un ou l'autre bout de la ligne, n'a qu'à envoyer des données lorsqu'il le désire, sans aucune initialisation. Les circuits virtuels permanents sont normalement utilisés dans les cas où l'on a de gros volumes de données. Comme les transferts de données sur un circuit virtuel permanent et sur un appel virtuel sont identiques, nous ne parlerons pas plus longtemps des circuits virtuels permanents.

Les connexions (appels virtuels dans la terminologie CCITT) sont effectuées comme suit. Lorsqu'un ETTD désire communiquer avec un autre ETTD, il doit d'abord établir (initialiser) une connexion. Pour ce faire, l'ETTD construit un paquet *CALL REQUEST* et le passe à son ETCD. Puis le sous-réseau le délivre à l'ETCD du destinataire, qui le donne a l'ETTD destinataire. Si l'ETTD destinataire accepte l'appel, il renvoie un paquet *CALL ACCEPTED*. Lorsque l'ETTD d'origine le reçoit, le circuit virtuel est établi. (En fait, lorsqu'un paquet entre dans l'ETTD d'origine il est dit paquet *CALL CONNECTED*, mais il est vraiment identique au paquet *CALL ACCEPTED* envoyé par l'ETTD distant).

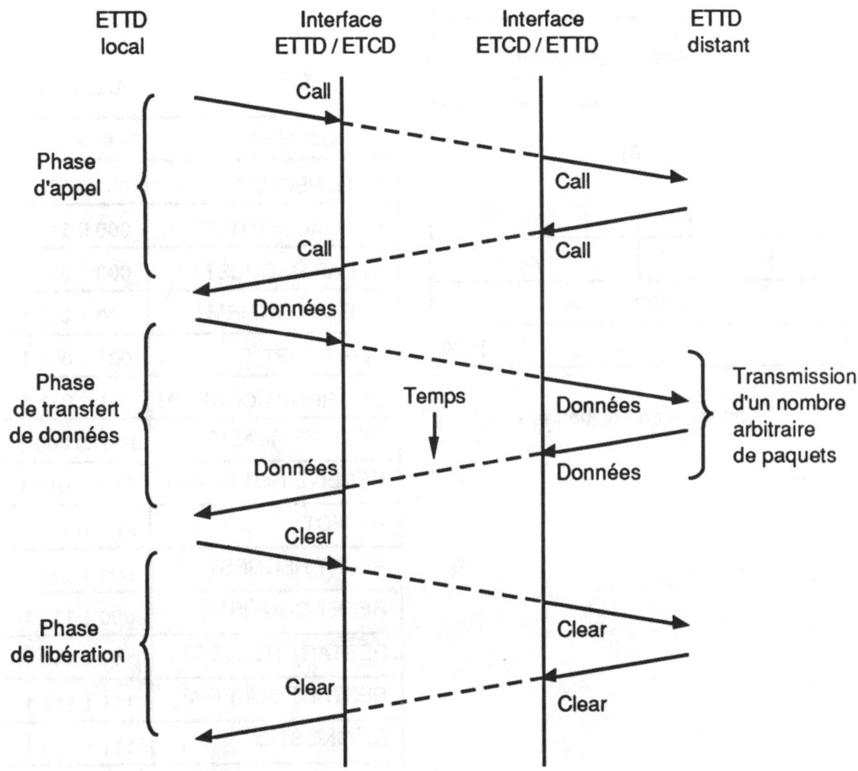

Figure 5-45. Les trois phases d'une connexion X.25

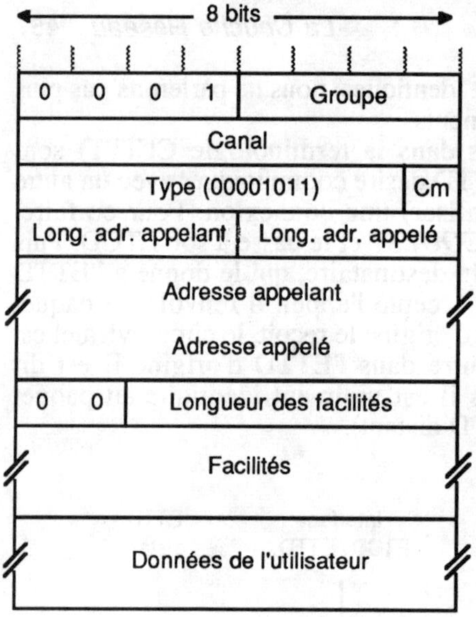

(a)

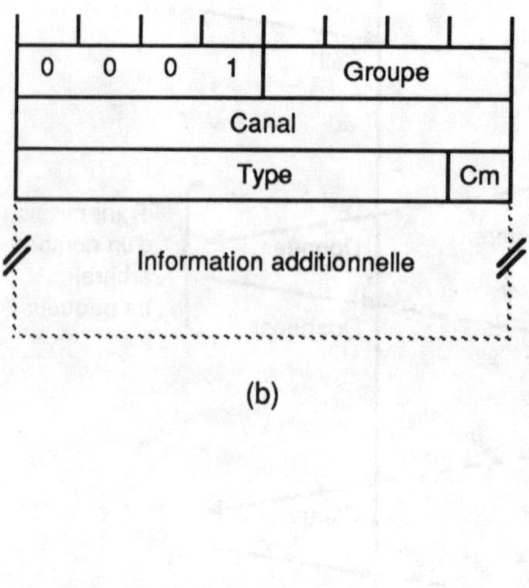

(b)

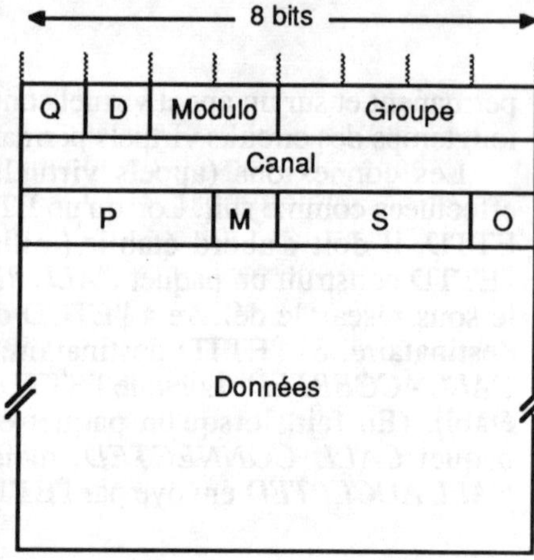

(c)

Type	3ème octet
Données	PPP M SSS O
CALL REQUEST	000 0 101 1
CALL ACCEPTED	000 0 111 1
CLEAR REQUEST	000 1 001 1
CLEAR CONFIRM	000 1 011 1
INTERRUPT	001 0 001 1
INTERRUPT CONFIRM	001 0 011 1
RECEIVE READY	PPP 0 000 1
RECEIVE NOT READY	PPP 0 010 1
REJECT	PPP 0 100 1
RESET REQUEST	000 1 101 1
RESET CONFIRM	000 1 111 1
RESTART REQUEST	111 1 110 1
RESTART CONFIRM	111 1 111 1
DIAGNOSTIC	111 1 000 1

(d)

Figure 5-46. Formats des paquets X.25 :(a) format *CALL REQUEST* (b) format des paquets de contrôle (c) format des paquets de données (d) champ Type (P = Superposition (*Piggyback*), S = *Sequence*, M = *More*).

Les deux ETTD peuvent alors utiliser une connexion bidirectionnelle pour échanger les paquets de données. Lorsque l'un des deux partenaires en a assez, il envoie un paquet *CLEAR REQUEST* à son partenaire, qui lui renvoie un paquet *CLEAR CONFIRMATION* comme acquittement. Les trois phases d'une connexion X.25 sont présentées figure 5-45.

L'ETTD d'origine peut choisir n'importe quel numéro de circuit virtuel inutilisé pour identifier la connexion. Si ce numéro de circuit virtuel est utilisé sur l'ETTD destination, l'ETCD destination devra le remplacer par un numéro libre avant de délivrer le paquet. Ainsi le choix du numéro de circuit virtuel des appels sortants est déterminé par l'ETTD, celui des appels entrants par l'ETCD. Il est possible que les deux choisissent simultanément le même numéro, cela peut conduire à une collision d'appels. X.25 spécifie qu'en cas de collision, l'appel sortant est pris en compte, l'appel entrant, lui, doit être abandonné. La plupart des réseaux essayeront de transférer l'appel entrant peu de temps après, en utilisant un autre circuit virtuel. Afin de minimiser le risque d'une collision d'appels, l'ETTD choisit normalement le plus grand numéro de circuit virtuel disponible pour les appels sortants, et l'ETCD le plus petit pour les appels entrants.

Le format du paquet *CALL REQUEST* est présenté figure 5-46(a). Ce paquet, comme tous les paquets X.25, débute par un en-tête de 3 octets (le terme octet est utilisé par le CCITT).

Les champs «Groupe» et «Canal» forment ensemble un numéro de circuit virtuel sur 12 bits.

Le circuit virtuel 0 est réservé pour une utilisation future; un ETTD peut donc avoir en principe jusqu'à 4095 circuits virtuels ouverts simultanément. Pris individuellement les champs «Groupe» et «Canal» n'ont pas de signification particulière.

Le champ «Type» dans un paquet *CALL REQUEST*, et dans tout autre paquet de contrôle, identifie le type du paquet. Le bit de contrôle (*Cm*) est positionné à 1 dans les paquets de contrôle et à 0 dans les paquets de données. Lorsqu'un paquet arrive, l'ETTD peut dire s'il contient des informations de contrôle ou des données sur seul examen de ce bit.

Nous avons fini maintenant avec l'en-tête de trois octets. Les champs restants sont spécifiques au paquet *CALL REQUEST*. Les deux champs suivants indiquent respectivement la longueur des adresses de l'appelant et de l'appelé. Ces deux adresses sont codées sous forme de chiffres décimaux, quatre bits par chiffre. Les vieilles habitudes ont la vie dure dans l'industrie du téléphone.

Le système d'adressage utilisé par X.25 est défini dans la recommandation *X.121* du CCITT. Ce système est similaire à celui du réseau téléphonique commuté : chaque hôte est identifié par un nombre décimal formé par un code de pays, un code réseau et une adresse à l'intérieur du réseau concerné. L'adresse complète peut contenir jusqu'à 14 chiffres décimaux, où les trois premiers indiquent le pays et le suivant le numéro de réseau. Plusieurs codes de pays sont alloués aux Etats susceptibles d'avoir un grand nombre de réseaux publics impliqués dans le trafic international; par exemple les codes 310 à 329 sont alloués aux Etats-Unis, ce qui autorise jusqu'à 200 réseaux; les codes 302 à 307 sont alloués au Canada (60 réseaux possibles), mais le Royaume du Tonga ne possède que le code 539, et donc seulement 10 réseaux publics. Les codes de pays débutant par 0 et 1 sont réservés pour une utilisation future, ceux qui commencent par les chiffres 8 et 9 sont utilisés pour les connexions aux réseaux publics du télex et du téléphone respectivement. L'affectation des dix chiffres restants n'est pas spécifiée par X.121, ce qui permet à chaque réseau d'allouer lui-même les 10 milliards d'adresses.

Le champ *Facilities length* (Longueur des facilités) indique le nombre d'octets du champ suivant, le champ *Facilities*. Ce champ sert à des demandes de caractéristiques particulières à la connexion. Les facilités disponibles peuvent varier d'un réseau à l'autre. Une de ces facilités peut être l'appel en PCV (*reverse charging*). Cette possibilité est fort importante pour les organismes possédant des milliers de terminaux distants appelant un ordinateur central. Si tous les terminaux appellent toujours en PCV, l'organisme n'aura qu'une «note de téléphone réseau» au lieu d'en avoir des milliers. L'acheminement haute priorité est une autre possibilité. Une troisième facilité est un circuit virtuel simplex au lieu de *full-duplex*.

L'appelant peut aussi spécifier une taille maximum de paquet et de fenêtre plutôt que d'utiliser les valeurs par défaut: 128 octets et 2 paquets respectivement. Si les valeurs proposées ne conviennent pas à l'appelé, il pourra faire une contre-proposition dans le champ *Facilities* du paquet *CALL ACCEPTED*. La contre-proposition ne peut que rendre la proposition originale plus proche des valeurs par défaut. La figure 5-47 donne une liste des facilités courantes offertes par la plupart des réseaux.

Un certain nombre de facilités sont accessibles au client s'il est un abonné du réseau et non un utilisateur occasionnel. Parmi celles-ci citons le groupe fermé d'abonnés (aucun usager ne peut appeler à l'extérieur du groupe, pour des raisons de sécurité), une taille maximum de fenêtre inférieure à 7 (pour des terminaux ayant des tampons de capacité limitée), l'interdiction d'appels entrants ou sortants (des terminaux peuvent émettre des appels mais non en accepter).

Le champ Données Utilisateur permet à l'ETTD d'envoyer jusqu'à 16 octets de données avec le paquet *CALL REQUEST*. Les ETTD décident seuls quoi faire de cette information. Ils peuvent décider, par exemple, de l'utiliser pour identifier le processus de l'ETTD auquel l'appelant veut être connecté, mais ce peut être également un mot de passe de *login*.

Le format des autres paquets de contrôle est présenté figure 5-46(b). Certains n'ont qu'un en-tête, d'autres un ou deux octets supplémentaires. Le quatrième octet du paquet *CLEAR REQUEST*, par exemple, indique la cause de la libération de la connexion. Les paquets *CLEAR REQUEST* sont automatiquement générés par le sous-réseau lorsqu'un paquet *CALL REQUEST* ne peut être transmis. Lorsque cela arrive, la cause en est indiquée dans cet octet. Les causes typiques sont: l'appelé refuse l'appel en

PCV, le numéro est occupé, le destinataire est en dérangement ou le réseau est congestionné.

Du fait de la distinction faite par X.25 entre *CLEAR REQUEST* et *CLEAR CONFIRMATION*, des *collisions de libération* peuvent survenir (les deux parties décident de libérer la connexion simultanément). Cependant, comme ce qui est à faire est alors évident, il n'y a pas d'ambiguïté, la connexion peut être simplement libérée.

Numéro de séquence étendu (7 bits)
Positionner une taille de fenêtre non standard
Positionner une taille de paquet non standard
Positionner la classe de transport (75 bit/s à 48 kbit/s)
Requête de PCV
Acceptation de PCV
Sélection du transporteur (par ex. TELENET ou TYMNET)
Emission de données uniquement
Réception de données uniquement
Répétition sélective
Utilisation de la sélection rapide

Figure 5-47. Exemples de facilités X.25

Le format des paquets de données est présenté figure 5-46(c). Le bit Q indique Donnée Qualifiée (*Qualified Data*). Le standard reste muet sur ce qui différencie donnée qualifiée et non qualifiée, mais son intention est de permettre aux protocoles de la couche transport et des couches supérieures de positionner ce bit à 1, afin de séparer leurs paquets de contrôle de leurs paquets de données. Le champ Control est toujours à 0 pour les paquets de données. Les champs Séquence et Superposition sont utilisés dans le contrôle de flux avec un mécanisme de fenêtre à anticipation. Les numéros de séquence sont donnés modulo 8 si Modulo est à 01, et modulo 128 s'il est à 10 (00 et 11 sont invalides). Si des numéros de séquence modulo 128 sont utilisés, un octet supplémentaire est ajouté à l'en-tête afin d'adapter la longueur des champs *séquence* et *superposition.* Le bit D donne la signification du champ *superposition.*

Si D = 0, l'acquittement suivant ne signifiera pas que l'ETTD distant a bien reçu le paquet, mais seulement que l'ETCD local l'a reçu.

Si D = 1, l'acquittement est un véritable acquittement de bout en bout, et signifie que l'ETTD distant a bien reçu le paquet.

Même si l'acheminement de bout en bout n'est pas garanti (c'est-à-dire, D = 0), le champ Superposition peut être utile. Considérons par exemple un transporteur qui fournit un service avec d'importants délais de livraison aux amateurs de bonnes affaires. Les paquets entrants sont copiés sur une bande magnétique expédiée le lendemain au destinataire. Dans ce cas le champ Superposition est strictement réservé au contrôle de flux. Il indique à l'ETTD que l'ETCD est prêt à accepter le prochain paquet, et rien de plus.

A propos des acquittements dans X.25, il convient de noter qu'au lieu de renvoyer le numéro du dernier paquet correctement reçu (comme dans nos exemples du chapitre 4), l'ETTD doit renvoyer le numéro du prochain paquet attendu (c'est-à-dire, le numéro du dernier plus 1). Ce choix est arbitraire, mais pour être compatible X.25, les ETTD doivent jouer le jeu en respectant les règles du CCITT.

Le champ More permet à l'ETTD d'indiquer l'appartenance d'un groupe de paquets à un même ensemble. Dans un message long, le bit More de chaque paquet, hormis le dernier, sera positionné. Seul un paquet plein peut avoir ce bit positionné. Le sous-réseau est libre de réempaqueter les données dans des paquets de longueur différente si nécessaire. Mais il ne devra jamais combiner des données de messages différents (signalés par le bit More) en un unique paquet.

La norme oblige les transporteurs à fournir une taille maximum de paquet de 128 octets de données. Cependant, elle autorise aussi les transporteurs à fournir des longueurs maximales optionnelles de 16, 32, 64, 256, 512, 1024, 2048 et 4096 octets. De plus cette taille maximum de paquet peut être négociée lors de l'établissement de la connexion. Les tailles maximum de paquet supérieures à 128 sont là pour des raisons d'efficacité. Les tailles inférieures à 128 permettent d'utiliser des terminaux possédant des tampons de faible capacité, et de les protéger contre l'arrivée de paquets trop longs.

Les autres types de paquets de contrôle sont listés figure 5-46(d). Les paquets INTERRUPT permettent d'émettre un signal court (32 octets) hors séquencement. Comme les paquets de contrôle ne possèdent pas de numéro de séquence, ils peuvent être délivrés aussitôt arrivés sans considérer le nombre de paquets de données (séquencées) déjà en attente dans la queue. Typiquement, ces paquets sont utilisés pour signaler, le long de la connexion, qu'un utilisateur du terminal a frappé la touche *quit* ou *break*. Un paquet *INTERRUPT* est acquitté à l'aide d'un paquet *INTERRUPT CONFIRMATION*.

Le paquet *RECEIVE READY* (RR) est utilisé pour envoyer des acquittements séparés, lorsqu'il n'y a pas de trafic de retour auquel ils puissent être associés. Le champ PPP indique quel est le paquet suivant attendu. Si les numéros de séquence sont donnés modulo 128, un octet supplémentaire est nécessaire à ce paquet.

Le paquet *RECEIVE NOT READY* (RNR) permet à un ETTD de dire à son vis-à-vis d'arrêter momentanément l'envoi de paquets. Le paquet

RECEIVE READY peut ensuite être utilisé pour demander à l'ETCD de reprendre l'envoi.

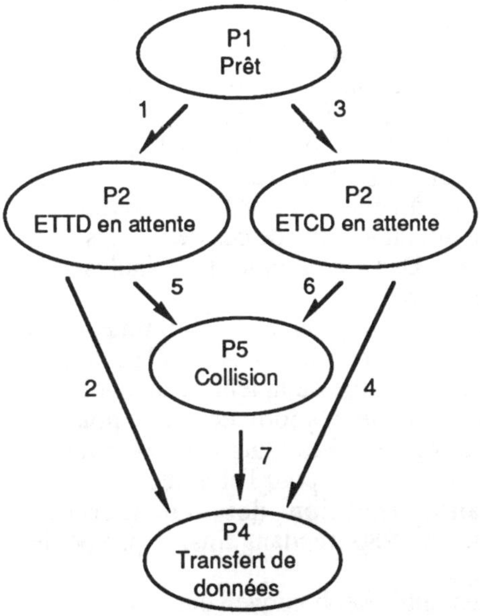

Transition	Causée par	Paquet transmis
1	ETTD	CALL REQUEST
2	ETCD	CALL CONNECTED
3	ETCD	INCOMING CALL
4	ETTD	CALL ACCEPTED
5	ETCD	INCOMING CALL
6	ETTD	CALL REQUEST
7	ETCD	CALL CONNECTED

Figure 5-48. Initialisation d'un appel X.25

Le paquet *REJECT* permet à un ETTD de demander la retransmission d'une série de paquet. Le champ PPP indique le premier numéro de séquence attendu.

Les paquets *RESET* et *RESTART* sont utilisés pour la récupération d'erreurs en cas de dysfonctionnement plus ou moins important. Un paquet *RESET REQUEST* s'applique à une connexion particulière et provoque la réinitialisation des paramètres de la fenêtre. Un ETCD utilise fréquemment un *RESET REQUEST* pour informer l'ETTD qu'un incident grave s'est produit dans le sous-réseau. Après réception d'un *RESET REQUEST*, l'ETTD n'a aucune possibilité de savoir si les paquets en cours de transmission au moment de l'incident ont été délivrés. La restauration doit être effectuée par la couche transport. C'est pour cela qu'un ou deux octets supplémentaires du paquet *RESET REQUEST* permettent à celui qui l'émet d'essayer d'expliquer la cause du *RESET*. Bien sûr, l'ETTD peut également émettre un *RESET REQUEST*.

Un paquet *RESTART REQUEST* indique un incident beaucoup plus grave. Il est utilisé lorsqu'un *crash* ETTD ou ETCD survient et que toutes les connexions doivent être abandonnées. Un seul *RESTART REQUEST*

est équivalent à l'émission séparée d'un *RESET REQUEST* sur chacun des circuits virtuels.

Un paquet *DIAGNOSTIC* est aussi fourni pour permettre au réseau d'informer l'utilisateur des incidents, y compris des erreurs trouvées dans les paquets qu'il a émis (exemple : un champ *type illégal*).

La norme X.25 comporte plusieurs diagrammes d'état permettant de décrire les séquences d'événements tels que l'initialisation et la libération d'un appel virtuel. Le diagramme de la figure 5-48 décrit les phases de l'initialisation d'un appel. Au début l'interface est dans l'état P1, un *CALL REQUEST* ou un *INCOMING CALL* (appel entrant, l'arrivée d'un paquet *CALL REQUEST*) fait passer de l'état P1 à l'état P2 ou P3 respectivement. L'état transfert de données P4 peut être atteint à partir de ces deux états, soit directement soit par l'intermédiaire de P5. Des diagrammes semblables sont fournis pour la libération, le *reset* ou le *restart*.

La norme X.25 d'origine (1976) était plus ou moins comme nous venons de la décrire (moins le bit *D*, le paquet *DIAGNOSTIC*, la négociation de la longueur du paquet et de la taille de la fenêtre, et quelques autres services mineurs). Cependant il y eut une très forte demande pour un service datagramme en plus des circuits virtuels. Les Etats-Unis et le Japon firent tous deux des propositions (contradictoires) pour l'architecture de ce service. Le CCITT, dans la grande tradition des bureaucraties internationales, les accepta toutes deux en 1980, rendant ainsi le protocole encore plus complexe qu'il ne l'était déjà.

Mais les PTT, avec cent ans de «mentalité téléphonique» derrière eux, ne mirent pas en œuvre ces datagrammes. Quelques années plus tard, on remarqua que personne ne les utilisait, aussi furent-ils abandonnés dans la norme 1984.

Néanmoins la demande pour un service non connecté demeurait. Les applications telles que terminaux points de vente, vérification de carte de crédit et monnaie électronique possèdent toutes la caractéristique suivante : l'appelant initialise un appel à l'aide d'une requête et l'appelé fournit une réponse. Aucune connexion n'est nécessaire par la suite. Le CCITT en 1984 a accepté d'ajouter la facilité *fast select* (sélection rapide) afin de satisfaire cette demande.

Lorsqu'une sélection rapide est employée, le paquet *CALL REQUEST* est redimensionné pour inclure 128 octets de données utilisateur. La sélection rapide est demandée comme une facilité. Vu par le réseau, le paquet est véritablement un essai d'établissement de circuit virtuel. L'ETTD appelé peut rejeter la demande d'appel à l'aide d'un paquet *CLEAR REQUEST*, qui est aussi redimensionné pour accueillir 128 octets de données de réponse. Cependant, il peut aussi accepter l'appel et dans ce cas le circuit virtuel est établi normalement.

Utilisation de X.25 pour le service mode connecté de la couche réseau

Lorsque X.25 est utilisé pour fournir le service réseau OSI en mode connecté, une équivalence doit être réalisée entre les primitives de service OSI et les différentes fonctionnalités de X.25. La norme ISO 8878 décrit les modalités de cette équivalence. Nous allons brièvement les décrire.

En général un paquet est envoyé lorsque la couche transport génère une requête. L'arrivée de ce paquet à destination provoque l'activation d'une primitive *indication*. Les réponses sont analogues aux requêtes. La figure 5-9 montre les équivalences entre les actions X.25 et les primitives de service réseau OSI. Cette équivalence est relativement sans problème, excepté pour les primitives *n-data-acknowledgement* qui n'ont pas de correspondance exacte en X.25. Elles peuvent être prises en compte en utilisant les numéros de séquence dans les paquets RR et RNR.

N-CONNECT. request N-CONNECT. indication N-CONNECT. response N-CONNECT. confirmation	Envoi d'un CALL REQUEST Arrivée d'un CALL REQUEST Envoi d'un CALL ACCEPTED Arrivée d'un CALL ACCEPTED
N-DISCONNECT. request N-DISCONNECT. indication	Envoi d'un CLEAR REQUEST Arrivée d'un CLEAR REQUEST
N-DATA. request N-DATA. indication	Envoi d'un paquet de données Arrivée d'un paquet de données
N-DATA-ACKNOWLEDGE. request N-DATA-ACKNOWLEDGE. indication	Pas d'envoi de paquet Pas d'envoi de paquet
N-EXPEDITED-DATA. request N-EXPEDITED-DATA. indication	Envoi d'un INTERRUPT Arrivée d'un INTERRUPT
N-RESET. request N-RESET. indication N-RESET. response N-RESET. confirmation	Envoi d'un RESET REQUEST Arrivée d'un RESET REQUEST Rien Rien

Figure 5-49. Equivalence entre les services de la couche réseau en mode connecté et X.25

5.5.2 La Couche Réseau dans ARPANET (IP)

La couche réseau de ARPANET a connu plusieurs étapes au fur et à mesure de l'apparition des problèmes et de leur résolution. Le protocole de l'actuelle couche réseau, IP (*Internet Protocol*), a été introduit au début des années 1980 et a fonctionné depuis sans interruption. De nombreux autres réseaux l'ont adopté, le plus souvent en liaison avec le protocole de transport ARPANET, TCP, que nous étudierons dans le chapitre sur la couche transport.

Contrairement au protocole X.25, qui fonctionne en mode connecté, le protocole de la couche réseau ARPANET est en mode non connecté. Il se fonde sur l'idée des datagrammes inter-réseaux, transportés de façon transparente mais non nécessairement fiable, d'un hôte source vers un hôte destination, éventuellement à travers plusieurs réseaux, comme le montre la figure 5-39.

Le service fourni par la couche réseau a évolué graduellement d'un service fiable orienté connexion vers un service non fiable en mode non connecté. Cette évolution s'est produite en parallèle à celle d'ARPANET vers l'inter-réseaux qu'on appelle souvent l'Internet ARPA, et qui rassemble de nombreux réseaux qui ne sont pas tous fiables. En transférant tous les mécanismes de fiabilité au niveau de la couche transport, il est possible d'obtenir des connexions fiables de bout en bout, même si quelques-uns des réseaux sous-jacents sont plus ou moins sûrs.

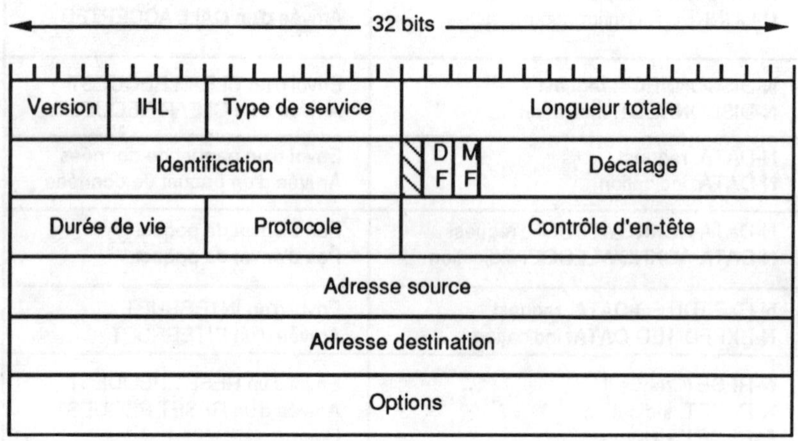

Figure 5-50. L'en-tête IP (*Internet Protocol*)

Le protocole IP fonctionne de la manière suivante. La couche transport prend le message et le décompose en datagrammes de 64 Koctet au plus. Chaque datagramme est transmis au travers de l'Internet, et pourra être fragmenté en chemin, en unités plus petites. Lorsque chacun des morceaux est finalement arrivé à la machine destination, ils sont réassemblés par la couche transport pour restituer le message d'origine.

Un datagramme IP est constitué de deux parties : un en-tête et un texte. L'en-tête possède une partie fixe de 20 octets et une partie optionnelle de longueur variable. Son format est donné figure 5-50. Le champ *version* garde une trace de la version du protocole utilisé pour ce datagramme. En indiquant la version dans chaque datagramme, il n'est pas exclu de pouvoir changer de protocole en cours de traitement à l'intérieur du réseau.

Comme la longueur de l'en-tête est variable, un champ de l'en-tête (IHL) indique cette longueur, en mots de 32 bits. La valeur minimum est de 5.

Le champ *type de service* permet à la machine hôte d'indiquer au sous-réseau quel est le type de service désiré.

Différentes combinaisons de fiabilité et de vitesse sont possibles. Pour la voix numérisée, la vitesse de transfert est beaucoup plus importante que la correction des erreurs de transmission. Pour le transfert de fichier, une transmission scrupuleuse sera beaucoup plus importante qu'une livraison rapide. De nombreuses autres combinaisons sont encore possibles, du trafic normal à l'envoi exprès.

Le champ *longueur totale* donne la longueur totale du datagramme : en-tête plus données. La longueur maximale est 65 536 octets.

Le champ *identification* est nécessaire pour permettre à l'hôte de déterminer à quel datagramme appartient un fragment lors de son arrivée. Le champ *identification* de tous les fragments d'un datagramme contient la même valeur.

Vient ensuite un bit inutilisé, puis deux champs de un bit. *DF* signifie «Ne pas fragmenter» (*Don't Fragment*). Il demande à la passerelle de ne pas fragmenter le datagramme, car le destinataire est incapable de réassembler les morceaux. Par exemple, un datagramme qui télécharge un programme à exécuter sur un petit micro doit être ainsi marqué, car la ROM attend le programme entier en un seul datagramme. S'il ne peut traverser un réseau, il devra soit le contourner, soit être éliminé.

MF signifie «Fragment non unique» (*More Fragments*). Ce bit est positionné dans tous les fragments, sauf dans le dernier. Il est utilisé comme double contrôle en parallèle avec le champ *longueur totale*, afin de s'assurer qu'aucun fragment ne manque à l'appel et que le datagramme complet est bien réassemblé.

Le champ *décalage* (*Fragment offset)* indique la position du fragment dans le datagramme courant. Tous les fragments du datagramme, sauf le dernier, doivent avoir pour longueur des multiples de 8 octets, l'unité élémentaire de fragment. Comme le champ est de 13 bits, le maximum pour un datagramme est de 8 192 fragments ou 65 536 octets, à relier au champ *longueur totale*.

Le champ *durée de vie* est un compteur utilisé pour limiter la durée de vie des paquets. Lorsqu'il arrive à 0, le paquet est détruit. L'unité de temps est la seconde, ce qui permet une durée de vie maximum de 255 secondes.

Lorsque la couche réseau a réassemblé complètement un datagramme, elle a besoin de savoir quoi en faire. Le champ *protocole* lui indique à quel processus de transport appartient ce datagramme. TCP est bien sûr une possibilité, mais il peut y en avoir d'autres.

Le champ *contrôle d'en-tête* permet de ne vérifier que l'en-tête. Il est utile car l'en-tête peut être modifié au passage d'une passerelle (par exemple il peut y avoir fragmentation).

Les champs *adresse source* et *adresse destination* fournissent les numéros de réseau et d'hôte. Quatre formats différents sont utilisés; la figure 5-51 en donne l'illustration. Ces quatres modèles autorisent respectivement jusqu'à 128 réseaux de 16 millions d'hôtes chacun, 16 384 réseaux de 64 000 hôtes, 2 millions de réseaux, sans doute des RLE, de 256 hôtes chacun, et une diffusion limitée (*multi-cast*) dans laquelle un datagramme est adressé à un groupe d'hôtes. A l'heure actuelle l'*Internet* ARPA est composé de 1000 réseaux et interconnecte des centres de recherche, des sites du Ministère américain de la Défense, des organismes gouvernementaux ou commerciaux. Les adresses commençant par 1111 sont réservées à une utilisation ultérieure.

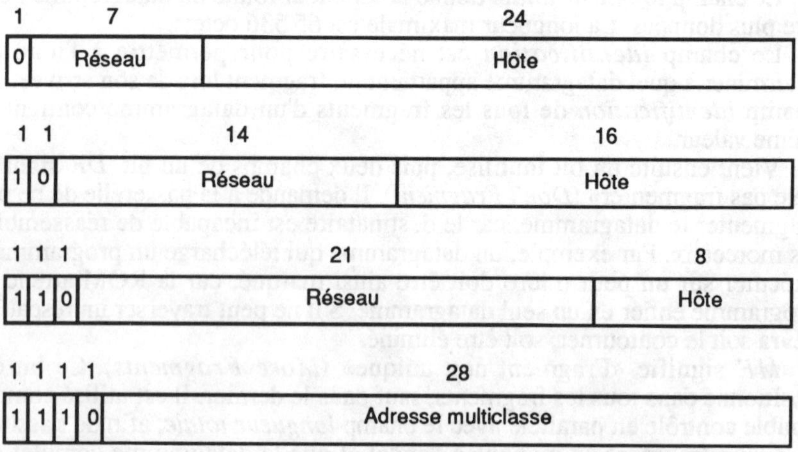

Figure 5-51. Les formats IP des adresses source et destination

Le champ *options* est utilisé pour la sécurité, le routage par contrôle de l'émetteur, les rapports d'erreurs, le débogage, le marquage temporel et d'autres informations. Il fournit principalement une solution pour permettre aux versions suivantes du protocole d'inclure des informations qui ne sont pas présentes dans les spécifications d'origine. Il donne le moyen d'expérimenter de nouvelles idées, et d'éviter l'allocation de bits d'en-tête pour des informations rarement nécessaires.

Le fonctionnement d'ARPANET est géré par une coopération étroite entre les IMP et les passerelles. Lorsqu'un événement anormal survient, il fait l'objet d'un rapport à l'aide du protocole ICMP (*Internet Control Message Protocol*), utilisé également pour tester l'Internet. Il existe environ une douzaine de types de messages ICMP. Chaque type de message est encapsulé dans un paquet IP.

Le message *DESTINATION UNREACHABLE* est utilisé lorsque le sous-réseau ou la passerelle ne peut localiser le destinataire, ou qu'un paquet avec le bit DF ne peut être acheminé au travers d'un réseau «petit paquet» placé sur sa route.

Le message *TIME EXCEEDED* est envoyé lorsqu'un paquet a son compteur à 0 et doit donc être abandonné. Cet événement est signe de bouclage ou de très importante congestion; ou encore la temporisation est initialisée à une valeur trop faible.

Le message *PROBLEM PARAMETER* indique qu'une valeur illégale a été détectée dans un champ de l'en-tête. Ce problème localise une bogue dans le logiciel IP de l'hôte émetteur, ou dans le logiciel d'une des passerelles traversées.

Le message *SOURCE QUENCH* est utilisé pour brider les hôtes qui envoient un trop grand nombre de paquets. A la réception de ce message, l'hôte devrait «se calmer».

Le message *REDIRECT* sert quand une passerelle remarque que le routage d'un paquet semble être faux. Par exemple, si une passerelle à Los Angeles voit arriver un paquet en provenance de New York et destiné à Boston, elle signalera cet événement à l'aide de ce message qui permettra de rétablir le routage correct.

Les messages *ECHO REQUEST* et *ECHO REPLY* sont utilisés pour voir si une destination donnée est accessible et fonctionne. A la réception d'un message *ECHO REQUEST*, le destinataire doit répondre par un message *ECHO REPLY*. Les messages *TIMESTAMP REQUEST* et *TIMESTAMP REPLY* sont analogues, à la différence que les heures d'arrivée du message et de départ de la réponse doivent être enregistrées dans la réponse. Cette possibilité est utilisée pour mesurer les performances du réseau.

Quatre autres messages ont trait à l'adressage inter-réseaux, et permettent aux hôtes de trouver leur numéro de réseau et de traiter le cas d'une adresse IP partagée par plusieurs RLE.

A l'origine ARPANET utilisait l'algorithme de routage distribué, décrit en 5.2.6. Après une dizaine d'années d'expérience, il a été remplacé : des paquets tournaient en rond très longtemps et les alternatives de route n'étaient pas utilisées. De plus la croissance de ARPANET avait été telle que le trafic dû aux échanges pour les tables de routage interférait trop avec le trafic normal.

Dans l'algorithme qui lui a succédé, chaque IMP maintient localement une représentation complète de ARPANET, y compris les délais sur chaque ligne. A l'aide de cette base de données chaque IMP calcule le plus court chemin entre lui et tous les autres IMP, en prenant les délais comme unité de mesure. Chaque IMP exécutant l'algorithme du plus court chemin à partir des mêmes données (ou presque), les chemins sont cohérents et il y a peu de bouclage.

Afin de s'adapter aux changements de trafic et aux modifications de topologie, chaque IMP mesure le délai sur chacune de ses lignes et en fait la moyenne sur des périodes de 10 secondes. Les résultats de ces mesures, en parallèle avec la mise à jour des numéros de séquence, sont diffusés à tous les autres IMP en utilisant l'algorithme par inondation.

5.5.3. La couche réseau dans MAP et TOP

La couche réseau de MAP et de TOP fournit le service OSI non connecté à la couche transport. Le protocole utilisé est le protocole de la couche réseau en mode sans connexion ISO 8473. Ce protocole est fondé sur le protocole IP d'ARPANET. De ce fait la couche transport dans MAP et TOP construit et envoie des datagrammes *Internet*.

Le choix de IP peut tout à la fois surprendre et paraître normal. Il est surprenant car la plupart des grands utilisateurs tendent à accepter X.25 comme une réalité incontournable pour la couche réseau, qu'ils l'aiment ou non. Mais ce choix est aussi normal, car MAP et TOP sont très concernés par le routage inter-réseaux, spécialement entre les RLE 802 et différents types de RLD. Or il n'est pas intéressant d'utiliser tous les RLE 802 comme des réseaux X.25 et de les connecter à l'aide de X.75 qui est une norme orientée circuit virtuel. De plus General Motors et Boeing désiraient un système qui fonctionne réellement et les dix ans d'expérience d'ARPANET, exploitant IP dans un contexte de réseaux très hétérogènes, leur ont fait forte impression.

Cependant un problème apparaît lorsque l'on essaye de se servir de IP dans des réseaux publics n'offrant que le service X.25 orienté connexion. La solution est d'établir une connexion entre deux extrémités X.25 et de se servir du réseau public comme d'un grand câble, pour transmettre les paquets IP. Dans ce mode de fonctionnement la sous-couche de mise à niveau du sous-réseau de la figure 5-27 dégrade effectivement X.25, pour se débarrasser de son mode connecté et ne fournir qu'un service sans connexion à la couche transport. Lorsqu'IP est mis en œuvre dans un RLE 802, la sous-couche de mise à niveau est vide.

Le format paquet *Internet* OSI décrit par ISO 8473 contient presque exactement les mêmes champs que le paquet IP de ARPA *Internet* (figure 5-50), mais pas exactement dans le même ordre. Il y a deux différences, le format des champs d'adresse et un bit supplémentaire de marquage. L'*Internet* ARPA utilise des adresses source et destination sur 32 bits, qui ne sont certainement pas adaptées pour un réseau mondial. Les champs OSI correspondants sont de taille variable; un champ associé indique leur taille, comme dans X.25. Le bit supplémentaire de marquage peut être utilisé pour demander qu'un rapport soit envoyé à la source si ce paquet est abandonné sur sa route (par exemple à cause d'une congestion).

Les standards MAP et TOP spécifient le format des adresses à utiliser et comment elles s'appliquent au routage. Ces adresses possèdent trois éléments: des numéros d'entreprise, de RLE et de machine. Ce système de numérotation conduit à un routage hiérarchique : les paquets sont routés d'abord vers l'entreprise, puis vers le RLE et enfin vers le destinataire.

5.5.4. La couche réseau dans USENET

USENET ne possède pas de couche réseau au sens de quelque chose qui offrirait des services à la couche transport. Cependant avec environ 10 000 hôtes sur le réseau, la plupart d'entre eux ne se connectant qu'à une dizaine d'autres hôtes, le routage est un problème majeur. L'algorithme de routage a évolué en passant par plusieurs étapes comme nous allons le voir maintenant.

L'algorithme d'origine était un routage par contrôle de l'émetteur pur. Chaque message du courrier contenait une ligne de la forme suivante :

To: ucbvax!decvax!mcvax!marvin

Dans cet exemple la machine source doit appeler, ou attendre d'être appelée par ucbvax (un ordinateur VAX de Berkeley) pour lui transférer le message. Puis lorsque *ucbvax* et *decvax* entreront en contact, le message sera transféré à *decvax*, qui finalement le transmettra à *mcvax* où il sera déposé dans la boîte aux lettres de Marvin. Cet algorithme avait l'avantage de ne pas nécessiter de routage de la part du réseau. Les utilisateurs devaient indiquer explicitement comment acheminer leur message à l'aide de grandes cartes de la topologie du réseau. D'un autre côté, comme le réseau augmentait jusqu'à contenir des milliers d'hôtes, la carte devenait immense et les chemins comportant des dizaines d'items étaient devenus monnaie courante. Les utilisateurs faisaient fréquemment des erreurs de frappe, ce qui se traduisait par des problèmes lorsque le courrier atteignait les endroits du chemin où se trouvaient les erreurs. Si l'hôte détenant le message ne reconnaissait pas le nom de l'hôte auquel il était censé passer ce message, tout ce qu'il pouvait faire était de l'abandonner ou de le renvoyer à l'expéditeur.

Pour compliquer la chose, la topologie changeait quotidiennement, et les cartes n'étaient jamais à jour. (En réalité ce n'était pas vraiment un problème car elles étaient absolument incompréhensibles.) Enfin il était difficile d'envoyer des courriers entre USENET, BITNET, CSNET, et ARPANET, car chacun de ces réseaux possédait ses propres conventions de nommage et de routage.

Afin d'organiser un peu ce chaos, il fut décidé d'introduire un schéma uniforme de nommage pour ces quatres réseaux. L'idée fut de regrouper tous les hôtes par domaines, qui à leur tour pourraient être divisés en sous-domaines eux-mêmes divisables. Dans les faits, tous les hôtes devaient être organisés en arbre de nommage (*naming tree*).

Au Etats-Unis le sommet de la hiérarchie est formé des domaines suivants :

1. COM- les entreprises, y compris les associations à but non lucratif,
2. EDU- l'enseignement supérieur, comme les universités et les grandes écoles,
3. GOV- les organismes gouvernementaux, fédéraux, municipaux,
4. MIL- les organismes militaires,
6. ORG- tout le reste.

Chaque pays étranger possède aussi un nom de domaine de référence, par exemple NL pour *The Nederlands* (les Pays-Bas), UK pour *United Kingdom* (le Royaume-Uni), FR pour France, et ainsi de suite. Il est quelquefois possible de générer plusieurs noms pour un même site. Par exemple le laboratoire de recherche d'IBM en Suisse a choisi d'être dans le domaine référencé par COM, plutôt que dans le domaine Suisse.

Chaque domaine est divisé en sous-domaines. Par exemple EDU possède les sous-domaines BERKELEY.EDU, MIT.EDU, et ainsi de suite pour d'autres universités. Ces domaines de deuxième niveau sont divisés en domaines de troisième niveau pour les départements d'universités ou pour des programmes importants. Ainsi CS.HARVARD.EDU désigne le département d'informatique (*computer science*) de Harvard. Dans ce système l'adressage d'un courrier ne se fait pas en donnant le chemin explicite à suivre mais en fournissant le nom et un domaine, comme dans

MARVIN@CS.HARVARD.EDU.

Bien que l'adressage par domaine rende la frappe des adresses plus aisée, il ruine complètement l'algorithme de routage de USENET. A sa place une nouvelle méthode fut mise au point. Cette méthode consiste en un programme qui peut s'exécuter sur n'importe quel hôte. Ce programme lit la carte topologique du réseau qui est en ligne sur l'hôte et produit un fichier contenant le plus court chemin vers chaque destinataire connu. Lorsqu'un courrier doit être envoyé, le système de messagerie consulte ce fichier pour trouver la première étape du chemin et y transmet le message.

Bien que cet algorithme de routage semble simple, certains points sont difficiles à mettre en œuvre. Tout d'abord l'idée essentielle est de calculer par avance les plus courts chemins plutôt que de le faire pour chaque courrier. Dans un environnement de plus de 10 000 hôtes et avec plus de 30 000 liens dans une carte, la recherche du plus court chemin nécessite une quantité de calcul phénoménale.

Savoir associer un coût aux liens est un problème encore plus sérieux. En effet les connexions diffèrent en termes de débits utilisables (1200 bit/s, 2400 bit/s, etc.), de coût de communication par minute et de fréquence de connexion. Supposons qu'un courrier soit envoyé à un hôte X :

- soit *via* une ligne téléphonique à 9600 bit/s qui est activée une fois par jour, sept jours sur sept, pour un coût moyen de un franc / minute,

- soit *via* une connexion X.25 à 300 bit/s qui est activée deux fois par jour, seulement pendant les jours ouvrables, pour un coût de 0,80 F par Koctet et quelques centimes par minute de connexion.

Quel est le chemin le plus court ? Pour simplifier on associe empiriquement une valeur à chaque arc du graphe afin d'obtenir un résultat raisonnable mais non optimal. La procédure de routage est décrite plus en détail par Partridge (1986).

5.6 RESUME

La couche réseau fournit des services à la couche transport. Ces services sont soit en mode orienté connexion, soit en mode non connecté. Les services orientés connexion se servent de primitives pour établir, utiliser et libérer les connexions, tandis que les services en mode non connecté ne possèdent que les primitives pour émettre et recevoir des données. Le modèle OSI offre ces deux modes.

D'un point de vue fonctionnel la tâche principale de la couche réseau est d'acheminer des paquets d'un émetteur (source) vers un destinataire. Certains réseaux mettent en place le routage lors de l'établissement de la connexion, et utilisent cette route pour l'ensemble des paquets sur la connexion. D'autres acheminent chaque paquet individuellement. Chacune de ces approches a ses propres avantages et inconvénients.

Il existe bon nombre d'algorithmes de routage. Le routage suivant un plus court chemin est simple dans ses concepts et largement utilisé. Le routage «multichemins» propage le trafic le long de plusieurs routes, à la fois pour améliorer les performances et pour augmenter la fiabilité. Dans le routage centralisé une seule machine de routage calcule tous les chemins et les télécharge dans les IMP. Dans le routage individuel chaque IMP prend ses propres décisions en fonction des conditions locales du trafic. Entre les deux se situe le routage distribué, dans lequel chaque IMP prend des décisions locales d'acheminement, mais échange des informations avec ses voisins. Le routage hiérarchique est important dans les grands réseaux.

Des congestions peuvent survenir lorsqu'un trop grand nombre de paquets est présent dans le sous-réseau, ce qui provoque un effondrement du trafic écoulé. Ces congestions peuvent être gérées en allouant à l'avance les tampons, en abandonnant des paquets ou en limitant le nombre de paquets présents dans le sous-réseau. La limitation du nombre de paquets peut se faire de différentes manières, en utilisant un modèle arythmique ou en faisant émettre des paquets de réglage par les IMP pour diminuer le débit d'entrée lorsqu'ils sont en surcharge. Différents types d'inter-blocages peuvent apparaître, mais les algorithmes permettant de les éviter sont connus.

Le routage inter-réseaux (*Internetworking*) concerne la connexion de deux réseaux entre eux. Cette interconnexion peut prendre effet dans la couche liaison de données (ponts) ou dans la couche réseau (passerelles). L'IEEE a normalisé deux types de ponts 802, un pont d'arbre recouvrant et un pont de routage par contrôle de l'émetteur. Dans le premier cas les ponts sont complètement transparents et acquièrent les données de routage grâce à la technique d'apprentissage par retour. Dans le second cas les hôtes sont impliqués, ils découvrent la topologie de l'*Internet* à l'aide de trames de recherche.

Deux types d'interconnexions ont étés élaborés au niveau de la couche réseau : la concaténation de circuits virtuels (X.75) et les datagrammes *Internet* (IP). Comme pour les circuits virtuels et les datagrammes dans un sous-réseau unique, l'approche par circuit virtuel est simple, évite les congestions, mais est rigide et gaspille les ressources. De la même manière l'approche datagramme est souple et robuste mais elle est sujette aux congestions.

Les deux protocoles de la couche réseau les plus utilisés sont d'une part le protocole X.25 orienté connexion, que l'on trouve dans les réseaux publics, et d'autre part le protocole IP sans connexion, utilisé dans l'*Internet* ARPA, dans les universités et la plupart des sites UNIX.

5.7. EXERCICES

1. Donnez deux exemples d'applications pour lesquelles le service orienté connexion est approprié. Donnez ensuite deux autres exemples pour lesquels le service sans connexion est meilleur.

2. Y a-t-il des cas où un circuit virtuel délivrera (ou devrait délivrer) des paquets dans le désordre ? Pouvez-vous donner des explications ?

3. Donnez trois exemples de paramètres de protocole négociables à l'établissement d'une connexion.

4. Dans le cas de la figure 5-6, quelles sont les nouvelles entrées de table nécessaires pour ajouter un chemin AEFD ?

5. Considérons le problème de conception suivant concernant l'implémentation d'un service circuit virtuel. Si le sous-réseau utilise en interne les circuits virtuels, chaque paquet de données doit posséder un en-tête de 3 octets et chaque IMP doit lui associer 8 octets de stockage pour l'identification du circuit. Si le sous-réseau utilise en interne les datagrammes, un en-tête de 15 octets est nécessaire, mais aucun espace n'est demandé pour la table IMP. Le coût de capacité de transmission est de 6 centimes pour 106 octets et par saut. Une mémoire pour un IMP s'achète 6 centimes/octet et s'amortit en deux ans de

fonctionnement effectif. La durée moyenne d'une session est de 1000 secondes, au cours desquelles 200 paquets sont transmis. Un paquet nécessite en moyenne quatre sauts. Quelle est l'implémentation la moins chère? Quel est son prix?

6. Supposons que tous les IMP et toutes les machines hôtes fonctionnent correctement et que tous les logiciels associés soient sans erreur. Est-il tout de même possible (même avec une faible probabilité) qu'un paquet soit délivré à une destination erronée ?

7. Quelle est la différence, si elle existe, entre le routage statique utilisant deux voies également pondérées, et l'inondation sélective utilisant seulement les deux meilleurs chemins ?

8. Donnez un algorithme simple pour trouver deux chemins reliant un expéditeur donné à un destinataire donné au travers d'un réseau, de telle sorte que la liaison survive à la perte de n'importe quelle ligne de communication. Il ne faut pas s'inquiéter de l'éventualité d'un «crash» IMP, car ils sont supposés être suffisamment fiables.

9. Soit un réseau utilisant le routage *hot potato* : les paquets en entrée sont mis dans la file la plus courte. Un des IMP ne possède que deux lignes en sortie, soit deux files d'attente. Si les files sont de taille égale, les paquets sont mis dans une file au hasard. Donner l'expression de l'équation de conservation du flux en entrée et en sortie de l'état :

   $i > j + 1$ avec $j > 1$,

   où i est la longueur de la file 1 et j la longueur de la file 2.

10. Proposez un bon algorithme de routage pour un réseau dans lequel chaque IMP connaît la longueur, en nombre de sauts, du chemin vers chaque destination pour chaque ligne de sortie, et la longueur des files d'attente pour chaque ligne. Pour simplifier supposons que le temps est discrétisé et qu'un paquet accomplit un saut par intervalle de temps.

11. Un IMP utilise une combinaison de routage *hot potato* et de routage statique. Lorsqu'un paquet arrive il prend la file de premier choix si et seulement si elle est vide et la ligne au repos, sinon il prend la file de deuxième choix. Il n'y a pas de file de troisième choix. Si le taux d'arrivée à l'IMP, pour une direction donnée, est λ paquet/s et si le taux de service est μ paquet/s, quelle est la fraction des paquets qui seront acheminés *via* la file de premier choix ? On suppose que les fréquences d'arrivée et de service suivent une loi de Poisson.

(bidirectionnelle) qui est prise par l'algorithme de routage distribué ? On suppose que chaque IMP est relié à trois autres IMP.

13. Dans le cas d'un routage hiérarchique avec 4800 IMP, quelle taille doit-on choisir pour les régions et les grappes (*clusters*) afin de minimiser la taille des tables de routage avec une hiérarchie à trois niveaux ?

14. En se référant à la figure 5-16, combien de paquets sont générés par une diffusion provenant de B, utilisant :

    (a) une transmission par chemin inverse ?
    (b) un arbre collecteur ?

15. La méthode proposée par Irland de contrôle des congestions nécessite l'abandon des paquets si la file concernée excède une certaine longueur. Utilisez un modèle de file d'attente M/M/1 finie pour formuler la fraction des paquets qui sont abandonnés.

16. Dans un sous-réseau utilisant en interne les circuits virtuels, un mécanisme de contrôle de congestion pourrait être pour un IMP de s'abstenir d'acquitter un paquet reçu (1) jusqu'à ce qu'il sache si sa dernière transmission le long du circuit virtuel a été reçue avec succès et (2) jusqu'à ce qu'il possède un tampon libre. Pour simplifier supposons que les IMP utilisent un protocole arrêt-attente et qu'à chaque circuit virtuel est associé un tampon unique dédié pour chaque sens du trafic. Si T secondes sont nécessaires pour transmettre un paquet (de données ou d'acquittement) et si le chemin contient n IMP, quel est le taux de livraison des paquets à l'hôte destinataire ? On suppose que les erreurs de transmission sont rares et que la connexion hôte-IMP est instantanée.

17. Un sous-réseau datagramme autorise les IMP à rejeter des paquets lorsque c'est nécessaire. La probabilité qu'un IMP abandonne un paquet est p. Considérons le cas d'un hôte source connecté à l'IMP source, lui-même connecté à l'IMP destinataire, lui-même connecté à l'hôte destinataire. Si chacun des IMP abandonne un paquet, l'hôte source arrive finalement en *time-out* et réémet. Si chaque ligne hôte-IMP et IMP-IMP est comptée comme un saut (dans le chemin), quel est le nombre moyen :

    (a) de sauts accomplis par un paquet par transmission ?
    (b) de transmissions par paquet effectivement reçu?
    (c) de sauts nécessaires par paquet reçu ?

18. L'algorithme de gestion de tampon de Merlin et Schweitzer garantit-il l'arrivée à destination de chaque paquet en un temps fini ? Si oui démontrez-le, sinon à quelles conditions le garantit-il ?

19. L'algorithme de Blazewicz utilise comme unique numéro la date; ainsi un paquet possédant la plus petite valeur se déplace-t-il sans encombre jusqu'à destination. Les mots de contrôle permettent-ils de faire aussi bien que la technique de datation ?

20. Supposons qu'un pont entre deux RLE utilise le protocole LAPB au niveau de la couche liaison de données. Parmi les problèmes cités figure 5-32 lesquels peuvent apparaître et lesquels ne le peuvent pas ?

21. Soit deux ponts RLE reliant chacun une paire de réseaux 802.4. Le premier pont doit retransmettre 1000 paquets de 512 octets par seconde. Le second doit retransmettre 200 paquets de 4096 octets par seconde. Selon vous lequel des deux ponts requiert l'unité centrale la plus rapide? Argumentez.

22. Supposons que les deux ponts du problème précédent relient chacun un RLE 802.4 à un RLE 802.5. Cette modification a-t-elle une influence sur votre réponse à la question précédente ?

23. D'après vous pourquoi le CCITT fournit-il un contrôle de flux dans X.25 au niveau de LAPB et de PLP et non dans une seule de ces couches ?

24. Lorsqu'un ETTD X.25 et un ETCD X.25 décident au même instant de générer un appel, cela provoque une collision d'appels, et l'appel en entrée est abandonné. Lorsque tous deux essaient de libérer simultanément la connexion, la collision de libération est résolue sans détruire aucun paquet. Pensez-vous qu'une collision de réinitialisation est traitée comme une collision d'appel ou comme une collision de libération ? Etayez votre réponse.

25. Un datagramme IP de 1024 octets est fragmenté en plusieurs morceaux. Chaque morceau est envoyé comme un fragment séparé sur un réseau X.25 dont la taille autorise 128 octets de données par paquet. Combien de fragments sont nécessaires? Quelle est l'efficacité de la retransmission, en prenant en compte la surcharge des paquets X.25 et IP, mais en ignorant celles des couches inférieures ?

26. Décrivez une façon de réassembler les fragments IP à la destination.

27. Ecrivez un programme qui simule le routage par inondation. Chaque paquet devra contenir un compteur qui se décrémente à chaque saut. Un paquet sera abandonné lorsque son compteur atteindra zéro. Le temps est discret et chaque ligne prend en charge un paquet par intervalle de temps. Mettez en œuvre trois versions du programme : lorsque toutes les lignes sont inondées, lorsque toutes les lignes sont inondées sauf la ligne en entrée, lorsque seules les *k* meilleures lignes (choisies statiquement) sont inondées. Comparez l'inondation avec le routage déterministe ($k = 1$) en termes de délai et de largeur de bande utilisée.

28. Simulez un routage utilisant une combinaison de routage statique et de routage *hot potato*. Le temps est discret comme précédemment. Utilisez le meilleur chemin statique tant que la file est de taille inférieure à *k*. Dans le cas contraire utilisez le deuxième meilleur chemin, etc. Analysez l'impact de *k* sur le délai moyen.

29. Ecrivez un programme simulant un réseau d'ordinateurs utilisant un schéma temporel discret. Le premier paquet de chaque file d'un IMP fait un saut en avant à chaque intervalle de temps. Un IMP possède un nombre fini de tampons. Si un paquet arrive et qu'il n'y a pas de place pour lui il est abandonné et n'est pas retransmis. A l'inverse, un protocole de bout en bout complet, avec des paquets d'acquittement et des *time-out*, réémet finalement le paquet à partir de l'IMP source. Formulez le rendement du réseau comme une fonction de l'intervalle de temporisation paramétrée par le taux d'erreur.

6
La Couche Transport

La Couche Transport n'est pas simplement une couche supplémentaire. C'est, en vérité, la plaque tournante de tous les protocoles. Son rôle est de permettre le transfert d'informations de la machine émettrice à la machine réceptrice, de manière fiable et économique, ceci indépendamment de la nature du ou des réseaux mis en place. Sans cette couche, le concept même de protocole en couche perdrait son sens. Dans ce chapitre, nous étudierons en détail la Couche Transport, en particulier sa conception, ses services et ses règles de fonctionnement.

De nombreuses applications ne demandent à un réseau rien de plus qu'un service fiable de transmission d'informations d'une machine à une autre. Par exemple, la communication à l'intérieur d'un réseau de machines UNIX ne nécessite que le bon acheminement des bits d'information. Elle ne requiert ni n'utilise les services d'une Couche Session ou Présentation. En fait les applications ne sollicitant pas la Couche Session ou celles au-dessus sont légion, mais il est de mauvais goût de le reconnaître publiquement. Le réseau ARPANET ne possède d'ailleurs pas les couches session et présentation, ce qui ne lui a été reproché que timidement.

Ce chapitre fait référence au modèle OSI et à sa terminologie plus qu'aucun autre. Ce changement provient du fait que de nombreux réseaux existaient déjà avant l'apparition du modèle OSI. Ces réseaux sont généralement bien conçus jusqu'à et y compris la Couche Réseau, mais deviennent confus au niveau de la Couche Transport. Il en résulte qu'il existe une abondante littérature et terminologie, ainsi qu'une masse d'expériences, sur les couches 1 à 3 établies avant l'avènement du modèle OSI, et qu'il y en aura de plus en plus. Une part importante de ce que nous avons dit utilise cette terminologie (par exemple, le terme de *paquets* est apparu bien avant l'appellation de NPDU adoptée par l'ISO). Ce chapitre va aussi insister sur le mode de transport dit avec connexion, car il s'agit là du mode le plus utilisé.

Cependant, à partir de cette Couche Transport, l'influence pré-OSI se fait moins sentir. TCP d'ARPANET est le seul protocole de cette époque ayant survécu, mais il risque cependant d'être supplanté par son équivalent OSI. Relativement peu de termes propres à cette couche sont encore usités (et pratiquement aucun en ce qui concerne les couches session et présentation). Considérant tous ces facteurs, il est évident que ce chapitre sera beaucoup plus teinté de l'influence OSI que ses prédécesseurs, de même que les suivants. Ceci dit, nous continuerons a émettre les principes généraux en premier, puis à étudier, à la fin du chapitre, des exemples de protocoles existants.

6.1. REGLES DE CONCEPTION DE LA COUCHE TRANSPORT

Dans cette section, nous présenterons quelques difficultés auxquelles le concepteur de la Couche Transport est confronté. Elles tiennent au type de service fourni à la Couche Session, à la qualité de ce service, et aux primitives de la Couche Transport disponibles pour assurer ce service. Enfin, nous terminerons en abordant les questions de protocole nécessaires pour réaliser le service de transport.

6.1.1. Services fournis à la couche Session

La vocation de la Couche Transport est de fournir à l'utilisateur, en principe une entité de la Couche Session, un service de transport efficace, fiable et économique. Pour remplir cette fonction, la Couche Transport utilise des services mis à sa disposition par la Couche Réseau. Le logiciel et/ou le support matériel qui assure la fonction est appelé l'*entité de transport*. Les relations qui existent entre les couches réseau, transport et session sont illustrées figure 6-1.

De la même façon que la Couche Réseau, la Couche Transport permet deux types de services : avec ou sans connexion. Le service transport avec connexion (en mode connecté) est similaire au service réseau avec connexion sur bien des points. Dans les deux cas, les connexions respectent trois phases : connexion, transfert, déconnexion. Le mode d'adressage et le contrôle du flux de données sont eux aussi similaires dans les deux couches. Quant au service transport sans connexion, il est lui aussi très proche du service réseau sans connexion.

De ces remarques, découle la question suivante : «Si les services de la Couche Transport sont les mêmes que ceux de la Couche Réseau, pourquoi ces deux couches coexistent-elles ? Pourquoi une seule de ces couches n'est-elle pas suffisante ?» La réponse est élémentaire, et est illustrée figure 1-7. On y voit que la Couche Réseau fait partie du sous-réseau de communication et qu'elle est sous la dépendance du transporteur (au moins pour les réseaux longue distance). Que se passerait-il si la Couche Réseau offrait un service avec connexion non fiable ? Supposons qu'elle perde des paquets de données. Qu'arriverait-il si elle se bloquait ou si elle générait des commandes *N-RESET* en permanence ?

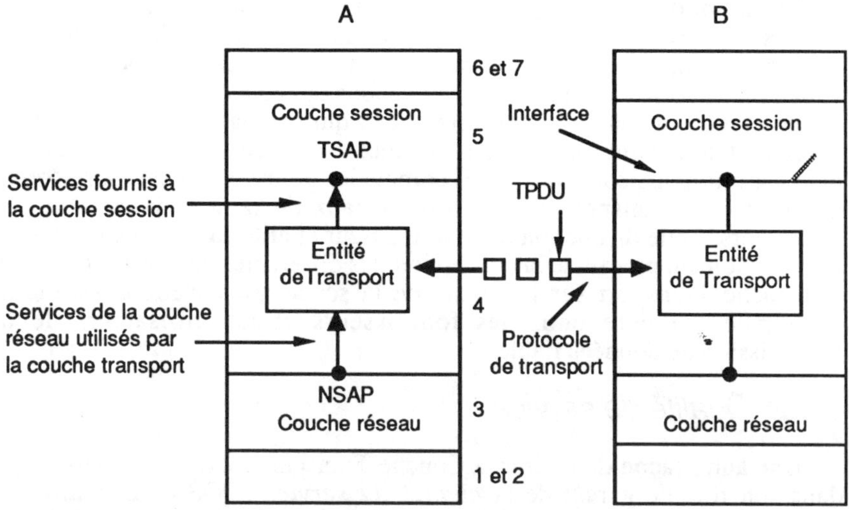

Figure 6-1. Les Couches Réseau, Transport et Session

Comme les utilisateurs n'exercent pas de contrôle sur le routage des données, ils ne peuvent pallier ce problème, ni en utilisant de meilleurs IMP, ni en faisant plus de correction d'erreurs dans la Couche Liaison de Données. La seule possibilité d'augmenter la qualité du service réside dans l'adjonction d'une couche supplémentaire supervisant la Couche Réseau. Si une entité de transport est avertie pendant une transmission longue distance que la connexion s'est brutalement interrompue, sans aucune indication quant aux données en transit, elle pourra établir une nouvelle connexion vers l'entité distante. En utilisant ce nouveau chemin, elle pourra envoyer une requête à son homologue pour lui demander quelles sont les données arrivées, et quelles sont celles qui ne le sont pas, puis reprendre la transmission là où elle avait été interrompue.

L'existence de la Couche Transport rend donc la Couche Réseau intrinsèquement plus fiable. Les paquets perdus, les données altérées, et même les commandes *N-RESET* envoyées par le réseau peuvent être détectés et corrigés par la Couche Transport. De plus, les primitives du service de transport peuvent être conçues indépendamment des primitives du service de réseau, et peuvent varier considérablement d'un réseau à l'autre (par exemple le service d'un réseau local en mode non connecté peut être complètement différent du service d'un réseau longue distance en mode connecté).

La Couche Transport permet aussi que le programme d'application soit écrit en utilisant des primitives standard, et donc soit portable sur un nombre important de réseaux de communication. Il n'a plus à se préoccuper du routage à travers le réseau, ni du manque de fiabilité de la transmission. Il est important de noter que si les réseaux étaient parfaits et avaient tous les mêmes primitives, la Couche Transport ne serait pas utile. Cependant, dans ce monde imparfait, elle permet d'isoler les niveaux supérieurs des variations de technologie et des imperfections des couches inférieures.

Pour cette raison, nombreux sont ceux qui font la distinction entre les niveaux 1 à 4 d'une part, et les niveaux 5 à 7 d'autre part. Les quatre niveaux inférieurs sont considérés comme les pourvoyeurs ou fournisseurs du service de transport, et les trois niveaux de rang élevé en sont les utilisateurs. Cette distinction entre fournisseur et utilisateur a une résonance considérable au niveau de la conception des différentes couches. Cela porte la Couche Transport sur le devant de la scène, puisqu'elle constitue la principale frontière entre les fournisseurs et les utilisateurs de la transmission de données fiables.

6.1.2. Qualité de service

Une autre façon de définir la Couche Transport est donc de l'envisager dans son rôle de garant de la *qualité du service* (QOS pour *quality of service*) fourni par la Couche Réseau. Si la Couche Réseau est sans faille, la Couche Transport a un travail très simple. En revanche, si la qualité du service de la Couche Réseau est faible, la Couche Transport réalise alors la jonction entre ce que désire l'utilisateur, en termes de qualité, et ce que la Couche Réseau met à sa disposition.

Au premier coup d'œil, la notion de qualité de service est vague (il est très difficile d'accorder tout le monde sur une définition précise de ce mot), mais nous essayerons d'en donner une définition applicable à notre sujet en nous penchant sur certains paramètres. Le transport OSI distingue pour ces paramètres trois types de valeurs : préféré, acceptable et inacceptable, qui sont choisis lors de l'établissement d'une connexion. Certains des paramètres que nous allons voir s'appliquent aussi au transport sans connexion. C'est donc le rôle principal de la Couche Transport de surveiller ces paramètres, et en fonction du type de service produit par la Couche Réseau, de déterminer si elle est en mesure de respecter ses engagements. Dans la suite de ce chapitre, nous allons examiner les différents paramètres de la qualité du service (QOS). Ils sont résumés dans la figure 6-2.

Le *temps d'établissement de la connexion* est la durée qui s'écoule entre le moment où une demande de connexion est émise par l'utilisateur et la réception de la confirmation. Elle inclut en particulier le temps de traitement de la demande par l'entité éloignée. Bien sûr, plus ce temps est court, meilleure est la qualité du service, comme dans tous les problèmes de délais.

La *probabilité d'échec d'établissement* mesure la *chance* qu'une connexion ne puisse s'établir dans un délai maximum défini, à la suite, par exemple, d'un engorgement du réseau, d'un manque d'espace en table ou d'un autre problème interne.

Le *débit de la liaison* (*throughput*) mesure le nombre d'octets utiles qui peuvent être transférés en une seconde, mesuré sur un intervalle récent. Le débit est estimé séparément dans les deux sens de transmission. En fait, il y a deux types de débit : celui que l'on constate au cours d'un échange, et celui dont est capable le réseau. Ce dernier peut être notablement supérieur au premier, dans le cas où, par exemple, l'utilisateur transfère ses données à un rythme bien inférieur à celui auquel le réseau est capable de fonctionner.

Le *temps de transit* est le temps écoulé entre le moment où l'utilisateur du service de transport envoie un message, et le moment où l'entité de transport réceptrice le reçoit effectivement. Comme pour la mesure de débit, cette estimation doit être faite pour les deux sens de transmission.

Le *taux d'erreur résiduel* est le rapport entre le nombre de messages perdus ou mal transmis et le nombre total de messages transmis au cours d'une période considérée. En théorie, ce nombre devrait être nul, puisque c'est justement la tâche de la Couche Transport que de combattre les erreurs. En pratique, ce nombre a une valeur (faible) non nulle.

La *probabilité d'incident de transfert* mesure le bon fonctionnement du service transport. Lorsqu'une connexion est établie, un débit, un temps de transit, un taux d'erreur résiduel sont négociés. La probabilité d'erreur de transfert mesure la fraction de temps durant laquelle les assignations précédentes n'ont pas été respectées au cours de la période de surveillance.

Le *temps de déconnexion* est la durée s'écoulant entre une demande de déconnexion émise par un utilisateur et la déconnexion effective du terminal distant.

La *probabilité d'erreur de déconnexion* est le taux de demandes de déconnexion non exécutées pendant le temps maximum qui était défini.

La *protection* est définie comme étant la possibilité laissée à l'utilisateur d'interdire à un terminal tiers l'intrusion ou l'interférence sur sa ligne pour lire ou modifier les données transmises.

Le paramètre *priorité* permet à l'utilisateur de privilégier certaines connexions par rapport à d'autres, et en cas de surcharge, de s'assurer que les connexions de priorité haute sont servies avant les autres.

Le paramètre *résiliation*, enfin, est la liberté laissée à la Couche Transport de décider d'elle-même de la déconnexion suite à un engorgement ou à des problèmes internes.

Tous ces paramètres sont transmis par l'utilisateur à la Couche Transport lorsqu'une connexion est demandée. Les valeurs *désirées* et *minimales* sont données. Si la Couche Transport s'aperçoit *a priori* que certains paramètres ne sont pas réalistes, elle peut en avertir l'utilisateur sans même avoir tenté une connexion. Le message d'erreur envoyé spécifie alors la nature du problème rencontré.

Temps d'établissement de la connexion
Probabilité d'échec d'établissement
Débit de la liaison
Temps de transit
Taux d'erreur résiduel
Probabilité d'incident de transfert
Temps de déconnexion
Probabilité d'erreur de déconnexion
Protection
Priorité
Résiliation

Figure 6-2. Paramètres de la qualité de service de la Couche Transport

Il se peut aussi que la Couche Transport s'aperçoive de l'impossibilité d'atteindre l'objectif désiré (par exemple 1200 octets par seconde), mais qu'elle puisse réaliser un objectif moins ambitieux mais encore acceptable (par exemple 600 octets par seconde). Alors, elle renvoie à l'ordinateur distant la demande de connexion avec la consigne basse ainsi que la valeur minimale autorisée. Si à son tour, celui-ci ne peut réaliser la valeur proposée, mais peut rester au-dessus du minimum, il modifie lui aussi le paramètre. S'il ne peut pas respecter le minimum autorisé, alors il rejette simplement la demande de connexion. Enfin, la Couche Transport avertit l'utilisateur de la bonne fin de la procédure de connexion, et lui transmet les paramètres acceptés par toutes les différentes entités.

Cette procédure s'appelle *négociation des options*. Une fois les options négociées, elles demeurent inchangées pendant toute la durée de la connexion. La définition du service de transport (ISO 8072) ne fournit pas de valeur type pour les paramètres QOS. Ils sont normalement définis par le transporteur et le client lorsque celui-ci souscrit au service du réseau. Afin de ne pas laisser libre cours à la boulimie des clients, la plupart des fournisseurs de réseaux ont tendance à accroître leurs prix en fonction de la qualité de service.

6.1.3. Les primitives du service de transport OSI

Les primitives du service transport définies par l'ISO sont valables pour les services en mode connexion ou sans connexion. La liste en est donnée

figure 6-3. Une comparaison avec la figure 5-4 prouve une similitude (volontaire) avec les primitives du service réseau.

Malgré cette similitude, il y a quelques différences importantes. La principale est que le service réseau est censé correspondre le mieux possible au fonctionnement réel du système (par exemple X.25), simulant même ses défauts. Ces réseaux peuvent perdre des paquets ou émettre une commande *N-RESET* de leur propre chef suite à des problèmes internes. Aussi, le service réseau met-il à la disposition de ses utilisateurs des moyens d'accéder aux confirmations et aux commandes *N-RESET*.

T_CONNECT.request (appelé, appelant, données_exprès, qos, données_utilisateur)
T_CONNECT.indication (appelé, appelant, données_exprès, qos, données_utilisateur)
T_CONNECT.response (qos, répondeur, données_exprès, données_utilisateur)
T_CONNECT.confirm (qos, répondeur, données_exprès, données_utilisateur)
T_DISCONNECT.request (données_utilisateur)
T_DISCONNECT.indication (raison, données_utilisateur)
T_DATA.request (données_utilisateur)
T_DATA.indication (données_utilisateur)
T_EXPEDITED_DATA.request (données_utilisateur)
T_EXPEDITED_DATA.indication (données_utilisateur)

(a) Service orienté connexion

T_UNIDATA.request (appelé, appelant, qos, données_utilisateur)
T_UNIDATA.indication (appelé, appelant, qos, données_utilisateur)

(b) Service sans connexion

qos = qualité de service désirée
raison = indique la raison de la commande

Figure 6-3. Primitives du service transport: (a) en mode orienté connexion (b) en mode sans connexion

Le service transport, en revanche, ne propage pas les confirmations ni les *N-RESET* aux couches supérieures. Du point de vue de l'utilisateur du service transport, le service offert est sans faille. Bien sûr, les réseaux réels ne le sont pas, mais on a vu qu'il entre justement dans les attributions de la Couche Transport de s'accommoder de cet état de choses pour qu'en définitive, l'utilisateur ne s'apperçoive pas de la mauvaise qualité du service rendu par les couches basses. Les confirmations et les *N-RESET* qui viennent de la Couche Réseau sont interceptés par l'entité transport, et les erreurs y sont corrigées par un protocole idoine. Si une connexion réseau est réinitialisée, la Couche Transport se contente d'en établir une nouvelle, et de continuer là où on en était resté avec la précédente.

Une autre différence importante entre le service réseau et le service transport est l'identité de l'usager de ces services. Le service réseau est utilisé par les entités de transport qui sont parties intégrantes du système d'exploitation ou situées sur une carte spécifique voire dans un circuit intégré. Rares sont les utilisateurs qui écrivent leurs propres entités de transport, ce qui fait que rares sont ceux qui peuvent apprécier ce que représente la gestion du service réseau.

En revanche, de nombreux utilisateurs ne font pas appel aux couches session et présentation, et accèdent donc directement aux primitives de la Couche Transport. C'est le cas avec le réseau ARPANET qui ne possède pas ces couches, ce qui explique que tous les programmes faisant appel au réseau agissent au niveau des primitives de la Couche Transport (qui sont différentes de celles définies par l'ISO, mais leur sont comparables). Pour illustrer cela, considérons deux processus sous UNIX reliés par un tube (*pipe*). Ils posent en postulat que la liaison qui existe entre eux est parfaite. Ils ne veulent en aucun cas se préoccuper des accusés de réception, des commandes *N-RESET*, des congestions du réseau ou autres problèmes. Tout ce qu'ils veulent, c'est une connexion parfaite. Le processus A met des données à l'entrée du tube, et le processus B les récupère à l'autre extrémité. C'est exactement la finalité d'un service de transport en mode connecté — masquer l'imperfection du service réseau pour ne laisser s'écouler qu'un flot de données sans erreur.

En réalité, la situation n'est pas aussi tranchée que ce que nous en avons dit. Les paramètres définissant la qualité de service permettent d'avoir de nombreuses valeurs intermédiaires entre perfection et parfaite abomination. Cependant, le point essentiel demeure celui que nous avons évoqué : le service de transport libère le programme appelant de la gestion des erreurs dues aux couches basses.

La figure 6-4 montre les relations entre les différentes primitives de la norme OSI. Dans chacun des huit croquis, un utilisateur est placé à gauche des lignes doubles, et son homologue est à droite, alors que le fournisseur du service de transport (c'est-à-dire la Couche Transport elle-même) est placé entre ces lignes. Les événements s'enchaînent du haut vers le bas, de telle sorte que ceux du haut sont antérieurs à ceux du bas.

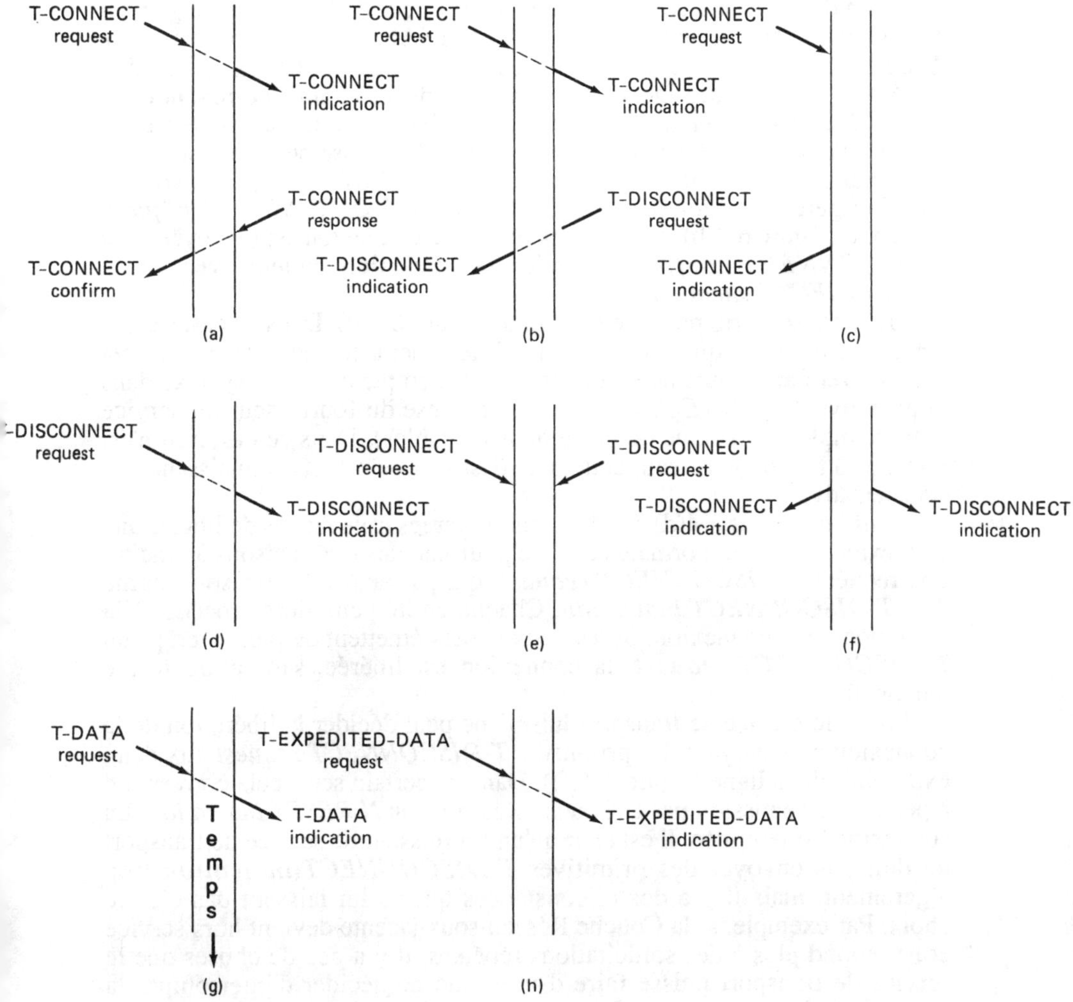

Figure 6-4. Exemple d'échange de primitives de transport OSI : (a) établissement d'une connexion (b) connexion rejetée par le destinataire (c) connexion rejetée par la Couche Réseau (d) libération normale (e) libération sur demande de la Couche Transport (f) transfert de données standard (g) transfert de données exprès

La procédure normale de connexion est montrée figure 6-4(a). Elle utilise quatre primitives. L'entité de transport de gauche envoie une primitive de demande de connexion *T-CONNECT.request* afin de signifier son intention d'établir une connexion avec l'utilisateur de transport désigné par son point d'accès au service de transport (TSAP pour *Transport Service Access Point)* dont l'adresse est contenue dans la primitive *CONNECT.request*. De cette primitive découle une commande *T-CONNECT.indication* au niveau de l'entité destinataire. L'utilisateur de la Couche Transport correspondant au port TSAP adressé peut alors accepter la connexion et le signifier en envoyant un *T-CONNECT.response* comme dans la figure 6-4(a), ou la rejeter et envoyer un *T-DISCONNECT.request*, comme en figure 6-4(b). La confirmation de la connexion est renvoyée avec un *T-CONNECT.confirm*. Le rejet de connexion revient avec un *T-DISCONNECT.indication*.

Un autre scénario possible est montré figure 6-4(c). Dans ce cas, c'est le service de transport qui rejette de lui-même la demande de connexion. Cela peut arriver par la faute de l'utilisateur (par exemple erreur de syntaxe dans la primitive *T-CONNECT.request*), ou à cause du fournisseur du service (par exemple un manque de place dans les tables). Dans ce cas, rien n'est transmis à travers le réseau, et donc le destinataire n'a pas connaissance de cette tentative.

Dans les figures 6-4(d) à 6-4(f) sont montrées trois façons de libérer une connexion. La façon normale consiste pour une des terminaisons à émettre une requête *T-DISCONNECT.request*, qui parvient à l'autre sous forme d'un *T-DISCONNECT.indication*. Chaque entité peut alors procéder à la libération de la connexion. Si les deux entités émettent en même temps un *T-DISCONNECT.request*, la connexion est libérée, sans autre forme d'indication.

Enfin, le service de transport lui-même peut décider la libération de la connexion en envoyant des primitives *T-DISCONNECT.request* aux deux extrémités de la ligne (figure 6-4(f)). Dans un certain sens, cela correspond à peu près à l'émission par la Couche Réseau d'un *N-RESET.indication*. La connexion est terminée. Il est clair qu'un fournisseur de service de transport ne doit pas envoyer des primitives *T-DISCONNECT.indication* trop légèrement, mais il y a des circonstances qui ne lui laissent pas d'autre choix. Par exemple, si la Couche Réseau sous-jacente devient hors service et ne répond plus à des sollicitations répétées, il y a peu de choses que le service de transport puisse faire d'autre que de décider d'interrompre la connexion. A moins que la Couche Session n'ait été prévue pour gérer ce genre de problèmes, cette défaillance sera répercutée aux couches plus élevées et pourra nécessiter une intervention humaine pour une nouvelle tentative.

Les deux croquis restants (figures 6-4(g) et (h)) montrent une transmission de données normale et une transmission de données exprès. Quel que soit le cas, on ne retourne à l'expéditeur ni accusé de réception, ni une quelconque autre indication. La Couche Transport utilise la même méthode de sérialisation que la Couche Réseau (figure 5-3), et délivre donc en principe les données en séquence.

Il peut être nécessaire de passer outre au système de file d'attente pour envoyer des données exprès. Pour ce faire, on utilise la primitive *T-EXPEDITED.data*. Cette primitive sert normalement à transmettre les ordres *BREAK*, *DEL* ou interruption, frappés au clavier par l'utilisateur et permettant d'interrompre le programme. Imaginons un instant que la possibilité d'avoir des données exprès n'existe pas, et considérons un utilisateur qui lance l'exécution d'un programme depuis un terminal déporté. En attendant la fin du programme et en l'absence de toute donnée émise, il appuie sur la touche retour, puis il demande une interruption du programme en appuyant sur la touche *BREAK*. La demande d'interruption est alors placée soigneusement dans la file d'attente des messages transmis (c'est-à-dire des caractères frappés), et n'est livrée au système hôte qu'après la fin du programme qui était en cours et la lecture du retour chariot qui précédait, dans la file d'attente, la demande d'interruption. L'utilisation de la primitive *T-EXPEDITED-DATA.request*, et donc l'existence même des données exprès, permet à l'interruption d'être transmise au système immédiatement, quelle que soit la longueur de la file d'attente.

L'enchaînement des primitives est régi de manière stricte. Par exemple, il n'est pas permis d'envoyer un *T-DISCONNECT.request* s'il n'y a pas de connexion établie (sauf s'il y a eu un début de connexion). Le diagramme de la figure 6-5 montre les quatre états autorisés qu'une extrémité peut avoir à un TSAP, et les relations entre ces différents états. Les deux extrémités ne sont pas forcément dans le même état. Pendant la phase d'établissement, par exemple, l'extrémité demandeur passe de l'état de *VEILLE* à l'état de *CONNEXION SORTANTE EN ATTENTE*, alors que l'autre extrémité n'a pas encore réagi.

Les quatre états sont :

1. VEILLE : Aucune connexion n'est établie. Une demande de connexion peut être reçue ou émise.

2. CONNEXION SORTANTE EN ATTENTE : Le terminal a envoyé une demande *T-CONNECT.request*. La réponse de l'autre extrémité n'est pas encore arrivée.

3. CONNEXION ENTRANTE EN ATTENTE : Le terminal a reçu une demande *T-CONNECT.indication*. Elle n'a pas encore été acceptée ou rejetée.

4. TRANSFERT DE DONNEES PRET : Une connexion valide a été créée. La phase d'établissement est achevée, et la transmission des données peut commencer.

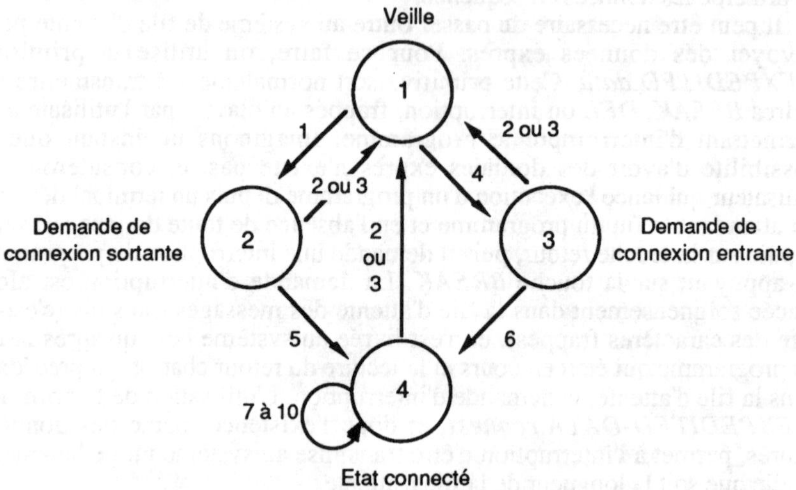

1. T-CONNECT.request : en provenance d'un utilisateur
2. T-DISCONNECTED.indication : reçu par un fournisseur de services
3. T-DISCONNECTED.request : en provenance d'un utilisateur
4. T-CONNECT.indication : en provenance d'un fournisseur de services
5. T-CONNECT.confirm : en provenance d'un fournisseur de services
6. T-CONNECT.response : en provenance d'un utilisateur
7. T-DATA.request : en provenance d'un utilisateur
8. T-DATA.indication : en provenance d'un fournisseur de services
9. T-EXPEDITED-DATA.request : en provenance d'un utilisateur
10. T-EXPEDITED-DATA.indication : en provenance d'un fournisseur de services

Figure 6-5. Etats des connexion de transport et des primitives associées

Deux méthodes permettent le passage de l'état *VEILLE* à l'état *CONNEXION ETABLIE*. Le chemin de gauche (1-2-4) est utilisé lorsqu'une demande de connexion est envoyée. L'état intermédiaire (2) est atteint lorsque la requête *T-CONNECT* a été émise et dure jusqu'à ce que la confirmation *T-CONNECT.confirm* parvienne au terminal. Si alors le terminal distant rejette la demande de connexion, ou si le terminal appelant change d'avis, on retourne à l'état *VEILLE*.

Le chemin de droite (1-3-4) s'applique dans le cas d'une demande de connexion entrante. L'état intermédiaire est atteint lorsque la commande *T-CONNECT.indication* est parvenue. Si la demande est volontairement rejetée, ou si une commande *T-DISCONNECT.indication* arrive à son tour (venant du même terminal qui aurait changé d'avis ou de la Couche Transport elle-même), on retourne alors à l'état VEILLE. En revanche, si la connexion est acceptée on parvient à l'état 4.

De cette état, il y a deux voies pour retourner à l'état *VEILLE*. Elles correspondent à une fin de connexion soit à l'initiative de l'utilisateur, soit à celle de la Couche Transport. Cette dernière éventualité découle soit d'une demande de l'entité distante, soit d'une nécessité imposée au fournisseur du service transport.

Le jeu d'états et de transitions montré sur la figure 6-5 est caractéristique d'une machine à nombre d'états fini. Elle est appelée machine du protocole de transport (*transport protocol machine*). De tels modèles existent aussi pour les autres couches. Celui-ci est particulièrement simple. Pour certains niveaux supérieurs, la machine d'états correspondante peut avoir des douzaines d'états et de transitions, typiquement une transition par primitive qui peut être invoquée ou pour chaque unité de protocole (PDU) qui peut arriver.

6.1.4. Les protocoles de transport

Le service transport est assuré par un protocole établi entre deux entités de transport. Par certains aspects, celui-ci ressemble au protocole de la Couche Liaison de Données étudié au chapitre 4. Tous deux ont un rôle de surveillance d'erreur, de séquencement, de contrôle de débit, etc.

Cependant, il existe aussi des différences très importantes. Certaines proviennent de la dissemblance entre leurs environnements respectifs, comme l'illustre la figure 6-6. Ainsi, au niveau de la couche liaison, deux IMP communiquent directement *via* un canal, alors qu'au niveau de la Couche Transport, ce canal est remplacé par un sous-réseau. Cette différence a des répercussions importantes au niveau du protocole.

D'une part, dans la Couche Liaison de Données, un IMP n'a pas besoin de spécifier à quel autre IMP il veut s'adresser, puisqu'il est relié à un unique IMP. La Couche Transport, en revanche, se doit de spécifier explicitement l'adresse du destinataire.

D'autre part, la procédure pour établir une connexion dans le cas 6-6(a) est très simple : il suffit de s'adresser à l'entité située à l'autre extrémité de la ligne, qui est toujours présente (sauf en cas de défaut). De toute façon, cela représente une tâche aisée. Pour la Couche Transport, l'établissement d'une connexion est bien plus compliqué, comme nous allons le voir.

Une autre différence extrêmement ennuyeuse est due au phénomène d'errance éventuelle des données à l'intérieur du réseau. Lorsqu'un IMP envoie une trame, elle peut arriver, ou elle peut être perdue, mais elle ne doit pas tourner en rond ou se terrer au bout du monde pour réapparaître subitement 30 secondes plus tard. Si le sous-réseau utilise des datagrammes et un routage adaptatif, il y a une probabilité non nulle que certains paquets de données soient stockés pendant quelques secondes avant leur délivrance.

L'impact de cette capacité qu'a le sous-réseau d'emmagasiner des données peut être désastreux, et demande des protocoles particuliers.

Enfin, les couches liaison de données et transport effectuent toutes deux une mémorisation et un contrôle de flux. Cependant, la Couche Transport gère un nombre important et fluctuant de connexions et demande de ce fait une approche différente de celle retenue pour la Couche Liaison de Données. Dans le chapitre 4, nous avons vu que certains protocoles allouent un nombre fixe de tampons à chaque ligne, de telle sorte que quand une trame arrive, il y a toujours un tampon de libre. Dans la Couche Transport, le nombre important de connexions rend difficile l'allocation de tampons à chacune d'entre elles.

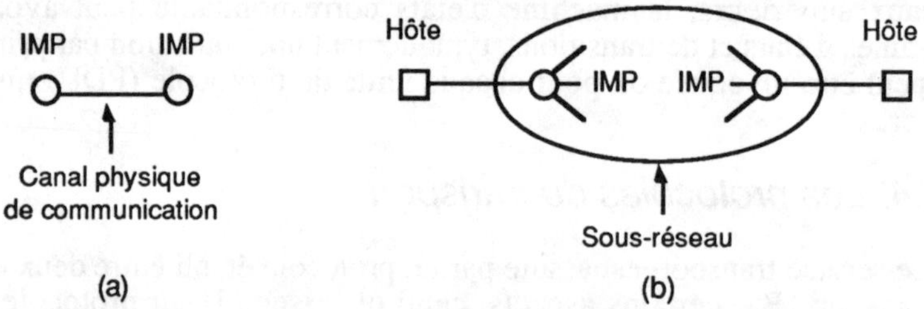

Figure 6-6. Environnement : (a) de la Couche Liaison de Données (b) de la Couche Transport

Pour le concepteur du protocole de la Couche Transport, les propriétés réelles du sous-réseau (figure 6-6) ont moins d'importance que le service offert par la Couche Réseau, quoique ce dernier soit fortement influencé par les premières. Par certains côtés cependant, le service de la Couche Réseau peut masquer les aspects les plus indésirables du sous-réseau et fournir une bien meilleure interface.

Afin de pouvoir mieux étudier les protocoles de transport, nous classifierons les différents types de service de réseau en trois catégories répertoriées figure 6-7. La première, *A*, regroupe les services parfaits. La fraction de paquets perdus, dupliqués ou endommagés est négligeable. Les commandes *N-RESET* sont si rares qu'elles peuvent être ignorées. En fait, cela revient à ce que la Couche Transport travaille dans un environnement du type de la figure 6-6(a). Les réseaux publics longue distance du type *A* sont quasi inexistants, mais certains réseaux locaux s'en rapprochent. Le protocole de transport nécessaire pour ce type de réseau est extrêmement simple.

Le service de type *B* se rencontre beaucoup plus souvent dans les réseaux longue distance. Les paquets isolés s'y perdent rarement (parce que les protocoles des couches réseau et liaison de données supervisent leur arrivée de manière transparente), mais il se peut que de temps en temps, la Couche Réseau émette des *N-RESET*, suite à des problèmes de congestion, des problèmes matériels ou des erreurs logicielles. Il appartient alors au protocole de la Couche Transport d'entrer en lice, d'établir un nouveau chemin de connexion, de se resynchroniser, et de poursuivre, en masquant totalement les demandes de réinitialisation (*N-RESET*) à l'utilisateur du service de transport. La plupart des réseaux publics X.25 sont de type *B*. Les protocoles de transport pour le type *B* sont plus complexes que pour le type *A*.

Le troisième type de servicc de réseau (*C*) n'est pas suffisamment fiable pour qu'on puisse s'appuyer sur lui. Les réseaux longue distance sans connexion (datagramme), les réseaux par ondes hertziennes, et beaucoup de réseaux interconnectés tombent dans cette catégorie. Les protocoles de transport qui supportent ce type sont de loin les plus compliqués et doivent résoudre tous les problèmes qui ont été vus au niveau de la Couche Liaison de Données, et plus encore.

Type de réseau	Description
A	Service parfait, sans N-RESET
B	Paquets délivrés sans problèmes, mais avec des N-RESET
C	Service peu fiable, des paquets sont perdus ou dupliqués, des N-RESET sont possibles

Figure 6-7. Types de service offerts par la Couche Réseau

Le protocole de transport à utiliser dépendra donc du type auquel la Couche Réseau appartient et de la situation à résoudre. Plus le service réseau est mauvais, plus le protocole de transport est complexe. La norme OSI a reconnu cet état de choses, et a divisé les protocoles de transport en cinq catégories (cf. figure 6-8).

Les protocoles de la classe 0 sont les plus simples. Ils établissent une connexion de réseau pour chaque demande de connexion de transport et supposent que le réseau ne génère pas d'erreurs. Le protocole de transport ne gère pas de séquencement ou de contrôle de flux, se reposant sur la Couche Réseau pour que tout se passe bien. En revanche, il inclut les mécanismes d'établissement et de relâchement des connexions de transport.

La classe 1 est identique à la classe 0, mis à part le redémarrage après les *N-RESET*. Si le dialogue est interrompu par une réinitialisation, les deux entités de transport se resynchronisent puis reprennent leur communication là ou elle avait été interrompue. Pour ce faire, elles doivent utiliser et conserver une trace des numéros de séquence, une contrainte inutile dans la classe 0. La classe 1 n'a pas de fonction de contrôle d'erreur ou de flux en plus du service fourni par la Couche Réseau elle-même.

La classe 2 est une version améliorée de la classe 0 et est également conçue pour des réseaux fiables (type *A*). Elle diffère de la classe 0 par le fait que deux connexions de transport ou plus peuvent être utilisées pour une même connexion de réseau (transmission multiplexée). Cette variante est utile dans le cas où plusieurs connexions de transport sont ouvertes simultanément, chacune avec un trafic relativement faible, et où le transporteur facture le temps passé avec chaque connexion réseau ouverte. Par exemple, dans une agence de compagnie aérienne, il peut y avoir de nombreux terminaux, tous reliés à un même ordinateur central de réservation à travers des connexions de transport (une par terminal), ces connexions de transport étant multiplexées sur une (ou quelques) connexion(s) réseau, ceci afin de réduire le coût global des communications. Nous étudierons les principes du multiplexage plus loin dans ce chapitre.

La classe 3 combine les classes 1 et 2. Elle permet les multiplexages et peut traiter les commandes de réinitialisation. Elle utilise également un contrôle de flux explicite.

La classe 4 s'applique aux réseaux du type *C* dont le manque de fiabilité est prouvé. De ce fait, elle doit être en mesure de combattre les pertes, les duplications, les détériorations des paquets, les demandes de réinitialisations, et tout ce que le réseau peut générer comme aberrations. Inutile de dire que la classe 4 est bien plus complexe que les autres. Nous étudierons les problèmes à résoudre pour cette classe un peu plus loin dans ce chapitre.

Classe de protocole	Type de réseau	Nom
0	A	Classe de base
1	B	Classe de base avec reprise sur erreur
2	A	Classe avec des fonctions de multiplexage
3	B	Classe avec des fonctions de reprise sur erreur et de multiplexage
4	C	Classe avec des fonctions de détection d'erreur et de reprise sur erreur

Figure 6-8. Les différentes classes de protocole de transport

Il convient d'insister sur le fait qu'avoir un service de réseau sans connexion simple allié à un protocole de transport très complexe n'est pas nécessairement une mauvaise idée. Faire des efforts immenses pour rendre fiable le service rendu par les Couches Liaison de Données et Réseau, puis découvrir qu'il n'est pas encore suffisamment fiable pour que la Couche Transport puisse se passer de la classe 4, constitue un véritable gâchis.

Le choix de la classe de protocole est décidé à chaque connexion par les entités de transport au moment de l'établissement de la connexion. La partie appelante peut proposer une classe préférentielle, et aucune, ou plusieurs alternatives. La partie appelée fait alors son choix dans la liste proposée. Si aucune d'elles n'est acceptable, la demande de connexion est rejetée.

Cette négociation est nécessaire parce que chaque utilisateur a sa propre définition de ce que doit être une connexion *fiable*. Pour un utilisateur occasionnel qui désire depuis son terminal consulter sa boîte à lettres située dans un ordinateur central, une perte d'un paquet par semaine peut très bien l'amener à considérer le réseau comme parfait (classe *A*), et un protocole de classe 0 est suffisant. Une banque assurant des transferts de plusieurs millions de francs tout au long de la journée considérerait le même réseau comme appartenant au type *C*, et insisterait pour utiliser un protocole de classe 4, malgré sa lourdeur. Des études empiriques des protocoles de transport ont été faites par Meister (1987) et Cole et Lloyd (1986).

6.1.5. Eléments des protocoles de transport

Les fonctions exactes d'un protocole de transport dépendent de l'environnement dans lequel il opère (par exemple le type de service fourni par la Couche Réseau), et de la nature des services qu'il doit produire. Il est cependant possible de dresser une liste de fonctionnalités minimales communes à tous les protocoles. La figure 6-9 reproduit une telle liste, en indiquant à quelles classes de l'OSI elles s'appliquent. Cette liste ne doit cependant pas être prise au pied de la lettre car le concept recouvert par certains termes varie parfois d'une classe à l'autre, et certaines variantes et alternatives non mentionnées rendent la classification difficile.

Dans les paragraphes suivants, nous allons présenter brièvement chacune des fonctions montrées sur la figure 6-9. Les protocoles en mode connexion doivent posséder un mécanisme pour établir la connexion. Il s'ensuit qu'ils doivent aussi posséder un mécanisme permettant d'accepter ou de refuser la connexion. L'établissement et la libération d'une connexion seront étudiés en détail dans la section suivante.

Pour transmettre leurs données à travers le réseau, les entités de transport doivent normalement établir une connexion et garder une table des relations existant entre connexions de transport et connexions de réseau. Cependant, il est aussi possible que les entités de transport utilisent un protocole de réseau sans connexion, en supposant que le protocole de transport soit de classe 4 (ou soit un protocole non-OSI équivalent à un protocole OSI de classe 4).

Eléments de protocole	Classes 0	1	2	3	4
Etablissement d'une connexion	X	X	X	X	X
Connexion refusée	X	X	X	X	X
Assignation d'une connexion réseau	X	X	X	X	X
Segmentation des messages	X	X	X	X	X
Association de TPDU en mode connexion	X	X	X	X	X
Transfert de TPDU	X	X	X	X	X
Libération normale	X	X	X	X	X
Traitement des erreurs du protocole	X	X	X	X	X
Concaténation des TPDU		X	X	X	X
Libération anormale	X		X		
Numérotation des TPDU		X	O	X	X
Transfert de données exprès		O	O	X	X
Contrôle de flux			O	X	X
Resynchronisation après RESET		X		X	X
Maintien des TPDU en attendant ACK		X		X	X
Réassignation suite à une déconnexion réseau		X		X	X
Blocage des références		X		X	X
Multiplexage			X	X	X
Utilisation de plusieurs connexions réseau					X
Retransmission temporisée					X
Reséquencement des TPDU					X
Détection d'inactivité					X
Contrôle d'erreur					O

X : présent O : optionnel

Figure 6-9. Les cinq classes de protocole avec connexion de l'OSI et leurs relations

Avant de passer au point suivant, il est bon de rappeler quelques éléments de terminologie. Lorsque nous avons étudié la Couche Liaison de Données, nous avons baptisé «trames» les données échangées. Dans le chapitre traitant de la Couche Réseau, nous les avons appelés «paquets». Ces deux dénominations sont toutes deux largement utilisées (par exemple dans la recommandation X.25). Pour le paquet de la Couche Transport (*transport packet*), il n'y a pas de mot comparable, c'est pourquoi nous utiliserons le terme normalisé de TPDU ou d'*unité de données du protocole de transport* (*Transport Protocole Data Unit*). L'élément d'information transmis par l'utilisateur du transport sera appelé un *message*, car le terme de TSDU (*Transport Service Data Unit*) proposé par l'ISO est rarement utilisé. Dans certains cas, il n'est pas utile de discerner un message d'un TPDU, auquel cas nous utiliserons le terme qui nous semblera le plus approprié en fonction du contexte.

Le message à transmettre peut avoir une longueur quelconque, aussi c'est à la Couche Transport de le sectionner en unités de données pour leur transport. Si une unité de données ne rentre pas dans un paquet, elle peut être à son tour segmentée en plusieurs paquets. Une des tâches communes aux cinq classes de protocoles de la norme OSI est de segmenter les messages en un nombre approprié d'unités de données, dont la taille dépend du protocole, puis de les réassembler à l'autre extrémité de manière transparente à l'utilisateur.

Si plusieurs connexions sont ouvertes sur une machine, les entités de transport devront attribuer un numéro à chaque connexion et l'insérer dans chaque unité de données, afin que lorsque celle-ci arrive à l'autre extrémité, l'entité de transport sache quelle connexion lui associer. Il est inutile de dire que le transport des unités de données est aussi une fonction des protocoles de transport.

Un mécanisme de libération de la connexion est implémenté dans tous les protocoles; cependant, il fonctionne différemment dans le cas de la classe 0. Cette classe est caractérisée par une réelle bijection entre connexion de transport et connexion de réseau. La connexion de transport est donc implicitement libérée lorsqu'on libère la connexion de réseau. Dans tous les autres cas, la libération est explicite et nécessite l'échange d'unités de données incluant des messages de contrôle.

Tous les protocoles doivent envisager les erreurs de protocole. Si une unité de données non valide arrive, il doit y avoir des règles de conduite à tenir. Parfois, il s'agira seulement de l'ignorer, parfois il faudra libérer une connexion (voire toutes les connexions). Bien sûr, des erreurs de protocole ne devraient pas arriver, mais risquer de bloquer une entité à cause d'une telle éventualité n'est pas une bonne idée.

Les autres fonctions de la liste ne s'appliquent pas aux cinq classes de protocole OSI. Par exemple, la concaténation concerne les classes 1 à 4, mais pas la classe 0. Cette fonction consiste à laisser l'entité de transport grouper plusieurs unités de données avant de les envoyer sous forme d'un seul paquet, réduisant ainsi le nombre d'appels de la Couche Réseau.

La libération sur erreur, qui s'applique aux classes 0 et 2, signifie qu'un *N-RESET* ou un *N-DISCONNECT* entraîne la fermeture de la ou des connexions de transport sans qu'aucune tentative de récupération ne soit faite.

Les unités de données sont numérotées lorsqu'elles sont envoyées sur une connexion, ce qui permet de vérifier leur acheminement, de faire du contrôle de flux ou d'envoyer des accusés de réception, mais aussi de savoir quelles sont celles parvenues ou non en cas de *N-RESET*. La classe 0 (et parfois aussi la classe 2) n'utilise pas de numérotation.

Le transfert de données exprès est une possibilité fournie par les quatre protocoles de haut niveau, et n'est donc pas disponible dans la classe 0.

Le contrôle de flux de la Couche Transport consiste à savoir combien de TPDU on peut envoyer à chaque instant. On utilise pour cela souvent, mais pas nécessairement, un mécanisme de fenêtre à anticipation. S'il n'existe pas de contrôle de flux explicite au niveau de la Couche Transport, le contrôle peut se faire en utilisant celui de la connexion réseau.

La resynchronisation après *N-RESET* est prévue dans les classes 1, 3 et 4. Elle inclut une méthode pour vérifier quelles sont les unités de données effectivement arrivées. Cela sous-entend naturellement que chaque entité de transport a un mécanisme de rétention de copies des unités envoyées qui sont conservées jusqu'à ce qu'elle ait reçu une confirmation de leur réception à l'autre extrémité. Les classes 0 et 2, produisant une libération sur erreur en cas de *N-RESET*, n'ont pas besoin de prévoir cette rétention.

La réaffectation après incident est relative au même problème. Si le réseau interrompt la connexion complètement, plutôt que de tenter de la réinitialiser, c'est à la Couche Transport d'établir une nouvelle connexion sur laquelle elle pourra travailler.

Le gel de références est aussi une caractéristique importante dans un réseau qui peut emmagasiner des paquets pendant un temps non négligeable. Il faut en effet empêcher qu'une unité de données ait un numéro d'identification identique à une autre qui serait encore stockée quelque part et qui pourrait réapparaître à un moment inopiné. Nous discuterons ce point en détail plus tard.

Le multiplexage et l'utilisation de connexions réseaux multiples concernent toutes deux les connexions de transport multiples sur une seule connexion de réseau ou vice versa. Nous étudierons aussi cela plus tard.

La temporisation de retransmission ne concerne que la classe 4, car c'est la seule où la perte de paquets est suffisamment fréquente pour nécessiter une surveillance de la part de la Couche Transport. Nous avons vu comment fonctionne le mécanisme de temporisation de la Couche Liaison de Données. Il est pratiquement le même dans la Couche Transport, bien que le choix des délais soit bien plus délicat (Karn et Partridge, 1987).

Si des unités de données ont été temporairement égarées (cas de la classe 4), le destinataire peut les avoir reçues dans le désordre, mais il devra tout de même les réassembler en bon ordre. Le mécanisme est lui aussi similaire à un protocole déjà vu, en l'occurrence le protocole 6 qui a été présenté au chapitre 4.

Le mécanisme de détection d'inactivité est différent de celui utilisé pour compter les données perdues. Il se compose d'un compteur surveillant l'activité des connexions de réseau. S'il n'y a pas de signe d'activité de la connexion pendant le laps de temps surveillé par le compteur, et ceci malgré des tentatives pour communiquer avec elle, la Couche Transport doit supposer que la connexion réseau est défaillante. La procédure normale de recouvrement consiste à essayer d'établir une nouvelle connexion réseau.

Enfin la dernière fonction est l'utilisation d'un total de contrôle. Le protocole peut en effet effectuer un contrôle des TPDU (par *checksum*), pour se préserver d'une éventuelle erreur de la Couche Réseau. L'algorithme de calcul (Fletcher, 1982) est très simple (c'est une somme des octets, modulo 256).

6.2. GESTION DE LA CONNEXION

Comme nous l'avons mentionné précédemment, le protocole de transport ressemble sur bien des points au protocole de la Couche Liaison de Données. Par exemple, le mécanisme de la fenêtre à anticipation est applicable aux deux couches. En revanche, une différence significative est la façon dont la connexion est gérée. Dans la Couche Liaison de Données, cette gestion est simplifiée. Les liaisons entre les IMP sont toujours présentes et toujours prêtes à être utilisées. Dans la Couche Transport, l'établissement, la libération et la gestion en général de la connexion est bien plus compliquée. Dans cette section, nous étudierons en détail quelques-uns des facteurs essentiels de la gestion de la connexion. Nous verrons que parfois des protocoles spéciaux sont nécessaires.

6.2.1. L'adressage

Lorsqu'un utilisateur (de transport) désire établir une connexion avec un autre utilisateur, il doit spécifier d'une manière quelconque à qui il désire s'adresser (ceci est aussi vrai pour un transport sans connexion). La méthode normale consiste à définir un *point d'accès au service transport* (TSAP pour *Transport Service Access Point*) auquel chaque processeur vient se connecter et d'où il attend une demande de connexion. Les TSAP sont tout à fait analogues aux NSAP du chapitre précédent à la différence qu'ils appartiennent à la Couche Transport et non à la Couche Réseau.

La figure 6-10 illustre la relation qui existe entre NSAP, TSAP, connexion de réseau et connexion de transport. Voici un exemple de scénario de connexion possible :

1. Un serveur situé sur une machine B se fixe sur le point d'accès TSAP 122 et y attend *T-CONNECT.indication*. La façon dont le serveur se rattache de lui-même au point d'accès n'est pas définie par l'OSI et dépend entièrement du système d'exploitation de la machine.

2. Un processus situé sur une machine A désire se connecter au serveur B. Aussi, il émet *T-CONNECT.request* en spécifiant la source, TSAP 6 et la destination, TSAP 122.

3. L'entité de transport de A sélectionne un NSAP sur sa machine et sur la machine destinataire, et établit une connexion de réseau (par exemple un circuit virtuel X.25) entre eux. En utilisant cette connexion de réseau, elle peut dialoguer avec l'entité de transport située en B.

4. Un dialogue du type suivant se forme : «Bonjour, je voudrais établir une connexion de transport entre ma TSAP 6 et votre TSAP 122. A vous.»

5. L'entité de transport B génère alors *T-CONNECT.indication* et si le serveur TSAP 122 est prêt, la connexion de transport est établie.

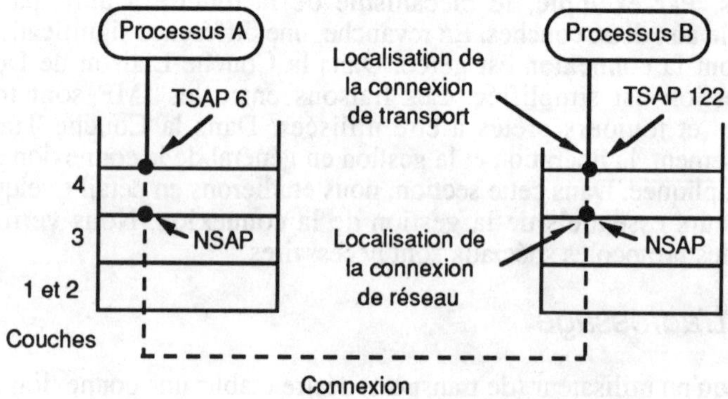

Figure 6-10. TSAP, NSAP et connexions

Notez que la connexion de transport va de TSAP à TSAP, alors que la connexion de réseau ne va que partiellement de NSAP en NSAP (par exemple d'une adresse X.121 à une adresse X.121).

Le scénario précédent est correct mais il occulte un aspect important : comment le processeur A sait-il que le serveur est connecté au TSAP 122 ? Une réponse possible est que ce serveur est rattaché en permanence à ce point d'accès, et que les utilisateurs l'ont graduellement appris. Un certain nombre de services peuvent ainsi avoir une adresse TSAP fixe, qui peut être officialisée sur les en-têtes de lettre, dans un annuaire, etc.

Mais les serveurs dont l'adresse est fixe sont plutôt rares. De plus, si le serveur n'est pas très sollicité, ce serait du gaspillage que de lui attribuer une adresse permanente. Aussi, en général, les TSAP sont-ils attribués pour un certain temps, et leur adresse n'est-elle pas connue *a priori*. Il vaut donc mieux utiliser une autre méthode.

Une de ces méthodes, mise au point pour ARPANET, est esquissée figure 6-11. ARPANET l'a appelée *protocole de préallocation* (*initial connexion protocol*). Au lieu d'attribuer une adresse définie à chaque serveur potentiel, chacun de ceux-ci a un processus spécial appelé processus *logger* auquel on fait appel chaque fois que l'on veut utiliser un service. Lorsque le serveur est inactif, le processus *logger* écoute néanmoins un TSAP d'adresse connue. Les utilisateurs potentiels d'un service doivent donc commencer par générer une *T-CONNECT.request* en spécifiant l'adresse du TSAP relais.

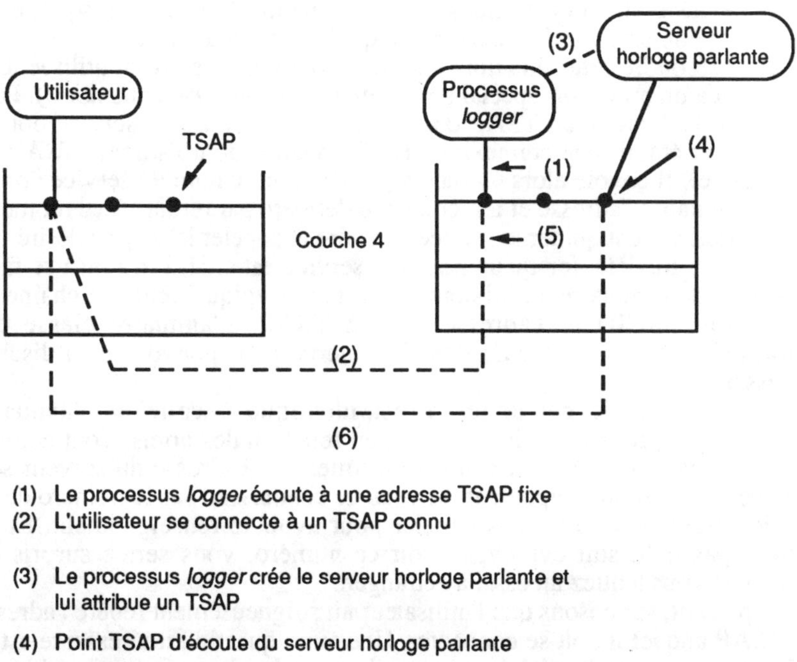

(1) Le processus *logger* écoute à une adresse TSAP fixe
(2) L'utilisateur se connecte à un TSAP connu
(3) Le processus *logger* crée le serveur horloge parlante et lui attribue un TSAP
(4) Point TSAP d'écoute du serveur horloge parlante
(5) Le processus *logger* communique son adresse et se déconnecte
(6) L'utilisateur est connecté au serveur horloge parlante

Figure 6-11. Comment un utilisateur A établit une connexion avec un serveur B

Une fois la connexion établie, l'utilisateur envoie un message précisant le programme qu'il veut appeler. Le processus choisit alors un TSAP libre et crée le processus serveur en lui demandant d'aller écouter ce TSAP. Enfin le processus *logger* envoie à l'utilisateur l'adresse du TSAP, libère la connexion et retourne écouter le TSAP relais.

L'utilisateur connaît ainsi l'adresse du TSAP désiré. Aussi il lui est possible de libérer la connexion sur le processus logger pour se connecter au processus serveur. Ceci fait, le serveur exécute bien le programme désiré dont le nom a été communiqué par le processus logger en même temps que l'adresse du TSAP à lire. Lorsque le serveur a terminé son travail, il se déconnecte et se remet en position d'attente.

Bien que le protocole de préconnexion du réseau ARPANET fonctionne correctement pour les serveurs que l'on peut créer lorsqu'ils sont appelés, il y a de nombreuses situations pour lesquelles le service existe indépendamment du processus serveur. Un serveur de fichiers, par exemple, nécessite du matériel spécialisé (une machine et un disque) et ne peut donc être créé sur demande quand quelqu'un fait appel à lui.

Pour résoudre cette situation, une autre solution est souvent utilisée. Elle fait appel à un processus spécial appelé *annuaire* (ou *serveur de noms*). Pour connaître l'adresse d'un TSAP correspondant à un nom de service donné, l'utilisateur établit une connexion vers l'annuaire (dont l'adresse TSAP lui est connue). Il envoie alors un message spécifiant le nom du service dont il désire connaître l'adresse et il reçoit cette dernière par retour. A ce moment-là, l'utilisateur peut quitter le service annuaire et appeler le service désiré.

Dans ce modèle, lorsqu'un nouveau service est créé, il n'a qu'à se faire connaître de l'annuaire, et lui donner son nom (typiquement une chaîne de caractères ASCII) et l'adresse de son TSAP. L'annuaire classe ces informations dans sa base de données interne pour pouvoir les utiliser si nécessaire.

La fonction de cet annuaire est identique à celle de l'annuaire téléphonique : il procure des numéros en fonction des noms. Tout comme pour l'annuaire téléphonique, il est essentiel que l'adresse du serveur soit connue de l'utilisateur appelant. Si vous ne connaissez pas le numéro de ce service, vous ne pouvez pas appeler pour avoir le renseignement. Et ne croyez pas qu'il soit évident d'avoir ce numéro, vous seriez surpris du résultat si vous tentiez un essai à l'étranger.

A présent, supposons que l'utilisateur ait soigneusement repéré l'adresse du TSAP auquel il doit se connecter. Une autre question intéressante est la suivante : comment l'entité de transport locale sait-elle sur quelle machine le TSAP appelé est situé ? Plus précisément : comment l'entité de transport va-t-elle savoir quel NSAP elle doit utiliser pour établir une connexion de réseau vers l'entité de transport déportée dont dépend le TSAP ?

La réponse est contenue dans la structure même de l'adresse du TSAP. Elle peut par exemple être hiérarchisée, c'est-à-dire contenir une suite de champs permettant de partitionner l'espace adressable. Ainsi, la structure suivante est universellement reconnue :

Adresse = <galaxie><étoile><planète><pays><réseau><hôte><point>

Avec une telle décomposition, il est très facile de localiser un TSAP n'importe où dans l'Univers. On arriverait au même résultat si l'adresse du TSAP était une concaténation des adresses du NSAP et d'une porte (identificateur des différentes portes attachées au NSAP). Ainsi, lorsqu'une entité de transport désire se connecter à un TSAP de telle adresse, il utilise l'adresse du NSAP contenue dans l'adresse du TSAP.

Si l'on poursuit la comparaison avec le téléphone, l'adresse 19076543210 peut être analysée comme 1-907-654-3210, où 1 est le pays (USA), 907 l'état (Alaska), 654 un central en Alaska, et 3210 une «porte» (ligne d'abonné).

L'alternative à une adresse hiérarchisée est une adresse globale. Dans ce cas, un deuxième niveau de table est nécessaire pour localiser le destinataire. Il doit y avoir en plus un annuaire pour localiser l'adresse du NSAP en fonction de l'adresse du TSAP fournie. Autre alternative encore, on pourrait éventuellement imaginer la diffusion d'un appel général demandant au destinataire de se localiser.

6.2.2. Etablissement d'une connexion

Etablir une connexion semble facile, mais c'est en fait particulièrement délicat, spécialement dans le cas d'un réseau de type C. A première vue, il semble suffisant qu'une entité de transport envoie une demande de connexion de transport CR (*CONNECTION REQUEST*) au destinataire, puis attende un CC (*CONNECTION CONFIRM*). Le problème se complique avec un réseau qui peut perdre, stocker ou dupliquer des paquets.

Imaginons un sous-réseau tellement surchargé que les accusés de réception n'arrivent jamais à temps, et que chaque paquet doive de ce fait être renvoyé deux ou trois fois. Supposons que le sous-réseau utilise des datagrammes, et que les paquets suivent des chemins différents. Certains risquent d'être bloqués dans un embouteillage, et de réapparaître bien plus tard.

Le scénario le plus cauchemardesque est le suivant. Un client établit une connexion avec sa banque, et envoie un message demandant de transférer une grosse somme d'argent sur le compte d'une personne non totalement digne de confiance, puis il libère la connexion. Malheureusement, chaque paquet est dupliqué et emmagasiné dans le réseau. La communication étant terminée, tous les paquets refont surface en bon ordre, et donc une demande de connexion est reçue, puis la demande de transfert d'argent (deux fois) et enfin la libération de la ligne. La banque n'a pas de moyen de s'apercevoir qu'il s'agit de duplicatas, et considère les doublons comme des transactions indépendantes. Le reste de cette section est consacré au problème des duplicatas retardés.

Le problème à résoudre est donc : comment s'accommoder de l'existence de doublons ? On peut l'aborder de différentes manières, aucune n'étant totalement satisfaisante. Une solution consiste à gaspiller des adresses de TSAP. Dans cette approche, chaque TSAP a une adresse unique, dans laquelle on inscrit l'heure. Une fois la connexion libérée, l'adresse est détruite à jamais. Cette solution rend le modèle de processus serveur de la figure 6-11 impossible.

Une autre possibilité est d'affecter à chaque connexion une référence (incrémentée à chaque nouvelle connexion) choisie par l'appelant et de l'inclure dans les unités de données, y compris celle demandant l'établissement de la connexion. A la libération de chaque connexion, chaque entité de transport pourra mettre à jour une table des connexions obsolètes définies par la paire entité de transport, identificateur de connexion. Et lorsqu'une demande de connexion arrivera, elle sera préalablement vérifiée dans la table, pour voir si elle appartient à une connexion ancienne ou non.

Malheureusement, cette solution a une faiblesse fondamentale : elle nécessite que chaque entité de transport emmagasine une table en permanence. Si une machine tombe en panne et perd sa mémoire, elle ne saura plus quelle référence a déjà été utilisée.

Aussi un autre concept plus élégant est-il souvent utilisé. Plutôt que d'autoriser les paquets à vivre indéfiniment à l'intérieur du réseau, nous allons essayer d'éliminer ceux qui n'ont plus de raison d'exister. Nous allons donc créer une méthode de discrimination fondée sur la durée de vie des paquets.

La durée de vie des paquets peut être limitée en utilisant une des méthodes suivantes :

1. Limiter la taille du sous-réseau.

2. Affecter un compteur de nombre de noeuds traversés à chaque paquet.

3. Dater chaque paquet.

La première méthode limite les risques que les paquets tournent en rond, ainsi que les risques de congestion sur le chemin le plus long (maintenant connu). La deuxième méthode consiste à incrémenter un compteur à chaque franchissement d'un nœud, et à éliminer les paquets dont le compteur a dépassé une certaine limite. La troisième méthode consiste à incorporer aux paquets l'heure à laquelle ils ont été envoyés, et que l'IMP élimine ceux dont l'âge a dépassé une certaine valeur. Cette dernière méthode présente l'inconvénient que les horloges doivent être synchronisées, ce qui n'est pas une tâche facile, à moins que la synchronisation soit réalisée par une méthode extérieure, par exemple l'écoute d'un signal radio donnant l'heure exacte.

En pratique, nous devrons nous assurer que non seulement un paquet est détruit, mais que tous les accusés de réception s'y rapportant le sont aussi. Aussi allons-nous introduire une notion de temps T, qui est un multiple (faible) de la durée maximale de vie d'un paquet. Le multiplicateur dépend du protocole, et permet d'ajuster la valeur de *T*. Si l'on attend un temps *T* après qu'un paquet a été envoyé, on peut supposer que toutes les traces de ce paquet ont disparu et que ni lui ni ses accusés de réception ne peuvent réapparaître soudainement.

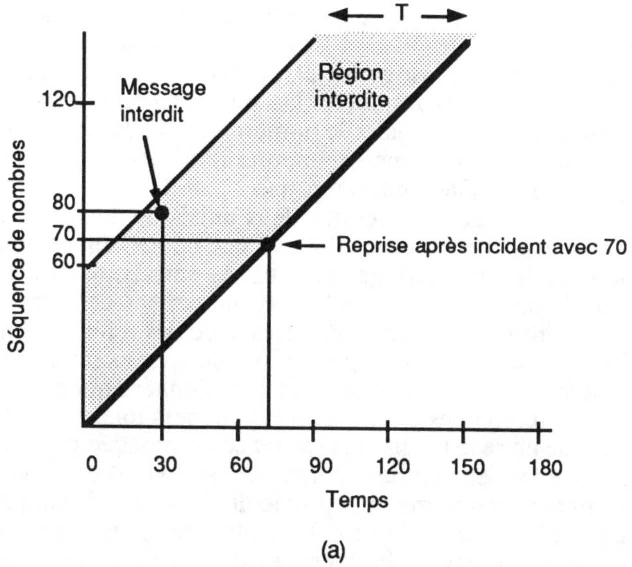

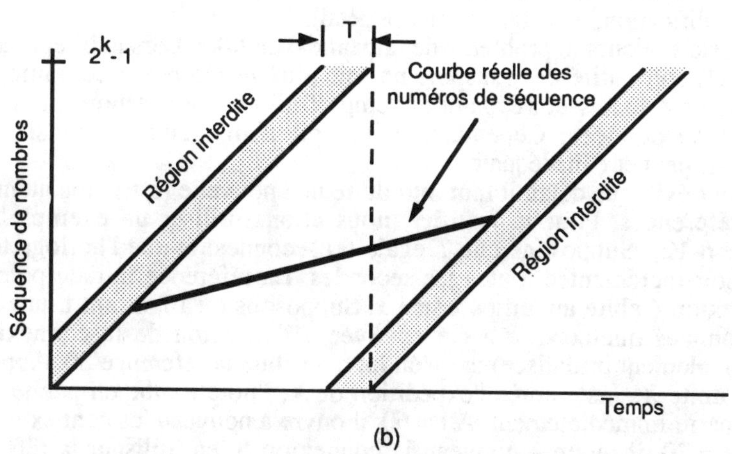

Figure 6-12. (a) Les TPDU ne doivent pas se trouver en zone interdite (b) Le problème de la resynchronisation

Une fois la durée de vie des paquets limitée, il est possible d'établir une connexion de manière fiable. La méthode décrite ci-dessous est due à Tomlinson (1975). Il a résolu le problème, mais a introduit quelques particularités. Cette méthode fut donc redéfinie par Sunshine et Dalal (1978).

Pour pallier le problème des machines qui perdent leur mémoire après une panne, Tomlinson a proposé d'équiper chaque hôte avec une horloge temps réel. Les horloges des différents hôtes doivent bien sûr être synchronisées. Chaque horloge est composée d'un compteur binaire qui s'incrémente à intervalles réguliers. De plus, le nombre de bits dans le compteur doit dépasser ou égaler le nombre de bits dans le séquenceur de numéros. Enfin, mais non moins important, l'horloge doit continuer à fonctionner même si l'hôte tombe en panne.

L'idée de base est de s'assurer que deux unités de données en transit ne puissent avoir la même référence. Lorsqu'une connexion est établie, les k bits de poids faibles de l'horloge sont utilisés pour composer la référence initiale. Aussi, contrairement au protocole vu au chapitre 4, chaque connexion numérote ses unités de données avec des références différentes. La capacité du compteur est tellement grande (par exemple 32 bits) que lorsqu'il revient au début, toutes les unités de données qui pourraient avoir reçu une de ces références ont déjà disparu depuis longtemps. La relation binaire qui existe entre le temps et la référence est montrée figure 6-12.

Une fois que les deux entités de transport se sont mises d'accord sur les références initiales, n'importe quel protocole de fenêtre à anticipation peut être utilisé pour le contrôle de flux. En réalité, la relation entre références initiales et temps (en gras sur la figure) n'est pas une droite, mais une ligne en forme d'escalier, puisque l'horloge avance par bonds. Pour des raisons de simplification, nous ignorerons ce détail.

Reste toujours le problème de la panne d'un hôte. Lorsqu'il reprend son activité, son entité de transport ne sait plus la référence courante. Une solution est de laisser s'écouler un temps T afin de laisser mourir toutes les unités de données. Cependant, s'il s'agit d'un nœud de transit, cette stratégie peut être inadéquate.

Pour éviter ce délai, il faut introduire une nouvelle restriction au niveau des références. Pour la justifier, nous allons utiliser un exemple (voir figure 6-12). Supposons que T égale 60 secondes, et que l'horloge temps réel soit incrémentée toutes les secondes. La référence initiale pour une connexion établie au temps x sera x. Supposons qu'à l'instant t, une unité de données quelconque a été envoyée à l'attention de la connexion 5 (préalablement initialisée) et qu'on lui a attribué la référence 80. Appelons cette unité X. Juste après l'expédition de X, l'hôte tombe en panne, mais redémarre immédiatement. A $t = 60$, il ouvre à nouveau les connexions 1 à 4. A $t = 70$, il ouvre à nouveau la connexion 5, en utilisant la référence initiale 70, comme il se doit. Pendant les 15 secondes qui suivent, il envoie les unités de données 70 à 80. Ceci dit, à $t = 85$ une nouvelle unité de données portant le numéro 80 et affectée à la connexion 5 est injectée dans le sous-réseau. Malheureusement, l'unité de données *X* existe toujours. Si elle est reçue avant son homonyme, elle sera reconnue comme étant la bonne, et l'unité correcte sera rejetée.

Pour éviter ce genre de problème, nous devons interdire que des références déjà utilisées (c'est-à-dire assignées) soient réutilisées avant un temps *T*. Cette contrainte se matérialise par une zone interdite qui est montrée figure 6-12(a). Avant d'envoyer une quelconque unité de données sur une connexion, l'entité de transport doit lire l'horloge et vérifier qu'elle ne se trouve pas dans une zone interdite.

Le protocole lui-même peut être cause de problèmes de deux natures différentes. Si un hôte envoie trop de données, trop rapidement sur une connexion très récemment ouverte, les nouvelles références progressent beaucoup plus vite que les références initiales. Cela veut dire que le débit maximum sur une connexion est d'une unité de données par top d'horloge. Cela signifie aussi que l'entité de transport doit attendre le prochain coup d'horloge avant d'ouvrir une nouvelle connexion consécutivement à une panne sous peine qu'une référence soit utilisée deux fois. Voilà deux arguments qui militent pour un intervalle entre deux tops d'horloge assez court (quelques ms).

Malheureusement, entrer dans la région interdite en envoyant des données trop vite n'est pas le seul moyen d'avoir des problèmes. Au vu de la figure 6-12(b), il est clair que pour tout débit en dessous de celui de l'horloge, la courbe des références en fonction du temps peut croiser la région interdite d'autant plus vite que la pente est faible. Comme nous l'avons déjà dit, avant d'envoyer des données, l'entité de transport doit vérifier si elle n'entre pas dans la zone interdite, et si c'est le cas, retarder les données d'un temps *T* ou resynchroniser les références.

Dans notre résolution du problème des duplicatas retardés, nous avons supposé que la connexion était établie *a priori*. Du fait que les informations de contrôle sont transmises de la même façon que les unités de données, il peut être difficile de mener à bien la procédure de négociation de la référence initiale. Supposons, par exemple, que la procédure d'établissement consiste en une machine A envoyant un CR contenant une proposition de référence initiale et un numéro de TSAP destinataire pour une entité B. Le destinataire B, doit confirmer la demande en renvoyant un CC-TPDU. Si le CR-TPDU se perd, mais qu'un doublon égaré apparaît en B, la connexion sera établie de manière incorrecte.

Pour résoudre ce problème, Tomlinson (1975) a proposé une initialisation en trois étapes (*three ways handshake*). Ce protocole n'impose pas que les deux extrémités commencent leur dialogue avec la même référence initiale, aussi peut-il être utilisé avec une méthode de synchronisation autre que la méthode de l'horloge globale. La procédure d'initialisation est résumée figure 6-13. Deux entités de transport (et non pas des utilisateurs de transport) sont séparées par deux lignes verticales. Les flèches représentent des unités de données envoyées ou reçues, et non pas des primitives du service transport, comme c'était le cas lorsque nous avons présenté le service transport. A choisit une référence initiale, par exemple *x*, d'une manière ou d'une autre, et l'envoie à B. B renvoie une confirmation CC contenant *x*, et signale sa propre référence initiale *y* (qui peut aussi être égale à *x* bien sûr). Pour finir, A confirme le choix de B en lui signifiant qu'il a pris bonne note de *y* au cours de l'envoi de la première unité de données.

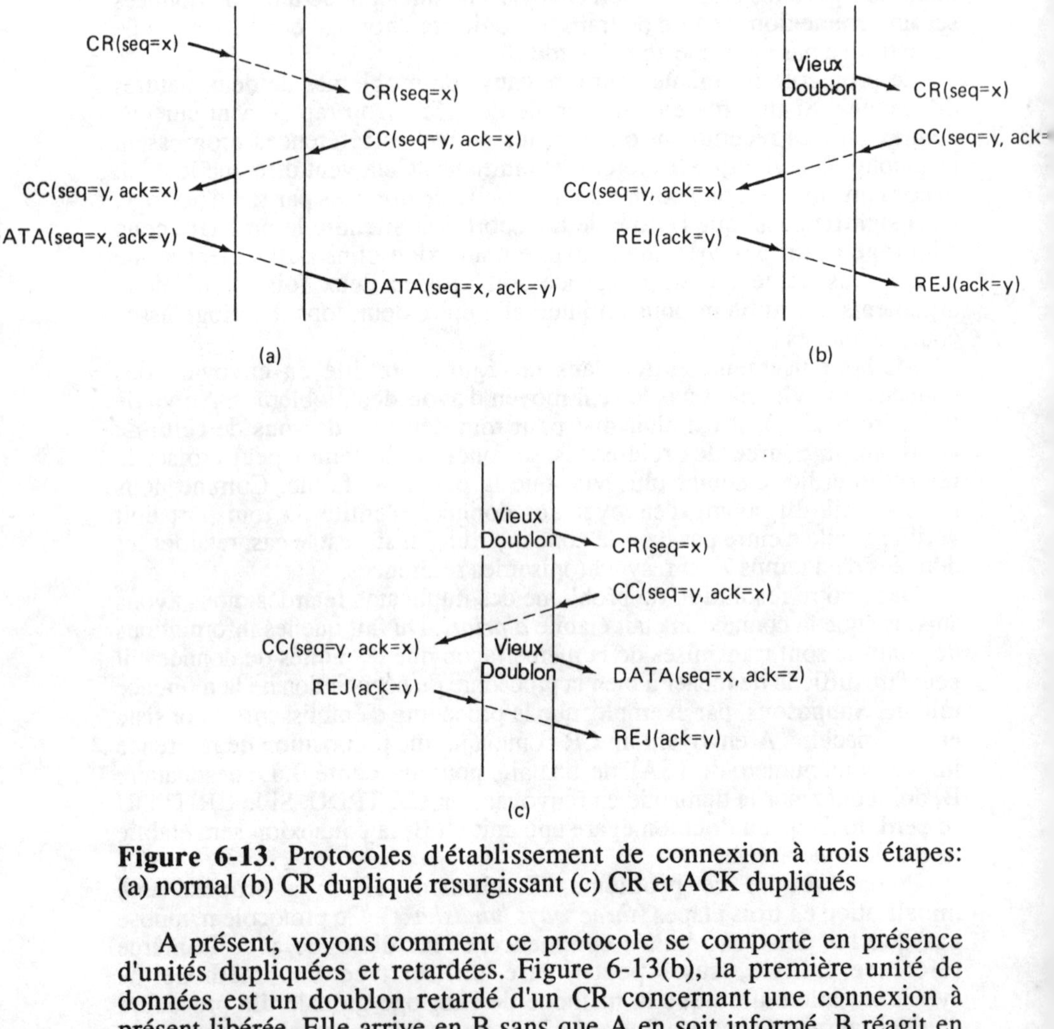

Figure 6-13. Protocoles d'établissement de connexion à trois étapes: (a) normal (b) CR dupliqué resurgissant (c) CR et ACK dupliqués

A présent, voyons comment ce protocole se comporte en présence d'unités dupliquées et retardées. Figure 6-13(b), la première unité de données est un doublon retardé d'un CR concernant une connexion à présent libérée. Elle arrive en B sans que A en soit informé. B réagit en renvoyant un CC, considérant qu'il s'agit d'une nouvelle demande de connexion. A rejette bien sûr la demande, et B comprend alors qu'il s'agit d'une demande dupliquée.

Le pire des cas se produit lorsqu'un CR et une confirmation CC errent toutes deux dans un réseau. Ce cas est montré figure 6-13(c). Comme dans l'exemple précédent, B reçoit un CR retardé et lui répond. Il est important de noter que B a alors proposé une valeur *y* comme numéro initial pour lui-même, parce qu'il n'existe certainement pas d'unités de données ou de confirmation associées portant cette valeur. Lorsque la seconde unité retardée arrive en B, le fait qu'elle contienne la confirmation *z* au lieu de *y* fait comprendre qu'il s'agit d'un doublon inutile.

6.2.3. Libération d'une connexion

Libérer une connexion est bien plus facile que l'établir. Pourtant, il existe plusieurs pièges dans lesquels on pourrait tomber. Dans la figure 6-4(d)-(f), nous avons vu trois moyens pour arriver à la déconnexion. Le premier est le plus classique : un des utilisateurs génère une demande *T-DISCONNECT.request*, à la suite de quoi la Couche Transport crée un *T-DISCONNECT.indication* à l'autre extrémité, et la connexion est libérée.

Dans le deuxième cas, les deux extrémités génèrent un *T-DISCONNECT.request* au même moment. Dans le troisième cas, la Couche Transport elle-même émet des *T-DISCONNECT.indication* aux deux extrémités. Enfin, en théorie, un quatrième cas peut arriver : un utilisateur envoie un *T-DISCONNECT.request* banal, mais il est masqué par le fait que la Couche Réseau a déconnecté d'elle-même la ligne avant que la primitive ne soit parvenue à l'autre extrémité.

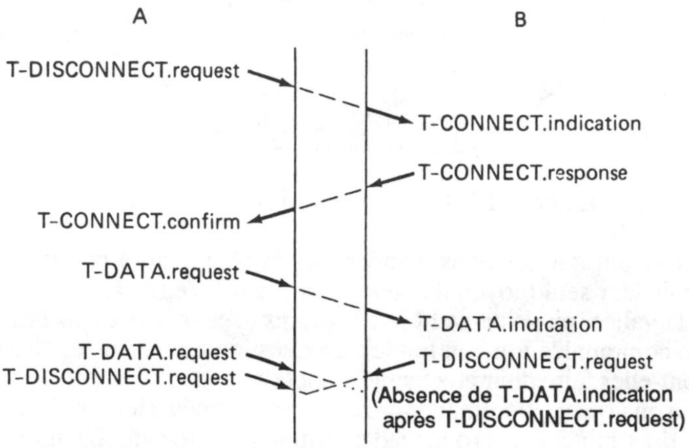

Figure 6-14. Déconnexion brutale avec perte de données

Ces quatre cas ont ceci de commun que la connexion se libère brutalement, et que des données peuvent se perdre de ce fait. Voyons le scénario de la figure 6-14. Après avoir établi la connexion, A envoie une unité de données à B qui la reçoit correctement. Puis A envoie une seconde unité et libère la connexion. Malheureusement, B a émis une demande de déconnexion avant que la seconde TPDU ne soit arrivée. Il en résulte que la ligne est déconnectée, et que les données sont perdues.

On voit clairement qu'il faut établir un protocole plus élaboré afin d'éviter ce genre de désagrément. On pourrait être tenté de proposer que l'envoi des *T-DISCONNECT.request* ne puisse se faire qu'après une confirmation que l'autre entité a reçu toutes les données. Autrement dit, on pourrait établir un dialogue du style : «J'ai fini ma transmission, avez-vous fini ?» Et si B répond : «J'ai fini aussi, fin de transmission», la connexion peut cesser.

Malheureusement, cette procédure ne fonctionne pas du tout. Un problème très connu, qu'on appelle souvent «problème des deux armées», permet de comprendre facilement pourquoi cela ne marche pas. Supposons que l'armée des blancs campe dans la vallée dessinée sur la figure 6-15. Sur chacune des deux collines environnantes s'est installée l'armée des bleus. L'armée des blancs est plus importante que chacune des armées bleues, mais moins importante que la somme des deux; si une seule des armées bleues attaque, elle sera défaite, mais si elles attaquent de concert, elles sortiront victorieuses.

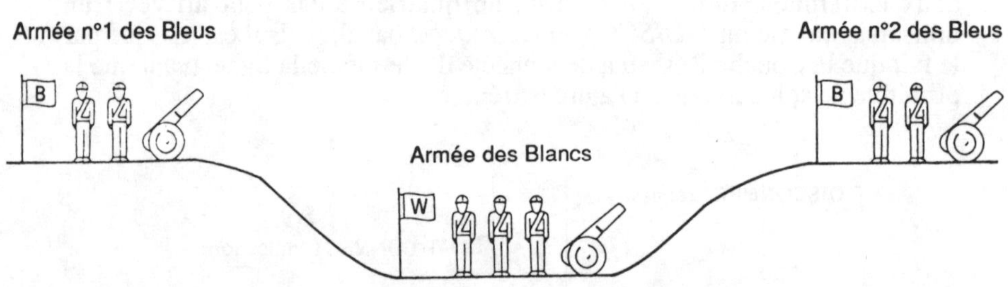

Figure 6-15. Le problème des deux armées

Il est évident que les deux armées bleues cherchent à coordonner leur action, mais leur seul moyen de communiquer est d'envoyer des messagers à travers la vallée, où ils peuvent être capturés (c'est-à-dire qu'ils utilisent un moyen de communication non fiable). La question est : comment les armées bleues vont-elles faire pour attaquer ensemble ?

Supposons que le commandant du corps d'armée bleue n°1 envoie un message du type : «Je propose d'attaquer à l'aube du 29 mars, qu'en pensez-vous ?», que le commandant n°2 reçoive le message et envoie son accord en retour. Ce dialogue est-il concluant ? Non, car comment le commandant n°2 sait-il que le commandant n°1 a reçu sa confirmation ? Qu'arriverait-il s'il lançait l'assaut sans l'appui du corps d'armée n°1 ?

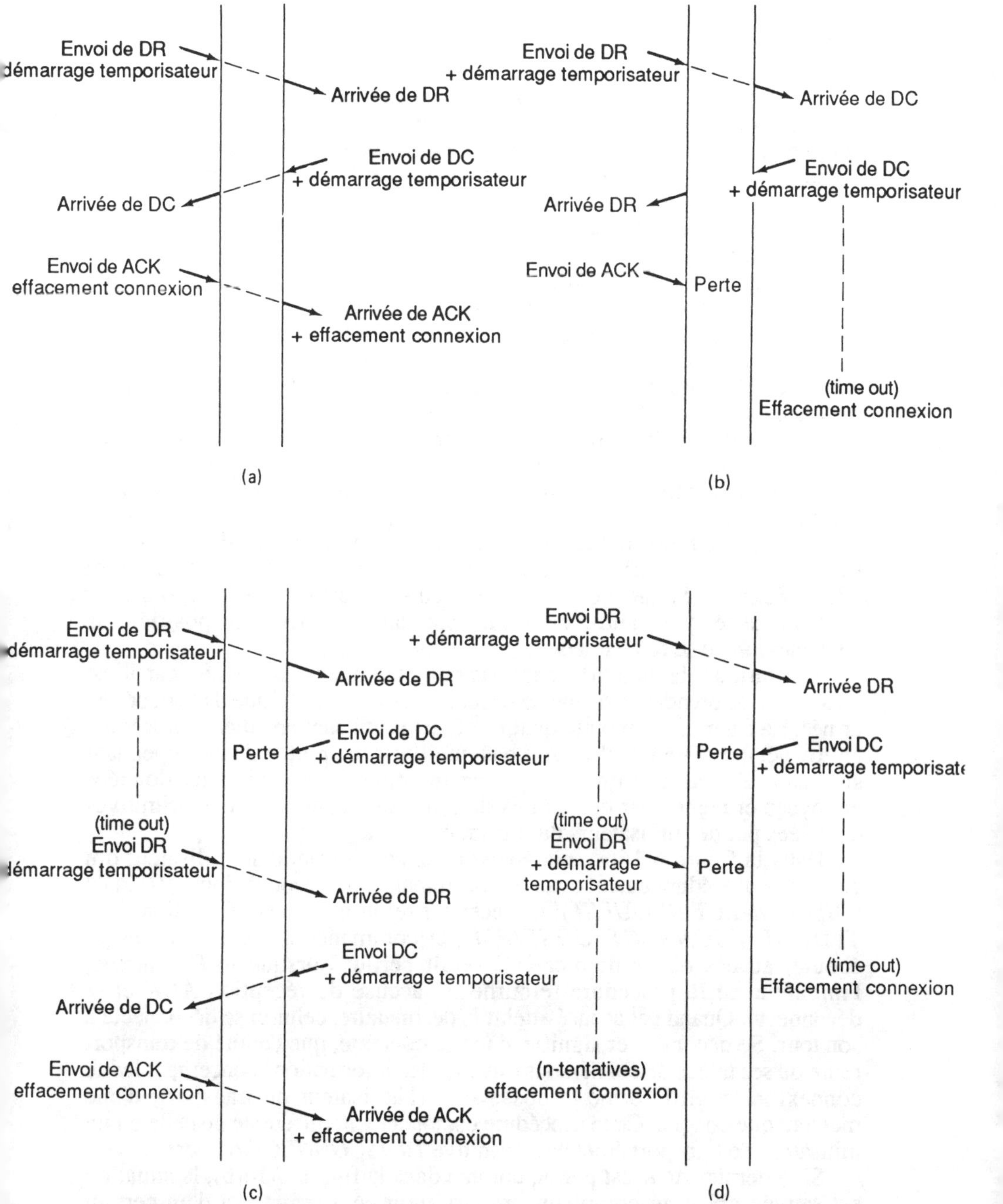

Figure 6-16. Quatre scénarios pour une libération de connexion: (a) cas normal pour une procédure à trois étapes (b) dernier *ACK* perdu (c) *DC* perdu (d) *DC* et *DR* suivants perdus

Améliorons les choses grâce à une procédure en trois étapes. L'initiateur de la question accuse réception de la réponse. En supposant qu'il ne se perde pas, le message de confirmation va arriver au commandant n°2. Mais à présent, c'est au commandant n°1 d'hésiter, car qui prouve que sa confirmation est bien arrivée ? Et à nouveau, sans cette assurance, pas d'attaque possible. On pourrait imaginer un protocole à quatre phases, mais il y aurait encore et toujours le même problème.

En fait, il peut être prouvé aisément qu'aucun protocole ne permet de résoudre ce problème. Supposons qu'il en existe un. Le dernier message envoyé est essentiel ou ne l'est pas. S'il ne l'est pas, on peut l'ignorer (ainsi que tous ceux qui sont inutiles), jusqu'à ce qu'on ait un protocole dans lequel tous les messages sont importants. Que se passe-t-il alors si le dernier message est perdu ? Nous venons de dire qu'il était essentiel, donc l'attaque ne sera pas lancée. Tant que l'expéditeur du dernier message important ne sera pas sûr de sa réception, il ne prendra pas le risque d'attaquer. Qui plus est, l'autre commandant connaissant cette contrainte, il n'osera pas non plus prendre l'initiative.

Pourquoi ce problème est-il similaire à notre problème de déconnexion ? Pour le voir, il suffit de remplacer le mot «attaque» par le mot «déconnexion». Si aucune des deux extrémités n'est prête à se déconnecter en étant sûre que l'autre extrémité est dans la même disposition, la déconnexion ne se fera jamais.

En pratique, la situation n'est pas complètement désespérée, car il est plus facile de prendre le risque de déconnecter une liaison que d'attaquer une armée. La figure 6-16 montre quatre scénarios utilisant une même procédure en trois étapes. Bien qu'il ne soit pas infaillible, ce protocole est cependant suffisant. Remarquez que ce schéma mentionne des unités de données envoyées et reçues par des entités de transport, et non pas des primitives envoyées par des utilisateurs du transport.

Dans la figure 6-16(a), nous voyons le cas normal d'un utilisateur qui entame la procédure en envoyant une commande de déconnexion *DR*-TPDU (*DISCONNECT REQUEST*). Le receveur retourne une confirmation *DC* - TPDU (*DISCONNECT CONFIRM*), et commence à compter le temps écoulé, au cas où ce dernier *DC* serait perdu. Lorsque le *DC* arrive, l'initiateur de la procédure retourne un accusé de réception *ACK* et se déconnecte. Quand cet accusé atteint le destinataire, celui-ci se déconnecte à son tour. Se déconnecter signifie, dans ce contexte, que l'entité de transport retire de ses tables de connexions ouvertes les informations concernant ladite connexion, et en informe le possesseur (l'utilisateur du transport) d'une manière quelconque. Cette procédure est totalement différente de celle où un utilisateur de transport émet une primitive *T.DISCONNECT.request.*

Si le dernier *ACK* est perdu, comme dans la figure 6-16(b), la situation est sauvée grâce au compteur-temporisateur. A l'expiration d'un certain délai, la connexion est libérée de toute façon.

Maintenant, voyons ce qui se passe si le *DC* (ou le *DR*) est perdu. L'utilisateur désirant la déconnexion ne va pas recevoir de *DC*, le temps d'attente va dépasser le maximum, aussi va-t-il réémettre une demande de déconnexion. La figure 6-16(c) montre ce mécanisme, qui est supposé réussir à la seconde tentative.

Le dernier cas, figure 6-16(d), est identique au cas précédent, mis à part que nous supposons à présent que toutes les tentatives pour retransmette un *DR* échouent à cause de la perte des unités de données correspondantes. Après *n* essais, l'expéditeur abandonne et coupe d'autorité la connexion. Pendant ce temps, le compteur du destinataire arrive hors limite et celui-ci se déconnecte aussi.

Bien que ce protocole suffise en pratique, il souffre en théorie d'un défaut si le *DR* initial et ses *n* retransmissions n'aboutissent pas. L'expéditeur se déconnecte, sans que le destinataire ait eu aucune connaissance de ses tentatives. Le destinataire reste donc actif. La ligne reste à moitié ouverte.

Cette situation peut être évitée en n'autorisant pas l'abandon des envois après *n* tentatives, mais en les expédiant indéfiniment. Cependant, si le destinataire est autorisé à se déconnecter passé un certain délai, l'expéditeur va se trouver à un moment donné parlant à un interlocuteur disparu. Si nous n'autorisons pas le destinataire à se déconnecter au bout d'un certain temps, nous finirons par nous retrouver dans la situation de la figure 6-16(b).

Une façon d'empêcher ce phénomène est de contrôler l'arrivée des TPDU; si aucune n'arrive pendant un certain laps de temps, la connexion est automatiquement rompue. Ainsi, si un côté est déconnecté, l'autre détectera le manque d'activité et se déconnectera aussi. Bien sûr, dans ce cas, il est nécessaire que chaque entité de transport possède son propre temporisateur qui est réinitialisé chaque fois qu'une unité de données est envoyée. Si le délai expire, une unité factice est envoyée afin de conserver une activité justifiant le maintien de la connexion. La faiblesse de ce mécanisme vient du fait que si trop de TPDU factices sont perdues, l'autre extrémité, ne détectant aucune activité, va se déconnecter d'office.

Nous cesserons là cette démonstration. Nous espérons qu'elle aura le mérite de vous avoir montré qu'il n'est pas si simple de faire cesser une connexion.

6.2.4. Gestion de la connexion par séquencement

Dans les sections précédentes, nous avons pris conscience des problèmes que posent les paquets dupliqués ou obsolètes, réapparaissant soudainement au risque de perturber les liaisons. Une des parades possibles est d'assigner une référence à chaque connexion, une autre est d'utiliser une procédure d'initialisation en trois étapes. Fletcher et Watson (1978), puis Watson (1981) ont proposé une troisième solution fondée sur l'emploi de temporisateurs. C'est cette méthode que nous allons voir dans cette section.

L'idée de base a déjà été évoquée : elle consiste à libérer une connexion si elle n'a pas d'activité pendant un certain temps. Les travaux de Fletcher et Watson ont porté sur les conditions dans lesquelles cette déconnexion peut s'effectuer, et en particulier sur la préservation des informations qui pourraient être perdues en cas de libération prématurée. Dans leur conception, une connexion ne disparaît des tables de connexions ouvertes qu'une fois que toutes les unités de données s'y rapportant ont vraiment disparu, c'est-à-dire à l'expiration d'un délai mûrement choisi.

Le principe de mise en œuvre est le suivant : lorsqu'un expéditeur désire envoyer un flot de données à un destinataire, il crée un historique qui contient les numéros de ces unités, leur accusé de réception, etc. A chaque envoi d'une unité de données, un temporisateur (dit d'inactivité) est réarmé. Si le délai vient à expirer, ce qui signifie qu'il n'y a pas d'activité sur la connexion, l'historique est détruit. Les délais accordés à l'expéditeur et au destinataire ne sont pas les mêmes, ceux du destinataire devant être notablement inférieurs.

La première unité de données d'une série contient un «indicateur de début de transfert» DRF (*Data Run Flag*), qui permet de la distinguer des suivantes. Lorsqu'une quelconque unité de données est envoyée, un compteur est initialisé, que l'on arrête lorsque l'accusé de réception correspondant est reçu. Si la limite de temps est dépassée, l'unité de données est retransmise. S'il n'y a toujours pas d'accusé de réception après *n* tentatives, la procédure est interrompue. La temporisation d'abandon joue un rôle important dans le protocole.

Lorsque la première unité de données arrive, le destinataire note son numéro et crée un fichier d'historique. Les TPDU suivantes ne seront alors acceptées que si leurs numéros suivent l'ordre numéral. Si la première TPDU à arriver ne possède pas l'indicateur de début, elle est impitoyablement rejetée. En résumé, pour que les TPDU soient acceptées, il faut que celle contenant l'indicateur arrive en premier (l'original ou un de ses duplicatas), et que les suivantes arrivent en séquence.

Lorsqu'une unité de données arrive en séquence, elle est transmise à l'utilisateur de transport, et un accusé de réception est renvoyé à l'expéditeur. Si elle arrive hors séquence mais alors que le fichier d'historique a déjà été créé, elle peut être mémorisée (comme dans le protocole 6 du chapitre 4), et éventuellement acquittée. Cependant, le fait de confirmer la réception de cette unité de données n'implique pas que les précédentes soient arrivées, à moins qu'un «indicateur de fin de transmission» ARF (*Acknowledgement Run Flag*) ne soit positionné.

Pour comprendre comment fonctionne ce protocole, voyons un exemple simple. Une séquence de données est envoyée et reçue en bon ordre, et donc acquittée. Lorsque l'expéditeur reçoit l' accusé de réception de la dernière et y trouve l'indicateur de fin de transmission, il inhibe tous les temporisateurs de retransmission. Si l'utilisateur du service de transport n'envoie plus de données, le temporisateur du fichier historique finira par expirer, entraînant sa destruction, et par mimétisme, celui de l'expéditeur se détruira aussi. Il n'est point besoin pour cela d'une unité de données contenant un ordre de connexion ou de déconnexion (quoique l'on puisse considérer l'indicateur *DRF* comme une espèce de *CR*-TPDU).

A présent, voyons ce qui se passe si l'unité de données contenant l'indicateur de début de transfert DRF est perdue. En ce cas, le récepteur ne va pas créer de fichier d'historique. Le temporisateur de retransmission finira par expirer, et l'unité de données sera retransmise, plusieurs fois si nécessaire, jusqu'à ce qu'elle obtienne enfin un écho. Une fois l'historique créé à la réception, une lacune peut exister au niveau du flot de données, lacune qui peut être facilement détectée et comblée grâce à l'action des temporisateurs et des retransmissions.

Supposons qu'une transmission se soit déroulée normalement, mais que certains des accusés de réception s'y rapportant soient perdus. Si, de plus, les retransmissions ont été aussi perdues, alors le temporisateur du receveur peut dépasser le temps de garde et entraîner l'effacement de l'historique de l'extrémité réceptrice. Qu'est-ce qui empêcherait une nouvelle connexion de se créer suite à l'apparition d'un duplicata de l'ancienne unité de début de transmission *DRF*? Pour éviter cette situation, il faut que le temporisateur de l'historique du récepteur soit bien plus long que le délai de déconnexion de l'expéditeur, augmenté de la durée maximale de la vie des unités dans la connexion. Ainsi le fichier historique sera-t-il conservé jusqu'à ce que le récepteur soit assuré que l'émetteur n'envoie plus d'unité d'initialisation (soit parce qu'il a reçu un acquittement, soit en abandonnant suite à la règle énoncée ci-dessus). Ainsi, il n'y a pas de danger qu'une unité déjà prise en compte réapparaisse après que l'historique a été effacé — toutes ses copies étant définitivement ignorées ou perdues. Les autres unités de données sont inoffensives car le destinataire ne les acceptera pas (seules les unités ayant un indicateur de début de transmission sont acceptées en l'absence d'un fichier d'historique).

Si quelques unités de données ne sont pas acquittées, l'émetteur les réexpédiera indéfiniment, ce qui maintiendra l'historique en vie. Tant qu'il restera une unité non acquittée dans l'historique, aucune unité contenant un indicateur de début de transmission ne sera envoyée.

A présent examinons le cas d'une diffusion générale de messages. Supposons que toutes les données qui ont été émises ont été acquittées. Lorsque l'utilisateur désire envoyer un nouveau message général, trois situations peuvent se présenter :

1. Les paires expéditeur-destinataire ont toujours leurs historiques.

2. L'historique de l'expéditeur existe, mais pas celui du destinataire.

3. Les deux historiques ont été détruits.

L'historique de l'expéditeur ne peut pas avoir été détruit si celui du destinataire existe encore, car le temporisateur de l'expéditeur est plus long. Dans le cas 1, l'expéditeur va envoyer une nouvelle unité de données contenant un indicateur de début de transmission puis les unités suivantes en cadence; leurs numéros seront incrémentés à partir de ceux déjà utilisés, puisque la connexion existe toujours. Le destinataire va les accepter sans aucun problème. Dans le deuxième cas, le destinataire va créer un nouvel historique et considérera qu'il s'agit d'une nouvelle transmission, puisqu'il a perdu la notion de la précédente. Dans le troisième cas, l'expéditeur lui aussi aura à créer un nouvel historique, mais les numéros ne seront pas dans la continuité des précédents. De toute façon, le destinataire ne se souvient plus d'eux, et acceptera volontiers les nouveaux. Qu'il soit bien clair que le cas numéro quatre (le destinataire sachant quels numéros il attend mais l'expéditeur ne le sachant pas) a été soigneusement rendu impossible.

En résumé, ce protocole est un mélange intéressant des propriétés des protocoles avec et sans connexion. L'échange minimal est de deux unités de données, ce qui le rend compétitif avec un protocole sans connexion dans les applications du type question-réponse. En revanche, contrairement au protocole sans connexion, les données envoyées sont garanties arriver dans le bon ordre. Enfin, les connexions sont libérées automatiquement grâce au jeu des temporisateurs.

6.2.5. Contrôle de flux et mémorisation

Après avoir examiné en détail la façon de créer et de libérer une connexion, nous allons voir maintenant comment cette connexion est gérée lorsqu'elle est en service. Une caractéristique importante a déjà été mentionnée : le contrôle de flux. Par certains côtés, ce problème se pose dans les mêmes termes que dans la Couche Liaison de Données, mais par certains autres il est très différent. La ressemblance vient du fait que dans les deux cas on doit utiliser un mécanisme tel une fenêtre à anticipation, afin de conserver une transmission rapide mais ne dépassant pas les possibilités du destinataire . En revanche, la différence la plus notable est que l'IMP n'a que peu de connexions alors qu'un hôte peut en avoir une quantité importante. C'est aussi pour cette raison qu'il est impossible d'implémenter pour la Couche Transport la même stratégie de mémorisation que celle de la Couche Liaison de Données.

Dans le protocole du chapitre 4 concernant la Couche Liaison de Données, les trames étaient mémorisées dans chacun des deux IMP. Dans le protocole 6, par exemple, il était nécessaire d'allouer à chaque extrémité *MaxSeq* + 1 tampons pour chaque ligne, la moitié pour les entrées et l'autre moitié pour les sorties. Pour un hôte ayant, par exemple, 64 connexions et des numéros de référence de 4 bits, ce même protocole demanderait 1024 tampons.

Dans la Couche Liaison de Données, le côté émetteur doit mémoriser les trames sortantes car il peut être nécessaire de les réexpédier. Si le sous-réseau produit des services de datagramme, l'entité de transport émettrice devra aussi avoir une fonction de mémorisation pour les mêmes raisons. Si, en revanche, le destinataire sait que l'expéditeur conserve toutes les unités tant qu'elles ne sont pas acquittées, il peut attribuer ou non des tampons spécifiques à la connexion, à sa discrétion. Il pourrait par exemple ne conserver qu'un seul tampon qu'il partagerait entre toutes les connexions. Lorsqu'une TPDU arrive, une tentative est faite pour acquérir un nouveau tampon. S'il en existe un de disponible, l'unité de données est acceptée; sinon elle est rejetée. Puisque l'expéditeur peut retransmettre toutes les unités perdues par le sous-réseau, le fait que cette unité ait été rejetée n'a pas d'importance; l'expéditeur la réexpédiera simplement tant qu'elle n'aura pas été acquittée.

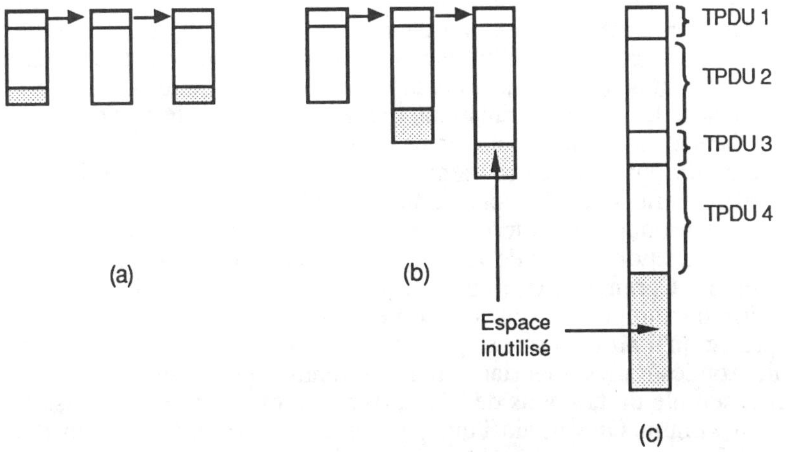

Figure 6-17. (a) Tampons chaînés de taille fixe (b) Tampons chaînés de taille variable (c) Tampon circulaire affecté à une connexion

En résumé, si le service de réseau n'est pas fiable (c'est à dire type *B* ou *C*), l'expéditeur doit mémoriser toutes les unités de données expédiées, tout comme dans la Couche Liaison de Données. Cependant, avec un réseau fiable (type *A*), il est possible de s'accommoder d'autres règles. En particulier, si l'expéditeur sait que le destinataire a toujours de l'espace libre, il n'a pas besoin de garder copie de toutes les unités envoyées. En revanche, si le destinataire ne peut pas garantir que chaque unité entrante sera acceptée, alors l'expéditeur devra les mémoriser de toute façon. Dans ce dernier cas, l'expéditeur ne peut pas se reposer sur les acquittements de la Couche Réseau parce qu'ils signifient simplement que les unités de données sont arrivées mais pas qu'elles ont été acceptées. Nous reviendrons sur cette remarque importante un peu plus tard.

Dans le cas où la mémorisation se fait du côté destinataire , il reste à déterminer la taille de la mémoire nécessaire. Si les TPDU sont de tailles à peu près équivalentes, le plus simple est de définir des groupes de tampons de même taille et contenant une TPDU par tampon, comme dans la figure 6-17(a). En revanche si leurs longueurs peuvent varier dans de grandes proportions, de quelques caractères tapés sur un terminal à quelques milliers de caractères comme dans le cas d'un transfert de fichiers, le choix de la taille des mémoires représente un réel problème. Si elle est choisie en fonction de la longueur maximale, la mémorisation d'une petite unité engendrera un gaspillage énorme. Au contraire, si la taille est choisie au-dessous de la taille maximum, plusieurs tampons seront nécessaires pour les grandes TPDU, ce qui compliquera d'autant leur gestion.

Une autre approche de ce problème est d'utiliser des mémoires de taille variable comme dans la figure 6-17(b). L'avantage ici est une meilleure utilisation de la mémoire, au prix d'une gestion beaucoup plus compliquée. Une autre possibilité est d'utiliser une mémoire tampon d'assez grande largeur et rebouclée comme dans la figure 6-17(c). Cette solution est très efficace dans le cas d'une connexion très sollicitée, mais le rendement en est faible dans le cas d'une connexion peu chargée.

Le choix optimum entre mémorisation à la source ou à la destination dépend du trafic. Pour des connexions multiples mais peu chargées, comme celles que produisent les terminaux interactifs, il est préférable de ne pas dédier de tampons, mais de les acquérir dynamiquement, et ce aux deux extrémités. Comme l'expéditeur n'est pas sûr que le destinataire pourra acquérir un tampon, il doit conserver une copie de l'unité de données jusqu'à ce qu'il ait reçu son acquittement. A l'opposé, pour le transfert des fichiers ou les trafics importants, il est préférable que le destinataire dispose d'un ensemble de tampons dédiés, afin de permettre une transmission au débit maximum. On voit ainsi que pour un trafic de faible importance, il est conseillé de mémoriser chez l'expéditeur, alors que pour un trafic important, il est préférable de mémoriser chez le destinataire .

Au fil des connexions et des libérations, et en fonction de la nature du trafic, on voit qu'il faut ajuster dynamiquement la localisation et la taille des tampons alloués. En conséquence, le protocole de transport doit permettre à un hôte de demander des tampons au destinataire. Ils peuvent être alloués spécifiquement à une connexion, ou collectivement pour toutes les connexions existant entre deux hôtes. Il se peut aussi que le destinataire, connaissant la situation de ses tampons (mais ne connaissant pas l'intensité du trafic) signifie sa situation à l'expéditeur. Si le nombre de connexions ouvertes doit augmenter, il peut être nécessaire de diminuer l'allocation qui avait été faite, ce qui suppose que le protocole ait été prévu en conséquence.

Une façon plus rigoureuse de gérer l'allocation dynamique des tampons est de séparer ce problème de celui de l'acquittement, contrairement à ce que nous avons fait pour le protocole de fenêtre à anticipation du chapitre 4. Une allocation dynamique de mémoire signifie en effet une fenêtre de taille variable. Au départ, l'expéditeur demande un certain nombre de tampons en fonction des besoins qu'il perçoit. Le destinataire lui en alloue alors autant qu'il peut. A chaque transfert d'une unité de données, le destinataire doit décrémenter son allocation et stopper la transmission lorsque l'allocation est nulle. Le destinataire accole alors les acquittements et les allocations au trafic en retour.

	A	Message	B	Signification
1	Æ	<requête de 8 tampons>	Æ	A demande 8 tampons
2	··	<ack = 15, buf = 4>	··	B n'accepte que les messages 0 à 3
3	Æ	<seq = 1, data = m1>	Æ	A a 3 tampons libres
4	Æ	<seq = 2, data = m2>	Æ	A a 2 tampons libres
5	Æ	<seq = 0, data = m0>	...	Message 1 perdu; A pense qu'il est bien reçu
6	··	<ack = 1, buf = 3>	··	B acquitte les messages 0 et 1, autorise 2 à 4
7	Æ	<seq = 3, data = m3>	Æ	A a 1 tampon libre
8	Æ	<seq = 4, data = m4>	Æ	A n'a plus de tampon, il s'arrête
9	Æ	<seq = 2, data = m2>	Æ	A retransmet après expiration de la temporisation
10	··	<ack = 4, buf = 0>	··	Tous les messages sont acquittés; mais A est bloqué
11	··	<ack = 4, buf = 1>	··	A peut envoyer le message 5
12	··	<ack = 4, buf = 2>	··	B a trouvé un tampon
13	Æ	<seq = 5, data = m5>	Æ	A a un tampon libre
14	Æ	<seq = 6, data = m6>	Æ	A est à nouveau bloqué
15	··	<ack = 6, buf = 0>	··	A est toujours bloqué
16	...	<ack = 6, buf = 4>	··	Risque de blocage définitif

Figure 6-18. Allocation dynamique de tampons. Les flèches montrent le sens de transmission. (...) Indique qu'une TPDU s'est perdue.

La figure 6-18 montre un exemple d'une gestion dynamique de fenêtre dans le cas d'un sous-réseau à datagramme ayant des numéros de séquence à quatre bits. Supposons que les informations concernant les allocations de tampons voyagent dans des unités différentes et ne soient donc pas accolées au trafic en retour. Au départ, A demande huit tampons, mais on ne lui en attribue que quatre. Il envoie alors trois TPDU, la troisième étant perdue. La TPDU 6 acquitte toutes les TPDU jusqu'à la numéro 1 incluse, autorisant A à réutiliser les tampons correspondants, et informe A qu'il est autorisé à envoyer trois nouvelles unités dont le numéro est supérieur à 1 (c'est-à-dire 2, 3 et 4). A sait qu'il a déjà expédié l'unité 2, il pense donc qu'il doit envoyer les unités 3 et 4, ce qu'il fait. Arrivé à ce point, il est bloqué et doit attendre une nouvelle allocation. La retransmission programmée est néanmoins possible car c'est un processus indépendant de l'allocation. C'est ce que nous constatons ligne 9 où le temporisateur de retransmission ayant épuisé son crédit, une réexpédition de l'unité 2 a été ordonnée. A la ligne

10, B accuse réception des données, y compris l'unité 4, mais reste bloqué car ses tampons sont tous occupés. Une telle situation n'est pas possible dans le protocole de fenêtre fixe du chapitre 4. La TPDU suivante de B vers A fait suite à la libération d'un tampon et informe de la possibilité qu'a A d'envoyer une nouvelle unité.

Ce type de mécanisme à crédit variable peut poser des problèmes si des unités de données sont perdues. Observez la ligne 16. B a alloué un peu plus de tampons à A, mais l'unité informant A se perd. Comme les unités de contrôle ne sont ni cadencées, ni temporisées, A est pris dans un interblocage. Afin d'éviter cette situation, chaque hôte doit envoyer périodiquement des unités de contrôle contenant leur allocation et l'acquittement de celle de l'autre. Ainsi, tôt ou tard on sortira de l'interblocage.

Jusqu'à présent, nous avons supposé que la seule limite imposée au débit des données provenait de la quantité de tampons alloués par le destinataire. Avec la baisse considérable du prix des mémoires, il devient possible d'équiper un hôte avec une quantité de tampons suffisante pour éviter tout risque d'indisponibilité, ou du moins pour rendre ce risque très faible.

Lorsque la disponibilité de tampons ne limite plus le débit de transmission, une autre limite apparaît : la limite de capacité de transmission du sous-réseau. Si deux IMP adjacents peuvent échanger au plus x trames par seconde et qu'il y a k chemins distincts reliant deux hôtes, il n'est pas possible que le débit puisse dépasser kx TPDU par seconde, quelle que soit la taille de la mémoire disponible. Si l'expéditeur dépasse cette limite (s'il envoie plus de kx unité/s), le sous-réseau sera embouteillé, car il ne pourra délivrer autant d'unités qu'on lui impose de le faire.

Il faut donc non seulement un mécanisme de gestion des allocations, mais aussi un mécanisme permettant de vérifier que le débit imposé au réseau ne dépasse pas ses possibilités. Plus explicitement, ce mécanisme doit éviter que le tampon de l'expéditeur ne contienne trop d'unités en attente d'un acquittement. Belsnes (1975) a proposé un mécanisme de contrôle utilisant une fenêtre à anticipation dont la taille est ajustée dynamiquement par l'expéditeur en fonction de la capacité du réseau. Si le réseau peut supporter c unités de données par seconde, et que le temps de cycle (incluant envoi, propagation, file d'attente et traitement à la réception ainsi que le retour de l'acquittement) est r, alors la fenêtre de l'expéditeur doit être cr. Avec une telle taille, l'expéditeur fonctionne en permanence à plein rendement. En revanche, n'importe quelle baisse de performance du réseau le conduira à sa congestion.

L'ajustement dynamique se fait en vérifiant chacun de ces paramètres puis en recalculant la valeur de la fenêtre. La capacité de transport du réseau est obtenue en comptant le nombre d'acquittements reçus pendant une certaine durée, puis en divisant ce nombre par la durée en question. Pendant cette opération, l'expéditeur doit envoyer ses données aussi vite qu'il le peut pour être sûr que l'on mesure bien la capacité du réseau et non pas les possibilités de l'expéditeur . Le temps de cycle, quant à lui, peut se mesurer aisément et précisément, et on peut facilement en calculer une moyenne. Comme la capacité du réseau est fonction de la densité du trafic, l'ajustement de la fenêtre devra être fréquent.

6.2.6. Multiplexage

Le multiplexage de plusieurs conversations sur une même connexion, un même circuit virtuel, une même ligne a des répercussions importantes au niveau de plusieurs des couches constituant l'architecture du réseau. Dans la Couche Transport, le multiplexage peut être nécessaire pour plusieurs raisons. Par exemple, dans un réseau qui utilise des circuits virtuels, chaque connexion ouverte mobilise des ressources au niveau des IMP pendant toute la durée de la connexion. Si, de plus, des tampons sont affectés à chaque circuit virtuel, toute pause dans la transmission risque de coûter cher. Bien que cette conception aille à l'encontre du but poursuivi lors de l'élaboration des systèmes de transmission par paquets — facturer en fonction de la quantité de données transmises, et non pas du temps de connexion — de nombreuses administrations ont adopté ce système, sans doute parce qu'il est plus proche du modèle de commutation de circuits auquel elles étaient habituées.

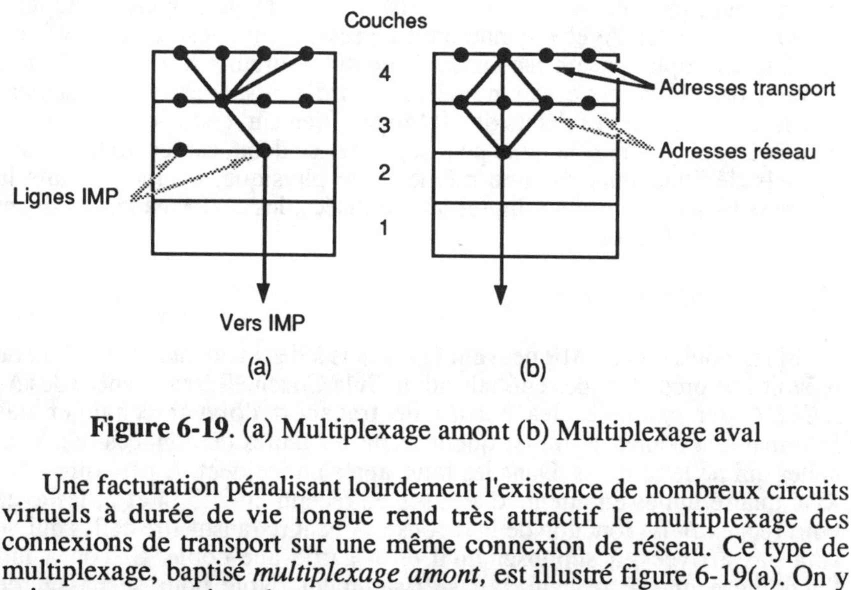

Figure 6-19. (a) Multiplexage amont (b) Multiplexage aval

Une facturation pénalisant lourdement l'existence de nombreux circuits virtuels à durée de vie longue rend très attractif le multiplexage des connexions de transport sur une même connexion de réseau. Ce type de multiplexage, baptisé *multiplexage amont,* est illustré figure 6-19(a). On y voit quatre connexions de transport distinctes utilisant la même connexion de réseau (par exemple un circuit virtuel X.25). C'est la Couche Transport qui se voit affecter la tâche de regrouper les connexions de transport en fonction de leurs destinations et de les faire supporter par un minimum de connexions de réseau. Cependant, si de trop nombreuses connexions de transport sont affectées à une connexion de réseau, le rendement peut s'avérer faible, car la fenêtre sera souvent pleine, et l'utilisateur devra attendre souvent son tour. En revanche, si le nombre de connexions de transport par connexion de réseau est trop faible, le coût du service sera élevé. Lorsque le multiplexage amont est utilisé avec un réseau X.25, bien que X.25 dispose de plus de 4000 numéros de circuits virtuels justement pour cela, il faut cependant identifier la connexion en utilisant un champ de l'en-tête de transport.

Le multiplexage dans la Couche Transport peut aussi être utile pour une autre raison, relative à une décision technique du fournisseur de la ligne, plutôt qu'à un aspect prix. Supposons qu'un client envoie de temps en temps des quantités très importantes de données. Si le sous-réseau utilise un contrôle de flux à base d'une fenêtre à anticipation avec des numéros de séquence sur trois bits, l'utilisateur doit cesser ses envois après chaque lot de sept paquets, puis attendre qu'ils soient parvenus et aient été acquittés par l'hôte destinataire. Si la connexion physique se fait *via* un satellite, il est ainsi effectivement limité à sept paquets toutes les 540 ms. Si les paquets se composent de 128 octets, cela représente une vitesse de transmission réelle de 13 kbit/s, même si le débit de la ligne est 1000 fois meilleur.

Une solution possible est que la Couche Transport ouvre plusieurs connexions de réseau et distribue le trafic entre elles de manière équitable, comme indiqué sur la figure 6-19(b). Cette façon d'opérer s'appelle *multiplexage aval*. Avec *k* connexions de réseau ouvertes, le débit effectif est ainsi multiplié par un facteur *k*. Avec 4095 circuits X.25 virtuels, des paquets de 128 octets et des numéros sur trois bits, il est théoriquement possible d'atteindre des débits de 50 Mbit/s. Bien sûr, cette performance ne peut être atteinte que si la ligne peut supporter ce débit, car les 4095 circuits virtuels débitent tous sur une même ligne physique, du moins dans la figure 6-19(b). Si plusieurs lignes sont utilisées, les performances peuvent être encore meilleures.

6.2.7. Reprise après incident

Si les hôtes ou les IMP peuvent être sujets à des incidents, il convient de prévoir une procédure de réinitialisation. Si la Couche Réseau génère des *N-RESET* par exemple, les entités de transport doivent échanger des informations pour déterminer quelles sont les unités de données reçues et celles qui ne le sont pas. Dans les faits, après un incident, A peut dire à B : «J'ai quatre unités en attente d'accusés de réception: 2, 3, 4 et 5; les avez vous reçues ?» En fonction de la réponse, A peut retransmettre celles qui ne sont pas arrivées, à supposer qu'il en a gardé une copie. Si l'on a fait l'hypothèse que le réseau était suffisamment fiable pour se passer de retransmission, cette faculté ne sera pas disponible.

Un problème plus épineux se pose quand c'est un hôte qui tombe en panne. Pour bien montrer la difficulté, supposons qu'un des hôtes soit en train de transmettre un fichier très long en utilisant un protocole simple, isarythmique (*stop and wait*). La Couche Transport du destinataire se contente de passer simplement les unités de données à son utilisateur, une par une. Au cours de la transmission, l'hôte destinataire tombe en panne. Après sa remise en route, ses tables sont réinitialisées, ce qui fait qu'il ne sait plus très bien où il en était.

	Stratégies du destinataire					
	Acquittement puis écriture			Ecriture puis acquitement		
Stratégies de l'expéditeur	AP(E)	AEP	P(AE)	P(EA)	EAP	EP(A)
Retransmission systématique	C	D	C	C	D	D
Pas de retransmission	P	C	P	P	C	C
Retransmission si *S*0	C	D	P	P	D	C
Retransmission si *S*1	P	C	C	C	C	D

C : protocole fonctionnant correctement
D : protocole générant un message dupliqué
P : protocole perdant un message

Figure 6-20. Differentes combinaisons des stratégies de l'expéditeur et du destinataire

Pour retrouver son état précédent, il peut diffuser à chaque hôte une unité de données spécifiant qu'il a eu une panne et qu'il désire qu'on l'informe de l'état de toute connexion ouverte. L'expéditeur peut être dans un des deux états suivants : des unités sont en attente de confirmation (*S*1), ou non (*S*0). En fondant son action sur ces états, l'expéditeur doit décider s'il retransmet les dernières unités de données ou non.

A première vue, il semble évident qu'il ne doit réexpédier ces unités que si elle n'ont pas été acquittées (c'est-à-dire à l'état *S*1). Pourtant, une approche plus rigoureuse démontre la naïveté d'une telle conception. En effet, lorsque le destinataire reçoit une unité de données, il envoie l'accusé de réception à l'expéditeur, puis il écrit l'unité. En effet, écrire une unité de données et envoyer un acquittement sont deux événements distincts, qui ne peuvent être exécutés simultanément. Si la panne intervient après que l'accusé de réception a été envoyé, mais avant que l'écriture ait été faite, l'acquittement aura été reçu par l'hôte qui sera dans l'état *S*0 au moment du recouvrement. Aussi l'expéditeur ne retransmettra-t-il pas cette unité, ce qui conduit à une lacune d'information.

Vous pourriez être tenté de dire : «Ce problème peut être résolu simplement. Il suffit de reprogrammer l'entité de transport pour qu'elle envoie l'accusé après avoir écrit l'unité.» Réessayons. Imaginons que la donnée ait été écrite, mais que la panne survienne avant que l'accusé ait été envoyé. L'expéditeur sera donc en l'état *S*1 et retransmettra la donnée, entraînant une duplication au niveau du flot final.

Quel que soit le choix retenu, il y aura toujours une situation qui entraînera la défaillance du protocole dans sa tâche de recouvrement. Le destinataire peut être programmé selon un des deux modes : acquittement puis écriture, ou l'inverse. L'expéditeur, lui, a le choix entre quatre possibilités : retransmettre la dernière unité dans tous les cas, ne jamais la retransmettre, la retransmettre si *S*0, ou enfin si *S*1. Cela donne huit combinaisons possibles, mais en examinant chacune d'elles, on constate que des événements peuvent à chaque fois conduire à une erreur de protocole.

Trois événements sont à considérer au niveau du destinataire : l'envoi d'un acquitement (*A*), l'écriture dans le processus destinataire (*E*), et enfin une panne (*P*). Ils peuvent s'enchaîner de six manières différentes : *AP*(*E*), *AEP*, *P*(*AE*), *P*(*EA*), *EAP* et *EP*(*A*), où les parenthèses indiquent ce qui aurait dû se produire après la panne (*P*), mais ne se produira pas puisqu'il y a panne. La figure 6-20 montre les huit stratégies possibles de l'expéditeur et du destinataire, et les conséquences sur le déroulement des événements. Notez qu'à chaque combinaison, il y a au moins un cas d'exécution incorrecte. Par exemple, si l'expéditeur réémet systématiquement, la séquence *AEP* va conduire à la création d'un doublon non détectable, bien que les deux autres situations soient pleinement satisfaisantes.

Amender le protocole en vue de la résolution de ce problème ne nous aide cependant pas. Même si l'expéditeur et le destinataire échangent plusieurs accusés de réception avant que le destinataire ne tente d'écrire l'unité de données, ceci afin de faire connaître exactement la situation du destinataire à l'expéditeur, celui-ci n'aura jamais la possibilité de savoir si une panne est arrivée juste avant ou juste après l'écriture. La conclusion est simple : il n'y a pas de protocole permettant de rendre transparente la panne d'un (et d'un seul selon notre hypothèse de départ) des hôtes.

De façon plus générale, on peut dire qu'une panne dans une couche de niveau *N* ne peut être récupérée que dans une couche de niveau *N*+1, à condition toutefois que cette couche ait les informations suffisantes pour ce faire. Ainsi, comme nous l'avons vu, la Couche Transport peut compenser une panne au niveau de la Couche Réseau, en faisant en sorte que chaque extrémité conserve une trace de son activité.

Ce problème nous permet de mieux comprendre la nécessité d'un accusé de réception prenant en compte la totalité du service de bout en bout. En principe, le protocole de transport fonctionne de bout en bout, et n'est pas chaîné comme ceux des couches inférieures. Considérons le cas d'un utilisateur voulant mettre à jour les enregistrements d'une base de données déportée. Supposons que l'entité de transport du destinataire soit programmée pour transmettre l'unité de données au niveau supérieur, avant d'envoyer l'accusé de réception. Même dans ce cas, la réception d'un acquittement par l'expéditeur ne signifie pas que l'hôte destinataire soit resté suffisamment longtemps actif pour avoir eu le temps de réactualiser sa base. Une véritable couverture de bout en bout est probablement impossible à réaliser. Pour plus d'information sur ce sujet, nous renvoyons le lecteur aux travaux de Saltzer et al. (1984).

6.3. IMPLEMENTATION D'UN PROTOCOLE DE TRANSPORT SIMPLE A X.25

Afin de clarifier les concepts et idées énoncés dans les paragraphes précédents, nous allons à présent étudier en détail un exemple de conception d'une Couche Transport. Cet exemple est choisi de manière à être réaliste, mais reste suffisamment simple pour être facilement appréhendable. Les primitives utilisées sont extraites des recommandations de l'ISO pour les réseaux en mode connexion, à l'exception des données exprès, qui ajoutent de la complexité sans pour autant apporter d'éclaircissement sur la façon de travailler de la Couche Transport.

6.3.1. Exemple de primitives

Notre premier problème est de transcrire les primitives OSI en langage Pascal. La requête *CONNECT.request* est facile à créer. C'est la procédure *connect*, qui pourra être appelée en lui fournissant les paramètres. En revanche, la requête *CONNECT.indication* est bien plus délicate. Comment pouvons-nous signifier au destinataire qu'il a un appel entrant ? Par nature, un appel entrant peut être assimilé à une interruption, un concept difficile à traiter par un langage de haut niveau. La primitive *CONNECT.indication* s'assimile au fonctionnement du téléphone (car celui-ci génère bien des interruptions avec sa sonnerie), mais est difficilement modélisable pour un ordinateur.

Pour construire une interface digne de ce nom à notre Couche Transport, nous allons devoir faire ce que tout véritable réseau se doit de faire, et inventer un modèle de connexion plus orienté informatique. Dans notre modèle, il y a deux procédures utilisables : *listen* et *connect*. Lorsqu'un processus (un utilisateur du transport) veut se mettre en mesure d'accepter des appels entrants, il appelle la fonction *listen* en indiquant l'adresse du point d'accès TSAP. Le programme se met alors en attente jusqu'à ce qu'un utilisateur éloigné tente de créer une connexion.

L'autre procédure, *connect*, peut être utilisée lorsqu'un processus désire établir une connexion. L'appelant doit préciser l'adresse de son point d'accès TSAP et celle de l'appelé, et se met en état d'attente jusqu'à ce que la Couche Transport ait initialisé la procédure de connexion. Si la connexion réussit, les deux parties sortent de leur état de veille, et la transmission peut commencer.

Notez que ce modèle est hautement asymétrique. Une extrémité est passive, attendant un événement extérieur, l'autre est active et est à l'origine de la connexion. Mais que se passerait-il si la partie appelante commençait en premier ? Une stratégie possible serait de refuser la demande au motif qu'il n'y a pas d'appelé au numéro demandé. Une autre consisterait à faire se renouveler la demande (peut-être éternellement) jusqu'à l'obtention d'une réponse.

Le compromis retenu dans notre exemple est de maintenir la demande de connexion à l'arrivée pendant un certain laps de temps. Si un processus installé sur cet hôte appelle la procédure *listen* avant l'expiration du délai, la connexion sera établie, sinon elle sera rejetée, et l'appelant sortira de son état de veille.

Pour relâcher la connexion, nous utiliserons la procédure *disconnect*. Lorsque les deux extrémités ont déconnecté, la connexion est libérée.

La transmission des données pose exactement les mêmes problèmes que l'établissement d'une connexion : il est facile de créer une procédure implémentant la primitive *T-DATA.request*, mais bien plus délicat de traduire la requête *T-DATA.indication*. Nous utiliserons le même artifice que pour la connexion et créerons une procédure active *send* envoyant les données, et une procédure passive *receive* qui se met en position d'attente jusqu'à ce qu'un message lui parvienne.

Notre exemple comporte donc cinq primitives : *CONNECT*, *LISTEN*, *DISCONNECT*, *SEND* et *RECEIVE*. Chacune d'elles correspond exactement à une procédure qui permet de l'exécuter (à la différence du modèle OSI dans lequel il n'y a pratiquement pas de correspondance entre les primitives et les procédures). Les paramètres pour les primitives de service et les procédures sont les suivants :

connum = *CONNECT* (local, appelé)
connum = *LISTEN* (local)
status = *DISCONNECT* (connum)
status = *SEND* (connum, tampon, octets)
status = *RECEIVE* (connum, tampon, octets)

La primitive *CONNECT* a deux paramètres, l'adresse du point TSAP de l'appelant, *local*, et celle du destinataire, nommée *appelé,* entre lesquels on essaie de créer une connexion. Si la connexion réussit, la procédure retourne dans *connum* un nombre non négatif servant à identifier la connexion lors des appels suivants. Si elle échoue, le motif du rejet est retourné dans *connum* sous la forme d'un nombre négatif. Dans notre exemple tout simple, chaque point d'accès TSAP ne peut participer qu'à une seule connexion de transport, ce qui peut constituer une cause supplémentaire de rejet au cas où une des adresses de transport est déjà en service. D'autres causes sont : hôte appelé en panne, adresse locale illégale, adresse appelée illégale.

La primitive *LISTEN* annonce le désir de l'utilisateur d'accepter une connexion dirigée vers l'adresse spécifiée. L'utilisateur est bloqué jusqu'à ce qu'une tentative de connexion lui parvienne. Il n'y a pas de délai maximum à l'attente.

La primitive *DISCONNECT* libère la connexion désignée par le paramètre *connum*. Les erreurs possibles sont : *connum* correspond à une autre connexion, ou n'est pas un identificateur de connexion valide. La procédure renvoie dans le paramètre *status* un code d'erreur, ou 0 en cas de succès.

La primitive *SEND* envoie le contenu du tampon sous forme d'un message sur la connexion de transport indiquée, si nécessaire sous la forme de plusieurs unités si le message est trop long. Les erreurs éventuelles, retournées dans le paramètre *status*, sont : pas de connexion, adresse du tampon illégale ou compteur négatif.

La primitive *RECEIVE* indique la prédisposition de l'utilisateur à accepter des données. La taille du message entrant est placée en octets. Si la procédure éloignée a libéré la connexion ou si l'adresse du tampon est illégale, *status* retourne un code d'erreur.

6.3.2. Exemple d'entité de transport

Avant de regarder le code de l'entité de transport, il est important de comprendre que cet exemple est analogue à ceux présentés dans le chapitre 4 : son but est pédagogique, et ne constitue pas une proposition sérieuse. Plusieurs détails techniques (comme un traitement exhaustif des erreurs) ont été négligés afin de simplifier la démonstration, mais ils feraient cruellement défaut dans le cas d'un système réel. Néanmoins, la plupart des idées de base contenues dans l'entité de transport de classe 0 de l'OSI sont présentées dans notre exemple.

La Couche Transport utilise les primitives du service réseau pour envoyer et recevoir les unités de données (les TPDU). Tout comme les primitives du service transport, les primitives du service réseau ne coïncident pas avec les procédures. Dans cet exemple, nous contournerons le problème grâce à l'utilisation de l'interface X.25. Chaque TPDU correspondra à un paquet et un seul, et réciproquement, ce qui nous permettra de confondre les deux termes. De plus, dans cet exemple, nous allons supposer que le réseau X.25 est totalement fiable (classe A), et donc qu'il ne perd aucun paquet, pas plus qu'il ne génère de réinitialisation intempestive. La figure 6-21 montre un exemple d'implémentation du service transport dans un programme. Ce programme (qui est effectivement le code de l'entité de transport) peut être incorporé au système d'exploitation ou bien incorporé à la bibliothèque de procédures mise dans l'environnement de l'utilisateur. Il peut aussi être intégré dans un coprocesseur de communication ou dans une carte réseau placée dans l'hôte.

Par souci de simplicité, notre exemple s'applique à des procédures faisant partie d'une bibliothèque, mais les modifications nécessaires pour les incorporer à un système d'exploitation seraient minimes (et porteraient essentiellement sur la façon d'accéder aux tampons utilisateur).

Il convient de noter que dans notre exemple, «l'entité de transport» n'est pas réellement une entité distincte, mais une partie du processus utilisateur. En particulier, lorsque l'utilisateur exécute une primitive qui le conduit à l'état bloqué, comme un *LISTEN*, la totalité de l'entité de transport se bloque. Cette structure convient pour un hôte n'ayant qu'un seul processus utilisateur; en revanche, pour un hôte servant plusieurs utilisateurs, il serait plus adéquat que l'entité de transport soit réalisée sous la forme d'un processus séparé, distinct de tous les autres processus.

L'interface vers la Couche Réseau (X.25) se fait *via* les procédures *VersCoucheRéseau* et *DeCoucheRéseau* (non explicitées). Chacune d'elles a six paramètres : l'identificateur de la connexion qui identifie les circuits virtuels, les bits X.25 *Q* et *M* qui indiquent soit un message de contrôle soit que des données de ce message sont présentes dans les paquets suivants, le type de paquet, choisi parmi *CALL REQUEST*, *CALL ACCEPTED*, *CLEAR REQUEST*, *CLEAR CONFIRMATION*, *DATA*, et *CREDIT*, un pointeur vers les données elles-mêmes, et enfin le nombre d'octets de données.

A l'appel de *VersCoucheRéseau*, l'entité de transport (c'est-à-dire une procédure du type de celle présentée figure 6-21) prépare tous les paramètres en vue de leur utilisation par la Couche Réseau. A l'appel de *DeCoucheRéseau*, la Couche Réseau ouvre le paquet entrant pour le mettre à la disposition de l'entité de transport. En passant les informations en tant que paramètres de procédures plutôt qu'en les incorporant dans les paquets, la Couche Transport est préservée des détails du protocole du réseau. Si l'entité de transport tente d'envoyer un paquet alors que la fenêtre à anticipation du circuit virtuel inférieur est pleine, elle est stoppée par un ordre *VersCoucheRéseau* jusqu'à ce qu'il y ait à nouveau de la place dans la fenêtre. Ce mécanisme est transparent pour l'entité de transport et est contrôlé par la Couche Réseau qui utilise des commandes comme *EnableTransportLayer* et *DisableTransportLayer* analogues à celles décrites dans le protocole du chapitre 4.

En complément de ces mécanismes de mise en sommeil et de réveil transparents, il y a aussi des procédures explicites que l'on peut appeler par l'entité de transport. La procédure *DORMIR* est appelée lorsque l'entité de transport est logiquement bloquée dans l'attente d'un événement externe, généralement l'arrivée d'un paquet. Après l'appel de *DORMIR* l'entité de transport (et bien sûr le programme utilisateur) cesse son activité.

```
Const MaxConn = ...;  MaxMsg = ...;  MaxPqt = ...;
      TimeOut = ...; cred = ...;
      q0 = 0; q1 = 1; m0 = 0; m1 = 1; ok = 0;
      ErrPlein = -1; ErrRejet = -2;
      ErrFermé = -3; PlusBasseErr = -3;

type  bit = 0..1;
      AdresseTransport = integer;
      IdConn = 0..MaxConn;  {identificateur de connexion}
      TypePqt = (CallReq, CallAcc, ClearReq,
                 ClearConf, DataPqt, credit);
      étatconn = (veille, attente, en_file_d_attente,
             établie, émission, réception, déconnexion);
      message = array [0..MaxMsg] of 0..255;
      msgptr = ↑message;   {pointeur de message}
      CodeErreur = PlusBasseErr..0;
      IdConnOrErr = PlusBasseErr..MaxConn;
      LongueurPqt = 0.. MaxPqt;
      paquet = array [LongueurPqt] of 0..255;

var AdresseEcoutée: AdresseTransport;     {adresse à lire}
    ConnEcoutée: IdConn;    {identificateur de connexion}
    data: paquet;           {zone pour le paquet}
    conn: array [IdConn] of record
      AdresseLocale, AdresseHote: AdresseTransport;
      état: étatconn;  {état connexion}
      AdrTamponUtilisateur:msgptr;{pointeur tamp.réception}
      CompteurOctet: 0..MaxMsg; {compteur émis./récept.}
      ClrReqReceived: boolean; {si réception paq Clear Req}
      timer: integer;  {surveillance Call Request}
      credits: integer {nb messages pouvant être envoyés}
    end;

function Listen (t:AdresseTransport): IdConnOrErr;
{l'utilisateur vérifie l'arrivée de CALLREQ}
var i: integer; trouvé: boolean;
begin
  i := 1;
  trouvé := false;

  while (i <= MaxConn) and not trouvé do
    if (conn[i].état=en_file_d_attente) and
                               (conn[i].AdresseLocale=t)
      then trouvé := true
      else i := i+1;
```

```
    if not trouvé then
       {pas de CALLREQ en attente. Attente jusqu'à arrivée
          ou délai maximum}
       begin
          AdresseEcoutée := t; dormir; i := ConnEcoutée
       end;
    conn[i].état := établie;  {connexion établie}
    conn[i].timer := 0;  {temporisateur non utilisé}
    Ecoute := i;  {retour identificateur connexion}
    ConnEcoutée := 0; {suppose que 0 est une adr. invalide}
    {on dit au réseau d'accepter la connexion}
    VersCoucheRéseau(i,q0,m0,CallAcc,data,0)
end;  {écoute}

function connect(l, r: AdresseTransport): IdConnOrErr;
{l'utilisateur veut se connecter à un processus distant.
 Envoi d'un paquet CALLREQ.}
var i:integer;
begin i := MaxConn; {recherche en table à partir de la fin}
  data[0]:=r; data[1]:=l; {nécess pour paquet CALL REQUEST}
  while (conn[i].état <> veille) and (i>1) do  i:=i-1;
  if conn[i].état = veille then
    with conn[i] do
       {création d'une entrée dans la table correspondant
       à l'envoi du CALLREQ}
       begin
          AdresseLocale:=l; AdresseHote:=r;
          état := attente; ClrReqReceived := false;
          credits := 0; timer := 0;
          VersCoucheRéseau(i, q0, m0, CallReq, data, 2);
          dormir;  {attente CALLACC ou CLEARREQ}
          if état=établie then connect := i;
          if ClrReqReceived then
            begin  {connexion refusée par hôte}
              connect := ErrRejet;
              état := veille;  {retour veille}
              VersCoucheRéseau(i,q0,m0,ClearConf,data,0)
            end
       end
  else connect :=ErrPlein   {la table est pleine}
end;  {connect}


function send (idc:IdConn; ptrtamp: msgptr;
                    octets: integer): CodeErreur;
{l'utilisateur veut envoyer un message}
var i, count: integer;  m: bit;

begin
  with conn[idc] do
```

```
    begin  {entrée état émission}
      état := envoi;
      CompteurOctet := 0;
      if (not ClrReqReceived) and (credits=0)
        then dormir;
      if not ClrReqReceived then
        begin {créd. dispo. - le message devient paquets}
          repeat
            if octets - CompteurOctet > MaxPqt
              then begin count := MaxPqt; m:=1 end
              else begin count:=octets-CompteurOctet;
                         m:=0
                   end;
            for i:=0 to count-1 do
              data[i]:=ptrtamp↑[CompteurOctet+i];
            VersCoucheRéseau(idc,q0,m,DataPqt,data,count);
            CompteurOctet := CompteurOctet + count;
          {boucle jusqu'à fin message}
          until CompteurOctet = octets;
          credits := credits - 1; {on a utilisé un crédit}
          envoi := ok
        end
      else {envoi avorté:l'hôte demande la déconnection}
        envoi := ErrFermé;
      état := établie
    end
end; {send}


function receive(idc: IdConn; ptrtamp: msgptr;
                         var octets: integer): CodeErreur;
{l'utilisateur attend la réception d'un message}
begin
  with conn[idc] do
    begin
      if not ClrReqReceived then
        begin {connexion établie ; attente réception}
          état := réception;
          AdrTamponUtilisateur := ptrtamp;
          CompteurOctet := 0;
          data[0] := cred; data[1] := 1;
          {envoi crédit}
          VersCoucheRéseau(idc, q1, m0, credit, data, 2);
          {attente donnée}
          dormir;
          octets := CompteurOctet
        end;
```

```
      if ClrReqReceived then réception := ErrFermé
                             else réception := ok;
      état := établie
    end
end; {réception}

function disconnect(idc: IdConn): CodeErreur;
{l'utilisateur veut la déconnexion}
begin
   with conn[idc] do
     if ClrReqReceived
        then  begin
                état := veille;
                VersCoucheRéseau(idc,q0,m0,ClearConf,data,0)
              end
        else  begin
                état := déconnexion;
                VersCoucheRéseau(idc,q0,m0,ClearReq,data,0)
              end;
        disconnect := ok
end; {disconnect}

procedure ArrivéePaquet;
{Un paquet est arrivé: aller le chercher et le traiter}
var idc: IdConn;  {connexion sur laquelle le paquet arrive}
    q, m: bit;
    ptype: TypePqt;
      {TypePqt:CallReq,CallAcc,ClearReq,
         ClearConf,DataPkt,credit}
    data: paquet; {partie données du paquet}
    count: LongueurPqt; {nb d'octets de données du paquet}
    i: integer; {variable de travail}

begin {on va chercher l'information}
  DeCoucheRéseau (idc, q, m, ptype, data, count);
  with conn[idc] do
  case ptype of
  CallReq:  {l'hôte veut établir la connexion}
    begin
      AdresseLocale := data[0]; AdresseHote := data[1];
      if AdresseLocale = AdresseEcoutée
        then begin
               ConnEcoutée := idc;
               état := établie; réveil
             end
        else  begin
               état := en_file_d_attente; timer:=TimeOut
             end;
      ClrReqReceived := false; credits := 0
    end;
```

```
CallAcc: {l'hôte a accepté notre CALL REQUEST}
  begin
    état := établie; réveil
  end;

ClearReq: {l'hôte veut la déconnexion ou rejette l'appel}
  begin
    ClrReqReceived := true;
    {effacement collision}
    if état = déconnexion then état := veille;
    if état in [attente,réception,envoi] then réveil
  end;

ClearConf:  {l'hôte accepte la déconnexion}
  état := veille;

credit:  {l'hôte attend les données}
  begin
    credits := credits + data[1];
    if état = envoi then réveil
  end;

Datapqt:  {l'hôte a envoyé les données}
  begin
    for i := 0 to count - 1 do
      AdrTamponUtilisateur↑[CompteurOctet+i] := data[i];
    if m=0 then réveil
  end
 end;
end; {ArrivéePaquet}

procedure horloge;
{l'horloge avance; on teste les temporisateurs des demandes
de connexion en attente}
var i: IdConn;
begin
  for i := 1 to MaxConn do
   with conn[i] do
     if timer > 0 then
       begin {le temporisateur est en marche}
         timer := timer - 1;
         if timer = 0 then {le temporisateur a expiré}
           begin
             état := veille;
             VersCoucheRéseau(i,q0,m0,ClearReq,data,0)
           end
       end
end; {horloge}
```

Figure 6-21. Un exemple d'entité de transport

Chaque connexion entretenue par l'entité de transport de la figure 6-21 est dans un des sept états suivants :

1. Veille — connexion non établie
2. Attente — *CONNECT* a été exécuté, et *CALL REQUEST* envoyé
3. File d'attente — un *CALL REQUEST* est arrivé, *LISTEN* n'a pas encore été exécuté
4. Etablie — la connexion est établie
5. Emission — l'utilisateur attend la permission de transmettre un paquet
6. Réception — un *RECEIVE* a été exécuté
7. Déconnexion — un *DISCONNECT* a été exécuté localement.

Les transitions entre ces états se produisent lorsque les primitives sont exécutées, lorsque les paquets arrivent, ou lorsqu'un temporisateur expire.

Les procédures de la figure 6-21 sont de deux types. La plupart sont directement appelables par l'utilisateur. En revanche, bien différentes sont *ArrivéePaquet* et *Horloge*. Elles sont spontanément sollicitées par des événements extérieurs : respectivement l'arrivée de paquets et les tops d'horloge. En fait, ce sont des routines d'interruption. Nous supposerons qu'elles ne sont pas invoquées lorsqu'une procédure de l'entité de transport est en cours d'exécution. Elle ne sont donc exécutables que lorsque le programme utilisateur est en attente, ou en train d'exécuter une tâche externe à l'entité. Cette hypothèse est cruciale pour le fonctionnement correct de notre entité de transport.

L'existence du bit *Q* (Qualifier) dans l'en-tête X.25 nous dispense d'ajouter un en-tête supplémentaire au protocole de transport. Les messages de données ordinaires sont envoyés comme des paquets X.25 avec $Q = 0$. Les messages de contrôle du protocole de transport, dont nous n'avons ici qu'un seul exemple (*CREDIT*), sont envoyés de la même façon mais avec $Q = 1$. Ces messages de contrôle sont détectés et traités par l'entité de transport réceptrice.

La principale structure de données utilisée par l'entité de transport est le tableau *conn* qui possède un enregistrement par connexion possible. Cet enregistrement contient l'état de la connexion, l'adresse de transport de l'autre extrémité, le nombre de messages envoyés et reçus sur la connexion, l'état courant, le pointeur du tampon utilisateur, le nombre d'octets du message en cours de réception ou d'expédition, un bit indiquant que l'entité éloignée a généré un *DISCONNECT*, un temporisateur, et un compteur de transmission pour autoriser l'envoi de nouveaux messages. Tous les champs ne sont pas utilisés dans notre exemple, mais une entité de transport complète se doit de les avoir tous, et peut-être d'autres encore. Tous les enregistrements sont initialisés à l'état *veille*.

A l'exécution de la procédure *CONNECT*, la Couche Réseau doit envoyer un paquet contenant un *CALL REQUEST* à l'entité distante, cependant que l'utilisateur est mis en veille. Lorsque le paquet arrive au destinataire, l'entité de transport est interrompue et va exécuter la procédure

PacketArrival pour voir si l'utilisateur local est en train d'écouter à l'adresse spécifiée. Si oui, un paquet *CALL ACCEPTED* est renvoyé et l'utilisateur de la machine est réveillé; sinon, la *CALL REQUEST* est mise dans une file et temporisée par la procédure *time-out*. Si un *LISTEN* est demandé pendant cette période, la connexion est établie; sinon, le paquet est rejeté par l'envoi d'un paquet *CLEAR REQUEST*. Ce mécanisme est nécessaire pour éviter à l'initiateur de se bloquer indéfiniment au cas où le destinataire ne veut pas sc connecter avec lui.

Bien que nous ayons retiré l'en-tête du protocole de transport, nous avons quand même besoin d'un moyen d'affecter les paquets à leur connexion. Le moyen le plus simple est d'utiliser le numéro de circuit virtuel X.25. Ce numéro peut en outre servir d'index pour le tableau *conn*. Lorsqu'un paquet arrive du circuit virtuel X.25 *k*, il appartient à la connexion de transport numéro *k*, dont l'état est stipulé dans l'enregistrement *conn*[*k*]. Pour les connexions initialisées par un hôte, les numéros de connexions sont choisis par l'entité de transport appelante. Pour les appels entrants, le réseau X.25 fait le choix d'un quelconque numéro de circuit virtuel non utilisé.

Afin d'éviter à l'entité de transport de devoir posséder et gérer des tampons, on utilise, pour le contrôle de flux, un mécanisme différent de la fenêtre à anticipation. Lorsqu'un utilisateur appelle la procédure *RECEIVE*, un message spécial de crédit est envoyé à l'entité de transport de l'expéditeur et enregistré dans le tableau *conn*. Lorsque *SEND* est appelé, l'entité de transport vérifie si un message de crédit est arrivé sur la connexion spécifiée. Si c'est le cas, le message est expédié (en plusieurs paquets si nécessaire), et le crédit décrémenté; sinon, l'entité de transport se met en état de veille jusqu'à l'arrivée d'un message de crédit. Ce mécanisme garantit qu'aucun message ne peut être envoyé sans que le destinataire ait exécuté son *RECEIVE*. Il en résulte que lorsqu'un message arrive, il est sûr de trouver un tampon libre. On peut généraliser cette méthode en autorisant les destinataires à allouer plusieurs tampons et demander plusieurs messages.

Vous devez vous rappeler que la figure 6-21 se veut résolument simple. Une entité de transport réaliste se devrait de vérifier la validité de tous les paramètres transmis par l'utilisateur, de traiter les réinitialisations du réseau et les collisions de messages, ainsi que de supporter un service de transport plus complet incluant des interruptions, le mode datagramme, et des versions non bloquantes des procédures *SEND* et *RECEIVE*.

6.3.3. Le protocole en tant que machine d'état fini

Créer une entité de transport est une tâche difficile et qui requiert de la minutie, surtout pour les protocoles de transport des classes supérieures. Pour diminuer les risques d'erreur, il est souvent utile de représenter l'état d'un protocole comme un automate à nombre d'états fini.

		Statut						
		Veille	Attente	En file d'attente	Connecté	Emis	Reçu	Déconnecté
Primitives	LISTEN	P1 : ~/V P2 : A1 / C $\overline{P2}$: A2 / V		~/C				
	CONNECT	P1 : ~/V $\overline{P1}$: A3 / A						
	DISCONNECT					P4 : A5 / V $\overline{P4}$: A6 / D		
	SEND					P5 : A7 / C $\overline{P5}$: A8 / E		
	RECEIVE					A9 / R		
Paquets entrants	CALL REQUEST	P3 : A1 / C $\overline{P3}$: A4 / F						
	CALL ACCEPT		~/C					
	CLEAR REQUEST		~/V		A10 / C	A10 / C	A10 / C	~/V
	CLEAR CONFIRM							~/V
	DATA PACKET						A12 / C	
	CREDIT				A11 / C	A7 / C		
(Horloge)	TIMEOUT			~/V				

Prédicats

P1 : Table de connexion pleine
P2 : CALL REQUEST en attente
P3 : LISTEN en attente
P4 : CLEAR REQUEST en attente
P5 : CREDIT disponible

Actions

A1 : envoi de CALL ACCEPT
A2 : attente de CALL REQUEST
A3 : envoi de CALL REQUEST
A4 : initialisation temporisateur
A5 : envoi de CLEAR CONFIRM
A6 : envoi de CLEAR REQUEST
A7 : envoi d'un message
A8 : attente de CREDIT
A9 : envoi de CREDIT
A10 : CLEAR REQUEST reçu
A11 : CREDIT enregistré
A12 : message accepté

Signification tableau

V : veille
A : attente
F : en file d'attente
C : connecté
D : déconnecté
R : reçu
E : émis

Figure 6-22. Machine d'état fini de notre protocole. Chaque entrée a un prédicat optionnel, une action optionnelle et un nouvel état. Les tildes indiquent qu'il n'y a pas d'action majeure engendrée. Une barre au-dessus d'un prédicat indique sa négation. Les cases blanches sont impossibles ou invalides.

Nous avons déjà vu que notre protocole a sept états possibles par connexion. Il est possible aussi d'isoler douze événements qui peuvent entraîner le changement d'état de la connexion. Ce sont les cinq primitives du service, l'arrivée d'un des six types autorisés de paquets et enfin l'expiration d'un temporisateur. La figure 6-22 montre les actions principales du protocole sous forme matricielle. Les colonnes sont les états, et les lignes sont les 12 événements.

Chaque entrée de la matrice (c'est-à-dire de l'automate à nombre d'états fini) de la figure 6-22 a jusqu'à trois champs : un prédicat, une action et un nouvel état. Le prédicat indique la condition à remplir pour l'exécution de l'action. Par exemple, dans l'entrée supérieure gauche, si un *LISTEN* est exécuté et qu'il n'y a pas d'espace disponible en table (prédicat P1), le *LISTEN* avorte et l'état reste inchangé. Par ailleurs, si un paquet contenant un *CALL REQUEST* est déjà parvenu à l'adresse de transport écoutée (prédicat P2), la connexion est établie immédiatement. Une autre possibilité est que P2 soit faux, autrement dit qu'aucun *CALL REQUEST* ne soit arrivé, auquel cas la connexion reste dans son état de veille, jusqu'à l'arrivée d'un paquet contenant ce message.

Il faut insister sur le fait que le choix des états à utiliser dans la matrice ne dépend pas entièrement du protocole. Dans notre exemple, il n'y a pas d'état *listening* (à l'écoute), qui aurait pu suivre logiquement un *LISTEN*. Il n'y a pas d'état *listening* parce qu'un état est associé à l'entrée d'un enregistrement de connexion, et qu'il n'y a pas d'enregistrement créé par l'appel de *LISTEN*. Pourquoi donc ? Simplement parce que nous avons décidé d'utiliser les numéros de circuits virtuels X.25 comme identificateurs des connexions, et pour la procédure *LISTEN*, ce numéro est choisi *a posteriori* par le réseau X.25 lorsque le paquet contenant le *CALL REQUEST* arrive.

Les actions A1 à A12 sont les plus importantes, en particulier envoi de paquets ou démarrage de compteurs. Les actions annexes, comme par exemple l'initialisation d'un enregistrement de connexion ne sont, en revanche, pas toutes indiquées. Si une action consiste à réveiller un processus inactif, l'action qui suit le réveil compte aussi. Par exemple, si un paquet incluant un *CALL REQUEST* atteint un processus qui dormait en l'attendant, la transmission d'un paquet *CALL ACCEPT* qui suit le réveil du processus fait partie de l'action attachée au *CALL REQUEST*. Après chaque action, la connexion peut changer d'état, comme le montre la figure 6-22.

L'avantage de représenter le protocole sous forme d'une matrice est triple. D'abord, sous cette forme, il est bien plus facile pour le programmeur de vérifier quelles combinaisons d'événements et d'états demandent une action. Pour une implémentation industrielle, quelques combinaisons seraient utilisées pour la détection d'erreurs. Dans la figure 6-22, il n'est pas fait de distinguo entre les situations impossibles et les situations illégales. Par exemple, si une connexion est dans l'état d'attente, l'arrivée d'une primitive *DISCONNECT* est impossible, car l'utilisateur est bloqué et ne peut en conséquence envoyer de primitive. Par ailleurs, dans l'état *envoi* une arrivée de paquets est un événement erratique, car aucun crédit n'a encore été attribué. Ce dernier cas doit être traité par le protocole comme une erreur.

Le deuxième avantage de la représentation matricielle du protocole est relatif à son implémentation. On peut imaginer un tableau bidimensionnel dans lequel l'élément $a[i][j]$ serait un pointeur ou un index vers une procédure qui traiterait les actions à conduire dans le cas de l'événement i à l'état j. Il est alors possible d'écrire l'entité sous la forme d'une boucle commençant par l'attente d'un événement. Lorsque celui-ci apparaît, la connexion est identifiée, et on recherche son état. Une fois l'événement et l'état connus, l'entité de transport n'a plus qu'à chercher dans le tableau bidimensionnel a la procédure à exécuter. Cette approche conduit à une conception plus régulière et systématique que celle que nous avons utilisée.

Le troisième avantage de l'approche par automate à nombre d'états fini concerne la description du protocole. Dans certaines normes, y compris celle de l'OSI en mode connexion (ISO 8073), les protocoles sont représentés par des automates du type de celui la figure 6-22. A partir d'une description de ce type, il est plus facile de créer une entité de transport opérationnelle si l'entité de transport est elle aussi dirigée par un automate basé sur celui de la norme.

Le principal défaut de cette approche est qu'elle est peut-être plus difficile à comprendre que le petit programme que nous avons écrit. Cependant, ce problème peut être partiellement résolu en dessinant l'automate à nombre d'états fini sous la forme d'un graphe comme celui de la figure 6-23.

6.4. EXEMPLE DE COUCHE TRANSPORT

Nous allons reprendre les exemples des chapitres précédents pour examiner cette fois leur Couche Transport. Comme toujours, nous mettrons l'accent sur les protocoles.

6.4.1. La Couche Transport des réseaux publics

Presque tous les réseaux publics utilisent le service de transport en mode connexion de l'OSI (ISO 8072) ainsi que son protocole de transport (ISO 8073). Nous avons déjà examiné le service de transport de l'OSI; voyons à présent les protocoles.

Ainsi qu'il a déjà été dit, le protocole de transport de l'OSI a cinq variantes, de la classe 0 à la classe 4. Chacune d'elles permet de couvrir une classe de fiabilité de la Couche Réseau. Nous allons revoir brièvement ces cinq classes.

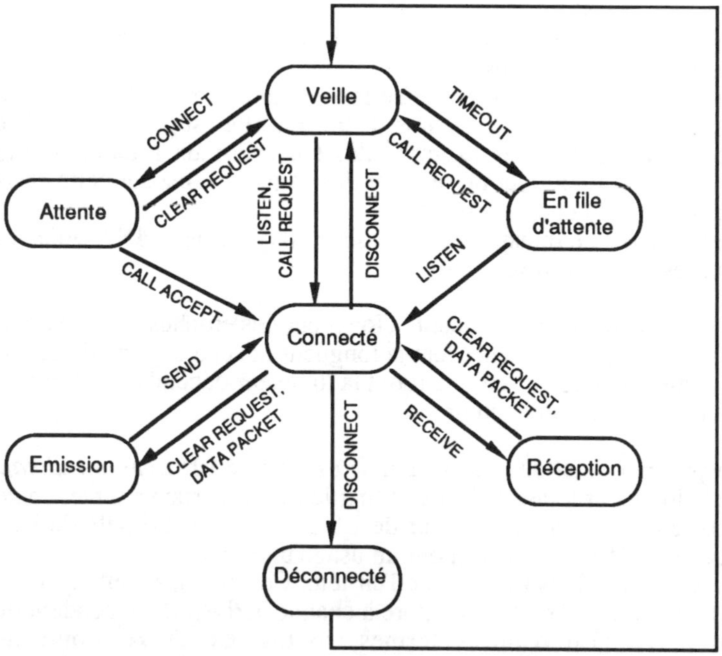

Figure 6-23. Forme graphique du protocole. Les transitions qui retournent au même état sont omises par simplification.

La classe 0 (classe de base) est prévue pour fonctionner avec des réseaux de type A (parfait). Ses protocoles effectuent la gestion de la connexion, le transfert des données, et la segmentation des messages longs en plusieurs TPDU si nécessaire.

La classe 1 (classe de base avec reprise sur erreur) diffère de la précédente par sa capacité à maîtriser les réinitialisations (*N-RESET*) en provenance de la Couche Réseau. Si une connexion de réseau vient à se rompre, l'entité de transport établit une nouvelle connexion et reprend la communication là où elle avait été laissée. Pour ce faire, l'entité de transport numérote chaque TPDU, ce qui n'était pas utile dans la classe 0. Cette dernière abandonne purement et simplement en cas de panne sur le réseau.

La classe 2 (classe avec multiplexage) est identique à la classe 0, à l'exception près qu'elle supporte le multiplexage de plusieurs connexions de transport sur une même connexion de réseau. Elle permet aussi un contrôle de flux explicite utilisant un mécanisme de crédit analogue à celui utilisé dans notre exemple de la section 6.3. La classe 2 permet enfin l'envoi de données exprès.

La classe 3 (classe avec reprise sur erreur et multiplexage) inclut les caractéristiques des classes 1 et 2.

La classe 4 (classe avec détection et reprise sur erreur) est la plus sophistiquée et la plus intéressante de toutes. Elle est prévue pour le cas de services non fiables, par exemple des sous-réseaux à datagrammes qui peuvent perdre, dupliquer ou retarder des paquets. C'est sur cette classe que nous allons nous pencher à présent.

Le protocole de transport OSI possède 10 types de TPDU, celles-ci étant composées d'au plus quatre parties :

1. Un champ de un octet donnant la longueur des en-têtes fixe et variable;
2. La partie fixe de l'en-tête (dont la longueur dépend du type de TPDU);
3. La partie variable de l'en-tête (dont la longueur dépend des paramètres);
4. Les données de l'utilisateur.

Le premier octet de chaque TPDU est appelé LI (*Lenght Indicator*). Il donne la longueur totale de l'en-tête (partie fixe et partie variable) en nombre d'octets, en excluant la longueur de LI. La valeur maximale de LI est de 254. Le code 255 est réservé pour un usage ultérieur.

Ensuite vient la partie fixe de l'en-tête. Ces champs sont suffisamment importants pour qu'on les incorpore à chaque TPDU. Ils dépendent du type de la TPDU. En d'autres termes, toutes les TPDU contenant un *CONNECTION REQUEST* ont la même partie fixe d'en-tête, qui est différente dans le cas d'une TPDU *DATA*.

Vient ensuite la partie variable de l'en-tête. Elle contient les paramètres optionnels. La longueur de cette partie peut être déterminée par un utilisateur en lisant LI, et en soustrayant la longueur de la partie fixe. La partie variable est subdivisée en champs, chacun d'eux étant composé d'un octet d'identification, un octet de longueur, puis des données. Par exemple, à l'établissement d'une connexion de transport, l'entité de transport peut utiliser la partie variable pour spécifier une taille maximale des TPDU si elle n'est pas standard.

Enfin, après l'en-tête suivent les informations elles-mêmes. Les données sont transmises dans des TPDU *DATA* bien sûr, mais d'autres catégories de TPDU peuvent transmettre des informations en nombre limité. Les dix types de TPDU sont montrés figure 6-24. Quelques-unes ont des variantes secondaires qui ne sont pas prises en considération.

Les TPDU *CALL REQUEST*, *CONNECTION CONFIRM*, *DISCONNECT REQUEST* et *DISCONNECT CONFIRM* sont complètement analogues aux paquets *CALL REQUEST*, *CALL ACCEPTED*, *CLEAR REQUEST* et *CLEAR CONFIRM* utilisés par le protocole X.25. Pour établir une connexion, l'entité de transport de l'expéditeur doit envoyer une TPDU contenant un *CONNECTION REQUEST* et reçoit en retour un *CONNECTION CONFIRM*. Parallèlement, pour libérer la connexion, une des deux entités envoie un *DISCONNECT REQUEST* à son homologue, qui lui retourne un *DISCONNECT CONFIRM*. Les TPDU *DATA* ou *EXPEDITED DATA* sont utilisées pour envoyer respectivement des données ou des données exprès. Ces deux types de TPDU sont acquittés par des messages *DATA ACKNOWLEDGEMENT* et *EXPEDITED DATA ACKNOWLEDGEMENT*. Enfin, les TPDU *REJECT* et *ERROR* sont utilisées pour traiter les erreurs.

Repassons à présent chaque type de TPDU en détail. *CONNECTION REQUEST* est utilisée pour établir une connexion. Comme toutes les TPDU, elle contient le champ LI qui mesure un octet et donne la longueur totale de l'en-tête en ne tenant pas compte du champ LI.

L'octet suivant contient quatre bits pour identifier le type de TPDU, et quatre bits constituant le champ crédit. Le protocole de la classe 4 utilise ce mécanisme de crédit pour réguler le trafic, à la place d'un mécanisme de fenêtre à anticipation; ce champ permet d'informer l'entité distante du nombre de TPDU qu'elle peut envoyer.

Les champs destination et source permettent d'identifier les connexions de transport. Ils sont nécessaires dans les classes 2, 3 et 4 où il est possible de multiplexer plusieurs connexions de transport. Lorsqu'un paquet arrive de la Couche Réseau, l'entité de transport regarde ces champs pour savoir à quelle connexion il appartient. La TPDU *CONNECTION REQUEST* contient un identificateur spécifique à l'expéditeur à la place de la source. La TPDU *CONNECTION CONFIRM* ajoute à cet identificateur le destinataire, qui est utilisé par le destinataire pour identifier la connexion.

Le champ *option* est utilisé par les entités de transport pour négocier la classe de protocole. L'initiateur fait une proposition, que le destinataire peut accepter ou rejeter. Le destinataire peut aussi faire une contre-proposition, et proposer une valeur plus faible, et non pas plus élevée. Deux bits de ce champ servent aussi à indiquer, l'un que les références des TPDU sont sur quatre octets au lieu d'un seul qui est la norme, et l'autre qu'on doit avoir ou non un contrôle de flux explicite en classe 2.

La section variable de la TPDU *CONNECTION REQUEST* peut contenir une ou plusieurs des options suivantes :

1. TSAP devant être connecté à l'hôte éloigné
2. TSAP ayant été connecté à l'hôte local
3. proposition de taille maximale des TPDU (128 à 8192 octets, en puissances de 2)
4. numéro de version
6. total de contrôle
7. bits d'options (par exemple données exprès, total de contrôle,...)
8. classes de protocole acceptées comme second choix par l'appelant
9. délai maximum d'expédition d'un acquittement, en millisecondes
10. débit attendu (moyenne des débits désiré et minimal)
11. taux résiduel d'erreur (moyenne des taux désiré et maximum)

12. priorité (0 à 65 535, où 0 est la priorité la plus haute)
13. temps de transit (moyen et maximal acceptable, en millisecondes)
14. durée maximale des tentatives de réinitialisation.

Quelques-uns des paramètres, comme par exemple le second choix de classe de protocole, servent à l'entité destinataire. D'autres, cependant, comme les paramètres de qualité de service (débit, taux d'erreur résiduelle, etc.) sont destinés à la Couche Réseau. Si la Couche Réseau n'est pas à même de procurer le minimum de service demandé, alors elle décidera d'elle-même de rejeter la connexion en envoyant un *DISCONNECT REQUEST* plutôt que de passer outre.

Le champ données utilisateur (*User Data*) peut contenir jusqu'à 32 octets dans les classes 1 à 4. Il n'est pas utilisé dans la classe 0. Ce champ, lorsqu'il existe, est totalement à la disposition de l'utilisateur (il peut par exemple transmettre un mot de passe dans un loggin).

Lorsque la TPDU de *CONNECTION REQUEST* arrive à l'autre extrémité, l'entité de transport locale génère une primitive *CONNECT.indication* à l'attention de l'utilisateur du transport. Si celui-ci décide d'accepter l'appel entrant, la Couche Transport du destinataire répond à celle du demandeur avec une TPDU *CONNECTION CONFIRM*. Les options et les formats de la TPDU *CONNECTION CONFIRM* sont les mêmes que ceux de la TPDU *CONNECTION REQUEST*.

Dans les réseaux de types A et B, cette procédure d'établissement est suffisante, mais dans les réseaux du type C les TPDU dupliquées compliquent les choses. Pour éviter que des paquets obsolètes interfèrent dans une procédure d'établissement de connexion, un protocole à trois étapes est utilisé, où une TPDU *CONNECTION CONFIRM* est elle-même acquittée par une TPDU *ACK*. De plus, lorsqu'une connexion est libérée, les références source et destination sont gelées et ne sont pas réutilisées pendant un intervalle de temps suffisant pour être sûr que tous les paquets dupliqués ont été détruits. A l'inverse du mécanisme d'horloge de Tomlinson, le protocole de transport OSI ne préconise pas de solution aux problèmes de panne. La méthode la plus sûre consiste à laisser s'écouler une période de temps supérieure à la durée de vie des paquets avant de commencer une nouvelle transmission.

Pour libérer une connexion, une entité de transport envoie une TPDU *DISCONNECT REQUEST* à son homologue. Le format de l'en-tête fixe est le même que celui de la TPDU *CONNECTION REQUEST*, à l'exception du champ option qui est remplacé par un champ raison fournissant des explications sur la cause de la libération. Parmi celles-ci, citons : l'utilisateur du transport exécute une primitive *DISCONNECT.request*, il y avait un paramètre erroné dans une TPDU, le TSAP sur lequel on demande une connexion n'existe pas, ou encore le réseau est surchargé. La partie variable de l'en-tête et le champ de données utilisateur peuvent contenir des explications complémentaires.

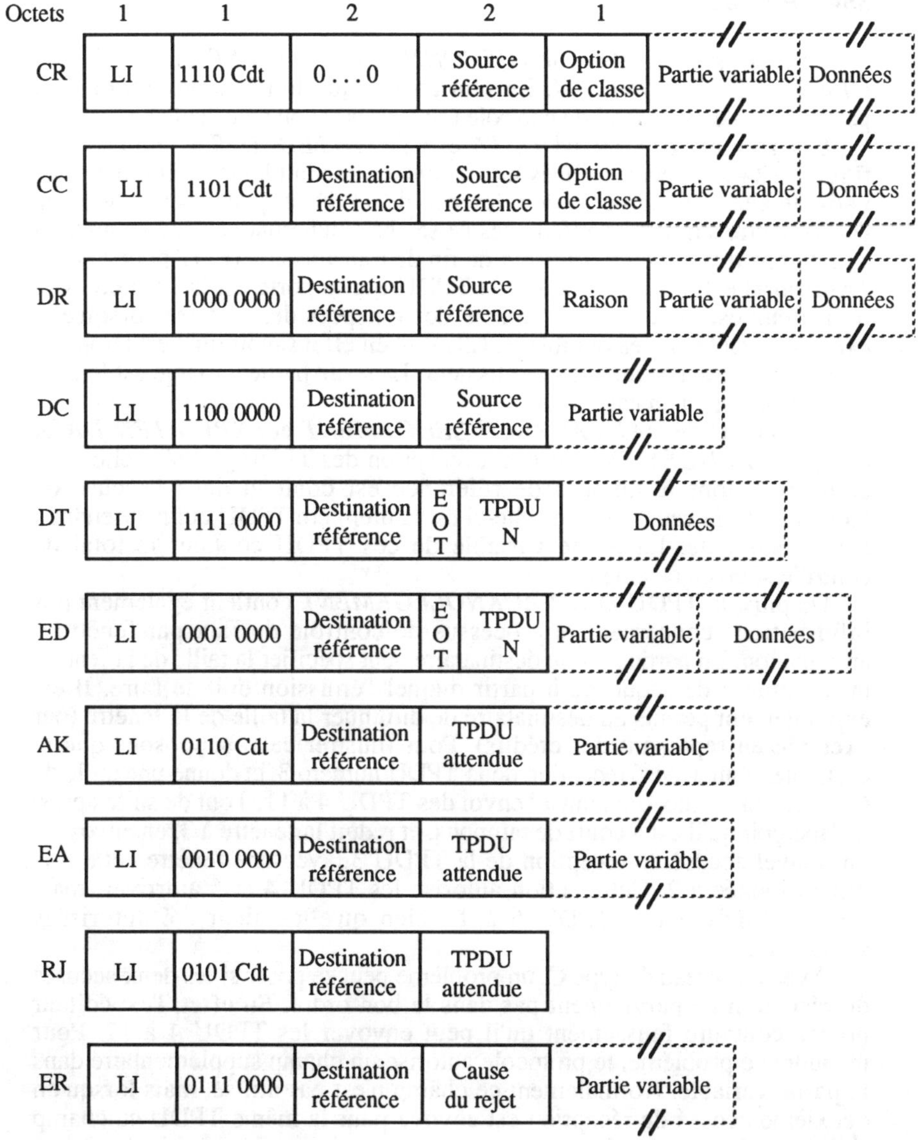

CR : Demande de connexion (connection request)
CC : Confirmation de connexion (connection confirm)
DR : Demande de libération (disconnect request)
DC : Confirmation de libération (disconnect confirm)
DT : Données (data)

ED : Données exprès (expedited data)
AK : Acquitement (data acknowledgement)
EA : Acquitement d'exprès (expedited acknowledgement)
RJ : Rejet (reject)
ER : Erreur (error)

Figure 6-24. Les TPDU du protocole de transport de l'OSI

La réponse normale à un *DISCONNECT REQUEST* est une TPDU *DISCONNECT CONFIRM*. Le seul champ qui doit être présent dans la partie variable est le total de contrôle (*checksum*) si on en calcule un.

Les formats des TPDU *DATA* et *EXPEDITED DATA* montrés à la figure 6-24 sont ceux utilisés normalement par la classe 4. Il existe une variante avec des numéros de référence de TPDU à quatre octets, lorsque l'on veut être sûr que les références ne se chevaucheront pas, même au bout d'un temps très long. L'indicateur de fin de transmission (EOT pour *End Of Transport*) est positionné à 1 si la TPDU qui le porte est la dernière. Cet indicateur est nécessaire à l'entité de transport destinataire lorsqu'elle exécute sa tâche de réassemblage. Elle doit en effet savoir qu'il est temps de passer le message résultant à l'utilisateur. La seule partie variable est le total de contrôle, si on en calcule un.

Les TPDU de *DATA ACKNOWLEDGEMENT* et *EXPEDITED DATA ACKNOWLEDGEMENT* accusent réception des TPDU jusqu'à celle (non comprise) dont le numéro de référence est contenu dans l'accusé de réception. Cela veut dire que celle-ci est la première TPDU qui parviendra à l'étape suivante. La partie variable de ces TPDU contient le total de contrôle,si on en calcule un.

De plus, la TPDU *DATA ACKNOLEGEMENT* contient également des informations concernant le processus de contrôle de flux par fenêtre à anticipation. En particulier, le destinataire peut spécifier la taille de la fenêtre et le numéro de séquence à partir duquel l'émission doit se faire. Il est explicitement permis au destinataire de diminuer la taille de la fenêtre (par exemple en reprenant des crédits). Pour illustrer cela, supposons que le destinataire ait accusé réception de la TPDU numéro 3, et donné une taille de 6 à la fenêtre, autorisant ainsi l'envoi des TPDU 4 à 11. Tout de suite après, il s'aperçoit qu'il est à court de tampons, et réduit la fenêtre à 3, en envoyant un nouvel accusé de réception de la TPDU 3, avec une fenêtre cette fois dimensionnée à 2. Cette action autorise les TPDU 4 et 5 à arriver, mais interdit l'arrivée des TPDU 6 à 11 bien qu'elles aient été autorisées auparavant.

Avec un réseau de type C, un problème peut se poser si les deux accusés de réception ne parviennent pas dans le bon ordre. En effet, l'expéditeur pourra conclure faussement qu'il peut envoyer les TPDU 4 à 11. Pour résoudre ce problème, le protocole autorise un champ supplémentaire dans la partie variable. Normalement ce champ n'est pas utilisé, mais lorsqu'un deuxième accusé de réception est envoyé pour la même TPDU ce champ prend la valeur 1, puis 2 pour le troisième accusé, etc. Cette méthode permet donc de reconstituer l'ordre d'expédition des accusés, ce qui permet de ne prendre en compte que le dernier.

La TPDU *REJECT* n'est utilisée que par les classes 1 et 3 et sert principalement pour une resynchronisation après un *N-RESET*. Sa fonction est de signaler un problème, et d'inviter son homologue à retransmettre toutes les TPDU à partir du numéro de séquence indiqué. La valeur de crédit est elle aussi réinitialisée.

Le dernier type de TPDU est utilisé pour faire un rapport sur les erreurs de protocole. Le champ *reject cause* contient une explication. Parmi les raisons possibles, on note : code de paramètre invalide dans la partie variable, type de TPDU non reconnu, ou une référence de TPDU invalide.

Comme nous l'avons mentionné auparavant, la Couche Transport de l'OSI définit un service sans connexion, et un protocole associé, parallèlement au service orienté connexion que nous venons de décrire. Ce service de transport sans connexion permet aux utilisateurs d'envoyer des messages avec la primitive *T-UNITDATA*, sans avoir à gérer un établissement puis une libération de connexion.

Le service transport sans connexion de l'ISO peut utiliser indifféremment les services de réseau avec ou sans connexion. Dans une large mesure, associer un service de transport sans connexion et un service de réseau orienté connexion n'est pas très intéressant. Mais dans certains cas le seul service de réseau disponible est orienté connexion (par exemple un réseau X.25). Aussi ce cas a-t-il été prévu.

Lorsqu'on utilise un service de transport sans connexion associé à un service de réseau également sans connexion, chaque TPDU occupe un paquet. Ces TPDU ne sont pas acquittées et il n'est pas garanti qu'elles arrivent, ni même qu'elles arrivent dans le bon ordre.

Figure 6-25. Le format des TPDU du service transport OSI sans connexion

Le service sans connexion de l'ISO utilise un protocole sans connexion. Il n'y a qu'un format de TPDU qui est montré figure 6-25. Cette TPDU est similaire à celle utilisée dans le service orienté connexion. La partie variable contient les adresses des TSAP source et destinataire et, de manière optionnelle, un total de contrôle.

Des travaux sur l'implémentation de l'OSI et des protocoles de transport associés ont été faits par Chang (1986) et Watson et Mamrak (1987).

6.4.2 La Couche Transport du réseau ARPANET (TCP)

Dans la version originelle de ARPANET, le sous-réseau était supposé offrir un service de circuit virtuel (c'est-à-dire parfaitement fiable). En conséquence, le premier protocole de la Couche Transport, NCP (*Network Control Protocol*) était conçu pour s'appuyer sur un sous-réseau parfait. Son rôle se limitait à passer des TPDU (appelées messages) à la Couche Réseau, et il partait du principe qu'elles étaient délivrées dans le bon ordre à destination. L'expérience a montré que ARPANET était suffisamment fiable pour que ce protocole soit satisfaisant pour le trafic de données dans ARPANET lui-même.

Cependant, avec le temps, et avec la transformation de ARPANET en ARPA Internet, qui inclut plusieurs types de réseaux locaux, un sous-réseau hertzien, et des liaisons par satellites, la fiabilité de bout en bout du sous-réseau a diminué. Ces développements ont obligé à revoir la Couche Transport et amené graduellement à l'introduction d'un tout nouveau protocole de transport, TCP (*Transmission Control Protocol*) qui a été créé pour s'appuyer sur des réseaux non fiables (type C selon la définition OSI). Associé à TCP, un nouveau protocole de réseau, IP, que nous avons étudié dans le chapitre précédent a aussi été créé. De nos jours, TCP/IP n'est pas seulement utilisé par ARPANET et ARPA Internet, mais aussi par beaucoup d'autres réseaux commerciaux.

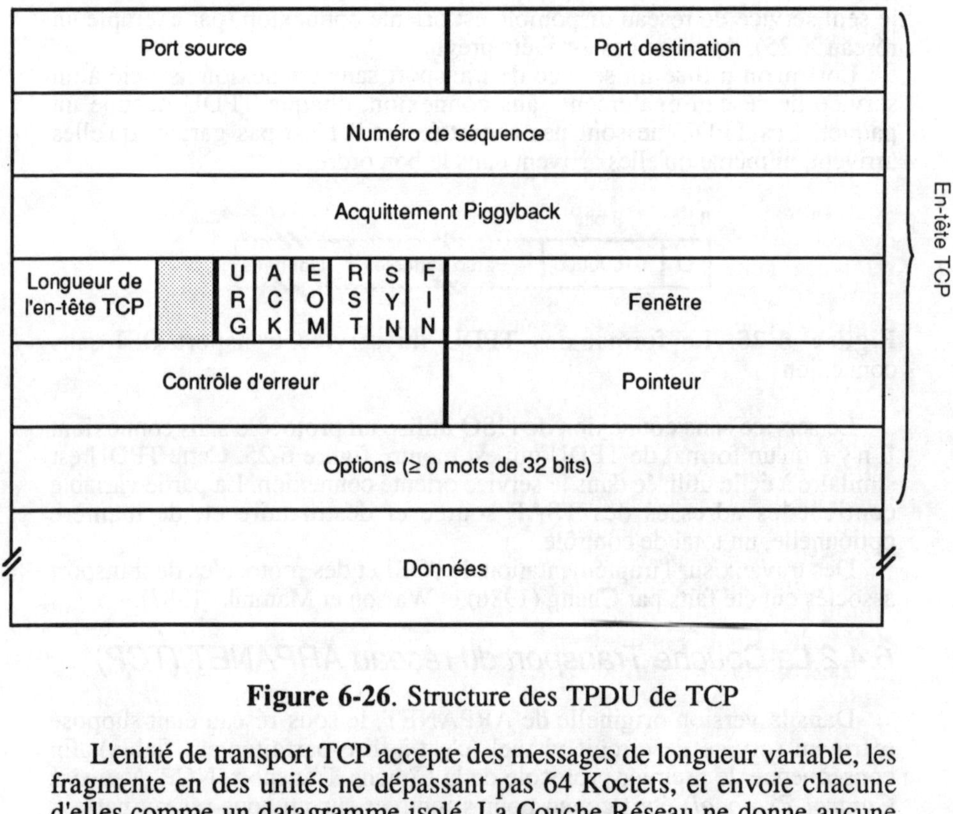

Figure 6-26. Structure des TPDU de TCP

L'entité de transport TCP accepte des messages de longueur variable, les fragmente en des unités ne dépassant pas 64 Koctets, et envoie chacune d'elles comme un datagramme isolé. La Couche Réseau ne donne aucune garantie que les datagrammes seront livrés correctement, aussi est-ce à TCP d'entretenir un temporisateur et de retransmettre les unités perdues. Les datagrammes qui arrivent peuvent aussi bien arriver en désordre et c'est aussi à TCP de les réassembler en séquence correcte.

Chaque octet de données transmis par TCP a son numéro de séquence personnel. Ce numéro est un nombre de 32 bits, ceci afin d'évacuer le problème des séquences identiques. Cependant TCP prend explicitement en compte le problème des duplicats retardés lors de l'établissement d'une connexion en utilisant une procédure à trois étapes.

La figure 6-26 montre l'en-tête utilisé par TCP. La première chose qui frappe est que la dimension minimale de cet en-tête est de 20 octets. A l'opposé de la classe 4 de l'OSI avec laquelle il est *grosso modo* comparable, TCP n'a qu'un seul format d'en-tête. Disséquons-le. Les champs source et destination identifient les terminaisons de la connexion (les adresses de TSAP selon la terminologie OSI). Chaque hôte doit décider pour lui-même de la façon dont il alloue ses ports.

Les champs numéro de séquence et acquittement ont les fonctions habituelles. Ils mesurent 32 bits parce que dans TCP chaque octet est numéroté.

Le champ longueur d'en-tête TCP dit combien de mots de 32 bits sont contenus dans l'en-tête. Cette donnée est nécessaire à cause du champ option dont la longueur varie.

Ensuite viennent six indicateurs. Le premier, *URG* (*Urgent Pointer*) est positionné à 1 si le pointeur des priorités est activé. Celui-ci mesure le déplacement (en octets) à réaliser pour aller de la référence actuelle à la référence d'une donnée à traiter en priorité. Cette astuce évite d'utiliser une routine d'interruption. Le bit *SYN* sert à établir des connexions. L'unité contenant une demande de connexion a son indicateur *SYN* qui vaut 1 et l'indicateur *ACK* qui vaut 0 pour indiquer que le champ accusé de réception n'est pas utilisé. La réponse à cette demande est un accusé de réception, où *SYN* = 1 et *ACK* = 1. Le bit *SYN* dénote donc une demande relative à une connexion (*CONNECTION REQUEST* ou *CONNECTION CONFIRM*, la différence entre les deux étant faite par l'indicateur *ACK*). L'indicateur *FIN*, quant à lui, sert à la libération d'une connexion. Il signifie que l'expéditeur n'a plus de données à envoyer. Après avoir libéré une connexion, un processus peut néanmoins continuer à recevoir des données indéfiniment. L'indicateur *RST* sert à réinitialiser la connexion quand elle devient trop confuse à cause de *SYN* dupliqués ou d'une panne de l'hôte. L'indicateur *EOM* enfin signifie la fin de messages.

Le contrôle de flux dans le protocole TCP est réalisé à l'aide d'une fenêtre à anticipation de taille ajustable. Le champ fenêtre fait 16 bits car il indique le nombre d'octets (et non pas de TPDU) pouvant être expédiés après l'octet acquitté.

Un total de contrôle est aussi fourni afin d'augmenter encore la fiabilité. L'algorithme est extrêmement simple et consiste à additionner toutes les données considérées comme des mots de 16 bits, et à prendre le complément à 1 de la somme.

Le champ option est utilisé pour diverses tâches, par exemple pour communiquer la taille des tampons pendant la procédure de démarrage.

A l'opposé de la plupart des protocoles non-OSI, TCP a une interface de service très bien définie. Des appels sont disponibles pour initialiser activement et passivement des connexions (identiques aux primitives *CONNECT* et *LISTEN* de notre exemple, à l'exception près que *LISTEN* a deux variantes, une pour accepter une connexion de n'importe quel appelant, l'autre pour n'en accepter que venant d'un seul appelant). Des appels sont aussi disponibles pour envoyer et recevoir des données, pour terminer une connexion brutalement ou protocolairement, et pour demander l'état d'une connexion.

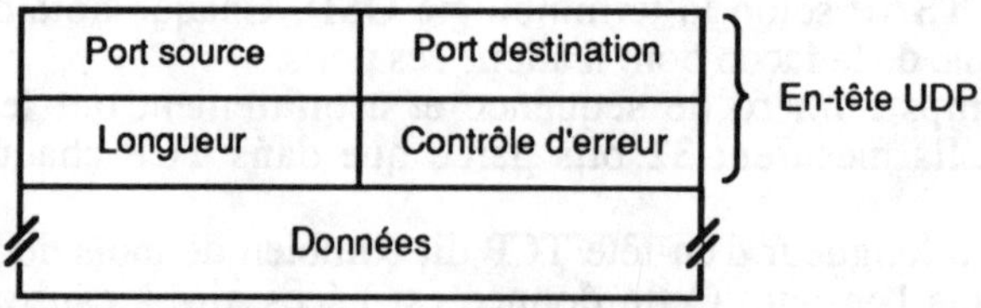

Figure 6-27. Le format UDP d'ARPANET

Tout comme l'OSI, ARPANET a un protocole de transport sans connexion, nommé *UDP* (*User Datagram Protocol)*. Tout comme pour son homologue, l'émission de messages se fait sans l'établissement d'une connexion et sans garantie de bon acheminement ni de bon séquencement. En fait, UPD est simplement une interface à IP. Son format est donné figure 6-27.

Comparaison entre TCP et l'OSI classe 4

Le protocole de transport classe 4 de l'OSI (souvent appelé TP4) et TCP ont de nombreuses similitudes, mais aussi des différences importantes. Dans cette section, nous allons approfondir cette question (Groenback, 1986). Commençons par les ressemblances. Les deux protocoles sont conçus pour fournir un service fiable, orienté connexion, de bout en bout, sur un support constitué par une Couche Réseau peu fiable, pouvant perdre, retarder, détériorer ou dupliquer les paquets de données. Tous deux doivent prévoir des cas extrêmes comme un sous-réseau qui emmagasine une séquence de paquets pour les faire resurgir plus tard.

Les deux protocoles sont aussi semblables par le fait qu'ils travaillent en trois phases : établissement, transfert de données, et libération. Les concepts généraux concernant les conditions de création, d'utilisation et de libération d'une connexion sont aussi les mêmes, à quelques détails près. En particulier TCP et TP4 utilisent tous deux une procédure d'établissement à trois phases pour éliminer les problèmes relatifs aux doublons des commandes.

Spécifications	TP4 OSI	TCP
Différents types de TPDU	9	1
Nombre de connexions possibles en parallèle	2	1
Format d'adressage	Non défini	32 bits
Qualité de service	Négociable	Optionnel
Données dans un CR	Autorisé	Interdit
Nature du flux	Messages	Octets
Données spéciales	Données exprès	Données urgentes
Données en retour	Non	Oui
Régulation de flux explicite	Quelquefois	Toujours
Relation d'ordre sur les ACK	Autorisé	Interdit
Libération	Brutale	Normale

Figure 6-28. Différences entre le protocole transport OSI classe 4, TP4, et le protocole TCP

Quant aux différences, elles sont rassemblées dans la figure 6-28. Tout d'abord, TP4 utilise neuf types de TPDU alors que TCP n'en a qu'un. Les conséquences en sont que TCP est plus simple, mais que son en-tête est plus long car tous les champs doivent être présents dans chaque TPDU. La taille minimale de l'en-tête est de 20 octets pour TCP et 5 pour TP4. Tous deux ont des champs optionnels.

La deuxième différence est le comportement dans le cas où deux processus tentent simultanément de créer une connexion entre deux mêmes TSAP (donc en cas de collision de connexions). Dans TP4, deux connexions indépendantes, full duplex, sont créées, alors que pour TCP, comme une connexion est identifiée par la paire de TSAP utilisée, une seule sera créée.

La troisième différence est le format d'adressage des TSAP. TP4 n'impose pas de format, alors que l'adresse dans TCP doit faire 32 bits.

La qualité de service n'est pas non plus appréhendée de la même manière. TP4 a une procédure élaborée et souple de négociation de la qualité de service fondée sur un échange en trois étapes. Cette négociation engage les processus des deux extrémités, ainsi que le service transport lui-même. De nombreux paramètres peuvent être négociés, sur la base de valeurs désirées et minimales acceptables. En revanche, TCP n'a pas du tout de champ spécifiant la qualité du service, mais le service IP sous-jacent a un champ de 8 bits qui permet de choisir dans une panoplie (limitée) la combinaison désirée de vitesse et de fiabilité.

Une cinquième différence est que TP4 autorise le transfert de données dans une TPDU d'initialisation, ce qui n'est pas le cas de TCP. Une donnée (par exemple un mot de passe) peut être nécessaire pour décider si une connexion peut être établie ou pas. Avec TCP, faire dépendre la connexion de données utilisateur n'est pas possible.

Les cinq différences présentées jusqu'ici étaient relatives à la phase de connexion. Les cinq suivantes concernent le transfert des données. Une différence fondamentale concerne le modèle de transport des données. En ce qui concerne TP4, il s'agit d'une série ordonnée de messages (TSDU selon la terminologie OSI). Le modèle TCP est un flot continu d'octets, sans frontières explicites entre les messages. En pratique, ceci n'est pas tout à fait exact car il existe une procédure, appelée *push,* pour purger les données mémorisées, mais non encore expédiées. Lorsque l'utilisateur distant appelle la procédure *read*, les données avant et après le *push* ne seront pas combinées, ce qui fait que le push peut être assimilé à une routine permettant de créer une sorte de frontière entre messages.

La septième différence concerne l'attention portée aux données nécessitant un traitement spécial (comme par exemple un caractère *BREAK*). TP4 possède deux chemins différents pour acheminer ces données, normal et exprès, entrelacés. Un seul message exprès peut être en attente à un instant donné. TCP utilise le champ *Urgent* pour indiquer que certains octets de la TPDU considérée sont spéciaux et nécessitent un traitement prioritaire.

La huitième différence est l'absence de champ «données en retour» dans le protocole TP4 et sa présence dans TCP. Cette différence est moins importante qu'il n'y peut paraître car il est toujours possible d'envoyer deux TPDU, par exemple un DT et un ACK, dans un même paquet réseau.

La neuvième différence concerne le contrôle de flux. TP4 peut utiliser un mécanisme de crédit, mais il peut aussi utiliser le mécanisme de la fenêtre à anticipation de la Couche Réseau. TCP est obligé d'utiliser un mécanisme explicite et de spécifier la taille de la fenêtre dans chaque TPDU.

La dixième différence concerne le mécanisme de fenêtre. Dans les deux protocoles, le destinataire est autorisé à modifier à volonté la taille de la fenêtre. Cette liberté entraîne un problème potentiel dans le cas où une fenêtre est d'abord dimensionnée large, puis réduite et que ces ordres sont reçus en mauvais ordre. TP4 résout ce problème en ajoutant un numéro d'ordre aux demandes. En revanche, il n'y a pas de solution à ce problème dans TCP.

Enfin la onzième et dernière différence est la façon de libérer une connexion. TP4 libère brutalement la connexion en ce sens qu'un flot de données peut être directement suivi par une TPDU *DR*. Si les TPDU de données sont perdues, elles ne pourront être récupérées par le protocole, et les informations seront donc perdues. TCP utilise une procédure en trois étapes pour éviter justement la perte d'information. Le modèle OSI traite en fait ce problème dans la Couche Session. Il est important de signaler que le

National Bureau of Standards des Etats-Unis a été si navré de cet état de choses qu'il créa des TPDU supplémentaires dans le protocole de transport de TP4 afin d'avoir des déconnexions sans perte de données. Mais de ce fait, les versions américaine (NBS) et internationale de TP4 ne sont plus identiques.

Réseaux UNIX

Un nombre important de machines reliées à ARPANET et ARPA Internet utilisent le système UNIX de Berkeley. Pour cette raison, il est essentiel de voir comment UNIX se comporte vis-à-vis des réseaux. UNIX supporte TCP/IP, qui est accessible grâce à un certain nombre de primitives.

A l'inverse des primitives de l'OSI qui restent hautement abstraites, les primitives d'UNIX sont beaucoup plus spécifiques. Elles sont implémentées sous la forme d'appels au système qui permettent à l'utilisateur d'accéder au service de transport. Les principaux appels sont présentés figure 6-29. Les appels secondaires et les variantes ne sont pas mentionnés, pour des raisons de simplification.

Socket	Crée un TSAP de type donnée
Bind	Associe un nom codé en ASCII à un *socket*
Listen	Crée une file d'attente pour stocker une CR en entrée
Accept	Retire une demande de connexion, CR, de la file
Connect	Initialise une connexion avec un hôte éloigné
Shutdown	Termine une connexion sur un *socket*
Send	Envoie un message à travers un *socket*
Recv	Reçoit un message d'un *socket*
Select	Teste un ensemble de *sockets* en vue de leur lecture ou écriture

Figure 6-29. Les principaux appels au service transport du système UNIX de Berkeley

Au centre de l'interfaçage avec le service, on trouve le concept de *socket* (support), qui est similaire à la TSAP de l'OSI. Les *sockets* sont des points d'accès auxquels les connexions peuvent être rattachées par en dessous (côté système d'exploitation) et les processus par au-dessus (côté utilisateur). L'appel système dénommé *socket* crée un *socket* (une structure de données à l'intérieur du système d'exploitation). Les paramètres de cet appel sont l'adresse (par exemple un nom ARPA Internet), le type de *socket* (par exemple avec ou sans connexion), et le protocole (par exemple TCP/IP).

Une fois qu'un *socket* a été créé, un espace mémoire peut lui être réservé en prévision des demandes de connexion entrantes. Cet espace est alloué grâce à l'appel *listen*. Le socket spécifié dans un *listen* devient alors un point d'écoute passif qui attend une demande de connexion entrante.

Pour qu'un correspondant puisse appeler ce *socket*, il lui faut un nom (une adresse TSAP). Celui-ci peut être créé par l'appel *bind*. Une fois attibué, ce nom pourra être publié et communiqué, de telle sorte que le correspondant puisse le connaître.

Le processus utilisateur s'attache à un *socket* d'où il pourra attendre un appel entrant grâce à l'appel *accept* (équivalent à la procédure *listen* de notre exemple). Si une demande de connexion est déjà arrivée, elle sera prélevée dans la file d'attente du *socket*; sinon, le processus se mettra en attente jusqu'à ce qu'une demande arrive (à moins que le *socket* n'ait été déclaré non bloquant). Si, en revanche, une demande de connexion arrive avant que le socket n'ait été créé, celui-ci est créé et sert de point d'accès à la connexion. Grâce à ce subterfuge, une porte connue peut servir à établir de nombreuses connexions.

Pour initialiser une connexion avec un *socket* distant, un processus peut utiliser l'appel *connect* en spécifiant le *socket* local et le nom du *socket* distant. Cet appel réalise la connexion entre les deux *sockets*. De même, si les *sockets* sont de type sans connexion, le système d'exploitation enregistre une association entre eux, ce qui fait qu'un appel *send* sur le *socket* local entraîne l'envoi des messages vers le destinataire, bien qu'il n'existe pas de connexion formelle entre eux.

Pour libérer une connexion ou association, on appelle *shutdown*. Les deux directions d'une liaison *full duplex* peuvent être libérées séparément.

Pour envoyer ou recevoir des messages, on utilise *send* et *recv* qui possèdent plusieurs variantes.

Enfin, nous avons l'appel *select* qui est bien utile dans le cas où un processus a établi plusieurs connexions. Souvent un tel processus désire faire un appel *recv* sur le ou les *sockets* où des messages sont en attente pour lui. Malheureusement, il ne peut pas savoir *a priori* quels sont ceux qui en ont et ceux qui n'en ont pas. S'il se fixe au hasard, il peut rester bloqué pour un temps assez long (jusqu'à ce qu'un message finisse par arriver), alors que d'autres *sockets* l'attendent pour prélever des messages arrivés. L'appel *select* lui permet de se mettre en retrait jusqu'à ce que des lectures (ou des écritures) soient possibles sur un ou plusieurs *sockets* qu'il désigne en paramètres. A la fin de l'appel, l'utilisateur sait quels sont les *sockets* disposant de messages en attente.

6.4.3. La Couche Transport de MAP et TOP

MAP et TOP respectent tous deux les recommandations de l'ISO en matière de Couche Transport. En fait, ils sont obligés d'utiliser une variante de TP4 car leurs Couches Réseau utilisent un protocole sans connexion (ISO 8473).

TP4 permet une certaine latitude grâce aux options qui peuvent être négociées lors de l'établissement d'une connexion. Des choix spécifiques ont été faits pour certains d'entre eux. Pour commencer, l'ordinateur qui initialise une connexion est obligé de spécifier la classe 4, et le destinataire doit accepter cette classe dans son acquittement. Si une des deux extrémités est incapable ou non désireuse d'accepter ce choix, la connexion ne peut être établie.

Les séquences peuvent être numérotées sur 7 ou 31 bits. Mais il est fortement recommandé d'utiliser la version 31 bits, dans toutes les implémentations, dans la mesure où la Couche Réseau l'autorise.

Dans ces implémentations, le transfert de données exprès est obligatoire, bien que la norme OSI le présente comme une option. Si cette option est rejetée, la connexion devra être refusée, car cette fonction est utilisée par les niveaux supérieurs.

Enfin les implémentations MAP et TOP utilisent l'option de calcul par logiciel d'un total de contrôle. L'entité de transport calcule le total avant l'expédition et vérifie après la réception des données. Faire ce calcul par logiciel peut sembler une perte de temps, mais garantit contre la perte d'informations due à des erreurs de mémoire. L'utilisation de cette option est facultative, mais elle doit être disponible pour le cas où elle serait appelée.

6.4.4. La couche transport de USENET

USENET n'a pas de protocole de transport déterminé. Chaque paire de machines en communication négocie le protocole de transport qu'elle désire utiliser (ou aucun protocole). De nombreuses paires de machines utilisent TCP/IP, mais X.25 et *uucp* décrit dans le chapitre 4 sont aussi largement utilisés.

Les couches supérieures n'imposent aucun protocole spécifique, bien qu'elles aient besoin d'une liaison fiable afin d'initialiser la communication entre machines. Ceci fait, chaque paire de machines peut utiliser n'importe quel protocole qu'il lui est agréable de choisir, ou pas du tout, si la communication est assez fiable (par exemple dans le cas d'un réseau local).

6.5 RESUME

L'intérêt de la Couche Transport est de faire le lien entre ce que la Couche Réseau offre et ce que l'utilisateur demande. Elle isole les niveaux supérieurs de la technologie de la Couche Réseau en proposant un service standardisé. Ainsi, un changement dans la Couche Réseau n'entraînera aucun changement dans les programmes situés dans les couches supérieures.

La définition du service de transport retenue par l'OSI considère trois phases pour une connexion : établissement, utilisation et libération. Pour chaque phase, des primitives sont disponibles pour réaliser les actions nécessaires. Un service sans connexion a été également défini.

Les services de réseau ont été classés en trois catégories : A, B et C en fonction de leur fiabilité. Pour le type A (fiable), on peut utiliser un protocole simple. Pour le type B (presque fiable) le protocole de transport doit traiter les réinitialisations (*N-RESET*). Pour le type C, le protocole de transport doit utiliser des mécanismes complexes pour pallier de nombreux et subtils problèmes.

La gestion des connexions est une des responsabilités primordiales de la Couche Transport. Pour les réseaux de type C, la création d'une connexion passe par une procédure élaborée, généralement en trois étapes. La libération d'une connexion peut aussi poser des problèmes, comme nous l'a montré le problème des deux armées; une solution est d'utiliser une connexion avec temporisations.

Après avoir étudié la gestion de la connexion, nous avons étudié un exemple de Couche Transport bâtie sur un service de réseau X.25. Dans cet exemple, nous avons vu une implémentation possible des primitives abstraites de l'OSI en des procédures exécutables. Nous avons aussi vu comment représenter le protocole par un automate à nombre d'états fini.

Enfin, nous avons examiné la Couche Transport des différents réseaux qui nous ont servi d'exemples jusqu'à présent, et avons regardé les protocoles les plus courants, le protocole de transport OSI classe 4 et TCP. Les similitudes et différences entre ces deux protocoles ont été répertoriées.

6.6 EXERCICES

1. Le gestionnaire des tampons de la figure 6-18 transmet à l'appelant son allocation de tampons après le message courant. Une autre façon de communiquer cette information est d'indiquer dans le champ tampon combien de tampons supplémentaires (si c'est le cas) ont été alloués. Dans cette méthode, l'expéditeur maintient un compteur qui s'incrémente du contenu du champ tampon et se décrémente à chaque premier envoi de données. Ces deux méthodes sont-elles également satisfaisantes ?

2. Un utilisateur envoie à un autre utilisateur un flot de messages de 128 octets. Le destinataire boucle en permanence sur deux actions principales : prendre les messages, et traiter les messages. Le temps nécessaire pour prendre et traiter les messages a une densité de probabilité exponentielle, avec pour valeur moyenne 10 ms. Le mécanisme de fenêtre à anticipation autorise un maximum de 16 messages en attente. Toutes les lignes de communication du sous-réseau ont un débit de 230 kbit/s, mais suite à des retards dans le sous-réseau, la forme des arrivées respecte approximativement une loi de Poisson. Des mesures ont montré que le délai de retour d'un accusé de

réception, estimé à partir de l'envoi du premier bit, est de 200 ms. Utilisez la théorie des files d'attente pour déterminer la taille moyenne des tampons de l'hôte destinataire.

3. Un groupe de N personnes travaillant dans un même immeuble utilise le même ordinateur *via* un réseau X.25. L'utilisateur moyen génère L lignes de trafic (entrée + sortie) par heure, et une moyenne de P octets, en excluant les en-têtes X.25. Le fournisseur du réseau X.25 facture C centimes par octet de données transportées, plus X centimes par heure et par circuit virtuel ouvert. A partir de quelles conditions devient-il intéressant de multiplexer les N connexions sur le même circuit virtuel, sachant que le multiplexage ajoute 2 octets à chaque paquet ? On suppose qu'un circuit virtuel a une capacité suffisante pour transporter la totalité du trafic.

4. La classe 0 du protocole de transport OSI n'a pas de contrôle de flux explicite. Cela signifie-t-il qu'un émetteur qui transmet à haute vitesse peut entraîner un récepteur lent à recevoir à la même vitesse ?

5. Imaginons le problème des deux armées généralisé à N armées, l'association de deux d'entre elles étant suffisante pour assurer la victoire. Y a-t-il un protocole qui permette aux bleus de gagner ?

6. Dans un réseau caractérisé par des paquets d'au plus 128 octets, dont la durée de vie maximale est de 30 secondes, et des numéros de séquence à 8 bits, quel est le débit maximal par connexion ?

7. Supposons que le mécanisme d'attribution des numéros de séquence initiale utilise un compteur de 15 bits incrémenté par une horloge qui envoie une impulsion toutes les 100 ms. La durée de vie maximale des paquets est de 60 secondes. Quelle doit être la fréquence des resynchronisations :

   (a) dans le pire des cas ?
   (b) si les données utilisent 240 numéros par minute ?

8. Pourquoi la durée de vie maximale des paquets, T, doit-elle être suffisamment grande pour permettre que non seulement les paquets, mais aussi leurs acquittements, aient disparu ?

9. Supposons qu'une procédure à deux étapes, et non à trois, soit utilisée pour initialiser une connexion. Autrement dit, le troisième message n'est pas nécessaire. Des interblocages sont-ils possibles ? Montrez un exemple d'une conjoncture amenant cette situation, ou prouvez que cela ne peut arriver.

10. Revoyons le problème de la réinitialisation après une panne de la figure 6-21. Si l'intervalle entre la cession des données et l'envoi de l'acquittement peut être rendu négligeable, quelle est la meilleure stratégie aux deux extrémités pour minimiser l'apparition d'une erreur de protocole ?

11. Les interblocages sont-ils possibles avec l'entité de transport décrite dans le texte ?

12. Que se passe-t-il si l'utilisateur de l'entité décrite figure 6-21 envoie un message de longueur zéro ? Justifiez votre réponse.

13. Le concepteur de l'entité de transport de la figure 6-21 a décidé d'ajouter des compteurs dans la procédure *dormir* pour collecter des statistiques sur le tableau *conn*. Il surveille, entre autres, le nombre de connexions dans chacun des sept états possibles, $n[i]$ avec $i = 1$ à 7. Après avoir écrit un programme imposant en Fortran notre programmeur s'aperçoit que la relation $\Sigma n_i = MaxConn$ est toujours vraie. Existe-t-il d'autres invariants concernant ces sept variables ?

14. Pour chacun des sept événements qui peuvent se produire dans l'entité de transport de la figure 6-21, dites s'il est normal que l'utilisateur soit en sommeil dans l'état *envoi*.

15. Le protocole X.25 n'attribue pas de sous-numéros de séquence comme TP4. Est-ce simplement parce que X.25 a été inventé des années avant que cette idée ne soit introduite, ou bien y a-t-il une autre raison ?

16. Considérons le problème d'interconnexion de sous-réseaux de type C sans connexion. Si une TPDU passe à travers un réseau dont la taille maximale des paquets est inférieure à la taille standard, cela va-t-il causer un problème avec TP4 ? et avec TCP ?

17. TCP n'autorise qu'une seule connexion entre une paire de TSAP. Cela est-il aussi vrai pour TP4 ? Justifiez votre réponse.

18. Discutez les mérites respectifs des mécanismes de crédit et de fenêtre à anticipation.

19. TCP utilise un seul format d'en-tête alors que l'OSI en a plusieurs. Expliquez les avantages et désavantages de chacun.

20. La fragmentation et le réassemblage sont réalisés par IP et sont donc transparents à TCP. Cela signifie-t-il que TCP n'a pas à se préoccuper de l'ordre d'arrivée des données ?

21. Modifiez le programme de la figure 6-21 afin de traiter les erreurs. Ajoutez un nouveau type de paquet, appelé *reset,* qui peut arriver lorsqu'une connexion a été créée par les deux extrémités, mais fermée par aucune. Cet événement, qui arrive simultanément aux deux extrémités, signifie que tous les paquets qui étaient en transit ont été soit délivrés soit détruits, mais ne sont plus dans le sous-réseau.

22. Modifiez le programme de la figure 6-21 pour multiplexer toutes les connexions de transport sur un même circuit X.25 virtuel. Cette modification va sans doute vous obliger à créer et gérer un en-tête de transport explicite pour savoir quel paquet appartient à quelle connexion.

23. Ecrivez un programme qui réalise la gestion des tampons d'un mécanisme de contrôle de flux à fenêtre à anticipation. Autorisez les processus à ouvrir aléatoirement des connexions, à envoyer des données, et à libérer les connexions. Pour simplifier, considérez que les données ne vont que dans un seul sens. Essayez votre programme avec les différentes stratégies disponibles pour le destinataire, tel que tampons dédiés à une connexion, ou tampons communs et mesurez le débit pour chaque solution.

7
La Couche Session

Les couches session, présentation et application constituent les *couches supérieures* du Modèle de Référence de l'ISO. Alors que les quatre couches basses concernent la communication fiable de bout en bout, les couches supérieures offrent des services orientés vers les utilisateurs. Elles supposent que la Couche Transport fournit un simple canal de communication sans erreur et ajoutent des caractéristiques supplémentaires utiles pour une large gamme d'applications. Ainsi, les concepteurs d'applications n'ont pas à implémenter à chaque fois ces caractéristiques dans chacun de leurs programmes.

La Couche Session est typiquement une invention de l'ISO. Avant l'apparition du modèle de référence, il n'existait aucun réseau au monde avec une telle Couche Session (certains services de session ISO sont présents dans SNA, mais ils sont dispersés sur plusieurs couches). Pendant le développement du modèle, il y a eu force débats et discussions quant au besoin d'une Couche Session. La proposition britannique à l'ISO, par exemple, ne comprenait que cinq couches et n'avait évidemment pas de Couche Session.

Bien que la majorité des comités de l'ISO ait décidé d'inclure une Couche Session dans le modèle, il est bien clair (et la brièveté de ce chapitre en est une illustration) qu'il s'agit d'une couche «mince» offrant relativement peu de services. En outre, lorsqu'une connexion de session est établie, des options permettent de ne pas utiliser la plupart des services disponibles. Cette couche est loin d'être aussi importante que la Couche Transport et bien des applications n'utilisent même pas les quelques services qu'elle offre. En tout état de cause, la Couche Session fait désormais partie du Modèle de Référence de l'ISO, analysons donc les services qu'elle propose et voyons comment ils fonctionnent.

7.1. ELEMENTS DE CONCEPTION DE LA COUCHE SESSION

Dans cette section, nous allons analyser les éléments fondamentaux de la Couche Session parmi lesquels la gestion du dialogue, la synchronisation et la gestion des activités. On peut considérer qu'il s'agit de services «à valeur ajoutée» placés au-dessus de la connexion de transport nue.

7.1.1. Services fournis à la couche Présentation

La Couche Session fournit des services à la Couche Présentation. Sa position dans la hiérarchie des couches est illustrée par la figure 7-1 qui est tout à fait semblable à la figure 6-1 si ce n'est que les points d'accès aux services sont appelés *Session Service Access Points* (*SSAP*) et les unités de données des protocoles *Session Protocol Data Unit* (*SPDU*). De même que pour la Couche Transport, nous utiliserons indifféremment les termes *fournisseur de services de session* et *entité de session.*

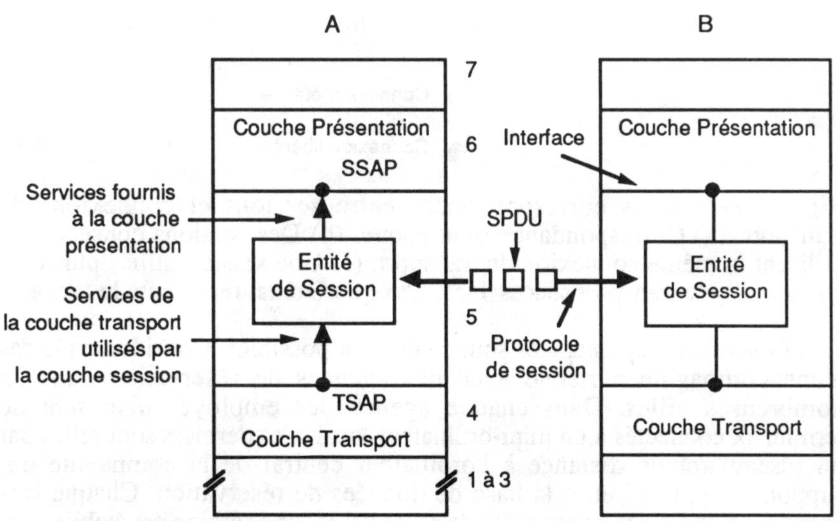

Figure 7-1. Les couches transport, session et présentation

La principale fonction de la Couche Session est de fournir aux utilisateurs de session (les entités de présentation ou parfois directement les processus des utilisateurs) les moyens d'établir des connexions appelées *sessions* et d'y transférer des données en bon ordre. Une session peut être utilisée pour la connexion à distance d'un terminal à un ordinateur, pour un transfert de fichier ou pour toute autre application. Bien que des primitives de service en mode non connecté soient disponibles dans la Couche Session, une session en mode non connecté ne peut faire aucun usage des caractéristiques orientées vers les utilisateurs pour lesquelles la session a été conçue. C'est pour cette raison que nous allons nous concentrer tout d'abord sur un modèle en mode connecté. Toutefois, nous discuterons, plus loin dans ce chapitre, d'une application intéressante des sessions en mode non connecté.

Bien que présentant de nombreuses similitudes, la session et la connexion de transport ne sont pas identiques. D'ordinaire, lorsqu'une requête d'ouverture de connexion arrive à la Couche Session, il est nécessaire d'ouvrir une connexion de transport pour véhiculer la session. Une fois la session terminée, la connexion de transport est libérée. Dans cet exemple, il y a une correspondance biunivoque entre la session et la connexion de transport. Cette situation est illustrée par la figure 7-2(a).

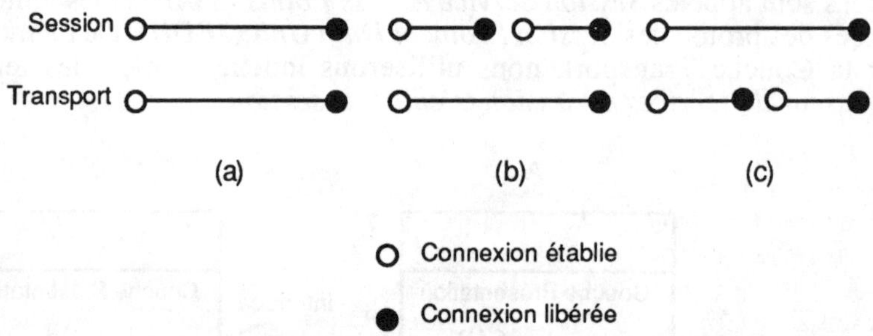

Figure 7-2. Trois correspondances entre sessions et connexions de transport. (a) Correspondance biunivoque. (b) Des sessions consécutives utilisent la même connexion de transport. (c) Une session utilise plusieurs connexions de transport successives. L'axe horizontal représente le temps.

D'autres correspondances sont également possibles. Considérons le cas d'une compagnie aérienne avec des agences de réservation dans de nombreuses villes. Dans chaque agence, les employés disposent de terminaux connectés à un mini-ordinateur local. Ces derniers sont reliés par un réseau grande distance à l'ordinateur central de la compagnie qui supporte l'application et la base de données de réservation. Chaque fois qu'un employé émet une requête de réservation, une session est établie vers l'ordinateur central. Lorsque la requête est traitée, la session est terminée mais il est inutile de libérer la connexion de transport sous-jacente puisqu'elle sera utilisée quelques instants plus tard par un autre employé. Il est alors plus simple de prévoir des sessions successives sur la même connexion de transport comme le montre la figure 7-2(b).

Une troisième correspondance entre sessions et connexions de transport est donnée par la figure 7-2(c). Ici, nous voyons une session qui utilise plusieurs connexions de transport. Si, par exemple, la connexion de transport tombe en panne (quelle qu'en soit la raison), la Couche Session peut en établir une nouvelle et poursuivre la session commencée sur celle-ci. Une telle situation ne peut se présenter quand les entités de transport sont implémentées sur les machines-hôtes : les entités de transport doivent elles-mêmes prévoir les mécanismes de reprise sur pannes ou défaillances du réseau sous-jacent. En revanche, si les entités de transport sont physiquement séparées des machines-hôtes, la reprise sur erreurs ou pannes externes est du ressort de la Couche Session qui devient dans ce cas la plus basse couche logicielle capable de survivre aux pannes du réseau.

Ajoutons encore qu'il n'est pas possible de multiplexer plusieurs sessions sur une même connexion de transport, contrairement à la Couche Transport qui peut multiplexer plusieurs connexions de transport sur une même connexion de réseau. Une connexion de transport véhicule, à tout instant, au plus une session. Le multiplexage sert à réduire les coûts ou à améliorer les performances, fonctions qui sont du ressort de la Couche Transport.

7.1.2. Transfert des données

La principale fonctionnalité de la Couche Session est le transfert des données. Comme toute connexion, une session contient trois phases : établissement de la session, transfert des données, libération de la session. Les primitives fournies à la Couche Présentation pour établir la session, transférer les données et libérer la session sont tout à fait semblables à celles fournies à la Couche Session pour établir une connexion, transférer des données et libérer une connexion de transport. Dans de nombreux cas, à la réception d'une primitive de l'utilisateur de session, l'entité de session doit simplement faire appel à la primitive de transport correspondante pour exécuter le service demandé.

Par exemple, lorsqu'un utilisateur de session émet la primitive *S-CONNECT.request* pour établir une session, le fournisseur de services de session se contente d'émettre une primitive *T-CONNECT.request* pour établir la connexion de transport (en supposant qu'il n'existe pas déjà de connexion de transport utilisable). De même que pour l'établissement d'une connexion de transport, l'ouverture d'une session nécessite la négociation de nombreux paramètres entre les utilisateurs des extrémités. Certains de ces paramètres concernent la connexion de transport : qualité de service, existence ou non d'un transport de données exprès. Ils sont alors passés à la Couche Transport sans aucune modification. D'autres paramètres sont spécifiques à la Couche Session. Si l'on souhaite, par exemple, établir une session entre deux ordinateurs pour échanger du courrier électronique dans les deux directions, l'un des paramètres de session peut spécifier laquelle des deux extrémités a l'initiative du début de l'échange.

Quoi qu'il en soit, en dépit de ces similitudes, il existe des différences importantes entre session et connexion de transport. La principale réside dans la procédure de libération des connexions. Les connexions de transport sont libérées par une primitive *T-DISCONNECT.request* qui cause une *libération brutale* de la connexion avec perte irrémédiable des données encore en transit. Les sessions sont terminées par une primitive *S-RELEASE.request* qui produit une *libération ordonnée* de la connexion sans perte de données, cette libération est encore appelée *terminaison négociée*. La libération brutale d'une session peut également arriver dans le cas d'une primitive *S-U-ABORT.request*.

La différence entre libération brutale et ordonnée est illustrée sur la figure 7-3. Dans un mécanisme de libération brutale, aucune donnée ne peut être émise ou reçue dès l'instant que la primitive de déconnexion a été émise. Dans la figure 7-3(a), dès que *B* a émis la primitive *T-DISCONNECT.request* , la connexion de transport est détruite. *B* ne peut pas recevoir le message en transit qui lui est destiné même si celui-ci a été émis par A avant l'arrivée de la TPDU *DR*. De plus, *A* ne peut en aucune façon refuser la libération de la connexion. Le fournisseur de services de transport émet simplement une primitive *T-DISCONNECT.indication* . Ce mécanisme est comparable à celui du téléphone : quand l'un des interlocuteurs raccroche, la communication est terminée quels que soient les désirs de l'autre.

La libération ordonnée fonctionne différemment. Elle utilise un mécanisme aller-retour complet avec des primitives *request* (pour *requête*) *indication, response* (pour *réponse*), *confirmation*. Dans la figure 7-3(b), même après avoir émis une primitive *S-RELEASE.request, B* continue d'accepter des messages jusqu'à ce que *A* confirme la déconnexion. Emettre une primitive *S-RELEASE.request* ne clôt pas la session; l'utilisateur distant doit être d'accord. Si l'utilisateur distant veut continuer le transfert des données, il peut refuser la déconnexion (en utilisant l'un des paramètres de la primitive *S-RELEASE.response*) et la session se prolonge comme si de rien n'était. Une session ne peut être libérée que si les deux utilisateurs sont d'accord pour arrêter.

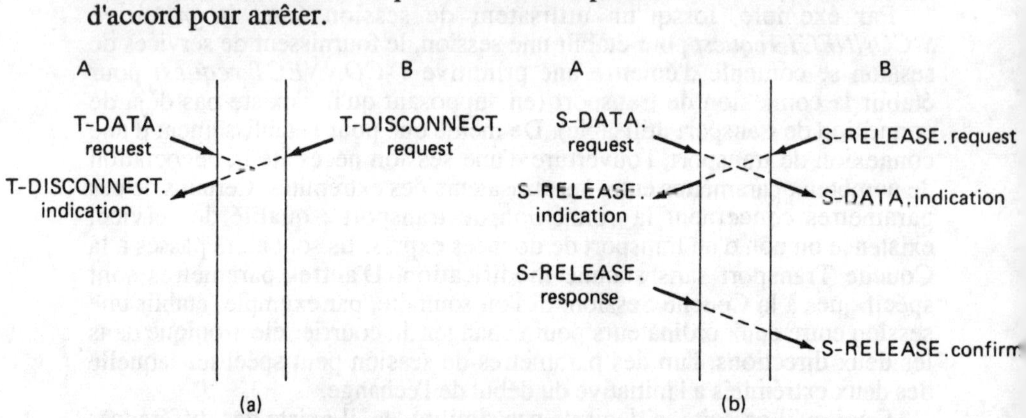

Figure 7-3. (a) Libération brutale (b) Libération ordonnée

Vous trouvez peut-être étrange que la libération ordonnée soit présente dans la Couche Session et non dans la Couche Transport; rassurez-vous, vous n'êtes pas seul. Lors de la préparation des normes de la Couche Transport pour le gouvernement américain, le NBS (*National Bureau of Standards*) trouvait lui aussi cela tout à fait étrange et avait rajouté une option «libération ordonnée» dans la Couche Transport. Cela résolvait le problème mais rendait les normes américaines différentes de celles du reste du monde. Il est fréquent que les personnes chargées de la normalisation aient à faire un choix entre ce qu'ils considèrent comme la bonne façon de faire et ce que tout le monde à part eux fait. Cela explique pourquoi il existe autant de standards.

Par ailleurs, la Couche Session et la Couche Transport diffèrent, bien que très peu, au niveau de l'adressage. Pour établir une session, il faut spécifier l'adresse du SSAP à connecter et non celle du TSAP. Bien que les standards ne décrivent pas comment sont conçues les adresses de SSAP, il est couramment admis, dans la pratique, qu'une adresse de SSAP n'est rien d'autre qu'une adresse de TSAP à laquelle ont été rajoutées quelques informations.

Couche Session et Couche Transport se différencient par le nombre de types de données transportés. La Couche Transport a deux flux de données indépendants : les données normales et les données exprès. La Couche Session supporte ces deux sortes de données plus deux autres (les données typées et les données de capacité). Ces deux dernières sortes de données concernent des caractéristiques de la Couche Session que nous n'avons pas encore abordées; nous reportons donc la discussion sur ce sujet à plus loin dans ce chapitre.

7.1.3. Gestion du dialogue

En principe, toutes les connexions ISO sont bidirectionnelles simultanées: des PDU peuvent être transférées dans les deux sens simultanément sur la même connexion. La figure 7-4(a) illustre la communication bidirectionnelle simultanée. Toutefois, il existe de nombreuses situations où le logiciel des couches hautes est structuré de telle manière que les utilisateurs travaillent à tour de rôle (communications bidirectionnelles à l'alternat). Cela n'a rien à voir avec les limitations des anciens terminaux, encore utilisés aujourd'hui, qui ne peuvent pas travailler en mode simultané, cela vient de la façon de concevoir le logiciel des couches de plus haut niveau.

Considérons, à titre d'exemple, un système de gestion de bases de données auquel il est possible d'accéder à partir de terminaux distants (réservation aérienne, consultation bancaire à domicile). Le mode d'utilisation le plus naturel pour les utilisateurs consiste à envoyer des requêtes à la base de données et à attendre une réponse. Les autoriser à envoyer une deuxième requête voire une troisième avant même que leur soit parvenue la réponse à la première compliquerait singulièrement le système. Il est logique qu'un tel système fonctionne à l'alternat : soit l'utilisateur émet, soit la base de données, alternativement.

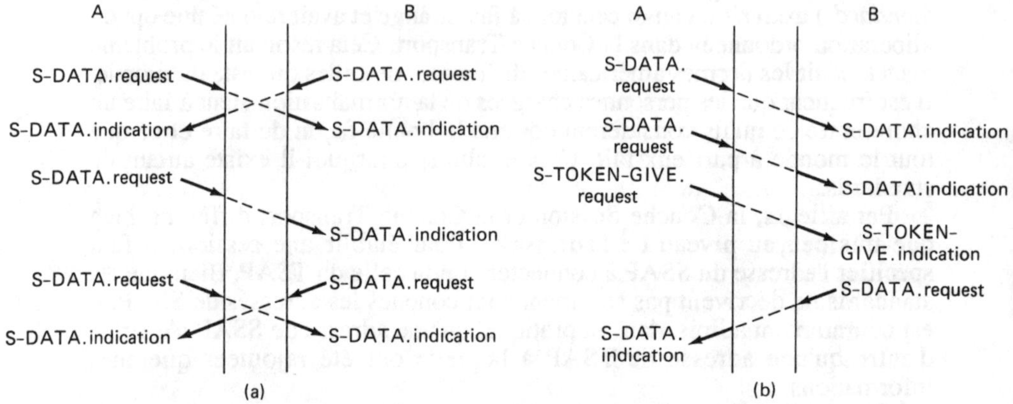

Figure 7-4. (a) Communication bidirectionnelle simultanée (b) Communication bidirectionnelle à l'alternat gérée avec un jeton.

Le contrôle de ce tour de rôle est appelé *gestion du dialogue* et c'est l'un des services qui peuvent, à la demande, être fournis par la Couche Session.

Ce service est mis en œuvre grâce à l'utilisation d'un *jeton de données* (*data token*). Lorsqu'une session est établie, la communication à l'alternat est l'une des options possibles. Si ce mode est choisi, la négociation initiale sert également à déterminer laquelle des deux extrémités possède le jeton au départ. Seul le possesseur du jeton est autorisé à transmettre des données; l'autre doit rester silencieux. Lorsque le possesseur du jeton a fini sa transmission, il peut passer le jeton à son correspondant grâce à la primitive *S-TOKEN-GIVE.request*, comme le montre la figure 7-4(b).

Qu'arrive-t-il si celui qui ne possède pas le jeton veut transmettre des données ? Il peut réclamer poliment ce jeton en utilisant la primitive *S-TOKEN-PLEASE.request*. Le possesseur du jeton peut être d'accord et lui envoyer le jeton mais il peut aussi refuser, auquel cas l'autre n'a plus qu'à attendre (ou en cas d'urgence envoyer des données exprès, ce qui ne nécessite pas de posséder le jeton). Si le fonctionnement simultané a été sélectionné, le jeton devient inutile pour la phase de transfert des données.

7.1.4. Synchronisation

La *synchronisation* fait également partie des services de la Couche Session. Elle est utilisée pour mettre les entités de session dans un état connu des deux interlocuteurs en cas d'erreur ou de désaccord. A première vue, un tel service peut paraître inutile puisque la Couche Transport a été soigneusement conçue pour effectuer, de manière transparente, toutes les reprises sur erreurs ou pannes du réseau sous-jacent. Une étude plus fine montre cependant que la Couche Transport ne peut masquer que des erreurs liées à la *transmission* des données. Elle ne peut en aucun cas effectuer des reprises sur erreurs liées aux *couches supérieures*.

Considérons, pour illustrer les problèmes possibles, le service télétex, appelé à remplacer petit à petit le télex pour l'envoi de messages écrits d'une entreprise à une autre. Les abonnés de ce service utilisent un équipement informatique contenant une unité centrale, un clavier, un écran, une imprimante, un modem, un téléphone et parfois un disque. L'utilisateur commence par composer un message avec son clavier. L'unité centrale appelle le correspondant, établit une session et transfère le message. Si le terminal destinataire ne possède pas de disque (ce qui est tout à fait possible dans le cas des versions bon marché), les messages doivent être imprimés en temps réel au fur et à mesure qu'ils arrivent.

Dès qu'une SPDU est reçue, elle est acquittée. Le texte qu'elle contient est extrait et donné à l'imprimante pour impression. Supposons maintenant que l'imprimante connaisse un bourrage de papier ou un problème de ruban. Même si l'opérateur humain s'aperçoit immédiatement de la panne et appuie sur le bouton pour stopper l'impression, il est possible que certaines informations soient perdues. Comme le récepteur a déjà envoyé l'acquittement, l'émetteur ne possède plus de copie du message. Il en résulte une perte de données dont la Couche Transport n'est absolument pas responsable. On peut même dire qu'elle a fait un travail parfait : elle a transmis tous les bits sans erreur de l'émetteur vers le destinataire. Ce n'est qu'après le traitement de la SPDU par la Couche Session que la Couche Transport a transmis l'acquittement. La faute n'incombe pas à la Couche Transport si les couches supérieures ont manqué leur coup.

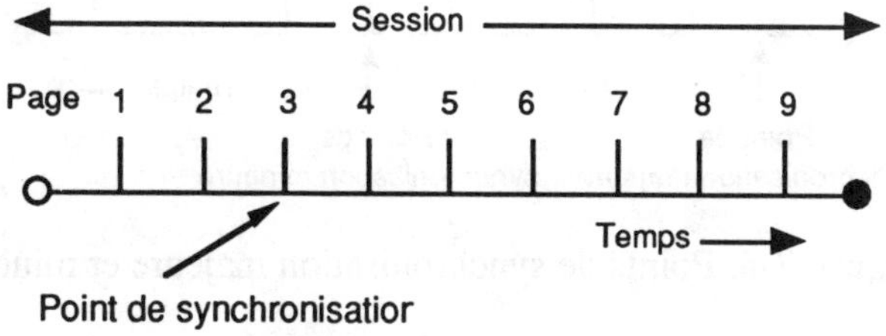

Figure 7-5. Points de synchronisation

La solution à ce problème réside dans la Couche Session. Les utilisateurs de session peuvent découper leurs textes en pages et insérer entre elles un *point de synchronisation*, comme le montre la figure 7-5. En cas de panne, il est possible de remettre la session dans l'état correspondant à un ancien point de synchronisation et de reprendre le transfert des pages à partir de cet endroit. Bien sûr, une telle opération, appelée *resynchronisation*, n'est réalisable que si l'utilisateur de session émetteur (et non l'entité de session) conserve les pages de données suffisamment longtemps.

Il est important de comprendre la sémantique de la synchronisation présente dans la Couche Session. Les utilisateurs de session peuvent insérer des points de synchronisation dans le flot de leurs messages. Chaque point de synchronisation porte un numéro de série. Lorsqu'un utilisateur émet une primitive (*request*) pour poser un point de synchronisation, l'autre reçoit la primitive (*indication*) correspondante. Il en est de même pour une resynchronisation. La sauvegarde des messages et l'éventuelle retransmission ultérieure sont traitées *au-dessus* de la Couche Session. La Couche Session ne fait que fournir les outils pour échanger, à travers un réseau, des signaux numérotés de synchronisation ou de resynchronisation.

Ce mécanisme est toutefois un peu plus complexe que ce que nous venons de voir rapidement. Il existe deux sortes de points de synchronisation, *synchronisation majeure* et *synchronisation mineure*, avec leurs propres primitives. Les éléments délimités par des points de synchronisation majeure sont appelés *dialogues*, ils représentent généralement un découpage logique de l'échange en grandes parties. Si l'on transmet un livre, on peut imaginer que les points de synchronisation majeure séparent les chapitres et les points de synchronisation mineure les pages à l'intérieur de chaque chapitre. La figure 7-6 illustre une session avec trois points de synchronisation majeure et quatre points de synchronisation mineure.

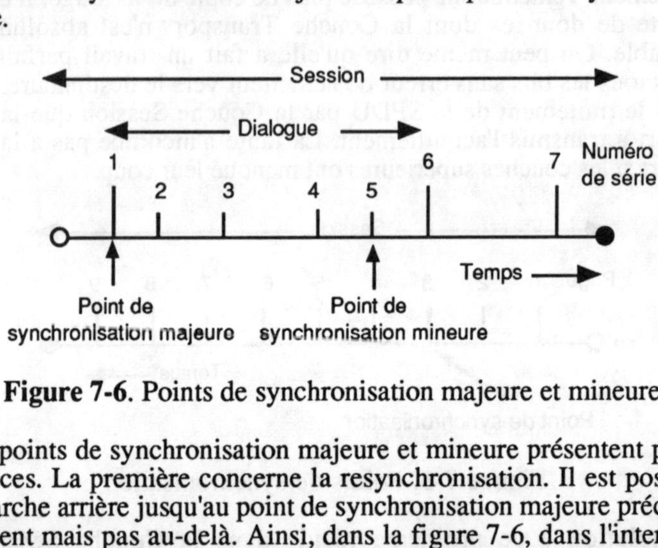

Figure 7-6. Points de synchronisation majeure et mineure

Les points de synchronisation majeure et mineure présentent plusieurs différences. La première concerne la resynchronisation. Il est possible de faire marche arrière jusqu'au point de synchronisation majeure précédant le plus récent mais pas au-delà. Ainsi, dans la figure 7-6, dans l'intervalle de temps qui sépare les points 6 et 7, il est possible de se resynchroniser sur le point 6 mais pas sur les points précédents. Un point de synchronisation majeure est comme une barrière protectrice; toutes les données qui précèdent ont été reçues correctement, elles peuvent dès lors être ignorées. Les points de synchronisation mineure n'ont pas cette propriété. Juste avant le point de synchronisation 6 de la figure 7-6, il est possible de revenir sur n'importe lequel des points précédents de 1 à 5. C'est l'utilisateur de session, bien sûr, qui est responsable du choix du type de synchronisation et des instants où sont posés ces points.

Les points de synchronisation majeure sont très importants dans le flot des messages. Ils doivent être acquittés explicitement alors que les points de synchronisation mineure ne sont pas confirmés. Sur une liaison par satellite où le délai d'acquittement minimum est de 540 ms, cela représente une sérieuse différence.

Poser un point de synchronisation, qu'il concerne la synchronisation majeure ou mineure, nécessite de posséder le jeton correspondant. Il existe deux jetons indépendants l'un de l'autre (l'un pour la synchronisation majeure, l'autre pour la synchronisation mineure). Ces deux jetons n'ont rien à voir avec le jeton de données qui permet de contrôler une communication à l'alternat. Lors d'une resynchronisation, tous les jetons sont remis dans l'état où ils se trouvaient au moment de la pose du point de synchronisation.

7.1.5. Gestion des activités

La Couche Session propose un autre service, relativement proche de la synchronisation : la *gestion des activités*. L'idée maîtresse de la gestion des activités est un découpage logique par l'utilisateur du flot des messages en *activités*. Les activités sont totalement indépendantes les unes des autres.

C'est l'utilisateur lui-même qui définit ce qu'est une activité. A titre d'exemple, considérons une session établie pour effectuer plusieurs transferts de fichiers entre deux ordinateurs. Il est nécessaire d'identifier les différents transferts de fichiers afin de reconnaître la fin d'un fichier et le début du suivant. Utiliser le séparateur de fichiers de l'ASCII (*FS File Separator*) n'est pas une bonne solution. Si les fichiers contiennent du binaire, ce caractère peut apparaître n'importe où et créer accidentellement une fin de fichier à un endroit incorrect. Il existe bien sûr des mécanismes de transparence, comme nous en avons vu dans la couche liaison, mais un tel mécanisme au niveau de la Couche Session devrait probablement être réalisé par logiciel au risque de ralentir fortement le transfert.

En fait, il est nécessaire d'insérer, dans le flot des données, un marqueur qui se distingue lui-même des messages de données (ce que l'on appelle parfois une information *hors-bande*). Une solution consiste à définir chaque transfert de fichier comme une activité, ce qu'illustre la figure 7-7. Dans cette figure, avant chaque transfert de fichier, l'émetteur envoie une primitive *S-ACTIVITY-START.request*. Le récepteur reçoit alors une primitive *S-ACTIVITY-START.indication* qui lui indique qu'un nouveau transfert de fichier commence. De même, l'émetteur utilise une primitive *S-ACTIVITY-END.request* pour marquer la fin d'un transfert de fichier.

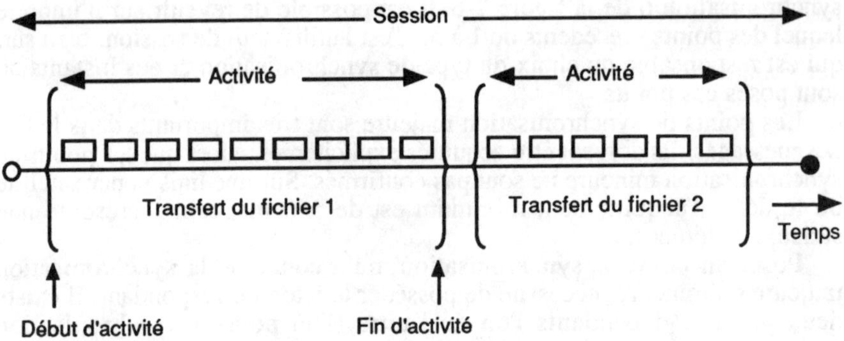

Figure 7-7. Utilisation des activités pour délimiter les fichiers

A ce stade de notre explication, il est important de souligner que le choix de la notion d'activité revient une fois encore à l'utilisateur de session, là encore, et non à la Couche Session elle-même. La Couche Session ne fait que fournir les outils pour échanger, à travers un réseau, des signaux de délimitation des activités. Savoir *quand* l'émetteur envoie des primitives de délimitation d'activités et *comment* réagira le récepteur n'est pas du ressort de la Couche Session. Elle n'est concernée que par l'exécution de ces primitives et en aucun cas par leur signification (sémantique). Notons enfin qu'une activité couvre les flots de messages transmis dans *les deux* sens.

Prenons un second exemple pour illustrer l'utilisation de la gestion des activités. Considérons un système d'interrogation bancaire à domicile par lequel les utilisateurs peuvent effectuer des paiements électroniques depuis leurs terminaux. Un utilisateur lance le programme tournant sur son propre terminal afin de déterminer le numéro du compte à débiter et d'envoyer cette information à sa banque dans un premier message. Il place ensuite de la même manière le numéro du compte à créditer dans un second message et le montant en question dans un troisième.

Lorsque le premier message arrive à l'ordinateur de la banque, l'enregistrement sur disque du numéro du compte à débiter est recherché et verrouillé pour éviter tout accès concurrent. L'enregistrement contenant le numéro du compte à créditer est de même verrouillé lorsque le deuxième message arrive. Quand le troisième message parvient enfin, le transfert d'argent est effectué et les deux enregistrements sont déverrouillés.

Imaginons qu'une coupure de courant se produise au domicile de l'utilisateur alors qu'il a envoyé le premier message et que celui-ci a été reçu et traité par la banque. La transaction financière n'aura jamais lieu et le numéro de compte restera verrouillé. Pour éviter une telle situation, on peut imaginer la transaction bancaire comme une activité de la Couche Session.

Après la réception d'une primitive *S-ACTIVITY-START.indication*, l'ordinateur de la banque se contente d'accumuler les messages entrants jusqu'à ce qu'arrive une primitive *S-ACTIVITY-END.indication* signalant qu'il n'y a plus d'autres informations. Ce n'est qu'à partir de ce moment que commencent le traitement et le verrouillage des numéros de compte. Une panne extérieure à la banque ne peut alors plus perturber le déroulement de la transaction.

La technique consistant à accumuler tous les messages dans une mémoire tampon d'entrée avant de traiter l'un d'entre eux est appelée *mise en quarantaine*. Dans les premières versions de la Couche Session, la mise en quarantaine était donnée explicitement comme un service de session. Plus tard, les différents comités de l'ISO, convaincus que la mise en quarantaine pouvait s'effectuer grâce à la gestion des activités, supprimèrent ce service des normes.

Notre troisième et dernier exemple de gestion des activités utilise une propriété que nous n'avons pas encore mentionnée jusqu'à présent : une activité peut être interrompue (c'est-à-dire suspendue) et reprise plus tard sans perte d'information. Considérons le cas d'une personne qui a démarré le téléchargement d'un très gros fichier de l'ordinateur de son bureau à celui de son domicile. Au beau milieu du transfert, il a besoin de donner un coup de fil urgent... et le numéro de téléphone est dans son annuaire électronique personnel, chez lui. Comment faire pour ne pas perdre le bénéfice de tout le transfert déjà effectué ?

La solution à ce problème est illustrée par la figure 7-8. Le transfert de fichier est lancé en tant qu'activité. A tout moment au cours de ce transfert, on peut émettre la primitive *S-ACTIVITY-INTERRUPT.request* pour le suspendre. Une autre activité peut alors être entreprise et menée à bien, la première activité est ensuite relancée à l'endroit où elle avait été interrompue.

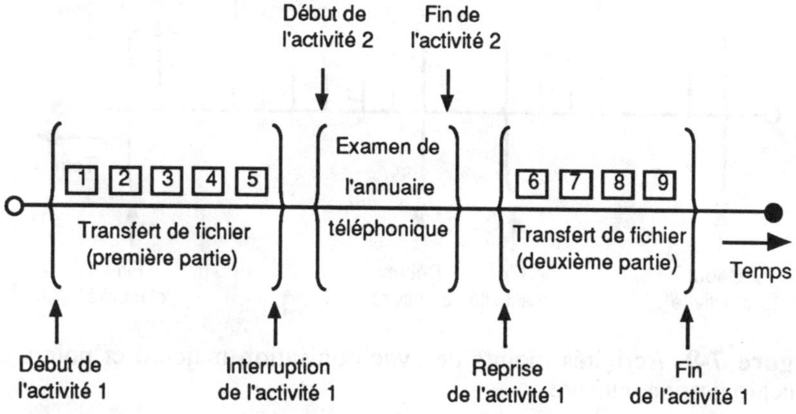

Figure 7-8. Les activités peuvent être interrompues et reprises plus tard

La gestion des activités est un des moyens de base pour structurer une session. Il est essentiel que les deux entités soient d'accord pour utiliser cette structure d'activités. Un problème peut se poser si les deux entités essaient de démarrer une activité au même moment. Une fois encore, pour prévenir cela, on aura recours à un mécanisme de jeton (en fait, c'est le jeton de synchronisation majeure qui est utilisé dans ce cas). Pour démarrer une activité, l'utilisateur doit être en possession du jeton d'activité. Ce jeton peut être transmis d'un utilisateur à l'autre, il est indépendant des jetons de données ou de synchronisation mineure.

En fait, la situation est encore plus complexe que ce que nous venons d'exposer. Au départ, tout était comme nous l'avons décrit. Mais un beau jour, l'ISO s'est aperçu que d'autres problèmes pouvaient apparaître quand un utilisateur démarre une activité alors que son interlocuteur effectue une synchronisation mineure. Les règles ont été changées pour éviter une telle situation. Un utilisateur doit maintenant détenir les deux jetons (activité et synchronisation mineure) ainsi que le jeton de données (s'il est utilisé) avant de pouvoir lancer une activité ou poser un point de synchronisation. Une telle stratégie d'utilisation des jetons résout les problèmes précédents mais en pose un nouveau : que se passe-t-il si un utilisateur possède l'un des jetons, son interlocuteur l'autre et qu'ils désirent tous deux avoir les deux jetons ? Chacun des deux utilisateurs entre dans une boucle infernale avec une primitive *S-TOKEN-PLEASE*. Un blocage s'ensuit. La seule solution à ce problème, pour toutes les applications, consiste à manier les jetons avec beaucoup de précaution. Finalement un seul jeton aurait peut-être simplifié les choses.

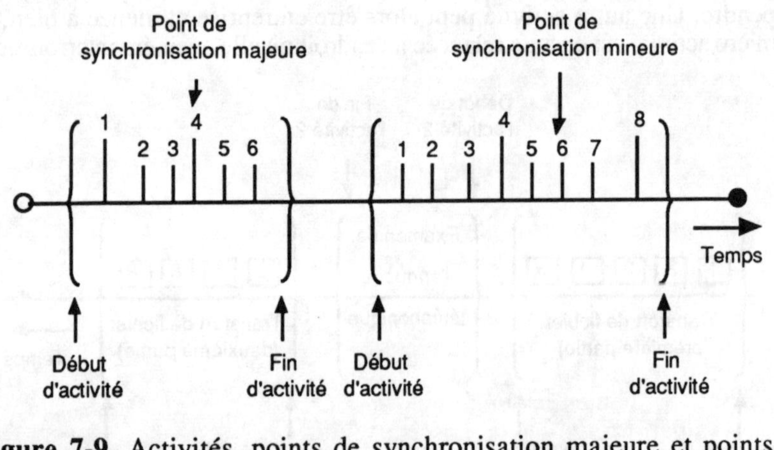

Figure 7-9. Activités, points de synchronisation majeure et points de synchronisation mineure

Les activités sont intimement liées aux points de synchronisation. Lorsqu'une activité est lancée, le numéro de série des points de synchronisation est remis à 1 et un point de synchronisation majeure est posé. A l'intérieur d'une activité, il est tout à fait possible d'ajouter d'autres points de synchronisation (majeure ou mineure), comme le montre la figure 7-9.

Le début de chaque activité correspond à un point de synchronisation majeure. Il est donc impossible, quand on a démarré une activité, de revenir en arrière sur un point de synchronisation précédant le début de cette activité. En particulier, il n'est pas possible de revenir sur une activité précédente quand on en a démarré une nouvelle.

7.1.6. Rapports d'anomalies

La Couche Session est également caractérisée par son mécanisme à vocation générale de rapports d'anomalies. Si un utilisateur éprouve des difficultés, il peut en informer son correspondant à l'aide d'une primitive *S-U-EXCEPTION-REPORT.request*. Des données précisant les circonstances ou les raisons de l'anomalie peuvent être transmises dans cette primitive.

A titre d'exemple, supposons qu'un programmeur ait conçu un protocole très complexe pour une application spécifique. Pendant la phase de mise au point du protocole (ou même après) peuvent apparaître des erreurs. Celles-ci sont signifiées à l'utilisateur distant par l'intermédiaire du champ de données de la primitive de rapports d'anomalies.

Le rapport d'anomalie ne s'applique pas exclusivement aux erreurs détectées par les utilisateurs. Le fournisseur de services peut également émettre une primitive *S-P-EXCEPTION-REPORT.indication* pour notifier aux utilisateurs un problème interne à la Couche Session ou des problèmes non résolus par la Couche Transport ou les couches inférieures. Ces rapports contiennent un champ permettant de décrire l'origine de l'anomalie. C'est alors à l'utilisateur de décider, le cas échéant, de l'action à prendre.

7.1.7. Les primitives de service de session ISO

Dans cette section, nous allons examiner, de façon systématique, toutes les primitives de service de session ISO et décrire les fonctions de chacune d'entre elles. Ces primitives sont énumérées dans la figure 7-10. Chaque ligne de ce tableau correspond à une, deux, trois ou quatre primitives indiquées par des *x*. *A priori*, pour chaque type de primitive peuvent exister des versions *request* (pour *requête*), *indication*, *response* (pour *réponse*) et *confirmation*. Toutes les combinaisons ne sont cependant pas valides. *S-DATA*, par exemple, ne possède que *request* et *indication*. Les acquittements (c'est-à-dire *response* et *confirmation*) sont en fait pris en charge par les couches inférieures.

Primitives de service de session ISO	Request	Indication	Response	Confirmation	Signification
S-CONNECT	X	X	X	X	Etablissement d'une session
S-RELEASE	X	X	X	X	Libération ordonnée d'une session
S-U-ABORT	X	X			Libération brutale à l'initiative de l'utilisateur
S-P-ABORT		X			Libération brutale à l'initiative du fournisseur
S- DATA	X	X			Transfert de données normales
S-EXPEDITED-DATA	X	X			Transfert de données exprès
S-TYPED-DATA	X	X			Transfert de données typées
S-CAPABILITY-DATA	X	X	X	X	Transfert de données de capacité
S-TOKEN-GIVE	X	X			Passage d'un jeton
S-TOKEN-PLEASE	X	X			Jeton réclamé
S-CONTROL-GIVE	X	X			Passage de tous les jetons
S-SYNC-MAJOR	X	X	X	X	Insertion d'un point de synchronisation majeure
S-SYNC-MINOR	X	X	X	X	Insertion d'un point de synchronisation mineure
S-RESYNCHRONIZE	X	X	X	X	Retour à un point de synchronisation précédent
S-ACTIVITY-START	X	X			Démarrage d'une activité
S-ACTIVITY-END	X	X	X	X	Fin d'une activité
S-ACTIVITY-DISCARD	X	X	X	X	Abandon d'une activité
S-ACTIVITY-INTERRUPT	X	X	X	X	Suspension d'une activité
S-ACTIVITY- RESUME	X	X			Reprise d'une activité suspendue
S-U-EXCEPTION-REPORT	X	X			Rapport d'anomalie utilisateur
S-P-EXCEPTION-REPORT		X			Rapport d'anomalie fournisseur

S-UNIDATA	X	X			Transfert de données en mode non connecté

Figure 7-10. (a) Primitives de services de session ISO en mode connecté (b) Primitives de services de session ISO en mode non connecté

Il existe 58 primitives de service de session en mode connecté. Il est plus aisé, pour la compréhension, de les diviser en sept groupes :

1. Etablissement de la connexion,

2. Libération de la connexion,

3. Transfert des données,

4. Gestion des jetons,

5. Synchronisation,

6. Gestion des activités,

7. Rapports d'anomalies.

Le premier groupe contient quatre primitives du type *S-CONNECT.xxx*. *S-CONNECT.request* spécifie un identificateur de session, les adresses de SSAP appelant et appelé, la qualité de service, le numéro initial des points de synchronisation, la position initiale des jetons, des données de l'utilisateur (facultatif) et les nombreuses options possibles.

Les options sont précisées car toutes les sessions n'utilisent pas l'ensemble des services de session disponibles. La synchronisation, la gestion des activités, le rapport des anomalies et certains aspects du transfert de données traités précédemment peuvent être sélectionnés individuellement pour une session donnée, en fonction des besoins des utilisateurs.

Le deuxième groupe contient sept primitives concernant la libération de la session. *S-RELEASE.request* est utilisée pour demander une terminaison négociée de la session. La terminaison négociée est une alternative à la libération brutale, elle utilise un *jeton de terminaison*. Lorsque cette option est choisie au moment de l'établissement de la connexion, seul l'utilisateur possédant ce jeton peut prendre l'initiative d'une terminaison négociée. Cette possibilité est parfois utile lorsque les deux extrémités de la session ne sont pas identiques, mais supportent une relation maître-esclave.

Deux formes de libération brutale existent également. L'une est à l'initiative de l'utilisateur, l'autre à celle du fournisseur de services. Cette dernière n'apparaît que si des erreurs fatales sont détectées par l'entité de session.

Le troisième groupe concerne le transfert des données. Comme nous l'avons dit brièvement plus haut, il existe quatre types de flots de données indépendants. Ce sont :

1. Les données normales,

2. Les données exprès,

3. Les données typées,

4. Les données de capacité.

Nous avons déjà discuté longuement des deux premiers types de données; concentrons-nous maintenant sur les deux autres. Les *données typées* sont comme des données normales mais leur transmission est toujours possible, car elle n'est pas soumise à la possession d'un jeton. L'arrivée de données normales est signalée par une primitive *S-DATA.indication,* celle de données typées par une primitive *S-TYPED-DATA.indication,* de telle sorte que le récepteur peut les traiter à part. Les données typées seront utilisées par l'utilisateur de session, par exemple pour des messages de contrôle, ou à toute autre fin.

Les normes de la Couche Session ne précisent pas comment utiliser les données typées. L'intention des comités de l'ISO était toutefois de fournir un canal de transmission hors-bande pour transférer des informations de contrôle des couches hautes, des informations de maintenance ou d'administration du système. C'est pour cette raison que les données typées ne sont pas soumises à un jeton : elles peuvent être émises à tout moment. Nous avons déjà vu cette notion de canal séparé pour la transmission d'informations de contrôle. Dans le protocole X25, le bit *Q* de l'en-tête des paquets indique des données «qualifiées». Il aurait été plus facile de transmettre les données typées en utilisant le bit *Q*. Malheureusement, le service de transport ne comporte pas cette notion de données typées, de telle sorte qu'il n'existe aucun moyen pour l'entité de session de dire à la Couche Transport qu'un message contient des données typées.

Le quatrième type de données est appelé *données de capacité.* Ces données sont conçues pour transporter des informations de contrôle de la Couche Session. Elles permettent en réalité de modifier les options et les paramètres en cours de session (alors qu'en théorie elles pourraient être utilisées pour n'importe quelle raison pour autant que les deux utilisateurs de la session soient d'accord). A l'inverse des données typées, les données de capacité sont acquittées. De plus, pour éviter toute confusion, elles ne peuvent être transmises qu'en dehors (c'est-à-dire entre) les activités et donc sous réserve de posséder les jetons de données, de synchronisation et d'activité.

Le quatrième groupe de primitives concerne la gestion des jetons. Comme le montre la figure 7-11, la Couche Session possède quatre jetons. La primitive *S-TOKEN-GIVE.request* permet de transmettre un ou plusieurs jetons à l'entité distante. Les paramètres de cette primitive spécifient de quel(s) jeton(s) il s'agit. La primitive *S-CONTROL-GIVE.request* peut être utilisée pour transférer d'un seul coup tous les jetons. Cela n'est possible qu'en dehors des activités. Cette primitive n'est pas indispensable, elle a été ajoutée à la demande du CCITT pour la compatibilité avec les protocoles du télétex qui fonctionnent plutôt en termes de contrôle qu'en termes de jetons.

Le cinquième groupe contient les primitives relatives à la synchronisation. Ces primitives concernent les synchronisations majeure et mineure ainsi que la resynchronisation. Elles utilisent toutes un mécanisme complet : requête, indication, réponse et confirmation. Chacune spécifie le numéro de série de point de synchronisation qu'elle veut poser ou auquel elle veut revenir. Ces numéros de série sont compris entre 0 et 999 999. Toutes ces primitives de synchronisation supposent la possession du jeton correspondant.

Le sixième groupe de primitives est lié à la gestion des activités. Les activités peuvent être démarrées, suspendues, reprises, abandonnées et terminées. Comme la synchronisation, la gestion des activités est contrôlée par des jetons.

Le septième et dernier groupe contient les primitives de rapports d'anomalies. Notons que *S-P-EXCEPTION*, de même que *S-P-ABORT*, ne sont pas des requêtes. Le fournisseur de services décide seul quand il les émet.

Les primitives ISO sont implémentées par des entités de session qui utilisent un protocole de session. Nous discuterons de ce protocole plus loin dans ce chapitre.

Type de jeton	Contrôle
Jeton de données	Transfert de données à l'alternat
Jeton de terminaison	Début d'une terminaison négociée
Jeton de synchronisation mineure	Insertion de points de synchronisation mineure
Jeton de synchronisation majeure et d'activité	Activités et opérations relatives à la synchronisation

Figure 7-11. Les jetons de la couche session

7.2. L'APPEL DE PROCEDURE A DISTANCE

Le rôle essentiel de la Couche Session est la gestion du dialogue entre les utilisateurs et le contrôle des erreurs (pannes systèmes) survenant au-dessus de la Couche Transport. Dans le modèle de référence de l'ISO, une session en mode non connecté a peu de sens. Toutefois, dans les universités et les entreprises, de nombreuses recherches sont menées sur un modèle de dialogue et de contrôle d'erreur complètement différent, fondé sur une communication en mode non connecté. Ces travaux, qui sont connus sous le nom d'*appel de procédure à distance* (RPC, *Remote Procedure Call*), sont largement implémentés dans les réseaux et systèmes distribués.

L'appel de procédure à distance ne cadre pas particulièrement bien avec le modèle de référence de l'ISO. Il a été conçu pour être rapide et de ce fait ne contient pas de structure multi-couches. L'appel de procédure à distance concerne logiquement les mêmes éléments que la Couche Session (dans une perspective différente toutefois); nous allons le détailler dans ce chapitre. Notez que l'appel de procédure à distance peut aussi être implémenté dans la Couche Application (moins efficacement cependant); c'est pourquoi il est possible que vous rencontriez des discussions à ce sujet dans un tel contexte.

7.2.1. Le modèle client-serveur

Jusqu'à présent, nous avons implicitement supposé que les deux processus communiquant sur une connexion de session ou de transport étaient symétriques. Dans la pratique, cette hypothèse est souvent fausse. L'exemple classique est celui d'un ensemble d'ordinateurs personnels ou de stations de travail sans disque, appelés *clients*, qui communiquent à travers un réseau avec un *serveur de fichiers* possédant une ressource disque sur laquelle sont stockés les différents fichiers. Dans ce système, les clients accèdent à leurs données en émettant des requêtes vers le serveur, lequel a pour rôle de renvoyer les réponses. La communication a toujours cette forme question-réponse, toujours à l'initiative des clients et jamais à celle du serveur. Ce modèle est appelé *modèle client-serveur*. Il est illustré dans la figure 7-12.

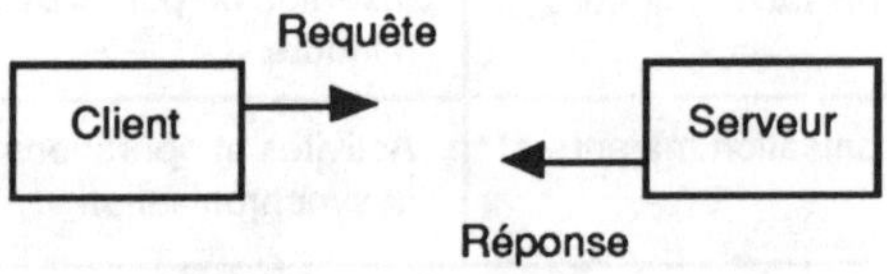

Figure 7-12. Dans un modèle client-serveur, les clients émettent une requête et les serveurs renvoient une réponse

Bien qu'il soit possible d'établir des sessions entre clients et serveurs et d'utiliser des communications à l'alternat sur ces sessions, l'important volume d'informations de contrôle des protocoles lié à la traversée des multiples couches fait perdre à une telle solution son intérêt pour beaucoup d'applications, tels les serveurs de fichiers pour lesquels les performances sont un paramètre essentiel. Une communication en mode non connecté construite juste au-dessus d'un simple service datagramme (en particulier dans les réscaux locaux) s'avère souvent un bien meilleur choix.

Même si les problèmes de performances peuvent être résolus avec une communication en mode non connecté, ce modèle présente un inconvénient majeur : la base de toutes ces communications est liée au concept d'E/S (entrées/sorties). Les programmes communiquent les uns avec les autres en utilisant des commandes *X-DATA.request* et *X-DATA.indication*; l'une est une entrée/sortie, l'autre une interruption. Ce ne sont guère les outils indiqués pour construire des applications bien structurées.

Les partisans de l'appel de procédure à distance (RPC, *Remote Procedure Call*) proposent une approche du modèle client-serveur complètement différente. Ainsi, un client qui envoie un message à un serveur et attend une réponse est considéré exactement comme un programme qui appelle une procédure et en attend un résultat. Dans les deux cas, l'appelant a l'initiative d'une action et attend jusqu'à ce que celle-ci soit exécutée et que les résultats soient disponibles. Dans le cas local, la procédure s'exécute sur la même machine que l'appelant alors que dans le cas RPC, elle s'exécute sur une autre machine. Notons que l'appelant n'a pas à se soucier de cette différence.

Pour masquer encore plus cette différence entre appel de procédure local et à distance, il est possible d'inclure le RPC dans le langage de programmation. Supposons, par exemple, que nous fournissions à chaque client du serveur de fichiers une procédure de bibliothèque, *lire*, qui peut être appelée avec trois paramètres : l'identificateur du fichier à lire, une adresse de mémoire tampon pour les données lues et la longueur des données à lire en octets. Un appel de la forme

lire (id_fichier, ad_tampon, longueur)

est alors un appel normal à une procédure locale (c'est-à-dire incluse dans l'espace d'adressage de l'appelant). Cette procédure envoie un message au serveur de fichier et attend une réponse. Une fois que cette réponse est parvenue, *lire* retourne une information de contrôle à l'appelant.

L'intérêt d'un tel mécanisme réside dans le fait que la communication client-serveur prend alors la forme d'appels de procédure plutôt que de commandes d'entrées/sorties (ou pire, d'interruptions). Tous les détails du fonctionnement du réseau sont cachés au programme d'application car ils sont inclus dans les procédures locales comme *lire*. De telles procédures sont appelées *procédures-stubs*.
Dans cet exemple, la procédure-stub transfère des données mais une procédure-stub peut également envoyer un message demandant au serveur d'exécuter une opération donnée. Par exemple, l'appel

détruire (id_fichier)

demande à la procédure-stub *détruire* d'envoyer un message au serveur de fichiers pour détruire le fichier spécifié. En utilisant les procédures-stubs appropriées, il est possible d'autoriser le client à commander des opérations données au serveur d'une façon beaucoup plus naturelle pour le programmeur d'applications que s'il avait à traiter les entrées/sorties et les interruptions. Le but final est qu'un appel de procédure à distance et un appel local aient une apparence tout à fait identique.

7.2.2. Implémentation d'appel de procédure à distance

Dans ce paragraphe, nous allons examiner d'un peu plus près l'implémentation du RPC. Des compléments d'information peuvent être tirés des travaux de Birrell et Nelson (1984). La figure 7-13 illustre une façon d'implémenter un système d'appel de procédure à distance. Dans cette figure, l'appel à distance comporte dix étapes. L'étape 1 correspond à l'appel, par la procédure-client, de la procédure-client-stub appartenant à son espace d'adressage. Dans cet appel, des paramètres peuvent être transmis tout à fait normalement. La procédure-client ne doit rien remarquer d'inhabituel; son appel est un appel ordinaire, local.

La procédure-client-stub réunit ensuite tous les paramètres et en fait un message. Cette opération est connue sous le nom de *marshalling* des paramètres. Une fois le message construit, il est délivré à la Couche Transport pour sa transmission (étape 2). Sur un réseau local en mode non connecté, l'entité de transport doit juste adjoindre un en-tête à ce message et l'expédier sur le réseau sans autre opération (étape 3). Sur un réseau grande distance, cette transmission peut être plus compliquée. Dans de nombreux systèmes, l'étape 2 utilise un appel au système d'exploitation.

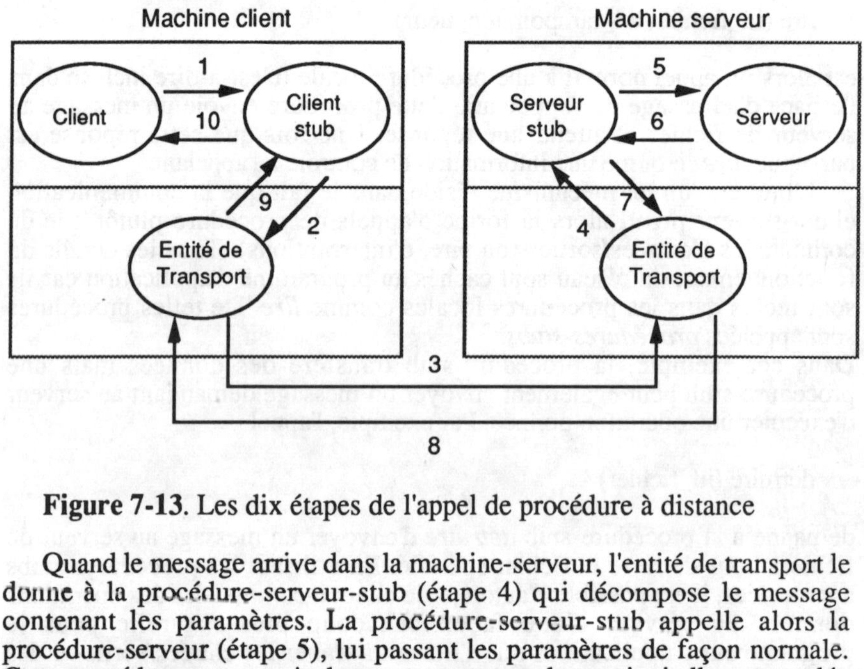

Figure 7-13. Les dix étapes de l'appel de procédure à distance

Quand le message arrive dans la machine-serveur, l'entité de transport le donne à la procédure-serveur-stub (étape 4) qui décompose le message contenant les paramètres. La procédure-serveur-stub appelle alors la procédure-serveur (étape 5), lui passant les paramètres de façon normale. Cette procédure-serveur n'a donc aucun moyen de savoir si elle est appelée par un client local ou distant puisque son appelant local lui présente l'appel selon les règles standard. Seuls les stubs connaissent cette particularité de leurs appelants.

Lorsque l'opération demandée est effectuée, la procédure-serveur fournit sa réponse (étape 6) comme toutes les autres procédures. La procédure-serveur-stub met le résultat dans un message et le présente à l'interface avec l'entité de transport (étape 7), éventuellement avec un appel au système comme dans l'étape 2. Après la réception du message de résultat dans la machine-client (étape 8), les données de ce résultat sont fournies à la procédure-client-stub (étape 9), puis à l'appelant, la procédure-client. Toutes les valeurs fournies par le serveur dans l'étape 6 se retrouvent ici dans l'étape 10.

Le but du mécanisme complet de la figure 7-13 est de donner à la procédure-client l'illusion qu'elle effectue un appel direct à une procédure-serveur qui est, en fait, distante. Si cette illusion est un succès, le client ignore que le serveur est distant, le mécanisme est dit *transparent*. Une analyse plus fine révélera cependant quelques difficultés pour assurer une transparence totale.

Le principal problème concerne la transmission des paramètres. Passer des entiers, des nombres en virgule flottante ou des chaînes de caractères par valeur est facile. La procédure-client-stub les met tels quels dans son message. On peut imaginer, au maximum, une conversion de format standard pour la transmission (de telles conversions font partie de la Couche Présentation, nous en discuterons dans le prochain chapitre). Passer des structures, des enregistrements, des tableaux d'entiers ou de caractères est tout ce qu'il y a de plus simple.

Les ennuis commencent lorsque le langage de programmation autorise des passages de paramètres par *référence* plutôt que par *valeur*. Pour un appel local, un pointeur (adresse d'un paramètre) est passé tout à fait normalement à la procédure appelée. Celle-ci sait qu'il s'agit d'une transmission de paramètres par référence et donc utilise le pointeur pour atteindre le paramètre.

Une telle stratégie est inapplicable pour un appel à distance. Le compilateur du serveur ignore tout du RPC et génère son code avec ses instructions et ses pointeurs. Bien sûr l'objet adressé par pointeur n'est même pas sur la machine-serveur et même s'il y était, il n'aurait pas la même adresse que sur la machine-client. Par conséquent, quand le serveur essaie d'utiliser un paramètre passé par référence, il prend une mauvaise valeur et l'opération échoue.

Une solution éventuelle consiste à remplacer le mécanisme d'appel des paramètres par référence par un appel par stockage/restitution. Avec un appel par stockage/restitution, la procédure-client-stub localise l'objet et le transmet à la procédure-serveur-stub. Celle-ci le met quelque part en mémoire et donne un pointeur à la procédure-serveur. Cette dernière est donc capable d'accéder à l'objet normalement. Quand la procédure-serveur retourne ses résultats à la procédure-serveur-stub, celle-ci retransmet les résultats objets (éventuellement modifiés) et la procédure-client stub les utilise pour réécrire les paramètres par référence originaux.

Le mécanisme d'appel par stockage/restitution fonctionne la plupart du temps, mais il peut échouer dans certaines situations pathologiques. Considérons, par exemple, le programme de la figure 7-14. Quand ce programme s'exécute localement, les deux paramètres de l'appel à la procédure *doubleincr* sont des pointeurs sur *a*, qui se trouve donc incrémenté deux fois. Le nombre 2 est imprimé.

```
Programme test (output);
var a: entier;

procédure doubleincr (var x, y :entier);
begin
    x:= x+1;
    y:= y+1
end;

begin      {programme principal}
    a:= 0;
    doubleincr(a, a);
    writeln (a)
end.
```

Figure 7-14. Si la procédure `doubleincr` est exécutée à distance, le programme ne s'exécute pas correctement

Regardons maintenant ce qui se passe si la procédure `doubleincr` est appelée comme une procédure à distance avec un mécanisme de stockage/restitution. La procédure-client-stub traite chacun des paramètres séparément, elle envoie donc deux copies de *a* à la procédure-serveur-stub.

Celle-ci incrémente chaque copie une fois et les deux copies sont renvoyées à la procédure-client-stub qui les restitue alors séquentiellement. Le premier *a* est restitué avec la valeur 1 puis le second à nouveau avec la valeur 1. Le résultat final est 1 au lieu de la réponse correcte 2.

Les pointeurs posent les mêmes problèmes que les paramètres par référence. Ils sont la source de bien des soucis s'ils pointent sur des listes complexes, des graphes ou des structures de données avec enregistrements de longueur variable. Les paramètres de type procédures ou fonctions sont aussi difficiles à traiter; toutefois il est possible pour la procédure-serveur-stub de les remplacer par des procédures locales à la machine-serveur qui appellent en retour la procédure appelée sur la machine-client avec un RPC en sens inverse.

De nombreux systèmes RPC font une impasse totale sur ce problème en interdisant l'utilisation de paramètres par référence, de pointeurs, de paramètres procédures ou fonctions sur des appels distants. Une telle décision rend évidemment l'implémentation aisée mais il n'y a plus de transparence puisque les règles pour les appels distants sont différentes de celles pour les appels locaux.

Tournons-nous maintenant vers un autre problème de l'implémentation : comment la procédure-client-stub sait-elle qui appeler ? Dans les réseaux traditionnels fonctionnant en mode connecté, des sessions sont établies entre SSAP qui ont un «numéro de téléphone» fixe. Pour un RPC, il faut un schéma plus simple mais plus dynamique.

Birrell et Nelson (1984) ont proposé une architecture incluant non seulement un modèle client-serveur mais aussi une base de données particulière. Selon leur conception, illustrée par la figure 7-15, quand un serveur est initialisé, il est enregistré par la base de données grâce à l'envoi d'un message où il fournit son nom (une chaîne ASCII), son adresse réseau (c'est-à-dire NSAP, TSAP ou SSAP) et un identificateur unique (un entier de 32 bits choisi aléatoirement). Cet enregistrement est réalisé par la procédure *exporter* traitée par le *stub* (étapes 1 et 2).

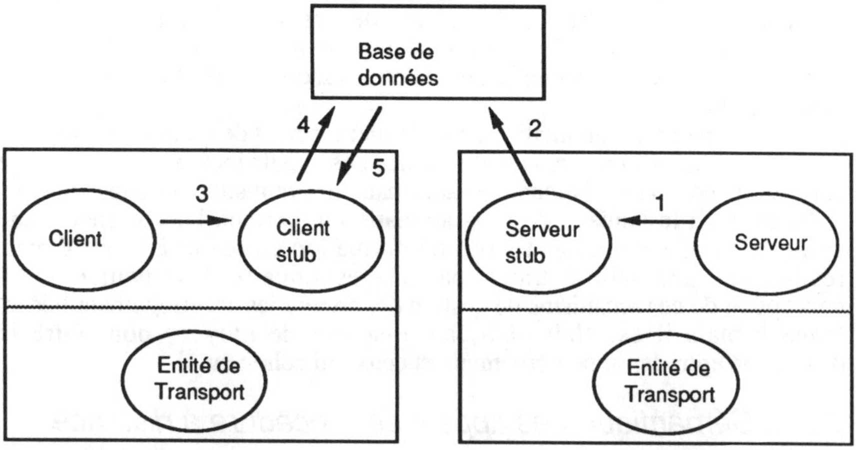

Figure 7-15. Mise en relation client-serveur grâce à une base de données

Plus tard, lorsqu'un client effectue son premier appel (étape 3), sa procédure-client-stub se trouve confrontée au problème de la localisation du serveur. Le stub envoie son nom qui est également celui du serveur, en ASCII, à la base de données (étape 4). La base de données lui renvoie alors (étape 5) l'adresse réseau du serveur et l'identificateur unique. Ce processus de mise en relation est appelé *binding*. A partir de ce moment-là, le stub sait localiser le serveur; il n'est pas nécessaire de répéter ce processus à chaque appel.

L'identificateur unique sur 32 bits est inclus dans chaque appel de procédure à distance. Il est utilisé par l'entité de transport de la machine-serveur pour identifier quel stub (éventuellement parmi les nombreux stubs du serveur) est destinataire de l'appel. Il a également un autre rôle. Si le serveur tombe en panne et se trouve réinitialisé, il se fait enregistrer une nouvelle fois dans la base de données avec un nouvel identificateur unique. Les tentatives de communication des clients avec l'ancien numéro vont échouer, les avertissant ainsi de la panne du serveur et les forçant à faire un nouveau processus de binding.

Un autre élément clé de l'implémentation du RPC est le protocole utilisé. Dans le cas le plus simple, le protocole RPC peut consister en deux messages en tout et pour tout : une requête et une réponse. Ces deux messages contiennent l'identificateur unique du serveur, un identificateur de la transaction concernée et les paramètres de cette transaction. Lors de l'envoi d'une requête, la procédure-client-stub (dans bien des systèmes) peut armer un temporisateur. Si le temporisateur expire avant le retour d'une réponse, la procédure interroge le serveur pour voir si sa requête est arrivée. Sinon, elle la retransmet. L'identificateur de la transaction permettra au serveur de reconnaître et de rejeter des requêtes dupliquées. Cette reconnaissance de requêtes dupliquées n'est possible que si le serveur conserve une trace des identificateurs des transactions les plus récentes pour chaque client.

Le traitement des anomalies est le dernier élément de l'implémentation du RPC à prendre en compte. A la différence des appels locaux où rien ne peut capoter, de nombreux événements anormaux peuvent survenir dans un appel à distance. Si le langage de programmation le permet, l'occurrence d'une erreur RPC ne devrait pas fournir d'information en retour à l'appelé mais révéler une anomalie à traiter par un gestionnaire des anomalies. La conception de ce mécanisme de gestion des anomalies est étroitement liée au langage mais il est clair qu'il faut disposer de moyens pour faire la distinction entre les appels fructueux et ceux qui échouent.

7.2.3. Sémantique des appels de procédure à distance

A la différence des appels locaux, les appels à distance peuvent faire l'objet de pertes de messages, de pannes du serveur ou de pannes du client. Ces événements ont une influence sur la sémantique du RPC et sa transparence. Dans ce paragraphe, nous allons analyser les problèmes liés à une panne du serveur; dans le suivant, nous analyserons les pannes du client.

Le fonctionnement normal d'un appel de procédure à distance est illustré par la figure 7-16(a). Imaginons ce qui se passe, si le serveur tombe en panne après avoir exécuté la requête mais avant d'en avoir transmis la réponse. Il y a au moins trois manières, dans la programmation de la procédure-client-stub, de traiter une telle situation.

1. Attendre indéfiniment la réponse du serveur qui n'arrivera jamais.

2. Déclencher un temporisateur et, s'il expire, signaler une anomalie au client.

3. Déclencher un temporisateur et, s'il expire, retransmettre la requête.

La première approche est similaire à ce qui arrive à un programme qui appelle une procédure locale contenant une boucle infinie. Dans les appels locaux, il n'y a pas de temporisateurs et la procédure peut ne jamais retourner sa réponse. Dans ce cas, il faut une intervention manuelle pour tuer le programme. Si le but est d'avoir une sémantique du RPC rigoureusement identique à l'appel de procédure locale, cette solution se défend.

La deuxième approche contient un temporisateur qui permet de traiter les pannes du serveur et de signaler une anomalie (si le langage de programmation supporte des anomalies) ou une quelconque condition d'erreur. Cette approche est identique à ce qui arrive à un programme qui appelle une procédure locale contenant une division par zéro dans un langage utilisant un mécanisme de protection mémoire. S'il y a un gestionnaire d'anomalie approprié, cette anomalie sera localisée et traitée. Sinon, le programme sera tué.

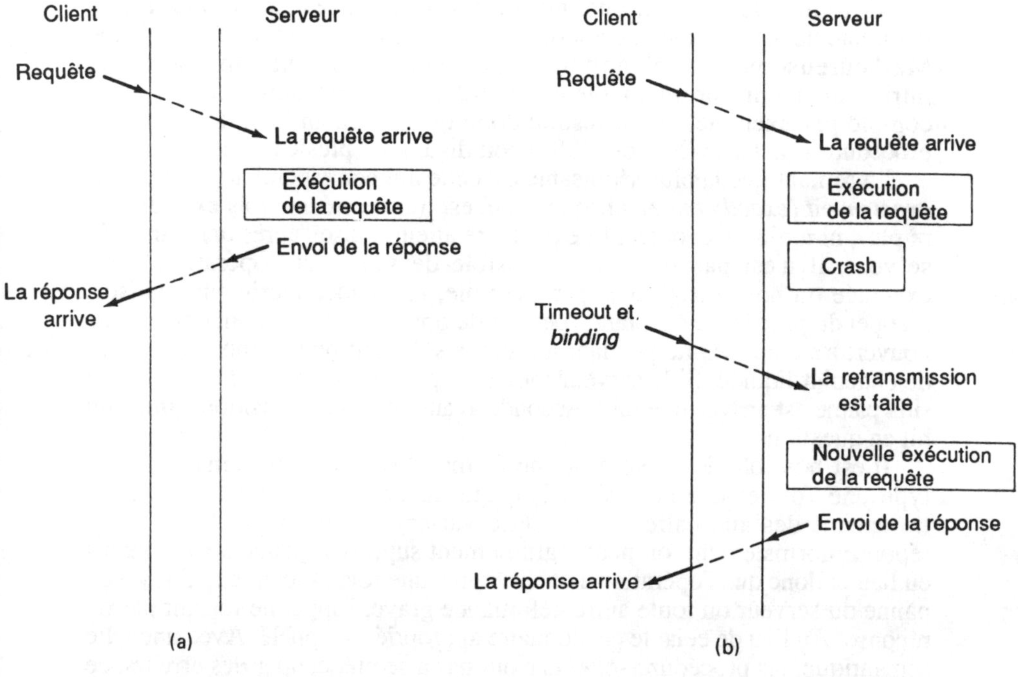

Figure 7-16. (a) Echange normal de deux messages RPC (b) RPC avec écroulement du système du serveur et temporisation par le client

La troisième approche consiste à déclencher un temporisateur et à retransmettre la requête au niveau de la procédure-client-stub. Comme le serveur se fait enregistrer avec un nouveau numéro après sa panne, la requête retransmise sera rejetée par l'entité de transport de la machine-serveur qui reçoit l'ancien numéro, maintenant invalidé. L'entité de transport peut émettre une réponse négative et la procédure-client-stub choisit d'abandonner (solution précédente) ou de refaire le binding et de transmettre à nouveau. Si la procédure-client-stub refait le processus de binding et émet une nouvelle fois sa requête; on peut très bien imaginer que l'exécution de celle-ci soit faite une seconde fois comme le montre la figure 7-16(b). En fait, une seconde exécution peut également avoir lieu sans panne du serveur si la réponse a été perdue.

L'acceptabilité des exécutions ainsi répétées dépend en fait du type d'opérations. La lecture d'un bloc dans un fichier peut être répétée mille fois sans aucun danger. A chaque fois, on obtient le même résultat et ce, sans aucun effet secondaire. En revanche, si l'opération consiste à ajouter ce bloc à la fin d'un fichier, le nombre d'exécutions est très important! Des opérations qui peuvent être répétées à l'infini sans dommage sont dites *idempotentes*.

Si toutes les opérations pouvaient être mises sous une forme idempotente, cette troisième approche serait bien évidemment la meilleure. Malheureusement, de nombreuses opérations ont un caractère intrinsèquement non idempotent (les transferts monétaires de compte à compte par exemple). Il en résulte donc que la sémantique de l'appel de procédure à distance (Nelson, 1981) doit distinguer plusieurs cas différents.

La sémantique la plus séduisante est celle qui correspond au cas *une fois exactement (exactly once),* chaque appel est transporté une fois exactement, ni plus, ni moins. Cet objectif ne peut être atteint puisqu'après une panne du serveur, il n'est pas forcément possible de savoir si l'opération a été exécutée ou non. Imaginons, par exemple, une chocolaterie automatisée. L'appel de procédure à distance permet de positionner le bit qui commande l'ouverture d'une vanne pendant un temps suffisant pour remplir une cuve de chocolat liquide. Si le serveur tombe en panne, rien ne permet de savoir si la panne est arrivée une microseconde avant ou après le positionnement du bit en question.

Il est possible de parvenir à une forme plus souple de sémantique du type une fois exactement si le langage de programmation supporte le traitement des anomalies. Dans cette variante, si un appel fournit une réponse normalement, on peut légitimement supposer qu'aucune panne n'a eu lieu et donc que l'opération a été exécutée une fois exactement. S'il y a eu panne du serveur ou toute autre défaillance grave, l'appel ne fournit pas de réponse. Au lieu de cela, le gestionnaire approprié est appelé. Avec une telle sémantique, les procédures-clients n'ont pas à se préoccuper des erreurs, ce sont les gestionnaires d'anomalies qui sont chargés de les traiter.

La seconde forme de sémantique correspond au cas *une fois au plus (at most once)*. Dans ce cas, il faut toujours fournir un résultat ou une information de contrôle à l'appelant. Si tout s'est déroulé normalement, l'opération a été exécutée une seule fois comme prévu. Toutefois, en cas de détection d'une panne du serveur, la procédure-client-stub abandonne son appel et renvoie à l'appelant un code d'erreur. Aucune tentative de retransmission n'est effectuée. Le client sait donc que l'opération a été exécutée soit zéro fois soit une fois mais pas plus. Une reprise ultérieure est laissée à l'initiative du client.

La troisième forme de sémantique pour un appel de procédure à distance concerne le cas *une fois au moins (at least once)* illustré dans la figure 7-16(b). La procédure-client-stub effectue autant de tentatives que nécessaire pour obtenir sa réponse. Quand l'appelant reçoit une réponse, il sait que la procédure a été exécutée une ou plusieurs fois. Cette situation est idéale pour les opérations idempotentes. Pour les opérations non idempotentes, il faut distinguer plusieurs variantes. La plus courante d'entre elles consiste à garantir que le résultat obtenu est celui de la dernière exécution et non celui d'une des exécutions précédentes. Si la procédure-client-stub utilise des identificateurs de transactions différents à chaque appel, elle peut savoir à quelle requête correspond la réponse reçue et donc laisser tomber toutes les requêtes sauf la dernière. Cette sémantique est appelée *une fois parmi plusieurs: la dernière (last of many)*.

En conclusion, l'objectif consistant à obtenir une sémantique du RPC entièrement transparente est rendu vraiment complexe par les pannes éventuelles qui affectent le serveur et pas le client. Dans les systèmes monoprocesseur, cette situation n'apparaît pas car un écroulement du système qui efface tout le serveur efface aussi le client et toutes les opérations sont perdues corps et âme.

7.2.4. Orphelins

Nous venons d'examiner les conséquences des pannes du serveur; jetons maintenant un coup d'œil aux pannes du client qui arrivent alors qu'un appel de procédure à distance a été lancé. Une fois que la procédure-serveur a démarré, elle continue à s'exécuter même si sa procédure-client mère disparaît. Un processus serveur qui s'exécute alors qu'il n'a plus de processus parent en attente de son résultat est appelé processus *orphelin*.

Les orphelins posent toutes sortes de problèmes. Ils consomment du temps CPU ainsi que d'autres ressources mais cela serait pratiquement sans importance s'il n'y avait pas le reste. Ils peuvent verrouiller des fichiers ou d'autres objets, empêchant alors d'autres processus de s'exécuter normalement. Plus grave encore, si le client est réinitialisé et démarre un nouvel appel de procédure à distance, le résultat transmis par des orphelins peut soit être complètement incohérent, soit même engendrer des confusions graves.

Nelson (1981) a décrit quatre façons de gérer les orphelins. La première est appelée *extermination*. Quand une machine effectue une reprise après un écroulement du système, elle doit vérifier la présence de tout RPC en cours au moment de la panne. Si elle en détecte, elle demande alors à la machine-serveur de tuer tous les processus dont elle est à l'origine. Pour utiliser cet algorithme d'extermination, il est nécessaire que les procédures-clients-stub enregistrent dans un fichier leurs appels de procédure à distance avant de les exécuter. Lorsqu'un RPC est exécuté, son enregistrement est alors effacé du fichier des RPC en cours. Ce fichier doit être sauvegardé (sur disque, par exemple) de façon à survivre aux pannes du processeur.

Les orphelins peuvent eux-mêmes lancer des appels de procédures à distance, créant ainsi des *petits-orphelins* (ou même des arrière-petits-orphelins, quelquefois appelés «zombies»). L'algorithme d'extermination doit donc être récursif et tuer toute la descendance depuis sa racine.

La seconde façon de tuer des orphelins est d'utiliser le mécanisme de *péremption.* Cette technique ne nécessite pas de fichier des RPC en cours. Lorsqu'un appel de procédure à distance est lancé, le serveur dispose d'un certain délai pour l'exécution complète. Si l'appel n'aboutit pas dans l'intervalle de temps ainsi défini, la procédure-serveur-stub peut demander au client un délai supplémentaire. Si le client est tombé en panne pendant ce temps et même s'il a été réinitialisé, cet événement est détecté. Le délai supplémentaire ne peut pas être alloué et le serveur peut mourir de sa belle mort. Avec une date de péremption, tout ce qu'un client doit faire, avant de lancer son premier appel à distance, se limite à surveiller que le délai en question s'est écoulé depuis le dernier écroulement du système.

La troisième technique pour se débarrasser des orphelins est la *réincarnation.* Elle permet d'éliminer les orphelins qui auraient été épargnés à la suite d'erreurs de l'algorithme d'extermination. Par exemple, si le réseau n'est plus connexe au moment où l'algorithme d'extermination s'exécute, certains orphelins ne peuvent pas être atteints. Dans ce cas, on peut choisir une solution «tromblon» qui tue effectivement toutes les activités à distance dans le réseau.

Cette méthode suppose la division du temps en époques successives numérotées. Lorsqu'un client effectue une reprise après une panne et ne réussit pas à exterminer tous ses orphelins, il diffuse à tous dans le réseau le signal de début d'une nouvelle époque. Toutes les machines dans le réseau vont réagir en tuant leurs processus-serveurs. Toutes les requêtes et leurs réponses contiennent toujours le numéro de l'époque à laquelle elles ont démarré. Toute réponse qui viendrait d'un orphelin encore en vie porte alors un numéro d'époque obsolète qui permet d'en détecter la présence.

Une quatrième approche, semblable à la troisième, permet d'éliminer les orphelins de façon moins draconienne. Elle utilise également ce mécanisme d'époques mais au lieu de détruire toutes les activités distantes à la déclaration d'une nouvelle époque, elle essaie de localiser le client qui a lancé le serveur. Ce n'est que si et seulement si ce client ne peut pas être localisé que le serveur est tué. Cet algorithme est appelé *réincarnation douce.*

Jusqu'à présent, nous avons toujours supposé que, dès qu'un orphelin était repéré, il pouvait être tué. En fait, la question est souvent plus complexe. Un orphelin peut s'exécuter dans une zone critique du réseau ou peut avoir verrouillé des fichiers. Le tuer dans de telles circonstances peut créer des incohérences dans les bases de données ou entraîner des blocages. De plus, un orphelin peut avoir déjà planifié ses tâches futures comme, par exemple, être dans la file d'attente d'un serveur d'impression. Même si l'orphelin lui-même est tué, le travail mis en attente peut être exécuté. Le lecteur pourra trouver de plus amples détails sur ce problème d'élimination des orphelins dans les travaux de Shrivastava et Panzieri (1982).

7.2.5. Commentaires sur l'appel de procédure à distance

Dans ce paragraphe, nous allons analyser brièvement certains éléments clés auxquels sont confrontés les concepteurs de systèmes d'appel de procédure à distance. On peut considérer quatre grands domaines :

1. La conception de l'interface,

2. La conception des procédures-clients,

3. La conception des procédures-serveurs,

4. La conception du protocole.

Commençons par le début. Le cœur du problème est le suivant : jusqu'où faut-il aller dans la transparence ? Etant donné les difficultés liées aux paramètres de type *variable*, aux pointeurs et l'aspect pratiquement insurmontable d'une sémantique unique face à l'écroulement du système, Hamilton (1984) a suggéré que la transparence ne soit en aucun cas recherchée. Il propose de rajouter un mot clé, *à distance*, devant la déclaration de toute procédure qui peut être appelée depuis des clients distants pour prévenir les compilateurs et éviter des erreurs de programmation. D'un autre côté, même si les problèmes du RPC sont jolis sur le papier, il faut bien dire que dans la pratique les écroulements de système sont rares et que la plupart des autres problèmes sont résolus par une conception soignée des procédures-stubs et des compilateurs.

Il reste encore une question importante que nous n'avons pas abordée : comment les procédures-stub sont-elles produites ? Une possibilité est de les écrire toutes à la main. Une autre consiste à les faire produire par un processus particulier de compilation. Cette dernière solution est beaucoup plus agréable, mais elle est vraiment délicate avec certains langages fortement structurés.

Autre sujet lié au langage : le traitement des anomalies. S'il n'existe pas de mécanisme adéquat pour traiter les erreurs de l'appel de procédure à distance avec un programme autre que celui de la procédure-client, alors il faut supposer que chaque procédure-client dispose des moyens de tester tous les codes d'erreurs en retour et de se préparer à les traiter, situation particulièrement non transparente.

Venons-en, enfin, à la procédure de binding. Comment les serveurs exportent-ils précisément leurs noms, comment les clients peuvent-ils choisir une instance particulière de serveur quand il existe plusieurs serveurs identiques, comment et quand se fait la procédure de binding, voilà autant de questions auxquelles il convient d'accorder une attention toute particulière.

Les principaux problèmes de conception des procédures-clients concernent les temporisateurs et les orphelins. Les procédures-clients-stubs doivent-elles utiliser un mécanisme de temporisateur quand elles ne reçoivent pas de réponse, ou doivent-elles attendre indéfiniment ? Si elles utilisent un temporisateur, quelle mesure doivent-elles prendre lorsque celui-ci expire, quelle sémantique est nécessaire, comment faut-il traiter les orphelins ?

Le principal problème de conception des procédures-serveurs concerne le parallélisme. On peut imaginer deux approches radicalement opposées. Dans la première, chaque fois qu'une requête parvient pour l'exécution d'une procédure-serveur, un nouveau processus est créé et la procédure s'exécute en tant que morceau de ce processus. Si d'autres requêtes arrivent en provenance d'autres clients avant que la première ne soit finie, d'autres processus sont créés et tous s'exécutent en parallèle, indépendamment les uns des autres. Dans la seconde approche, un processus unique est associé à chaque procédure-serveur. Si une deuxième requête arrive alors que la première n'est pas terminée, elle attend que le processus soit libre. La première approche supporte la création de processus à chaque appel de procédure à distance mais elle autorise une exécution parallèle des appels. La seconde approche est plus simple et plus rapide s'il n'y a qu'un seul appel à chaque instant, mais elle interdit tout parallélisme s'il y a plusieurs appels simultanément.

Le protocole est conçu de manière à obtenir de bonnes performances. Ce point a été particulièrement controversé. De nombreux chercheurs pensent que le seul moyen d'avoir des appels de procédure à distance rapides est de les faire exécuter juste au-dessus de l'interface avec la Couche Réseau, avec des couches transport et réseau vides.

D'un autre côté, certains des plus ardents défenseurs du mode connecté trouvent que la place des appels de procédure à distance se situe dans la Couche Application, même si plusieurs couches de protocole sont utilisées en-dessous. C'est cette dernière orientation qu'a choisie l'ISO. Dans son modèle, il existe des primitives *BIND, UNBIND, INVOKE* et *RESULT*, chacune avec les quatre formes *request, indication, response* et *confirm.*

7.3. EXEMPLES DE COUCHES SESSION

Dans cette section, nous allons étudier, dans nos exemples habituels, comment est traitée la couche Session, quand elle existe.

Primitives de service de session OSI	Request	Indication	Response	Confirm	SPDU envoyées en requête	SPDU envoyées en réponse
-CONNECT	X	X	X	X	CONNECT	ACEPT, REFUSE
-RELEASE -U-ABORT -P-ABORT	X X	X X X	X	X	FINISH ABORT (ABORT)	DISCONNECT, NOT FINISHED (ABORT ACCEPT)
- DATA -EXPEDITED-DATA -TYPED-DATA -CAPABILITY-DATA	X X X X	X X X X	X	X	DATA TRANSFER EXPEDITED DATA TYPED DATA CAPABILITY DATA	CAPABILITY DATA ACK
-TOKEN-GIVE -TOKEN-PLEASE -CONTROL-GIVE	X X X	X X X			GIVE TOKENS PLEASE TOKENS GIVES TOKENS CONFIRM	(GIVES TOKENS ACK)
-SYNC-MAJOR -SYNC-MINOR -RESYNCHRONIZE	X X X	X X X	X X X	X X X	MAJOR SYNC POINT MINOR SYNC POINT RESYNCHRONIZE	MAJOR SYNC POINT ACK MINOR SYNC POINT ACK RESYNCHRONIZE ACK
-ACTIVITY-START -ACTIVITY-END -ACTIVITY-DISCARD -ACTIVITY-INTERRUPT -ACTIVITY- RESUME	X X X X X	X X X X X	X X X	X X X	ACTIVITY START ACTIVITY END ACTIVITY DISCARD ACTIVITY INTERRUPT ACTIVITY RESUME	ACTIVITY END ACK ACTIVITY DISCARD ACK ACTIVITY INTERRUPT ACK
-U-EXCEPTION-REPORT -P-EXCEPTION-REPORT	X	X X			EXCEPTION REPORT (EXCEPTION REPORT)	

Figure 7-17. Primitives de session et SPDU correspondantes

7.3.1. La couche Session dans les réseaux publics

Les réseaux publics et d'autres réseaux OSI implémentent généralement une Couche Session complète avec tous les services que nous avons décrits précédemment. Le protocole de session (voir figure 7-1) est complexe du fait du très grand nombre de primitives de services mais il faut reconnaître qu'il suit de très près les définitions de ces différents services. Cette complexité n'a d'ailleurs pas été améliorée avec les décisions politiques visant à rendre le protocole compatible avec celui du télétex, protocole CCITT beaucoup plus ancien.

A chaque primitive de service correspond une SPDU (unité de données du protocole de session pour *session protocol data unit*) qui est transmise conformément au protocole. Pour les primitives avec réponses, il existe de même une SPDU générée par la réponse. La liste des primitives de services et des SPDU correspondantes est donnée dans le tableau de la figure 7-17.

Des 21 types de primitives énumérés dans la figure 7-17, seuls deux ne sont pas accessibles aux processus utilisateurs. Dans chaque cas, émettre une primitive *XXX.request* conduit l'entité de session à transmettre une SPDU. Pour commencer, considérons la primitive *S-CONNECT.request*.

Quand elle est ainsi appelée, l'entité de session construit une SPDU *CONNECT* et l'envoie à son destinataire. Lorsque cette SPDU arrive à la machine distante, l'entité de session crée une *S-CONNECT.indication* pour l'utilisateur concerné. Celui-ci peut accepter ou refuser la session en utilisant la primitive *S-CONNECT.response* avec les paramètres appropriés pour motiver son accord ou son refus. Cette action correspond alors à l'envoi par l'entité de session distante d'une SPDU *ACCEPT* ou *REFUSE* vers l'entité appelante, comme le montre la figure 7-17.

S-RELEASE a, tout comme *S-CONNECT*, deux variantes. Lorsqu'un utilisateur souhaite terminer une session, l'entité de session transmet une SPDU *FINISH*. L'utilisateur distant peut là encore accepter ou refuser, ce qui, dans ce cas, laisse la session ouverte. S'il a décidé d'accepter et donc de clore la session, sa réponse est une SPDU *DISCONNECT*. Quand il décline l'invitation à terminer la session, sa réponse est une SPDU *NOT FINISHED* et la session continue comme si de rien n'était.

Les conditions d'utilisation de la primitive *S-U-ABORT* sont différentes. Bien que celle-ci n'appelle pas de réponse, la SPDU *ABORT* est explicitement acquittée par une SPDU *ABORT ACCEPT* (indiquée entre parenthèses sur la figure 7.17, car elle ne correspond pas à la primitive *response* mais à un mécanisme interne de l'entité de session elle-même). Les raisons d'existence de cet acquittement sont simples : il permet d'être sûr que la connexion de transport qui véhicule la session est purgée de tout message; la connexion de transport peut alors être immédiatement réutilisée pour une autre session. Le fournisseur de services de session peut également utiliser une primitive *S-P-ABORT*; celle-ci n'est jamais acquittée.

Le mécanisme d'envoi des primitives de transfert des données est tout à fait classique. Chaque requête et chaque réponse correspondent à une SPDU pour l'entité de session. La gestion des jetons, la synchronisation et la gestion des activités fonctionnent également de la même façon sauf pour la primitive *S-CONTROL-GIVE* dont les acquittements sont générés par l'entité de session distante (pour la compatibilité avec le protocole CCITT du télétex). Le rapport d'anomalies par l'usager suit aussi le mécanisme classique.

Regardons rapidement les formats des unités de données du protocole de session. Le format général est illustré sur la figure 7-18(a). L'identificateur de session (*SI, Session Identifier*) est un champ d'un octet qui détermine le type de SPDU. Dans la figure 7-17, chaque SPDU a son propre type.

L'identificateur de longueur (*LI, Length Identifier*) est un champ contenant une valeur numérique comprise entre 0 et 254 qui indique la longueur en octets du champ de paramètres. S'il doit y avoir plus de 254 octets de paramètres, *LI* indique la valeur 255 et les deux octets suivant immédiatement *LI* indiquent la véritable longueur de ce champ de paramètres (limité à 65 535 octets maximum). Quand elles existent, les données viennent derrière le champ des paramètres.

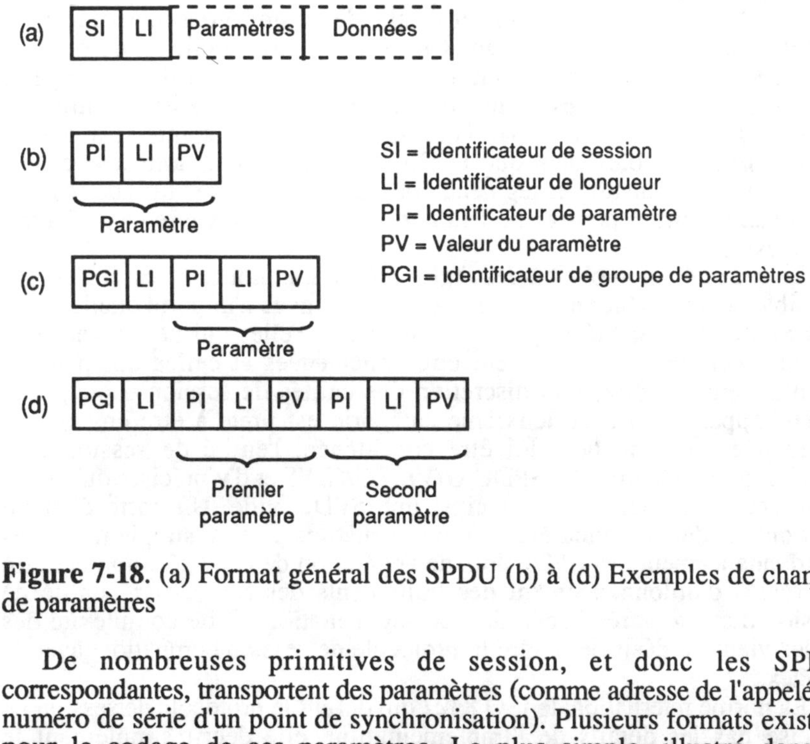

Figure 7-18. (a) Format général des SPDU (b) à (d) Exemples de champs de paramètres

De nombreuses primitives de session, et donc les SPDU correspondantes, transportent des paramètres (comme adresse de l'appelé ou numéro de série d'un point de synchronisation). Plusieurs formats existent pour le codage de ces paramètres. Le plus simple, illustré dans la figure 7-18(b), utilise un identificateur de paramètre (PI, *Parameter Identifier*), champ d'un octet, qui précise quel paramètre suit, puis un identificateur de longueur (LI, *Length Identifier*), champ d'un octet qui indique la longueur de la valeur du paramètre et enfin un champ de longueur variable qui donne la valeur numérique du paramètre en question (PV, *Parameter Value*).

D'autres formats plus généraux sont indiqués dans les figures 7-18(c) et 7-18(d). Dans ces SPDU, les paramètres sont regroupés. Chaque groupe commence par un identificateur de groupe de paramètres (PGI, *Parameter Group Identifier*) suivi d'un identificateur de longueur *LI* qui fournit la longueur du groupe. Les paramètres, individuellement à l'intérieur d'un groupe, sont décrits comme précédemment (figure 7-18 (b)). Bien que la figure illustre des cas à un ou deux groupes de paramètres, il est bien évident que des ensembles plus grands sont autorisés. Le groupe à un seul paramètre de la figure 7-18 (c) est identique au format de base de la figure 7-18 (b). Ces deux formats ont été inclus pour la compatibilité avec le protocole CCITT du Télétex.

Quand une entité de session a construit une SPDU, elle la donne à la Couche Transport en tant que message. Toutefois, dans de nombreux cas, le protocole de session peut autoriser l'entité de session à regrouper plusieurs SPDU dans le même message. Cette technique réduit le nombre de primitives de transport auxquelles il est fait appel. Elle est appelée *concaténation.* Le processus inverse (découpage d'un message entrant en plusieurs SPDU), réalisé par l'entité de session distante, est appelé *segmentation.* Notez bien que la Couche Transport ignore tout de ces fonctions concaténation et segmentation utilisées par les entités de session. Ces deux fonctions pourraient d'ailleurs être mises en œuvre dans d'autres couches.

La concaténation obéit à des règles précises, plutôt bizarres; il n'est pas possible de concaténer n'importe quelle SPDU avec n'importe quelle autre. Les SPDU sont divisées en trois catégories : celles qui ne peuvent être concaténées, celles qui doivent être concaténées et celles qui peuvent éventuellement l'être, à la discrétion des entités de session. Lorsqu'une SPDU appartenant à la deuxième catégorie est prête à être envoyée et qu'aucune autre ne peut lui être concaténée, l'entité de session a la possibilité de générer une SPDU *GIVE TOKENS* et d'y préciser qu'elle ne concerne aucun jeton, créant ainsi une SPDU vide. Un autre élément particulier de la concaténation concerne les règles supplémentaires d'ordonnancement des SPDU lors de l'opération de concaténation et enfin les règles d'ordonnancement des traitements des SPDU par l'entité de session distante après l'opération de segmentation. Cette complexité des règles vient du désir de rendre le protocole de session compatible avec le Télétex.

La norme internationale ISO 8327 qui définit le protocole de session ne précise pas les détails de l'implémentation; elle décrit simplement le fonctionnement de base d'une machine à états finis appelée *machine du protocole de session* (SPM, *Session Protocol Machine*). Cette machine reçoit 75 événements qui peuvent provoquer pour elle des actions particulières. De nombreux événements correspondent aux appels des primitives de session, aux arrivées des SPDU, mais l'expiration d'un temporisateur est également un événement. A tout instant, la machine est dans l'un de ses 29 états internes, de telle sorte que la machine à états finis est définie par un tableau de 75 lignes et 29 colonnes. Heureusement, beaucoup d'entrées sur les 2175 possibles sont invalides.

Chaque entrée valide peut contenir un ou plusieurs des 72 prédicats définis pour ce protocole (par exemple, si le jeton de données est disponible, alors faire telle action, sinon telle autre). La plupart de ces actions impliquent l'attente d'indications ou l'envoi de SPDU. Après une action, la machine passe dans un nouvel état. En tout état de cause, un implémentation complète du protocole de session est conceptuellement facile à réaliser, mais il convient de prendre garde aux nombreux détails.

7.3.2. La couche Session dans ARPANET

Le réseau ARPANET n'a pas de Couche Session ni rien qui lui ressemble. Les applications doivent gérer leurs sessions si elles en ont besoin. D'un autre côté, une part considérable du travail sur l'appel de procédure à distance a été faite dans la communauté ARPA Internet, en particulier à Xerox PARC et à l'Université Carnegie-Mellon.

7.3.3. La couche Session dans MAP et TOP

MAP et TOP utilisent une forme restreinte de la Couche Session OSI. L'établissement de session, le transfert des données et la terminaison d'une session sont assurés pour des communications bidirectionnelles simultanées. Le mode à l'alternat n'existe pas. Les services de synchronisation, de gestion des activités, de rapport d'anomalies, de données typées et de données de capacité ne sont pas demandés. Ce sous-ensemble correspond grossièrement au sous-ensemble de base synchronisé (aujourd'hui obsolète) (BSS, *Basic Synchronized Subset*) sans le mode à l'alternat ni les données typées.

Les protocoles de session MAP/TOP sont des sous-ensembles du protocole de session OSI. Les SPDU nécessaires à l'implémentation du sous-ensemble MAP/TOP doivent être implémentées, les autres sont optionnelles.

7.3.4. La couche Session dans USENET

Comme ARPANET, USENET n'a pas de Couche Session mais à la différence d'ARPANET, il n'est même pas possible d'implémenter les services de session dans les couches hautes. Absolument aucun des services de session n'est nécessaire.

7.4. RESUME

La Couche Session que nous venons de voir est la première couche à ne pas être concernée par la communication brute des informations. Son rôle correspond plus à de la valeur ajoutée aux services de communication fiable offerts par la Couche Transport. L'un des services offert concerne la gestion du dialogue — typiquement la gestion du tour de rôle dans une conversation à l'alternat. Un autre service concerne la synchronisation; il autorise le retour en arrière pour la correction d'erreurs non liées à la communication et détectées par les couches supérieures. Un troisième service concerne la gestion des activités; il permet de découper le travail en unités logiques dans un but de mise en quarantaine ou à toute autre fin. D'autres services annexes sont également proposés.

L'appel de procédure à distance peut être considéré comme une session en mode non connecté. Dans ce modèle, quand le client appelle une procédure qui se trouve à distance, son appel est dirigé vers une procédure-stub locale. Celle-ci introduit tous les paramètres de l'appel dans un message qu'elle transmet vers le serveur. Quand le message arrive, les paramètres sont extraits du message et la procédure du serveur est appelée. Le résultat utilise le même chemin dans le sens opposé.

L'un des éléments clés de la conception de l'appel de procédure à distance est la transparence qui permet de rendre les appels à distance semblables aux appels locaux. Cette transparence est difficile à obtenir. D'une part, les paramètres pointeurs, variables, fonctions sont difficiles à implémenter correctement. D'autre part, l'écroulement du système du client ou du serveur sont autant d'obstacles à une sémantique raisonnablement simple. Différentes stratégies permettent de traiter les pannes; elles imposent dans chaque cas des sémantiques légèrement différentes pour l'appel de procédure à distance. Il faut également se préoccuper du problème des orphelins.

7.5. EXERCICES

1. Enumérez trois similitudes et trois différences entre session et connexion de transport.

2. La Couche Session supporte quatre flux de données. Pourrait-on en supprimer un sans perte des fonctionnalités de la Couche Session ? Si oui, comment ? Sinon, pourquoi ?

3. Soit une session où le mode de fonctionnement à l'alternat a été choisi. Qu'arrive-t-il à ceux qui essaient de taper des données sur leur clavier alors que ce n'est pas leur tour ?

4. Existe-t-il un moyen de mettre en œuvre un mécanisme de quarantaine dans MAP ?

5. La Couche Session ne fournit aucune possibilité d'inclure des acquittements dans des messages (à titre d'exemple, MAJOR SYNC ACK n'est pas un bit dans un en-tête, c'est une SPDU séparée). Pensez-vous que cela soit une source d'inefficacité ? Justifiez votre réponse.

6. Dans un grand réseau, il y a trois serveurs de compilation de programmes Pascal identiques. Comment le modèle de l'appel de procédure à distance peut-il être adapté à une telle situation ?

7. Le passage des paramètres dans le RPC est plus facile si toutes les machines sont identiques. Imaginez cependant que le RPC soit utilisé entre des machines qui ont des modes de représentation des entiers, des nombres en virgule flottante et des caractères complètement différents. Proposez deux solutions pour résoudre ce problème et analysez leurs avantages et leurs inconvénients.

8. Soit un réseau local sur lequel s'exécutent des appels de procédures à distance. Ce réseau local peut perdre des paquets mais ni serveur ni clients ne tombent en panne. Quels problèmes peuvent survenir ? (*Indice :* pensez aux opérations non idempotentes).

9. Un RPC peut nécessiter un temps relativement long pour s'exécuter. Si cela prend vraiment trop de temps, le temporisateur du client arrive à expiration et le client retransmet son appel, conduisant ainsi à de multiples situations complexes. Pouvez-vous imaginer des solutions qui limiteraient les problèmes liés à des exécutions longues ?

10. Implémentez un système d'appel de procédure à distance simple se limitant à quelques procédures distantes. Ecrivez les procédures-stubs à la main et testez-les.

8
La Couche Présentation

La Couche Présentation a considérablement évolué depuis le démarrage des travaux de l'ISO. Au début, c'était plutôt une couche en quête de fonctionnalités. Elle était conçue simplement comme le lieu des conversions entre machines ASCII et machines EBCDIC. Un peu plus tard, on imagina d'y inclure des services permettant à des programmes comme les éditeurs plein écran de dialoguer avec toutes sortes de terminaux. Finalement, il fut décidé que la Couche Présentation contiendrait tous les services relatifs à la représentation des données transmises, y compris les conversions, le cryptage et la compression. On peut considérer au terme d'une telle évolution que le terme de couche «présentation» est mal choisi. Couche «représentation» serait meilleur maintenant.

A la différence des cinq couches inférieures, qui concernent le transfert ordonné de bits d'une source vers un destinataire, la Couche Présentation s'intéresse à la signification des informations transmises. Chaque ordinateur a un mode de représentation interne des données, de telle sorte qu'il est nécessaire de prévoir des mécanismes de conversion pour être sûr que des machines différentes se comprennent. Les données transmises sont souvent des informations aux structures complexes. Le rôle de la Couche Présentation est de coder ces données structurées, du format interne de la machine émettrice, en une suite de données binaires adaptée à la transmission, puis d'assurer le décodage nécessaire pour fournir à la machine réceptrice les données dans son format interne de représentation. L'objet de ce chapitre est la représentation des données structurées dans un mode non dépendant des machines, et leur transmission.

8.1. ELEMENTS DE CONCEPTION DE LA COUCHE PRESENTATION

La Couche Présentation a quatre fonctions principales :

1. Fournir aux utilisateurs les moyens d'exécuter les primitives de service de session.

2. Fournir les moyens de spécifier des structures de données complexes.

3. Gérer l'ensemble des structures de données les plus fréquentes.

4. Effectuer les conversions entre modes de représentation interne et externe.

Le premier item nécessite quelques explications. Les trois autres sont proches les uns des autres et concernent la description, l'utilisation et le codage des structures de données. Dans ce paragraphe, nous allons donner un bref aperçu de la représentation des données et de leur codage (compression et cryptage). Plus loin dans ce chapitre, nous analyserons chacun de ces domaines en détail.

8.1.1. Représentation des données

La vie est ainsi faite, les ordinateurs sont différents et ont des modes de représentation internes de leurs données différents. Tous les gros ordinateurs IBM utilisent le code EBCDIC alors que les autres (pratiquement tous) utilisent le code ASCII. La plupart des micro-ordinateurs utilisent des mots de 16 ou 32 bits en arithmétique avec complément à 2. Les Cyber de CDC ont des mots de 60 bits avec complément à 1. Les circuits 80286 et 80386 d'Intel numérotent leurs octets de droite à gauche, alors que les 68020 et 68030 de Motorola le font de gauche à droite. Les constructeurs ne modifient que très rarement ces conventions (pour ne pas avoir de produits incompatibles les uns avec les autres dans leur propre gamme). Il est vraisemblable qu'il n'y aura jamais de norme internationale pour le mode de représentation interne des données.

Pour mieux analyser les conséquences de cette multiplicité de modes de représentation, considérons une machine avec complément à 1 qui établit une session avec une autre machine avec complément à 2 et lui transmet bit à bit un tableau d'entiers de 16 bits. A cause de cette différence de représentation, même si toutes les données sont transmises correctement, les deux machines auront des valeurs différentes quand elles imprimeront le tableau. A titre d'exemple, la configuration binaire FFF0 en hexadécimal sera imprimée -15 sur une machine avec complément à 1 et -16 sur l'autre.

Pour résoudre ce problème, il faut prévoir une conversion quelque part. Toutefois, entre machines utilisant la même représentation interne, il n'y a pas besoin de conversion (du moins pour les entiers, les formats en virgule flottante peuvent différer). Avec des données structurées comme des programmes Pascal, la situation est plus compliquée car certains champs doivent être convertis et d'autres non.

La situation est plutôt ironique : voir que les couches 1 à 5 dépensent tant d'énergie pour assurer un transfert fiable et ordonné, d'un émetteur vers un récepteur, et découvrir que dans la couche 6, pour beaucoup d'applications, la transmission des copies conformes des données donne des résultats complètement faux… On cherche à conserver la signification des données, leur sens et non la séquence des données binaires. Quand on transmet le nombre -15, le nombre -15 doit parvenir au destinataire, même si les machines ont des modes de représentation internes différents.

De nombreuses solutions ont été proposées pour résoudre ce problème. L'émetteur peut effectuer une conversion, mais le récepteur aussi, ou alors les deux, en utilisant un format intermédiaire standard pour la transmission sur le réseau. Dans ce chapitre, nous analyserons un schéma très général, mais élaboré, de codage et décodage pouvant représenter des structures de données complexes. Toutes ces considérations sont fondamentales pour la Couche Présentation.

8.1.2. Compression de données

Les opérateurs qui mettent en œuvre des réseaux attendent généralement d'être payés pour les services qu'ils rendent. Dans presque tous les cas, le coût d'utilisation d'un réseau dépend du volume d'informations transportées. Le coût n'est jamais strictement linéaire car il y a souvent des charges fixes d'installation, d'abonnement ou d'établissement des connexions qui sont indépendantes des volumes transmis. Il est clair que plus le volume est grand, plus le coût est élevé, de telle sorte qu'une réduction de la facture grâce à une technique de compression des données est toujours intéressante.

La compression des données est étroitement liée au mode de représentation de celles-ci. On peut coder un entier de 32 bits sur 4 octets et transmettre ces octets les uns derrière les autres dans un mode de représentation quelconque. Cependant, s'il est établi que 95% des entiers transmis sont compris entre 0 et 250, il est plus intéressant de coder leur valeur sur un octet seulement et d'utiliser le code 255 comme préfixe, pour indiquer qu'un véritable entier sur 32 bits suit. Dans ce cas, il faut 5 octets à la place de 4 pour cet entier, mais cette perte est largement compensée par le gain obtenu en codant la plupart des entiers sur un seul octet.

La compression des données a été étudiée depuis plusieurs années dans des contextes très divers. Elle est couramment utilisée pour gagner de l'espace mémoire sur disque ou sur bande. Dans ce chapitre, nous analyserons les quelques méthodes qui sont applicables à la représentation des données dans la Couche Présentation.

8.1.3. Sécurité du réseau et confidentialité

Autrefois, lorsque les entreprises ou les universités disposaient d'un centre de calcul avec une seule machine, assurer la sécurité était un problème simple. La seule chose à faire était de poster un garde en faction devant la porte d'accès au centre de calcul. Le garde pouvait vérifier qu'aucun dérouleur, aucun disque ou même aucune carte n'était déplacé sans une autorisation explicite. Avec l'avènement des réseaux, la situation est radicalement différente. Personne ne peut plus contrôler «manuellement» les millions de bits qui transitent quotidiennement entre les ordinateurs sur le réseau. Les entreprises n'ont aucun moyen de savoir si leurs données n'ont pas été recopiées ou même si elles ont été délivrées à leur véritable destinataire. La mise sur écoute des lignes téléphoniques est relativement populaire, dans la pratique elle est difficile à mettre en œuvre (Kahn, 1980; Selfridge et Schwartz, 1980). Les liaisons satellites sont les plus fragiles, elles permettent à n'importe qui de se placer au bon endroit, de diriger une antenne correctement et de récupérer les données transmises. Il est clair qu'une certaine *protection* ou *cryptage* (quelquefois appelé aussi *chiffrement*) est nécessaire pour rendre les données incompréhensibles pour tous, sauf pour le destinataire patenté.

Protéger les données des oreilles ennemies n'est pas le seul élément de sécurité dans un réseau. On peut imaginer en fait au moins quatre services de sécurité :

1. Protéger les données d'une lecture par des personnes non autorisées.

2. Empêcher des personnes non autorisées d'insérer des messages ou d'en détruire.

3. Vérifier l'identité de l'émetteur de chaque message.

4. Rendre possible l'envoi de documents avec signature électronique.

Le cryptage peut être utilisé pour ces quatre services.

Le choix de la place du cryptage dans le modèle de référence de l'ISO a fait l'objet d'une telle controverse que, dans les premières versions de la norme, le cryptage n'était même pas mentionné. En principe, on peut imaginer le cryptage à n'importe quel niveau mais en pratique les couches les plus appropriées sont : la Couche Physique, la Couche Transport et la Couche Présentation (Branstad, 1987; Tardo, 1985; Voydock et Kent, 1985).

Lorsque le cryptage est effectué dans la Couche Physique, une unité de cryptage est insérée entre les machines elles-mêmes et le support de transmission. Chaque bit sortant de l'ordinateur est crypté et chaque bit entrant dans l'ordinateur est décrypté. Ce mécanisme est appelé *cryptage de liaison*. Il est simple mais relativement rigide.

Le principal avantage du cryptage de liaison est que toutes les informations (en-têtes et données) sont cryptées. Dans certaines situations, les formats mêmes des messages transmis sont secrets (on pourrait les déduire d'après les adresses source et destination si celles-ci circulaient en clair). A titre d'exemple, en temps de guerre, si un ennemi remarque que le volume du trafic de l'Elysée (dans les deux sens) décroît de façon spectaculaire et qu'en même temps le volume du trafic de Trifouilly-les-Oies (dans les deux sens) s'accroît proportionnellement, il n'aura pas besoin d'un QI de plus de 200 pour deviner ce qui s'est passé. L'étude de la longueur des messages et des fréquences d'occurrence des lettres par un ennemi est appelée cryptanalyse. Cette analyse peut être rendue encore plus difficile si le vrai trafic est noyé sous un flot d'*informations de brouillage*.

Pour des applications plus commerciales, la cryptanalyse n'est pas un vrai problème, de sorte qu'un cryptage de bout en bout dans les couches hautes est une solution préférable. Mettre le cryptage dans la Couche Transport suppose de crypter entièrement la session. Une solution plus sophistiquée consiste à placer le cryptage dans la Couche Présentation; ceci permet de ne crypter que les champs ou les structures de données que l'on veut.

Dans ce chapitre, nous allons explorer plusieurs méthodes cryptographiques, de Jules César à nos jours. Nous analyserons quelques thèmes relativement proches comme l'authentification et les différentes façons de signer électroniquement des documents avec la même sécurité (ou peut-être même une meilleure) qu'avec une signature manuscrite.

8.1.4. Les primitives de services de présentation ISO

Le lien entre la Couche Présentation et ses couches adjacentes est tout à fait analogue à celui qui est illustré dans les figures 6-1 ou 7-1. Il est donc inutile d'ajouter une nouvelle figure. De plus, pratiquement toutes les primitives de services de présentation sont identiques aux primitives de services de session correspondantes. Les utilisateurs (c'est-à-dire les entités d'application) peuvent établir des sessions avec une primitive *P-CONNECT.requête* qui provoque simplement l'envoi d'une primitive *S`-CONNECT.requête* par l'entité de session. En fait, presque toutes les primitives de présentation traversent ainsi les entités de présentation vers les entités de session. Ces primitives sont illustrées sur la figure 8-1.

Les trois dernières lignes du tableau de la figure 8-1(a) donnent les primitives qui ne traversent pas telles quelles les entités de présentation. Leur fonction est de permettre aux usagers d'inclure à la main des modifications du contexte de présentation, en particulier pour des structures de données complexes. Les structures de données requises par les applications sont regroupées en unités appelées *contextes*. Durant la première moitié d'une session, on peut utiliser un contexte et durant la seconde moitié de la même session, on peut en utiliser un autre. Le service de gestion des contextes permet aux utilisateurs de modifier le contexte.

La Couche Présentation est responsable du mécanisme de négociation entre les entités de présentation, pour se mettre d'accord sur le mode de représentation des données nécessaire à l'application. La procédure de négociation normalisée consiste pour l'utilisateur à fournir la liste de toutes les bibliothèques de structures de données qu'il souhaite utiliser. L'utilisateur distant peut les accepter ou les refuser. A n'importe quel moment, un utilisateur peut modifier le contexte et proposer d'ajouter ou de détruire une bibliothèque de structures du contexte courant.

La Couche Présentation peut conserver (en option) de multiples contextes, pour rendre plus efficace le changement de contexte au milieu d'une session. En particulier, si les services de synchronisation ou de gestion des activités sont disponibles dans la Couche Session, il est possible de remettre à une valeur par défaut le contexte à chaque nouvelle activité ou chaque resynchronisation. A titre d'exemple, supposons qu'un transfert de fichier soit interrompu pour une requête urgente quelconque, la Couche Présentation peut mémoriser le contexte du transfert de fichier et le restaurer au redémarrage de celui-ci. Les primitives énumérées à la fin du tableau de la figure 8-1(a) fournissent ce service.

8.2. NOTATION DE SYNTAXE ABSTRAITE NUMERO 1 (ASN.1)

L'élément clé du problème de représentation, codage, transmission et décodage des structures de données est l'existence d'un moyen de description de ces structures, suffisamment souple pour être utilisable dans une très large gamme d'applications et normalisé pour que tout le monde puisse être d'accord sur sa signification. L'ISO a défini une telle description dans le cadre de ses travaux sur le modèle de référence. Cette description est appelée notation de syntaxe abstraite numéro 1 (*ASN.1, Abstract Syntax Notation 1*). Le suffixe 1 indique qu'il s'agit de la première description normalisée, d'autres pourraient apparaître dans le futur. ASN.1 est décrite par la norme ISO 8824. Les règles de codage des structures de données en une suite de données binaires sont décrites dans la norme ISO 8825. Le format de cette suite de données binaires est appelé *syntaxe de transfert*. Les trois paragraphes qui suivent donnent les éléments généraux de représentation des données, la syntaxe abstraite ASN.1 et la syntaxe de transfert.

Primitives de service de session ISO	Request	Indication	Response	Confirm	Signification
P-CONNECT	X	X	X	X	Etablissement d'une présentation
P-RELEASE	X	X	X	X	Libération ordonnée d'une session
P-U-ABORT	X	X			Libération brutale à l'initiative de l'utilisateur
P-P-ABORT		X			Libération brutale à l'initiative du fournisseur
P- DATA	X	X			Transfert de données normales
P-EXPEDITED-DATA	X	X			Transfert de données exprès
P-TYPED-DATA	X	X			Transfert de données typées
P-CAPABILITY-DATA	X	X	X	X	Transfert de données de capacité
P-TOKEN-GIVE	X	X			Passage d'un jeton
P-TOKEN-PLEASE	X	X			Jeton réclamé
P-CONTROL-GIVE	X	X			Passage de tous les jetons
P-SYNC-MAJOR	X	X	X	X	Insertion d'un point de synchronisation majeure
P-SYNC-MINOR	X	X	X	X	Insertion d'un point de synchronisation mineure
P-RESYNCHRONIZE	X	X	X	X	Retour à un point de synchronisation précédent
P-ACTIVITY-START	X	X			Démarrage d'une activité
P-ACTIVITY-END	X	X	X	X	Fin d'une activité
P-ACTIVITY-DISCARD	X	X	X	X	Abandon d'une activité
P-ACTIVITY-INTERRUPT	X	X	X	X	Suspension d'une activité
P-ACTIVITY- RESUME	X	X			Reprise d'une activité suspendue
P-U-EXCEPTION-REPORT	X	X			Rapport d'anomalies utilisateur
P-P-EXCEPTION-REPORT		X			Rapport d'anomalies fournisseur
P-ALTER-CONTEXT	X	X	X	X	Changement de contexte

(a)

P-UNIDATA	X	X			Transfert de données en mode non connecté

(b)

Figure 8-1. (a) Les primitives de services de présentation en mode connecté (b) Les primitives de services de présentation en mode non connecté

8.2.1. Les structures de données

Comme nous l'avons déjà dit, de nombreuses applications échangent des données complexes. Un enregistrement ou une structure de données utilisée pour un transfert monétique dans une application bancaire peut contenir le nom, l'adresse, les numéros de compte à débiter et à créditer, les sommes concernées, le taux de change courant, la date et l'heure de prise d'effet de la transaction et de nombreuses autres données.

Pour d'autres applications, il peut être nécessaire de conserver et d'échanger un très grand nombre de structures différentes. Considérons, par exemple, le système informatique utilisé par une compagnie aérienne. Il y a des structures de données pour les réservations de places, leur modification ou même leur annulation, d'autres structures de données pour la planification des avions et du personnel de bord, pilotes et hôtesses, d'autres encore pour le suivi des inspections techniques des avions, leur maintenance et la gestion des pièces détachées.

En général, chaque application possède un ensemble de structures de données, correspondant aux différentes phases de son exécution, qui doivent être transmises sur le réseau. Certaines structures de données sont communes à une très large gamme d'applications (structures de données pour le transfert de fichier, par exemple), d'autres sont propres à une entreprise ou une société spécifique.

Nous avons déjà abordé certaines structures de données dans les chapitres précédents. A plusieurs reprises, nous les avons illustrées, par des figures, des trames, des paquets et d'autres sortes de PDU. Un paquet *CALL REQUEST*, par exemple, peut être considéré comme une structure de données avec des champs pour le type de paquet, l'adresse de l'appelant, l'adresse de l'appelé et d'autres paramètres. Jusqu'à présent, nous en avons donné un croquis fait au stylo et à la règle mais cette représentation graphique n'est guère satisfaisante pour l'application. La couche Application contient plusieurs applications ayant chacune leurs structures de données, qui sont transmises en tant qu'unités de données du protocole d'application (*APDU, Application Protocol Data Units*). Les différents champs de ces APDU ont souvent un type (booléen ou entier, par exemple) et dans de nombreux cas, ils peuvent être omis ou avoir une valeur par défaut. La situation se complique de telle sorte qu'il est nécessaire d'avoir un mode plus formel pour décrire ces structures. C'est le rôle d'ASN.1.

L'idée de base est de pouvoir décrire avec ASN.1 tous les types de structures de données (donc tous les types de données) pour chaque application et de les réunir dans un *module de bibliothèque*. Lorsqu'une application veut transmettre une structure de données (c'est-à-dire une APDU), elle fournit la structure de données à la Couche Présentation avec le nom ASN.1 de cette structure. En se fiant à la définition ASN.1, la Couche Présentation peut alors connaître le type et la longueur des champs et donc savoir comment les coder pour leur transmission.

A l'autre extrémité de la connexion, la Couche Présentation analyse l'identification ASN.1 de la structure des données (qui est codée sur les premiers octets transmis) et sait alors combien de bits appartiennent au premier champ, combien au second et ainsi de suite. Avec ces informations, la Couche Présentation peut alors effectuer toutes les conversions nécessaires pour fournir des données au format interne de la machine réceptrice. Reprenons notre exemple des deux machines qui transfèrent des tableaux d'entiers, l'émetteur les codant avec complément à 2, le récepteur avec complément à 1. La Couche Présentation de la machine réceptrice peut convertir tous les entiers reçus en complément à 1 avant de délivrer l'APDU à l'utilisateur.

Utiliser l'approche ASN.1 paraît tout à fait naturel, mais n'oublions pas que ce n'est pas la seule solution. Une autre approche consisterait à imposer que toutes les machines soient au courant de tous les formats internes de représentation des autres. Lorsqu'une application construit une APDU, elle la prépare dans le format approprié au récepteur. S'il existe *n* types de machines sur le réseau, il faudra $n(n-1)$ programmes de conversion alors qu'avec la solution ASN.1, il en suffit de $2n$.

En revanche, chaque APDU doit être convertie deux fois avec ASN.1 au lieu d'une seule fois avec la solution précédente. Toutefois, si une machine avec complément à 1 échange des données avec une autre machine avec complément à 1, elles peuvent directement «parler complément à 1». Dans le schéma ASN.1, les conversions sont nécessaires à chaque extrémité parce que la syntaxe de transfert spécifie qu'un complément à 2 doit être utilisé. La différence entre ces deux approches est illustrée par la figure 8-2.

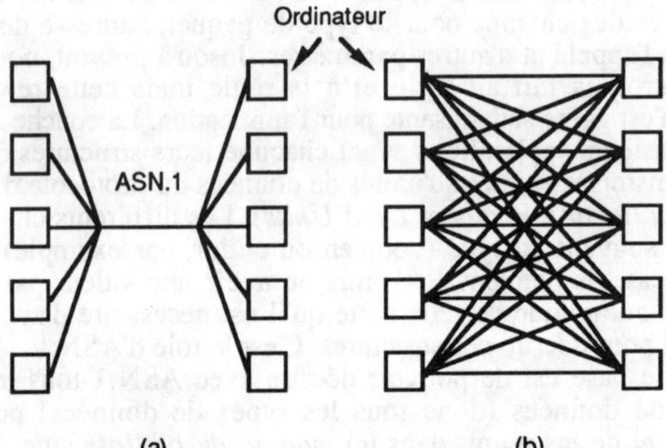

Figure 8-2. (a) L'émetteur convertit ses données au format ASN.1 pour les transmettre et le récepteur les convertit du format ASN.1 à son format interne (b) Chaque émetteur convertit ses données directement au format interne de chaque récepteur

Les problèmes liés au mode de représentation des nombres (complément à 1 ou à 2) et au codage des données (ASCII ou EBCDIC) ne sont pas les seuls qu'il faut résoudre avec ASN.1. L'ordre des octets est un problème encore plus délicat. Les machines «petit-boutistes», comme les Vax de DEC ou la série 8088/286/386 d'Intel, numérotent leurs octets en mettant l'octet 0 de poids faible le plus à droite. Les machines «gros-boutistes», comme les gros IBM ou la série 68000/68020/68030 de Motorola, les numérotent différemment avec l'octet 0 de poids fort le plus à gauche. Cette terminologie est tirée de l'analogie (Cohen, 1981) avec les hommes politiques dans *Les voyages de Gulliver* qui se battent pour savoir si les œufs à la coque doivent être cassés par le gros bout ou par le petit bout.

Pour illustrer les ravages causés dans un réseau par cet ordre de numérotation des octets, considérons une application dans laquelle des musées échangent des informations sur leurs collections de dinosaures. Un exemple de définition du type de données échangées est donné par la figure 8-3 en Pascal. Le nom est une chaîne de 12 caractères maximum, la longueur du dinosaure est indiquée en mètres, le booléen indique si l'animal est carnivore ou non, le musée indique le nombre d'os du squelette qu'il possède et la date à laquelle ce squelette a été découvert.

```
type dinosaure = record
  nom : array [1..12] of caractères;
  longueur : entier;
  carnivore : booléen;
  os : entier;
  découverte : entier
end;
```

Figure 8-3. Un exemple de définition d'un type de données

Imaginons maintenant qu'un enregistrement de ce type est transmis d'une machine 32 bits petit-boutiste (par exemple 386 d'Intel) vers une machine 32 bits gros-boutiste (par exemple 68030 de Motorola). La figure 8-4 illustre la représentation en mémoire d'une valeur de cet enregistrement, à gauche pour le petit-boutiste. Cette valeur correspond à un dinosaure appelé *stegosaurus*, d'une longueur de 10 mètres, non carnivore, avec un squelette de 300 os découvert en 1877. Le champ *nom* occupe les octets 0 à 10, les deux derniers étant inutilisés. Chacun des trois entiers nécessite 2 octets, respectivement aux adresses 12, 20 et 24. L'octet 20 contient la valeur décimale 44 et l'octet 21 la valeur 1, les deux derniers octets du mot d'adresse 20 sont nuls. Ceci correspond bien à la représentation du nombre 300 sur un mot de 32 bits :

$$0 \times 2^{24} + 0 \times 2^{16} + 1 \times 2^{8} + 44 \times 1 = 256 + 44 = 300$$

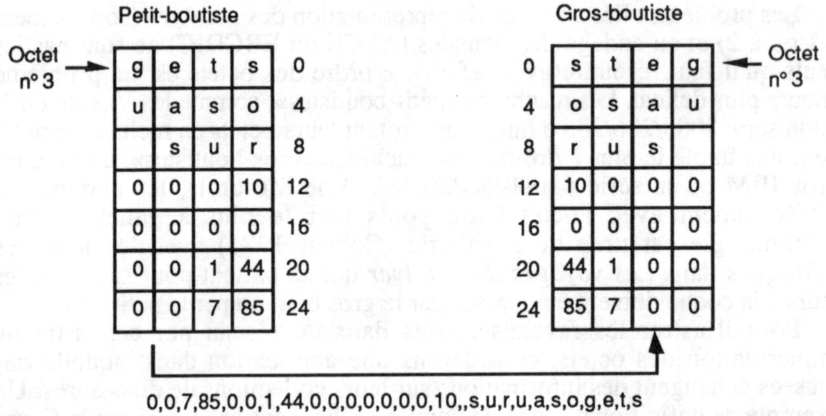

Figure 8-4. Transmission d'un enregistrement d'un petit-boutiste vers un gros-boutiste

Si les octets sont transmis dans l'ordre, de l'octet 0 jusqu'à l'octet 27, puis écrits en mémoire, octet par octet, sur la machine gros-boutiste dans l'ordre où ils arrivent, nous obtenons l'enregistrement illustré sur la partie droite de la figure 8-4. Quand le programme du récepteur essaie de lire la chaîne de caractères, tout se passe bien : il attend le premier octet à l'adresse 0, le suivant à l'adresse 1 et ainsi de suite. Mais lorsque le programme cherche le champ *longueur* à l'adresse 12, au lieu de trouver la valeur 10 sur l'octet de poids faible, il la trouve sur l'octet de poids fort. La *longueur* ne vaut pas 10 mètres mais 10 x 2^{24} soit 167.772.160 mètres. Même pour un *stegosaurus*, cette longueur est tout à fait impressionnante. Le champ qui contient le booléen *carnivore* n'est pas affecté par ce renversement de l'ordre des octets. Les deux derniers entiers fournissent encore des nombres supérieurs à 100 millions.

A première vue, il serait possible de résoudre ce problème juste en renversant l'ordre des octets, quatre par quatre, au fur et à mesure qu'ils arrivent. La Couche Présentation pourrait même faire cette interversion automatiquement. Le problème n'est pas si simple, regardez, sur la figure 8-5, l'image de la mémoire que nous obtenons alors. Les entiers et le booléen sont corrects cette fois-ci, mais la chaîne de caractères fait apparaître une nouvelle race : le «getsuaso sur» à la place du «stegosaurus ».

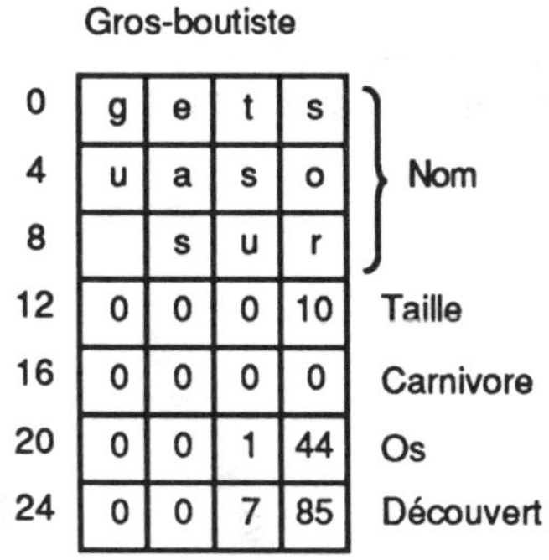

Figure 8-5. Le gros-boutiste de la figure précédente avec une inversion de tous les mots

La tactique brutale d'inversion de tous les mots ne fonctionne pas, dès qu'il y a un mélange de nombres qui doivent être retournés et de chaînes de caractères qui doivent être conservées telles quelles. La situation des booléens est ambiguë. Si *FAUX* est codé 0 et *VRAI* codé 1, les booléens sont alors traités comme des entiers. Par contre, si *FAUX* est codé 0 et *VRAI* n'importe quoi d'autre, alors le retournement du mot peut être optionnel.

Pour se sortir de cette mauvaise passe, on peut imaginer d'identifier chaque type de données pour la transmission. Sur la figure 8-6(a), nous avons représenté chaque champ avec un type, une longueur et une valeur. Dans cet exemple, 1 signifie entier, 2 booléen, 3 n'est pas utilisé mais pourrait correspondre à un nombre en virgule flottante, 4 signifie chaîne de caractères, 5 début d'enregistrement et ainsi de suite. Le premier octet représente le type, le second la longueur en octets et les suivants la valeur, avec une convention : octets de poids fort transmis d'abord, par exemple. Avec ces règles de codage, il est facile pour le récepteur de trouver les mots qu'il doit retourner et ceux qu'il peut prendre comme ils se présentent. De plus, même si l'émetteur et le récepteur ont des longueurs de mots différentes, la Couche Présentation peut préciser ce que signifient les données et effectuer le stockage correct en mémoire. La figure 8-6(b) illustre une variante optimisée de la figure 8-6(a), dans laquelle les zéros en tête des nombres et les blancs en fin de chaîne de caractères ont été omis puisqu'ils ne transportent aucune information.

Bien que cet exemple soit simple, il illustre parfaitement le principe d'ASN.1. Les types de données sont définis dans un langage ressemblant vaguement au Pascal. Quand une application veut transmettre une structure de données (c'est-à-dire une APDU), elle peut passer deux pointeurs à la Couche Présentation. Le premier pointe sur la description formelle du type de données en ASN.1 et le second sur l'APDU elle-même. Avec ces informations, la Couche Présentation effectue le codage et l'optimisation et fournit une suite de données binaires qui contient sa propre identification comme le montre la figure 8-6(b). A l'extrémité réceptrice, une structure de données sémantiquement équivalente est construite et délivrée à la Couche Application.

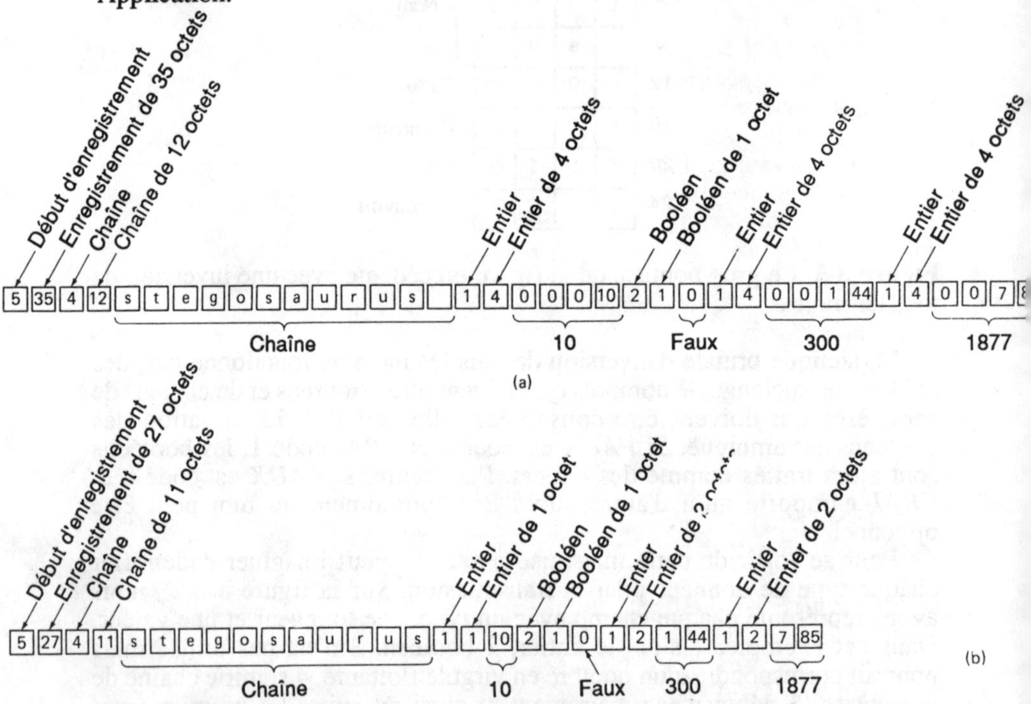

Figure 8-6. (a) L'enregistrement dinosaure avec type, longueur et valeur (b) Un format optimisé du (a)

8.2.2. Syntaxe abstraite

Dans ce paragraphe, nous allons regarder de plus près la notation ASN.1 utilisée pour définir les types de données. Ne perdons pas de vue le fait que ces définitions ont été conçues, à l'origine, par l'ISO, exclusivement pour des lecteurs humains. Des informations clés, comme les dimensions de tableaux par exemple, ne figurent pas dans cette notation. La norme stipule simplement que le programmeur peut ajouter une telle information dans un champ de commentaire.

Maintenant qu'il existe des compilateurs capables de traduire des définitions ASN.1 en C, en Pascal ou en d'autres langages, l'ISO s'occupe activement de modifier la norme pour la rendre plus précise et plus adaptée au traitement informatique. De toutes façons, notre discours est général, il se réfère à la version officielle et publiée de la norme, ignorant toutes les imperfections qui font l'objet d'*addenda*. Nous n'avons d'ailleurs pas la prétention d'éplucher tous les coins et recoins; seuls les aspects généraux d'ASN.1 seront discutés ici.

Comme nous l'avons déjà mentionné, la description des types de données en ASN.1 est appelée syntaxe abstraite (car elle n'implique aucune représentation spécifique). La définition du *dinosaure* de la figure 8-3 est analogue à une syntaxe abstraite, à cette différence près qu'elle est donnée en Pascal à la place d'ASN.1. Pour avoir une première idée d'ASN.1, regardez la syntaxe abstraite de ces données sur la figure 8-7. A première vue, une séquence ASN.1 ressemble à un enregistrement Pascal. Les mots clés sont en anglais, mais l'OCTET est un terme (français!) spécifique à l'ISO pour désigner ce que certains appellent «byte» en informatique. Une chaîne d'octets (*OCTET STRING*) est une liste ou un tableau d'octets. La taille de cette chaîne est donnée en commentaire, après les deux traits d'union.

```
Dinosaure ::= SEQUENCE {
  nom OCTET STRING, --12 caractères
  longueur INTEGER,
  carnivore BOOLEAN,
  os INTEGER,
  découverte INTEGER
}
```

Figure 8-7. La description ASN.1 équivalente à la figure 8-3

Les types primitifs d'ASN.1 sont énumérés dans la figure 8-8. Ces types existent dans le langage et des formes plus complexes peuvent être construites à partir de là. Les noms de ces types de données sont des mots réservés et, comme tous les mots réservés, ils sont écrits en capitales.

Type primitif	Signification
INTEGER	Entier de longueur arbitraire
BOOLEAN	Vrai ou faux
BIT STRING	Liste de bits
OCTET STRING	Liste d'octets
ANY	Ensemble de tout type
NULL	Auncun type
OBJECT IDENTIFIER	Nom d'objet

Figure 8-8. Les types primitifs d'ASN.1

Les entiers sont des nombres cardinaux qui peuvent être utilisés dans des calculs. Ils n'ont pas de taille maximale; *a priori*, toutes les valeurs, même très grandes, sont valides. Il n'y a qu'une seule valeur pour zéro (il n'existe pas de -0 comme c'est le cas en complément à 1). Il est possible de définir des noms qui correspondent à des valeurs spécifiques d'entiers, par exemple, dimanche = 1, lundi = 2, etc. Cette caractéristique est analogue aux types énumérés en Pascal.

Les booléens (*BOOLEAN*) sont utilisés pour dire si telle ou telle condition est vérifiée ou non. Un booléen ne peut prendre que deux valeurs : *TRUE* ou *FALSE*.

Les chaînes de bits (*BIT STRING*) sont des listes ordonnées de bits. Chaque chaîne de bits contient de 0 à plusieurs bits, sans maximum. La longueur d'une chaîne de bits n'a aucune raison d'être un multiple de huit ni d'un autre nombre. La valeur d'un élément de type *BIT STRING* est écrite entre apostrophes suivie de la lettre B (en binaire) ou de la lettre H (en hexadécimal) : par exemple, '01001101'B ou '4D'H. Pour éviter toute ambiguïté, une notation hexadécimale ne sera utilisée que si la chaîne de bits a une longueur multiple de huit exactement.

Les chaînes d'octets (*OCTET STRING*) sont des listes ordonnées d'octets. Elles peuvent représenter des caractères ou des données en octets pour lesquelles aucun autre type ne paraît mieux adapté. Les chaînes d'octets, tout comme les chaînes de bits, n'ont pas de longueur maximale. La notation en binaire ou en hexadécimal peut également être utilisée pour exprimer la valeur d'une chaîne d'octets.

Le type *ANY* est particulier. Si un champ est déclaré de type *ANY*, il peut être complété ultérieurement par n'importe quel type de données valide. *ANY* peut être considéré comme la réunion de tous les types.

NULL est le complément de *ANY* : aucun type. Un élément de ce type ne peut avoir qu'une seule valeur, également notée *NULL*. Quand un champ dans un enregistrement est déclaré de type *NULL*, on peut dire qu'il n'a pas de valeur. Si cet enregistrement est transmis, les champs de type *NULL* ne sont pas émis. La représentation interne de *NULL* dépend de l'implémentation sur chaque machine. Sur une machine 16 bits avec complément à 2, on peut imaginer d'utiliser la valeur -32768 pour représenter la valeur *NULL*, puisque c'est un nombre particulier qui n'a pas d'équivalent positif.

L'identificateur d'objet (*OBJECT IDENTIFIER*) est le dernier type de la liste. Lorsqu'une session est établie, la Couche Présentation est responsable d'une négociation qui permet d'assurer que les deux entités sont d'accord sur la syntaxe abstraite utilisée, les règles de codage et les protocoles utilisés par les applications. Tous ces éléments sont des objets (essentiellement des éléments de bibliothèque); ils sont identifiés par leur *OBJECT IDENTIFIER*. Les identificateurs d'objets sont souvent des noms complexes entre accolades : {iso norme 8571 partie 4 ftam-icp(1)} identifie un objet (informations de contrôle du protocole) défini dans la partie 4 de la norme ISO 8571.

Les types primitifs peuvent être combinés pour construire des types plus complexes. La figure 8-9 illustre les cinq principaux constructeurs utilisés dans ASN.1. Le premier constructeur de cette liste est *SEQUENCE*, que nous avions déjà aperçu dans la description de la figure 8-7. *SEQUENCE* permet de combiner toute une collection d'éléments d'autres types pour constituer un type analogue à l'enregistrement de Pascal. Les champs d'une séquence peuvent être de tous types, y compris de type construit .

Constructeur	Signification
SEQUENCE	Collection ordonnée d'éléments de divers types
SEQUENCE OF	Collection ordonnée d'éléments de même type
SET	Collection désordonnée d'éléments de divers types
SET OF	Collection désordonnée d'éléments de même type
CHOICE	Choix d'un type parmi une liste donnée

Figure 8-9. Les principaux constructeurs d'ASN.1

Le constructeur *SEQUENCE OF* sert à construire des tableaux d'éléments du même type. Il est possible d'avoir une *SEQUENCE OF INTEGER* ou d'un autre type, y compris des *SEQUENCE OF* de types construits (on peut faire des tableaux d'enregistrements, par exemple). Il n'y a pas de limite au type *SEQUENCE OF*. La connaissance, *a priori*, de la taille d'un tableau n'est pas importante pour la transmission de données (elle peut toujours être indiquée avec un marqueur spécial). Elle est, en revanche, très importante pour l'allocation mémoire en machine. Ce défaut a été supprimé dans un addendum à la norme; il aurait quand même été préférable que les comités de normalisation y pensent dès le début.

Le type *SET* est identique au type *SEQUENCE*, sauf en ce qui concerne l'ordre des éléments qui le composent : il n'est pas garanti que l'ordre de délivrance des divers éléments au récepteur soit celui d'émission de l'émetteur. Comme la plupart des programmeurs écrivent en langage de haut niveau, ils ne se préoccupent pas de la façon dont la mémoire range leurs structures de données. Cette distinction entre *SET* et *SEQUENCE* est pour le moins subtile. Après tout, le fait de déclarer un type de données *SET* laisse une certaine liberté à la Couche Présentation. Considérons, par exemple, un type ASN.1 contenant une grande quantité de données suivie par un champ précisant combien de champs de données sont actuellement utilisés. Si le type est déclaré comme une *SEQUENCE*, les données doivent être envoyées d'abord, de telle sorte que le récepteur ne sait pas à l'avance combien de place mémoire réserver pour cette suite. Avec un *SET*, la Couche Présentation peut choisir d'envoyer la taille en premier.

Le type *SET OF* est une collection d'éléments du même type, exactement comme le type *SEQUENCE OF*. Dans un type *SET OF*, les éléments ne sont pas ordonnés.

Le type *CHOICE* est utilisé lorsqu'une structure de données peut prendre n'importe quelle forme parmi une liste spécifiée. La figure 8-10 illustre un exemple de plusieurs types de données qui peuvent être utilisés dans une application de traitement par lots à distance. L'utilisateur crée une instance de type *Travail*, remplit les différents champs et l'envoie. Comme vous le voyez, un *Travail* contient une PDU *Comptabilité*, suivie par un nombre quelconque de PDU *Commande-locale* et *Commande-distante* et se termine par une PDU *Terminaison*. La définition complète de la syntaxe abstraite n'est pas donnée ici. Les quatre dernières lignes définissent quatre types extraits d'un module (imaginaire) appelé *Travailbib*.

```
Travail ::= SEQUENCE {
  en-tête PDU_Comptabilité,
  corps SEQUENCE OF PDU_Commande,
  fin PDU_Terminaison
}

PDU_Commande ::= CHOICE {
  Commande-locale,
  Commande-distante
}

PDU_Comptabilité ::= Travailbib.comptabilité
Commande-locale ::= Travailbib.local
Commande-distante ::= Travailbib.distant
PDU_Terminaison ::= Travailbib.terminaison
```

Figure 8-10 : Utilisation du constructeur CHOICE

La norme ASN.1 propose, en plus des types primitifs et des types construits, un certain nombre de types prédéfinis qui peuvent être utilisés dans plusieurs applications. Huit types de chaînes différents sont ainsi prédéfinis. Chacun est en fait un sous-ensemble particulier du type chaîne d'octets (*OCTET STRING*). La chaîne numérique (*NumericString*) ne contient que des chiffres de 0 à 9 ou des blancs. La chaîne imprimable (*PrintableString*) contient les lettres en majuscules et en minuscules, les chiffres et les 11 caractères suivants :

( ) ' + - . , / : = ?

Les autres types de chaînes correspondent aux alphabets du Télétex ou du Vidéotex, aux différentes variantes nationales de l'ASCII ou à certains alphabets graphiques. On envisage d'ajouter plus tard de nouveaux ensembles de caractères, comme les Kanji (alphabet japonais).

Un autre type très utile est prédéfini : la date généralisée (*GeneralizedTime*), fondé sur la norme ISO 3307. Le fait d'utiliser ce format met fin aux éternelles discussions sur le sens du 5/12 (5 Décembre ou 12

Mai ?). A titre d'exemple, la valeur 17890714161538.8 en date généralisée représente 4 heures 15 minutes 38,8 secondes, l'après-midi du 14 Juillet 1789.

Dans les normes internationales, il y a souvent des types de données relativement complexes dont de nombreux champs sont optionnels. Les PDU *CONNECT REQUEST*, par exemple, possèdent beaucoup de paramètres optionnels. Si ces paramètres ne sont pas utilisés pour un établissement de connexion particulier, il n'est pas nécessaire de les transmettre. ASN.1 permet de déclarer ces champs optionnels (*OPTIONAL*) pour traiter une telle situation. Une alternative possible est de leur déclarer une valeur par défaut (*DEFAULT*), en les faisant suivre de la valeur à utiliser si le champ n'est pas transmis.

L'existence des types *OPTIONAL* et *DEFAULT* est une source de problèmes au cours de l'identification des données reçues. Supposons qu'une *SEQUENCE* contienne dix champs, tous de type *INTEGER* et tous *OPTIONAL*. Si la séquence est transmise avec trois valeurs seulement, comment identifier ces trois entiers parmi les dix possibles ?

Ce problème peut être résolu grâce au *concept d'étiquetage* (*tagging*). ASN.1 permet d'affecter à chaque champ une étiquette qui l'identifie. Quatre types d'étiquettes sont prévus : *UNIVERSAL*, *APPLICATION*, *PRIVATE* et spécifique du contexte. Chaque étiquette est un entier précédé d'un des trois mots clés *UNIVERSAL*, *APPLICATION* ou *PRIVATE* ou d'aucun de ces trois, auquel cas il s'agit d'une étiquette spécifique au contexte. Les étiquettes sont écrites entre crochets : [*APPLICATION 4*].

Le rôle des étiquettes est étroitement lié aux règles de codage et à la syntaxe de transfert. Chaque fois qu'un enregistrement est transmis, comme dans la figure 8-6, on fournit son type, sa longueur et sa valeur. Si le type est étiqueté, son étiquette est transmise aussi, elle permet de l'identifier. La plupart des étiquettes sont codées sur un seul octet dont les deux bits de poids fort donnent le type de l'étiquette et les 5 bits de poids faible le numéro dans ce type. Le dernier bit est utilisé pour distinguer les types construits des types primitifs.

Reprenons l'exemple précédent où une séquence contenait dix entiers. S'ils sont tous étiquetés différemment, les trois valeurs transmises sont identifiables grâce à leurs étiquettes. De plus, si le récepteur est capable de comprendre quelle donnée il est en train de recevoir en lisant son étiquette, alors le type devient inutile. ASN.1 fournit un moyen de supprimer le type des informations qui sont étiquetées. Pour supprimer cette indication, le programmeur ajoute le mot clé *IMPLICIT* derrière l'étiquette : [*PRIVATE 7*] *IMPLICIT*. Si le mot *IMPLICIT* n'est pas indiqué, les deux informations, étiquette et type, doivent être transmises, elles sont redondantes mais constituent un moyen de vérification en temps réel.

La figure 8-11 montre un exemple qui doit vous être familier, exemple avec des étiquettes, une option et une valeur par défaut. La structure du codage de cette syntaxe sera analogue à celle de la figure 8-6, dans la mesure où chaque donnée a un type, une longueur et une valeur, mais cette fois, les six données sont étiquetées, le niveau supérieur est de type *PRIVATE*, le reste est spécifique du contexte.

```
Dinosaure ::= [PRIVATE 6] IMPLICIT SEQUENCE {
  nom [0] IMPLICIT OCTET STRING, -- 12 caractères
  longueur [1] IMPLICIT INTEGER,
  carnivore [2] IMPLICIT BOOLEAN DEFAULT TRUE,
  os [3] IMPLICIT INTEGER,
  découverte [4] IMPLICIT INTEGER OPTIONAL
}
```

Figure 8-11. Un exemple ASN.1 utilisant *IMPLICIT*, *OPTIONAL* et *DEFAULT*

Nous avons dit, plus haut, que quatre types d'étiquettes étaient possibles. L'étiquette *UNIVERSAL* est réservée aux quatre types primitifs définis dans la norme ASN.1 ainsi qu'aux types quasi-primitifs, les différentes chaînes dont nous avons déjà discuté.

L'étiquette *APPLICATION* est employée par de nombreux protocoles d'application ISO pour identifier les types d'informations qu'ils utilisent. Il n'est pas interdit d'employer cette étiquette ailleurs s'il n'y a pas de risque d'ambiguïté. Toutefois, les utilisateurs sont encouragés à choisir les étiquettes *PRIVATE* pour leurs propres besoins.

Les étiquettes spécifiques du contexte sont utilisées chaque fois qu'il est nécessaire d'identifier des données à l'intérieur d'un type de données, donc avec une portée de l'étiquette tout à fait réduite. En d'autres termes, il est fréquent de trouver une étiquette [0] dans de nombreux types de données mais on aura une seule étiquette [*PRIVATE 0*] ou [*APPLICATION 0*].

ASN.1 fournit les outils pour définir non seulement le type des données mais aussi la valeur de ces types. Un exemple de valeur de *Dinosaure* est donné par la figure 8-12.

```
{ "stegosaurus", 10, FALSE, 300, 1877 }
```

Figure 8-12. Un exemple de valeur du type *Dinosaure*

La structure exacte d'un type ASN.1 peut être déterminée à l'aide d'une grammaire indépendante du contexte (*context-free*). Une grammaire qui génère la plupart des types légaux est donnée dans la figure 8-13. Elle n'est pas complète mais elle inclut tous les éléments nécessaires à la définition des types (mais pas des valeurs) dont nous avons discuté dans ce chapitre.

Dans la grammaire de la figure 8-13, les symboles terminaux sont écrits entre guillemets. Les symboles non écrits entre guillemets ne sont pas terminaux, chacun possède une règle de production qui doit toujours pouvoir être réduite à une suite (éventuellement infinie) de symboles terminaux. Toutes les règles de production ont la forme

```
nom ::= règle.
```

Des alternatives à l'intérieur d'une règle sont notées |. Le symbole de départ de la grammaire est *Définition_Module*. La grammaire n'inclut pas les types quasi-primitifs comme les alphabets du Télétex ou du Vidéotex car ils ne font pas réellement partie du langage.

Pour les personnes qui n'aiment pas la syntaxe générée par la figure 8-13, l'ISO propose un mécanisme macroscopique permettant aux utilisateurs de définir leurs propres notations. Nous n'en parlerons pas ici car c'est uniquement un outil syntaxique et qu'il n'ajoute rien à l'ensemble des types produits.

```
Définition_Module ::= Nom "DEFINITIONS ::= BEGIN"
Module_Corps "END"
Module_Corps ::= Liste_Attribution | Vide
Liste_Attribution ::= Attribution | Liste_Attribution
Attribution
Attribution ::= Nom "::=" Type
Type ::= Type_Externe | Type_Interne
Type_Externe ::= Nom "." Nom
Type_Interne ::= Type_Primitif | Type_Construit | Type_Etiqueté
Type_Primitif ::= Entier | Booléen | Chaîne_Bit |
Chaîne_Octet | Any | Null | Id_Objet
Type_Construit ::= Séquence | Séquence de | Ensemble |
Ensemble de | Choix
Type_Etiqueté ::= Type de l'étiquette | Type "IMPLICIT"
Entier ::= "INTEGER" | "INTEGER"
"{""Liste_Nombres_Nommés""}"
Booléen ::= "BOOLEAN"
Chaîne_Bit ::= "BIT STRING" | "BITSTRING"
"{""Liste_Bits_Nommés""}"
Chaîne_Octet ::= "OCTET STRING"
Any ::= "ANY"
Null ::= "NULL"
Id_Objet ::= OBJECT IDENTIFIER
Séquence ::= "SEQUENCE" "{" Type_Liste_Elément "}" |
"SEQUENCE {}"
Séquence de ::= "SEQUENCE OF " Type | "SEQUENCE"
Ensemble ::= "SET" "{"Type_Liste-Elément"}" | "SET {}"
Ensemble de ::= "SET OF" Type | "SET"
Choix ::= "CHOICE" "{"Type_Liste_Alternative"}"
Etiquette::= "["Classe Nombre_non_signé"]"
Classe ::= "UNIVERSAL" |"APPLICATION"| "PRIVATE" | Vide
Liste_Nombres_Nommés ::= Nombre_ Nommé |
Liste_Nombres_nommés","Nombre_Nommé
Nombre_Nommé ::= Nom "(" Nombre_non_signé")" | Nom "(" "_"
Nombre_non_signé")"
Liste_Bits_Nommés ::= Bit_Nommé | Liste_Bits_Nommés ","
Bit_Nommé
```

```
Bit_Nommé ::= Nom "(" Nombre_non_signé ")"
Type_Liste_Eléments ::= Type_Element | Type_Liste_Elements
"," Type_Elément
Type_Elément ::= Type_Nommé |Type_Nommé "OPTIONAL" |
Type_Nommé "DEFAULT" Valeur
Type_Nommé ::= Nom Type | Type
Liste_Type_Alternative ::= Type_Nommé |
Liste_Type_Alternative "," Type_Nommé
Nombre_non_signé ::= Chiffre | Nombre_non_signé Chiffre
Chiffre ::= "0" | "1" |"2" | "3" | "4" | "5" | "6" | "7" | "8"
| "9"
Vide ::=
```

Figure 8-13. Une grammaire générant la plupart des types ASN.1. Les non-terminaux *Nom* et *Valeur* ne sont pas définis. Un *Nom* est un identificateur contenant des lettres, des chiffres et des traits d'union, une *Valeur* est la valeur ASN.1 du type correspondant.

8.2.3. Syntaxe de transfert

L'idée maîtresse qui a guidé le développement d'ASN.1 est la nécessité de représenter les structures de données sans ambiguïté pour leur transmission. De nombreuses règles, plutôt bizarres (nous avions épargné le lecteur jusqu'à présent), sont associées à cette syntaxe abstraite. A titre d'exemple, bien que la déclaration *IMPLICIT* s'applique à tous les types, il est interdit d'étiqueter des types *ANY* ou *CHOICE*. Pourquoi ? La raison est toute simple : sans information de type explicite, le récepteur ne peut pas déterminer quelle sorte de valeur est transmise. Normalement, le type est déterminé seulement par l'étiquette mais pas pour *ANY* et *CHOICE*, de telle sorte que, pour ces deux-là, *IMPLICIT* est interdit.

Le principe sous-jacent de la syntaxe de transfert ASN.1 est que chaque valeur transmise, primitive ou construite, contient potentiellement quatre champs :

1. L'identificateur (type ou étiquette).

2. La longueur en octets du champ de données.

3. Le champ de données.

4. Le fanion de fin de données, si la longueur est inconnue.

Les trois premiers champs sont toujours présents. Le dernier est optionnel.

Le premier champ identifie l'enregistrement qui suit. Il a lui-même trois sous-champs comme le montre la figure 8-14. Les deux bits de poids fort déterminent le type d'étiquette, le bit suivant dit s'il s'agit d'un type primitif (0) ou non (1). Les types d'étiquette 00, 01, 10 et 11 correspondent respectivement à *UNIVERSAL*, *APPLICATION*, spécifique du contexte et *PRIVATE*. Les 5 bits restants peuvent être utilisés pour coder la valeur de l'étiquette de 0 à 30. Si l'on souhaite utiliser une valeur supérieure ou égale à 31, alors les 5 bits restants sont codés 11111 et les octets supplémentaires qui suivent transportent la valeur en question.

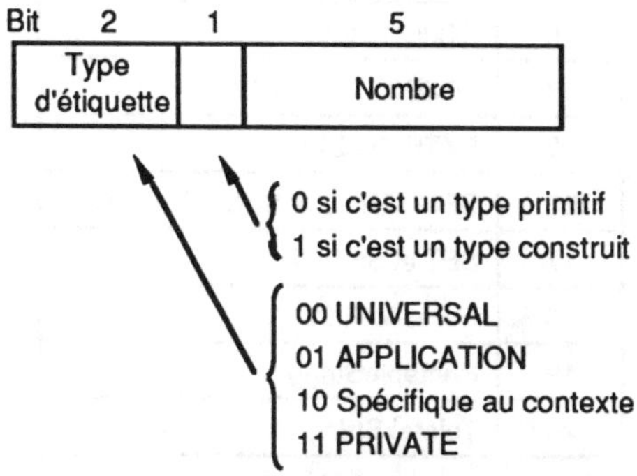

Figure 8-14. Le premier octet de chaque enregistrement envoyé dans la syntaxe de transfert ASN.1

Les règles de codage des étiquettes au-delà de 30 ont été conçues pour des nombres *a priori* très grands. Chaque octet supplémentaire a son bit de poids fort mis à 0, sauf le dernier octet. Les 7 bits restants de tous ces octets contiennent la valeur de l'étiquette. S'il n'y a qu'un seul octet supplémentaire, cela permet d'avoir des numéros jusqu'à 2^7-1, s'il y en a deux, jusqu'à 2^{14}-1.

Le codage des types *UNIVERSAL* est réalisé conformément au tableau de la figure 8-15. Nous avons déjà vu la plupart des types *UNIVERSAL*. Voici un bref aperçu de ceux que nous n'avons pas encore mentionnés. Le descripteur d'objet (*OBJECT DESCRIPTOR*) est une chaîne de caractères lisible par l'homme et qui identifie un objet (à la différence de l'*OBJECT IDENTIFIER* qui est conçu pour une identification par une machine). Le type externe (*EXTERNAL*) permet de faire référence à des types de données définis dans une autre syntaxe abstraite par exemple, sans avoir à inclure cette nouvelle description intégralement. Les différentes chaînes de caractères correspondent aux diverses recommandations du CCITT; il n'y a pas deux alphabets semblables. Enfin, deux solutions pour coder la date sont proposées, pour des raisons historiques.

Type	Primitive
1	BOOLEAN
2	INTEGER
3	BIT STRING
4	OCTET STRING
5	NULL
6	OBJECT IDENTIFIER
7	OBJECT DESCRIPTOR
8	EXTERNAL
16	SEQUENCE et SEQUENCE OF
17	SET et SET OF
18	NumericString
19	PrintableString
20	TeletexString
21	VideotexString
22	IA5String
23	GeneralizedString
24	UTCTime
25	GraphicString
27	GeneralString

Figure 8-15. Les étiquettes utilisées pour coder les types UNIVERSAL

Il est intéressant de noter que *SEQUENCE* et *SEQUENCE OF* utilisent les mêmes types *UNIVERSAL*; de même pour *SET* et *SET OF*. En réalité, certaines informations sont perdues dans la syntaxe de transfert. Cette décision de la part de l'ISO ne doit pas apparaître comme ayant une quelconque explication technique valable.

Après l'octet d'identification, nous trouvons un octet qui indique la longueur des données. Cette longueur utilise le même principe de codage que pour les numéros d'étiquettes au-delà de 30. En d'autres termes, les longueurs jusqu'à 128 octets sont directement codées sur un seul octet. Les longueurs plus grandes utilisent plusieurs octets avec 7 bits utiles par octet, le bit de poids fort étant mis à 1. Pour ces longueurs codées sur plusieurs octets, les 7 bits de poids le plus fort sont transmis dans le premier octet, les 7 bits suivants dans le second, et ainsi de suite. Finalement, au plus profond de son cœur, l'ISO est un gros-boutiste.

Dans certains cas, les données sont passées de la Couche Application à la Couche Présentation en petits fragments. Si la Couche Présentation a un espace mémoire limité, il se peut qu'elle soit obligée de démarrer la transmission sans savoir combien il y a de données en tout. Le code de longueur 128 est alors utilisé pour dire que la longueur est en fait variable (car inconnue). Il faut alors prévoir un marqueur spécial pour identifier la fin des données.

Le codage du champ de données dépend du type des données. Les entiers sont codés en complément à 2. Les entiers positifs inférieurs à 128 nécessitent un octet, ceux inférieurs à 32 768 en nécessitent deux, etc. Les bits de poids fort sont transmis en tête.

Les booléens sont codés 0 pour *FALSE* et n'importe quoi d'autre pour *TRUE*. Ils utilisent toujours un octet.

Les chaînes de bits sont d'elles-mêmes déjà codées. Le seul problème est l'indication de leur longueur. En effet, le champ longueur prévoit des longueurs exprimées en *octets* et non en *bits*. La solution choisie par l'ISO consiste à transmettre un octet supplémentaire en tête de la chaîne indiquant combien de bits utiles (de 0 à 7) transporte le dernier octet. Ainsi la chaîne de 9 bits '010011111' sera codée 07 4F 80 (en hexadécimal).

Les chaînes d'octets sont faciles à manipuler. Les octets sont transmis dans l'ordre, poids fort en tête (style gros-boutiste, de gauche à droite).

La valeur *NULL* est indiquée par un champ de données de longueur nulle. Le simple fait que la longueur indiquée du champ de données soit nulle signifie qu'une valeur nulle est envoyée. Aucune valeur numérique n'est réellement transmise.

Les quatre types (séquence et ensemble) sont transmis avec le type ou l'étiquette en premier, puis la longueur totale des différentes données et les données elles-mêmes. Les champs d'une séquence sont transmis en respectant leur ordre, ceux d'un ensemble peuvent être transmis dans n'importe quel ordre. Si deux ou plusieurs données dans un ensemble ont le même type, elles doivent être étiquetées pour permettre au récepteur de les identifier.

Le codage d'une valeur *CHOICE* est celui de la structure réelle des données transférées. Dans un *CHOICE*, s'il y a des entiers ou des booléens, on peut considérer que la structure de données est entière et appliquer les règles de codage pour *INTEGER*.

Toutes les chaînes de caractères sont codées avec un caractère par octet, de même que pour le type *OCTET STRING*.

8.3. TECHNIQUES DE COMPRESSION DE DONNEES

Les données transmises sur un canal peuvent toujours être considérées comme une suite de symboles S_1, S_2, … , S_N. Ces symboles sont supposés provenir d'un alphabet (éventuellement infini) de symboles. Voici quelques exemples d'alphabets et de symboles leur appartenant :

1. L'alphabet des bits : 0, 1.
2. L'alphabet des chiffres décimaux : 0, 1, 2, 3, 4, 5, 6, 7, 8, 9.
3. L'alphabet des lettres : A, B, C, … , X, Y, Z.
4. L'alphabet des mots de la langue française : apprenti, balançoire, clarté, dominante, élaguer, …
5. L'alphabet des pays : Argentine, Belgique, Chine, Danemark, Egypte, …

On peut considérer la compression des données sous trois angles différents, respectivement basés sur les notions suivantes :

1. La finitude de l'alphabet des symboles.
2. Les fréquences relatives des différents symboles.
3. Le contexte d'apparition des symboles.

Envisageons chacun de ces angles de vue tour à tour.

8.3.1. Codage d'un alphabet fini de symboles équiprobables

Dans de nombreuses applications, les messages sont constitués à partir d'alphabets finis comme l'ASCII. Un projet d'automatisation d'une grande bibliothèque, par exemple, aura comme information les titres des différents ouvrages disponibles, souvent considérés comme un ensemble (fini) de symboles. Supposons que la liste complète des ouvrages empruntés soit diffusée dans toutes les succursales de cette bibliothèque, chacun sait alors quels sont les ouvrages les plus demandés et où. La transmission quotidienne contient ainsi le numéro de la succursale et la liste des titres des ouvrages qui y ont été empruntés ce jour-là.

Un ouvrage possède généralement un titre d'environ 20 caractères. Exprimé en ASCII, ce titre représente une information de 140 bits. Il est bien évident qu'aucune bibliothèque au monde n'a 2^{140} ouvrages (La Bibliothèque du Congrès Américain, qui est la plus grande bibliothèque au monde, possède environ 80 millions d'ouvrages soit entre 2^{26} et 2^{27} ouvrages). En numérotant les différents ouvrages, il est possible de réduire le nombre de bits d'information nécessaire pour identifier un titre de 140 à 27 ou moins. Dans une telle situation, les succursales doivent avoir la même liste numérotée, elle peut être envoyée en une seule fois, grâce à une cassette par exemple.

Quand il faut faire référence à un ouvrage nouveau, ne figurant pas dans la liste numérotée, il est alors nécessaire d'utiliser son titre complet et il faut prévoir un mécanisme permettant de reconnaître ce changement. A titre d'exemple, le numéro 0 peut ne pas être attribué à un ouvrage et servir de symbole de reconnaissance pour un titre complet en ASCII, dont la fin peut être signalée par le caractère ASCII *ETX*.

8.3.2. Codage dépendant de la fréquence

Dans pratiquement tous les textes, certains symboles apparaissent plus souvent que d'autres. En anglais par exemple, la lettre «E» apparaît 100 fois plus souvent que la lettre «Q» et le mot «THE» 10 fois plus souvent que le mot «BE». De telles observations ont suggéré aux chercheurs d'utiliser des codes dans lesquels les symboles fréquents ont des codages courts et les symboles rares des codages longs.

Considérons, à titre d'exemple, la situation d'une jeune biologiste très brillante mais pauvre qui vient de découvrir le code génétique de l'âne sauvage de Somalie. Elle souhaite envoyer un télégramme à sa mère (comme cadeau d'anniversaire) décrivant la chaîne des bases (adénine, cytosine, guanine et thymine) de l'ADN de l'âne mais elle ne peut même pas payer le coût d'une transmission à 2 bits par base. Par bonheur, elle a pu remarquer que les fréquences d'apparition des différentes bases sont respectivement 0,5, 0,3, 0,15 et 0,05. En choisissant de les coder par 0, 10, 110 et 111 (à la place d'un codage classique 00, 01, 10, 11), la longueur moyenne d'un symbole est de 1,7 bits (1 x 0,5 + 2 x 0,3 + 3 x (0,15 + 0,05) = 1,7) à la place de 2 avec un codage classique.

A la lumière de l'exemple précédent, il est intéressant de se poser la question du nombre minimal de bits nécessaires par symbole. La théorie de l'information nous apprend que la quantité d'information contenue dans chaque symbole d'un alphabet dont les symboles S_i ont des probabilités d'occurrence P_i est

$$-\sum_{i=1}^{N} P_i \log_2 P_i$$

où N est le nombre de symboles. Cette quantité d'information est souvent appelée *entropie par symbole*. Pour l'ADN de notre âne, la limite théorique est de 1,65 bits par symbole de telle sorte que le codage proposé est à 3% de cet optimum. Prenons un autre exemple et considérons le cas d'une distribution uniforme : $P_i = 1/N$. Comme on pouvait s'y attendre, l'entropie est $\log_2 N$ par symbole.

Il n'existe malheureusement pas de solution pour construire des codes qui atteignent cette limite théorique avec des symboles qui sont codés indépendamment, car la plupart d'entre eux nécessiteraient des fractions de bits. Un algorithme dû à Huffman (1952) permet toutefois d'approcher raisonnablement cette limite théorique. L'algorithme, appelé maintenant *code de Huffman*, est décrit ci-dessous.

1. Ecrire la liste de tous les symboles et de leur probabilité d'occurrence associée. L'algorithme consiste à construire un arbre binaire dont tous ces symboles sont les nœuds terminaux. Au départ, aucun nœud n'est marqué.

2. Trouver les deux plus petits nœuds et les marquer (ce sont les deux nœuds ayant les plus faibles probabilités d'occurrence). Ajouter un nouveau nœud avec deux arcs permettant d'atteindre les deux nœuds que l'on vient de marquer. La probabilité de ce nouveau nœud est la somme des probabilités des deux nœuds qui lui sont connectés.

3. Répéter l'étape 2 jusqu'à ce que tous les nœuds soient marqués sauf un. La probabilité du nœud non marqué doit toujours être 1.

4. Le codage de chaque symbole correspond au chemin à parcourir depuis le nœud non marqué jusqu'à ce symbole, en notant chaque fois les embranchements (droite ou gauche) empruntés. Le code est le chemin, avec gauche = 0 et droite = 1 ou vice versa.

Des codes de Huffman peuvent être conçus dans une autre base que la base 2. Par exemple, en choisissant, dans l'étape 2, les 256 plus petits nœuds non marqués et en construisant des nœuds intermédiaires qui ont 256 arcs, on obtient un code dans lequel chaque symbole est représenté par un nombre entier d'octets.

Nous avons dit plus haut que la limite théorique était impossible à atteindre avec des symboles codés indépendamment, puisqu'il était nécessaire de représenter chaque symbole avec un nombre entier de bits. Si nous supprimons cette exigence en matière de codage indépendant des différents symboles, nous pouvons améliorer le code de Huffman et nous approcher très près de la limite théorique. L'idée fondamentale du codage de Huffman consiste à déterminer, par un algorithme, un codage pour chaque symbole, puis à transmettre les codages des différents symboles indépendamment, les uns après les autres. Le code que nous allons voir maintenant, appelé *codage arithmétique*, ne considère plus les symboles indépendamment les uns des autres, il permet ainsi de s'affranchir du problème des 3 bits utilisés pour représenter la valeur de 2,5 bits d'information.

Le codage arithmétique représente chaque symbole comme un intervalle d'un segment entre 0 et 1. Coder une suite de symboles consiste à choisir un intervalle (souvent très petit) de réels et à transmettre un nombre dans cet intervalle. Pour illustrer ce codage plus facilement, reprenons notre exemple de l'âne de Somalie. Nous voulons coder les quatre symboles *A*, *C*, *G* et *T* (adénine, cytosine, guanine et thymine) en tenant compte de leurs probabilités d'occurrence respectives : 0,5 0,3 0,15 et 0,05.

Avec une telle distribution de probabilité, nous choisissons l'intervalle {0 - 0,5} pour *A*, l'intervalle {0,5 - 0,8} pour *C*, l'intervalle {0,8 - 0,95} pour *G* et {0,95 - 1} pour *T* comme le montre la figure 8-16(a). Codons maintenant la chaîne de trois caractères suivante: *CAT*. Le premier symbole est un *C*, nous nous situons donc dans l'intervalle {0,5 - 0,8}. A mesure que l'algorithme progresse, l'intervalle doit se resserrer, illustrant ainsi le grand nombre de bits nécessaires à une grande précision.

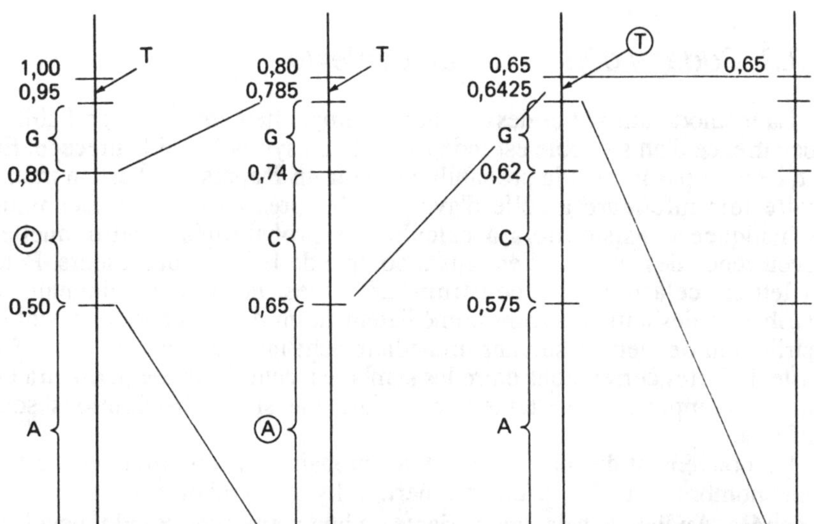

Figure 8-16. Codage de *CAT* avec un code arithmétique

Le symbole suivant est un *A* de telle sorte que nous nous situons dans la portion de l'intervalle précédent correspondant à un *A* soit la première moitié (figure 8-16(b)) : {0,5 - 0,65}. Agrandissons cet intervalle à la longueur unité (figure 8-16(c)) et prenons-en la partie qui correspond maintenant à un *T*. Nous obtenons l'intervalle {0,6425 - 0,65}. S'il y avait encore d'autres symboles à coder, il faudrait continuer à subdiviser ce dernier intervalle comme le montre la figure 8-16(d). Le résultat du codage de *CAT* est alors n'importe quelle valeur numérique dans l'intervalle en question, 0,645 par exemple.

Lorsque le récepteur reçoit cette valeur, il voit tout de suite qu'elle se situe dans l'intervalle de base {0,5 - 0,8} et ainsi il sait que la suite de symboles commence par *C* puis il voit que 0,645 se situe entre 0,5 et 0,65 donc que le second symbole est un *A*. Le récepteur décode donc le message symbole par symbole.

Dans cet exemple, nous avons choisi des nombres décimaux plutôt que binaires et ignoré le problème de reconnaissance de la fin des messages. Ces aspects peuvent être résolus de façon tout à fait satisfaisante. Witten et al. (1987) fournissent quelques éléments pour traiter ces questions et donnent des programmes pour réaliser effectivement le codage et le décodage. Des travaux analogues sur la compression sont décrits dans Bentley et al., 1986.

8.3.3. Codage dépendant du contexte

La méthode utilisée ci-dessus suppose implicitement que la probabilité d'occurrence d'un symbole est indépendante du symbole qui le précède. En fait, ce n'est pas le cas : la probabilité d'avoir un *T* après un *Q* est au moins quatre fois inférieure à celle d'avoir un *U* après un *Q*. Une technique sophistiquée consiste alors à calculer les probabilités conditionnelles d'occurrence des symboles en tenant compte de leurs prédécesseurs. Pour les lettres, cela revient à construire 26 tables, la première donnant la distribution des lettres suivant immédiatement un *A*, la seconde donnant la distribution des lettres suivant immédiatement un *B* et ainsi de suite. S'il existe de fortes corrélations entre les symboles, cette méthode permettra un taux de compression nettement plus fort que si les distributions sont uniformes.

L'inconvénient de cette méthode des probabilités conditionnelles est le grand nombre de tables qu'elle requiert. S'il y a k symboles, les tables ont k^2 entrées. Au lieu de cela, une variante du bon vieux code Baudot peut être utilisée. Dans cette variante, il y a quatre types possibles : minuscules, majuscules, caractères numériques + caractères spéciaux, caractères de contrôle. Quatre codes sont affectés aux quatre «fonctions» correspondantes et les 28 codes restants permettent de coder les caractères soit 4 x 28 = 112 caractères. (L'espace et le saut de ligne devraient vraisemblablement faire partie de chaque type de caractères, ce qui fait en réalité 104 caractères différents, plus l'espace et le saut de ligne.) Pour passer d'un type à l'autre, un symbole explicite est nécessaire. L'idée de base de cette variante est que tout symbole suivant un caractère minuscule est vraisemblablement un caractère minuscule (ou un espace ou un saut de ligne) et que, de même, tout symbole suivant un chiffre a de fortes chances d'être lui-même un chiffre. L'avantage du code Baudot sur le code de Huffman est que tous les symboles ont la même longueur, ce qui facilite à la fois les opérations de codage et de décodage. Le code Baudot est également plus souple vis-à-vis des erreurs de transmission.

Une méthode similaire peut être utilisée pour coder de longues chaînes de données binaires qui contiennent beaucoup de zéros. C'est le *codage par plages*. Chaque symbole de k bits indique combien de zéros séparent deux 1 consécutifs. Pour traiter les longues plages de zéros, le symbole plein 1 signifie qu'une plage de 2^k - 1 plus la valeur du (ou des) symbole(s) suivant(s) sépare les deux 1. Prenons un exemple, soit la chaîne de bits suivante :

0001000001000000100000000000000100000010001000000011010000
00101

qui contient des plages de zéros de longueurs respectives : 3, 5, 6, 14, 6, 3, 7, 0, 1, 5 et 1. Utilisons un codage sur 3 bits. La chaîne devient :

011 101 110 111 111 000 110 011 111 000 000 001 101 001

où la plage de 14 zéros est codée 111 111 000 soit 7 + 7 + 0. Ceci représente une économie de 34%.

Une autre technique de compression dépendante du contexte consiste à réduire les plages de symboles identiques en indiquant le nombre de ces symboles plus le symbole lui-même. Les blancs, les interlignes sont typiquement des caractères répétés un grand nombre de fois.

Une variante du codage par plages peut également être utilisée pour coder des symboles autres que des 0 et des 1. Considérons, par exemple, la transmission numérique d'une image de télévision en couleur. Le signal est constitué par une suite de trames (25 à 30 par seconde), chacune contenant un tableau rectangulaire de points (ou pixels) de l'image. Une image de télévision peut avoir 1000 lignes de 600 pixels, chaque pixel étant codé sur 16 bits. Quinze bits servent à coder la couleur (rouge, vert et bleu) avec 32 niveaux dans chaque couleur, le dernier bit sert à distinguer des données de contrôle comme le cadrage vertical ou horizontal par exemple.

Un codage direct de cette information nécessite 600 000 pixels par trame, soit un débit de 240 à 288 Mbit/s. Avec un codage binaire, le théorème de Nyquist nous apprend qu'une largeur de bande de 480 à 576 MHz est alors nécessaire. Les transmissions de télévision analogiques occupant seulement un canal de largeur 6 MHz, la numérisation risque fort de ne trouver aucun partisan dans un monde où les bandes de fréquence sont déjà saturées.

On peut cependant remarquer que les trames sont souvent identiques à celles qui les ont précédées, d'où l'idée d'équiper chaque téléviseur d'une mémoire tampon qui permet de conserver une trame (1,2 Moctet). Il suffit alors de ne transmettre que la différence entre la trame et celle qui l'a précédée. Utilisons encore un codage des pixels sur 16 bits. Tout pixel commençant par 0 contient 15 bits de données. Tout pixel commençant par 10 est un signal de contrôle dont la valeur est donnée sur les 14 bits restants. Enfin, tout pixel commençant par 11 contient un nombre compris entre 0 et 16383, représentant la longueur de la plage de pixels qui sont rigoureusement identiques à ceux de la trame précédente.

Lorsque l'image est reçue, le téléviseur conserve un pointeur sur le pixel courant. Si le pixel arrivant commence par un 0, il est inscrit dans la mémoire tampon et le pointeur est incrémenté de 1. Si le pixel arrivant commence par 10, il correspond à un signal de contrôle (fin d'écran par exemple), le pointeur est positionné à une valeur spécifique. Si le pixel arrivant commence par 11, le pointeur avance directement d'autant de pixels qu'il est indiqué. Dans la pratique, cette méthode peut paraître plutôt naïve mais l'idée qui consiste à mémoriser une trame et «sauter» les plages de pixels inchangées est tout à fait plausible.

8.4. CRYPTOGRAPHIE

La cryptographie a une histoire longue et haute en couleurs. Dans ce paragraphe, nous allons en esquisser les grands moments qui constituent le contexte historique de ce qui suit. Pour avoir une vue exhaustive de l'histoire de la cryptographie, il est recommandé de se plonger dans l'ouvrage de Kahn (1980). Celui de Kranakis (1986) traite les aspects théoriques.

8.4.1. Cryptographie traditionnelle

Quatre populations d'hommes ont utilisé et contribué au développement de la cryptographie : les militaires, les diplomates, les auteurs de journaux intimes et les amants. Parmi eux, ce sont bien sûr les militaires qui ont joué le rôle le plus important et façonné véritablement ce domaine. A l'intérieur des organisations militaires, les messages à crypter étaient traditionnellement confiés pour leur cryptage et leur transmission à des employés peu payés. En vérité, c'est le volume des messages à transmettre qui a empêché de confier une telle tâche à quelques spécialistes d'élite.

Jusqu'à l'avènement de l'informatique, le principal inconvénient de la cryptographie était dû aux capacités de ces employés à effectuer les transformations nécessaires, souvent sur les champs de batailles, avec un matériel restreint. La difficulté de changer rapidement d'une méthode de cryptage à une autre représentait un autre inconvénient, car cela imposait de recycler un grand nombre de personnes. Pourtant, le danger que représentait la capture par l'ennemi d'un employé du cryptage rendait essentielles ces facultés à changer instantanément la méthode de cryptage si nécessaire. Ces exigences contradictoires ont favorisé l'émergence du modèle illustré par la figure 8-17.

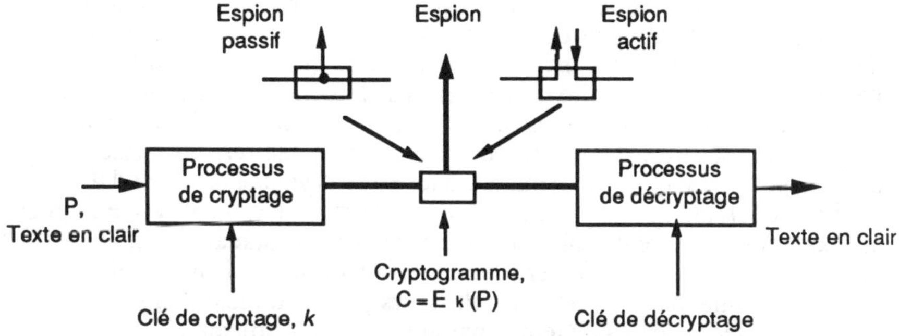

Figure 8-17. Le modèle du cryptage

Les messages à crypter, appelés *texte en clair*, sont transformés grâce à une fonction paramétrée par une *clé*. La sortie du processus de cryptage est appelée *texte chiffré* ou *cryptogramme*. Ce texte est transmis par un messager ou par radio. Nous supposons que l'*ennemi* ou l'*espion* écoute la transmission et est capable de reconstituer des copies exactes du texte chiffré. A la différence du destinataire patenté du message, il ne connaît pas la clé et ne peut donc pas déchiffrer le message facilement. Parfois l'espion peut non seulement récupérer les messages transmis (espion passif) mais encore injecter dans le système ses propres messages ou falsifier les messages transmis (espion actif). Casser les méthodes de cryptage est tout un art, souvent appelé *cryptanalyse*. L'ensemble constitué par la conception des méthodes de cryptage (cryptographie) et les recherches pour les casser (cryptanalyse) est généralement appelé la *cryptologie*.

On suppose toujours, et c'est une règle fondamentale de la cryptographie, que l'espion connaît la méthode générale de cryptage. En d'autres termes, le schéma de la figure 8-17 est connu de l'espion. Inventer, tester et installer une nouvelle méthode de cryptage chaque fois que celle qui est utilisée est compromise ou supposée être compromise représente une quantité de travail telle qu'il est impossible de garder le secret et cela ferait plus de mal que de bien de croire une méthode secrète alors qu'elle ne l'est pas.

C'est ici que la clé joue tout son rôle. La clé est une chaîne de caractères généralement courte qui permet de choisir un cryptage particulier parmi tout un ensemble. A la différence de la méthode de cryptage que l'on ne peut changer qu'à l'échelle des années, la clé peut être changée aussi souvent qu'il le faut. Ainsi le modèle du cryptage est une méthode générale, stable et bien connue, paramétrisable avec une clé secrète que l'on peut changer facilement.

Du point de vue de l'espion, le problème de la cryptanalyse se pose à trois niveaux. S'il ne possède que des textes chiffrés et jamais de textes en clair, il est confronté à un problème dit de *texte chiffré seulement* (*ciphertext only*). Les cryptogrammes publiés dans la rubrique puzzle de certains journaux posent typiquement ce genre de problème. Si l'espion dispose de certains textes chiffrés et des textes en clair correspondants, le problème devient un problème de *texte en clair connu* (*known plaintext*). Quand l'espion, enfin, a la capacité de crypter des éléments de texte en clair de son choix, nous avons le problème du *texte en clair choisi* (*chosen plaintext*). Les cryptogrammes des journaux seraient très facilement cassés si l'on pouvait poser une question comme : quel est le cryptage de «ABCDE» ?

Les débutants dans le monde de la cryptographie croient souvent qu'une méthode de cryptage est sûre si elle résiste à la cryptanalyse «texte chiffré seulement». Cette opinion est particulièrement naïve. Dans la plupart des cas, la cryptanalyse peut deviner plusieurs parties du texte en clair. A titre d'exemple, les systèmes de temps partagé que vous utilisez vous accueillent souvent par le message *PLEASE LOGIN*. Le travail de cryptanalyse devient beaucoup plus facile dès lors que l'espion dispose de plusieurs couples texte en clair - texte chiffré qui vont ensemble. Pour que la sécurité soit réelle, le cryptographe doit être sûr que la méthode de cryptage est incassable même si l'espion est capable de crypter lui-même n'importe quelle quantité de textes en clair de son choix.

Historiquement, on peut diviser les méthodes cryptographiques en deux catégories : les méthodes de substitution (qui incluent les codages) et les méthodes de transposition. Nous allons maintenant traiter ces deux catégories pour illustrer les bases de la cryptographie moderne.

Cryptage par substitution

Dans un *cryptage par substitution*, chaque lettre ou chaque groupe de lettres est remplacée par une autre lettre ou un autre groupe de lettres. La plus ancienne méthode de cryptage connue est attribuée à Jules César. Dans cette méthode, appelée *cryptage de César*, *a* devient *D*, *b* devient *E*, *c* devient *F*, ... et *z* devient *C*. A titre d'exemple, *attaque* devient *DWWDTXH*. Dans nos exemples, le texte en clair sera toujours en minuscules, le texte chiffré en majuscules et les deux seront notés en italique dans le corps des paragraphes.

Une généralisation du cryptage de César consiste à décaler l'alphabet de *k* lettres au lieu de 3. Dans ce cas, *k* devient la clé d'une méthode générale à permutation circulaire. Le cryptage de César est censé avoir berné les Carthaginois mais il n'a jamais trompé personne d'autre.

Une amélioration peut encore être apportée si chaque lettre du texte en clair est remplacée par une lettre quelconque. Prenons un exemple simple avec les 26 lettres :

texte en clair : `a b c d e f g h i j k l m n o p q r s t u v w x y z` texte chiffré : N B V C X W M L K J H G F D S Q P O I U Y T R E Z A

Ce système général est appelé *substitution monoalphabétique*, la clé est constituée par la chaîne des 26 lettres correspondant à l'alphabet entier. Pour l'exemple ci-dessus, *attaque* sera crypté en *NUUNPYX*.

A première vue, on pourrait croire que ce système est sûr puisque même si l'espion connaît la méthode (substitution lettre à lettre), il ne sait pas quelle clé est utilisée parmi les $26! = 4.\ 10^{26}$ possibles. A la différence du cryptage de César, les essayer toutes les unes après les autres n'est pas une bonne méthode. Même si chaque essai prend une microseconde sur un ordinateur, il faudrait 10^{13} années pour les faire tous.

Ce cryptage est pourtant très facile à casser même avec une très petite quantité de textes chiffrés. L'attaque consiste à tirer parti des propriétés statistiques des langues naturelles. En anglais, par exemple, le *e* est la lettre la plus fréquente, suivie par *t, o, a, n, i,...* Les combinaisons de deux lettres ou *digrammes* les plus courantes sont *th, in, er, re* et *an*. Les combinaisons de trois lettres ou *trigrammes* les plus courantes sont *the, ing, and* et *ion*. Il en va de même pour toutes les langues (voir la figure 8-18 pour les statistiques de la langue anglaise).

Pour s'attaquer à une substitution monoalphabétique, la cryptanalyse calcule les fréquences relatives des lettres dans le texte chiffré. Puis elle essaie d'associer la lettre la plus fréquente à *e*, la suivante à *t*. Elle fait de même avec les digrammes et les trigrammes recherchant la forme *tXe* dans laquelle le *X* a beaucoup de chances d'être un *h*. De même, si la séquence *thYt* apparaît fréquemment, le *Y* est vraisemblablement un *a*. Avec ces informations, il suffit de chercher le trigramme fréquent aZW qui pourrait être sans doute *and*. En essayant de deviner les lettres fréquentes, les digrammes et les trigrammes, la cryptanalyse construit petit à petit une proposition pour le texte en clair.

Une autre approche consiste à deviner des mots probables ou des phrases. Prenons un exemple. Le texte chiffré qui suit vient d'un établissement comptable (il est découpé en blocs de 5 caractères pour plus de lisibilité).

```
BRKNZ QBLXE YBGZK GKEXN XKRVX RBRIX QZQZQ VQZQR
IQQIX HQEES
EZQVY QNQQF BINQU QRNYQ EIBAX NBSFH QYBEK IXQNQ
GZKNQ INZXI
QHQED KUOBN E
```

Un mot comme *financier* est vraisemblable dans ce contexte. Utilisons notre connaissance de ce mot qui a une lettre répétée (*i*) à quatre lettres d'intervalle. Cherchons les répétitions de lettres dans le texte chiffré avec un tel espacement. Nous en trouvons 11 : aux positions 7, 17, 23, 25,37, 42, 53, 59, 63, 89 et 90. Parmi celles-ci, il y en a deux seulement qui peuvent correspondre au mot *financier* avec un *n* répété en bonne place: 25 et 63. Maintenant, en utilisant les fréquences des lettres on peut imaginer que le *Q* corresponde au *e* et donc que le mot *financier* commence à la position 24.

Lettres		Digrammes		Trigrammes		Mots	
E	13,05	TH	3,16	THE	4,72	THE	6,42
T	9,02	IN	1,54	ING	1,42	OF	4,02
O	8,21	ER	1,33	AND	1,13	AND	3,15
A	7,81	RE	1,30	ION	1,00	TO	2,36
N	7,28	AN	1,08	ENT	0,98	A	2,09
I	6,77	HE	1,08	FOR	0,76	IN	1,77
R	6,64	AR	1,02	TIO	0,75	THAT	1,25
S	6,46	EN	1,02	ERE	0,69	IS	1,03
H	5,85	TI	1,02	HER	0,68	I	0,94
D	4,11	TE	0,98	ATE	0,66	IT	0,93
L	3,60	AT	0,88	VER	0,63	FOR	0,77
C	2,93	ON	0,84	TER	0,62	AS	0,76
F	2,88	HA	0,84	THA	0,62	WITH	0,76
U	2,77	OU	0,72	ATI	0,59	WAS	0,72
M	2,62	IT	0,71	HAT	0,55	HIS	0,71
P	2,15	ES	0,69	ERS	0,54	HE	0,71
Y	1,51	ST	0,68	HIS	0,52	BE	0,63
W	1,49	OR	0,68	RES	0,50	NOT	0,61
G	1,39	NT	0,67	ILL	0,47	BY	0,57
B	1,28	HI	0,66	ARE	0,46	BUT	0,56
V	1,00	EA	0,64	CON	0,45	HAVE	0,55
K	0,42	VE	0,64	NCE	0,45	YOU	0,55
X	0,30	CO	0,59	ALL	0,44	WHICH	0,53
J	0,23	DE	0,55	EVE	0,44	ARE	0,50
Q	0,14	RA	0,55	ITH	0,44	ON	0,47
Z	0,09	RO	0,55	TED	0,44	OR	0,45

Figure 8-18. Fréquence d'occurrence des lettres, digrammes et trigrammes en anglais

Pour rendre la cryptanalyse encore plus difficile, il faut faire disparaître les fréquences d'occurrence dans le texte chiffré. Ainsi, les lettres fréquentes comme le *e* ou le *t* ne seront plus mises en évidence. Une solution pour y parvenir consiste à utiliser plusieurs alphabets de cryptage à tour de rôle, méthode connue sous le nom de *cryptage polyalphabétique*. A titre d'exemple, considérons le *cryptage de Vigénère*. Il consiste à utiliser une matrice carrée contenant les 26 alphabets de César. La première ligne, appelée ligne *A*, contient ABCDEFGH...XYZ. La ligne suivante, appelée ligne *B*, contient BCDEFGHI...YZA. La dernière ligne, appelée ligne *Z*, contient ZABCDEFG...WXY.

Le cryptage polyalphabétique utilise une clé, comme le cryptage monoalphabétique, mais au lieu d'être une chaîne de 26 caractères, c'est un mot ou une phrase facile à retenir, GRANDSCHTROUMPF par exemple. Pour crypter un message, la clé est répétée au-dessus du texte en clair autant de fois qu'il le faut, par exemple :

```
G R A N D S C H T R O U M P F G R A N D S C H T R
O U M P F G R A
n o t r e m è r e a a c c o u c h é i l y a q u a
t r e v i n g t
N D S C H T R
s e p t a n s
```

La lettre de la clé qui est située au-dessus de la lettre du texte en clair détermine la ligne de la matrice à utiliser. Le *n* est crypté en utilisant la ligne G, le *o* en utilisant la ligne R, le *t* en utilisant la ligne A et ainsi de suite. Il est clair qu'une même lettre est ainsi représentée par des caractères différents dans le texte chiffré, selon sa position dans le texte en clair. De même, un digramme ou un trigramme sera représenté par des digrammes ou trigrammes différents suivant leur position dans le texte en clair.

Un cryptage polyalphabétique encore plus puissant peut être construit en utilisant à chaque ligne un cryptage monoalphabétique quelconque plutôt que celui de César. Le problème avec un tel mécanisme est que la table carrée 26 x 26 fait alors partie intégrante de la clé et qu'il faut la mémoriser ou l'écrire d'une façon ou d'une autre.

Ces cryptages polyalphabétiques sont incontestablement plus solides que le cryptage monoalphabétique, mais ils ne résistent pas non plus à une attaque «texte chiffré seulement» dès que le cryptanalyste dispose d'un grand volume de textes chiffrés. L'astuce consiste à essayer de deviner la longueur de la clé. Faisant l'hypothèse que la clé est de longueur *k* , le cryptanalyste écrit le texte chiffré en lignes, avec *k* lettres dans chaque ligne. Si l'hypothèse est exacte, toutes les lettres du texte chiffré qui se retrouvent dans une colonne doivent faire apparaître des fréquences d'occurrence qui sont celles de la langue originelle du texte en clair : en anglais, 13% pour la lettre la plus fréquente, 9% pour la suivante et ainsi de suite. Si tel n'est pas le cas, la valeur choisie pour *k* est vraisemblablement fausse; il faut en essayer une autre. Une fois qu'on a trouvé une bonne concordance dans les fréquences d'occurrence, il ne reste plus qu'à s'attaquer séparément à chaque colonne supposée provenir d'un cryptage monoalphabétique.

L'étape suivante, pour une complexité encore plus grande, consiste à choisir une clé plus longue que le texte en clair lui-même, ce qui rend inefficace la méthode d'attaque décrite ci-dessus. En fait, il est facile de construire un cryptage incassable. Choisissons tout d'abord la clé : une chaîne aléatoire de bits. Convertissons le texte en clair en chaîne de bits, avec l'alphabet ASCII par exemple. Calculons enfin le OU EXCLUSIF des deux chaînes, bit à bit. Le texte chiffré qui en résulte ne peut pas être cassé puisque tous les textes en clair possibles ont des probabilités égales. Le texte chiffré n'apporte aucune information pour la cryptanalyse. Sur un texte suffisamment long, toutes les lettres ont la même fréquence, tous les digrammes et tous les trigrammes également.

Cette méthode, connue sous le nom de *clé jetable* («*one time key*») a malheureusement un grand nombre d'inconvénients. Tout d'abord, il est impossible d'apprendre par cœur la clé, donc émetteur et récepteur doivent en posséder une copie écrite, ce qui représente toujours un danger en cas de capture par l'ennemi. De plus, la quantité de données transmises est limitée par le nombre de clés. Si l'espion, grâce à un coup de chance, trouve beaucoup de choses, il peut se trouver dans l'impossibilité de les transmettre au quartier général parce que la clé est épuisée. Un autre problème concernant cette méthode est sa sensibilité face aux pertes ou aux déséquencements de messages. Toute perte de synchronisation entre l'émetteur et le récepteur entraîne la non-compréhension des messages.

On peut résoudre ces différents problèmes en imaginant un mécanisme entre l'émetteur et le récepteur qui leur permette de se mettre d'accord pour comencer le codage de chaque message au début de la clé et les autorise à découper les longs messages en plusieurs fragments. Le cryptage est alors cassable (difficilement) puisqu'il n'utilise plus la clé une seule fois. Pour casser ce système, le cryptanalyste doit disposer de plusieurs textes chiffrés, les écrire les uns au-dessous des autres sous la forme d'une série de lignes. Le premier caractère de chaque ligne forme une colonne; cette colonne doit être considérée comme le résultat d'un cryptage monoalphabétique et donc attaquée de façon classique. Finalement la clé jetable, en temps que concept, devient analogue à un cryptage polyalphabétique avec une clé longue; cette méthode est cassable de la même façon.

Une dernière remarque à propos de la génération des clés jetables : il faut que cette génération soit aléatoire pour être sûre. La plus contre-indiquée des méthodes est la génération pseudo-aléatoire se fondant sur une chaîne de Markov. Lorsqu'on utilise de tels nombres, non seulement la suite de la clé n'est pas indépendante de son début mais, pire encore, elle est déterminée de manière unique par son début. Ainsi, si le cryptanalyste se débrouille pour avoir plusieurs couples de textes en clair et de textes chiffrés associés, il pourra en déduire la clé utilisée pour ces couples. A partir de cette clé, il peut tout à fait découvrir l'algorithme de génération et, de là, utiliser l'algorithme pour générer lui-même la suite de la clé. Pour générer une clé vraiment aléatoire, on peut imaginer d'amplifier et de numériser le bruit des électrons dans une résistance électrique. Les lois de la mécanique quantique nous garantissent que le résultat n'est pas reproductible.

Les méthodes de cryptage par substitution ne nécessitent pas obligatoirement de travailler sur la base d'une lettre (ou d'un bit). Le *cryptage de Porta*, par exemple, utilise, comme celui de Vigénère, une table 26 x 26. Le texte en clair est codé en prenant les caractères deux par deux.

Le premier caractère indique la ligne et le second la colonne. Le caractère (ou le nombre) lu dans la table à l'intersection de cette ligne et de cette colonne constitue l'élément du texte chiffré. En utilisant 26 tables différentes, on peut coder les caractères trois par trois, le troisième caractère du trigramme déterminant le numéro de la table utilisée.

Codages

L'entité de base cryptée devenant de plus en plus longue, les méthodes de cryptage s'apparentent aux codages. La principale différence entre cryptage et codage réside dans le fait que le premier chiffre une entité de texte en clair de taille fixe à chaque opération, alors que le second code des entités de longueur variable, dues à la langue : mots ou phrases. Avant l'avènement de l'informatique, les codages étaient de deux types : les codages en une seule partie et les codages en deux parties. Dans un codage en une seule partie, les symboles qui codent des mots comme *amnésie, amnistie, amocher, amoindrir, amok, amollir, amont* et *amoral* pouvaient être 16142, 16144, 16149, 16155, 16160, 16189, 16201 et 16209. Dans un codage en deux parties, les mêmes mots pouvaient être codés 15202, 16902, 40420, 30012, 80032, 76290, 39321 et 10344. Dans un codage en une seule partie, les deux opérations, codage et décodage, utilisent le même livre de codage, alors que le codage en deux parties nécessite des livres arrangés différemment. Un codage en une seule partie est plus facile à casser puisque chaque symbole codé contient lui-même une information approximative sur la place dans le livre du symbole du texte en clair. Un codage en deux parties a cependant l'inconvénient d'alourdir les bagages de l'émetteur comme ceux du récepteur.

Casser un codage est équivalent à casser un gigantesque cryptage monoalphabétique. Le symbole le plus courant dans un codage est généralement *stop* utilisé pour terminer une phrase. Ensuite viennent (en anglais) les symboles pour *the, of, and, to, a, in* et *that*. La connaissance de la structure des phrases est également une aide précieuse. En anglais, par exemple, la plupart des phrases commencent par un sujet et les sujets ont généralement la forme ARTICLE ADJECTIF(S) NOM.

Les codages ont l'inconvénient de nécessiter des gros livres qui ne peuvent être changés aussi facilement qu'une clé. Ils ont l'avantage d'être généralement plus difficiles à casser que les cryptages. Codages et cryptages peuvent être combinés pour rendre la vie des cryptanalystes encore plus dure. On peut, par exemple, coder un message en une liste de nombre à 5 chiffres. Ces nombres peuvent être ensuite concaténés les uns aux autres pour constituer une chaîne de chiffres qui sera cryptée avec un cryptage polyalphabétique. Le cryptage d'un message codé est appelé le *superchiffrement*.

A première vue, un superchiffrement peut paraître incassable. Dans son ouvrage, Kahn nous révèle que, pendant la Seconde Guerre mondiale, le service américain de contre-espionnage a réussi à casser un superchiffrement dont le texte en clair était en japonais, chaque idéogramme étant codé en caractères latins. Le gouvernement japonais a d'ailleurs refusé de croire cette nouvelle qu'un journal de Chicago avait publiée et, persuadé de la robustesse de son système, a continué de l'utiliser jusqu'à la fin de la guerre.

Cryptage par transposition

Les méthodes de cryptage par substitution et les codages conservent l'ordre des caractères du texte en clair qu'ils se contentent de déguiser. Les méthodes de *cryptage par transposition*, au contraire, changent l'ordre des caractères sans les déguiser. La figure 8-19 illustre un cryptage par transposition tout à fait courant, la transposition par colonnes. La méthode utilise une clé qui est un mot ou une phrase ne contenant aucune lettre répétée. Dans cet exemple, la clé est BRIQUES. La clé sert à numéroter les colonnes, la colonne 1 étant celle qui est en-dessous de la lettre de la clé la plus proche du début de l'alphabet. Le texte en clair est écrit horizontalement en lignes dont la longueur est celle de la clé. Le texte chiffré est lu en colonnes, en commençant par la colonne de plus petit numéro.

```
B R I Q U E S   texte en clair
_ _ _ _ _ _ _
1 5 3 4 7 2 6        tranférezunmilliarddefrancsàmon
                     comptesuissenumérotézérozérosept
_ _ _ _ _ _ _
t r a n s f é
r e z u n m i
l l i a r d d
e f r a n c s   texte chiffré
à m o n c o m
p t e s u i s        TRLEAPSOZTFMDCOIEREEAZIROENERB
s e n u m é r        NUAANSUZOCRELFMTETEAEIDSMSROPF
o t é z é r o        SNRNCUMESD
z é r o s e p
t a b c d e f
```

Figure 8-19. Un cryptage par transposition

Pour casser un cryptage par transposition, le cryptanalyste doit tout d'abord savoir qu'il a affaire à une méthode de transposition. En analysant les fréquences des lettres, il est aisé de voir si elles coïncident avec celles d'un texte normal. Si tel est le cas, la méthode est à coup sûr une méthode par transposition puisqu'un tel cryptage utilise les lettres elles-mêmes.

L'étape suivante consiste à faire une hypothèse sur le nombre de colonnes. Dans de nombreux cas, un mot ou une phrase probable peut se déduire du contexte du message. Supposons, dans notre exemple, que le cryptanalyste a suspecté la présence de *milliarddefrancs* quelque part dans le texte en clair. Nous remarquons que les digrammes *LE, LF, IR, AA, RN, DC* et *DS* apparaissent dans le texte chiffré en temps que résultat de l'écriture de ce morceau de phrase. Dans le texte chiffré, le *E* vient après un *L* (c'est-à-dire qu'ils sont verticalement adjacents, ici dans la colonne 1) parce qu'ils sont séparés dans l'éventuel texte en clair par une distance qui est égale à la longueur de la clé. Si une clé de longueur huit avait été utilisée, ce seraient les digrammes *MD, IE, LF, LR, IA, AN, RC* et *DS* qui seraient apparus. Le cryptanalyste peut ainsi facilement déterminer la longueur de la clé en cherchant les différents digrammes correspondant à chaque valeur.

La dernière étape consiste à remettre les colonnes dans l'ordre. Lorsque le nombre k de colonnes est petit, on peut calculer les fréquences d'occurrence des divers digrammes formés avec chacun des $k(k-1)$ couples de colonnes et tester ces fréquences par rapport aux statistiques du langage. Le couple qui permet la meilleure concordance entre ces fréquences est supposé correct. Chacune des colonnes restantes est alors essayée comme successeur de ces deux colonnes. La colonne qui fournit les meilleures fréquences d'occurrence de digrammes et de trigrammes est supposée bien placée. La colonne prédécesseur est trouvée de la même façon et on réitère le processus jusqu'à obtenir un ordre tout à fait plausible. A ce stade, les mots du texte en clair commencent à apparaître et si on découvre *millaird*, il est clair qu'il y a une interversion.

Certains cryptages par transposition acceptent des blocs de longueur fixe en entrée et fournissent des blocs de longueur fixe en sortie. Ils peuvent être décrits en donnant l'ordre dans lequel les caractères sont utilisés pour la sortie. L'exemple de la figure 8-19 peut être considéré comme un cryptage par transposition avec des blocs de 70 caractères. L'ordre de sortie est alors 1, 8, 15, 22, 29, 36, 43, 50, 57, 64, 6, 13, ..., 68. En d'autres termes, le premier caractère en entrée, *t*, est le premier à sortir, suivi par le huitième, *r*, le quinzième, *l*, et ainsi de suite.

8.4.2. Le DES : Data Encryption Standard

Dans notre description des méthodes cryptographiques classiques, nous avons montré combien l'ordinateur était un outil puissant pour le cryptanalyste, à la fois pour établir les fréquences d'occurrence et pour faire un grand nombre d'essais de solutions possibles. Nous allons maintenant ôter notre casquette de cryptanalyste et prendre celle de cryptographe : concevons un processus de cryptage si compliqué que même un ordinateur ne pourrait pas le casser.

La cryptographie moderne utilise bien sûr les idées de base de la cryptographie traditionnelle, transposition et substitution, mais pas de la même façon. La cryptographie traditionnelle mettait en œuvre des algorithmes relativement simples et des clés plutôt longues pour en assurer la sécurité. Aujourd'hui, c'est l'inverse : on conçoit des algorithmes sophistiqués et complexes de telle sorte que le cryptanalyste ne peut rien faire même s'il a accès à une grande quantité de textes chiffrés.

Les transpositions et les substitutions sont mises en œuvre par des circuits très simples. La figure 8-20(a) montre un dispositif appelé *boîte-P* (*P-box,* avec *P* pour Permutation) et utilisé pour effectuer une permutation sur une entrée de 8 bits. Si les 8 bits sont numérotés de haut en bas à l'entrée 01234567, la sortie de ce dispositif est 36071245. On peut réaliser toutes les boîtes-P possibles et imaginables en effectuant le câblage interne approprié.

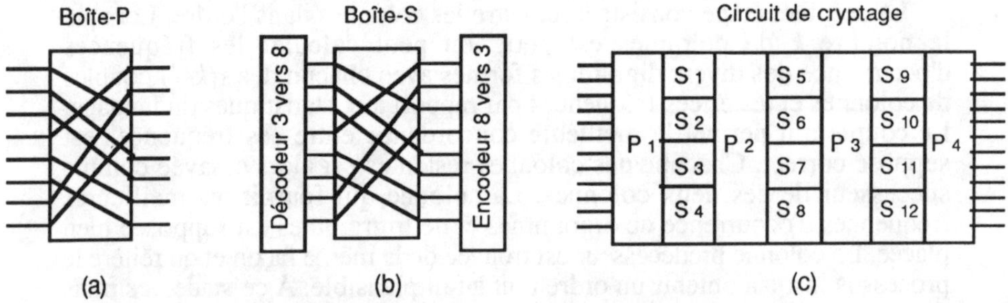

Figure 8-20. Dispositifs de base des circuits de cryptage

Les substitutions sont effectuées dans des *boîtes-S* (*S-box*, *S* pour Substitution), comme le montre la figure 8-20(b). Dans cet exemple, le texte en clair d'entrée est une suite de 3 bits et le texte chiffré de sortie possède également 3 bits. Les 3 bits d'entrée permettent de choisir l'une des huit lignes de sortie du premier étage de la boîte et de la mettre à 1; toutes les autres sont à 0. Le second étage est une boîte-P. Le troisième étage code en binaire sur 3 bits l'entrée choisie. Avec le câblage de la boîte-P illustré sur la figure, si nous appliquons en entrée successivement les huit nombres 01234567 en octal, les huit sorties successives seront 24506713. En d'autres termes, 0 sera remplacé par 2, 1 par 4, etc. On peut comme précédemment réaliser toutes les boîtes-S possibles et imaginables en effectuant le câblage interne approprié de la boîte-P.

Ces différentes boîtes n'ont un réel pouvoir de cryptage que si nous en mettons un grand nombre en cascade, ce que montre la figure 8-20(c). Dans cet exemple, il y a 12 lignes d'entrée. Le premier étage réalise une transposition. Théoriquement, il est possible d'avoir comme second étage une boîte-S avec un mot de 12 bits auquel est substitué un autre mot de 12 bits. Dans la pratique, il est nécessaire de réaliser $2^{12} = 4096$ soudures dans l'étage intermédiaire de cette boîte. C'est pourquoi on préfère découper l'entrée en quatre blocs de 3 bits et utiliser quatre boîtes-S indépendantes travaillant chacune sur 3 bits. Cette méthode est bien sûr moins générale mais elle garde encore toute sa puissance. Avec un très grand nombre d'étages dans un circuit de cryptage, on peut faire en sorte que la sortie soit une fonction non linéaire de l'entrée.

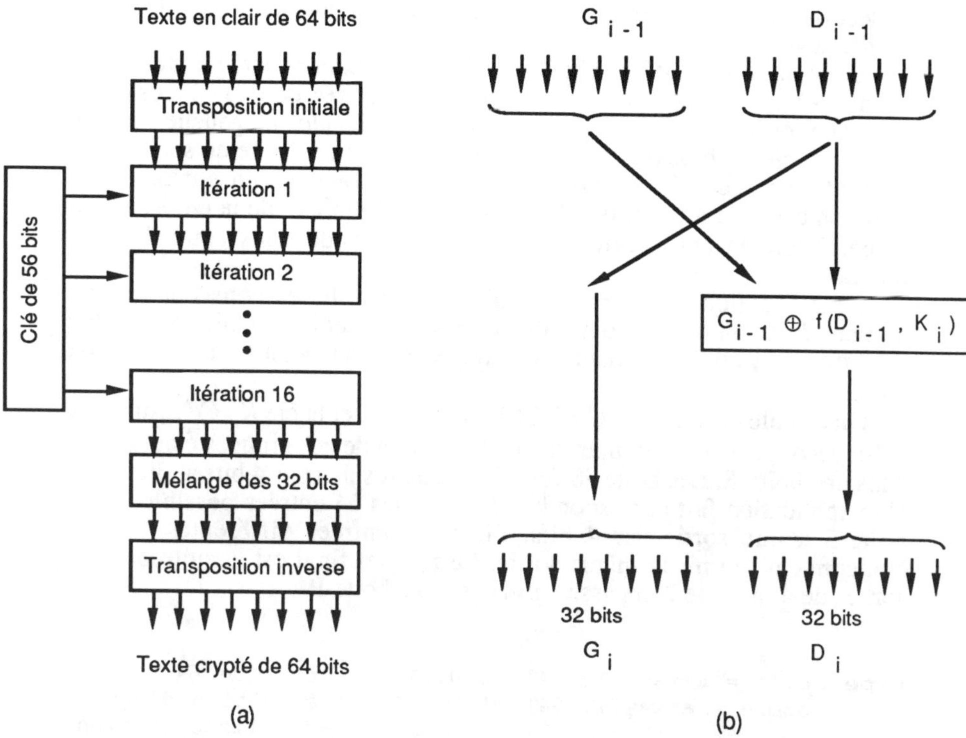

Figure 8-21. Le DES : (a) Principe général (b) Détail d'une itération

En janvier 1977, le gouvernement américain a adopté un circuit de cryptage développé par IBM et en a fait un standard pour toutes les informations courantes (non secrètes). Cette décision a poussé de nombreux constructeurs à implémenter l'algorithme de cryptage rapidement dans des circuits intégrés. L'algorithme est connu sous le nom de *DES* : *Data Encryption Standard* (*National Bureau of Standards*, 1977). Cette disponibilité rapide et à un prix très abordable de circuits DES (Abbruscato, 1984) a, à son tour, poussé de nombreux utilisateurs à employer le DES.

Nous allons maintenant expliquer cet algorithme dont le principe général est illustré par la figure 8-21(a). Le texte en clair est crypté par blocs de 64 bits, fournissant 64 bits de texte chiffré. L'algorithme, qui est paramétré avec une clé de 56 bits, possède 19 étapes distinctes. La première étape est une transposition sur les 64 bits du texte en clair, indépendante de la clé. La dernière étape est la transposition exactement inverse. L'avant-dernière étape intervertit les 32 bits de droite et les 32 bits de gauche. Les 16 étapes intermédiaires sont toutes identiques mais sont paramétrées par différentes fonctions de la clé. Cet algorithme a été conçu de façon à pouvoir effectuer le décryptage avec la même clé. Les étapes sont simplement exécutées dans l'ordre inverse.

L'opération exécutée à chaque étape intermédiaire est illustrée par la figure 8-21(b). On suppose qu'on dispose en entrée de deux blocs de 32 bits et on fournit en sortie deux blocs de 32 bits. Le bloc de gauche en sortie est une copie du bloc de droite en entrée. Le bloc de droite en sortie est le résultat d'un OU EXCLUSIF entre le bloc de gauche en entrée et une fonction calculée à partir du bloc de droite en entrée et de la clé K_i à cette étape. Toute la complexité de l'algorithme réside dans cette dernière fonction.

Cette fonction comporte elle-même quatre phases consécutives. Un nombre, E, de 48 bits est tout d'abord construit en étalant le bloc des 32 bits de droite D_{i-1} conformément à des règles de transposition et de recopie fixées.

On calcule ensuite le OU EXCLUSIF entre E et la clé K_i. Ce résultat est enfin découpé en huit groupes de 6 bits, chacun de ces groupes étant chargé dans une boîte-S. Les boîtes-S fournissent un résultat sur 4 bits au lieu de 6. Une application fait correspondre chacune des 64 entrées possibles d'une boîte-S à une sortie sur 4 bits. Plusieurs entrées différentes peuvent évidemment fournir la même sortie. Le résultat final est la suite des huit sorties de 4 bits que l'on passe enfin dans une boîte-P.

```
type    bloc = array [1..64] of 0..1; {vecteur de 64 bits}
        ordre = array[1..64] of 1..64;   {définition d'une
                                              transposition}
 var    TrInitiale, TrFinale, swap, ClefTr1, ClefTr2, etr,
        ptr: ordre;
        s: array [1..8, 1..64] of 0..15;
        rots : array [1..16] of 1..2;

procedure transpose (var data: bloc;
                               t: ordre; n: integer);
var x: bloc; i: 1..64;
begin
  x := data; for i := 1 to n do data[i] := x[t[i]]
end; {transpose}

procedure rotate (var Clef: bloc);
{rotation du bit de gauche sur deux unités de 28 bits}
var i := 1..55;  x : bloc;
begin  x := Clef;
  for i:=1 to 55 do x[i]  := x[i+1];
  x[28] := Clef[1];  x[56] := Clef[29];  Clef := x
end;
```

```
procedure f(i: integer;  var Clef, a, x: bloc);
var e, iClef, y: bloc;  r : 0..64;  k: 1..8;  j: 1..48;
begin  e := a;
  transpose (e, etr, 48);   {on étend e à 48 bits}
  for j := 1 to rots[i] do rotate(Clef);
  iClef := Clef;  transpose(iClef, ClefTr2, 48);
  for j := 1 to 48 do
    if e[j] + iClef[j] = 1 then y[j] := 1 else y[j] := 0;
  for k := 1 to 8 do   {partie substitution}
    begin  r := 32*y[6*k - 5] + 16*y[6*k] +
        8*y[6*k - 4] + 4*y[6*k - 3] +
        2*y[6*k - 2] + y[6*k - 1] + 1;
      if odd(s[k,r] div 8)  then x[4*k - 3] := 1
                            else x[4*k - 3] := 0;
      if odd(s[k,r] div 4)  then x[4*k - 2] := 1
                            else x[4*k - 2] := 0;
      if odd(s[k,r] div 2)  then x[4*k - 1] := 1
                            else x[4*k - 1] := 0;
      if odd(s[k,r]) then x[4*k] := 1 else x[4*k] := 0
    end;
  transpose(x, ptr, 32)
end;  {f}
procedure DES (TexteClair, Clef: bloc;
                            var TexteCrypte: bloc);
var i: 1..16;   j:1..32;   a, b, x: bloc;
begin   a := TexteClair;           {copie TexteClair dans a}
  transpose(a, TrInitiale, 64); {transposition initiale}
  transpose(Clef, ClefTr1, 56); {mélange clef et
                                        passage à 56 bits}
  for i := 1 to 16 do   {ici se font les 16 itérations)
    begin  b:= a;  {a contient le texte crypté courant}
      for j := 1 to 32 do a[j] := b[j+32];
{nouvelle partie gauche vient de l'ancienne partie droite}
      f(i, Clef, a, x);{calcul de f(r[i-1], k[i])}
      for j := 1 to 32 do if b[j]+x[j] = 1
                then a[j+32] := 1 else a[j+32] := 0;
    end;
    transpose(a, swap, 64); {interversion des deux moitiés}
    transpose(a, TrFinale, 64); {transposition finale}
    TexteCrypte := a
end;  {DES}
```

Figure 8-22. Le DES : (a) Programme de calcul

TrInitiale

58 50 42 34 26 18 10 02 60 52 44 36 28 20 12 04 62 54 46 38 30 22 14 06 64 56 48 40 32 24 16 08

57 49 41 33 25 17 09 01 59 51 43 35 27 19 11 03 61 53 45 37 29 21 13 05 63 55 47 39 31 23 15 07

TrFinale

40 08 48 16 56 24 64 32 39 07 47 15 55 23 63 31 38 06 46 14 54 22 62 30 37 05 45 13 53 21 61 29

36 04 44 12 52 20 60 28 35 03 43 11 51 19 59 27 34 02 42 10 50 18 58 26 33 01 41 09 49 17 57 25

swap

33 34 35 36 37 38 39 40 41 42 43 44 45 46 47 48 49 50 51 52 53 54 55 56 57 58 59 60 61 62 63 64

01 02 03 04 05 06 07 08 09 10 11 12 13 14 15 16 17 18 19 20 21 22 23 24 25 26 27 28 29 30 31 32

ClefTr1

57 49 41 33 25 17 09 01 58 50 42 34 26 18 10 02 59 51 43 35 27 19 11 03 60 52 44 36

63 55 47 39 31 23 15 07 62 54 46 38 30 22 14 06 61 53 45 37 29 21 13 05 28 20 12 04

ClefTr2

14 17 11 24 01 05 03 28 15 06 21 10 23 19 12 04 26 08 16 07 27 20 13 02

41 52 31 37 47 55 30 40 51 45 33 48 44 49 39 56 34 53 46 42 50 36 29 32

etr

32 01 02 03 04 05 04 05 06 07 08 09 08 09 10 11 12 13 12 13 14 15 16 17

16 17 18 19 20 21 20 21 22 23 24 25 24 25 26 27 28 29 28 29 30 31 32 01

ptr

16 07 20 21 29 12 28 17 01 15 23 26 05 18 31 10

02 08 24 14 32 27 03 09 19 13 30 06 22 11 04 25

Boîtes-S : s[1 : 1..64], s[2 : 1..64], ..., s[8 : 1..64],

14 04 13 01 02 15 11 08 03 10 06 12 05 09 00 07 00 15 07 04 14 02 13 01 10 06 12 11 09 05 03 08

04 01 14 08 13 06 02 11 15 12 09 07 03 10 05 00 15 12 08 02 04 09 01 07 05 11 03 14 10 00 06 13

15 01 08 14 06 11 03 04 09 07 02 13 12 00 05 10 03 13 04 07 15 02 08 14 12 00 01 10 06 09 11 05

00 14 07 11 10 04 13 01 05 08 12 06 09 03 02 15 13 08 10 01 03 15 04 02 11 06 07 12 00 05 14 09

10 00 09 14 06 03 15 05 01 13 12 07 11 04 02 08 13 07 00 09 03 04 06 10 02 08 05 14 12 11 15 01

13 06 04 09 08 15 03 00 11 01 02 12 05 10 14 07 01 10 13 00 06 09 08 07 04 15 14 03 11 05 02 12

07 13 14 03 00 06 09 10 01 02 08 05 11 12 04 15 13 08 11 05 06 15 00 03 04 07 02 12 01 10 14 09

10 06 09 00 12 11 07 13 15 01 03 14 05 02 08 04 03 15 00 06 10 01 13 08 09 04 05 11 12 07 02 14

02 12 04 01 07 10 11 06 08 05 03 15 13 00 14 09 14 11 02 12 04 07 13 01 05 00 15 10 03 09 08 06

04 02 01 11 10 13 07 08 15 09 12 05 06 03 00 14 11 08 12 07 01 14 02 13 06 15 00 09 10 04 05 03

12 01 10 15 09 02 06 08 00 13 03 04 14 07 05 11 10 15 04 02 07 12 09 05 06 01 13 14 00 11 03 08

09 14 15 05 02 08 12 03 07 00 04 10 01 13 11 06 04 03 02 12 09 05 15 10 11 14 01 07 06 00 08 13

04 11 02 14 15 00 08 13 03 12 09 07 05 10 06 01 13 00 11 07 04 09 01 10 14 03 05 12 02 15 08 06

01 04 11 13 12 03 07 14 10 15 06 08 00 05 09 02 06 11 13 08 01 04 10 07 09 05 00 15 14 02 03 12

13 02 08 04 06 15 11 01 10 09 03 14 05 00 12 07 01 15 13 08 10 03 07 04 12 05 06 11 00 14 09 02

07 11 04 01 09 12 14 02 00 06 10 13 15 03 05 08 02 01 14 07 04 10 08 13 15 12 09 00 03 05 06 11

rots

1 1 2 2 2 2 2 2 1 2 2 2 2 2 2 1

Figure 8-22. Le DES : (b) Données d'initialisation

Dans chacune des 16 itérations, c'est une clé différente qui entre en jeu. Avant de démarrer l'algorithme, une transposition sur 56 bits est effectuée sur la clé. Juste avant chaque itération, la clé est découpée en deux morceaux de 28 bits sur chacun desquels on effectue une permutation circulaire vers la gauche, d'un nombre de pas dépendant de l'itération. La clé K_i qui intervient dans l'opération de l'étape i est elle-même dérivée du nombre obtenu après les permutations par une ultime transposition. En dépit de cette complexité, le DES est typiquement une méthode de cryptage par substitution monoalphabétique utilisant des caractères de 64 bits.

La figure 8-22(a) présente un programme qui permet de calculer le résultat d'un algorithme DES. Les valeurs initiales de toutes les tables de ce programme sont données dans la figure 8-22(b). Donnons un exemple purement gratuit : le texte crypté correspondant à un texte en clair constitué de 64 zéros avec une clé de 56 zéros est en hexadécimal 8CA64DE9C1B123A7.

Pour renforcer la résistance du DES à la cryptanalyse (ou la résistance de n'importe quelle méthode de cryptage), on peut insérer des caractères aléatoires dans le texte en clair, insertion définie par des règles précises (par exemple : tous les n-ièmes caractères appartiennent au texte en clair, les autres ne sont que du bruit). De plus, de faux messages peuvent être insérés entre les vrais selon d'autres règles d'insertion. Ce principe est connu sous le nom de cryptage inopérant (*null cipher*). Ces cryptages gaspillent la bande passante mais ils sont plutôt difficiles à casser car la place des caractères des vrais messages est gardée secrète, et changée à chaque fois que l'on change de clé. Sur une liaison spécialisée, il peut même être intéressant, lorsqu'on n'a pas de données à transmettre, de transmettre des informations factices au lieu de laisser la liaison inactive.

Cryptage de chaînes

Une autre solution pour rendre la cryptanalyse du DES encore plus difficile consiste à remplacer le cryptage par blocs (*block cipher*) (ce que nous avons toujours décrit jusqu'à présent) par un *cryptage de chaînes* (*stream cipher*) comme le montre la figure 8-23. Quand on utilise un cryptage de chaînes, l'émetteur et le récepteur utilisent tous deux leur circuit DES en mode cryptage (et non en mode décryptage). Chaque circuit DES possède un registre d'entrée de 64 bits qui fonctionne comme un registre à décalage et un registre de sortie de 64 bits qui, lui, n'opère aucun décalage. Quand un caractère du texte en clair arrive, on calcule un OU EXCLUSIF entre lui et les 8 bits du registre de sortie O_1. ($O_2, \ldots, O_8$ ne servent jamais). Le caractère ainsi créé est transmis au récepteur et en même temps est entré dans le registre à décalage d'entrée du circuit de l'émetteur, faisant sortir l'octet I_8. Le circuit est activé, ce qui permet d'avoir un nouveau contenu dans le registre de sortie. Le premier octet de ce registre sera utilisé pour le caractère suivant du texte en clair.

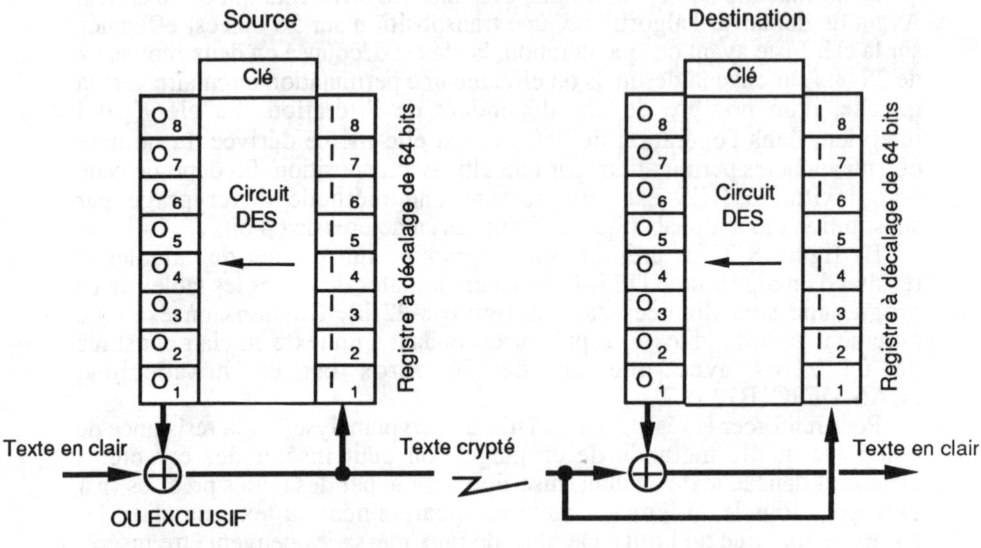

Figure 8-23. Cryptage de chaînes

Du côté du récepteur, on effectue le OU EXCLUSIF entre le caractère reçu et les 8 bits du registre O_1 (ce qui fournit le texte en clair) puis on entre le caractère reçu dans le registre à décalage d'entrée du circuit comme à l'émission. Si émetteur et récepteur ont démarré le processus avec des contenus de registres identiques, ceux-ci resteront semblables à chaque étape de la transmission et le caractère O_1 de l'émetteur sera toujours identique au caractère O_1 du récepteur. L'opération OU EXCLUSIF effectuée étant la même des deux côtés, le récepteur retrouve bien les caractères du texte en clair. La propriété qui rend le cryptage de chaînes valable est que le caractère O_1 dépend de l'histoire complète du texte en clair : une séquence répétée dans le texte en clair ne générera pas une séquence répétée dans le texte crypté. Le cryptage de chaînes peut également être utilisé pour des terminaux qui n'ont pas à réunir huit caractères avant d'émettre leur texte crypté : la frappe d'un caractère du texte en clair au clavier génère immédiatement un caractère dans le texte crypté.

La polémique autour du DES

Avant de passer à un autre sujet, il nous paraît intéressant de souligner que le DES a fait l'objet d'une polémique immédiatement après son apparition (Diffie et Hellman,1977; Kolata, 1977). Un certain nombre d'informaticiens ont critiqué la taille trop faible de la clé (56 bits), qui leur semblait rendre trop facile l'attaque directe du cryptage. La taille de la clé proposée dans le système IBM à l'origine du DES était de 128 bits, ce qui éliminait tout espoir d'une investigation totale de l'ensemble des clés. A la demande des services secrets américains, la clé a été réduite à 56 bits. La raison d'une telle réduction n'a pas été rendue publique.

Un autre élément a inquiété certains scientifiques : IBM a toujours refusé d'expliquer comment et pourquoi les boîtes-S avaient été choisies, se retranchant derrière une interdiction des services secrets américains de divulguer les principes de conception. Quand on ne connaît pas ces principes de conception, il est alors difficile d'affirmer qu'il n'existe aucune astuce qui permettrait de casser facilement cette méthode de cryptage, surtout après un incident interprété par de nombreux observateurs comme une tentative de la part d'un membre du gouvernement d'empêcher la publication de résultats de recherches universitaires ayant pour but de développer des méthodes de cryptage plus solides (Shapley et Kolata, 1977).

Les conséquences d'une clé courte, les principes de conception secrets et d'autres facteurs encore ont amené plusieurs détracteurs (Kahn, 1980; Smith, 1980) à croire que le gouvernement américain s'accommodait bien d'une méthode de cryptage standardisée, juste assez robuste pour résister à tous les cryptanalystes sauf à ceux de ses services secrets. Pour comprendre l'importance de tous ces développements, il faut bien imaginer que demain les téléphones contiendront des microcalculateurs capables de numériser et de crypter le flot de paroles, que les courriers seront envoyés par messagerie électronique de terminal à terminal à domicile. Si des algorithmes de cryptage incassables étaient utilisés dans de telles applications, les gouvernements ne pourraient plus faire d'écoutes téléphoniques ni lire subrepticement votre courrier. Comme Kahn (1980), Selfridge et Schwartz (1980) l'ont souligné, les oreilles indiscrètes (électroniques) sont très largement répandues et des progrès techniques dans la robustesse des méthodes de cryptage seront à l'avenir mal vus de tous côtés. Bien que le gouvernement américain ait décidé de «décertifier» le DES en 1988 (Hellman, 1987), il ne fait aucun doute que son utilisation courante dans le secteur commercial se prolongera encore de nombreuses années.

8.4.3. Le problème de la distribution des clés

Le DES pose un autre problème : il nécessite que le récepteur utilise, pour décrypter le message, la même clé que l'émetteur. Se pose alors le problème de la distribution sûre des clés. Traditionnellement, un couple de clés identiques est fabriqué par un «office central de génération des clés», chaque clé étant ensuite transmise à son destinataire par courrier personnel. Pour une banque ou toute organisation qui utilise les clés par centaines ou par milliers, cette technique ne peut évidemment pas convenir, surtout si des impératifs de sécurité imposent de changer les clés tous les jours. La méthode la plus commode est alors de transmettre les clés par le réseau lui-même. Bien sûr, l'échange des clés doit être crypté et décrypté grâce à une clé qui ne soit pas déjà compromise.

Une solution à ce problème consiste à utiliser une hiérarchie de clés (Balenson, 1985). Chaque organisation choisit une clé «maître» au hasard et la distribue par courrier personnel à chacun de ses bureaux. Les différents bureaux sont regroupés en régions à l'intérieur desquelles un bureau central choisit une clé régionale. Les clés régionales sont cryptées en utilisant la clé maître et distribuées par le réseau. Quand deux bureaux dans une région veulent communiquer, l'un d'eux choisit une clé «de session» et l'envoie à l'autre, cryptée avec la clé régionale. Une alternative à ce dernier point existe : un office régional de gestion des clés de session effectue le choix et transmet à chacune des parties la clé de session cryptée par la clé régionale.

L'idée sous-jacente à cette solution est que la clé maître et les clés régionales sont rarement utilisées et qu'il devient alors difficile pour le cryptanalyste de récupérer suffisamment de textes utilisant chacune de ces clés. De plus, les textes en clair correspondant aux émissions des clés sont des nombres aléatoires de 56 bits, ce qui rend virtuellement impossible toute cryptanalyse. Dans la pratique toutefois, ces messages doivent être précédés d'un en-tête non crypté (pour que le cryptanalyste ne récupère pas de couples texte en clair, texte crypté associé) dont la signification est : «JE SUIS UNE NOUVELLE CLE».

Il faut cependant, pour qu'un tel système fonctionne, que le transport physique de la clé maître soit externe au réseau. Dès qu'une clé maître est compromise (ou considérée comme telle), si un employé en ayant eu (ou susceptible d'en avoir eu) connaissance quitte l'entreprise par exemple, il devient nécessaire d'en fabriquer une nouvelle et de la transmettre à tous les bureaux.

Cette solution est interne à une entreprise ou une organisation. Si deux membres d'organisations complètement étrangères l'une à l'autre veulent communiquer de façon sûre, il n'existe aucun moyen simple autre que se rencontrer physiquement et se mettre d'accord sur l'utilisation de telle et telle clé à chaque moment de la communication. C'est exactement comme si vous n'étiez pas autorisé à appeler quelqu'un au téléphone avant qu'il ne vous ait présenté de sa propre main sa carte professionnelle. Il faut donc trouver une meilleure façon de faire.

Puzzles

Il existe fort heureusement des méthodes astucieuses qui résolvent ce problème de la distribution des clés. La méthode de Merkle (Merkle, 1978) utilise explicitement le modèle de la figure 8-17. On suppose que deux correspondants, *A* et *B*, n'ont jamais communiqué au préalable mais veulent à un instant donné avoir une communication sûre. Ils doivent utiliser un réseau pour le choix d'une clé, même si un espion peut récupérer la totalité des messages transmis sur ce réseau.

Cette méthode est fondée sur ce que Merkle appelle des puzzles. Un puzzle est un cryptogramme susceptible d'être cassé. Supposons que *A* soit l'initiateur de la communication. Son premier message (en clair) à *B* ressemble à ceci :

Cher *B*,

Je vais vous envoyer 20 000 puzzles. Chaque puzzle est un cryptogramme dont le texte en clair commence par 128 zéros, puis contient le numéro du puzzle sur 16 bits et enfin une clé de 56 bits. Les cryptogrammes sont calculés en utilisant le DES avec une clé dont les 22 derniers bits sont des zéros. Choisissez donc un cryptogramme au hasard et cassez-le ! Il suffit pour cela que vous essayiez les 2^{34} clés possibles se terminant par 22 zéros. Vous saurez que vous avez cassé le cryptogramme quand la clé que vous aurez utilisée vous fournira un texte en clair commençant par 128 zéros. Utilisez alors pour vous la clé de 56 bits contenue dans ce texte en clair. Envoyez-moi en clair, dans votre premier message, pour m'informer de votre choix, le numéro du puzzle qui figure dans le texte en clair lui aussi.

Votre très secret correspondant, *A*.

Ce message est suivi de la liste des 20 000 puzzles promis. Supposons qu'un espion a récupéré ce message et la totalité des puzzles. Pour lui, le problème réside dans le choix du crytogramme à casser. En effet, s'il s'attaque à tous les cryptogrammes au hasard, il lui faudra en moyenne casser 10 000 puzzles avant de trouver celui que *B* a choisi.

Supposons que chaque essai d'une clé nécessite 1 microseconde. Casser un cryptogramme nécessite en moyenne d'essayer la moitié des clés, donc 2^{33} essais soit moins de trois heures. Pour l'espion, ceci représente donc en moyenne un travail de plus de trois ans s'il doit casser 10 000 puzzles. Un choix judicieux du nombre de puzzles et de la complexité de décryptage peut être fait en fonction de la durée estimée de la communication : l'espion doit toujours trouver la clé, mais trop tard.

Protection des clés

Il est important de cacher les clés à d'éventuels espions mais il est souvent tout aussi important de protéger la clé contre l'émetteur lui-même. Pour être plus précis, une entreprise n'a pas toujours envie de déléguer un pouvoir illimité (sous la forme d'une clé) à n'importe lequel de ses employés. Les banques, par exemple, ne donnent jamais la combinaison secrète d'un coffre à un employé unique; elles en donnent la première moitié à un employé et la seconde moitié à un autre. Shamir (1979) a proposé une solution astucieuse pour diviser une clé entre plusieurs employés de façon particulièrement souple.

Illustrons l'idée de Shamir sur un exemple. Supposons qu'une entreprise souhaite qu'un certain nombre de messages importants soient envoyés par le président de la société ou par au moins deux des trois vice-présidents ou par n'importe quelle association de quatre directeurs parmi la centaine de directeurs ou par un vice-président (VP) et deux directeurs. Donner quelques bits de la clé à chacun n'est pas une solution car en rassemblant au hasard deux VP ou quatre directeurs, il n'y a aucune chance de reconstituer la clé complète.

Pour utiliser le système de Shamir, l'entreprise doit disposer d'un mathématicien capable de construire un polynôme de degré 3 :

$$p(x) = a_3x^3 + a_2x^2 + a_1x + a_0$$

où a_3, a_2 et a_1 sont choisis au hasard et où a_0 est la clé, a_0 étant un entier. Avec k directeurs au lieu de quatre dans notre exemple, on aurait construit un polynôme de degré k-1. Chaque directeur connaît un point de la courbe : $(x, p(x))$; chaque VP en connaît deux. Le président en connaît quatre. Toutes les valeurs de x ainsi distribuées sont bien évidemment différentes. A tout instant, une réunion de chefs permettant d'avoir quatre points de la courbe (dans le cas général, k points) est suffisante pour calculer le polynôme et ses coefficients et donc découvrir le terme constant a_0 qui est la clé. Au cas où les chefs auraient oublié leur algèbre linéaire et ne sauraient plus résoudre le système, on peut imaginer que leurs points sont inscrits sur une carte magnétique (ou une carte à mémoire) et qu'il leur suffit d'introduire à tour de rôle leur carte dans une machine.

Pour empêcher que la réunion du nombre suffisant de chefs ne leur permette d'apprendre quoi que ce soit sur la clé, tous les calculs arithmétiques doivent être faits modulo un nombre premier. La figure 8-24 donne un exemple de cette méthode.

```
Entreprise avec 1 VP et 10 directeurs

Clé = 11, nombre premier = 41
p(x) = [ x³ + 4x² + 3 x + 11] mod 41

    p(1) = 19       p(4) = 28       p(7) = 38       p(10) = 6
    p(2) = 0        p(5) = 5        p(8) = 24       p(11) = 14
    p(3) = 1        p(6) = 20       p(9) = 25       p(12) = 14

Le VP possède l'information (1,19) et (2,0)
Chaque directeur possède un couple (x,y) pris dans la liste
suivante, un couple n'étant distribué qu'une fois :

    (3,1) (4,28) (5,5) (6,20) (7,38) (8,24) (9,25) (10,6)
    (11,14) (12,14)

Si le VP et les directeurs 1 et 4 se réunissent, ils
reconstituent les quatre points

    (1,19) (2,0) (3,1) (6,20)
```

Ils doivent résoudre une équation de la forme

$$a_3x^3 + a_2x^2 + a_1x + a_0 = y$$

Ils disposent ainsi de quatre équations à quatre inconnues

$$a_3 + a_2 + a_1 + a_0 = 19 \bmod 41$$
$$8a_3 + 4a_2 + 2a_1 + a_0 = 0 \bmod 41$$
$$27a_3 + 9a_2 + 3a_1 + a_0 = 1 \bmod 41$$
$$216a_3 + 36a_2 + 6a_1 + a_0 = 20 \bmod 41$$

Ils peuvent résoudre ce système par plusieurs techniques classiques en artithmétique modulo 41. La solution est unique

$$a_3 = 1,\ a_2 = 4,\ a_1 = 3 \text{ et } a_0 = 11$$

Figure 8-24. Partage des clés avec la méthode de Shamir

8.4.4. Cryptographie à clé publique

Revenons au problème des communications sûres entre deux correspondants n'ayant encore jamais échangé d'informations. La méthode des puzzles proposée par Merkle permet bien d'assurer la sécurité des communications entre deux personnes étrangères l'une à l'autre mais il faut bien lui reconnaître un inconvénient de taille : elle nécessite une énorme capacité de calcul et gaspille une grande part de bande passante uniquement pour s'accorder sur une clé. Ceci nous amène à une autre méthode, due à Diffie et Hellman (1976), qui n'a aucun de ces inconvénients et qui représente une révolution par rapport à ce que l'on imagine habituellement des systèmes de cryptage.

Avant la publication de l'article de Diffie et Hellman, tout le monde considérait comme allant de soi que les deux clés de cryptage et de décryptage dussent être gardées secrètes. Dans une substitution monoalphabétique, il est évident que la clé de cryptage (*abc* devient *XYZ*, par exemple) et la clé de décryptage (*XYZ* devient *abc*) se dérivent l'une de l'autre de façon triviale. Diffie et Hellman ont proposé un algorithme de cryptage *C* et un algorithme de décryptage *D* dans lesquels *C* et *D* sont choisis de telle sorte que le calcul de *D* soit très complexe même si l'on connaît complètement *C*.

De telles contraintes diffèrent radicalement des systèmes de cryptage conventionnels; cela vaut donc la peine de les répéter. Il y a trois contraintes :

1. $D(C(M)) = M$.

2. Il est excessivement difficile de déduire D à partir de C.

3. C ne peut pas être cassé par une attaque de type «texte en clair choisi».

La première contrainte signifie que l'application de D à un message crypté $C(M)$ fournit le texte en clair M de départ. La seconde parle d'elle-même. La dernière est nécessaire, nous le verrons plus loin, car les espions peuvent expérimenter l'algorithme à loisir.

Avec de telles conditions, rien n'empêche de rendre C public. C'est ainsi que fonctionne cette méthode. Toute personne ou toute organisation qui souhaite recevoir des messages de façon sûre commence par concevoir deux algorithmes, C et D, satisfaisant les contraintes ci-dessus. L'algorithme de cryptage (ou la clé) est rendu public d'où le nom de système de *cryptographie à clé publique*. Ceci peut être réalisé en inscrivant cette clé dans un annuaire que tout le monde peut consulter.

Voyons maintenant si nous pouvons résoudre le problème des communications sûres entre deux correspondants A et B qui n'ont encore jamais rien échangé. Nous supposons donc que les deux clés de cryptage de A et de B sont dans un annuaire et nous les notons C_A et C_B. (Tous les usagers d'un réseau sont tenus de publier leur clé.) A souhaite envoyer le message M à B; il prend donc la clé C_B et calcule $C_B(M)$ qu'il transmet à B. B déchiffre le message reçu en lui appliquant l'algorithme secret de décryptage D_B [c'est-à-dire qu'il calcule $D_B(C_B(M)) = M$]. Personne d'autre n'est capable de déchiffrer le message $C_B(M)$ puisque le système est supposé suffisamment robuste et qu'il est pratiquement impossible de trouver D_B à partir de la clé publique C_B. Le problème est donc résolu et cette fois-ci sans avoir besoin de trois heures de calcul sur ordinateur avant d'établir la communication.

L'algorithme du MIT

Il reste toutefois à trouver des algorithmes qui satisfassent les trois contraintes énoncées plus haut. Les systèmes de cryptographie à clé publique semblant présenter de nombreux avantages, nombre de chercheurs se sont attaqués au problème : plusieurs algorithmes ont été rapidement publiés. Une bonne méthode a été proposée par un groupe de chercheurs du MIT (Rivest et al. 1978). Elle est fondée sur certains principes de la théorie des nombres. Nous allons décrire succinctement comment cette méthode fonctionne; pour plus de détails, voir l'article ci-dessus.

1. Choisir deux nombres premiers, p et q, chacun plus grand que 10^{100}.

2. Calculer $n = p.q$ et $z = (p-1).(q-1)$.

3. Choisir un nombre d premier avec z.

4. Chercher e tel que $e.d = 1 \pmod z$.

Ces différents paramètres sont calculés à l'avance. Nous sommes prêts à effectuer l'opération de cryptage. Découpons le texte en clair (considéré comme une suite de données binaires) en une suite de blocs de telle sorte que chaque texte en clair, M, soit un nombre tel que $0 \leq M < n$.

Ceci peut être fait en regroupant simplement les bits du texte en clair par blocs de k bits, où k est le plus grand nombre entier tel que $2^k < n$.

Pour crypter un message M, on calcule $C = M^e \pmod n$. Pour déchiffrer C, on calcule $M = C^d \pmod n$. On peut démontrer que pour tout message M dans l'intervalle $[0, n[$, les deux fonctions de cryptage et de décryptage sont bien inverses l'une de l'autre. Pour effectuer le cryptage, il suffit de connaître e et n. Pour le décryptage, il faut connaître d et n. La clé publique de cet algorithme est donc le couple (e,n) et la clé secrète, le couple (d,n); en fait, seul d est véritablement secret.

La sécurité de cette méthode réside dans la difficulté à décomposer de très grands nombres en facteurs premiers. Si le cryptanalyste pouvait factoriser le nombre public n, il trouverait alors p et q, et donc z. La connaissance de z et de e lui permettrait ensuite de trouver d en utilisant l'algorithme d'Euclide. Heureusement, les mathématiciens n'ont guère progressé, depuis 300 ans, dans la recherche des facteurs premiers de très grands nombres.

D'après Rivest, la décomposition d'un nombre de deux cents chiffres nécessite 4 milliards d'années de calculs sur ordinateur, celle d'un nombre de cinq cents chiffres plus de 10^{25} années. Dans chacun des cas, ils ont supposé que le meilleur algorithme connu était utilisé et que chaque opération prenait une microseconde. Même si la puissance des ordinateurs doublait tous les dix ans, il faudrait encore des siècles avant que la décomposition d'un nombre de cinq cents chiffres soit une opération faisable : nos descendants devront alors choisir des nombres encore plus grands. Soulignons toutefois que personne n'a pu démontrer l'infaillibilité du système: il est peut-être possible de le casser sans avoir à factoriser le nombre n.

Illustrons l'algorithme du MIT par l'exemple (très simple) de la figure 8-25. Dans cet exemple, nous avons choisi $p = 3$ et $q = 11$ d'où $n = 33$ et $z = 20$. Choisissons pour d la valeur $d = 7$, cette valeur convient bien puisque 7 et 20 n'ont pas de facteurs communs. Il nous faut maintenant trouver e en résolvant l'équation $7e = 1 \pmod{20}$ ce qui nous donne $e = 3$. Le texte chiffré, C, pour un texte en clair, M, est donc obtenu en calculant C

= M^3 (mod 33). Le récepteur déchiffre le message C en calculant $M = C^7$ (mod 33). La figure illustre le cryptage du texte en clair «SUZANNE».

Les nombres premiers choisis dans cet exemple étant petits, M doit alors être plus petit que 33 et ainsi chaque bloc du message en clair ne peut contenir qu'un seul caractère. Il en résulte que le cryptage effectué revient à une substitution monoalphabétique, ce qui n'a rien d'extraordinaire. En revanche, avec des nombres de cent chiffres, n aurait à peu près deux cents chiffres et chaque bloc M pourrait contenir jusqu'à 664 bits ($2^{664} \approx 10^{200}$) soit 63 caractères de 8 bits contre 8 caractères pour le DES.

Texte en clair (M)			Texte chiffré (C)		Après déchiffrage	
Caractère	Valeur	P^3	P^3 (mod 3)	C^7	C^7 (mod 33)	Caractère
S	19	6859	28	13492928512	19	S
U	21	9261	21	1801088541	21	U
Z	26	17576	20	1280000000	26	Z
A	01	1	1	1	1	A
N	14	2744	5	78125	14	N
N	14	2744	5	78125	14	N
E	05	125	26	8031810176	5	E

Calculs de l'émetteur

Calculs du récepteur

Figure 8-25. Un exemple pour l'algorithme du MIT

8.4.5. Authentification et signatures électroniques

Dans le monde réel, les gens font une grande différence entre les documents originaux et les copies. A titre d'exemple, quand vous allez à la banque avec un chèque, l'employé vous remet de l'argent contre ce chèque si vous êtes capable de prouver votre identité. Si vous vous présentez avec la photocopie du même chèque, ou pire avec une liasse de photocopies de ce chèque, ne vous étonnez pas si votre banquier devient tout d'un coup beaucoup moins aimable. Les banques font une très nette différence entre originaux et copies.

Un autre aspect tout à fait lié concerne les signatures manuscrites. L'authentification de nombreux documents légaux, fiscaux et administratifs est déterminée en dernier lieu par la présence ou l'absence de signatures manuscrites dûment mandatées. Les photocopies n'ont pas de valeur. Dans le cas des transmissions électroniques, il est nécessaire de trouver des solutions permettant de résoudre ces mêmes problèmes.

La conception d'un mécanisme remplaçant la signature manuscrite est particulièrement complexe. Dans un système où l'un des correspondants peut envoyer un message «signé» à l'autre, il faut essentiellement que

1. Le récepteur puisse vérifier l'identité prétendue de l'émetteur.

2. L'émetteur ne puisse pas nier plus tard avoir envoyé le message.

La première contrainte est nécessaire dans un contexte financier par exemple. Lorsque l'ordinateur d'un client passe un ordre d'achat d'une tonne d'or à l'ordinateur d'une banque, l'ordinateur de la banque doit s'assurer que celui qui lui passe l'ordre appartient bien à l'entreprise dont le compte va être débité. La seconde contrainte est nécessaire pour protéger les banques de la fraude. Supposons que la banque achète la tonne d'or et qu'aussitôt après, le prix de l'or chute brusquement. Un client malhonnête pourrait poursuivre la banque en justice en prétendant qu'il n'a jamais émis d'ordre d'achat d'or. Si la banque fournissait le message au tribunal, le client nierait l'avoir envoyé.

Authentification

Dans les systèmes orientés connexion, l'authentification est réalisée au moment de l'établissement d'une session. L'approche traditionnelle consiste à demander à l'utilisateur de prouver son identité grâce à un mot de passe. Cette méthode expose l'utilisateur à une mise sur écoute de sa ligne; de plus elle nécessite que le récepteur conserve une liste des mots de passe, ce qui pose en soi un problème de sécurité. Avec les systèmes de cryptographie à clé publique, il est possible d'assurer l'authentification de façon sûre sans avoir besoin de mots de passe (Anderson et al., 1987; Sidhu, 1986).

Continuons avec l'exemple de notre banque. Pour ouvrir un compte, le client est tenu de choisir une clé publique et une clé secrète. Il donne la clé publique à sa banque et conserve la clé secrète. Lorsque le client veut communiquer, par téléphone par exemple, avec sa banque, celle-ci choisit un nombre aléatoire et le crypte en utilisant la clé publique du client, puis elle met au défi son client de déchiffrer le message ainsi crypté. Seul le véritable client disposant de la clé secrète est capable de déchiffrer le message et donc de renvoyer à la banque le nombre aléatoire qu'elle avait choisi, prouvant ainsi son identité. Les imposteurs échouent donc à ce test. De plus, un espion qui aurait récupéré la totalité des échanges entre la banque et son client ne peut rien en tirer puisqu'à chaque fois la banque change de nombre aléatoire.

Même après cette authentification initiale, pour plus de sécurité, on peut imaginer de demander certains éléments d'authentification dans chaque message (Juenemen et al., 1985). La banque peut exiger de son client, par exemple, un mot de passe, un numéro de séquence, la date et l'heure de transmission et un total de contrôle (incluant le texte en clair, la date, l'heure et le numéro), ceci sur chaque message. Les numéros de séquence servent à empêcher un éventuel espion d'enregistrer un message et de tenter de le renvoyer plus tard : la banque identifiera une duplication des messages précédents. La date et l'heure sont également utiles contre l'espion. En effet les numéros de séquence sont généralement cycliques; l'espion pourrait donc attendre un cycle complet pour tenter de renvoyer un message qu'il a réussi à enregistrer. Le total de contrôle rend vraiment improbable une modification par l'espion du texte chiffré conservant un total de contrôle en clair correct.

Signatures électroniques avec la cryptographie à clé publique

Il s'agit, en outre, de se protéger contre des dénégations de la part de clients malhonnêtes. Sous certaines conditions, les systèmes de cryptographie à clé publique peuvent être d'un grand secours pour résoudre ce problème. Pour utiliser la cryptographie à clé publique dans l'envoi de messages signés, il est nécessaire que les algorithmes de cryptage et de décrytpage aient la propriété $C(D(M)) = M$ en plus de la propriété $D(C(M)) = M$. Supposons que tel est le cas. A peut envoyer un message M à B en lui transmettant $C_B(D_A(M))$. Remarquons que A doit connaître sa clé (secrète) de décryptage D_A de même que la clé (publique) de cryptage de B, C_B.

Lorsque B reçoit le message, il lui applique sa clé secrète et obtient donc $D_A(M)$, comme le montre la figure 8-26(b). Il déchiffre ensuite ce texte en utilisant la clé publique C_A pour obtenir le texte en clair original.

Voyons maintenant comment fonctionne le système de signature. Supposons que A nie avoir envoyé le message M à B. Dans ce cas, B peut produire devant le tribunal les pièces justificatives : M et $D_A(M)$. Les juges peuvent aisément vérifier que B possède un message qui a été crypté avec la clé secrète de A, tout simplement en appliquant la clé (publique) C_A. Puisque B ne connaît pas la clé secrète de A, la seule solution pour qu'il ait en sa possession un message crypté par A est que A lui-même ait envoyé ce message à B. Pendant son incarcération, A pourra réfléchir à loisir à la conception de nouveaux algorithmes à clé publique.

On peut reprocher à cette méthode de signature de cumuler deux fonctions distinctes : authentification et secret. Dans de nombreuses applications, l'authentification est essentielle alors que le secret ne l'est pas, ou peu. Comme la cryptographie à clé publique est plutôt lente, on éprouve souvent le besoin d'envoyer un texte qui peut rester en clair mais qui doit être signé. Nous décrirons ci-dessous un mécanisme d'authentification qui ne nécessite par de crypter la totalité du message (De Jonge et Chaum, 1987).

Ce mécanisme utilise le principe du total de *contrôle unidirectionnel*, noté T. Soit un message en clair M. Si M est donné, il est aisé de calculer $T(M)$ alors que si $T(M)$ est donné, il est pratiquement impossible de reconstituer le message M qui a fourni ce total de contrôle. Le total de contrôle $T(M)$ doit être beaucoup plus petit que le message, 256 bits par exemple. De nombreuses fonctions mathématiques conviennent tout à fait pour le calcul de ce total de contrôle.

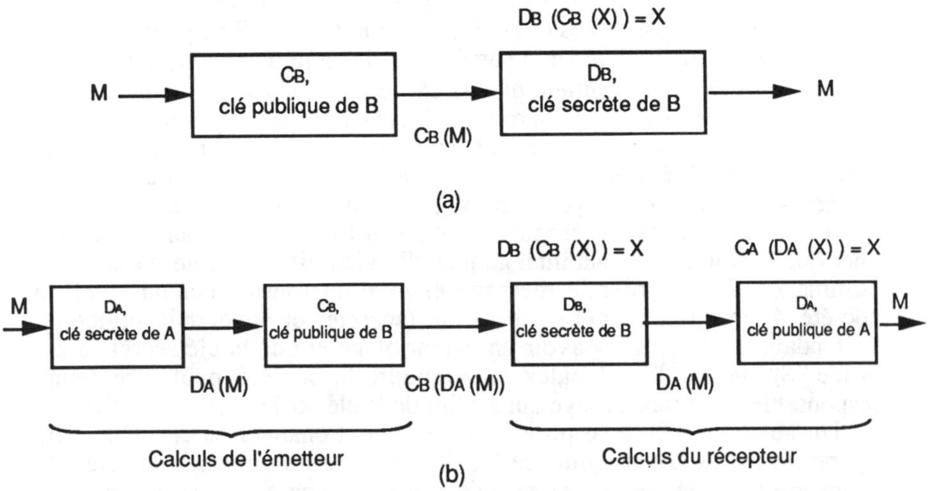

Figure 8-26. Transmission de messages sûre utilisant la cryptographie à clé publique : (a) Sans signature (b) Avec signature

Pour signer un message M, l'émetteur A calcule tout d'abord $T(M)$ puis lui applique sa clé secrète; il obtient $D_A(T(M))$. Il transmet alors le message suivant à B : $[M, D_A(T(M))]$. Le message M lui-même peut soit rester en clair, soit être crypté (selon une technique de cryptographie conventionnelle ou à clé publique); le total de contrôle est toujours crypté.

Lorsque B reçoit le message, il applique la clé publique E_A à la partie signature, obtenant $T(M)$. A ce moment, il possède donc trois informations : M, $T(M)$ et $D_A(T(M))$. B peut calculer le total de contrôle T sur le message M, vérifiant ainsi que le message n'a pas été falsifié. Si le total de contrôle n'est pas correct, le message est un faux.

Si un désaccord survient ultérieurement, B peut produire au tribunal les trois pièces justificatives qui permettront aux juges de vérifier que c'est bien A qui a envoyé le message. En effet, même si B a fabriqué lui-même le message M, il a pu calculer $T(M)$, mais en aucun cas il ne pourrait connaître

$D_A(T(M))$ puisqu'il n'a pas accès à la clé secrète de A. Ce mécanisme est particulièrement pur du fait qu'un total de contrôle très court suffit quelle que soit la longueur du message; il n'a rien de coûteux comme les systèmes de cryptographie à clé publique.

Notez au passage l'importance de la fonction unidirectionnelle de T. S'il était possible de trouver le message M qui corresponde à un $T(M)$ donné, alors B pourrait tricher en générant un autre message M' de même total de contrôle $T(M) = T(M')$ et fournirait aux juges M', $T(M)$ et $D_A(T(M))$.

Bien que ces deux méthodes de signatures soient plutôt élégantes, elles présentent quelques difficultés dans un environnement où elles sont plus utilisées que les algorithmes eux-mêmes. Tout d'abord, B ne peut prétendre qu'un message lui a été envoyé par A et par lui seul que tant que la clé D_A reste secrète. Si A ne maintient plus sa clé secrète, cette argumentation n'est plus valable: tout le monde pourrait avoir envoyé le message, même B. Une telle situation peut apparaître, par exemple, si A et B sont des sociétés commerciales. L'équipe de direction de A peut, à un moment donné, s'apercevoir qu'avoir envoyé tel message était une erreur commerciale. Elle vient de découvrir, par exemple, un nouveau fournisseur beaucoup moins cher que le fournisseur habituel auquel elle vient de passer un message de commande. Pour renier le message envoyé au fournisseur habituel, la société A peut rendre publique sa clé (secrète) et appeler la police en prétendant qu'il vient d'y avoir un cambriolage et que la clé secrète a été volée. Selon les lois locales en vigueur, la société peut être tenue responsable ou non de l'usage qui est fait de la clé volée.

Un autre problème se pose lorsque A veut changer sa clé. Une telle opération est de toute évidence légale; dans de nombreuses sociétés, le changement de clé est même une opération de routine. Si un cas de justice se produit peu après, comme nous venons d'en voir un plus haut, le juge appliquera l'actuelle clé E_A soit à $D_A(M)$ soit à $D_A(T(M))$ et découvrira, dans un cas comme dans l'autre, qu'il n'obtient ni M ni $T(M)$. Quel recours B aura-t-il alors ? Il apparaît ainsi qu'il est nécessaire de disposer d'une «haute autorité» pour enregistrer toutes les modifications de clés et leurs dates.

Signatures électroniques utilisant la cryptographie conventionnelle

Nous venons de voir qu'il fallait admettre l'existence d'une «haute autorité», l'Etat *(E)* par exemple, qui sache tout. On peut toutefois, ceci étant admis, garantir le secret des communications et l'authenticité des signatures électroniques par des méthodes de cryptographie conventionnelle (Needham et Schroeder, 1978). Une solution consiste à demander à chaque utilisateur de choisir une clé secrète et d'en déposer un exemplaire au bureau de la haute autorité E. Ainsi, seuls A et E connaissent la clé secrète de A : K_A. Lorsque A désire communiquer avec B, il demande à E de choisir une clé de session, K_S, et de lui en envoyer deux exemplaires, l'un crypté avec K_A et l'autre crypté avec K_B. A envoie ensuite ce dernier exemplaire à B avec des instructions précisant d'effectuer le décryptage avec sa clé secrète K_B et d'utiliser la clé ainsi trouvée pour déchiffrer le reste du message. E peut également fournir un service de signatures. Il utilise alors une clé secrète connue de lui seul, X. Une banque B souhaitant utiliser le service de signature demandera que la procédure suivante soit suivie pour chaque envoi de message M signé :

1. Le client A envoie $K_A(M)$ à E.

2. E déchiffre $K_A(M)$ et obtient M. Il construit ensuite un nouveau message contenant le nom et l'adresse de A, la date D et le texte original M. Ce nouveau message, $A + D + M$, est crypté avec la clé X et retourné à A. Notons que E peut vérifier que le message qu'il a reçu vient bien de A car lui seul et A connaissent la clé secrète K_A qui permet de déchiffrer le message. Cette aptitude de E à authentifier A est la base de ce mécanisme de signature.

3. Le client, A, envoie $X(A + D + M)$ à la banque B.

4. La banque envoie $X(A + D + M)$ à E et lui demande de transmettre en retour $K_B\ (A + D + M)$.

5. La banque B déchiffre enfin ce dernier message avec sa clé K_B, découvrant ainsi le nom et l'adresse de A, la date D à laquelle le message a été envoyé et le texte en clair M du message lui-même.

Si le client A nie avoir envoyé M à sa banque, la banque aura une preuve en sa possession : elle pourra montrer aux juges $X(A + D + M)$. Les juges demanderont alors à E de déchiffrer ce message : quand ils verront A, D et M, ils seront convaincus du mensonge de A. La banque, ne connaissant pas la clé secrète X, n'a pas pu fabriquer elle-même $X(A + D + M)$. Il est évident que, dans ce cas comme précédemment, A peut prétendre que sa clé lui a été volée.

La figure 8-27 illustre une transmission sûre entre deux correspondants totalement étrangers l'un à l'autre et utilisant des méthodes de cryptographie conventionnelle. Lorsqu'aucune signature n'est nécessaire, figure 8-27(a), une clé de session est d'abord établie avec E (phases 1, 2a, 2b et 3) puis l'échange se déroule sans intervention de E. Dans le cas d'une transmission avec signatures, figure 8-27(b), E se trouve impliqué deux fois dans chacun des échanges. Le système à clé publique de la figure 8-26 est également plus compliqué dans le cas de messages signés mais il ne nécessite pas l'envoi de messages supplémentaires, sauf peut-être la toute première fois pour connaître la clé publique du destinataire.

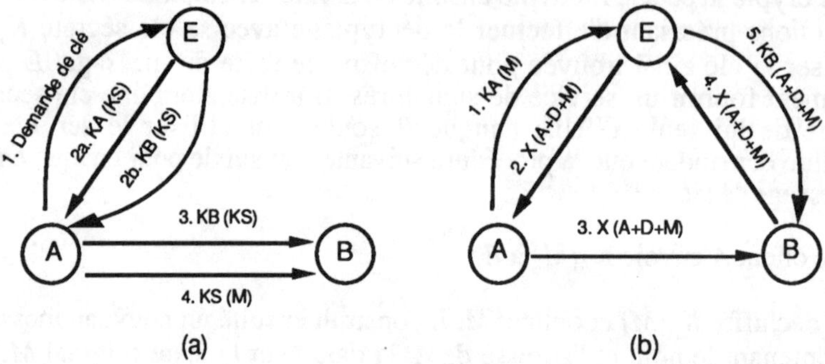

Figure 8-27. Transmission sûre entre étrangers avec une méthode de cryptographie conventionnelle : (a) Sans signature (b) Avec signature

8.5. EXEMPLES DE COUCHES PRESENTATION

Dans ce paragraphe, nous allons examiner nos exemples habituels pour voir comment y est traitée la Couche Présentation. Pour les réseaux publics, nous nous focaliserons sur les protocoles, comme précédemment, puisque nous avons déjà discuté les aspects services.

8.5.1. La Couche Présentation dans les réseaux publics

Les réseaux publics qui implémentent une Couche Session implémentent également une Couche Présentation Après tout, la Couche Présentation est là pour rendre les services de session accessibles aux utilisateurs de la Couche Application. Le seul service appartenant en propre à la Couche Présentation est la négociation et la gestion de contextes de présentation.

La Couche Présentation offre une caractéristique spécifique (qui n'est pas réellement un service) : l'utilisation d'ASN.1. Cette facilité est en principe entièrement supportée du simple fait que beaucoup d'applications normalisées le supposent. Le transfert de fichier OSI, le terminal virtuel et d'autres protocoles reposent entièrement sur une description en ASN.1 pour la représentation et la transmission des strucutres de données et des APDU.

Le protocole de présentation est extrêmement simple : la plupart des primitives de présentation correspondent exactement aux primitives de session. L'envoi des PDU est effectué par la Couche Session. A titre d'exemple, quand un utilisateur de présentation utilise la primitive *P TOKEN PLEASE.request*, le travail de la Couche Présentation se limite à appeler la primitive de session *S-TOKEN PLEASE.request*. C'est alors à la Couche Session d'envoyer la PDU qui réclame effectivement le jeton. Aucune PDU de présentation n'est envoyée directement. Cette situation est un exemple typique du phénomène plus général d'un service offert par une couche et qui se propage sans changement à travers les couches supérieures. Quand le service est demandé dans la plus haute couche, la requête se propage en descendant les couches jusqu'à atteindre celle qui est effectivement capable de fournir le service demandé.

La figure 8-28 montre les 14 PDU du protocole de présentation. Celles-ci sont regroupées en quatre catégories : établissement de la connexion, déconnexion anormale, transfert des données et gestion de contexte.

Quand une entité d'application utilise la primitive *P-CONNECT.request*, la Couche Présentation commence par établir une session puis envoie une PPDU *CP* (*Presentation PDU*) sur cette nouvelle session. Dans le tableau de la figure 8-28, les colonnes *requête* et *indication* sont marquées d'une croix car cette PDU *CP* est envoyée quand une *requête* est faite et que de l'autre côté elle arrive en tant qu'*indication*.

PDDU	Signification	Request	Indication	Response	Confirm
CP	Demande de connexion de présentation	X	X		
CPA	Acception de connexion de présentation			X	X
CPR	Rejet de demande de connexion de présentation			X	X
ARU	Déconnexion anormale; initiative de l'utilisateur	X	X		
ARP	Déconnexion anormale; initiative de l'hôte		X		
TD	Transfert de données	X	X		
TE	Transfert de données exprès	X	X		
TTD	Transfert de données typées	X	X		
TC	Transfert de capacité	X	X		
TCC	Confirmation de transfet de capacité			X	X
AC	Demande de changement de contexte	X	X		
ACA	Acceptation de changement de contexte			X	X
RS	Demande de resynchronisation	X	X		
RSA	Acceptation de resynchronisation			X	X

Figure 8-28. Les PDU de présentation et leurs primitives associées

La PDU *CP* contient parmi ses paramètres une liste de contextes de présentation. Chaque élément dans cette liste contient trois parties : un entier identifiant le contexte, le nom de la syntaxe abstraite (un identificateur d'objet) et une liste de syntaxes de transfert que l'initiateur de la connexion souhaite utiliser pour la syntaxe abstraite nommée. En pratique, il n'y a qu'une seule syntaxe de transfert pour chaque syntaxe abstraite mais en théorie il pourrait y en avoir plusieurs.

Une fois que le correspondant a reçu la PDU *CP*, il peut accepter ou refuser l'établissement de la connexion; il utilise pour sa réponse soit *CPA*, soit *CPR*. Si la connexion est acceptée, le récepteur doit fournir la liste des contextes qu'il souhaite utiliser et pour chacun d'eux la syntaxe de transfert qu'il préfère. Si aucune des syntaxes de transfert n'est acceptable, alors il doit refuser l'établissement de la connexion.

Remarquons qu'il n'existe pas de PDU pour la déconnexion. En fait, la connexion de présentation est implicitement terminée lorsque la session est fermée. Les PDU *ARU* et *ARP* sont utilisées pour des primitives d'abandon *P-ABORT*.

Il existe cinq PDU pour le transfert des données, correspondant aux quatre types de données de la session, la dernière servant pour l'acquittement du quatrième type, les données de capacité, puisque ce service est confirmé.

Deux PDU servent à changer de contexte, la première pour la demande et la seconde pour la réponse à cette demande, que la réponse soit positive ou négative. Ces PDU contiennent deux listes de paramètres, une pour l'ajout de nouveaux contextes, l'autre pour la suppression de contextes existants. Le format des listes pour l'ajout est exactement celui utilisé dans la phase de négociation de la connexion. Pour la suppression d'un contexte, il suffit d'identifier le contexte par son numéro.

Les deux dernières PDU sont utilisées pour le service de session de resynchronisation et pour transporter les numéros des points de synchronisation.

Le protocole de présentation normalisé (ISO 8823) utilise ASN.1 pour la description des formats de toutes les PDU. C'est un grand progrès par rapport aux couches précédentes où toutes les descriptions sont en langage naturel. Toutefois, seuls les formats sont définis formellement, la sémantique des différents champs étant donnée sous forme de commentaires.

Comme pour la Couche Session, les réactions de la machine protocole aux divers événements peuvent être décrites par un automate à nombre d'états fini. Il y a 60 événements, les uns correspondant aux primitives de *requête* et *réponse* de la Couche Présentation et quelques autres aux primitives d'*indication* de la Couche Session et à des arrivées de PDU. Il n'y a que sept états internes de la machine protocole, de telle sorte que la matrice de l'automate possède 420 entrées, dont la plupart sont invalides. Les entrées valides spécifient l'une des 69 actions à exécuter; les unes sont des *requêtes* vers la Couche Session, les autres des *indications* vers la Couche Présentation.

Bien qu'aucun aspect d'implémentation ne soit abordé dans les documents des normes internationales (à juste titre, d'ailleurs), cela vaut peut-être la peine d'analyser la distance entre la Couche Présentation et le monde réel. Les normes donnent à penser que l'entité de présentation est un processus distinct auquel les processus d'applications peuvent envoyer des messages et transmettre des pointeurs pour recevoir des services. Cette impression nous paraît légèrement trompeuse. On pourrait faire l'implémentation dans ce sens, mais en fait rien n'est moins nécessaire.

Une alternative consiste à mettre l'ensemble des primitives de présentation dans une bibliothèque de programmes que les programmes d'application peuvent appeler. Les problèmes de conversion des données du format interne de représentation à une syntaxe de transfert sont ainsi résolus sans avoir à utiliser un interpréteur. Par exemple, pour convertir de l'EBCDIC en *chaîne IA5* (alphabet international n° 5 du CCITT, soit l'ASCII international), on peut imaginer un sous-programme en bibliothèque *Outputstring* qui réalise la correspondance entre chaque caractère EBCDIC et le caractère IA5 correspondant en lisant dans une table et en mettant directement le résultat dans le registre de sortie. On obtient ainsi de meilleures performances en supprimant l'interpréteur de la Couche Présentation et en incluant le processus de codage dans la Couche Application.

Une implémentation réalisée telle que le suggère la norme supposerait de donner au processus de présentation à la fois la chaîne des caractères et la référence de la syntaxe abstraite pour lui faire comprendre ce qu'il doit faire. Dans la pratique donc, la Couche Présentation n'existe pas en tant que processus distinct au moment de l'exécution mais elle est contenue dans des procédures de bibliothèque liées aux différentes applications.

8.5.2. La Couche Présentation dans ARPANET

Le réseau ARPANET n'a pas de Couche Présentation. On voit mal, *a priori*, comment on passerait n'importe quelle structure de données entre machines qui peuvent être incompatibles dans leur format interne de représentation des données. Etant donné qu'il y a beaucoup de machines différentes dans ARPANET, le problème se pose pourtant. La solution consiste alors à inclure dans chaque application une définition explicite de ses propres normes de présentation. Le protocole de transfert de fichier, par exemple, précise que le champ longueur est un entier sur 32 bits en complément à 2 et toutes les implémentations utilisent ce format pour la transmission, quel que soit le mode de représentation interne des machines.

Cette approche est moins générale que celle de l'ISO, mais elle permet de faire les conversions directement alors qu'elles représentent une grande partie du travail des protocoles. Le prix à payer en contrepartie d'une telle efficacité est que chaque implémentation de chacun des protocoles est relativement dépendante de la machine, encore que les aspects dépendants à un faible niveau de la machine puissent généralement être isolés du reste du programme.

8.5.3. La Couche Présentation dans MAP et TOP

MAP et TOP utilisent les fonctions de base de la Couche Présentation ISO pour l'établissement des connexions et la gestion de contextes multiples. Les primitives associées aux changements de contextes aux frontières des activités n'existent pas puisque le concept d'activité n'est pas fourni dans la Couche Session.

L'usage d'ASN.1 est obligatoire. Les documents MAP et TOP contiennent des références à diverses syntaxes abstraites pour le transfert de fichier, la messagerie, la gestion de réseau et les services d'annuaires, syntaxes qui doivent toutes exister dans les implémentations de MAP ou TOP. Les syntaxes de transfert correspondantes sont également spécifiées.

8.5.4. La Couche Présentation dans USENET

Comme ARPANET, USENET n'a pas de solution générale pour la communication entre machines de formats de représentation des données incompatibles. Chaque application doit résoudre le problème elle-même. Toutefois, comme il n'y a que deux applications, le courrier (*mail*) et les nouvelles (*news*), et que ces deux applications sont très voisines, la solution n'est pas compliquée. Comme dans le cas d'ARPANET, chaque application a une connaissance des formats nécessaires aux autres et effectue en interne les conversions avant de transmettre tout message.

8.6. RESUME

La Couche Présentation concerne la manipulation des données et de leurs structures, leurs types abstraits et leurs représentations externes pour la transmission (syntaxe de transfert). Une fois une session établie, deux correspondants de présentation négocient un ou plusieurs contextes de présentation, chaque contexte définissant des types de données et de syntaxes de transfert associées. Ces contextes peuvent être changés en cours de session. Chaque machine est libre de représenter ses structures de données comme elle l'entend. Mais, une fois que deux machines se sont accordées sur un contexte de présentation, elles savent ce qui peut être transmis et sous quelle forme, afin d'assurer une bonne compréhension pour l'autre, même si leurs formats internes de représentation diffèrent.

La notation ASN.1 peut être utilisée pour décrire les types de données et leurs valeurs. ASN.1 supporte des types primitifs comme les booléens, les entiers, les chaînes de bits et les chaînes d'octets et permet la construction d'autres types, plus complexes, analogues aux tableaux et aux enregistrements du Pascal. Une syntaxe de transfert associée à ASN.1 permet de coder sans ambiguïté tous les types de données pour les transmettre.

La compression de données est étroitement liée à la syntaxe de transfert. ASN.1 fournit quelques occasions de compression des données, la représentation des petits entiers sur un seul octet, par exemple. D'autres techniques de compression utilisent les codes de Huffman, les codes arithmétiques ou les codages par plages.

De nombreuses fonctions liées à la sécurité des réseaux peuvent être implémentées dans la Couche Présentation. Le flot de données issu de la Couche Présentation, utilisant une synatxe de transfert ou une autre, peut être crypté avant d'être donné à la Couche Session, par exemple. Le cryptage peut utiliser des méthodes conventionnelles ou des méthodes à clé publique. Le cryptage joue également un rôle essentiel dans les mécanismes d'authentification et de signatures électroniques.

8.7. EXERCICES

1. Ecrivez une description en ASN.1 pour une structure de données ordonnée, non étiquetée, appelée *ordinateur* et ayant un *nom* de 10 caractères, deux informations *longueur_des_mots* et *puissance_en_Mips* entières et une indication *gros-boutiste* booléenne. Donnez la description de la valeur de cette structure pour un Intel 386 qui a des mots de 32 bits, une puissance de 4 Mips et qui est gros-boutiste.

2. Supposons que la phrase « Esope reste ici et se repose» est transmise d'une machine petit-boutiste ayant des mots de 16 bits à une machine gros-boutiste ayant la même longueur de mots. Les octets de chaque mot sont intervertis avant d'être écrits en mémoire. Quand la phrase reçue est imprimée, que signifie-t-elle ?

3. Montrez en quoi l'étiquetage de la donnée de la figure 8-12 modifie la syntaxe de transfert de la figure 8-6(b). Comment la longueur est-elle modifiée ?

4. Le type ci-dessous est-il correct vis-à-vis des règles de la grammaire ASN.1 données dans le texte ?

   s :: = SEQUENCE OF { [APPLICATION 49] IMPLICIT INTEGER }

5. Pourquoi peut-on avoir, dans un module ASN.1, plusieurs types de données avec [0] comme étiquettes de certains champs alors qu'on ne peut pas avoir plusieurs types étiquetés au plus haut niveau avec [PRIVATE 0] ?

6. Pourquoi le code d'une longueur 128 n'est-il pas ambigu dans la syntaxe de transfert ASN.1 ?

7. Combien de bits par symboles seraient nécessaires pour coder les bases d'ADN A, C, G et T avec un code de Huffman utilisant les probabilités conditionnelles ci-dessous ? Les quatre bases ont même probabilité d'occurrence. Dans ce cas, un code de Huffman direct nécessite deux bits par symbole. (XY signifie probabilité de Y derrière X.)

```
AA  AC  AG  AT  CA  CC  CG  CT  GA  GC  GG  GT  TA  TC  TG  TT

.45 .35 .15 .05 .30 .50 .18 .02 .15 .04 .60 .21
.10 .11 .07 .72
```

8. Quatre symboles sont codés à l'aide du code de Huffman. Leurs probabilités d'occurrence respectives sont P_1, P_2, P_3 et P_4 avec $P_i > P_{i+1}$ (i = 1, 2, 3). Quel est le nombre moyen de bits par symbole ? (Considérez tous les cas possibles.)

9. Calculez le facteur de compression (rapport du nombre de bits en entrée au nombre de bits en sortie) pour le codage par plages en supposant que les bits d'entrée sont générés aléatoirement avec une probabilité α d'être un 0. Faites le calcul pour des symboles de sortie de longueur 3, 4, 5 et 6 bits. Pour α = 0,9, quelle est la longueur qui fournit la meilleure efficacité ?

10. Imaginons que, dans plusieurs pays, les bureaux de poste offrent un service de *fac simile* pour le courrier intercontinental. Le document original est numérisé par un procédé optique puis et transformé en une matrice de pixels, laquelle est transmise au bureau de poste distant qui reconstitue le document. La copie du document ainsi arrivée dans le bureau de poste distant est mise sous enveloppe et transmise à son destinataire par le courrier. Supposons qu'un document est constitué d'une zone de texte de 20 x 15 cm avec 5 caractères par cm et 2,4 lignes par cm. La numérisation optique utilise une résolution de 40 x 40 pixels par cm^2 avec un bit par pixel. Comparez la largeur de bande nécessaire pour la transmission en *fac simile* à celle de la transmission du texte en ASCII. Donnez quelques avantages du *fac simile* sur l'ASCII.

11. Le mécanisme de codage proposé dans le texte pour numériser des images de télévision utilise un code spécial pour les informations de contrôle nécessaires à l'alignement vertical et horizontal. Pourquoi ces informations sont-elles nécessaires ? Après tout, le récepteur connaît le nombre de pixels de l'écran; il sait donc quand le rafraîchir.

12. Quel est le problème le plus important dans le mécanisme décrit dans le texte pour numériser des images de télévision ?

13. Cassez le cryptogramme suivant qui utilise une substitution monoalphabétique. Le texte en clair ne contient que des lettres. C'est un extrait d'une très célèbre fable de La Fontaine.

    gcxobwryv ib ogx tb syiib
    ypsyxg ib ogx tbv qmgzev
    t cpb wgqrp wrox qysyib
    g tbv obiybwv t roxrïgpv
    vco cp xgeyv tb xcojcyb
    ib qrcsbox vb xorcsg zyv
    ab igyvvb g ebpvbo ig syb
    jcb wyobpx qbv tbcd gzyv
    ib obfgi wcx wrox mrppbxb
    oybp pb zgpjcgyx gc wbvxyp

14. Cassez le cryptogramme suivant qui utilise une transposition par colonnes. Le texte en clair est issu d'un ouvrage classique sur l'informatique; on peut donc supposer que le mot «ordinateur» y figure. Le texte ne contient que des lettres (sans espace). Il est découpé en blocs de 5 caractères pour plus de lisibilité.

    ntsus ueire eibps etsio ootuu rpmrn eaicq iunps cnlog
    euern lndur raose xnntu dnaeo eseue clton nretd trels

15. Quelle est la sortie de l'itération 1 de l'algorithme du DES si le texte en clair et la clé sont tous deux égaux à 0 ?

16. Dans la figure 8-20(c), il y a alternance de boîtes-P et de boîtes-S. Un tel agencement est esthétique. Y aurait-il une plus grande sécurité si toutes les boîtes-P venaient en tête puis toutes les boîtes-S ensuite ?

17. Combien faudrait-il de bandes magnétiques pour stocker les valeurs codées avec toutes les clés possibles pour le DES d'un texte constitué de six lettres majuscules, sachant qu'une bande magnétique a une longueur de 732 m et que sa densité est de 2460 octets/cm ? Quelles sont les conséquences d'un tel résultat pour la sécurité d'un réseau ?

18. Concevez une attaque d'un texte crypté avec le DES se fondant sur une connaissance *a priori* du texte en clair : il n'y a que des majuscules ASCII, des espaces, des virgules, des points et des points-virgules et enfin des caractères de mise en page (retour chariot et saut de ligne). On ignore tout des bits de parité.

19. Que se passe-t-il pour le message reçu si un cryptage de chaînes est utilisé sur un circuit virtuel et qu'une erreur de transmission passe

inaperçue ? Se souvenir que dans le cryptage en chaînes chaque caractère crypté dépend de la totalité du passé du message en clair.

20. Une société très sensibilisée aux problèmes de l'écologie a décidé de remplacer toutes ses clés inscrites dans des cartes plastiques non biodégradables (comme celles utilisées dans l'algorithme de partage des clés de Shamir avec $k = 3$) par un spécialiste informatique (biodégradable), vous par exemple. Un jour, trois directeurs viennent vous voir et vous murmurent à l'oreille les points qu'ils ont en mémoire : (2, 29), (3, 12) et (4, 28). Le modulo utilisé est 31. Quelle est la clé ?

21. On utilise le cryptosystème du MIT avec $a = 1, b = 2, c = 3$, etc.

    (a) Si $p = 7$ et $q = 11$, donner cinq valeurs valides pour d.
    (b) Si $p = 13$, $q = 31$ et $d = 7$, trouver e.
    (c) Avec $p = 5$, $q = 11$ et $d = 27$, trouver e pour crypter «abcdefghij».

22. Ecrivez un compilateur pour la grammaire ASN.1 donnée dans le texte. Ce compilateur doit accepter des modules ASN.1 simples et dire s'ils sont valides ou non.

23. Ecrivez un programme pour casser un cryptage qui utilise une substitution monoalphabétique en supposant que les textes en clair sont de la prose (en français par exemple) ne contenant que des minuscules. Le programme doit afficher les fréquences d'occurrence des lettres, des digrammes et des trigrammes mesurées sur le texte crypté. Il doit faire des hypothèses pour deviner quelle lettre code telle ou telle lettre et estimer si ces hypothèses conduisent à des fréquences de digrammes et de trigrammes raisonnables. Le programme doit enfin fournir le texte tel qu'il le propose déchiffré.

9
La Couche Application

La Couche Application gère les programmes de l'utilisateur (aussi appelés applications) pour lesquels les ordinateurs ont été achetés. Ces programmes utilisent les services de la Couche Présentation pour leurs besoins de communication. Cependant, certaines applications sont si courantes, que des normes ont été étudiées pour éviter à chaque société de développer un programme spécifique et pour garantir une utilisation générale des protocoles définis. Dans ce chapitre, nous allons étudier en détail quelques-unes de ces applications; nous en examinerons les principes avant de montrer leur place réelle dans le modèle OSI. Nous présenterons également quelques éléments de service généraux que la Couche Application fournit à ses utilisateurs.

9.1. PRINCIPES GENERAUX DE LA COUCHE APPLICATION

Dans cette section, nous donnons une introduction et une présentation générale des applications que nous allons décrire dans le reste de ce chapitre; ceci nous permettra de mettre en évidence les principes généraux retenus dans la conception de la Couche Application. Nous parlerons entre autres, du transfert de fichiers, de la messagerie électronique, et des terminaux virtuels.

Nous examinerons aussi deux services de base utilisés couramment par d'autres applications: le gestion des connexions, et le contrôle de concurrence.

9.1.1 La gestion, l'accès et le transfert de fichier

Le transfert et l'accès à distance à un fichier sont parmi les applications les plus importantes d'un réseau. Les participants à un même projet ont souvent besoin de partager des fichiers. Une possibilité consiste à implanter les fichiers partagés sur une seule machine, et à organiser des transferts vers les autres systèmes lorsque le besoin s'en fait sentir. L'autre solution consiste à laisser le fichier là où il a été créé (ou là où il est maintenu), chaque utilisateur ayant la possibilité d'en prendre des copies.

Les transferts d'informations s'avèrent également nécessaires dans le cas d'un environnement de postes de travail sans disques partageant l'accès à une ou plusieurs stations regroupant les fonctions de stockage. Il est alors possible de travailler depuis n'importe quelle station et de retrouver son environnement de travail habituel. L'autre solution consiste alors à munir chaque station d'une petite quantité de disque permettant, au moment de l'établissement de la session, de prendre une copie de toutes les données nécessaires; à la fin du travail, les fichiers sont rapatriés vers le serveur de stockage. Dans les deux cas, le service rendu est le même.

L'accès à distance à un fichier est similaire au transfert, à ceci près que seules des parties d'un fichier sont lues ou écrites au lieu de l'intégralité du fichier. Les techniques utilisées dans ces deux cas étant identiques, nous ne ferons plus de distinction sauf lorsque nous traiterons de la recopie explicite de fichier. De plus, l'accès à un fichier situé sur une machine distante, gérant ses propres utilisateurs, est bien plus difficile que l'accès à des données gérées par un *serveur de fichiers*; ce dernier type de machine ne possède pas d'utilisateurs propres. Nous supposerons dans la suite que les fichiers se trouvent sur des serveurs dont les utilisateurs sont situés sur des *machines clientes* souhaitant transférer tout ou partie de ces fichiers à fins de lecture ou d'écriture.

Au contraire des Couches Session et Présentation, pour lesquelles il y a eu très peu de travail hors de l'ISO, beaucoup de recherches ont été faites sur le transfert de fichiers, aussi bien dans l'industrie que dans des laboratoires universitaires. Beaucoup de serveurs de fichiers ont été construits et expérimentés, comme le montre Svobodova (1984). Aussi notre propos tiendra-t-il compte des travaux réalisés à l'ISO et au-dehors.

L'idée de base de tous les serveurs de fichiers actuels est la notion de *système de fichiers virtuel,* qui désigne un serveur de fichiers abstrait, utilisant une machine dédiée, ou fonctionnant comme un processus spécial d'un système de temps partagé. Le système de fichiers virtuel présente à ses utilisateurs une interface standardisée, et leur fournit un ensemble d'opérations également standardisées. Les protocoles permettant les transferts de et vers le système de fichiers sont, eux aussi, standardisés. En pratique, la structure interne d'un serveur de fichiers peut être très différente de celle du système de fichiers virtuel; c'est pourquoi un processus d'application doit se charger de masquer la réalisation effective du système, pour ne laisser apparaître à l'utilisateur que l'interface standardisée. Cette méthode, choisie par l'ISO, permet de transférer des informations sans connaître réellement les structures de données utilisées sur différents serveurs de fichiers.

Dans ce chapitre, nous allons décrire quelques-unes des caractéristiques du système de gestion de fichiers virtuel de l'ISO, ainsi que d'autres solutions permettant de mettre en lumière les techniques de conception et de mise en place des serveurs de fichiers ainsi que des protocoles permettant le transfert des informations.

9.1.2. Le courrier électronique

Lorsque le réseau ARPA entra en phase opérationnelle, ses concepteurs pensaient que la communication inter-processus serait dominante. Il n'en fut rien. La masse des données échangées par courrier électronique entre les utilisateurs a très largement dépassé le volume des communications entre applications. Contrairement aux distributions postales qui peuvent être retardées par la neige, la pluie, la chaleur, la nuit, ARPANET permet de transporter d'un bout à l'autre du pays une information en quelques secondes : c'est le début d'une révolution dans la communication interpersonnelle.

L'intérêt principal du courrier électronique est sa rapidité. Mais il présente d'autres avantages moins connus. Le téléphone, lui aussi, permet un accès immédiat. Cependant, des études ont montré que 75% des appels ne permettaient pas de joindre le correspondant désiré («je suis désolé, mais M. Dupont est en réunion, à l'étranger, absent de son bureau»). Le courrier électronique a la rapidité du téléphone sans nécessiter la présence simultanée des deux interlocuteurs. Il est également possible de garder une trace écrite du message ou de le faire suivre. Enfin, un courrier électronique peut avoir plusieurs destinataires.

Bien que le courrier électronique puisse être considéré comme un simple cas particulier du transfert de fichier, il possède quelques caractéristiques spécifiques. D'abord, l'émetteur et le récepteur sont presque toujours des êtres humains, non des machines. Cela a eu pour effet de scinder la plupart des systèmes de courrier électronique en deux parties: l'interface utilisateur (la composition, l'édition et la lecture des textes) et les outils de transport de l'information (gestion des listes de distribution, des notifications de remise).

Une autre différence entre le courrier électronique et les outils généraux de transfert de fichiers réside dans la nature fortement structurée des documents traités par le système de courrier. Il est courant de rencontrer de nombreux attributs attachés à un document du courrier, en plus de son contenu propre. Par exemple, le nom et l'adresse de l'expéditeur, le nom et l'adresse du destinataire, la date et l'heure d'envoi, une liste de destinataires de copies, une date de péremption, un niveau d'urgence, des informations de sécurité, et bien d'autres encore.

Beaucoup d'entreprises de télécommunication ou d'administrations de PTT souhaitent offrir un service de courrier électronique à leurs abonnés individuels. Pour éviter une explosion à l'échelle mondiale, le CCITT a défini dans la série d'avis X.400 de 1984 un système de communication en mode message appelé *MHS* (*Message Handling System*). L'ISO a essayé d'incorporer ces travaux dans la Couche Application du modèle de référence, sous le nom de *MOTIS* (*Message Oriented Text Interchange System*). Ce travail n'a pas été facile, à cause du manque de structure de X.400. En 1988, le CCITT a modifié X.400 pour permettre une convergence avec MOTIS. Nous présenterons MOTIS plus loin dans ce chapitre. D'autres informations sur le courrier électronique peuvent être trouvées dans Huffman, 1987; Hutchison et Desmond, 1987; Solman, 1987; Taylor, 1988.

9.1.3. Les terminaux virtuels

Pour un certain nombre de raisons, la standardisation des terminaux a été un échec complet. Presque tous les terminaux acceptent certaines suites de caractères, appelées *séquences d'échappement*, pour déplacer le curseur, utiliser la vidéo inverse, insérer ou détruire des caractères, des lignes, etc. Il existe des standards (à l'ANSI en particulier) pour ces séquences, mais personne ne les utilise. Chaque constructeur emploie ses propres séquences incompatibles avec celles des autres. Quant au problème de l'entrée des données (clavier), il est encore plus complexe que celui de la visualisation (écran).

Ainsi, il est difficile d'écrire un éditeur de texte qui fonctionne avec un simple écran-clavier. Même si un terminal possède une touche appelée «insertion de caractères», il est rare qu'un éditeur existant exploite cette touche pour l'usage auquel elle a été destinée.

De même, si un programme de réservation de places d'avion affiche une liste de vols disponibles, il serait agréable à l'utilisateur de pouvoir désigner le vol qui l'intéresse à l'aide des flèches du clavier, ou d'une souris, puis de valider son choix à l'aide de la touche «entrée». Les compagnies aériennes ont résolu le problème en achetant la machine centrale, les terminaux et le logiciel à un seul fournisseur, de sorte que tout puisse fonctionner ensemble. Cependant, comme de plus en plus de monde peut avoir accès à un tel système depuis son terminal ou son micro-ordinateur à travers un réseau, le problème de compatibilité des équipements terminaux ne peut plus être ignoré.

L'approche retenue par l'ISO pour résoudre ce problème consiste en la définition d'un *terminal virtuel*; il s'agit d'une structure de données abstraites représentant l'état réel du terminal. Cette structure de données peut être manipulée aussi bien par le clavier que par l'ordinateur central, son état courant étant représenté sur l'écran. L'ordinateur peut lire la structure de données pour connaître les entrées effectuées au clavier; il peut aussi changer cette structure pour afficher des informations à l'écran. Dans le paragraphe traitant des terminaux virtuels, nous montrerons comment cette idée est mise en place.

9.1.4. Autres applications

Beaucoup d'autres applications sont standardisées ou en cours de standardisation. Certaines sont spécifiques à un secteur d'activité, comme le domaine bancaire. Cependant, il existe quelques autres applications suffisamment générales pour que nous en disions quelques mots dans ce livre. Parmi celles-ci, citons les systèmes de répertoires, la soumission de travaux à distance, la gestion des graphiques, la télématique.

Le service de répertoire est l'équivalent de l'annuaire téléphonique. C'est un moyen de trouver l'adresse de services disponibles sur un réseau, sans préciser si cette adresse est un NSAP, TSAP, SSAP, PSAP, ou autre chose; la réalisation de tels systèmes présente de nombreux problèmes. Nous en parlerons plus loin dans ce chapitre.

La soumission de travaux à distance permet à l'utilisateur d'une machine de faire exécuter un travail sur une autre. Par exemple, l'utilisateur d'un micro-ordinateur prépare un travail qu'il soumet pour exécution à un site central éloigné. La plupart du temps, le programme, les fichiers de données, les instructions de contrôle doivent être collectés sur différentes machines, avant d'être assemblés pour ne former qu'un tout lors de la soumission. A la fin du traitement, les résultats doivent parvenir à l'endroit prévu.

Toutes les applications ne sont pas orientées vers la manipulation de texte. Certaines traitent des éléments graphiques. Ainsi, des plans industriels peuvent-ils être échangés à travers un réseau de communication. Un grand travail a été réalisé dans ce domaine. Nous en présenterons les aspects importants plus loin.

La *télématique* est le nom générique donné aux services publics de gestion d'information, qu'ils soient à usage domestique ou professionnel. Le *vidéotex* est un système simple permettant de transférer une faible quantité d'information; il peut utiliser le réseau téléphonique, il est alors interactif, ou les canaux de télévision, il est alors diffusé. Les utilisateurs peuvent ainsi avoir très simplement accès à de grosses bases de données pour, par exemple, faire des réservations de places d'avion.

9.1.5. Les éléments de services ISO —ACSE et CCR

Après avoir travaillé dans de nombreuses directions, il est rapidement apparu des points communs entre les diverses applications. Presque toutes ont besoin de gérer des connexions; d'autres cherchent à synchroniser les activités coopérantes sur plusieurs sites. Pour éviter à chaque nouvelle application de résoudre encore et encore les mêmes problèmes, l'ISO a décidé de normaliser certaines briques de base. Nous allons décrire deux des plus importantes ci-après.

ACSE (*Association Control Service Element*)

ACSE est conçu pour gérer les connexions, qui s'appellent des *associations* au niveau application. La figure 9-1 montre les primitives de service offertes par ACSE.

Chaque primitive ACSE correspond directement à une primitive du niveau présentation. On peut alors se demander quelle est leur utilité, car les applications pourraient directement faire usage des primitives de présentation. Il y a deux raisons à l'existence d'ACSE. La première est une raison de symétrie. Tous les autres niveaux possèdent des primitives de connexion, il serait étrange de ne pas en trouver au niveau application. La seconde raison concerne des extensions prévues à ACSE qui lui donneront beaucoup plus de travail à réaliser, en particulier l'authentification des accès. Une telle fonction est hors des compétences de la Couche Présentation.

Primites ACSE	Signification
A-ASSOCIATE A-RELEASE	Etablissement d'une association Libération d'une association
A-ABORT A-P-ABORT	Libération brutale à l'initiative de l'utilisateur Libération brutale à l'initiative de l'hôte

Figure 9-1. Les primitives ACSE

CCR (*Commitment, Concurrency, and Recovery*)

CCR est un élément de service qui coordonne d'une façon sûre les interactions entre sites multiples, et ce même en cas de panne. Presque toutes les applications qui ont besoin de sécurité utilisent CCR.

Pour comprendre le type de problème pour lequel CCR a été conçu, considérons l'exemple d'une simple transaction bancaire. Martin décide de transférer 10 millions de francs de son compte à Paris vers le compte de Simon à New-York dans une autre banque. L'instruction est donnée au système électronique de gestion des transferts de fonds.

Le protocole le plus simple consiste à envoyer simultanément un message aux deux agences bancaires, leur demandant de débiter ou de créditer les comptes concernés; ensuite, elles enverront un acquittement marquant la bonne fin de l'opération. Le problème apparaît si l'une des parties est incapable, pour une raison ou une autre, de mener à bien son travail. Nous devons donc disposer d'un protocole qui fait tout correctement ou ne fait rien du tout, de manière à laisser, dans tous les cas, le système bancaire dans un état cohérent.

```
Maître                                              Esclave

Début d'une action atomique,
Envoi de Requête 1;
...
...
Envoi de Requête n;
Envoi du message "Préparartion d'un committ";
                                                    if l'action est effective
                                                      then
                                                        begin
                                                          Verrouillage des données;
                                                          Chargement de l'état initial sur disque;
                                                          Chargement des requêtes sur disque;
                                                          Envoi du message "OK"
                                                        end
                                                      else
                                                        Envoi du message "incident"
if tous les esclaves disent "OK";
  then Envoi du message "committ"
  else Envoi du message "rollback";

Attente des messages "Acknowledgement"
                                                    if le maître dit "commit"
                                                      then
                                                        begin
                                                          Exécuter l'action;
                                                          Déverrouillage des données;
                                                        end;
                                                      Envoi du message "Acknowledgement"
```

Figure 9-2. L'engagement

CCR résout ce problème grâce au concept d'actions atomiques. Une *action atomique* est une suite de messages et d'opérations qui soit sont menées correctement à terme, soit peuvent être défaites pour ramener le système dans l'état de départ comme si rien ne s'était passé.

Les actions atomiques sont réalisées en utilisant l'*engagement*, technique déjà utilisée dans le domaine des bases de données, mais qui peut être employée dans n'importe quel environnement multisites. Ce principe est illustré à la figure 9-2.

Dans la première phase, le maître (système de gestion dans notre exemple) indique à chaque esclave (les banques) ce qu'il doit faire. Chaque esclave vérifie s'il peut mener à bien son travail. S'il le peut, il enregistre la requête sur un support fiable (qui résiste aux pannes), verrouille les données pour qu'aucun autre ordre ne puisse interférer, et signale le succès de l'opération. Il enregistre aussi l'état initial des données (les soldes des comptes) sur le support fiable. Si un des esclaves ne peut mener à bien la transaction, il l'indique immédiatement au maître et ne fait rien d'autre.

Lorsque toutes les réponses sont reçues, le maître peut constater si oui ou non tous les esclaves peuvent traiter les demandes qui ont été faites. Lorsque tout est correct, un message *commit* est envoyé à chaque site pour lui demander de faire effectivement le travail. Comme les pertes de messages sont traitées par les couches inférieures, le seul incident potentiel est alors la panne d'un esclave avant la bonne fin du traitement. Il peut alors démarrer en utilisant les informations enregistrées sur le support fiable, pour reconstituer les données initiales ainsi que le travail à réaliser.

Si l'un des esclaves rend compte d'un problème dans la première phase, le maître annule le travail en demandant aux esclaves de relâcher les données verrouillées et de restituer les données initiales. Dans ce cas, tout se passe comme si aucun travail n'avait jamais été fait, et aucune donnée n'est modifiée.

Primitive CCR	De	Signification
C-BEGIN	Maître	Début d'une action atomique
C-PREPARE	Maître	Fin de phase 1; préparation d'un engagement
C-READY	Esclave	L'esclave est prêt
C-REFUSE	Esclave	L'esclave n'est pas prêt
C-COMMIT	Maître	Engagement d'une action
C-ROLLBACK	Maître	Interruption d'une action
C-RESTART	Maître ou esclave	Annonce d'un incident

Figure 9-3. Les primitives de CCR

CCR offre des primitives pour chacune des actions essentielles de l'engagement. Elles sont indiquées à la figure 9-3.

Les six premières ont déjà été présentées. La dernière est utilisée lorsque le maître ou un esclave a dû redémarrer après une panne. Elle permet de repartir de l'état initial pour pouvoir recommencer entièrement le travail.

9.2. LE TRANSFERT, L'ACCES ET LA GESTION DES FICHIERS

La gestion des fichiers est l'un des principaux services d'un réseau. Dans ce chapitre, nous nous intéresserons à la conception des serveurs de fichiers, au contrôle de concurrence, à la duplication des fichiers, ainsi qu'à quelques autres problèmes de réalisation. Nous prendrons différents exemples (en particulier le système de fichier virtuel de l'OSI), mais nous traiterons des choix spécifiques de l'OSI plus tard. Une littérature abondante existe dans ce domaine. Voici quelques articles intéressants: Brown et al., 1985; Hagmann, 1987; Howard, 1988; Rodriguez et al., 1986; Sidebotham, 1986; Svobodova, 1984; Vandome, 1986; Zwaenepoel, 1985.

9.2.1. Les serveurs de fichiers

Un serveur de fichiers (ou un système virtuel) peut être caractérisé par trois propriétés que nous décrirons ensuite une à une:

1. La structure du fichier
2. Les attributs du fichier
3. Les opérations sur le fichier

Chaque serveur de fichier emploie un modèle conceptuel de fichier. Des serveurs différents utilisent souvent des modèles différents. Trois modèles sont cependant très utilisés. Dans le premier, un fichier n'est qu'une suite de données sans structure particulière connue par le serveur. Dans ce cas, ne connaissant rien sur le fichier lui-même, il est impossible au serveur de réaliser des opérations sur une partie des données. Dans cette situation, les seules opérations possibles sont la lecture et l'écriture de fichiers entiers. La figure 9-4(a) illustre la notion de fichier non structuré.

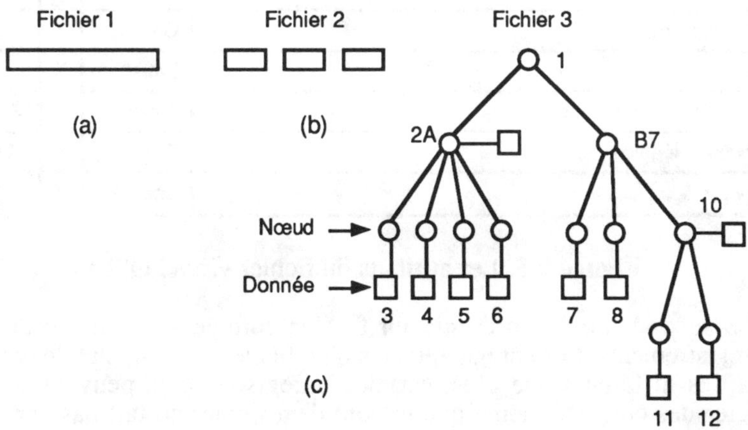

Figure 9-4. Les fichiers : (a) non structurés, (b) suites d'enregistrements, (c) hiérarchiques

Attribut	Type	Actif à la création du fichier	Modifiable par l'utilisateur	Maintenu par le serveur
Nom du fichier	Chaîme	X	X	
Opérations permises	Bit	X		
Contrôle d'accès	Liste		X	
Numéro de compte	Entier	X	X	
Date et heure de création du fichier	Temps	X		
Date et heure de la dernière modification du fichier	Temps	X		X
Date et heure de la dernière lecture du fichier	Temps	X		X
Date et heure de la dernière modification d'attribut du fichier	Temps	X		X
Propriétaire	Utilisateur	X		
Identité du dernier utilisateur ayant modifié le fichier	Utilisateur	X		X
Identité du dernier utilisateur ayant lu le fichier	Utilisateur	X		X
Identité du dernier utilisateur ayant modifié un attribut du fichier	Utilisateur	X		X
Disponibilité du fichier	Booléen	X	X	
Type de contenu	Objet	X	X	
Clé de cryptage	Chaîne	X		
Taille	Entier	X		X
Taille maximale autorisée	Entier	X	X	
Restrictions légales	Chaîne	X	X	
Usage privé	Chaîne	X	X	

Figure 9-5. Les attributs du fichier virtuel OSI

Le second modèle présente un fichier comme une suite ordonnée d'enregistrements. Les enregistrements d'un fichier peuvent être de types et de tailles différents. De plus, certains enregistrements peuvent se voir associer des clés. De même que le nom d'un fichier ne fait pas partie du fichier, ces clés ne font pas partie des enregistrements. Avec ces types de fichiers, il est possible d'adresser les enregistrements en les désignant par une clé ou par leur position dans le fichier. Les opérations disponibles peuvent donc être la lecture, l'écriture, la modification, l'extension, la destruction des enregistrements. Un fichier UNIX peut être vu comme une suite d'enregistrements de un octet, adressable par position.

Le modèle le plus général de fichier est le *modèle hiérarchique*, qui utilise la forme d'un arbre. Chaque nœud de l'arbre peut avoir une clé, un enregistrement de données, les deux, ou aucun. La figure 9-4(c) montre un fichier hiérarchique à 12 nœuds, deux ayant des clés (A et B) et dix ayant des données (tous les nœuds sauf 1 et 7).

Il est très utile de posséder un ordre standard pour tous les nœuds, non seulement pour pouvoir adresser chaque enregistrement, mais aussi pour permettre un transfert complet. Dans cet exemple, les nœuds sont visités en profondeur, à gauche d'abord. De plus, si tous les nœuds sont nommés, il est possible d'en désigner un en donnant son chemin d'accès depuis la racine (pourvu que les nœuds frères aient des clés uniques). Les dénominations de nœuds peuvent également servir à désigner le sous-arbre qui leur est attaché. Ainsi, une opération de destruction du nœud 10 détruit également les nœuds 11 et 12.

Tous les fichiers possèdent des *attributs* qui les décrivent. Au minimum ils comprennent un nom, pour identifier le fichier, et une taille qui indique la place occupée par les données. En pratique, les serveurs de fichiers utilisent d'autres attributs. A titre d'exemple, la figure 9-5 donne l'ensemble des attributs définis par l'ISO pour son système de fichiers virtuel. Chaque attribut possède un nom, un type et une valeur (éventuellement une liste).

Certains attributs sont créés en même temps que le fichier, et ne sont plus jamais modifiés après. D'autres sont explicitement modifiés par des opérations de l'utilisateur. D'autres encore (par exemple, la date de dernière modification) sont automatiquement mis à jour par le serveur de fichiers. Les attributs auxquels l'utilisateur a accès varient d'un serveur de fichiers à l'autre.

Bien que la plupart des attributs aient une signification évidente, certains nécessitent quelques explications. L'attribut *opérations permises* donne au créateur d'un fichier la possibilité d'indiquer, par exemple, la non-validité de certaines opérations sur ce fichier. L'insertion d'enregistrements au milieu d'un fichier UNIX peut être interdite de cette façon.

Le *contrôle d'accès* détermine la liste des utilisateurs ayant accès au fichier, ainsi que les opérations réalisables.

La *disponibilité* d'un fichier permet d'indiquer un éventuel délai lors de l'ouverture du fichier (par exemple, s'il faut l'extraire d'un coffre-fort!). L'attribut *type de contenu* donne des renseignements sur la structure des enregistrements, en donnant, par exemple, un identificateur d'objet correspondant à la définition ASN.1 des enregistrements.

L'attribut *restrictions légales* permet de garder des informations liées à la législation en vigueur dans chaque pays; par exemple, «ce fichier contenant des informations à caractère personnel est déclaré à la CNIL ...». L'attribut *usage privé* permet de traiter tout ce qui n'a pas été prévu ailleurs.

Opération	Applicable au fichier complet	Applicable au contenu	Restrictions	Signification
Create File	X			Création d'un fichier
Delete File	X		X	Destruction d'un fichier
Select File	X			Sélection d'un fichier
Deselect File	X			Désélection du fichier courant
Open File	X			Ouverture d'un fichier pour lecture ou modification
Close File	X			Fermeture d'un fichier
Read Attribute	X		X	Lecture d'un attribut du fichier
Change Attribute	X		X	Changement d'un attribut du fichier
Locate		X		Localiser un enregistrement
Read		X	X	Lire des données d'un fichier
Insert		X	X	Insérer des données dans un fichier
Replace		X	X	Remplacer des données par d'autres
Extend		X	X	Annexer des données à un un fichier
Erase		X	X	Effacer un enregistrement

Figure 9-6. Les opérations du fichier virtuel OSI

Les opérations sur les fichiers peuvent impliquer le fichier dans sa globalité, ou uniquement son contenu, c'est-à-dire les enregistrements. La figure 9-6 donne une liste des opérations possibles dans la structure du fichier virtuel OSI. La colonne *restrictions* indique quelles opérations sont contrôlées par l'attribut *opérations permises* de la figure 9-5. Par exemple, un fichier peut être créé avec permission de lecture, mais sans possibilité d'insertion, de remplacement, d'extension, ni de destruction d'enregistrements. Ainsi, le fichier ne peut plus être modifié après sa création.

En plus des opérations de la figure 9-6, certains serveurs de fichier offrent des fonctions de gestion de répertoires. Les clients peuvent créer ou détruire des répertoires, ainsi que transférer des fichiers d'un répertoire à l'autre.

Les serveurs de fichiers doivent tenir compte d'une certaine façon du contrôle d'accès et de la protection des informations. La technique la plus simple et la moins sûre consiste à supposer que chaque machine cliente est suffisamment fiable et donc à traiter chaque requête sans contrôle. Cette approche est justifiée si les machines clientes sont toutes des sites centraux mettant en œuvre des mécanismes de protection interdisant à leurs utilisateurs les opérations auxquelles ils ne peuvent avoir accès. Dans un réseau national X.25, l'adresse de l'appelant fournie par le réseau lors de l'appel peut être suffisante pour authentifier l'appelant; dans un réseau local de micro-ordinateurs, le problème est plus complexe et mérite une autre solution.

Une solution consiste à vérifier l'identité de l'utilisateur à chaque requête, en utilisant soit un mot de passe, soit une des méthodes de signature électronique décrites au chapitre 8. Si les contraintes de sécurité sont importantes, l'utilisation d'une signature électronique cryptée est bien meilleure que la transmission en clair d'un mot de passe; il est également possible de crypter l'intégralité des échanges. Dès que le serveur a identifié le client, il peut utiliser les méthodes classiques de protection des systèmes à temps partagé. Par exemple, le propriétaire d'un fichier peut donner des droits d'accès à la mode du système UNIX, ou fournir une liste explicite des utilisateurs autorisés à accéder à son information.

Une technique plus sophistiquée consiste à attribuer un ou plusieurs mots de passe à un fichier (un pour lire, un pour modifier). Dans ce cas, indépendamment de son identité, un utilisateur présentant le bon mot de passe est autorisé à réaliser l'opération correspondante. Le système *Sparse capability-based*, utilisant une suite de bits pour décrire les opérations permises, est une variante de cette idée (Tanenbaum et al., 1986).

9.2.2. Le contrôle de concurrence

Les serveurs de fichiers d'un réseau doivent gérer de multiples utilisateurs. Si plusieurs clients désirent accéder au même fichier à peu près au même moment, des problèmes peuvent apparaître. Considérons le scénario suivant. Deux clients ouvrent en écriture le même fichier. Chacun demande ensuite de remplacer le premier enregistrement. La dernière modification demandée sera mémorisée indépendamment de la première. Il est difficile de construire des applications fiables dans un tel contexte.

Une solution très courante consiste à verrouiller l'accès aux fichiers utilisés par un client. Deux types de verrous sont utilisés: les *verrous partagés* et les *verrous exclusifs*. Quand un utilisateur demande la pose d'un verrou partagé (souvent à l'ouverture du fichier), celui-ci est accordé si aucun autre verrou n'existe sur le fichier, ou si les seuls verrous déjà existants sont des verrous partagés. Si un verrou exclusif existe déjà, la requête ne peut être satisfaite. Les verrous exclusifs ne peuvent être posés que sur des fichiers non verrouillés.

Les verrous partagés sont habituellement utilisés pour les lectures; les verrous exclusifs sont souvent réservés à l'écriture. Lorsqu'un utilisateur souhaite lire un fichier, ce qui lui importe n'est pas le nombre total de lecteurs, mais l'absence d'un site pouvant modifier les données pendant la lecture. Au contraire, lors d'une écriture, il convient de garantir l'absence d'accès d'un autre site.

Lorsqu'un fichier est très souvent consulté, il n'est pas concevable de rejeter simplement les requêtes impossibles à satisfaire. On peut facilement imaginer une situation où des lecteurs sont toujours présents, et donc, où aucune écriture ne peut jamais se faire. Une solution consiste à interdire tout nouvel accès d'un lecteur lorsqu'une requête d'écriture survient. En retardant l'écriture jusqu'à la fin de la dernière lecture en cours, on offrira une possibilité de mise à jour.

La granularité du verrouillage est une donnée importante. Il est évidemment possible de bloquer un fichier dans son intégralité, mais il est également possible de ne verrouiller que quelques enregistrements. Plus le verrouillage est fin, plus il peut y avoir de concurrence d'accès aux données. Si deux utilisateurs veulent mettre à jour simultanément deux parties disjointes l'une de l'autre, il n'y a aucune raison de les empêcher de le faire.

Le verrouillage introduit quelques effets de bord. Si un utilisateur a besoin d'accéder à plusieurs fichiers, comme c'est souvent le cas dans les applications bancaires, des interblocages sont possibles. Le client 1 a verrouillé le fichier A, le client 2 a verrouillé le fichier B; si 1 désire accéder à B et 2 à A, aucun ne pourra mener à bien son travail. Des solutions adaptées à chaque cas existent, comme verrouiller les fichiers dans l'ordre alphabétique. Il faut cependant noter que la prévention des interblocages relève plus des utilisateurs que des serveurs.

Que se passe-t-il si un client, ayant verrouillé des données, tombe en panne? Sans action spécifique, les fichiers resteront verrouillés pour toujours. Si le serveur n'est pas informé des défaillances des clients, la seule chose qu'il puisse faire consiste à relâcher les verrous non utilisés depuis un certain temps. Inversement, un client relativement lent pourrait voir disparaître des verrous au beau milieu d'une mise à jour complexe!

Au lieu de la gestion de verrous, certains serveurs préfèrent la notion de *transaction* pour représenter des actions atomiques. Lorsque cette option est disponible, un client signale le début de son travail avant de transférer un nombre quelconque de données, puis de terminer explicitement la transaction. le serveur choisit alors la méthode de traitement de la transaction pour garantir son atomicité (son exécution indivisible). Si le client décide d'interrompre la transaction, ou si quelque chose d'incorrect se produit, les fichiers sont remis dans l'état où ils étaient au début de la transaction.

Une façon de réaliser ce mécanisme consiste à réaliser une copie de chaque fichier ouvert en écriture. Les modifications sont faites sur la copie, pas sur l'original. Si la transaction se termine normalement, la copie remplace l'original. Si plusieurs serveurs sont impliqués, les outils de CCR (voir plus haut) peuvent être utilisés.

Si deux clients font des mises à jour sur le même fichier, le premier qui termine gagne, le second est interrompu. Bien que, dans ce cas, le client interrompu ait consommé du temps de traitement de l'ordinateur, aucun dommage n'a été subi sur les données du fichier. Tout se passe comme si le deuxième client n'avait jamais commencé sa transaction. L'intérêt de la méthode par transaction consiste en l'absence de verrous explicites vus par l'utilisateur. C'est le serveur qui gère les problèmes de concurrence.

La discussion sur la concurrence a été centrée sur le problème de la mise à jour simultanée de données par plusieurs utilisateurs. Une approche différente consiste à éviter toute mise à jour. Dans ce cas, lorsqu'un fichier a été créé, il ne peut plus jamais être modifié.

Pour permettre à de nouvelles informations d'être incorporées au fichier, un utilisateur peut créer une nouvelle *version du fichier,* qui remplace (mais ne modifie pas) l'original. Ainsi, un fichier devient une suite de versions successives. Lorsqu'un fichier est ouvert, c'est en fait la version la plus récente qui est ouverte. Les lectures en cours utiliseront toujours cette version, pour des raisons de cohérence, même si des modifications ont eu lieu entre-temps. Comme la création d'une nouvelle version est une opération atomique, il n'y a pas de problème particulier à traiter des mises à jour de plusieurs clients simultanés. Mullender et Tanenbaum (1985) décrivent en détail le système FUSS, un serveur de fichiers à versions multiples.

9.2.3. Les fichiers dupliqués

Après avoir envisagé le cas d'un serveur de fichiers unique avec plusieurs clients, nous allons traiter maintenant le cas de serveurs multiples. Les environnements réseaux possèdent souvent des serveurs multiples pour différentes raisons:

1. Pour répartir la charge sur les différents serveurs.
2. Pour permettre l'accès à un fichier même en cas de panne d'un serveur.
3. Pour augmenter la sûreté de fonctionnement, grâce à des copies multiples d'un même fichier.

Une possibilité consiste à laisser chaque utilisateur gérer la duplication sur autant de serveurs qu'il le souhaite. Cela ajoute une charge de travail considérable à l'utilisateur, et, au bout d'un certain temps, il ne restera que peu de copies! Et lorsque le serveur dépositaire des données tombe en panne, un message comme «c'est votre entière responsabilité!» n'est pas toujours le bienvenu.

Aussi, nous préférerons que les duplications soient faites automatiquement par les serveurs de fichiers eux-mêmes. Tant que les fichiers ne sont pas modifiés, il est facile de conserver des copies multiples. Un problème apparaît lorsqu'une version est mise à jour, puisqu'il faut alors les mettre toutes à jour. La solution la plus simple, et qui est la plus utilisée, est la *duplication de la copie principale*. Dans ce schéma, une copie est désignée comme copie principale, les autres étant des esclaves. Les modifications sont toujours faites sur le maître qui les propage vers les esclaves. Bien que cette méthode soit simple et non ambiguë, elle ne permet pas de mise à jour lorsque la copie principale est indisponible, que ce soit à cause d'une panne d'un serveur, ou par suite d'un incident réseau.

Une technique plus robuste, particulièrement avec plusieurs clients actifs, est le *vote* (Gifford, 1979). Soit N le nombre de serveurs possédant la copie d'un fichier. Pour lire le fichier, il faut obtenir un *quorum de lecture*, N_l; pour écrire, un *quorum d'écriture* N_e est nécessaire avec la contrainte que $N_e+N_l>N$. L'opération demandée ne peut avoir lieu que lorsque le nombre requis de serveurs a donné son accord.

Voyons un exemple de cette méthode. Dans le cas de la figure 9-7(a), nous avons $N = 9$, $N_e = 8$, et $N_l = 2$. Supposons qu'un client obtienne deux serveurs, A et B, pour une lecture. Pour qu'un autre client puisse faire une mise à jour, il faut réunir 8 autorisations, ce qui est impossible ici. La modification doit attendre que la lecture soit terminée (en conséquence, la lecture peut être faite sur une seule copie, et non nécessairement sur les deux sites).

De façon similaire, la figure 9-7(b) montre un client ayant acquis cinq serveurs pour une mise à jour, empêchant toute lecture. En général, si N_l est petit, les lectures seront facilement autorisées, mais les écritures seront très difficiles, et inversement. Le meilleur choix dépend de la fréquence relative des lectures et des mises à jour.

Comme les écritures ne mettent pas à jour toutes les copies, un quorum de lecture fournira des versions obsolètes en plus de la plus récente. Le numéro de version maintenu par chaque site permettra de choisir la version la plus récente. Lors d'une écriture, un numéro de version supérieur à tous les numéros précédents est généré, de sorte qu'il soit possible de trouver une copie à jour dans un quorum de lecture (il y en a toujours au moins une).

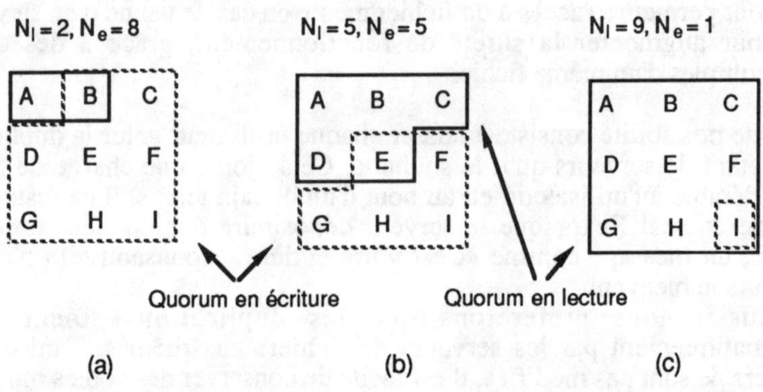

Figure 9-7. Trois exemples de quorum

Une variante de cette technique est le *vote fantôme* (Van Renesse et Tanenbaum, 1988). Dans la plupart des applications, les lectures sont plus fréquentes que les écritures, et donc N_l est un nombre très petit, et N_e est proche de *N*. Cela implique que, si quelques serveurs sont hors d'usage, il devient impossible de faire une mise à jour.

Le vote fantôme permet de résoudre ce problème en créant un double fantôme, sans capacité de stockage, pour chaque serveur en panne. Un fantôme n'est pas accepté dans un quorum de lecture (puisqu'il ne possède pas d'information), mais est autorisé pour une écriture. Une écriture ne peut se faire normalement, que si au moins un serveur est réel.

Lorsqu'un serveur en panne redémarre, il doit obtenir un quorum de lecture pour remettre à jour sa copie avant de commencer ses opérations normales. L'algorithme est correct pour les mêmes raisons que dans le cas sans fantôme; la seule différence réside dans la possibilité, pour une machine en panne, d'appartenir à un quorum d'écriture; elle doit dans ce cas se mettre à jour avant de retravailler.

D'autres techniques de duplication sont données dans Bernstein et Goodman, 1984; Brereton, 1986; Pu et al., 1986; Purdin et al., 1987.

9.2.4. Problèmes de mise en œuvre

Les serveurs de fichiers sont si importants et si utilisés qu'il est important de décrire certains aspects de leur mise en œuvre. La façon la plus simple consiste à structurer le serveur comme un processus unique dont le traitement serait celui de la figure 9-8. Les requêtes entrantes sont lues, traitées, puis le résultat est renvoyé. Le serveur traite une requête à la fois. Les demandes arrivant lorsque le serveur est occupé sont gardées dans une file d'attente.

L'approche de la figure 9-8 est tout à fait utilisable, mais elle présente l'inconvénient de bloquer le serveur lorsque plusieurs accès successifs aux disques sont nécessaires. Une technique plus sophistiquée avec de meilleures performances est illustrée à la figure 9-9. Dans cette réalisation, le serveur est scindé en plusieurs *tâches* qui gèrent un espace d'adressage commun. Chaque tâche est contrôlée de façon indépendante, mais partage des données communes comme le système de fichiers, des tables, ou de la mémoire.

```
begin {Boucle principale du serveur}
  GetMessage (Tampon);
  DoWork (Tampon, résultat);
  SendReply (résultat)
end
```

Figure 9-8. Structure d'un serveur simple

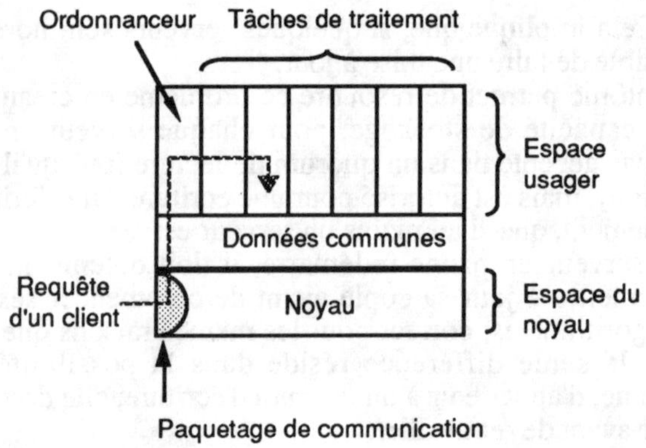

Figure 9-9. Un serveur multi-tâches

Lorsqu'une requête arrive, le noyau l'accepte et la transmet à l'*ordonnanceur*, qui attend. En fonction des disponibilités, cette requête est confiée à une *tâche de traitement* libre. Puisque toutes ces tâches partagent le même espace d'adressage, seul un pointeur est transmis, pas le message total.

Chaque tâche traite une requête jusqu'à la fin. Ainsi, si une tâche est bloquée en attente du disque, une autre tâche peut s'exécuter. L'unité centrale n'est jamais inactive s'il y a du travail à faire. Lorsqu'une tâche de traitement a terminé son travail, elle met à jour une table en mémoire globale, pour que l'ordonnanceur sache qu'elle est de nouveau libre.

La plupart des serveurs traitent les données par blocs (1 Koctet par exemple) et représentent un fichier comme une suite de blocs. Une liste de bits est utilisée pour garder trace des blocs vides. Lorsqu'un fichier grossit, un bloc libre est alloué puis attaché au fichier. Certains serveurs essaient de garder les blocs d'un même fichier dans des cylindres voisins pour limiter le déplacement des têtes de disques, mais en général, les blocs d'un fichier ne sont pas consécutifs.

Une technique générale pour améliorer les performances consiste à utiliser une *antémémoire* ou *mémoire cache* (on dit aussi *cache*) gérée dans une zone commune de la mémoire vive. Cette mémoire va contenir les *N* derniers blocs consultés. Lorsqu'une lecture a lieu, le bloc est placé dans l'antémémoire et y remplace le plus anciennement utilisé (une écriture sur disque est nécessaire si des modifications ont eu lieu dans ce bloc). Si l'antémémoire est suffisamment grande, le taux de lectures en mémoire peut atteindre 90%, éliminant ainsi une bonne partie des accès aux disques.

Une approche complètement différente est utilisée par le système Amoeba. Ce serveur de fichiers n'est pas organisé en blocs. Au lieu de cela, chaque fichier est stocké de façon contiguë sur le disque. La mémoire cache est aussi organisée de cette façon, chaque fichier occupant un certain nombre d'octets consécutifs de la mémoire. Il est ainsi possible de transférer le fichier du disque vers la mémoire en une seule opération. Lorsqu'un client demande l'accès à un fichier contenu dans le cache, les données peuvent être envoyées dans des paquets consécutifs. Les mesures faites ont montré que cette stratégie permet d'atteindre un débit proche de celui du réseau local sous-jacent, chose inaccessible pour des serveurs orientés blocs.

Les techniques d'antémémoire sont efficaces sur les serveurs. Elles peuvent être encore plus efficaces sur les machines clientes elles-mêmes (Howard et al., 1988; Kazar, 1988; Nelson et al., 1988; Ousterhout et al., 1988; Schroeder et al., 1985). Les caches des clients peuvent être gérés en mémoire ou sur disque; il est également possible de travailler sur des blocs ou sur des fichiers entiers.

Lorsque les fichiers peuvent être utilisés par différents utilisateurs sur différentes machines, ces techniques peuvent entraîner de graves difficultés. Supposons que plusieurs machines disposent dans leurs mémoires caches de copies d'un même fichier. Un changement fait sur une copie locale ne sera pas vu des autres machines. Ainsi, la sémantique du partage de fichiers est profondément modifiée par l'utilisation de mémoires caches locales.

Une possibilité consiste à l'accepter et à demander aux utilisateurs d'être vigilants. Certains systèmes commerciaux fonctionnent de la sorte. Il faut bien reconnaître qu'il ne s'agit pas là d'une solution très esthétique.

Une autre possibilité impose au serveur de savoir quel bloc de quel fichier se trouve dans chaque client; ainsi, lors d'une mise à jour, le serveur est informé et il peut envoyer un *message spontané* à tous les clients possédant une copie de ce bloc.

Une troisième possibilité limite la fonction d'antémémoire à des fichiers entiers. Le serveur sait ainsi où sont les fichiers, et s'ils sont ouverts pour lecture ou pour écriture. Si un fichier est ouvert une fois en écriture sans lectures concurrentes, tout va bien. Si une seconde demande d'ouverture survient, le serveur demande la recopie de la nouvelle version des données, en éliminant ce fichier de la mémoire cache locale. La deuxième ouverture reste suspendue pendant toute cette phase.

En pratique, le serveur maintient une liste des fichiers en cours d'utilisation, et invalide la fonction des mémoires caches locales pour les fichiers partagés en cours de modification. La mémoire cache n'est utilisée que pour les fichiers ouverts en lecture seule, ou en écriture par un seul client à la fois. Cette méthode est à peine plus élégante que la précédente; elle est cependant plus efficace car les fichiers partagés par de nombreux utilisateurs sont en général peu modifiés.

Nous avons gardé le meilleur pour la fin. Il existe, dans le monde des réseaux, une vaste controverse entre les communications en mode connecté et celles en mode non connecté. Dans le mode sans connexion, les serveurs sont *sans mémoire*. Pour lire ou écrire (une partie d')un fichier, un client envoie une requête spécifiant le fichier, l'enregistrement ou la clé, la taille des données à transférer. Il n'est pas nécessaire que les fichiers soient ouverts avant l'opération ni fermés après. Chaque requête contient toutes les informations nécessaires à son traitement. Les serveurs NFS des machines de la société Sun sont de ce type.

Au contraire, un serveur orienté connexion se souvient de son état précédent. Lorsqu'un fichier est ouvert, une nouvelle entrée est ajoutée à la liste des fichiers en cours d'usage. Habituellement, une référence à cette entrée est fournie au client pour usage dans les requêtes suivantes.

En pratique, les fichiers sont souvent lus séquentiellement et quelqu'un doit garder la trace de la position courante de lecture. Dans le mode sans mémoire, c'est le client qui doit gérer cette information et la transmettre lors de chaque demande. Dans l'autre mode, c'est le serveur qui garde cette information.

Chaque modèle possède ses avantages et ses inconvénients. Le modèle sans mémoire est très sûr. Il peut tomber en panne et repartir sans qu'il y ait d'incohérence d'état; la seule chose que remarquera le client est un temps de réponse plus long lors du redémarrage. Au contraire, une panne d'un système à mémoire clôt toutes les connexions en cours, et fait porter la responsabilité de la reprise aux seuls utilisateurs.

Le principal désavantage de la solution sans mémoire est qu'il est complexe, dans ce contexte, de gérer la sémantique habituelle d'un système de fichiers. La pose de verrous nécessite une mémoire, et il est difficile de rendre transparente aux utilisateurs une panne ayant entraîné la perte des informations de verrouillage.

D'autre part, supposons qu'un client d'un système connecté ouvre un fichier puis le détruise (ce qui arrive souvent avec les fichiers de travail des programmes UNIX). Avec un serveur orienté connexion, le fichier sera toujours utilisable *via* la référence donnée par le serveur, mais sera invisible des autres utilisateurs (ce qui était le but de l'opération).

Comme troisième exemple, considérons un utilisateur ouvrant un fichier pour y modifier les droits d'accès de manière à interdire toute lecture ou écriture. Comme dans le second exemple, le serveur connecté permettra de mener à bien l'opération alors que le système à mémoire aura quelques difficultés à respecter la sémantique de l'opération.

Les partisans du système sans connexion diront que cette sémantique est bizarre, mais il se trouve que c'est celle mise en place sur les systèmes centralisés traditionnels. Maintenant que les limitations sont apparues, il est peut-être nécessaire de changer la sémantique des accès aux fichiers pour la rendre plus raisonnable.

Le débat connexion-sans connexion continuera pendant encore bien des années. Se faire une opinion sera un bon exercice pour le lecteur. Soyez bien convaincus qu'il existe une subtile différence entre sans connexion, et sans mémoire. Le premier désigne un problème de communication, le second a trait à la réalisation de systèmes de fichiers. Il serait possible d'imaginer un serveur gérant ses communications en mode connecté et utilisant une stratégie sans mémoire pour gérer les accès aux fichiers. Une telle situation n'a que peu de sens; elle est cependant utilisée pour accéder à un serveur NFS *via* un réseau X.25 par exemple. La situation inverse, envoyer des datagrammes à un serveur à mémoire, n'est pas raisonnable.

9.3. LA MESSAGERIE ELECTRONIQUE

Le courrier électronique a évolué pendant une vingtaine d'années. Les premiers systèmes étaient simplement constitués de protocoles de transfert de fichiers, avec comme convention que la première ligne de chaque message (de chaque fichier) contenait l'adresse du destinataire. Les limitations d'un tel système sont apparues peu à peu:

1. Envoyer un message à un groupe de personnes n'était pas facile.
2. Les messages n'ayant pas de structure interne étaient difficiles à traiter par des ordinateurs.
3. L'émetteur ne savait jamais si un message envoyé était arrivé ou non.
4. Lorsque quelqu'un devait s'absenter quelques jours, et souhaitait faire traiter son courrier par sa secrétaire, il n'était pas facile de gérer correctement le renvoi des messages.
5. L'interface utilisateur n'était pas intégrée au système de transmission, obligeant l'utilisateur à éditer un fichier, puis à quitter l'éditeur pour appeler le programme de transfert de fichiers.
6. Il n'était pas possible de créer ou d'envoyer des documents contenant du texte, des images, de la voix, etc.

Au fur et à mesure des expériences, de nouvelles propositions de systèmes de courrier électronique plus ambitieux virent le jour (Bauerfeld et al., 1984; Rose et al., 1985). En 1984, le CCITT proposa la première version de ses recommandations X.400, qui a ensuite servi de base au travail appelé MOTIS à l'ISO. En 1988, le CCITT modifia X.400 pour le rendre cohérent avec MOTIS. Au contraire de FTAM qui est considéré comme un système incapable de remplacer les systèmes de fichiers «natifs», MOTIS/X.400 est rapidement devenu un vrai standard de la messagerie électronique. Pour cette raison, nous concentrerons notre étude de la messagerie sur X.400.

9.3.1. Architecture et services de MOTIS et de X.400

Dans cette section, nous allons présenter les possibilités et l'organisation des systèmes de messagerie, et en particulier MOTIS/X.400. Pour des raisons de simplicité, nous désignerons désormais ce système par son appellation ISO, MOTIS (ISO 10021); tout ce que nous présenterons sera aussi valable pour X.400. MOTIS intervient dans toutes les phases de la vie d'un message, de la décision d'envoi par l'émetteur à la mise à la corbeille du message reçu par le destinataire. Nous allons maintenant décrire six des phases les plus importantes du fonctionnement commun à tous les systèmes de messagerie.

La *composition* permet de construire les messages et les réponses. Bien qu'un éditeur de textes puisse faire l'affaire, le système peut fournir une assistance pour la gestion de l'adressage et des nombreux attributs de l'en-tête d'un message. Par exemple, pour la réponse à un message reçu, le système peut automatiquement extraire l'adresse de l'émetteur et la placer dans l'en-tête de la réponse.

Le *transfert* désigne la phase d'acheminement de l'information de l'émetteur vers le récepteur. Pour une large part, il s'agit d'utiliser l'interface de ACSE et de la Couche Présentation, pour établir une connexion, envoyer le message et fermer la connexion. Le système de messagerie doit faire cela automatiquement sans intervention de l'utilisateur.

La phase d'*information* permet de dire à l'émetteur ce qu'il est advenu de son message. A-t-il été remis, rejeté, ou perdu? De nombreuses applications nécessitent des informations fiables sur la remise de l'information, pour y attacher éventuellement une valeur légale.

La *conversion* de données peut être nécessaire à l'affichage correct des informations sur le terminal ou l'imprimante du destinataire. Cette fonction est indispensable à cause du nombre élevé de terminaux incompatibles entre eux existant de par le monde. Par exemple, envoyer un message depuis un terminal d'ordinateur vers un télécopieur implique la génération d'une image en point par point à partir des caractères générés par le terminal.

La *mise en page* concerne la forme du document visualisée sur le terminal du récepteur. Ce livre a été composé avec un Macintosh. Pour visualiser le fichier correspondant sur un autre type d'appareil, il est nécessaire de réaliser un retraitement de la mise en page.

La *remise* est la dernière étape qui permet au destinataire de traiter le message reçu. Il est possible de le mettre au panier immédiatement, de le lire avant de le jeter, de le lire et de le conserver, etc. Il doit également être possible de retrouver des messages archivés, de les relire, de les envoyer à quelqu'un d'autre, ou de les retraiter d'une façon quelconque.

En plus de ces services de base, les systèmes de messagerie offrent souvent quelques autres facilités. Voyons-en quelques-unes. Lorsque vous vous absentez de votre bureau pour quelque temps, vous pouvez souhaiter faire suivre le courrier. Le système de messagerie doit se charger automatiquement de cette opération.

A l'inverse, si vous avez souhaité vous exiler à Tahiti pour être loin de tout, vous pouvez désirer que votre courrier ne vous suive pas; dans ce cas, le système de messagerie pourra automatiquement envoyer une réponse à tous vos correspondants éventuels, leur indiquant votre absence et votre date de retour. De plus, il faudra garder trace des réponses générées pour ne pas envoyer deux fois l'information au même correspondant.

La plupart des systèmes permettent la gestion de *boîtes aux lettres* pour stocker les messages lors de leur arrivée. Des commandes sont nécessaires pour ajouter ou détruire une boîte aux lettres, insérer ou extraire des données d'une boîte, ou simplement consulter son contenu.

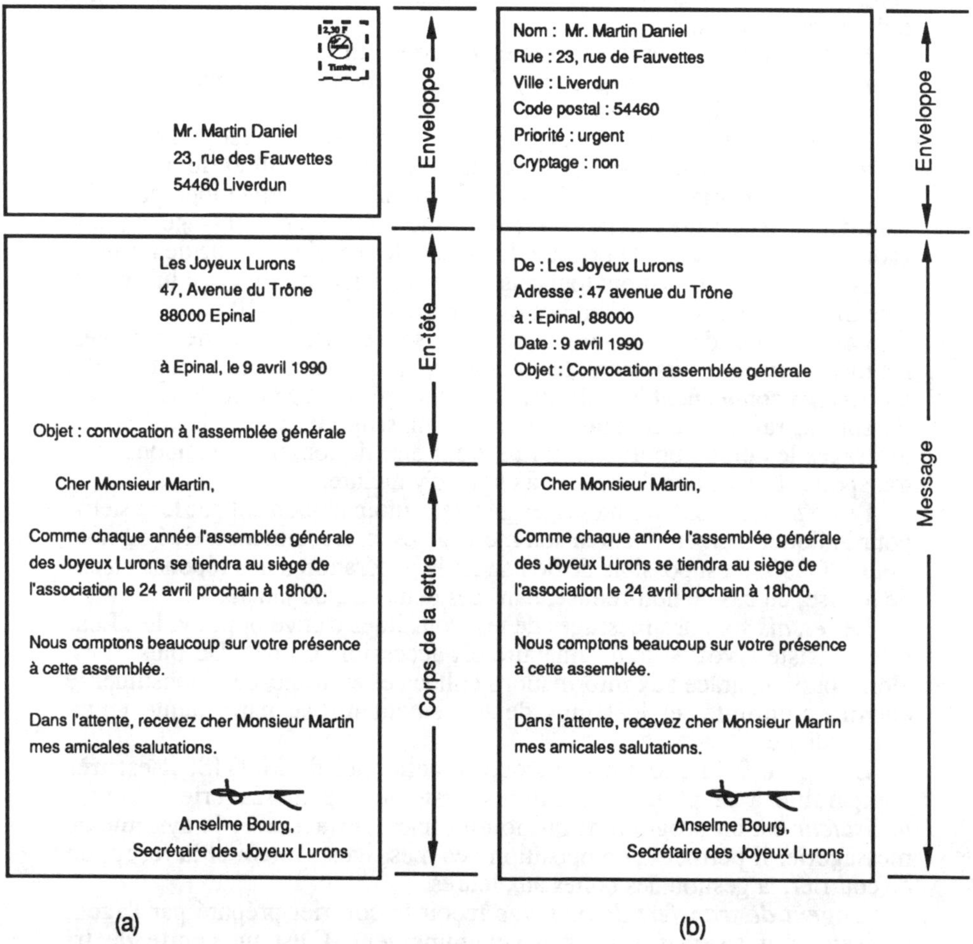

Figure 9-10. Enveloppes et messages : (a) courrier postal (b) courrier électronique

Les responsables d'une société ont souvent besoin d'envoyer un courrier à leurs collaborateurs. Cela amène la notion de *liste de diffusion*, qui est une liste d'adresses de messagerie. Lorsqu'un message est envoyé à une telle liste, une copie est en réalité délivrée à chaque correspondant repris dans cette liste.

Le courrier recommandé est un service important, qui permet à un émetteur de savoir si son message est arrivé. De même, une notification automatique de non-remise peut être souhaitée. Dans ces deux cas, l'émetteur doit pouvoir exercer un contrôle sur les rapports d'acheminement qui lui sont fournis.

Parmi les autres services supplémentaires, on peut citer les copies, le courrier urgent, les messages cryptés, les destinataires secondaires (si le destinataire principal est absent), et la redirection des messages.

L'idée de base des systèmes modernes de messagerie est la distinction entre l'enveloppe et son contenu. L'enveloppe contient le message, exactement comme une TPDU contient une SPDU. L'enveloppe porte les paramètres nécessaires au transport et à l'interprétation du message, comme l'adresse de destination, la priorité, le niveau de sécurité, le type de terminal nécessaire à la visualisation; tout cela est bien distinct du message lui-même. Une illustration de cette différence est donnée à la figure 9-10.

Les systèmes de messagerie distinguent souvent trois types de messages: les messages des utilisateurs, les réponses, et les essais. Les *messages des utilisateurs* contiennent les informations échangées entre abonnés au service. Ils sont la raison d'être d'un système de messagerie, et par là même les messages les plus importants. Ils peuvent être de longueur quelconque et transporter tout ce que l'émetteur a choisi d'y inclure.

Les *réponses* sont des messages générés automatiquement par le système pour indiquer à un émetteur si son message est correctement arrivé ou non. Pour MOTIS, il est possible de demander la génération d'une réponse en cas de remise, en cas de non-remise, dans ces deux cas, ou jamais.

Les *essais* sont des messages de test constitués d'enveloppes vides. Leur rôle consiste à voir si le destinataire est accessible ou pas. De plus, il est alors possible, grâce aux informations collectées en route, de reconstituer le chemin emprunté, et le temps de traitement utilisé par chaque nœud intermédiaire.

La figure 9-11 montre le modèle fonctionnel de MOTIS; il est très comparable à la plupart des autres systèmes de messagerie. L'*agent utilisateur* est un programme qui fournit une interface avec le système de messagerie. Il permet la composition des messages, l'envoi et la réception de courrier, la gestion des boîtes aux lettres.

L'*agent de transfert de message* reçoit le courrier préparé par l'agent utilisateur et se charge de son acheminement. C'est un centre de tri électronique. Comme dans le système postal, un message peut traverser successivement plusieurs bureaux de poste (électroniques) avant de parvenir à destination.

Il est possible de voir cohabiter ces deux fonctions dans la même machine, mais à l'avenir, cela deviendra assez rare.Typiquement, l'agent utilisateur sera réalisé dans un micro-ordinateur, alors que l'agent de transfert de messages fonctionnera sur un site central géré par la poste, ou un quelconque autre prestataire de services.

Les ordinateurs personnels ne disposent que d'une faible capacité de stockage et ne sont connectés aux agents de transfert de messages qu'une faible partie du temps. Cela pose le problème du traitement des très gros messages ou des messages qui arrivent lorsque l'agent utilisateur n'est pas connecté. La solution consiste à gérer des boîtes aux lettres dans un endroit appelé *mémoire de message.* Les messages entrants sont stockés dans les boîtes aux lettres en attente de lecture, de destruction, de renvoi, de chargement lors de la connexion de l'agent utilisateur.

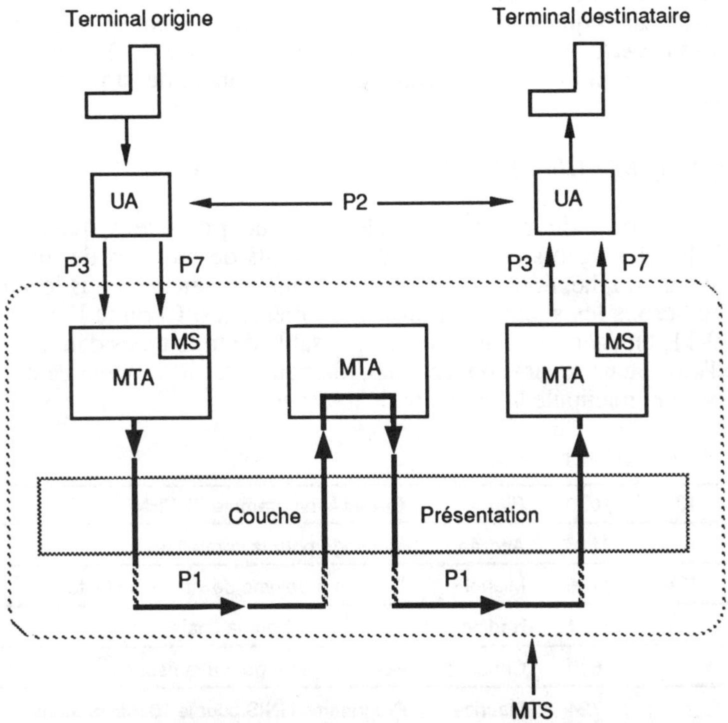

UA : Agent utilisateur (*User Agent*)
MS : Mémoire de stockage des messages (*Message Storage*)
MTA : Agent de transfert de message (*Message Transfert Agent*)
MTS : Système de transfert de message (*Message Transfert System*)

Figure 9-11. Le modèle général d'un système de messagerie

Le protocole utilisé entre l'agent utilisateur et l'agent de transfert de message, lorsqu'ils ne résident pas sur la même machine, est standardisé sous le nom de *P3*. De même, les interactions avec la mémoire de message sont régies par le protocole *P7*, alors que *P1* est le protocole normalisé pour les échanges entre agents de transfert de messages.

L'ensemble de tous les agents de transfert de message est appelé *système de transfert de message*. Il est divisé en *domaines administratifs*. Des domaines différents sont gérés par des autorités différentes. Certains domaines sont publics, gérés par un opérateur comme les PTT, d'autres sont privés, entièrement sous la responsabilité d'une seule organisation.

Le protocole (virtuel) entre les agents utilisateurs, *P2*, a également été normalisé. En fait, *P2* est défini par l'en-tête et le corps du message de la figure 9-10, alors que *P1* ne traite que l'enveloppe. *P2* réalise la *messagerie interpersonnelle* entre individus. Dans le futur, il est sûr que d'autres protocoles verront le jour à ce niveau pour commander des articles, envoyer des factures, etc.

9.3.2. L'agent utilisateur

Les systèmes de messagerie électronique possèdent deux parties essentielles: les agents utilisateurs et les agents de transfert de messages. Dans ce paragraphe, nous traiterons des agents utilisateurs; dans le suivant, nous étudierons les agents de transfert de messages. Comme le montre la figure 9-11, un agent utilisateur est responsable de trois types d'interactions. Il gère l'utilisateur devant son terminal, dialogue avec le système de transfert de message et manipule la mémoire de message.

#	Flags	Octets	Emetteur	Sujet
1	K	1030	Pierre	Ci-joint le programme CAREN
2	KF	2146	Andrée	Message pour la comtesse
3	KA	7136	Michel	Il y a un problème de virus sur Nestor
4		3124	Nadine	Tout est OK pour la finale
5		610	Christine	Comment voyager sans risques
6		724	Maurice	Programme RNIS pour le 10 mai prochain
7		3240	Mario	Quelques commentaires sur les hypertextes
8		425	Bernard	Note sur le cours de Beaujolais nouveau

Figure 9-12. Exemple de visualisation du contenu d'une boîte aux lettres

Considérons d'abord l'interface utilisateur. L'agent utilisateur est activé par l'appel d'un programme capable de traiter des commandes d'édition, d'envoi ou de réception de messages, de manipulation de boîte aux lettres. Certains programmes ont une interface fondée sur des menus déroulants commandés par une souris, d'autres sont contrôlés par des commandes de un caractère tapées directement au clavier. La plupart du temps, le programme de messagerie consulte la boîte aux lettres à la recherche de courrier en attente, avant d'afficher quoi que ce soit sur l'écran. Il annonce ensuite le nombre de messages non lus, puis attend une commande.

Commande	Paramètre	Signification
h	#	Affichage en-tête(s) message(s)
c		Affichage en-tête message courant
t	#	Impression du message désigné
s	Adresse	Transmission du message à l'adresse
f	#	Faire suivre le message vers un destinataire
a	#	Réponse(s) à un message
d	#	Destruction d'un message
u	#	Restitution du message précédemment détruit
m	#	Transférer le message dans une autre boîte aux lettres
k	#	Conserver un message après l'avoir lu
r	Boîte aux lettres	Lire une nouvelle boîte aux lettres
n		Aller au message suivant et l'afficher
b		Retour vers un message antérieur et l'afficher
g	#	Aller vers un message particulier
e		Fin du programme de messagerie et mise à jour de la boîte aux lettres

Figure 9-13. Les commandes courantes de gestion d'un agent utilisateur

A titre d'exemple, considérons un scénario typique du fonctionnement d'un agent utilisateur. Après avoir lancé le programme de messagerie, l'utilisateur souhaite voir les messages arrivés dans sa boîte aux lettres. Un affichage comme celui de la figure 9-12 apparaît à l'écran. Chaque ligne se réfère à un message. Dans cet exemple, huit messages sont en attente.

Chaque ligne contient des parties de l'enveloppe et de l'en-tête d'un message. Dans les systèmes simples, le choix de ce qui est affiché est défini par le programme; avec des outils plus complets, il est possible de spécifier des préférences en donnant un *profil d'utilisation*, un fichier décrivant le format de visualisation souhaité. Dans notre exemple, le premier champ est le numéro du message. Le deuxième (*Flags*) indique l'état du message. Un *K* indique que le message n'est pas nouveau, qu'il a déjà été lu et qu'il est mémorisé dans la boîte aux lettres; un *A* indique qu'une réponse à ce message a été envoyée, et un *F* qu'une copie a été renvoyée à un autre utilisateur. D'autres possibilités existent bien entendu pour ce champ d'état.

Le troisième champ donne la taille du message et le quatrième indique l'auteur du courrier. Comme cette information est extraite de l'en-tête du message, elle peut contenir un nom, un prénom, des initiales, un nom de connexion, ou tout ce que l'utilisateur aura choisi d'y faire figurer. Enfin, le champ *Sujet* donne un court résumé de l'information que transporte le message. On s'aperçoit rapidement qu'un message portant ce champ est plus sûrement traité qu'un autre!

Après avoir pris connaissance des en-têtes, l'utilisateur peut exécuter l'une des commandes dont la liste est donnée à la figure 9-13. Certaines d'entre elles demandent un paramètre. Le symbole # indique qu'un (ou plusieurs) numéro(s) de message(s) est attendu. En remplacement, la lettre *a* permet de désigner tous les messages à la fois. L'information de la figure 9-12 a été obtenue par la commande *h a*.

Notre exemple (bâti à partir du programme *mmdf* d'UNIX) garde une trace du message courant. la commande *c* imprime l'en-tête du message courant. La commande *t* imprime (c'est-à-dire affiche à l'écran) le contenu du message désigné. *t 3* imprimera le message 3, *t 4–6* imprimera les messages 4, 5 et 6, et *t a* donnera tous les messages.

Le groupe suivant de trois commandes permet d'envoyer des messages, plutôt que d'en recevoir. La commande *s* envoie un courrier après avoir appelé un éditeur de texte (spécifié dans le profil d'utilisation) pour composer le message. Des outils de correction orthographique ou syntaxique seraient les bienvenus, mais la génération actuelle des programmes de messagerie n'en possède pas. Lorsque le message est prêt, il est remis à l'agent de transfert de messages pour acheminement.

La commande *f* fait suivre un message en demandant une adresse de destination. La commande *a* extrait l'adresse de l'émetteur d'un message pour construire une réponse.

Les commandes suivantes permettent de gérer les boîtes aux lettres. Un utilisateur peut posséder, en plus de la boîte aux lettres pour le courrier entrant, une boîte aux lettres associée à chacun de ses correspondants. La commande *d* ôte un message d'une boîte aux lettres, alors que la commande *u* restitue le message précédemment détruit (les destructions ne s'opèrent physiquement qu'à la fin de l'exécution du programme). La commande *m* déplace un message d'une boîte aux lettres vers une autre. Ceci permet d'archiver un courrier important après l'avoir lu. La commande *k* permet de laisser un message dans la boîte aux lettres, même après l'avoir lu. Si cette commande n'est pas utilisée, le programme appliquera un traitement par défaut à tous les messages lus, comme par exemple, de les transférer dans une boîte aux lettres prédéfinie. Enfin, la commande *r* permet de changer de boîte aux lettres.

Les commandes *n*, *b*, et *g* servent à se déplacer à l'intérieur d'une boîte aux lettres. L'habitude consiste à lire le message 1, y répondre, le classer, puis à utiliser la commande *n* pour traiter le message suivant. Cette commande permet de ne pas avoir à mémoriser l'endroit où l'on se trouve exactement. Il est possible de revenir en arrière en utilisant la commande *b*, ou de se déplacer vers un message particulier grâce à *g*.

Enfin, la commande *e* termine le programme de messagerie, réalise effectivement les changements demandés (destruction, marquage) et modifie donc le contenu des boîtes aux lettres.

Il apparaît, au vu de cet exemple, que de gros progrès ont été réalisés depuis les débuts de la messagerie, lorsqu'il ne s'agissait que de transfert de fichiers. Des programmes évolués permettent de traiter facilement de grosses quantités de courrier. Pour ceux (dont l'auteur) qui reçoivent et envoient des milliers de messages par an, de tels outils sont indispensables.

Champ	Signification
Expéditeur Visas	Qui a envoyé le message Qui a autorité pour envoyer
Destinataire principal Destinataire copie Destinataire copie muette	A qui le message est destiné Liste de diffusion du message Diffusion autre; non sur la liste de diffusion
Destinataire(s) réponse Date de réponse	Qui doit recevoir une réponse Quand la réponse doit être envoyée
Identification message En réponse à A la place de En référence à	Identication du message Message qui est une réponse Message qui se substitue au précédent Autre(s) message(s) en relation au précedent
Sujet Importance Confidentialité	Le message traite de Message prioritaire Public, confidentiel, secret, etc.
Date d'expiration	Date à partir de laquelle le message n'est plus valide

Figure 9-14. Les champs d'en-tête de la messagerie interpersonnelle

Attardons-nous maintenant sur le protocole utilisé entre les agents utilisateurs (*P2* sur la figure 9-11). Ce protocole est défini, pour une grande partie, par les champs de l'en-tête d'un message. La figure 9-14 montre quelques-uns de ces champs d'en-tête.

Le champ *Expéditeur* contient le nom de la personne qui a réellement envoyé le message. Le champ *Visas* indique qui a autorité pour envoyer le message. Habituellement, ces deux informations sont identiques, sauf, par exemple, lorsqu'une secrétaire envoie un message au nom de son patron.

Les trois champs suivants indiquent qui reçoit des copies du message. Les *Destinataires principaux* sont les vrais destinataires du courrier. Des copies sont envoyées aux *Destinataires copie*, souvent pour des raisons administratives. Les *Destinataires de copies muettes* reçoivent aussi des copies, mais leurs noms ne sont pas indiqués dans les autres copies. Cette possibilité est très fréquemment utilisée dans les sociétés.

Les champs suivants ont trait aux réponses. Une réponse ne doit pas nécessairement être envoyée à l'émetteur du message; de plus, il est possible de fixer une date limite pour cette réponse.

Nous trouvons ensuite un ensemble de champs d'identification du message lui-même, du message auquel il répond, des messages qu'il remplace, ou des messages auxquels il fait référence.

Le champ *Sujet* résume le message. Nous avons vu comment ce champ était utilisé à la figure 9-12. Le champ *Importance* caractérise l'urgence du message. Le *Niveau de confidentialité* précise si le message doit être tenu secret!

Enfin, la *Date d'expiration* indique la durée de validité du message. Par exemple, lorsque vous proposez de vendre ou d'acheter quelque chose à un certain prix, votre offre ne reste valide que pendant un temps défini.

Bien que le corps du message ne soit pas aussi structuré que l'en-tête, il possède sa propre organisation. Il comprend une partie principale et des annexes. Dans le futur, chacun recevra son courrier chez soi en utilisant le vidéotex ou la télévision comme outil de visualisation. Malheureusement, ces dispositifs ne permettent généralement que de visualiser 40 caractères par ligne. Si l'émetteur pense disposer de 80 caractères, un problème risque de se poser.

Une solution consiste à encoder le corps d'un message comme un document au format simple; le texte est composé de paragraphes, avec des lignes vides entre les paragraphes. L'agent utilisateur destinataire visualise autant de mots qu'il le peut sur une ligne, en ne préservant que la structure en paragraphes du texte original.

Une solution plus complexe consiste à inclure dans le texte du message des indications de mise en page, comme celles utilisées dans *troff*, *scribe*, T_EX, ou d'autres langages de mise en page. L'agent utilisateur peut alors traiter du texte très complexe, comme des formules mathématiques, des formules chimiques, des tableaux, des dessins, des notes de bas de page, d'une façon acceptable pour le terminal du destinataire. Un travail important est actuellement réalisé dans ce domaine.

9.3.3. L'agent de transfert de message

Le système de transfert de message doit acheminer les messages de l'émetteur au destinataire. Ce processus est fondamentalement différent de l'établissement d'une association, comme c'est le cas dans FTAM. Avec FTAM, il est impossible de lire un fichier distant si le serveur est en panne. Avec la messagerie, vous pouvez envoyer un message à une personne, même si elle est absente, ou si sont agent utilisateur n'est pas en fonctionnement. La messagerie électronique est un système qui achemine les messages de proche en proche et non de bout en bout.

Lorsqu'un message arrive dans un agent de transfert de message, le traitement est le suivant: si le message provient d'un agent utilisateur, sa syntaxe est vérifiée, et, si elle est incorrecte, le message est retourné à son émetteur; si la syntaxe est correcte, le message reçoit un identificateur unique et une date, puis est traité comme s'il venait d'un autre agent de transfert de message.

L'étape suivante cherche à savoir si l'agent utilisateur destinataire est local ou pas. Si c'est le cas, le message peut être placé en attente de remise ou rangé dans une boîte aux lettres. Si nécessaire, un compte rendu de remise est généré et renvoyé. Si le destinataire n'est pas local, le message est transmis à un autre agent de transfert de message. Le courrier international doit transiter par une passerelle à chaque franchissement de frontière.

Dans la plupart des systèmes, une liste des nœuds traversés est ajoutée à l'enveloppe du message. Ceci permet non seulement de détecter des pannes éventuelles, mais aussi d'éviter les boucles dans le routage des messages. Si un agent de transfert de message découvre son propre nom dans cette liste, il sait que le message «boucle», et qu'il faut dès lors déclencher une action spéciale.

La remise à un agent utilisateur local n'est pas toujours très simple, car l'émetteur et le récepteur d'un message peuvent avoir des équipements différents. Parmi les types possibles de messages, citons :

1. Texte ASCII
2. Fac-simile analogique
3. Fac-simile numérique
4. Voix numérisée
5. Vidéotex
6. Télex
7. Externe (en provenance d'un autre système)

Si le destinataire ne peut accepter directement le message, l'agent de transfert de message peut essayer de le convertir avant la remise. Toutes les conversions ne sont pas possibles. Par exemple, convertir de la voix numérisée en ASCII, ou en fac-simile, est un projet de recherche intéressant. Si la conversion ne peut être faite, la remise du message est impossible.

Il s'écoulera encore beaucoup de temps avant que chacun dispose d'un équipement adapté à la réception de courrier électronique. Dans l'intervalle, le problème des conversions restera crucial. Par exemple, pour envoyer un message à une personne ne disposant d'aucun terminal, il peut être envisagé d'acheminer électroniquement le courrier vers le bureau de poste le plus proche. Là, une impression classique pourra résoudre le problème; s'il s'agit de voix numérisée, elle pourra être enregistrée sur une cassette. Le résultat final de cette conversion sera alors acheminé comme une lettre traditionnelle.

Si le destinataire dispose d'un ordinateur personnel sans capacité de traitement de messagerie, le message pourrait être enregistré sur disquette puis acheminé par la poste. Bien que ces systèmes mixtes ne soient pas aussi élégants que des outils électroniques de bout en bout, la perspective de pouvoir émettre depuis un terminal une information qui sera délivrée quelques heures plus tard n'importe où dans le monde, est intéressante.

L'ISO n'a pas étudié le détail du fonctionnement d'un tel système. Les spécifications du CCITT en ce qui concerne la notion d'*opération distante* ont été directement reprises. Il ne s'agit que d'un classique appel de procédure à distance, autour duquel quatre opérations ont été normalisées:

1. Invoquer l'exécution d'une opération sur une machine distante
2. Renvoyer le résultat d'une opération à l'initiateur
3. Renvoyer un compte rendu d'erreur à l'initiateur
4. Rejeter l'appel d'opération comme invalide (pour paramètres invalides par exemple)

Le service d'opérations distantes peut être utilisé par un agent de transfert de message pour placer un message dans la file de traitement d'un autre. Savoir pourquoi le CCITT a adopté le mode sans connexion après avoir bataillé pour imposer le modèle à sept couches n'est pas évident. Enfin, mieux vaut tard que jamais.

Un des problèmes importants de la réalisation des agents de transfert de message est l'adressage. Nous avons déjà envisagé au chapitre 5 une possibilité, le modèle `NOM@DOMAINE`. C'est le système choisi dans le réseau ARPA, dans ARPANET, USENET, et encore dans d'autres réseaux. Les domaines peuvent avoir des sous-domaines, ainsi `THOMPSON@CS.YALE.EDU` désigne Thompson en informatique à Yale, alors que `THOMPSON@CHEM.YALE.EDU` désigne Thompson en chimie à Yale.

Ce mécanisme basé sur la notion de domaine fonctionne correctement pour un million de personnes dans les universités, les centres industriels, les sites gouvernementaux. Le CCITT ne croit pas que cela marchera aussi bien lorsque la messagerie électronique couvrira la population entière du monde industrialisé. Un schéma radicalement différent a donc été construit. Cependant, nous parlerons de ce système plus loin dans ce chapitre, après avoir présenté le service de répertoire auquel il est très fortement lié.

Le dernier aspect du système de transfert de message que nous allons considérer ici est l'enveloppe (voir figure 9-10). Certaines informations la composant sont représentées à la figure 9-15. Elles sont groupées en quatre catégories: adressage, remise, conversion, et sécurité. Bien que cette liste ne soit pas complète, elle donne une bonne idée de ce qu'est l'enveloppe.

Champ	Signification
Adresse expéditeur	Adresse postale de l'expéditeur
Adresse destinataire	Adresse postale du destinataire
Faire suivre	Rediffusion du message si nécessaire
Autre(s) destinataire(s)	Destinataire(s) secondaire(s)
Identification du message	Identification du message
Priorité	Lent, normal, rapide
Demande par exp. d'un rapport de remise	Type de rapport souhaité
Demande par MTA d'un rapport de remise	Type de rapport MTA souhaité
Remise différée	Ne pas délivrer avant la date
Date de péremption	Ne pas délivrer après la date
Retour du contenu	Retour en cas de non délivrance
Type d'information	Texte, facsimile, voix numérisée, etc.
Conversion impossible	Impossible de convertir le message
Conversion dégradée	Possibilité limité de conversion du message
Conversion possible	Conversion systématique
Encryptage	Localisation de la table de cryptage
Vérification d'intégrité	Contrôle du contenu
Signature de l'expéditeur	Contrôle de signature
Niveau de sécurité	Confidentiel, secret, top-secret, etc.
Preuve de remise	Accusé de réception

Figure 9-15. Quelques champs de l'enveloppe

Le besoin des champs *Adresse expéditeur* et *Adresse destinataire* est évident. Celui des deux suivants l'est moins. Ils permettent qu'un message soit délivré, non pas à son destinataire prévu, mais à une autre personne si, par exemple, le nom est mal orthographié ou si le destinataire a changé d'endroit. Certains systèmes prévoient que tout message destiné à un utilisateur inconnu du site soit envoyé à un vaguemestre (*Postmaster*), qui regarde le message et essaie de résoudre, manuellement, le problème. Si le message est confidentiel, l'émetteur peut choisir d'interdire cette possibilité.

Le second groupe de paramètres concerne la remise. Les deux premiers sont simples à comprendre. La *Demande de rapport* permet à l'expéditeur de demander un compte rendu automatique si son message est remis, n'est pas remis, dans tous les cas, ou jamais. Le compte rendu spécifie à qui a été remis le message et quand. La *Demande de rapport par MTA* permet à l'agent de transfert de message de demander ce même type d'information pour son propre compte. Ce rapport peut être plus détaillé en demandant, par exemple, à chaque agent de transfert d'indiquer son nom et une heure de passage sur l'enveloppe.

Il est quelquefois important qu'un message ne soit remis ni trop tôt ni trop tard. Par exemple, lorsqu'une entreprise souhaite faire l'annonce d'un nouveau produit partout en même temps, il n'est pas question de voir un message porteur de l'annonce divulgué trop tôt. Le champ *Date de remise différée* indique la date de remise au plus tôt. Si le message arrive avant, il doit être retardé.

La situation inverse se produit lorsqu'un message ne vaut plus la peine d'être traité après une certaine date, indiquée par la *Date de péremption.*

Enfin, la *Demande de retour du contenu* permet, lorsqu'un message n'est pas délivré, de retourner à son auteur, non seulement l'enveloppe et l'en-tête, mais aussi le contenu. Cela est tout particulièrement utile pour ceux qui envoient de nombreux messages sans en garder de copies. Ils peuvent ainsi savoir, en cas d'incident, de quoi il s'agissait.

Le troisième groupe traite des conversions entre le texte ASCII, le Télétex, les *fac simile*, la voix numérisée, ou d'autres formes d'information. Si le destinataire ne possède pas le bon type de terminal, une conversion peut parfois avoir lieu. Par exemple, les terminaux Télétex et les terminaux ASCII ne possèdent pas les mêmes jeux de caractères. Les symboles les plus exotiques seront remplacés par des points d'interrogation, ou tout simplement ignorés. Ces paramètres permettent à l'émetteur d'avoir un contrôle sur ces fonctions, en particulier de choisir entre une dégradation de l'information et pas de remise du tout.

Le dernier groupe de paramètres concerne la sécurité. Il permet le cryptage du message, la vérification d'intégrité, la transmission de la signature numérique de l'émetteur (pour garantir la non-répudiation des messages), ou du récepteur (pour valider la remise). Nous avons présenté les algorithmes de chiffrement permettant d'y parvenir dans le chapitre précédent. Le choix exact de la méthode dépend de l'utilisateur. Ces champs sont présents uniquement pour standardiser l'emplacement des informations nécessaires.

9.4. LES TERMINAUX VIRTUELS

Les terminaux se répartissent en trois grandes catégories: à défilement, par écran ou par page. Les terminaux à défilement sont les plus simples; les terminaux en mode page sont les plus élaborés. Pour chaque catégorie, différents problèmes se posent, et des approches différentes sont nécessaires. Nous allons discuter chacune de ces classes en détail. Vous trouverez des informations complémentaires sur ce sujet dans Gilmore, 1987.

9.4.1 Les terminaux à défilement

Les terminaux à défilement n'ont pas de microprocesseur intégré, ni aucune possibilité d'édition locale. Quand on appuie sur une touche du clavier, le caractère correspondant est émis sur la ligne (et parfois affiché). Lorsqu'un caractère est reçu, il est seulement affiché. Au fur et à mesure que de nouvelles lignes sont affichées, les plus anciennes disparaissent. La plupart des terminaux à impact, ainsi que certains écrans, sont de ce type.

Malgré leur simplicité, ces terminaux peuvent être assez différents les uns des autres, par exemple en qui concerne le jeu de caractères, la longueur des lignes affichables, la présence ou l'absence d'écho automatique ou de surimpression, sans oublier la façon dont sont gérés les retours à la ligne, tabulations horizontales et verticales, retours en arrière, sauts de page, et interruptions. Certains terminaux ont des problèmes de temps de réaction, nécessitant la présence de caractères de bourrage en fin de ligne.

Puisqu'ils ne possèdent aucune intelligence propre, ces terminaux ne peuvent communiquer à travers un réseau en utilisant un protocole normalisé (un terminal avec un processeur interne pourrait gérer un protocole de communication). Pour résoudre ce problème, on construit des boîtes noires placées entre le terminal et le réseau. Ces boîtes noires utilisent RS-232 vers le terminal et un autre protocole vers le réseau. Il s'agit souvent de PAD (*Packet Assembler/Disassembler*) qui réalisent un certain nombre de conversions.

L'assembleur/désassembleur de paquets (PAD)

Le CCITT a défini le fonctionnement du PAD dans les recommandations X.3, X.28, et X.29.

X.3 définit les paramètres du PAD, X.28 l'interface PAD-terminal, et X.29 l'interface PAD-ordinateur (DTE). Le PAD n'est pas exactement un terminal virtuel, mais il ne correspond réellement à aucune autre fonction du modèle ISO.

Lorsqu'un terminal établit une connexion avec un PAD, l'opérateur ou l'ordinateur positionne un certain nombre de paramètres décrivant les contraintes de l'échange entre PAD et terminal. Les paramètres sont numérotés, ainsi que les valeurs qu'ils peuvent prendre. Une commande du PAD peut être SET 1:0, ce qui signifie que le paramètre 1 doit prendre la valeur 0. D'autres commandes existent pour établir et libérer les connexions, consulter les valeurs des paramètres, réinitialiser la ligne, ou transmettre une interruption. La liste complète en est donnée figure 9-16.

Le paramètre 1 permet de dire si l'opérateur du terminal peut changer les paramètres du PAD en cours de session ou pas. Le paramètre 2 doit être positionné en fonction du type de terminal.

Les paramètres 3 et 4 sont nécessaires, car beaucoup de réseaux font payer le nombre de paquets plutôt que de caractères. Un usager économe n'enverra alors que des paquets complets, puisqu'ils coûtent le même prix que des paquets vides. Le problème est que, pour gérer correctement un terminal interactif, un ordinateur doit être averti chaque fois qu'un retour à la ligne est tapé. Si le PAD attend encore des caractères pour remplir un paquet, la réaction ne sera pas immédiate.

Paramètres	Signification	Valeurs associées
1	Possibilité de changement des paramètres du PAD par l'opérateur	0 = non 1 = oui
2	Renvoi de l'écho du caractère par le PAD	0 = non 1 = oui
3	Définition du caractère permettant au PAD de transmettre un paquet partiellement plein	0 = transmission de paquets pleins 2 = caractère CR 64 = tout caractère de contrôle + DEL
4	Délai d'attente maximum avant l'envoi d'un paquet partiellement plein	0 = sans délai 1 – 255 = délai multiple de 50ms
5	Contrôle du flux des caractères par le PAD	0 = non 1 = oui (avec DC1, DC3)
6	Le PAD transmet des signaux de service	0 = non 1 = oui
7	Réaction du PAD à l'apparition du caractère BREAK	0 = aucune 1 = interruption 2 = réinitialisation 4 = envoi d'un paquet de contrôle 8 = changement du mode commande 16 = sortie transparente
8	Mise au rebut des données de sortie	0 = non 1 = oui
9	Nombre de caractères de bourrage	0 = aucun 1–255 = nombre de caractères
10	Longueur de la ligne du terminal	0 = non 1–255 = longueur de la ligne
11	Débit de la liaison avec le terminal	0 = 110 bit/s 8 = 200 bit/s 2 = 300 bit/s 12 = 2400 bit/s 4 = 600 bit/s 16 = 48 000 bit/s
12	Suspension provisoire du flux d'information en provenance du terminal	0 = non 1 = oui
13	Insertion automatique d'un interligne après un caratère CR	0 = non 1–7 = diverses conditions
14	Insertion automatique de caractères de remplissage après un interligne	0 = non 1–7 = nombre de caractères
15	Edition locale par le PAD	0 = non 1 = oui
16	Effacement de caractère	0–127 = choix du caractère
17	Effacement de ligne	0–127 = choix du caractère
18	Affichage de ligne	0–127 = choix du caractère

Figure 9-16. Les paramètres du PAD (d'après l'avis X.3 du CCITT)

Quelques options permettent de corriger cette règle des paquets pleins. Le paramètre 3 permet de demander la transmission d'un paquet chaque fois qu'un caractère de contrôle est tapé. Le paramètre 4 permet de fixer un délai maximal d'attente avant l'envoi d'un paquet. Suivant la façon dont l'ordinateur a été programmé, le PAD peut, afin de réduire les coûts, rassembler dans un seul paquet les caractères en provenance de plusieurs terminaux.

Le paramètre 5 est utilisé lorsque le terminal possède un lecteur de ruban perforé ou un autre dispositif d'entrée rapide de données. Lorsque ce paramètre vaut 1, le PAD peut contrôler le flot des caractères émis par ce dispositif. Les caractères ASCII DC1 et DC3 sont utilisés respectivement pour autoriser ou inhiber les transmissions. Le paramètre 6 est employé pour supprimer quelques informations envoyées par le PAD. Cette option est utile lorsque l'utilisateur du terminal n'est pas un technicien. Le paramètre 7 indique la conduite à tenir par le PAD lors de la frappe par l'utilisateur d'un caractère break. Le paramètre 8 indique au PAD d'ignorer les informations en provenance de l'ordinateur. Le paramètre 9 est nécessaire pour les terminaux à impact qui ont souvent besoin de caractères de bourrage en fin de ligne. Même certains terminaux à écran en ont besoin au-delà de 4800 bit/s.

Le paramètre 10 indique la longueur de ligne du terminal, pour replier correctement celles qui seraient trop longues. Le paramètre 11 donne la vitesse de la ligne du terminal. D'autres vitesses seront certainement ajoutées dans le futur. Le paramètre 12 permet à l'utilisateur du terminal d'arrêter temporairement le flot de données en provenance du PAD avec DC1 et DC3; cela peut s'avérer utile pour lire un commentaire avant qu'il ne disparaisse de l'écran.

Les paramètres 13 et 14 permettent d'ajouter un saut de ligne et du bourrage après un caractère de retour.

Les paramètres 15 à 18 permettent à l'utilisateur de réaliser de l'édition locale du texte tapé mais non encore émis. Si cette possibilité est autorisée (paramètre 15), l'utilisateur peut spécifier quels caractères seront utilisés pour détruire des lignes ou des caractères, ou afficher la ligne courante. Le CCITT se réserve la possibilité d'ajouter de nouveaux paramètres au fur et à mesure que le besoin s'en fera sentir.

9.4.2. Les terminaux en mode écran

Il s'agit typiquement des terminaux clavier/écran qui affichent 25 lignes de 80 caractères. L'ordinateur peut déplacer le curseur sur l'écran pour en modifier certaines parties. Ces terminaux ont les mêmes problèmes que les précédents, avec en plus la longueur de la page, l'adressage du curseur, la présence ou l'absence du clignotement, de l'inversion vidéo, de la couleur, de niveaux de gris.

Il n'existe pas deux types de terminaux possédant les mêmes séquences de commandes pour ces fonctions. Cela rend le développement d'éditeurs orientés écran (et de tout autre logiciel de même type) difficile. Une solution largement utilisée a été introduite dans les systèmes UNIX de Berkeley; il s'agit de définir un terminal virtuel possédant les caractéristiques de la plupart des terminaux à écran.

Lorsqu'un éditeur est utilisé, il demande le type du terminal, puis lit la définition des fonctions de ce terminal dans une base de données appelée *termcap* (*terminal capabilities*). Pour chaque fonction de base, les caractères de contrôle nécessaires sont ainsi définis. Pour autant que l'éditeur se limite à l'utilisation des fonctions du terminal virtuel, il pourra fonctionner sur n'importe quel terminal réel connu par la base de données.

La figure 9-17 montre quelques-uns des codes retenus. Le premier groupe est constitué de valeurs logiques qui sont présentes dans la base si la fonction correspondante est possible, et absentes dans le cas contraire.

Le second groupe fournit des indications numériques comme la taille de l'écran. Ainsi, les logiciels connaissent le nombre de lignes et de colonnes disponibles.

Le troisième groupe définit les séquences de commandes pour effacer des parties de l'écran, déplacer le curseur, contrôler le mode de fonctionnement, etc. Si un code particulier n'est pas présent dans la base, le terminal ne peut pas réaliser la commande; le logiciel doit donc s'abstenir de l'utiliser. Le plus souvent, cependant, on peut réaliser une fonction *a priori* inexistante par une combinaison de fonctions disponibles.

Par exemple, si un terminal ne dispose pas du code *cl*, mais possède *cm* et *cd*, l'écran peut être effacé en déplaçant le curseur au début de l'écran, puis en effaçant depuis le curseur jusqu'à la fin de l'écran. De même, un éditeur souhaitant visualiser ses messages d'erreur peut préférer la vidéo inversée, mais utilisera la surbrillance si elle n'est pas disponible, voire le clignotement en dernier ressort.

Le quatrième groupe de la figure 9-17 essaie de traiter les problèmes liés au clavier. Il est ici possible de définir les séquences générées par les flèches de direction et quelques autres touches de déplacement du curseur. Un utilisateur peut alors déplacer son curseur sur l'écran d'une manière indépendante du terminal. Ces fonctions sont néanmoins assez limitées.

9.4.3. Les terminaux en mode page

Les terminaux les plus sophistiqués contiennent des microprocesseurs internes. Dans des applications bancaires, ou de réservation de places d'avion, le site central peut télécharger dans le terminal un masque de saisie, avec certains champs à lecture seule pour les informations, et d'autres à remplir par l'utilisateur. Le microprocesseur peut permettre l'édition locale, la gestion de macros, etc. Ces terminaux sont appelés *terminaux en mode page*.

Lorsque le masque a été rempli, le microprocesseur peut exercer un rapide contrôle de syntaxe (par exemple, un numéro de compte bancaire doit comporter huit chiffres dont la somme modulo 9 est 0).

Code	Type	Description
bs	Booléen	Le terminal peut faire un retour-arrière avec CTRL-H
hc	Booléen	Le terminal imprime une copie
nc	Booléen	Le terminal est une console sans mode défilement (*scroll*)
os	Booléen	Le terminal peut superposer des caractères
ul	Booléen	Le terminal peut souligner les textes
pt	Booléen	Le terminal dispose de tabulations
co	Entier	Nombre de colonnes d'une ligne
li	Entier	Nombre de lignes de l'écran ou d'une page
dB	Entier	Nombre de ms nécessaire au retour-arrière
dC	Entier	Nombre de ms nécessaire au retour-chariot
dN	Entier	Nombre de ms nécessaire au saut d'une ligne
dT	Entier	Nombre de ms nécessaire à une tabulation
cd	Chaîne	Effacer depuis le curseur jusqu'à la fin de l'écran
ce	Chaîne	Effacer depuis le curseur jusqu'à la fin de la ligne
cl	Chaîne	Effacer tout l'écran
cm	Chaîne	Déplacement du curseur
ct	Chaîne	Effacement de toutes les tabulations
dc	Chaîne	Effacement du caractère situé sous le curseur
dl	Chaîne	Effacement de la ligne contenant le curseur
ff	Chaîne	Aller au début de la page suivante
ic	Chaîne	Insérer un caractère
is	Chaîne	Initialisation du terminal
mb	Chaîne	Mode clignotement
md	Chaîne	Mode surbrillance
us	Chaîne	Mode souligné
mh	Chaîne	Mode sous-brillance
so	Chaîne	Mode vidéo-inverse
me	Chaîne	Mode normal
pc	Chaîne	Caractère de remplissage (de bourrage)
sf	Chaîne	Défilement avant
sr	Chaîne	Défilement arrière
kl	Chaîne	Séquence d'échappement envoyée par flèche à gauche
kr	Chaîne	Séquence d'échappement envoyée par flèche à droite
ku	Chaîne	Séquence d'échappement envoyée par flèche en haut
kd	Chaîne	Séquence d'échappement envoyée par flèche en bas
kh	Chaîne	Séquence d'échappement envoyée par touche *home*
kb	Chaîne	Séquence d'échappement envoyée par retour-arrière

Figure 9-17. Quelques paramètres de définition de la base *termcap*

Si les données fournies sont correctes, la partie modifiée du masque peut être envoyée à l'ordinateur *via* le réseau. Il est évident que la solution *termcap* n'est pas adaptée à ce cas. Un modèle radicalement différent de terminal virtuel est nécessaire.

Le modèle des structures de données partagées est bien adapté à ces terminaux complexes. Dans ce modèle, le logiciel de gestion du terminal virtuel maintient une image abstraite de l'écran du terminal. Cette représentation peut être lue ou mise à jour par l'utilisateur du terminal ou par le programme d'application exécuté quelque part sur le réseau. Le logiciel de terminal virtuel est chargé de garantir la cohérence entre la structure de données et l'écran du terminal chaque fois qu'il y a une modification.

En pratique, il existe deux variantes à ce modèle. Dans la première, illustrée à la figure 9-18(a), une seule structure de données représentant l'écran du terminal existe. Deux copies identiques sont maintenues, l'une par le logiciel de terminal virtuel s'exécutant dans le terminal (ou près de lui) et l'autre par le logiciel d'application dans l'ordinateur.

L'utilisateur du terminal peut modifier la copie locale en tapant des caractères au clavier (la flèche 1, figure 9-18). Ces changements sont visibles à l'écran car celui-ci est piloté par la structure de données locale. Le microprocesseur envoie alors des commandes au site distant pour que la mise à jour y soit également réalisée (flèche 2, figure 9-18). Un protocole de terminal virtuel est mis en jeu. La structure modifiée peut alors être consultée par le programme d'application (flèche 3, figure 9-18).

De façon symétrique, le programme d'application peut modifier sa copie, ce qui a pour conséquence de générer des PDU du protocole de terminal virtuel, permettant la mise à jour de la copie du terminal. Ces étapes sont étiquetées 4, 5, et 6 sur la figure 9-18(a).

Pour éviter des mises à jour simultanées des deux parties, un jeton est utilisé pour contrôler l'accès aux structures de données. Ce jeton est à la disposition de l'ordinateur ou du terminal, mais seul son dépositaire peut modifier la structure. Bien sûr, ce jeton peut être demandé et transmis de l'un à l'autre, d'une façon comparable à ce qui se passe au niveau de la Couche Session.

Une conséquence de l'utilisation du jeton pour contrôler l'accès aux structures de données est que l'utilisateur ne peut taper des caractères que lorsque le jeton est présent. On peut imaginer d'équiper chaque terminal de deux lampes, et d'une petite affiche proclamant : «Cher utilisateur, vous pouvez taper des caractères lorsque la lampe verte est allumée, mais ne le faites surtout pas lorsque la lampe rouge l'est. En cas de désobéissance, des données seront perdues. Merci de votre compréhension. La direction.» (En fait le terminal pourrait garder les caractères entrés jusqu'à l'arrivée du jeton; dans ce cas, l'écho à l'écran serait différé.)

Lorsque ce *modèle synchrone* fut proposé, tous les utilisateurs ne furent pas enthousiastes. Il ne fallut pas longtemps pour qu'un autre modèle voie le jour, le *modèle asynchrone* de la figure 9-18(b). Le modèle asynchrone est constitué de deux monologues plutôt que d'un seul dialogue. Chaque extrémité de la connexion possède une structure pour l'entrée des données et une autre pour l'affichage. Changer une structure d'entrée modifie celle de visualisation du partenaire et vice versa.

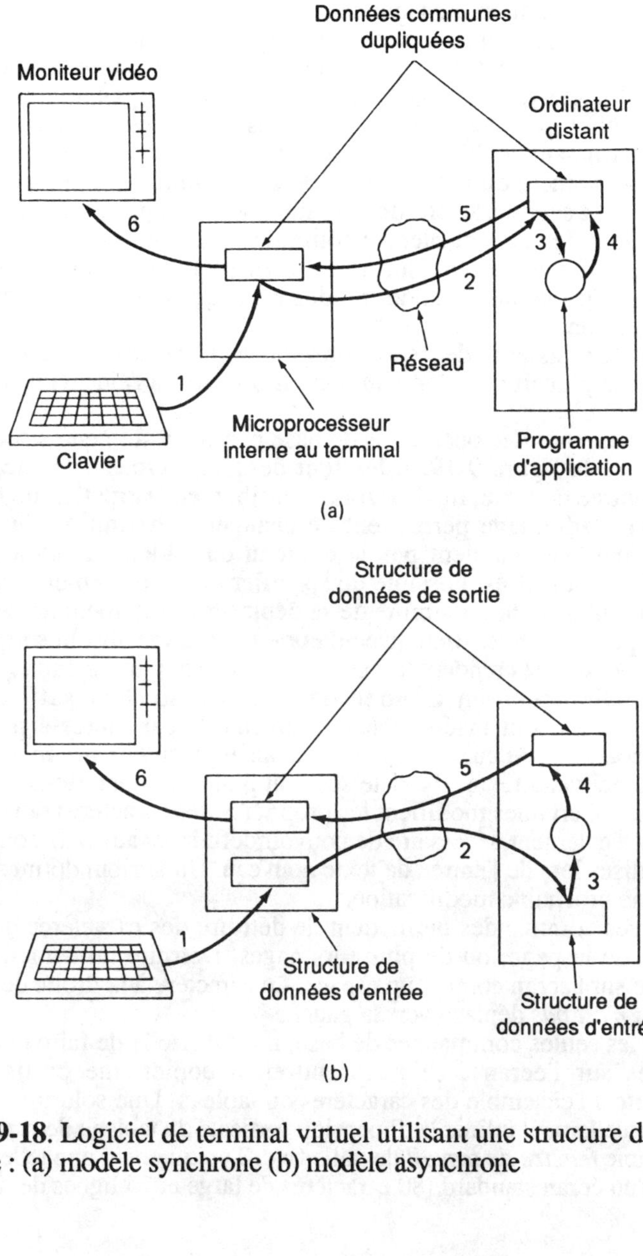

Figure 9-18. Logiciel de terminal virtuel utilisant une structure de données partagée : (a) modèle synchrone (b) modèle asynchrone

Dans le modèle asynchrone, chaque structure n'est lue ou modifiée que par une seule entité, ainsi les conflits d'écritures simultanées ne peuvent exister. Le prix à payer est une taille des données plus importante et une complexité plus grande, ce qui est compensé par l'absence de jeton. Tout ce qui suit s'applique aussi bien aux deux modèles.

Le cœur de la structure de données est le tableau de caractères représentant l'écran du terminal. Ce tableau peut être unidimensionnel (pour modéliser les télétypes intelligents utilisant une seule ligne de texte éditable), bidimensionnel (pour les terminaux à écrans classiques), ou tridimensionnel (pour les terminaux multi-pages ou gérant des fenêtres).

Chaque élément du tableau possède des coordonnées (x, y, z) uniques, et contient un seul caractère de son alphabet. Chaque caractère peut être visualisé de différentes manières : police de caractère, couleur du fond et de la forme, taille et rendu (surbrillant, vidéo inverse, clignotant, etc.). L'ensemble des alphabets et des rendus est négocié lors de l'établissement de la connexion.

A chaque instant, des coordonnées (x, y, z) désignent la *position courante*. La plupart des terminaux visualisent cela à l'aide d'un *curseur* sur l'écran.

Quelques-unes des opérations de base possibles sur cette structure sont présentées à la figure 9-19. Elles sont de quatre types : déplacement du curseur, entrée de texte, modification d'attribut, et destruction de texte. Les opérations d'adressage permettent de changer la définition du caractère courant, mais ne changent pas le contenu du tableau de caractères. La plupart du temps, il est possible de spécifier des déplacements relatifs ou absolus, en plus de la possibilité de se déplacer directement au début de la première page de texte. Bien qu'en théorie l'adressage absolu soit suffisant, les autres possibilités rendent le travail plus facile et plus agréable.

Une seule opération d'entrée de texte est souvent suffisante. Les caractères tapés sont insérés dans le tableau de caractères à partir de la position courante; le curseur est alors avancé jusqu'à la première position suivant le nouveau texte. Il existe souvent plusieurs opérations concernant les attributs. Certaines modifient les propriétés des caractères déjà présents, mais il est également nécessaire de pouvoir définir les attributs courants, qui seront utilisés lors de l'entrée de texte nouveau. Un attribut défini reste actif jusqu'à une prochaine modification.

Diverses commandes permettent de détruire des caractères de la ligne courante, de la page, ou de plusieurs pages. Détruire un caractère le fait apparaître sur l'écran comme un espace. Le caractère à la droite de celui qui est détruit *n'est pas* déplacé vers la gauche.

Avec les seules commandes de base, il est difficile de faire dérouler les caractères sur l'écran : cela reviendrait à copier une partie presque équivalente à l'ensemble des caractères du tableau. Une solution consiste à rendre virtuellement infinie la dimension verticale du tableau de caractères, et à définir une *fenêtre de travail* de taille fixe. Typiquement une telle fenêtre a la taille d'un écran standard (80 caractères de large et 25 lignes de haut).

Type	Description
Adressage	Déplacement absolu du curseur à la position (x, y, z)
Adressage	Déplacement relatif du curseur de (Δx, Δy, Δz)
Adressage	Déplacement du curseur à la position *home* (1, 1, 1)
Texte	Entrée de caractères à partir de la position courante
Attribut	Changer tous les attributs
Attribut	Changer les attributs de la position du curseur jusqu'à (x, y, z)
Attribut	Changer les attributs de la position (x, y, z) jusqu'au curseur
Attribut	Changer les attributs de (x1, y1, z1) à (x2, y2, z2)
Attribut	Changer les attributs des écritures suivantes
Effacement de x	Effacement de la ligne, du début à la position du curseur
Effacement de x	Effacement de la ligne, de la position du curseur à la fin
Effacement de x	Effacement de la ligne
Effacement de y	Effacement de la page, du début à la position du curseur
Effacement de y	Effacement de la page, de la position du curseur à la fin
Effacement de y	Effacement de la page
Effacement de z	Effacement des pages, de la première page jusqu'à la position du curseur
Effacement de z	Effacement des pages, de la position du curseur jusqu'à la dernière page
Effacement de z	Effacement de toutes les pages

Figure 9-19. Les opérations de base du terminal virtuel

A titre d'exemple, après une longue session de travail, la position courante peut être située sur la ligne 5760, quand la fenêtre de travail contient les lignes de 5737 à 5761. Seuls les caractères de la fenêtre de travail sont visibles à l'écran et modifiables.

Des terminaux virtuels plus avancés permettent la gestion de grilles. Les définitions des grilles sont téléchargées dans le terminal. Une grille typique se compose de champs de texte non modifiable, de champs de texte où une saisie est nécessaire; cette saisie est contrôlée par des règles associées à ce champ. Des commandes comparables aux commandes de base sont alors définies : le curseur peut être déplacé en absolu ou relativement à un champ; du texte peut être entré dans un champ; les attributs de certains champs peuvent être changés; des champs peuvent être détruits. Un exemple de grille est donné à la figure 9-20. Cette grille possède neuf champs, cinq d'entre eux ne sont pas modifiables (en particulier le titre), et quatre doivent être remplis depuis un terminal.

Carte de membre de la Société Colombophile	
Nom :	Téléphone :
Adresse :	# de pigeons :

Figure 9-20. Un exemple de grille

En général, la définition d'un terminal virtuel ne précise pas *quand* les modifications doivent être propagées vers l'autre partenaire. Il serait très inefficace de transmettre chaque caractère tapé dans une PDU, bien que certaines applications le nécessitent. Le plus souvent, l'information d'une ligne ou d'un champ est regroupée dans une PDU.

Considérons en particulier ce qui se passe lorsqu'un utilisateur tape une ligne, puis s'aperçoit d'une faute de frappe; il efface les derniers caractères, et retape l'information correcte. Est-il nécessaire de transmettre tous les caractères tapés, les bons, les mauvais, et les caractères d'effacement? Certainement pas. Il est le plus souvent suffisant de transmettre le résultat des opérations, c'est-à-dire la ligne correcte.

De même, il peut arriver qu'un utilisateur décide de remplir les champs d'une grille autrement que de haut en bas. Il peut être astucieux de transmettre une suite de caractères différente de celle qui a été réellement tapée, dans la mesure où le résultat final est identique. Ce genre d'optimisation est généralement possible dans tous les systèmes de gestion de terminaux virtuels.

En général, l'ensemble des règles permettant de déterminer quand le microprocesseur doit envoyer un ensemble de caractères s'appelle le *contrôle de remise*. Plus la collecte est grande, plus les optimisations possibles risquent d'être efficaces. Cependant, si on décide de regrouper plusieurs lignes, et que chaque ligne est une commande à un ordinateur, l'utilisateur risque d'être surpris de ne rien voir se passer après la frappe de la première ligne (puisque rien n'a été envoyé).

Les systèmes de gestion de terminal virtuel offrent plusieurs stratégies de contrôle de remise. Dans le modèle le plus simple, le logiciel de gestion décide lui-même combien de caractères doivent être rassemblés avant d'être envoyés. Une amélioration consiste à ne transmettre qu'un résultat optimisé lorsque certains caractères sont tapés (par exemple un retour à la ligne). Une autre règle peut permettre de fixer une limite de taille aux blocs émis. Une autre possibilité consiste à ne permettre l'accumulation de caractères que pendant un certain temps.

Une solution plus élaborée consiste à disposer d'une commande FLUSH, dont l'effet est d'envoyer immédiatement les informations dont on dispose. Les données ne sont jamais envoyées, sauf lorsque cette commande est utilisée. Cette solution donne à l'utilisateur un contrôle complet de la remise. Cette technique est plus utilisée du côté de l'ordinateur que du côté du terminal.

La dernière fonction que doit assurer un terminal virtuel est la *gestion des interruptions*. Tous les systèmes offrent à l'utilisateur la possibilité d'interrompre un traitement en tapant sur une touche donnée : il peut s'agir des touches «break», DEL, ou ESC. De toute façon, le terminal doit gérer cette action d'une façon particulière, pour lui permettre d'être prioritaire par rapport au flot de données en cours. Une solution consiste à utiliser les données exprès.

Supposons qu'après avoir vu défiler les premières lignes d'un fichier dont il avait demandé la visualisation, un utilisateur décide d'interrompre l'affichage en appuyant sur DEL. Il serait intéressant que le terminal élimine immédiatement toutes les données en attente d'affichage pour montrer à l'utilisateur que son action est effective. Il faut alors décider de l'instant où la destruction doit s'arrêter.

En particulier, si l'ordinateur réagit à cette interruption en envoyant une réponse quelconque ou un caractère d'appel, il ne faut pas détruire cette information-là. Pour cette raison, l'interruption doit être acquittée d'une façon qui permette au terminal de savoir exactement quels caractères ont été émis avant le DEL (ceux qui doivent être détruits), et quels caractères ont été émis après (ceux qui doivent être affichés). Si l'ordinateur répond en utilisant un caractère spécial ou une série de caractères dans la bande (sans utiliser les données exprès), le terminal sera capable de déterminer quand il faut arrêter la destruction des informations (sauf si cette séquence spéciale apparaît dans les caractères à détruire!). Le protocole doit être suffisamment robuste pour travailler avec des utilisateurs impatients qui appuient successivement deux ou trois fois sur DEL, avant même que le premier ne soit arrivé à l'ordinateur.

9.5. AUTRES APPLICATIONS

De nombreuses autres applications sont en cours de développement et de standardisation. Certaines d'entres elles sont spécifiques à des secteurs tels que la banque, alors que d'autres sont à caractère plus général. Dans cette partie, nous allons présenter quelques applications à usage général.

9.5.1. Service d'annuaire

Les services, les SAP, les téléphones, les machines télex et autres entités adressables qu'on rencontre dans les réseaux de télécommunications possèdent de longs identificateurs numériques qui permettent de les désigner sans ambiguïté. Comme il est facile de les oublier, des bottins téléphoniques ou des services d'annuaires sont utilisés pour permettre l'emploi de noms plutôt que de numéros. A long terme, ces bottins téléphoniques et ces services d'information seront remplacés par des services d'annuaires électroniques qui permettront la recherche des numéros de téléphone, des adresses réseau, etc. En France, la plupart des abonnés du téléphone possèdent déjà des terminaux PTT dans ce but. Pour éviter des développements incompatibles entre eux, l'ISO et le CCITT proposent des standards pour ces services d'annuaires. Dans cette section, nous présentons ce travail.

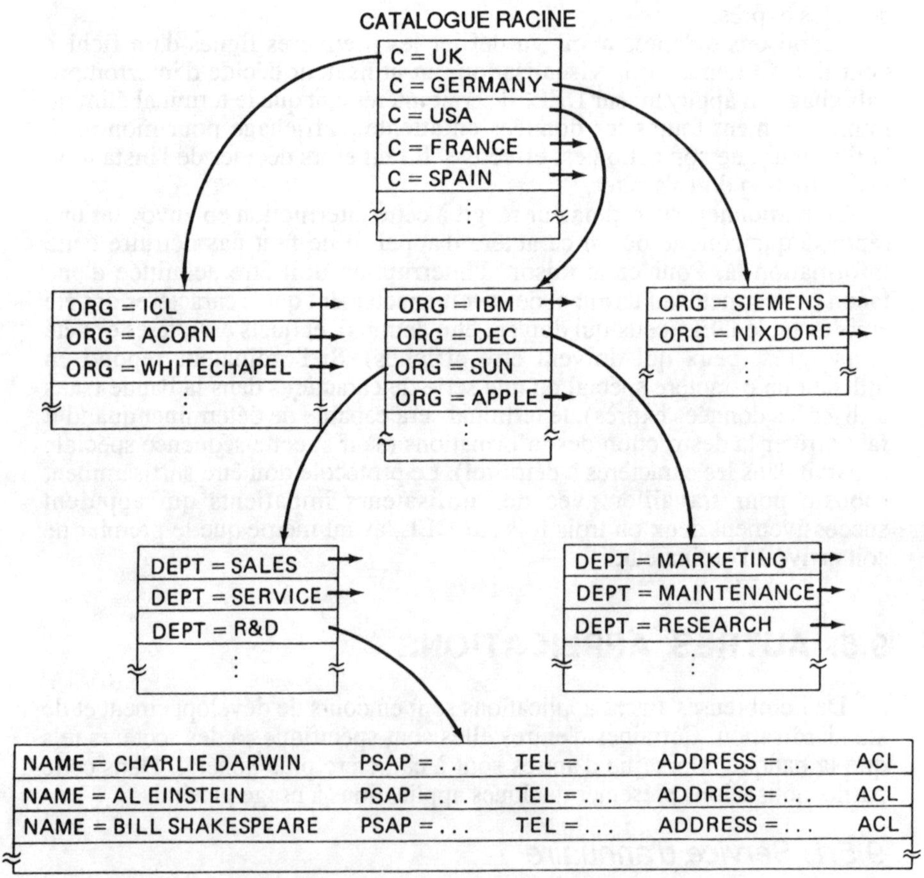

Figure 9-21. Exemple d'une hiérarchie d'annuaire

A première vue, il semble suffisant de disposer simplement d'une liste alphabétique des noms des services et des abonnés avec les numéros correspondants; mais chaque pays peut organiser les informations de manière différente; il est donc nécessaire de disposer d'un schéma relativement général. Par exemple, les annuaires sont partout triés suivant le nom de famille, bien que précisément, ce qui constitue le nom de famille varie d'un pays à l'autre (posez la question à John von Neumann, à Anwar el-Sadat, ou à Willem de Kooning). Aux Etats-Unis, toutes les personnes ayant le même nom de famille sont triées en utilisant le premier prénom comme clé secondaire, alors qu'en Hollande c'est le nom de la rue qui constitue la clé secondaire. Dans certains pays scandinaves, un texte fourni par l'utilisateur lui-même, comme la profession ou même le diplôme, constitue la clé secondaire de tri.

L'idée de base du service d'annuaire de l'ISO est de permettre aux utilisateurs la recherche des noms à partir d'attributs. Par exemple, il est possible de rechercher le numéro de téléphone d'une personne nommée Hudson, qui travaille dans les bureaux de vente d'IBM à Los Angeles. Pour tenir compte des conventions utilisées dans chaque pays, mais aussi des services d'annuaires privés (annuaires téléphoniques privés), le service d'annuaire est organisé de façon hiérarchique, comme le montre la figure 9-21. Dans cet exemple, l'entrée du plus haut niveau contient des informations de la forme «C = pays», bien que d'autres structures soient aussi possibles.

Au niveau suivant, on trouve les identificateurs des entreprises, représentés par «ORG = nom d'organisation». En dessous, se trouvent les services, et enfin, au bas de la hiérarchie, les informations sur les personnes (ou services, machines, imprimantes, etc).

Les attributs des niveaux supérieurs peuvent être hérités; ainsi, les cellules en dessous de «ORG = NIXDORF» hériteront de l'attribut «C = GERMANY».

Pour rechercher une information, un utilisateur fournit un ensemble d'attributs, tels que

C = USA, ORG = SUN, DEPT = R&D, NAME = AL EINSTEIN

et une liste des attributs demandés : le numéro de téléphone, ou l'adresse. Si la demande n'est pas ambiguë, le résultat est donné. S'il existe une ambiguïté potentielle que l'utilisateur peut lever, il est possible de spécifier plus complètement la recherche. Ainsi, s'il existe deux Al Einstein dans le département R&D et que l'utilisateur désire l'adresse PSAP de celui qui possède le poste téléphonique n°6144, la question sera formulée de la façon suivante :

C = USA, ORG = SUN, DEPT = R&D, NAME = AL EINSTEIN, EXT = 6144

Une information se compose d'un ensemble d'attributs et d'une liste de contrôle d'accès. La liste de contrôle d'accès détermine qui peut lire l'information et qui peut la modifier. Dans certains cas, les utilisateurs peuvent modifier l'information les concernant, parfois, seule l'organisation peut le faire.

Chaque attribut possède quatres propriétés : un type, une interprétation, un qualifieur, et une valeur. Le type de l'attribut peut être une chaîne de caractères, un entier, ou un autre type de données. L'interprétation indique la façon de traiter la valeur, par exemple, si les lettres en majuscules ou en minuscules doivent être considérées comme équivalentes lors de comparaisons. Le qualifieur indique si oui ou non un attribut est hérité par tous ses fils dans l'arbre, si l'attribut est obligatoire, optionnel, ou interdit lors des interrogations, etc. Un attribut (ou un ensemble d'attributs) doit, dans chaque annuaire, être présent : on l'appelle la *clé*. La valeur de cette clé est la chaîne de caractères ou la valeur numérique de l'attribut.

Le système d'annuaire fournit également d'autres possibilités en plus des fonctions de base que nous venons de décrire. Par exemple, une entrée peut correspondre à une liste de valeurs, plutôt qu'à une valeur unique. Une telle possibilité permet de construire des listes de diffusion. Il est également possible de définir des pseudonymes (*alias*), ce qui permet de relier une même entrée à plus d'un père. Les pseudonymes permettent la localisation des informations par des chemins d'accès différents : par organisation, par situation géographique, etc.

9.5.2. Transfert et gestion des travaux (JTM)

Dans les grandes entreprises, les individus ont sur leurs bureaux des ordinateurs personnels ou des stations de travail, les services possèdent des mini-ordinateurs, et l'entreprise elle-même un centre de calcul avec des ordinateurs, des super-ordinateurs, ou d'autres matériels coûteux. Il est fréquent qu'un travail préparé sur un ordinateur personnel doive être ensuite traité par un gros ordinateur en utilisant des fichiers gérés par le mini-ordinateur du service. On doit ensuite ramener les résultats vers l'ordinateur personnel. L'application qui gère ce genre de soumission de travaux à distance est appelée *JTM* (*Job Transfer and Management*).

Le scénario typique consiste en une spécification de travail, indiquant les tâches à réaliser, le lieu du traitement, la localisation des fichiers d'entrée, la destination des résultats. Le logiciel JTM doit faire en sorte que le programme et tous ses fichiers d'entrée se trouvent réunis sur la machine d'exécution. La spécification peut comprendre plusieurs travaux; dans ce cas, le processus doit être répété dans sa totalité.

Une possibilité consiste à envoyer une requête à chacune des machines gérant un fichier pour demander l'envoi des données au système initiateur (par exemple, en utilisant le protocole de transfert de fichier standard). Quand tous les fichiers et programmes ont été collectés, ils sont envoyés à la machine exécutante.

Une deuxième façon de procéder consiste à envoyer directement les fichiers à la machine d'exécution pour les stocker par exemple dans un répertoire justement créé à cet effet.

Une troisième solution est de propager la spécification de travail de proche en proche vers les machines détenant les fichiers d'entrée. A chaque étape, les informations nécessaires sont collectées. Cette migration continue jusqu'à ce que toutes les données soient rassemblées, après quoi le traitement peut être réalisé sur la machine d'exécution.

Il est important de noter que JTM ne sait rien du contenu des fichiers, des langages de contrôle de travaux ni de la nature des traitements demandés. Sa fonction est d'organiser la collecte des données, puis l'exécution, et enfin le dépôt des résultats à l'endroit correct. JTM connaît aussi peu la nature des traitements qu'il coordonne, que FTAM connaît la nature des fichiers qu'il transfère.

Voici un exemple concret, illustrant le rôle de JTM indépendamment de la nature exacte du travail à réaliser. Imaginons un ordinateur gérant un répertoire appelé *InputQueue* dans lequel des processus peuvent créer des sous-répertoires. Chaque sous-répertoire contient des fichiers de données et un fichier spécial appelé *run* qui est un script shell ou un programme en langage de contrôle. Quand il est inactif, l'ordinateur scrute *InputQueue* à la recherche d'un sous-répertoire non traité et exécute le fichier *run* correspondant.

Quand un travail s'exécute, il peut créer des sous-travaux qui seront soumis à leur tour à JTM pour exécution à distance. Ces sous-travaux peuvent eux-mêmes demander des fichiers se trouvant sur la machine locale ou sur des machines distantes. Ainsi, une seule requête initiale peut générer une arborescence de sous-travaux.

Pour concevoir un service JTM, plusieurs problèmes doivent être résolus. Tout d'abord, chaque système impliqué dans un travail doit avoir un nom unique, de telle sorte qu'il n'y ait aucune ambiguïté. Demander à JTM de lancer un travail sur le VAX n'a pas de sens s'il existe 50 VAX dans le réseau utilisé. Si les travaux peuvent circuler sur des réseaux publics, chaque système doit alors posséder un nom unique au niveau de la planète.

L'authentification est un problème important. Quand JTM demande, de la part d'un utilisateur, un fichier d'entrée, comment le système de fichiers gérant les données sait-il si l'utilisateur a la permission d'accès à l'information demandée? Comment la machine qui va exécuter le travail sait-elle à qui facturer le temps CPU? Ce sont là des questions très intéressantes qui ne peuvent être résolues de façon définitive qu'en utilisant des techniques cryptographiques telles que les signatures numériques. En pratique, les méthodes d'authentification utilisées, comme les mots de passe ou l'accès libre, sont relativement peu fiables.

Enfin, en plus de la gestion des fichiers et du déplacement des travaux, JTM est responsable de la surveillance et du suivi de l'avancement du travail. Quand des travaux complexes sont soumis, les utilisateurs aiment savoir où ils en sont (par exemple, est-ce que le travail initial et tous ses fichiers sont arrivés à la machine de traitement?). JTM peut fournir des rapports d'avancement, en envoyant à l'utilisateur des fichiers de compte rendu à la fin de certaines étapes particulières.

9.5.3. Stockage et transfert d'images

Au fur et à mesure de la diffusion des écrans graphiques, un nombre croissant d'utilisateurs et d'applications s'intéresse à la transmission d'images sous forme de fichiers de texte. Ainsi, un travail considérable a été réalisé sur la normalisation des descriptions d'images pour pouvoir les transférer entre sites, applications, et équipements hétérogènes. Dans cette section, nous allons présenter brièvement ce travail.

Notre propos concerne le stockage et la transmission de dessins et non de photographies. Les schémas électriques, les circuits VLSI, ou les travaux d'architecture sont autant d'exemples de domaines d'application. Ainsi, toutes les figures de ce livre sont des dessins.

La figure 9-22 montre les éléments constitutifs d'un fichier d'image. Une *ligne brisée* est une suite d'un ou plusieurs segments de droite spécifiés par une suite de coordonnées (x, y).

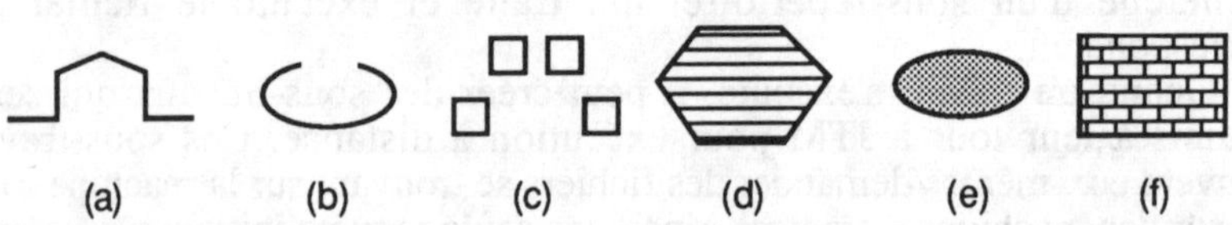

Figure 9-22. (a) une ligne brisée (b) un arc (c) un ensemble (d) un polygone plein (e) une ellipse pleine (f) un pavé

Un *arc* est une portion d'ellipse. Il peut être décrit par les coordonnées de ses foyers, la longueur de son grand axe, et les angles de début et de fin de l'arc. Un cercle est un cas spécial d'ellipse, dont les deux foyers sont confondus.

Un *ensemble* se définit comme une ligne brisée, à ceci près que les points ne sont pas connectés. Les objets dessinés à chaque point peuvent aussi être des carrés, des cercles, ou d'autres figures géométriques.

Un *polygone plein* est une figure fermée formée en spécifiant une ligne brisée fermée. Le polygone peut être rempli par une couleur uniforme, des hachures, des lignes, des points, ou par bien d'autres textures.

Une *ellipse pleine* est comme un polygone rempli, excepté qu'il s'agit d'une ellipse, et non d'un polygone. Il est possible de remplir seulement une portion d'ellipse comme dans les diagrammes «camembert».

Un *pavé* est un ensemble de cellules remplies avec certains motifs. Les cellules peuvent être combinées pour former des images complexes.

En plus de ces éléments géométriques, les images peuvent contenir du texte, dans un ou plusieurs alphabets, à différentes positions et dans différentes orientations.

Chaque élément de l'image possède des d'attributs qui permettent de dessiner des images plus générales. Pour tous les segments de lignes, il est possible de spécifier le type de ligne (trait plein, tireté, pointillé), la couleur, et l'épaisseur. De même, pour les ensembles, le type, la couleur, la taille, l'épaisseur, et l'orientation des éléments peuvent être spécifiés. Pour les figures et cellules remplies, la forme et la texture sont définies. Enfin, le texte se définit par la police de caractères, la taille, et la couleur des caractères qui le composent.

Avec ces éléments de base en tête, nous voyons comment une image peut être représentée dans un fichier. Un fichier d'image est une suite d'enregistrements; chaque enregistrement décrit un élément de l'image; chaque élément est défini par un type, une liste de ses coordonnées et d'autres paramètres. Ainsi, tout dessin est réduit à une suite d'entiers et de caractères qui décrivent ses types, coordonnées, angles, attributs, et texte. En fait, cette description d'image est très similaire à un programme écrit dans un langage pour une machine à dessiner abstraite.

9.5.4. Télétexte et Vidéotex

Le Télétexte et le Vidéotex sont des nouveaux services de la génération informatique, que l'on rencontre aussi bien dans nos lieux de travail qu'à notre domicile. Le *télétexte* (à ne pas confondre avec le télétex) est un service unidirectionnel dans lequel des pages d'information provenant d'une base de données centrale sont diffusées régulièrement sur un canal de télévision, comme l'illustre la figure 9-23. Une petite partie de la largeur de bande du signal est perdue entre l'affichage de deux images successives sur un téléviseur. Ce temps peut être utilisé pour la transmission de pages d'information numérotées.

Si, par exemple, la largeur de bande disponible pour le télétexte est de 8 Ko/s, et que les pages sont structurées en 20 lignes de 40 caractères chacune, le service peut transmettre 10 pages différentes en une seconde. Les systèmes classiques transmettent 100 pages différentes dans un intervalle de 10 secondes, et répètent ensuite le même schéma toutes les 10 secondes. Le contenu d'une page donnée peut être différent lors des passages successifs si la base de données a été mise à jour entre-temps.

Pour utiliser ce système, il faut taper le numéro d'une page sur un clavier associé au décodeur télétexte. Dès que cette page est captée, elle est extraite du flot de données et affichée à l'écran. Avec un temps de cycle de 10 secondes, il y aura en moyenne un délai de 5 secondes avant que la page demandée n'apparaisse. Il y a ainsi une relation entre la capacité d'information du système (nombre de pages dans un cycle) et son temps de réponse.

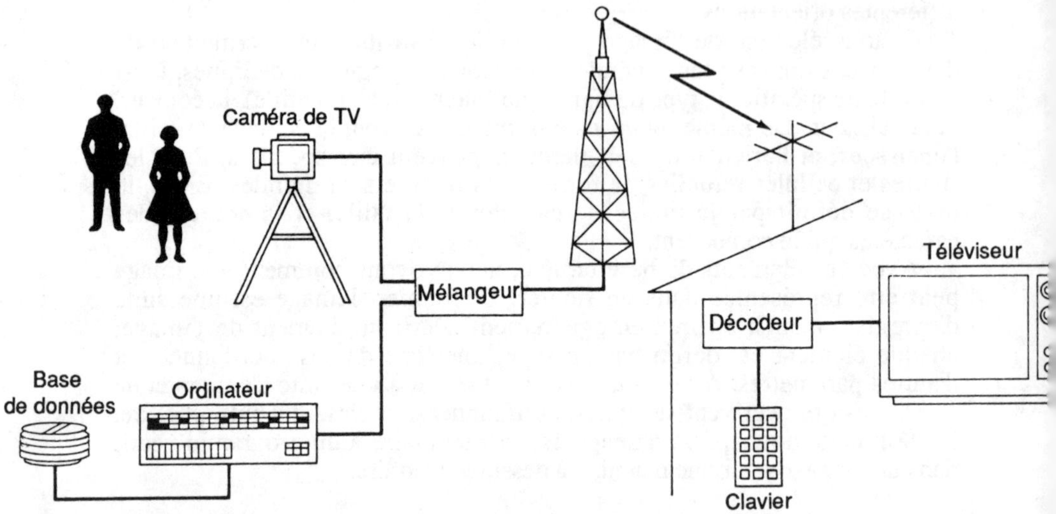

Figure 9-23. Le télétexte est un système unidirectionnel de visualisation d'information

Le télétexte est bien adapté aux situations dans lesquelles une information simple intéresse une population importante. Quelques utilisations classiques sont : les prévisions météorologiques, le marché boursier, les journaux d'information, les recettes de cuisine, et la publicité. Un simple protocole de transfert de fichier est suffisant au niveau de la Couche Application.

Le *vidéotex* est un service bidirectionnel plus sophistiqué que le télétexte; il utilise le réseau téléphonique. Ici, l'utilisateur se connecte à un gros système à temps partagé mis en place par le fournisseur du service, ainsi que le montre la figure 9-24. La plupart du temps, le «terminal» est un simple clavier qui génère un signal vidéo; un téléviseur couleur standard est alors utilisé comme écran de visualisation. Le vidéotex est un service interactif dans lequel les utilisateurs peuvent demander une information spécifique. Contrairement à la base de données télétexte, qui est limitée par le nombre de pages diffusées en quelques secondes, la base de données vidéotex peut être arbitrairement grande puisque l'information n'est transmise que lorsque quelqu'un la désire. De plus, comme chaque utilisateur possède un canal dédié jusqu'à l'ordinateur vidéotex, la largeur de bande totale est beaucoup plus grande que pour le télétexte.

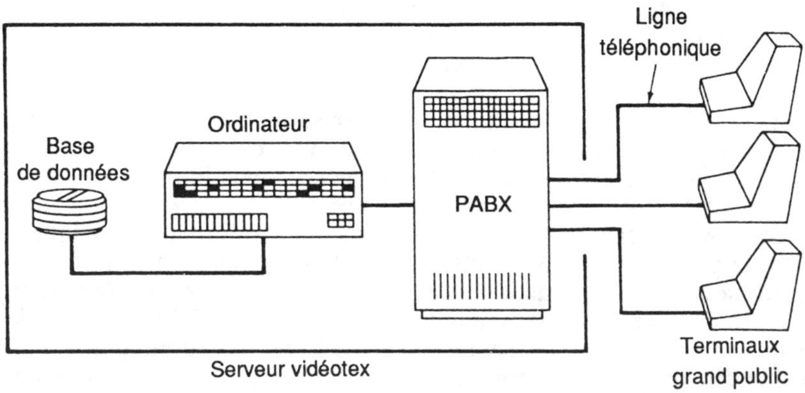

Figure 9-24. Le Vidéotex est un système interactif

Deux systèmes incompatibles ont été développés pour le vidéotex. Dans le *système alphamosaïque*, l'image écran est constituée de 24 lignes de 40 caractères chacune. Chaque caractère peut être un caractère ASCII, un symbole graphique, ou une mosaïque. Les mosaïques sont des petites matrices 3 x 2. L'utilisation des mosaïques transforme un téléviseur en un écran graphique de définition 72 x 80. Il ne s'agit pas à proprement parler de haute définition mais c'est suffisant pour représenter des graphiques simples.

Dans le système *alphagéométrique*, les graphiques sont générés par l'envoi de commandes de dessin du type décrit dans la section précédente (ligne brisée, ellipse, etc). Ce système donne de bons résultats même avec des modems lents, mais il requiert plus de matériel et est donc plus coûteux.

Le vidéotex a deux utilisations potentielles : personnelle et professionnelle. Les utilisations domestiques sont essentiellement des services d'information, tels que les horaires des compagnies aériennes, des trains et des bus, le programme des cinémas, les menus des restaurants, les pages jaunes, les catalogues des librairies, les nouvelles, les sports, la météo, les cours de la bourse. Il est possible d'utiliser le système de façon interactive, pour la banque à domicile, l'achat sur catalogue, l'achat d'actions, l'accès à des bulletins électroniques, et pour faire des réservations auprès de compagnies aériennes, d'hôtels, de restaurants, ou de théâtres. On peut aussi envoyer et recevoir du courrier électronique.

Les entreprises utilisent aussi quelques-uns de ces services (par exemple, les réservations auprès de compagnies aériennes ou d'hôtels). Mais en plus, le vidéotex permet de rendre certaines informations facilement accessibles par tous les employés en déplacement. Certains fournisseurs de services vidéotex offrent aux usagers la possibilité de former des groupes fermés d'utilisateurs. La notion de groupe fermé d'usagers permet de limiter l'accès à certaines informations aux membres du groupe. Cependant, si une utilisation intensive du système est envisagée, il peut être moins onéreux de mettre en place un système privé et de le coupler au système public, pour permettre un accès banalisé à n'importe quel terminal (Maurer et Sebestyen, 1983).

Un système public/privé ainsi formé constitue vraiment une hiérarchie à deux niveaux. Au fur et à mesure que le système se développe, on peut imaginer une hiérarchie plus profonde encore, avec le niveau le plus bas contenant l'information d'une petite collectivité, le deuxième niveau l'information locale ou régionale, le troisième l'information nationale, et enfin le plus haut niveau l'information internationale. De cette façon, les fournisseurs de l'information peuvent avoir la couverture géographique qu'ils souhaitent. Les restaurants locaux voudront probablement que leurs menus soient disponibles seulement dans la région, alors qu'une grande chaîne d'hôtels pourrait offrir les services de son système de réservation sur une échelle mondiale en utilisant le niveau le plus haut.

9.6. EXEMPLES DE LA COUCHE APPLICATION

Dans cette section, nous allons, une dernière fois, examiner les solutions retenues dans nos architectures habituelles pour décrire la mise en place des transferts de fichiers, du courrier électronique, des terminaux virtuels, etc.

9.6.1. La Couche Application dans les réseaux publics

Le travail de l'ISO (et du CCITT) a produit des modèles et des normes pour le transfert de fichiers, le courrier électronique (MOTIS/MHS), les terminaux virtuels, ainsi que pour d'autres applications. Nous allons ici examiner ces trois applications. Les paragraphes décrivant le service d'annuaire et le transfert et la manipulation de travaux ont déjà présenté le travail de l'ISO dans ces domaines.

Le transfert, l'accès et la gestion de fichiers

Le modèle *FTAM* (*File Transfer Access and Management*) de l'ISO se fonde sur le concept de fichier virtuel mis en correspondance avec un fichier réel par logiciel. La définition de ce fichier virtuel est assez complexe, faite de bric et de broc, aussi n'en donnerons-nous ici que les éléments essentiels. Pour plus de détails, vous vous reporterez à la norme ISO 8571 elle-même.

FTAM définit un type de fichier de base : le fichier hiérarchique. Il est cependant possible de spécifier des contraintes à cette structure pour dériver d'autres types comme autant de cas particuliers. Une situation spéciale correspond au fichier non structuré, qui ne peut être traité que globalement, sans opérations définies sur des parties du fichier. Un autre cas particulier est le fichier séquentiel, pour lequel l'accès aux enregistrements peut être fait *via* des étiquettes ou par référence à leur position. Chaque fichier possède un ensemble d'attributs dont la liste est donnée à la figure 9-5.

Le traitement du fichier virtuel est très orienté connexion, ce qui se matérialise par une série de phases imbriquées. Chaque phase permet un certain nombre d'opérations. Après avoir établi une connexion, la primitive *F-INITIALIZE* fait entrer FTAM dans la phase d'association, comme le montre la figure 9-25. Durant cette phase, il est permis à l'utilisateur FTAM d'effectuer des opérations de gestion du fichier virtuel.

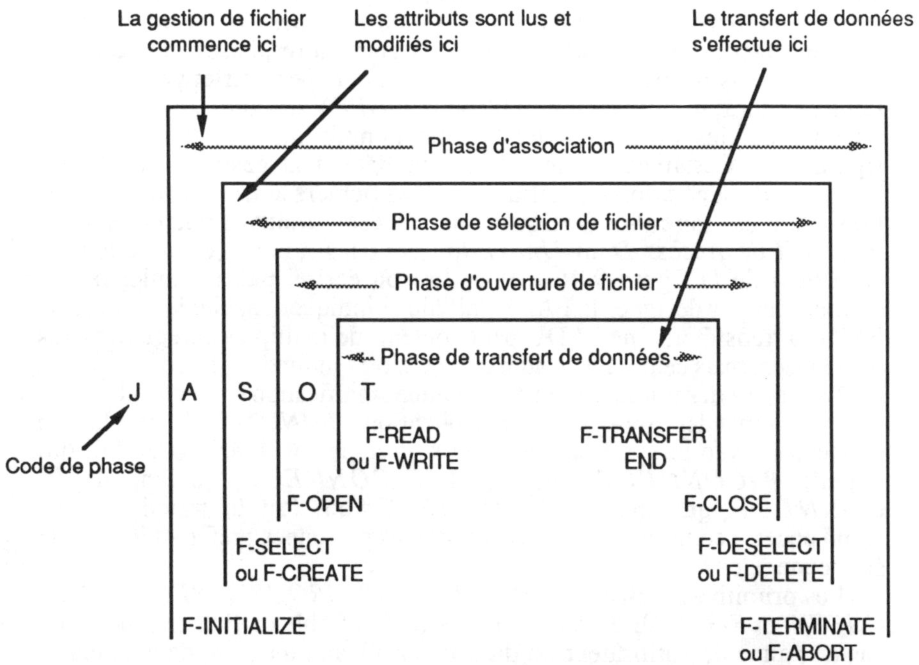

Figure 9-25. Les phases FTAM

La primitive *F-SELECT* permet d'accéder à un fichier particulier en sélectionnant un fichier existant; la primitive *F-CREATE* permet de créer un nouveau fichier. Dans les deux cas, l'utilisateur entre alors dans la phase de sélection de fichier, dans laquelle les attributs du fichier peuvent être lus et modifiés. L'étape suivante commence avec la primitive F-OPEN, qui annonce la phase d'ouverture du fichier, dans lequel des données peuvent être transférées. Normalement, on quitte les phases dans l'ordre inverse de leur activation, même s'il est possible de tout terminer simultanément en cas de problème.

Bien que les primitives *F-SELECT* et *F-OPEN* puissent sembler redondantes, il est possible de construire des situations dans lesquelles il est utile d'avoir deux phases. La philosophie de l'ISO étant d'offrir le maximum de potentialités dont on peut un jour avoir besoin, ces deux phases ont été incluses. Un paramètre de ces deux primitives spécifie si un verrou d'accès est nécessaire. En particulier, il est possible de sélectionner un fichier avec un verrou partagé (pour lecture), puis d'ouvrir le fichier avec un verrou exclusif (pour écriture). Après la sortie de la phase de sélection, le verrou exclusif est libéré, mais le verrou partagé demeure en place; le fichier peut ainsi être rouvert pour lecture sans danger de perte du verrou partagé. De cette façon, une application peut alterner entre phases de lecture et d'écriture sans risque de voir d'autres utilisateurs pénétrer et verrouiller le fichier en écriture entre un *F-CLOSE* et le *F-OPEN* suivant.

La liste des primitives FTAM est donnée dans le tableau de la figure 9.26. Certaines d'entre elles sont liées à la gestion des phases, d'autres à des opérations spécifiques sur les fichiers ainsi que nous l'avons présenté à la figure 9-6. Quelques-unes de ces primitives opèrent sur des *FADU* (*File Access Data Units*), qui sont les nœuds (éventuellement étiquetés) de la figure 9-4(c). Pour lire ou écrire, par exemple, il faut commencer par désigner la FADU initiale et indiquer ensuite le nombre de FADU à transférer. Une FADU peut contenir de multiples enregistrements de données, mais ceux-ci ne sont pas accessibles individuellement.

La plupart des primitives FTAM ont une signification évidente, alors que d'autres demandent un peu plus d'explications. *F-INITIALIZE* établit une connexion avec le système de fichiers en appelant *A-ASSOCIATE*, qui appelle *P-CONNECT*, qui appelle *S-CONNECT*, qui appelle *T-CONNECT*, qui appelle *N-CONNECT*, qui fait le travail. (Vous commencez à comprendre pourquoi certaines personnes préfèrent le modèle sans connexion?)

Les primitives *F-BEGIN-GROUP*, *F-END-GROUP*, *F-RECOVER*, *F-CHECK*, et *F-RESTART* sont liées au transfert fiable de fichiers, même en cas de panne de l'utilisateur ou du serveur. Quand on entre dans la phase d'ouverture, les paramètres de *F-OPEN* permettent de demander soit un service simple, soit un service fiable. Si une panne se produit quand le service normal est sélectionné, il est du ressort de l'utilisateur de récupérer l'incident. Au contraire, si le service fiable a été choisi, le système fournit une assistance considérable.

Pour commencer, les primitives *F-BEGIN-GROUP* et *F-END-GROUP* permettent le regroupement de plusieurs primitives, pour les exécuter comme une seule action atomique. Si elles ne peuvent pas être toutes exécutées, alors aucune d'entre elles ne l'est et le fichier est laissé dans son état d'origine.

Primitive FTAM	Confirmation	Phase	Signification
F-INITIALIZE	X	I	Etablissement d'une connexion avec le fichier
F-TERMINATE	X	A	Libération d'une connexion
F-U-ABORT		Tout	Interruption à l'inititive de l'utilisateur
F-P-ABORT		Tout	Interruption à l'inititive du serveur
F-SELECT	X	A	Sélection d'un fichier
F-DESELECT	X	S	Fin de sélection
F-CREATE	X	A	Création d'un fichier
F-DELETE	X	S	Destruction d'un fichier
F-READ-ATTRIB	X	S	Lecture des attributs d'un fichier
F-CHANGE-ATTRIB	X	S	Changement des attributs d'un fichier
F-OPEN	X	S	Ouverture d'un fichier en lecture / écriture
F-CLOSE	X	O	Fermeture d'un fichier ouvert
F-BEGIN-GROUP	X	A	Début d'une action atomique
F-END-GROUP	X	A	Fin d'une action atomique
F-RECOVER	X	A	Restauration après un incident
F-LOCATE	X	O	Déplacement d'un pointeur vers une FADU spécifique
F-ERASE	X	O	Effacement d'une FADU
F-READ		T	Lecture d'une ou plusieurs FADU
F-WRITE		T	Ecriture d'une ou plusieurs FADU
F-DATA		T	Arrivée de données
F-DATA-END		T	Fin de FADU
F-TRANSFER-END	X	T	Fin d'une action de tarnsfert
F-CANCEL	X	T	Fin brutale de transfert
F-CHECK	X	T	Mise en place d'un point de contrôle
F-RESTART	X	T	Retour vers le point de contrôle

Figure 9-26. Les primitives de FTAM

F-RECOVER est utilisée pour la récupération des pannes. Dès que l'utilisateur et le serveur sont à nouveau en service, l'utilisateur FTAM peut utiliser cette primitive pour retourner dans la phase qui était en cours au moment de la panne, avec les mêmes paramètres et les mêmes verrous.

F-RESTART est utilisée pour resynchroniser après des perturbations mineures qui n'ont pas amené la rupture de l'association, mais qui ont fait perdre à l'utilisateur toute connaissance de l'état courant de son transfert.

F-CHECK permet d'identifier des points de contrôle. Elle utilise pour cela les points de synchronisation mineure du service session. Dès qu'un point de contrôle a été confirmé, tout appel ultérieur à *F-RECOVER* ou *F-RESTART* replace le processus au point de contrôle le plus récent. En posant régulièrement des points de contrôle dans un long transfert de fichier, on évite, en cas de panne, de devoir reprendre le transfert depuis le début.

FTAM utilise un système de protection si général qu'aucun serveur réel de fichiers ne peut espérer le mettre en œuvre complètement, mais beaucoup seront capables d'en implanter au moins une partie. Un attribut de contrôle d'accès est associé à chaque fichier. Cet attribut est un ensemble quelconque de listes de cinq éléments. Chaque liste contient un ensemble de bits, une clé de concurrence, un identificateur d'utilisateur, une liste de mots de passe, et la localisation de l'utilisateur, comme le montre la figure 9-27.

Quand un utilisateur sélectionne un fichier, *F-SELECT* contient des paramètres indiquant les opérations demandées, les critères de concurrence, et facultativement, des mots de passe. Les identificateurs de l'utilisateur et de sa localisation sont déjà connus par *F-INITIALIZE*. La permission d'accès est recherchée dans chaque liste de l'attribut de contrôle. Les permissions peuvent être données sur la base de l'identificateur de l'utilisateur, du mot de passe, ou de la localisation (un seul de ces critères dans une liste est suffisant).

Dans l'exemple de la figure 9-27, deux listes sont associées au fichier. La première accorde la permission de lire les attributs, lire les données, ou étendre le fichier (voir la colonne correspondante dans la figure 9-6 pour la liste des opérations qui peuvent être demandées). La seconde permet seulement la lecture des attributs mais non la lecture ou l'écriture de données.

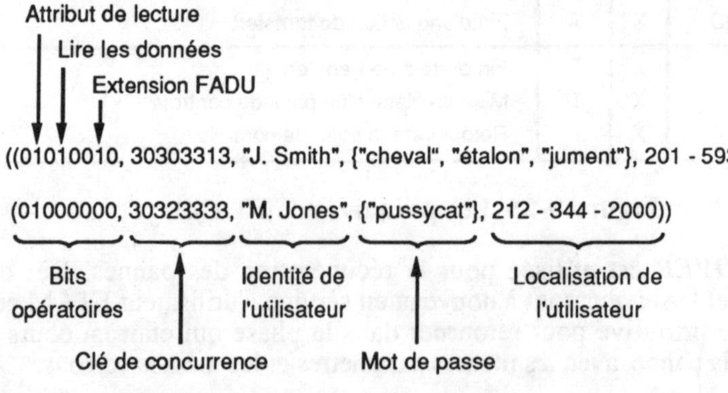

Figure 9-27. Un exemple d'attribut de contrôle d'accès

Si une des opérations demandées par *F-SELECT* n'est pas autorisée, cette liste ne peut convenir. Si toutes les opérations sont valides, la clé de concurrence de la liste est comparée au type de verrouillage demandé par l'utilisateur pour chaque opération. Il y a quatre possibilités par opération :

0 : Je désire un verrou partagé (pour la lecture).
1 : Je désire un verrou exclusif (pour l'écriture).
2 : Je ne ferai pas les opérations, mais d'autres peut-être.
3 : Aucun ne peut faire l'opération.

Dans la figure 9-27, par exemple, J. Smith n'aura pas la permission d'accès s'il désire un verrou exclusif pour lire les attributs parce que le deuxième chiffre de la clé de concurrence est un 0 (verrou partagé). Si les critères de concurrence sont satisfaits, l'identificateur de l'utilisateur, les mots de passe, ou l'identificateur de localisation doivent correspondre. Il est seulement nécessaire de vérifier l'un de ces trois derniers critères; une réalisation particulière peut décider de vérifier seulement l'identité du demandeur ou seulement sa provenance. Ou bien, elle peut permettre à tout utilisateur ayant les bons mots de passe d'exécuter les opérations, sans regarder qui il est ni où il est.

FTAM est si complexe qu'il est peu probable que quelqu'un l'implante en entier. Pour prévenir l'apparition de plusieurs sous-ensembles différents, la norme FTAM a divisé les différentes fonctionnalités en 9 sous-ensembles, dont un est obligatoire et les huit autres optionnels. Cette organisation réduit le nombre de combinaisons possibles à 28. Au moment du *F-INITIALIZE*, une négociation entre l'utilisateur et le serveur de fichiers permet de choisir une combinaison des sous-ensembles.

Le protocole FTAM est très complexe, mais il aurait difficilement pu en être autrement étant donné l'ensemble des fonctionnalités à inclure. Chaque primitive possède une ou plusieurs PDU qui lui sont associées, chacune d'entres elles étant définie en ASN.1. Le standard décrit également une machine à nombre d'états fini donnant la suite des actions à entreprendre pour chaque événement possible, tel que l'exécution d'une primitive ou l'arrivée d'une PDU.

Courrier électronique

Le système de courrier électronique de l'OSI s'appelle MOTIS; il se fonde sur les recommandations de la série X.400 du CCITT. La description générale donnée dans le texte, y compris toutes les figures, s'applique à MOTIS. Seuls quelques points sont à ajouter.

L'un d'entre eux concerne l'adressage. MOTIS n'utilise pas l'adressage NOM@DOMAINE. Au lieu de cela, il emploie le même type de noms que le service d'annuaire. Dans le contexte de MOTIS, ils sont appelés noms *O/R* (*Originator/Recipient*). Ainsi, un nom est une chaîne d'attributs qui lui permet d'être localisé de façon non ambiguë par le service d'annuaire. La valeur de ce système est évidente : le service d'annuaire peut être consulté pour les adresses PSAP, routes, et toute autre information technique qu'un utilisateur oublie facilement.

En pratique, certains compléments seront apportés à ce schéma de base. Par exemple, pour le trafic international, le nom du pays doit être spécifié même si les attributs donnés ne sont pas ambigus. Ainsi le nom O/R :

ORG=KANGAROO EXPORTS LTD, DEPT=SUPPLY,
NAME=BRUCE BOOMER

peut être autorisé en Australie mais pas ailleurs, même si aucune autre organisation dans le monde n'est appelée Kangaroo Exports Ltd. La raison est évidente : sans spécification de pays, l'agent de transfert de message de l'émetteur (*originator*) devra chercher dans l'annuaire de chaque pays du monde pour trouver la bonne organisation. Même si, par chance, la recherche était rapidement fructueuse, le reste du monde doit néanmoins être examiné pour envisager le cas de réponses multiples (et donc un nom O/R ambigu).

Primitive RTS	Confirmation	Signification
RT-OPEN	X	Etablissement d'une association
RT-CLOSE	X	Libération d'une association
RT-U-ABORT		Interruption à l'inititive de l'utilisateur
RT-P-ABORT		Interruption à l'inititive du serveur
RT-TRANSFER	X	Transfert d'un message
RT-TURN-PLEASE		Le jeton S.V.P.
RT-TURN-GIVE		Voici le jeton

Figure 9-28. Les primitives du service de transfert fiable (RTS)

Le schéma complet d'envoi d'un courrier est le suivant : l'utilisateur construit le message en faisant appel à un agent utilisateur (le programme du courrier) du type décrit plus haut (voir la figure 9-13). L'agent utilisateur passe ensuite le message à l'agent de transfert de message en utilisant la primitive *SUBMIT.request*. Les paramètres de cette primitive décrivent l'enveloppe et le message lui-même (en-tête plus corps).

Dès que l'agent de transfert de message a accepté l'enveloppe et le message, il cherche l'adresse du prochain agent de transfert de message, puis lui remet l'ensemble en utilisant *RTS* (*Reliable Transfer Service*), à l'aide du protocole P1 de la figure 9-11.

Le service de transfert fiable est conçu pour éviter de perdre du courrier, même en cas d'incidents répétés. Comme le montre la figure 9-28, ce service possède sept primitives. Il repose sur l'établissement d'une association entre les agents de transfert de messages; un protocole de type envoyer et attendre est utilisé. Dès qu'un message a été envoyé, une confirmation doit parvenir avant l'envoi du suivant.

La fiabilité est assurée par l'utilisation des activités de la session. Chaque message est envoyé dans une APDU au sein d'une activité dédiée. Si l'association se rompt à cause d'une panne d'un des partenaires, le mécanisme de récupération de la couche session est utilisé pour rétablir l'activité de façon non ambiguë. Pour les messages longs, des points de synchronisation mineure peuvent être utilisés pour réduire le nombre des retransmissions nécessaires au rétablissement correct de l'échange.

Il peut paraître étrange que MOTIS ne fasse pas appel à FTAM pour transporter les messages, même si FTAM pourvoit au transfert fiable par l'utilisation des activités session. Une raison est que MOTIS est calqué sur X.400 de 1984 qui a précédé FTAM.

Terminaux virtuels

Le service de terminal virtuel de l'OSI *VTS* (*Virtual Terminal Service*) est très similaire au terminal virtuel en mode page décrit précédemment. Les deux modes synchrone et asynchrone sont disponibles. L'idée centrale du modèle est celle d'une zone conceptuelle de communication, qui est la structure de données partagée. Cette zone contient cinq types différents d'objets, que nous allons présenter successivement.

La structure de données est un tableau tridimensionnel de caractères choisis dans un alphabet faisant l'objet d'un accord préalable. Une conséquence du caractère international de cette norme est la possibilité de gestion de signes diacritiques inutiles en anglais, mais nécessaires dans d'autres langues. Des symboles tels que *é* ou *è* sont utilisés en français, les *umlauts* sont utilisés en allemand, etc. La solution choisie par l'OSI consiste à disposer d'un ensemble de caractères spéciaux : des marques diacritiques non espaçantes qui peuvent recouvrir les caractères normaux. En dehors de ce cas particulier, la superposition de caractères n'est pas possible.

Des attributs définissant la police de caractère, le rendu, la couleur de premier plan, et la couleur d'arrière-plan sont associés à chaque position de caractère. Le choix de la police de caractères et des valeurs permises pour les attributs est déterminé quand l'association entre terminaux virtuels (connexion) est établie.

Le second type d'objet dans la zone conceptuelle de communication est l'*objet de contrôle*. Les objets de contrôle peuvent être utilisés pour remplir les fonctions terminal qui ne sont pas liées à l'affichage de texte, telles que le déclenchement d'un signal, l'allumage et l'extinction des lumières, et la modélisation des touches de fonction et des boutons de souris.

La norme ne spécifie pas la sémantique des objets de contrôle, bien qu'elle présente un exemple : le contrôle de l'écho. Si un terminal virtuel en mode asynchrone est réglé de façon à collecter des lignes entières avant de les transmettre, aucun caractère ne peut apparaître sur l'écran avant que la ligne entière soit tapée, qu'elle soit transmise et qu'une réponse soit reçue. Pour contourner ce problème, il existe un objet de contrôle qui peut être réglé de façon à permettre un écho local; ainsi, les caractères apparaissent sur l'écran dès qu'ils sont tapés. Cependant, l'ordinateur distant peut désactiver l'écho local quand des mots de passe doivent être saisis, en désactivant l'objet de contrôle de l'écho.

Mode synchrone ou asynchrone
Nombre de dimensions : 1, 2, 3
Capacité d'effacement du terminal
Jeu de caractères utilisé
Fontes utilisées
Attributs des caractères
Couleur des éléments au premier plan
Couleur des éléments en arrière-plan
Valeur maximale de x
Valeur maximale de y
Valeur maximale de z
Contrainte d'adressage

Figure 9-29. Quelques paramètres du terminal virtuel OSI

Le troisième type d'objet dans la zone de communication est l'*objet appareil*. Il existe un objet appareil pour chaque appareil réel attaché au terminal (par exemple, clavier, écran, imprimante). Il gère l'interface avec l'appareil réel, faisant toutes les conversions nécessaires.

Le quatrième type d'objet dans la zone de communication conceptuelle traite de la propriété du jeton quand le terminal virtuel est utilisé en mode asynchrone. Il assure la garde et la gestion du jeton.

Le cinquième type d'objet garde les paramètres et les définitions ASN.1 utilisés par le service et le protocole de terminal virtuel. Quand une association terminal virtuel est établie, les deux parties doivent se mettre d'accord sur un grand nombre de paramètres et options. Une partie peut proposer une valeur, la deuxième l'accepter ou la rejeter. Ce processus de négociation continue jusqu'à ce que toutes les valeurs nécessaires aient été choisies. Au lieu de cela, les deux parties peuvent convenir d'utiliser un profil standard, fournissant une description préétablie complète des propriétés du terminal virtuel. Quelques-uns des paramètres du terminal virtuel OSI sont donnés à la figure 9-29.

Le mode, le nombre de dimensions, la capacité d'effacement et les attributs sont clairs. Les limites maximales sur les dimensions (jusqu'à trois) sont celles auxquelles vous pouviez vous attendre. Des limites infinies sont permises; dans ce cas, le mécanisme de défilement avec fenêtre de travail (décrit précédemment dans ce chapitre) est utilisé. De plus, des paramètres permettent la description de contraintes d'adressage. Certains terminaux peuvent, par exemple, ne pas être capables de faire un retour arrière, et des terminaux imprimants simples peuvent ne pas permettre d'accès aléatoire.

Primitive VTS	Confirmation	Signification
VT-ASSOCIATE	X	Etablissement d'une connexion
VT-RELEASE	X	Libération d'une connexion
VT-U-ABORT		Interruption à l'inititive de l'utilisateur
VT-P-ABORT		Interruption à l'inititive du serveur
VT-SWITCH-PROFILE	X	Négociation d'un profil
VT-START-NEG	X	Début de la phase de négociation des paramètres
VT-END-NEG	X	Fin de la phase de négociation des paramètres
VT-NEG-INVITE		Invitation à proposer la valeur d'un paramètre
VT-NEG-OFFER		Proposition de la valeur d'un paramètre
VT-NEG-ACCEPT		Acceptation de la valeur d'un paramètre
VT-NEG-REJECT		Refus de la valeur d'un paramètre
VT-DATA		Opération sur les données
VT-DELIVER		Vider tous les tampons
VT-ACK-RECEIPT		Acquittement de VT-DELIVER
VT-GIVE-TOKEN		Passage du jeton en mode synchrone
VT-REQUEST-TOKEN		Demande du jeton en mode synchrone

Figure 9-30. Les primitives de base de VTS

Le terminal virtuel peut effectuer toutes les opérations évoquées dans la figure 9-19, ainsi que d'autres contrôlant le mouvement du curseur dans la fenêtre de travail.

Trois types de contrôle de remise sont possibles : aucun, simple, et quarantaine. Quand aucun contrôle de remise n'est utilisé, le logiciel du terminal virtuel détermine seul quand il faut envoyer des PDU. Avec un contrôle simple, la même règle s'applique, excepté qu'une primitive *VT-DELIVER* est fournie pour purger les tampons. Enfin, avec un contrôle de type quarantaine, les PDU sont envoyés seulement quand *VT-DELIVER* est appelée.

Les primitives de base de VTS sont présentées à la figure 9-30. Les quatres premières primitives sont comparables à celles de FTAM ainsi qu'à celles de beaucoup d'autres applications. La primitive suivante permet aux homologues de négocier l'utilisation d'un profil standard, au lieu de négocier les paramètres un par un. Si aucun profil standard n'est disponible, les six primitives ayant *NEG* dans leur nom peuvent être utilisées pour négocier les paramètres un par un.

La primitive *VT-DATA* est utilisée pour toutes les opérations de la figure 9.19. Un paramètre spécifie l'opération. Il n'existe aucune raison majeure de regrouper toutes les opérations sur les données en une seule primitive. On aurait très bien pu décider d'avoir une primitive *NEGOCIATE* avec un paramètre choisissant l'une des six possibilités; chacune des opérations de la figure 9-19 aurait alors donné naissance à une primitive séparée.

En fait, cela aurait eu plus de sens, puisque la PDU la plus commune est celle qui correspond à *VT-DATA*; cette PDU a besoin d'un champ donnant son type, et d'un champ donnant l'opération à réaliser. Si chaque opération donnait naissance à une primitive séparée, puis à une PDU séparée, ces PDU importantes seraient plus courtes.

Les dernières primitives gèrent le contrôle de remise et la gestion du jeton. On a déjà vu *VT-DELIVER*. *VT-ACK-RECEIPT* est utilisée pour l'acquitter.

VTS permet de traiter des grilles. Une grille est construite comme une séquence de champs, chaque champ consistant en un ou plusieurs rectangles. Le champ ainsi composé n'est pas nécessairement rectangulaire. Chaque champ est adressé par son numéro, indépendamment de sa position dans le tableau de caractères.

L'adressage des champs est utile pour rendre les programmes d'application indépendants de la géométrie de l'écran. Considérons, par exemple, une application qui utilise plusieurs champs. Quand elle travaille avec un terminal 66 x 80, la position des champs sur l'écran est différente de celle obtenue sur un terminal 25 x 132. En permettant l'adressage des champs par numéro et non par position, le programme n'a pas besoin d'être au courant du positionnement réel des champs sur l'écran. Quand l'association est établie, le terminal charge, à partir d'une bibliothèque, la configuration de la grille pour son type de terminal, après quoi les coordonnées écran n'auront plus à être utilisées.

Des commandes permettent de créer et détruire des champs, d'afficher et effacer du texte dans des champs. Des contrôles peuvent être imposés sur les champs; par exemple, le texte entré dans un champ doit être formé d'exactement quatre chiffres. Certains champs peuvent être définis comme non modifiables.

Service d'annuaire

Le modèle de service d'annuaire décrit précédemment est celui choisi par l'ISO. Les détails de ce service sont en cours d'élaboration avec le CCITT, puisque ce sont traditionnellement les compagnies de téléphone et les PTT qui fournissent les bottins téléphoniques et les informations provenant de l'opérateur.

Pour éviter que des noms différents ne soient utilisés pour le même attribut dans des pays et des organisations différents, il faut établir un standard pour certains attributs communs (noms et formes de leur valeur). Ce travail est actuellement en cours. Il est probable que l'on soit amené à standardiser également la forme des questions : elles devront comprendre un certain nombre d'attributs, tels que le pays et le domaine administratif, bien que des valeurs par défaut soient fournies le cas échéant.

Transfert et gestion de travaux (JTM)

Le JTM du modèle OSI suit de près le modèle décrit précédemment dans ce chapitre. Plutôt que de parler de fichiers, OSI utilise le terme *document* pour désigner un conteneur général d'informations. Un document peut contenir plusieurs fichiers. Le service JTM s'occupe de la manipulation de documents.

Le logiciel JTM effectue son travail en interagissant avec quatre types de sites :

1. *Sites initiateur* : le processus (ou l'utilisateur) qui soumet le travail.
2. *Sites source* : les systèmes de fichiers qui fournissent les fichiers nécessaires.
3. *Sites puits* : les systèmes de fichiers qui acceptent les fichiers à stocker.
4. *Sites exécution* : les machines qui exécutent les travaux.

La fonction principale de JTM est de lancer des primitives à ces sites qui donnent du travail à réaliser et d'accepter en retour des primitives contenant des informations et du travail pour JTM lui-même. Les primitives JTM d'OSI sont présentées à la figure 9-31. Elles se répartissent en quatre groupes.

Le premier groupe est constitué par *J-INITIATE* (qui possède plusieurs variantes), et qui est utilisée pour donner à JTM la définition des traitements. Chaque spécification de travail décrit en détail ce qui doit être fait.

Le second groupe contient trois primitives que lance le fournisseur JTM pour demander et déposer des documents, et s'enquérir de la disponibilité de documents. Toutes sont confirmées; le site adressé peut accepter ou rejeter la demande de travail.

Primitive JTM	Site initiateur	Serveur JTM	Site d'exécution	Site puits	Site source	Signification
J-INITIATE	X					Créer et initialiser un travail spécifique
J-GIVE		X				Demande d'un document JTM
J-DISPOSE		X				Dépôt d'un document
J-ENQUIRE		X				Demande d'un nom de document
J-SPAWN			X			Création de sous-travaux
J-MESSAGE			X			Etat d'avancement d'un travail en cours
J-END-SIGNAL			X	X		Rapport de fin de travail
J-STATUS		X				Demande d'état d'un travail
J-HOLD		X				Suspension provisoire d'un travail
J-RELEASE		X				Suspension définitive d'un travail
J-KILL		X				Interruption brutale d'un travail
J-STOP		X				Fin normale d'un travail

Figure 9-31. Les primitives JTM

Le troisième groupe contient trois primitives utilisées par des sites exécution ou puits pour créer des sous-travaux, donner des rapports d'état, et annoncer la fin du travail.

Le quatrième et dernier groupe de primitives est utilisé par le fournisseur JTM pour contrôler le comportement des requêtes lancées précédemment. JTM peut connaître l'état du travail, le suspendre et le reprendre, ou l'abandonner. Deux terminaisons sont possibles : l'une abrupte, qui met fin instantanément à un travail sans se soucier des conséquences, et l'autre qui tente de le tuer proprement (avec production d'un rapport sur l'état d'avancement du travail, etc.). A la réception de *J-KILL*, les sites exécution sont censés défaire tout effet permanent d'actions déjà entreprises (en utilisant les primitives CCR); à la réception de *J-STOP*, les actions permanentes sont validées (en utilisant les primitives CCR).

9.6.2. La Couche Application dans ARPANET

ARPANET possède des protocoles standard pour le transfert de fichiers, le courrier électronique, les terminaux virtuels et bien d'autres applications. Ils diffèrent fondamentalement de leurs homologues du modèle OSI : ils ont tous été conçus de bas en haut. Au début, les protocoles étaient simples, avec peu de fonctionnalités. Comme il devenait évident que de nouvelles fonctionnalités étaient nécessaires, elles furent simplement ajoutées. Le résultat de ce processus est un ensemble de protocoles qui traitent effectivement les situations dans lesquelles se trouvent les utilisateurs.

Au contraire, les concepteurs du modèle OSI ne possédaient souvent que peu d'expérience pour les guider et étaient ainsi tentés d'inclure toutes les fonctionnalités imaginables.

De plus, pour chaque service OSI, il existe une spécification précise du service, décrivant ce qui est fait. ARPANET ne possède pas de telles spécifications.

Transfert de fichiers

Le modèle de transfert de fichiers d'ARPANET ne repose pas sur la notion de fichier virtuel. Au contraire, il s'agit de réaliser un transfert de fichier d'une machine réelle à une autre en tenant compte des différences des deux machines. Celles-ci peuvent nécessiter pendant le transfert quelques conversions dont le protocole peut se charger. Par exemple, transférer un fichier pour le retrouver ultérieurement est différent de transférer un fichier vers une imprimante qui requiert certains contrôles de la tête d'impression.

Plusieurs machines du réseau ARPANET initial étaient des machines 36 bits, parmi lesquelles des DEC-10 et DEC-20, ainsi que des machines MULTICS. D'autres machines telles que les systèmes IBM avaient une architecture 32 bits. Le problème du transfert de données entre des machines utilisant des mots de taille différente a dû être traité très sérieusement. OSI ne traite ce problème que grâce aux mécanismes de représentation des données décrits dans ASN1.

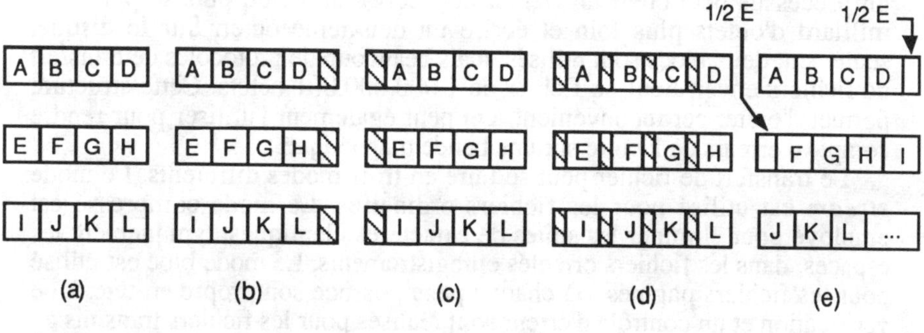

Figure 9-32. (a) Mots de 32 bits (b)-(e) Différentes solutions de rangement

A titre d'exemple, considérons le transfert d'un fichier entre une machine 32 bits et une machine 36 bits (le cas le plus simple — le transfert dans l'autre sens est plus complexe). Comme le montre la figure 9-32, au moins quatre modèles raisonnables existent. Dans la figure 9-32(a) sont représentés trois mots de 32 bits. Chacun contient quatre caractères. Dans les figures 9-32(b) et (c), chaque mot de 32 bits est placé dans un mot de 36 bits, cadrés à gauche et à droite respectivement, les 4 bits supplémentaires étant à zéro. Dans la figure 9.32(d) chaque caractère de 8 bits est placé dans un caractère de 9 bits, avec le bit de poids fort à zéro. Dans la figure 9-32(e) les bits sont assemblés de façon serrée, sans perte de place. Neuf caractères sont rassemblés dans deux mots.

Le protocole de transfert de fichier *FTP* distingue quatre types de fichiers : image, ASCII, EBCDIC, flot. Un fichier image est transféré bit par bit, sans changement. Le fichier ASCII est le standard de l'échange de texte, excepté avec les machines IBM, où le fichier EBCDIC est utilisé. Les flots sont des fichiers binaires où les caractères ont une taille différente de 8 bits.

FTP reconnaît certains types de structure, approximativement analogue aux fichiers non structurés, séquentiels, et hiérarchiques d'OSI. On trouve des fichiers non structurés, des fichiers qui sont des séquences d'enregistrements, et des fichiers à accès aléatoire (ce sont des collections de pages). Un fichier non structuré peut être un fichier de type image, ASCII, EBCDIC, ou flot.

Un fichier structuré par enregistrements est composé d'une suite d'enregistrements de taille fixe. De nombreux systèmes traitent leurs données sous forme d'images cartes de 80 caractères et produisent en sortie des fichiers d'impression de 132 caractères. La plupart de ces fichiers contiennent un grand nombre de caractères SP.

Les fichiers structurés par pages sont organisés en blocs de données; chaque bloc possède un en-tête donnant sa taille, sa position et son type. Cette structure est utile pour représenter des fichiers à trous. Dans UNIX, un processus peut créer un fichier et y écrire un octet, puis se placer un milliard d'octets plus loin et écrire un deuxième octet. Sur le disque, seulement deux blocs sont utilisés, mais beaucoup de protocoles de transfert de fichiers enverraient un fichier de 1.000.000.001 octets. Cette structure permet d'éviter cet inconvénient. On peut également l'utiliser pour rendre compte d'erreurs de lecture sur une bande magnétique.

Le transfert de fichier peut se faire en trois modes différents. Le mode *stream* est utilisé pour les fichiers ordinaires. Le mode compressé est employé pour éliminer les suites de caractères identiques, typiquement les espaces, dans les fichiers orientés enregistrements. Le mode bloc est utilisé pour les fichiers paginés, où chaque page possède son propre en-tête. Une vérification et un contrôle d'erreur sont réalisés pour les fichiers transmis en mode compressé et en mode bloc.

FTP permet de nombreuses commandes. Certaines gèrent l'envoi et la réception des fichiers, d'autres manipulent les répertoires, d'autres encore contrôlent des paramètres du transfert. En fait, les principes utilisés sont assez différents de ceux choisis par l'ISO.

En plus de FTP, il existe un deuxième protocole de transfert de fichier, *NETBELT* (*NETwork BLock Transfer*); il est utilisé pour les transferts de fichiers à haute vitesse (Clark et al., 1987). Il utilise directement IP, court-circuitant le niveau transport (TCP) et toutes les couches supérieures. NETBELT transfère les fichiers par gros morceaux, sans contrôle de flux explicite; le récepteur indique directement à l'émetteur les blocs qu'il a reçus et ceux qui ont été perdus.

Un scénario d'utilisation de NETBELT pourrait être le suivant : un émetteur établit une connexion avec un récepteur et négocie les valeurs de certains paramètres, comme la taille des tampons, celle des paquets, la vitesse à laquelle le récepteur pense pouvoir accepter les données. L'émetteur transmet alors un tampon de données au programme NETBELT, qui le découpe en paquets envoyés à la vitesse (paquets/seconde) précédemment négociée.

Dans la version la plus simple, après avoir envoyé un tampon, NETBELT attend un compte rendu sur les paquets correctement arrivés, perdus ou endommagés. Les paquets qui n'ont pu arriver sont alors envoyés à nouveau. A ce moment, l'émetteur est informé que le tampon a été envoyé, et qu'il lui est possible de passer au suivant. Cet algorithme est répété jusqu'à ce que le fichier entier soit envoyé.

Une amélioration de cet algorithme simple consiste à ne pas attendre après chaque tampon, mais à permettre à l'émetteur une certaine anticipation. Ainsi, NETBELT pourra émettre le second tampon avant même que le premier ne soit acquitté.

A l'opposé des systèmes que nous avons étudiés jusqu'à présent (algorithmes avec contrôle de flux explicite), le protocole NETBELT utilise un contrôle de flux basé sur la vitesse de transfert : un émetteur peut envoyer des paquets quand il le veut, mais sans jamais dépasser le nombre de paquets par seconde négocié. Si le taux négocié initialement se révèle être insatisfaisant, il peut être renégocié à la hausse ou à la baisse pendant le transfert. L'expérience montre que ce protocole peut, grâce à sa grande simplicité, réaliser des taux de transferts extrêmement élevés aussi bien sur des réseaux locaux que sur des lignes satellites.

Le courrier électronique

ARPANET a été à l'origine du développement du courrier électronique; il en constitue encore aujourd'hui sa principale utilisation. La structure du courrier est définie dans un document appelé *RFC 822*, le seul nom qu'il possède. Il a bien sûr évolué depuis les premiers standards; le protocole utilisé est appelé *SMTP* (*Simple Mail Transfer Protocol*).

RFC 822 a été conçu pour envoyer des messages contenant des lignes de texte ASCII. Aucun autre type d'information n'est prévu : ni autre jeu de caractères, ni fac simile ou voix numérique. Cependant, d'autres standards d'ARPANET abordent certaines de ces questions.

RFC 822 ne fait pas de distinction entre enveloppe et message. Un courrier est simplement un fichier contenant quelques champs d'en-tête au début. Chaque champ d'en-tête est un mot clé ASCII, suivi de deux points, puis d'une valeur. Par exemple, la ligne qui identifie l'émetteur d'un message est :

From : TOM@PHYSICS.HARVARD.EDU (Tom Jones)

Toute chaîne de caractères entre parenthèses est un commentaire et est ignorée. Il existe quelques règles permettant de traiter les longues lignes, les espaces (espaces et tabulations), et quelques éléments de mise en page; nous n'entrerons pas dans ces détails ici.

Une différence entre RFC 822 et MOTIS mérite d'être mentionnée. Dans RFC 822, les en-têtes sont tous en ASCII et font partie du message (signalisation dans la bande), ce qui permet une modification facile avec un éditeur de texte. Bien que cette possibilité soit souvent commode, elle donne aux utilisateurs non avisés une belle corde pour se pendre. MOTIS a décidé d'éviter ce problème en séparant clairement l'en-tête et le contenu; de plus, l'en-tête est codé en binaire (un type spécifique pour l'enveloppe est défini avec ASN.1) pour rendre beaucoup plus difficile une manipulation involontaire de ces informations importantes.

ARPANET (et Internet d'ARPA) utilise un adressage du type `NOM@DOMAINE`. Parmi les domaines du plus haut niveau, on trouve EDU (institutions éducatives), COM (compagnies), GOV (gouvernement), MIL (sites militaires), ORG (organisations non lucratives), et des abréviations de deux à trois caractères pour les pays autres que les Etats-Unis. Les domaines peuvent avoir des sous-domaines, comme nous l'avons mentionné auparavant. Toutes les adresses dans les champs d'en-tête ont ce format.

Les champs d'en-tête de RFC 822 (figure 9-33) sont divisés approximativement en quatre groupes : enveloppe, adresse, contenu, et divers. Les champs *Sender* et *To* désignent les adresses de l'émetteur et du récepteur.

Quand les messages traversent le réseau, des lignes d'en-tête *Received* sont ajoutées à chaque étape. Ces lignes désignent la machine qui a relayé le message : identité de la machine réceptrice, support physique sur lequel est arrivé le message (l'ARPANET ou un réseau local par exemple), et protocole utilisé pour l'envoi. La date et l'heure du transfert sont également indiquées. Ainsi, quand un message arrive à sa destination, il contient l'information nécessaire à la reconstitution de son cheminement, ce qui permet un contrôle du fonctionnement du réseau.

Les autres champs ont une signification évidente. A l'exception de *Keywords*, tous ont un équivalent naturel dans MOTIS. D'autres champs (que nous n'avons pas cités ici) permettent, par exemple, de contrôler l'opération «faire suivre» d'un courrier (qui l'a renvoyé, d'où, à qui, quand, etc.).

Encrypted mérite quelques précisions. RFC 822 ne faisant aucune distinction entre enveloppes et messages, tous les champs d'en-tête sont en clair. Seul le corps du message peut être crypté. Un intrus est donc libre de lire le sujet (*Subject*), les mots clés (*Keywords*), et les autres lignes d'en-tête, ce qui peut déjà fournir d'estimables informations. Dans MOTIS, le cryptage est pris en compte par l'enveloppe, de sorte que le message dans son intégralité, y compris les en-têtes, peut être crypté. Seuls les paramètres de l'enveloppe sont en clair, car aucun n'a de lien avec le contenu du message.

Champ	Signification
Sender	Adresse de l'expéditeur
To	Adresse du destinataire
Received from	Provenance du message
Received by	Identité du récepteur
Received via	Support physique d'arrivée du message
Received with	Protocole utilisé
From	Nom de l'expéditeur
Reply-To	Adresse de retour
Cc	Adresses des copies à envoyer
Bcc	Adresses des copies muettes
In- Reply-To	Identification du message auquel on répond
References	Autres messages cités
Subject	De quel sujet traite le message
Keywords	Descripteurs de contenu
Date	Date d'envoi du message
Message-ID	Identification du message
Comments	Commentaires de l'utilisateur
Encrypted	Index vers la table des clés de cryptage

Figure 9-33. Les champs d'en-tête de RFC 822 (sans les champs «faire suivre»)

RFC 822 est largement utilisé, et MOTIS s'implante de plus en plus; aussi, il existe un sérieux problème de compatibilité. Les *passerelles*, qui acceptent les messages dans un format et les traduisent dans un autre, sont appelées à se développer. La conversion entre RFC 822 et MOTIS est relativement simple. Le champ *Keywords* est simplement ignoré; les autres éléments peuvent être transposés en un champ correspondant de MOTIS.

La partie la plus difficile de la transformation concerne l'adressage; les adresses NOM@DOMAINE de RFC 822 sont radicalement différentes de l'adressage O/R fondé sur la notion d'attributs utilisé dans MOTIS. Si le champ DOMAINE est structuré hiérarchiquement, comme dans l'adresse de Tom Jones ci-dessus, une transformation simple est :

C = USA, ORG = HARVARD, DEPT = PHYSICS, NAME = TOM

Le problème de la transformation entre adresses RFC 822 et X.400 (MOTIS) est étudié plus en détail par Henken (1987).

La transformation inverse est beaucoup plus difficile, puisque plusieurs champs de MOTIS n'existent pas dans RFC 822. Les champs sans grande importance peuvent être ignorés. Pour les champs importants, comme les signatures numériques, RFC 822 fournit une solution. Les champs d'en-tête qui commencent par X- sont considérés par le logiciel du courrier comme valides, mais ne sont pas traités. Ainsi, la passerelle de courrier peut créer un champ spécial tel que *X-Sender-Signature* pour coder le champ MOTIS correspondant. Au fur et à mesure que le temps passe, quelques-uns de ces champs deviendront probablement «légaux» et on n'utilisera plus le préfixe X-. Que faire également des en-têtes farfelus (par exemple, X-N-Importe-Quoi : Rien) qui existent sur le réseau?

La plus grande partie du courrier électronique est transportée aujourd'hui par le protocole SMTP. Pour l'utiliser, une machine se connecte *via* TCP à une autre machine, qui peut être soit la destination ultime soit une station intermédiaire. Une fois la connexion établie, l'initiateur envoie une commande MAIL, identifiant l'émetteur; cela permet au destinataire de savoir où envoyer les messages d'erreur, au cas où ils seraient nécessaires. Si le récepteur est disposé à accepter le courrier, il envoie un acquittement positif.

Ensuite, l'initiateur envoie une commande RCPT identifiant le destinataire du courrier. De même, le récepteur peut l'accepter ou le refuser. Si le destinataire est connu et acceptable, l'émetteur lance une commande DATA, suivie du message sous la forme d'une série de lignes ASCII et terminé par une ligne contenant un point. Un bourrage de caractères est utilisé pour permettre à de telles lignes d'apparaître dans le message. D'autres commandes permettent de vérifier les adresses, de traduire les listes de diffusion, de changer de rôle, et de terminer la connexion.

Terminaux virtuels

Le protocole de terminal virtuel d'ARPANET, appelé *TELNET*, a été conçu pour des terminaux en mode défilement plutôt qu'en mode page ou grille; il est cependant possible de négocier certaines fonctions des terminaux en mode page. Le terminal virtuel par défaut possède une ligne d'une longueur illimitée.

Le protocole permet d'établir et de gérer deux flux de données unidirectionnels, un dans chaque direction. Il n'y a pas ici de concept de structure de données partagées entre les deux équipements. Au fur et à mesure que des touches sont tapées sur un terminal, un flux d'octets est transmis sur la ligne. Le processus du terminal doit convertir tout code de caractère qui sort du terminal dans le standard ASCII. En plus des 95 symboles imprimables ASCII, les caractères de contrôle CR, LF, BEL, BS, HT, VT, et FF sont également reconnus.

Quinze commandes peuvent être insérées dans le flot des données ordinaires. La liste des commandes est donnée à la figure 9-34. Les commandes utilisent le préfixe IAC (*Interpret As Command*, code 255). Si la commande est codée sur plus d'un caractère (c'est-à-dire si elle a des paramètres), les codes 250 et 240 sont utilisés comme marques de début et de fin (à la manière de `begin` et `end` en Pascal).

Le code 244 sert à interrompre un traitement. *Break* (243) n'a que la signification que lui accorde la machine distante, pas nécessairement la fin d'un processus. *Mark* est utilisé pour indiquer au processus du terminal où il doit reprendre son affichage, comme nous l'avons vu plus haut. *Interruption processus* n'a de sens que si la machine distante peut interrompre l'émission d'information sans terminer le processus producteur. De même, *Are you there* permet à un utilisateur de s'assurer que la machine distante est toujours présente, même si le traitement est lent.

Les codes 247 et 248 sont importants parce qu'ils permettent d'utiliser les conventions d'effacement de caractères de la machine locale sur la machine distante. Ainsi, lorsqu'un utilisateur désire effacer un caractère ou une ligne, le processus du terminal convertit le code de la touche d'effacement locale en celle du standard du réseau et la transmet.

Code			
240	Fin de commande	248	Effacement ligne
241	Pas d'opération	249	Vous pouvez transmettre (*Go ahead*)
242	Marque (*Mark*)	250	Début de commande
243	Arrêt (*Break*)	251	Demande dans négociation (*Will*)
244	Interruption processus	252	Refus de demande (*Won't*)
245	Interruption émission	253	Demande (*Do*)
246	Etes-vous là ? (*Are you there?*)	254	Refus (*Don't*)
247	Effacement caractère	255	Interprété comme une commande

Figure 9-34. Les commandes du protocole TELNET

La commande *Go ahead* est utilisée avec les terminaux synchrones, pour autoriser le partenaire à transmettre. Dans la terminologie OSI, on parle de transfert de jeton.

Comme dans notre premier exemple, TELNET permet la négociation d'options pour changer les valeurs par défaut et définir les paramètres du terminal virtuel. La négociation d'options peut être entamée à n'importe quel moment par les deux machines en utilisant *WILL*, *WONT*, *DO*, et *DONT*.

Voici un exemple de cette possibilité de négociation : un ordinateur capable de traiter des terminaux full-duplex peut chercher à savoir si le terminal réel connecté peut aussi fonctionner de cette façon. Pour ce faire , il envoie une commande *WILL*, indiquant sa demande de traitement full-duplex. Le terminal peut alors répondre par *DO* ou par *DON'T*. La négociation peut aussi prendre une autre forme : l'un des partenaires envoie *DO* ou *DON'T* en demandant une certaine option, la réponse étant alors *WILL* ou *WON'T*. A peu près deux douzaines d'options sont définies : la transmission binaire, l'écho distant, la longueur de ligne et de page, la signification des tabulations, etc.

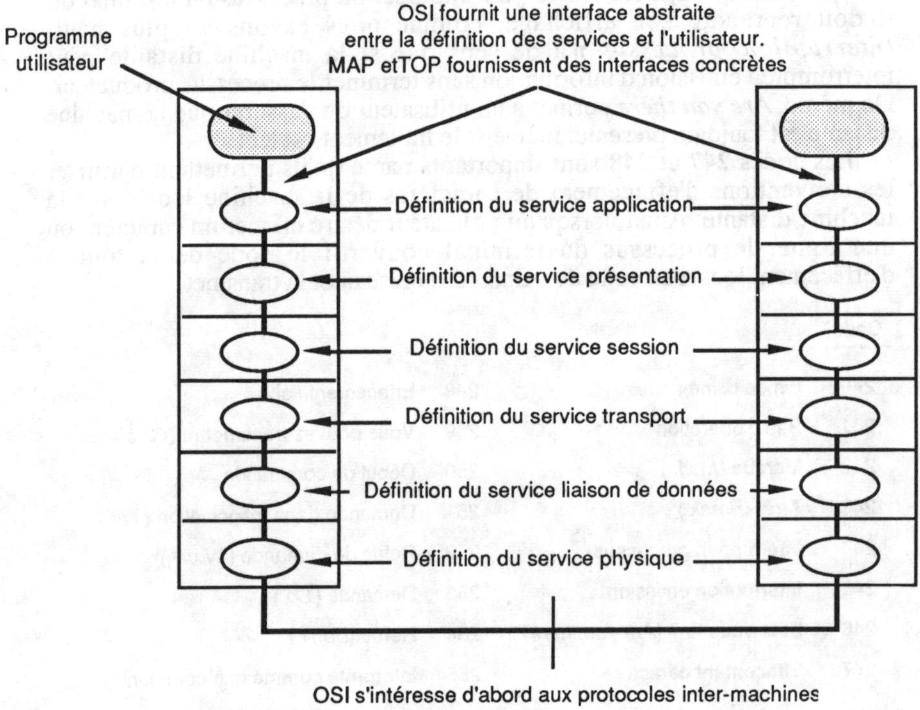

Figure 9-35. Interface utilisateur concrète ou abstraite

9.6.3 La Couche Application dans MAP et TOP

MAP et TOP implémentent un sous-ensemble des applications de la couche 7 de l'OSI : ACSE, FTAM, et les services d'annuaires sont utilisés; CCR et JTM ne sont pas mis en place. VTS est reconnu par TOP mais seulement partiellement adopté par MAP (la notion de terminal est plus importante pour une application bureautique que dans le domaine industriel).

TOP diffère également de MAP en ce qui concerne la messagerie : TOP utilise X.400 alors que MAP réalise un système de messagerie complètement différent appelé *MMS* (*Manufacturing Message Standard*). MMS est plutôt destiné aux communications de machine à machine (d'un ordinateur à un robot), alors que X.400 s'adresse aux messageries de personne à personne.

MAP et TOP ont des préoccupations différentes de celles de l'OSI; cela se traduit par une différence qui se manifeste pour la première fois au niveau application. La philosophie OSI vise à rendre possibles les communications entre ordinateurs de différents constructeurs. De ce fait, l'accent est tout particulièrement mis sur les protocoles. La définition des services, bien qu'également fournie, ne se présente que sous une forme abstraite (figure 9.35).Pour les couches intermédiaires, ces définitions de service ne posent pas de problèmes sauf si un utilisateur avait l'idée bizarre d'acquérir chaque couche auprès d'un vendeur différent. Dans le cas d'un système réalisé par une seule société, l'utilisateur ne se soucie guère de ce que sont les interfaces entre les six couches basses. Ce qui importe est le dialogue entre les programmes et la Couche Application. Les normes OSI ne donnent pas de spécifications de réalisation de cette interface de haut niveau, ce qui complique sa réalisation homogène d'un constructeur à l'autre.

Chaque constructeur a donc défini sa propre interface d'application. Un programme écrit en utilisant l'interface de *A* ne pourra pas se transporter sur le système de *B*.

Dans le monde des gros ordinateurs, cette situation ne cause pas de véritable problème car les centres de calcul sont comme des canetons nouveau-nés : ce qu'ils voient en premier, ils le suivent pour le restant de leur vie. Chez les canetons cela s'appelle l'éducation; dans les centres de calcul, on parle de compatibilité. Si un centre de calcul choisit une marque d'ordinateurs *X*, les utilisateurs écrivent leurs programmes en utilisant l'interface d'application de la marque *X*. Ils ne considèrent pas comme gênant le fait que leurs programmes ne puissent pas s'exécuter sur les ordinateurs de la marque *Y*. De toute façon, ils n'en possèdent pas!

Les comités MAP et TOP ont trouvé cette situation inacceptable. Dans les usines et les bureaux, les petits ordinateurs prédominent. De nombreuses sociétés vont produire des cartes toutes prêtes contenant une réalisation complète de MAP et TOP. Pour que l'utilisateur soit en mesure de choisir entre différentes cartes sur la base des performances et des prix, il est essentiel que l'interface entre les programmes utilisateurs et la carte soit unique. En d'autres termes, il est nécessaire de disposer d'une interface d'application standard, permettant un changement de carte sans changement du programme utilisateur. MAP et TOP ont défini cette interface.

Les documents MAP et TOP fournissent également des spécifications additionnelles dépassant le cadre de l'OSI en donnant quelques détails supplémentaires. Dans MAP, cela donne à peu près 2300 pages (si l'on exclut les standards OSI qui représentent plusieurs milliers de pages supplémentaires). Le volume produit par TOP est équivalent. Dans les paragraphes suivants, nous allons comparer, à titre d'exemple, un aspect du service abstrait d'établissement de connexion de l'OSI avec celui fourni par une réalisation.

La figure 9-36 montre le principe de base de l'établissement d'une connexion. Chaque processus désirant utiliser le réseau doit faire appel à *ACTIVATION*. Cet appel authentifie le processus et l'enregistre comme un utilisateur légal du réseau. Le résultat de cet appel est un entier de 32 bits qui permettra au processus de s'identifier lors des appels suivants.

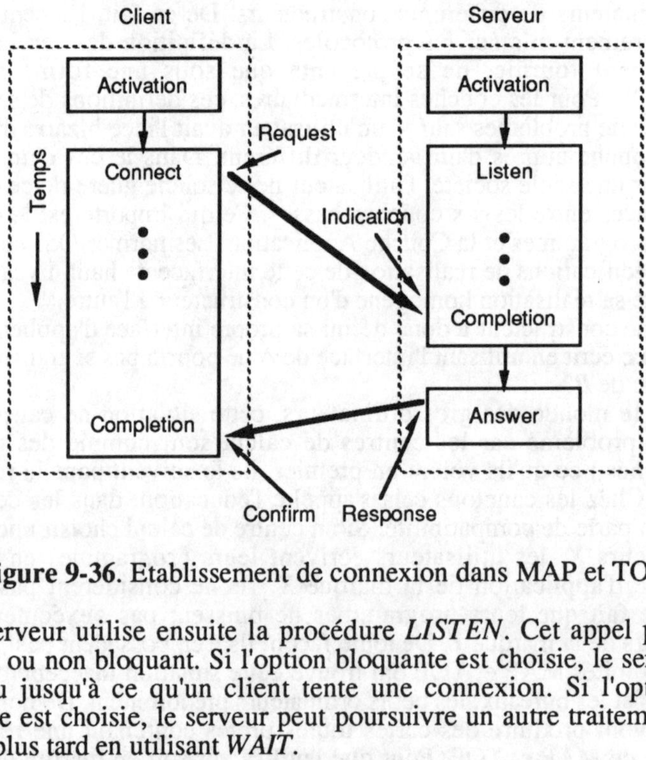

Figure 9-36. Etablissement de connexion dans MAP et TOP

Le serveur utilise ensuite la procédure *LISTEN*. Cet appel peut être bloquant ou non bloquant. Si l'option bloquante est choisie, le serveur est suspendu jusqu'à ce qu'un client tente une connexion. Si l'option non bloquante est choisie, le serveur peut poursuivre un autre traitement et se bloquer plus tard en utilisant *WAIT*.

Quand un client effectue un appel *CONNECT* (il s'agit d'un *A-ASSOCIATE.request*), le serveur est réveillé et obtient les paramètres contenus dans le PDU arrivant. Le réveil du serveur correspond à *A-ASSOCIATE.indication*.

Après analyse des paramètres, le serveur peut accepter ou rejeter l'association en faisant un appel à *ANSWER*. Cette action est le *A-ASSOCIATE.response*. Enfin, le PDU envoyé par *ANSWER* arrive au client, terminant ainsi *CONNECT* (c'est *A-ASSOCIATE.confirm*); la connexion est alors établie ou refusée.

La similitude de ce modèle avec notre exemple détaillé de la Couche Transport n'est pas entièrement une coïncidence. Il n'y a pas vraiment d'autre façon de faire. *Request* et *Response* peuvent être facilement réalisées par des appels de procédures; *indication* et *confirm* sont fondamentalement différentes, et ne peuvent être programmées de la même façon.

MAP et TOP ne fournissent pas seulement un modèle de réalisation, mais aussi les procédures de bibliothèque que vont appeler les programmes utilisateurs. En exigeant que les produits MAP et TOP supportent ces appels, les utilisateurs peuvent s'assurer de la portabilité des logiciels. Les détails de réalisation de ces procédures (transfert de paramètres aux cartes, utilisation des registres, etc.) ne sont pas définis car ils n'affectent en rien la portabilité des logiciels.

Les paramètres des appels de la figure 9-36 sont donnés à la figure 9-37. Certains contiennent des valeurs explicites passées par l'appelant au fournisseur de service. D'autres ne sont que des pointeurs sur des enregistrements contenant des informations complémentaires. Les paramètres résultats sont structurés de la même façon.

L'idée de ce partage est que contrairement à l'ISO, qui espère stabiliser un jour ses normes, MAP et TOP ont abandonné tout espoir de ce type. Ils sont donc en train de réviser continuellement leurs documents pour tenir compte de l'expérience des utilisateurs et des programmeurs. Les paramètres transmis par valeur sont supposés avoir une grande chance de rester identiques dans les nouvelles versions. Les paramètres cachés dans les enregistrements qui sont transmis par référence peuvent être changés plus facilement (ajout ou modification) avec un impact minimal sur les programmes existants.

```
XX-activation (who, how, inpointer, Permit, Result)
XX- listen (permit, how, Outpointer, Connid)
XX-connect (permit, how, callee, inpointer, Outpointer, Connid)
XX-answer (connid, how, inpointer, Result)
```

Figure 9-37. Détails des appels de la figure 9-36. Les paramètres en minuscules sont des paramètres d'entrée, les autres sont des résultats.

Examinons brièvement ces appels un par un. Les paramètres donnés par la figure 9-37 ne sont pas les noms officiels MAP/TOP, qui sont un peu plus complexes. La procédure *xx_aeactivation* active une entité d'application (processus). Le *xx_* est un préfixe générique qui est en réalité différent pour chaque application. Par exemple, pour FTAM, l'appel d'activation est *ft_aeactivation.*

Le paramètre *who* identifie l'appelant auprès du fournisseur de service (c'est-à-dire une carte). Le paramètre *how* spécifie si l'appel est bloquant ou non bloquant, non seulement dans cet appel, mais dans la suite aussi. Le paramètre *inpointer* pointe sur un enregistrement contenant les informations d'authentification.

Les deux paramètres restants sont remplis par le fournisseur du service à la fin du travail. *Permit* est un entier de 32 bits utilisé pour identifier l'appelant lors des appels ultérieurs, et *Result* est un code de résultat de l'appel. Il peut y avoir échec, par exemple, si la carte ne peut traiter qu'un nombre limité de processus, ce qu'elle fait déjà.

Les paramètres d'entrée de la procédure *xx_listen* sont l'identificateur de 32 bits obtenu par *xx_aeactivation*, et le drapeau bloquant/non bloquant. Les paramètres en sortie sont un pointeur vers un enregistrement et l'identificateur de la connexion. L'enregistrement contient l'information de la PDU reçue, y compris l'adresse de présentation de l'appelant, le nom du contexte d'application proposé, et un code indiquant le succès ou l'échec.

La procédure *xx_connect* est utilisée pour établir une association. L'entité distante peut être spécifiée en donnant soit son adresse de présentation complète soit son nom, auquel cas l'adresse de présentation sera recherchée dans un annuaire. Si l'appel utilise un nom d'entité application (par exemple, *Fileserver3*), le champ *callee* est utilisé pour le spécifier. Les paramètres *inpointer* et *outpointer* désignent respectivement des structures de paramètres et de résultats. Si la connexion est établie, *Connid* est un identificateur de 32 bits de cette connexion.

Les paramètres pointés par *inpointer* contiennent l'adresse de présentation (absente si le champ *callee* est utilisé). Ils contiennent aussi deux paramètres donnant le nombre maximum de tentatives de connexions, et l'intervalle de temps entre deux tentatives successives.

Un temporisateur permet de spécifier un temps d'attente de ressources locales (mémoire ou autre). Si, par exemple, la carte ne peut gérer que *n* connexions à la fois, et si *n* connexions sont en cours, le processus appelant *xx_connect* peut spécifier une attente maximum d'une minute pour trouver les ressources nécessaires à sa demande.

Le paramètre suivant dans l'enregistrement est le contexte de l'application (bibliothèque des définitions ASN.1) que l'appelant se propose d'utiliser. Ce nom est fourni au serveur *via* un champ de la structure retournée par *xx_listen*.

Enfin, un paramètre supplémentaire est destiné au passage de paramètres dépendant de l'application utilisée. Par exemple FTAM l'utilise, pas VTS.

Quand le serveur est réveillé par *LISTEN*, il accepte ou rejette la connexion en appelant la procédure *xx-answer*. Le paramètre *connid* doit être le même que celui fourni par *xx_listen*, pour identifier l'appel en cours. *Result* donne l'état de l'appel. Ici encore, l'appel peut échouer du fait du manque de place dans une table, d'une erreur de paramètre, ou pour d'autres raisons.

La structure pointée par *inpointer* fournit le nom du serveur (information que l'appelant peut ignorer si la connexion a été établie en utilisant une adresse de présentation), et le contexte application du serveur. L'utilisation d'un contexte dans *xx_connect* et dans *xx-answer* met en place une des négociations d'option prévues par l'OSI. Si les deux contextes sont identiques, ce contexte est utilisé pour toute la durée de la connexion.

Si les deux contextes sont différents, le client peut accepter la proposition du serveur ou la refuser. Dans le premier cas, ce choix est utilisé; dans le deuxième cas, la connexion ne peut avoir lieu.

9.6.4. La Couche Application dans USENET

USENET offre deux services, le courrier et les conférences (*news*). Le courrier USENET a été conçu pour être compatible avec le système de courrier d'ARPANET décrit plus haut, aussi nous attarderons-nous plus particulièrement sur les conférences. Les conférences constituent un système mondial, regroupant des centaines de sujets, techniques ou pas. Le trafic total est de plusieurs mégaoctets par jour. Les abonnés à un groupe d'information peuvent lire toutes les contributions envoyées à ce groupe, et soumettre leurs propres informations. Chaque message envoyé à un groupe est remis à tous les abonnés, rapidement, à l'échelle planétaire.

Les groupes de conférences sont répartis en huit catégories principales en fonction du sujet abordé :

1. *Comp* : Ordinateurs et leurs logiciels.
2. *Misc* : Différents sujets non classifiables dans les autres groupes.
3. *News* : Le système de conférences lui-même et son fonctionnement.
4. *Rec* : Activités de jeu et de loisir.
5. *Soc* : Questions sociales et sociologiques.
6. *Sci* : Physique, chimie, biologie, et autres sciences.
7. *Talk* : Sujets-débats qui génèrent beaucoup de passion mais peu de résultats !
8. *Alt* : Groupes qui ne cadrent avec aucune des catégories ci-dessus.

La figure 9-38 donne une liste de quelques-uns de ces groupes, pour donner une idée de ce qui existe. Vous pourrez facilement imaginer l'existence d'autres groupes. Par exemple, *comp.binaries.mac* est utilisé pour diffuser des programmes exécutables sur Macintosh. Des groupes analogues existent pour d'autres ordinateurs classiques. *comp.sys.ibm.pc* concerne l'IBM PC et ses clones; on trouve également des groupes pour virtuellement tous les autres ordinateurs, grands ou petits, ainsi que pour la plupart des langages de programmation.

Tous les domaines de l'informatique sont représentés, ainsi qu'une multitude de sciences, de loisirs, ou de questions politiques. Des groupes de conférences existent aussi pour discuter du fonctionnement du réseau lui-même, et pour distribuer de nouveaux logiciels. Il existe même un groupe *rec.nude* pour les nudistes, bien qu'il ne soit pas évident que le texte ASCII seul soit un médium adapté à ce propos! Chaque site prend en charge ses propres frais de communications; tous les groupes ne sont donc pas représentés partout. Souvent, les sociétés commerciales s'abonnent seulement aux groupes techniques et refusent *misc*, *rec*, *soc*, *talk*, et *alt*.

comp.ai	Débats sur l'intelligence artificielle
comp.binaries.mac	Programmes exécutable sur Macintosh
comp.databases	Théorie et pratique des bases de données
comp.dcom.lans	Matériels et logiciels des réseaux locaux
comp.edu	Enseignement de l'informatique
comp.graphics	Informatique graphique
comp.lang.pascal	Débats sur le langage Pascal
comp.newprod	Annonces de nouveaux produits
comp.os.minix	Débats sur le système Minix de Tanenbaum
comp.os.research	Systèmes d'exploitation
comp.protocols.iso	Protocoles OSI
comp.sources.unix	Sources d'Unix
comp.sys.ibm.pc	Débats sur l'IBM-PC
misc.consumers.house	Comment mieux gérer sa maison
misc.handicap	Handicapés
misc.forsale	Petites annonces
misc.jobs.offered	Offres d'emploi
misc.kids	Tout sur les enfants et comment les éduquer
news.groups	Listes des groupes
rec.arts.poems	Poèmes divers
rec.bicycle	Tout sur le vélo
rec.food.cooking	Le coin des cordons bleus
rec.games.chess	Le coin des échéphiles
rec.humor.funny	Humour et histoires drôles
rec.photo	Tout sur la photo
rec.astro	Tout sur l'astronomie
sci.bio	Tout sur la biologie
sci.space	L'aventure spatiale
soc.college	La vie estudiantine
soc.singles	Les célibataires
talk.politics.misc	Forum politique
talk.rumors	Les potins du jour

Figure 9-38. Quelques-unes des conférences USENET

De nouveaux groupes se créent et disparaissent en permanence. Quand quelqu'un propose la création d'un nouveau groupe, la proposition est émise dans *news.groups*; ensuite un vote est organisé. Le groupe est créé, si une approbation suffisante est recueillie. Il est parfois difficile de dire si USENET est un clin d'œil au XXIe siècle, ou un simple salon d'une ville de la Nouvelle Angleterre.

En principe, toute personne peut proposer un message dans un groupe. Cependant, l'expérience montre que certains abusent de ce privilège. Quand la masse d'information diffusée devient un facteur de perte de temps pour les utilisateurs, le groupe peut devenir *modéré*. Dans un tel groupe, un utilisateur particulier est désigné comme modérateur; il est le seul autorisé à ajouter des contributions à ce groupe. Toutes les tentatives d'autres utilisateurs pour contribuer à ce groupe sont automatiquement converties par le logiciel en un courrier électronique ordinaire destiné au modérateur. Le modérateur sépare ensuite le bon grain de l'ivraie et ne retient que les messages considérés comme valables. Cette technique augmente la qualité du groupe, mais tend à réduire la spontanéité des échanges. Certains sujets ont, à la fois, des groupes modérés et libres.

Le système des conférences est constitué par des agents utilisateurs et des agents de transfert de messages, exactement comme les systèmes de courrier.

L'agent utilisateur des conférences est un programme qui est appelé pour lire et envoyer des articles de conférence. Quand on l'exécute, il identifie les conférences auxquelles est abonné l'utilisateur. Il cherche alors dans la base de messages les articles non lus des groupes correspondants. S'il en trouve, un message annonce le premier groupe trouvé et le nombre de messages non lus.

A ce point, l'utilisateur dispose de nombreuses commandes (très similaires à celles du courrier) pour lire les informations. Il est possible de demander l'affichage des sujets seuls (voir figure 9-12). Après avoir pris connaissance des sujets, l'utilisateur peut décider de lire un message particulier, ou de les lire tous, dans l'ordre. Il peut aussi penser qu'aucun n'est très intéressant et passer au groupe suivant. Les messages non lus peuvent rester dans leur état originel pour être disponibles la prochaine fois ou être marqués comme «lus» afin de ne plus être mentionnés la fois suivante.

Si un message semble intéressant, il peut être lu, et éventuellement sauvegardé dans un fichier ou même imprimé. Après avoir lu un message donné, l'utilisateur dispose de plusieurs options. Il peut se déplacer automatiquement vers le message suivant du même sujet ou continuer avec le message suivant du groupe, indépendamment du sujet.

Il est également possible de réagir au message en envoyant une réponse à l'auteur (en utilisant le courrier électronique), ou en soumettant la réponse à la conférence elle-même. Dans le premier cas, la réponse va seulement vers l'auteur de la contribution initiale; dans l'autre, elle est diffusée à tous. Un message ou une réponse peuvent aussi être propagés vers plusieurs groupes. Le logiciel des *news* fait en sorte qu'un utilisateur ne voie un message donné qu'une seule fois, même s'il est abonné à plusieurs conférences auxquelles ce message à été propagé.

Puisque des réactions multiples peuvent faire référence à un unique message, l'agent utilisateur permet de construire une réponse à partir du message initial suivant un format prédéfini. Un éditeur de texte permet alors de terminer la mise en page. Typiquement, l'édition consiste à enlever les portions inutiles et à ajouter du texte aux parties utiles. Quand l'édition est terminée, l'agent utilisateur remet le message à l'agent de transfert de message pour envoi en tant que courrier ou diffusion de conférence.

Quand un message ou une réponse sont envoyés, le système demande l'étendue géographique souhaitée pour la diffusion. Les messages peuvent être envoyés à tous les membres d'un groupe, où qu'ils se trouvent dans le monde; l'envoi peut être restreint aux membres du groupe aux Etats-Unis, en Amérique du Nord, ou en Europe; on peut également désigner une région plus petite comme un Etat ou même, dans certains cas, une ville. Si quelqu'un de Berkeley veut annoncer le nom de l'orateur du séminaire de mardi prochain, il est peu probable que cela intéresse, disons, la Finlande ou le Japon. A l'opposé, quelqu'un qui distribue un logiciel peut être intéressé par une diffusion universelle.

Champ	Signification
Newsgroups	Liste des groupes auxquels le message appartient
Subject	Sujet du message
From	Auteur
Date	Date d'expédition
Path	Chemin suivi par le message
Message-ID	Identification du message
Followup-To	Liens avec les groupes
References	Liens avec d'autres messages
Summary	Résumé
Keywords	Mots clés
Distribution	USA, Europe, Monde entier
Reply-To	Adresse à utiliser pour les réponses
Sender	Expéditeur
Organization	Organisation à laquelle appartient l'expéditeur
Lines	Nombre de lignes du message
Expires	Date de péremption du message
Approved	Nom du modérateur (pour les groupes modérés)
Control	Utilisé pour la gestion du système

Figure 9-39. Les champs d'en-tête *news* de USENET. Les six premiers sont obligatoires, les autres sont optionnels.

Les discussions sur USENET peuvent durer longtemps. Pour permettre aux nouveaux venus de se mettre rapidement au courant, certains groupes gardent des archives d'anciens messages. Partridge et al. (1987) décrivent comment de tels serveurs d'archives fonctionnent dans CSNET; les mêmes principes s'appliquent à USENET.

L'agent de transfert de messages des conférences est très similaire à l'agent de transfert de messages du courrier RFC822 (voir Collyer et Spencer, 1987, pour une présentation du logiciel des conférences). Cela n'est guère surprenant, dans la mesure où les formats de messages des conférences et du courrier RFC 822 ont la même structure; ainsi, il n'y a pas de différence de traitement entre ces deux trafics. Cependant, la liste exacte des champs d'en-tête est différente. Les en-têtes des conférences sont décrits dans RFC 1036 et sont présentés à la figure 9-39. L'adressage des conférences utilise le format NOM@DOMAINE d'ARPANET.

Le champ *Newsgroups* fournit la liste des groupes auxquels le message a été transmis. Un lecteur abonné à l'un de ces groupes verra le message (une seule fois). Les champs *Subject*, *From*, et *Date* ont la même fonction que dans RFC 822.

Les conférences sont diffusées de proche en proche à travers un réseau en perpétuelle évolution d'environ 10.000 sites dans plusieurs douzaines de pays. A chaque étape, le récepteur ajoute son nom au champ *Path*. La consultation de ce champ permet de savoir comment le message est arrivé depuis son émetteur. Avant de relayer un message, le logiciel de conférences vérifie si la destination est déjà dans le champ *Path*; si c'est le cas, il n'y a pas de nouvelle diffusion. En plus, cette information est utilisée par les administrateurs du système pour suivre l'évolution des routes utilisées et les améliorer.

Les douze champs restants sont optionnels. Les champs *Followup-To*, *References*, et *Summary* sont utilisés pour les messages qui font suite à un message précédent. Le champ *Followup-To* est utilisé quand un message est envoyé à de multiples groupes, et que l'on souhaite voir les réponses dans un groupe bien précis. Quand une réponse est produite, l'agent utilisateur vérifie si le message original contenait un champ *Followup-To*; si c'est le cas, ce champ est utilisé en lieu et place du champ *Newsgroups* de la réponse.

Quand un message fait suite à un article précédent, le champ *References* y est ajouté pour donner trace du *Message-ID* de l'article (ou des articles) auquel il répond. Dans ce cas, le *Subject* contient un préfixe *Re :* suivi du sujet initial. Le champ *Summary* permet de fournir des informations synthétiques sur un article.

Le champ *Keywords* permet de mentionner des mots clés. Certains sites archivent les messages anciens de certains groupes. Les nouveaux utilisateurs peuvent aller dans ces archives et demander une liste des messages contenant tel ou tel mot clé.

Les champs restants sont évidents et demandent peu d'explications, à l'exception de *Control*. Ce champ contient le protocole utilisé entre les agents de transfert pour faire fonctionner le système de conférences. Les messages des conférences sont distribués à travers de nombreux réseaux : lignes téléphoniques, réseaux X25, ARPANET, etc. USENET est un graphe orienté, ayant les machines comme nœuds, et comme arcs les supports de transmission. La plupart des arcs sont bidirectionnels, mais des arcs unidirectionnels existent aussi. Le graphe pour les conférences est similaire, mais pas identique, au graphe du courrier.

Chaque arc est étiqueté par les groupes de conférences qui sont échangés à travers lui. Pour chaque lien, un accord bilatéral est négocié pour savoir lequel des deux sites va appeler l'autre, combien de fois par jour, et quel protocole de transport utiliser.

Dès que deux machines ont établi un contact, l'une des deux commence à envoyer à l'autre tous les messages des conférences qui sont définies sur ce lien. Ensuite le flot se renverse et les messages transitent dans l'autre sens.

L'algorithme est, à la base, une technique d'inondation; en pratique, la plupart des sites reçoivent toutes les conférences d'un seul site, ce qui limite les échanges. Le risque de panne est concentré sur le site principal d'une conférence. Contrairement à celui-ci, un site secondaire n'a aucune idée des messages qui ont déjà été envoyés. Pour résoudre ce problème, la machine appelée peut envoyer un message dont le champ *Control* contient la valeur *Ihave*. Le corps du message renferme alors les identificateurs des messages déjà reçus.

Lorsque l'appelant a eu le temps d'interpréter ce message et de vérifier les articles en sa possession et ceux qui lui manquent, il envoie une réponse dont le champ *Control* contient *Sendme*, et dont le corps comprend les identificateurs des messages manquants.

Le mécanisme exact permettant à un message, envoyé depuis une petite machine dans un coin éloigné de la planète, d'atteindre plus de 10.000 machines dans le monde, peut maintenant être expliqué. Quand le message est envoyé, il est stocké localement dans un répertoire interne du système de conférences. Quand le contact est établi avec une autre machine, le message est envoyé à celle-ci, qui, au fur et à mesure, l'envoie à tous ses voisins. De cette façon, les messages se diffusent dans le réseau de la même façon qu'une goutte de teinture rouge dans un verre d'eau (ou de la façon dont une épidémie se propage dans une population). En moyenne, la plupart des articles sont diffusés en un ou deux jours.

Ihave et *Sendme* ne sont pas les seuls messages de contrôle. Les autres sont *Newgroup* et *Rmgroup*. Ceux-ci sont utilisés pour créer et détruire des groupes de conférences. Seuls certains administrateurs autorisés peuvent utiliser ces messages. D'autres messages de contrôle existent pour faciliter l'administration et la collecte de statistiques.

Bien que l'algorithme d'inondation soit employé très souvent, un protocole appelé *NNTP* (*Network News Transfer Protocol*) est aussi utilisé. Il est décrit dans RFC 977. L'existence de ce protocole tient à ce que la plupart des sites ont une seule source de conférences; il y a donc très peu de chance de recevoir un message deux fois. Les sites importants sont fortement interconnectés; un protocole plus sophistiqué est donc nécessaire pour éviter un gaspillage.

NNTP fournit une demi-douzaine de commandes qui permettent aux messages d'être envoyés sélectivement. La commande *NEWSGROUPS* permet à une machine de demander à une autre si elle connaît des groupes de conférences créés après une date et une heure données (spécifiées comme paramètres). Ainsi, l'existence de nouveaux groupes peut être connue.

De même, la commande *NEWNEWS* permet à une machine de demander la liste des messages de conférences arrivés après une date et une heure données, le plus souvent la date et l'heure de dernier contact. Une fois en possession de cette liste, le récepteur peut demander les messages manquants à l'aide de la commande *ARTICLE*. Les commandes *LIST* et *GROUP* sont utilisées pour demander les numéros du premier et du dernier messages disponibles pour tous les groupes ou pour un groupe spécifique. De nouveaux messages peuvent être envoyés dans le réseau à l'aide de la commande *POST*.

Aucune présentation des systèmes de conférence ne serait complète sans mentionner les problèmes de sécurité. Permettre à des machines étrangères d'appeler et de se connecter en vue de transmettre et de recevoir du courrier ou des nouvelles constitue une menace potentielle pour la sécurité. Les protocoles doivent être définis avec précaution pour limiter les possibilités d'action des utilisateurs distants. Si tout ce qu'un utilisateur distant peut faire est déposer ou lire des fichiers d'un répertoire donné, le danger est relativement petit. Cependant, si les utilisateurs distants peuvent exécuter n'importe quel programme, ils peuvent éventuellement provoquer de gros dégâts.

Nous avons maintenant terminé notre étude des réseaux d'ordinateurs. Il reste beaucoup de choses à dire. De nouveaux sujets se développent tout le temps et les anciens continuent d'évoluer, par exemple l'administration des réseaux (Klerer, 1988). Le lecteur qui désire se tenir au courant de ces sujets fascinants aura beaucoup à faire. Commencez par lire le chapitre 10 pour quelques indications bibliographiques.

9.7. RESUME

Dans ce chapitre, nous avons examiné quelques-uns des aspects clés de la Couche Application. Nous avons commencé par ACSE et CCR, qui gèrent les associations et les synchronisations. La plupart des applications utilisent ces éléments pour faire leur travail.

Nous avons ensuite étudié les serveurs de fichiers. Tous disposent d'un modèle implicite de ce qu'est un fichier et des opérations qui peuvent lui être appliquées. Le fichier virtuel d'OSI voit le fichier comme un arbre d'éléments adressables individuellement. Il associe un grand nombre d'attributs à un fichier, et fournit des opérations pour les lire et les modifier.

Si un ou plusieurs utilisateurs essayent d'accéder au même fichier en même temps, des problèmes, y compris des interblocages, peuvent survenir. Pour cette raison, les serveurs de fichiers utilisent des algorithmes de contrôle de concurrence pour gérer les accès simultanés. Pour fournir un service plus fiable, certains serveurs de fichiers dupliquent leurs fichiers. Cette pratique rend la lecture plus facile mais complique la mise à jour. Divers algorithmes ont été développés pour traiter les mises à jour multicopies, par exemple la copie primaire et le vote.

Une autre application majeure est le courrier électronique. Les systèmes de courrier électronique possèdent deux composantes majeures, l'agent utilisateur et l'agent de transfert de message. Le courrier envoyé électroniquement se compose d'un contenu (en-tête plus corps) et d'une enveloppe. L'agent utilisateur traite le contenu alors que l'agent de transfert de message interprète l'enveloppe.

La plupart des systèmes de courrier possèdent la faculté de gérer les boîtes aux lettres pour leurs utilisateurs. Des commandes permettent de lire, répondre, déplacer, détruire, ou envoyer des messages.

Les terminaux virtuels sont utilisés pour permettre aux logiciels orientés écran d'être écrits d'une façon indépendante du terminal. Trois types de terminaux existent, chacun avec leurs propriétés : mode défilement, mode page, et mode grille. Les terminaux en mode défilement peuvent être traités avec des protocoles de type flot de caractères. Les terminaux en mode page peuvent être gérés avec un procédé tel que *termcap*, dans lequel les programmes exécutent des commandes abstraites qui sont traduites en commandes réelles sur les terminaux réels.

Les terminaux en mode grille sont principalement modélisés par l'utilisation de tableaux de caractères bi- ou tridimensionnels. Les caractères peuvent être entrés dans le tableau depuis un clavier ou par un ordinateur. Le problème de l'accès simultané est résolu dans le modèle asynchrone en utilisant deux tableaux et, dans le modèle synchrone, en contrôlant l'accès par un jeton.

Trouver le nom d'un utilisateur ou d'un service réseau dans un grand réseau requiert un service d'annuaire. Pour un petit réseau, la correspondance entre nom d'utilisateur ou nom de service et adresses réseaux est suffisante. Pour un grand réseau, un système d'annuaire hiérarchique dans lequel les objets sont décrits par des attributs est plus agréable.

La soumission de travaux à distance est une autre fonction de la Couche Application. Le service JTM d'OSI fournit à l'utilisateur un moyen de collecter des programmes et des fichiers d'entrée de plusieurs sources et de faire exécuter ces programmes sur une machine éloignée. Des résultats et des comptes rendus peuvent être produits et acheminés là où on le souhaite.

Il existe bien d'autres applications : le stockage et le transfert d'images, le vidéotex et le télétexte. Les images sont construites à partir d'éléments de base, tels que des lignes brisées et des arcs d'ellipses. En combinant les éléments de base, des images complexes peuvent être décrites avec peu de bits. Le vidéotex permet l'accès à distance à de grandes bases de données publiques et le télétexte la diffusion de masse d'une information.

9.8. EXERCICES

1. Si CCR et l'engagement à deux phases sont utilisés sur des machines susceptibles de tomber en panne, de sérieux problèmes peuvent apparaître. Donnez un exemple de ce scénario, et proposez une solution au problème.

2. Un fichier UNIX est une suite de caractères numérotés de 0 jusqu'à un certain maximum. L'opération LSEEK permet de se placer à un endroit arbitraire du fichier pour y lire ou y écrire une information. Proposez une solution pour réaliser un fichier virtuel OSI sur un système UNIX, permettant un accès à distance *via* les primitives OSI.

3. Les premières versions de FTAM ne permettaient que l'accès à une FADU par opération. Comment cette restriction peut-elle influer sur la solution du problème précédent?

4. Certains attributs du fichier virtuel OSI peuvent être modifiés par le propriétaire d'un fichier, d'autres pas. Par exemple, on peut changer l'attribut *account number*, mais pas l'attribut *owner*. Pourquoi?

5. Un fichier est dupliqué sur 5 serveurs. Donnez toutes les possibilités de choix du quorum de lecture et d'écriture pour l'algorithme du vote.

6. Considérons à nouveau le problème précédent. Supposons que les lectures sont très fréquentes par rapport aux écritures. Quel choix feriez-vous?

7. Trouvez une méthode permettant aux utilisateurs d'un système de partage de fichiers sans mémoire de réaliser un accès exclusif à un fichier sans utiliser de verrou.

8. Les primitives *F-SELECT* et *F-OPEN* de FTAM tiennent compte de la concurrence d'accès. Cependant, si *F-SELECT* a demandé et obtenu un accès exclusif, il n'est pas possible à *F-OPEN* de passer en accès partagé, même s'il n'y a pas de risque d'échec. Pourquoi?

9. A la figure 9-11, la gestion de boîte aux lettres fait partie des agents de transfert de message, plutôt que des agents utilisateurs, bien que le traitement de ces structures soit le fait des utilisateurs. Pourquoi?

10. Les systèmes de courrier électronique utilisent les noms des personnes dans leurs en-têtes. Proposez une représentation standard de la décomposition des noms. Pensez aux éléments qui sont d'usage courant, et qui poseraient problème s'ils n'étaient pas pris en compte.

11. L'émetteur est mentionné aussi bien dans l'en-tête que dans le corps du message de l'exemple de messagerie électronique. Pourquoi?

12. La figure 9-18 donne 18 commandes pour gérer le tableau des caractères d'un terminal virtuel. Sans parler des performances, trouvez l'ensemble minimum de fonctions rendant les services évoqués dans cette figure.

13. L'OSI prévoit d'ajouter un système de destruction de caractères par bloc dans son terminal virtuel. Les caractères suivants seraient déplacés à gauche et vers le haut pour prendre la place du texte détruit. A quoi cela servirait-il?

14. Expliquez en quoi les normes réseaux sont de bons choix.

15. Regardez la liste des paramètres de la figure 9-17. Y a-t-il des fonctions qui ne peuvent pas être réalisées facilement par le terminal virtuel OSI?

16. Le service d'annuaire OSI impose de disposer d'une clé. Pourquoi? (Indication : pensez à la réalisation d'annuaires téléphoniques avec des millions d'entrées.)

17. Quels attributs sont-ils hérités par le département marketing de DEC, à la figure 9-21?

18. Combien des commandes de dessin décrites dans ce chapitre sont-elles nécessaires pour représenter un hexagone régulier?

19. Imaginez que 5% du signal à 6 MHz d'un canal de télévision soit disponible pour du télétexte, et qu'une page de télétexte comporte 24 lignes de 40 caractères ASCII. Combien de pages peut-on traiter en gardant un temps de réponse moyen de moins d'une seconde?

20. Considérons un système de vidéotex alphagéométrique de définition 256x256. Proposez un protocole orienté caractère pour transporter la définition de lignes brisées et de cercles.

21. Y a-t-il un avantage à ajouter le type rectangle au protocole du problème précédent? Après tout, un rectangle n'est qu'une ligne brisée.

22. Ecrivez un programme qui simule le fichier virtuel OSI décrit dans ce chapitre. Le simulateur doit accepter des commandes et les exécuter. Inventez un protocole simple pour les demandes et les réponses.

23. Ecrivez un agent utilisateur qui trouve son courrier dans un répertoire convenu. Chaque fichier est un message. L'agent utilisateur doit donner une vue d'ensemble du courrier présent. Il doit permettre la lecture et la destruction de courrier. Il doit également permettre la composition de messages en appelant un éditeur de texte. Lorsque l'édition est terminée, l'agent utilisateur doit reprendre le contrôle et envoyer le message en le postant dans la zone système adéquate.

24. Ecrivez un programme réalisant le sous-ensemble de l'annuaire OSI décrit dans ce chapitre. Il doit comprendre des commandes pour ajouter, détruire, ou rechercher des informations, plus tout ce que vous jugerez nécessaire (gestion des répertoires, par exemple). Pour simplifier, chaque entrée se composera d'un nom sous forme d'une chaîne de 32 caractères ASCII, et d'une adresse réseau de 16 chiffres décimaux.

10
Bibliographie

Nous présentons ci-dessous les principales références bibliographiques (relatives à la version originale) qui sont citées dans cet ouvrage et quelques références de livres et de revues françaises qui traitent du domaine des réseaux.

10.1 REFERENCES CITEES DANS L'OUVRAGE

ABBRUSCATO, C.R.: «Data Encryption Equipment», *IEEE Commun. Magazine,* vol 22, pp. 15-21, Sept. 1984.

ABRAMSON, N.: « Development of the ALOHANET», *IEEE Trans. on Inform.Theory,* vol. IT-31, pp. 119-123, Mars 1985.

ANDERSON, D.P., FERRARI, D., RANGAN, P.V. et SARTIRANA ,B.: «A Protocol for Secure Communication and Its Performance», *Proc. Seventh Int'l Conf. on Distr. Computer Sys.,* IEEE, pp. 473-480, 1987.

APPENZELLER, H.R.: «Signaling System No. 7 ISDN User Part», *IEEE Journal on Selected Areas in Commun,* vol. SAC-4, pp. 366-371, Mai 1986.

BACKES, F.: «Transparent Bridges for Interconnection of IEEE 802 LANs», *IEEE Network Magazine,* vol. 2, pp. 5-9, Jan.1988.

BALENSON, D.M.: «Automated Distribution of Cryptographic Keys Using the Financial Institution Key Management Standard», *IEEE Commun. Magazine,* vol. 23, pp. 41-46, Sept. 1985.

BARAN, P.: «On Distributed Communication Networks», *IEEE Trans. on Commun. Systems,* vol. CS-12, pp. I-9, Mars 1964.

BAUERFELD, W.L., KAUFMANN, P., TSCHICHHOLZ, M. et WEIKART, C.: DIN-A-MIT: «An Adaptable, Distributed Computer-Based Message System», *Computer Networks,* vol. 8, pp. 93-105, 1984.

BELL, P.R., et JABBOUR, K.: «Review of Point-to-Point Routing Algorithms», *IEEE Commun. Magazine,* vol. 24, pp. 34-38, Jan. 1986.

BELSNES, D.: «Flow Control in the Packet Switching Networks», *Communications Networks.* Uxbridge, Royaume-Uni: Online, pp. 349-361, 1975.

BENHAMOU, E., et ESTRIN, J.: «Multilevel Internetworking Gateways: Architecture and Applications», *IEEE Computer Magazine,* vol. 16, pp. 27-34, Sept. 1983.

BENTLEY, J.L., SLEATOR, D.D., TARJAN, R.E., et WEI, V.K.: «A Locally Adaptive Data Compression Scheme», *Commun. ACM,* vol. 29, pp. 320-330, Avril 1986.

BERNSTEIN, P.A., et GOODMAN, N.: «An Algorithm for Concurrency Control and Recovery in Replicated Distributed Databases», *ACM Trans. on Database Systems,* vol. 9, pp. 596-615, Déc. 1984.

BERNTSEN, J.A., DAVIN, J.E., PITT, D.A., et SULLIVAN, N.G.: «MAC Layer Interconnection of IEEE 802 Local Area Networks», *Computer Networks and ISDN Systems,* vol. 10, pp. 259-273, Déc. 1985.

BERTSEKAS, D. et GALLAGER, R.: *Data Networks,* Englewood Cliffs, NJ: Prentice-Hall, 1987.

BINDER, R.: «A Dynamic Packet Switching System for Satellite Broadcast Channels», *Proc. ICC,* pp. 41-1 to 41-5a, 1975.

BIRRELL, A.D., et NELSON, B.J.: «Implementing Remote Procedure Calls», *ACM Trans. on Computer Systems,* vol. 2, pp. 39-59, Fév. 1984.

BLAZEWICS, J., BRZEZINSKI, J., et GAMBOSI, G.: «Time-Stamp Approach to Store-and-Forward Deadlock Prevention», *IEEE Trans. on Commun.,* vol. COM-35, pp. 490-495, Mai 1987a.

BOSACK, L., et HEDRICK, C.: «Problems in Large LANS», *IEEE Network Magazine,* vol. 2, pp. 49-56, Jan. 1988.

BRANSTAD, D.: «Considerations for Security in the OSI Architecture», *IEEE Network Magazine,* vol. 1, pp. 34-39, Avril 1987.

BRERETON, O.P.: «Management of Replicated Files in a UNIX Environment», *Software-Practice & Experience,* vol. 16, pp. 771-780, Août 1986.

BRINKSMA, H., et KARJOTH, H.: «A Specification of the OSI Transport Service in LOTOS», in *Proc. Fourth Int'l Workshop on Protocol Specification, Testing, and Verification,* Y. Yemini (Ed.), Amsterdam; North-Holland, pp. 227-251, 1984.

BRINKSMA, H., SCOLLO, G, et STEENBERGEN, C.: «LOTOS Specifications, Their Implementations and Their Tests», in *Proc. Sixth Int'l Workshop on Protocol Specification, Testing and Verification,* B. Sarikaya (Ed.), Amsterdam: North Holland, pp. 349-360, 1986.

BROWN, M.R., KOLLING, K.N., et TAFT, E.A.: «The Alpine File System», *ACM Trans. on Computer Systems,* vol. 3, pp. 261-293, Nov. 1985.

BUCCIARELLI, P., et CANESCHI, F.: «Connectionless Services in the OSI Reference Model», *Proc. ICCC,* pp. 564-569, 1984.

BUDKOWSKI, S., et DEMBINSKI, P.: «An Introduction to Estelle,Q» *Computer Networks and ISDN Systems,* vol. 14, pp.3-23, Jan. 1988.

BURG, F.M., CHEN, C.T., et FOLTS, H.C.: «Of Local Networks, Protocols, and the OSI Reference Model», *Data Communication,* pp. 129-150, Nov. 1984.

BURR, W.E.: «The FDDI Optical Data Link», *IEEE Commun. Magazine,* vol. 25, pp. 18-23, Mai 1986.

BUX, W.: «Local-Area Subnetworks, a Performance Comparison», in *Advances in Local Area Networks,* Kummerle, K., Tobagi, F., et Limb, J.O. (Eds), New York: IEEE Press, 1987.

CANESCHI, F., et MERELLI, «Standardizing the Presentation Layer: Why and What», *Proc. Seventh Int'l Conf. on Distr. Computer Sys.*, IEEE, pp. 35-39, 1987.

CAPETANAKIS, J.I.: «Tree Algorithms, for Packet Broadcast Channels», *IEEE Trans. on Inform. Theory,* vol. IT-25, pp. 505-515, Sept. 1979.

CHANG, J.F. «A Packet Satellite System with Multiuplinks and Priority Discipline», *IEEE Trans. on Commun.*, vol. COM-30, pp. 1143-1152, Mai 1982.

CHANG, J.F. «A Multibeam Packet Satellite Using Random Access Techniques», *IEEE Trans. on Commun.*, vol. COM-31, pp. 1143-1153, Oct. 1983.

CHAPIN, A.L.: «Connections and Connectionless Data Transmission», *Proc. of the IEEE,* vol. 71, pp. 1365-1371, Déc. 1983.

CHLAMTAC, I.: «Radio Packet Broadcasted Computer Network—The Broadcast Recognition Access Method», thèse de doctorat, département des Sciences Mathématiques, Université de Tel Aviv, 1976.

CHLAMTAC, I., et GANZ, A.: «Design and Analysis of very High Speed Network Architectures», *IEEE Trans. on Commun.*, vol. COM-36, pp. 252-262, Mars 1988.

CHLAMTAC, I. et GANZ, A.: «An Optimal Hybrid Demand Access Protocol for Unrestricted Topology Broadcast Networks», *Infocom 86,* 1986a.

CHLAMTAC, I., et GANZ, O.: «Performance of Multibeam Packet Satellite Systems with Conflict Free Scheduling», *IEEE Trans. on Commun.*, vol. COM-34, pp. 1016-1023, Oct. 1986b.

CHLAMTAC, I., et KUTTEN, S.: «On Broadcasting in Packet Radio—Problem Analysis and Protocol Design», *IEEE Trans. on Commun.*, vol. COM-35, pp. 1240-1246, Déc. 1985.

CHOI, T.Y.: « Formal Techniques for the Specification, Verification, and Construction of Communication Protocols», *IEEE Commun. Magazine,* vol. 23, pp. 46-52, 1985.

CHONG, H.Y.: «Software Development and Implementation of NBS Class-4 Transport Protocol», *Computer Networks and ISDN Systems,* vol. 11, pp. 353-365, Mai 1986.

CHOUDHURY, G.L. et RAPPAPORT, S.S.: «Diversity ALOHA —A Random Access Scheme for Satellite Communication», *IEEE Trans. on Commun.*, vol. COM-31, pp. 450-457, Mars 1983.

CHU, K.: «A Distributed Protocol for Updating Network Topology Information», *Report RC 7235,* IBM T.J. Watson Research Center, 1978.

CIDON, I., KODESH, H., et SIDI, M.: «Erasure, Capture, and Random Power Level Selection in Multiple-Access Systems», *IEEE Trans. on Commun.*, vol. COM-36, pp. 263-271, Mars 1988.

CLARK, D., LAMBERT, M., et ZHANG, L.: «NETBLT: A High Throughput Transport Protocol», *Proc. ACM SIGCOMM'87 Workshop,* ACM, pp. 353-359, 1987.

COHEN, D.: «On Holy Wars and a Plea for Peace», *IEEE Computer Magazine,* vol. 14, pp. 48-54, Oct. 1981.

COLE, R., et LLOYD, P.: «OSI Transport Protocol—User Experience», *Open Systems 86,* Online Publications, pp. 33-43, 1986.

COLLYER, G., et SPENCER, H.: «News Need Not be Slow», *Proc. Winter USENIX Conf.*, pp. 181-190, 1987.

COMER, D.: *Internetworking with TCP/IP: Principles, Protocols, and Architecture,* Englewood Cliffs, NJ: Prentice-Hall, 1988.

CONARD, J.W.: «Services and Protocols of the Data Link Layer», *Proc. of the IEEE,* vol. 71, pp. 1378-1383, Déc. 1983.

COOPER, E. *Broadband Network Technology,* Englewood Cliffs, NJ: Prentice-Hall, 1986.

COURTIAT, J.P., PEDROZA, A., et AYACHE, J.M.: «A Simulation Environment for Protocol Specifications in Estelle», in *Proc. Fifth Int'l Workshop on Protocol Specification Testing and Verification* M. Diaz (Ed.), Amsterdam : North Holland, 1986.

CRICHLOW, J.M.: *Distributed and Parallel Computing,* Englewood Cliffs, NJ : Prentice Hall Int'l, 1988.

CROWTHER, W., RETTBERG, R., WALDEN, D., ORNSTEIN, S., et HEART, F.: «A System for Broadcast Communication : Reservation-Aloha», *Proc. Sixth Hawaii Int. Conf. System Sci.*, pp. 371-374, 1973.

CURRIE, W.S.: *LANs Explained,* Chichester, Royaume-Uni: Ellis Horwood, 1988.

DALAL, Y. et METCALFE, R.: «Reverse Path Forwarding of Broadcast Packets», *Commun. ACM,* vol. COM-28, pp. 632-643, Avril 1980.

DANTHINE, A.A.S.: «Protocol Representation with Finite-State Models», *IEEE Trans. on Commun.,* vol. COM-28, pp. 632-643, Avril 1980.

DAVIES, D.W.: «The Control of Congestion in Packet Switching Networks», *IEEE Trans. on Commun.,* vol. COM-20, pp. 546-550, Juin 1972.

DAVIES, D.W., et PRICE, W.L.: «Digital Signatures—An Update», Proc. ICCC, pp. 843-847, 1984.

DAY, J.D., et ZIMMERMANN, H.: «The OSI Reference Model», *Proc. of the IEEE,* vol. 71, pp. 1334-1340, Déc. 1983.

DE JONGE, W., et CHAUM, D.: «Some Variations on RSA Signatures and Their Sucurity», in *Advances in Cryptology—CRYPTO ' 86,* Odlyzko, A.M. (Ed.), Berlin: Spring Verlag, 1987.

DEASINGTON, R.J.: *X.25 Explained: Protocols for Packet Switched Networks.* 2nd ed., Chichester, Royaume-Uni: Ellis Horwood, 1988.

DECINA, M.: «CCITT Recommendations on the ISDN: A Review», *IEEE Journal on Selected Areas in Commun.,* vol. SAC-4, pp. 320-325, Mai 1986.

DHAS, C.R., et KONANGI, V.K.: «X25 : An Interface to Public Packet Networks», *IEEE Commun. Magazine,* vol. 24, pp. 118-125, Sept. 1986.

DIFFIE, W., et HELLMAN, M.E.: «Exhaustive Cryptanalysis of the NBS Data Encrytption Standard», *IEEE Computer Magazine,* vol. 10, pp. 74-84, Juin 1977.

DIFFIE, W., et HELLMAN, M.E.: «New Directions in Cryptography», *IEEE Trans. on Inform. Theory,* vol. IT-22, pp. 644-654, Nov. 1976.

DIJKSTRA, E.W.: «A Note on Two Problems in Connexion with Graphs», *Numer. Math.,* vol. 1, pp. 269-271, Oct. 1959.

DIRVIN, R.A., et MILLER, A.R.: «The MC68824 Token Bus Controller: VLSI for the Factory LAN», *IEEE Micro Magazine,* vol. 6, pp. 15-25, Juin 1986.

DIXON, R.C.: «Lore of the Token Ring», *IEEE Network Magazine,* vol. 1, pp. 11-18, Jan. 1987.

DIXON, R.C., et Pitt., D.A.: «Addressing, Bridging, and Source Routing», *IEEE Network Magazine,* vol. 2, pp. 25-32, Jan. 1988.

DORFMAN, R.: «Detection of Defective Members of a Large Population», *Annals Math. Statistics,* vol. 14, pp. 436-440, 1943.

EMMONS, W.F., et CHANDLER, A.S.: «OSI Session Layer : Services and Protocols», *Proc. of the IEEE,* vol. 71, pp. 1397-1400, Déc. 1983.

EVEN.S.: *Graph Algorithms*. Potomac, Md.: Computer Science Press, 1979.

EVEN, S.: «An Algorithm for Determining Whether the Connectivity of a Graph Is at Least k», *SIAM Journal on Comput.,* vol. 4, pp. 393-396, Sept. 1975.

FERGUSON, M.J.: «Computation of the Variance of the Waiting Time for Token Rings», *IEEE Journal on Selected Areas in Commun,* vol. SAC 4, pp. 775-782, Sept. 1986.

FIELD, J.A.: «Efficient Computer-Computer Communication», *Proc. IEE,* vol. 123, pp. 756-760, Août 1976.

FLETCHER, J.G.: «An Arithmetic Checksum for Serial Transmission», *IEEE Trans. on Commun.,* vol. COM-30, pp. 247-252, Jan. 1982.

FLETCHER, J.G. et WATSON, R.W.: «Mechanisms for a Reliable Timer-Based Protocol», *Computer Networks,* vol. 2, pp. 271-290, Sept. 1978.

FOLTS, H.C.: «802 LAN/X.25 WAN Internetworking—A Pragmatic Approach», *ICCC 84,* pp. 577-583, 1984.

FRASER, A.G.: «Towards a Universal Data Transport System», in *Advances in Local Area Networks,* Kummerle, K., Tobagi, F. et Limb, J.O. (Eds.), New York : IEEE Press, I987.

FRASER, A.G.: «Delay and Error Control in a Packet Switched Network», *Proc. ICC,* pp. 22.4-121 to 22.4-125, 1977.

FRATTA, P.R.L. et GERLA, M.: «Tokenless Protocols for Fiber Optic Local Area Networks», *IEEE Journal on Selected Areas in Commun.*, vol. SAC-3, pp. 928-940, Nov. 1985.

GALLAGER, R.G. «A Perspective on Multiaccess Channels», *IEEE Trans. on Inform. Theory,* vol. IT-31, pp. 124-142, Mars 1985.

GIFFORD, D.K.: «Weighted Voting for Replicated Data», *Proc. Seventh Symp. on Operating Systems Prin.* ACM, pp. 150-162, 1979.

GIFFORD, W.S.: « ISDN User—Network Interfaces», *IEEE Journal on Selected Areas in Commun.,* vol. SAC-4, pp. 343-348, Mai 1986.

GILMORE, B.: «A User View of Virtual Terminal Standardisation», *Computer Networks and ISDN Systems,* vol. 13, pp. 229-233, 1987.

GITMAN, I., VAN SLYKE, R.M., et FRANK, H.: «Routing in Packet-Switching Broadcast Radio Networks», *IEEE Trans. on Commun.*, vol. COM-24, pp. 926-930, Août 1976.

GOPAL, I.S.: «Prevention of Store-and-Forward Deadlock in Computer Networks», *IEEE Trans. on Commun.*, vol. COM-33, pp. 1258-1264, 1985.

GRAY, J.P., PITT, D.A., et POZEFSKY, D.P.: «LAN-PBX Gateway Alternatives», in *Local Communication Systems: LAN and PBX,* Cabanel, J.P., Pujolle, G., et Danthine, A. (Eds), Amsterdam: North-Holland, 1987.

GREEN, P.E.: «Protocol Conversion», *IEEE Trans. on Commun.*, vol. COM-34, pp. 257-268, Mars 1986.

GREENE, E.P., et EPHREMIDES, A.: «Distributed Reservation Control Protocols for Random Access Broadcasting Channels», *IEEE Trans. on Commun.,* vol. COM-29, pp. 726-735, Mai 1981.

GROENBAEK, I.: «Conversion between the TCP and ISO Transport Protocols as a Method of Achieving Interoperability Between Data Communications Systems», *IEEE Journal on Selected Areas in Commun.,* vol. SAC-4, pp. 288-296, Mars 1986.

HAGMANN, R.: «Reimplementing the Cedar File System Using Logging and Group Commit», *Proc. Eleventh Symp. on Operating Systems Prin.,* ACM, pp. 155-162, 1987.

HAMILTON, K.G.: *A Remote Procedure Call System,* thèse de doctorat, Université de Cambridge, 1984.

HAMMING, R.W.: «Error Detecting and Error Correcting Codes», *Bell System Tech. Journal,* vol. 29, pp. 147-160, Avril 1950.

HAMMOND, J.L., et O'REILLY, P.J.P.: *Performance Analysis of Local Computer Networks,* Reading, MA: Addison-Wesley, 1986.

HAMNER, M.C., et SAMSEN, G.R.: «Source Routing Bridge Implementation», *IEEE Network Magazine,* vol. 2, pp. 33-36, Jan. 1988.

HART, J.: «Extending the IEEE 802.1 MAC Bridge Standard to Remote Bridges», *IEEE Network Magazine,* vol. 2, pp. 10-15, Jan. 1988.

HAWE, B., KIRBY, A., et STEWART, B.: «Transparent Interconnection of Local Area Netwroks, with Bridges», *Journal of Telecommun. Networks,* vol. 3, pp. 116-130, Eté 1984.

HAYES, J.F.: *Modeling and Analysis of Computer Communication Networks,* New York: Plenum Press, 1984.

HELLMAN, M.E.: «Commercial Encryption», *IEEE Network Magazine,* vol. 1, pp. 6-10, Avril 1987.

HEKLLMAN M.E.: «A Cryptanalytic Time-Memory Tradeoff», *IEEE Trans. on Inform. Theory,* vol. IT-26, pp. 401-406, Juil. 1980.

HENKEN, G.: «Mapping of X.400 and RCF822 Addresses», *Computer Networks and ISDN Systems,* vol. 13, pp. 161-164, 1987.

HENSHALL, J., and SHAW, A.: *OSI Explained. End to End Computer Communication Standards,* Chichester, Royaume-Uni: Ellis Horwood, 1988.

HINDEN, R., HAVERTY, J., et SHELTZER, A.: «The DARPA Internet : Interconnecting Heterogeneous Computer Networks, with Gateways», *IEEE Computer Magazine,* vol. 16, pp. 38-48, Sept. 1983.

HOPKINS, G.T., et MEISNER, N.B.: «Choosing Between Broadband and Baseband Local Networks», in *Advances in Local Area Networks,* Kummerle, K., Tobagi, F., et Limb, J.O. (Eds), New York : IEEE PRESS, 1987.

HORAK, W.: «Concepts of the Document Interchange Protocol for Telematic Services», *Computer Networks,* vol. 8, pp. 175-185, 1984.

HOWARD, J.: «An Overview of the Andrew File System», *Proc. USENIX Winter Conf.,* pp. 23-26, 1988.

HOWARD, J., KAZAR, M., MENEES, S., NICHOLS, D. SATYANARAYANAN, M., SIDEBOTHAM, R., et WEST. M: «Scale and Performance in a Distributed File System», *ACM Trans. on Computer Systems,* vol. 6, pp. 51-81, Fév. 1988.

HUFFMAN, A.J.: «E-mail—the Glue to Office Automation», *IEEE Network Magazine* vol. 1, pp. 4-10, Oct. 1987.

HUFFMAN, D.: «A Method for the Construction of Minimum Redundancy Codes», *Proc. IRE,* vol. 40, pp. 1098-1101, Sept. 1952.

HUTCHISON, G. et DESMOND, C.L.: «Electronic Data Exchange», *IEEE Network Magazine* vol. 1, pp. pp. 16-20, Oct. 1987.

IEEE: 802.3: *Carrier Sense Multiple Access with Collision Detection,* New York: IEEE, 1985a.

IEEE: 802.4: *Token-Passing Bus Access Method,* New York: IEEE, 1985b.

IEEE: 802.5: *Token Ring Access Method,* New York: IEEE, 1985c.

IEEE: Special Issue on Congestion Control. *IEEE Trans. on Commun. vol.* COM-29, Avril 1981.

IRLAND, M.I.: «Buffer Management in a Packet Switch», *IEEE Trans. on Commun.,* vol. COM-26, pp. 328-337, Mars 1978.

ISRAEL, J.E., et WEISSBERGER, A.J.: «Communicating Between Heterogenous Networks», *Data Communication,* Fév. 1987.

JACKSON, R.: «Job Shop-like Queueing Systems», *Management Science,* vol. 10, pp. 131-142, 1963.

JACOBS, I.M., BINDER, R., BRESSLER, R.D., EDMOND, W.B., et KILLIAN, E.A.: «Packet Satellite Network Design Issues», *Proc. NTC,* IEEE, pp. 45.2.12, Nov. 1979.

JOSHI, S.P.: «High-Performance Networks - A Focus on the Fiber Distributed Data Interface (FDDI) Standars», *IEEE Micro Magazine,* vol. 6, pp. 8-14, Juin 1986.

JUBIN, J.: «Current Packet Radio Network Protocols», *Proc. INFOCOM* 85, 1985.

JUENEMAN, J.J., MATYAS, S.M., et MEYER, C.H.: «Message Authentication», *IEEE Commun. Magazine,* vol. 23, pp. 29-40, 1985.

JULIO, U. DE, et PELLEGRINI, G.: «Layer 1 ISDN Recommendations», *IEEE Journal on Selected Areas in Commun.,* vol. SAC-4, pp. 349-354, Mai 1986.

KAHN, D.: «Cryptology Goes Public», *IEEE Commun. Magazine,* vol. 18, pp. 19-28, Mars 1980.

KAHN, D.: *The Codebreakers*. New York: MacMillan, 1967. (Trad. fr.: *La Guerre des codes secrets*, Paris, InterEditions, 1980).

KAHN, R.E.: «The Introduction of Packet Satellite Communications», *Proc. NTC, IEEE,* pp. 45.1.1 to 45.18., Nov. 1979.

KAMOUN, F.: «Design Considerations for Large Computer Communications Networks», thèse de doctorat, Département d'informatique, UCLA, 1976.

KAMOUN, F., and KLEINROCK, L.: «Stochastic Performance Evaluation of Hierarchical Routing for Large Networks», *Computer Networks,* vol. 3, pp. 337-353, Nov. 1979.

KANO, S.: «Layers 2 and 3 ISDN Recommendations», *IEEE Journal on Selected Areas in Commun.,* vol. SAC-4, pp. 355-359, Mai 1986.

KARN, P., PRICE, H., et DIERSING, R. : «Packet Radio in the Amateur Service», *IEEE Journal on Selected Areas in Commun.,* vol. SAC-3, pp. 431-439, Mai 1985.

KARN, P., et PARTRIDGE, C.: «Improving Round-Trip Time Estimates in Reliable Transport Protocols», *Proc. ACM SIGCOMM'87 Workshop, ACM,* pp. 2-7, 1987.

KAZAR, M.L.: «Synchronization and Caching Issues in the Andrew File System», *Proc. Winter USENIX Conf.,* pp. 27-36, 1988.

KENT, C.A., et MOGUL, J.C.: «Fragmentation Considered Harmful», *Proc. ACM SIGCOMM'87 Workshop,* ACM, pp. 390-401, 1987.

KLEINROCK, L.: *Queueing Systems, Vol. 2: Computer Applications.* New York: John Wiley, 1976.

KLEINROCK, L.: *Communication Nets.* New York: Dover, 1964.

KLEINROCK, L., et TOBAGI, F.: «Random Access Techniques for Data Transmission over Packet-Switched Radio Channels», *Proc. NCC,* pp. 187-201, 1975.

KLEINROCK, L., et YEMINI, Y.: «An Optimal Adaptive Scheme for Multiple Access Broadcast Communication», *Proc. ICC,* pp. 7.2.5, 1978.

KLERER, S.M.: «The OSI Management Architecture: an Overview», *IEEE Network Magazine,* vol. 2, pp. 20-29, Mars 1988.

KNOTT, J.D.: «A Fairness Evaluation of the Bit-Map Access Protocol», *Globecom 85,* IEEE, pp. 34.4.1-34.4.3, 1985.

KOLATA, G.B.: «Computer Encryption and the National Security Agency Connection», *Science,* vol. 197, pp. 438-440, Juil. 29, 1977.

KRANAKIS, E.: *Primality and Cryptography,* New York: Wiley-Teubner, 1986.

KUMMERLE, K., TOBAGI, F., et LIMB, J.O. (Eds): *Advances in Local Area Networks,* New York: IEEE Press, 1987.

LAI, W.S.: «Protocol Traps in Networks —A Catalog», *IEEE Trans. on Commun.,* vol. COM-30, pp. 1434-1449, Juin 1982.

LANDWEBER, L.H., JENNINGS, D.M., et FUCHS, I.: «Research Computer Networks and Their Interconnection», *IEEE Commun. Magazine,* vol. 24, pp. 5-17, Juin 1986.

LANGSFORD, A.: «The Open System User's Programming Interfaces», *Computer Networks,* vol. 8, pp. 3-12, 1984.

LEE, H.W., et MARK, J.W.: «Combined Random/Reservation Access for Packet-Switched Transmission over a Satellite», *IEEE Trans. on Commun.,* vol. COM-323, pp. 1093-1104, Oct. 1984.

LI, V.O.K.: «Multiple Access Communications Networks», *IEEE Commun. Magazine,* vol. 25, pp. 41-48, Juin 1987.

LIMB, J.O.: «Performance of Local Area Networks», *IEEE Commun. Magazine,* vol. 22, pp. 41-45, Août 1984.

LIMB, J.O., et FLORES, C.: «Description of FASNET: A Unidirectional Local Area Communications Network», in *Advances in Local Area Networks,* Kummerle, K., Tobagi, F., et Limb, J.O. (Eds.), New York: IEEE Press, 1987.

LIN, F., CHU, P., LIU, M.: «Protocol Verification Using Reachability Analysis: The State Space Explosion Problem and Relief Strategies», *Proc. ACM SIGCOMM '87 Workshop,* ACM, pp. 126-135, 1987.

LINN, R., Jr.: «The Features and Facilities of Estelle», *Proc. Fifth Int'l Workshop on Protocol Specification, Testing, and Verification,* Juin 1985.

LINNINGTON, P.F.: «The Virtual Filestore Concept», *Computer Networks,* vol. 8, pp. 13-16, 1984.

LINNINGTON, P.F.: «Fundamentals, of the Layer Service Definitions and Protocol Specifications», *Proc. of the IEEE,* vol. 71, pp. 1341-1345, Dec. 1983.

LITTLE, D.: «A Proof for the Queueing Formula: L= λW», *Oper. Res.,* vol. 9, pp. 383-387, Mai 1961.

LIU, M.T.: «Distributed Loop Computer Networks», in *Advances in Computers,* M.C., Yovits (Ed.), New York: Academic Press, pp. 163-221.

LUETCHFORD, J.C.: «CCITT Recommendations—Network Aspects of the ISDN», *IEEE Journal on Selected Areas in Commun.,* vol. SAC-4, pp. 334-342, Mai 1986.

MAEBARA, K., et TAKEUCHI, T. «Network Interconnection between Digital PBX and LAN», in *Local Communication Systems: LAN and PBX,* Cabanel, J.P., Pujolle, G., et Danthine, A. (Eds), Amsterdam: North-Holland, 1987.

MAURER, H.A., et SEBESTYEN, I.: «Inhouse Versus Public Videotex Systems», *Computer Networks and ISDN Systems,* vol. 7, pp. 329-342, 1983.

MCCLELLAND, F.M.: «Services and Protocols of the Physical Layer», *Proc. of the IEEE,* vol. 71, pp. 1372-1377, Déc. 1983.

MCLEOD-REISIG, S.E., et HUBER, K.: «ISO Virtual Terminal Protocol and its Relationship to Mil-Std TELNET», *Proc. Computer Networking Symp.,* IEEE, pp. 110-119, 1986.

MEHRAVARI, N.: «TDMA in a Random-Access Environment: An Overview», *IEEE Commun. Magazine,* vol. 22, pp. 54-59, Nov. 1984.

MEIJER, A.: *Systems Network Architecture,* Londres: Pitman, 1987.

MEISTER, B.: «A Performance Study of the ISO Transport Protocol», *Proc. Seventh Int'l Conf. on Distr. Computer Sys.,* IEEE, pp. 398-405, 1987.

MERKLE, R.C.: «Secure Communications Over an Insecure Channel», *Commun. ACM,* vol. 21, pp. 294-299, Avril 1978.

MERLIN, P.M., et SCHWEITZER, P.J.: «Deadlock Avoidance—Store-and-Forward Deadlock», *IEEE Trans. on Commun.,* vol. COM-28, pp. 345-354, Mars 1980.

METCALFE, R.M., et BOGGS, D.R.: «Ethernet: Distributed Packet Switching for Local Computer Networks», *Commun. ACM,* vol. 19, pp. 395-404, Juil. 1976.

MILLS, D., et BRAUN, H.: «The NSFNET Backbone Network», *Proc. ACM SIGCOMM'87 Workshop,* ACM, pp. 191-196, 1987.

MOK, A.K., et WARD, S.A.: «Distributed Broadcast Channel Access», *Computer Networks,* vol. 3, pp. 327-335, Nov. 1979.

MORRIS, J.H.: «Make or Take Decisions in Andrew», *Proc. Winter USENIX Conf.,* pp. 1-8, 1988.

MORRIS, J.H., SATYANARAYANAN, CONNER, M.H., HOWARD, J.H., ROSENTHAL, D.S.H., et SMITH, F.D.: «Andew: A Distributed Personal Computing Environment», *Commun. ACM,* vol. 29, pp. 184-201, Mars 1986.

MULLENDER, S.J. et TANENBAUM, A.S.: «A Distributed File Service Based on Optimistic Concurrency Control», *Proc. Tenth Symp. on Operating System Prin.,* ACM, pp. 51-62, 1985.

NAGLE, J.: «Congestion Control in TCP/IP Internetworks», *Computer Commun. Rev.*, vol. 14, pp. 11-17, Oct. 1984.

NATIONAL BUREAU OF STANDARDS: «Data Encryption Standard», *Fed. Inf. Process. Stand. Publ.* 46, Jan. 1977.

NEEDHAM, R.M. et SCHROEDER, M.D.: «Using Encryption for Authentication in Large Networks of Computers», *Commun. ACM,* vol. 21, pp. 993-999, Dec. 1978.

NELSON, B.J.: *Remote Procedure Call,* thèse de doctorat, Université Carnegie-Mellon, 1981.

NELSON, M.WELCH, B. et OUSTERHOUT, J.: «Caching in the Sprite Network File System,», *ACM Trans. on Computer Systems,* vol. 6, pp. 134-154, Fév. 1988.

OUSTERHOUT, J.K., CHERENSON, A.R., DOUGLIS, F., NELSON, M.N., et WELCH, B.B.: «The Sprite Network Operating System», *IEEE Computer Magazine,* vol. 21, pp. 23-36, Fév. 1988.

PARTRIDGE, C.: «Mail Routing using Domain Names: An Informal Tour,» *Proc. USENIX Summer Conf.*, 1986.

PARTRIDGE, C., MOOERS, C., et LAUBACH, M.: «The CSNET Information Server: Automatic Document Distribution using Electronic Mail», *Computer Commun. Rev.*, vol. 17, pp. 3-10, Oct. 1987.

PETERSON, W.W., et BROWN, D.R.: «Cyclic Codes for Error Detection», Proc. IRE, vol. 49, pp. 228-235, Jan. 1961.

PHINNEY, T.L., et JELATIS, G.D.: «Error Handling in the IEEE 802 Token-Passing Bus LAN», *IEEE Journal on Selected Areas in Commun.*, vol. SAC-1, pp. 784-789, Nov. 1983.

PIERCE, J.: «How Far Can Data Loops Go ?», *IEEE Trans. on Commun.*, vol. COM-20, pp. 527-530, Juin 1972.

PITT, D.A.: «Bridging—The Double Standard», *IEEE Network Magazine,* vol. 2., pp. 94-95, Jan. 1988.

PITT, D.A.: «Standards for the Token Ring», *IEEE Network Magazine,* vol. 1, pp. 19-22, Jan. 1987.

PITT, D.A., et WINKLER, J.L.: «Table-Free Bridging», *IEEE Journal on Selected Areas in Commun.*, vol. SAC-5, pp. 1454-1462, Déc. 1987.

POSTEL, J.B.: «Internetwork Protocol Approaches», *IEEE Trans. on Commun.*, vol. COM-28, pp. 602-611, Avril 1980.

PU, C., NOE, J.D., et PROUDFOOT, A.: «Regeneration of Replicated Objects: A Technique and Its Eden Implementation», *Proc. Int'l Conf. on Data Engineering*, 1986.

PURDIN, T.D.M., SCHLICHTING, R.D., et ANDREWS, G.R.: «A File Replication Facility for Berkeley UNIX», *Software - Practice & Experience*, vol. 17, pp. 923-940, Déc. 1987.

QUARTEMAN, J., et HOSKINS, J.: «Notable Computer Networks», *Commun. ACM*, vol. 29, pp. 932-971, Oct. 1986.

RAYCHAUDHURI, D.: «Announced Retransmission Random Access Protocols», *IEEE Trans. on Commun.*, vol. COM-33, pp. 1183-1190, Nov. 1985.

REEDY, J.W., et JONES, J.E.: «Methods of Collision Detection in Fiber Optic CSMA/CD Networks», *IEEE Journal on Selected Areas in Commun.*, vol. SAC-3, pp. 890-896, Nov. 1985.

RIVEST, R.L., SHAMIR, A., et ADLEMAN, L.: «On a Method for Obtaining Digital Signatures and Public Key Cryptosystems», *Commun. ACM*, vol. 21, pp. 120-126, Fév. 1978.

ROBERTS, L.: «Dynamic Allocation of Satellite Capacity through Packet Reservation», *Proc. NCC*, pp. 711-716, 1973.

ROBERTS, L.: «Extensions of Packet Communication Technology to a Hand Held Personal Terminal», *Proc. SJCC*, pp. 295-298, 1972.

RODRIGUEZ, R., KOEHLER, M., et HYDE, R.: «The Generic File System», *Proc. USENIX Summer Conf.*, pp. 260-269, 1986.

ROSE, M.T. et CASS, D.E.: «OSI Transport Services on Top of the TCP», *Computer Networks and ISDN Systems*, vol. 12, pp. 159-173, 1987.

ROSE, M.T., STEFFERUD, E.A., et SWEET, J.N.: «MH: A Multifarious User Agent», *Computer Networks and ISDN Systems*, vol. 10, pp. 65-80, 1985.

ROSS, F.E.: «Rings are 'Round for Good !», *IEEE Network Magazine*, vol. 1, pp. 31-38, Jan. 1987.

ROSS, F.E.: «FDDI—A Tutorial», *IEEE Commun. Magazine,* col. 24, pp. 10-15, Mai 1986.

ROTHAUSER, E.H., et WILD, D.: «MLMA—A Collision-Free Multi-Access Method», *Proc. IFIP Congr. 77,* pp. 431-436, 1977.

RUDIN, H.: «On Routing and Delta Routing: A Taxonomy and Performance Comparison of Techniques for Packet-Switched Networks», *IEEE Trans. on Commun.,* vol. COM-24, pp. 43-59, Jan. 1976.

RUDIN, H.: «Time in Formal Protocol Specifications», in *Kommunikation in Verteilten Systemen I,* Heger, D. et al. (Eds), Berlin: Springer-Verlag, 1985a.

RUDIN, H.: «An Informal Overview of Formal Protocol Specification», *IEEE Commun. Magazine,* vol. 23, pp. 46-52, Mars 1985b.

SACHS, S., KAN, K.-L., et SILVESTER, J.A.: «Token-Bus Protocol Performance Analysis aand Comparision with Other LAN Protocols», *Globecom 85,* IEEE, pp. 48.1.1-48.1.7, 1985.

SALTZER, J.H., POGRAN, K.T., et CLARK, D.D.: «Why a Ring ?» *Computer Networks,* vol. 7, pp. 223-230, Août 1983.

SALTZER, J.H., REED, D.P., et CLARK,, D.D.: «End-to-End Arguments in System Design», *ACM Trans. on Computer Systems,* vol. 2, pp. 277-288, Nov. 1984.

SCHLANGER, G.G.: «An Overview of Signaling System No. 7», *IEEE Journal on Selected Areas in Commun.,* vol. SAC-4, pp. 360-365, Mai 1986.

SCHMIDT, R.V., RAWSON, E.G., NORTON, R.E., Jr., JACKSON, S.B., et BAILEY, M.D.: «Fibernet II—A Fiber Optic Ethernet», *IEEE Journal on Selected Areas in Commun.,* vol. SAC-1, pp. 702-710, Nov. 1983.

SCHNEIDEWIND, N.: «Interconnecting Local Networks to Long-Distance Networks», *IEEE Computer Magazine,* vol. 16, pp. 15-24, Sept. 1983.

SCHOLL, M.: «Multiplexing Techniques for Data Transmission over Packet Switched Radio Systems», thèse de doctorat en informatique, UCLA, 1976.

SCHROEDER, M.D., GIFFORD, D.K., et NEEDHAM, R.M.: «A Caching File System for a Programmer's Workstation», *Proc. Tenth Symp. on Operating Systems Principles,* ACM, pp. 25-34, 1985.

SCHWARTZ, A.: «Modelling and Analysis of a Token Ring», in *Local Communication Systems: LAN and PBX, Cabanel,* J.P., Pujolle, g., et Danthine, A. (Eds), Amsterdam: North-Holland, 1987a.

SCHWARTZ, M.: *Telecommunications Networks: Protocols, Modeling and Analysis,* Reading, MA: Addison-Wesley, 1987b.

SEIFERT, W.M.: «Bridges and Routers», *IEEE Network Magazine,* vol. 2, pp. 57-64, Jan. 1988.

SELFRIDGE, O.G., and SCHWARTZ, R.T.: «Telephone Technology and Privacy», *Technology Review,* vol. 82, pp. 56-65, Mai 1980.

SHAMIR, A.: «How to Share a Secret», *Commun. ACM,* vol. 22, pp. 612-613, Nov. 1979.

SHANNON, C.: «A Mathematical Theory of Communication», *Bell System Journal,* vol. 27, pp. 379-423, Juil. 1948; et pp. 623-656, Oct. 1948.

SHAPLEY, D., et KOLATA, G.B.: «Cryptology: Scientists Puzzle over Threat to Open Research, Publication», *Science,* vol. 197, pp. 1345-1349, 30 Sept. 1977.

SHOCH, J.F., DALAL, Y.K., REDELL, D.D., et CRANE, R.C.: «Ethernet», in *Advances in Local Area Networks,* Kummerle, K., Tobagi, F., et Limb, J.O. (Eds.), New York: IEEE Press, 1987.

SHRIVASTAVA, S.K., et PANZIERI, F.: «The Design of a Reliable Remote Procedure Call Mechanism», *IEEE Trans. on Computers,* vol. C-31, pp. 692-697, Juil. 1982.

SIDEBOTHAM, B.: «VOLUMES—The Andrew File System Data Structuring Primitive», *Proc. European* pp. 473-480, 1986.

SIDHU, D.P.: «Authentication Protocols for Computer Networks: I», *Computer Networks and ISDN Systems,* vol. 11, pp. 297-310, Avril 1986.

SINCOSKIE, W.D., et COTTON, C.J.: «Extended Bridge Algorithms for Large Networks», *IEEE Network Magazine,* vol. 2, pp. 16-24, Jan. 1988.

SLOMAN, M., et KRAMER, J.: *Distributed Systems and Computer Networks,* Englewood Cliffs, NJ: Prentice-Hall Int'l, 1987.

SMITH, R.E.: «Civilian Cryptography», *Compcon,* p. 215D, Printemps 1980.

SOHA, M., et PERLMAN, R.: «Comparison of Two LAN Bridge Approaches», *IEEE Network Magazine,* vol. 2, pp. 37-43, Jan. 1988.

SOLMAN, J.V.: «Design of a Public Electronic Mail System», *IEEE Network Magazine* vol. 1, pp. pp. 11-15, Oct. 1987.

SPIEGELHALTER, B.: «The Implementation of a LAN Gateway to an X.25 Public Network», *ICCC 84,* pp. 710-715, 1984.

STALLINGS, W.: *Data and Computer Communications.* 2nd Edition. New York: Macmillan, 1988.

STALLINGS, W.: *Local Networks.* 2nd Edition. New York: Macmillan, 1988.

STROLE, N.C.: «The IBM Token-Ring Network—A Functional Overview», *IEEE Network Magazine,* vol. 1, pp. 23-30, Jan. 1987.

STUCK, B.W.: «Calculating the Maximum Throughput Rate in Local Area Networks», *Computer,* vol. 16, pp. 72-76, Mai 1983.

SUNSHINE, C.A., et DALAL, Y.K.: «Connection Management in Transport Protocols», » *Computer Networks,* vol. 2, pp. 454-473, 1978.

SVOBODOVA, L.: «File Servers for Network-Based Distributed Systems», *Computing Surveys,* vol. 16, pp. 353-398, Déc. 1984.

TANENBAUM, A.S., MULLENDER, S.J., et RENESSE, R. van: «Using Sparse Capabilities in a Distributed Operating System», *Proc. Sixth Int'l Conf. on Distr. Computer Sys.,* IEEE, pp. 558-563, 1986.

TANENBAUM, A.S., et RENESSE, R. van: «Distributed Operating Systems», *Computing Surveys,* vol. 17, pp. 419-470, Déc. 1985.

TARDO, J.J.: «Standardizing Cryptographic Services at OSI Higher Layers», *IEEE Commun. Magazine,* vol. 23, pp. 25-29, Juil. 1985.

TAYLOR, D.: «The Postman Always Rings Twice: Electronic Mail in a Highly Distributed Environment», *Proc. Winter USENIX Conf.*, pp. 145-154, 1988.

TOBAGI, F.A., BINDER, R., et LEINER, B.: «Packet Radio and Satellite Networks», *IEEE Commun. Magazine,* vol. 22, pp. 24-40, Nov. 1984.

TOBAGI, F.A., BORGONOVO, F., et FRATTA, L.: «Expressnet: A High-Performance Integrated Services Local Area Network», in *Advances in Local Area Networks,* Kummerle, K., Tobagi, F., et Limb, J.O. (Eds), New York: IEEE Press, 1987.

TOBAGI, F.A. et FINE, M.: «Performance of Unidirectional Broadcast Local Area Networks: Expressnet and Fasnet», *IEEE Journal on Selected Areas in Commun.*, vol. SAC-1, pp. 913-926, Nov. 1983.

TOKORO, M., et TAMARU, K.: «Acknowledging Ethernet», *Compcon,* pp. 320-325, Automne 1977.

TOMAS, J.G., PAVON, J., et PEREDA, O.: «OSI Service Specification: SAP and CEP Modelling», *Computer Commun. Rev.* vol. 17, pp. 48-70, Jan. 1987.

TOMLINSON, R.S.: «Selecting Sequence Numbers», *Proc. ACM SIGCOMM/SIGOPS Interprocess Commun. Workshop,* ACM, pp. 11-23, 1975.

TSYBAKOV, B.S.: «Survey of USSR Contributions to Random Multiple-Access Communications», *IEEE Trans. on Inform. Theory,* vol. IT-31, pp. 143-161, Mars 1985.

TURNER, J.S.: «Design of an Integrated Services Packet Network», *IEEE Journal on Selected Areas in Commun.*, vol. SAC-4, pp. 1373-1380, Déc. 1986.

ULUG, M.E.: «A Fiber Optic Contention Bus with Bounded Delays», *IEEE Journal on Selected Areas in Commun.*, vol. SAC-3, pp. 908-915, 1985.

VANDOME, G.: «Comparative Study of some UNIX Distributed Filesystems», *Proc. European UNIX Users Group Conf.*, pp. 73-82, 1986.

VAN EIJK, P.: *Software Tools for the Specification Language LOTOS,* thèse de doctorat de l'Université de Technologie de Twente, Pays-Bas, 1988.

VAN RENESSE, R., et TANENBAUM, A.S.: «Voting with Ghosts», *Proc. Eighth Int'l Conf. on Distr. Computer Sys.*, IEEE, 1988.

VISSERS, C.A., TENNEY, R.L, et BOCHMANN, G.V.: «Formal Description Techniques», *Proc. of the IEEE,* vol. 71, pp. 1356-1364, Dec. 1983.

VOYDOCK, V.L., et KENT, S.T.: «Security in High-level Network Protocols», *IEEE Commun. Magazine,* vol. 23, pp. 12-24, Juil. 1985.

WARD, S.A., et TERMAN, C.J.: «An Approach to Personal Computing», *Compcon,* pp. 460-465, Printemps 1980.

WATSON, R.W.: «Timer-Based Mechanisms in Reliable Transport Protocol Connection Management», *Computer Networks,* vol. 5, pp. 47-56, Fév. 1981.

WATSON, R.W., et FLETCHER, J.G.: «An Architecture for Support of Network Operating System Services», *Computer Networks,* vol. 4, pp. 33-49, Fév. 1980.

WATSON, R.W., et MAMRAK, S.A.: «Gaining Efficiency in Transport Services by Appropriate Design and Implementation Choices», *ACM Trans. on Computer Systems,* vol. 5, pp. 97-120, Mai 1987.

WEISSBERGER, A.J., et ISRAEL, J.E.: «What the New Internetworking Standards Provide», *Data Communication,* Fév. 1987.

WILLETT, M.: «Token-Ring Local Area Networks—An Introduction», *IEEE Network Magazine,* vol. 1, pp. 8-9, Jan. 1987.

WITTEN, I.H., NEAL, R.M., et CLEARY, J.G.: «Arithmetic Coding for Data Compression», *Commun. ACM,* vol. 30, pp. 520-540, Juin 1987.

WU, Z.D., et SPRATT, E.B.: «The Performance Analysis of Multiple Cambridge Rings», in *Local Communication Systems: LAN and PBX,* Cabanel, J.P., Pujolle, G., et Danthine, A. (Eds), Amsterdam: North-Holland, 1987.

ZHANG, L.: «Comparison of Two Bridge Routing Approaches», *IEEE Network Magazine,* vol. 2, pp. 44-48, Jan. 1988.

ZWAENEPOEL, WW.: «Protocols for Large Data Transfers over Local Networks», *Proc. Ninth Data Commun. Symp.,* ACM, pp. 22-32, 1985.

10.2 QUELQUES LIVRES ET REVUES TRAITANT DES RESEAUX

MACCHI, C., GUILBERT, J.F. et al.: *Télé-informatique,* Dunod, Collection CNET/ENST, 1987.

NUSSBAUMER, H.: *Télé-informatique,* tomes 1 et 2, Presses Polytechniques Romandes, 1987.

PUJOLLE, G., SERET, D., DROMARD, D., HORLAIT, E.: *Réseaux et Télématique,* tomes 1 et 2, Eyrolles, 1985.

ROLLIN, P. : *Réseaux locaux. Normes et protocoles,* Hermès, 1989.

Commutation et transmission, revue trimestrielle, distribuée par Sotelec, Paris.

Revue Française des Télécommunications, trimestrielle, distribuée par France Télécom.

Télécom International, revue mensuelle, distribuée par Computer World Communications.

Télécoms Magazine, revue mensuelle, distribuée par CEP/IET

Annexe

Introduction à la théorie des files d'attente

La théorie des files d'attente est un des plus puissants outils mathématiques pour l'analyse des réseaux d'ordinateurs. Cette technique, initialement développée pour l'analyse statistique des réseaux téléphoniques (1917), a ensuite été appliquée à d'autres problèmes de réseaux. Les éléments de base de la théorie, ainsi que quelques applications pour l'illustrer, sont présentés dans cette annexe. (Pour plus de détails, se référer à Kleinroch, 1976).

A.1. SYSTEMES DE FILES D'ATTENTE

Les systèmes de files d'attente modélisent l'arrivée des clients à une station, l'attente de ces clients de leurs tours de service, le temps de service puis le départ. La station de service peut être un guichet, une caisse de supermarché ou une salle d'attente chez un dentiste. Les systèmes de files d'attente sont caractérisés par cinq composantes:

1. La loi de probabilité de l'intervalle de temps qui sépare deux arrivées consécutives.
2. La loi de probabilité du temps de service.
3. Le nombre de serveurs.
4. La discipline d'attente.
5. Le nombre maximal de places réservées à l'attente.

La loi de probabilité des inter-arrivées est la loi de l'intervalle qui sépare deux arrivées consécutives. On peut imaginer que quelqu'un note les instants d'arrivée des clients. Lorsque le nombre d'observations est assez grand, on compte le nombre de fois où les intervalles de temps 0,1s puis 0,2s et ainsi de suite sont sortis. Les fréquences suffisent pour caractériser la loi de probabilité. Si le nombre de clients potentiels est infini, le taux des arrivées reste inchangé même si le nombre de clients présents dans le système est assez élevé; en revanche, avec un système en temps partagé par exemple, dans lequel le nombre de clients total est fini, si la moitié d'entre eux sont bloqués dans l'attente d'une réponse, le taux d'arrivée de nouveaux clients est fortement réduit.

Le temps de service varie d'un client à l'autre. Pour caractériser ces variations, on a besoin de connaître les fréquences des temps de service.

Il est possible d'avoir plusieurs serveurs pour une seule file d'attente. Beaucoup de banques n'ont qu'une seule file d'attente pour tous les clients. Lorsqu'un guichet est libre, le client en tête de file rejoint le guichet libre. Dans d'autres banques, chaque guichet a sa propre file d'attente. Dans ce cas, on a un ensemble de systèmes indépendants, composés d'une file d'attente et d'un serveur chacun, tandis que dans le premier cas, on était en présence d'une unique file d'attente avec plusieurs serveurs.

La discipline d'attente décrit l'ordre dans lequel les clients sont servis. Dans les supermarchés, le premier arrivé à une caisse est le premier servi, alors que dans une administration, le dernier dossier arrivé (si les dossiers sont disposés en pile) est le premier servi. Certaines files d'attente ont une capacité finie. Les clients qui arrivent alors que la file est pleine sont soit perdus définitivement, soit amenés à revenir plus tard.

On adoptera les notations de Kendall A/B/C/K/m/Z qui sont très utilisées dans la littérature des files attente. A désigne la loi des inter-arrivées, B la loi du temps de service, C le nombre de serveurs, K la capacité maximale de la file d'attente, m la population des usagers et Z la discipline de service. Lorsque K, m et Z ne sont pas précisés, Z est supposée FIFO (first in first out) et la capacité de la file d'attente ainsi que le nombre d'usagers sont supposés infinis ($K = m = \infty$). Souvent A et B prennent leurs valeurs parmi:

M : loi exponentielle (M pour Markov)
D : loi déterministe
G : loi générale

L'état de l'art sur les files d'attente varie de la file M/M/1, pour laquelle énormément de résultats sont connus, à la file G/G/m pour laquelle il n'y a pas encore de résultats analytiques.

Souvent, la file d'attente est supposée M/M/1. Le fait que la loi des inter-arrivées soit supposée exponentielle est raisonnable pour un système avec un grand nombre de clients indépendants. Cela est dû à l'approximation, sous les hypothèses précédentes, d'une loi binomiale par une loi de Poisson. La probabilité qu'exactement n clients arrivent pendant un intervalle de temps de longueur t est donnée par la loi de Poisson:

$$P_n(t) = \frac{(\lambda t)^n}{n!} e^{-\lambda t} \qquad \text{(A-1)}$$

où λ est le taux d'arrivée des clients.

A partir de la distribution de Poisson (A-1), on déduit la densité de probabilité $a(t)\ \Delta t$ de l'intervalle de temps aléatoire qui sépare deux arrivées consécutives. La densité $a(t)\ \Delta t$ est la probabilité qu'il y ait juste un client à l'instant Δt sachant qu'à l'instant 0 il n'y avait pas de clients (i.e pendant l'intervalle de temps $[t, t+\Delta t]$, un seul client est arrivé):

$$a(t)\ \Delta t = P_0(t)\ P_1(\Delta t)$$

D'après (A-1), $P_0(t)$ est $\exp(-\lambda t)$ et $P_1(\Delta t)$ est $\lambda \Delta t \exp(-\lambda t)$. En faisant tendre Δt vers 0, on obtient:

$$a(t)\ dt = \lambda\ e^{-\lambda t}\ dt \qquad \text{(A-2)}$$

Remarquons que l'intégrale de 0 à + ∞ de l'équation (A-2) est égale à 1. On a alors bien une densité de probabilité.

De la même façon, on peut montrer que la loi de l'intervalle de temps qui sépare deux départs suit une loi exponentielle de paramètre μ (la moyenne de l'intervalle de temps est $1/\mu$) si le nombre aléatoire des départs sur un intervalle de temps de longueur t suit une loi de Poisson de paramètre μt.

L'intérêt des lois exponentielles est que le système obtenu est markovien. Un système aléatoire est un processus de Markov si les états futurs du système ne dépendent du passé du système que par l'intermédiaire de l'état présent. Lorsque les lois des services et des arrivées ne sont pas exponentielles, le système n'est pas markovien mais, sous les hypothèses de Cox, il peut être approximé par un système markovien.

A.2. L'ETAT STATIONNAIRE DE LA FILE M/M/1

Le nombre de clients dans la file d'attente M/M/1 est suffisant pour décrire l'état et l'évolution du système (Fig. A-1). Dans le cas où la loi de service est quelconque, il est nécessaire de connaître, outre le nombre de clients présents dans le système, le temps déjà passé au service par le client en train d'être servi. Ceci découle du fait que la loi exponentielle n'a pas de mémoire. Les lois exponentielles sont les seules à posséder cette propriété.

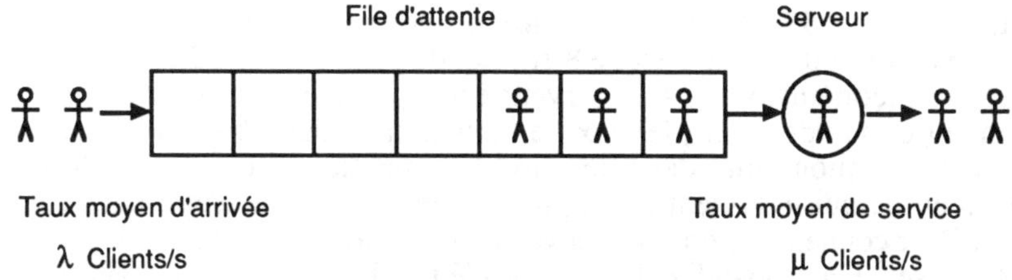

Figure A-1. Une file d'attente simple à un serveur et quatre clients. Trois clients sont en attente, un en service.

Soit p_k la probabilité à l'état stationnaire d'avoir exactement k clients dans le système (file d'attente + serveur). A partir des probabilités p_k, on peut déduire le nombre moyen de clients dans le système, le temps moyen d'attente et d'autres propriétés statistiques du réseau. Des transitions d'un état à un autre se produisent même lorsque le système est à l'état stationnaire. Si le réseau contient quatre clients, et si un nouveau client arrive, le système passe de l'état quatre à l'état cinq. De même, lorsqu'un client reçoit le service qu'il demandait, il quitte le système qui passe alors d'un certain état k à l'état inférieur k - 1. Un réseau dans lequel les transitions sont de +1 ou de -1 est appelé un état de naissance (+1) ou de mort (-1).

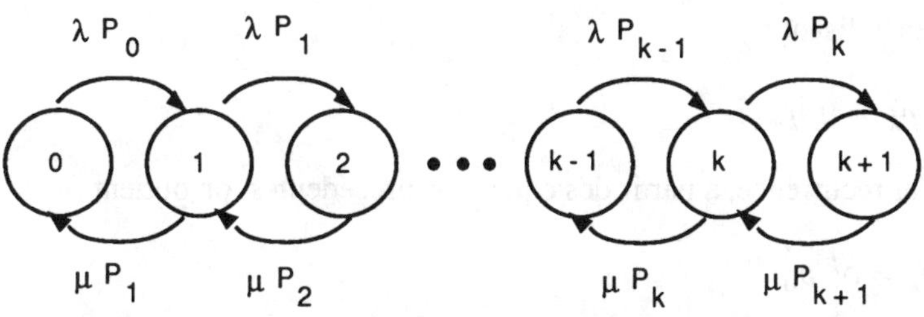

Figure A-2. Diagramme d'états d'une file d'attente simple à un serveur. Les états transitoires sont matérialisés par les arcs fléchés.

La figure A-2 montre les états pour une file d'attente à un serveur, avec les transitions possibles indiquées par des flèches. Pour analyser le système, on doit connaître le nombre de transitions par seconde qui se produisent d'un état donné à un état adjacent. Si le taux d'arrivée des clients est l, le nombre moyen des transitions par seconde de l'état 0 à l'état 1 est λp_0, celui de l'état 1 à l'état 2 est λp_1, et, en général, celui de l'état k à l'état $k + 1$ est λp_k. Par exemple, si le taux des naissances est de 40 clients par seconde, la probabilité de trouver le système à l'état 0 est de 20% et celle de le trouver à l'état 1 est de 15%. Dans ce cas, le nombre moyen de transitions par seconde de l'état 0 à l'état 1 est de 8 et celui de l'état 1 à l'état 2 est de 6.

D'une façon analogue, si le serveur est capable de servir μ clients par seconde (le taux de mort), le taux de transition de l'état $k+1$ à l'état k est μp_{k+1}.Remarquons que dans ce taux de transition comme dans le cas précédent, ce qui intervient est la probabilité du système d'être dans l'état initial. Pour connaître le nombre moyen de transitions par seconde de l'état 4 à l'état 3, seule la probabilité du système d'être à l'état 4 doit être connue.

A l'état stationnaire, la probabilité de trouver le système dans un état donné ne dépend pas du temps. En particulier, la probabilité d'avoir plus de k clients dans le système est constante. Les transitions de k à $k+1$ augmentent cette probabilité et les transitions de $k+1$ à k la diminuent. Si, par exemple, les transitions de l'état 5 à l'état 4 sont plus nombreuses que les transitions de l'état 4 à l'état 5, le nombre moyen de clients dans les états inférieurs à 4 augmentera avec le temps, ce qui contredit l'hypothèse d'un état stationnaire. Ce principe est la clé du calcul des probabilités dans les réseaux à l'état stationnaire. La figure A-2 illustre ces explications qu'on traduit formellement par les *équations de balance*:

$$\lambda p_0 = \mu p_1 \tag{A-3}$$

$$\lambda p_1 = \mu p_2 \tag{A-4}$$

en généralisant :

$$\lambda p_k = \mu p_{k+1} \tag{A-5}$$

Par récurrence, à partir des équations précédentes, on obtient

$$p_k = \rho^k p_0 \tag{A-6}$$

où ρ désigne l'intensité du trafic λ/μ. L'intensité ρ doit être inférieure à 1 pour que le nombre moyen de clients n'augmente pas sans cesse.

p_0 est déterminée en utilisant l'équation (A-6) et le fait que la somme des probabilités est égale à 1:

$$\sum_{k=0}^{\infty} \rho^k p_0 = 1$$

Or la somme d'une série géométrique est:

$$\sum_{k=0}^{\infty} \rho^k = \frac{1}{1-\rho} \tag{A-7}$$

p_0 est alors égale à 1-ρ, et finalement

$$p_k = (1 - \rho)\rho^k \tag{A-8}$$

Remarquons que $\rho = 1 - p_0$ est la probabilité que le système ne soit pas vide (que le serveur soit occupé).

Le nombre moyen de clients dans le système, N, peut être calculé directement par les probabilités p_k:

$$N = \sum_{k=0}^{\infty} k p_k = (1-\rho)\sum_{k=0}^{\infty} k \rho^k$$

En dérivant l'équation (A-7) par rapport à ρ et en multipliant par (1-ρ)ρ, le nombre moyen de clients dans le système s'écrit:

$$\mathrm{N} = \rho / (1 - \rho) \tag{A-9}$$

Lorsque ρ tend vers 1, N tends vers +∞.

On définit le temps de séjour d'un client dans le réseau comme l'intervalle de temps (aléatoire) qui sépare l'arrivée du client de son départ du réseau. Le temps de séjour moyen, T, d'un client est déterminé par la f*ormule de Little* $N=\lambda T$. La démonstration de cette formule est basée sur l'analyse de la trajectoire d'un client. Soit un client test qu'on suit à la trace depuis son arrivée jusqu'à son départ. Ce client reste dans le système, en moyenne, un temps T. Pendant ce temps-là, le nombre moyen des nouveaux clients arrivés est λT. Ceci résulte du fait que le taux d'arrivée est λ clients/s. A l'instant de départ de ce client test, il y a exactement λT clients avec un nombre moyen de clients dans le réseau égal à N. Ainsi, $N = \lambda T$. Le temps de séjour dans le réseau est déterminé par l'équation (A-9) et la formule de Little:

$$T = \frac{N}{\lambda} = \frac{\rho/\lambda}{1-\rho} = \frac{1/\mu}{1-\rho} = \frac{1}{\mu-\lambda} \tag{A-10}$$

L'analyse du temps de séjour dans les files d'attente se fonde essentiellement sur ce résultat. Comme exemple d'utilisation de l'équation (A-10), on considère une cabine téléphonique avec des clients arrivant selon un distribution de Poisson. Le taux d'arrivée est λ=0,05 clients/min. Le temps passé dans la cabine est distribué suivant une loi exponentielle de moyenne 10 min/client. Il s'agit de déterminer le temps passé par les clients dans la file d'attente. Le taux de service est μ=0,1 client/min. On déduit alors de l'équation (A-10) que les clients séjournent dans le système, en moyenne, $T = 20$min. Le temps moyen de service étant $1/\mu = 10$ minutes, le temps d'attente est donc $T - S = 20 - 10 = 10$ minutes.

Dans un souci de généralité, on donne une approximation du nombre moyen de clients dans une file d'attente M/G/1:

$$N = \rho + \rho^2 \frac{1 + C_b^2}{2(1-\rho)} \qquad \text{(A-11)}$$

où C_b est le carré du coefficient de variation (*ccv*) du temps de service (i.e C_b = var (S) μ^2). Ce résultat connu sous le nom d'*équation de Pollaczek-Khimchine* est valable pour toutes les lois de services pourvu que $\rho<1$. Elle montre que, si les deux lois de services ont la même moyenne, celle qui a le plus grand *ccv* produit le plus grand temps d'attente. Pour une file M/M/1, $C_b = 1$.

A.3. RESEAU DE FILES D'ATTENTE M/M/1

Les réseaux à commutation de paquets sont modélisés par des réseaux de files d'attente M/M/1: à l'état stationnaire, chaque nœud réagit comme une file d'attente M/M/1 isolée. Il convient d'adapter les notations à ces réseaux. Le temps de service est mesuré en nombre de bit/s et non plus en nombre de clients/s. La longueur des paquets, en bits, suit une loi exponentielle de paramètre μ. La moyenne est de $1/\mu$ bit/s. La capacité de la *i*ème ligne de communication est notée C_i en bit/s. Le produit μC_i est le taux de service en paquets/s. Le taux d'arrivée pour la *i*ème ligne est λ_i paquets/s. L'équation (A-10) peut être réécrite, pour la *i*ème ligne, sous la forme:

$$T_i = 1 / (\mu C_i - \lambda_i) \qquad \text{(A-12)}$$

où T_i représente le temps d'attente et de transmission. Remarquons que la longueur des paquets, contrairement au taux d'arrivée et aux capacités, ne dépend pas des lignes de transmission. Cette application de la théorie des files d'attente aux réseaux à commutation de paquets est due initialement à Kleinrock (1964). Cependant, un ensemble de files d'attente M/M/1 isolées n'est pas équivalent à un réseau composé des mêmes files d'attente. Dans un réseau, la fin de service dans une file d'attente correspond à l'arrivée d'un client dans une autre file d'attente, si ce client ne quitte pas définitivement le réseau. Les arrivées sur une file d'attente sont la somme des sorties d'autres files d'attente et des clients arrivant de l'extérieur. A l'état stationnaire, le processus des arrivées suit une distribution poissonienne de moyenne la somme des moyennes des processus d'arrivée sur cette file d'attente. Jackson (1957) a montré qu'un réseau ouvert de files d'attente M/M/1 à l'état stationnaire peut être analysé comme un ensemble de files d'attente isolées. Le problème est de déterminer les taux d'arrivée pour chaque file d'attente.

Cette modélisation ne tient pas compte du fait que, lorsqu'un paquet passe d'une ligne à une autre, la longueur du paquet reste constante: les temps de service ne sont pas indépendants. Ce problème est résolu en supposant que, lorsqu'un paquet change de ligne, sa longueur change d'une façon aléatoire. Ainsi, l'hypothèse d'indépendance des temps de service reste valable. Des simulations et des mesures montrent que les deux modèles sont très proches. En tout cas, sans cette supposition, on ne sait pas résoudre le problème analytiquement.

A.4. APPLICATIONS DE LA THEORIE DES FILES D'ATTENTE

Dans cette section, nous allons voir comment la théorie des files d'attente peut être appliquée à certains problèmes de réseaux.

A.4.1. Concentrateur

On considère un concentrateur muni de quatre lignes d'entrée à 4800 bit/s et une ligne de sortie à 9600 bit/s. La longueur moyenne des paquets est $1/\mu = 1000$ bits. Chaque ligne d'entrée délivre un trafic poissonnien de taux $\lambda_i = 2$ paquets/s. Quel est le délai moyen passé par un paquet dans le concentrateur ? En outre, quel est le nombre moyen de paquets dans le concentrateur ?

On peut utiliser l'équation (A-12) pour $\lambda_i = 2$ $(1 \leq i \leq 4)$ et $\mu C = 9{,}6$ paquets/s.En additionnant les quatre taux d'arrivée, on obtient $\lambda = 8$ et donc $T = 1 / (9{,}6 - 8)$. Le délai moyen passé par le paquet dans un concentrateur est donc de 0,625s.

Le nombre moyen N de paquets dans le concentrateur est donné par l'équation (A-7) pour $\rho = 8 / 9{,}6$, ce qui donne $N = 5$ paquets. Ceci peut paraître surprenant étant donné que la capacité de la ligne de sortie est supérieure au trafic généré par les quatre lignes d'entrée. Cependant, l'écart du trafic généré par rapport à sa moyenne fait que la file d'attente est grande. Ce genre de calcul peut s'appliquer également aux commutateurs fonctionnant en mode différé (*store-and-forward switch*) et permet alors de déterminer le nombre de mémoires nécessaires.

A.4.2 . Lignes partagées

Deux ordinateurs sont reliés par une ligne à 64 kbit/s et 8 applications parallèles partagent cette ligne. Chaque application génère un trafic poissonnien de 2 paquets/s en moyenne. La longueur des paquets suit une loi exponentielle de moyenne 2000 bits. Le planificateur doit choisir entre deux solutions. La première est de dédier une bande de base de 8 kbit/s à chaque application. La deuxième solution est d'utiliser un accès multiple à la même ligne de transmission de 64 kbit/s.

Quelle solution donne le meilleur temps de réponse ?

La première solution suppose que chaque ligne de 8 kbit/s agit comme une file d'attente indépendante avec $\lambda = 2$ paquets/s et $\mu = 4$ paquets/s. De l'équation (A-12), on déduit que $T = 500$ms.

Pour une file d'attente à 64 kbit/s avec $\lambda = 16$ et $\mu = 32$, T est alors de 66,5ms: le gain est considérable.

Généralement, lorsque l'on partage une ligne en k voies de capacités fixes, le temps moyen de réponse est k fois plus grand. La raison est que, fréquemment, certaines voies sont vides alors que d'autres sont surchargées. Le temps de service perdu par ces voies vides ne peut pas être récupéré par les autres voies.

A.4.3 Anneau à jeton

Nous allons analyser les performances d'un anneau à jeton en utilisant la théorie des files d'attente. Des résultats détaillés peuvent être trouvés dans Schwartz (1987). On suppose que chaque station sur l'anneau génère des trames d'informations suivant une loi poissonnienne, puis les met dans une file d'attente. Une trame particulière, appelée jeton, visite successivement les stations. Lorsqu'une station reçoit le jeton, elle a le droit d'émettre avec un taux de service μ égal au nombre de trames/s qu'une station peut émettre et ainsi, aller jusqu'à vider sa file d'attente. Si l'on note q le nombre de trames dans une station donnée et λ le taux d'arrivées aux N stations combinées, le taux d'arrivées pour une station est de λ/N. On appelle temps de rotation à vide le temps mis par un bit pour effectuer le tour de l'anneau vide. Ce temps sera composé du délai de propagation le long de l'anneau et du temps que mettent les N stations pour le lire. Ce temps de rotation à vide, que l'on note ω, joue un rôle essentiel dans l'étude du délai moyen. On cherche à calculer l'intervalle de temps moyen, S, que met le jeton entre deux passages consécutifs à une station donnée. Ce temps est composé du temps de rotation à vide du jeton auquel s'ajoute le temps demandé pour servir les Nq trames en attente. Chaque trame a besoin d'un temps de service moyen de $1/\mu$ secondes. Ainsi:

$$S = \omega + (Nq / \mu) \qquad \text{(A-13)}$$

A l'arrivée du jeton à une station, le nombre moyen de trames présentes dans cette station est $q = \lambda S / N$. C'est en effet le nombre de trames arrivées pendant un intervalle de temps de longueur S avec un taux λ/N. En remplaçant q par sa valeur dans (A-13), on obtient:

$$S = \omega + (\lambda S / \mu)$$

En notant $\rho = \lambda/\mu$, on obtient:

$$S = \omega / (1 - \rho) \qquad \text{(A-14)}$$

Aucune station n'étant privilégiée, le jeton peut être détenu, à un instant donné, par n'importe quelle station de façon équiprobable. Le temps d'acquisition du jeton par une station est donc la moitié du temps S. Remarquons que ce délai S est proportionnel au temps de rotation à vide ω, et ce, que le réseau soit chargé ou non. La charge ρ intervenant dans l'équation (A-14) est le taux d'utilisation du réseau, le taux d'utilisation d'une station étant de ρ/N.

A.4.4. Probabilités de blocage

Dans de nombreux systèmes d'ordinateurs, le nombre de connexions à un instant donné est limité. Les abonnés aux réseaux X.25 peuvent avoir accès à un certain nombre de voies virtuelles qui sera fixé lors de l'abonnement au service. Les PABX ont un nombre fixe de lignes sortantes. Un critère de performance dans ces cas est alors la probabilité qu'il n'y ait plus de lignes disponibles pour de nouvelles connexions.

Il est possible de modéliser ces systèmes par m serveurs en parallèle, chaque serveur représentant une connexion. Si une nouvelle tentative de connexion est effectuée lorsque tous les serveurs sont occupés, deux scénarios sont possibles: le demandeur choisit d'attendre ou de ne pas attendre, et, dans ce dernier cas, l'appel est perdu. L'analyse du dernier modèle est similaire à celle de la figure A-2, avec, dans ce cas, un espace d'état fini, variant de 1 à m. Remarquons qu'il n'y a pas de transition de l'état m à un état supérieur. A l'état stationnaire, on a:

$$\lambda p_0 = \mu p_1$$

$$\lambda p_1 = 2\mu p_2$$

$$\lambda p_2 = 3\mu p_3$$

et ainsi de suite, jusqu'à la dernière équation qui est de la forme

$$\lambda p_{m-1} = m\mu p_m$$

La probabilité d'aller de k à k - 1 augmente avec k puisque, lorsque le nombre de connexions augmente, la probabilité que l'une d'elles se libère augmente aussi. Par récurrence, on déduit l'expression de p_k en fonction de p_0:

$$p_k = p_0\, \rho^k / k! \qquad (k \leq m)$$

p_0 est déterminé par l'équation $\sum p_k = 1$:

$$p_0 = \frac{1}{\sum_{k=0}^{m} \rho^k / k!}$$

La probabilité de blocage est déduite des deux équations précédentes; c'est la probabilité d'être dans l'état *m*, c'est-à-dire :

$$p_m = \frac{\rho^m / m!}{\sum_{k=0}^{m} \rho^k / k!}$$

Index

Achevé d'imprimer
sur les presses de l'imprimerie
Arts Graphiques du Perche
28240 La Loupe
Dépôt légal Mai 1990
Imprimé en France